Digitalisierung und Zivilverfahren

De Gruyter Handbuch

Digitalisierung und Zivilverfahren

Herausgegeben von
Thomas Riehm und Sina Dörr

Mit Beiträgen von
Christian Altenhofen
Alisha Andert
Simon Apel
Moritz Baumann
Isabelle D. Biallaß
Felix Braun
Stephan Breidenbach
Cord Brügmann
Iris Burr
Til Bußmann-Welsch
Christian Dülpers
Sina Dörr
Lynn Emke
Ulla Gläßer
Maxim Glusdak
Philipp Günther
Markus Hartung
Marie Herberger
Philipp Herrmann
Roland Hey
Jakob Horn
Gesine Irskens
Kai Jacob
Miriam Jansen
Ole Jensen
Ralf Köbler
Pia Lorenz
Olaf Methner
Jan F. Orth
Heinz-Joachim Pabst
Anne Paschke
Benedikt M. Quarch
Julius Reiter
Thomas Riehm
Giesela Rühl
Maxi Scherer
Dierk Schindler
Christian Schlicht
Philip Scholz
Hendrik Schultzky
Geertje Tutschka
Christopher Unseld
Vivien Visarius
Wiebke Voß
Jens Wagner
Bernhard Waltl
Benedikt Windau
Michael Wrase
Malte Wunderlich
Tianyu Yuan

DE GRUYTER

Prof. Dr. **Thomas Riehm**, Inhaber des Lehrstuhls für Deutsches und Europäisches Privatrecht, Zivilverfahrensrecht und Rechtstheorie an der Universität Passau, Sprecher des Instituts für das Recht der digitalen Gesellschaft (IRDG).

Sina Dörr, Richterin am Landgericht, Leitung Think Tank Legal Tech am Oberlandesgericht Köln, Autorin, Speakerin, Coachin Digitale Transformation.

ISBN 978-3-11-075574-9
e-ISBN (PDF) 978-3-11-075578-7
e-ISBN (EPUB) 978-3-11-075579-4

Library of Congress Control Number: 2023932384

Bibliografische Information der Deutschen Nationalbibliothek
Die Deutsche Nationalbibliothek verzeichnet diese Publikation in der Deutschen Nationalbibliografie; detaillierte bibliografische Daten sind im Internet über http://dnb.dnb.de abrufbar.

Einbandabbildung: sdecoret / iStock / Getty Images Plus, gonin / iStock / Getty Images Plus
Satz: jürgen ullrich typosatz, Nördlingen
Druck und Bindung: CPI books GmbH, Leck

www.degruyter.com

Vorwort

Das vorliegende Buch versteht sich als ein Beitrag zur Förderung der Digitalisierung der zivilrechtlichen Streitbeilegung. Welche Möglichkeiten bestehen bereits gegenwärtig, und wohin kann und muss sich die künftige Entwicklung in Sachen zivilrechtliche Streitbeilegung bewegen? Es ist eine Einladung für mehr Kollaboration und zum gegenseitigen Lernen von und mit den unterschiedlichen Perspektiven der Akteurinnen und Akteure.

Bereits der Entstehungsprozess dieses Buches hat die Autorinnen und Autoren miteinander in Austausch gebracht. Interdisziplinäre Zusammenarbeit unter Einbindung möglichst vielfältiger Perspektiven ist eines der Grundelemente für eine intelligente Beantwortung der Herausforderungen des digitalen Zeitalters. Jetzt ist es an den Leserinnen und Lesern, die Vernetzung und den Austausch fortzusetzen. Die Gedanken und Impulse für Wissenschaft und Praxis sollen zum Nach- und Weiterdenken anregen und einen neuen Dialog eröffnen. Das Ziel ist nicht weniger als die Arbeit an einer gemeinsamen Vision für ein zeitgemäßes Justizsystem in einer digitalisierten Gesellschaft – zugänglich für alle Menschen, die über ihre Recht informiert werden und sie durchsetzen wollen. Hierbei müssen alle Akteurinnen und Akteure ins Boot – von Rechtsdienstleistern über die Anwaltschaft bis zur Justiz. Sie alle sind in diesem Buch vertreten und möchten Sie, verehrte Leserinnen und Leser, als maßgebliche Protagonistinnen und Protagonisten des Rechtsstaats inspirieren und mit an Bord holen.

Unser herzlicher Dank gilt daher zunächst den Autorinnen und Autoren dieses Buches für ihre engagierte Mitwirkung und Bereitschaft zum Austausch und zur gegenseitigen Inspiration – wesentlich mehr, als es sonst bei Gemeinschaftswerken üblich ist. Zu danken haben wir ferner den Mitarbeiterinnen und Mitarbeitern am Passauer Lehrstuhl von Thomas Riehm, allen voran Frau *Anja Gabler* für die umsichtige Koordination der umfangreichen Arbeiten, ferner den studentischen Hilfskräften *Valentin Götzfried, Felix Richter, Marie Rohrbach, Vanessa Stoiber, Lucas Weiß* und *Julia Zlateva* für die redaktionelle Bearbeitung der Manuskripte sowie *Felix Richter, Marcel Schöllhorn, Emily Springer, Vanessa Stoiber, Thekla Ulmschneider* und *Lucas Weiß* für die Bearbeitung der Druckfahnen. Besonderer Dank gilt ferner *Felix Richter* für die Vereinheitlichung des Sachregisters. Sämtliche im Buch zitierten Internetquellen wurden zuletzt am 17. März 2023 abgerufen.

Für Austausch, Kritik, Verbesserungsvorschläge oder schlicht Kontaktaufnahmen zur Zusammenarbeit sind die Herausgeberin und der Herausgeber jederzeit dankbar. Sie erreichen uns unter sina.doerr@posteo.de und thomas.riehm@uni-passau.de.

https://doi.org/10.1515/9783110755787-202

Inhaltsübersicht

Teil III: Digitale Geschäftsstellen/Rechtsantragstellen

Teil IV: **Digitalisierung der außergerichtlichen Streitbeilegung**

Teil V: **Die Zukunft des digitalen Zivilprozesses**

Inhaltsverzeichnis

Teil II: **Digitalisierung der anwaltlichen Tätigkeit**

Teil IV: **Digitalisierung der außergerichtlichen Streitbeilegung**

Teil V: **Die Zukunft des digitalen Zivilprozesses**

Autor:innenverzeichnis

Dr. Christian Altenhofen
Rechtsanwalt, Knowledge Lawyer bei Freshfields Bruckhaus Deringer LLP

Alisha Andert, LL.M. (Amsterdam)
Mitgründerin und geschäftsführende Partnerin von This is Legal Design, Mitgründerin und Vorstandsvorsitzende des Legal Tech Verbands Deutschland

Dr. Simon Apel
Rechtsanwalt bei SZA Schilling, Zutt & Anschütz Rechtsanwaltsgesellschaft mbH

Moritz Baumann
Studium der Rechtswissenschaften mit Schwerpunkt Zivilprozessrecht und Legal Tech (Bachelor) an der Universität Passau, Werkstudent bei der Erb- und Wirtschaftsrechtskanzlei Braun & Kollegen

Isabelle D. Biallaß
Richterin am Amtsgericht, Leitung Think Tank Legal Tech am Oberlandesgericht Köln, Vorstandsmitglied des Deutschen EDV-Gerichtstags e.V.

Felix Braun
Vorstand des Zentrums für Schlichtung e.V. Universalschlichtungsstelle des Bundes, Sachverständiger im Rechtsausschuss des Bundestages im Rahmen der Umsetzung der EU-Verbraucherrichtlinie

Prof. Dr. Stephan Breidenbach
Ehemaliger Inhaber des Lehrstuhls für Bürgerliches Recht, Zivilprozessrecht und Internationales Wirtschaftsrecht an der Europa-Universität Viadrina in Frankfurt (Oder)

Dr. Cord Brügmann
Rechtsanwalt und Politikberater mit Fokus auf die Themenfelder Digitalisierung, Regulierung und Zugang zum Recht

Iris Burr
Streitmittlerin bei der Universalschlichtungsstelle des Bundes (Zentrum für Schlichtung e.V.)

Til Bußmann-Welsch
Doktorrand bei Prof. Dr. Stephan Breidenbach und Prof. Dr. Dirk Heckmann im Bereich der statistischen Auswertung richterlichen Verhaltens; Mitgründer eines Start-Ups zu Datenanalysen im Recht (iurCrowd); Mitinitiator der Initiative iur.reform zur Reform der juristischen Ausbildung

Christian Dülpers
Geschäftsführer (Marketingberatung) der Lawgentur, zuvor Marketing bei Smartlaw und LTO

Sina Dörr
Richterin am Landgericht, Leitung Think Tank Legal Tech am Oberlandesgericht Köln, Autorin, Speakerin, Coachin Digitale Transformation

https://doi.org/10.1515/9783110755787-205

Lynn Emke, Maître en Droit
Studentin der Rechtswissenschaft (Master 2/Wissenschaftliche Mitarbeiterin Baum Reiter & Collegen Rechtsanwaltsgesellschaft mbH), Doppelabschluss im deutschen und französischen Recht (Heinrich-Heine-Universität Düsseldorf, Pontoise/Cergy Paris Université)

Prof. Dr. Ulla Gläßer, LL.M. (Berkeley)
Rechtsanwältin und (Wirtschafts-) Mediatorin, Professur für Mediation, Konfliktmanagement und Verfahrenslehre an der Europa-Universität Viadrina Frankfurt (Oder)

Maxim Glusdak
Rechtsreferendar am Kammergericht Berlin

Philipp Günther, LL.M. (Amsterdam)
Wissenschaftlicher Mitarbeiter am WZB – Wissenschaftszentrum Berlin für Sozialforschung gGmbH

Markus Hartung
Rechtsanwalt und Mediator in Berlin, Gründer und Senior Fellow am Bucerius Center on the Legal Profession

Prof. Dr. Marie Herberger, LL.M. (Universität des Saarlandes)
Lehrstuhl für Bürgerliches Recht, Zivilverfahrensrecht, Recht der Digitalisierung und Methodenlehre an der Universität Bielefeld

Philipp Herrmann
Rechtsanwalt bei SZA Schilling, Zutt & Anschütz Rechtsanwaltsgesellschaft mbH

Roland Hey
Oberregierungsrat, Sachgebietsleiter Anwendungsmanagement/Fachanwendungen beim Zentralen IT-Dienstleister des Landes NRW

Dr. Jakob Horn, LL.M. (Harvard)
Wissenschaftlicher Mitarbeiter und Habilitand an der Humboldt-Universität Berlin

Gesine Irskens
Richterin am Landgericht, Mediatorin, Referatsteilleiterin IT-Referat im Niedersächsischen Justizministerium

Kai Jacob
Rechtsanwalt, Partner bei KPMG Law, Mitgründer und Mitglied des Vorstands des Liquid Legal Institute e.V.

Dr. Miriam Jansen
Richterin am Landgericht Düsseldorf

Dr. Ole Jensen
Rechtsanwalt/Senior Associate bei Wilmer Cutler Pickering Hale and Dorr LLP (Berlin und London), Praxisgruppe für Internationale Schiedsverfahren

Andrea Klinder
Streitmittlerin an der Universalschlichtungsstelle des Bundes

Dr. Ralf Köbler
Präsident des Landgerichts Darmstadt, Honorarprofessor an der Deutschen Universität für Verwaltungswissenschaften Speyer

Pia Lorenz, LL.M.oec.
Journalistin, Rechtsanwältin und Wirtschaftsjuristin, Leiterin der juris-Redaktion Berlin

Dr. Olaf Methner
Rechtsanwalt bei Baum Reiter & Collegen Rechtsanwaltsgesellschaft mbH, Fachanwalt für Bank- und Kapitalmarktrecht, Arbeitsrecht sowie IT-Recht

Prof. Dr. Jan F. Orth, LL.M. (UT)
Vorsitzender Richter am Landgericht Köln, Honorarprofessor an der Universität zu Köln

Prof. Dr. Heinz-Joachim Pabst
Professor an der Fachhochschule des Bundes für öffentliche Verwaltung

Prof. Dr. Anne Paschke
Universitätsprofessorin für Öffentliches Recht, Technikrecht und Recht der Digitalisierung, Direktorin des Instituts für Rechtswissenschaften, Technische Universität Braunschweig

Dr. Benedikt M. Quarch, M.A.
Co-Founder und Geschäftsführer RightNow Group

Prof. Dr. Julius Reiter
Rechtsanwalt und Gründer der Rechtsanwaltsgesellschaft Baum Reiter & Collegen mbH, Fachanwalt für Bank- und Kapitalmarktrecht, Arbeitsrecht sowie IT-Recht

Prof. Dr. Thomas Riehm
Lehrstuhl für Deutsches und Europäisches Privatrecht, Zivilverfahrensrecht und Rechtstheorie an der Universität Passau, Sprecher des Instituts für das Recht der digitalen Gesellschaft (IRDG)

Prof. Dr. Giesela Rühl, LL.M. (Berkeley)
Lehrstuhl für Bürgerliches Recht, Zivilverfahrensrecht, Europäisches und Internationales Privat- und Verfahrensrecht und Rechtsvergleichung an der Humboldt-Universität zu Berlin

Prof. Dr. Maxi Scherer
Full Professor an der Queen Mary University London, Special Counsel bei Wilmer Cutler Pickering Hale and Dorr LLP, Mitglied der Praxisgruppe Internationale Schiedsverfahren

Dr. Dierk Schindler
Rechtsanwalt, Vice President Corporate Legal Services Mobility bei Robert Bosch GmbH, Mitgründer und Mitglied des Vorstands des Liquid Legal Institute e.V.

Dr. Christian Schlicht
Richter am Landgericht Köln, Mitbegründer der *digitalen richterschaft*

Dr. Philip Scholz
Ministerialrat, Leiter des Referats „Legal Tech und Zugang zum Recht“ im Bundesministerium der Justiz

Dr. Hendrik Schultzky
Ministerialrat, Leiter des Referats für Zivilprozessrecht, Bayerisches Staatsministerium der Justiz

Geertje Tutschka
Rechtsanwältin, Beraterin, Coach und Trainer bei CLP – Consulting for Legal Professionals, Inhaberin der Kanzlei Tutschka

Dr. Christopher Unseld, LL.M. (Michigan)
Rechtsanwalt mit Spezialisierung auf Prozessführung in komplexen Schadensersatzprozessen und Kartellschadensersatzverfahren bei Hausfeld Rechtsanwälte LLP in Berlin

Vivien Visarius
Richterin am Oberlandesgericht Köln, Dezernentin beim Zentralen IT-Dienstleister der Justiz des Landes Nordrhein-Westfalen für Anwendungsmanagement/Fachverfahren

Prof. Dr. Wiebke Voß, LL.M. (Cambridge)
Juniorprofessur für Privatrecht an der Julius-Maximilians-Universität Würzburg

Dr. Jens Wagner
Rechtsanwalt, Counsel bei Allen & Overy LLP, Mitgründer und Aufsichtsratsvorsitzender des Liquid Legal Institute e.V.

Dr. Bernhard Waltl
Informatiker, Legal Operations Officer bei der BMW Group, Mitgründer und Mitglied des Vorstands des Liquid Legal Institute e.V.

Benedikt Windau
Richter am Amtsgericht Wildeshausen

Prof. Dr. Michael Wrase
Professor für Öffentliches Recht mit den Schwerpunkten Sozial- und Bildungsrecht an der Stiftung Universität Hildesheim

Malte Wunderlich
Legal Engineer bei iusta GmbH und Berater bei Baum Reiter & Collegen Rechtsanwaltsgesellschaft mbH

Tianyu Yuan
Rechtsanwalt, Mitgründer und Geschäftsführer Codefy GmbH

Teil I **Einführung**

Thomas Riehm und Sina Dörr

§ 1 Einführung

Gliederungsübersicht **Rn.**

A. Digitalisierung des Zivilverfahrens als Überlebensfrage des Rechtsstaats

Die Digitalisierung des Zivilverfahrens ist längst nicht mehr nur ein politisches oder praktisches Desiderat – sie ist zu einer Überlebensfrage für den Rechtsstaat geworden. Seit 2017 erreicht eine immer weiter steigende Flut von Klagen die Zivilgerichte; zugleich nimmt der Umfang und die Komplexität der Zivilprozesse stetig zu, wie sich an den steigenden Verfahrensdauern ablesen lässt. Diesem stark wachsenden Arbeitsanfall steht ein gravierender Personalmangel der Justiz im richterlichen und noch mehr im nichtrichterlichen Bereich gegenüber, der durch die anstehende Pensionierungswelle der „Babyboomer"-Generation[1] noch weiter verschärft wird. Die Lösung für diesen Konflikt kann nicht (nur) in einem weiteren Personalaufbau in der Justiz liegen, denn das erforderliche qualifizierte Personal existiert schlicht nicht. Zudem stellt sich die Frage, ob die Strategie, immer mehr Personal in ein veraltetes System zu pumpen, wirklich nachhaltig und sinnvoll sein kann. 1

Ein Baustein für die Problemlösung ist eine Neugestaltung von Arbeitsweisen und prozessualen Abläufen. Dazu gehört insbesondere eine Digitalisierung des Zivilverfahrens. Wo immer „analoge" Abläufe digitalisiert werden, kann menschliche Arbeitskraft bei repetitiven und wenig anspruchsvollen Tätigkeiten eingespart und für komplexere Aufgaben eingesetzt werden. Digitale Kommunikation ist schneller und präziser als analoge, digitale Datenspeicherung ist flexibler und leichter kopierbar als analoge, und Maschinen erledigen Routineangelegenheiten schneller und weniger fehleranfällig als Menschen. Diese Effekte können sich zu einer erheblichen Entlastung der richterlichen und nichtrichterlichen Beschäftigten der Justiz aufsummieren – wenn die Potenziale der Digitalisierung auch tatsächlich genutzt werden. 2

1 S. dazu die Antwort der Bundesregierung auf die Kleine Anfrage der Abgeordneten Dr. Martens u.a., BT-Drs. 19/25035 vom 8.12.2020.

Thomas Riehm/Sina Dörr
https://doi.org/10.1515/9783110755787-001

3 Nicht zuletzt kann eine Digitalisierung der Arbeitsabläufe die Justiz auch als Arbeitgeber wieder attraktiver machen – oder anders gewendet: Die gegenwärtigen Personalsorgen der Justiz dürften nicht nur an der verbesserungsbedürftigen[2] Bezahlung der Richterinnen und Richter sowie der nichtrichterlichen Beschäftigten liegen, sondern auch an deren Arbeitsbedingungen. Diese unterscheiden sich erheblich von denjenigen in der Anwaltschaft, aber auch in der freien Wirtschaft, und erst recht von der Lebenswirklichkeit der *„digital natives*“. Wer es von Kindesbeinen an gewohnt ist, seinen Alltag mit Smartphone und Tablet im Internet zu organisieren, bringt für papiergebundene Kommunikation, „Wet ink“-Unterschriftenerfordernisse und Telefaxe keinerlei Verständnis mehr auf – und meidet daher Arbeitsumgebungen, in denen antiquierte Abläufe eine dominante Rolle spielen.

4 Auch die Ampel-Koalition hat sich das Thema in ihrem Koalitionsvertrag vorgenommen. Dort heißt es: „Gerichtsverfahren sollen schneller und effizienter werden: Verhandlungen sollen online durchführbar sein, Beweisaufnahmen audio-visuell dokumentiert und mehr spezialisierte Spruchkörper eingesetzt werden. Kleinforderungen sollen in bürgerfreundlichen digitalen Verfahren einfacher gerichtlich durchgesetzt werden können.“[3]

5 Das ist auch nötig. Kürzlich hat eine Studie des Bucerius Center on the Legal Profession, des Legal Tech Verbands Deutschland und der Boston Consulting Group ermittelt, dass die deutsche Justiz in Digitalisierungsfragen der Weltspitze um ca. 15 Jahre hinterherhinkt. 15 Jahre, das sind in der Digitalisierung Welten: Vor 15 Jahren wurde das erste Smartphone, das iPhone, erfunden. Die Entwicklung, die seither nicht nur die technischen Möglichkeiten, sondern auch die menschlichen Verhaltensweisen und Bedürfnisse genommen haben, war damals noch nicht im Ansatz absehbar. Ein solcher Rückstand ist in Zeiten exponenzieller technischer Entwicklung nicht aufzuholen. Allenfalls kann man hoffen, den Rückstand konstant zu halten; dafür müsste allerdings die deutsche Justiz ab jetzt mit demjenigen Digitalisierungstempo mithalten, das die Vorreiterländer – Singapur, Kanada, Vereinigtes Königreich, Österreich – in den letzten 15 Jahren gegangen sind und auch weiter gehen werden.

6 Digitalisierung ist kein Prozess, der irgendwann „abgeschlossen“ ist. Sie bedeutet vielmehr stetige Fortentwicklung und Optimierung der digitalen Bearbeitung von Aufgaben. Auch in den Vorreiter-Ländern ist dieser Prozess noch in einer frühen Phase. Je digitaler das Justizsystem ausgestaltet ist, desto mehr Daten entstehen, die miteinander verknüpft und zur Verbesserung des Gesamtsystems eingesetzt werden können – entscheidungsunterstützende KI-Systeme können aus digitalisierten Gerichtsakten lernen,

2 S. zur Verfassungswidrigkeit einer zu geringen Richterbesoldung BVerfGE 139, 64 (Sachsen-Anhalt zwischen 2008 und 2019 teilweise); BVerfGE 145, 1 (Rheinland-Pfalz teilweise); BVerfGE 155, 1 (Berlin zwischen 2009 und 2015); BVerfGE 155, 77 (Nordrhein-Westfalen teilweise); BVerfG NVwZ 2019, 152 (Eingangsbesoldung in Baden-Württemberg).

3 Koalitionsvertrag der Ampel-Koalition, https://www.spd.de/fileadmin/Dokumente/Koalitionsvertrag/Koalitionsvertrag_2021-2025.pdf, S. 84.

die Definition einheitlicher digitaler Standards und APIs ermöglicht effizienteren Datenaustauch und die Vernetzung vorhandener Softwaresysteme; vorhandene Plattformen für die Interaktion der Justiz mit den Nutzenden „lernen" die menschlichen Antworten und können sie sukzessive technisch abbilden – die Möglichkeiten zur digitalen Weiterentwicklung sind unbeschränkt. Der Anfang muss aber gemacht werden, und der liegt in der vollständigen Digitalisierung des Justizsystems und der Zivilverfahren – das ist die Basis für jede weitere Entwicklung. Wie beim Smartphone wird es auch bei der Digitalisierung der Justiz so sein, dass weder die technische Entwicklung noch die zukünftige Veränderung der Bedürfnisse der Nutzerinnen und Nutzer schon heute absehbar sind.

Dies ist kein Bruch mit der Tradition, sondern umgekehrt deren konsequente Fort- 7
schreibung: Die CPO und die gesamte Gesetzgebung im Bereich der Rechtspflege waren bei ihrer Entstehung stets auf der Höhe ihrer Zeit. Das Bestreben, ein Prozessrecht und eine Justiz zu schaffen, die den zeitgemäßen Formen des realen Lebens gerecht wird, und die dem an die Handlungsweisen der Gegenwart gewöhnten Publikum so weit wie möglich entgegenkommt, ist eine Konstante in den bis heute maßgeblichen Gesetzgebungsakten. An dieses Bestreben gilt es auch heute anzuknüpfen.

B. Digitalisierung zur Erleichterung des Zugangs zum Recht

Neben dieser eher justizinternen Perspektive kommt der Digitalisierung des gesamten 8
Rechts- und Justizsystems – einschließlich der Anwaltschaft und sonstiger juristischer Dienstleister – vor allem eine herausragende Bedeutung für den Zugang der Bürgerinnen und Bürger zum Recht zu.[4] Dass in dieser Hinsicht schon heute ein Defizit besteht, belegen die bei den Landgerichten bis 2017 und bei den Amtsgerichten bis heute kontinuierlich und gravierend gesunkenen Eingangszahlen[5] bei den Zivilgerichten.[6] Zwar ist die zu den Ursachen für diesen Rückgang vom BMJ in Auftrag gegebene Studie noch nicht abgeschlossen; es steht aber dringend zu vermuten, dass diese Zahlen Ausdruck einer abnehmenden Bedeutung der Ziviljustiz für die Beilegung von Konflikten sind. Da die Ziviljustiz aber der einzige vorgesehene staatliche Weg der Streitbeilegung auf der Grundlage des materiellen Zivilrechts ist,[7] bewirkt der Bedeutungsverlust der Ziviljustiz

4 Dazu § 2 (*Brügmann*).

5 S. Statistisches Bundesamt, Fachserie 10 Reihe 2.1: Bei den Amtsgerichten mehr als Halbierung der Neueingänge von 1998 (1,58 Mio.) bis 2021 (754.000), bei den Landgerichten Rückgang um 25 % von 1998 (404.000) bis 2017 (308.000), seither kurzer Aufwuchs durch die „Diesel-Welle" auf 366.000 in 2020, die 2021 schon wieder auf 330.000 abgeebbt ist.

6 S. hierzu aus soziologischer Perspektive § 30 (*Günther/Wrase*).

7 Die Verbraucherschlichtung nach dem VSBG ist gem. § 19 Abs. 1 S. 2 VSBG nicht streng rechtsgebunden; erst recht unterliegen die Streitbeilegungseinrichtungen der privatwirtschaftlichen Plattformen (ebay, PayPal & Co.) keiner strengen Rechtsbindung.

zugleich einen Bedeutungsverlust des BGB selbst als einzigem staatlich gesetztem, demokratisch legitimiertem zivilrechtlichem Regelwerk. Wer will, dass Konflikte unter Privaten vorrangig nach den Regeln des BGB und den darin getroffenen Wertentscheidungen gelöst werden, muss die Streitbeilegung vor Zivilgerichten attraktiver machen, damit die Streitparteien als Methode der Konfliktlösung wieder den Zivilprozess wählen.

9 In diesem Zusammenhang ist immer wieder vom „rationalen Desinteresse" der Bürgerinnen und Bürger die Rede, die ihre Rechte nicht vor den Zivilgerichten durchsetzen wollten, sofern der Streitwert nicht erheblich ist. Der häufig zitierte Roland Rechtsreport gibt einen Durchschnittswert von ca. 3.700 Euro an, unterhalb dessen Privatpersonen durchschnittlich keine Zivilklage erheben würden.[8] Der Ausdruck „rationales Desinteresse" wirkt indessen zynisch, denn das „Desinteresse" ist nur deswegen „rational", weil der Aufwand für einen Zivilprozess so hoch ist, dass er sich für geringwertige Forderungen nicht lohnt. Das „rationale Desinteresse" ist mithin ein Gradmesser für die Zugangshürden des Rechts- und Justizsystems in seiner konkreten Ausgestaltung – verstanden als Gesamtheit von Rechtsordnung, Justiz und Anwaltschaft. Mit mangelndem Engagement oder Interesse von Verbraucherinnen oder Verbrauchern an einem Zugang zur Ziviljustiz hat es dagegen nichts zu tun.

10 Gemessen an der gegenwärtig geringen Inanspruchnahme des Rechts- und Justizsystems durch Private muss daher konstatiert werden, dass die Hürden, die dieses System Rechtssuchenden in den Weg stellt, diese in großer Zahl von der Durchsetzung ihrer Rechte abhält. Aus ihrer Sicht liegt die Justizgewährung hinter einem Bollwerk formalistischer Hürden, das ohne teure anwaltliche Unterstützung und Eingehung erheblicher finanzieller Risiken praktisch nicht zu überwinden ist. Nur unter diesen Umständen ist es ökonomisch rational, auf die Durchsetzung relativ geringwertiger Ansprüche zu verzichten.

11 Die Erfahrungen der letzten Jahre zeigen indessen, dass diese Hürden mit den Mitteln der Digitalisierung reduziert werden können, wodurch der Grad der Rechtsdurchsetzung steigt. Mit den massenhaft standardisiert erhobenen Entschädigungsklagen nach der Fluggastrechteverordnung wurde sichtbar, was sich bis dahin eher langsam und im Verborgenen entwickelt hatte: Ein effektives Zusammenspiel aus sog. „Legal Tech-Inkassodienstleistern", technisch versierten Anwaltskanzleien und professionellem Internet-Marketing ermöglicht es, Ansprüche vor Gericht zu bringen, die bis dato dem so genannten „rationalen Desinteresse" – genauer also: den Hürden des Rechts- und Justizsystems – zum Opfer gefallen waren. Spezialisierte Dienstleister gehen proaktiv auf potenzielle Anspruchsberechtigte über Werbekanäle im Internet, speziell in sozialen Medien, zu, sprechen diese gezielt (und z.T. durchaus hartnäckig) an und weisen sie auf mögliche Ansprüche hin, die ihnen zustehen können. Der Erstkontakt zu die-

8 Roland Rechtsreport 2022 (https://www.roland-rechtsschutz.de/media/roland-rechtsschutz/pdf-rr/042-presse-pressemitteilungen/pressemitteilungen/dateien-im-artikel/20220222-rechtsreport_2022.pdf), S. 20.

sen Dienstleistern folgt einem ausgeklügelten Marketingkonzept, das über optimierte „Landing Pages" über schrittweise Informationseingabe bis zum (Inkasso-)Auftrag führt – ein benutzerfreundliches Interface für die Rechtsdurchsetzung.[9] Viel Aufwand fließt dort in den Abbau jeglicher Hürden vor der Auftragserteilung – nicht umsonst wird berichtet, dass ein ganz erheblicher Teil der Kosten der sog. „Legal Tech-Inkassodienstleister" auf die Mandatsakquise entfällt. Hinzu kommt ein „Rundum-Sorglos-Paket" dieser Dienstleister, die mit Erfolgshonoraren und Prozessfinanzierung den Rechtssuchenden möglichst viele Risiken der zivilprozessualen Rechtsdurchsetzung abnehmen – in der Regel gegen prozentuale Beteiligung am Prozessergebnis. Am Ende steht dann gleichwohl häufig ein „klassischer" Zivilprozess, geführt von Anwältinnen und Anwälten vor einem Zivilgericht.

Die Legal Tech-Dienstleister fungieren aber gewissermaßen als Puffer zwischen den 12 Rechtssuchenden und dem Rechts- und Justizsystem – sie federn für sie die wirtschaftlichen Risiken ab und überwinden die institutionellen Hürden. An der Erfolgsprovision lässt sich ablesen, das Rechtssuchende sogar bereit sind, auf einen erheblichen Anteil (i.d.R. zwischen 20 und 35%) ihres berechtigten Anspruchs zu verzichten, wenn sie sich dafür *nicht* selbst mit dem Rechts- und Justizsystem auseinandersetzen müssen. Dass das Geschäftsmodell der Inkassodienstleister in manchen Gebieten gut funktioniert, ist ein Beleg für die Lästigkeit der Anspruchsdurchsetzung auf dem „regulären" Weg durch eigene Klageerhebung (mit anwaltlicher Unterstützung), also für die Höhe der Hürden, die das Rechts- und Justizsystem für die Rechtssuchenden errichtet.

Legal Tech-Inkassodienstleister sind aber kein Allheilmittel für den (digitalen) Zu- 13 gang zum Recht, der eine Digitalisierung der Ziviljustiz ersetzen könnte. Sie erfassen nur einen kleinen Teil der möglichen Ansprüche, weil sie sich auf wenige, besonders gut „skalierbare" Rechtsmaterien beschränken,[10] und zudem meist nur Ansprüche ankaufen, deren Erfolgsaussichten besonders hoch sind.[11] Für alle Ansprüche, die hiervon nicht erfasst werden, bleibt es bei den beschriebenen Hürden des Rechts- und Justizsystems. Allerdings zeigt der Erfolg der Legal Tech-Inkassodienstleister, wie groß das Potenzial der Justiz zur Rechtsdurchsetzung wäre, wenn sie ihre Zugangshürden senken würde. Zugleich wird sichtbar, dass auch die Durchsetzung niedriger Streitwerte ein lohnenswertes Geschäft sein kann – vorausgesetzt, die Arbeitsabläufe auf Seiten der Rechtsdienstleister werden ressourcenschonend digital gestaltet.

9 Dazu § 3 (*Lorenz/Dülpers*).
10 Dazu § 6 (*Quarch*).
11 Dazu § 5 (*Unseld*).

C. Digitalisierung in der Anwaltschaft

14 Die Digitalisierung fordert schließlich auch die Anwaltschaft heraus: Mit digitalen Werkzeugen vom Wissensmanagement[12] über digitale Prozessrisikoanalyse[13] bis zur (teil)automatisierten Schriftsatzgestaltung[14] kann die Mandatsbearbeitung effektiver gestaltet werden. Schon gegenwärtig und erst recht mittelfristig ist die Nutzung entsprechender Werkzeuge ein wesentlicher Wettbewerbsfaktor im Kanzleimarkt. Wer dauerhaft ausschließlich auf menschliche „Handarbeit" setzt, muss zwangsläufig höhere Kosten in Kauf nehmen, die gegenüber der Mandantschaft rechtfertigungsbedürftig sind. Diese wird nicht mehr lange bereit sein, hohe Stundensätze für Tätigkeiten wie etwa Dokumentenscreenings im Rahmen von *due diligence*-Prüfungen zu bezahlen, die die Konkurrenz automatisiert mit KI-Einsatz für einen Bruchteil der Kosten anbietet. Gleiches gilt für die Rechtsdurchsetzung oder -verteidigung in Massenverfahren, wenn geschickte Automation der Schriftsatzgenerierung eine Abrechnung auf RVG-Basis lukrativ macht,[15] während die Konkurrenz mit Handarbeit kaum kostendeckend arbeiten kann.

15 Neben dieser internen Konkurrenzproblematik innerhalb der Anwaltschaft kommt der Digitalisierung der anwaltlichen Arbeitsweise auch eine Bedeutung für den Zugang zum Recht zu: Je effizienter die Anwaltschaft ihre Mandate bearbeiten kann, je digitaler und responsiver sie kommuniziert, je kostengünstiger sie durch Einsatz von Legal Tech wird, desto eher kann sie die oben beschriebene Rolle übernehmen, die derzeit überwiegend Legal Tech-Dienstleister ausüben: Puffer und „Interface" zwischen den Rechtssuchenden und der Justiz, ein zeitgemäßes Gesicht des Rechts- und Justizsystems.

16 Wer nun behauptet, dies sei schon immer die Rolle der Anwaltschaft gewesen, hat zwar einerseits recht; andererseits ist die Krise der Ziviljustiz aber auch eine Krise der Anwaltschaft, denn der Rückgang der Eingangszahlen bei den Zivilgerichten ist zugleich auch ein Rückgang der anwaltlichen (Prozess-)Mandate. Noch zu klären bleibt indessen, ob diejenigen Fälle, die nicht mehr vor Gericht gelangt sind, bereits nicht zur Anwaltschaft gelangt sind; oder ob Anwältinnen oder Anwälte zwar kontaktiert wurden, aber von einer Klageerhebung abgeraten haben.[16] Jedenfalls unter der erstgenannten Hypothese wäre es auch das „Interface" der Anwaltschaft, das die Rechtssuchenden von einer Kontaktaufnahme abgeschreckt hat. Die Anwaltschaft wäre dann Teil des Problems, nicht Teil der Lösung – auch sie müsste dann nach Wegen suchen, für ihre Kundinnen und Kunden zugänglicher zu werden.

---

12 Dazu § 9 (*Altenhofen*).

13 Dazu § 5 (*Unseld*).

14 Dazu § 8 (*Reiter/Methner/Wunderlich/Emke*).

15 S. etwa https://www.juve.de/verfahren/naechste-diesel-klagewelle-rollt-jetzt-wird-nach-rvg-abgerechnet/.

16 Hierzu fehlt bislang belastbares Zahlenmaterial; zu den Gründen, welche die Anwaltschaft hinter dem Rückgang der Eingangszahlen vermutet, *Kilian*, AnwBl. 2022, 418ff.

D. Digitalisierung als neues Anforderungsprofil für das Rechts- und Justizsystem

Aus dem Vorstehenden wird deutlich, dass die Digitalisierung für Zivilverfahren mehr bedeutet als eine bloße Übertragung des bisherigen Papieraktensystems in eine papierlose PDF-Welt. Vielmehr erwarten die Rechtssuchenden von der Ziviljustiz ein zeitgemäßes „Benutzerinterface", wie es der digitalen Lebenswirklichkeit entspricht und in der digitalisierten Privatwirtschaft üblich ist. Unmittelbares Feedback (bspw. auch zu Erfolgschancen), Online-Kontaktaufnahme über eine leicht bedienbare Nutzendenoberfläche, schnelle Entscheidungen, Transparenz – all das sind „digitale Stellschrauben" der Attraktivität der Justiz, die derzeit nur unzureichend eingestellt sind oder noch gar nicht existieren. Es geht dabei nicht lediglich um das „Nice-to-have" einer Justiz, die um jeden Preis „modern" wirken will. Vielmehr sind dies die neuen Funktionsbedingungen der Justiz im digitalisierten Rechtsstaat – und damit des Rechtsstaats selbst, der schließlich durch die Justiz verwirklicht wird. 17

Diese Funktionsbedingungen benötigen vielfältige digitale Bausteine, die fortentwickelt werden: Digitale Kommunikationssysteme[17] und Plattformlösungen wie Justizportale,[18] ein echtes Online-Mahnverfahren[19] und elektronische Verfahrenskommunikation,[20] nutzendenfreundlich gestaltete e-Akten,[21] digitale Dokumentenanalyse,[22] moderne Fachverfahren[23] und Justiz-Apps[24] für effizientere Sachbearbeitung im Gericht, strukturierter Parteivortrag[25] und vermehrte Videoverhandlungen,[26] digitale Beweisaufnahme[27] und digitales Sitzungsprotokoll[28] für ressourcenschonendes Verfahrensmanagement sowie digitale Gerichtsöffentlichkeit[29] für mehr Transparenz sind wichtige erste Schritte für ein moderneres Gerichtsverfahren, das auch wieder attraktiv für die Rechtssuchenden ist. 18

Eine übergreifende Methode, wie ein solches komplexes System konsequent auf die Bedürfnisse seiner Nutzerinnen und Nutzer ausgerichtet werden kann, ist *Legal Design*, welches deshalb in diesem Buch nicht fehlen darf.[30] Eine nachhaltige digitale Transformation der Justiz braucht mehr als die Schaffung einzelner technischer Lösungen. Der Zi- 19

17 § 11 (*Biallaß*).
18 § 12 (*Dörr*).
19 § 13 (*Baumann*).
20 § 14 (*Herberger*).
21 § 15 (*Jansen/Schlicht*).
22 § 7 (*Yuan*).
23 § 16 (*Visarius/Hey*).
24 § 17 (*Orth*).
25 § 18 (*Köbler*).
26 § 19 (*Windau*).
27 § 20 (*Irskens*).
28 § 21 (*Schultzky*).
29 § 27 (*Paschke*).
30 § 28 (*Andert*).

vilprozess muss insgesamt neu gedacht werden, und zwar aus der Perspektive der radikal veränderten Realität des digitalen Zeitalters. Ausgehend von der Erkenntnis, dass der Zivilprozess bei technischer Betrachtung im Wesentlichen auf Informationsaustausch zwischen den Parteien und dem Gericht und auf der Verarbeitung dieser Informationen beruht, ist für jeden einzelnen Kommunikations- oder Verarbeitungsvorgang zu fragen, wie dieser digital gedacht und umgesetzt werden kann.[31] Dies kann nur unter Einbeziehung aller Akteurinnen und Akteure aus der Anwaltschaft und der Justiz sowie unter Beachtung der in den zivilprozessualen Verfahrensgrundsätzen abgebildeten Kerngedanken[32] geschehen. Ein Ergebnis einer solchen umfassenden Neuorientierung wäre etwa ein System standardisierter digitaler Schnittstellen zur Informationsübertragung und gemeinsamen Datenhaltung zwischen allen Beteiligten im „Gesamtsystem Zivilprozess".[33]

20 Verpasst die Justiz den Anschluss an die veränderte Kommunikationskultur eines technologisierten Zeitalters, und verfehlt sie dadurch die (berechtigten) Erwartungen der Gesellschaft, so verliert sie ihre Bedeutung für die tatsächliche Durchsetzung von Rechten. Bürgerinnen und Bürger verzichten dann entweder auf eine Durchsetzung ihrer Rechte oder wenden sich zur Rechtsdurchsetzung an andere (private) Einrichtungen, die zeitgemäße Kommunikationsformen und Verfahren bereithalten, aber nicht den gleichen rechtsstaatlichen Qualitätsanforderungen unterliegen wie das Rechts- und Justizsystem. Beides bringt den Rechtsstaat in existenzielle Gefahr. Er selbst muss daher den Prozess der Rechtsdurchsetzung mit Entschlossenheit zeitgemäß ausgestalten, damit der nur von ihm zu verbürgende hohe Standard dauerhaft auch in der Realität erhalten bleibt.

E. Blick über den Tellerrand

21 Eine Erneuerung der Ziviljustiz kann nicht nur von innen kommen. Wenn das digitale Rad nicht neu erfunden werden soll, sind Blicke über den Tellerrand erforderlich. Dazu dienen die Einblicke in die außergerichtliche Streitbeilegung durch Mediation,[34] Verbraucherschlichtung[35] und Schiedsgerichtsbarkeit,[36] denn diese Bereiche sind bereits Digitalisierungsschritte gegangen, die der staatlichen Justiz als Vorbild dienen können. Gleiches gilt für den Blick ins Ausland.[37] So sollen sich die unterschiedlichen Perspektiven wechselseitig befruchten, anstatt sich argwöhnisch zu beobachten.

---

31 S. dazu auch die Ausblicke von *Hartung* (§ 10) für die Anwaltschaft von *Breidenbach* (§ 33) für die Justiz und den Zivilprozess als Ganzes.

32 § 26 (*Rühl/Horn*).

33 § 29 (*Waltl/Wagner/Jacob/Schindler*).

34 § 23 (*Gläßer*).

35 § 24 (*Braun/Burr/Klinder*).

36 § 25 (*Scherer/Jensen*).

37 § 32 (*Voß*).

Cord Brügmann

§ 2 Zugang zum Recht

Gliederungsübersicht **Rn.**

Literatur: *Alston et al.*, What is Access to Justice? Identifying the Unmet Legal Needs of the Poor, Fordham International Law Journal vol 24 (2000), 187 ff.; *Andert/Dörr* in: Der Zivilprozess der Zukunft: Legal Design Thinking für mehr Zugang zum Recht, in Legal Tribune Online, 25.11.2020, https://www.lto.de/persistent/a_id/43531/; *Bradley/Casterline*, Understanding Unmet Need: History, Theroy, and Measurement, Studies in Family Planning, vol 45 (2014), 123 ff.; *Braegelmann*, Legal Tech für Alle!, in: Breidenbach/Glatz (Hrsg.), Rechtshandbuch Legal Tech, 2. Auflage 2021, 379 ff.; *Brügmann*, Lawyer Profession International – Better Regulation, Bucerius Law Journal 2019, 7 ff.; *Brügmann*, Regulatory Sandboxes – Reallabore für den Rechtsmarkt, Rethinking Law 2019, 76 ff.; *Brügmann*, Access to Justice, Public Interest and Independence of the Lawyer Profession, in: Yeshanew/Ibrahim (Hrsg.), Righting Human Rights through Legal Reform. Ethiopia's Contemporary Experience, Ethiopian Human Rights Law Series (XII) (2021), 241 ff.; *By-*

Cord Brügmann
https://doi.org/10.1515/9783110755787-002

rom, Developing the detail: Evaluating the Impact of Court Reform in England and Wales on Access to Justice, 2019; *Curran/Noone*, The Challenge of Defining Unmet Legal Need, York Journal of Law and Social Policy, vol. 21 (2007), 63ff.; European Agency for Fundamental Rights and Council of Europe, Handbook on European law relating to access to justice, 2016; *Hellmann/Schmidt/Heller*, Social Justice in the EU and OECD, Index Report 2019; *Hommerich/Kilian*, Mandaten und ihre Anwälte. Ergebnisse einer Bevölkerungsumfrage zur Inanspruchnahme und Bewertung von Rechtsdienstleistungen, 2007; *Kilian*, Zugang zum Recht, AnwBl 2008, 236ff.; *Lugli*, The Making of Measure and the Promise of Sameness, 2019; *Matiaško*, Access to justice through lenses of vulnerability and equality: a dialogue between philosophy and law, ERA Forum vol 22 (2022), 717ff.; *Römermann*, Die Anwaltschaft ist kein Hilfsorgan der Justiz, AnwBl 2021, 285ff.; *Römermann*, Anwaltliche Core-Values: Eine Abrechnung, AnwBl Online 2021, 297ff.; *Sandefur*, Accessing Justice in the Contemporary USA: Findings from the Community Needs and Services Study (2014); United Nations Development Programme (2013), Strengthening Judicial Integrity through Enhanced Access to Justice; *Voß*, Gerichtsverbundene Online-Streitbeilegung: ein Zukunftsmodell? Die online multi-door courthouses des englischen und kanadischen Rechts, RabelsZ 2020, 62ff.; World Bank, Women, Business and the Law 2021, 53ff.; World Justice Project, Measuring the Justice Gap. A People-Centered Assessment of Unmet Justice Needs Around the World, 2019; *Wrase/Thies/Behr/Stegemann*, Gleicher Zugang zum Recht, (Menschen-)Rechtlicher Anspruch und Wirklichkeit, APuZ 2021 (https://www.bpb.de/shop/zeitschriften/apuz/herrschaft-des-rechts-2021/340014/gleicher-zugang-zum-recht/).

A. Einleitung

1 Dieses Kapitel dient dem Zweck, den Boden zu bereiten für die Diskussion der vielen Einzelaspekte, die im Folgenden ausgebreitet werden. Dabei lasse ich mich von zwei Überlegungen leiten: Erstens: Ich stelle fest, dass wir Beteiligten an der Diskussion um die Digitalisierung und die Modernisierung des Zivilverfahrens durchaus unterschiedliche Vorstellungen davon mitbringen, was das eigentlich ist, dieser Zugang zum Recht. Daher möchte ich versuchen, dem Begriff Konturen zu geben, die zumindest Bausteine sein können auf dem Weg zu einem gemeinsamen Verständnis, das Praktikerinnen, Wissenschaftler und Rechtspolitikerinnen teilen sollten. Zweitens möchte ich der Debatte über die Modernisierung des Zivilverfahrens mit dem Klagen über mangelnde Empirie begegnen, indem ich mit so genannten Unmet-Legal-Needs-Studien ein Instrument vorstelle. Ich meine, Unmet-Legal-Needs-Studien sind geeignet, in der Debatte um Änderungen der Rahmenbedingungen von Justiz, Rechtspflege und Rechtsmarkt die von der Herausgeberin Sina Dörr eingeforderte „Kundenperspektive" systemisch zu berücksichtigen. Dieser Beitrag ist nicht aus der Rechtanwendungs-, sondern aus einer rechtspolitischen Perspektive formuliert.

B. Zugang zum Recht

I. Keine Legaldefinition im nationalen Recht

In Folge 31 des Rechtsgespräch-Podcasts sagt der Herausgeber dieses Praxishandbuchs *Thomas Riehm*: „Mir gefällt der Begriff ‚Zugang zum Recht' nicht."[1] Ich verstehe *Riehm* so: Bürgerinnen und Bürger und Unternehmen wollen kein abstraktes Recht, sondern es geht ihnen um Konflikte in der Lebenswirklichkeit, die sie lösen möchten. Das Recht und die Durchsetzung von Ansprüchen ist nur ein Weg.[2] Insofern, das wird jede Rechtsanwältin bestätigen können, möchten Mandanten tatsächlich keinen Zugang zum Recht, sondern sie wollen in der realen Welt eine Leistung. Außerdem ist „Zugang zum Recht" – wie „Core Values der Anwaltschaft" oder „richterliche Unabhängigkeit" – ein Begriff, den wir häufig nutzen, aber wohl nicht einheitlich verstehen. „Zugang zum Recht" wird teilweise eng verstanden als Zugang zu einer (zivil-) gerichtlichen Entscheidung;[3] andere Autor:innen verstehen „Zugang zum Recht" sehr weit – im Grunde genommen als Imperativ, gleichen Zugang zu sozialen Grundrechten zu gewähren.[4] In Deutschland haben es Rechtsprechung und Rechtswissenschaft nie unternommen, den Begriff allgemein zu definieren. Wenn Gerichte ihn nutzen, dann haben sie ein Alltagsverständnis vorausgesetzt, das (verständlicherweise) justizzentriert ist.[5] Im gesetzten Bundesrecht ist der Begriff außerdem **nicht legaldefiniert**; er taucht nur auf in § 10 Beratungshilfegesetz und § 1076 ZPO; das sind aber lediglich Bezugnahmen auf eine EU-Richtlinie zur Verbesserung des Zugangs zum Recht in grenzüberschreitenden Zivilsachen.[6, 7] In der Wissenschaft finden wir einerseits **sozialwissenschaftliche Konturierungen** des Begriffs, die über den Zugang zu gerichtlichen Verfahren hinausgehen und Ansprüche auf gesellschaftliche und politische Teilhabe umfassen, soweit sie irgendwie rechtlich fassbar sind.[8] In der nationalen rechtswissenschaftlichen Diskussion erscheint der Zugang zum Recht eher eng fokussiert auf die Justiz. Er wird abgeleitet aus Art. 19 IV GG (Rechtsweg- oder Justizgewährungsgarantie) und dem Rechtsstaatsprinzip des Art. 20 III GG mit sei- 2

1 https://rechtsgespraech.libsyn.com/folge-31-verbraucherstreitlsung-20-und-urteilsanalyse-international (21m 06s), zuletzt aufgerufen am 25.2.2022.

2 Viel ausführlicher schildert *Riehm* das in JZ 2016, 866 (867).

3 *Voß*, Gerichtsverbundene Online-Streitbeilegung: ein Zukunftsmodell? Die online multi-door courthouses des englischen und kanadischen Rechts, RabelsZ 2020, 62.

4 *Hellmann/Schmidt/Heller*, Social Justice in the EU and OECD. Index Report 2019.

5 Eine einfache juris-Recherche zeigt 430 Rechtsprechungs-Einträge zum Suchbegriff „Zugang zum Recht." Für die nationale ordentliche Gerichtsbarkeit sind es 133 Einträge, in der Verwaltungs- und Sozialgerichtsbarkeit zusammen 93 Einträge.

6 Richtlinie 2003/8/EG des Rates vom 27.1.2003 zur Verbesserung des Zugangs zum Recht bei Streitsachen mit grenzüberschreitendem Bezug durch Festlegung gemeinsamer Mindestvorschriften für die Prozesskostenhilfe in derartigen Streitsachen.

7 Bundesrechtlich findet sich eine weitere Bezugnahme auf die EU-Richtlinie in § 1 EG-PKHVV; landesrechtlich in § 5 ÖRAuskStG HA.

8 *Hellmann/Schmidt/Heller*, Social Justice in the EU and OECD, Index Report 2019.

nem Justizgewährungsanspruch.[9] In der juristischen (Binnen-) Diskussion wird der Begriff „Zugang zum Recht" häufig synonym zum Begriff **„Zugang zur Justiz"** verwendet, möglicherweise auch vor dem Hintergrund, dass der englische Begriff „access to justice" zwar ähnlich klingt wie „Zugang zur Justiz", aber weiter zu verstehen ist; er umfasst in aller Regel mehr als nur die Justiz; „justice" könnte in unserem Zusammenhang manchmal ganz umfassend mit „Gerechtigkeit übersetzt werden, mindestens aber mit „Recht". Gerne wird das Schlagwort vom „Zugang zum Recht" auch da verwendet, wo es um die Rolle und die rechtlichen Rahmenbedingungen der Anwaltschaft geht.[10] Und wenn von den so genannten Core Values der Anwaltschaft gesprochen wird,[11] die eigentlich Pflichten sind, geschaffen zugunsten von Mandantinnen und Mandanten. Aber auch hier findet die Diskussion in der Regel innerhalb von Überlegungen statt, wie man Möglichkeiten schaffen kann, einen Anspruch (normativ und faktisch) vor einem staatlichen Gericht durchzusetzen.[12]

3 Riehms Unwohlsein mit dem Begriff „Zugang zum Recht" ist also ein guter Beleg dafür, dass wir in der nationalen Diskussion ein zu justizzentriertes Verständnis haben und dass eine Begriffsklärung sinnvoll ist.

II. EU-Recht

4 Wir sind nicht allein auf den Blick in das nationale Recht beschränkt. Möglicherweise hilft das **supranationale Recht**, um dem Zugang zum Recht Konturen zu verleihen. Art. 47 der Europäischen Grundrechtecharta spricht auf den ersten Blick eher für ein enges Verständnis, wenn dort das Recht auf einen wirksamen Rechtsbehelf verbunden wird mit dem Recht auf ein unparteiisches Gericht. Allerdings zeigen Abs. 2 und 3, dass der Europäische Gesetzgeber schon weiter gedacht hat,[13] als er das Recht, beraten zu werden („Everyone shall have the possibility of being advised ..."), durch das Recht auf finanzielle Unterstützung dafür absicherte und das nicht auf gerichtliche Verfahren beschränkte: „Legal aid shall be made available to those who lack sufficient resources in so far as such aid is necessary to ensure effective access to justice." Klar ist: Dieses Versprechen kann nur eingelöst werden, wenn „legal aid" mehr ist als nur Prozesskostenhilfe, wie die deutsche Fassung missverständlich nahelegt.[14] Und der Vergleich der englischen

9 *Burghart* in: Leibholz/Rinck, Grundgesetz, 85. Lieferung 2.2022, Art. 20 GG, Rn. 1201.

10 *Bundesrechtsanwaltskammer*, Presseerklärung „Den Rechtsstaat stärken! Den Rechtsstaat zukunftssicher gestalten!, Presseerklärung vom 5.7.2021 (https://www.brak.de/presse/presseerklaerungen/2021/brak-fordert-neuauflage-des-pakts-fuer-den-rechtsstaat/).

11 Kritisch dazu *Römermann*, Anwaltliche Core-Values: Eine Abrechnung, AnwBl Online 2021, 297.

12 *Heussen*, Zugang zum Recht, AnwBl 2005, 771, der die Bedeutung der Anwaltschaft bei der Durchsetzung von Einzelinteressen vor Gericht als wichtigstes Merkmal des Zugangs zum Recht betont.

13 In der englischen Fassung; die deutsche Übersetzung ist insofern missverständlich.

14 Zur Diskussion auf europäischer Ebene vgl. *European Agency for Fundamental Rights and Council of Europe*, Handbook on European law relating to access to justice, 2016.

mit der deutschen Fassung zeigt ein weiteres mögliches Missverständnis auf: „Access to justice" ist eben nicht nur der Zugang zu Gerichten, sondern der Zugang zum Recht setzt schon früher an: Vor dem Gericht, vor der (anwaltlichen) Vertretung, mindestens dort, wo Beratung nötig ist.

III. Völkerrecht

Das weite Verständnis des EU-Rechts vom Zugang zum Recht findet sich auch im Völkerrecht wieder: Das UN Development Program **(UNDP)** hat 2013 die folgende Definition verabschiedet: 5

> *„Access to justice is [t]he ability of people to seek and obtain a remedy through formal or informal institutions of justice, and in conformity with human rights standards."*[15]

Diese Definition hat die folgenden Tatbestandsmerkmale: „Ability to seek": „Seek" enthält die Bereitstellung von Verfahren; „Ability" das, was man sozialwissenschaftlich als Empowerment, also die Stärkung und Befähigung versteht. „Ability to obtain": im Wort „obtain" steckt die Durchsetzung des Anspruchs, was natürlich neben der schieren Existenz eines Anspruchs bedeutend ist. „Remedy": Es geht also um Ausgleich, Abhilfe, um mehr als nur das (funktionale) Rechtsmittel. Für das Verständnis der Begriffe „formal and informal institutions of justice" muss man sich vor Augen führen, dass es in vielen Gesellschaften seit jeher informelle Institutionen gibt, die Streit schlichten, richten oder mediieren.[16] Diese Institutionen ernst zu nehmen, menschenrechtlich einzuhegen und in ein System der Streitkultur einzubetten ist eine wichtige Errungenschaft internationaler Politik. Dieser Teil der UNDP-Definition ist abgeleitet aus Rechtssystemen, in denen staatliche „moderne" Gerichtsbarkeit neben traditionelle informelle Streitschlichtungssysteme tritt; sie erlaubt es auch, die in Deutschland normierten Möglichkeiten von Mediation, Verbraucherschlichtung und Schiedsgerichtsbarkeit zu umfassen.[17] Die allgemeine UNDP-Definition des Zugangs zum Recht ist nicht auf eine Gerichtsbarkeit (etwa die Zivilgerichtsbarkeit) beschränkt; die uns geläufige Abgrenzung der Rechtsgebiete voneinander spielt hier keine Rolle. „In conformity with human rights standards": Das ist das letzte Merkmal der UNDP-Definition und bildet gleichsam den Überbau; es macht klar, dass sich „Justice", also: „Recht" oder „Gerechtigkeit", immer an Menschenrechtsstandards messen lassen muss. Es verlagert aber auch die Diskussion über den Umfang des „Zugangs zum Recht" wieder zur (rechtlichen und politischen) Diskussion darüber, ob Grundrechte primär Abwehr- und Freiheitsrechte sind oder (so- 6

15 *United Nations Development Programme* (2013), Strengthening Judicial Integrity through Enhanced Access to Justice.

16 Vgl. *Kötter*, Besserer Zugang zum Recht (Access to Justice) durch staatliche Anerkennung informeller Justizsysteme? Zur Relevanz rechtssoziologischer Forschung für die Außen- und Entwicklungspolitik, SFB-Governance Working Paper Series Nr. 74, DFG Sonderforschungsbereich 700, Berlin.

17 Vgl. die Beiträge in diesem Handbuch §§ 23 (*Gläßer*), 24 (*Braun/Burr/Klinder*) und 25 (*Scherer/Jensen*).

ziale) Teilhaberechte, die in der völkerrechtlichen Diskussion ähnlich geführt wird wie national.[18]

IV. Eigene Definition

7 Mir scheint für die Zwecke unserer Debatte die UNDP-Definition teilweise zu weit zu sein und gleichzeitig unvollständig. Daher möchte ich hier Elemente einer zeitgemäßen Definition anbieten, formuliert aus der Sicht derjenigen, die den Zugang suchen:

> Zugang zum Recht hat die Person, die (1) Rechte hat, (2) ihre Rechte kennt und (3) fähig ist, ihre Rechte im System der Rechtspflege wirksam zu verfolgen.

1. Existenz von Rechten

8 Anzuerkennen, dass jemand materielle und prozessuale Rechte überhaupt hat (erstes Tatbestandsmerkmal) ist keine Selbstverständlichkeit. Das ist uns in den vergangenen Jahren an unterschiedlichsten Stellen vor Augen geführt worden: Im öffentlichen Recht wurde das am Beispiel des Umgangs mit Flüchtlingen und Migranten sichtbar, denen – an den EU-Außengrenzen – seit Jahren häufig noch nicht einmal ein Anspruch auf ein Verfahren zugebilligt wird, in dem die Existenz eines Schutzstatus geprüft werden könnte.[19] Das hat existenzielle Folgen für die, denen **das Recht, Rechte zu haben**,[20] abgesprochen wird. Viel weniger dramatisch, aber bedeutsam für den fairen Zugang zu Ressourcen des täglichen (Verbraucher-) Lebens erleben wir im Privatrecht, dass neben dem allgemeinen Leistungsstörungsrecht seit einigen Jahren mit pauschalen Entschädigungsansprüchen beispielsweise im Fluggast-[21] oder Telekommunikationrecht[22] neue Rechte entstehen, die überhaupt erst Voraussetzung für Möglichkeiten der Rechtsdurchsetzung sind. Die Diskussion über die Verrechtlichung von Soft Law (Leitlinien, unternehmerische Selbstverpflichtungen, weiche, nicht gesetzlich normierte Verhaltensnormen), etwa im Feld der Corporate Social Responsibility[23] oder im Lieferkettenrecht auf nationaler und EU-Ebene[24] zeigt ebenfalls, welche Bedeutung Gesellschaften dem formell gesetzten Recht geben – eigentlich ist diese Entwicklung, die bisweilen vordergrün-

---

18 *Vedder* in: Merten/Papier, Handbuch der Grundrechte in Deutschland und Europa, 1. Aufl. 2009, § 174 Die allgemeinen UN-Menschenrechtspakte und ihre Verfahren, Rn. 9ff.

19 Vgl. EGMR, Urteil v. 13.2.2020– 8675/15, 8697/15, NVwZ 2020, 697. In der Entscheidung hat der EGMR festgestellt, dass sogenannte Push-Backs in bestimmten Fällen zulässig seien.

20 Dieses Konzept geht zurück auf *Hannah Arendt*, The Origins of Totalitarianism, 1951 (Nachdruck 2017).

21 Art. 7 EU-Fluggastrechte-VO.

22 §§ 57ff. TKG.

23 Vgl. *Spießhofer* in: VGR, Gesellschaftsrecht in der Diskussion 2016, 1. Aufl. 2017, Corporate Social Responsibility – „Indienstnahme" von Unternehmen für gesellschaftspolitische Aufgaben?, S. 61ff.

24 Vgl. Grabosch (Hrsg.), Das neue Lieferkettensorgfaltspflichtengesetz, 2021.

dig unter dem Aspekt der Bürokratisierung beklagt wird, ein schöner Beleg für das **Vertrauen in die Kraft des (gesetzten) Rechts**.

2. Kenntnis eigener Rechte

Seine/Ihre Rechte zu kennen ist ein weiterer Bestandteil des Zugangs zum Recht. Daraus 9
lässt sich zweierlei ableiten: Einmal eine **Informationspflicht** des Staates, die über die amtliche Bekanntmachung von Normen hinausgeht und m. E. zumindest die allgemeine Veröffentlichung von Gesetzen und untergesetzlichem staatlichen Recht im Internet umfasst. Wichtiger noch: Der Staat muss die Informationspflicht nicht selbst erfüllen. Das Recht auf Zugang zum Recht umfasst auch die **Rechtsberatung**, die noch keine Rechtsverfolgung ist. Für diese muss der Staat Rahmenbedingungen schaffen. Dazu gehören niedrigschwellige öffentliche Rechtsberatungsstellen,[25] aber auch gute gesetzliche Rahmenbedingungen für effektive Rechtsberatung durch Anwaltschaft und private Institutionen, aber auch für innovative Unternehmen, die auf technologieunterstützte Information und Beratung setzen.

3. Befähigung zur wirksamen Rechtsverfolgung in der Rechtspflege

Die Befähigung, Rechte im System der Rechtspflege wirksam zu verfolgen, umfasst den 10
Aspekt des **Empowerment** aus der UNDP-Definition. Sie enthält aber im Vergleich zur Definition des UNDP auch eine Einschränkung: Wenn es zur Rechtsverfolgung kommt, d.h. wenn die Schwelle von Information und Beratung zur Vertretung und (außergerichtlichen oder gerichtlichen) Geltendmachung überschritten ist, soll nicht jedes informelle Angebot als Teil des zu schützenden oder zu fördernden Zugangs zum Recht zu verstehen sein. „In conformity with human rights standards“ ist ein Begriff, der richtig ist, aber m. E. selbstverständlich und außerdem schon enthalten im Merkmal der Existenz von Rechten. Für eine Eingrenzung sollten wird die Kriterien nutzen, die das deutsche Recht für regulierte Rechtsdienstleistungen aufstellt: Neben dem Anwaltsrecht[26] statuiert das RDG die Rahmenbedingungen für regulierte Rechtsdienstleistungen. Das heißt: Anwältinnen und Anwälte als **Organe der Rechtspflege** (§ 1 BRAO) brauchen Rahmenbedingungen, die ihnen erlauben, ihre individuelle Tätigkeit zugunsten von Mandantinnen und Mandanten auszuüben. Aber auch die Anwaltschaft als Berufsgruppe benötigt einen Ordnungsrahmen, der geeignet ist, ihr – der Berufsgruppe – systemisch Stabilität zu gewähren. Außerdem: Wer Rechtsdienstleistungen anbietet, nicht Anwältin oder Anwalt ist, mit seinem Angebot die Erheblichkeitsschwelle des § 2 I RDG überschreitet und somit entweder kraft Gesetzes (§§ 6–8 RDG) rechtsdienstleistungs-

25 Wie es sie u. a. in den Stadtstaaten Bremen, Hamburg und Berlin gibt, vgl. § 12 BerHG.

26 Insbesondere sind hier die BRAO, das einschlägige Verfahrensrecht und die die Mandantinnen und Mandanten schützenden Normen des Anwalts-Strafrechts zu nennen.

befugt ist oder aufgrund einer Rechtsdienstleistungslizenz gem. §§ 10 ff. RDG, ist nach diesem Verständnis auch Teil der Rechtspflege und bewegt sich damit in einem regulierten Rahmen, der Kundinnen und Kunden schützt und (zumindest als Reflex) auch die Anbieter. Aus Sicht der rechtssuchenden Individuen und Unternehmen ist diese Erweiterung des Rechtspflege-Begriffs auf staatliche (Justiz) und gesetzlich regulierte private Rechtsdienstleistungen nur konsequent. Sie nimmt außerdem den Willen des Gesetzgebers der 19. Legislaturperiode und der neuen Ampel-Koalition auf, noch mehr Kohärenz zwischen Anwaltsrecht und sonstigem Rechtsdienstleistungsrecht herzustellen.[27]

4. Zusammenfassung

11 Diese Merkmale sind geeignet, ein materiellrechtliches Ausufern zu vermeiden, denn sie gehen – positivistisch – davon aus, dass Recht gesetzt werden muss, um Geltung zu erlangen und hegen damit die bisweilen außerordentlich weiten denkbare Anwendungsbereiche ein. Gleichzeitig zeigen sie: Ein vorverlagerter Beginn des Zugangs zum Recht ist nötig: Der Weg beginnt schon bei der Information und geht über die Beratung und die außergerichtliche Vertretung und Anspruchsdurchsetzung zur Justiz. So wird außerdem der Zugang zum Recht innerhalb der Rechtspflege gehalten und es werden unterschiedliche Wege zum Recht erlaubt, solange sie in unser Verständnis von rechtsstaatlicher Konfliktlösung passen. Und durch eine Stärkung der frühen Stationen auf dem Weg zur möglichen gerichtlichen Entscheidung erfährt die Justiz eine Entlastung; sie kann sich auf ihr Kerngeschäft konzentrieren, nämlich die Entscheidung von schwierigen Konflikten und komplizierten, ungeklärten Rechtsfragen, die Gewährung von Rechten und die Herstellung von Waffengleichheit zwischen Parteien (ob es sich dabei nun um zwei private Personen, Verbraucherinnen und Unternehmen oder Staat und Bürgerin handelt). Die Justiz bleibt Kern des Zugangs zum Recht, aber nicht alleiniger Maßstab und Zielpunkt. Für die, die den Zugang zum Recht suchen, ist jedenfalls der Zivilprozess nur ein Teil des Instrumentariums, das für die Durchsetzung von Ansprüchen existiert. Mir scheinen die hier vorgestellten Elemente einer Definition damit geeignet zu sein, die Diskussion um den Zugang zum Recht in die Mitte der **rechtspolitischen Diskussion** zu holen. Das kann helfen, Recht, Rechtsstaat und Rechtspflege als Anker und Zentrum gesellschaftspolitischer Auseinandersetzungen anzusehen.

27 Spannende Folgefragen, die auf der Hand liegen und international schon länger diskutiert werden, sind etwa die Frage, ob es angemessen ist, dass anwaltliche und nicht-anwaltliche Rechtsdienstleister von unterschiedlichen Aufsichtsbehörden reguliert werden oder ob nicht nicht-anwaltliche Rechtsdienstleister auch von den Regulierungskörperschaften der Anwaltschaft (selbst-)verwaltet werden sollten oder ob und inwieweit unterschiedliche Rechte und Pflichten der Dienstleister aus Sicht derer, die nach Rechtsberatung, -vertretung und -durchsetzung suchen, angemessen sind. Für Antworten auf diese Fragen ist hier aber kein Platz.

C. Unmet Legal Needs

I. Einführung

Ein Verständnis vom Zugang zum Recht, wie ich es hier skizziert habe, zwingt außerdem 12
dazu zu fragen, ob und wenn ja welche **rechtlichen Bedürfnisse** von Individuen und Unternehmen es gibt, in welchem Maße diese von Gerichten und der Rechtspflege befriedigt werden und wo es Lücken gibt. Unbefriedigte rechtliche Bedürfnisse? Das ist eine wörtliche Übersetzung des englischen Begriffs der „unmet legal needs". Der Begriff „unmet needs" stammt aus der Sozialpsychologie und wird heute in der Sozialforschung[28] verwendet, wenn es darum geht, Maßstäbe dafür zu entwickeln und zu messen, welche Bedürfnisse Menschen haben. (Rechts-) Politisch relevant werden diese Fragestellungen, wenn es darum geht, welche Aufgaben Justiz und Rechtspflege haben, um diese Bedürfnisse zu befriedigen. Unter dem Schlagwort „unmet legal needs" haben sich Maßstäbe entwickelt, die es erlauben, die Bedürfnisse des rechtssuchenden Publikums und die Versorgung mit Rechtsdienstleistungen messbar und vergleichbar zu machen.

II. Definition

Aus der internationalen Diskussion[29] sind folgende Merkmale für ein Verständnis von 13
Unmet Legal Needs bedeutsam: Unmet-Legal-Needs-Studien sind (1) wissenschaftliche Untersuchungen, die (2) messen, welche (3) Konflikte, Rechtsprobleme oder rechtliche Bedürfnisse in der (4) Bevölkerung (5) nicht angemessen befriedigt werden.

1. Wissenschaftliche Untersuchung

Seit den 1970er-Jahren existiert vor allem im englischsprachigen Raum ein grenzüber- 14
schreitender fachlicher Diskurs über Methodik und Inhalte von Unmet-Legal-Needs-Studien,[30] der intensiv in den Rechts- und Sozialwissenschaften[31] gepflegt wird, vor allem

28 *Bradley/Casterline*, Understanding Unmet Need: History, Theroy, and Measurement, Studies in Family Planning, vol 45 (2014), 123.

29 *Alston et al.*, What is Access to Justice? Identifying the Unmet Legal Needs of the Poor, Fordham International Law Journal vol 24 (2000), 187; *Curran/Noone*, The Challenge of Defining Unmet Legal Need, York Journal of Law and Social Policy, vol. 21 (2007) 63; *World Justice Project*, Measuring the Justice Gap. A People-Centered Assessment of Unmet Justice Needs Around the World, 2019.

30 *Lobel/Chapman*, Bridging the Gap Between Unmet Legal Needs and an Oversupply of Lawyers: Creating Neighborhood Law Offices – The Philadelphia Experiment, Virginia Journal of Social Policy & the Law vol 22 (2015), 72; *Cappelletti*, Access to Justice and the Welfare State, 1981; *Open Society Foundations*, Strengthening Access to Civil justice with Legal Needs Surveys (Briefing Paper), 2018 (https://www.justiceinitiative.org/uploads/ddb88dcf-25bc-4fcd-bceb-aa5735c92461/strengthening-access-to-civil-justice-with-legal-needs-surveys-20180628.pdf).

31 *Hellmann/Schmidt/Heller*, Social Justice in the EU and OECD. Index Report 2019.

in Großbritannien,[32] Neuseeland[33] und Australien[34] sowie in Kanada[35] und den USA.[36] In dieser Debatte haben sich Maßstäbe dafür entwickelt, die in der Wissenschaft allgemein anerkannt sind. Die rechts- und sozialwissenschaftliche Debatte fand nicht in einem luftleeren Raum statt; sie reflektiert u.a. die Entwicklung zur **„Vermenschenrechtlichung" der Politik**, vor allem auf international- und völkerrechtlicher Ebene.[37] Der Hinweis auf die Wissenschaft von Unmet-Legal-Needs-Studien erscheint mir außerdem nötig, um sie von den im Auftrag von Stakeholdern im Rechtsmarkt erstellten Meinungsumfragen abzugrenzen.[38] Die sind zwar verdienstvoll, weil sie den Blick auf Rechtsbedürfnisse der Bevölkerung lenken. Aber in der rechtspolitischen Debatte sind sie jedenfalls methodisch nicht unumstritten,[39] wenn sie auch durchaus den rechtspolitischen Diskurs mitbestimmen.[40] Und natürlich kann eine einzelne Meinungsumfrage nicht ohne Weiteres international vergleichbare Ergebnisse schaffen. In Deutschland

---

32 *Solicitors Regulation Authority*, Improving access – tackling unmet legal needs. Risk Outlook update, June 2017 (presentation) (https://www.sra.org.uk/globalassets/documents/sra/research/legal-needs.pdf?version=4a1aca); *Byrom*, Developing the detail: Evaluating the Impact of Court Reform in England and Wales on Access to Justice, 2019.

33 *New Zealand Law Society*, Access to Justice. Stocktake of initiatives. Research report, 2020 (https://www.lawsociety.org.nz/assets/About-Us-Documents/General/NZLS-Access-to-Justice-research-report-2020.pdf).

34 *Coumarelos*, Legal Australia-Wide Survey: Legal Needs in Australia. Access to justice and legal needs series, v. 7 (2012).

35 *Access to Justice British Columbia*, Access to Justice Measurement Framework, 2019.

36 *Sandefur*, Accessing Justice in the Contemporary USA: Findings from the Community Needs and Services Study (2014); *Mirrlees-Black/Randell*, Need of legal assistance services: developing a measure for Australia, in: Law and Justice Foundation of New South Wales, Justice Issues, Paper 26, 2017; *Legal Services Corporation*, The Justice Gap: Measuring the Unmet Civil Legal Needs of Low-income Americans, 2017.

37 *Curran/Noone*, The Challenge of Defining Unmet Legal Need, York Journal of Law and Social Policy, vol. 21 (2007) 85.

38 Vgl. Roland Rechtsreport 2022. Einstellung der Bevölkerung zum deutschen Justizsystem und zur außergerichtlichen Konfliktlösung (https://www.roland-rechtsschutz.de/media/roland-rechtsschutz/pdf-rr/042-presse-pressemitteilungen/roland-rechtsreport/roland_rechtsreport_2022.pdf).

39 Kritisch zur Methodik des Roland-Rechtsreport *Römermann*, Zwei Gesetzentwürfe: Die große BRAO-Reform wird alle Anwältinnen und Anwälte treffen, AnwBl Online 2020, 588 (608 f.).

40 So wurde der Schwellenwert der sogenannten rationalen Apathie (= rationales Desinteresse), die die Höhe des Streitwerts bezeichnet, unterhalb dessen Menschen im Durchschnitt nicht vor Gericht ziehen, über Jahre hinweg mit ca. EUR 1.800 gemessen; dieser Betrag wurde und wird regelmäßig rezipiert, vgl. *Singer*, Durchsetzung von Verbraucherrechten durch Inkassounternehmen – Chancen und Grenzen, BRAK-Mitt. 2019, 209. Im aktuellen Roland Rechtsreport 2022 (https://www.roland-rechtsschutz.de/media/roland-rechtsschutz/pdf-rr/042-presse-pressemitteilungen/roland-rechtsreport/roland_rechtsreport_2022.pdf) beträgt er knapp EUR 3.700. Das deutet wohl auf einen Fehler oder eine methodische Schwäche der Befragung hin.

gibt es keine Tradition der Unmet-Legal-Needs-Forschung.[41] Gesicherte empirische Erkenntnisse über den Zugang zum Recht existieren kaum.[42]

2. Messen

In meinem Versuch einer Definition findet sich zweitens der Begriff „messen“. Das ist 15
quantitativ zu verstehen: Es geht um **Metrics**, um Zahlen, die helfen sollen zu verstehen, wie tief und wie breit der Graben ist, den man auf Englisch „Unmet Legal Needs Gap“ nennt. Messungen und Messbarkeit sind im Kontext der Rechtswissenschaften jedenfalls hierzulande eine Herausforderung, weil unsere methodische Tradition zwar eine tiefe dogmatische Durchdringung von Normen hervorgebracht, die Wirklichkeitswissenschaften aber eher stiefmütterlich behandelt hat. Das setzt sich fort und wird verstärkt durch gewisse Widerstände in der berufspolitischen Debatte über die Standardisierbarkeit und Messbarkeit der Arbeit von Akteur:innen in der Rechtspflege: In der Anwaltschaft sind beispielsweise viele immer noch überrascht, wenn große Firmen nicht mehr die Rechtsabteilung, sondern ihre Einkaufsabteilung über die für die Firma richtige Kanzlei entscheiden lassen. Und für die Einkaufsabteilung stellt es kein Problem dar, die Qualität der Dienstleistungen, die sie einkaufen, metrisch zu messen, während der Großteil der Juristinnen und Juristen meint, anwaltliche Dienstleistungen und die Arbeit von Gerichten sei nur qualitativ zu beschreiben und entziehe sich einer quantitativen Erfassbarkeit.[43] Das erinnert an eine Diskussion innerhalb der Medizinberufe im ausgehenden 18. Jahrhundert. Damals wurde ein neues Instrument eingeführt, das Fieberthermometer. Damit konnte man die Körpertemperatur metrisch messen. Die Antwort der organisierten Ärzteschaft war erheblicher Widerstand: Es sei unmöglich, ein Fieber nur zu messen. Fieber sei nichts Quantitatives, sondern etwas Qualitatives, das

41 Auch die Rechtssoziologie in Deutschland, soweit sie noch an Universitäten existiert, scheint heute ihre Forschungsschwerpunkte eher in der qualitativen als in der quantitativen Sozialforschung zu finden, vgl. die Darstellungen bei *Behr*, Rechtssoziologie, 4. Auflage 2021, § 2 Rn. 25ff., § 7, § 10 Rn. 16ff.

42 Einer der ersten Wissenschaftler, die in jüngerer Zeit das Thema aufgegriffen haben, ist Matthias Kilian. Vgl. *Kilian*, Zugang zum Recht, AnwBl 2008, 236; vgl. auch *Wrase/Thies/Behr/Stegemann*, Gleicher Zugang zum Recht, (Menschen-)Rechtlicher Anspruch und Wirklichkeit, APuZ 2021 (https://www.bpb.de/shop/zeitschriften/apuz/herrschaft-des-rechts-2021/340014/gleicher-zugang-zum-recht/#footnote-target-7). Elemente einer Unmet-Legal-Needs-Studie enthält die *Evaluation des Rechts- und Justizstandorts Bayern*, die das Bayerische Staatsministerium der Justiz und für Verbraucherschutz, die Vereinigung der bayerischen Wirtschaft und die Rechtsanwaltskammern München und Bamberg 2011 durchgeführt haben, vgl. https://www.justiz.bayern.de/media/pdf/projekte/ergebnisse_evaluation.pdf.

43 Auf EU-Ebene findet die Diskussion einmal im Zusammenhang mit der EU-Normungsstrategie statt, vgl. die Stellungnahme des *Bundesverbandes der Freien Berufe* vom 16.8.2016 (https://www.freie-berufe.de/wordpress/wp-content/uploads/2017/09/2016-08-16_BFB-Stellungnahme_Normung.pdf). In der European Commission for the Efficiency of Justice (CEPEJ) wird auch eine intensive Debatte über die Messbarkeit von staatlichen und privaten Rechtsdienstleistungen geführt, vgl. *CEPEJ*, Measuring the quality of justice, 7.12.2016 (https://rm.coe.int/1680747548).

nur ein erfahrener Arzt durch Auflegen einer Hand erkennen könne.[44] Die Skepsis der damaligen Ärzteschaft und die Bedenken in der heutigen Diskussion um den Zugang zum Recht ist verständlich; aber es geht nicht um ein Entweder-Oder: Sinnvoll ist zu erkennen, dass eine Ergänzung der eigenen (geisteswissenschaftlichen) Perspektive Erkenntnisgewinn bringen kann. Diese Ergänzung hat allerdings eine Voraussetzung: Rechts- und Berufspolitik muss bereit sein, sich und die Qualität ihrer Dienstleistungen einer externen Überprüfung zu stellen.[45]

3. Rechtsprobleme/Rechtsbedürfnisse

16 Das nächste Merkmal meiner Definition: rechtliche Probleme/**Rechtsbedürfnisse**. Die Unmet-Legal-Needs-Forschung nimmt **lebenswirkliche Probleme** in den Blick, die mit den Mitteln des Rechts gelöst werden könnten,[46] und zwar solche, die gar nicht als Rechtsproblem erkannt werden, Probleme, die zwar als Rechtsproblem erkannt werden, bei denen aber unbekannt ist, dass es überhaupt eine rechtliche Lösung dafür gibt und Probleme, bei denen zwar bekannt ist, dass es eine rechtliche Lösung geben mag – die aber aus den unterschiedlichsten (rationalen oder irrationalen) Gründen nicht erreichbar oder attraktiv zu sein scheint.[47] Damit nimmt sie nicht die Perspektive der Anbieterseite ein, sondern die der Nachfragenden. Der Fokus der meisten Unmet-Legal-Needs-Studien liegt außerdem auf dem Zivilrecht und dort auf dem Verbraucher (schutz)recht, ist aber nicht darauf beschränkt. Typischerweise werden in Unmet-Legal-Needs-Studien Parameter abgefragt wie: Die Anzahl der Probleme, die als rechtliche Probleme angesehen werden können (in den vergangenen 12 Monaten), die Art der rechtlichen Probleme (Wohnen, (Online-)Kauf, Handy-Vertrag, Schulden, Familie, mit Behörden, als Opfer von Straftaten), welche Lösungswege beschritten wurden (wenn überhaupt?) und ob die Probleme zu negativen Auswirkungen auf Gesundheit und Wohlbefinden oder auf Arbeitsfähigkeit führten.

17 Diese beispielhaft aufgeführten Fragen zeigen, dass Unmet-Legal-Needs-Studien abzugrenzen sind von einer Studie zum Rückgang der Eingangszahlen in der Ziviljustiz, wie sie gerade im Auftrag des BMJ erarbeitet wird.[48] Diese wird wohl vorwiegend aus der Sicht der Justiz auf den Rückgang der Eingangszahlen der Ziviljustiz schauen und

---

44 Vgl. Umstrittene Erfindung: Die hitzige Diskussion ums Fieberthermometer, https://www.geo.de/magazine/geo-chronik/18643-rtkl-umstrittene-erfindung-die-hitzige-diskussion-ums-fieberthermometer.

45 Eine lesenswerte Kulturgeschichte des Messens hat *Lugli*, The Making of Measure and the Promise of Sameness, 2019 vorgelegt.

46 Das geht somit konform mit der Kritik von *Thomas Riehm* am Begriff „Zugang zum Recht".

47 *Curran/Noone*, The Challenge of Defining Unmet Legal Need, York Journal of Law and Social Policy, vol. 21 (2007).

48 BMJ, Forschungsvorhaben des BMJV [sic!] zum Rückgang zivilgerichtlicher Verfahren, Stand: 4.11.2021 (https://www.bmj.de/DE/Ministerium/ForschungUndWissenschaft/Zivilgerichtliche_Verfahren/ZivilgerichtlicheVerfahren_node.html).

nicht primär aus der Perspektive der **Bevölkerung** und der Rechtsprobleme, die sie hat. Das schmälert nicht die Bedeutung der BMJ-Studie;[49] eine Unmet-Legal-Needs-Studie würde die BMJ-Studie aber sinnvoll ergänzen.

4. Bevölkerung

Das Merkmal „Bevölkerung" umfasst im Prinzip alle Rechtsunterworfenen. Die Unmet-Legal-Needs-Forschung konzentriert sich allerdings auf **Verbraucherinnen** und **Kleingewerbetreibende**. Leitgedanke vieler Unmet-Legal-Needs-Studien ist es herauszuarbeiten, welche Bevölkerungsgruppen im Hinblick auf den Zugang zum Recht vulnerabel sind. Der Begriff der **vulnerablen Bevölkerungsgruppen** ist üblich in den Sozialwissenschaften; er bezeichnet die, die Schwierigkeiten haben, mit den Herausforderungen des Lebens aus eigener Kraft umzugehen und auf irgendeine Form der Unterstützung angewiesen sind. Hier schließt sich der Kreis zur „Zugang-zum-Recht"-Forschung, die – wie oben dargestellt – ihre Motivation historisch aus dem Fokus auf diesen Teil der Bevölkerung gewonnen hat.[50] 18

5. Nicht angemessen befriedigt

Hinter den Begriffen „nicht befriedigt" und „nicht angemessen befriedigt" verbirgt sich, wie erläutert, der Wechsel von der Justiz- und Rechtspflegeperspektive hin zu einer „Kunden-" oder **Nutzerperspektive**".[51] Unmet-Legal-Needs-Studien fragen nicht primär ab, ob das Angebot einer Konfliktlösung oder Rechtsdurchsetzung juristisch richtig ist, sondern danach, ob und wenn ja in welchem Maße die, die die Konfliktlösung oder den Rechtsschutz gesucht haben, damit eine Befriedigung ihres Bedürfnisses gefunden haben. Erst das erlaubt es methodisch, die Rechtsschutzlücken zu erkennen und macht den größten Unterschied zu Justizstudien aus. 19

49 Die – knappen – Hinweise, die das BMJ und die an der Studie Beteiligten bisher öffentlich gemacht haben, lassen vermuten, dass die Schnittmengen der Studie zu Unmet-Legal-Needs-Studien im Laufe der Arbeit ein wenig größer geworden sind als die ersten Informationen über die Studie ursprünglich haben vermuten lassen.

50 *Matiaško*, Access to justice through lenses of vulnerability and equality: a dialogue between philosophy and law, ERA Forum vol 22 (2022), 717; für eine spezifische Diskussion der Vulnerabilität im Kontext von Flucht und Migration vgl. EASO, Vulnerability in the context of applications for international protection (2021).

51 Die Bedeutung dieses Perspektivwechsels betonen *Andert/Dörr* in: Der Zivilprozess der Zukunft: Legal Design Thinking für mehr Zugang zum Recht, Legal Tribune Online, 25.11.2020, *https://www.lto.de/persistent/a_id/43531/*.

III. Perspektivwechsel

20 In diesem Beitrag wird an verschiedenen Stellen vorgeschlagen, einen **Perspektivwechsel** vorzunehmen, um die Bedürfnisse des rechtssuchenden Publikums besser in die rechtspolitische Diskussion einfließen zu lassen. Das mag zunächst überflüssig erscheinen, weil wir doch eigentlich überzeugt sind, dass es unsere Aufgabe als Richterinnen, Rechtsanwälte oder Rechtswissenschaftlerinnen ist, diese Interessen zu berücksichtigen. Es ist aber nicht ausgeschlossen, dass wir das gerade dort, wo es um die Rahmenbedingungen unserer Arbeit geht, nicht immer durchhalten. Das möchte ich an drei Beispielen erläutern, die über die Diskussion um die Reform des Zivilverfahrens hinausgehen, aber mit dem Zugang zum Recht und möglichen Rechtsschutzlücken zu tun haben:

1. Vorbehaltsaufgaben im Rechtsdienstleistungsmarkt

21 Die traditionelle Diskussion fragt aus der Perspektive der Anwaltschaft: Wie können wir die Sonderregelungen zu Berufszugang, Berufsausübung und Disziplinarsystem,[52] die die Anwaltschaft im Vergleich zu nicht-anwaltlichen Rechtsdienstleistern hat, bewahren, und damit eine herausgehobene Rolle der Anwaltschaft im Rechtsstaat festigen? Die Anwaltschaft selbst argumentiert also sozusagen im „wohlverstandenen" Interesse des rechtssuchenden Publikums; ein Ergebnis ist aktuell beispielsweise die These, dass es keiner Kohärenz zwischen den Berufsregeln der Anwaltschaft und nicht-anwaltlicher Rechtsdienstleistungsunternehmen bedürfe; in dieser Argumentation schwingt mit, dass es sogar ein Abstandsgebot gebe.[53] Aus der Unmet-Legal-Needs-Perspektive würde man dagegen fragen: Welche Bedürfnisse haben die, die Rechtsinformation, -beratung oder -durchsetzung wünschen? Und werden diese Bedürfnisse systemisch ausreichend befriedigt? Falls eine sogenannte **Unmet Legal Needs** Gap festgestellt wird, d.h. wenn deutlich wird, dass im bestehenden System Hürden und Rechtsschutzlücken bestehen, würde man fragen: Was können die Akteur:innen im Rechtsmarkt tun und welche gesetzlichen Rahmenbedingungen kann der Staat ändern, um Lücken zu schließen und Hürden abzubauen? Bei der Erörterung dieser zweiten Frage würde man auch darüber nachdenken, ob nicht Raum ist für neue Akteure, die die festgestellten Lücken besser

52 Spielregeln zu diesen Bereichen machen traditionell eine Profession aus, zu der sich die Anwaltschaft fast weltweit entwickelt hat. Zu den historischen und soziologischen Besonderheiten des Anwaltsberufs und der freien Berufe, insbesondere zur notwendigen Freiheit der Anwaltschaft von unmittelbarer staatlicher Regulierung, die immer Missbrauchspotential enthält, vgl. *Brügmann*, Lawyer Profession International – Better Regulation, Bucerius Law Journal 2019, 7; *Brügmann*, Access to Justice, Public Interest and Independence of the Lawyer Profession, in: Yeshanew/Ibrahim (Hrsg.), Righting Human Rights through Legal Reform. Ethiopia's Contemporary Experience, Ethiopian Human Rights Law Series (XII), 241; *Rhode/Woolley*, Comparative Perspectives on Lawyer Regulation: An Agenda for Reform in the United States and Canada, Fordham Law Review, vol 80 (2012), 2761.

53 Stellungnahme 03/2022 des Deutschen Anwaltvereins zur Frage der Kohärenz bei der berufsrechtlichen Regulierung der Anwaltschaft und Inkassodienstleistern vom Februar 2022.

schließen können als die bisherigen.[54] Das (messbare) Ziel wäre: Mehr und bessere Befriedigung von rechtlichen Bedürfnissen. Damit würden Core Values der Anwaltschaft an dem Maßstab gemessen, für den sie geschaffen sind: als Pflichten um des rechtssuchenden Publikums willen.

2. Rückgang der Eingangszahlen in der Ziviljustiz

Rückgang der Eingangszahlen in der Ziviljustiz: Hier fragt die traditionelle Diskussion 22
nach Gründen für den Rückgang der Eingangszahlen bei Amts- und Landgerichten, üblicherweise aus der Binnensicht der Justiz. Maßstäbe für die Bewertung sind Arbeitsbelastung der Justiz, Umfang, Komplexität und Dauer von Verfahren. Wenn nach **Einstellungen von Verbraucher:innen** und Unternehmen geschaut wird, dann regelmäßig aus der Perspektive des (ZPO-) Rechtswegs und allenfalls mittelbar aus der der Bedürfnisse der Verbraucher:innen und Unternehmen.

3. Modernisierung des Zivilverfahrens

Modernisierung des Zivilverfahrens: In dieser wichtigen aktuellen Diskussion, die seit 23
Beginn der Corona-Pandemie einen Schwerpunkt der Legal-Tech-Diskussion bildet, hören wir Zustimmung, wenn es generell Modernisierung und mehr Personal in der **Ziviljustiz** betrifft. Konkrete Modernisierungsvorschläge werden dagegen von Anwaltschaft und Richterinnen und Richtern vorsichtig bis skeptisch beurteilt: Wenn über strukturiertes Parteivorbringen diskutiert wird, sehen Teile der Anwaltschaft ihre Freiheit beschränkt;[55] Richterinnen fürchten in der Diskussion um außergerichtliche, technologieunterstützte Rechtsdurchsetzung, dass der Rechtsstaat leide, weil „Recht light" oder „law enforcement light"[56] propagiert werde, aus der Wissenschaft hören wir, dass der „verbesserte[...] Zugang [zum Recht in der privaten Konfliktlösung] [...] mit einem geringeren Maß an Recht erkauf[t]"[57] werde. Was in der Diskussion zu kurz kommt, ist zweierlei: Einmal fehlt in der Begründung regelmäßig Empirie. Das fällt Juristinnen und Juristen auf den ersten Blick gar nicht auf, weil sich juristische Methodik nicht an den Maßstäben der Wirklichkeitswissenschaften messen lassen muss, sondern weil dogmatische, argumentative Kohärenz von Sollens-Normen uns wichtiger zu sein scheint als

---

54 So sind beispielsweise als Konsequenz aus empirischen Erkenntnissen über Rechtsschutzlücken in verschiedenen US-Bundesstaaten neue Rechtsberatungs-Berufe entstanden (z. B. der Limited License Legal Technician im Bundesstaat Washington, vgl. *Brügmann*, Bucerius Law Journal 2019, 7 (12)) und wettbewerbshemmende Regeln des Anwaltsrechts abgeschafft worden, um anderen Akteuren zu erlauben, Rechtsdienstleistungen anzubieten (u. a. Utah, Arizona, Oregon).

55 *Römermann*, Die Anwaltschaft ist kein Hilfsorgan der Justiz, AnwBl 2021, 285.

56 *Voß*, RabelsZ 2020, 67.

57 *Voß*, RabelsZ 2020, 83.

eine Subsumtion unter das Sein. Und zweitens fehlt auch hier in der Regel die Perspektive der Rechtssuchenden, die allenfalls als Reflex vorkommt.

4. Interessenkonflikte?

24 Diese Beispiele verdeutlichen, dass die Akteure innerhalb von Justiz und Rechtspflege in der Debatte um die Rahmenbedingungen ihrer eigenen Tätigkeit ein Risiko eingehen, das Risiko nämlich, dass nicht genau klar ist, welche Interessen sie vertreten. Das kann sich zu Lasten ihrer eigenen Interessen auswirken und zu Lasten der Interessen des rechtssuchenden Publikums. Weitere Beispiele: Kann die Anwaltschaft wirklich die Interessen des rechtssuchenden Publikums vertreten, wenn es um das System der gesetzlichen Anwaltsgebühren geht? Ist die Justiz in der Lage, bei der Entwicklung von Analytics-Tools ihr eigenes Interesse hintanzustellen, wenn es um die Frage geht, ob sie untergerichtliche Rechtsprechung (mglw. sogar un-anonymisiert) für Analyse-Tools zur Verfügung stellen müssen, die regionale Rechtsprechungsunterschiede aufzeigen und so im Zivilprozess bei der Gerichtsstandswahl oder im Strafverfahren bei einer Verteidigungsstrategie helfen? Und wäre es von Rechtswissenschaftler:innen, die an der Herstellung von systematischer Kohärenz interessiert sind, nicht zu viel verlangt, wenn man von ihnen erwarten würde, neben dogmatischer Durchdringung auch noch gemessene Interessen des rechtssuchenden Publikums zu berücksichtigen? Anwältinnen und Anwälte sind zurecht hoch wachsam, wenn es darum geht, mögliche Interessenkonflikte zu vermeiden. Das **Verbot der Interessenkollision** ist nicht nur berufsrechtlich durch § 43a IV – VI BRAO abgesichert, sondern sogar strafbewehrt, § 356 StGB. Und ein Richter ist schon bei **Besorgnis der Befangenheit** durch §§ 41f. ZPO davor geschützt, eine Entscheidung zu fällen, bei der eine Partei unsicher sein muss, ob er wirklich den hohen Standards genügt, die die Gesellschaft zurecht an seine Unparteilichkeit stellt.

25 Der rechtspolitische Diskurs würde gewinnen, wenn Unmet-Legal-Needs-Studien klarer machen würden, wo aus der Perspektive des rechtssuchenden Publikums wirklich gemessene **Rechtsschutzlücken** bestehen und wenn sie gleichzeitig deutlich machen würden, wo Interessenvertretung der Rechtsmarkt-Akteure echte Interessenvertretung ist.[58]

IV. Kritik

26 Unmet-Legal-Needs-Studien sind nicht unumstritten. Ich erwähne hier die sechs wichtigsten Argumente der Kritikerinnen und versuche jeweils zumindest einen Satz der Entgegnung:

58 Nur der Klarstellung halber: Als Rechtsanwalt weiß ich um die Bedeutung klarer Rollen in Verfahren; und die Bedeutung starker Interessenvertretung von Berufsgruppen in der Rechtspflege kenne ich auch aus eigener Erfahrung; ich war selbst für längere Zeit und sehr gerne Interessenvertreter für die Anwaltschaft.

1. „Unmet-Legal-Needs-Forschung ist Ideologie“[59]

Erstens: „Unmet-Legal-Studien sind ideologisch motiviert und unterstützen nur aktivistische Kämpfer für soziale Gerechtigkeit.“ Das halte ich für falsch, denn Unmet-Legal-Needs-Studien gehen gerade davon aus, dass es nicht um irgendwelche Ungerechtigkeiten, sondern um genau die Ansprüche, die unser Rechtssystem als schützenswert ansieht, geht. 27

2. „In Deutschland gibt es kaum Zugangshürden“

Zweitens: „Unmet-Legal-Needs-Studien sind in Deutschland unnötig, weil wir nicht die Zugangshürden haben, die es in Ländern wie den USA mit ihren hohen Anwaltshonoraren oder in Entwicklungsländern ohne stabiles Rechtssystem gibt.“ Meine Antwort: Dass wir nicht dieselben Zugangshürden und nicht die Fragilität von Schwellenländern haben, ist richtig. Wir können aber die Höhe der Zugangshürden und den Umfang der Rechtsschutzlücken nicht beziffern. Außerdem haben Unmet-Legal-Needs-Studien auch in hoch entwickelten, wohlhabenden Industrieländern Lücken aufgezeigt, die jedenfalls im Mainstream der Debatte vorher so nicht wahrgenommen wurden. 28

3. „Nicht forschen, sondern einfach machen!“

Drittens: „Studien verbessern nicht den Zugang zum Recht; man soll einfach loslegen und Dinge jetzt ändern.“ Stimmt. Aber das eine schließt das andere nicht aus. 29

4. „Das BVerfG korrigiert auch ohne Empirie zum Zugang zum Recht“

Viertens: „Wir haben in Deutschland schon das BVerfG als Korrekturinstitution für nicht gut funktionierende Verwaltung oder sozial unausgewogen urteilende Zivilgerichte. Die gibt es woanders nicht, weswegen dort der Rechtspolitik eine größere Korrekturfunktion zukommt.“ In der Tat hat sich die Unmet-Legal-Needs-Forschung zu einer menschen- und grundrechtlich basierten Forschung weiterentwickelt, gerade um Maßstäbe zu finden, welche sozialen Bedürfnisse rechtlich fassbar sind. Das hatte eine große Bedeutung im Diskurs der Staaten, in denen es keine Verfassungsgerichtsbarkeit gibt. Aber natürlich ist die Existenz von Maßstäben und eine Verfassungsgerichtsbarkeit, die fachlich überragend gut funktioniert, kein Grund, um nicht empirisch zu prüfen, wo Anspruch und Wirklichkeit noch nicht zusammenpassen. 30

---

59 *Curran/Noone*, The Challenge of Defining Unmet Legal Need, York Journal of Law and Social Policy, vol. 21 (2007), S. 69 ff. mit Verweisen auf zahlreiche Kritiker der Unmet-Legal-Needs-Forschung.

5. „Unmet-Legal-Needs-Forschung gibt es doch schon“

31 Fünftens: „Wir brauchen keine neue Unmet-Legal-Needs-Studie, denn so etwas gibt es doch schon längst.“ Das ist nicht richtig: Einer Unmet-Legal-Needs-Studie am nächsten kommen in Deutschland die Arbeiten des Soldan-Instituts.[60] Studien wie die Zukunftsstudie des Deutschen Anwaltvereins[61] sind verdienstvoll. Die DAV-Zukunftsstudie hat auf die großen Megatrends Demographie, Gesellschaft und Technologie geschaut und prognostiziert, wie sich der Markt bis 2030 ändern könnte. Die digitale Entwicklung hat sie vorausgesehen, als noch niemand von „Legal Tech“ sprach; und sie hat eine Marktbereinigung insbesondere unter generalistisch ausgerichteten Einzel-Anwaltskanzleien prognostiziert, deren Beginn wir in den Massenrechtsgebieten beobachten können. Was die Studie nicht in den Blick genommen hat: Die Bedürfnisse der Mandantinnen und Mandanten. Hervorzuheben ist noch der Aufsatz von Marie-Luise Graf-Schlicker „Der Zivilprozess vor dem Aus?“,[62] der zu den ersten Beiträgen gehört, die den Rückgang der Eingangszahlen in der Zivilprozess in den Blick genommen haben und sicherlich ein wichtiger Anstoß für die BMJ-Studie war. Auch dieser Aufsatz beruht aber nicht auf Befragungen des rechtssuchenden Publikums. Den Roland-Rechtsreport[63] habe ich schon erwähnt; dabei handelt es sich um Ergebnisse einer soliden Befragung, deren Verdienst es u. a. ist, dass sie seit 2010 jährlich durchgeführt wird; es ist aber nicht das Ziel des Roland-Rechtsreports, umfassend den Zugang zum Recht zu erforschen. Seit 2019 finden wir Angaben zu Deutschland im globalen Access-to-Justice-Datenportals des World Justice Projects,[64] einer privaten Stiftung, die globale Indizes für Rechtsstaat und Zugang zum Recht veröffentlicht. Die Informationen zu einzelnen Ländern sind hier aber um der besseren Vergleichbarkeit willen eher knapp und nicht detailreich. Das gilt auch für weltweite Studien zu Einzelthemen wie die Weltbank-Studie „Women Business and the Law“, die eine für die aktuelle Ausgabe zum ersten Mal eine Erhebung über den Zugang zum Recht durchgeführt hat.[65]

6. „Forschung bringt keine neuen Erkenntnisse“

32 Sechstens und letztens: „Die Ergebnisse von Unmet-Legal-Needs-Studien würden gar nicht zu radikal neuen Erkenntnissen führen.“ Das kann sein; es ist sogar wahrschein-

60 Insbes. *Hommerich/Kilian*, Mandaten und ihre Anwälte. Ergebnisse einer Bevölkerungsumfrage zur Inanspruchnahme und Bewertung von Rechtsdienstleistungen, 2007.

61 *Deutscher Anwaltverein/Prognos*, Der Rechtsdienstleistungsmarkt 2030. Eine Zukunftsstudie für die Deutsche Anwaltschaft, 2013 (https://anwaltverein.de/de/anwaltspraxis/dav-zukunftsstudie?file=files/anwaltverein.de/downloads/service/DAV-Zukunftsstudie/DAV-Zukunftsstudie-Langversion.pdf&cid=3536).

62 AnwBl 2014, 573.

63 Zuletzt Roland Rechtsreport 2022. Einstellung der Bevölkerung zum deutschen Justizsystem und zur außergerichtlichen Konfliktlösung. (https://www.roland-rechtsschutz.de/media/roland-rechtsschutz/pdf-rr/042-presse-pressemitteilungen/roland-rechtsreport/roland_rechtsreport_2022.pdf).

64 worldjusticeproject.org/our-work/research-and-data/global-insights-access-justice-2019.

65 World Bank, Women, Business and the Law 2021, S. 53 ff.

lich, dass sich viele gefühlte Wahrheiten und anekdotische Empirie bestätigen würden. Aber wir wissen auch, dass Diskussionen konstruktiver geführt werden, wenn ein Sachverhalt geklärt ist und wir nur noch über Folgen streiten müssen. Natürlich wäre es naiv anzunehmen, dass empirische Studien Streit über die Wirklichkeit völlig beenden, denn selbstverständlich folgt auf Unmet-Legal-Needs-Studien wie auf fast alle empirischen Studien eine Auseinandersetzung über Fragestellungen und Methodik. Unmet-Legal-Needs-Studien sind aber geeignet, das Risiko eines Streits über die Wirklichkeit zu vermindern und die Chance zu erhöhen, sich über Konsequenzen eines gemeinsam geteilten Bildes von der Wirklichkeit auseinanderzusetzen. Außerdem dürfen wir die Bedeutung von Unmet-Legal-Needs-Studien nicht unterschätzen. Denn es gibt noch viel Wirklichkeit, die wir in der Diskussion nicht wahrnehmen.[66] Stellen Sie sich, liebe Leserin, lieber Leser, einmal die folgenden Fragen: Wissen Sie, welche Rechtsprobleme in welchem Umfang in Deutschland überhaupt mit den Mitteln des Rechtsstaats gelöst werden und wie viele nicht? Wissen Sie, wo und für wen die Hürden beim Zugang zu traditioneller justizzentrierter Konfliktlösung besonders hoch sind? Wissen Sie, wieviel Prozent der Menschen welche Streitlösungsmechanismen in Justiz, Rechtspflege oder sonst wo nutzen? Sind Sie darüber informiert, in welchem Umfang PKH und Beratungshilfe so eingesetzt werden, dass sie den Zugang zum Recht messbar verbessern? Haben Sie schon einmal eine Justizministerin oder einen Justizminister gehört, die in Haushaltsberatungen für eine Erhöhung der jährlichen Ausgaben für „Legal Aid" auf der Basis von empirischen Daten gestritten haben, vielleicht sogar gemeinsam mit Vertreterinnen und Vertretern der Rechtsberufe? Wissen Sie, ob die Mittel für Beratungshilfe (2017 waren das noch etwa 60 Mio. EUR,[67] 2020 nur noch knapp 38 Mio. EUR)[68] überhaupt gut investiert sind? Ich weiß das nicht. Aber ich sehe, dass es im Zusammenhang mit Fragen nach einem besseren Zugang zum Recht viele ungeklärte Fragen gibt, die wir mit unserem juristischen Instrumentarium nicht erklären können.

66 In den USA hat das „Legal Deserts"-Kapitel des regelmäßig erscheinenden ABA Profile of the Legal Profession 2020 mit einer Visualisierung von ganzen Landstrichen, in denen eine Unterversorgung mit Rechtsdienstleistungen, vor allem durch eine geringe Anwaltsdichte, festgestellt wurde, zu einem Umdenken bei den Regeln über Vorbehaltsaufgaben für Anwält:innen geführt; eine Reihe von Bundesstaaten haben über das Instrument der Regulatory Sandboxes neuartige nicht-anwaltliche Rechtsdienstleistungsunternehmen zugelassen, die den Zugang zum Recht verbessern sollen. Zu Regulatory Sandboxes vgl. *Brügmann*, Regulatory Sandboxes – Reallabore für den Rechtsmarkt, Rethinking Law 2019, 76; *ders.*, Laborgeprüftes Legal Tech?, RDi 2021, 8; *Hartung*, Legal Tech Sandboxes, RDi 2021, 421.

67 Bundesamt für Justiz, Beratungshilfestatistik 2017 (https://www.bundesjustizamt.de/SharedDocs/Downloads/DE/Justizstatistiken/Beratungshilfestatistik_2017.pdf?__blob=publicationFile&v=3).

68 Bundesamt für Justiz, Beratungshilfestatistik 2020 (https://www.bundesjustizamt.de/SharedDocs/Downloads/DE/Justizstatistiken/Beratungshilfestatistik_2020.pdf?__blob=publicationFile&v=4).

V. Haupt-Ziele von Unmet-Legal-Needs-Studien

33 Abschließend seien anstelle einer Zusammenfassung noch einmal die Hauptziele genannt, die Unmet-Legal-Needs-Studien verfolgen: Unmet-Legal-Needs-Studien können erstens helfen, systemische Lücken im Zugang zum Recht zu identifizieren, zweitens Entwicklungen sichtbar machen: Nur durch regelmäßige vergleichbare Untersuchungen kann man sehen, ob sich rechtliche Probleme ändern und wie sich Lösungsmöglichkeiten entwickeln. Drittens geben sie Hilfe bei der Zuweisung von staatlichen „Legal-Aid"-Mitteln: Nur wer weiß, wo die Lücken sind und wie tief sie sind, kann entscheiden, welche Mittel er braucht, um sie zu reparieren. Viertens sind Unmet-Legal-Needs-Studien geeignet, den rechtspolitischen Ordnungsrahmen für Rechtsberatung zu justieren: Anekdotisches Wissen, Bauchgefühl und politische Grundüberzeugungen sind für Politikgestaltung wichtig. Aber sie sind nicht alles. Fünftens können die empirischen Erkenntnisse aus Unmet-Legal-Needs-Studien Grundlage sein für die Berufspolitik von Kammern und Verbänden. Im Ausland nutzen Rechtsanwaltskammern und Verbände Unmet-Legal-Needs-Studien, um beispielsweise für bessere Legal-Aid-Programme zu streiten. Sechstens können Unmet-Legal-Needs-Studien für einzelne Entrepreneure die Grundlage für ihre Kanzleistrategie sein. Und siebtens liefern die Studien Material für volkwirtschaftliche Kennzahlen: Unmet-Legal-Needs-Studien können beispielsweise helfen, die volkswirtschaftlichen Kosten zu berechnen, die durch unzureichenden Zugang zum Recht entstehen, etwa im Gesundheitssektor, in Bezug auf ungenutzte Arbeitskraft oder wegen Insolvenz. Viele Studien im Ausland[69] gehen von der Annahme aus, dass systemische Lücken im Zugang zum Recht wie Lücken im Gesundheitsschutz negative Auswirkungen auf die Volkswirtschaft haben können oder – positiv gewendet – dass Zugang zum Recht systemisch ein Baustein einer stabilen Gesellschaft ist. Das ist eine bestechende Betrachtungsweise, auch wenn sie uns eher fremd erscheinen mag. Achtens können Unmet-Legal-Needs-Studien Richtschnur für Innovationsförderung im Rechtsmarkt sein. Sollte die Ampel-Koalition die unter der Vorgängerregierung begonnene Reallabor-Strategie[70] auch im Rechtsmarkt umsetzen, dürften Unmet-Legal-Needs-Studien ein wichtiges Hilfsmittel für die Gestaltung von Rahmenbedingungen sein. Neuntens und zuletzt geben Unmet-Legal-Needs-Studien der **Nachfrageseite** eine Stimme in der Rechtspolitik. Das ist nötig, um steigenden Rechtsverdruss aufzuhalten.

---

69 *Curran/Noone*, The Challenge of Defining Unmet Legal Need, York Journal of Law and Social Policy, vol. 21 (2007), S. 89 m.w.N.; *World Bank*, Women, Business and the Law 2021, 53ff.; *World Justice Project*, Measuring the Justice Gap. A People-Centered Assessment of Unmet Justice Needs Around the World, 2019.

70 Vgl. Bundesministerium für Wirtschaft und Energie (Hrsg), Freiräume für Innovationen. Das Handbuch für Reallabore, 2019.

D. Schluss

Was hat das alles mit Digitalisierung zu tun? Legal Tech hat das Potential, mehr Waffengleichheit bei der Rechtsdurchsetzung im Zivilrecht zu schaffen.[71] Das gilt für außergerichtliche Information, Beratung, Vertretung und Rechtsdurchsetzung sowie für die gerichtliche Streitlösung. In der Diskussion um die Modernisierung der Ziviljustiz ist der gesellschaftliche Megatrend der Digitalisierung eine Klammer, die an zahlreichen Stellen Risiken hat, aber auch helfen kann, den Zugang zum Recht zu verbessern. Das zeigen die folgenden Kapitel zu einzelnen Aspekten der Digitalisierung in der Ziviljustiz sehr gut. Bei der Modernisierung geht es immer um Ausstattung, Kenntnisse, Fähigkeiten und rechtliche Rahmenbedingungen. Empirie kann hierbei helfen, die Nutzerinnenperspektive im Diskurs zu verankern; die Reflektion über eigene Rollen und eine gestärkte Sensibilität für Risiken von möglichen Interessenkonflikten kann die Qualität der Debatte verbessern. Angesichts sinkender Eingangszahlen bei den Zivilgerichten sowie eines Rückgangs der Anzahl der Anwältinnen und Anwälte ist es nötig, diese Debatte zu führen. Für die Rechtspolitik, die häufig von Intuition, politischem Druck und irrationalen Stimmungen in der Bevölkerung geprägt ist, würde es hilfreich sein, wenn sie evidenzbasierter streiten kann. 34

71 *Braegelmann*, Legal Tech für Alle!, in: Breidenbach/Glatz (Hrsg.), Rechtshandbuch Legal Tech, 2. Auflage 2021, S. 379 schlägt vor, dass der Staat dort „gleichwertige Lösungen" schafft, wo das dem private Legal-Tech-Markt nicht gelingt.

Teil II: Digitalisierung der anwaltlichen Tätigkeit

Pia Lorenz und Christian Dülpers

§ 3 Digitale Mandatsakquise

Gliederungsübersicht **Rn.**

Pia Lorenz/Christian Dülpers
https://doi.org/10.1515/9783110755787-003

A. Anwaltsmarketing in Zeiten der Digitalisierung

I. Das neue Marketing für Rechtsthemen

1 Wer in den vergangenen Jahren einen Motortyp oder auch bloß „Fiat Ducato" googelte, dem schlugen Googles Suchergebnisse nicht mehr die Seiten der Hersteller der Motoren oder von Fiat vor. Die ersten Suchtreffer waren Anwaltskanzleien und andere Rechtsdienstleister, die Betroffene des Dieselskandals vertreten. Ähnliches erlebt, wer kurz nachsehen möchte, wie man einen Flug storniert: Die ersten Suchtreffer führen zu Rechtsdienstleistern, über die Verbraucherinnen und Verbraucher schnell und einfach online Fluggastentschädigungen geltend machen können.

2 Weniger bekannt, aber längst Realität, sind auch Kanzleien und andere Rechtsdienstleister, die Hartz-IV- und Bußgeldbescheide, Mietminderungs- oder Abfindungsansprüche prüfen und sich bei der Kundinnen- oder Mandantengewinnung ebenfalls vor allem des Internets und anderer Methoden aus der Startup-Welt bedienen.

3 Vom Niveau des digitalen Marketings dieser Rechtsdienstleister kann selbst manche große Wirtschaftskanzlei noch lernen. Ihre Webseitenauftritte sind nutzerfreundlich gestaltet und bieten viele Informationen, die Kontaktaufnahme ist einfach und niederschwellig möglich. Sie produzieren selbst Inhalte und Informationen, sie sind medial wie auch in sozialen Netzwerken präsent. Es mutet an wie ein völlig neues Geschäftsfeld. Doch es sind eben keineswegs nur die sog. **alternativen Rechtsdienstleister**, die so um potenzielle Kundinnen werben – es sind auch ganz klassische Anwaltskanzleien, die das **Marketing** für Rechtsthemen neu denken.

II. Der Zugang zum Recht beginnt im Netz

4 Der weitaus größere Teil der deutschen Anwaltschaft kann davon noch viel lernen. Das werden die Anwältinnen und Anwälte auch müssen. Wenn sie weiterhin dort nicht präsent sind, wo Menschen nach Antworten auf ihre Rechtsfragen suchen, dann bedeutet das nicht nur, dass sie das vielzitierte Geld auf der Straße liegen lassen.

5 Es bedeutet auch, dass sie Menschen nicht dort abholen, wo diese nach dem **Zugang zum Recht** suchen. Denn um nicht weniger geht es. Der Zugang zum Recht unterscheidet sich heute nicht vom Zugang zu Produkten und Dienstleistungen: Er beginnt in vielen Fällen im Internet. Dort ist die Justiz derzeit faktisch nicht präsent, geschweige denn erreichbar. So ist es bis auf weiteres die Anwaltschaft – und zunehmend sind es die alternativen Rechtsdienstleister –, die den Zugang zum Recht tatsächlich begleitet und realisiert.

6 Wer den Zuwachs an alternativen Rechtsdienstleistern beklagt, die der Anwaltschaft Marktanteile wegnähmen, ohne dem strengen anwaltlichen Berufsrecht zu unterliegen, der muss sich den Einwand gefallen lassen, dass diese alternativen Rechtsdienstleister ganz offensichtlich eine Nachfrage befriedigen, die die Anwaltschaft bis heute nicht zufriedenstellend befriedigt hat. Das liegt nicht erst daran, dass die Rechtsdienstleister ihre Dienstleistungen digital, nutzerfreundlich und bundesweit anbieten.

Es liegt vielmehr schon daran, dass sie diese Dienstleistungen dort anbieten, wo die Nutzerinnen und Nutzer sie auch nachfragen: im **Internet**.

Im Netz sucht die mittelständische CEO, die einen Teil ihres Betriebs auslagern will, 7
ebenso nach Antworten wie der unglückliche Ehemann, der über eine Scheidung nachdenkt. Das gilt übrigens keineswegs nur für juristische Laien: Wer mit Unternehmensjuristinnen und -juristen, aber auch mit Anwältinnen und Anwälten spricht, hört praktisch einhellig dieselbe Antwort: Noch vor der Suche in einschlägigen juristischen Datenbanken, die natürlich für eine vertiefte fachliche Beschäftigung mit einem Thema weiterhin genutzt werden, **googeln** auch sie und prüfen in den eigenen sozialen Netzwerken, welche Expertin oder welcher Experte eine Antwort auf ihre Frage bieten kann.

Es ist an der Anwaltschaft, diese Möglichkeiten viel stärker zu nutzen. An der ge- 8
samten Anwaltschaft, denn auf **digitale Präsenz** ist jede Kanzlei unabhängig von ihrer Struktur, Größe und Spezialisierung angewiesen. Eines haben alle Kanzleien gemeinsam: Sie leben von ihrer Mandantschaft.

III. Was Anwälte dürfen

Eigentlich sind Anwaltskanzleien für die **digitale Akquise** geradezu prädestiniert. Kom- 9
plexe Fragen richtig und strategisch klug zu beantworten, ist quasi die Berufsbeschreibung erfolgreicher Advokatinnen und Advokaten. Und Suchmaschinen wie auch soziale Netzwerke, die zunehmend selbst zu Anbietern von Inhalten werden, belohnen gute Inhalte, solche also, die die Fragen beantworten, die Menschen den Suchmaschinen stellen.

Was weite Teile der Anwaltschaft weiterhin davon abhält, sich im Netz zu prä- 10
sentieren, wo Menschen den Zugang zum Recht suchen, sind Vorbehalte eher traditioneller, manchmal auch emotionaler Art. Oft resultieren sie noch aus einem anwaltlichen Selbstverständnis heraus, das seit jeher wenig unternehmerisch geprägt ist („Wer braucht denn Werbung, wir sind Organe der Rechtspflege!"), mit der Realität des anwaltlichen Kanzleibetriebs, der wie auch jedes Unternehmen selbstverständlich profitabel sein muss, allerdings wenig zu tun hat. Gern wird auch das strenge **anwaltliche Berufsrecht** zitiert. Das allerdings macht viel weniger Einschränkungen, als manchmal behauptet wird.

Bei den **Werbeformen und -formaten** gibt es für die Anwaltschaft keinerlei Ein- 11
schränkung. Schilderwerbung auf Straßenbahnen hat das Bundesverfassungsgericht ebenso erlaubt[1] wie die Versteigerung anwaltlicher Beratungsleistungen per ebay.[2] Das **Marketing per Internet** ist genauso zulässig wie die Versendung klassischer Pressemitteilungen, wenn die Inhalte nicht über die – wenigen – spezifischen Vorgaben des Berufsrechts hinausschießen.

---

1 NJW 2004, 3765 = BVerfGE 111, 366.

2 NJW 2008, 1298 = BVerfGK 13, 286 = BeckRS 2008, 32991.

12 Gerade wer Wert darauf legt, die eigenen Kompetenzen auf sachliche Art darzustellen, wird im anwaltlichen Berufsrecht kaum Beschränkungen für seine Werbeideen finden. Wer sich also nicht gerade seinen Kanzleinamen ausgerechnet auf seine Anwaltsrobe sticken lassen,[3] mit Schockmotiven[4] oder Pin-Up-Kalendern[5] für sich werben will, muss sich nicht für einen Konflikt mit der Anwaltskammer wappnen. Sehr allgemein formuliert darf anwaltliche Werbung nach den berufsrechtlichen Vorgaben schlicht nicht völlig unsachlich sein.

13 Laut § 43 Bundesrechtsanwaltsordnung (BRAO) dürfen Anwältinnen und Anwälte für sich werben, wenn sie über ihre berufliche Tätigkeit sachlich unterrichten und die Werbung nicht auf einen Auftrag im Einzelfall gerichtet ist. Von den drei Voraussetzungen gilt allerdings eigentlich, um es mit *Markus Hartung* zusammenzufassen, fast keine mehr.[6] Anwältinnen und Anwälte dürfen auch mit der eigenen Person Marketing betreiben und selbst eine bloße Imagewerbung kann eine „Unterrichtung" im Sinne der Norm sein. Sogar um Einzelmandate dürfen sie werben, wenn sie den Adressaten oder die Adressatin dabei weder belästigen noch nötigen oder überrumpeln und dieser sich in einer Situation befindet, in der er auf Rechtsrat angewiesen ist und ihm eine an seinem Bedarf ausgerichtete sachliche Werbung Nutzen bringen kann.[7]

14 Dennoch drehen sich die meisten bekanntwerdenden Verfahren rund um die **Zulässigkeit anwaltlicher Werbung** noch immer im Wesentlichen darum, was sich auf anwaltlichen Briefbögen findet. Es geht um selbsternannte „Vorsorgeanwälte"[8] oder „Spezialisten für Verkehrsrecht",[9] die keine Fachanwälte sind. Diese Fälle sprechen Bände darüber, was weite Teile der Anwaltschaft auch im Jahr 2022 noch unter Akquise verstehen.

B. Braucht man das wirklich?

I. Warum digitale Mandatsakquise sein muss

1. Sichtbar sein

15 Denn während am Ende wohl für kaum jemanden bei der Wahl des neuen Anwalts oder der neuen Anwältin entscheidend sein wird, wie der- oder diejenige sich laut eigenem Briefkopf oder Kanzleischild nennt, können die **Sichtbarkeit** und **Unterscheidbarkeit** im Internet über den wirtschaftlichen Erfolg oder Misserfolg einer Kanzlei entscheiden.

---

3 NJW 2017, 407 (m. Anm. Härting) = BeckRS 2016, 109212.
4 NJW 2015, 72 = WM 2015, 452.
5 MDR 2020, 444 = AnwBl 2020, 172.
6 *Hartung, Markus* in: Halfmann, Marketingspraxis für Anwälte, 2. Auflage 2018, S. 53.
7 BGHZ 199, 43 = NJW 2014, 554 = ZIP 2014, 290 – *Kommanditistenbrief.*
8 OLG Hamm, Urt. v. 7.9.2012, Az. 2 AGH 29/11.
9 NJW 2015, 28 = NJW 2015, 704 = MDR 2015, 306 = NJ 2015, 129.

Wer früher einen Scheidungsanwalt suchte, griff nach den gelben Seiten und schaute nach, welcher Familienrechtler in der Nähe praktizierte. Vielleicht stieß er im lokalen Anzeigenblatt auf eine Seite, auf der Experten ihre Rechtstipps gegen Entgelt platzieren konnten. Wer im örtlichen Sport- oder Brauchtumsverein aktiv war, kannte mit einer gewissen Wahrscheinlichkeit eine Anwältin oder ein Anwalt persönlich oder konnte zumindest über sein Netzwerk eine Empfehlung einholen. 16

Alle diese Wege stehen natürlich auch heute noch zur Verfügung, doch funktionieren sie immer weniger und werden durch digitale Alternativen abgelöst. Die gelben Seiten und Anzeigenblätter sind Auslaufmodelle, Vereine verlieren Mitglieder, die lokalen Netzwerke werden immer dünner und ob der Sportkamerad auch wirklich der beste Ratgeber in Sachen Kindesunterhalt ist, kann man mit wenigen Klicks online prüfen. 17

Die Wahl des richtigen anwaltlichen Beistands findet zunehmend digital statt: Potenzielle Mandantinnen suchen per Handy nach Lösungen für ihre Rechtsprobleme. Dabei finden sie **überregionale Anbieter**, die sich als Alternative zur lokalen Anwaltschaft positionieren, und sie berücksichtigen bei ihrer Wahl **Bewertungen** anderer Nutzer auf Google oder anwalt.de. Ergänzend zu ihrer Online-Recherche fragen sie auch via Whatsapp oder Facebook ihr Netzwerk nach Empfehlungen und Erfahrungen. 18

Althergebrachte Methoden der Mandatsgewinnung funktionieren natürlich immer noch, nur nicht mehr in gleichem Maße für alle Zielgruppen. Wer im Bereich Erbrecht praktiziert, kann einen relevanten Teil der Generation Ü60 weiterhin auf traditionellen Wegen erreichen. Wer hingegen junge Online-Händler gewinnen möchte, der kann z.B. auf **Print-Marketing** komplett verzichten. 19

Online-Marketing ist nicht nur notwendig, um jüngere Zielgruppen zu erreichen. Es bietet Anwälten auch eine deutlich höhere **Reichweite** als ihnen in einer analogen Welt zur Verfügung steht. Ein Einzelanwalt kann z.B. über Google-Werbung deutschlandweit Rechtsratsuchende erreichen. Damit kann er neue Mandate für klassisches Beratungsgeschäft gewinnen. 20

Gleichzeitig ermöglicht Online-Marketing völlig neue und zielgerichtetere Angebote und **Geschäftsmodelle** von Kanzleien – und das zu sehr überschaubaren Preisen. Überregionale Werbung in traditionellen Medien z.B. in Fernsehen oder Zeitschriften, ist erstens sehr teuer und zweitens lassen sich Zielgruppen nur sehr grob adressieren. Wer vom Dieselskandal Betroffene erreichen möchte, kann in einer Autozeitschrift inserieren. Dort sehen es aber auch alle nicht-betroffenen Leser und diese Werbekontakte sind im Preis der Anzeige ebenfalls berücksichtigt. Bei **Google** hingegen kann die gleiche Werbebotschaft nur denjenigen angezeigt werden die z.B. nach „Audi Dieselskandal prüfen" suchen, und nur Klicks auf die Werbung werden tatsächlich in Rechnung gestellt. 21

Mit **Online-Marketing via Google** können die Kanzleien also einerseits überregional genau so viele, andererseits aber auch gezielt genau die Menschen erreichen, die nach der Leistung suchen, die sie anbieten. Beispiele dafür sind Kanzleien wie Rightmart, Hopkins, Chevalier, Wilde Beuger Solmecke oder Von Rueden. Hier schließt 22 sich der Kreis: Es sind die Kanzleien, die wir als Best-Practice-Beispiel in Kapitel A. aufführten, die sich vergleichbar mit nichtanwaltlichen Rechtsdienstleistern auf ähnlich gelagerte Sachverhalte spezialisiert haben, welche sie mit Hilfe technischer Lösungen onlinebasiert bundesweit bearbeiten: Hartz4-Bescheidprüfung, Dieselskandal, Kündigungen von Arbeitsverträgen, Urheberrechtsverletzungen etc.

2. Anders sein

23 Wer im Netz sichtbar ist, muss dann aus dem Kreis der anderen Sichtbaren auch noch herausstechen. Das ist angesichts des speziellen Angebots von Anwältinnen und Anwälten keineswegs trivial. Die Anwaltschaft bietet kein Produkt an, sondern eine komplexe Dienstleistung. Das bedeutet einerseits, dass deren Qualität für Laien kaum messbar und erfassbar ist, und andererseits, dass einzelne Kanzleien sich für potenzielle Mandantinnen und Mandanten von außen betrachtet praktisch nicht unterscheiden. Deshalb gilt es, ihnen Argumente zu liefern, um sich für eine bestimmte Kanzlei zu entscheiden.

24 Nun ist auch die Qualität von Baumärkten von außen kaum erfassbar und ihr Angebot – der Verkauf von Werkzeugen und Baustoffen – völlig austauschbar. Gerade deshalb investieren sie besonders viel ins Marketing: Nur so können sie sich unterscheidbar machen und als anders wahrgenommen werden. Eine Kanzlei ist natürlich kein Baumarkt. Eine gewisse Seriosität und Neutralität sollen und müssen sie in der Außendarstellung wahren. Das muss aber nicht zwangsläufig zum aktuellen Status quo führen, in dem die allermeisten Kanzleien auf **Markenbildung** und eine **Positionierung** komplett verzichten.

25 Wenn Gründer zum Beispiel nach einer „Kanzlei für Startups" googeln, bietet ihnen die **Suchmaschine** einen bunten Querschnitt: Vor allem größere Kanzleien, einige kleinere – die Anmutung der Webseiten und die Ansprache ist aber fast immer identisch. Nur eine Seite sticht heraus, und zwar ausgerechnet die eines **Einzelanwalts**: derstartupanwalt.de. Er liefert gleich mehrere **Alleinstellungsmerkmale**: Seine Webseite ist als einzige in der Sprache von Gründerinnen und Gründern geschrieben, der Anwalt ist selbst Gründer einer digitalen Plattform, er bietet feste Paketpreise und er erklärt in einem Video seine „Mission": Rechtsberatung einfach & transparent zu machen. Hier hat sich jemand offensichtlich Gedanken gemacht, welche Zielgruppe er erreichen möchte und welche Bedürfnisse diese Menschen haben. Und deshalb steht er auf Seite 1 bei Google.

II. Warum digitale Mandatsakquise nicht peinlich sein muss

26 Auch wenn die digitale Präsenz natürlich zum Ziel hat, potenzielle Mandantinnen und Mandanten auf die eigene Kanzlei aufmerksam zu machen, muss sie gerade nicht mit klassischen Marketingmethoden erfolgen, die viele Anwälte sich unter Werbung noch immer vorstellen: Digitale Mandatsakquise muss nicht schrill sein, nicht marktschreie-

risch, kurz: nicht peinlich. Sie muss, wenn das nicht gewünscht ist, nicht einmal die anwaltliche Person in den Vordergrund stellen.[10]

Die erste und beste Werbung für Anwältinnen und Anwälte ist ihre Kompetenz – 27
ihre Antworten auf bestimmte Fragen, ihr Wissen um komplexe Zusammenhänge, ihre Kenntnis von rechtlichen Fallen, die für juristische Laien kaum erkennbar sind. Damit hat die Anwaltschaft großes Glück: Advokatinnen und Advokaten haben etwas zu sagen, was viele Menschen hören wollen. Sie müssen potenzielle Mandantinnen und Mandanten meist nicht von ihrem Produkt überzeugen: Rechtsprobleme gibt es immer – und die Anwältinnen und Anwälte können dabei helfen, sie zu lösen.

Noch mehr als in anderen Branchen gilt für Anwältinnen und Anwälte damit die 28
Marketing- und PR-Binsenweisheit „**Content is king**“: Menschen erreicht man besser mit für sie relevanten Informationen als mit bunter, aber nichtssagender Werbung. Juristische Inhalte sind einerseits für viele Menschen relevant, und es gibt andererseits relativ wenige Absendende solcher Inhalte. Deshalb werden sie von Suchmaschinen und sozialen Netzwerken als relevant eingeschätzt, und man kann viel Präsenz schaffen, ohne zwingend viel Geld in die Hand nehmen zu müssen.

Zwei Prinzipien des klassischen Marketings bleiben aber unverzichtbar: Erstens 29
sollte die Kanzlei immer auf den ersten Blick als Absenderin ihrer Botschaften erkennbar und von Wettbewerberinnen unterscheidbar sein. Zweitens muss der Köder dem Fisch schmecken und nicht dem Angler, die Botschaften müssen also für die **Zielgruppe** in der Sprache der Zielgruppe geschrieben sein.[11]

III. Best practices

Beispiele für Anwälte, die digitales Marketing auf hohem Niveau betreiben, findet 30
man bislang vor allem unter Kolleginnen und Kollegen, die sich auf sehr digital-affine Zielgruppen spezialisiert haben, also zum Beispiel IT- und Medienrechtler: Sören Siebert von der Kanzlei Siebert Lexow,[12] der das Portal eRecht24.de[13] gegründet hat, Thomas Schwenke (Dr. Schwenke Rechtsanwaltskanzlei[14]), der die Seite datenschutz-generator.de[15] sowie einen populären Podcast[16] betreibt oder der Kölner Medienrechtler Christian Solmecke von der Kanzlei Wilde Beuger Solmecke.[17] Der YouTube-Kanal,

10 S. dazu aber Rn. 49ff.
11 S. dazu auch Rn. 85ff.
12 https://www.kanzlei-siebert.de/.
13 https://www.e-recht24.de/.
14 https://drschwenke.de/.
15 https://datenschutz-generator.de/.
16 https://rechtsbelehrung.com/.
17 https://www.wbs-law.de/.

auf dem er und sein Team sich längst mit viel mehr auseinandersetzen als nur medienrechtlichen Themen,[18] hat über 820.000 Abonnenten.

C. Die Strategie

31 **Strategie** ist ein großes Wort. Im Kern soll es schlicht bedeuten: Anwältinnen und Anwälte sollten wissen, warum sie etwas tun, bevor sie es tun. Das sind die wichtigsten Fragen, die es vorab zu klären gilt und über die sich unbedingt alle mitentscheidenden und -gestaltenden Kolleginnen einig sein sollten, bevor es los geht:
- Wer ist die Zielgruppe? Wo kann man sie am besten erreichen? Wie möchte sie beraten werden?
- Welches Ziel soll erreicht werden? Eine höhere Markenbekanntheit? Neue Mandate? Mehr Umsatz mit den vorhandenen Mandantinnen und Mandanten?
- Woran wird gemessen, ob dieses Ziel erreicht wird?

32 Die Wahl des Kanals oder der Kanäle, die man im Internet nutzt, hängt stark von der Zielgruppe ab, die man erreichen möchte. Welche Menschen sind also die potenziellen Mandantinnen und Mandanten für die Leistung, die die Anwältin anbieten möchte? Und wo sind sie digital unterwegs? Wer eine Marketingagentur beauftragt, wird den Begriff der „**Persona**" kennenlernen: Man bildet einen oder mehrere idealtypische Mandantinnen oder Mandanten, denen man ein Alter, Geschlecht und bestimmte Eigenschaften zuschreibt. Doch zumindest für den Anfang geht es auch simpler.

33 Die erste Entscheidung ist die zwischen B2C- und B2B-Mandantschaft: Sind eher **Verbraucherinnen und Verbraucher** im privaten Kontext die eigene Zielgruppe oder geht es um **Unternehmensmandate**, die auf dauerhafte Aufträge ausgelegt sind? Wenn möglich, sollte die Zielgruppe dann noch genauer eingegrenzt werden: Wer als Scheidungsanwältin tätig ist, kann primär Frauen vertreten, vielleicht solche, die aus bestimmten Gründen die Scheidung einreichen oder solche in einem bestimmten Alter. Wer Arbeitsrecht macht, kann sich auf die Vertretung von Betriebsräten in mittelständischen Unternehmen spezialisieren. Wer in großen Einheiten Unternehmen vertritt, konzentriert sich oft ohnehin auf bestimmte Branchen oder sehr spezifische Fragen des Wirtschaftsrechts.

34 Generell gilt: Je stärker man die **Zielgruppe** individualisieren und herunterbrechen kann, desto besser kann man die **Kanäle** danach auswählen und die eigene **Ansprache** darauf einstellen. Ein Start-Up-Unternehmer ist auf völlig anderen Webseiten unterwegs als eine junge Mutter, die unglücklich ist in ihrer Ehe. Und eine 55-jährige weibliche Betriebsratsvorsitzende, die Fragen zum kollektiven Arbeitsrecht hat, spricht eine

18 https://www.youtube.com/channel/UCb5TfGtSgvNPVPQawfCFuAw.

völlig andere Sprache als ein Endzwanziger, der häufiger mit dem Gesetz in Konflikt kommt.[19]

Wie man diese Möglichkeiten nutzt, bleibt eine Frage der eigenen Strategie. Möchte man sich als Verkehrsrechtler auf die Zielgruppe „Biker“ spezialisieren und deutschlandweit als harleyfahrender Anwalt für sich werben? Oder lieber durch differenzierte Ansprachen mit regionalem Fokus ebenso den Fahranfänger nach dem Unfall erreichen wie die erfolgreiche Geschäftsfrau nach dem wiederholten Geschwindigkeitsverstoß? 35

Wenn auch die anderen Fragen je nach den **Schwerpunkten** und **Zielen** in der Kanzlei klar beantwortet sind, kann es losgehen. 36

D. Der Weg zum Mandat

Die **Mandantsgewinnung** gliedert sich in vier Phasen: 37

I. Aufmerksamkeit gewinnen

In dieser Phase ist ein potenzieller Mandant auf der Suche nach einer Anwältin oder einem Anwalt oder – häufiger – hat eine Rechtsfrage oder ein rechtliches Problem, das er lösen möchte. Um seine **Aufmerksamkeit** zu gewinnen, muss die Kanzlei dort präsent sein, wo der potenzielle Mandant nach einer Lösung für sein Anliegen sucht. 38

In der digitalen Welt startet die Suche in den allermeisten Fällen bei **Google**. Dort muss die Kanzlei aus der Masse an alternativen Lösungen herausstechen. 39

Das Marketing kann auch früher ansetzen: Kanzleien können sich durch analoge und digitale Image-Werbung eine Bekanntheit aufbauen, die ihnen einen Vorteil verschafft, wenn in der Zielgruppe Beratungsbedarf entsteht. Oder sie schaffen es, den Beratungsbedarf entstehen zu lassen, zum Beispiel durch **Social-Media-Posts** oder **Fachbeiträge**. 40

II. Kontakt herstellen

Wenn eine Kanzlei die Aufmerksamkeit des potenziellen Mandanten gewonnen hat, gilt es, den Fisch nicht mehr von der Angel zu lassen. 41

Wenn ein Rechtsratsuchender zum Beispiel via Google die Kanzleiwebseite aufgerufen hat, dann steigt die Wahrscheinlichkeit der Kontaktaufnahme, wenn bestimmte Kriterien erfüllt sind: 42

- Die **Kanzlei-Webseite muss** einen top Eindruck machen, auch auf **mobilen Endgeräten**.

---

19 S. dazu auch Rn. 85ff.

- Die Kanzlei-Webseite muss die Informationen bieten, die der Nutzer sucht.[20]
- Sie sollte kommunizieren, warum die Kanzlei die richtige Wahl ist.
- Sie muss eine einfache und niedrigschwellige Möglichkeit der direkten **Terminvereinbarung** bieten.
- Sie muss weitere Möglichkeiten bieten, wie der Nutzer mit der Kanzlei in Kontakt bleiben kann

43 Ein sehr gutes Beispiel für einen entsprechenden Auftritt ist die Webseite dhw-stb.de von der DHW Steuerberatung: Die Startseite spricht sehr klar Digitalunternehmerinnen und -unternehmer an. Das Blog bietet hervorragende Inhalte für diese Zielgruppe. Als Alternativen zur sofortigen Terminbuchung werden Besucher aufgefordert, der Kanzlei auf Facebook, Instagram oder Youtube zu folgen, den Newsletter und den Podcast zu abonnieren oder die App herunterzuladen.

III. Beziehung aufbauen

44 Wenn es nicht zu einer direkten Kontaktaufnahme in Form eines Beratungstermins gekommen ist, sondern der potenzielle Mandant ein Angebot wie Newsletter oder Social Media wahrgenommen hat, gilt es, die **Beziehung** zu ihm zu pflegen und durch regelmäßige und überzeugende Inhalte so zu gestalten, dass er Vertrauen auf- und damit Hemmschwellen abbaut.

IV. Mandat gewinnen

45 Wenn der Nutzer die Phasen 1 bis 3 durchlaufen hat, sollte die Kanzlei als erster Ansprechpartner im Bewusstsein sein, wenn akuter **Rechtsberatungsbedarf** entsteht. Den Rechtsberatungsbedarf kann man als Kanzlei durchaus beeinflussen, wenn man zum Beispiel proaktiv darauf hinweist, dass eine rechtliche Änderung eine Handlung erfordert.

46 Ob es tatsächlich zur **Terminvereinbarung** kommt, kann man ebenfalls positiv beeinflussen und damit wahrscheinlicher machen. Die Digitalunternehmerin, die abends den IT-Recht-Newsletter liest und dort erfährt, dass sie aufgrund eines aktuellen Urteils dringend in Sachen Datenschutz nachbessern muss, wird geneigt sein, sich den Rechtsrat dort zu holen, wo sie auf das Rechtsproblem aufmerksam gemacht wurde und daher entsprechende Kompetenz vermuten darf. Wenn sie aber nicht sofort einen Beratungstermin beim Newsletter-Absender vereinbaren, sondern ihn erst am nächsten Tag und nur telefonisch erreichen kann, verliert sie das Thema unter Umständen aus den Augen. Oder sucht sich gleich eine Kanzlei, die einen besseren Service bietet.

20 S. dazu auch Rn. 49 ff.

Wie man es richtig macht, zeigt wieder DHW Steuerberatung: Alle Seiten auf dhw-stb.de haben das Ziel, den Besucher zu einer Terminbuchung zu bringen. Das Angebot ist niedrigschwellig, denn es entspricht den Nutzergewohnheiten insbesondere der Menschen aus dem digitalen Umfeld, die es ansprechen soll: Die Buchung ist online mit wenigen Klicks möglich und die Beratung findet per Videocall statt. 47

E. Digitale Marketingkanäle

Zum Glück gibt es im Digitalmarketing in der Regel verschiedene Wege, sein Ziel zu erreichen. Wer startet, kann unterschiedliche Alternativen ausprobieren und testen, welche am besten zur eigenen Person und dem vorhandenen Zeit- und Geldbudget passen. 48

I. Eigene Webseite/Blog

Ohne eigene **Webseite** geht nichts mehr, das ist klar. Sie ist der Kern des Online-Marketings – alle Maßnahmen zielen darauf, potenzielle Mandantinnen und Mandanten dorthin zu bringen und so zur Kontaktaufnahme zu bewegen. 49

Äußerst hilfreich kann sowohl für die Sichtbarkeit bei Google als auch für den aktuellen Informationsbedarf von Suchenden ein **Kanzleiblog** oder eine gut sichtbare **Rubrik „Aktuelles" auf der Startseite** sein. Sie darf durchaus Marketing in eigener Sache wie Berichte über gewonnene Verfahren enthalten, sofern die Mandantschaft damit einverstanden ist. Vor allem aber sollte sie den Nutzerinnen und Nutzern Informationen über aktuelle Rechtsfragen wie Urteile und Gesetzgebungsvorhaben, aber auch über immer wieder in der Mandatsarbeit auftauchende Klassiker aus den Rechtsgebieten bieten, die für die Kanzlei strategisch relevant sind. 50

Wichtig ist dabei unabhängig davon, ob die Seite sich an private oder gewerbliche Mandantinnen und Mandanten richtet, nicht zu komplex zu schreiben oder gar das berühmt-berüchtigte **Juristenlatein** zu verwenden.[21] Auch die beste Information nutzt nur etwas, wenn sie von der Zielgruppe auch verstanden wird – von der potenziellen Mandantin ebenso wie von Google. Selbst Suchmaschinen sprechen nur begrenzt **„Legalese"**.[22] 51

---

21 S. dazu auch Rn. 49 ff.

22 Im englischsprachigen Raum ein bekannter Begriff für das, was Deutsche Juristenlatein nennen.

II. Google

52 Die größte Suchmaschine der Welt ist in Deutschland Quasi-Monopolist. Für Kanzleien, deren Zielgruppe Verbraucherinnen sind, ist die Alphabet-Tochter zweifellos der wichtigste Online-Kanal für die Mandatsakquise.

53 Aber auch für wirtschaftsberatende Kanzleien ist **Google** extrem relevant. Gründerinnen und Gründer, die noch keine Kanzlei mandatiert haben, suchen hier mit Sicherheit nach Antworten rund um ihre Rechtsfragen und auch die Entscheiderinnen in etablierten Unternehmen ziehen vermutlich häufiger Google zurate als das Juve-Handbuch, um die Kompetenzen einer Kanzlei zu prüfen.

54 Google bietet Kanzleien verschiedene Möglichkeiten, für Rechtsratsuchende sichtbar zu sein.

1. Google Unternehmensprofil

55 Ein Eintrag bei **Google Unternehmensprofil** ist zwingend, denn es ist die Zentrale für die gesamte Kanzleipräsenz in Google-Produkten. Dazu gehören nicht nur die reinen (Text-)Suchergebnisse, sondern auch die Bildersuche, der Eintrag in Google Maps oder Google Rezensionen, die als Sterne den Maps-Eintrag anreichern.

56 Die Informationen aus dem Google Unternehmensprofil zeigt Google Nutzern an, wenn sie nach dem Kanzleinamen googeln. Gleichzeitig ist es ein Weg auf die erste Trefferseite von Google für Suchen nach „Rechtsanwalt" + Ort. Wer sein Unternehmensprofil gut pflegt und gute Rezensionen von Mandanten erhält, kann unabhängig von den Inhalten auf der eigenen Webseite ganz oben gelistet sein.

2. PPC-Kampagnen

57 Google bietet zudem die Möglichkeit, **Werbung auf bestimmte Suchanfragen** zu schalten. So kann man den Link zur eigenen Kanzleiwebseite ganz oben in den Suchergebnissen platzieren, wenn Nutzer zum Beispiel nach „scheidung online", „arbeitsrecht frankfurt" oder „diesel entschädigung" suchen. Google stellt dabei jeden Klick, den ein Nutzer auf die Anzeige macht, in Rechnung (Pay per Click = PPC).

3. SEO

58 **SEO** steht für „Search Engine Optimization" oder „**Suchmaschinenoptimierung**". Die Idee dahinter ist, auf der eigenen Webseite oder im eigenen Blog Inhalte bereit zu stellen, die zu häufig eingegebenen Suchanfragen passen. Da es z.B. für „gesellschaftsvertrag gmbh muster" eine Vielzahl von Seiten gibt, die passende Inhalte anbieten, priorisiert Google nach bestimmten Kriterien, welche davon auf der ersten Ergebnis-Seite angezeigt werden.

59 Diese sogenannten **„organischen" Suchergebnisse** landen zwar auf der ersten Google-Trefferseite oft erst weiter unten hinter den bezahlten Treffern aus PPC-Kam-

pagnen. Trotzdem lohnt es sich, dort vertreten zu sein, denn die Nutzerinnen und Nutzer sehen sich oft nur die erste Seite der Suchergebnisse an. Wer hingegen mit seiner Webseite zu einer Suchanfrage auf der zweiten, dritten oder vierten Seite auftaucht, ist so gut wie unsichtbar: 88 % der Klicks der Nutzerinnen und Nutzer gehen auf einen der ersten zehn Treffer auf der ersten Ergebnisseite.[23]

SEO ist eine Wissenschaft für sich. Ganz allgemein gilt: Wer eine technisch saubere Webseite hat und die besten Inhalte bereitstellt, hat gute Chancen. Dabei muss es sich nicht unbedingt um einen Ratgebertext handeln. Auch **Musterverträge**, **Fristenrechner** oder **Videos** werden vom Algorithmus geschätzt und können so Menschen auf die eigene Webseite locken. 60

Schnelle Ergebnisse sollte man aber nicht erwarten. SEO ist eine Investition, die sich erst langfristig auszahlt, aber dafür sehr nachhaltig wirkt. 61

III. Anwaltsverzeichnisse

Die große Zeit der **Anwaltsverzeichnisse** ist sicherlich vorbei. Nichtsdestotrotz spielen sie immer noch eine maßgebliche Rolle bei der Anwaltssuche durch Verbraucherinnen und Verbraucher. Echte Relevanz hat indes nur noch ein Anwaltsverzeichnis: anwalt.de. Ein Eintrag dort ergänzt das Google Unternehmensprofil und erhöht die Sichtbarkeit in der Suchmaschine. Denn für Anfragen wie „Anwalt Arbeitsrecht Köln“ steht Anwalt.de – und damit seine Kundinnen und Kunden – recht zuverlässig auf dem ersten Platz der organischen Google-Suchergebnisse und liefert Bewertungen und Erfahrungsberichte. 62

IV. YouTube

Die zweitgrößte Suchmaschine der Welt gehört ebenfalls zu Google: Es ist die Videoplattform **Youtube**. Sie ist nicht nur ein Unterhaltungsmedium, sondern bietet auch einen endlosen Fundus an Ratgeber-Videos. Dass man als Kanzlei über Youtube groß werden kann, hat WBS Wilder Breuer Solmecke mit mittlerweile über 900.000 Abonnenten unter Beweis gestellt. Aber auch hinter diesem Platzhirsch gibt es Erfolgsgeschichten in kleinerem Maßstab. So hat der Steuerberater Dr. Christoph Juhn über 90.000 Abonnenten[24] und erzielt mit Videos zur Höhe von Gehältern von Geschäftsführerinnen und Geschäftsführern bis zu 500.000 Aufrufe. 63

23 https://www.sistrix.com/blog/why-almost-everything-you-knew-about-google-ctr-is-no-longer-valid/#285-of-Google-users-click-the-first-organic-result.

24 https://www.youtube.com/channel/UCRXSpcj8K_LKN4eVaXFJkmg.

V. Social Media

64 Natürlich bleibt es erfreulich, in der Lokalzeitung zu Wort zu kommen, einen Gastbeitrag im für die Mandantschaft wichtigen Branchenmagazin zu veröffentlichen oder gar in der Frankfurter Allgemeinen Zeitung als Expertin zitiert zu werden. Doch auch mit nachhaltig betriebenen **Social-Media**-Accounts kann man das eigene Beratungsangebot sichtbar machen, ohne dabei auf Dritte als Multiplikatoren – oder eben als Gatekeeper – angewiesen zu sein.

65 Social Media im anwaltlichen Kontext, das ist vor allem **Linkedin** oder Twitter. Das Businessnetzwerk LinkedIn eignet sich – etwas unterschiedlich je nach Internationalität und Art der eigenen Tätigkeit – hervorragend, um potenzielle Mandantinnen und Mandanten im Unternehmensumfeld zu erreichen und sich gleichzeitig in der eigenen Branche einen Namen zu machen: Sowohl Führungskräfte als auch Mitarbeitende vor allem mit Bürojobs, Menschen also, die viel Zeit vor dem PC verbringen, pflegen dort regelmäßig nicht nur das eigene Profil, sondern konsumieren für sie relevante Inhalte rund ums Business und „folgen" den Menschen, die diese posten.

66 **Twitter** spielt insofern eine besondere Rolle, als es in Deutschland ein sehr kleines Netzwerk ist, aber besonders stark von digitalaffinen Menschen sowie Meinungsmacherinnen und -machern genutzt wird. Wer im IT-/IP-Umfeld tätig ist oder zu den auf Twitter relevanten Themen etwas zu sagen hat und mittelfristig mit seinen Inhalten Journalisten und Journalistinnen erreichen möchte, um sich in klassischen Medien als Rechtsexpertin oder -experte zu etablieren, ist hier richtig.

67 Den Netzwerken ist daran gelegen, dass Nutzerinnen und Nutzer die Zahl ihrer Kontakte laufend ausbauen. Sie schlagen ihnen deshalb Profile vor, die für sie relevant sein könnten. Mit den richtigen Inhalten und nachhaltigem Engagement lässt sich die Zahl der Kontakte und Follower stetig ausbauen und so kostenlos ein Draht zu potenziellen Mandantinnen und Mandanten herstellen.

68 Menschen folgen am liebsten anderen Menschen. Soziale Netzwerke wissen das und geben persönlichen Profilen höhere Reichweiten als Unternehmensprofilen. Das heißt nicht, dass man als Kanzlei dort nicht vertreten sein sollte – im Gegenteil. Im besten Fall gibt es aber neben dem **Kanzleiprofil** auch Personen in der Kanzlei, die die Kanzleimarke als glaubwürdige, authentische Botschafterinnen und **Botschafter in den sozialen Netzwerken** repräsentieren.

69 Nur: Mitarbeitende kommen und gehen. Deshalb sollte man als Kanzleigründer der erste und wichtigste Botschafter der Kanzleimarke sein. Anwältinnen und Anwälte wie Nina Diercks,[25] Prof. Niko Härting[26] oder Prof. Dr. Volker Römermann[27] stehen mit ihren Namen für ihre Kanzleien und erreichen persönlich deutlich mehr Menschen als mit ihren Kanzleiprofilen.

25 https://twitter.com/RAinDiercks.

26 https://twitter.com/nhaerting.

27 https://www.linkedin.com/in/volkerroemermann/.

Wer Verbraucherinnen und Verbraucher und eher Privatperson anspricht, kann, wenn er oder sie sich dort wohlfühlt und die Regeln der Plattform beherrscht, auch bei **Instagram** oder **Facebook** sehr sichtbar werden. Neben Instagram, dessen Nutzung auch im beruflichen Kontext mit dem Heranwachsen der nächsten Generation deutlich zunimmt und das – auch für Kanzleien – im Bereich **Personalgewinnung** eine große Rolle spielt, hat auch Facebook derzeit durchaus noch eine gewisse Relevanz. Auch wenn junge Menschen das Netzwerk kaum mehr aktiv nutzen, ist es die Plattform mit den bei weitem meisten angemeldeten Nutzerinnen und Nutzern und für viele „Normalbürgerinnen und Bürger" mittleren Alters weiterhin die Nummer eins in Sachen soziale Netzwerke. 70

Die österreichische Familienrechtlerin Carmen Thornton betreibt einen Instagram-Kanal mit mehr als 16.000 Follower:innen, der Rechtsrat mit plattform-typischen Influencer-Inhalten mixt.[28] Ihre Followerschaft dürfte zu 98 % weiblich sein – für den Schwerpunkt Scheidungs- und Unterhaltsrecht ist das sicherlich alles andere als schädlich. Der Strafrechtler und Autor eher unterhaltsamer Jura-Literatur Dr. Alexander Stevens wie auch die Kölner Fachanwältin für Strafrecht Pantea Farahzadi erreichen mit Mischungen aus instagramtauglicher Optik und boulevardgeeigneten Momentaufnahmen aus dem anwaltlichen Dasein auf Instagram immerhin mehr als 10.000 Menschen.[29] 71

Das Netzwerk **Tiktok** werden die meisten Leserinnen und Leser dieses Beitrags höchstens von den Smartphones ihrer Kinder kennen. Mit seiner extrem jungen Zielgruppe ist es kein Social Network, das sich für Anwaltsmarketing anbietet. Dass Tim-Hendrik Walter dort als „Herr Anwalt" trotzdem fast 6 Millionen Follower gewinnen konnte, zeigt aber, dass Juristinnen und Juristen mit guten Inhalten selbst dort erfolgreich sein können. Tim-Hendrik Walter geht es allerdings wohlgemerkt nicht um Mandatsakquise – er hat einfach Spaß daran, Inhalte zu produzieren und zu veröffentlichen. 72

VI. Social-Media-Werbung

Wer auf Social Media mit seinem persönlichen Profil eine relevante Reichweite erzielen möchte, muss Spaß daran haben, dort zu posten und zu interagieren. Erfolg in sozialen Medien wird von **Interaktion** getrieben, sie ist die Währung, in der die Plattform die Attraktivität der Inhalte bemessen, und damit das Kriterium für Reichweite. Zwei Faktoren machen diesen Erfolg aus: Erstens gute eigene Inhalte, also interessante Themen, ansprechend aufbereitet und so verfasst, dass sie zur Diskussion oder Reaktion (Like-Button) einladen. Wie genau diese Inhalte aussehen müssen, hängt stark vom jeweiligen Netzwerk ab. Zweitens – vor allem wenn man gerade erst startet – eine aktive Vermarktung der eigenen Person und der eigenen Inhalte im Netzwerk. Konkret: Bauen Sie aktiv 73

28 https://www.instagram.com/carmenthornton.law/.
29 https://www.instagram.com/criminallaw_cologne/.

ein Netzwerk auf, indem Sie selbst andere Inhalte kommentieren und liken. Folgen Sie Menschen mit einer großen Reichweite und interagieren mit diesen. Erwähnen Sie andere Menschen in ihren Post und verlinken („taggen") dabei deren Profile – dadurch macht das Netzwerk die Adressaten automatisch auf Ihren Inhalt aufmerksam. Schreiben Sie Inhalte zu aktuellen Trendthemen und verschlagworten Sie sie entsprechend mit sog. Hashtags. Twitter zeigt Nutzern z. B. die aktuell relevantesten Hashtags an.

74 Wem das schwer fällt oder wer daran kein Interesse hat, dem bleibt die Möglichkeit der **bezahlten Werbung**. Im wirtschaftsberatenden Bereich stellt Linkedin eine relevante Option dar, denn dort kann man Anzeigen gezielt schalten und einschränken: Sie werden dann nur Menschen angezeigt, die in bestimmten Branchen, Regionen und/oder Berufen arbeiten.

VII. Pressemitteilungen

75 Für wirtschaftsberatende Kanzleien sind Meldungen im *Juve*-Rechtsmarkt oder *auf Legal Tribune Online* Referenzen, mit denen sie ihre Relevanz unterstreichen können. Mit ein wenig Glück können auch kleine Boutiquen Erwähnung finden, wenn sie z. B. bei Deals beraten, an denen auch Großkanzleien beteiligt sind oder Mitarbeitende aus großen Einheiten für sich gewinnen.

76 In relevanten Verfahren, die für eine große Anzahl von Menschen eine Rolle spielen oder mit denen über sehr wichtige Rechtsfragen entschieden wird, können Anwältinnen und Anwälte per **Pressemitteilung** Redaktionen ihre Expertise anbieten, inhaltlich darüber informieren, was neu ist und diese Rechtsinformation einordnen. Sie bekommen so die Chance, als Prozessbeteiligte genannt oder, mit viel Glück, gegenüber Medien zu Rechtsfragen oder Konsequenzen eines Urteils Stellung zu nehmen. So kann man zum gefragten Medienexperten oder zur Medienexpertin werden. Wer allerdings beteiligt ist, ist naturgemäß befangen und scheidet damit als neutraler Experte aus.

77 Nun sind Pressemitteilungen nicht besonders digital oder neu. Doch auch hier bietet die Digitalisierung neue Chancen: Einerseits brauchen Online-Medien wegen der deutlich erhöhten Schlagzahl mehr Material als noch zu reinen Printzeiten. Und wer es schafft, dort mit bestimmten Themen vorzukommen, dessen Name taucht mit hoher Wahrscheinlichkeit bei Suchen nach diesem Thema in der Google-Ergebnisliste auf. Denn sowohl Publikums- als auch relevante Fachmedien wie *Legal Tribune Online* oder *Juve Online* werden von Google gut gerankt.

78 Die Aussichten auf eine Veröffentlichung sind dennoch oft nicht groß und mit der Versendung solcher Meldungen an Redaktionen sollte man nicht zu verschwenderisch umgehen. Aber die Chance auf kostenlose Reichweite im journalistischen Kontext kann den vergleichsweise geringen Aufwand bei relevanten Themen durchaus wert sein.

VIII. Banner-Werbung

Das digitale Äquivalent zur Print-Anzeige ist die **Banner-Werbung** in einem geeigneten Kanal. Anders als z.B. Google-Anzeigen erreicht sie nicht Menschen, die auf der Suche nach der Lösung für ein akutes Problem sind. Die Wahrscheinlichkeit, direkt und messbar neue Mandanten zu gewinnen, ist deshalb eher gering. Banner-Werbung eignet sich vor allem für den bis mittel- bis langfristigen Aufbau einer **Kanzleimarke** und empfiehlt sich nur, wenn man ein Medium für die Schaltung findet, dessen Zielgruppe mit der eigenen weitgehend identisch ist. 79

IX. Empfehlungen

Machen wir uns nichts vor: Auch im digitalen Zeitalter sind **persönliche Empfehlungen** eines der mächtigsten Marketinginstrumente für Anwältinnen und Anwälte. Empfehlungen finden aber nicht nur analog statt, sondern auch im Netz: In Form von Bewertungen auf Google oder Anwalt.de, als Posts in sozialen Netzen etc. Was dort stattfindet, ist nicht völlig außerhalb der Kontrolle eines Unternehmens. Als Kanzlei kann man seine zufriedenen Mandanten um Rezensionen und Empfehlungen bitten. Sicher, nur ein kleiner Teil wird dies auch tatsächlich machen. Der reicht aber, um mehr und bessere Bewertungen zu generieren als ein Großteil des Wettbewerbs. Ein wenig Vorsicht ist allenfalls geboten, wenn man solche Empfehlungen als lobende Zitate auf der eigenen Seite unterbringen will: Bei allzu pauschalen Werturteilen über die eigene Leistung könnte das **Sachlichkeitsgebot** des § 6 Abs. 1 BORA tangiert sein. Das dürfte allerdings allenfalls problematisch sein, wenn man sich diese zu eigen macht. 80

X. Lead Magnets

Ein Lead ist der Kontakt zu einem Menschen, der sich für ein bestimmtes Produkt oder eine Dienstleistung interessiert. Ein **Lead Magnet** ist ein kostenloses Angebot, für das Nutzer bereit sind, ihre Kontaktdaten einzutauschen. Beispiele für solche Angebote sind E-Books, Checklisten, **Webinare** oder **Muster-Dokumente**. Hinter Lead Magnets steckt die Idee, dass man einen Kontakt zu potentiellen Kunden bzw. Mandaten in einer frühen Phase ihres Informationsprozesses aufbaut, um als Ansprechpartner präsent zu sein, sobald eine „Kaufbereitschaft“ vorhanden ist, im Falle der anwaltlichen Marketings also sobald konkreter Beratungsbedarf besteht. 81

In aller Regel handelt es sich bei den durch Lead Magnets gewonnen Kontaktdaten um E-Mail-Adressen und man nutzt sie, um einen **Newsletterverteiler** auf- und auszubauen. 82

XI. Newsletter & E-Mails

E-Mail und Newsletter sind nicht totzukriegen, trotz Social Media, Instant Messenger & Co. Ein gut gemachter Newsletter bleibt eines der besten Instrumente, um Mandantin- 83 nen und Mandanten an sich zu binden und sich immer wieder in Erinnerung zu rufen. Der Vorteil von Anwältinnen und Anwälten: Ihre Mandantschaft hat eigentlich immer einen Informationsbedarf, so dass Newsletter aus ihrer Sicht weniger Werbung sind als vielmehr echten Mehrwert bieten.

84 Die Möglichkeiten sind dabei nicht auf den regelmäßigen wöchentlichen oder monatlichen Newsletter beschränkt: Kanzleien können an das Inkrafttreten rechtlicher Änderungen oder an Umsetzungsfristen erinnern, wichtige **aktuelle Urteile** oder Pläne auf gesetzgeberischer Ebene vorstellen und für ihre Mandantschaft einordnen, aber auch zu Webinaren einladen und Wissenswertes von hinter den Kulissen der Kanzlei berichten. Inhalte, die bereits auf der Webseite und/oder in sozialen Medien gepostet wurden, können dabei selbstverständlich doppelt verwendet werden.

F. Besser über Recht schreiben

I. Juristische Sprache ist keine gute Sprache

85 Wer sich dafür entscheidet, nicht nur auf bezahlte Kanäle zu setzen, sondern auch eigene Inhalte zu produzieren, um digital sichtbar zu werden, muss sich vorab vor allem klar machen, für wen er oder sie schreibt: für seine oder ihre Leserschaft. Das klingt selbstverständlich. Wer hunderte Gastbeiträge von Juristinnen und Juristen redigiert hat, weiß: Es ist keineswegs selbstverständlich.

86 Selbstverständlich können **Fachbegriffe** in gewissen Kontexten, wenn man „unter sich" ist und bestimmte äußerst komplexe Dinge erklären möchte, erforderlich sein. Lange Sätze inklusive eingeschobener Relativsätze, Nomen statt Verben und Passivkonstruktionen statt aktiver Formulierungen aber sind niemals sinnvoll, geschweige denn erforderlich. Wer also nicht gerade für eine Archivzeitschrift schreibt oder eine Monographie verfasst, sollte stets darum bemüht sein, auch juristische Zusammenhänge so darzustellen, dass zumindest akademisch gebildete Laien sie beim ersten Lesen verstehen können.

87 Das gilt ganz ausdrücklich auch dann, wenn man sich (auch) an juristische Leserinnen und Leser wendet: Texte, die schlecht lesbar und Sätze, die erst beim dritten Lesen verständlich sind, erwecken in Lesenden ein schlechtes Gefühl, völlig unabhängig von ihrer Profession. Bei der digitalen Akquise sind die Konsequenzen enorm: Wer nicht beim ersten Lesen versteht, geht als Leserin oder Leser womöglich verloren. Das Internet ist groß und weitläufig, das Thema, über das man schreibt, wird auch anderswo besprochen und wieso sollte man einen Anwalt aufsuchen, dessen Texte man schon nicht versteht? Die Chance auf ein neues Mandat ist schnell vertan.

II. Ein paar Tipps

88 Natürlich ist es mit ein paar Tipps zum besseren Schreiben nicht getan. Natürlich muss sich auch keine Juristin und kein Jurist journalistisches Handwerkszeug aneignen, um

in die digitale Mandatsakquise mit eigenen Texten einzusteigen. Wer sich aber selbst dabei ertappt, dass die eigenen Texte sich lesen wie die deutsche Fassung eines EuGH-Urteils, dem sei dringend ein Werk von Prof. Dr. Roland Schimmel empfohlen, das sogar noch Unterhaltungswert hat.[30] Es geht darin keineswegs um anwaltliches Marketing, sondern schlicht um bessere juristische Texte aller Art.

Für den Anfang helfen oft schon zwei Dinge: 89

- Zu schreiben versuchen, wie man auch sprechen würde. Das bedeutet: Geschriebenes laut vorlesen. Was dann gestelzt klingt, ist es in der Regel auch. Was zu lang zum Sprechen ist, ist auch geschrieben nicht gut.
- Sich den Text auf dem Bildschirm des Mobiltelefons vorstellen (oder gar anzeigen lassen): Welche potenzielle Mandantin würde einen Satz lesen wollen, der sich übers ganze Display erstreckt?

Hier noch ein paar weitere Tipps. 90

1. Das Intro

Ob im Kanzlei-Blog, auf der Webseite, im Mandanten-Newsletter oder bei LinkedIn: 91
Dachzeilen, **Überschriften** und **Einleitungstexte** entscheiden darüber, ob die Leserinnen und Leser einen Text überhaupt anklicken. Diese Entscheidung fällt binnen Bruchteilen von Sekunden, nur mit Glück lesen die Leserinnen und Leser bis zum Ende der Einleitung (sog. Teaser oder auch Küchenzuruf), wenn nicht schon die Überschrift sie anspricht. Das Thema des Beitrags findet sich daher am besten in wenigen Schlagworten (sog. Dachzeile) noch vor der möglichst aussagekräftigen Überschrift.

2. Die Ansprache

Wichtig ist schon beim Intro, aber natürlich auch im gesamten Text die **zielgruppen-** 92
gerechte Ansprache. Sie lasen es bereits: Ein Start-Up-Unternehmer, der ständig mit Kapitalgeberinnen spricht, kommuniziert ganz anders als eine junge Mutter, die unglücklich ist in ihrer Ehe. Und eine 55-jährige weibliche Betriebsratsvorsitzende, die Fragen zum kollektiven Arbeitsrecht hat, spricht eine völlig andere Sprache als ein Endzwanziger, der häufiger mit dem Gesetz in Konflikt kommt.

Das bedeutet keinesfalls, dass man versuchen sollte, die Sprache einer Zielgruppe 93
zu sprechen, zu der man nicht gehört. Ganz im Gegenteil ist es wichtig, dass Sprache authentisch ist und wiedergibt, wie der Autor oder die Autorin eines Textes denkt. Dennoch kann man Texte mit etwas Übung ganz leicht an Zielgruppen anpassen, ohne sich gleich auf das Niveau von Boulevardmedien zu begeben. Ein gutes Beispiel ist das Arbeitsrecht.

30 *Schimmel*, Juristendeutsch? Ein Buch voll praktischer Übungen für bessere Texte, 2. Auflage 2021.

94 Neutral kann man titeln:
95 *Kurzarbeit Null: Arbeitgeber dürfen Urlaub anteilig kürzen*

96 Wer überwiegend Arbeitgeber vertritt, könnte titeln:
97 *Urlaub trotz Kurzarbeit Null? Wer nicht arbeitet, braucht auch keine Erholung*

98 Kommt die Mandantschaft hingegen von der Mitarbeitendenseite, könnte man titeln:
99 *Kurzarbeit Null: Wie viel Urlaub Ihr Arbeitgeber jetzt wirklich kürzen darf*

3. Auf den Punkt

100 Gute Texte beschränken sich auf das Wesentliche. Das ist in aller Regel in rund 6.000 Zeichen inklusive Leerzeichen gut unterzubringen. Rein gehört, was die Leserinnen und Leser wirklich wissen wollen. Raus fliegt, was sie nicht wissen müssen.

101 Entsprechend zu kürzen und das Relevante herauszufiltern, ist eine Kunst und ein Dienst, den man als Autorin oder Autor eines Textes seiner Leserschaft erweist. Im Rahmen des Digitalmarketings gehört es zu genau dem Service, der hoffentlich dazu führt, dass eben diese Leserschaft über kurz oder lang zur Mandantschaft wird.

4. Der Aufbau

102 Was sie am meisten interessiert, sollten die Leserinnen und Leser am Anfang erfahren. Daher sollte man, anders als etwa im juristischen Gutachten, in aller Regel einen **nachrichtlichen Aufbau** wählen: das Wichtigste zuerst. Das entspricht oft dem, was Juristinnen und Juristen als Fazit erst am Ende eines Textes unterbringen.

103 Der Text sollte idealerweise einen **Spannungsbogen** aufbauen. Kontextinformationen braucht es nur, wenn sie relevant für die Aussage des Textes sind. Oft kann sämtlicher Sachverhalt entfallen, wenn die rechtliche Aussage, um die es geht, sich auch ohne Sachverhalt zwanglos erklärt. Auch Entscheidungen von Vorinstanzen sind in der Regel nicht mehr relevant, sobald die höhere Instanz vorliegt.

104 Am Ende von Texten gerade zu komplexen rechtlichen Informationen schätzen Leserinnen und Leser die Einordnung von der Expertin oder dem Experten. Sie erwarten etwas zu den Konsequenzen der erhaltenen Information: Was bedeutet das für ihn oder sie?

105 Um im obigen Beispiel zu bleiben: Aus Lesersicht am hilfreichsten ist natürlich ein Text, der über die reine Nachricht hinaus, was das BAG zum Thema Urlaub bei Kurzarbeit Nullentschieden hat, auch gleich ein Rechenbeispiel mitliefert: Wie viel Urlaub dürfen Arbeitgeber nun wirklich kürzen, nachdem das BAG so entschieden hat?

5. Don'ts

Unbedingt vermeiden sollte man: 106

- einen Aufbau wie in einer Fachzeitschrift: kein Gutachtenstil, kein Fazit zum Schluss
- eingeschobene Relativsätze und ähnlich komplizierte Konstruktionen
- Nominalstil (vor allem die bei Juristen beliebten auf –ung endenden Wörter)
- Passivformulierungen (aktive Formulierungen sind für die Leserseite verständlich und vermeiden auf Autorinnenseite Vernebelung und Abstandnahme vom eigenen Text)
- Füllkonstruktionen & abstrahierende Formulierungen („im vorliegenden Verfahren hat der Kläger den beklagten ehemaligen Arbeitgeber aufgefordert" statt „Der Arbeitnehmer forderte von seinem Ex-Chef"), leere Floskeln („Quo vadis", das Damoklesschwert u. a.), misslungene Metaphern & Analogien (nicht vergessen: Nicht alles, was hinkt, ist ein Vergleich)

G. Und nun?

Nun sollten, nein müssen Anwältinnen und Anwälte einfach loslegen. Eine wirksame 107
Präsenz im Internet ist schon heute längst kein Wettbewerbsvorteil mehr, sondern ihr Fehlen ist ein klarer Wettbewerbsnachteil. Binnen kürzester Zeit, vermutlich nicht erst mit dem Aussterben der heutigen Generation Ü60, wird es ohne Internetpräsenz für Anwälte schlicht kein Geschäft mehr geben.

Dabei müssen Anwältinnen und Anwälte wettbewerbsfähig sein und bleiben. Ge- 108
genüber anderen Kanzleien, aber auch gegenüber anderen Rechtsdienstleistern, die den Rechtsmarkt und damit auch den Zugang zum Recht primär nach den Maßstäben der Ökonomie begreifen und weniger nach denen des Rechtsstaats.

Es geht um mehr als nur Wettbewerb, es geht um mehr als nur ums Geschäft. Gera- 109
de wer sich als Anwältin und Anwalt auch als Organ der Rechtspflege begreift, wer den Zugang zum Recht mit gewährleisten will, muss dort präsent sein, wo die Menschen nach dem Zugang zum Recht suchen. Und das ist nun einmal das Internet, morgen noch mehr als heute schon längst.

Maxim Glusdak und Philip Scholz

§ 4 Legal-Tech-Inkasso und der Zugang zum Recht

Gliederungsübersicht **Rn.**

Literatur: *Deckenbrock*, Stärkung der Aufsicht bei Rechtsdienstleistungen, ZRP 2022, 170; *Engler*, Keine Hürden (mehr) für unechte Legal Tech-Sammelklagen, AnwBl Online 2021, 253; *dies.*, Legal Tech-Inkasso: Herausforderungen der neuen Sachkundeprüfung, RDi 2022, 101; *Fries*, Verbraucherrechtsdurchsetzung, 2016; *ders.*, Recht als Kapital, AcP 221 (2021), 108; *ders.*, De minimis curat mercator: Legal Tech wird Gesetz, NJW 2021, 2537; *Günther*, Das neue „Legal-Tech“-Gesetz – Eine Zwischenlösung für den Rechtsdienstleistungsmarkt, MMR 2021, 764; *Graf-Schlicker*, Der Zivilprozess vor dem Aus?, AnwBl 2014, 573; *Hartung*, Inkasso, Prozessfinanzierung und das RDG – Was darf ein Legal-Tech-Unternehmen als Inkassodienstleister?, AnwBl Online 2019, 353; *ders.*, Das beschleunigte Online-Verfahren und „Unmet Legal Needs“, AnwBl 2021, 287; *ders.*, Der Regierungsentwurf zum Legal Tech Inkasso – hält er, was er verspricht?, AnwBl 2021, 152; *Henssler*, Prozessfinanzierende Inkassodienstleister – befreit von den Schranken des anwaltlichen Berufsrechts?, NJW 2019, 545; *Kilian*, Zugang zum Recht – Beobachtungen in Zeiten von Gesetzen zur Kosteneinsparung bei der Prozesskosten- und Beratungshilfe, AnwBl 2008, 236; *ders.*, Trojanische Pferde im Rechtsdienstleistungsrecht? Betrachtungen zur Renaissance von Inkassodienstleistern, NJW 2019, 1401; *ders.*, Die Regulierung von Erfolgshonorar und Inkassodienstleistung – Vorschläge für eine Gesamtkonzeption zum Schutz der Rechtsuchenden, AnwBl Online 2021, 213; *ders.*, Verbrauchergerechte Angebote im Rechtsdienstleistungsmarkt – Warum der Gesetzentwurf nicht das erreicht, was er vorgibt, erreichen zu wollen, AnwBl Online 2021, 102; *Lemke*, Legal Tech-Gesetz: Vom Ansatz verfehlt und nicht verbrauchergerecht, RDi 2021, 224; *Makatsch/Kacholdt*, Kartellschadensersatz und Bündelungsmodelle im Lichte von Prozessökonomie, Grundrechten und effektivem Rechtsschutz, NZKart 2019, 486; *Meller-Hannich/Nöhre*, Ein zeitgemäßer Rahmen für Zivilrechtsstreitigkeiten, NJW 2019, 2522; *Morell*, Keine Kooperation ohne Konflikt – Verstößt ein Inkassodienstleister durch das Angebot einer Prozessversicherung gegen § 4 RDG?, JZ 2019, 809; *Nöhre*, Wie viel Streitschlichtung verträgt der deutsche Zivilprozess? Der Rückgang der Eingangszahlen im Zivilprozess – und mögliche Auslöser, AnwBl 2019, 91; *Petrasincu/Unseld*, Die Bedeutung der RDG-Novelle für das abtretungsbasierte Sammelinkasso, RDi 2021, 361; *dies.*, Das Sammelklage-Inkasso im Lichte der BGH-Rechtsprechung und der RDG-Reform, NJW 2022, 1200; *Prütting*, Legal Tech vor den To-

https://doi.org/10.1515/9783110755787-004

ren der Anwaltschaft – Die Digitalisierung der Rechtsdienstleistungen, ZIP 2020, 49; *Römermann*, BRAO- und RDG-Reformen 2021 im Praxis-Check: Wie groß werden sie?, AnwBl Online 2020, 588; *ders.*, Legal Tech: Geschäftsmodell nun doch untersagt? Besprechung von LG München I, AnwBl Online 2020, 284 zur Klage von Myright gegen das Lkw-Kartell, AnwBl Online 2020, 273; *ders.*, Legal Tech-Gesetz: Ein (allzu) kleiner Schritt in die richtige Richtung, RDi 2021, 217; *Rühl*, Digitale Justiz, oder: Zivilverfahren für das 21. Jahrhundert JZ 2020, 809; *Stadler*, Zulässigkeit von Inkasso-Bündelungs-und Finanzierungsmodellen nach RDG, RDi 2021, 513; *dies.*, Verbraucherschutz durch die erneute Reform des Rechtsdienstleistungsgesetzes, VuR 2021, 123; *Susskind*, Online Courts and the Future of Justice, 2019; *Wrase et al.*, Zugang zum Recht in Berlin – Zwischenbericht explorative Phase, Discussion Paper Wissenschaftszentrum Berlin für Sozialforschung, 2022; *Wrase/Thies/Behr/Stegemann*, Gleicher Zugang zum Recht (Menschen-)Rechtlicher Anspruch und Wirklichkeit, APuZ 31/2021, 48; *Voß*, Gerichtsverbundene Online-Streitbeilegung: ein Zukunftsmodell? Die online multi-door courthouses des englischen und kanadischen Rechts, RabelsZ 84 (2020), 62; *dies.*, Verbraucherfreundlich, verfahrensökonomisch, verfassungskonform? Zum Vorschlag eines Beschleunigten Online-Verfahrens, VuR 2021, 243; *Zwickel*, Bürgernahe Ziviljustiz: Ideen für ein digitales Bagatellverfahren, in: Ferrand/Knetsch/Zwickel (Hrsg.), Die Digitalisierung des Zivilrechts und der Ziviljustiz in Deutschland und Frankreich, 2020.

A. Einleitung

Ungeachtet des – auch im europäischen und internationalen Vergleich – hohen Vertrauens, das die Bürgerinnen und Bürger in die Arbeit der deutschen Justiz haben, machen sie ihre Ansprüche, insbesondere bei geringeren Streitwerten, immer seltener unmittelbar gerichtlich geltend.[1] Die Klageeingangszahlen in der deutschen Ziviljustiz sind seit Jahren insgesamt rückläufig.[2] Es werden vielmehr verstärkt alternative Formen der **Rechtsdurchsetzung** nachgefragt.[3] Dazu gehören neben der außergerichtlichen Online-Streitbeilegung[4] auch Angebote, die sich unter der Bezeichnung „Legal Tech" in den letzten Jahren auf dem **Rechtsdienstleistungsmarkt** etabliert haben. Ohne die massen- 1

1 Nach einer Befragung des Instituts für Demoskopie Allensbach (IfD) für den Rechtschutzversicherer ROLAND Rechtschutzversicherungs-AG würden Bürgerinnen und Bürger im Durchschnitt erst bei einem Streitwert von 3.683 Euro gerichtlichen Rechtsschutz suchen. Bei Personen mit geringerem Einkommen liegt dieser Wert niedriger, vgl. ROLAND Rechtsreport 2022, 20f., Schaubilder 11 und 12. Zur rückgängigen Rechtsmobilisierung vor den Zivilgerichten *Wrase et al.*, Zugang zum Recht in Berlin – Zwischenbericht explorative Phase, 2022, (8ff.).

2 Vgl. *Graf-Schlicker*, AnwBl 2014, 573ff.; *Nöhre*, AnwBl 2019, (91ff.); *Meller-Hannich/Nöhre*, NJW 2019, 2522ff. An den Amtsgerichten sinkt die Zahl der Neuzugänge seit 2005 nahezu kontinuierlich. Zuletzt war der Rückgang besonders stark. 2021 lagen die Eingangszahlen um mehr als 11 % unter dem Vorjahreswert. An den Landgerichten stieg die Zahl der Neuzugänge seit 2017 zwar wieder an, sodass 2020 ungefähr der Stand von 2012 erreicht wurde. Von 2020 zu 2021 gab es allerdings einen sogar deutlichen Rückgang von rund 10 %. Vgl. Statistisches Bundesamt (Destatis), Fachserie 10 Reihe 2.1, 2021.

3 Vgl. *Zwickel* in: Ferrand/Knetsch/Zwickel (Hrsg.), Die Digitalisierung des Zivilrechts und der Ziviljustiz in Deutschland und Frankreich, 2020, S. 195ff.

4 Zahlenmäßig sehr erfolgreich sind hier vor allem die (automatisierten) Konfliktlösungsmechanismen im Online-Handel etwa von Ebay, PayPal oder Amazon. Vgl. *Voß*, RabelsZ 84 (2020), 62 (65ff.); *Rühl*, JZ 2020, 809 (811f.); *Susskind*, Online Courts and die Future of Justice, 2019, S. 98.

haften Klagen dieser Anbieter würden die Eingangszahlen in der deutschen Zivilgerichtsbarkeit vermutlich noch deutlich geringer ausfallen. Die Beliebtheit der neuen Rechtsdienstleister macht einerseits deutlich, dass die Bereitschaft zum Konflikt und vor allem der Wunsch nach Problem- und Konfliktlösung bei den Bürgerinnen und Bürgern weiterhin ausgeprägt sind. Andererseits spielen dabei offenbar Faktoren wie Informiertheit, Verständlichkeit, geringer Aufwand, kurze Dauer, niedrige Kosten und die Abschätzung von Erfolgsaussichten eine zunehmend wichtigere Rolle. Diese Erwartungen an die Rechtsdurchsetzung kann das staatliche Rechtspflegesystem heute nur noch bedingt erfüllen. Die Frage nach den Zugangsbedingungen zum Recht hat damit auch in Deutschland neue Relevanz erhalten.

2 Mit dem Begriff **„Zugang zum Recht"** (im Englischen: „Access to Justice") werden die gesellschaftlichen, wirtschaftlichen und persönlichen Voraussetzungen umschrieben, unter denen die Bürgerinnen und Bürger rechtsbezogene Informationen beziehen, ihre materiellen Rechte kennen und wirksam verfolgen und im Ergebnis Rechtsstreitigkeiten lösen.[5] Im Kern geht es um die Gewährleistung der Teilhabe der Bürgerinnen und Bürger am Recht.

3 In einer wesentlichen Ausprägung dieses Gedankens, dem Zugang zur Justiz, ist der Zugang zum Recht im europäischen und deutschen Verfassungsrecht fest verankert. Er wird als zentrale Gewährleistung des Grundrechtsschutzes und der Rechtsstaatlichkeit vorausgesetzt. Grund- und Menschenrechte sind nur dann verwirklicht, wenn sie im Falle ihrer Verletzung vor einer unabhängigen Rechtsinstanz effektiv eingeklagt und durchgesetzt werden können.[6] Der **Justizgewährungsanspruch**, der durch das **Rechtsstaatsprinzip** des Art. 20 III GG sowie durch Art. 6 EMRK und Art. 47 GRCh garantiert wird, gewährleistet das Recht auf Zugang zu den Gerichten, eine grundsätzlich umfassende Prüfung des Streitgegenstandes in einem förmlichen Verfahren sowie eine verbindliche Entscheidung in angemessener Zeit.[7] Auf der Ebene des internationalen Soft Law kommen zudem die in der Globalen Agenda 2030 der Vereinten Nationen niedergelegten **Zielen für nachhaltige Entwicklung** (UN-Sustainable Development Goals SDGs) zum Tragen.[8] Nach SDG 16.3 ist die Rechtsstaatlichkeit auf nationaler und internationaler Ebene zu fördern und ein gleichberechtigter Zugang zur Justiz für alle Menschen zu gewährleisten.[9]

4 Die genannten Garantien umfassen das Recht, staatliche Gerichte oder Justizorgane im engeren Sinne anzurufen. Ein Zugang zum Recht kann – einem breiteren Verständ-

5 Vgl. bereits *Kilian*, AnwBl 2008, 236 und ausf. *Fries*, Verbraucherrechtsdurchsetzung, 2016, S. 3ff. Siehe auch die Definition von *Brügmann*, § 2 Rn. 7ff. (in diesem Band).

6 Vgl. Schlussfolgerungen des Rates der EU „Zugang zur Justiz – die Chancen der Digitalisierung nutzen", ABl. EU C 342I, 14.10.2020.

7 Siehe m.w.N. zur Rechtsprechung des BVerfG nur *Fries*, Verbraucherrechtsdurchsetzung, 2016, S. 4f.

8 Siehe zum Rechtscharakter der Resolution über die Globale Agenda 2030 sowie den Wirklungen der Nachhaltigkeitsziele *Huck/Kurkin*, ZaöRV 2018, 375.

9 Zu den globalen Zielen für eine nachhaltige Entwicklung siehe https://www.bmz.de/de/agenda-2030.

nis folgend – auch durch andere Institutionen wie Beschwerde- oder Schlichtungsstellen, Schiedsgerichte oder weitere Einrichtungen der **alternativen Streitbeilegung** ähnlich effektiv gewährleistet werden. Ebenso können rechtliche Konflikte und Rechtsprobleme bereits vor- oder außergerichtlich durch individuelle Aushandlungen, Inanspruchnahme von Rechtsdienstleistungen oder rechtlicher Beratung und Vertretung durch Anwältinnen und Anwälte gelöst werden.[10] Diese Wege der Streitbeilegung machen die verfassungsrechtlich gebotene Justizgewährleistung allerdings nicht redundant. Wenn immer mehr Rechtssuchende auf **alternative Streitbeilegungsmechanismen** setzen, anstatt vor Gericht zu ziehen, lässt dies vermuten, dass signifikante Hürden bei der Inanspruchnahme der staatlichen Zivilgerichtsbarkeit bestehen.[11]

5 Solche Defizite beim Zugang zum Recht stellen ein erhebliches Problem für den demokratischen Rechtsstaat dar. Das Empfinden, in einer „gerechten" Rechtsordnung zu leben, setzt die Durchsetzbarkeit materieller Rechte voraus. Insbesondere der Eindruck, dass „Recht haben und Recht bekommen" nicht mehr gewährleistet sei, schadet dem **Vertrauen in den Rechtsstaat. Effektive Rechtsdurchsetzung** bietet zudem einen entscheidenden Anreiz zur Rechtstreue und fördert damit auch die im Allgemeininteresse liegenden Ziele des Rechtsfriedens sowie der Rechtsfortbildung und -vereinheitlichung.

6 Enorme Bedeutung hat in diesem Zusammenhang die Frage, was der **Zugang zum Recht** kostet und wer diese **Kosten** tragen muss.[12] Ein Blick auf die möglichen Kostenrisiken der gerichtlichen Rechtsverfolgung machen die Bedenken der Rechtsuchenden nachvollziehbar.[13] Gerade bei vergleichsweise geringen Streitwerten liegen bei einer gerichtlichen Geltendmachung die dann in die Betrachtung einzubeziehenden Prozesskosten, das heißt die eigenen Anwaltskosten, die fremden Anwaltskosten und die Gerichtskosten, in einer Größenordnung, die die Hemmung, die eigenen Ansprüche durchzusetzen, rational erscheinen lässt. Bei einem Streitwert von über 500 bis 1.000 Euro liegt das Gesamtkostenrisiko bei 837,07 Euro und bei einem Streitwert von 2.000 Euro bei 1.481,50 Euro. Das Gesamtkostenrisiko, eine Forderung in Höhe von 100 Euro gerichtlich in erster Instanz durchzusetzen, beträgt sogar 506,21 Euro und liegt damit weit über

---

10 Vgl. *Wrase/Thies/Behr/Stegemann*, APuZ 31/2021, 48.

11 Zur Notwendigkeit empirischer Forschung zum tatsächlichen Rechtszugang *Wrase/Thies/Behr/Stegemann*, APuZ 31/2021, 48. Mit der Forderung nach einer Unmet-Legal-Needs-Studie für Deutschland *Hartung*, AnwBl 2021, 287; *Kilian*, AnwBl 2008, 236 (237f.); *Brügmann*, Vor dem Wechsel im BMJV: Neuer Schwung für die Rechtspolitik, Legal Tribune Online, 31.5.2019, https://www.lto.de/persistent/a_id/35703/. Umfassend zu Unmet-Legal-Needs-Studien auch § 2 Rn. 12ff. (*Brügmann*).

12 Vgl. bereits *Kilian*, AnwBl 2008, 236 (239).

13 In einer Studie aus dem Jahr 2013 von Forsa im Auftrag des Gesamtverbands der deutschen Versicherungswirtschaft (GDV) gaben 71 Prozent der Befragten an, Angst vor den möglichen Kosten eines Rechtsstreits zu haben, vgl. Studie „Ängste und Erwartungen von Verbrauchern bei rechtlichen Auseinandersetzungen", S. 10. Das BVerfG hat in seiner Entscheidung zum Verbot anwaltlicher Erfolgshonorare bereits darauf verwiesen, dass „nicht wenige Betroffene das Kostenrisiko auf Grund verständiger Erwägungen scheuen und daher von der Verfolgung ihrer Rechte absehen werden", Beschluss v. 12.12.2006, 1 BvR 2576/04, Rn. 100 – juris.

dem eigentlichen Streitwert. Hier liegt es nahe, auf die Durchsetzung der Forderung zu verzichten, als das Risiko eines aktuellen Vermögensverlustes einzugehen. In den – auch im europäischen Vergleich – hohen Kosten eines gerichtlichen Verfahrens in Verbindung mit schwer abschätzbaren **Erfolgsaussichten** wird daher eine Ursache für den Rückgang der Klagezahlen gesehen.[14]

7 Zugleich wird die Ziviljustiz mit den Erwartungen der Bürgerinnen und Bürger an ihre digitale Verfügbarkeit konfrontiert. Was digital möglich ist, soll im besten Fall auch digital erreichbar sein – hiervon sind die Gerichte nicht ausgenommen. Bei der **Digitalisierung der Justiz** besteht allerdings großer Nachholbedarf. Einen einfachen, internetbasierten Zugang zu den Zivilgerichten, den rechtsuchende Bürgerinnen und Bürger beschreiten könnten, gibt es bis heute nicht. Ebenso fehlt es an einer Justizplattform, über die Gerichte und Verfahrensbeteiligte miteinander kommunizieren und Informationen zum Verfahren verfügbar gemacht werden.[15] Der Einsatz digitaler Werkzeuge, die dabei helfen, den Prozessstoff zu strukturieren oder die Bearbeitung von standardisierten Aufgaben zu automatisieren und damit zu beschleunigen, steht noch ganz am Anfang.[16] Die Justiz wird daher von vielen als umständlich und langsam wahrgenommen. Sie steht unter einem nicht unerheblichen Kosten- und Modernisierungsdruck.[17]

8 Diese Ausgangslage dürfte das wirtschaftliche Wachstum von **Legal-Tech-Unternehmen** in den letzten Jahren begünstigt haben. Denn sie treten mit dem Versprechen an, die beschriebenen Defizite des Rechtspflegesystems zu beseitigen und den Zugang zum Recht zu erleichtern, wenn nicht sogar erst zu ermöglichen.[18] Durch den Einsatz digitaler Kommunikation sollen rechtsberatende Leistungen verbessert und kostengünstiger gemacht werden können. Gemein ist diesen Unternehmen, dass sie das Potential der Digitalisierung im Bereich der Rechtsberatung ausschöpfen und hierdurch die Kosten für die Rechtsdurchsetzung senken können. Fraglich ist aber, ob die neuen Angebote zur Rechtsdurchsetzung damit wirklich das Ziel erreichen können, den oben beschriebenen doppelten Druck aus dem Justizsystem zu nehmen. Oder ob umgekehrt die Justiz

---

14 Vgl. *Meller-Hannich/Nöhre*, NJW 2019, 2522 (2525). Die Gerichtskosten in Deutschland sind im europäischen Vergleich hoch. Bereits die Kosten für eine relativ geringwertige Streitigkeit von 3.000 Euro liegen in Deutschland höher als in fast allen anderen europäischen Staaten. Zudem werden in Deutschland Gerichtskosten auch in vielen Verfahren erhoben, die in anderen Rechtsordnungen gerichtskostenfrei sind. Vgl. Council of Europe (Hrsg.), European Judicial Systems: CEPEJ Evaluation Report, 2020, S. 32 ff.

15 Zu den Reformperspektiven *Rühl*, JZ 2020, 809 (812 ff.).

16 Zu den Potentialen der Digitalisierung für den Zugang zum Recht siehe Schlussfolgerungen des Rates der EU „Zugang zur Justiz – die Chancen der Digitalisierung nutzen", ABl. EU C 342I, 14. Oktober 2020.

17 Siehe dazu die Studie der Bucerius Law School, der Strategieberatung Boston Consulting Group und des Legal Tech Verband Deutschland zum Stand der Digitalisierung der Justiz in Deutschland im Vergleich mit den Vorreiter-Nationen Singapur, Kanada, Großbritannien und Österreich: *Hartung/Brunnader/Veith/Plog/Wolters*, The Future of Digital Justice, June 2022, https://www.legaltechverband.de/wp-content/uploads/2022/06/22-06-01-The-Future-of-Digital-Justice_BLS_BCG-web.pdf.

18 Zu den Auswirkungen von Legal Tech-Angeboten auf die individuelle Rechtsmobilisierung § 30 Rn. 26 ff. (*Günther/Wrase*).

sich stärker in Richtung der Rechtsuchenden bewegen und öffnen muss, um die neuen Legal Tech-Anbieter und ihre Rolle als Intermediäre letztlich überflüssig zu machen.

Im Folgenden soll daher der Blick auf das bisher wohl erfolgreichste Geschäfts- 9
modell geworfen werden: das Legal-Tech-Inkasso. Es wird hierbei auf die wirtschaftlichen und rechtlichen Grundlagen des Geschäftsmodells eingegangen und die Frage diskutiert, ob hiermit eine Verbesserung des Zugangs zum Recht verbunden ist.

B. Geschäftsmodell

Legal-Tech-Unternehmen erbringen **Inkassodienstleistungen**, also die geschäftsmäßi- 10
ge Einziehung fremder Forderungen. Sie bedienen sich hierbei der üblichen Instrumente der Forderungsdurchsetzung: Von der Zahlungsaufforderung, über die Mahnung bis hin zur Durchsetzung im Zivilrechtsweg[19] nutzen sie die Möglichkeiten, die das Recht bietet, säumige Schuldner zur Zahlung zu motivieren. Ein solch nüchterner, juristischer Blickwinkel verstellt jedoch die Sicht auf die besonderen Elemente der zugrundeliegenden Geschäftsmodelle.

I. Verbraucherinkasso

Die Legal-Tech-Angebote richteten sich zunächst vor allem an Verbraucherinnen und 11
Verbraucher, womit die Durchsetzung typischer Verbraucherforderungen einhergeht. Dieses **„klassische" Legal-Tech-Inkasso** ist häufig in den Bereichen Miete, Reise und sonstigen alltäglichen Dienstleistungen angesiedelt. Die Forderungen sind dadurch charakterisiert, dass sie der absoluten Höhe nach eher niedrig sind und ein Unternehmer oder eine Unternehmerin als Forderungsschuldner der Verbraucherin oder dem Verbraucher gegenübersteht. Ein bemerkenswertes Beispiel hierfür stellt der Sachverhalt dar, der der Entscheidung des Bundesgerichtshofes (BGH) in der Sache **„Lexfox"** zugrunde lag.[20] Ein Legal-Tech-Unternehmen hat in diesem Verfahren – es ging um die Rückzahlung zu viel gezahlter Miete – eine abgetretene Hauptforderung in Höhe von 23,49 Euro zum Gegenstand des Rechtsstreites gemacht und diesen über den gesamten Instanzenzug geführt. Auf einen Streitwert von 23,49 Euro fallen nach derzeitiger Gebührentabelle bereits Gerichtskosten von 114 Euro in der ersten Instanz an, womit das Prozessrisiko das wirtschaftliche Interesse an der Durchsetzung der Hauptforderung erheblich überstieg.[21] Insbesondere bei der Durchsetzung von Flug- und Fahrgastrechten hat das Legal-Tech-Geschäftsmodell im Verbraucherbereich bisher den größten Anklang

---

19 Vorausgesetzt sie bedienen sich hierfür eines zugelassenen Rechtsanwalts, vgl. § 79 I 2 ZPO.

20 BGH NJW 2020, 208 ff.

21 Es soll für das Verfahren „Lexfox" nicht verschwiegen werden, dass sich der Anbieter auch erhofft haben dürfte, ein Grundsatzurteil für sein Geschäftsmodell zu erstreiten. Ferner können gerade bei geringfügigen Forderungen die Anwalts- oder Inkassokosten die Höhe der Hauptforderung erheblich überstei-

finden können. Das zeigt die weiterhin hohe Zahl der Legal Tech-gestützten **Fluggastklagen** an den Amtsgerichten.[22]

12 **Legal-Tech-Unternehmen** versuchen sich betrieblich als „Fabriken zur Rechtsdurchsetzung" zu organisieren. Sie verstehen sich nicht als Rechtsberater, sondern als Anbieter von Rechtsprodukten. Hat das Unternehmen erkannt, dass bezüglich bestimmter Rechte oder Forderungen Durchsetzungslücken bestehen, wird juristische Fallarbeit, um diese Rechte durchzusetzen, „vorgedacht" und in juristische Schriftsatzmuster übertragen.[23] Das juristische Produkt (beispielsweise eine Zahlungsaufforderung oder ein Schriftsatz), besteht dann aus vorgefertigten digitalen Schablonen, die nur noch geringfügig dem jeweiligen Fall angepasst werden müssen. Ein solches Produkt kann durch wenige Klicks auch von juristisch ungeschulten Mitarbeiterinnen und Mitarbeitern erzeugt werden. Der eigentliche Vorgang der Rechtsdurchsetzung ist dann nur noch „Fließbandarbeit". Die möglichst weitreichende **Automatisierung juristischer Fallbearbeitung** hat den Vorteil der Kostenreduzierung, da sie personalintensive Tätigkeit minimiert. Der juristische Fall ist vorgedacht, ein Schreiben oder ein Schriftsatz genügt hunderten oder tausenden Fällen. Das macht die Geschäftsmodelle skalierbar.[24] Der Einsatz des juristischen Know-Hows bei den Juristinnen und Juristen verlagert sich hier auf eine abstrakte, eher strategische Ebene vor.[25] Persönliche oder individuelle Beratung findet praktisch nicht statt. Allenfalls werden die Verbraucherinnen und Verbraucher auf den Internetseiten der Legal-Techs über die allgemeinen juristischen Fragen informiert – und zugleich angeworben.

13 Dabei machen sich Legal-Tech-Unternehmen für ihr Geschäft das Interesse der Verbraucherinnen und Verbraucher zunutze, ihre Forderungen selbstständig, ggf. vertreten durch eine Rechtsanwältin oder einen Rechtsanwalt, nicht durchsetzen zu wollen. In Anbetracht des zeitlichen Aufwandes und der finanziellen Risiken der Forderungsdurchsetzung erscheint es für sie vernünftig, auf die Durchsetzung der Forderung zu verzichten. Dieser Zusammenhang wird unter den Begriff vom **„rationalen Desinteresse"** subsumiert und überwiegend als Grund für den Erfolg der Legal-Tech-Inkassos angesehen.[26] Auch der Gesetzgeber hat ihn maßgeblich zur Begründung des Gesetzes zur Förderung verbrauchergerechter Angebote im Rechtsdienstleistungsmarkt (G. v. 10.8.

gen, was aber nach § 43 I GKG den Gebührenstreitwert nicht erhöht, soweit die Kosten nur als Nebenforderung geltend gemacht würden.

22 Bundesweit verhandeln Amtsgerichte derzeit im Schnitt rund 100.000 Fluggastfälle jährlich, das sind 10 Prozent aller Zivilfälle. Vgl. „Report Mainz": Fluggastklagen überlasten die Gerichte, Umfrage zur Sendung vom 23.8.2022, https://www.swr.de/unternehmen/kommunikation/pressemeldungen/report-mainz-fluggastklagen-2022-102.html.

23 Vgl. die pointierte Zusammenfassung bei *Hartung*, AnwBl Online 2019, 353 (353). Zur (teil-) automatisierten Schriftsatzgestaltung siehe auch § 8 (*Reiter/Methner/Wunderlich/Emke*).

24 Dazu § 6 Rn. 14ff. (*Quarch*).

25 Vermehrt in Stellenanzeigen findet sich das Berufsprofil des „Legal Engineer", vgl. *Wagner*, AL 2021, 188ff.

26 Der Begriff findet sich inzwischen auch in der Rechtsprechung, vgl. BGH NJW 2021, 3046 (3050f.).

2021 BGBl. I S. 3415 (Nr. 53) herangezogen.[27] Die Verwendung des Begriffs mit dem Ziel, das Verhalten der Rechtsuchenden zu erklären oder normative Rechtfertigungsansätze zu entwickeln, ist allerdings nicht unproblematisch, da es an genauer empirischer Forschung hierzu bisher mangelt.[28]

Jedenfalls bestehen plausible Vermutungen dafür, weshalb Verbraucherinnen und Verbraucher auf die Durchsetzung ihrer Forderung verzichten. In Betracht kommt etwa fehlende Kenntnis vom (eigenen) Recht, Unwille oder (finanzielle) Unfähigkeit, sich professionellen Rechtsrat einzuholen. Aber auch persönliche Motivationen können nicht unberücksichtigt bleiben, etwa der zeitliche Aufwand zur Durchsetzung der Forderung, Unbehagen im Kontakt mit Rechtsanwältinnen und Rechtsanwälten, Gerichten und Behörden oder auch das Interesse, nicht mit der Gegenseite (etwa der Vermieterin oder dem Vermieter) in Konflikt zu geraten. Legal-Tech-Inkassos nutzen diese Risikoaversion aus, indem sie mit dem Versprechen einer **risikolosen Rechtsdurchsetzung** werben, welche schnell und digital abgewickelt werden kann. 14

II. Inkassovertrag

Grundlage dieses Geschäftsmodells ist ein Inkassovertrag zwischen der Verbraucherin oder dem Verbraucher als Forderungsgläubiger auf der einen und dem Legal-Tech-Unternehmen auf der anderen Seite. Bei einem Inkassovertrag handelt es sich um eine entgeltliche **Geschäftsbesorgung** (§ 675 BGB).[29] Zentraler Gegenstand der hieran anknüpfenden Vereinbarung ist, dass die Vertragsparteien den Aufwendungsersatzanspruch (§ 670 BGB) für die Tätigkeit des Legal-Tech-Inkassos abbedingen. Das Unternehmen verspricht zudem, die Kosten für die Rechtsdurchsetzung unbedingt selbst zu tragen. Durch diese **Erfolgshonorarvereinbarung** als Kernstück der vertraglichen Abrede erhält die Inkassodienstleistung den Charakter einer Prozessfinanzierung. Im Gegenzug wird vereinbart, dass die Kundin oder der Kunde seine Forderung an den Inkassodienstleister abtritt, der hiervon einen bestimmten prozentualen Anteil der Forderung – üblicherweise zwischen 10 % und 40 % – für sich einziehen darf. 15

Bei dieser **Abtretung** wird die Forderung von der Kundin oder dem Kunden auf das Legal-Tech-Inkasso übertragen (§ 398 BGB). Sie ist allerdings eine treuhänderische Abtretung, das heißt, der Zessionar ist im Verhältnis zum Zedenten an die Vereinbarungen aus dem Inkassovertrag gebunden. Welchen konkreten Bindungen der Zessionar unterliegt, ist eine Frage der vertraglichen Vereinbarungen. Aus der treuhänderischen Verpflichtung folgt aber regelmäßig, dass der Zessionar die Forderung im Interesse des Zedenten einzuziehen, sich rechtsvernichtenden Verfügungen zu enthalten und be- 16

27 Vgl. die Begründung zum Regierungsentwurf, BT-Drucksache 19/27673, S. 14.

28 Vgl. *Wrase et al.*, Zugang zum Recht in Berlin – Zwischenbericht explorative Phase, 2022, S. 10 f.

29 Vgl. MünchKomm-BGB/*Heermann*, 8. Aufl. 2020, § 675 Rn. 53.

stimmten Weisungen des Zedenten zu fügen hat, etwa im Hinblick auf Vergleichsabsprachen mit dem Anspruchsgegner.[30]

17 Der vom Inkassounternehmen einbehaltene prozentuale Anteil ist der Preis für die Dienstleistung, das **Erfolgshonorar**. Unzutreffend ist demgegenüber die teilweise gebräuchliche Formulierung, der Rechtsuchende „verzichte" auf seine Forderung, häufig mit dem Vorwurf verbunden, er verzichte hierdurch auch gleichsam auf „sein Recht". Ein rechtsgeschäftlicher Verzicht kann nicht vorliegen, da der Rechtsuchende eine solche Verfügung nicht vornimmt und das Recht gegenüber dem Forderungsschuldner zwingend vollständig durchgesetzt wird. Der Rechtsuchende schuldet das Erfolgshonorar als Preis für die Verlagerung des **Prozessrisikos**, wobei ihn die Beschränkung der Leistungspflicht auf die konkrete Forderung davor schützt, sein sonstiges Vermögen anzutasten. Diese Sachlage ist mit einem Vorgehen durch Mandatierung einer Rechtsanwältin oder eines Rechtsanwalts ohne Erfolgshonorarvereinbarung nicht identisch, da es insoweit an dem Element der Prozessfinanzierung fehlt.

18 Daneben finden sich auch Inkasso-Modelle, bei denen keine Abtretung der Forderung stattfindet, das Legal-Tech-Inkasso vielmehr im Wege der **Vollmacht** für den Rechtsuchenden die Forderung durchsetzt. Die Gemeinsamkeit dieser Modelle ist die treuhänderische Bindung des Legal-Tech-Inkassos in Ansehung der Forderung. Ein verwandtes Geschäftsmodell besteht darin, der Kundin oder dem Kunden die Forderung endgültig und unbedingt abzukaufen. Hierbei handelt es sich nicht um eine Inkassodienstleistung im Sinne des Rechtsdienstleistungsgesetzes (RDG), da der **Kauf einer Forderung** nicht die Einziehung einer fremden Forderung betrifft.

III. Bündelungsmodell

19 Im Zuge der Massenschadensfälle rund um den Dieselabgasskandal oder im Bereich zahlreicher Kartellfälle haben Legal-Tech-Unternehmen ihr Geschäftsmodell um das Element einer **„Sammelklage"**, typischerweise zur Durchsetzung zahlreicher Forderungen von Unternehmen im B2B-Geschäft, weiterentwickelt. Hierbei lässt sich das Legal-Tech-Inkasso eine Reihe von Forderungen, die sich gegen denselben Schuldner richten und die im Wesentlichen gleichgelagerten Lebenssachverhalten entspringen, abtreten, um sie gebündelt geltend zu machen.[31] Dieses „Forderungsportfolio" setzen die Unternehmen dann unter Beauftragung von Rechtsanwältinnen und Rechtsanwälten auch gerichtlich durch. Somit verknüpfen die Unternehmen ihr Angebot mit der gebündelten Durchsetzung einer Vielzahl von Forderungen, um die Durchsetzungschancen des Gesamtschadens zu erhöhen. In einem Verfahren werden so häufig mehrere hundert oder tausend Fälle verhandelt. Sie machen sich hier den **Skalierungseffekt** zunutze, um die Chancen der Rechtsdurchsetzung für alle Anspruchsstellerinnen und Anspruchssteller

30 Vgl. MünchKomm-BGB/*Kieninger*, 9. Aufl. 2022, § 398 Rn. 44.
31 Vgl. BGH NJW 2021, 3046 (3048).

zu erhöhen.[32] Zugleich ermöglichen sie durch diese Vorgehensweise die Finanzierung der regelmäßig erheblichen Rechtsverfolgungskosten, etwa um wettbewerbsökonomische Gutachten erstellen zu lassen. Um sich gegen die sich hieraus ergebenden erheblichen Prozessrisiken abzusichern, schaltet das Legal-Tech-Inkasso regelmäßig externe **Prozessfinanzierer** ein. Das Vorgehen weist damit Ähnlichkeiten zu einer kommerziellen Musterklage auf, die im Rechtsschutzsystem der Zivilprozessordnung nicht vorgesehen ist.[33]

C. Rechtlicher Rahmen

Den wenigsten Verbraucherinnen und Verbrauchern, die ihre Forderungen mit Hilfe 20
von Legal-Tech-Unternehmen durchsetzen lassen wollen, dürfte bekannt sein, dass sie es mit einem registrierten **Inkassodienstleister** nach dem RDG zu tun haben, der ihnen gegenüber eine erlaubnispflichtige Rechtsdienstleistung erbringt. Das typische Erscheinungsbild der meisten Inkassodienstleister war vor dem Auftreten der Legal-Tech-Anbieter – und ist es zu großen Teilen noch heute – das Mengen- oder Masseninkasso, also die Beitreibung von Forderungen durch Unternehmen gegenüber ihren Kundinnen und Kunden. Verbraucherinnen und Verbraucher befinden sich daher bei Inanspruchnahme von Legal-Tech-Unternehmen in einer neuen und ungewohnten Rolle, nämlich als Gläubiger einer Forderung gegenüber einem Unternehmen und zugleich als Vertragspartner eines Inkassodienstleisters.

Warum die **Legal-Tech-Unternehmen** überhaupt als Inkassodienstleister nach 21
dem RDG tätig werden, erklärt sich in erster Linie durch die vergleichsweise dichte **Regulierung des Rechtsdienstleistungsmarktes**. Da eine juristische Dienstleistung Gefahren für Rechtsuchende, die Rechtsordnung und den Rechtsverkehr mit sich bringen kann, werden an den Zugang zum Rechtsdienstleistungsmarkt hohe qualitätssichernde Hürden geknüpft. Und Rechtsdienstleister, die Zugang erlangt haben, werden einer Vielzahl verhaltenssteuernder Berufsausübungsregeln unterstellt.[34] Rechtsanwältinnen und Rechtsanwälte sind die einzige Berufsgruppe, die vom Gesetzgeber eine umfassende Erlaubnis zur Rechtsberatung und -vertretung erhalten hat. Die Gründe hierfür liegen in ihrer Bindung an umfassende Berufspflichten und ihrer Pflichtmitgliedschaft in den Rechtsanwaltskammern. Einen allgemeinen Rechtsdienstleistungsberuf unterhalb der **Anwaltschaft** mit gleichwohl identischen Befugnissen gibt es in Deutschland nicht. Lediglich in eng umgrenzten Bereichen hat der Gesetzgeber auf hohe Zugangshürden und ein strenges Pflichtenprogramm verzichtet: Zum einen im Bereich der nach § 10 RDG registrierten Rechtsdienstleister, u.a. der Inkassodienstleister. Inkassounterneh-

---

32 *Morell*, JZ 2019, 809 (813).
33 Deckenbrock/Henssler/*Rillig*, RDG § 10 Rn. 46i.
34 Vgl. z.B. *Kilian*, AnwBl Online 2021, 213 (218f.).

mern war daher erlaubt, was anderen Rechtsdienstleistern, insbesondere der Anwaltschaft verboten war und zum Teil noch immer ist: die Vereinbarung von Erfolgshonoraren (§ 49b II 1 BRAO), der Verzicht auf ein Honorar (§ 49b I 1 BRAO), die Prozessfinanzierung und die Übernahme von Verfahrenskosten (§ 49b II 1 BRAO) sowie die Beteiligung von Finanzinvestoren (§ 59b BRAO). Es kann vor diesem Hintergrund daher nicht verwundern, dass der Umfang der Rechtsdienstleistungsbefugnis erheblich umstritten ist.

I. Inkassodienstleistung

22 Unsicherheit besteht bei der Frage, wie weit die Befugnisse der Inkassodienstleister zur Erbringung von Rechtsdienstleistungen reichen. Da ihre **Rechtsdienstleistungsbefugnis** daran genknüpft ist, dass sie Inkassodienstleistungen im Sinne des § 2 II 1 RDG erbringen, kommt dem Begriff der Inkassodienstleistung maßgebliche Bedeutung zu. Ähnliche Auslegungsprobleme ergeben sich im Hinblick auf den sachlichen Anwendungsbereich des RDG. Hier ist umstritten, ob das Rechtsdienstleistungsrecht Inkassodienstleistern überhaupt die gerichtliche Geltendmachung einer Forderung gestattet.

23 Vor allem auf Grund der neuen Angebote der Legal-Tech-Unternehmen auf dem Rechtsdienstleistungsmarkt ist in der jüngeren Vergangenheit die Frage, wie weit der Umfang einer Registrierung als Inkassodienstleister nach § 10 I 1 Nr. 1 RDG reicht, intensiv und kontrovers diskutiert worden.

24 Erhebliche Teile des Schrifttums sind der Auffassung, die Subsumtion der Tätigkeit der Legal-Tech-Inkassos unter den **Begriff der Inkassodienstleistung** würde den Begriff überstrapazieren.[35] Eine sachgerechte Abgrenzung zwischen nur ausnahmsweise erlaubter Rechtsdienstleistungen durch Inkassodienstleister und der Tätigkeit der Rechtsanwältinnen und Rechtsanwälte sei durch das RDG nicht mehr gewährleistet.

1. Auslegung des Inkassobegriffs durch den Bundesgerichtshof

25 Der BGH hat in den Entscheidungen zum Portal **„wenigermiete.de“** der Lexfox GmbH den Begriff der Inkassodienstleistung im Lichte des Art. 12 GG dagegen betont weit ausgelegt.[36] Er sieht diese Form des Masseninkassos als eine Weiterentwicklung der inkassodienstlichen Tätigkeit.[37] Dabei stützt sich der BGH maßgeblich auf zwei Entscheidungen des BVerfG, die bereits vor rund 20 Jahren Inkassodienstleistern eine umfassende rechtliche Forderungsprüfung und eine substanzielle Beratung des Kunden über den Forderungsbestand zugestanden hatten.[38] Auch wenn unter dem **Begriff der Inkassodienstleistung** ursprünglich vor allem der Forderungseinzug im herkömmlichen, stärker von Mahn- und Beitreibungsmaßnahmen geprägten Sinne verstanden worden sei,

35 Vgl. statt vieler *Kilian*, NJW 2019, 1401 (1403).

36 Kritisch *Kilian* AnwBl Online 2021, 102 (103), der von einem Paradigmenwechsel spricht.

37 BGH NJW 2020, 208 (219).

38 Vgl. BVerfG NJW 2002, 1190; BVerfG NJW-RR 2004, 1570.

sei er „unter Berücksichtigung der vom Gesetzgeber mit dem **Rechtsdienstleistungsgesetz** verfolgten Zielsetzung einer grundlegenden, an den Gesichtspunkten der Deregulierung und Liberalisierung ausgerichteten, die Entwicklung neuer Berufsbilder erlaubenden Neugestaltung des Rechts der außergerichtlichen Rechtsdienstleistungen nicht in einem zu engen Sinne zu verstehen".[39] Das Abstellen auf ein tradiertes Inkassoverständnis sei verfehlt.[40] Außerdem habe der Gesetzgeber dem Inkassodienstleister die Sachkunde zugesprochen, ohne Gefährdung der Rechtsuchenden bei der Forderungseinziehung eine umfassende Rechtsberatung erbringen zu dürfen.[41] Vom Umfang der Inkassodienstleistung soll danach auch die Erhebung einer qualifizierten Rüge, die den Rückforderungsanspruch erst begründet, und die Geltendmachung von Auskunftsansprüchen umfasst sein.[42] Ein unmittelbarer Zusammenhang der Tätigkeiten zur **Forderungseinziehung** sei nicht erforderlich.[43] Der BGH versteht unter der Einziehung von Forderungen damit nicht mehr nur das Management zahlungsgestörter Forderungen, sondern im Ergebnis die außergerichtliche Begründung und Durchsetzung von beliebigen materiell-rechtlichen Ansprüchen, die auf eine Geldforderung gerichtet sind.[44] Unzulässig sind und bleiben dagegen Sachverhalte, die von vornherein keinen Forderungseinzug zum Gegenstand haben. Inkassodienstleistern steht daher nicht die Abwehr von Ansprüchen zu. Diese Tätigkeiten bleiben weiterhin allein den Rechtsanwältinnen und Rechtsanwälten vorbehalten.

Das Gericht betonte die Erforderlichkeit einer am **Schutzweck des RDG** ausgerichteten Würdigung der Umstände des Einzelfalles einschließlich einer Auslegung der hinsichtlich der Forderungseinziehung getroffenen Vereinbarungen unter Berücksichtigung der Wertentscheidungen des Grundgesetzes. Der BGH stellte zwar im Ergebnis für die Entscheidung maßgeblich auf das konkrete **Geschäftsmodell** des Unternehmens Lexfox ab, sodass die Reichweite der Entscheidung umstritten bleiben musste. Der Entscheidung aber kein oder nur ein geringes Gewicht für die Auslegung des RDG über den Einzelfall „wenigermiete.de" hinaus zuzumessen,[45] wäre gleichwohl verfehlt. Der VIII. Senat hat den wesentlichen rechtlichen Gesichtspunkt deutlich herausgearbeitet, den die Gerichte bei der Fallentscheidung zu berücksichtigen haben. Dies betrifft das Erfordernis, den Einzelfall – und hierbei insbesondere die getroffenen Vereinbarungen mit dem Inkassodienstleister – im Lichte des Schutzzwecks des RDG, die Rechtsuchenden vor unqualifizierten Rechtsdienstleistungen zu schützen, zu würdigen. Nur mit Blick auf diesen legitimen Zweck lässt sich der Eingriff in die **Berufsausübungsfreiheit** des In- 26

39 BGH NJW 2020, 208, (225).
40 BGH NJW 2020, 208 (221).
41 BGH NJW 2020, 208 (221).
42 BGH NJW 2020, 208 (227).
43 BGH NJW 2020, 208 (227).
44 Kritik etwa bei Deckenbrock/*Henssler*, RDG Einl Rn. 33b, 47g ff.: Anderes Verständnis des RDG, als es der RDG-Gesetzgeber konzipiert habe.
45 So aber *Prütting*, ZIP 2020, 49 (52).

kassodienstleisters aus Art. 12 I GG rechtfertigen. Diese Gefahren müssen von den Gerichten im Einzelfall dargelegt und plausibel begründet werden. Bloße Vermutungen genügen nicht. Damit ist einer engen Auslegung des Inkassobegriffs anhand eines unterstellten Leitbildes oder einer Typologie der Inkassodienstleistung der Boden entzogen.

2. Konturierung des Inkassobegriffs durch das „Legal Tech-Gesetz"

27 Um die Probleme mit dem Inkassobegriff für die Zukunft zu entschärfen und dem Geschäftsmodell der Legal-Tech-Inkassos auch rechtliche Legitimation zu verleihen, verabschiedete der Gesetzgeber 2021 das **Gesetz zur Förderung verbrauchergerechter Angebote im Rechtsdienstleistungsmarkt**. Damit hat er das Urteil des BGH in § 2 II RDG nachvollzogen, indem er ausdrücklich klarstellte, dass die rechtliche Prüfung und Beratung in Ansehung der einzuziehenden Forderung vom **Begriff der Inkassodienstleistung** umfasst ist. Zugleich führte der Gesetzgeber mit einer Erweiterung des § 5 I 3 RDG eine neue Regelungssystematik ein, wonach auch in Bezug auf Rechtsdienstleistungen die Erbringung von zulässigen **Nebenleistungen** in Betracht kommt. Solche – nicht mehr dem unmittelbaren Anwendungsbereich des Inkassobegriffs unterfallenden – Leistungen sollten nach § 5 I RDG erbracht werden dürfen, wenn sie noch mit Bezug zur Forderungseinziehung erbracht werden und sich bei einer Gesamtwürdigung daher nur als Nebenleistungen zur Forderungseinziehung darstellen. In der Literatur wurde die neue **Regelungssystematik**, die eine Differenzierung in Hauptleistung und Nebenleistung im Bereich des Inkassobegriffs zur Folge hatte, als Einschränkung des Urteils des BGH angesehen.[46] Dies trifft insoweit zu, als der Gesetzgeber einige der in der Lexfox-Entscheidung benannten Tätigkeiten des Legal-Tech-Inkassos als kaum noch mit dem Inkassobegriff vereinbar angesehen hat, insbesondere die an den Vermieter gerichtete Aufforderung, künftig keine überhöhte Miete mehr zu verlangen.[47] Der Gesetzgeber versuchte mit der Neufassung deshalb, für Inkassodienstleister und ihre Kunden und Kundinnen die **Rechtssicherheit** zu erhöhen, indem der in der Rechtsprechung des BGH und des BVerfG anerkannte Kernbereich der Inkassodienstleistung auch im Wortlaut des § 2 II RDG Niederschlag finden sollte. Die Tätigkeit des Inkassounternehmens muss demnach auf die Einziehung der im konkreten Fall gegenständlichen Forderung bezogen sein.[48] Das angestrebte Ergebnis der Tätigkeit muss mit anderen Worten unmittelbar in der Erfüllung der bereits bestehenden Forderung durch den Schuldner bestehen. Sonstige Leistungen, die im Zusammenhang mit der **Forderungseinziehung** stehen, können nach dem RDG erlaubt sein, wenn sie sich als zulässige Nebenleistungen nach § 5 I RDG darstellen. Maßgebliche Beurteilungskriterien hierfür sind Inhalt, Umfang und der sachliche Zusammenhang der Nebenleistung mit der Haupttätigkeit unter

46 Vgl. *Hartung*, AnwBl Online 2021, 152 (155 f.); *Günther*, MMR 2021, 764 (767). Kritisch zum neuen Inkassobegriff *Lemke*, RDi 2021, 224 (228 f.): „bleibt unbestimmt".

47 Vgl. die Begründung zum Regierungsentwurf, BT-Drs. 19/27673, S. 43.

48 Ebd.

Berücksichtigung der Rechtskenntnisse, die für die Haupttätigkeit erforderlich sind. Ein solcher sachlicher Zusammenhang besteht zum Beispiel zwischen der erwähnten Aufforderung des Inkassodienstleisters an den Vermieter, die Miete auf den gesetzlich geschuldeten Betrag herabzusetzen.[49]

Der Gesetzgeber verfolgte mit dieser Trennung zum einen das Ziel, dem **Inkassobegriff**, der durch die Entwicklung der Legal-Tech-Inkassos und durch die auf den Einzelfall abstellende Rechtsprechung des BGH an Trennschärfe eingebüßt hat, neue Kontur zu verleihen. Das in den §§ 2 und 3 RDG zum Ausdruck kommende Verbot mit Erlaubnisvorbehalt, außergerichtliche Rechtsdienstleistungen zu erbringen, ist nach der Bewertung des Gesetzgebers auch weiterhin zum Schutz der Rechtsuchenden, des Rechtsverkehrs und der Rechtsordnung vor unqualifizierten Rechtsdienstleistungen erforderlich.[50] Mit dem Gesetz hat er deshalb eine weitergehende **Öffnung des Rechtsdienstleistungsmarktes** hin zu einem erlaubnisfreien Gewerbe ausdrücklich verneint. Zugleich beabsichtigte der Gesetzgeber,[51] der Entwicklungsoffenheit der rechtsdienstleistenden Berufe Rechnung zu tragen und – in Übereinstimmung mit der Rechtsprechung des Bundesgerichtshofes[52] und des Bundesverfassungsgerichts[53] – im Lichte der **Berufsausübungsfreiheit** (Art. 12 GG) die Entwicklung weiterer Tätigkeiten von Inkassodienstleistern zu ermöglichen. 28

Eine mittelbare Einschränkung des Legal-Tech-Geschäftsmodells hat in der Literatur bisher weniger Beachtung gefunden. Wesentliches Merkmal der Geschäftsmodelle ist die Vereinbarung eines **Erfolgshonorars**. Nach dem neu gefassten § 13c IV RDG ist nunmehr die Vereinbarung eines Erfolgshonorars unzulässig, soweit sich die Inkassodienstleistung auf eine Forderung bezieht, die der **Pfändung** nicht unterliegt. Zum Schutze der Rechtsuchenden sollten hiermit vor allem die häufig nicht pfändbaren familienrechtlichen (Unterhalts-)Ansprüche von der Möglichkeit einer Erfolgshonorarvereinbarung freigehalten werden. 29

II. Forderungsbündelung

Im Fall **„wenigermiete.de"** konnte der BGH im Ergebnis offenlassen, ob die Bündelung von Ansprüchen und ihre gemeinsame in einem Verfahren verbundene gerichtliche Geltendmachung zulässige Inkassodienstleistungen nach dem RDG sind. Durfte also etwa ein Legal-Tech-Inkasso hunderte Forderungen geschädigter Volkswagenkunden ein- 30

49 Überzeugende Argumentation bei *Engler*, RDi 2022, 183 (184), die insbesondere darauf abstellt, dass der Inkassodienstleister ohnehin die künftig entstehenden Rückforderungsansprüche durchsetzen dürfte und beide Tätigkeiten auch mit Blick auf die erforderliche Sachkunde keine unterschiedlichen Anforderungen stellen.

50 Vgl. die Begründung zum Regierungsentwurf, BT-Drs. 19/27674, S. 20.

51 Vgl. die Begründung zum Regierungsentwurf, BT-Drs. 19/27673, S. 43.

52 Vgl. BGH NJW 2020, 208 (223).

53 Vgl. BVerfG NJW 2002, 1190.

sammeln und diese gebündelt vor dem Landgericht, vertreten durch eine hierauf spezialisierte Rechtsanwaltskanzlei, geltend machen? Gerade in diesen Sammelklagekonstellationen zeigte sich die Brisanz einer engen Auslegung des **Inkassobegriffs**. Wenn die gebündelte Geltendmachung vor Gericht nicht vom Inkassobegriff umfasst war, dann durften Inkassodienstleister in dieser Weise nicht tätig werden (§ 3 RDG). Das hätte zur Folge gehabt, dass die treuhänderische Abtretung der Forderung an den Inkassodienstleister nach herrschender – und vom BGH in wenigermiete.de bestätigter – Auffassung gemäß § 134 BGB in Verbindung mit § 3 RDG nichtig war. Da der Inkassodienstleister nunmehr ein fremdes Recht geltend machte, konnte er die Hemmung der **Verjährung** mittels Klage in Ermangelung seiner Aktivlegitimation nicht mehr herbeiführen. Damit drohte für eine große Anzahl Geschädigter die Verjährung ihrer Schadensersatzforderung.

31 In der Tat verneinten im Nachgang des Lexfox–Urteils zahlreiche Landgerichte[54] weiterhin die Aktivlegitimation der Legal-Tech-Inkassos in **Sammelklagefällen**. Die Fälle betrafen teils Kartellschadensersatzklagen. Es zeigten sich zwei argumentative Lücken der BGH-Rechtsprechung, um die Zulässigkeit des Sammelklageinkassos zu verneinen:

32 Es wurde zum einen entgegen der Rechtsprechung des BGH weiterhin teils auf ein angebliches „Leitbild" des Inkassos verwiesen[55], wonach Inkassodienstleister ihre Befugnisse nach § 3 RDG überschreiten, wenn ihre Tätigkeit weit überwiegend oder ausschließlich auf eine gerichtliche Geltendmachung gerichtet ist. War also für den Inkassodienstleister von vornherein klar erkennbar, dass der Anspruch sich außergerichtlich nicht durchsetzen lassen würde, so falle die Tätigkeit nicht mehr unter den **Begriff der Inkassodienstleistung**. Denn die Inhaber einer Inkassoerlaubnis dürften – so die Argumentation – nur in dem vom RDG vorausgesetzten Umfang tätig werden. Da das RDG nur die Erbringung **außergerichtlicher Rechtsdienstleistungen** regele, sei eine von Anfang an auf die gerichtliche Durchsetzung abzielende Tätigkeit von der Erlaubnis nicht mehr gedeckt. Vor allem in den Sammelklagefällen konnte in der Tat nicht davon ausgegangen werden, dass es zu einer außergerichtlichen Einigung zwischen dem Legal-Tech-Inkasso und dem Anspruchsgegner – etwa in den Fällen zum Dieselabgasskandal oder in Kartellschadensprozessen – kommen würde.

33 Schließlich würden auch die Interessen der Anspruchsinhaber im Rahmen einer **Sammelklage** nicht hinreichend berücksichtigt. Denn die gebündelte Geltendmachung könne dazu führen, dass der Inkassodienstleister etwa bei **Vergleichsverhandlungen** nur eine Gesamtvergleichssumme erhalte. Würde der Inkassodienstleister diese Summe unter den Rechtsuchenden gleichmäßig verteilen, so hätten diejenigen einen Nachteil, die bei einer Einzelklage eine besonders aussichtsreiche Forderung gehabt hätten und

54 Vgl. LG München I, Urteil v. 7.2.2020 – 37 O 18934/17; LG Hannover Urteil v. 1.2.2021 18 O 34/17; LG Berlin, Urteil v. 29.4.2020 – 64 S 95/19.

55 Vgl. die Entwicklung in der Rechtsprechung seit dem Lexfox-Urteil zusammenfassend: *Hartung*, Anwbl Online 2021, 152 (154).

so einen wesentlich größeren Teil hätten herausverhandeln können. Lange Zeit war deshalb umstritten, ob in den Fällen der Forderungsbündelung durch dieses **Prozessfinanzierungselement** gegen § 4 RDG verstoßen wird. Nach § 4 S. 1 RDG dürfen Rechtsdienstleistungen nicht erbracht werden, die unmittelbaren Einfluss auf die Erfüllung einer anderen Leistungspflicht haben können, wenn hierdurch die ordnungsgemäße Erbringung der Rechtsdienstleistung gefährdet wird. Die Vorschrift will verhindern, dass Rechtsdienstleistungen angeboten werden, obwohl der Anbieter aufgrund einer anderen Leistungspflicht ein gegenläufiges Interesse am Erfolg der Rechtsdienstleistung hat (Gefahr einer Interessenkollision).

Der II. Senat des BGH hat mit seinem „**AirDeal-Urteil**" vom 13. Juli 2021[56] nunmehr 34
auch höchstrichterlich klargestellt, dass Geschäftsmodelle zulässig sind, die ausschließlich oder vorrangig auf eine gerichtliche Einziehung der Forderung mit Unterstützung einer Rechtsanwältin oder eines Rechtsanwalts abzielen und bei denen eine Bündelung von Forderungen stattfindet.

1. Gerichtliche Einziehung von Forderungen

Überzeugend führt der BGH aus, dass sich weder dem Wortlaut noch der Systematik der 35
§§ 1 I, 3 RDG ein Ausschluss solcher **Geschäftsmodelle** entnehmen lässt, die ausschließlich oder vorrangig auf eine gerichtliche Einziehung der Forderung abzielen.[57] Die Verwendung des Ausdrucks der außergerichtlichen Rechtsdienstleistung im RDG diene gerade nicht dazu, den Begriff der Inkassodienstleistung inhaltlich einzuschränken. Vielmehr solle im Interesse einer klaren Gesetzessystematik der Anwendungsbereich des RDG von dem der einzelnen Verfahrensordnungen abgegrenzt werden, die ihrerseits Vorschriften zur Postulationsfähigkeit enthalten. Prozessuale Fragen werden danach in den Prozessordnungen behandelt, Fragen der außergerichtlichen Tätigkeiten im RDG.[58] Ein Verstoß gegen die Inkassodienstleistungsbefugnis wegen solcher Tätigkeiten des Inkassodienstleisters, die gar nicht in den Anwendungsbereich des RDG fallen, kann daher nicht begründet werden.

Dabei ist der Begriff der „außergerichtlichen Rechtsdienstleistung" in §§ 1 I, III RDG 36
adressatenbezogen in dem Sinne zu verstehen, dass lediglich an das Gericht adressierte Handlungen *nicht* darunterfallen.[59] Als außergerichtlich sind daher auch Tätigkeiten anzusehen, die nur im Zusammenhang mit einem gerichtlichen Verfahren stehen, wie die Beratung über die Erfolgsaussichten eines Verfahrens oder der Entwurf einer Klageschrift. Demgegenüber regelt die Befugnis der Inkassodienstleister zu solchen Hand-

56 BGH NJW 2021, 3046 ff.
57 BGH NJW 2021, 3046 (3048).
58 Vgl. zu dieser Abgrenzung der Anwendungsbereiche auch Deckenbrock/Henssler/*Deckenbrock*, RDG, § 1 Rn. 15 ff.; *Petrasincu/Unseld*, RDi 2021, 361 (365); *Römermann*, AnwBl Online 2020, 273 (275); *Stadler*, JZ 2020, 321 (328 f.).
59 BGH NJW 2021, 3046 (3048).

lungen, die an das Gericht adressiert werden, nicht das RDG, sondern die Zivilprozessordnung (ZPO).[60] Etwas anderes ergibt sich auch nicht aus § 79 II 2 Nr. 4 ZPO.[61] Keineswegs zeigt der klare Wortlaut dieser Vorschrift, dass Inkassodienstleistern eine gerichtliche Geltendmachung streitiger Forderungen nicht gestattet wäre.[62] § 79 II 2 Nr. 4 ZPO gewährt Inkassodienstleistern die **Postulationsfähigkeit** für das Mahnverfahren und das Vollstreckungsverfahren und macht hiervon eine Ausnahme für solche Prozesshandlungen, die ein streitiges Verfahren einleiten oder innerhalb eines solchen vorzunehmen sind. Der Regelungsgehalt des § 79 ZPO erschöpft sich also mit Bezug auf Inkassodienstleister darin, dass sie sich auch im streitigen Verfahren vor den Amtsgerichten zwingend von einem Rechtsanwalt oder einer Rechtsanwältin vertreten lassen müssen und in den genannten besonderen Verfahrensarten unter den Voraussetzungen des Absatzes 2 Satz 2 Nummer 4 insoweit auch selbst vertretungsbefugt sind. § 79 I 2 ZPO geht davon aus, dass Inkassodienstleister formell „Parteien" des Zivilprozesses auch in Ansehung einer wirtschaftlich fremden Forderung sein können,[63] was wiederum die Möglichkeit der gerichtlichen Geltendmachung durch einen Inkassodienstleister zur Voraussetzung hat. Ist dem Inkassodienstleister aber die gerichtliche Geltendmachung erlaubt, wenn sie sich hierfür durch eine Rechtsanwältin oder einen Rechtsanwalt vertreten lassen, dürfen sie sich hierzu im Inkassovertrag auch verpflichten.[64] Die für die Befugnis erforderliche Sachkunde reicht aus, um die vor Gericht tätige Rechtsanwältin oder den Rechtsanwalt sachgerecht zu instruieren.[65]

2. Keine Interessenkollision in Sammelklagefällen

37 Bereits im Rahmen der Diskussion zum Lexfox-Urteil des BGH wurde argumentiert, dass Legal Tech-Inkassos durch ihr vertragliches Versprechen, die Kundin oder den Kunden von den **Kosten der Rechtsdurchsetzung** freizuhalten, gegen § 4 RDG verstoßen.[66] Denn insoweit hätten Legal Tech-Inkassos ein unmittelbares Interesse daran, möglichst geringe Kosten für die Rechtsverfolgung aufzuwenden, um ihre Pflicht zur Freihaltung von den Kosten der Rechtsverfolgung möglichst zu minimieren. Der BGH ist dieser Argumentation in der Lexfox-Entscheidung nicht gefolgt. Es handele sich schon nicht um eine „andere" Leistungspflicht, da die Pflicht zur Kostenfreihaltung aus Sicht der Kun-

60 Vgl. A.A. OLG Schleswig, Urteil v. 11.1.2022 – 7 U 130/21 mit Anmerkung von *Timmermann/Engler*, RDi 2022, 217.

61 A.A. OLG Schleswig, Urteil v. 11.1.2022 – 7 U 130/21, das ausdrücklich der gegenteilig vom BGH in der Air-Deal-Entscheidung geäußerten Auffassung widerspricht. Dazu die kritische Anmerkung von *Timmermann/Engler*, RDi 2022, 217 (219 f.).

62 So aber das OLG Schleswig, Urteil v. 11.1.2022 – 7 U 130/21 und das Landgericht Stuttgart sowie zahlreiche Stimmen in der Literatur, vgl. statt vieler: *Prütting*, EWiR 2021, 549 (550).

63 Vgl. *Tolksdorf*, ZIP 2019, 1401 (1405).

64 Vgl. BGH NJW 2021, 3046 (3048).

65 Siehe Deckenbrock/Henssler/*Deckenbrock*, RDG, § 1 Rn. 24b.

66 Vgl. statt vieler *Henssler*, NJW 2019, 545 (549).

din oder des Kunden untrennbar mit der Forderungseinziehung verbunden sei.[67] Der BGH betont, dass die Interessen zwischen Legal-Tech-Inkasso und dem Rechtsuchenden prinzipiell gleichlaufen. Denn je erfolgreicher der Inkassodienstleister die Forderung für seine Kundschaft einzieht, desto höher fällt auch der absolute Betrag aus, den er einbehalten darf.

Mit Blick auf etwaige Interessenkollisionen nach § 4 RDG ließ sich in den **„Sammelklage"-Fällen** hingegen argumentieren, dass ein Interessenkonflikt deshalb bestünde, weil die Interessen der einzelnen Forderungsinhaber sich – etwa im Fall eines **Vergleichsschlusses** durch den Inkassodienstleister – erheblich voneinander unterscheiden könnten. So könnte beispielsweise der Inkassodienstleister im Fall eines Vergleichsabschlusses über alle Kundenforderungen gehalten sein, die weitere Rechtsverfolgung für solche Forderungen einzustellen, bei denen höhere Erfolgsaussichten bestünden, um alle „Sammelkläger" zu befriedigen.[68] 38

Der II. Senat sieht zwar das Risiko, dass einzelne Anspruchssteller ihre Forderung im Rahmen eines Massenvergleiches „unter Wert verkaufen" könnten, betont aber zugleich die Vorteile, die mit der **Anspruchsbündelung** verbunden sind. Durch die gebündelte Anspruchsdurchsetzung könnten nämlich die Kostenrisiken durch Kostenstreuung reduziert und die Deckelung der Gebührenprogression nutzbar gemacht werden. Zu Recht folgt der Senat Auffassungen in der Literatur,[69] wonach sich durch die gebündelte Anspruchsdurchsetzung auch die Verhandlungsmacht der Klägerseite erhöhe.[70] 39

Begrüßenswert an der Entscheidung ist insbesondere, dass der II. Senat die Argumente, die für eine Unzulässigkeit des Geschäftsmodells sprechen könnten, differenziert daraufhin überprüft, ob sich aus dem Geschäftsmodell konkrete **Gefahren für die Rechtsuchenden** ergeben können. Damit liegt der II. Senat methodisch und inhaltlich auf der Linie des VIII. Senats, der für das von ihm zu beurteilende Geschäftsmodell ebenfalls anhand einer am Schutzzweck des RDG und unter Berücksichtigung der Berufsausübungsfreiheit zur Zulässigkeit des ihm vorliegenden Geschäftsmodelles kam.[71] 40

Ob der Gesetzgeber auch mit Blick auf das **Sammelklageinkasso** nochmals eingreifend tätig werden muss, ist schwer absehbar. Erste Urteile deuten aber darauf hin, dass trotz der Grundsatzurteile des BGH ein Ende der Diskussion nicht in Sicht ist. Das OLG Schleswig (Dieselklage) und das LG Stuttgart (Kartellschadensersatzklage) haben die Klagen von Legal-Tech-Inkassos weiterhin wegen Verstoßes gegen das RDG und damit mangelnder Aktivlegitimation abgewiesen. Dabei betonen die Gerichte das Erfordernis der Einzelfallwürdigung und sehen sich insoweit auf einer Linie mit dem VIII. Senat.[72] Der Rechtswissenschaft ist bisher nicht gelungen, aus den beiden Entscheidungen all- 41

67 Vgl. BGH NJW 2020, 208 (232).
68 Vgl. Deckenbrock/Henssler/*Rillig*, RDG, § 10 Rn. 46o.
69 *Stadler*, VuR 2021, 123 (125); *Fries*, AcP 221 [2021], 108 (119).
70 *Morell*, JZ 2019, 803 ff.
71 A.A. *Prütting*, EWiR 2021, 549 (550).
72 OLG Schleswig, Urteil v. 11.1.2022 – 7 U 130/21 und LG Stuttgart, Urteil v. 20.1.2022 – 30 O 176/19.

gemein gültige und handhabbare Grundsätze für die Bewertung künftiger Angebote abzuleiten. Die Gründe hierfür dürften nicht allein in der Komplexität der Entscheidungen oder der Rechtslage zu finden sein. Denn über die entschiedenen Einzelfälle hinaus hat die Auslegung des RDG derzeit erhebliche rechtspolitische Bedeutung, vor allem für die Zukunft des Rechtsanwaltsberufes und für die bisherige dogmatische Säule des Rechtsberatungsrechts, unter der Anwaltschaft keinen rechtsberatenden Beruf zuzulassen. Hier mischt sich Dogmatik mit stark eigeninteressengeleiteten Vorstellungen davon, wie der Rechtsberatungsmarkt in Zukunft aussehen soll.

42 Das **Gesetz zur Förderung verbrauchergerechter Angebote im Rechtsdienstleistungsmarkt** steht der Auffassung des BGH, anders als nach teilweise vertretener Ansicht,[73] jedenfalls nicht entgegen. Zwar hatte sich der Gesetzgeber nicht unmittelbar mit Fragen des Sammelklageinkassos befasst. Aber bereits aufgrund der neu eingefügten Vorschrift des § 13b I Nr. 3 c) RDG müssen Inkassodienstleister Verbraucherinnen und Verbrauchern mitteilen, welche Auswirkungen die Bündelung von Ansprüchen mit Blick auf einen Vergleichsschluss haben kann. Damit hat der Gesetzgeber die grundsätzliche Zulässigkeit dieser Geschäftsmodelle implizit vorausgesetzt.

III. Prozessfinanzierung durch externe Dritte

43 Schließlich blieb nach dem Urteil des BGH in der Sache „Air-Deal" für die Praxis bedeutsam, ob der BGH mit Blick auf § 4 RDG auch ein **Geschäftsmodell** billigen würde, bei dem die Finanzierung der Prozessrisiken der Rechtsverfolgung des Legal Tech-Inkassos durch einen externen Dritten vorgenommen wird.

44 Der VIa. Zivilsenat des BGH[74] hat sich in der Entscheidung zu „financialright" der Rechtsprechung der beiden anderen Senate angeschlossen und in Fortführung dieser Rechtsprechung auch die Frage der externen **Prozessfinanzierung** für die Legal Tech-Inkassos positiv beantwortet.[75]

45 Der BGH betont, dass ein struktureller **Interessenkonflikt** jedenfalls dann nicht bestehe, „wenn dem Prozessfinanzierer mit Blick auf die Anspruchsdurchsetzung allenfalls theoretische oder unbedeutende Einflussmöglichkeiten zustehen und die Pflicht des Inkassodienstleisters gegenüber den einzelnen Auftraggebern zur möglichst effektiven Durchsetzung der Ansprüche nicht mit einer – über die faktische Möglichkeit zur Einflussnahme hinausgehenden – Vertragspflicht gegenüber dem Prozessfinanzierer zu

73 Vgl. *Prütting*, EWiR 2021, 549 ff.

74 Der VIa. Senat ist ein für „Dieselklagen" eingerichteter Hilfssenat. Die Mitglieder des Senates sind Richterinnen und Richter der anderen Zivilsenate des Bundesgerichtshofes. Vorsitzende ist die Richterin am Bundesgerichtshof Dr. Menges, die zugleich beisitzendes Mitglied des XI. Zivilsenates ist.

75 Vgl. BGH, Urteil v. 13.6.2022 – VIa ZR 418/21, BeckRS 2022, 20036. Der BGH hat diese Rechtsprechung in einer nachfolgenden Entscheidung bestätigt, vgl. BGH, Urteil v. 10.10.2022 – VIa ZR 184/22, BeckRS 2022, 30637.

einem möglichst gewinnbringenden Vorgehen kollidiert."[76] Insofern bestünde kein Unterschied zu Fallgestaltungen, in denen der Inkassodienstleister den Prozess aus eigenen Mitteln oder durch ein Darlehen finanziert.[77]

Das steht ebenfalls in Übereinstimmung mit der Gesetzesbegründung zum **Legal Tech-Gesetz**. Durch die Einfügung von § 4 S. 2 RDG wollte der Gesetzgeber klarstellen, dass die bloß passive Bereitstellung finanzieller Mittel und gewisser Berichtspflichten des Inkassodienstleisters nicht geeignet ist, die Gefahr einer Interessenkollision nach § 4 S. 1 RDG zu begründen.[78] 46

D. Verbrauchergerechter Zugang zum Recht

Eine Verbesserung des Zugangs zum Recht darf sich nicht in einer durch Deregulierung und Liberalisierung motivierten Ermöglichung beliebiger zusätzlicher Rechtsdienstleistungsangebote erschöpfen. Vielmehr müssen die Zugangsbedingungen, unter denen die neuen Angebote erbracht werden, so gestaltet werden, dass das zentrale Regelungsziel des RDG, nämlich die Rechtsuchenden, den Rechtsverkehr und die Rechtsordnung vor unqualifizierten Rechtsdienstleistungen zu schützen, erreicht wird.[79] Anders ausgedrückt geht es beim **Zugang zum Recht** nicht allein um das „ob", sondern auch und vor allem um das „wie" der Rechtsdurchsetzung. Insbesondere bei **Verbraucherinnen und Verbrauchern**, die in der für sie neuen Rolle als Gläubiger einer Geldforderung und damit als Auftraggebende von Rechtsdienstleistern auftreten, besteht insoweit Schutzbedarf. Sie müssen wissen, auf welches Geschäftsmodell sie sich einlassen, bevor sie ihren Anspruch an einen Legal-Tech-Anbieter abtreten. Und sie müssen sicher einschätzen können, ob dieser Weg der Rechtsdurchsetzung für sie gerade im Vergleich zu Alternativangeboten der richtige ist. Die Dienstleistungen der Legal-Tech-Unternehmen müssen daher transparent, fair und qualifiziert sein. Nur so können die neuen Angebote, die in der Regel ohne jeden persönlichen Kontakt auskommen, auf Dauer das **Vertrauen** der Verbraucherinnen und Verbraucher gewinnen und erfolgreich sein. 47

I. Transparente Angebote

Der Gesetzgeber hat auf die gesteigerte Bedeutung von Inkassodienstleistungen im Verbraucherbereich und die Informationsdefizite auf Verbraucherseite zuletzt mit dem am 1. Oktober 2021 in Kraft getretenen **Gesetz zur Förderung verbrauchergerechter An-** 48

76 Vgl. BGH, Urteil v. 13.6.2022 – VIa ZR 418/21, BeckRS 2022, 20036, Rn. 57.

77 AaO, Rn. 57 und mit Verweis auf *Bauermeister*, ZIP 2021, 2625 (2628) sowie auf *Petrasincu/Unseld*, NJW 2022, 1200 (1204).

78 Vgl. die Begründung zum Regierungsentwurf, BT-Drucks. 19/27673, S. 39f.

79 Zu den Schutzzwecken des RDG Deckenbrock/Henssler/*Deckenbrock*, RDG § 1 Rn. 2ff.

gebote im Rechtsdienstleistungsmarkt reagiert.[80] Verbraucherinnen und Verbraucher sollen danach in erster Linie durch detaillierte **Informationspflichten** des Rechtsdienstleisters geschützt werden.[81] Die Informationen müssen vor Abgabe einer Vertragserklärung über eine Inkassodienstleistung in klarer und verständlicher Weise – beispielsweise auf einer Webseite – zur Verfügung gestellt werden (§ 13b RDG) oder sie müssen Inhalt einer Erfolgshonorarvereinbarung sein (§ 13c III RDG). Sie müssen so dargestellt werden, dass sie von einer durchschnittlich verständigen Privatperson ohne unzumutbaren Aufwand aufgefunden und ohne rechtliche Beratung verstanden werden können.[82] Soweit die Informationen zugleich Gegenstand einer vertraglichen Vereinbarung sind, also typischerweise von **Allgemeinen Geschäftsbedingungen**, kann die Informationspflicht auch durch die Darstellung in den Vertragsunterlagen erfüllt werden. Eine doppelte Information muss nicht erteilt werden. Allerdings ist in diesem Fall auf eine besonders deutliche und sorgfältige Gestaltung der Informationserteilung zu achten (z.B. durch eine drucktechnische Hervorhebung).[83]

49 Die neuen Regelungen verlangen den Dienstleistern im Kontakt mit ihren Kunden zunächst volle Transparenz darüber ab, in welcher Höhe, unter welchen Bedingungen, auf welcher Bemessungsgrundlage (insbesondere Erfolgsaussichten, Aufwand, Kostenerstattung durch den Schuldner) und mit welchen Kostenfolgen **Erfolgshonorare** vereinbart werden sollen (§ 13c III RDG).[84] Mit diesen Informationen sollen Verbraucherinnen und Verbraucher in die Lage versetzt werden, zu einer zutreffenden Bewertung der Leistung des Dienstleisters im Vergleich zu den ihnen im Erfolgsfall entstehenden Kosten zu gelangen.[85] Um die Vor- und Nachteile von Erfolgshonoraren umfassend abschätzen zu können, müssen die potentiellen Kundinnen und Kunden zudem über Alternativen der Forderungsdurchsetzung aufgeklärt werden, insbesondere über solche, die eine vollständige Kompensation der Forderung erwarten lassen (§ 13b I Nr. 1 RDG). Ausreichend sind hier ausweislich der Gesetzesbegründung allgemeine Hinweise auf die Möglichkeit der Inanspruchnahme anwaltlicher Beratung und Unterstützung, auf die Möglichkeit zur Teilnahme an einer Verbandsklage oder an einer Musterfeststellungsklage oder auf die Hilfe durch Verbraucherschutzverbände und Schlichtungsstellen.[86]

50 Informiert werden müssen Verbraucherinnen und Verbraucher im Fall einer **Prozessfinanzierung** auch über die die Prozessführung betreffenden Vereinbarungen mit

---

80 Vgl. die Begründung zum Regierungsentwurf, BT-Drs. 19/27673, S. 2, 22ff.

81 Zu den neuen Transparenzregeln für Inkassodienstleister in §§ 13b, 13c RDG: *Fries*, NJW 2021, 2537 (2540); *Günther*, MMR 2021, 764 (768); *Stadler*, VuR 2021, 123 (126); *Lemke*, RDi 2021, 224 (229); Deckenbrock/Henssler/*Rillig*, RDG § 10 Rn. 47aff.; Deckenbrock/Henssler/*Dötsch*, RDG nF § 13a Rn. 45ff.

82 Vgl. die Begründung zum Regierungsentwurf, BT-Drs. 19/27673, S. 44.

83 Vgl. die Begründung zum Regierungsentwurf, BT-Drs. 19/27673, S. 44. Zu den Gestaltungsanforderungen bei einer Vergütungsvereinbarung siehe Grunewald/Römermann/*Günther*, BeckOK RDG § 13c Rn. 3.

84 Dazu ausführlich Deckenbrock/Henssler/*Dötsch*, RDG nF § 13a Rn. 65ff.

85 Vgl. die Begründung zum Regierungsentwurf, BT-Drs. 19/27673, S. 23.

86 Vgl. die Begründung zum Regierungsentwurf, BT-Drs. 19/27673, S. 45 und Grunewald/Römermann/*Günther*, BeckOK RDG § 13b Rn. 8f.

dem Prozessfinanzierer (§ 13b I Nr. 2 RDG). Ihnen soll so vor Augen geführt werden, inwieweit Dritte Einfluss auf ihr Verfahren nehmen können und dürfen.[87] Außerdem sind für den Fall der Berechtigung zum Vergleichsschluss Informationen zu einem etwaigen Zustimmungsrecht, dem Widerruf der Zustimmung und seiner finanziellen Folgen erforderlich sowie zu den Auswirkungen auf den Vertragsschluss, wenn der Vergleich die Forderungen mehrerer Personen betrifft (§ 13b I Nr. 3 RDG).[88] Die Bündelung mehrerer Forderungen in einem **Vergleich** kann für Inkassodienstleister und für die Parteien des Verfahrens ein hilfreiches Mittel sein, Verfahrenskosten zu senken und den Rechtsstreit zügig zu beenden. In diesen Fällen sind aber häufig nicht alle Forderungen wirtschaftlich äquivalent. Sie können unterschiedliche Aussichten auf Durchsetzung haben. Verbraucherinnen und Verbraucher sollen sich daher Klarheit über die für sie mit einem Massenvergleich mit festen Quoten möglicherweise verbundenen ökonomische Folgen und Risiken verschaffen können.

Schließlich wird der Katalog der Informationspflichten ergänzt um eine Angabe der 51
wesentlichen Gründe im Falle einer Ablehnung des Inkassomandats und den Hinweis auf eine ganz oder teilweise **automatisierte Prüfung** des Anspruchs. Dabei ist näher zu konkretisieren, ob die Ablehnung auf einer rechtlichen Prüfung der Angaben der Verbraucherin oder des Verbrauchers beruht und wenn ja, welche rechtliche Wertung der Inkassodienstleister im Einzelfall vorgenommen hat. Andernfalls muss offengelegt werden, wenn die Ablehnung lediglich Folge einer schematischen Berechnung der **Erfolgswahrscheinlichkeit** ist und damit im Wesentlichen nur auf Wirtschaftlichkeitsüberlegungen des Inkassodienstleisters beruht, ohne dass individuelle rechtliche Besonderheiten berücksichtigt wurden.[89] Dadurch soll sichergestellt werden, dass Verbraucherinnen und Verbraucher nicht irrtümlich aus der Ablehnung den Schluss ziehen, die Forderungsdurchsetzung sei nicht aussichtsreich und deshalb von anderen Wegen der Rechtsdurchsetzung absehen. Vielmehr sollen sie durch die Hinweise angehalten werden, ihre Rechtsverfolgungsmöglichkeiten gegebenenfalls noch einmal zu prüfen.[90]

Der vom Gesetzgeber gewählte Ansatz bewegt sich – in vorsichtiger Abkehr von der 52
bisherigen Systematik des RDG als Verbotsgesetz mit Erlaubnisvorbehalt[91] – hin zu einem **Informationsmodell**, das auch sonst im Verbraucherrecht üblich ist.[92] Es soll mehr Transparenz geschaffen und damit Verbraucherinnen und Verbrauchern eine in-

87 Vgl. die Begründung zum Regierungsentwurf, BT-Drs. 19/27673, S. 46.

88 Dazu ausführlich Deckenbrock/Henssler/*Dötsch*, RDG nF § 13a Rn. 74 ff.; Grunewald/Römermann/*Günther*, BeckOK RDG § 13b Rn. 11 ff.

89 Vgl. die Begründung zum Regierungsentwurf, BT-Drs. 19/27673, S. 48.

90 Dazu Grunewald/Römermann/*Günther*, BeckOK RDG § 13b Rn. 17 ff.

91 Vgl. Deckenbrock/Henssler/*Henssler*, RDG Einl Rn. 30.

92 Befürwortend *Römermann*, AnwBl Online 2020, 588 (605 f.): „Er rechnet mit dem mündigen Verbraucher"; *Stadler*, VuR 2021, 123 (126): „konsequent"; *Hartung*, AnwBl Online 2021, 152 (155); kritisch Deckenbrock/Henssler/*Rillig*, RDG § 10 Rn. 46v, 47a.

formierte und selbstbestimmte Entscheidung über die Inanspruchnahme eines Legal-Tech-Inkassos ermöglicht werden. Daraus lässt sich zumindest der Schluss ziehen, dass Vertragsgestaltungen, über die nach den §§ 13b, 13c RDG umfassend aufzuklären ist, vom Gesetzgeber als grundsätzlich zulässig angesehen werden.[93] Das gilt etwa für die Vereinbarung eines Erfolgshonorars, die Einschaltung eines externen Prozessfinanzierers oder die Anspruchsbündelung (auch für einen Vergleichsschluss). Ein vollständiger Wechsel zum Informationsmodell wird mit den Neuregelungen aber zurecht nicht vollzogen. Auch bei ausreichender Information der Verbraucherinnen und Verbraucher bleiben bestimmte Inkassotätigkeiten weiterhin unzulässig.[94] Regelungen, die zum Schutz der Rechtssuchenden bestehen, wie etwa § 4 RDG, sind als solche nicht disponibel.

II. Qualitätsgesicherte Angebote

53 Dem Schutzbedarf insbesondere von rechtsuchenden Verbraucherinnen und Verbrauchern beim Zugang zu Rechtsdienstleistungen soll nicht nur durch die beschriebenen neuen Transparenzpflichten der Anbieter, sondern auch durch eine Stärkung des **Registrierungsverfahrens** Rechnung getragen werden. Prospektive Legal-Tech-Inkassounternehmen müssen nach dem durch das **Legal-Tech-Gesetz** neu eingeführten § 13 II RDG bereits im Registrierungsverfahren die beabsichtigten Tätigkeiten nach Inhalt und Umfang darstellen. Dadurch können etwaige Meinungsverschiedenheiten im Hinblick auf die Zulässigkeit des jeweiligen Geschäftsmodells nicht erst im laufenden Betrieb, sondern bereits vor Aufnahme der Dienstleistungstätigkeit geklärt werden. Die zuständigen Behörden sollen aufgrund der Angaben des Antragstellers prüfen können, ob die angestrebte Tätigkeit mit einer Registrierung als Inkassodienstleister vereinbar ist und ob gegebenenfalls weitere Tätigkeiten als Nebenleistungen zur Inkassodienstleistung nach § 5 I RDG erbracht werden dürfen. Gegen etwaige negative Entscheidungen der zuständigen Behörde könnten Antragssteller dann im **Verwaltungsrechtsweg** vorgehen. Damit sollen die Rechtsuchenden aus eventuellen Konflikten bei der Anwendung oder Auslegung der Befugnisse von Inkassodienstleistern so weit wie möglich herausgehalten werden.[95] Die Regelung kann auf diese Weise das Vertrauen in den Bestand der Inkassoerlaubnis und die rechtliche Zulässigkeit der Inkassotätigkeit stärken. Rechtsuchende und der Rechtsverkehr, aber auch die Legal-Tech-Unternehmen selbst, sollen sich so weit wie möglich auf die erteilte Erlaubnis verlassen können.[96] Der Gesetzgeber ging da-

---

93 Kritisch zu der auf diese Weise herbeigeführten „Legalisierung der Geschäftsmodelle" Deckenbrock/Henssler/*Henssler*, RDG Einl Rn. 47o.

94 *Stadler*, VuR 2021, 123 (126); *Hartung*, AnwBl Online 2021, 152 (155) und *Skupin*, GRUR-Prax 2020, 581 (582f.) kritisieren, dass das Gesetz in diesem Punkt unklar bleibt.

95 Vgl. die Begründung zum Regierungsentwurf, BT-Drs. 19/27673, S. 22.

96 Zu einer möglichen Tatbestandswirkung der Erlaubnis siehe die Begründung zum Regierungsentwurf, BT-Drs. 19/27673, S. 22.

von aus, dass durch die Erweiterung des Prüfungsumfangs eine **Tatbestandswirkung** auch hinsichtlich der Frage eintritt, ob die Voraussetzungen des § 10 I 1 Nr. 1 und des § 5 I RDG vorliegen.[97] Dies hat zur Folge, dass sich die Prüfungskompetenz der Zivilgerichte mit Blick auf die Zulässigkeit des Geschäftsmodells nur noch auf eine Überprüfung der Wirksamkeit der Registrierung beschränkt.[98] Im Umkehrschluss dürfte aber gelten, dass das Anbieten einer Inkassodienstleistung oder Nebenleistung, die nicht von der Registrierungsbehörde überprüft wurde, stets eine unzulässige Inkassodienstleistung darstellt.[99]

Davon abgesehen dürfte der Inkassoerlaubnis künftig noch weiteres Gewicht zukommen, da die Zuständigkeit für deren Erteilung ab dem 1.1.2025 beim Bundesamt für Justiz zentralisiert werden soll.[100] Bisher obliegt die **Aufsicht** den Landesjustizverwaltungen, die diese Aufgabe auf zahlreiche Gerichte und Staatsanwaltschaften übertragen haben.[101] Die daraus resultierende Zersplitterung der Aufsicht führt unter anderem zu Schwierigkeiten in der Ausbildung einer einheitlichen Rechtspraxis. Mit der Zentralisierung kann eine deutlich bessere strategische Ausrichtung der Aufsicht und damit verbunden auch eine einheitliche und stringente Vorgehensweise ermöglicht werden. Bei umstrittenen Grundsatzfragen kann eine einheitliche Bewertung herbeigeführt und diese dann auch einheitlich umgesetzt werden. 54

Nach § 13 II 2 Nr. 1 RDG müssen Antragsteller bei der Registrierung auch angeben, auf welchen Rechtsgebieten die Tätigkeiten erbracht werden sollen. Diese Informationen sind vor allem erforderlich, damit die zuständige Behörde prüfen kann, ob eine Ablehnung der Registrierung aufgrund mangelnder **Sachkunde** in Betracht zu ziehen ist oder ob der Antragsteller durch zusätzliche Nachweise seine Sachkunde in diesem Bereich darzulegen hat. Die Prüfung soll anhand der Bedeutung und Komplexität der Rechtsmaterie unter Berücksichtigung des beabsichtigten Umfangs der Tätigkeit erfolgen.[102] Legal-Tech-Inkassos, die für Verbraucherinnen und Verbraucher tätig werden, erbringen ihre Leistungen häufig in Bereichen, die typischerweise speziellere Kenntnisse des Rechts und der einschlägigen Rechtsprechung erfordern. Zudem liegen ihre Leistungen nicht selten auf solchen Gebieten, die von erheblicher persönlicher Bedeutung für Verbraucherinnen und Verbraucher sind, wie zum Beispiel dem Miet-, Versicherungs- oder Sozialrecht. Ist daher für die Erbringung der Rechtsdienstleistung eine be- 55

97 Vgl. die Begründung zum Regierungsentwurf, BT-Drs. 19/27673, S. 22.

98 Vgl. allgemein zur Tatbestandswirkung: VGH München (6. Senat), Beschluss v. 26.1.2017 – 6 ZB 16.1519.

99 So jedenfalls für den Fall unzweifelhaft fehlender Sachkunde auf dem betreffenden Rechtsgebiet auch *Engler*, RDi 2022, 101 (106).

100 Vgl. Regierungsentwurf eines Gesetzes zur Stärkung der Aufsicht bei Rechtsdienstleistungen und zur Änderung weiterer Vorschriften des Rechts der rechtsberatenden Berufe, BT-Drs. 20/3449 v. 19.9.2022. Dazu *Deckenbrock*, ZRP 2022, 170 f.

101 Derzeit fungieren bundesweit insgesamt 38 verschiedene Gerichte als Aufsichtsbehörden, vgl. im Einzelnen die Aufstellung bei Deckenbrock/Henssler/*Rillig*, RDG § 19 Rn. 9.

102 Zur neuen Sachkundeprüfung *Engler*, RDi 2022, 101.

sondere juristische Qualifikation erforderlich, kann die Aufsichtsbehörde nach § 2 I 4 Rechtdienstleistungsverordnung zum Nachweis der Sachkunde – die bisher in der Regel allein über einen Sachkundelehrgang vermittelt wird – auch die Vorlage eines Zeugnisses über die erste juristische Prüfung verlangen oder die eines Abschlusszeugnisses einer deutschen Hochschule oder Fachhochschule über einen mindestens dreijährigen Hochschul- oder Fachhochschulstudiengang mit überwiegend rechtlichen Studieninhalten.[103] Die Berücksichtigung des Rechtsgebiets im Registrierungsverfahren ist folglich geboten, um das Ziel des RDG, nämlich vor unqualifizierten Rechtsdienstleistungen zu schützen, umfassend zu verwirklichen.[104]

E. Fazit

56 Für die Frage nach den Zugangsbedingungen zum Recht lassen sich zusammenfassend folgende Schlüsse ziehen:

57 **Erstens**, Legal-Tech-Inkasso erleichtert und verbessert den Zugang zum Recht und zur Justiz.[105] Die Unternehmen tragen mit ihren erfolgsbasierten Vergütungsmodellen zur Überwindung des rationalen Desinteresses der Rechtsuchenden bei.[106] Und sie schaffen eine einfache, verständliche und digitale Zugangsmöglichkeit, was vor allem rechtsuchenden Bürgerinnen und Bürgern ohne anwaltliche Unterstützung zugutekommt. Sie verkleinern so eine Lücke beim Zugang zum Recht speziell in den Bereichen, in denen die Rechtsuchenden ohne die Zuhilfenahme der Angebote von einer Rechtsverfolgung Abstand nehmen würden.[107] Dies ist vor dem Hintergrund stetig wachsender Rechte, die gerade Verbraucherinnen und Verbrauchern gegen rechts- oder pflichtwidriges Verhalten von Unternehmen zur Verfügung stehen, von zentraler Bedeutung für den Rechtsfrieden und die Rechtstreue der Anspruchsgegner.[108] Aber auch für (kleine und mittlere) Unternehmen sind mit den neuen Legal Tech-Angeboten, insbesondere bei der gebündelten Geltendmachung von Forderungen in Massenschadensfällen, Möglichkeiten entstanden, sich dort Zugang zum Recht zu verschaffen, wo dies zuvor an

---

103 Diese Rechtsänderung begrüßen *Skupin*, GRUR-Prax 2020, 581 (582); *Hartung*, AnwBl Online 2021, 152 (158 f.).

104 Setzt das Inkassounternehmen die von ihm verlangte, überprüfte und für genügend befundene Sachkunde bei der Einziehung fremder oder zu Einziehungszwecken abgetretener Forderungen ein, ist nicht ersichtlich, dass damit eine Gefahr für den Rechtsuchenden oder den Rechtsverkehr verbunden sein könnte (BVerfG NJW 2002, (1190 f.).; BGH NJW 2020, 208 (222); BGH NJW-RR 2020, 779 (782); BGH NZM 2020, 551 (554)).

105 Vgl. *Fries*, AcP 221 (2021), 108 (125 f.); *Hartung* in: Hartung/Bues/Halbleib (Hrsg.), Legal Tech, 2018, Rn. 33 ff.

106 So auch BGH, Urteil v. 13.7.2021, II ZR 84/20, Rn. 33.

107 Vgl. BGH NJW 2021, 3046 (3050) mit Verweis auf BVerfG NJW 2002, 1190 ff.; *Ring*, NJ 2021, 525 (532).

108 Vgl. *Singer*, BRAK-Mitt. 2019, 211 (216). *Römermann*, RDi 2021, 217 (221) spricht von Bereichen, „wo vorher der offene Gesetzesbruch herrschte".

prohibitiven Kostenrisken gescheitert ist.[109] Häufig lässt erst die Bündelung vieler gleichgelagerter Einzelansprüche eine effektive und wirtschaftlich lohnende Bearbeitung zu, was im Ergebnis zu einer Steigerung der Qualität der Rechtsberatung und zu einer größeren Verhandlungsmacht gegenüber wirtschaftlich starken Anspruchsgegnern führt.

Zweitens, Legal-Tech-Inkasso schafft einen, wenn auch wirkungsvollen und erfolg- 58
reichen, so doch nur partiellen Zugang zum Recht. Dies gilt in zweierlei Hinsicht. Zum einen ist der so vermittelte Zugang zum Recht bisher noch auf bestimmte (eng umgrenzte) Bereiche des Rechtsmarktes beschränkt. Das liegt zunächst an den Grenzen des Rechtsdienstleistungsrechts. Trotz eines weit verstandenen Inkassobegriffs müssen die Tätigkeiten eines als Inkassodienstleister registrierten Legal-Tech-Unternehmens auf die Einziehung von Geldforderungen gerichtet sein. Für Rechtsuchende, die einen gegen sie gerichteten Anspruch abwehren wollen, dürfen die Legal Tech-Inkassos also kein Angebot bereitstellen.[110] Weiterhin beschränken die digital arbeitenden Unternehmen ihr Tätigkeitsfeld auch aus eigenem Interesse. Denn um ökonomisch rentabel auf Basis von Erfolgsprovisionen und Prozessfinanzierung zu arbeiten, ist ihr Fokus auf standardisierbare Ansprüche und skalierbare Fallgestaltungen gerichtet.[111] Zudem werden tendenziell nur Verfahren mit hoher Erfolgswahrscheinlichkeit geführt. Auch wenn immer mehr Rechtsbereiche durch die Legal-Tech-Anbieter erschlossen werden, einen flächendeckenden Zugang zum Recht für alle Lebenslagen bieten sie nicht und können sie aus wirtschaftlichen und rechtlichen Gründen auch nicht bieten.

Zum anderen ist der Zugang zum Recht in seinem Umfang beschränkt oder anders 59
ausgedrückt „mit einer Bezahlschranke verbunden".[112] Die Unternehmen behalten im Erfolgsfall eine Provision von bis zu 40 % der Forderungssumme ein.[113] Die Provision hat – im Unterschied zu § 91 ZPO – nicht die Anspruchsgegnerin, sondern der Anspruchsinhaber zu zahlen. Damit nehmen die Unternehmen ihren Kundinnen und Kunden das Risiko, dass durch eine erfolglose Rechtsverfolgung Kosten für sie entstehen könnten. Offenbar ist es für viele Verbraucherinnen und Verbraucher aber dennoch attraktiv, auf einfache und bequeme Art zumindest einen nennenswerten Anteil der ihnen zustehenden Forderung zu erhalten. Das ist verständlich, geht man davon aus, dass sie ohne Inanspruchnahme der Legal-Tech-Angebote in der Regel ihren gesamten Anspruch nicht geltend gemacht hätten. Das liegt wiederum darin begründet, dass es meist um Forderungen geht, die nicht dem Ausgleich einer konkret erlittenen Einbuße dienen (z. B. Fluggastentschädigungen, Mietpreisbremse, Prämienrückzahlungen). Umso wichtiger ist deshalb, dass Verbraucherinnen und Verbraucher in die Lage versetzt wer-

109 Vgl. *Petrasincu/Unseld*, RDi 2021, 361 (370); *Engler*, AnwBl Online 2021, 253 (254).

110 Vgl. BGH NJW 2020, 208 (219). Für einen neuen Erlaubnistatbestand, der nicht mehr auf den „deformierten Inkassobegriff" abstellt *Kilian*, AnwBl Online, 2021, 213 (220).

111 Dazu § 6 Rn. 14 ff. (*Quarch*).

112 So anschaulich *Fries*, AcP 221 (2021), 108 (127).

113 Siehe oben Rn. 15.

den, die Leistung des Dienstleisters im Vergleich mit den ihnen im Erfolgsfall entstehenden Kosten zu bewerten, und dass sie in Kenntnis der wesentlichen Bemessungsgrundlagen für die Erfolgsprovision eine informierte Entscheidung treffen können.[114]

60 **Drittens**, Legal-Tech-Inkasso beseitigt nicht die strukturellen Defizite des staatlichen Justizsystems, sondern verschärft sie noch. Im Zivilprozess bestehen nach wie vor kaum effektive Optionen zur Verfahrensbündelung und kaum Instrumente zur Strukturierung des Prozessstoffs und zur Automatisierung der Fallbearbeitung. Die Legal Tech-Anbieter bespielen mit ihren digitalen Mitteln den analogen Prozess und überfordern damit die Gerichte.[115] Die Justiz ist auf digitale Arbeitsweisen nicht ausreichend eingestellt und erweist sich so als Flaschenhals bei der Rechtsdurchsetzung. Angesichts des zunehmenden Aufkommens automatisiert erhobener oder automatisiert erzeugter umfangreicher Klagen können diese Schwächen auch nicht mehr allein durch verstärkten Personaleinsatz der Justiz behoben werden. Auch die gebündelte Geltendmachung von Forderungen trägt erkennbar nicht zur Entlastung bei, sondern führt in der Summe zu höheren Verfahrenszahlen. Das Versprechen der Legal-Tech-Inkassos, einen effektiven und schnellen Zugang zum Recht zu ermöglichen, läuft daher ins Leere, wenn am Ende die gerichtlichen Verfahren genauso lang oder sogar länger dauern als eine außergerichtliche Streitbeilegung, etwa über eine Verbraucherschlichtung.

61 **Viertens**, Legal-Tech-Inkasso kann die Justiz nicht von der Verantwortung freistellen, staatlicherseits ein zufriedenstellendes Rechtsschutzkonzept für geringwertige Streitigkeiten und für Massenschäden bereitzustellen. Das digitale Instrumentarium, das bei den Rechtsdienstleistern bereits im Einsatz ist, muss dringend auch bei den Gerichten Einzug halten.[116] Und die Gerichtskosten sollten für bestimmte Verfahren reduziert werden, um so die Attraktivität der staatlichen Angebote zu steigern. Die Justiz muss sich dem Wettbewerb stellen und sich auf Augenhöhe mit den innovativen Akteuren am Rechtsmarkt begeben, will sie auch künftig handlungs- und funktionsfähig bleiben. Und sie muss die Bedürfnisse der Rechtsuchenden stärker in den Blick nehmen, um das Potential freizulegen, das die digitale Transformation für die Vereinfachung des Zugangs zum Recht birgt. Überzeugende Vorschläge dazu liegen auf dem Tisch.[117]

---

114 Siehe oben Rn. 47ff.

115 So *Fries*, NJW 2021, 2537 (2541). Zur Überlastung der Justiz insbesondere mit Blick auf Bündelungsmodelle auch *Makatsch/Kacholdt*, NZKart 2019, 486 (490f.).

116 Zur Modernisierung des Zivilprozesses siehe die Vorschläge im Diskussionspapier der Arbeitsgruppe im Auftrag der Präsidentinnen und Präsidenten der Oberlandesgerichte, des Kammergerichts, des Bayerischen Obersten Landesgerichts und des Bundesgerichthofs, online abrufbar unter https://www.justiz.bayern.de/media/images/behoerden-und-gerichte/oberlandesgerichte/nuernberg/diskussionspapier_ag_modernisierung.pdf.

117 Vgl. *Rühl*, JZ 2020, 809 (813f.); *Fries* in: Breidenbach/Glatz (Hrsg.), Rechtshandbuch Legal Tech, 2021, Kap. 7.3; *Voß*, VuR 2021, 243ff.

Fünftens, die Frage des Zugangs zum Recht sollte nicht auf prozedurale Fragen der Rechtsdurchsetzung reduziert werden.[118] Der Gesetzgeber hat auch kritisch abzuwägen, ob durch Schaffung privatrechtlicher Ansprüche die Durchsetzung ordnungspolitischer Ziele sinnvoll erreicht werden kann.[119] Es ist beispielsweise keineswegs zwingend, dass eine Flugverspätung zu einem verschuldensunabhängigen Pauschalanspruch in Höhe von 200 Euro führen soll oder die Mietpreisbremse über einen privatrechtlichen Mechanismus durchgesetzt werden muss. 62

118 Vgl. *Friedman*, Access to Justice: Some Historical Comments, in: Fordham Urban Law Journal (4) 2010, S. 11.
119 Vgl. *Fries*, AcP 221 (2021), 108ff.

Christopher Unseld

§ 5 Skalierbarkeit und Massenverfahren

Gliederungsübersicht **Rn.**

Literatur: *Augenhofer*, Die neue Verbandsklagen-Richtlinie – effektiver Verbraucherschutz durch Zivilprozessrecht?, NJW 2021, 113; *Augenhofer*, Sammelklage-Inkasso und ausländisches Sachrecht, NJW 2022, 3323; *Breidenbach*, Industrialisierung des Rechts, in: Breidenbach/Glatz (Hrsg.), Rechtshandbuch Legal Tech, 2. Aufl. 2021, S. 41; *van Elten/Rehder*, Dieselgate and Eurolegalism. How a scandal fosters the Americanization of European law, Journal of European Public Policy 29 (2022), 281; *Galanter*, Why the Haves Come out Ahead: Speculations on the Limits of Legal Change, Law & Society Rev. 9 (1974), 95; *Halberstam*, The American Advantage in Civil Procedure? An Autopsy of the Deutsche Telekom Litigation, Connecticut Law Rev. 48 (2016), 817; *Meller-Hannich*, Sammelklagen, Gruppenklagen, Verbandsklagen – Bedarf es neuer Instrumente des kollektiven Rechtsschutzes im Zivilprozess?, Verhandlungen des 72. Deutschen Juristentages, Band I, München 2018; *Morell*, Keine Kooperation ohne Konflikt, JZ 2019, 809; *Petrasincu/Unseld*, Das Sammelklage-Inkasso im Lichte der BGH-Rechtsprechung und der RDG-Reform, NJW 2022, 1200; *Stadler*, Kollektiver Rechtsschutz – Chancen und Risiken ZHR 182 (2018), 623; *Stöhr*, The Implementation of Collective Redress – A Comparative Approach, German Law Journal 21 (2020), 1606; *Strobel*, Strategische Prozessführung – Potentiale und Risiken transnationaler zivilgesellschaftlicher Zuflucht zum Recht, in: Huggins/Herrlein/Werpers et al. (Hrsg.), Zugang zum Recht, 2021, 157.

Christopher Unseld

https://doi.org/10.1515/9783110755787-005

A. Einleitung

Die Bewältigung von Massenverfahren hat in jüngerer Zeit für viele Diskussionen gesorgt. Ausgelöst wurde dies gerade auch durch große Massenschadensereignisse, wie insbesondere den VW-Abgasskandal und die Aufarbeitung des Lkw-Kartells, die eine Vielzahl von Einzelverfahren, eine Verbandsklage und einige Großverfahren mit sich gebracht haben. 1

Auf den ersten Blick ist es überraschend, dass man sich in der deutschen Rechtspolitik erst jetzt wieder dem Phänomen von Massenschadensfällen intensiver zuwendet. Klar ist, dass Industrialisierung, Massenproduktion und Großvertrieb schon lange das Risiko mit sich brachten, dass einzelne Produktionsfehler, eine früh im Produktionsprozess angelegte Täuschung oder wettbewerbswidrige Absprachen mit der Konkurrenz für tausende und abertausende Geschädigte empfindliche Folgen haben. Gerade auch weil dem Einzelnen hierfür schon der Über- und Einblick in die zunehmend auch internationalen, unternehmensinternen Zusammenhänge fehlt, werden diese Schädigungen vermutlich häufig nicht einmal wahrgenommen. Gerade die Digitalisierung hat hier geholfen, dass sich auch die Geschädigten vernetzen, Cluster aufdecken und Informationen teilen. 2

Mit der Schaffung **effektiven Rechtschutzes** ging dieser Informationsaustausch jedoch nur sehr zögerlich einher. Eine **Skalierung** der Anspruchsdurchsetzung, ein Heben der „**economics of scale**", blieb der Klägerseite häufig vorenthalten, obwohl es ökonomisch auf der Hand liegt, dass die Bearbeitung als Einzelfall grob ineffizient ist. Lange Zeit wurde es scheinbar hingenommen, dass in diesen Konstellationen die Geschädigten nach wie vor strukturell enorm unterlegen waren. Denn bei Massenschadensfällen, die auf ein Schadensereignis zurückgehen, haben die Beklagten einen enormen Anreiz, schon den ersten Prozess als Verteidigung aller weiteren potenziellen Verfahren zu begreifen. Ein nachteiliges Präjudiz hätte Auswirkungen auf alle weiteren Verfahren; auch die, die noch gar nicht anhängig sind (und es ansonsten womöglich auch nicht würden).[1] Damit wird das Ungleichgewicht, das ohnehin schon zwischen Einzelklägern und Beklagten als „repeat playern" besteht,[2] dermaßen verschärft, dass es wohl nur eine Frage der Zeit war, bis auch das deutsche Prozessrecht unter Veränderungsdruck geriet. Dem VW-Abgasskandal ist zu verdanken, dass diese Diskussion Widerhall in einer breiteren Öffentlichkeit fand. 3

Zuvor hatte der deutsche Gesetzgeber nur in Einzelfällen, bei denen womöglich der Leidensdruck politisch nicht mehr auszuhalten war, mithilfe von **Einzelfallgesetzen** und **Stiftungsgründungen** materiell-rechtlich eingegriffen.[3] Der Frage nach einer 4

1 Vgl. statt vieler *Morell*, JZ 2019, 809 (813).

2 Klassisch (und immer noch lesenswert): *Galanter*, Why the Haves Come out Ahead: Speculations on the Limits of Legal Change, Law & Society Rev. 9 (1974), 95.

3 Siehe etwa das Gesetz über die Conterganstiftung oder das Gesetz zur Errichtung einer Stiftung „Erinnerung, Verantwortung und Zukunft" für die Opfer von NS-Zwangsarbeit.

strukturell fehlenden prozessualen Waffengleichheit in Massenschadensereignissen wurde damit nicht begegnet. Auf der anderen Seite wurde der Aufbau von Druck durch **ausländische Sammelklagen** teilweise entschieden zurückgewiesen.[4] Dass die Diskussionen zum Thema Massenschadensfälle wieder grundsätzlicher und engagierter geführt wird, dürfte auch der Tatsache geschuldet sein, dass einige Massenschadensfälle – dank Rechtschutzversicherungen und Prozessfinanzierungen – eine enorme Belastung für die Justiz mit sich brachten. Der nicht zuletzt ökonomisch fragwürde Weg einer Abwicklung von Massenschadensfällen in Gestalt von Einzelklagen sorgte damit für einen breiteren Reformdruck. Im Zuge des **Telekom-Skandals**[5] schuf man das Gesetz über **Musterverfahren in kapitalmarktrechtlichen Streitigkeiten (KapMuG)** und im **VW-Abgasskandal**[6] die **Musterfeststellungsklage** (MFK), §§ 606ff. ZPO. Bei der Einführung dieser beiden Verfahren handelte es sich aber nur um zaghafte Schritte. Die Verfahren wurden insbesondere zweistufig gehalten, was die Schlagkraft der beiden Instrumente enorm mindert und zu langen gutachterlichen Prüfungen von Feststellungszielen führt, die mit einer Leistungsklage hätten verhindert werden können. Die Klägerseite wurde daran gehindert, der Beklagtenseite auf Augenhöhe zu begegnen.[7]

5 Doch trotz der daraus abgeleiteten Kritik an den bisher vorhandenen und den im Übrigen fehlenden Mitteln im deutschen Prozessrecht, soll der folgende Beitrag gerade keine umfassende, kritische Auseinandersetzung mit den einzelnen Verfahrensmöglichkeiten beinhalten.[8] Als Praktiker:in muss man mit dem umgehen, was das geltende Recht bietet. Und hier hat gerade auch die Digitalisierung zu **Innovationen** beigetragen. Besonders sticht hier die **Zusammenarbeit von Rechtsanwält:innen mit Inkassodienstleister:innen** hervor (dazu *Glusdak/Scholz* § 4). Für Rechtsanwält:innen wird es daher in Zukunft noch wichtiger sein, über die Möglichkeit eines klassischen Einzelmandats hinaus, auch weitere Rechtschutzvarianten und Ergänzungen in den Blick zu nehmen. Dies ist gerade auch im Interesse des Einzelnen. Den Geschädigten ist nicht immer am besten geholfen, wenn er oder sie einen Mandatsvertrag bei einer Rechtsanwaltskanzlei unterzeichnet, sondern manchmal sprechen die Präferenzen mehr für die Teilnahme an **einer repräsentativen Verbandsklage** oder einem **Sammelinkasso-Verfahren**. Dies anzuerkennen ist eine Sache. Um hierzu aber beraten zu können, bedarf

---

4 Vgl. nur die Entschädigung der Opfer von NS-Zwangsarbeit, die maßgeblich auf den Druck amerikanischer Sammelklagen zurückging, was aber heute kaum anerkannt, geschweige denn wertgeschätzt wird, dazu *Authers/Wolffe*, The Victim's Fortune, 2003, sowie *Eizenstat*, Imperfect Justice, 2003. Vgl. auch die damit eng zusammenhängende Entschädigung von Opfern des Holocausts und ihren Nachkommen, denen ihre bei Schweizer Banken (vermeintlich) gesicherten Finanzrücklagen vorenthalten wurden, dazu *Shapiro*, Inside a Class Action, 2003.

5 Schaffung des Gesetzes über Musterverfahren in kapitalmarktrechtlichen Streitigkeiten (KapMuG).

6 Schaffung der Musterfeststellungsklage (MFK), §§ 606ff. ZPO.

7 Vgl. für das KapMuG etwa *Halberstam*, Connecticut Law Rev. 48 (2016), 817 und für die MFK *Stadler*, ZHR 182 (2018), 623.

8 Vgl. dafür etwa *Meller-Hannich*, Verhandlungen des 72. Deutschen Juristentages, Band I, München 2018; *Stöhr*, German Law Journal 21 (2020), 1606 und *Stadler*, ZHR 182 (2018), 623.

es einer pragmatischen Auseinandersetzung mit den wesentlichen Vor- und Nachteilen der zur Verfügung stehenden Verfahren. Schließlich ist aber auch für die Justiz wichtig zu wissen, wie die verschiedenen Verfahren gegeneinander abzugrenzen sind, um Fragen des „Zugangs zum Recht", die durchaus grundrechts- und damit entscheidungsrelevant sein können,[9] zutreffend einzuordnen.

Der folgende Beitrag unternimmt einen entsprechenden Versuch. Hierfür wird zunächst deutlich gemacht, welche Art von Massenverfahren hier gemeint sind (**B.**). Die Vor- und Nachteile der jeweiligen Ausprägungen werden daraufhin beschrieben (**C.**). Und zum Abschluss wird der den Beitrag prägende, pragmatische Blick mithilfe von grundsätzlichen Überlegungen zur vorherrschenden Dogmatik reflektiert (**D.**). 6

B. Arten von Massenverfahren

In der Diskussion zum Thema Massenverfahren wird häufig nicht danach differenziert, wie die jeweilige **Anspruchsbündelung** ausgestaltet wird. Unterschieden wird zumeist noch zwischen **repräsentativen Verbandsklagen** und **kommerziellen Durchsetzungsmodellen** von spezialisierten Kanzleien und Rechtsdienstleistern. In der politischen Diskussion wird von der Justiz und den Justizministerien das Problem der **massenhaft eingereichten Einzelklagen** thematisiert, die einzelne Gerichte besonders belasten.[10] Im Dieselabgasskandal hat sich die früher bei den **„flightright"-Geschäftsmodellen** eher örtlich eingrenzbare Belastung auf praktisch alle Landgerichtsbezirke in Deutschland ausgebreitet.[11] Auch deswegen betrifft eine wichtige Unterscheidung die Frage danach, ob der jeweilige Rechtsdienstleister die Ansprüche tatsächlich gebündelt geltend macht und dementsprechend ein einziges bzw. einige wenige Verfahren führt, etwa im Rahmen eines vom BGH sog. **„Sammelklage-Inkasso"**.[12] Oder handelt es sich um eine **Bündelung „hinter den Kulissen"**, bei der es sich zwar um eine Art Massenverfahren handelt, wo aber zumindest formal Einzelklagen erhoben werden, denen die Parteien und das Gericht prozessrechtlich grundsätzlich begegnen muss wie jedem anderen Fall.[13] Innerhalb dieser beiden Kategorien – Bündelung hinter den Kulissen oder 7

---

9 Vgl. BGH, Urteil v. 13. Juli 2021, II ZR 84/20 – *AirDeal*, Rn. 33.

10 Vgl. *Kaufmann*, LTO v. 14.8.2019 zur Überlastung der in Flughafenregionen ansässigen Amtsgerichte wegen der Klagen von Anbietern wie flightright, https://www.lto.de/recht/justiz/j/flightright-klagen-ueber lasten-amtsgerichte-fluggastrechte-verfahren-ag-frankfurt/.

11 Vgl. *Jung* FAZ v. 18.11.2021, 20, und Beschluss der 92. Konferenz der Justizministerinnen und Justizminister vom 11./12. November 2021, Top I/11(3), S. 2.

12 BGH, Urteil v. 13. Juli 2021, II ZR 84/20 – *AirDeal*; BGH, Urteil v. 13. Juni 2022, VIa ZR 418/21 – *financialright*. Der Begriff geht zurück auf *Tolksdorf*, ZIP 2019, 1401 (1402), der hier das von myRight im VW-Abgasskandal genutzte Geschäftsmodell beschreibt, wonach tausende von Ansprüchen gemeinsam geltend gemacht werden.

13 Vgl. insbesondere BGH, Urteil v. 27. November 2019, VIII ZR 285/18 – *Lexfox I*; BGH, Urteil v. 27. Mai 2020, VIII ZR 45/19 – *Lexfox IV*.

Großverfahren – gibt es durchaus noch weitere Unterscheidungen, die aber aus Sicht des vorliegenden Beitrags eher gradueller Natur sind und deswegen nur dann thematisiert werden, wenn die jeweiligen Unterschiede relevant werden.

I. Skalieren „hinter den Kulissen"

8 Unter dem **Skalieren „hinter den Kulissen"** ist zu verstehen, dass der jeweilige Rechtsanbieter zwar grundsätzlich Einzelverfahren bearbeitet, aber eine Reihe von ähnlichen Verfahren führt (oder zumindest führen würde). Dies hat zur Folge, dass der Rechtsdienstleister selbst zumindest potenziell ein übergeordnetes, strategisches Interesse am Ausgang jedes Verfahrens hat. Zudem trägt jeder Fall zumindest potenziell dazu bei, dass die nächsten Fälle des Rechtsanbieters von den Erkenntnissen und der Vorbildwirkung des vorherigen Falls profitieren.

1. Welche Verfahren gibt es?

9 Als klassische Variante ist hier an das **Modell „flightright"** oder **„wenigermiete.de"** zu denken.[14] Der Rechtsanbieter spezialisiert sich auf Fälle, die einem gewissen Schema entsprechen (Abschluss eines überhöhten Mietvertrags, Verspätung einer Flugreise). Die Sachverhalte sind in der Regel **unverbunden**, auch wenn natürlich möglich ist, dass sich mehrere potenziell Geschädigte gleichzeitig an den Rechtsanbieter wenden (z. B. mehrere Parteien eines Wohnhauses oder Passagiere eines Flugs).

10 Das **konkrete Schadensereignis** ist für den jeweiligen Anbieter nicht unbeachtlich, sondern gerade für die erste Auswahl des Falles (z. B. „War der Flug verspätet?") (mit-) entscheidend. Wurde aber einmal die Entscheidung gefasst, dass der Fall in das angebotene Schema passt, findet dann im optimalen Fall keine weitere Auseinandersetzung mit den Besonderheiten statt. Die weitaus größere Herausforderung ist in diesen Fällen aber, alle typischen und möglichen Abfolgen eines solchen Rechtsstreits effizient abzubilden. Man hat es häufig mit Beklagten zu tun, denen kaum rechtliche Argumente gegen den eigentlichen, häufig **juristisch nicht besonders komplexen Anspruch** zur Verfügung stehen und die auch kaum Anreiz haben, sich für den konkreten Fall solche Argumente zu schaffen.[15] Es leuchtet unmittelbar ein, dass eine Fluggesellschaft beispielsweise keine aufwändigen Gutachten einholt, um die Annullierung eines Fluges wegen „außergewöhnlicher Umstände"[16] zu rechtfertigen. Die **Rechtsdurchsetzung** soll in diesen Fällen möglichst **kostengünstig** erschwert werden, was am einfachsten dadurch

---

14 Vgl. nur BGH, Urteil v. 27. November 2019, VIII ZR 285/18 – *Lexfox I* und dazu etwa *Deckenbrock*, DB 2020, 321.

15 Es ist wohl einzugestehen, dass im Recht leider auch die Regel „Geld schießt Tore" gilt. Bei Beauftragung einer entsprechend spezialisierten und kreativen Anwaltskanzlei scheint daher jeder Fall komplex werden zu können.

16 Vgl. Art. 5 III der Fluggast-VO 261/2004.

zu erreichen ist, dass frühestens **Zahlung** geleistet wird, wenn der oder die Geschädigte den Anspruch vor Gericht geltend macht.

Eine Ausweitung der Tätigkeit auf absehbar **rechtlich riskantes Terrain** soll seitens der Rechtsdienstleister dagegen jedenfalls möglichst nicht versehentlich geschehen und vom standardisierten Workstream ferngehalten werden. Die Prüfung neuer, noch nicht standardisierter Ansprüche wird dagegen – soweit steuerbar – im Rahmen von dafür **ausgewählten Pilotverfahren** getestet.[17] Abzugrenzen von diesen taktischen Pilotverfahren sind Muster- oder Modellverfahren, die bereits für eine Masse an weiteren Verfahren entscheidungserheblich sind. Wie etwa im Fall „*AirDeal*"[18] oder im VW-Abgasskandal[19] werden Pilotverfahren zur schnelleren Klärung von Rechtsfragen genutzt. Darüber hinaus gewinnt politisch motivierte **strategische Prozessführung** in Deutschland an Aufmerksamkeit, bei der ebenfalls der Weg für Folgeverfahren geebnet bzw. im besten Fall sogar ersetzt werden soll.[20] 11

2. Bedeutung der Digitalisierung

Die Digitalisierung erfolgt in diesen Fällen weitgehend „hinter den Kulissen". Damit ist gemeint, dass die technischen Hilfsmittel zur möglichst weitgehenden Erstellung von Schriftsätzen mithilfe von **Textbausteinen** gerade für unbefangene Betrachter:innen nicht ersichtlich sind und auch nicht sein sollen (dazu *Reiter/Methner/Wunderlich/Emke* § 9). Wesentlich ist hierfür eine hervorragende Durchdringung der möglichen Fallkonstellationen und eine möglichst umfassende Pflege des erlangten Wissens (sog. „**knowledge management**") (dazu *Altenhofen* § 10). 12

Für Außenstehende wird das klassische **Zwei-Parteienverfahren simuliert**, wobei die schematische Einzelfallbetrachtung durch die große Expertise in vergleichbaren Fäl- 13

---

17 Man beachte allein die Vielzahl an Fällen, die von „flightright" und ähnlichen Anbietern vor den EuGH gebracht wurden. Im Bereich des Mietrechts hatte Conny (früher Lexfox und Unternehmen hinter wenigermiete.de) beispielsweise versucht, Staatshaftung für die fehlerhafte Umsetzung der Mietpreisbremse durchzusetzen und dafür einen Fall bis zum BGH gebracht, siehe BGH, Urteil v. 28. Januar 2021, III ZR 25/20.

18 Das erste auf Leistung gerichtete Verfahren (BGH, Urteil v. 13. Juli 2021, II ZR 84/20 – *AirDeal*) erfolgte hier zunächst nur für sieben Ansprüche, während das Geschäftsmodell auf die Bündelung von tausenden Ansprüchen ausgelegt war (siehe die AGB Ziffer 5.1 abrufbar auf https://www.airberlin-regress.de/agb.html). Für die übrigen Ansprüche wurden auf andere Weise verjährungshemmende Maßnahmen eingeleitet.

19 Zu den ersten Fällen, die im Abgasskandal endlich den BGH erreichten, gehörten nicht zufällig Musterverfahren von myRight, bei denen ein Vergleich und ein Anerkenntnis verhindert werden konnte, https://www.juve.de/verfahren/premiere-am-bgh-dieselklaeger-setzt-sich-mit-siegmann-hausfeld-und-goldenstein-gegen-vw-durch/.

20 Während strategische Prozessführung wohl so alt sein dürfte, wie der Prozess an sich, hat auch in Deutschland die Zivilgesellschaft dieses Mittel in jüngerer Zeit vermehrt genutzt und dabei – wie etwa die Gesellschaft für Freiheitsrechte (GFF) – bereits beachtliche Erfolge gefeiert. Vgl. etwa (mit Blick eher auf das öffentliche Recht) *Strobel*, in: Huggins/Herrlein/Werpers et al. (Hrsg.), Zugang zum Recht, 2021, 157.

len zumindest kompensiert werden soll. Hier kommt in der Regel der **Einsatz von Algorithmen**, aber auch von **weniger qualifizierten Jurist:innen** und sogar **unjuristischen Mitarbeiter:innen** in Betracht, die den Fall schon anhand wesentlicher Erkennungsmerkmale strukturieren und vorbereiten. Gerade die erhöhten Anforderungen im Berufungsverfahren haben hier einige Anbieter in der Zwischenzeit schlecht aussehen lassen.[21] Der VW-Abgasskandal dürfte hier aber eine enorme Lernkurve für alle Beteiligten erzeugt haben und gewissermaßen als eine Art Subventionsprogramm für die Digitalisierung aller beteiligten Kanzleien gewirkt haben.

14 Besonders modern anmutende **Legal-Tech Start-Up-Unternehmungen** sorgen häufig für attraktive Narrative, wonach der Verbraucher beispielsweise mithilfe einer „App" zum Recht käme. Und es ist richtig, dass die ideenreiche Welt der Legal-Tech Start-Ups hier für Innovationen sorgt und einen wichtigen Baustein im Rahmen der Modernisierung und Erleichterung des Zugangs zum Recht bildet. Gerade dynamischen Legal Techs sollte ein Raum zum **Experimentieren** eingeräumt werden.[22] Allerdings sollte man auch nicht die Augen davor verschließen, dass **Skalierung eine enorme Hürde** darstellt. Es kann also auch nicht völlig ausgeschlossen werden, dass hier von unseriösen Anbietern nach dem Grundsatz des „fake it until you make it" vorgegangen wird. Für Außenstehende kann jedenfalls nicht erkannt werden, ob sich hinter einer modernen App dann die händische Arbeit von Studenten u. ä. verbirgt, die – solange keine Skalierung möglich ist – die Fälle abarbeiten und ihre Hoffnung auf hohen Marketingausgaben setzen, damit ein exponentielles Wachstum an Fällen einsetzt. Bei einer engmaschigen Kontrolle und Überwachung durch eine entsprechend qualifizierte Person (vgl. § 12 Abs. 4 RDG) muss das nicht zum Nachteil der Kunden sein. Richtig bleibt, dass die Bündelung „hinter den Kulissen" für Außenstehende nicht ohne weiteres beurteilt werden kann. Im Rahmen der nächsten RDG-Novellierung wäre deswegen daran zu denken, dass Anbieter gewisse **Publizitätspflichten** bezüglich des eigenen **„Track Records"** tragen. Dann kann jeder Kunde (oder auch entsprechende Medien, Ratgeber und Aufsichtsbehörden) besser einschätzen, ob hier eine entsprechende Expertise zu erwarten ist.

II. Skalieren mittels Großverfahren

15 Statt einer Bündelung hinter den Kulissen bietet sich insbesondere bei Massenschadensereignissen die **Durchführung von Großverfahren** an.

21 Vgl. *Chmielewski/Behrens*, Wenn Klägerkanzleien im Dieselskandal Berufungen versemmeln, 11. September 2020, abrufbar unter https://www.juve.de/verfahren/textbaustein-gate-wenn-klaegerkanzleien-im-dieselskandal-berufungen-versemmeln/.

22 Vgl. *Brügmann*, LTO v. 21.11.2019, der sich immer wieder für die Einführung von regulativen „Sandboxes" zum Experimentieren ausspricht.

1. Welche Verfahren gibt es?

Wie gesehen (oben Rn. 4) hat der Gesetzgeber bisher mit dem KapMuG und der MFK nur zögerlich auf den Umstand reagiert, dass Massenschadensereignisse eine Vielzahl gleichartiger Fälle verursachen und die Justiz vor große Herausforderungen stellen. Zudem gibt es vor allem dem Europarecht zu verdankende Möglichkeiten der verbandsrechtlichen **Unterlassungs- und Beseitigungsklagen**[23] sowie die bisher kaum genutzten Möglichkeiten der **Abschöpfungsklagen**[24] für Verbände. Erst mit Umsetzung der EU-Richtlinie zur Schaffung von **repräsentativen Verbraucherverbandsammelklagen**[25] wird das deutsche Recht auch auf Leistung gerichtete Sammelklagen institutionalisieren müssen (Art. 9 I **Richtlinie (EU) 2020/1828**). Angesichts des Schattendaseins der angesprochenen Abschöpfungsklagen und der auch nur sehr zögerlich genutzten MFK wird es darauf ankommen, inwiefern die Umsetzung der Richtlinie in deutsches Recht eine auch für die Verbände attraktive Lösung schaffen wird. Insbesondere sollte ein solches Vorhaben weitgehende Möglichkeiten einer Drittfinanzierung eingeräumt bekommen,[26] da die **Kosten** und möglichen **Haftungsrisiken** eines Sammelschadenersatzverfahrens prohibitive Wirkung entfalten würden. Zudem würde dies dazu beitragen, die Verbandsklagen mehr zu einem unabhängigen Instrument der **privaten Rechtsdurchsetzung** zu transformieren, wovon bei nahezu rein staatlicher Finanzierung nicht gesprochen werden kann. 16

Parallel zu den soeben beschriebenen bruchstückhaften Ansätzen einer formalen Umsetzung von kollektiven Rechtsschutzelementen, gibt es schon länger verschiedene Wege, Ansprüche materiell zu bündeln, und damit zumindest faktisch in Großverfahren zu überführen. Eine Möglichkeit hierfür ist die anlassbezogene Gründung von **Rechtsverfolgungsgesellschaften**, auf die die Ansprüche eines Schadensereignisses übertragen werden.[27] Soweit hier kein vollständiger **Forderungsverkauf** stattfindet, sondern noch eine Auseinandersetzung geplant wird, ist einerseits der damit verbundene gesellschaftsrechtliche Organisationsaufwand nicht zu unterschätzen (und droht damit die eigentlich häufig nicht gewollten Nachteile von großen **Streitgenossenschaften** zu relativieren). Andererseits ist von der Rechtsprechung anerkannt, dass in diesem Fall auch die bloße Annahme der Abtretungen und gerichtliche Geltendma- 17

23 Vgl. Unterlassungsklagengesetz (UKlaG), das auf Art. 7 Richtlinie 93/13/EWG zurück geht, § 8 UWG, siehe dazu Richtlinie 2009/22/EG, sowie der kaum genutzte § 33 GWB im Kartellrecht.

24 § 10 UWG sowie der wohl noch nie eingesetzte § 34a GWB im Kartellrecht.

25 Richtlinie (EU) 2020/1828 des Europäischen Parlaments und des Rates vom 25.11.2020 über Verbandsklagen zum Schutz der Kollektivinteressen der Verbraucher und zur Aufhebung der Richtlinie 2009/22/EG.

26 Vgl. den insoweit recht liberalen Art. 10 Richtlinie (EU) 2020/1828, zumindest im Vergleich zur derzeitigen Rechtslage in Deutschland; BGH, Urteil v. 9. Mai 2019, I ZR 205/17, Rn. 26 (juris) – *Gewinnabschöpfungsklage II*.

27 Vgl. Deckenbrock/Henssler/*dies.*, Rechtsdienstleistungsgesetz, 5. Aufl. 2021, § 2 RDG Rn. 85 m.w.N.

chung der Ansprüche (bei entsprechender anwaltlicher Vertretung) bereits den Tatbestand einer **außergerichtlichen Rechtsdienstleistung** in Gestalt einer **Inkassodienstleistung** i.S.v. § 2 II RDG erfüllt.[28] Dies wurde zwar zuletzt vom Bundesgesetzgeber zumindest in Zweifel gezogen[29] und erscheint auch auf den ersten Blick kontraintuitiv, da die Rechtsverfolgungsgesellschaft praktisch nur durch ihre Rechtsanwält:innen tätig wird und man daher der Ansicht sein könnte, dass der Schutz der Auftraggeber ausreichend gesichert ist. Allerdings ist nicht abzustreiten, dass eine Rechtsverfolgungsgesellschaft zwar in einem gerichtlichen Verfahren nur mithilfe ihrer Rechtsanwält:innen tätig werden kann. Von daher kann man – wie es der BGH in „***AirDeal***" völlig zurecht betont hat[30] – davon ausgehen, dass die Einbindung von Rechtsanwält:innen hier das Risiko minimiert, dass mit den Ansprüchen (vor Gericht) unsachgemäß vor- und umgegangen wird. Da aber die ZPO hier eben nur die gerichtliche Geltendmachung regelt, würde diese Lösung tatsächlich den außergerichtlichen Bereich vernachlässigen, für den das RDG zuständig ist. Anders als dies teilweise angenommen wird, ist „außer"-gerichtlich nicht mit „vor"-gerichtlich gleichzusetzen.[31] Das heißt, dass sich eine Rechtsverfolgungsgesellschaft nicht darauf berufen kann, dass sie die Ansprüche direkt an die Rechtsanwälte für das gerichtliche Verfahren abgegeben hat. Auch nach Rechtshängigkeit wäre es jederzeit möglich (und bei Großverfahren sogar sehr wahrscheinlich), dass es zu außergerichtlichen Vergleichsverhandlungen und einem außergerichtlichen Vergleich kommt.[32] Diese Tätigkeit könnte die Rechtsverfolgungsgesellschaft ohne ihre Rechtsanwält:innen vornehmen, weshalb hier eine zusätzliche Registrierung als Inkassodienstleister nicht als überflüssig zu bezeichnen ist.

18 Angesichts der RDG-Registrierungspflicht für Rechtsverfolgungsgesellschaften, solange diese keine Forderungen kaufen, haben diese dann wohl kaum noch einen Vorteil gegenüber den von vorneherein als **Inkassodienstleister** auftretenden Unternehmen. Für Inkassodienstleister ist es unproblematisch möglich, sich Ansprüche zur Durchsetzung (Inkassozession) abtreten zu lassen. Dies wurde und wird zwar immer wieder in Frage gestellt,[33] kann aber nach Inkrafttreten der RDG-Re-

28 Etwa BGH, BeckRS 2013, 13519 Rn. 5.

29 BT-Drs. 19/27673, 21.

30 BGH, Urteil v. 13. Juli 2021, II ZR 84/20 – *AirDeal*, Rn. 26.

31 Vgl. nur BGH, Urteil v. 13. Juli 2021, II ZR 84/20 – *AirDeal*, Rn. 19; BGH, Urteil v. 13. Juni 2022, VIa ZR 418/21 – *financialright*, Rn. 12; BT-Drs. 16/3655, S. 33, 45; BT-Drs. 19/27673, S. 61; *Morell*, ZWeR 2020, 328 (333); *Rillig* in: Deckenbrock/Henssler, RDG, 5. Aufl. 2021, § 10 RDG, Rn. 46j f.

32 In Deutschland zählt man bis heute noch keine Handvoll Betragsurteile in Kartellschadenersatzverfahren, was vor allem an der hohen Vergleichsquote auch nach Klageerhebung liegen dürfte.

33 Vgl. vor allem *Henssler*, NJW 2019, 545, dem auch einige Landgerichte gefolgt waren. Noch überraschend kritisch: Schleswig-Holsteinisches Oberlandesgericht, Urteil vom 11.1.2022, 7 U 130/21. Der BGH hat auch dieses Urteil inzwischen aufgehoben, BGH, Urteil v. 24. Oktober 2022, VIa ZR 162/22.

form[34] und des (noch zur vorherigen Rechtslage ergangenen) „*AirDeal*"-Urteils[35] des BGH als geklärt gelten (siehe *Glusdak/Scholz* § 4).[36]

2. Bedeutung der Digitalisierung

Bei den Großverfahren stellt sich der **Frage der Digitalisierung** noch **dringender** als bei den Einzelverfahren. Die Durchführung von Großverfahren verlangt nicht nur die korrekte Bearbeitung des Einzelfalls, sondern auch eine Synchronisierung dieser Arbeit. Indem einzelne Arbeitsschritte parallel durchgeführt werden, kann nicht nur effizienter und mit besserer Qualität gearbeitet werden. Dies dient auch der gleichartigen Bearbeitung aller Fälle. Dank einer permanenten Verbindung zu den einzelnen Kunden – etwa über eine Benutzerplattform – kann sichergestellt werden, dass jederzeit Informationen und Dokumente nachgefordert oder von den Kunden verifiziert werden können. 19

Häufig herrscht bei Massenschadensfällen zudem **Zeitdruck**, da für die Masse der Ansprüche dieselben oder zumindest ähnliche Verjährungsfristen einschlägig sind. Anders als bei einem Legal-Tech-Anbieter, der sich auf eine immer wieder kehrende Schädigungshandlung (z.B. Flugverspätung) fokussiert, erfolgt die Aufarbeitung eines Massenschadensereignisses in aller Regel nicht nur während der Vorbereitung der gebündelten Geltendmachung, sondern gezwungenermaßen noch **während des Gerichtsverfahrens**. Dies liegt daran, dass Sachverständigengutachten beispielsweise erst nach einer aufwändigen Aufarbeitung des Falles erstellt werden können bzw. durch die Gegenseite in das Verfahren eingebracht werden und dass umfangreiche Bemühungen hinsichtlich der Aufklärung des Falles viel Zeit in Anspruch nehmen können. Hier ist beispielsweise auch an Parallelverfahren zur **Informationsgewinnung** (etwa nach dem IFG), an prozessuale Offenlegungsmöglichkeiten[37] oder an **erkenntnisschaffende Parallelverfahren** aus dem Strafrecht oder von eigenen oder fremden Pilotverfahren zu denken. In ergebnisorientierten Großverfahren muss daher von Anfang an der dynamischen Natur solcher Verfahren Rechnung getragen werden, weswegen der Planungs- und IT-Aufwand von Anfang an sehr hoch ist und nach der ursprünglichen Datenabfrage keinesfalls erledigt ist. 20

34 Umfassend: *Petrasincu/Unseld*, RDi 2021, 361.

35 BGH, Urteil v. 13. Juli 2021, II ZR 84/20 – *AirDeal*.

36 Vgl. nur BGH, Urteil v. 13. Juni 2022, VIa ZR 418/21 – *financialright*, Rn. 11; BGH, Urteil v. 10. Oktober 2022, VIa ZR 184/22, Rn. 18ff.; OLG Nürnberg BeckRS 2021, 33454; OLG München, BeckRS 2022, 17969 und in diesem Sinne auch *Augenhofer*, NJW 2022, 3323; *Bauermeister* ZIP 2021, 2625; *Baumert* FD-InsR 2021, 441259; *Engler* AnwBl Online 2021, 253ff.; *Fehl-Weileder* NZI 2021, 875f.; *Makatsch/Kacholdt* NZKart 2021, 486; *dies.*, NZKart 2022, 510; *Ruster/Ruster* BB 2021, 2195f.

37 Im Kartellrecht stünde hier §§ 33g, 89b GWB zur Verfügung, der aber noch sehr zurückhaltend eingesetzt wird. Die Richtlinie (EU) 2020/1828 wird hier ebenfalls das allgemeinere Zivilprozessrecht beeinflussen, vgl. Art. 18.

21 Aus all dem folgt, dass es bei einem Massenverfahren in keinem Fall ausreichend ist, die notwendigen Daten und Informationen in einer anfänglichen Abfrage zu sammeln und dann statisch zu nutzen. Die so abgefragte (und nicht kontrollierte) Information bietet ansonsten kaum einen Mehrwert, wie es beispielsweise das Klageregister bei der MFK verdeutlicht. Die dort hinterlegten Informationen bedeuten für den Kunden praktisch nur Risiken („richtig angemeldet?") und bieten für den klagenden Verband praktisch keine relevanten Vorteile, solange die Informationen nicht aufgearbeitet und ausgewertet werden.

22 Einen der größten Schwachpunkte der digitalen Beherrschung von Massenverfahren stellt noch die Schnittstelle zum Gericht dar (siehe hierzu *Herberger* § 14). Die Einreichung von Schriftsätzen in Großverfahren sprengt – zumindest, wenn man die Anlagen mit einbezieht – die Kapazitätsgrenzen des besonderen elektronischen Anwaltspostfachs (beA). Eine Übertragung von filterbaren Excel-Dateien ist zumindest nicht eindeutig vorgesehen, obwohl schon dies die Übersichtlichkeit eines Verfahrens enorm steigern könnte. Dies gilt erst recht, wenn man beispielsweise die Excel-Tabelle mit dynamischen Verlinkungen zu den jeweiligen Anlagen bzw. einer zur Verfügung gestellten Anlagendatenbank ermöglichen würde. Dies führt heute noch dazu, dass selbst akribisch aufbereitete Ordnerstrukturen oder Verlinkungen aufgelöst und teilweise über das beA oder mühsam über individuell vereinbarte Übertragungswege, sei es per USB-Datenträger oder sichere Cloud-Anbieter, übertragen werden. Die zuständigen Geschäftsstellen bzw. Kammern oder Senate stehen dann häufig vor der Herausforderung, die **technische Behäbigkeit der Justizsysteme** zu überwinden. Dies führt nicht gerade dazu, die Beliebtheit solcher Verfahren bei den zuständigen Spruchkörpern zu erhöhen.

C. Vor- und Nachteile der Skalierungsoptionen

23 Im Folgenden werden die beschriebenen Möglichkeiten der Skalierung nach ihren drei prägendsten Vor- und Nachteilen eingeordnet.

I. Vorteile der verschiedenen Skalierungsoptionen

1. Verhandlungsmasse und Vergleichsdruck

24 Ein potenzieller Vorteil aller Skalierungsmodelle ist die **Erhöhung des Vergleichsdrucks**. Dabei erhöht sich der Vergleichsdruck auch bei Einzelverfahren, wenn Beklagten deutlich wird, dass das Verfahren in jedem Fall ernsthaft und konsequent betrieben wird. Gerade bei kleineren (Verbraucher:innen-)Ansprüchen dürfte damit Versuchen entgegengewirkt werden, sich erst vor Gericht einigungsbereit zu zeigen, selbst wenn die Erfolgsaussichten des Falls eindeutig zugunsten der Kläger:innen zu bewerten sind. Letztlich kommt es hier zu einem beträchtlichen Maße auf die **Reputation der Anbieter:innen** an, da der scheinbar einfachste Fall noch verloren gehen kann, wenn beispielsweise schwerwiegende Fehler bei der Abtretung des Anspruchs oder anderen

rechtlichen Weichenstellungen erfolgt sind.[38] Wenn hier der Beklagtenseite der Eindruck entsteht, dass es sich ökonomisch rechnet, jeden Fall genau zu prüfen, sinkt der Vergleichsdruck entsprechend. Voraussetzung für diesen Schluss ist, dass die Beklagtenseite ähnlich rational und systematisch agiert, wie man es gerade von größeren Unternehmen erwarten dürfte.

Rational agiert die Beklagtenseite jedoch noch dann, wenn sie bei einer reinen Skalierung hinter den Kulissen den Einzelfallcharakter nicht aus dem Auge verliert. Dies gilt nicht für die juristisch einfach gelagerten Fälle, bei denen es auf Klägerseite vor allem auf das Vermeiden von Fehlern ankommt. Aber sobald hier ein Massenschadensereignis vorliegt, bei dem zwar die Gleichartigkeit der Fälle zumindest für einen wichtigen Teil der Anspruchsbegründung gegeben ist,[39] die juristische Begründung des Anspruchs jedoch auf mehr Gegenwehr stößt, ändern sich die Vorzeichen. Für die Beklagtenseite gilt es dann – zumindest so lange noch neue Anspruchssteller dazukommen können – die Geltendmachung der Ansprüche mit allen verfügbaren Mitteln so zu erschweren, dass es möglichst lange nicht zu Verurteilung kommt (siehe oben Rn. 3). Dabei sind insbesondere OLG- oder gar BGH-Urteile gefährlich, da von ihnen eine große Signalwirkung ausgeht. Die Abwehr aller potenziell besonders präjudizträchtigen Verfahren beinhaltet dabei auch das gezielte Vergleichen von Ansprüchen, um höchstrichterliche Urteile oder gar Entscheidungen des häufig eher klägerfreundlichen EuGH zu verhindern. Rechtsdienstleister:innen, Prozessfinanzierer:innen oder Rechtsanwält:innen haben – ebenso wie die Justiz – nur sehr begrenzt Möglichkeiten, hierauf zu reagieren. Das Einstreuen von erworbenen Ansprüchen kann helfen, wobei es selbst in diesen Fällen Schwierigkeiten mit sich bringen kann, beispielsweise ein vollständiges Anerkenntnis bei voller Zahlung aller Kosten zu verhindern.[40] Gerade für solche Fälle könnte man erwägen, eine neue Art der zivilprozessualen Fortsetzungsfeststellungsklage zu entwickeln. Jedenfalls dann, wenn die am Erfolg der Klage beteiligten Akteure (z. B. der Prozessfinanzierer:innen) noch ein legitimes Interesse an einer Fortsetzungsfeststellung mit Blick auf weitere ihrer Ansprüche haben, sollte eine Klärung der Rechtslage noch ermöglicht werden. Das Interesse der Justiz und Rechtspflege an der Klärung solcher Fälle dürfte evident sein.[41] Entsprechendes gilt natürlich ebenfalls für den umgekehrten Fall, der taktisch in letzter Sekunde zurückgenommenen Klagen, Berufungen oder Revisionen. 25

Problematisch ist die Erzeugung von Verhandlungsdruck in Massenverfahren, die selbst noch **nicht in ein Leistungsurteil** münden. Dies gilt insbesondere für die MFK. Für die Beklagtenseite ist es dann häufig rational, zunächst die ohnehin viel Zeit in An- 26

38 Vgl. *Morell*, JZ 2019, 809 (812), Fn. 37.

39 Vgl. grundlegend BGH, Urteil v. 13. Juli 2021, II ZR 84/20 – *AirDeal*, Rn. 54ff. und BGH, Urteil v. 13. Juni 2022, VIa ZR 418/21 – *financialright*, Rn. 50ff.

40 Einschränkungen gelten hier seit 2014, soweit man sich bereits in der Revision befindet (§ 555 III ZPO).

41 Vgl. nur Beschluss der 92. Konferenz der Justizministerinnen und Justizminister vom 11./12. November 2021, TOP I/11(3), S. 2.

spruch nehmende Prüfung der Feststellungsziele der Klägerseite abzuwehren. Ihr kommt dabei zugute, dass in diesen Konstellationen ein Vergleich notfalls erst nach dem entsprechenden Feststellungsurteil abgeschlossen werden kann, ohne dass eine direkte Verurteilung auf Zahlung droht. Dem klagenden Verband und den angemeldeten Verbrauchern droht damit jederzeit eine empfindliche Niederlage (§ 614 I 1 ZPO), während der Klägerseite immer noch Möglichkeiten bleiben, nicht nur das Musterfeststellungsurteil, sondern auch die späteren Einzelklagen noch mit den unterschiedlichsten Argumenten anzugreifen.[42] Die im Gesetz so angelegte Halbherzigkeit dieser Verfahren hat zudem den nicht zu überschätzenden Effekt, dass für die Klägerseite eine allgemeine **Prozessfinanzierung** schon deswegen praktisch ausscheidet, da die Anmeldenden keine prozessual vorgesehene Aussicht auf einen Erlös haben, der wiederum hierfür als Grundlage einer Erfolgsprovision anzubieten wäre. Die finanzielle Überlegenheit der Beklagtenseite wird hierdurch gefestigt, was zusätzlich dafür spricht, als Beklagte ein solches Verfahren in voller Länge zu riskieren. Sollte sich das Verfahren dennoch eindeutig zulasten der Beklagtenseite entwickeln, bleibt immer noch die Möglichkeit, kurzfristig einen außergerichtlichen Vergleich anzubieten.[43] Aufgrund der evident unzureichenden, gesetzlichen Vergütung für ein solches Verfahren,[44] der involvierten Haftungsrisiken und des mit einem solchen Verfahren verbundenen Aufwands, wird der Verband und seine Rechtsanwält:innen für solche Angebote offener sein, als es dem einzelnen Verbraucher unter Umständen recht sein dürfte.

27 Bei den **gebündelten Klagen** von **Inkassodienstleistern** oder **Rechtsverfolgungsgesellschaften** besteht ein **sehr großes Potenzial** dafür, einen hohen **Vergleichsdruck** aufzubauen. Die akkumulierte Masse an Ansprüchen macht ein gezieltes „Wegvergleichen" einzelner Ansprüche grundsätzlich unmöglich, da über einen Vergleich der einzelne Zedent nicht entscheiden kann oder soll. Dies ist gerade Kern des Bündelungsgedankens, bei dem sich die einzelnen Geschädigten bewusst der (Allein)-Entscheidungsgewalt entziehen, um gar nicht in die Verlegenheit zu kommen, mit der häufig besonders mächtigen Beklagtenseite in Einzelverhandlungen zu geraten.[45] Die Selbstbindung dient hier gerade der Ermächtigung des Kollektivs, das zugleich ein gegeneinander Ausspielen der Geschädigten durch die Beklagtenseite verhindern soll. Daher ist gerade bei größeren Bündelungen die Entscheidung über einen Vergleich im Grundsatz an den Dienstleister und seine Rechtsanwält:innen delegiert. Dies eröffnet keines-

42 Wer meint, dass eine Bindungswirkung in Bezug auf wichtige Feststellungsziele der Beklagtenseite jede Argumentation abschneide, muss sich nur die Vehemenz und Kreativität vor Augen führen, mit denen „follow-on"-Kartellschadenersatzklagen verteidigt werden.

43 Vgl. den Vergleich im VW-Abgasskandal im Angesicht der unmittelbar bevorstehenden Entscheidung des BGH (mit erwartbarem Ausgang).

44 Nach § 48 I 2 GKG ist der Streitwert auf 250.000 EUR gedeckelt, was einer Vergütung der Rechtsanwälte von gut 7.000 EUR entspricht.

45 BGH, Urteil v. 13. Juli 2021, II ZR 84/20 – *AirDeal*, Rn. 55; BGH, Urteil v. 13. Juni 2022, VIa ZR 418/21 – *financialright*, Rn. 51.

wegs den Weg zur Willkür, zumal eine Verletzung des Treuhandverhältnisses hier nicht nur RDG-aufsichtsrechtliche, sondern auch strafrechtliche und haftungsrechtliche Konsequenzen hätte.[46] Der Beklagtenseite muss in diesen Verfahren klar sein, dass die Verfahren notfalls bis in die letzte Instanz geführt werden. Bis zur Klärung des **Sammelklage-Inkassos** durch den Gesetzgeber und BGH haben sich hier einige Beklagte noch große Hoffnungen gemacht, sie könnten diese Art des Vergleichsdrucks dadurch beschränken, dass sie die Art der Klageweise an sich in Frage stellten. Seit Klärung der Rechtslage wird in diesen Fällen nun teilweise von Oberlandesgerichten die Revision nicht mehr zugelassen.[47] Dies stellt – bei einem gebündelten Fall – den Super-GAU für jeden taktisch agierenden Beklagten dar, da auf diese Weise aufsehenerregende Präjudizien entstehen können, die zugleich auch teuer sind. Für die Zukunft wird hier der Vergleichsdruck die Beklagten daher ganz anders treffen, als dies bisher der Fall war.

2. Senkung des Prozesskostenrisikos

Das **Prozesskostenrisiko** kann grundsätzlich bei jeder der beschriebenen Arten der 28
Skalierung gesenkt werden. Dies zum einen deswegen, da die **eigenen Kosten** selbst bei der massenhaften Bearbeitung von Massenverfahren sinken, da Textbausteine und Expertise entsprechend übertragen werden können (dazu *Reiter/Methner/Wunderlich/Emke* § 9). Während bei den eigenen Kosten echte Ersparnisse möglich sind, die zur erhöhten Attraktivität der RVG-Gebühren beitragen, können die Gerichtskosten und Kostenerstattungsansprüche der Gegenseite nicht direkt beeinflusst werden. An dieser Stelle hilft nur die Senkung des Risikos einer Prozessniederlage.

Die **institutionalisierten kollektiven Rechtsinstitute**, wie insbesondere die MFK, 29
beschränken das eigene Kostenrisiko teilweise so drastisch (siehe oben Rn. 4), dass hierdurch zugleich die Attraktivität des Vorhabens für die Durchführenden sinkt, die einen langen Katalog an Feststellungszielen abarbeiten müssen, um alle Eventualitäten der Folgeverfahren abzudecken. Dies gilt insbesondere, wenn haftungsrechtliche Risiken drohen. Für die angemeldeten Verbraucher solcher Verfahren ist das Kostenrisiko zunächst minimal, hängt dann aber zu einem späteren Zeitpunkt sehr von den individuellen Voraussetzungen (z.B. Aufbewahren der relevanten Dokumente) und dem Ausgang des Feststellungsverfahrens ab.[48]

---

46 Vgl. BGH, Urteil v. 13.7.2021, II ZR 84/20 – *AirDeal*, Rn. 62.

47 OLG Nürnberg, BeckRS 2021, 33454; OLG München, BeckRS 2022, 17969. Das OLG Oldenburg weist Verfahren dieser Art nach § 522 II ZPO zurück, siehe Hinweisbeschluss v. 9.12.2021, 2 U 143/21, BeckRS 2021, 45002. Vgl. auch Schleswig-Holsteinisches Oberlandesgericht, Urteil v. 11.1.2022, 7 U 130/21, bei dem die zugelassene Revision prompt zur Aufhebung führte, siehe BGH, Urteil v. 24. Oktober 2022, VIa ZR 162/22. Zum Ganzen auch *Petrasincu/Unseld*, NJW 2022, 1200.

48 Die Anmeldung zu einer Musterfeststellungsklage ist zwar kostenlos, allerdings ist die rechtssichere Anmeldung für Nicht-Jurist:innen nicht trivial und sollte daher wohl kaum ohne anwaltliche Beratung erfolgen.

30 Bei den **gebündelten Masseverfahren** kann auch das Risiko der Gerichtskosten und der gegnerischen Erstattungsansprüche gesenkt werden, da der **degressive Anstieg** von gesetzlichen Gerichts- und Anwaltskosten und insbesondere auch die **Streitwertdeckelung** (§ 39 II GKG) hier dem Umstand Rechnung tragen, dass das Verfahren alle gleichartigen Rechtsfragen „vor die Klammer ziehen" kann. Dies und die eigene Kostenminderung können und sollten für die ebenbürtige Ausstattung an Expertise – insbesondere durch Parteigutachter:innen und spezialisierte Rechtsanwaltskanzleien – genutzt werden. Aufgrund des mithilfe von Erfolgshonorarvereinbarungen sichergestellten Interessengleichlaufs, ist auch nicht damit zu rechnen, dass ein Inkassodienstleister hier Aufwand scheut.[49]

3. Bündelung von Expertise und Daten

31 Die Beklagtenseite in Massenverfahren hat per se einen großen Vorsprung an Expertise und Informationen.[50] Dieses **Ungleichgewicht** zu entschärfen dürfte eines der wichtigsten Mittel der Skalierungsbemühungen auf Klägerseite sein.

32 Bei den Anbietern der **Einzelverfahren** fließt insbesondere die Erfahrung aus den Parallelverfahren Stück für Stück in die Fallbearbeitung ein.[51] Die Beschäftigung von spezialisierten Gutachter:innen und Rechtsanwält:innen kann bei Einzelverfahren allerdings nur im Hintergrund erfolgen. In **Bündelungsverfahren** findet die Sammlung von Expertise und Daten am konkreten Fall selbst und häufig auch noch im Laufe des Verfahrens statt. Die Sammlung der Informationen dient hierbei – wie beim Kartellschadenersatz – gerade erst der Herstellung von Augenhöhe und ist Voraussetzung von Gutachten, die nicht erst den späteren Verfahren zugutekommen, sondern allen Teilnehmern. Indem beispielsweise ökonomische Parteigutachten erstellt werden können, denen die Daten aller beteiligten Geschädigten zugrunde liegen, wird ein konkreter Mehrwert geschaffen, der durch nichts zu ersetzen ist.[52]

33 Bei den systematisch unterfinanzierten Klagen von Verbänden – wie der MFK – ist weder die Beauftragung von spezialisierten Rechtsanwaltskanzleien noch das Beibringen von Parteigutachten ohne weiteres möglich. Allenfalls altruistische Motive (Spenden etc.) oder auf Quersubventionen angelegte Interessen (etwa in Bezug auf die Folgeverfahren) können hier ansatzweise für einen Ausgleich sorgen.

---

49 BGH, Urteil v. 13. Juli 2021, II ZR 84/20 – *AirDeal*, Rn. 58ff.; BGH, Urteil v. 27. November 2019, VIII ZR 285/18 – *Lexfox I*, Rn. 196.

50 Vgl. wiederum *Galanter*, Law & Society Rev. 9 (1974), S. 95.

51 Vgl. etwa *Halmer*, REthinking Law 2019, Heft 6, S. 4ff.

52 Vgl. am Beispiel des Kartellschadenersatzrechts: *Petrasincu/Unseld*, NZKart 2021, 280f.

II. Risiken und Nachteile der Skalierungsoptionen

1. Exponierung

In Massenverfahren scheuen die Geschädigten teilweise davor zurück, sich offensiv mit der übermächtigen Beklagtenseite in einen Konflikt zu begeben.[53] Für Verbraucher:innen dürfte diese Scheu noch am wenigsten begründet sein, wenn es sich nicht um einen praktischen Monopolisten eines für den Verbraucher wichtigen Anbieters handelt.[54] Verbraucher:innen haben zudem noch am ehesten die Möglichkeit, sich der Öffentlichkeit durch Teilnahme an Verbandsklagen zu entziehen, die als „repräsentative" Verfahren zunächst (auf der ersten Stufe) auch ohne konkrete Bezugnahme auf den Einzelfall auskommen. 34

Ganz anders ist dies bei klassischen Einzelverfahren von Legal-Tech-Anbietern. Hier muss die Geschädigte bereit sein, ihren Namen für das Verfahren zentral einzusetzen und zugleich darauf zu vertrauen, dass die Verfahrensführung seriös und professionell erfolgt. Dies ist besonders wichtig in Verfahren, die Grundbedürfnisse der Kunden betreffen, wie die eigene Wohnung. Aber auch die Kündigung beispielsweise des eigenen Bankkontos ist unter Umständen ein Preis, den der eine oder andere Kunde – etwa bei Abtretung eines geringen Anspruchs – nicht unbedingt eingehen möchte. 35

Bei gebündelten Sammelklage-Inkassoverfahren ist ein Vortrag zu den einzelnen Zedent:innen nicht zu vermeiden. Gleichzeitig besteht aber bei großen Verfahren mit einigen tausenden Teilnehmer:innen durchaus die Gelegenheit in der Masse unterzugehen. Nicht zuletzt handelt der Rechtsdienstleister stets im eigenen Namen, weswegen die Verantwortungskette – beispielsweise bei Vergleichsverhandlungen – auch im Interesse der Kunden unterbrochen wird. 36

2. Risikostreuung

Einen Nachteil von Großverfahren – sei es als Verbandsklage oder als Sammelklage-Inkasso – stellt die Volatilität der einzelnen Verfahren dar. Dies ist – wie beim Vergleichsdruck (s. o.) gesehen – die Kehrseite der Tatsache, dass das Verfahren Druck aufbauen kann. Dieser kann sich auch zulasten der Geschädigten auswirken, indem etwa durch einen Verfahrensfehler alle Ansprüche nicht mehr durchsetzbar werden.[55] Gerade dies dürfte die Zurückhaltung erklären, mit der auch die MFK bisher genutzt wird.[56] Denn 37

53 Vgl. etwa *Makatsch/Kacholdt*, NZKart 2021, 486 (ebd.), die von möglichen Vergeltungsmaßnahmen sprechen.

54 Man denke an Fälle des Hausverbots als Sanktion für als querulantisch aufgefasste Fußballfans, für die dies eine enorme Belastung darstellt, siehe BVerfGE 148, 267 – *Stadionverbot*.

55 Auch vor diesem Hintergrund ist die Annahme der Nichtigkeit bei bloßer (angeblicher) Überschreitung der bestehenden Inkassoerlaubnis nicht nur dogmatisch höchst fragwürdig, sondern auch rechtspolitisch ein Irrweg, siehe *Tolksdorf*, MDR 2021, 1233.

56 Schon am Rande des Gesetzgebungsverfahrens hatte der für die VW-Klage bereits vorgesehene Verband hier Bedenken angemeldet, vgl. Stellungnahme des Verbraucherzentrale Bundesverbands (vzbv)

gerade für einen mäßig ausgestatteten Verband wäre ein hohes Haftungsrisiko[57] praktisch nicht zu kompensieren, wenn es keinen Gewinn auf der Gegenseite gibt, der etwa eine Versicherung dieses Risikos (in Gestalt einer Prozessfinanzierung) ermöglicht.

38 **Einzelverfahren streuen** hier das **Risiko** und können – mit jedem neuen Verfahren – inkremental angepasst und verbessert werden. Dies ist aber natürlich nur möglich, solange das Verfahren noch läuft. Da die Einzelverfahren teilweise schon **rechtskräftig abgeschlossen** sind, bevor überhaupt eine Klärung der relevanten Rechtsfragen erfolgt ist (z.B. weil dies gezielt verhindert wurde), kommt dem Einzelnen diese Flexibilität nicht mehr zugute. Bei Sammelklage-Inkassoverfahren ist eine Korrektur während des Verfahrens nur begrenzt im Rahmen der Präklusionsvorschriften möglich. Allerdings besteht kaum die Gefahr, dass das Verfahren frühzeitig rechtskräftig abgeschlossen wird, ohne dass die wesentlichen Fragen des Falls geklärt wurden.

3. Unübersichtlichkeit

39 Ein großer Nachteil von massenhaften Einzelklagen ist die **Unübersichtlichkeit** und die **Überforderung des Justizsystems** mit dieser Masse an gleichartigen Verfahren. Es stellt enorme Anforderungen an die Verwaltung der beteiligten Kanzleien und Rechtsdienstleister, hier die Übersicht zu behalten. Insofern mag der VW-Abgasskandal zwar wie ein Subventionsprogramm der Digitalisierung gewirkt haben. Offen zu Tage treten aber auch die Widerstände gegen die eintönige Arbeit, die hier gerade bei den Gerichten provoziert wird.[58]

40 Bei **Sammelklage-Inkassoverfahren** haben es der Rechtsdienstleister und die beteiligte Anwaltskanzlei in der Hand, das Verfahren möglichst strukturiert zu führen, ohne dabei die relevanten Besonderheiten des Einzelanspruchs zu vernachlässigen. Kritiker führen teilweise an, dass die Masse an Abtretungen den Rechtsstreit mit einer Vielzahl weiterer Fragen belaste, die einer effizienten Bearbeitung im Wege stünden.[59] Richtig ist aber, dass es dem Gericht im Rahmen der Verfahrensleitung möglich ist, das Verfahren so zu strukturieren, dass es zu einer sinnvollen Abschichtung des Streitstoffes kommt (§ 139 I 3 ZPO). So ist das Gericht schon nicht gezwungen, vor der Einholung eines häufig viele Monate, wenn nicht sogar Jahre in Anspruch nehmenden Sachverständigengutachtens jede einzelne Abtretung geprüft zu haben. Der Inkassodienstleister wird in aller Regel zu den Abtretungen auch so substantiiert vortragen (Vorlage von

---

zum Gesetzentwurf der Bundesregierung zur Einführung einer zivilprozessualen Musterfeststellungsklage vom 9. Mai 2018, S. 9. Dem Verband zufolge führe das Haftungsrisiko dazu, dass die Verfahren „jedenfalls in wirtschaftlich bedeutsamen Fällen mit hoher Schadenssumme wahrscheinlich nicht geführt werden können".

57 Zur noch offenen Frage, ob hier eine Haftung besteht, *A. E. Oehmig*, Die Rechtsstellung des angemeldeten Verbrauchers in der Musterfeststellungsklage, S. 451ff.

58 Vgl. *Jung* FAZ v. 18.11.2021, 20.

59 Vgl. vor allem LG München I, Urteil v. 7. Februar 2020 – 37 O 18934/17, Rn. 179 (juris).

hochwertigen PDF-Scans, des Personalausweises zum Unterschriftenvergleich, von Handelsregisterauszügen etc.), dass der Beklagtenseite in der Regel schon das relevante Bestreiten der erfolgten Abtretung schwerfallen dürfte.[60] Die Einzelfälle, bei denen dann noch Fragen offenbleiben, begründen keineswegs Zweifel an der Effizienz des ganzen Verfahrens, auch wenn man sich sicher noch Verbesserungen mit Blick auf eine rechtssichere Abschichtung, etwa durch eine Erleichterung beim Erlass von Teilurteilen oder ein Vorlageverfahren an den BGH vorstellen kann. Eine der größten praktischen Schwierigkeiten ist heute – wie erwähnt (Rn. 22) – in der Regel die **Schnittstelle zum Gericht** und den anderen Parteien. Schon der gezielte Austausch von Excel-Tabellen mit dem Gericht könnte Wunder wirken (insb. wenn diese dynamische Verweise auf die entsprechenden Anlagen beinhalteten), ist aber schon nicht vom beA vorgesehen.

Verbandsklagen wirken auf den ersten Blick noch am übersichtlichsten, was sich 41
aber gerade bei der MFK nicht auf die Frage der Anmeldungen beziehen dürfte. Auch die schier unbegrenzte Beschäftigung mit Feststellungszielen, die alle Eventualitäten abdecken – statt sich wie in einem Leistungsverfahren auf eine oder wenige Anspruchsnormen zu konzentrieren – trägt nicht zur Übersichtlichkeit und Beherrschbarkeit bei. Im Rahmen der neuen EU-Verbandssammelklage wird die Frage der Anspruchsaufbereitung daher ein nicht zu überschätzender Punkt sein. Hier wäre daran zu denken, möglichst wenige Gerichte für zuständig zu erklären, die dann aber von Anfang an entsprechend ausgestattet werden.

III. Zwischenergebnis

Bei Massenschadensereignissen dürften die Vorteile eines prozessfinanzierten Großver- 42
fahrens gegenüber den hinter den Kulissen skalierten Einzelverfahren deutlich überwiegen. Verbandsklagen profitieren aus strukturellen Gründen kaum von einer Skalierung. Es bleibt abzuwarten, ob sich dies mit der Umsetzung der Richtlinie (EU) 2020/1828 ändern wird und ob in diesem Zuge auch die Durchführung von Großverfahren für Unternehmen vereinfacht wird. Die im Gesetzesentwurf des Umsetzungsgesetzes vorgesehene Einführung eines Sachwalters zur Abwicklung von Massenschadensfällen geht hier in die richtige Richtung.

D. Skalierbarkeit an den Grenzen der deutschen Dogmatik?

Auf **dogmatischer Ebene** scheint die Diskussion um das Digitalisierungs- uns Skalie- 43
rungspotenzial im Recht fast anachronistisch. Wichtige Aspekte der Digitalisierung und Skalierung im Recht sind die **Allgemeinheit und Berechenbarkeit** des Rechts. Nicht zu-

60 Vgl. in diesem Kontext auch *Könen*, RDi 2021, 565.

fällig haben mit den Fluggastrechten pauschalierte Ansprüche den Siegeszug von Legal Tech angeführt.

44 Die deutsche Rechtswissenschaft ist in den letzten Jahrzehnten dagegen eher vom **Trend zur Einzelfallabwägung** geprägt. Selbst eine der fortschrittlichsten Entscheidungen des BGH in Sachen digitale Rechtsdienstleistungen relativiert sich selbst mithilfe eines entsprechenden Abwägungsvorbehalts, wonach keine „keine allgemeingültigen Maßstäbe" aufzustellen seien, sondern eine Würdigung der Umstände des Einzelfalls unter Berücksichtigung der gesetzgeberischen Schutzzwecke, verschiedener Grundrechte, des Vertrauensschutzes und der Veränderungen der Lebenswirklichkeit zu erfolgen hat.[61]

45 Gefördert wird diese Art von Rechtsprechung gerade auch von der vom **Verfassungsrecht** vorangetriebenen Fokussierung auf Einzelfallgerechtigkeit.[62] Je mehr auch Zivilgerichte den **Verhältnismäßigkeitsgrundsatz** und die Grundrechte mitdenken müssen, desto mehr rückt der Einzelfall in den Mittelpunkt. Zusätzliche Komplexität gewinnt der Einzelfall noch durch die möglichen Implikationen des **Mehrebenensystems** von nationalem Recht, Unionsrecht und EMRK.[63]

46 Wenn man sich diese unter dem Begriff der Konstitutionalisierung oder Europäisierung des Rechts beschriebene Entwicklung vergegenwärtigt, dann merkt man ironischerweise, dass die Anliegen der Digitalisierung diesem Ansatz nicht uneingeschränkt förderlich sind. Digitalisierung kann man vor diesem Hintergrund als Neuauflage des überholten Traums von der „**Subsumtionsmaschine**" bezeichnen. Dies würde wohl auch erklären, warum „Legal Tech" auch in der Wissenschaft bei den Zivilrechtler:innen häufig mehr Anklang findet als an öffentlich-rechtlichen Lehrstühlen. Man machte es sich aber zu einfach, wenn man den öffentlich-rechtlichen Jurist:innen per se eine Abneigung zur verlässlichen Dogmatik absprechen würde oder den Zivilrechtler: innen eine Verachtung für den Einzelfall. Richtig ist aber vor allem, dass der verfassungsrechtlichen Formel von der Beachtung „aller Umstände des Einzelfalls" im Zivilrecht häufig eine andere Komplexität zukommt als etwa im Verfassungsrecht. Denn gerade, wenn man einen zivilrechtlichen Schadensfall betrachtet, ist hier das „**Zuschneiden**" des Sachverhalts häufig weniger ein Problem und lässt sich als Transaktion ins Ökonomische übersetzen.[64] Wenn man beispielsweise die rechtlichen Folgen eines Autounfalls bewertet, dann handelt es sich zwar um einen Einzelfall, bei dem eine Vielzahl von Faktoren von Bedeutung sein können (z.B. Wetterverhältnisse). In der Regel werden sich all diese Faktoren auf einen kurzen Zeitpunkt beschränken lassen (den eigentlichen Unfall). Insbesondere wenn sich die Parteien nicht kennen, werden Aus-

61 BGH, Urteil v. 27. November 2019, VIII ZR 285/18 – *Lexfox I*, Rn. 109f., siehe auch die Kritik bei *Tolksdorf*, MDR 2021, 1233. Für eine Art Ehrenrettung des zivilrechtlichen Topos der „Würdigung aller Umstände des Einfalls, vgl. *Riehm*, RW 2013, 1ff.

62 Vgl. *Reimer*, Der Staat 52 (2013), 27 (36).

63 Vgl. umfassend *Unseld*, Zur Bedeutung der Horizontalwirkung von EU-Grundrechten, 2018, S. 235ff.

64 Vgl. dazu *Levinson*, Yale Law Journal 111 (2002), 1311, dazu auch *Unseld*, Zur Bedeutung der Horizontalwirkung von EU-Grundrechten, 2018, S. 316f.

führungen zu sonstigen Umständen unbeachtlich sein. Eine Fahrradfahrerin wird z. B. ihre Verantwortlichkeit auch nicht ansatzweise damit rechtfertigen können, dass sie einen Beitrag zum Klimaschutz leiste, weil sie jeden Tag mit dem Fahrrad zur Arbeit fahre. Dem Zivilrecht geht es nur um die einmalige Wiedergutmachung des konkreten Schadens, weswegen der Unfall als singuläre Transaktion verstanden wird.

Natürlich ist es nicht so, dass man in der öffentlich-rechtlichen Prüfung jeden noch 47 so fernliegenden Umstand heranziehen könnte.[65] Aber jedenfalls dann, wenn **verfassungsrechtliche Abwägungen** den Sachverhalt beeinflussen, ist das Zuschneiden des Falles sehr viel weniger klar determiniert als in einem klassischen, zivilrechtlichen Schadenersatzverfahren zwischen zwei Privaten.[66] Das Verhältnis „Staat-Bürger" ist eine dauerhafte Beziehung, bei der immer Fragen nach den großen Zusammenhängen mehr oder weniger aus dem Hintergrund treten können. Es wäre sowohl für den Bürger als auch für den Staat unangemessen, eine Interaktion zwischen Bürger und Staat als einmalige Transaktion zu verstehen. Dies ist im Übrigen auch ein Gedanke, den man aus zivilrechtlichen Verhältnissen auf Dauer kennt – also etwa bei der Bewertung eines Schadenersatzanspruches gegen Arbeitnehmer:innen.[67]

Die beschriebene **Konstitutionalisierung** und **Europäisierung des Zivilrechts** 48 und der damit verbundene **Bedeutungszuwachs der Einzelfallabwägung** bringt daher die Gefahr mit sich, dass ein zivilrechtliches Transaktionsdenken erschwert wird, soweit dies der Anerkennung von Grundrechten, Grundfreiheiten oder dem Verhältnismäßigkeitsgrundsatz widerspräche. Nun gibt es einige, die den Trend zur Einzelfallabwägung als globalen Verfassungsgrundsatz begreifen und sich viel Mühe geben, die einzelnen Schritte der von den jeweiligen Gerichten verlangten Verhältnismäßigkeitsprüfung zu dogmatisieren.[68] Teilweise wird auch das Abwägungsprinzip selbst verökonomisiert und es soll auf diese Weise rational und berechenbar werden.[69] Diese Ansätze können aber nicht verhehlen, dass der Trend zur Einzelfallabwägung enorme Unsicherheiten mit sich bringt.[70] Es ist nicht zuletzt die Frage, ob man diese Art der ökonomisch-

65 Es gibt umgekehrt natürlich öffentlich-rechtliche Bereiche, die sehr schematisch abgearbeitet werden können, wie etwa Bereiche des Steuer- oder Ordnungswidrigkeitenrechts.

66 Wie erwähnt, nimmt die Zahl der „klassisch" zivilrechtlichen Fällen ab, je mehr auch das Zivilrecht insbesondere von Grundsätzen der Grundrechte und der Verhältnismäßigkeit durchdrungen wird, was in der deutschen Zivilrechtsdogmatik ein klarer Trend der letzten Jahrzehnte ist, für eine ausführliche Kritik *Unseld*, Zur Bedeutung der Horizontalwirkung von EU-Grundrechten, 2018, S. 235 ff.

67 Um dies im Arbeitsrecht beherrschbar zu machen, wurden hier dann von der Rechtsprechung eigene Fallgruppen gebildet, die dann den arbeitsrechtlichen Schadenausgleich wieder beherrschbar machen, vgl. BeckOK BGB/*Baumgärtner*, 60. Ed. 1.11.2021, BGB § 611a Rn. 96.

68 Vgl. *Klatt/Meister*, Der Staat 51 (2012), 159; *Saurer*, Der Staat 51 (2012), 3 ff.; *Kumm*, Law & Ethics of Human Rights 4 (2010), 141. Für das Zivilrecht *Riehm*, RW 2013, 1 ff.

69 In diesem Sinne etwa *Alexy*, Theorie der Grundrechte, 3. Aufl. (1996), S. 141. Kritisch dazu bereits *Unseld*, Zur Bedeutung der Horizontalwirkung von EU-Grundrechten, 2018, S. 320 ff.

70 Im Zivilprozess wird dies durch den Beibringungsgrundsatz potenziert, da schon die Frage der Beschaffung von Abwägungsmaterial eine streitentscheidende Vorfrage der Auswahl des Abwägungsmaterials ist.

rationalen Einzelfallgerechtigkeit überhaupt will oder ob der richterlichen Entscheidung damit nicht das dezisionistische Element über die Maßen abgesprochen wird.[71] Paradoxerweise ist es jedoch der Einfluss des Europa- und Verfassungsrechts, der einen effektiven Zugang zum Recht und eine praktische Wirksamkeit der bestehenden Normen voranbringt und sich damit ein Stück weit selbst im Weg steht.[72]

49 Einzelfallabwägung und möglichst breiter Rechtsschutz sind folglich zwei Dinge, die sich nicht völlig in Harmonie bringen lassen. Die Digitalisierung kann hoffentlich dabei helfen, diesen Widerspruch möglichst gering zu halten. Das **Grunddilemma** bleibt. Für den rechtspolitischen Diskurs wäre es wichtig, sich dieses Dilemma zu vergegenwärtigen. Denn auch wenn Einzelfallgerechtigkeit ein hohes Gut ist, in vielen Fällen ist eine pauschalere Lösung („**rough justice**") vielleicht die einzige, die sinnvoll möglich ist, weil ansonsten der Zugang zum Recht verschlossen ist. Wenn die pauschalere Behandlung des Falles sinnvoll erscheint, dann sollte die Rechtsordnung dies den Rechtssuchenden auch anbieten. Das kann dadurch geschehen, dass Ansprüche durch Gesetz oder Richterrecht pauschaliert, Schäden durch Gerichte geschätzt werden und indem immer auch Verfahren bereitgestellt werden, bei denen für beide Seiten ein angemessener Vergleichsdruck aufgebaut werden kann, der beiden Seiten einen gesichtswahrenden Vergleich ermöglicht.

E. Schluss

50 Die Digitalisierung des Zivilrechts hat verschiedene Arten von Massenverfahren zur Entstehung gebracht, die in vielen Fällen auch ohne formale Verankerung in der ZPO funktionieren. Auch in Zukunft werden wir einen intensiven **Wettbewerb der verschiedenen Instrumente** beobachten können. Die bisher zur Verfügung stehenden Verbandsklagen werden diesen Wettbewerb aber nur in wenigen Fällen aufnehmen können, da ihre Attraktivität gerade auch für die durchführenden Verbände und ihre Rechtsanwält:innen begrenzt ist. Die Bündelung von Ansprüchen „hinter den Kulissen" wird dauerhafter Bestandteil des Legal-Tech-Marktes bleiben. Für standardisierbare Einzelfälle mit überschaubaren Streitwerten bieten diese Anbieter, wenn sie die kritische Zahl an Verfahren erreicht haben, für ihre Kund:innen ein kaum zu unterbietendes Preis-Leistungsverhältnis.

51 Für Massenschadensereignisse stellen solche Einzelklagen jedoch eine praktisch unzumutbare **Verschwendung von Ressourcen** des Rechtsstaates dar, die gerade des-

71 Vgl. auch *P. W. Kahn*, The Cultural Study of Law, 1999, S. 105.

72 Das Europarecht ist vom Grundsatz des *effet utile* genauso geprägt, wie der Ansatz der privaten Rechtsdurchsetzung Teil seiner DNA ist. Das BVerfG hat ebenfalls die hier beschriebenen Entwicklungen der modernen Rechtsdurchsetzung maßgeblich vorangetrieben, siehe nur BVerfG, Beschl. v. 20.2.2002, 1 BvR 423/99, NJW 2002, 1190 f. – *Inkasso I*; BVerfG, Beschl. v. 14.8.2004, 1 BvR 725/03, NJW-RR 2004, 1570 f. – *Inkasso II* sowie BVerfGE 117, 163 – *Anwaltliche Erfolgshonorare.*

wegen nicht zu rechtfertigen ist, da das ökonomische Ungleichgewicht zwischen Kläger- und Beklagtenseite allenfalls gemildert, aber lange nicht beseitigt wird. Für die einzelnen Geschädigten, die sich auf Einzelverfahren einlassen, gleicht es einem Glücksspiel, ob sie ein gutes Ergebnis erreichen (z. B. wegverglichen werden) oder zu den Unglücklichen gehören, deren Klage vielleicht sogar schon endgültig scheitert, bevor die wesentlichen Rechts- und Tatsachenfragen aufgeklärt sind. Für solche Fälle stellt derzeit das **Sammelklage-Inkasso** und die Nutzung von Rechtsverfolgungsgesellschaften die einzige Alternative dar. Es bleibt zu hoffen, dass der Gesetzgeber bei Gelegenheit der Umsetzung der Verbraucherverbandsklage dies erkennt und auch die Stärkung dieser Art des kollektiven Rechtsschutzes – gerade auch für kleine und mittelständische Unternehmen – stärkt.[73]

Die Rechtspolitik sollte aber nicht nur diese prozessualen Aspekte im Auge behal- 52
ten, sondern sich auch fragen, inwiefern sie dem scheinbar unaufhaltsamen Trend zur **Einzelfallabwägung** entgegenwirken kann. Denn auch wenn dies auf den ersten Blick kontraintuitiv erscheinen mag, ist ein **pauschaler Schadenersatzanspruch** – wie es etwa die Fluggastentschädigungen zeigen – ein besonders gutes Mittel, um der Durchsetzung des Rechts zur Geltung zu verschaffen. Auch bei deliktischen Ansprüchen kommt es dem Einzelnen häufig nicht auf die absolute Einzelfallgerechtigkeit an. Deswegen ist es sinnvoll, gebündelte Verfahren zu ermöglichen, bei denen ein **angemessener Vergleichsdruck** entstehen kann. Dies kann insbesondere auch dadurch gefördert werden, dass Großverfahren kostenneutral so abgeschichtet werden, dass inhaltliche Fragen derart „vor die Klammer" gezogen werden, dass diese für möglichst viele Ansprüche als geklärt gelten können.[74] Und nicht zuletzt müssen sich Gerichte nicht immer der absoluten Perfektion hingeben, die bekanntermaßen auch ein Feind des Guten sein kann. So kann ein Gericht, wie teilweise nun im Kartellschadenersatz praktiziert,[75] Schadensposten zum Beispiel der Höhe nach schätzen (§ 287 II ZPO). Dass solchen Schätzungen auch Pauschalierungen über einen Gerichtsstand und über den Einzelfall hinausgehend zugrunde liegen können, kennt man in Deutschland beispielsweise aus dem Familienrecht (sog. Düsseldorfer Tabelle).

73 Vgl. dahingehend: Koalitionsvertrag 2021–2025 zwischen der Sozialdemokratischen Partei Deutschlands (SPD), BÜNDNIS 90/DIE GRÜNEN und den Freien Demokraten (FDP) 2021, S. 106.

74 Hier wäre an ein BGH-Vorlageverfahren für Großverfahren oder an die Lockerung der dogmatischen Anforderungen an Teilurteile zu denken. Die Praxis, aus einem Sammelklage-Inkassoverfahren Einzelverfahren herauszulösen und diese auch kostentechnisch weiterhin als prozentualen Anteil des Gesamtstreits zu behandeln, scheint hier ein gangbarer Weg, der die Effizienzen des Bündelungsverfahrens (zurecht) weiterhin mit der Streitwerthöchstgrenze (§ 39 II GKG) belohnt.

75 Vgl. LG Dortmund, Urt. v. 30. September 2020, 8 O 115/14 (Kart), BeckRS 2020, 25435.

Benedikt M. Quarch

§ 6 Digitale Prozessrisikoanalyse

Gliederungsübersicht **Rn.**

Literatur: *Arbeitsgruppe „Modernisierung des Zivilprozesses“*, Modernisierung des Zivilprozesses – Diskussionspapier, https://www.justiz.bayern.de/media/images/behoerden-und-gerichte/oberlandesgerichte/nuernberg/diskussionspapier_ag_modernisierung.pdf; *Bregman*, Utopien für Realisten, 2017; *Calihan/Dent/Victor*, The Role of Risk Analysis in Dispute and Litigation Management, American Bar Association, 27th Annual Forum on Franchising, 2004; *Drösser*, Total berechenbar? – Wenn Algorithmen für uns entscheiden, 2016; *Fobbe*, Open Legal Data: Das Fundament des Rechtsstaates, VOTUM 1/2021, 21 (abrufbar unter: https://doi.org/10.5281/zenodo.4646697); *Fries*, Rechtsberatung durch Inkassodienstleister: Totenglöcklein für das Anwaltsmonopol?, NJW 2020, 193; *Hagel*, Der Unternehmensjurist als Risikomanager – Die mysteriöse Welt von Risikoanalysen und Entscheidungsbäumen, SchiedsVZ 2011, 65; *Hamann*, Der blinde Fleck der deutschen Rechtswissenschaft – Zur digitalen Verfügbarkeit instanzgerichtlicher Rechtsprechung, JZ 2021, 656; *Kahneman/Tversky*, Prospect Theory: An Analysis of Decision Under Risk, in: Handbook of the fundamentals of financial decision making, 2013, S. 99–127; *Kilian*, Von Airlines und Rechtsdienstleistern, ZRP 2020, 59; *Neuenhahn/Neuenhahn*, Erweiterung der anwaltlichen Dienstleistung durch systematisches Konfliktmanagement, NJW 2007, 1851; *Potrafke/Reischmann/Riem/Schinke*, Evaluierung der Effizienz von Gerichtsverfahren in Deutschland, 2017, https://www.ifo.de/publikationen/2017/evaluierung-der-effizienz-von-gerichtsverfahren-deutschland; *Precht*, Jäger, Hirten, Kritiker – Eine Utopie für die digitale Gesellschaft, 2018; *Risse*, Prozessrisikoanalyse – Rationales Bewerten von Prozessrisiken, ZKM 2010, 107; *Quarch, B.*, LegalTech – Neue Geschäftsmodelle, in: Chibanguza/Kuß/Steege, Künstliche Intelligenz, Baden-Baden, 2022, S. 1133 ff.; *Quarch/Hähnle*, Zurück in die Zukunft: Gedanken zur Automatisierung von Gerichtsverfahren, NJOZ 2020, 1281; *Quarch*, Die Bedeutung von Daten für die Geltendmachung von Verbraucherrechten im LegalTech-Zeitalter, LR 2020, 111; *Risse/Morawietz*, Prozessrisikoanalyse, 2017; *Söbing*, FinTechs: Rechtliche Herausforderungen bei den Finanztechnologien der Zukunft, BKR 2016, 360; *Susskind*, Online Courts and the Future of Justice, 2019; *Tang/Liu*, Computational legal studies in China: progress, challenges, and future, in: *Whalen*, Computational Legal Studies, 2020,

---

Hinweis: Der Autor dankt Herrn *Jonas Barthle* für die wertvolle Mitarbeit.

Benedikt M. Quarch

https://doi.org/10.1515/9783110755787-006

S. 124–145; *Wagner*, Prozessrisikoanalyse: Ein Mittel zur Gewinnung rationalerer Entscheidungen in Unternehmen?, GmbHR 2018, R52; *Zhang/Zuo*, Criminal Defense Rate and Underlying Wealth Effect: Data Analysis Based on Judgments of First Instance in Sichuan Province in 2015 and 2016, Wisconsin International Law Journal 2020, 441.

A. Einleitung

„Willkommen im zweiten Maschinenzeitalter, wie diese schöne neue Welt der Chips und Algorithmen bereits genannt wird.", schreibt *Rutger Bregman* in seinem Werk „Utopien für Realisten".[1] Angesprochen ist damit die digitale Disruption, die in vollem Gange ist.[2] Ein Blick auf die **wachsende Zahl innovativer LegalTech-Unternehmen**, die Verbraucherrechte mithilfe hochentwickelter Algorithmen skalierbar durchsetzen, zeigt: Die **Digitalisierung ist längst auch in der Jurisprudenz angekommen**.[3] 1

Die Geschehnisse der Corona-Krise sind dabei mit Kontaktbeschränkungen und der Zunahme von Arbeit aus dem Home-Office ein idealer Anlass, um über mögliche Vorteile der **Digitalisierung im Justizsystem** nachzudenken. Während die Anwaltschaft sich dabei zunehmend mit dem Potential der Digitalisierung beschäftigt und immer mehr technologiegetriebene Prozesse in ihre tägliche Arbeit einbindet,[4] besteht besonders in der Judikative noch **viel ungenutztes Potential**, um den Herausforderungen des Maschinenzeitalters gerecht zu werden. Dies zeigen auch die **Massenverfahren im Zusammenhang mit dem Diesel-Abgasskandal** gegen verschiedene Fahrzeughersteller, die ohne hoch automatisierte Arbeitsprozesse der betreuenden Anwält:innen kaum möglich gewesen wären. Die Abwicklung dieser Verfahren stellt die Gerichte vor vielfältige Herausforderungen. Die Justiz muss einen erheblichen Teil ihrer ohnehin knapp bemessenen personellen Kapazitäten auf die Bearbeitung dieser Verfahren fokussieren und im Ergebnis droht eine **Überlastung der Justiz**. Dennoch wird die Digitalisierung der Justiz heftig diskutiert: Während die einen in ihr existenzsichernde **Chancen für die Judikative** sehen, bewerten andere den Einsatz in der Rechtsprechung als **Gefahr für den Rechtsstaat**.[5] 2

Durch die Digitalisierung **wächst auch die Bedeutung einer genauen Prozessrisikoanalyse** in erheblichem Maße. Besonders mit Blick auf LegalTech-Unternehmen, die 3

1 *Bregman*, Utopien für Realisten, 2017, S. 186.

2 Ausführlich hierzu mit Erläuterung der historischen Ursprünge der Disruption: *Söbbing*, BKR 2016, 360 (360f.); *Precht*, Jäger, Hirten, Kritiker – Eine Utopie für die digitale Gesellschaft, 2018, S. 18 nennt dies das „Zauberwort" der digitalen Revolution.

3 Hierzu ausführlich: *Fries*, NJW 2020, 193; *Kilian*, ZRP 2020, 59; *Quarch*, LegalTech – Neue Geschäftsmodelle, in: Chibanguza/Kuß/Steege, Künstliche Intelligenz, Baden-Baden, 2022, S. 1133ff.

4 *Kilian*, unter: https://anwaltsblatt.anwaltverein.de/de/anwaeltinnen-anwaelte/anwaltspraxis/legal-tech-gefuehlter-oder-tatsaechlicher-wettbewerb.

5 Siehe auch: *Susskind*, Online Courts and the Future of Justice, 2019, S. 277ff.

im Wege des **Consumer Claims Purchasing**[6] oder **des echten Factorings** vorgehen und damit auch das Ausfallrisiko der jeweiligen Forderungen tragen, ist eine passgenaue Risikoanalyse geboten, die sich bei hohen Fallzahlen oft nur **unter Nutzung hochautomatisierter Prozesse** darstellen lässt. Doch nicht nur für LegalTech-Unternehmen bietet eine strukturierte Prozessrisikoanalyse einen erheblichen Mehrwert. **Auch für klassische Anwält:innen oder Unternehmensjurist:innen** ist eine zutreffende Risikobewertung oft von entscheidender Bedeutung. Zu denken ist nur an die Einschätzung der **Erfolgsaussichten eines Gerichtsverfahrens**, die Bewertung eines **Vergleichsangebots** oder die Unterstützung bei der Buchung von **Risikorückstellungen**.[7] Daneben bringt eine strukturierte Analyse der Prozessrisiken auch für die Rechtsprechung selbst verschiedene Vorteile mit sich. Bereits unmittelbar nach dem Eingang einer Klage bei Gericht kann durch eine (teil-)automatisierte Vorsortierung der Fälle ein Überblick über die jeweiligen Risiken eines Falles gewonnen werden. Dies würde eine genauere **Prognose des voraussichtlichen Arbeitsaufwands** ermöglichen und damit letztlich zu einer **effizienteren Zuteilung der Personalressourcen** des Gerichts führen. Darüber hinaus könnten in diesem Schritt auch zusätzliche Anhaltspunkte für eine etwaige Erteilung von **Prozesskostenhilfe** gewonnen werden. Nicht zuletzt ist eine strukturierte Risikoanalyse auch besonders für untere Instanzen interessant, um die festgestellten Problemkreise mit der jeweiligen Entscheidungspraxis der übergeordneten Instanz abzugleichen und so die **Risiken eventueller Rechtsmittel** einschätzen zu können.

4 Im Folgenden werden daher die Grundlagen einer strukturierten (digitalen) Prozessrisikoanalyse dargestellt, die zudem die wesentlichen Faktoren des Prozessrisikos beleuchtet. Daneben wird ein Überblick über Chancen und Probleme der Digitalisierung der Jurisprudenz insgesamt vermittelt.

B. Grundlagen der Prozessrisikoanalyse

5 Jurist:innen erfassen und bewerten auch heute schon laufend Prozessrisiken. In der Realität wird dabei aber häufig eine reine Bauchentscheidung aufgrund der erkannten Rechtsprobleme getroffen („Hälfte, Hälfte" oder Ähnliches kennt jede:r aus mündlichen Verhandlungen). Um eine zutreffende Einschätzung des Prozessrisikos sicherzustellen, ist eine rein juristische Bewertung der einzelnen Problemkreise eines Sachverhalts jedoch nicht ausreichend. Vielmehr ist es erforderlich, die einzelnen Problemkreise einer **strukturierten und gesamtheitlichen Risikoanalyse** zu unterziehen, um wesentliche Prozessentscheidungen auf Basis dieser **umfassenden Datengrundlage** treffen zu können.

6 Der Autor dieser Zeilen betreibt mit der RightNow Group (rightnow.de) ein ebensolches Unternehmen.
7 *Hagel*, SchiedsVZ 2011, 65 (65).

I. Probleme einer intuitiven Risikobewertung

Die Notwendigkeit einer strukturierteren Vorgehensweise bei der Bestimmung des Prozessrisikos ergibt sich zunächst bereits aus dem psychologischen Umstand, dass Menschen häufig dazu neigen, **Risiken intuitiv falsch einzuschätzen**.[8] Zudem schätzen Menschen Risiken nicht nur falsch ein, sondern treffen selbst bei einer eindeutigen Risikolage häufig **keine rationalen Entscheidungen**.[9] 6

Dies lässt sich am besten an einem Beispiel veranschaulichen: Zu denken ist beispielsweise an die Rückerstattung der Steuern und Gebühren nach einer (kundenseitigen) Flugstornierung oder die Entschädigungsansprüche bei Zugverspätungen nach der Fahrgastrechte-VO. Abreise- und Ankunftsort, die Dauer der Verspätung, der Grund der Stornierung – all das mag bei jedem Fall individuell sein und trotzdem machen Unterschiede hier nur bei Überschreitung bestimmter Grenzwerte auch in juristischer Hinsicht einen Unterschied. Eine Bewertung wird daher bei Erreichen der Grenzwerte regelmäßig zum Ergebnis kommen, dass ein Anspruch dem Grunde nach höchstwahrscheinlich besteht. Auch unterliegen solche Forderungen grundsätzlich der regelmäßigen Verjährungsfrist, und mit Fluggesellschaften und Bahnbetreibern werden regelmäßig solvente Schuldner betroffen sein. Intuitiv würden viele bei einer Betrachtung der einzelnen hohen Erfolgswahrscheinlichkeiten auch von einer insgesamt sehr hohen Erfolgswahrscheinlichkeit ausgehen. Bei Anwendung der Grundsätze der Wahrscheinlichkeitsrechnung ergibt sich hingegen die Formel ***„hohe Wahrscheinlichkeit x hohe Wahrscheinlichkeit x hohe Wahrscheinlichkeit = deutlich geringere Wahrscheinlichkeit“***[10] und damit eine deutlich geringere Erfolgswahrscheinlichkeit, als man auf den ersten Blick vermuten könnte.[11] Die stellt gleichzeitig auch einen Grund für das Scheitern vieler Verhandlungen dar, da die **Parteien ihre jeweiligen Erfolgsaussichten überbewerten**.[12] Eine strukturierte Analyse der Prozessrisiken bietet daher die Möglichkeit, einen größeren Teil möglicher Gerichtsprozesse durch vorgelagerte und transparente Risikoanalysen einvernehmlich zu klären, ohne dass es einer Belastung der Gerichte bedarf. Dies kann im Ergebnis zu einer merklichen **Entlastung der (ohnehin bereits überlasteten) Gerichte** führen. 7

---

8 Ausführlich zur Thematik: *Kahneman/Tversky*, Prospect Theory: An Analysis of Decision Under Risk, in: Handbook of the fundamentals of financial decision making, 2013, S. 99-127.

9 *Hagel*, SchiedsVZ 2011, 65 (66); *Risse*, ZKM 2010, 107 (108).

10 Für die Nichtmathematiker, wie den Autor dieser Zeilen, ein Beispiel für 80 %: 0,8 x 0,8 x 0,8 = 0,512 = 52 %. Die Wahrscheinlichkeit, dass 80 % (1) und 80 % (2) und 80 % (3) zusammen eintreten, ist geringer, als dass nur eines der Ereignisse eintritt. Juristisch gesagt: Dass der Anspruch besteht, nicht verjährt ist und vollstreckbar ist, ist unwahrscheinlicher, als dass nur einer der Umstände erfüllt ist.

11 Vgl. auch: *Calihan/Dent/Victor*, The Role of Risk Analysis in Dispute and Litigation Management, 2004, S. 19; *Hagel*, SchiedsVZ 2011, 65 (66); *Risse*, ZKM 2010, 107 (108).

12 *Calihan/Dent/Victor*, The Role of Risk Analysis in Dispute and Litigation Management, *2004*, S. 19; *Hagel*, SchiedsVZ 2011, 65 (66); *Neuenhahn/Neuenhahn*, NJW 2007, 1851 (1855); *Risse*, ZKM 2010, 107 (108).

II. Strukturierte Prozessrisikoanalyse

8 Diese Fehleinschätzungen lassen sich durch eine strukturierte Prozessrisikoanalyse vermeiden, die eine **konkrete Risikoabschätzung** und einen darauf gestützten **konkreten Handlungsvorschlag** ermöglicht. Durch die klar strukturierten Prüfungsschritte werden eine **rationale Vorgehensweise sichergestellt und psychologische Fehleinschätzungen ausgeräumt**.[13]

9 Dabei wird – kurz gesagt – ein **Entscheidungsbaum** erstellt, der die einzelnen Risiken und Chancen des Prozesses klar visualisiert und greifbar macht. Anschließend wird die **Eintrittswahrscheinlichkeit jeder Stufe des Entscheidungsbaums** einzeln bewertet, um in einem weiteren Schritt mit mathematischen Rechenvorgängen eine **Gesamtwahrscheinlichkeit** (sog. Erwartungswert) des Entscheidungsbaums zu ermitteln. Das Ergebnis dieser Vorgehensweise ist ein klarer Prozentsatz, der die geschätzten Erfolgsaussichten eines Prozesses darstellt. Dieser Wert kann anschließend beispielsweise zur Ermittlung eines sinnvollen Auszahlungsbetrags im Rahmen des echten Factorings oder Consumer Claims Purchasing herangezogen werden. Der Ablauf der Risikoanalyse im Einzelnen lässt sich anhand des obigen Beispiels zur Rückerstattung der Steuern und Gebühren nach einer (kundenseitigen) Flugstornierung anschaulich darstellen:

1. Erstellung des Entscheidungsbaums

10 In einem ersten Schritt wird der Sachverhalt im Hinblick auf die einzelnen relevanten Fragestellungen und deren rechtliche Relevanz geprüft. Im Beispielfall einer (kundenseitigen) Flugstornierung sind dies im Wesentlichen das Vorliegen der materiellen Anspruchsvoraussetzungen, also der Nichtantritt eines Fluges bei Entrichtung der Steuern und Gebühren, der maßgebliche Gerichtsstand (und damit ggf. die Wirksamkeit einer Rechtswahlklausel in den AGB der betroffenen Fluggesellschaft), die Verjährung, die Liquidität des Schuldners und mögliche Vollstreckungsrisiken. **Diese einzelnen Fragestellungen werden sodann als Entscheidungsknoten durchnummeriert**. Daran anschließend werden diese Entscheidungsknoten geordnet und **in einen visualisierbaren Entscheidungsbaum überführt**. Dabei sollte die Reihenfolge der Entscheidungsknoten der klassischen juristischen Anspruchsprüfung entsprechen.[14] Im Ergebnis sollten damit am Beginn des Entscheidungsbaumes solche Entscheidungsknoten stehen, deren Verneinung zu einem Ausschluss des Anspruchs im Gesamten führt. Hieraus ergibt sich die folgende Beispieldarstellung:

13 *Risse*, ZKM 2010, 107 (109).

14 *Risse/Morawietz*, Prozessrisikoanalyse, 2017, S. 82.

11

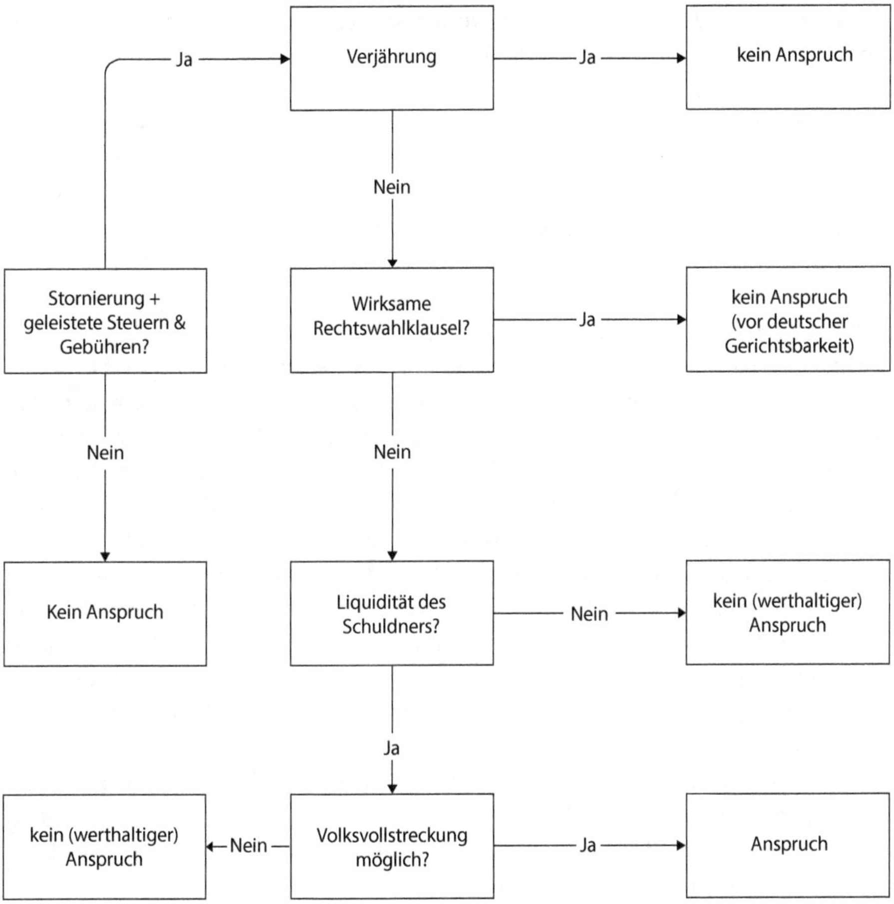

Abbildung: Beispielhafter Entscheidungsbaum für Erstattungsansprüche nach kundenseitiger Stornierung eines Fluges

2. Ermittlung der Eintrittswahrscheinlichkeiten

Nach der Erstellung des Entscheidungsbaums ist für **jeden einzelnen Entscheidungsknoten eine Eintrittswahrscheinlichkeit** zu ermitteln. Dabei ist zu beachten, dass sich die Alternativen bei jedem Entscheidungsknoten ausschließen (sog. Weichenstellung).[15] Die Summe der Wahrscheinlichkeiten der sich aus einem Entscheidungsknoten ergebenden Alternativen beträgt mithin stets 100 %.[16] Die Bestimmung der Höhe der Ein- 12

15 *Hagel*, SchiedsVZ 2011, 65 (67).

16 *Calihan/Dent/Victor*, The Role of Risk Analysis in Dispute and Litigation Management, *2004*, S. 7; *Hagel*, SchiedsVZ 2011, 65 (67).

trittswahrscheinlichkeit wird **in der Praxis freilich lediglich in Form einer Schätzung** auf Grundlage einer eingehenden Prüfung der Einzelfrage möglich sein – wobei mithilfe von **Big Data** mittlerweile auf zahlreiche Erfahrungswerte zurückgegriffen werden kann. Für die erfolgreiche Durchführung einer strukturierten Prozessrisikoanalyse ist dieser Schritt von erheblicher Bedeutung, sodass es empfehlenswert sein kann, die Eintrittswahrscheinlichkeit gemeinsam mit einem Projektteam auf Basis der vorhandenen Erfahrungswerte aus der Vergangenheit zu bestimmen.[17]

3. Berechnung des Gesamterwartungswerts

13 In einem letzten Schritt erfolgt die **Bestimmung des Gesamterwartungswerts** der jeweiligen Forderung. Dieser Gesamterwartungswert beschreibt den **Geldwert, den eine einzuklagende Forderung unter Berücksichtigung der erkannten Prozessrisiken aktuell hat.**[18] Eine solche Berechnung ist natürlich nur in Fällen möglich, in denen die möglichen Szenarien in Geldwerten dargestellt werden können. Ist dies nicht der Fall, so beschränkt sich die Prozessrisikoanalyse auf die Berechnung der prozentualen Eintrittswahrscheinlichkeiten. Die Bestimmung des Gesamterwartungswerts erfolgt durch das Ausmultiplizieren der einzelnen Erwartungswerte jedes einzelnen Astes des Entscheidungsbaums. In diesem Schritt wird auch der oben aufgezeigte Denkfehler deutlich: Besteht an vier aufeinanderfolgenden Entscheidungsknoten jeweils eine Wahrscheinlichkeit des Obsiegens von 75 %, so folgt daraus lediglich eine Prozesschance von ungefähr 32 % (0,75 x 0,75 x 0,75 x 0,75).[19] Anschließend wird der Einzelerwartungswert des jeweiligen Asts errechnet, der sich aus dem Produkt der Eintrittswahrscheinlichkeit des Asts mit dem Ergebnis des Asts ergibt. Diese Vorgehensweise wird bei allen Ästen des Entscheidungsbaumes wiederholt. Der Gesamterwartungswert der Forderung ist die Summe der errechneten Einzelerwartungswerte.[20]

C. Digitale Prozessrisikoanalyse

14 Obwohl die einzelnen Arbeitsschritte der strukturierten Prozessrisikoanalyse grundsätzlich nicht besonders komplex sind, stößt eine **händische Erstellung der Entscheidungsbäume bei komplexeren Sachverhalten schnell an ihre Grenzen**. Durch die Chancen der Digitalisierung bestehen jedoch bereits heute verschiedene Möglichkeiten, die Methoden der Prozessrisikoanalyse **in digitalisierter Weise zu nutzen und dadurch erhebliche Effizienzgewinne** zu ermöglichen. In der heutigen Zeit von rasant

17 *Risse/Morawietz*, Prozessrisikoanalyse, S. 82.

18 *Hagel*, SchiedsVZ 2011, 65 (67); *Wagner*, GmbHR 2018, R 52, R 53.

19 *Wagner*, GmbHR 2018, R 52, R 53.

20 Vgl. zur Berechnung auch: *Hagel*, SchiedsVZ 2011, 65 (68); *Risse/Morawietz*, Prozessrisikoanalyse, S. 83; *Wagner*, GmbHR 2018, R 52, R 53.

steigenden Datenmengen (Big Data) und häufig auch immer komplexer werdenden Sachverhalten ist eine digitale Prozessrisikoanalyse daher oft unabdingbar.

I. Software zur Vereinfachung der Prozessrisikoanalyse

Zunächst sind einige Computerprogramme zu nennen, die den Verwender bei der Erstellung der Entscheidungsbäume und der Berechnung der Erwartungswerte in erheblichem Maße unterstützen können. Mit *TreeAge Litigation Risk Analysis*[21] oder *Precision Tree*[22] ermöglichen es verschiedene Softwareprogramme, digitale Entscheidungsbäume für einzelne Sachverhalte zu erstellen und die jeweiligen Erwartungswerte anschließend vollautomatisch zu berechnen.[23] Noch weitergehend ermöglicht die Konfliktbearbeitungssoftware *LOGOS*[24] die Verknüpfung der Risikoanalyse mit Dokumentationsdatenbanken.[25] Die Identifizierung der einzelnen Entscheidungsknoten und die Bestimmung der jeweiligen Eintrittswahrscheinlichkeiten obliegt jedoch weiterhin dem menschlichen Anwender. Dennoch bieten bereits diese Computerprogramme erhebliche Vorteile.[26] So lässt sich die Erstellung eines Entscheidungsbaumes durch die Software deutlich schneller durchführen und spätere Korrekturen sind problemlos möglich. Außerdem ist eine fehlerfreie Berechnung – auch bei komplexeren Sachverhalten – stets sichergestellt. Zudem lässt sich mit den Programmen eine Vielzahl verschiedener Prozesskonstellationen simulieren, um die Auswirkungen auf das Gesamtergebnis zu vergleichen. Mit all den Vorteilen dieser schnellen und einfachen Analysetools sollte der Verwender jedoch auch achtsam umgehen und die einzelnen Simulationen nicht so oft anpassen, bis das gewünschte Gesamtergebnis erreicht wird. Im Ergebnis bieten die Softwareprogramme also die Möglichkeit – bei korrekter Anwendung – komplexe Sachverhalte schnell und anschaulich zu analysieren, um richtige Prozessentscheidungen zu treffen. 15

II. Das Problem der Skalierbarkeit: Einsatz von Algorithmen

Die erwähnten **Softwareprogramme stellen bereits eine erhebliche Vereinfachung der Prozessrisikoanalyse** dar. An ihre Grenzen stoßen die oben genannten Programme jedoch bei Massenverfahren oder insbesondere im Anwendungsbereich vieler Legal-Tech-Unternehmen, die sich auf die Geltendmachung von Verbraucherrechten spezialisiert haben. Gerade in diesen Bereichen ist daher der **Einsatz (hoch)entwickelter Algo-** 16

21 *TreeAge Software Inc.*, https://www.treeage.com.

22 *Palisade*, https://www.palisade.com/precisiontree/de/.

23 *Hagel*, SchiedsVZ 2011, 65 (74); *Risse/Morawietz*, Prozessrisikoanalyse, S. 83.

24 KnowledgeTools International GmbH, https://www.knowledgetools.de.

25 *Hagel*, SchiedsVZ 2011, 65 (75).

26 Vgl. ausführlich zu den verschiedenen Vor- und Nachteilen auch: *Risse/Morawietz*, Prozessrisikoanalyse, S. 84ff.

rithmen erforderlich, die im Rahmen einer (teil-)automatisierten Prozessrisikoanalyse auch mit großen Datenmengen umgehen können.

17 Die Absicht der LegalTech-Unternehmen, die in diesem Markt agieren, ist es, die **Geltendmachung von Verbraucherrechten zu vereinfachen und beschleunigen.** Dies lässt sich nur umsetzen, indem die Unternehmen ihr Geschäftsmodell auf einen oder mehrere spezielle Bereiche konzentrieren (z. B. Fluggastrechte, Beitragserhöhungen von privaten Krankenkassen, Mieterrechte oder Datenschutzverstöße) und versuchen, auf diesem Bereich eine möglichst hohe Kundenzahl zu generieren (sog. Skalierbarkeit). Diese notwendige Skalierbarkeit lässt sich bei der händischen Bearbeitung der einzelnen Ansprüche wirtschaftlich nicht realisieren. Um den Kund:innen möglichst attraktive Konditionen anbieten zu können, müssen die LegalTech-Unternehmen daher Wege finden, die einzelnen Fälle **mithilfe computergestützter Bearbeitungsprozesse schnell und einfach zu bewerten.**

18 Betreibt das LegalTech-Unternehmen **echtes Factoring oder sog. Consumer Claims Purchasing**[27], geht – anders als z. B. beim unechten Factoring oder dem Inkasso – das **Ausfallrisiko für die Forderung unmittelbar auf das LegalTech-Unternehmen** über. Nicht nur deswegen ist – trotz der Notwendigkeit einer schnellen und einfachen Bearbeitung – eine exakte und passgenaue Prozessrisikoanalyse zwingend geboten. Hierfür setzten die LegalTech-Unternehmen regelmäßig hochentwickelte Algorithmen ein, die eine **automatisierte Prozessrisikoanalyse für eine Vielzahl gleichgelagerter Fälle** ermöglicht. Dabei ist es erforderlich, die wesentlichen Anspruchsvoraussetzungen und Risikofaktoren des vom LegalTech-Unternehmen angebotenen Produktes bereits im Vorfeld exakt zu ermitteln und zu bewerten. Die Erstellung eines Entscheidungsbaumes wird also sozusagen **losgelöst von den einzelnen Sachverhalten** vorgenommen und der Algorithmus entsprechend der identifizierten juristischen Fragestellungen entwickelt. Dabei kommt der richtigen Einschätzung der Erwartungswerte eine im Vergleich zur klassischen Rechtsberatung deutlich höhere Bedeutung zu. Schließlich muss sichergestellt werden, dass die einzelnen Sachverhalte entsprechend der festgelegten Datengrundlage zutreffend beurteilt werden, ohne dass ein:e Jurist:in den jeweiligen Sachverhalt detailliert überprüfen muss. In einfachen Worten wird also ein **„vorgefertigter Entscheidungsbaum" erstellt, mit dessen Hilfe die einzelnen Ansprüche später automatisiert bewertet werden können.**

19 Die Vorgehensweise lässt sich am obigen Beispiel der (kundenseitigen) Stornierung einer Flugreise verdeutlichen. Wenn ein Fluggast seinen Flug gegenüber der Fluggesellschaft storniert oder einfach nicht angetreten hat, dann steht ihm – völlig unabhängig von seinem gebuchten Tarif – in jedem Falle die Erstattung der Steuern, Gebühren und Zuschläge zu. Der Fluggast hat dabei die Wahl, diese Ansprüche gar nicht zu verfolgen, selbst – ggf. unter Zuhilfenahme rechtlicher Beratung – durchzusetzen oder an ein Le-

27 Dabei handelt es sich um klassischen Forderungskauf, der allerdings nicht die Voraussetzungen des Factorings i. S. v. § 1 I a Nr. 9 KWG erfüllt.

galTech-Unternehmen abzutreten. Entscheidet er sich für letzteres, beantwortet er auf der Website des LegalTech-Unternehmens in wenigen Minuten einige Fragen zum jeweiligen Sachverhalt und lädt zu Beweiszwecken etwaige Buchungsnachweise hoch. Neben dem Buchungscode der Airline werden so auch die Flugdaten und -nummern sowie eine Übersicht aller Passagiere der Buchung und der Gesamtpreis des Flugtickets in die Analysesoftware der LegalTech-Unternehmen eingepflegt. Im nächsten Schritt überprüft der vom Anbieter programmierte Algorithmus die eingegebenen Daten auf Vollständigkeit und Richtigkeit.[28] Werden diese bestätigt, verfügt der Rechtsdienstleister über exakt dieselben Informationen in seinem System wie die betroffene Fluggesellschaft selbst. Anhand dieser Daten lässt sich sodann z. B. durch Hinzuziehung der sog. IATA-Matrix[29] genau berechnen, wie sich der Gesamtflugpreis zusammensetzt – was für die Erstattungshöhe von entscheidender Bedeutung ist. Die mit offiziellen Angaben der Luftfahrtorganisation IATA gespeiste Matrix ermöglicht dabei eine Differenzierung bzgl. sämtlicher Einzelpositionen: Luftverkehrssteuer, Sicherheits- und Flughafengebühr, Kerosinzuschlag, etc.[30] Diese Positionen sind zu erstatten, der reine Netto-Flugpreis in aller Regel nicht.[31] Auf diesem Wege kann also die korrekte Anspruchshöhe mithilfe eines automatisierten Entscheidungsbaumes berechnet werden.

Daneben sammelt die LegalTech-Software über die Jahre hinweg sämtliche Er- 20
kenntnisse zu den jeweiligen Ansprüchen und Anspruchsgegnern. Mit der Zeit wächst so außerdem ein immer größerer Datensatz an, der langfristig dabei hilft, immer genauere Prozessrisikoanalysen treffen zu können. Auf Basis dieser Daten bietet das LegalTech-Unternehmen dem Kunden schließlich einen Kaufpreis an, den er sofort erhält und in jedem Fall behalten darf. Ohne die Anwendung einer automatisierten, digitalen Prozessrisikoanalyse wäre diese Vorgehensweise nicht möglich.

D. Die wesentlichen Faktoren des Prozessrisikos

Bei der Durchführung der Prozessrisikoanalyse gilt es, die **wesentlichen Faktoren des** 21
Prozessrisikos besonders zu berücksichtigen und umfassend zu bewerten. Dies stellt die **Grundlage für die Bestimmung der Entscheidungsknoten und die Ermittlung der jeweiligen Eintrittswahrscheinlichkeiten** dar. Zu den besonders wichtigen Faktoren zählen – neben dem Anspruch im engeren Sinne – insbesondere die **wirtschaftliche Leistungsfähigkeit** des Schuldners und mögliche **Vollstreckungsrisiken**. Daneben kann auch die **Justiz selbst** ein Prozessrisiko darstellen. In diesem Zusammenhang

28 Vgl. auch allgemein; *Drösser*, Total berechenbar? – Wenn Algorithmen für uns entscheiden, S. 21ff.

29 Mehr dazu unter: https://www.itasoftware.com/.

30 Dazu z. B. AG Frankfurt/M., U. v. 24.1.2019 – 32 C 2077/18 (86), BeckRS 2019, 1409, Rn. 37; AG Erding, U. v. 30.4.2019 – 8 C 135/19, BeckRS 2019, 9871; AG Erding U. v. 24.7.2019 – 3 C 5140/18, BeckRS 2019, 16359.

31 Anders verhält es sich in bestimmten Sonderkonstellationen (dazu z. B. *Quarch*, NZV 2020, 153) und in dem Fall einer Flugannullierung durch die Fluggesellschaft.

spielt insbesondere die **durchschnittliche Länge der Prozessierung** eine Rolle. Entscheidend ist damit auch wie lange ein Verfahren an dem jeweiligen Gericht dauert, was also die „Durchlaufgeschwindigkeit“ ist.[32]

I. Bestehen des Anspruchs im engeren Sinne

22 **Den Ausgangspunkt jeder Prozessrisikoanalyse bildet die materielle Bewertung**, ob gegenüber dem Schuldner ein durchsetzbarer Anspruch besteht. Bei vielen Ansprüchen mit eindeutigen Tatbestandsvoraussetzungen wird die Bewertung jedoch relativ einfach sein. So stellt sich die Situation letztlich besonders im Hinblick auf viele Verbraucheransprüche dar: Zu denken ist auch hier an das Beispiel der Rückerstattung der Steuern und Gebühren nach einer (kundenseitigen) Flugstornierung oder an Entschädigungsansprüche bei Zugverspätungen nach der Fahrgastrechte-VO.[33] Bei solchen Ansprüchen, die eindeutigen Voraussetzungen unterliegen und in der Regel keinen weitergehenden Beurteilungsspielraum zulassen, kann es durchaus auch in Betracht kommen, die Prüfung des materiellen Anspruchs, entsprechend dem Vorgehen einiger LegalTech-Unternehmen, vollautomatisiert vorzunehmen. Gleiches gilt zum Beispiel auch bei Minderungsansprüchen im Zusammenhang mit zu langsamem Internet nach der im Dezember 2021 eingeführten Regelung des § 57 IV TKG, die neben dem Nachweis von erheblichen, kontinuierlichen oder regelmäßig wiederkehrenden Abweichungen bei der vertraglich vereinbarten Geschwindigkeit keinen weiteren Voraussetzungen unterliegen. Bereits bei Entschädigungsansprüchen wegen Flugverspätungen sind höhere Anforderungen an die Prüfung des materiellen Anspruchs zu stellen. In diesen Fällen besteht jedenfalls im Hinblick auf das Vorliegen von außergewöhnlichen Umständen, die Ausgleichszahlungen der Fluggesellschaften ausschließen, ein Beurteilungsspielraum.[34] **Sind die dem jeweiligen Anspruch zu Grunde liegenden Rechtsfragen jedoch ungeklärt, so kann die Prüfung des materiellen Anspruchs im engeren Sinne den umfangreichsten Teil einer Prozessrisikoanalyse darstellen.** Zu denken ist beispielsweise an Ansprüche der vom **Diesel-Abgasskandal** betroffenen Kunden, deren Bestehen und insbesondere die genaue Anspruchsgrundlage lange unklar war.[35] Diese wenigen Beispiele zeigen: Der Umfang mit der die Bewertung des Anspruchs im engeren Sinne durchzuführen ist, lässt sich **nur für jeden Einzelfall** bestimmen.

23 Ein wichtiges Hilfsmittel bei der Beurteilung des Anspruchs ist stets die **Auswertung der bisher ergangenen Gerichtsentscheidungen**. Auch in diesem Zusammenhang bringt die Digitalisierung erhebliche Chancen mit sich. Bereits heute werten viele LegalTech-Unternehmen oder Anwält:innen mithilfe interner **„Gerichtsdatenbanken“** vergangene Gerichtsverfahren aus und können so ermitteln wie lange ein Verfahren an

32 Ökonomen sprechen auch vom „Cash-to-Cash-Cycle“.

33 VO 1371/2007 (EG).

34 Vgl. Art. 5 III VO 261/2004 (EG).

35 Siehe ausführlich zu den wesentlichen Ansprüchen nur: *Syrbe*, NZV 2021, 225 ff.

dem jeweiligen Gericht dauert und wie hoch die Gewinnchancen eines Prozesses sind. Mit der Zeit wächst so ein immer größerer Datensatz an, der langfristig dabei hilft, immer genauere Risikoprognosen treffen zu können. Um dieses Potential weitergehend nutzen zu können, bedarf es einer **automatisierten Analyse aller ergangener Gerichtsentscheidungen** zu bestimmten Ansprüchen. Voraussetzung hierfür ist zunächst die Publikation und digitale Verfügbarkeit möglichst vieler Gerichtsentscheidungen. In Deutschland haben bereits das BVerfG[36], der BGH[37], das BVerwG[38] und das BPatG[39] klargestellt, dass zu einem demokratischen Rechtsstaat eine öffentliche Justiz gehört, die verpflichtet ist, Gerichtsentscheidungen zu publizieren. Dementsprechend sieht auch § 5 I UrhG die Urheberrechtsfreiheit für Gesetze, Verordnungen, amtliche Erlasse und Bekanntmachungen sowie Entscheidungen und amtlich verfaßte (*sic!*) Leitsätze zu Entscheidungen vor. Ein Blick auf die Realität zeigt jedoch, dass die **Publikation von Gerichtsentscheidungen in Deutschland der Ausnahmefall** ist. In Deutschland werden heute noch weniger als 1 Prozent der Entscheidungen der ordentlichen Gerichte publiziert. Im Jahr 2019 waren es gerade einmal 0,9 Prozent der Entscheidungen.[40] Bei diesen wenigen, von den Gerichten als „veröffentlichungswürdig" eingestuften, Urteilen handelt es sich zudem häufig um Ausreißer oder neue Grundsatzentscheidungen, die von den alltäglichen Standardentscheidungen abweichen. Dies führt dazu, dass die bestehende Datenlage die **gesamte Entscheidungspraxis der Gerichte nicht repräsentativ** darstellen kann. Noch weitergehend ist zu bedenken, dass ein Großteil dieser Entscheidungen nur über kostenpflichtige Dienste wie etwa *Juris* abrufbar ist.[41] Von den für einen modernen Rechtstaat erforderlichen „**Open Legal Data**"[42] ist Deutschland damit in der Realität noch weit entfernt. Dies erschwert nicht nur die automatisierte Urteilsanalyse, sondern stellt für sämtliche Jurist:innen ein erhebliches Hindernis dar. Dieser Umstand ist im Wesentlichen auf zwei Gründe zurückzuführen. Zum einen führen Gerichte regelmäßig an, dass sie Entscheidungen **aus Datenschutzgründen regelmäßig lediglich anonymisiert** veröffentlichen dürfen und dies einen erheblichen Aufwand verursache.[43] Außerdem halten die Gerichte die meisten Entscheidungen schlicht **nicht für „veröffentlichungswürdig"** und setzen dies für einen Rechtsanspruch auf Zugang zu Entscheidungen voraus.[44] Warum ein Rechtsstreit, der „im Namen des Volkes" beendet wurde, der Öffentlichkeit desselben Volkes nicht würdig sein soll, ist jedoch nur

36 BVerfG, Beschl. v. 14.9.2015, Az. 1 BvR 857/15.

37 BGH, Beschl. v. 5.4.2017, Az. IV AR (VZ) 2/16.

38 BVerwG, Urt. v. 26.2.1997, Az. 6 C 3.96.

39 BPatG, Beschl. v. 23.4.1991, Az. 27 ZA (pat) 19/90.

40 Vgl. ausführlich m.W.n.: *Hamann*, JZ 2021, 656 (658).

41 Vgl. zur Problematik auch: *Fobbe*, VOTUM 1/2021, 21 (22); *Hamann*, JZ 2021, 656 (657).

42 Vgl. zum Begriff: *Fobbe*, VOTUM 1/2021, 21 (21).

43 *Teschner*, SchlHA 2008, 191 (193). Zutreffend ist das freilich nicht, die Anonymisierung lässt sich ohne weiteres automatisieren. Ausführlich zu den verfassungsrechtlichen Hintergründen § 27 Rn. 18 ff. (*Paschke*).

44 *Hamann*, JZ 2021, 656 (659).

schwer nachvollziehbar.[45] Die Richterschaft selbst räumt in einem Positionspapier zur Modernisierung des Zivilprozesses ein, dass ein vermutetes Öffentlichkeitinteresse an Entscheidungen teilweise hinter der eigenen Arbeitsbelastung der Befürchtung, sich der Kritik der Fachöffentlichkeit auszusetzen, fehlendem „Mut“ und vielfältigen anderen Motiven der Richter:innen zurücktreten muss.[46] Dies erschwert nicht nur die automatisierte Urteilsanalyse, sondern stellt für sämtliche Jurist:innen ein erhebliches Hindernis dar. Ein spannender Ansatzpunkt könnte in diesem Zusammenhang die **Schaffung einer weitergehenden Regelung zur Veröffentlichung von Prozessunterlagen** darstellen.[47]

24 Auch im Vergleich zu anderen Ländern zeigt sich, dass sich die Publikation von Gerichtentscheidungen deutlich besser umsetzen lässt – ein gutes Beispiel ist hier China, das eigentlich nicht zwingend für Transparenz seiner Justiz bekannt ist. So wurden in der chinesischen Provinz Sichuan, die ähnlich viele Einwohner hat wie Deutschland, in den Jahren 2015/16 mehr als 54 Prozent der erstinstanzlichen Strafurteile publiziert.[48] Während sich China zunehmend zu einem der führenden Länder der Entwicklung automatisierter Rechtstextanalyse entwickelt und diese Methode auch in den USA vermehrt zur Anwendung kommt,[49] ist die Zahl der publizierten Gerichtsentscheidungen in Deutschland weiterhin verschwindend gering. Ein Blick auf Frankreich offenbart einen noch restriktiveren Umgang mit der automatisierten Analyse von Gerichtsentscheidungen. Dort wurden statistische Auswertungen von richterlichen Entscheidungen durch eine vor wenigen Jahren ergangene Justizreform untersagt und mit einer Höchststrafe von bis zu fünf Jahren Gefängnis bedroht – jedenfalls wenn die Auswertung auch die Identitätsdaten der Richter:innen beinhaltet (vgl. Art. 33 Gesetz zur Programmierung und Reform für die Justiz).[50] Dies führt zu einem praktischen Ausschluss einer umfassenden automatisierten Urteilsanalyse.

25 Insgesamt bleibt abzuwarten, wie sich die automatisierte Urteilsanalyse in Deutschland weiterentwickelt. Als ein effektives Mittel den Ausgang von Gerichtsverfahren deutlich einfacher und genauer zu analysieren, bringt die Methode sicherlich viele Vorteile mit sich und würde den Prozessparteien letztlich auch zu einer besseren Justiz verhelfen können.

---

45 Ähnlich auch: *Hamann*, JZ 2021, 656 (659).

46 *Arbeitsgruppe „Modernisierung des Zivilprozesses“*, Modernisierung des Zivilprozesses – Diskussionspapier, S. 70.

47 Siehe hierzu: § 27 Rn. 45 (*Paschke*).

48 *Zhang/Zuo*, Wis. Int'l L.J. 2020, 441, 445.

49 Vgl. nur: *Tang/Liu*, Computational legal studies in China: progress, challenges, and future, 2020, S. 124 ff.

50 LOI n° 2019-222 du 23 mars 2019 de programmation 2018-2022 et de réforme pour la justice; France's Controversial Judge Data Ban – The Reaction, 2019, https://www.artificiallawyer.com/2019/06/05/frances-controversial-judge-data-ban-the-reaction/.

II. Leistungsfähigkeit des Schuldners und Vollstreckungsrisiken

Neben dem Bestehen des Anspruchs im engeren Sinne sind bei einer umfassenden Prozessrisikoanalyse auch die wirtschaftliche Leistungsfähigkeit des Anspruchsschuldners und etwaige Vollstreckungsrisiken zu bewerten. Im Hinblick auf die wirtschaftliche Leistungsfähigkeit werden regelmäßig nur Schätzungen möglich sein. Ein **Anspruch auf Erteilung einer Vermögensauskunft** (bspw. gem. § 802c ZPO) besteht regelmäßig erst im Rahmen einer Zwangsvollstreckung, also zu einem Zeitpunkt, der lange nach der Durchführung einer Prozessrisikoanalyse liegt. Vorteilhaft kann es sein, wenn es sich beim Schuldner um eine Kapitalgesellschaft oder um eine Personengesellschaft, bei der keine natürliche Person haftender Gesellschafter ist, handelt. In diesen Fällen bestehen nach den Regelungen des HGB **weitreichende Rechnungslegungs- und Offenlegungsvorschriften**, die eine fundierte und dank neuer Technologien auch automatisierte Einschätzung der wirtschaftlichen Leistungsfähigkeit ermöglichen. Doch auch wenn ein rechtskräftiges Urteil vorliegt und der Schuldner prinzipiell wirtschaftlich leistungsfähig ist, folgt daraus nicht zwingende eine freiwillige Leistung des Schuldners. Im bereits genannten Beispiel der Rückerstattung von Steuern und Gebühren nach einer (kundenseitigen) Flugstornierung sind diverse Fälle bekannt, in denen Fluggesellschaften – trotz ausreichender Liquidität – auf rechtskräftig festgestellte Ansprüche schlicht nicht leisten. Daher sollten in einer Prozessrisikoanalyse auch mögliche Vollstreckungsrisiken beachtet werden. Diese können sich insbesondere aus einem **ausländischen Wohn- bzw. Geschäftssitz des Schuldners** ergeben, da je nach betroffener Jurisdiktion eine Vollstreckung in einigen Fällen ohne nennenswerte Aussicht auf Erfolg verlaufen wird. 26

III. Dauer des gerichtlichen Verfahrens

Nicht zuletzt kann auch die Dauer des gerichtlichen Verfahrens ein erhebliches Risiko darstellen. Dies gilt insbesondere für LegalTech-Unternehmen, die mit dem Geschäftsmodell des echten Factorings oder Consumer Claims Purchasing arbeiten. Da die Unternehmen den Kunden die jeweiligen Erstattungsbeträge unmittelbar nach dem Forderungskauf auszahlen, ist die **durchschnittliche Verfahrensdauer in diesem Zusammenhang von erheblicher Bedeutung**. Während die durchschnittliche Verfahrensdauer in Zivil- und Handelssachen der ersten Instanz vor der deutschen Gerichtsbarkeit im Jahre 2020 bei 7,9 Monaten lag,[51] beträgt dieser Wert nach einer Erhebung der Europäischen Kommission aus dem Jahr 2015 in Italien 19,7 Monate und in Malta gar 22,8 Monate.[52] Doch auch zwischen den verschiedenen deutschen Bundesländern bestehen teilweise erhebliche Unterschiede. So lag die durchschnittliche erstinstanzliche Ver- 27

51 *Destatis*, Fachserie 10 – Rechtspflege, Reihe 2.1 2020, https://www.destatis.de/DE/Service/Bibliothek/_publikationen-fachserienliste-10.html.

52 *Europäische Komission*, The 2015 EU Justicwe Scoreboard; Potrafke/*Reischmann*/*Riem*/*Schinke*, Evaluierung der Effizienz von Gerichtsverfahren in Deutschland, S. 9.

fahrensdauer in Zivilsachen im Jahr 2020 in Baden-Württemberg etwa bei 6,4 Monaten, während sie in Berlin mit 10 Monaten deutlich länger war.[53] Selbst im Hinblick auf die einzelnen Amts- und Landgerichte schwanken die durchschnittlichen Verfahrensdauern nicht nur unerheblich.[54] Im Hinblick auf die erheblichen Unterschiede der durchschnittlichen Verfahrensdauern muss somit zunächst **die sachliche und örtliche Zuständigkeit des jeweiligen Gerichts** bestimmt werden, um eine fundierte Risikoanalyse durchführen zu können.

28 Unabhängig von den unterschiedlichen durchschnittlichen Verfahrensdauern erscheinen die monatelangen Verfahrensdauern, nicht nur in Fällen des echten Factorings, teilweise unbefriedigend. In diesem Zusammenhang betonte das BVerfG in mehreren Entscheidungen, dass der von Art. 19 IV, 20 III i.V.m. Art. 2 GG verfassungsrechtlich gesicherte Rechtsschutz auch das Gebot umfasst, dass strittige **Rechtsverhältnisse in einer angemessenen Zeit von den Gerichten geklärt werden.**[55] Dies soll in erster Linie durch das Setzen prozessualer Fristen garantiert werden. Präklusionsnormen und Formerfordernisse für Prozesshandlungen sollen ebenso dazu dienen, den Rechtsstreit für die beteiligten Parteien rasch zu klären. Es stellt sich also die Frage, vor allem auch im Hinblick auf die zunehmende Anzahl an Massenverfahren, wie die Justiz weiterentwickelt werden könnte, um die Verfahrensdauern weiter zu verkürzen und einer Überlastung zu entgehen. Dabei hat die Justiz selbst bereits erste Schritte gemacht. So wurden zum Beispiel Massenverfahren im Zusammenhang mit dem Diesel-Abgasskandal gegen verschiedene Fahrzeughersteller gebündelt. Derartige Massenverfahren zwingen die Justiz, einen erheblichen Teil ihrer ohnehin knapp bemessenen personellen Kapazitäten auf die Bearbeitung dieser Verfahren zu fokussieren. Zusätzliche mündliche Termine, die sich inhaltlich nicht signifikant voneinander unterscheiden, blockieren Verhandlungstage und führen zu einer späteren Ansetzung anderer Verfahren. Damit stellt sich die Frage, ob diese „traditionellen“ Werkzeuge in der heutigen Zeit von Massenverfahren noch zeitgemäß und geeignet sind, um einer Überbelastung der Justiz vorzubeugen. Erste Ansätze wie die vermehrte Nutzung des § 128a ZPO *in praxi* sind eine positive Entwicklung. Die Regelung sieht die Möglichkeit von Gerichtsverhandlungen im Wege der Videokonferenz vor.[56]

29 Tatsächlich sind die technischen Möglichkeiten jedoch schon heute deutlich weitreichender. Der Weg einiger Länder zeigt, dass Digitalisierung und Automatisierung der Justiz notwendig sind, um die anhängigen Verfahren bewältigen zu können. Es ist daher

53 *Destatis*, Fachserie 10 – Rechtspflege, Reihe 2.1 2020, https://www.destatis.de/DE/Service/Bibliothek/_publikationen-fachserienliste-10.html.

54 *Destatis*, Fachserie 10 – Rechtspflege, Reihe 2.1 2020, https://www.destatis.de/DE/Service/Bibliothek/_publikationen-fachserienliste-10.html.

55 BVerfG, Beschl. v. 17.11.1999, 1 BvR 1 1708/99; BVerfG, Beschl. v. 20.7.200, 1 BvR 352/00; BVerfG, Beschl. v. 11.12.2000, 1 BvR 661/00; allgemein zum Recht auf ein zügiges Verfahren vor Gericht: *Lansnicker/Schwirtzek*, NJW 2001, 1969 (1969 ff.).

56 Siehe ausführlich zur Thematik: § 19 (*Windau*).

durchaus berechtigt zu fragen, ob der digitale Fortschritt der Justiz in Deutschland nicht noch weiter gehen könnte. Konkret stellt sich die Frage: **Könnten Gerichtsentscheidungen im Zeitalter der digitalen Disruption und künstlichen Intelligenz nicht (teilweise) auch vollkommen automatisiert erfolgen?** Digitale Gerichtssysteme, die den richterlichen Aufwand verringern sollen, existieren bereits in einigen Ländern und die Überprüfung von Streitigkeiten durch Algorithmus-basierte Systeme ist im Rahmen der Schiedsgerichtsbarkeit weit verbreitet. Ein weitgehend automatisiertes Verfahren mit einem immer gleichen Ablauf ist auch im deutschen Recht bereits bekannt: Im Mahnverfahren für unbestrittene Forderungen ist eine vollständige Abwicklung über das Internet möglich (ausführlich hierzu: *Baumann*, Vollständiges Online-Mahnverfahren, Rn. 5ff.). Dieses könnte entsprechend der Vorschläge der *Arbeitsgruppe zur Modernisierung des Zivilprozesses* und *Baumann* noch weitergehend und niederschwelliger ausgestaltet werden (siehe dort, Rn. 43ff.).

Ein Blick auf das Beispiel der Rückerstattung von Steuern & Gebühren nach einer (kundenseitigen) Flugstornierung zeigt, wie noch weitergehende automatisierte Entscheidungen bereits heute umgesetzt werden könnten. Das LegalTech-Unternehmen verfügt – wie beschrieben – aufgrund der Abtretung der stornierten bzw. nicht angetretenen Flugreise über sämtliche Reisedaten des Fluggastes und hat diese über seine Software in strukturierter Form abgespeichert. Auf der anderen Seite haben auch die Fluggesellschaften in ihren Buchungssystemen eine Übersicht aller Daten der jeweiligen Flugreisen. Eine gerichtliche Software müsste die beiden Datensätze zur Datenanalyse lediglich übereinanderlegen und abgleichen. Wenn dabei eine exakte Übereinstimmung festgestellt wird, muss es sich zwangsläufig um einen begründeten Anspruch des LegalTech-Unternehmens handeln. Ein Urteil mittels eines automatisierten Gerichtsverfahrens wäre in diesem Fall – abgesehen von den Fragen der Programmierung einer solchen Software – einfach umsetzbar.[57] Bei der Erstattung von Steuern und Gebühren besteht insbesondere kein weiterer zu berücksichtigender Beurteilungsspielraum, der eine solche schematische Prüfung freilich ausschließen müsste. Anders als beispielsweise bei Entschädigungsansprüchen nach der Fluggastrechte-VO bedarf es nämlich keiner zusätzlichen Prüfungsschritte bzw. Berücksichtigung „außergewöhnlicher Umstände". 30

Komplizierter wird es jedoch, wenn die Daten nicht identisch sind. In solchen Fällen müsste die Gerichtssoftware entscheiden, welcher Partei bzw. welchem Datensatz mehr Glaubwürdigkeit zukommt. Die Gerichtssoftware müsste nicht nur einzelne Datensätze miteinander auf deren Gemeinsamkeiten überprüfen können, sondern zudem in der Lage sein, die Qualität der Daten zu evaluieren. Für diese Evaluation könnte die Datenquelle entscheidend sein, also welche Daten sich verlässlich belegen lassen und welche nicht. Ein häufiger Streitpunkt in unserem Beispielsfall, der Erstattung von Steuern und Gebühren, ist die genaue Höhe eben dieser Steuern und Gebühren. Nicht immer sind die Fluggesellschaften und Gläubiger diesbezüglich gleicher Auffassung. Bei automatisier- 31

57 Siehe auch: *Susskind*, Online Courts and the Future of Justice, S. 279f.; auch *Quarch*, LR 2020, S. 111ff.

ten Gerichtsverfahren könnten in solchen Fällen jedoch die mittels der IATA-Matrix ermittelten Daten[58] oder auch die auf der Buchungsbestätigung abgedruckten Summen[59] als verlässliche Datenquellen gelten. Nutzt das LegalTech-Unternehmen eine dieser beiden Quellen, um die Validität der Forderung bereits im Vorfeld richtig einschätzen zu können, sind diese Daten daher im Zweifelsfall als die zuverlässigere Grundlage zu berücksichtigen. Auf diese Art und Weise würde der Gerichts-Algorithmus – ohne wirklich in die Tiefen der künstlichen Intelligenz vorzudringen – sogar schon erste Beurteilungen eigenständig treffen.

32 *De lege lata* bestehen jedoch in Deutschland noch einige **Hürden für eine weitergehende Automatisierung der Justizabläufe**. Zunächst erscheint es schwierig, den in § 169 GVG geregelten und **verfassungsrechtlich abgesicherten Grundsatz der Öffentlichkeit**[60] zu wahren, wenn doch zugleich eine Übertragung durch die Medien nur in den seltensten Fällen vorgesehen ist. Hand in Hand mit dem Grundsatz der Öffentlichkeit geht der **Mündlichkeitsgrundsatz**. Nach § 128 II ZPO ist es grundsätzlich möglich, mit Zustimmung der Parteien auf die mündliche Verhandlung zu verzichten. Dies ist jedoch derzeit nur in besonderen Situationen und keineswegs dauerhaft der Fall.

33 Nicht nur in der damit angesprochenen Struktur des Prozesses, sondern auch in der Person der Richter:in könnte ein Hindernis für automatisierte Entscheidungen liegen. So ist die Auffassung, dass ein Richter zwingend eine natürliche Person sein muss, weit verbreitet. Nach diesem Verständnis würde die komplette Automatisierung einer erstinstanzlichen Entscheidung das **Recht auf den gesetzlichen Richter** aus Art. 101 II 2 GG verletzen. Mit dem Verweis auf die verhältnismäßig hohen Kosten und lange Verfahrensdauer könnte jedoch auch argumentiert werden, dass sich bei niedrigen Streitwerten der Zugang zum gesetzlichen Richter derart erschwert und unattraktiv gestaltet, dass dieser schon heute faktisch nicht besteht. Darüber hinaus ergibt sich aus dem Wortlaut des Grundgesetzes jedenfalls unmittelbar keine Beschränkung auf menschliche Richter:innen. Mit Sicherheit konnten die Mütter und Väter des Grundgesetzes Entwicklungen hin zu automatisierten Gerichtsentscheidungen nicht vorhersehen. Doch auch die Verfassung kann und muss mit der Zeit gehen. Es besteht also durchaus Spielraum für eine Auslegung, die auch auf Basis des – seit 1949 niemals geänderten – Art. 101 GG automatisierte Gerichtsentscheidungen als verfassungskonform einstufen würde.[61]

34 Im Hinblick auf die derzeit noch bestehenden ungeklärten (verfassungs-)rechtlichen Fragen zu solchen automatisierten Entscheidungen erscheint durchaus auch ein anderer Weg denkbar. So könnte man solche automatisierten Entscheidungen aus der ordentlichen Gerichtsbarkeit ausgliedern und ein **automatisiertes Verfahren als „Vorstufe“ zum ordentlichen Gerichtsweg** einführen. Dabei wäre beispielsweise an eine

58 Siehe hierzu: AG Erding, U. v. 30.4.2019 – 8 C 135/19, BeckRS 2019, 9871 (s.o.).

59 Siehe hierzu: LG Düsseldorf, Beschl. v. 13.2.2017 – 22 S 307/16.

60 *Von Coelln*, in: *Schmidt-Bleibtreu/Klein/Bethge*, BVerfGG, 61. EL Juli 2021, § 17a Rn. 9 m.w.N.

61 So auch *Quarch/Hähnle*, NJOZ 2020, 1281.

Zuordnung zu den bestehenden Verbraucherschlichtungsstellen zu denken. Um einen wirkungsvollen Verbraucherschutz zu gewährleisten, müsste in diesem Falle jedoch über eine **gesetzliche Verpflichtung für Unternehmen zur Beteiligung an der alternativen Streitbeilegung** diskutiert werden.

E. Ausblick

Bereits die klassische Prozessrisikoanalyse bietet allen Jurist:innen vielfältige Vorteile. 35
Durch die strukturierte und gesamtheitliche Analyse aller wesentlichen Fragstellungen können **Prozessentscheidungen auf Basis einer umfassenden Datengrundlage** getroffen werden. Auch schwer überblickbare und komplexe Sachverhalte lassen sich mit dieser Methode veranschaulichen, und an die Stelle von – oft nicht rational getroffenen – Bauchentscheidungen kann eine **strukturierte Gesamtbetrachtung** treten. Dies ist nicht nur für LegalTech-Unternehmen entscheidend, die von einer treffgenauen Beurteilung der Prozessrisiken abhängig sind. Auch klassischen Anwält:innen oder Unternehmensjurist:innen bietet sie die Chance, Mandat:innen fundiert und nachvollziehbar über die Risiken eines Prozesses aufzuklären. Nicht zuletzt lassen sich auf diesem Wege auch etwaige **Vergleichsangebote der Gegenseite besser beurteilen**.

Die mir rasanter Geschwindigkeit voranschreitende digitale Disruption ermöglicht 36
es weitergehend, durch den **Einsatz von unterstützenden Computerprogrammen**, die Vorteile der Prozessrisikoanalyse noch effizienter und umfassender zu nutzen. Mithilfe hochentwickelter Algorithmen kann die Methodik skalierbar von LegalTech-Unternehmen oder in Massenverfahren genutzt werden.

Bei all den Vorteilen der (digitalen) Prozessrisikoanalyse ist jedoch nicht zu verges- 37
sen, dass die Identifikation und Bewertung der einzelnen Risikofaktoren eines Prozesses zu großen Teilen weiterhin menschlichen Jurist:innen obliegt. Ohne stichhaltige „Eingabewerte“ kann auch der hochentwickeltste Algorithmus keine sinnvollen Berechnungen vornehmen. Bei der Identifikation der wesentlichen Risikofaktoren sollten Jurist:innen – neben dem Anspruch im engeren Sinne – stets auch weitergehende Fragen, wie die Leistungsfähigkeit des möglichen Schuldners, etwaige Risiken der Vollstreckung und auch Risiken aus der Sphäre der Justiz selbst beachten. Nur mithilfe einer solchen ganzheitlichen Beurteilung lässt sich das Werkzeug der (digitalen) Prozessrisikoanalyse bestmöglich einsetzen.

Die Weiterentwicklung von künstlicher Intelligenz wird in den kommenden Jahren 38
die Wirtschaft und damit auch den juristischen Sektor maßgeblich bestimmen. Welche Rechtsstreitigkeiten können durch einen Algorithmus durchgefochten oder gar entschieden werden? Was muss automatisiert und digitalisiert werden? Welche Bereiche und Rechtsfragen müssen dagegen weiterhin von einem Menschen durchdacht und entschieden werden? Diese Fragen werden die Jurisprudenz in den kommenden Jahren stets begleiten. Dabei sollte stets auch die **Judikative und deren Digitalisierung** im Blick behalten werden. Auch hier können die Chancen der Digitalisierung in Erleichte-

rungen für alle Beteiligten überführt werden, die letztlich zu einer besseren Justiz für alle führen. Ein Beispiel könnte hier auch Estland als „Vorreiter der Digitalisierung" sein. Die estnischen Vorstöße im eGovernment haben sich in vielen Bereichen durchgesetzt. So gehören dort digitale Wahlen, Subventionsanträge, oder ein System zum Matching von Arbeitssuchenden und Jobangeboten bereits zum Alltag.

39 Ob wir eines Tages keine Jurist:innen mehr in den Gerichtssälen sehen werden und nur noch einzelne als Superrevisionsinstanz fungieren müssen, steht heute noch in den Sternen. Allerdings ist eins sicher: Durch die Digitalisierung wird sich die heutige juristische Welt in ganz erheblichem Maße verändern – schließlich ist nichts so beständig wie der Wandel.

Benedikt M. Quarch

Tianyu Yuan

§ 7 Digitale Dokumentenanalyse

Gliederungsübersicht **Rn.**

Literatur: *Anders/Gehle*, Das Assessorexamen im Zivilrecht, 15. Aufl., München, 2022; *Ashley*, Artificial Intelligence and Legal Analytics, Cambridge, 2017; BeckOGK, Stand: 1.8.2022; Ory/Weth (Hrsg.), jurisPK-ERV, Band 1, 2. Aufl., 2022; BeckOK GG, Stand: 15.8.2022.; *Baer*, Understand, Manage, and Prevent Algorithmic Bias, New York, 2019.; *Fries*, in: Braegelmann/Kaulartz (Hrsg.), Rechtshandbuch Artificial Intelli-

Tianyu Yuan
https://doi.org/10.1515/9783110755787-007

gence und Machine Learning, München, 2020.; *Biemann et al.*, Wissensrohstoff Text, 2. Aufl., Wiesbaden, 2022; *Gaier*, Der moderne liberale Zivilprozess, NJW, 2013, 2871; *Hoppe*, Semantische Suche, Wiesbaden, 2020; *Jurafsky/Martin*, Speech and Language Processing, 3. Aufl., Stanford, 2021; *Markowitsch et al.*, in: Stephan/Walter (Hrsg.), Handbuch Kognitionswissenschaft, Stuttgart, 2013; *Nink*, Justiz und Algorithmen, Berlin, 2021; *Russel/Norvig*, Artificial Intelligence, 4. Aufl., New York, 2021; *Vollkommer/Greger/Heinemann*, Anwaltshaftungsrecht, 5. Aufl., München, 2021; *Weber/Förschler*, Der Zivilprozess, München, 2013; *Yuan*, in: Breidenbach/Glatz (Hrsg.), Rechtshandbuch Legal Tech, München 2021; *Yuan*, Lernende Roboter und Fahrlässigkeitsdelikt, RW, 2018, 477; *Zhang et al.*, The AI Index 2022 Annual Report, Stanford, 2022.

A. Einführung

1 Im Jahr 2020 betrug die weltweite Menge digitaler Daten etwa 50 Zettabyte (10^{15} Gigabyte). Dies entspricht einer 25-fachen Vermehrung seit 2010. Würden 50 Zettabyte auf DVD-Datenträgern gespeichert werden, könnten diese als Stapel 63 Mal um den Erdäquator gelegt werden.[1] Anders betrachtet: Die mit 173 Millionen Werken größte Bibliothek der Welt – die amerikanische Library of Congress – würde in digitalisierter Form etwa drei Milliarden Mal in 50 Zettabyte Platz finden.[2] Bis 2025 wird sich die weltweite Datenmenge schätzungsweise auf über 175 Zettabyte mehr als verdreifachen. In ähnlicher Weise, wie sich die digitale Datenmenge vermehrt hat, hat auch die Dokumentenmenge im Zivilverfahren in den letzten Jahren zugenommen. Besonders eindrucksvoll zeigte sich dieser Umstand 2019 bei einer Klageschrift, welche 650.000 Seiten umfasste und aufgrund der Datenmenge nicht mehr über das besondere elektronische Anwaltspostfach übermittelt werden konnte, sodass sie per Lkw zugestellt werden musste.[3] Selbst im Bereich der Massenklagen wie im Falle der Dieselklagen füllen die Schriftsätze mittlerweile aufgrund des verbreiteten Einsatzes von Technologien zur automatisierten Dokumentenerstellung regelmäßig hunderte Seiten. All diese Inhalte müssen sowohl seitens der Parteien als auch des Gerichts gelesen und berücksichtigt werden, was aktuell sehr zeitaufwändig ist, weil in den überwiegenden Fällen lediglich mit herkömmlichen Mitteln gearbeitet wird: Im Analogen sind dies Stift, Klebezettel und Papier; im Digitalen beschränkt es sich im Wesentlichen auf die Funktionen eines üblichen PDF-Programms mit Lese- und Markierfunktionen und einer Stichwortsuche. Dies zeigt sich auch in der Justiz-Statistik. Seit 1995 hat die durchschnittliche Dauer erstinstanzlicher

1 Der Stapel an dafür erforderlichen DVDs würde eine Höhe von 2,6 Millionen Kilometer erreichen, BMWK Infografik zur Datenökonomie, abrufbar: https://www.bmwk.de/Redaktion/DE/Schlaglichter-der-Wirtschaftspolitik/2020/09/kapitel-1-7-auf-einen-blick.html.

2 Dies ergibt sich unter der Annahme, dass ein digitalisiertes Werk im Durchschnitt eine Datenmenge von 0,1 Gigabyte erfordert. Damit könnten alle Werke der Library of Congress auf 17 Millionen Gigabyte gespeichert werden. 50 Zettabytes sind 50 Billiarden Gigabyte.

3 Es entbehrt nicht einer gewissen Ironie, dass besagte Klageschrift ein LKW-Kartell zum Gegenstand hatte, FAZ.NET vom 24.6.2019, abrufbar: https://www.faz.net/aktuell/wirtschaft/unternehmen/anwaelte-vertreten-daimler-im-prozess-um-ein-lkw-kartell-16252012.html.

Zivilverfahren vor den Landgerichten von 6,3 auf 10,5 Monate in 2020 um über 65 % zugenommen.[4]

2 Durch den Einsatz von Technologien zur **digitalen Dokumentenanalyse** kann der zunehmenden Masse an Dokumenten sowohl auf anwaltlicher als auch gerichtlicher Seite begegnet werden. Sie ermöglichen eine **schnellere und präzisere Durchdringung selbst komplexer und umfangreicher Akten** und können so für eine **Prozessbeschleunigung** bei gleichzeitiger Absicherung der Entscheidungsqualität sorgen. Dabei kann vereinfacht gesprochen die digitale Dokumentenanalyse als „intelligentes Lesen“ angesehen werden, während die automatisierte Erzeugung von Dokumenten als „automatisiertes Schreiben“ bezeichnet werden kann.

3 Dieses Kapitel beginnt mit einer Darstellung der Aufgaben, die sich im Rahmen von Zivilverfahren hinsichtlich der Dokumentenanalyse stellen. Anschließend werden die heute existierenden technologischen Möglichkeiten der digitalen Textverarbeitung erläutert, wobei im Schwerpunkt Methoden aus dem Bereich Natural Language Processing als Teilbereich der Künstlichen Intelligenz vorgestellt werden. Dem folgt eine Betrachtung des praktischen Einsatzes im Zivilverfahren. Schließlich werden im Überblick die rechtlichen Rahmenbedingungen des Einsatzes seitens Anwaltschaft und der Justiz dargestellt.

B. Dokumentenanalyse in Zivilverfahren

4 In Zivilverfahren ist eine Dokumentenanalyse erforderlich, sobald Dokumente inhaltlich wahrgenommen werden müssen, um auf Grundlage des Erfassten eine sachdienliche Entscheidung treffen zu können. Schlicht ausgedrückt geht es in den überwiegenden Fällen um das Lesen von textlichen Inhalten, aber auch um die Inaugenscheinnahme von Bild- und Videomaterial. Dabei bedarf es auf dieser Abstraktionsebene keiner Unterscheidung zwischen anwaltlicher und gerichtlicher Perspektive, wenngleich natürlich die anwaltliche Betrachtung der Dokumente im Lichte der Mandatsinteressen stattfindet, während die gerichtliche Analyse vor dem Hintergrund der Rechtsfindung geschieht. Deshalb nehmen die folgenden Ausführungen grundsätzlich auf beide Perspektiven gleichsam Bezug, wenn nicht im Einzelfall ausdrücklich die eine oder andere Seite betrachtet wird.

5 Die Aufgaben der Dokumentenanalyse in Zivilverfahren können im Wesentlichen **anhand eines typischen Verlaufs eines Anwaltsprozesses veranschaulicht** werden: Eine rechtsuchende Person wendet sich mit dem Anliegen an einen Rechtsbeistand, schildert Sachziel und Sachverhalt, legt entsprechende Beweismittel vor, bespricht De-

4 Bundesamt für Justiz, Geschäftsentwicklung der Zivilsachen in der Eingangs- und Rechtsmittelinstanz, Stand: 26.9.2022, abrufbar: https://www.bundesjustizamt.de/SharedDocs/Downloads/DE/Justizstatistiken/Geschaeftsentwicklung_Zivilsachen.pdf?__blob=publicationFile&v=5, zuletzt abgerufen am 19.3.2023.

tails und das weitere Vorgehen und gibt die Rechtsverfolgung in Auftrag. Der Rechtsbeistand verfasst auf Grundlage der vorliegenden Informationen die Klageschrift, welche durch das Gericht der Beklagtenseite zugestellt wird. Auf Beklagtenseite beginnen entsprechende Arbeiten, welche in einer Klageerwiderung münden. Die Parteien tauschen weitere Schriftsätze aus, bis das Gericht die Sache als entscheidungsreif ansieht. Es wird mündlich verhandelt. Das Gericht entscheidet und erlässt ein Urteil. Im Rahmen eines derart skizzierten Prozesses sind über einen Zeitraum von mehreren Monaten etliche Dokumente zu lesen, Schriftstücke zu erstellen und auszutauschen.

6 Um all diese Dokumente und die darin enthaltenen Ausführungen über einen **mehrere Monate dauernden Zeitraum** zu beherrschen und auf dieser Grundlage möglichst schnell eine juristisch hochqualitative Arbeit abliefern zu können, hat sich in der Praxis die Relationstechnik entwickelt und die Erstellung eines Aktenspiegels etabliert. Diese Arbeitsmethoden werden im Folgenden vor dem Hintergrund der Dokumentenanalyse beleuchtet.

I. Relationstechnik

7 Die Relationstechnik verfolgt das Ziel, den Vortrag der Parteien effizient und präzise zu erfassen und rechtlich zutreffend zu würdigen, um darauf basierend möglichst schnell eine zutreffende Entscheidung fällen zu können. Dafür wird zunächst der Prozessstoff gesammelt und in den unstreitigen sowie den jeweils streitigen Vortrag der Parteien aufgeteilt und prozessuale Besonderheiten herausgearbeitet. Dem folgt die **Klägerstation**, in welcher allein anhand des Klagevortrags beurteilt wird, ob dieser schlüssig ist und damit die Klage stützt. Nach der Klägerstation wird im Rahmen der **Beklagtenstation** ausschließlich der Vortrag der Beklagtenseite danach beurteilt, ob dieser erheblich ist und deshalb dazu führt, dass die Klage abzuweisen ist. In der **Beweisstation** wird hinsichtlich der umstrittenen Sachverhaltsaspekte entschieden, worüber Beweis erhoben werden muss und wessen Vortrag zu folgen ist.

8 Insbesondere Gerichten dient die Relationstechnik dazu, den **Prozess möglichst effizient einer Erledigung zuzuführen**: Wenn etwa bereits der Klagevortrag unschlüssig ist und auch nach einem entsprechenden Hinweis (§ 139 II ZPO) kein weiterer Vortrag erfolgt, kann die Klage ungeachtet des Beklagtenvorbringens abgewiesen werden. Aber auch aus anwaltlicher Perspektive sorgt die Relationstechnik für eine effiziente und interessengerechte Prozessführung: Im Rahmen jedes Arbeitsschritts kann anhand der relationstechnischen Betrachtung des Vortrags evaluiert werden, welches Vorgehen für die jeweilige Partei zweckmäßig ist. So dient etwa die Ordnung des Prozessstoffs dazu, die Zielsetzung der Mandantschaft nachzuschärfen und es kann geprüft werden, welche Angriffs- und Verteidigungsmittel zielführend sind.[5]

5 Eine instruktive Darstellung der Relationstechnik aus gerichtlicher und anwaltlicher Perspektive findet sich bei *Anders/Gehle*, Das Assessorexamen im Zivilrecht, 15. Aufl., 2022, S. 3ff., 167ff.

Die Dokumentenanalyse ist Gegenstand aller Arbeitsschritte, wenn im Sinne der Relationstechnik gearbeitet wird. Sie verfolgt zunächst das Ziel, die zwischen den Parteien kommunizierten Inhalte **nach Relevanz zu filtern**. Die als relevant identifizierten Inhalte werden dann anhand der vorgetragenen Themen auf eine Art **strukturiert**, welche den Überblick und das Verständnis fördert. Schließlich werden durch das Erfassen und Fortschreiben der gefilterten und strukturierten Ergebnisse die Erkenntnisse zum jeweiligen Prozessstand **festgehalten**, um darauf aufbauend Entscheidungen treffen zu können. 9

1. Filtern

Wenngleich ein sehr methodengetreues Vorgehen bei der Sichtung des Prozessstoffes die Verarbeitung des gesamten Vortrags ungeachtet rechtlicher Würdigungen erfordert, findet in der Praxis aus Zeitgründen in der Regel schon an dieser Stelle eine Filterung der Inhalte nach juristischer Relevanz statt. Schließlich hat der Vortrag zum Ziel, dass jene Tatsachen mitgeteilt werden, die den jeweils eigenen Antrag stützen. Dies setzt eine juristische Prüfung und damit Würdigung der von den Parteien gelieferten Informationen im Lichte der in Frage kommenden Anspruchsgrundlagen voraus. 10

Im Rahmen der Klägerstation kann der Tatsachenvortrag in der Klageschrift als Ergebnis einer solchen Filterung gesehen werden. Der Rechtsbeistand auf Klageseite hat die von der Mandantschaft mitgeteilten Informationen nach juristischer Relevanz gesichtet und gewürdigt, um basierend auf den gewonnenen Erkenntnissen die Klageschrift zu verfassen. Diese Filterung der mitgeteilten Informationen vor dem Hintergrund der jeweiligen Anspruchsgrundlage führt dazu, dass nur ein Teil der gesamten Informationen sich in der Klageschrift wiederfindet. 11

In der Beklagtenstation sichtet der Beklagtenvertreter die von der Klageseite gelieferten Dokumente und analysiert diese dahingehend, inwieweit der Klagevortrag schlüssig ist und wo Anknüpfungspunkte für ein die Erheblichkeit begründendes Bestreiten existieren. Insoweit filtert auch der Beklagtenvertreter die von der Klageseite mitgeteilten Inhalte nach juristischer Relevanz und würdigt diese. Anschließend filtert der Beklagtenvertreter die von seiner Mandantschaft gelieferten Informationen danach, welche Aspekte zu bestreiten sind und ob Einwendungen oder Einreden existieren. Mithin legt auch der Beklagtenvertreter seinen juristischen Filter über den Prozessstoff. 12

Schließlich filtert auch das Gericht den Parteivortrag dergestalt, indem es den Vortrag der Parteien vor dem Hintergrund seiner rechtlichen Prüfung im Rahmen der Klägerstation und Beklagtenstation würdigt, in der Beweisstation erforderlichenfalls Beweis erheben lässt, Beweise würdigt und seine Überzeugung über die relevanten Aspekte des Falles bildet. 13

Mithin lässt sich feststellen, dass sowohl die Parteivertreter als auch das Gericht die im Verfahren gelieferten Dokumente dergestalt analysieren, dass sie die **Inhalte nach juristisch relevanten Kriterien filtern** und durch die Filterung dafür sorgen, dass sich 14 der Vortrag und die Entscheidung idealerweise auf die für eine Entscheidung relevanten Tatsachen beschränken.

2. Strukturieren

15 Neben der Filterung der Dokumenteninhalte nach juristisch relevantem Vortrag müssen diese auch derart strukturiert werden, dass der zu entscheidende Sachverhalt schnell und präzise erfasst und relevante Streitpunkte aufgedeckt werden können. Durch die Strukturierungsarbeit findet eine **thematische Ordnung des Prozessstoffs** statt. Diese ist immer dann als expliziter Arbeitsschritt erforderlich, wenn der Prozessstoff aufgrund von Umfang und Komplexität die menschlichen kognitiven Fähigkeiten übersteigt.[6]

16 Die heute praktizierte Form des Schriftsatzwechsels im Zivilverfahren trägt dazu bei, dass die Auswertung der in Schriftsätzen enthaltenen Informationen kognitiv herausfordernd ist: Die Parteien kommunizieren in wechselseitigen Schriftsätzen, in welchen in linearer Form eine Vielzahl von Themen auf unterschiedlichen Abstraktionsebenen und in unterschiedlichen Detailgraden textlich aneinandergereiht präsentiert werden. Für sich betrachtet verfügen die einzelnen Schriftsätze zwar über eine inhaltliche Binnenstruktur und gehen in der Regel auch auf die jeweils adressierten Themen der Gegenseite ein. Durch die lineare Form sind der thematische Zusammenhang und die wechselseitige Bezugnahme aber nicht direkt erkennbar. Deshalb muss im Rahmen der Dokumentenanalyse durch die Strukturierungsarbeit eine Zuordnung der in den verschiedenen Schriftsätzen in linearer Weise adressierten Themen erfolgen, um herauszuarbeiten, welche Ausführungen zu welchen Themen gemacht werden, insbesondere welche Aspekte bestritten werden.

17 **Insoweit erfolgt der Vortrag im Zivilverfahren unstrukturiert** und muss im Rahmen der Dokumentenanalyse strukturiert werden. Maßgeblich für die Strukturierung sind die für die Entscheidung des jeweiligen Falles relevanten Rechtsnormen mit ihren Voraussetzungen, welche jeweils einen unter diese Voraussetzungen subsumierbaren Tatsachenvortrag erfordern.

3. Festhalten und fortschreiben

18 Da im Zivilverfahren zwischen Schriftsatzwechseln in der Regel mehrere Wochen liegen, muss eine Dokumentenanalyse zum Ziel haben, **die infolge der Filterung und Strukturierung gewonnenen Erkenntnisse als Analyseergebnis dergestalt festzuhalten**, dass sie möglichst schnell auch nach Wochen der Nichtbefassung in Erinnerung gerufen werden können. Dabei muss die Art und Weise, wie die festgehaltenen Er-

6 Zur Funktionsweise und Grenzen von Gedächtnisleistungen, *Markowitsch et al.*, in: Stephan/Walter (Hrsg.), Handbuch Kognitionswissenschaft, 2013, S. 289ff.

kenntnisse präsentiert werden, die Arbeit im jeweiligen Prozessstadium unterstützen: Aus Perspektive des Rechtsbeistands steht die Rücksprache mit der Mandantschaft und das Verfassen weiterer Schriftsätze im Vordergrund; aus gerichtlicher Perspektive die Urteilserstellung. Wenngleich sich die Arbeitsziele unterscheiden, ist das Bedürfnis auf rechtsberatender und gerichtlicher Seite grundsätzlich dasselbe. Es geht um das effiziente und übersichtliche Erfassen und Verstehen des Prozessstoffs, um jeweils die eigenen Schlüsse aus dem Vorgetragenen zu ziehen.

Schließlich muss das **Analyseergebnis mit dem Fortlauf des Verfahrens fortgeschrieben** werden, wenn Neues vorgetragen wird oder das Verfahren durch Prozesshandlungen facettenreicher wird oder neue Richtungen einschlägt.[7] Insoweit wiederholen sich die Arbeitsschritte der Filterung und Strukturierung, sobald neue Dokumente, wie Schriftsätze und Beweismittel, Gegenstand des Verfahrens werden. 19

II. Aktenspiegel

Der **Aktenspiegel** bzw. die **Relationstabelle** ist eine insbesondere auf gerichtlicher Seite praktizierte Form, Erkenntnisse aus der Dokumentenanalyse und der relationstechnischen Bearbeitung einer Akte festzuhalten. Diese beginnt in der Regel mit dem Aktenzeichen, der Anführung der Parteien und ihrer Rechtsbeistände sowie einer zusammenfassenden Beschreibung des wesentlichen Klageantrags. Dem folgt der Teil des Aktenspiegels, welcher die inhaltliche Auswertung des Parteivortrags enthält. Er besteht aus einer Tabelle, deren zentraler Bestandteil die thematisch geordnete, spaltenweise Gegenüberstellung des Parteivortrags ist. Die von den Parteien adressierten Themen finden sich in den Zeilen. Der in dieser Tabellenstruktur enthaltene Vortrag wird in der Regel mit der jeweiligen Seite der Akte, aus welcher sich der Vortrag ergibt, in Bezug gesetzt und Beweisangebote werden notiert. Durch die Erstellung eines Aktenspiegels wird schnell ersichtlich, welche Themen vorgetragen wurden, welche bestritten sind und welche nicht. Neben den zwei Spalten für Klagevortrag und Beklagtenvortrag werden Aktenspiegel bei Bedarf um weitere Spalten ergänzt, z.B. für die Notizen des Gerichts zu den einzelnen Themen oder für die strukturierte Zuordnung von Erkenntnissen aus einem Sachverständigengutachten.[8] 20

Wenngleich ein Aktenspiegel das Ergebnis einer relationstechnischen Analyse der Dokumente eines Zivilverfahrens darstellt, wird in ihm der Zusammenhang zwischen den tabellarisch strukturierten Themen und den dabei ins Auge gefassten rechtlichen 21

7 Insoweit müssen insbesondere neue Anträge, Widerklagen (§ 33 ZPO), Erledigungserklärungen (§ 91a ZPO), Klageänderungen (§§ 263ff. ZPO), Klagerücknahmen (§ 269 ZPO), Anerkenntnisse (§ 307 ZPO) und Prozessaufrechnungen (§ 322 II ZPO i.V.m. §§ 389ff. BGB) sowie überholter Vortrag möglichst frühzeitig erkannt und berücksichtigt werden, damit das Verfahren effizient bearbeitet werden kann.

8 Zur Anfertigung eines Aktenspiegels aus gerichtlicher Perspektive mit Beispiel, *Weber/Förschler*, Der Zivilprozess, 2013, S. 132.

Voraussetzungen häufig nicht expliziert.[9] Ein Grund kann darin gesehen werden, dass die Ergänzung des Aktenspiegels um die materiell-rechtlich zu prüfenden Anspruchsgrundlagen und ihrer Voraussetzungen zusätzlichen Aufwand verursacht. Als weiterer Grund ist zu berücksichtigen, dass die Rechtsfindung nicht im Sinne einer mentalen Einbahnstraße verläuft, sondern wiederholte Betrachtungen und Bewertungen in Form eines „Pendelblicks" zwischen Akteninhalten und Rechtsnormen stattfinden, welche entsprechende Umstrukturierungen erfordern würden, wenn in einem Aktenspiegel stets der Bezug zu den rechtlichen Voraussetzungen hergestellt werden würde.

22 Dennoch wäre es sinnvoll, wenn Aktenspiegel stärker den Bezug zu den Arbeitsschritten der Relationstechnik und damit den in Erwägung gezogenen Rechtnormen mit ihren Voraussetzungen erkennen ließen, sobald die zutreffenden Anspruchsgrundlagen identifiziert wurden. Schließlich gibt das Recht vor, welche Themen vor dem Hintergrund der jeweiligen Anspruchsgrundlage zu adressieren sind. Durch einen deutlicheren Bezug zwischen rechtlichen Anforderungen und Tatsachenvortrag in einem Aktenspiegel würde das juristischen Denken über den Fall besser unterstützt werden, was die zielsicherere und effizientere Erstellung von Schriftsätzen auf der Seite des jeweiligen Rechtsbeistands und Entscheidungen auf gerichtlicher Seite fördert.

III. Juristische Recherche

23 Sobald im Rahmen eines Zivilverfahrens Rechtsfragen eine Rolle spielen, welche nicht mehr Teil des Präsenzwissens sind, muss für eine Entscheidungsfindung juristisch recherchiert werden. Die **juristische Recherche** setzt im Kern eine Analyse von Dokumenten in Form von Urteilen und Literatur voraus. Wenngleich sie sich von der Schriftsatzarbeit inhaltlich unterscheidet, ist die dabei erforderliche Tätigkeit vor dem Hintergrund der Dokumentenanalyse im Wesentlichen vergleichbar. Denn auch bei der juristischen Recherche müssen Inhalte nach Relevanz gefiltert, strukturiert und in Form eines Analyseergebnisses festgehalten werden. Die Filterung der Inhalte nach Relevanz findet dabei regelmäßig auf einer juristischen Datenbank statt. Eine Strukturierung wird insbesondere relevant, wenn Argumentationsketten nachvollzogen oder unterschiedliche Auffassungen zur Auslegung eines Rechtsbegriffs ausgewertet werden müssen.

24 Bei einfachen Fragestellungen wird das Analyseergebnis häufig sogleich in das „Endprodukt" der Arbeit, also in den Schriftsatz oder die Entscheidung, eingearbeitet. Bei komplexeren Fragestellungen, die etwa die Durchdringung einer vielgliedrigen Argumentationskette oder eines diversen Meinungsbildes erfordern, hilft häufig eine tabellarische Darstellung ähnlich einem Aktenspiegel, wobei z.B. im Falle eines diversen

9 D.h. es existiert in der Regel keine erste Spalte, in der zu den jeweiligen Anspruchsgrundlagen die Anspruchsvoraussetzungen abgebildet werden, welche die Grundlage für die Beurteilung der Relevanz der vorgetragenen Themen darstellen.

Meinungsbildes die Meinungsgruppen in den Spalten und einzelne Aspekte der jeweils vertretenen Meinung in den Zeilen abgebildet werden.

IV. Umfangreiche Verfahren

Insbesondere Zivilverfahren zu Baustreitigkeiten oder in Handelssachen können einen beträchtlichen Umfang erreichen.[10] Bei solchen Verfahren steigt mit dem Umfang der Akte auch die Herausforderung, diese inhaltlich zu durchdringen. Für die Aufgabe der Dokumentenanalyse bedeutet dies zwar keine qualitative, aber eine erhebliche quantitative Veränderung: Es müssen mehr Dokumente nach rechtlich relevanten Vorträgen gefiltert werden. Auch der Strukturierungsaufwand nimmt in der Regel stark zu, da eine deutlich größere Zahl von Themen adressiert und etwaig bestritten wird. Auch das Festhalten der Analyseergebnisse in einer übersichtlichen Form wird zur Herausforderung, wenn viele Beteiligte existieren und sich über hunderte Punkte streiten. Der größere Umfang und die gesteigerte Komplexität umfangreicher Verfahren hat schließlich auch zur Folge, dass sie deutlich länger dauern, sodass die Reaktivierung des Präsenzwissens nach Monaten der Nichtbefassung noch herausfordernder wird. 25

V. Massenklagen

Insbesondere in den letzten zehn Jahren ist mit der Etablierung von **Legal Tech-Rechtsdienstleistern** das Phänomen der sog. **Massenklagen** entstanden. Diese sind auf bestimmte Sachverhalte spezialisiert, die sich entweder regelmäßig in ähnlicher Form ereignen oder bei denen eine große Zahl von Personen, in der Regel Verbraucherinnen und Verbraucher, mutmaßlich geschädigt wurden. Legal Tech-Rechtsdienstleister setzen die sich aus solchen Sachverhalten ergebenden Rechte mit einem möglichst hohen Grad an Automation durch. Dazu gehören z. B. Ansprüche im Zusammenhang mit Flugverspätungen, Abgasmanipulationen an Dieselfahrzeugen, Mietverhältnissen oder Arbeitsverträgen. Potenzielle Mandantinnen und Mandanten werden häufig mittels Internetwerbung vom Angebot überzeugt und über weite Strecken des Verfahrens digital betreut.[11] Dadurch können diese Rechtsdienstleister in kurzer Zeit tausende Mandate bearbeiten. Auf der Beklagtenseite stehen häufig große Unternehmen, welche in der Regel durch große Wirtschaftskanzleien vertreten werden, die ebenfalls einen sehr hohen Grad an spezialisierter Organisation und Technisierung aufweisen.[12] 26

---

10 In der analogen Welt hat sich dafür die Bezeichnung „Gürteltier" etabliert: Akten, die so umfangreich sind, dass sie für den Transport und die sichere Aufbewahrung mit speziellen Gurten zusammengehalten werden müssen.

11 Siehe auch § 6 (*Quarch*), Die behandelten Sachverhalte und die Funktionsweise solcher Angebote lassen sich auf den Seiten der Rechtsdienstleister einsehen, z. B. https://www.rightnow.de/.

12 An dieser Stelle ist die wirtschaftsberatende Kanzlei Freshfields Bruckhaus Deringer hervorzuheben, welche die Verteidigung von VW im Rahmen von Dieselklagen federführend organisiert und Ende 2021

27 Massenklagen zeichnen sich nicht nur dadurch aus, dass sie **in großer Zahl auftreten**. Durch den bereits weitflächig etablierten hohen Technisierungsgrad im Bereich der **Dokumentenautomatisierung** weisen sie vielfach auch einen **großen Umfang** auf: So füllen Klagen im Zusammenhang mit dem sog. Dieselskandal regelmäßig mehrere hundert Aktenseiten, wenngleich der relevante Sachverhalt sich auf wenigen Seiten hätte vortragen lassen. Die zentrale Aufgabe der Dokumentenanalyse besteht in diesen Fällen darin, auf den vielen Seiten schnell jene Aspekte herauszufiltern, welche für die anwaltliche oder gerichtliche Entscheidung von Relevanz sind.[13]

C. Technologische Möglichkeiten

28 Nachdem die Aufgaben der Dokumentenanalyse in Zivilverfahren näher beleuchtet wurden, stellt sich nun die Frage, inwieweit durch Anwendung digitaler technologischer Möglichkeiten die zu erledigenden Aufgaben unterstützt sowie teilweise oder gar gänzlich automatisiert werden können. Insoweit wird der Blick auf die mannigfaltigen Möglichkeiten der Technik bereits durch die Perspektive der zu bewältigenden Aufgabe geschärft. In Anbetracht der vielfältigen und dynamischen technologischen Entwicklungen der letzten Jahre, insbesondere im Bereich der **Künstlichen Intelligenz**, können an dieser Stelle dennoch nur ausgewählte Aspekte ausgeleuchtet werden, die für die Dokumentenanalyse im Zivilverfahren besonders praxisrelevant sind. Hierzu gehören im Schwerpunkt die Möglichkeiten, welche sich aus dem Bereich **Natural Language Processing** ergeben. Bevor dies allerdings geschehen kann, bedarf es einführenden Erläuterungen zu Daten und ihrer Strukturiertheit.

I. Unstrukturierte Daten, strukturierte Daten, Metadaten

29 Gerade angesichts der Vervielfältigung digitaler Daten in den letzten Jahren wird häufig das Ziel ausgerufen, aus „unstrukturierten Daten" wertvolles Wissen zu extrahieren. Ein häufig genanntes Beispiel für **unstrukturierte Daten** sind Textinhalte wie etwa juristische Ausführungen in PDF-Dokumenten. **Strukturierte Daten** sind dagegen solche, die anhand eines bestimmten **Datenmodells** angeordnet und dadurch strukturiert sind.[14]

eine eigens auf Massenklagen spezialisierte ‚Mass Claim Unit' gegründet hat, https://www.juve.de/markt-und-management/freshfields-gruendet-einheit-fuer-massenverfahren/.

13 Hinsichtlich der anwaltlichen Tätigkeit ist im Zusammenhang mit Massenklagen einschränkend anzumerken, dass in der Praxis eine exakte Lektüre und Erwiderung auf die vielen und umfangreichen gegnerischen Schriftsätze nicht mehr die Regel ist, sondern über möglichst allumfassend formulierte Standardschriftsätze versucht wird, auf den Vortrag der jeweils anderen Partei einzugehen.

14 Grundlegend zu strukturierten und unstrukturierten Daten beim Text Mining, *Biemann/Heyer/Quasthoff* et al., Wissensrohstoff Text, 2. Aufl., 2022, S. 1ff.

Dazu gehören beispielsweise Strukturinformationen einer Internetseite, um z. B. eine bessere Auffindbarkeit durch Suchmaschinen zu ermöglichen.[15]

Diese Einteilung darf jedoch nicht dazu verleiten, zu glauben, dass bestimmte Doku- 30
ment-Typen per se unstrukturiert sind. Denn selbstverständlich verfügt auch ein PDF-Dokument über eine definierte Datenstruktur, wie z. B. über den Titel des Dokuments, Autorenschaft, Markierungen, Seitenzahl und Größe.[16] Die Strukturiertheit von Daten ist vielmehr vor dem Hintergrund der jeweils zu lösenden Aufgabe zu verstehen. Jedes Datenmodell ist das Ergebnis bestimmter zu lösender Aufgaben. Wenn etwa die Aufgabe lautet, PDF-Dokumente alphabetisch zu sortieren, verfügt bereits die reguläre PDF-Dokumentenstruktur über jene Informationen, welche die Lösung der Aufgabe zulassen. Insoweit liegen PDFs für diese Sortieraufgabe als strukturierte Daten vor. Besteht die Aufgabe dagegen darin, PDF-Dokumente danach einzuteilen, ob diese einen Schriftsatz oder einen Vertrag enthalten, geben die üblichen Strukturinformationen der PDF-Dokumente selbst keinen Aufschluss darüber. Vor dem Hintergrund dieser Aufgabe sind diese PDF-Dokumente unstrukturiert. **Die Strukturiertheit der Daten ist damit stets in Relation zur bewältigenden Aufgabe zu bestimmen.**

Im Kontext von Zivilverfahren sind die für die Aufgabe der Dokumentenanalyse re- 31
levanten Daten – im Wesentlichen die Inhalte der Schriftsätze und Beweismittel – in der heutigen Praxis überwiegend unstrukturiert. Dies bedeutet, wie soeben dargelegt, natürlich nicht, dass die Dokumente selbst, welche im Anwaltsprozess mittlerweile in der Regel über das besondere elektronische Anwaltspostfach (**beA**) übermittelt werden, gänzlich unstrukturiert sind. Über beA übermittelte Dokumente müssen gesetzlich festgelegt bestimmte Strukturanforderungen erfüllen. Beispielsweise sind als Dokumenttypen lediglich bestimmte Versionen der Datenformate PDF und TIFF zugelassen und sie müssen den aktuellen **XJustiz-Standard** erfüllen.[17] Allerdings helfen diese Strukturvorgaben nur bedingt bei der inhaltlichen Auswertung der Dokumente im Sinne der oben beschriebenen Aufgaben der Dokumentenanalyse.

Um unstrukturierte Daten in strukturierte Daten zu überführen, sind letztere mit 32
weiteren Daten anzureichern, die sich aus dem für die jeweilige Aufgabe entwickelten Datenmodell ergeben. Dadurch werden Daten über Daten, mithin **Metadaten**, erzeugt. Aus technischer Perspektive lässt sich damit ein wesentlicher Aspekt der digitalen Dokumentenanalyse so beschreiben: Die Inhalte der Dokumente, welche unstrukturierte Daten darstellen, werden um bestimmte durch ein Datenmodell definierte Metadaten an-

15 Am Beispiel der Auffindbarkeit von Webseiten durch den Google Suchalgorithmus anhand strukturierter Daten, https://developers.google.com/search/docs/advanced/structured-data/intro-structured-data, zuletzt aufgerufen: 30.9.2022.

16 Näheres zur Spezifikation der unterschiedlichen PDF-Formate, https://www.pdfa.org/resource/pdf-specification-index/, zuletzt aufgerufen: 30.9.2022.

17 Details ergeben sich aus der Bekanntmachung des BMJV zu § 5 der Elektronischer-Rechtsverkehr-Verordnung vom 26.11.2021.

gereichert, um eine Datenstruktur zu erzeugen, welche die Bewältigung der Aufgaben der Dokumentenanalyse in Zivilverfahren fördert.

II. Natural Language Processing

33 Natural Language Processing (NLP, im deutschsprachigen Raum auch Computerlinguistik) befasst sich als Teilgebiet der Künstlichen Intelligenz (KI) mit der **Verarbeitung natürlicher Sprache durch Computer**.[18] Dabei kann das Ziel des Einsatzes von NLP so vielgestaltig sein, wie Menschen Sprache gebrauchen. Diese Vielfalt der denkbaren Ziele wird durch eine hohe Dynamik akademischer und praktischer Erkenntnisgewinne begleitet, welche in den letzten Jahren durch das neu aufgekommene Interesse an der Künstlichen Intelligenz befördert wurde.[19] Während bestimmte Bereiche von NLP bereits ein ausgereiftes Stadium erreicht haben, wie z.B. das automatisierte Übersetzen oder die Spracherkennung zur Transkription, existieren Gebiete, auf denen Verbesserungen und Durchbrüche noch zu erarbeiten sind, um praxistaugliche Anwendungen zu schaffen, wie etwa im Bereich des Sprachverstehens (Natural Language Understanding).[20] In Ansehung der Ziele, welche durch die juristische Dokumentenanalyse erreicht werden sollen, sind die Einsatzmöglichkeiten von NLP dahingehend zu untersuchen, inwiefern sie die inhaltliche Auswertung von Dokumenten im Zivilverfahren im Sinne eines Filterns und Strukturierens ermöglichen.

1. Pre-Processing

34 Damit NLP-Algorithmen zur inhaltlichen Auswertung von Dokumenten überhaupt angewendet werden können, müssen diese zunächst im Wege eines **Pre-Processing** durch eine **NLP-Pipeline** vorverarbeitet werden. Wie eine solche Pipeline in der Praxis ausgestaltet ist, hängt vom zu lösenden Problem ab. Für eine digitale Dokumentenanalyse in Zivilverfahren sind in der Regel die folgenden Komponenten relevant:

35 Wenngleich gem. § 130d ZPO seit dem 1.1.2022 anwaltliche Schriftsätze elektronisch übermittelt werden müssen, bedeutet es nicht, dass sämtliche Dokumente auch in maschinenlesbarer Form vorliegen. Dies betrifft insbesondere Dokumente, welche von den vertretenen Personen stammen, wie z.B. ausgedruckte und nach Unterschrift wieder eingescannte Schriftsätze, eingescannte Verträge, Screenshots oder andere Bildaufnahmen, welche nur als Bilddatei mit einer Pixelstruktur, d.h. einzelnen Bildpunkten mit entsprechenden Farbwerten, existieren. Deshalb steht am Anfang einer NLP-Pipe-

---

18 Im Überblick *Russel/Norvig*, Artificial Intelligence, 4. Aufl., 2021, S. 874ff.; ausführlich aus technischer Perspektive *Jurafsky/Martin*, Speech and Language Processing, 3. Aufl., Stanford, 2021.

19 Zur Geschichte der Künstlichen Intelligenz, welche nach zwei „KI-Wintern" in den 1960er und 1980er Jahren seit etwa 2010 einen neuen „KI-Sommer" erfährt, *Russel/Norvig*, Artificial Intelligence, 4. Aufl., 2021, S. 35ff.

20 Zu den aktuellen Entwicklungen *Zhang et al.*, The AI Index 2022 Annual Report, 2022, S. 74ff.

line häufig ein Modul zur **automatisierten Zeichenerkennung** (**Optical Character Recognition, OCR**), damit aus der Pixelstruktur eine textliche Zeichenstruktur gewonnen werden kann.[21] Diese Zeichenstruktur bildet die Grundlage für alle weiteren Verarbeitungsschritte.[22]

Ein wesentlicher Weg, um Inhalte nach Relevanz zu filtern, besteht in der Möglichkeit, in den Dokumenten nach Inhalten zu suchen. Um eine effiziente **zeichenbasierte Suche** auch auf sehr großen Dokumentenmengen zu ermöglichen, bedarf es der Erstellung eines invertierten Index über die Inhalte der Dokumente. Dieser wird durch eine **Indexierung** der Dokumente gewonnen.[23] 36

Um nicht nur zeichenbasiert, sondern auch unter Berücksichtigung grammatikalischer Unterschiede suchen zu können, muss der digitalisierte Text normalisiert werden. Die **Normalisierung** ist ein wesentlicher Verarbeitungsschritt, bei welchem beispielsweise in Zeichenketten Worte erkannt (Tokenisierung), verschiedene Formulierungsvarianten in ein Standardformat überführt, Wort-Lemmata (Lemmatization) und Wort-Stämme (Stemming) gebildet, und Satzstrukturen erkannt werden (Sentence Segmentation).[24] 37

Ein weiterer Aspekt des Pre-Processing, welcher die Grundlage für die inhaltliche Analyse bildet, besteht in der **Definition eines Datenmodells** und Verarbeitung der Inhalte im Sinne dieses Modells. Dabei berücksichtigt das Datenmodell sowohl den Dokumenteninhalt als auch bereits existierende Metadaten. Grundsätzlich ist dabei so vorzugehen, dass möglichst umfangreich bereits existierende Metadaten ausgewertet werden sollten, sofern sie für die zu lösende Aufgabe hilfreich und inhaltlich zuverlässig sind, wie z.B. die Autorenschaft des Dokuments, der Dokumenttyp, der Zeitpunkt der Erstellung, oder etwa im Falle von E-Mails sendende und empfangende Personen, Betreff etc. Denn die Auswertung der Dokumenteninhalte, d.h. des im Falle von PDFs oder Bilddateien unstrukturierten Teils der Daten, kann je nach Datenmodell aufwendig und fehleranfällig sein.[25] 38

21 Beispiel einer verbreiteten Open Source OCR-Technologie: Tesseract, abrufbar unter: https://github.com/tesseract-ocr/tesseract.

22 Deshalb ist die OCR-Qualität gewissermaßen auch die Achillesferse aller weiterer Verarbeitungsschritte. Denn wenn die Zeichenerkennung fehlschlägt, was gerade bei schlecht eingescannten Dokumenten oder Kamerabildern der Fall ist, wird auch die weitere inhaltliche Analyse des Texts wesentlich beeinträchtigt.

23 Zur Indexierung von Dokumenten, *Jurafsky/Martin*, Speech and Language Processing, 3. Aufl., 2021, S. 475ff.

24 Zur Normalisierung von Text und den einzelnen Operationen, *Jurafsky/Martin*, Speech and Language Processing, 3. Aufl., 2021, S. 14ff.

25 Typischerweise zielt ein allgemeines Datenmodell für die Dokumentenanalyse im Zivilverfahren darauf ab, innerhalb der Dokumente Überschriften, einzelne (seitenübergreifende) Absätze, Spaltenstrukturen, Textboxen sowie Briefköpfe oder Inhalte in Kopf- und Fußzeilen zu erkennen. Weitere besondere Datenmodelle dienen dann einer fachlichen Analyse der Dokumenteninhalte.

2. Text Classification

39 Text Classification bezeichnet die **automatische Klassifikation von Texten nach bestimmten Typen** und ist eine klassische NLP-Aufgabe. Im Rahmen der digitalen Dokumentenanalyse im Zivilverfahren dient Text Classification sowohl der Vorbereitung der inhaltlichen Filterung und Strukturierung von Dokumenteninhalten als auch zur Realisierung erweiterter Funktionen bei der Filterung und Strukturierung selbst. Sie wird sowohl für die Klassifikation der Dokumente selbst (**Document Classification**) als auch zur Klassifikation der in den Dokumenten enthaltenen Inhalte eingesetzt und dient häufig der Identifizierung bestimmter Themen (**Topic Detection**).[26]

40 Document Classification verfolgt das Ziel, die zu verarbeitenden Dokumente automatisch einem bestimmten Typ zuzuordnen, um dadurch auf Dokumentenebene inhaltliche Strukturen zu schaffen. Für das Zivilverfahren praktisch relevant ist z.B. die Zuordnung der Dokumente zu den einzelnen Parteien oder die Identifikation bestimmter inhaltlicher Dokumentarten wie Schriftsätze, Verträge oder Korrespondenz in E-Mails.

41 Die automatische Identifikation bestimmter in den Dokumenten enthaltener Themen durch Topic Detection gestaltet sich in der Regel schwieriger. Dies liegt im Wesentlichen darin begründet, dass zum einen die Zahl der Zielklassen wesentlich größer ist und zum anderen die zu verarbeitenden Inhalte in Ermangelung hilfreicher Metadaten unstrukturiert sind. So können für die digitale Dokumentenanalyse im Zivilverfahren so viele Zielklassen existieren, wie tatsächliche und rechtliche Themen für die Entscheidung des jeweiligen Falles relevant sind.

3. Information Retrieval

42 Information Retrieval befasst sich mit dem **Abruf relevanter Inhalte einer Dokumentenkollektion auf Grundlage eines Informationsbedürfnisses**. Dabei stellt eine Person an die Dokumentenkollektion eine Anfrage (**Query**), welche das Information Retrieval-System mit der Präsentation der aus der Kollektion als relevant identifizierten Ergebnisse beantwortet. Die geläufigsten Information Retrieval-Systeme sind Suchmaschinen, welche auf ganz unterschiedlichen Dokumentenkollektionen zum Einsatz kommen können. Um die identifizierten Ergebnisse nach **Relevanz** sortiert anzeigen zu können, bedarf es eines **Scoring**-Systems zur Berechnung der Rangfolge der Ergebnisse.[27]

43 Soweit Information Retrieval als das Lösen einer Suchaufgabe verstanden wird, können unterschiedliche Formen der Suche zum Einsatz kommen, welche sich in Funktionalität und Nutzen unterscheiden. Die einfachste und im Rahmen der Suche in einzelnen Dokumenten gebräuchlichste Form der Suche ist eine einfache **Stichwortsuche**,

---

26 Zu den unterschiedlichen Klassifikationsmöglichkeiten und der algorithmischen Umsetzung, *Jurafsky/Martin*, Speech and Language Processing, 3. Aufl., 2021, S. 56ff.

27 *Jurafsky/Martin*, Speech and Language Processing, 3. Aufl., 2021, S. 471ff.

welche nach exakt der Zeichenfolge sucht, welche der Nutzer in seine Query eingegeben hat. Ein Ranking der Ergebnisse findet im Rahmen einer Stichwortsuche in der Regel nicht statt; die Ergebnisse werden in der Reihenfolge ihres Auftretens präsentiert. **Kontextsensitive Stichwortsuchen** erweitern die Stichwortsuche um einen wesentlichen Aspekt: Sobald nach mehr als einem Begriff gesucht wird, finden solche Suchen auch Inhalte, in welchen diese Begriffe in einer räumlichen Nähe zueinander auftauchen. Dabei kann diese räumliche Nähe beispielsweise anhand eines Satzes, eines Absatzes oder innerhalb eines Fensters von einer bestimmten Zahl von Worten definiert werden. **Erweiterte Suchfunktionen** ermöglichen die Erstellung komplexer Suchanfragen, indem z. B. Begriffe durch logische Operatoren miteinander verbunden oder Wortstämme berücksichtigt werden. **Semantische Suchen** stellen eine erhebliche Erweiterung der Suchmöglichkeiten dar, indem sie auch Synonyme und andere inhaltlich verwandte Begriffe und Formulierungen bei der Suchanfrage mitberücksichtigen.[28] Schließlich existieren seit einigen Jahren auch **Question Answering-Systeme**, mit denen Nutzende ähnlich wie im Rahmen zwischenmenschlicher Konversationen interagieren können: Sie stellen dem System eine in Sätzen formulierte Frage; das Question Answering-System liefert dazu passende Antworten, welche in der Dokumentenkollektion vorhanden sind. Insbesondere bei Semantischen Suchmaschinen und Question Answering-Systemen können statistische Ansätze, wie Sprachmodelle **(Language Models)** zum Einsatz kommen.[29]

Für die digitale Dokumentenanalyse in Zivilverfahren nehmen Information Retrieval-Systeme eine zentrale Rolle ein. 44 Sie liefern die Voraussetzung, damit die im jeweiligen Verfahren zu berücksichtigenden Dokumente inhaltlich gefiltert und dadurch ausgewertet werden können. Einfachere auch dokumentenübergreifende Suchmethoden der Information Retrieval-Systeme sind insbesondere auch für juristische Anwendungsfälle ausgereift.[30] Semantische Suchmöglichkeiten und Q&A-Systeme befinden sich im Rechtsbereich dagegen größtenteils noch in der Entwicklungs- und Erprobungsphase.

4. Information Extraction

Mithilfe von Information Extraction-Methoden können in Texten **als relevant identifi- 45 zierte Inhalte in ein strukturiertes Datenformat überführt** werden. Damit ermöglicht Information Extraction die automatisierte Erzeugung von strukturierten Daten. Gegenstand von Information Extraction-Methoden sind beispielsweise das Erkennen von Eigennamen (Named Entity Recognition) wie Namen von Personen, Unternehmen oder Straßen; die Extraktion von Beziehungen zwischen Entitäten (Relation Extraction), wie

28 *Hoppe*, Semantische Suche, 2020, S. 3 ff.

29 Das womöglich bekannteste Question Answering-System ist Google. Mehr zu Question Answering-Systemen, insb. unter Verwendung von Sprachmodellen, *Jurafsky/Martin*, Speech and Language Processing, 3. Aufl., 2021, S. 487 ff.

30 Ein Beispiel eines in der Justiz im praktischen Einsatz befindlichen Information Retrieval-Systems ist Codefy, zu den Funktionalitäten: https://codefy.de/de/product.

Verwandtschaftsverhältnisse zwischen Personen; oder das Extrahieren von Ereignissen (Event Extraction) und Zeitangaben (Temporal Expressions).[31] Um Information Extraction-Aufgaben erfolgreich bewältigen zu können, bedarf es einer zuverlässigen semantischen Analyse der Textinhalte durch die zum Einsatz kommenden Algorithmen. Sobald durch Information Extraction ein bestimmter Textinhalt als relevant identifiziert und extrahiert wurde, findet häufig eine Normalisierung auf ein bestimmtes Zielformat statt, wie im Falle von Datumsangaben oder bei synonymen Bezeichnungen, welche sich auf denselben Gegenstand beziehen. Auch weitergehende Transformationen wie Abstraktionen können je nach Aufgabe erforderlich sein. **In der Praxis** zeigt sich, dass Information Extraction-Aufgaben umso schwieriger sind, je mehr inhaltliches Verständnis oder (Hintergrund-)Wissen zur Bewältigung der Aufgabe vorausgesetzt wird.

46 Für die digitale Dokumentenanalyse in Zivilverfahren sind Information Extraction-Methoden für die Strukturierung von großer Bedeutung. Allerdings setzt dieser Arbeitsschritt voraus, dass die für den Fall relevanten rechtlichen Voraussetzungen identifiziert und der Parteivortrag unter diese **subsumiert** werden. Dies kann mit den heutigen technologischen Möglichkeiten nur für häufig wiederkehrende und nicht zu komplexe Anwendungsfälle realisiert werden.[32] Insgesamt ist zu beachten, dass die Informationsextraktion stets nur zu einem gewissen Wahrscheinlichkeitsgrad gelingt, welcher natürlich sehr hoch sein und menschliche Fähigkeiten um ein Vielfaches übertreffen kann; hundertprozentige Sicherheit existiert allerdings auch hier nicht.[33]

47 Im Gegensatz zu Information Retrieval-Methoden lässt sich allgemein sagen, dass Information Extraction-Ansätze in der Rechtspraxis eher Gegenstand von Pilotprojekten sind und sich in den Anfängen befinden. Dies liegt zum einen an der strukturellen Komplexität der inhaltlich unstrukturierten Dokumenteninhalte und zum anderen an den hohen inhaltlichen Anforderungen, welche erfüllt sein müssen, damit eine maschinelle Informationsextraktion gelingt. Denn in vielen Fällen müsste die Technologielösung dafür subsumieren können.[34]

D. Einsatz in der Praxis

48 Ungeachtet dessen, ob es überhaupt wünschenswert wäre, ist eine **vollständige Automatisierung** der juristischen Arbeitsschritte der Dokumentenanalyse durch digitale Technologien **nicht absehbar**. Deshalb sollten Technologielösungen für diesen Bereich

---

31 Zu den einzelnen Methoden, *Jurafsky/Martin*, Speech and Language Processing, 3. Aufl., 2021, S. 339 ff.

32 Ein Beispiel eines im Rechtsbereich zum Einsatz kommenden Information Extraction-Systems ist RIAD, https://www.sinc.de/govtech-loesungen/.

33 Zur Bewertung der Qualität von NLP-Methoden, *Jurafsky/Martin*, Speech and Language Processing, 3. Aufl., Stanford, 2021, S. 66 ff.

34 Im Überblick zur Automatisierung der Subsumtion, *Yuan*, in: Breidenbach/Glatz (Hrsg.), Rechtshandbuch Legal Tech, 2021, S. 371 ff.

vor dem Hintergrund der **technologischen Limitationen** als Assistenzsysteme entlang der für die Dokumentenanalyse in Zivilverfahren anstehenden Aufgaben und Arbeitsschritte konzipiert und umgesetzt werden. Hierfür ist grundsätzlich erforderlich, dass ein besonderes Augenmerk darauf gelegt wird, dass die jeweilige Technologielösung möglichst intuitiv und effizient durch die anwendenden Personen bedient werden kann. Anschließend führt der Weg zu einer praxistauglichen Softwareanwendung in der Regel zunächst über die Unterstützung der rein manuellen Durchführung der Arbeitsschritte, um darauf basierend nach Möglichkeiten der Automatisierung zu suchen. Letztere können entweder auf regelbasierten Methoden beruhen oder es können statistische Methoden zum Einsatz kommen, bei welchen Maschinelles Lernen (Machine Learning) eine Rolle spielen kann.[35]

I. Zivilverfahren im Allgemeinen

Zivilverfahren zeichnen sich im Allgemeinen durch eine Vielzahl in Betracht kommen- 49
der juristischer Fragestellungen und eine noch größere Vielzahl von Sachverhaltskonstellationen aus. Letztlich können sämtliche Aspekte des Zivilrechts und alle davon erfassten Lebenssachverhalte in Zivilverfahren eine Rolle spielen. In Ansehung dieser **Komplexität** lässt sich bereits intuitiv erahnen, dass ein Technologieeinsatz zur Dokumentenanalyse eher dort erfolgversprechend ist, wo allgemeine Methoden zum Einsatz kommen können, welche unabhängig von den konkreten Fragestellungen nützlich sind,[36] oder inhaltliche Arbeiten zum Gegenstand haben, welche in ähnlicher Form in einer Vielzahl von Verfahren auftreten können[37].

1. Inhalte nach Relevanz filtern

Soweit die im Zivilverfahren zu analysierenden Dokumente nach einem Pre-Processing 50
in hinreichend digitalisierter Form vorliegen, kann eine inhaltliche Filterung der Dokumente nach juristisch relevanten Themen durch Information Retrieval-Methoden, also im Wesentlichen Suchmethoden, realisiert werden. Dieser Arbeitsschritt findet im Wechselspiel mit der Lektüre der Dokumente statt, da sich erst nach der Lektüre der Klageschrift und, im Falle der gerichtlichen Tätigkeit, der Klageerwiderung ergibt, auf welche Themen es im jeweiligen Rechtsstreit ankommt und wonach die Inhalte in diesem Fall gefiltert werden müssen.

Die relationstechnische Arbeit wird also durch **Information Retrieval- bzw. Such-** 51
methoden dergestalt ergänzt, dass möglichst schnell aus dem Fallmaterial der relevante

35 Zu Machine Learning und Einsatzmöglichkeiten im Recht, *Yuan*, Lernende Roboter und Fahrlässigkeitsdelikt, RW 2018, 477, 483ff.

36 Hierzu gehören allgemeine Information Retrieval-Methoden, welche nicht auf manuell erstellte Ontologien, Wissensgraphen oder anderen Wissensdatenbanken angewiesen sind.

37 Hierzu gehören die unter Rn. 54 erwähnten Themen.

Vortrag ermittelt werden kann, ohne dass die Arbeit auf ein lineares Lesen und damit manuelles Zusammensuchen der Inhalte beschränkt bleibt. Ein erstes Beschleunigungsmoment bei der Anwendung von Suchmethoden zur Filterung der Dokumenteninhalte wird realisiert, wenn der Suchradius nicht auf einzelne Dokumente begrenzt bleibt, sondern **aktenübergreifend nach relevanten Inhalten gesucht** werden kann. Neben dem aktenübergreifenden Einsatz liegt ein weiteres Beschleunigungsmoment darin, dass die Art der Suche über eine bloße Stichwortsuche hinausgeht, sodass eine flexiblere Analyse ermöglicht wird.[38] Dabei wird eine **praktische Herausforderung** darin liegen, wie die unterschiedlichen Suchmöglichkeiten den Nutzenden verständlich gemacht werden, die in ihrer aktuellen beruflichen Praxis lediglich Stichwortsuchen in einzelnen Dokumenten anwenden. Es geht im Kern darum, die richtige Erwartungshaltung zu setzen, welche auch technologisch erfüllbar ist.[39]

2. Inhalte thematisch strukturieren

52 Die an eine Filterung der Inhalte anschließende Strukturierungsarbeit hat vor dem Hintergrund einer relationstechnischen Arbeitsweise in der Regel die Erstellung eines **Aktenspiegels zum Ziel**. D.h. der Vortrag zu den rechtlich relevanten Themen wird gesammelt und den Parteien zugeordnet.

53 Hierfür bietet es sich an, dass als vorbereitender Schritt durch **Document Classification** eine automatische Zuordnung der Dokumente nach Parteien durchgeführt wird. Optimalerweise knüpft diese Arbeit an bestehende Metadaten an, wie etwa Übermittlungsinformationen, welche über beA oder die e-Aktensysteme angelegt werden. Eine automatische Klassifikation der Dokumente durch automatische Auswertung der Dokumenteninhalte kann bei Schriftsätzen noch gut funktionieren, stößt aber bei Beweismitteln wie z.B. Verträgen, welche von jeder Partei hätten stammen können, schnell an Grenzen.

54 Nach dieser Vorbereitungsarbeit können mit **Information Retrieval-Methoden**, insb. durch **Topic Detection**, Vorträge zu relevanten Themen in den Schriftsätzen identifiziert und Dank der bereits getroffenen Zuordnung der Dokumente zu den Parteien automatisch diesen zugeordnet werden. Während die automatisierte Identifikation von fallspezifischen Aspekten technisch schwer umsetzbar ist, lassen sich Themen, welche in ähnlicher Form in einer Vielzahl von Zivilverfahren auftreten, mit einem höheren Automatisierungsgrad erkennen. Hierzu gehört z.B. das automatisierte Erkennen von

---

38 Zu den weiteren Suchmöglichkeiten, siehe Rn. 43.

39 An dieser Stelle soll nicht gesagt werden, dass ein Question Answering-System einer Stichwortsuche stets überlegen ist. Sondern es geht vielmehr darum sicherzustellen, dass Nutzende nicht eine Stichwortsuche erwarten und dann von den Ergebnissen eines Question Answering-Systems verwirrt werden, obwohl ihre Suchintention sich exakt auf das eigene Stichwort und nichts darüber hinaus bezog. Probleme können auch dann auftreten, wenn ein 100 %-treffsicheres Question Answering-System erwartet wird, der neueste Stand der Technik aber nur eine 90 % Trefferquote leisten kann.

Anträgen, Widerklagen, Erledigungserklärungen und Klageänderungen, aber auch Passagen, wo ein ausdrückliches Bestreiten bestimmter Sachverhaltsaspekte vorliegt.[40] Gerade bei einer solchen Automatisierung ist zu beachten, dass eine Technologielösung ein ergonomisches Zusammenspiel zwischen maschineller und menschlicher Leistung ermöglichen muss. Denn jede Zuordnung setzt eine juristische Subsumtion voraus, welche nach dem aktuellen Stand der praxistauglichen Technik und den damit verbundenen Unsicherheiten vom Menschen zumindest überprüft werden sollte.

Bei der Anwendung von Information Extraction-Methoden, welche automatisch z.B. 55
einen Aktenspiegel generieren sollen, **muss ein akzeptanzfähiger Umgang mit dem Problem gefunden werden, dass eine stets fehlerfreie automatische Erkennung nicht möglich sein wird**. Häufig muss in technischer Hinsicht ein Kompromiss gefunden werden zwischen einer Konfiguration, die eine hohe Präzision hinsichtlich der automatisch identifizierten Aspekte aufweist, aber nicht alle relevanten Aspekte „sieht" und einer Konfiguration, die zwar alle relevanten Aspekte identifiziert, aber fälschlicherweise auch Irrelevantes als relevant klassifiziert.[41]

3. Analyseergebnisse festhalten und fortschreiben

Das Festhalten und Fortschreiben der Analyseergebnisse setzt auf technologischer Seite 56
die Möglichkeit voraus, dass **möglichst ergonomisch ein digitaler Aktenspiegel angelegt und im Verlauf des Verfahrens ergänzt und aktualisiert werden kann**. Hierbei ist zur Gewährleistung der Arbeitseffizienz auf ein möglichst ergonomisches Zusammenspiel zwischen Filter- und Strukturierungsfunktionen und dem digitalen Aktenspiegel zu achten. So ist eine schnelle Übertragung der Ergebnisse der Filterung und Strukturierung in den Aktenspiegel erforderlich. Ferner ist auch zu erwarten, dass eine dynamische Verknüpfung zwischen den Inhalten des digitalen Aktenspiegels und den Akteninhalten existiert, sodass aus dem Aktenspiegel unmittelbar die jeweiligen Dokumenteninhalte aufgerufen werden können.[42]

---

40 In der justiziellen Praxis wird dieser Ansatz unter Einsatz der Codefy-Technologie in Form von digitalen Prüfassistenten pilotiert, zu den Funktionalitäten: https://codefy.de/de/product.

41 Nach aktueller Einschätzung scheint eine Konfiguration praxistauglicher zu sein, welche mit hoher Sicherheit alle relevanten Aspekte zu einem bestimmten Thema erfasst und zu einem Teil auch Irrelevantes als thematisch zugehörig identifiziert. Ansonsten müsste dennoch eine manuelle Lektüre erfolgen, welche den Zeitvorteil zunichtemacht.

42 Beispiele solcher im praktischen Einsatz befindlichen Technologie-Lösungen sind Codefy, https://codefy.de/de/product, und der Normfall-Manager, http://www.normfall.de/normfall-manager/was-ist-der-manager.

4. Juristische Recherche verknüpfen

57 Die juristische Recherche findet in der heutigen Praxis in **dedizierten juristischen Datenbanken** statt, sodass das Filtern und damit das Auffinden von Inhalten von den auf diesen Plattformen existierenden Information Retrieval-Methoden abhängig ist. Die aktuellen Möglichkeiten, die dort vorgehaltenen Inhalte zu strukturieren, beschränken sich häufig auf die Anlage von Akten und das Anbringen von Anmerkungen an bestimmten Textstellen. Weitergehende Strukturierungsmöglichkeiten, welche etwa das Nachvollziehen von Argumentationsketten oder eines diversen Meinungsbildes erleichtern, existieren zum aktuellen Zeitpunkt nicht. Sobald allerdings die Rechercheergebnisse z.B. durch einen **PDF-Export** digital gesichert wurden, können diese in andere Programme eingebunden werden, welche eine **weitergehende Strukturierung im Kontext der zivilprozessualen Aktenarbeit zulassen**. Neben den Strukturierungsmöglichkeiten bezogen auf die Ergebnisse der Recherche selbst liegt der Nutzen einer solchen Vereinigung von Schriftsatzinhalten und Rechercheinhalten darin, dass eine Verbindung auf inhaltlicher Basis z.B. im Rahmen des digitalen Aktenspiegels hergestellt werden kann. Dadurch können die im Fall aufgeworfenen Rechtsfragen direkt den Antworten aus der Recherche zugeordnet werden.

II. Umfangreiche Verfahren beherrschen

58 Wie sich bereits aus der Bezeichnung ergibt, liegt die Herausforderung der Dokumentenanalyse bei umfangreichen Verfahren schlicht in ihrem Umfang: Nicht selten müssen einige **Terabyte an Daten** bestehend aus Millionen von Dokumenten inhaltlich analysiert werden, was mit rein manueller Arbeit praktisch nicht zu bewerkstelligen ist.[43]

59 Umfangreiche Verfahren stellen aufgrund des **Datenumfangs**, aber auch hinsichtlich der **Diversität der Datenformate** besondere Anforderungen an das Pre-Processing. In Ansehung des Umfangs muss die Pre-Processing-Pipeline im Stande sein, innerhalb von einigen Tagen auch mehrere Terabyte zu verarbeiten, was auf Hardware-Seite in der Regel Cloud- oder Cluster-Strukturen erfordert. Bezüglich der unterschiedlichen Datenquellen und Formate muss die Pipeline alle Formate verarbeiten können, welche für das Zivilverfahren von inhaltlicher Relevanz sind.[44]

60 Sobald nach dem Pre-Processing alle relevanten Inhalte eines umfangreichen Verfahrens in eine Technologielösung zur Dokumentenanalyse eingebunden sind, unterscheiden sich die Aufgaben der Dokumentenanalyse bei umfangreichen Verfahren von herkömmlichen Verfahren „nur“ darin, dass das Verfahren umfangreicher ausfällt, was sich in der Regel in einer Vielzahl an Beteiligten, Anträgen oder einem besonders umfangreichen Vortrag und Beweismitteln ausdrückt. Im Prinzip sind die Arbeitsschritte

---

43 In der Praxis werden z.T. eDiscovery-Tools und andere Programme mit performanten Suchmöglichkeiten eingesetzt, siehe § 25 (*Scherer/Jensen*).

44 Dies sind in der Regel PDF-Dateien einschließlich Scans, E-Mails mit Anhängen, Microsoft Office-Dokumente, sowie andere Text-, Bild- und Video-Daten.

aber dieselben, wobei die Filterung der Inhalte mit Information Retrieval-Methoden im Stande sein muss, mehrere Millionen von Dokumenten in kurzer Zeit zu durchsuchen. Auch die Strukturierungsarbeiten bleiben im Prinzip dieselben, wobei natürlich ein digitaler Aktenspiegel als Analyseergebnis entsprechend größer ausfällt.

Insgesamt lässt sich für die Praxis feststellen, dass gerade bei umfangreichen Ver- 61
fahren moderne Technologien zur Dokumentenanalyse **erhebliche Effizienz- und Qualitätsgewinne** ermöglichen. Dies lässt sich allein am Beispiel von Information Retrieval-Methoden verdeutlichen: Millionen von Dokumenten können dann innerhalb von Sekunden inhaltlich durchleuchtet werden, während die Suche mit herkömmlichen Methoden Tage in Anspruch nehmen würde.[45]

III. Massenklagen effizient bewältigen

Massenklagen zeichnen sich dadurch aus, dass **ähnlich gelagerte Sachverhalte** zur 62
Entscheidung stehen und die Zahl der **Fallvarianten überschaubar** ist. Deshalb können Information Retrieval- und auch Information Extraction-Methoden sinnvoll zum Einsatz kommen.[46] Am Beispiel von Dieselklagen, welche mittlerweile mehrere hundert Aktenseiten fassen und auch an inhaltlicher Komplexität gewonnen haben, können dadurch z.B. schnell alle für eine Entscheidung relevanten Sachverhaltsaspekte automatisch in der Akte identifiziert werden. Allerdings ist auch hier eine **differenziertere Betrachtung geboten**: Während Aspekte wie Fahrzeugdaten (z.B. Marke und Modell, Schadstoffnorm, Motortyp, Kilometerstände) mit hoher Präzision automatisch aus den Schriftsätzen herausgefiltert werden können, ist dies beim z.T. sehr umfangreichen, unstrukturierten, teilweise irrelevanten und der sich weiterentwickelnden Rechtsprechung unterworfenen Vortrag zu den eingebauten Abschalteinrichtungen oder bei der Frage der erforderlichen Substantiierung des Vortrags nicht einfach. Insoweit zeigt sich, dass selbst bei einer mittlerweile rechtlich vermeintlich gut durchleuchteten Massenklage wie der Dieselklage zur inhaltlichen Aktenanalyse eine Technologie erforderlich ist, welche unterschiedliche Grade der Automatisierung unterstützen muss, um sämtliche Tätigkeiten der Aktenanalyse abzudecken. Ferner muss das System in Ansehung der **sich verändernden Rechtsprechung** schnell und einfach angepasst werden können.[47]

---

45 Siehe § 25 Rn. 57ff. (*Scherer/Jensen*).

46 In der Praxis kommen auf Parteienseite eine Vielzahl unterschiedlicher Technologie-Lösungen, darunter häufig auch Eigenentwicklungen, zum Einsatz. Seitens der Justiz sind insbesondere die Technologie-Lösungen von Codefy, https://codefy.de/de/product, und IBM, https://www.ibm.com/de-de/watson, hervorzuheben.

47 Die zu beachtende Dynamik rechtlicher Entwicklungen lässt sich anhand der Dieselklagen veranschaulichen. Neben etlichen Entscheidungen des BGH hat die Thematik im Juli 2022 durch ein Urteil des EuGH eine weitere rechtliche Wendung erfahren, EuGH, Urteil v. 14.7.2022, Az. C-128/20 = NJW 2022, 2605ff.

63 Was die **Strukturierungsanforderungen** sowie das Festhalten und Fortschreiben der Analyseergebnisse anbelangt, sind die Anforderungen bei Massenklagen weniger hoch. Allerdings kann auch dort das Anlegen von Aktenspiegeln für eine effiziente Urteilserstellung helfen. Bei Dieselklagen betrifft dies z.B. den in der Praxis sehr umfangreichen Vortrag zu den Abschalteinrichtungen.

64 Einen wichtigen Aspekt bei der effizienten Bearbeitung von Massenklagen stellen auch die technologischen Möglichkeiten zu einer **besseren juristischen Recherche** dar. Diese beziehen sich allerdings nicht auf die Recherche in juristischen Datenbanken, sondern auf den Aufbau eines **Wissensmanagement-Systems** für die jeweiligen Massenklage, welches insbesondere aus Vorlagen für Schriftsätze auf Seite der Rechtsbeistände und für Urteile seitens der Gerichte besteht. Während auf Rechtsbeistandsseite das Wissensmanagement häufig Eingang in Programme zur Dokumentenautomatisierung findet,[48] ist auf der Seite der Justiz eine Automatisierung der Urteilserstellung aus technischer Hinsicht nur dort sinnvoll, wo Fallvarianten überschaubar bleiben, da die explizit zu definierenden Entscheidungsstrukturen, welche für eine Dokumentenautomatisierung anzulegen sind, häufig nicht die Flexibilität aufweisen, welche die Beurteilung des Falls erfordert. Insoweit ist es seitens der Justiz häufig ratsam, ein flexibles Wissensmanagement aus Vorlagen aller wichtigen Entscheidungen aufzubauen, welche schnell über Information Retrieval-Methoden auffindbar sind und so für die künftige Urteilserstellung verwendet werden können.

E. Rechtliche Rahmenbedingungen

65 Neben den technischen Limitationen sind beim Einsatz von Technologielösungen zur digitalen Dokumentenanalyse im Zivilverfahren natürlich auch rechtliche Anforderungen zu beachten, die den Technologieeinsatz begrenzen. Diese sollen hier im Überblick mit Bezug zur Anwaltschaft und den Gerichten dargestellt werden, wobei auch auf den Verordnungsvorschlag der EU zur Regulierung des Einsatzes Künstlicher Intelligenz eingegangen wird.

I. Anwaltliche Berufspflichten

66 Wenn Technologielösungen zur digitalen Dokumentenanalyse in der Anwaltschaft eingesetzt werden sollen, **gilt grundsätzlich nichts anderes als beim Einsatz anderer Softwarelösungen**. Es sind insbesondere die berufsrechtlichen Regelungen und Rechtspflichten aus dem Beratungsvertrag zu beachten. Mit Blick auf die Bundesrechtsanwaltsordnung (BRAO) lässt sich zunächst aus der allgemeinen **Pflicht zur gewissenhaften Berufsausübung nach § 43 S. 1 BRAO** ableiten, dass sogar die Pflicht bestehen

48 Siehe § 9 (*Altenhofen*).

kann, im Markt etablierte Technologielösungen einzusetzen, wenn ihr Einsatz für die ordnungsgemäße Wahrnehmung des Mandats erforderlich ist.[49]

Sobald Technologielösungen eingesetzt werden, welche von Technologiedienstleistern betrieben werden, und der Betrieb den Zugriff auf Tatsachen eröffnet, welche der Verschwiegenheit unterliegen, sind die Anforderungen des § 43e BRAO zu beachten. Hierzu gehört insbesondere eine **sorgfältige Auswahl des Dienstleisters gem. § 43e II 1 BRAO**. Danach muss der Rechtsbeistand sich von der fachlichen Eignung und Zuverlässigkeit des Dienstleisters überzeugen, was durch entsprechende **Zertifizierungen** oder **Qualifikationsnachweise** und die Einhaltung der **datenschutzrechtlichen Anforderungen**, insbesondere der ergriffenen technischen und organisatorischen Maßnahmen zum Schutz der personenbezogenen Daten (Art. 32 DS-GVO), gewährleistet werden kann.[50] 67

1. Sachverhaltsermittlung

Im Falle eines unbeschränkten Mandats schuldet der Rechtsbeistand eine umfassende und erschöpfende Beratung und Vertretung in Ansehung der Rechtsangelegenheit.[51] Hierzu gehört die Pflicht den für die Rechtsangelegenheit relevanten **Sachverhalt umfassend aufzuklären**. Im Rahmen der sich aus dem Beratungsvertrag ergebenden Informationspflicht der Mandantschaft kann ein Rechtsbeistand sich grundsätzlich auf die Richtigkeit der mitgeteilten Tatsachen verlassen. Allerdings müssen Nachfragen gestellt und so der Sachverhalt weiter aufgeklärt werden, sobald dies für erforderlich gehalten wird.[52] 68

Insbesondere bei umfangreichen Verfahren, bei denen eine manuelle Sichtung der vielfältigen Unterlagen nicht zuverlässig möglich ist, kann für eine ordnungsgemäße Sachverhaltsermittlung erforderlich sein, **in Ergänzung der manuellen Durchsicht technologische Mittel zur digitalen Dokumentenanalyse** einzusetzen. Durch ihren Einsatz kann der Rechtsbeistand im Sinne einer gewissenhaften Berufsausübung (§ 43 S. 1 BRAO) nicht nur schnell und zuverlässig die von der Mandantschaft mitgeteilten Tatsachen nachvollziehen, sondern auch feststellen, welche Angaben zur ordnungsgemäßen Vertretung in der Rechtsangelegenheit noch fehlen und diese gezielt nachfordern. 69

2. Rechtsprüfung

Eine gewissenhafte Erfüllung des Mandats erfordert eine **umfassende Prüfung der Rechtslage**. Sie setzt voraus, dass der Rechtsbeistand sich mit allen für das Mandat rele- 70

49 *Fries*, in: Kaulartz/Braegelmann (Hrsg.), Rechtshandbuch Artificial Intelligence und Machine Learning, 2020, S. 658.
50 Vgl. die amtliche Begründung zu § 43e II BRAO, BT-Drucks. 18/11936, S. 34.
51 Vgl. nur BGH, NJW 1997, 2168, 2169.
52 Vgl. BGH, NJW 2019, 1151, 1152 m.w.N.

vanten Rechtsvorschriften befasst und die dazugehörige höchstgerichtliche Rechtsprechung kennt. Eine Berücksichtigung der Rechtsprechung anderer Gerichte und der einschlägigen Literatur ist erforderlich, wenn dies für das konkrete Mandat von Bedeutung ist.[53]

71 Der Einsatz von Technologielösungen zur digitalen Dokumentenanalyse bezieht sich bei der Rechtsprüfung in der heutigen Praxis im Wesentlichen auf den Einsatz einschlägiger juristischer Datenbanken. Die Verwendung der dortigen Suchmöglichkeiten dient nicht nur einer effizienteren Fallbearbeitung, sondern erhöht auch die Recherchequalität. Weiteres Potenzial lässt sich in der Praxis realisieren, wenn digitale Strukturierungslösungen eingesetzt werden. Dadurch lassen sich schnell und übersichtlich Zusammenhänge zwischen rechtlichen Anforderungen und den Tatsachen des Falls aufzeigen, um so eine effiziente und gründliche Fallbearbeitung zu fördern.

3. Vertragliche Haftungsbeschränkung

72 Vor dem Hintergrund der Privatautonomie kann auch der Mandatsvertrag insbesondere hinsichtlich der geschuldeten Leistung, der **Art der Erbringung und der Haftung modifiziert** werden. Besonders im Rahmen der wirtschaftsrechtlichen Beratung bezieht sich die Leistung des Rechtsbeistands häufig im Sinne eines beschränkten Mandats nur auf bestimmte Aspekte.[54] Die privatautonome Modifikation des Mandatsvertrags kann sich aber auch auf die Art der Leistungserbringung beziehen, was z. B. die Verwendung einer bestimmten Technologielösung zur digitalen Dokumentenanalyse zum Gegenstand haben kann.[55] Schließlich bleibt es dem Rechtsbeistand unbenommen, allgemeine Regelungen zur Haftungsbeschränkung nach § 52 BRAO zu vereinbaren, welche sich auch auf den Einsatz bestimmter Technologielösungen beziehen können.

II. Gerichtliche Rechte und Pflichten

73 Die Regulierung des Einsatzes von Technologielösungen zur digitalen Dokumentenanalyse ist auf gerichtlicher Seite insbesondere **verfassungsrechtlich geprägt**. Im Ergebnis unterstreicht auch das Grundgesetz die Anforderung, dass Systeme zur digitalen Dokumentenanalyse lediglich als Assistenzsysteme zur Unterstützung gerichtlicher Arbeit zum Einsatz kommen dürfen.

53 *Vollkommer/Greger/Heinemann*, Anwaltshaftungsrecht, 5. Aufl., 2021, S. 128 ff.

54 *Teichmann*, BeckOGK, Stand: 1.8.2022, § 675 BGB, Rn. 1118–1120.

55 Vgl. *Fries*, in: Kaulartz/Braegelmann (Hrsg.), Rechtshandbuch Artificial Intelligence und Machine Learning, 2020, S. 658 f.

1. Rechtsprechende Gewalt durch das Gericht, Art. 92 Hs. 1 GG, und Recht auf das gesetzliche Gericht, Art. 101 I 2 GG

74 In institutioneller Hinsicht ist nach Art. 92 Hs. 1 GG die rechtsprechende Gewalt den Gerichten anvertraut. Dies wird aus Sicht der Rechtssuchenden durch Art. 101 I 2 GG als grundrechtsgleiches Recht dahingehend ergänzt, dass die Entscheidung durch ein neutrales, unabhängiges und Recht und Gesetz verpflichtetes Gericht garantiert wird.[56]

75 Art. 92 Hs. 1 GG setzt dem Technologieeinsatz insoweit eine Grenze, als dass das **Gericht die Entscheidung treffen und verantworten** muss.[57] Dies bedeutet, dass Technologielösungen, die Gerichten im Rahmen der Dokumentenanalyse assistieren, aber nicht auf die Entscheidungsfindung einwirken, grundsätzlich zulässig sind.[58] Einer Beurteilung im Einzelfall bedarf es, wenn Technologielösungen, welche den Entscheidungsausgang beeinflussen, bei der Entscheidungsfindung eingesetzt werden. Die Zulässigkeit solcher Systeme ist danach zu beurteilen, ob die Entscheidungsgewalt beim Gericht verbleibt und es die Entscheidung auch **effektiv verantworten** kann. Hierzu ist jedenfalls erforderlich, dass das Gericht **versteht und nachvollziehen** kann, nach welchen Prinzipien das System funktioniert und die Funktionsweise jederzeit nachprüfbar ist.[59] Für Technologielösungen zur digitalen Dokumentenanalyse bedeutet dies jedenfalls, dass die Ausgaben des Systems stets mit den Inhalten aus der Akte derart verknüpft sein müssen, dass Gerichte jederzeit einsehen und nachprüfen können, ob die Ausgaben des Systems zutreffen und dadurch Verantwortung für ihre Entscheidung übernehmen.

2. Gerichtliche Unabhängigkeit und Gesetzesbindung, Art. 97 I GG

76 Zur Sicherstellung, dass Gerichte Verantwortung für ihre Entscheidungen tragen können, gehört auch die nach Art. 97 I GG vorgesehene gerichtliche Unabhängigkeit und Gesetzesbindung. Sie gewährleistet, dass die gerichtliche Rechtsfindung ohne sachfremde Einflussnahme geschieht und sich allein an den geltenden Gesetzen orientiert.[60]

77 Für Technologielösungen zur digitalen Dokumentenanalyse bedeutet dies in Ergänzung zu den Anforderungen, welche sich aus den Art. 92 Hs. 1 und 101 I 2 GG ergeben, dass **immer dann Zurückhaltung** geboten ist, sobald, ungeachtet der technischen Möglichkeiten, eine **Subsumtion unter Rechtsnormen** vorgenommen oder **rechtliche Schlussfolgerungen** gezogen werden sollen. Das bloße technologiegestützte Filtern und Strukturieren des Fallmaterials, ohne dass eine juristische Schlussfolgerung gezogen oder suggeriert wird, ist unproblematisch, solange die Ergebnisse anhand des tatsächlichen Akteninhalts durch Gerichte nachgeprüft werden können.

---

56 *Morgenthaler*, BeckOK GG, Stand: 15.8.2022, Art. 101, Rn. 3ff.
57 *Nink*, Justiz und Algorithmen, 2021, S. 301f.
58 *Nink*, Justiz und Algorithmen, 2021, S. 288.
59 *Biallaß*, in: Ory/Weth (Hrsg.), jurisPK-ERV, Band 1, 2. Aufl., 2022, Kapitel 8, Rn. 145ff. m.w.N.
60 *Morgenthaler*, BeckOK GG, Stand: 15.8.2022, Art. 97, Rn. 7ff.

3. Anspruch auf rechtliches Gehör, Art. 103 I GG

78 Der Anspruch auf rechtliches Gehör gem. Art. 103 I GG umfasst das Recht, dass jede Person sich vor Gericht äußern darf, durch das Gericht über das Verfahren inhaltlich informiert wird und das eigene Vorbringen bei der Entscheidungsfindung durch das Gericht Berücksichtigung findet.[61] Das Recht auf Berücksichtigung des Vorbringens wird dadurch erfüllt, dass das Gericht den **Vortrag zur Kenntnis nimmt und ihn bei der Entscheidungsfindung in Erwägung zieht**. Es gilt die Vermutung, dass das Gericht den Vortrag zur Kenntnis genommen hat. Diese Vermutung wird insbesondere nicht dadurch widerlegt, dass nicht jede Äußerung eines Beteiligten in den Entscheidungsgründen aufgeführt wird.[62]

79 Für die digitale Dokumentenanalyse unterstreicht Art. 103 I GG das Erfordernis, dass Technologielösungen zur **Dokumentenanalyse nur als Assistenzsysteme** verfassungskonform sind. Neben Automatisierungsfunktionen muss das System Gerichten die Möglichkeit bieten, den gesamten Parteivortrag mit sämtlichen Dokumenten manuell zu sichten. Dies bedeutet natürlich nicht, dass dadurch Systeme zur digitalen Dokumentenanalyse obsolet werden. Vielmehr können diese dazu beitragen, Art. 103 I GG zu gewährleisten, indem die maschinelle Unterstützung sicherstellt, dass entscheidungserheblicher Vortrag nicht übersehen wird. Die gerichtliche Arbeit wird jedenfalls dadurch beschleunigt, dass durch Dokumentenanalyse-Technologien **ein zeitaufwendiges wiederholtes Lesen der Akteninhalte erheblich reduziert** wird.

4. Grundrechte im Überblick

80 Die gerichtliche Gesetzesbindung schließt natürlich auch die Achtung der Grundrechte der Rechtssuchenden ein. Bei der Verwendung von Technologielösungen zur Dokumentenanalyse sind insbesondere zu beachten:

81 Der Schutz der **Menschenwürde** nach Art. 1 I GG beinhaltet i.V.m. Art. 2 I GG und dem **Rechtsstaatsprinzip** des Art. 20 III bzw. aus Art. 6 EMRK das **Recht auf ein faires Verfahren**. Dieses wäre bei einer Vollautomatisierung der Aktenanalyse verletzt, welche die Sachverhaltsermittlung und damit mittelbar auch einen wesentlichen Teil der Entscheidungsfindung auf eine automatisierte Datenverarbeitung reduziert.[63]

82 Das Allgemeine Persönlichkeitsrecht Art. 2 I GG i.V.m. Art. 1 I GG umfasst insbesondere das **Recht auf informationelle Selbstbestimmung**, welches die Grundlage für den **Schutz personenbezogener Daten** liefert.[64] Dieses Prinzip wird auch vom EU-Gesetzgeber in der **DS-GVO** aufgegriffen, welche umfassende Regelungen zur Verarbeitung personenbezogener Daten vorgibt. Diese Anforderungen sind auch durch digitale

---

61 *Radtke*, BeckOK GG, Stand: 15.8.2022, Art. 103, Rn. 7.

62 *Radtke*, BeckOK GG, Stand: 15.8.2022, Art. 103, Rn. 13f.

63 Vgl. *Nink*, Justiz und Algorithmen, 2021, S. 349.

64 Grundlegend dazu das Volkszählungsurteil des Bundesverfassungsgerichts, BVerfG, NJW 1984, 419, 421ff.

Dokumentenanalyse-Systeme zu beachten, da sie regelmäßig auch personenbezogene Daten verarbeiten.

Insbesondere beim Einsatz von Machine Learning-Methoden, welche auf das Vorhandensein von Trainingsdaten angewiesen sind, ist zu beachten, dass diese dem **Diskriminierungsverbot** nach Art. 3 GG genügen und keine diskriminierenden Tendenzen (**Algorithmic Bias**) aufweisen, welche das Trainingsergebnis und damit die Datenverarbeitung beeinflussen würden.[65] 83

Aus dem Gebot **effektiven Rechtsschutzes** nach **Art. 19 IV GG und Art. 2 I GG i. V. m. dem Rechtsstaatsprinzip** in der Ausprägung des allgemeinen Justizgewährleistungsanspruchs ergibt sich insbesondere, dass die Funktionsweise von Technologielösungen zur Dokumentenanalyse, welche bei der juristischen Entscheidungsfindung eingesetzt wird, der gerichtlichen Nachprüfung zugänglich sein muss.[66] Hieraus ergeben sich Anforderungen an die **Transparenz und Nachvollziehbarkeit** der Funktionsweise und Aktionen der Technologielösung. Dem kann insbesondere dadurch Rechnung getragen werden, dass Technologielösungen als Assistenzsysteme ausgestaltet werden, bei denen die Entscheidungsverantwortung beim Gericht verbleibt. 84

III. De lege ferenda: KI-Verordnung der EU

Im Frühjahr 2021 wurde der erste Vorschlag einer **EU Verordnung über Künstliche Intelligenz** (KI VO-E) veröffentlicht.[67] Gegenstand des Verordnungsentwurfs sind insbesondere sog. Hochrisiko-KI-Systeme i. S. d. Art. 6 KI VO-E, wozu nach Anhang III Nr. 8 auch Künstliche Intelligenz-Systeme zählen, welche „bestimmungsgemäß Justizbehörden bei der Ermittlung und Auslegung von Sachverhalten und Rechtsvorschriften und bei der Anwendung des Rechts auf konkrete Sachverhalte unterstützen sollen". Insoweit werden Technologielösungen zur Dokumentenanalyse in Zivilverfahren in den Anwendungsbereich der Verordnung fallen, sofern Methoden der Künstlichen Intelligenz zum Einsatz kommen und sie damit im Sinne des Art. 3 Nr. 1 KI VO-E als **„System der künstlichen Intelligenz"** zu qualifizieren sind.[68] Denn sie unterstützen jedenfalls bei der Ermittlung von Sachverhalten, sofern sie für die Analyse der Akteninhalte eingesetzt werden, und bei der Auslegung von Rechtsvorschriften, wenn sie im Rahmen der juristischen Recherche bestimmungsgemäß zum Einsatz kommen. 85

65 Zur praktischen Vermeidung eines solchen Algorithmic Bias, *Baer*, Understand, Manage, and Prevent Algorithmic Bias, 2019, S. 107 ff.

66 Vgl. *Biallaß*, in: Ory/Weth (Hrsg.), jurisPK-ERV, Band 1, 2. Aufl., 2022, Kapitel 8, Rn. 162.

67 Zum Verordnungsvorschlag, https://eur-lex.europa.eu/legal-content/DE/TXT/?uri=CELEX%3A52021PC0206.

68 Näheres zum KI-Verständnis des Verordnungsentwurfs ergibt sich aus Anhang I des Verordnungsentwurfs, welcher eine Aufzählung der Methoden enthält, die als KI-Methoden qualifiziert werden.

86 Der Verordnungsentwurf stellt an solche **Hochrisiko-KI-Systeme** eine Reihe von Anforderungen, welche sich in vergleichbarer Weise auch im Produktsicherheitsgesetz oder in der Verordnung über Medizinprodukte finden. Hierzu gehört insbesondere die Durchführung eines Konformitätsbewertungsverfahrens, Art. 19 I i.V.m. Art. 43 KI VO-E. Die Einhaltung der Vorschriften einer künftig in Kraft tretenden EU KI-Verordnung ist für die Dokumentenanalyse im Zivilverfahren insoweit von Bedeutung, dass seitens der Anwaltschaft nichtkonforme Technologielösungen in der Regel nicht den Sorgfaltsanforderungen nach § 43e II 1 BRAO genügen werden. Seitens des Gerichts wird der Einsatz nichtkonformer Technologielösungen möglicherweise gegen die Pflicht zur gesetzestreuen Ausübung des Gerichtamts gem. § 39 I DRiG bzw. der Bindung an Recht und Gesetz nach Art. 20 III Hs. 2 GG verstoßen.

F. Zusammenfassung und Ausblick

87 Vor dem Hintergrund des rasanten Fortschritts im Bereich der Digitaltechnologien, insbesondere im Bereich der Künstlichen Intelligenz, können Technologielösungen zur digitalen Dokumentenanalyse alle an einem Zivilverfahren Beteiligte entlasten und gleichzeitig die Entscheidungsqualität absichern. Diese können sowohl Rechtsbeistände als auch Gerichte bei der Filterung und Strukturierung der Akteninhalte vor dem Hintergrund einer relationstechnischen Arbeitsweise unterstützen. Im besonderen Maße gilt dies bei der Bewältigung sehr umfangreicher Verfahren und Massenklagen, wo Information Retrieval- und Information Extraction-Methoden den Verfahrensstoff besser beherrschbar machen.

88 Aus Gründen technischer Limitationen sollten Technologielösungen zur Dokumentenanalyse **von Anfang an als Assistenzprogramme ausgestaltet** sein, da bei etlichen Arbeitsschritten eine juristische Subsumtion erforderlich ist, welche nur unter bestimmten Umständen und nicht ohne Unsicherheiten automatisiert werden kann. Insbesondere mit Blick auf die Justiz dürfen Technologielösungen aus verfassungsrechtlichen Gründen nur als Assistenzsysteme eingesetzt werden. Gerichte müssen weiterhin unabhängig entscheiden und Verantwortung für ihre Entscheidung übernehmen können.

89 Während die digitale Dokumentenanalyse in Zivilverfahren sich aktuell und in nachvollziehbarer Weise auf Textinhalte fokussiert, ist mit Blick auf die Entwicklungen im Bereich der KI-gestützten **Bildverarbeitung** vorstellbar, dass die dortigen Erkenntnisse auf die Dokumentenanalyse in Zivilverfahren übertragen werden. Dadurch kann die Analyse über die Auswertung von Textinhalten hinaus auch auf **Bild- und Videoinhalte** ausgeweitet werden – die Dokumentenanalyse wird dann **multimedial**.

90 Neben der Erweiterung der von einer digitalen Dokumentenanalyse umfassten Inhalte liegt in Ansehung der durch die Digitalisierung geschaffenen Möglichkeiten viel Potenzial in der Verbesserung der Kommunikation und des Zusammenwirkens zwischen Parteien und Gericht. Was die Kommunikation anbelangt, würde eine struktu-

riertere Datenübermittlung, welche die inhaltliche juristische Analyse unterstützt, den nachträglichen Strukturierungsaufwand senken.[69] Das Potenzial eines verbesserten Zusammenwirkens kann dadurch realisiert werden, dass die Parteien und das Gericht auf einer **gemeinsamen digitalen Plattform**, welche Analysemöglichkeiten bereithält, Schriftsätze und Beweismittel einstellen und gemeinsam die Inhalte filtern und strukturieren.[70] Dadurch wird für alle Seiten schnell verständlich, was vorgetragen, über welche Aspekte gestritten wird und welche Rechtsfragen zu beantworten sind. Ein so digitalisiertes Zivilverfahren unter Nutzung einer solchen digitalen Plattform erfüllt auch die Zielsetzung des strukturierten Parteivortrags,[71] welche allerdings durch eine Art **kollaborative Aktenstrukturierung** erreicht wird.

69 Dies betrifft insbesondere jene Fälle, wo seitens der Parteivertreter ohnehin inhaltlich strukturierte Daten im Rahmen der Arbeit erzeugt werden, wie z. B. bei Massenklagen. Aktuell wird diese inhaltliche Struktur durch die Übermittlung im PDF-Format nicht übermittelt, sodass sowohl seitens des Gerichts als auch der anderen Partei die Strukturierungsarbeit erneut vorgenommen werden muss.

70 Selbstverständlich wird eine solche Technologielösung jeweils private Bereiche für die Parteien und Gericht vorsehen müssen, wo Unterlagen vorbereitet und im Sinne der jeweiligen Zielsetzung analysiert werden können. Daneben existiert ein für alle Beteiligte einsehbarer Bereich, wo die gemeinsame Analysearbeit stattfindet. Dort werden dann Dokumente eingestellt, welche bereits in der aktuellen Zivilverfahrenspraxis ausgetauscht werden; entsprechend bereits *Gaier*, Der moderne liberale Zivilprozess, NJW, 2013, 2871, 2874.

71 Siehe § 18 (*Köbler*).

Tianyu Yuan

Julius Reiter, Olaf Methner, Malte Wunderlich und Lynn Emke

§ 8 (Teil-)Automatisierte Schriftsatzgestaltung

Gliederungsübersicht **Rn.**

Literatur: *Dahmen*, Kritische Masse, AnwBl 2022, 10 ff.; *Gremminger/Risse*, Blick in die Zukunft: Der Zivilprozess im Jahr 2050 interdisziplinär gedacht, AnwBl 2022, 24 ff.; *Halbleib*, Automatisierte Dokumentererstellung in der juristischen Praxis, in Hartung/Bues/Halbleib (Hrsg.), Legal Tech, 2018; *Hirtz*, Die Chancen eines elektronisch unterstützten Erkenntnisverfahrens, AnwBl 2018, 286; *Köbler*, Und es geht doch: Strukturierter Parteivortrag – ein Werkstattbericht, AnwBl Online 2018, 399 f.; *Netzer*, Legal Tech und kollek-

https://doi.org/10.1515/9783110755787-008

tive Rechtsverfolgung, AnwBl 2018, 280 ff.; *Pickel*, ZPO digital: Vision des Schreckens oder Chance für moderne Juristen?, AnwBl 2018, 288; *Remmertz*, Legal Tech-Strategien für Rechtsanwälte, 2020; *Remmertz*, Verwendung von Textbausteinen in einer Berufungsbegründung, RDi 2020, 56 f.; *Schirp/Kondert*, Kapitalanlagen und „Klageindustrie" – Plädoyer für eine grundlegende Revision des kollektiven Rechtsschutzes, NJW 2010, 3287 ff.; *Werner/Wollweber*, Der digitale Zivilprozess: 15 Forderungen der Anwaltschaft, AnwBl Online 2018, 386 f.

A. Einleitung

In den letzten Jahren hat die Anzahl sogenannter Massenverfahren in Deutschland stark zugenommen. Bereits im „analogen Zeitalter" gab es bisweilen eine Vielzahl gleichgelagerter Verfahren (z. B. bei den „Schrottimmobilien"-Fällen) anwaltlich und gerichtlich zu bearbeiten, was physische Bastel- und Kopierarbeiten voraussetzte. Bekannte aktuelle Beispiele für solche Massenverfahren sind die Klagen der Halter von Dieselfahrzeugen im „Dieselabgasskandal", Klagen von Telekom-Aktionären anlässlich des Börsengangs der Deutschen Telekom oder Kapitalanlegerprozesse bei Immobilien-, Medien- oder Schiffsfonds. Neben der im November 2018 neu eingeführten Möglichkeit der Musterfeststellungsklage sieht das deutsche Zivilprozessrecht jenseits des Kapitalanleger-Musterverfahrensgesetzes (KapMuG)[1] aus dem Jahr 2005 nur in eingeschränktem Maße eine Bündelung von Verfahren im Wege der subjektiven Klagehäufung vor.[2] Die Musterfeststellungsklage ersetzt kein Individualverfahren, sondern beschleunigt und erleichtert dieses lediglich durch die verbindliche Feststellung der Prozessergebnisse. Daher müssen die betroffenen Verbraucher in der Regel weiter (anschließende) Einzelklagen im Individualprozess einreichen, um einen Zahlungstitel zu erstreiten und den Schadensersatzanspruch im konkreten Einzelfall zu quantifizieren.[3] Zur Erleichterung und Arbeitsersparnis werden die Schriftsätze in solchen Massenverfahren mit wiederkehrenden Textmodulen erstellt und es wird vermehrt auf IT-Lösungen zurückgegriffen, die eine automatisierte Bearbeitung der Dokumente mithilfe von Textbausteinen erleichtern. 1

Die Verwendung von **Mustertexten** und Musterformularen im Anwaltsalltag ist seit Langem verbreitet und wird auch von juristischen Verlagen vermehrt für den Zivilprozess veröffentlicht, was zu einer gewissen Standardisierung und Qualitätssicherung führt. Eine weitere Steigerung der Digitalisierung der außergerichtlichen und gerichtlichen Geltendmachung von Ansprüchen erfolgt inzwischen durch Mustertexte von **Legal Techs**. Legal Tech (zusammengesetzt aus den Wörtern „legal services" und „technology") bezeichnet generell die Digitalisierung der juristischen Arbeit, wodurch einzelne Arbeitsprozesse in Anwaltskanzleien oder auch ganze Rechtsdienstleistungen nicht- 2

1 Gesetz über Musterverfahren in kapitalmarktrechtlichen Streitigkeiten; Inkrafttreten der letzten Änderung am 23.10.2020.

2 *Schirp/Kondert*, NJW 2010, 3287.

3 *Netzer*, AnwBl 2018, 280 (282).

anwaltlicher Unternehmen vollständig oder zumindest zum ganz überwiegenden Teil automatisiert ablaufen. Dies kann u.a. Anspruchsprüfungen, die Erstellung von Schriftsätzen oder die Erstellung von Vertragsdokumenten (Smart Contracts) betreffen. Hierdurch wird eine Effizienz- und Qualitätssteigerung sowie eine Kostenersparnis erzielt. Im folgenden Beitrag soll es besonders um den Bereich von Legal Tech gehen, der Technologien für die (Teil-)Automatisierung von Schriftsatzgestaltungen betrifft, eine sogenannte **„Legal Automation Platform"**. In einer Vielzahl von Fällen kommt es auf dieselben tatsächlichen und rechtlichen Fragen an, sodass ähnliche Dokumente zu erstellen sind. Dabei kommen Computerprogramme zur Anwendung, die eine wirtschaftliche und effiziente Bearbeitung der großen Masse vergleichbarer Sachverhalte und Rechtsprobleme gewährleisten. Klassische anwaltliche Arbeiten der ehemals manuellen Dokumentenerstellung werden dadurch erheblich beschleunigt bzw. sogar ersetzt. Mithilfe von Software können auch komplexe Dokumente als intelligente digitale Mustervorlagen erstellt werden, um so das für den konkreten Einzelfall individuell gewünschte Dokument zu gestalten.[4] Zwar gab es bereits in der Vergangenheit durch die Möglichkeit der Erstellung von Serienbriefen im Word-Format erste Ansätze technischer Erleichterungen. Durch die neuen komplexen digitalen Software-Methoden können aber frühere zeitintensive Herangehensweisen technisch noch einmal deutlich besser überwunden werden. Was noch in den 1990er Jahren beispielsweise in den eingangs genannten „Schrottimmobilien-Fällen" manuell mit Schere, Kleber und Kopien wie physisches „copy and paste" zusammengebastelt werden musste oder sich in den darauffolgenden Jahren der Computereinführung mit manuell veränderbaren Word-Serienbriefen entwickelte, kann heutzutage mithilfe von Legal Tech-Software automatisiert in Schriftsätzen komplex generiert werden.

3 Dokumente sind das wohl häufigste Endprodukt juristischer Arbeit, weshalb sich der Einsatz einer **„Legal Automation Platform"** gerade in diesem Bereich anbietet. Durch den Einsatz von Software zur **Automatisierung** der Erstellung von Dokumenten wird diese einfacher, effektiver, schneller und weniger fehleranfällig. Ein kleinteiliges Anpassen der Textbausteine, sorgfältig kontrolliert und manuell bearbeitet durch den Anwalt, entfällt ganz oder zumindest größtenteils. Durch die automatisierte Dokumenterstellung werden Dokumentvorlagen zentral verwaltet und Aktualisierungen systematisch für alle Anwender verfügbar gemacht. Je nach gewählter Sachverhaltskonstellation werden die passenden Textbausteine und Klauseln oder auch sprachliche Variationen automatisch zusammengesetzt. Anwälte können sich dann auf die eigentliche Rechtsberatung als Kernaufgabe ihrer Arbeit fokussieren, anstatt sich Tätigkeiten widmen zu müssen, die zwar simpel, aber zeitintensiv und konzentrationsfordernd sind.[5] Eine Steigerung der Effizienz, Effektivität und Qualität der anwaltlichen Arbeit ist die Folge.

4 Zum Ganzen: *Netzer*, AnwBl 2018, 280 (281).

5 *Halbleib* in: Hartung/Bues/Halbleib (Hrsg.), Legal Tech, 2018, Rn. 1133.

Dokumentenautomatisierung bietet sich vor allem dort an, wo ein Dokument häufig in ähnlicher Form verwendet wird und in verschiedenen Varianten immer wieder vorkommt. Die **Effizienzsteigerung** besteht darin, den gut standardisierbaren Teil eines Dokuments zu automatisieren, um ihn im Anwendungsfall mit wenig Aufwand reproduzieren zu können.[6] Nur auf die Textstellen mit individueller Gestaltung für den einzelfallspezifischen Sachverhalt muss der Anwalt dann noch seine wertvolle Zeit verwenden. 4

Eine **Software** zur Dokumentautomatisierung kann umso effizienter genutzt werden, je besser sie in die Organisationsstruktur der Kanzlei eingebunden ist. Dabei muss die Anwaltschaft sich mit der richtigen Bedienung der Templates (d.h. der noch nicht ausgefüllten Vorlagen in der elektronischen Datenverarbeitung) vertraut machen, um abschätzen zu können, in welchem ihrer Tätigkeitsfelder Standardisierungs- und Automatisierungspotenzial liegt. Der Schlüssel für den Erfolg von Dokumentautomatisierung ist daher neben der Einführung der Software auch die intensive **Schulung** der Belegschaft.[7] Die Kompatibilität mit der vorhandenen Systemlandschaft der Kanzlei und die Anbindung an vorhandene Datenverarbeitungssysteme sind beim Einsatz der Dokumentautomatisierungs-Software wichtig.[8] 5

Der vorliegende Beitrag beschreibt zunächst die zivilprozessrechtliche Herangehensweise an die Konzeption (teil-)automatisierter Schriftsatzgestaltung (dazu B.), bevor am Beispiel eines Softwareprogramms für automatisierte Schriftsatzgenerierung die Arbeit und erleichterte Schriftsatzerstellung in der anwaltlichen Praxis erläutert wird (dazu C.). Anschließend wird die Frage erörtert, wie Nutzungsmöglichkeiten der digitalisierten Schriftsatzgestaltung in Zukunft aussehen könnten (dazu D.). Der Beitrag endet mit einem Fazit (dazu E.). 6

B. Prozessrechtliche Herangehensweise

Bereits auf der Podiumsdiskussion des DAV-Forums „Zivilprozess digital" am 8.11.2017 in Berlin wurden die Stimmen der Anwaltschaft laut, die Zivilprozessordnung zu **reformieren** und an das digitale Zeitalter – einen „Zivilprozess 4.0" – anzupassen. Dabei wurde von der Anwaltschaft u.a. ein zusammenfassender Katalog mit 15 Forderungen formuliert, die für eine effiziente Modernisierung der ZPO erforderlich erschienen.[9] 7

Sowohl Richterschaft als auch Anwaltschaft sprechen sich seither für eine **Anpassung der ZPO an die Digitalisierung** aus. Umstritten ist dabei beispielsweise, ob der bisher freie Parteivortrag vor Gericht durch Vorgaben des Gesetzes oder des Gerichts in einen „strukturierten Parteivortrag" gewandelt werden darf oder soll. Der traditionelle 8

6 *Halbleib* in: Hartung/Bues/Halbleib (Hrsg.), Legal Tech, 2018, Rn. 1135.
7 *Halbleib* in: Hartung/Bues/Halbleib (Hrsg.), Legal Tech, 2018, Rn. 1151.
8 *Halbleib* in: Hartung/Bues/Halbleib (Hrsg.), Legal Tech, 2018, Rn. 1150.
9 Dazu genauer: *Werner/Wollweber*, AnwBl Online 2018, 386 (387).

Schriftsatz steht dabei anderen Darstellungsformen wie z. B. einer modernen, strukturierten Tabellenübersicht gegenüber. Für die einen ist die frühe strukturierte Aufbereitung des Streitstoffs mittels Software eine Innovation, die anderen fürchten um ihre (anwaltliche Berufs-)Freiheit oder (richterliche) Unabhängigkeit.[10] **Strukturierter Parteivortrag** bedeutet in diesem Zusammenhang, mittels Softwarelösungen das Vorbringen der am Zivilprozess Beteiligten (Kläger, Beklagte, Gericht) beispielsweise durch Verlinkungen und optische Aufbereitungen so zu vernetzen, dass elektronisch jeweils Argument und Gegenargument bezüglich eines Sachverhaltspunktes oder einer rechtlichen Frage unmittelbar gegenüberstehen[11] (im Einzelnen zu verschiedenen Ordnungsstrukturen, inhaltlichen Kontextualisierungen und Meinungsansichten siehe § 18 [*Köbler*]).

9 Allgemein lässt sich feststellen, dass der **formsprachliche Ausdruck** immer auch auf dessen Inhalt zurückwirkt. Die Form einer Äußerung beeinflusst stets ihren Inhalt. Die Art und Aufbereitung eines Schriftsatzes hat somit unmittelbare Relevanz für den Streitstoff und seine Wahrnehmung vor Gericht.

10 Andererseits liegt nach geltendem Recht die formale, aber auch inhaltliche Aufbereitung des Streitstoffs zunächst weitgehend in der Dispositionsbefugnis der Parteien.[12] Es existieren lediglich formale prozessrechtliche Grundsätze wie z. B. die Anforderungen an den Inhalt der Klageschrift gemäß § 253 ZPO oder der notwendige Inhalt der Berufungsbegründung nach § 520 ZPO, worauf im Folgenden noch eingegangen wird. Weiterhin haben sich Gliederungsstrukturen wie die Aufteilung in Tatsachenvortrag und rechtliche Würdigung in der Praxis etabliert. Zwingende Vorgaben für die Strukturierung müssen ansonsten nach geltendem Recht aber nicht eingehalten werden.

I. Vorgaben und Grenzen anhand gesetzlicher Grundlagen

11 Die **Anforderungen der ZPO** gelten unabhängig davon, ob Schriftsätze individuell für einen Einzelfall oder massenhaft für viele gleichgelagerte Fälle erstellt werden. Sie sind somit auch zu beachten, wenn dies unter Einsatz von Legal Tech-Lösungen erfolgt. Die ZPO sieht insoweit weder Erleichterungen noch Verschärfungen vor.

12 Für die genaue Ausgestaltung der zivilprozessualen Anforderungen an digitalisiert verfasste Schriftsätze werden derzeit im Zusammenwirken von Rechtsanwaltschaft, Richterschaft, Wissenschaft und Rechtspolitik Verfahren erarbeitet.[13] Ziele der Digitalisierung sind **Effektivität** und Beschleunigung des Verfahrens sowie der vermehrte Einsatz digitaler Hilfsmittel, der zu einer prozessökonomischeren Verfahrensführung beitragen kann.

---

10 Dazu genauer: *Köbler*, AnwBl Online 2018, 399.

11 *Werner/Wollweber*, AnwBl Online 2018, 386.

12 *Werner/Wollweber*, AnwBl Online 2018, 386.

13 *Hirtz*, AnwBl 2018, 286.

Zurzeit bestehen noch keine expliziten zivilprozessualen Regelungen für die automatisierte Schriftsatzgenerierung. Es muss daher auf die bestehenden Vorschriften der ZPO und anerkannten Verfahrensgrundsätze zurückgegriffen werden. 13

Besonders hervorzuheben sind dabei die folgenden **Regelungen der ZPO**: 14

§ 130 ZPO	Inhalt der Schriftsätze (Verfahren generell)
§ 130a ZPO	Elektronisches Dokument
§ 130b ZPO	Gerichtliches elektronisches Dokument
§ 130c ZPO	Formulare; Verordnungsermächtigung
§ 131 ZPO	Beifügung von Urkunden
§ 253 ZPO	Klageschrift (Verfahren im ersten Rechtszug)
§ 520 ZPO	Berufungsbegründung (Verfahren im zweiten Rechtszug)
§ 522 ZPO	Zulässigkeitsprüfung; Zurückweisungsbeschluss

Auch sind die **allgemein anerkannten Verfahrensgrundsätze** ebenso auf die automatisierte Schriftsatzerstellung durch Softwareeinsatz anzuwenden. 15

Dies sind insbesondere der **Grundsatz der Dispositionsmaxime der Parteien**, der in §§ 308 I, 269 ZPO zum Ausdruck kommt, der **Beibringungsgrundsatz**, aber letztlich auch der **Mündlichkeitsgrundsatz** gemäß § 128 I ZPO, auch wenn er z.B. bezüglich der vorbereitenden Schriftsätze oder des schriftlichen (Vor-)Verfahrens eingeschränkt wird. 16

Im Prinzip können hierbei auch stets Textbausteine in automatisierten Verfahren verwendet werden. Allerdings hat die Rechtsprechung in den letzten Jahren dazu zwar nicht zu strenge, aber doch konkrete Grenzen formuliert. Wie die gesetzlichen Vorgaben der ZPO konkret im jeweiligen Einzelfall der Schriftsatzautomatisierung ausgestaltet werden, ist an der folgenden bisherigen Rechtsprechung abzulesen (dazu II.). 17

II. Vorgaben und Grenzen anhand bisheriger Rechtsprechung

1. Zulässigkeit

Grundsätzlich sind standardisierte, aus Textbausteinen zusammengesetzte Schriftsätze **nicht unzulässig.**[14] 18

a) Postulationsfähigkeit

Problematisch kann aber insbesondere im Anwaltsprozess sein, ob ein durch Algorithmen erzeugter Text überhaupt noch eine **anwaltliche Tätigkeit** darstellt. Dies kann sich auf die Frage der Postulationsfähigkeit bei der automatisierten Erzeugung eines Schriftsatzes auswirken, wird aber auch unter der entsprechenden Fragestellung bei der Berechtigung auf eine anwaltliche Vergütung geprüft. 19

14 BGH NJW-RR 2013, 296.

20 Das AG Köln[15] **bejahte** in einem Fall eines durch **Algorithmen** erzeugten Mahnschreibens an eine Fluggesellschaft bezüglich Ansprüchen nach der Fluggastrechte-VO eine anwaltliche Tätigkeit, die eine Geschäftsgebühr nach Nr. 2300 VV RVG auslöst. Dabei ist es gleich, ob das Schreiben durch einen Rechtsanwalt nach einer Beratung individuell erstellt oder automatisiert durch einen Algorithmus erzeugt wird. Denn der Algorithmus erbringt dieselbe Dienstleistung, die auch ein Rechtsanwalt im mündlichen Gespräch und anschließendem Verfassen eines Anspruchsschreibens erbringen würde. Es reicht demnach aus, dass eine anwaltliche Leistung im Vorfeld der Programmierung der Software erfolgt. Das AG Köln verglich dies mit der Situation, dass ein Rechtsanwalt in Verkehrsunfallsachen Formulare zur Verfügung stellt, die der Geschädigte ankreuzen und ausfüllen kann. Wenn ein Anwalt zumindest die abschließende Verantwortung für den Inhalt des Schriftsatzes übernimmt, dürfte dies für die Bejahung einer anwaltlichen Tätigkeit ausreichen. Der Anwalt muss aber den Prozess tatsächlich führen und dabei nach außen gegenüber dem Gericht und dem Prozessgegner die volle Verantwortung für die von ihm unterzeichneten Schriftsätze übernehmen.[16] Diesbezüglich sind im Übrigen die Vorgaben der allgemeinen Berufspflicht nach § 43 BRAO zu beachten, die eine gewissenhafte Ausübung des Rechtanwaltsberufs vorschreibt.[17]

21 Solange also die anwaltliche Unterschrift unter dem computergenerierten Schriftsatz steht und hiermit die Übernahme der anwaltlichen Verantwortung für den Inhalt nachweist, ist auch von einer anwaltlichen Tätigkeit bei der Erzeugung des Schriftsatzes auszugehen und somit prozessual auch die Postulationsfähigkeit der unterzeichnenden Person zu bejahen.

b) Rechtsschutzinteresse

22 Im Rahmen der Zulässigkeit kann zudem das Rechtsschutzinteresse zu prüfen sein. So entschied das SG München[18] in einer Klage gegen einen Widerspruchsbescheid, dass eine vom jeweiligen Sachinteresse losgelöste und automatisiert mittels Legal Tech unter Verwendung von zusammengefügten Textbausteinen eingereichte Klage mangels **Rechtsschutzinteresses unzulässig** ist.[19] Dass gar kein Interesse der Klagepartei am begehrten Rechtsschutz besteht, dürfte allerdings einen seltenen Ausnahmefall darstellen. Ein solcher Fall könnte allerdings auch durch Legal Tech begünstigt werden, wenn die automatisierte Schriftsatzgenerierung keine Plausibilisierung oder Freigabe der Mandantschaft vornimmt.

---

15 AG Köln BeckRS 2020, 3693.
16 BGH NJW-RR 2017, 686, Rn. 7; vgl. *Remmertz*, AnwBl Online 2020, 507 (510).
17 Zum Ganzen: *Remmertz*, Legal Tech-Strategien für Rechtsanwälte, 1. Aufl. 2020, § 2 Rn. 410.
18 SG München BeckRS 2019, 18244.
19 Zum Ganzen: *Remmertz*, Legal Tech-Strategien für Rechtsanwälte, 1. Aufl. 2020, § 2 Rn. 410.

2. Begründetheit

a) Grundsätzliches

23 Die Begründetheit einer Klage muss zunächst immer den Anforderungen der Schlüssigkeit und Substantiierung entsprechen. Die Klage ist **schlüssig**, wenn in ihr Tatsachen vorgetragen werden, die in Verbindung mit einer Anspruchsgrundlage die geltend gemachte Rechtsfolge in Form des behaupteten Anspruchs herbeiführen können.[20] Dabei muss der Tatsachenvortrag so **substantiiert** sein, dass das Gericht anhand dieses Vortrags beurteilen kann, ob hiernach die Voraussetzungen für die streitgegenständliche Rechtsfolge vorliegen.[21] Die Verwendung von standardisierten und aus Textbausteinen zusammengesetzten Schriftsätzen ist hierfür nicht immer schädlich, solange die allgemeinen Anforderungen an die Schlüssigkeit und Substantiierung eingehalten werden.[22]

24 Bei einer Vielzahl gleichgelagerter oder zum größten Teil sogar identischer Sachverhalte steht die Automatisierung der Schriftsätze also den allgemeinen Zulässigkeits-, Schlüssigkeits- und Substantiierungsanforderungen der ZPO nicht entgegen.

b) Verjährung

25 Allerdings kann die Begründetheit daran scheitern, dass die Beklagtenseite erfolgreich die Einrede der Verjährung erhebt. Dabei hat der BGH[23] entschieden, dass ein standardisierter Mustergüteantrag die Verjährung nach § 204 I Nr. 4 BGB mangels ausreichender **Individualisierung nicht hemmt**. In diesem Fall war ein Mustergüteantrag von einer auf dem Gebiet des Kapitalmarktrechts spezialisierten Anwaltskanzlei auf der Webseite zur Verfügung gestellt und in sehr großer Zahl praktisch gleichlautend verwendet worden. Die hinreichende Individualisierung im Rahmen außergerichtlicher Güteanträge zur Hemmung der Verjährung ist also bei der automatisierten Schriftsatzgestaltung zu beachten.

3. Berufungsbegründung

a) Rechtsprechung zu Dieselverfahrensfällen

26 Die Rechtsprechung hat sich in den letzten Jahren wiederholt mit der Problematik automatisierter Textbausteine im Rahmen einer ausreichenden **Berufungsbegründung** nach § 520 III 2 Nr. 1–4 ZPO (spezieller Nr. 2 und Nr. 3) befasst. Dies betraf gehäuft die sog. **Dieselskandalfälle** oder **Dieselverfahren**, in denen vor allem Berufungen aufgrund jeweils zu allgemein gehaltener Begründungen als **unzulässig** verworfen worden sind. Hierzu wurde bereits in der Vergangenheit grundsätzlich vom BGH festgestellt, dass eine Berufungsbegründungsschrift, die sich weitgehend aus Textbausteinen ande-

20 *Greger* in *Zöller*, ZPO, vor § 253, Rn. 23.
21 BGH NJW 2009, 2137, Rn. 4.
22 BGH NJW-RR 2013, 296, Rn. 15.
23 BGH BeckRS 2015, 11749.

rer Rechtsstreitigkeiten zusammensetzt und auf das angegriffene Urteil allenfalls sporadisch eingeht, nicht die Bestimmtheitsanforderungen des § 520 III ZPO erfüllt.[24]

27 Das OLG Naumburg[25] bekräftigte in einem solchen Dieselverfahren hinsichtlich § 520 III 2 Nr. 2 ZPO, dass eine offensichtlich nur aus allgemeinen Textbausteinen bestehende Berufungsbegründung aufgrund fehlenden Bezugs zum erstinstanzlichen Urteil **unzulässig** ist. In dem Fall war die Berufungsbegründung ganz offensichtlich aus Textbausteinen eines anderen Schriftsatzes zusammengeflickt worden, der ein vollkommen anderes Verfahren betraf. Der Kläger bzw. sein Anwalt hatte bereits zu Beginn des Schriftsatzes auf dieses andere Verfahren Bezug genommen. Dass sich eine solche geradezu stümperhafte Berufungsbegründung nicht mit dem erstinstanzlichen Urteil **auseinandersetzt** und daher nicht die Anforderungen des § 520 III 2 Nr. 2 ZPO erfüllt, liegt als Extremfall auf der Hand.

28 Das OLG Köln[26] entschied ebenso in einem Dieselverfahren, dass eine Berufungsbegründung, die überwiegend aus Textbausteinen besteht und sich mit dem angefochtenen Urteil nicht auseinandersetzt, nicht den formalen Anforderungen nach § 520 III 2 Nr. 1-4 ZPO genügt. In dem Fall hatte die Klägerin nach vollumfänglicher Klageabweisung eine **146-seitige** Berufungsbegründung eingelegt, die das Gericht als **unzulässig** verwarf. Das OLG Köln führte aus, dass jede Berufungsbegründung auf den **konkreten** Streitfall zugeschnitten sein und im **Einzelnen** erkennen lassen muss, aus welchen tatsächlichen und rechtlichen Gründen der Berufungskläger das angefochtene Urteil für unrichtig hält. Dazu gehöre die Angabe, welche bestimmten Punkte des angefochtenen Urteils der Berufungskläger bekämpft und welche Gründe er ihm entgegensetzt. Formelhafte Wendungen und allgemeine Redewendungen genügen dabei ebenso wenig wie die pauschale Rüge, die Auffassung des Erstrichters sei falsch oder die Anwendung einer bestimmten Vorschrift irrig. Das OLG Köln entschied, dass eine Berufungsbegründung den Anforderungen nach § 520 III ZPO nicht genügt, wenn sie weitgehend aus Textbausteinen, Urteilsversatzstücken etc. zusammengesetzt ist und auf das angefochtene Urteil nur „sporadisch“ eingeht. Textbausteinartige Darlegungen, die sich in Massenverfahren nicht vermeiden ließen, sind nur dann unschädlich, wenn sie die Subsumtion der Textbausteine auf den Einzelfall noch erkennen lassen und noch hinreichend konkret und **substantiiert** bleiben. Bei einer automatisierten Erstellung einer Berufungsbegründung muss also ausgehend vom erstinstanzlichen Urteil der individuelle Bezug auf diesen Fall (Parteibezeichnung, bei den Dieselverfahren ggf. Fahrzeug und Motor) erhalten bleiben. Je nach Fallgestaltung können dann die Ausführungen zur Berufungsbegründung automatisiert zusammengestellt werden.

29 Somit ist keineswegs jede mit Textbausteinen erstellte Rechtsmittelschrift problematisch oder bereits unzulässig. Es fehlt aber ein ausreichender Fallbezug, wenn sich

24 BGH NJW-RR 2008, 1308.
25 OLG Naumburg BeckRS 2019, 27098.
26 OLG Köln BeckRS 2020, 20925.

die Berufungsbegründung im konkreten Fall gar nicht mit dem angegriffenen Urteil befasst und auseinandersetzt. Es fehlt deutlich der **Einzelfallbezug**, wenn lediglich allgemeine Textbausteine in der Hoffnung präsentiert werden, das Gericht werde sich schon das Passende heraussuchen.[27]

Zuvor hatte bereits das OLG Stuttgart[28] im Rahmen eines Dieselverfahrens die Anforderungen an eine Berufungsbegründung präzisiert. Wenn das Erstgericht die Abweisung der Klage auf zwei voneinander unabhängige rechtliche Gründe gestützt hat, von denen jeder für sich die Entscheidung trägt, liegt hiernach eine ausreichende Berufungsbegründung nur vor, wenn **beide Gründe** in für sich ausreichender Weise angegriffen werden. Stellt der Berufungskläger aber nur *einen* Grund in Frage, so ist sein Rechtsmittel **unzulässig**. 30

Auch in einem Fall der Abweisung einer Klage wegen Inverkehrbringens eines Kraftfahrzeugs mit unzulässiger Abschalteinrichtung entschied der BGH[29], dass eine Berufung **unzulässig** ist, wenn die Berufungsbegründung nur aus Textbausteinen ohne hinreichenden inhaltlichen Bezug zu den Entscheidungsgründen des angegriffenen Urteils besteht. Hat das Erstgericht die Abweisung der Klage auf mehrere voneinander unabhängige, selbständig tragende rechtliche Erwägungen gestützt, muss die Berufungsbegründung in dieser Weise **jede tragende Erwägung** angreifen; andernfalls ist das Rechtsmittel unzulässig. Bei einem teilbaren Streitgegenstand oder bei mehreren Streitgegenständen muss sich die Berufungsbegründung grundsätzlich auf alle Teile des Urteils erstrecken, hinsichtlich derer eine Änderung beantragt wird. Diesen Anforderungen wird die Berufungsbegründung nicht gerecht, wenn sie hinsichtlich keines der streitgegenständlichen prozessualen Ansprüche einen **hinreichenden inhaltlichen Bezug** zu den Entscheidungsgründen des angegriffenen Urteils enthält. 31

Auch das OLG Frankfurt am Main[30] bestätigte in einem Dieselfall, dass eine Berufung **unzulässig** ist, wenn die Berufungsbegründung weder die Tatsachenfeststellung noch die rechtliche Würdigung des Ausgangsgerichts angreift und ein **Bezug** zu der angefochtenen Entscheidung fehlt. Bei einer **Gesamtschau** aller Umstände der dortigen Berufungsbegründung (Singular/Plural, feminin/maskulin, Marke des Fahrzeugs VW/Audi) entstand auch dort für die Richter der (nachvollziehbare) Eindruck, dass sich die Berufungsbegründung weitgehend aus Textbausteinen zusammensetzte, die nicht auf den konkreten Streitfall **angepasst** wurden. 32

Darauf Bezug nehmend hat der BGH[31] bezüglich der inhaltlichen Anforderungen an die Berufungsbegründung bei einer Klageabweisung in einem Dieselverfahren dann allerdings anders entschieden und gemeint, dass die dortigen Anforderungen an eine Be- 33

---

27 Zum Ganzen: *Remmertz*, Verwendung von Textbausteinen in einer Berufungsbegründung, RDi 2020, 56.

28 OLG Stuttgart BeckRS 2017, 119632.

29 BGH WM 2020, 1894.

30 OLG Frankfurt a.M. BeckRS 2019, 21331.

31 BGH NJOZ 2021, 1145; BeckRS 2021, 21698.

rufungsbegründung entgegen der Auffassung des Berufungsgerichts trotz der Verwendung von Textbausteinen **erfüllt** waren. Zwar wurden in der Berufungsbegründung die Parteibezeichnungen (Kläger/Klägerin, Beklagte im Singular und Plural) nicht korrekt verwendet. Dies war aber nach Ansicht des BGH für das **Verständnis** nicht so entscheidend, dass der Bezug zum angegriffenen Urteil des LG nicht mehr erkennbar wäre. Das vom OLG[32] vermisste Eingehen auf den Umstand, dass es sich vorliegend um den Erwerb eines Fahrzeugs der Marke Audi handelt, war angesichts der Begründung des Urteils des LG nicht erforderlich, da es dem Kläger um einen Anspruch gegen den Motorhersteller ging. Der BGH stellte in dem Zusammenhang klar, dass formelle Anforderungen an die Einlegung eines Rechtsmittels im Zivilprozess nicht weiter gehen dürfen, als es durch ihren **Zweck** geboten ist.[33]

34 Ebenfalls erachtete der BGH[34] eine Berufungsbegründung noch als **zulässig**, die auf eine andere Entscheidung aus einem **Parallelverfahren** mit im Wesentlichen gleichem Sachverhalt verwies. Eine solche Berufungsbegründung kann den gesetzlichen Anforderungen genügen, wenn sich ihr in noch ausreichender Weise entnehmen lässt, welche **bestimmten** Punkte des angefochtenen Urteils bekämpft und welche tatsächlichen oder rechtlichen Gründe ihnen im **Einzelnen** entgegensetzt werden. Ein lapidarer Verweis auf eine andere Entscheidung reicht zwar in aller Regel für eine ausreichende Begründung nicht aus. Im entschiedenen Fall war aber der von der Berufungsbegründung in Bezug genommene Beschluss in einem Parallelverfahren mit einem im Wesentlichen gleichen Sachverhalt ergangen. Dabei wurden alle Fragen, mit denen sich das erstinstanzliche Gericht in der angegriffenen Entscheidung auseinandergesetzt hatte, nacheinander behandelt und im Sinne der klägerischen Argumentation entschieden. Diese Ausführungen eines anderen Senats seines eigenen Gerichts, die unmittelbar auf den Sachverhalt des Ausgangsverfahrens übertragbar waren, hatte das Berufungsgericht schlicht nicht zur Kenntnis genommen.

35 Allerdings dürfte eine Berufung, die sich gerade auf einen solchen Verweis auf eine andere Entscheidung beschränkt, nur **ausnahmsweise** zulässig sein und dem **Begründungszwang** genügen. Der BGH wies in seiner Entscheidung ausdrücklich auf die Besonderheiten des Einzelfalls hin, die bei genauerer Betrachtung in zwei Merkmalen zusammenfließen: Dem BGH kommt es darauf an, dass die Berufungsbegründung auf eine gerichtliche Entscheidung verweist, die (1) in einem im Wesentlichen **sachverhaltsgleichen** Parallelverfahren ergangen ist und (2) **sämtliche** Fragen der mit der Berufung angegriffenen Entscheidung behandelt und im klägerischen Sinne entschieden hat. Nur aufgrund dieser Besonderheiten wurden keine höheren formellen Anforderungen nach dem Zweck der Berufungsbegründung erhoben.

---

32 OLG Frankfurt a. M. BeckRS 2019, 21331.

33 BGH NJOZ 2021, 1145; BeckRS 2021, 21698 Rn. 7 mwN.

34 BGH BeckRS 2020, 24167.

Somit wird diese Entscheidung des BGH nur mit größter Zurückhaltung selbst auf ähnlich gelagerte Fälle massenhafter paralleler Klagen auf nahezu identischer Tatsachengrundlage angewendet werden können, da auch die jeweils tragenden Entscheidungsgründe der in Bezug genommenen Parallelentscheidung weitestgehend gleich liegen müssen. 36

Zwischenzeitlich liegen in den Dieselverfahren auch Entscheidungen des BGH vor, die die **strenge** Linie der Berufungsgerichte bezüglich der inhaltlichen Anforderungen an die Berufungsbegründung größtenteils bestätigen. 37

Zum einen hat der BGH[35] hinsichtlich einer aus automatisierten Textbausteinen formulierten Berufungsbegründung klargestellt, dass ein solcher Schriftsatz auf den zur Entscheidung stehenden Fall – und nicht auf ein anderes Verfahren – genau **zugeschnitten** sein muss. Dies betrifft in den Dieselverfahren die korrekte Bezugnahme auf den Hersteller des streitgegenständlichen Fahrzeugs, das Inverkehrbringen des konkreten Motors, vermeintliche Ausführungen des erstinstanzlichen Gerichts und nicht zuletzt die Bezugnahme auf das korrekte Ausgangsgericht. Pauschalisierte Behauptungen reichen nicht aus, sondern der Schriftsatz muss sich mit den tragenden Begründungen des erstinstanzlichen Gerichts ausreichend **auseinandersetzen**. 38

Zum anderen bestätigte der BGH[36], dass eine Berufungsbegründung auch hinsichtlich der prozessualen Ansprüche im Falle **mehrerer Streitgegenstände** einen hinreichenden inhaltlichen **Bezug** zu den Entscheidungsgründen des angegriffenen Urteils und eine ausreichende **Auseinandersetzung** damit enthalten muss. 39

b) Rechtsprechung zu anderen Massenschadensfällen

Die oben skizzierten Anforderungen an die **Individualisierung** von automatisierten Schriftsätzen in Dieselverfahren entsprechen im Wesentlichen auch anderen höchstrichterlichen Entscheidungen, die in Massenschadensfällen ergangen sind. 40

In einem Verfahren, in dem es um den Widerruf eines Darlehensvertrages nach fehlerhafter Widerrufsinformation ging, bestätigte der BGH[37] die Berufungsentscheidung, mit der die Berufung als **unzulässig** verworfen worden war. Der BGH erklärte auch hier, dass es für eine ordnungsgemäße Berufungsbegründung nach § 520 III 2 Nr. 2 ZPO nicht genüge, die Auffassung des Erstgerichts mit formularmäßigen Sätzen oder allgemeinen Redewendungen zu rügen oder lediglich auf das Vorbringen erster Instanz zu verweisen. Erforderlich ist eine aus sich heraus **verständliche** Angabe, welche **bestimmten** Punkte des angefochtenen Urteils der Berufungskläger weshalb bekämpft und welche Gründe er ihm entgegensetzt. Es braucht eine aus sich heraus verständliche 41

35 BGH BeckRS 2020, 22971.

36 BGH BeckRS 2020, 23544.

37 BGH BeckRS 2019, 3572.

Darlegung, in welchen Punkten und aus welchen Gründen der Kläger das landgerichtliche Urteil für unrichtig hält.

42 Auch automatisierte Schriftsätze in „Massenverfahren“ müssen also solche Voraussetzungen erfüllen.

43 Dies bestätigte der BGH[38] in einem anderen Darlehenswiderrufsfall. Auch in dieser Entscheidung wurde klargestellt, dass nach § 520 III 2 Nr. 2 ZPO die Berufungsbegründung die Umstände bezeichnen muss, aus denen sich nach Ansicht des Berufungsklägers die Rechtsverletzung und deren Erheblichkeit für die angefochtene Entscheidung ergeben. Dazu gehört eine aus sich heraus **verständliche** Angabe, welche **bestimmten** Punkte des angefochtenen Urteils der Berufungskläger bekämpft und welche tatsächlichen oder rechtlichen Gründe er ihnen im Einzelnen entgegensetzt. Zwar bestehen besondere formale Anforderungen nicht und für die Zulässigkeit der Berufung ist es insbesondere ohne Bedeutung, ob die Ausführungen in sich schlüssig oder rechtlich haltbar sind. Jedoch muss die Berufungsbegründung auf den **konkreten** Streitfall zugeschnitten sein. Es reicht nicht aus, die Auffassung des Erstgerichts mit formularmäßigen Sätzen oder allgemeinen Redewendungen zu rügen oder lediglich auf das Vorbringen erster Instanz zu verweisen. Genauso wenig genügt eine bloße Bezugnahme auf **Anlagen**, da diese nur der Erläuterung des schriftsätzlichen Vorbringens oder dem urkundlichen Beweis von Behauptungen dienen (§ 131 ZPO), schriftsätzliches Vorbringen jedoch nicht ersetzen können.

44 Die unzulängliche Berufungsbegründung kann im Übrigen nach Fristablauf nicht mehr **geheilt** werden.

45 Einen gewissen Aufschluss für die **Individualisierung** von Ansprüchen bei einer Vielzahl von Betroffenen gibt auch das erste Urteil des BGH[39] in einer Musterfeststellungsklage bezüglich der Nachberechnung von Zinsen in Prämiensparverträgen mit unwirksamer Zinsanpassungsklausel. Dort hatte sich der BGH auch zur Frage zu äußern, inwieweit rechtliche Aspekte der Verwirkung von Nachzahlungsansprüchen in einem solchen Verfahren geklärt werden können. Hier entschied der BGH, dass bei der Beurteilung einer **Verwirkung** das Zeitmoment und das Umstandsmoment nicht voneinander unabhängig betrachtet werden, sondern in einer **Wechselwirkung** stehen. Das Vorliegen eines Umstandsmoments kann aber jedenfalls nur **individuell** und nicht in einem Musterverfahren geklärt werden, sodass die Frage der Verwirkung allgemein nicht Gegenstand der Musterfeststellung sein kann. Auch hier macht der BGH deutlich, wann individuelle **Einzelfallentscheidungen** zu treffen sind und einer automatisierten Erstellung von Schriftsätzen entgegenstehen könnten.

38 BGH BeckRS 2019, 15895.
39 BGH WM 2021, 2234.

c) Zusammenfassung der höchstrichterlichen Rechtsprechung

Bezüglich der formalen Anforderungen an die **Berufungsbegründung** nach § 520 III 2 Nr. 1–4 ZPO gilt nach der höchstrichterlichen Rechtsprechung somit zusammenfassend, dass der Berufungskläger verständlich angeben muss, gegen welche Punkte des angegriffenen Urteils er sich aus welchen tatsächlichen oder rechtlichen Gründen wendet. Er muss zwar nicht jeder Erwägung der angegriffenen Entscheidung, wohl aber sämtlichen, die angegriffene Entscheidung selbstständig tragenden Erwägungen entgegentreten. Grundsätzlich darf sich eine Berufungsbegründung deshalb nicht in einem bloßen Verweis auf das Vorbringen in der Eingangsinstanz oder nur auf einen Hinweis auf eine abweichende, andere gerichtliche Entscheidung erschöpfen.[40] 46

Tatsächlich bezweckt die gesetzliche Regelung des § 520 III ZPO lediglich, ganz allgemeine und nicht auf den konkreten Streitfall bezogene Berufungsbegründungen auszuschließen, um durch eine Konzentration des Streitstoffes das Verfahren im zweiten Rechtszug zu beschleunigen. Der Berufungsführer soll nach dem Willen des Gesetzgebers das Berufungsgericht und den Gegner eindeutig über die Gründe informieren, die ihn zur Einlegung des Rechtsmittels bewogen haben.[41] Nur soweit sich diese Gründe in tatsächlicher und rechtlicher Hinsicht vollständig aus einer anderen Entscheidung in einem anderen Verfahren ergeben, genügt es **ausnahmsweise**, auf diese Entscheidung zu verweisen. 47

Auf jeden Fall lässt sich dem Risiko einer Verwerfung der Berufung nach § 522 I ZPO dadurch begegnen, dass auch bei (vermeintlich) im Wesentlichen gleichen Sachverhalten nicht lediglich auf die Entscheidung in einem (vermeintlich) parallelen Verfahren verwiesen oder die dortigen Gründe in Bezug genommen, sondern diese Gründe in der Berufungsbegründung **gesondert** und mit Rücksicht auf die tragenden Erwägungen der angegriffenen Entscheidung ausgeführt und damit für den konkreten Streitfall individualisiert werden.[42] Dies ist somit auch bei der automatisierten Gestaltung von Schriftsätzen zu beachten. 48

Die Anforderung an die automatisierte Gestaltung von Berufungsbegründungen besteht daher vor allem darin, das anzugreifende Urteil auf die tragenden Gründe zu analysieren, aus der Erkenntnis von Parallelverfahren die (möglicherweise durchaus gleichlautenden) Argumente gegen diese Entscheidungsgründe zu generieren und nach Möglichkeit auch noch individuelle Besonderheiten des Einzelfalls zu berücksichtigen. Hilfreich hierfür ist es natürlich, wenn auch bereits die Urteilsbegründungen parallel strukturiert sind und nicht versteckte, individuelle Überraschungen beinhalten. Hingegen wäre es ein Serienfehler der anwaltlichen Bearbeitung, nur auf das Stichwort „Diesel“ oder „VW“ nichtssagende Berufungsbegründungen automatisiert erstellen zu lassen. Hier ist die Unzulässigkeit der Berufung vorprogrammiert. 49

---

40 BGH BeckRS 2020, 24167.

41 BT-Drs. 14/3750, S. 67; BT-Drs. 14/4722, S. 95.

42 Vgl. BGH BeckRS 2020, 24167.

III. Ergebnis

50 Insgesamt kann festgehalten werden, dass die Verwendung von automatisierten Textbausteinen bei der Gestaltung von Schriftsätzen grundsätzlich **zulässig** und in Massenverfahren auch **sinnvoll** ist.

51 **Einschränkend** gilt allerdings immer, dass der hinreichende Bezug zum jeweils verfahrensgegenständlichen Einzelfall gegeben sein muss und Pauschalvorträge ohne jeden Bezug zum Verfahren zu vermeiden sind. Vor allem die durch Legal Tech-Einsatz standardisierten, automatisiert generierten Schriftsätze in Massenverfahren müssen diesen Anforderungen der ZPO in Bezug auf Schlüssigkeit und Substantiierung der Klage und hinsichtlich einer ordnungsgemäßen Rechtsmittelbegründung standhalten. Diese Anforderungen der ZPO gelten unabhängig davon, ob Schriftsätze individuell für einen Einzelfall oder massenhaft für viele gleichgelagerte Fälle erstellt werden. Auch wenn der Einsatz von Legal Tech-Lösungen erfolgt, müssen die Regeln der ZPO ohne jegliche Erleichterung, allerdings auch ohne zusätzliche Verschärfung beachtet werden.

52 Der Einsatz spezieller **Software** für automatisiert generierte Schriftsätze mit Textbausteinen in Massenverfahren begründet allerdings ein deutliches Spannungsverhältnis zwischen einer gewollten Standardisierung und Verallgemeinerung in gleichgelagerten Fällen einerseits sowie dem Bestimmtheitserfordernis, dem Substantiierungsgebot und der Darlegungslast für den konkreten Einzelfall andererseits.[43]

53 Wenn Schriftsätze in Massenverfahren standardisiert unter Einsatz von Legal Tech-Anwendungen erstellt werden, sollte die Anwaltschaft daher **haftungsrechtliche Risiken** vermeiden, indem bei der Gestaltung und beim Einsatz solcher Legal Tech-Anwendungen die Anforderungen der ZPO beachtet werden. Dies gilt sowohl für den Inhalt der Schriftsätze (Klageschrift nach § 253 II ZPO, Berufungsbegründung nach § 520 III ZPO) als auch für die nachvollziehbare anwaltliche Verantwortlichkeit und weitere, hiermit zusammenhängende berufs-, versicherungs- und steuerrechtliche Risiken.

54 Eine **Heilung** von Mängeln ist nachträglich regelmäßig nicht mehr möglich.[44]

55 Bei der Verwendung von „Legal Automation Platform“-Lösungen in Massenverfahren, also Software zur automatisierten Textgenerierung muss daher von Anwältinnen und Anwälten stets erneut geprüft werden, welcher Grad der Standardisierung nach der aktuellen Rechtsprechung noch zulässig ist und welche inhaltlichen Anforderungen an die standardisierten Schriftsätze geboten sind.

C. Praktische Herangehensweise

56 Vor dem Hintergrund der vorstehenden Ausführungen zu den prozessrechtlichen Anforderungen an die automatisierte Schriftsatzgestaltung und deren Konkretisierung

---

43 Vgl. *Remmertz*, Verwendung von Textbausteinen in einer Berufungsbegründung, RDi 2020, 56 (57).
44 Vgl. BGH BeckRS 2019, 15895.

durch die Rechtsprechung (dazu Rn. 56–58) sollen nun in diesem Abschnitt die **praktischen** Möglichkeiten und Herausforderungen der automatisierten Erzeugung juristischer Dokumente beschrieben werden.

Als Beispiel soll auch hier der sogenannte „**Abgasskandal**" herangezogen werden. 57

Nach grundsätzlichen Gedanken zur Automatisierung (dazu I.) werden die unter- 58
schiedlichen Methoden der automatisierten Textgenerierung vorgestellt (dazu II.) Vor- und Nachteile (dazu III.) und eine vorausgehende Kosten-Nutzen-Abwägung werden erläutert, um ein abschließendes Ergebnis zur automatisierten Textgenerierung zu erhalten (dazu IV.).

I. Grundsätzliche Gedanken zur Automatisierung

1. Was bedeutet Automatisierung?

Automatisierung beschreibt gemeinhin das Ausführen von Arbeitsschritten sowie die 59
Regelung und Organisation eines Prozesses durch ein künstliches System, sodass ein Mensch eine überwachende Funktion einnimmt und keine oder nur wenige Arbeitsschritte selbst vornehmen muss.[45]

2. Was genau wird automatisiert?

Bei der Benutzung einer Software werden stets einzelne Prüfschritte und ihre Ergebnis- 60
se automatisiert, beispielsweise die Beantwortung einer Teilfrage mit „Ja" oder „Nein" oder die Rückgabe eines Wertes in Abhängigkeit von einem anderen Wert oder Datenpunkt. Jede Software basiert auf dem Prinzip, dass aufgrund von Eingaben (Input) Entscheidungen getroffen werden, die zu einem Ergebnis (Output) führen. Die Regeln und Vorgaben, unter denen eine bestimmte Entscheidung zu treffen oder auch nicht zu treffen ist, müssen dabei von den Programmierenden der Anwendung vorgegeben werden.

> Beispiel 61
> Input: Der Kaufvertrag wurde am 10. Dezember 2014 abgeschlossen. Entscheidungsparameter: Wenn der Kaufvertragszeitpunkt vor dem 18. September 2015 liegt, hatte die Käuferin oder der Käufer noch keine Kenntnis vom Abgasskandal; ansonsten kann von ihrer bzw. seiner Kenntnis oder zumindest Kennenmüssen gemäß § 199 I Nr. 2 BGB ausgegangen werden. Output: Die Klägerin oder der Kläger muss sich keine Kenntnis vom Abgasskandal zum Zeitpunkt des Fahrzeugkaufs vorhalten lassen.

Eine **Erleichterung** tritt insbesondere dann ein, wenn besonders komplexe und von vie- 62
len Faktoren abhängende Entscheidungen getroffen werden sollen. Wo bei manueller Arbeit ein genaues Aktenstudium der Beantwortung einer juristischen (Teil-)Frage vorangehen muss, ist eine gute Software in der Lage, die nötigen Informationen innerhalb

45 Vgl. https://www.bpb.de/nachschlagen/lexika/lexikon-der-wirtschaft/18743/automatisierung.

von Sekundenbruchteilen aus der elektronischen Akte auszulesen, die Auswertung vorzunehmen und zusammenzustellen und die Antwort in einer vorbestimmten Form auszugeben.

3. Automatisierung beim Zusammenstellen eines Dokuments

63 Auch das Schreiben eines Textes setzt zwangsläufig eine Reihe von Entscheidungen voraus. Von der Adressierung des Schriftsatzes über das Formulieren der Sätze und Absätze, das Beschreiben des Sachverhalts und den Aufbau einer Argumentation bis hin zur Formatierung des Dokuments werden Entscheidungen für das eine und gegen das andere geschriebene Wort getroffen. Für einen Massenschadensfall wie den Abgasskandal werden manche Entscheidungen unabhängig von der einzelnen Akte immer zu demselben Ergebnis führen, wie z.B. die Argumentation zu einem Anspruch aus § 826 BGB. Alle anderen **einzelfallabhängigen Entscheidungen** können mit der richtigen Methode an eine Maschine abgegeben werden.

II. Unterschiedliche Methoden

64 Bei der automatisierten Textgenerierung kann zwischen verschiedenen Vorgehensweisen unterschieden werden, welche sich jeweils durch einen höheren oder niedrigeren Grad der **Automatisierung**, der Komplexität der notwendigen **Vorbereitung** und des Aufwandes der **Instandhaltung** charakterisieren lassen.

65 In den folgenden Abschnitten sollen nach der Darstellung einer allgemein erforderlichen Vorbereitung (dazu 1.) zwei verbreitete Modi der Texterstellung beschrieben werden, nämlich der Einsatz programmierbarer sogenannter Templates und die additive Textgenerierung (dazu 2.). Sodann wird in einem Zwischenergebnis verglichen, welche Methode jeweils vorzuziehen ist (dazu 3.).

1. Allgemein erforderliche Vorbereitung

66 Vor der technischen Einrichtung der Automatisierung sind in jedem Fall einige **Vorbereitungen** juristischer Art notwendig. Daneben muss in der elektronischen Kanzleiakte die Grundlage für den **Input** für die Automatisierung geschaffen werden.

67 Zunächst muss der Sachverhalt erfasst werden (dazu a)), um dann die juristischen Texte zu formulieren (dazu b)) und die einzusetzenden Akteninformationen zu definieren (dazu c)). Die Algorithmisierung der Vorlagen ist dabei entscheidend (dazu d)) und auch die Akten selbst müssen einige Anforderungen erfüllen (dazu e)).

a) Erfassen des Sachverhalts

68 Zunächst sollten sich (zukünftige) Anwendende der Automatisierung bewusst werden, welcher **Sachverhalt** der Akte zugrunde liegt. Dies ist insbesondere deswegen erforder-

lich, da es außerhalb des zentralen Kerns des fallübergreifenden Sachverhalts zahlreiche zu berücksichtigende **individuelle** Ausprägungen gibt.

So steht beispielsweise im sog. Abgasskandal meist der Kauf eines Fahrzeugs, in welchem ein mit einer Abschalteinrichtung für die Abgasreinigung versehener Motor eingebaut ist, im Mittelpunkt der Akte. Die weiteren **Einzelheiten** des Falles wirken sich allerdings aus juristischer Sicht ebenfalls und teils auch erheblich auf die Argumentation aus. So macht es einen Unterschied, ob das Fahrzeug privat oder gewerblich genutzt wird, das Software-Update des Herstellers aufgespielt wurde, das Fahrzeug inzwischen verkauft wurde, ob der Kaufpreis fremdfinanziert wurde usw. 69

In Vorbereitung des nächsten Schrittes sollten all diese möglichen Ausprägungen des Sachverhalts und ihre jeweiligen Varianten zunächst **skizziert** werden. Für das oben genannte Beispiel kann dies unter der Verwendung des BPMN-Standards[46] wie folgt aussehen: 70

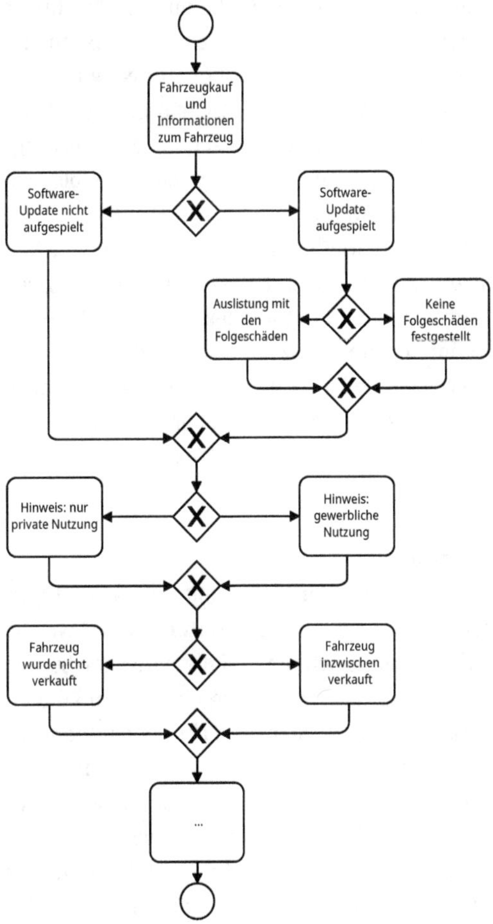

46 Für nähere Informationen zu diesem Standard siehe z. B. https://www.omg.org/spec/BPMN/.

b) Formulieren der juristischen Texte

71 Wie bei der „gewöhnlichen“ Fallbearbeitung auch muss der Sachverhalt in Massenverfahren **juristisch bewertet**, aufbereitet und entsprechend formuliert werden. Das Vorgehen weicht jedoch dahingehend vom „Normalfall“ ab, dass der Text nicht nur in *einer* Akte Anwendung findet.

72 Auch in Kanzleien, in denen noch keine Automatisierung benutzt wird, gibt es vielerorts Textvorlagen und Textbausteine, aus denen Akte für Akte die jeweils einschlägige Variante herauskopiert wird. Solche Vorlagen müssen auch bei einer automatisierten Schriftsatzgestaltung in einem ersten Schritt konsolidiert und in einem Dokument zusammengeführt werden.

73 Es muss zunächst eine **Textvorlage** verfasst werden, welche den Vortrag berücksichtigt, der in allen zu bearbeitenden Akten Anwendung finden kann. Daneben müssen alle im vorherigen Schritt definierten Ausprägungen berücksichtigt werden, damit es nicht zu Lücken oder falschem Vortrag im erzeugten Dokument kommt. Ein wichtiger Schritt für das Generieren eines sauberen Schriftsatzes ist also das Reduzieren des Schriftsatztyps auf einen allgemein anwendbaren **Aufbau vom Groben ins Feine**.

74 Am Beispiel einer Klageschrift ließen sich die Abschnitte „Anschrift des Gerichts – Rubrum – Antrag oder Anträge – Sachverhalt – Begründung – Rechtliche Bewertung“ definieren. Innerhalb dieser Abschnitte können dann entweder starre oder flexible Texte verwendet werden oder aber eine Kombination aus beidem.

75 Hilfreich erscheint hier das Verwenden von **Tabellen** an den Stellen, an welchen verschiedene Textabschnitte alternativ zueinander eingesetzt werden können. Doch nicht nur ganze Absätze können in alternativer Relation zueinanderstehen. Macht es die juristische Argumentation erforderlich, können selbst einzelne Worte oder Halbsätze für verschiedene Sachverhaltsvarianten verwendet oder ausgelassen werden. Die Länge eines variablen Textabschnittes hängt also von dem gewünschten oder auch erforderlichen Grad der **Detailtiefe** und **Individualität** des zu erzeugenden Textes ab.

c) Definition einzusetzender Akteninformationen

76 Ein weiteres Mittel zur Individualisierung eines erzeugten Dokuments ist das Einfügen aller **aktenspezifischen Informationen**. Gemeint sind damit alle **Datenpunkte**, welche die Akte außerhalb des zentralen Sachverhalts kennzeichnen und die entweder bereits in der Akte enthalten sind oder sich aus der individuellen Akte ergeben. Dazu können Angaben zur Mandantschaft selbst gehören, wie etwa die Anschrift, aber auch Daten des Kaufobjektes und des Vertrages wie Modell, Hersteller, Kaufpreis und Kaufdatum.

77 Mithilfe dieser Daten kann insbesondere für zunächst allgemein geschriebene Textpassagen wie das Rubrum, die Anträge oder die Ausführungen zum Sachverhalt ein Aktenbezug hergestellt werden. Außerdem können neue Datenpunkte aus der Akte wie eine hochgerechnete Nutzungsentschädigung, angefallene Rechtsanwaltsgebühren oder der Minderwert des Fahrzeugs berechnet und in den Text eingefügt werden.

d) Algorithmisierung der Vorlagen

Das Erzeugen eines zur Akte passenden Schriftsatzes kann auch als das Ergebnis einer Reihe von Entscheidungen beschrieben werden. Das Definieren der Parameter und Bedingungen, unter denen die zuvor formulierten variablen Textabschnitte in das Dokument eingefügt oder aber ausgelassen werden, wird als **Algorithmisierung** bezeichnet. Durch sie werden die möglichen Varianten voneinander abgegrenzt, damit jeder Sachverhalt zu einem eindeutigen Ergebnis führt. 78

Jeder dieser Textabschnitte kann an das Vorliegen eines Datums oder an einen bestimmten Wert eines Datenpunktes aus der Akte geknüpft werden. So kann beispielsweise die Information, dass ein Softwareupdate installiert worden ist, zu eben dieser Aussage im Schriftsatz führen. 79

Das Formulieren solcher Bedingungen mag auf den ersten Blick technische Kenntnisse erfordern. Doch ist in vielen Fällen nicht mehr nötig als eine **Wenn-Dann-Formel**, die aus Anwendungen wie *Microsoft Excel* bekannt sein dürfte: Wenn eine Bedingung vorliegt, führe Anweisung A aus, sonst Anweisung B. Zum vorgenannten Beispiel könnte in einem ersten Schritt formuliert werden: 80

> *Wenn* das Softwareupdate im Fahrzeug installiert wurde, *dann* füge ein: „Das von der Beklagten angebotene Software-Update wurde auf das streitgegenständliche Fahrzeug aufgespielt.“ *Sonst* füge an dieser Stelle nichts ein. 81

Diese Formel ermöglicht auch menschlichen **Bearbeitenden ohne vertiefte Vorkenntnis** nach einem Blick in die Akte die richtige Entscheidung, welche Passagen auszulassen sind, um ein korrektes Dokument zu erhalten. Dies funktioniert, weil der Bearbeiter weiß, an welcher Stelle in der Akte er diese Information findet und auslesen kann. Für eine Maschine ist die obige Formel noch nicht konkret genug. Daher kann sie für automatisiert erzeugte Schriftsätze beispielsweise wie folgt spezifiziert werden:[47] 82

83
```
if (akte.softwareupdateAufgespielt == "ja") {
    anzuzeigenderText = "Das von der Beklagten angebotene Software-Update wurde
                         auf das streitgegenständliche Fahrzeug aufgespielt.";
} else {
    anzuzeigenderText = "";
}
```

47 Die zu verwendenden Ausdrücke und Schreibweisen unterscheiden sich teils stark von Software zu Software. In diesem Beispiel handelt es sich um eine Wenn-Dann-Formel in der Programmiersprache „JavaScript“.

84 Diese Formel liest sich wie folgt:

85 *Wenn* der Datenpunkt mit der Bezeichnung „Wurde das Softwareupdate aufgespielt?" in der Akte den Wert „ja" hat, *dann* füge ein: „Das von der Beklagten angebotene Software-Update wurde auf das streitgegenständliche Fahrzeug aufgespielt." *Sonst* füge an dieser Stelle nichts ein.

86 Die meisten juristischen Entscheidungen ergeben sich jedoch erst aus einem Zusammenspiel verschiedener Datenpunkte. Hier sollte mit **logischen Operatoren** und **Vergleichsoperatoren** wie „und", „oder", „größer/kleiner als" gearbeitet werden, um eine ebenso klare Arbeitsanweisung zu bestimmen. Für einige Textabschnitte kann es sich als sinnvoll herausstellen, nicht nur positive Bedingungen zu formulieren, sondern zusätzlich zu definieren, welches Vorliegen von bestimmten Datenpunkten das Einfügen des Textes wiederum ausschließt.

e) Anforderungen an die Akte

87 Für eine ordnungsgemäße Texterstellung ist es zwingend erforderlich, dass die Datenpunkte in der Akte in **standardisierter** Form angegeben werden. Das bedeutet, dass nach Möglichkeit weitestgehend anstelle einer Freitextangabe eine **vordefinierte** Eingabe eingefordert wird. So kann für die Angabe der „EURO-Norm des Fahrzeugs" ein **Auswahlfeld** mit den vorhandenen und somit zulässigen Eingaben benutzt werden. Dies erleichtert nicht nur die Bedienung für den Anwender, sondern eliminiert das Risiko, bei der freien Formulierung des Datenpunktes menschliche Eingabefehler zu begehen.

88 Damit das Zutreffen der Bedingungen anhand der Akteninformationen validiert und umgesetzt werden kann, muss das für die Texterstellung verwendete Modul der Software die eingegebenen Datenpunkte **auslesen** können. Dies ist dann eine Frage der Gestaltung der elektronischen Akte.

2. Programmierbare Templates und additive Textgenerierung

89 Eine Möglichkeit der automatisierten Texterstellung bietet die Verwendung **programmierbarer Templates** (d.h. der noch nicht ausgefüllten Vorlagen in der elektronischen Datenverarbeitung). Hierbei wird die Textvorlage an denjenigen Stellen, an denen je nach Akte unterschiedliche Bausteine verwendet werden sollen, mithilfe der für die Software zu benutzenden Programmiersprache programmiert.

90 Die zweite Methode zur automatisierten Generierung von Dokumenten, welche hier vorgestellt werden soll, ist die sog. additive Textgenerierung.

a) Erklärung des Konzepts

91 Unter **additiver Textgenerierung** versteht man gemeinhin das Zusammensetzen eines Schriftsatzes durch eine Software in der Gestalt, dass ausgehend von einem ersten Text-

baustein alle weiteren Textbausteine an das Ende des jeweils zuvor ergänzten Textes angefügt werden. Die Position einzelner Textabschnitte im Zieldokument wird durch die Reihenfolge des Einfügens der Bausteine festgelegt. Es besteht zudem die Möglichkeit, verschiedene Textbausteine an derselben Position alternativ zueinander einzusetzen. Andere Textabschnitte, die in allen Fällen gleich sind, können an der entsprechenden Position hinzugefügt werden.

b) Spezielle Vorbereitung

Im Unterschied zur Verwendung eines programmierbaren Templates wird für die addi- 92
tive Textgenerierung nicht der gesamte mögliche Text in einem Dokument eingestellt, sondern in einzelne Bausteine aufgeteilt. Der erste grundlegende Unterschied zur Verwendung von Textvorlagen besteht also bereits darin, dass nicht ein gesamtes Dokument eines Typs (z.B. „Deckungsanfrage" oder „Klageschrift") in fester Form erzeugt wird. Vielmehr kann je nach Software-Lösung die Abfolge der zu verwendenden Textbausteine über eine **graphische Benutzungsoberfläche** abgebildet werden, wobei je ein Element mit einem Textabschnitt verknüpft ist.

3. Zwischenergebnis

Abhängig vom **Umfang** des zu automatisierenden Schriftsatzes bietet sich die eine oder 93
andere Methode eher an. Im Verlauf eines juristischen Prozesses werden regelmäßig sowohl kurze Schreiben wie eine Berufungseinlegung oder ein Fristverlängerungsantrag als auch längere Schriftsätze wie eine Klage- oder Berufungsbegründungsschrift, welche durchaus einen Umfang von mehr als 100 Seiten aufweisen können, verfasst.

Wo es möglich ist, sollte die eingestellte Automatisierung auch bei hoher Komplexi- 94
tät **übersichtlich** bleiben, damit Änderungen an Texten und Entscheidungen ohne großen Aufwand erfolgen können.

Bei der Verwendung programmierter Templates sind in der zu pflegenden Vorlage 95
nicht nur die Textabschnitte, sondern stets auch die Code-Anweisungen enthalten. Gemeint ist damit eine in der jeweiligen Syntax der Anwendung formulierte Anweisung, unter welchen Bedingungen der folgende Abschnitt einzufügen ist.[48] Bei langen Schriftsätzen oder solchen, für die besonders viele alternative Textabschnitte verwendet werden, kann es für die Anwendenden schwierig werden, sich in der komplexen Vorlage zurechtzufinden. Hier bietet sich die zuletzt beschriebene Methode der additiven Texterstellung an, bei der die Formulierung der Entscheidungsparameter auch außerhalb der Textvorlagen erfolgen kann. Andersherum lässt sich bei kleineren Schriftsätzen auch ohne Abstriche bei der Übersichtlichkeit und Handhabung ein programmierbares Template verwenden.

---

48 Siehe hierzu die Beispiele unter Rn. 78ff.

96 Welche Methode gewählt wird, hängt aber auch von weiteren Faktoren ab, an erster Stelle natürlich von den Möglichkeiten der verwendeten **Software**.

97 Lassen sich beide Methoden mit der Software umsetzen, sind daneben auch die Fertigkeiten der **Sachbearbeitenden**, die jeweils die Automatisierung einstellen, zu berücksichtigen.

III. Vor- und Nachteile der automatisierten Textgenerierung

98 Um das volle Potenzial einer Automatisierung auszuschöpfen, ist eine ausführliche **Testphase** von hoher Bedeutung. Darunter ist zu verstehen, dass jede Regel in der praktischen Anwendung auf Lücken und logische Fehler in der Formulierung geprüft und gegebenenfalls korrigiert wird. Anschließend kann die Automatisierung in beliebig vielen Fällen quasi „blind" angewendet werden, ohne dass die zuständigen Sachbearbeitenden Zweifel an der Korrektheit des ausgegebenen Dokuments zu haben brauchen.

99 Ein Schlüsselelement für die vollwertige Nutzung einer Automatisierung ist daher das **Vertrauen** in die Software und in die Person oder Personen, durch welche die Einstellung der Automatisierung vorgenommen wird. Üblicherweise wird diese Einstellung durch Personen mit einer Doppelfunktion übernommen, sogenannte „Legal Engineers" oder „Legal Architects"[49], also Personen mit einem juristischen *und* technischen Hintergrund. Vertrauen kann mitunter auch dadurch aufgebaut werden, dass die zuständigen Rechtsanwältinnen und Rechtsanwälte selbst an der Automatisierung mitarbeiten. Über einen engen Austausch kann so nicht nur gewährleistet werden, dass die automatisierten Texte aktuell gehalten werden (z.B. bei sich ändernder oder neuer Rechtsprechung), sondern auch mögliche Ängste vor einer „Black Box" genommen werden, wenn Anwältinnen und Anwälte sehen können, was im Hintergrund bei der Software-Entwicklung geschieht. Organisatorisch kann dies mit „Inhouse"-Lösungen gewährleistet werden, wenn zumindest „Legal Engineers" oder „Legal Architects" in der Kanzlei beschäftigt sind und ggf. IT-Expertise hinzugenommen wird. Alternativ stehen für kleinere und mittelständische Kanzleien auch externe Dienstleister zur Verfügung, die eine entsprechende Software einschließlich der Implementierung in der Kanzlei und der persönlichen Abstimmung auf die spezifischen Bedürfnisse der Anwälte und Anwältinnen in der Kanzlei anbieten.

100 Gleichzeitig muss in der Vorbereitung darauf geachtet werden, dass die generierten Dokumente nicht nur Schablonen sind, sondern stets einen **individuellen** Vortrag zur Akte beinhalten und auf den **konkreten** Streitfall zugeschnitten sind. Beispielsweise wurden zu pauschale, automatisiert generierte Schriftsätze hinsichtlich der Berufungsbegründung von verschiedenen Gerichten bereits als unzulässig abgewiesen, wie oben (dazu B.II.) ausgeführt wurde. Ebenso wäre darauf zu achten, die formalen Mindestanforderungen an die Klageschrift gemäß § 253 ZPO einzuhalten. Ein zu pauschales und damit prozessual wertloses Ergebnis kann durch einen **kleinschrittigeren** Aufbau der

49 Diese Berufsbezeichnungen sind relativ neu und noch nicht einheitlich definiert.

variablen Textbausteine, **komplexere** Entscheidungsparameter und das Einfügen **aktenspezifischer** Datenpunkte vermieden werden.

IV. Ergebnis und vorausgehende Kosten-Nutzen-Abwägung

Der vorgestellten Beschreibung zufolge scheint das automatisierte Erzeugen von 101
Schriftsätzen in allen Rechtsgebieten und Rechtsfällen möglich zu sein. Auf die beschriebenen Grundprinzipien aufbauend können auch komplexere Schriftsätze im gesamten Verlauf des Verfahrens (teil-)automatisiert erzeugt werden. Maßstab für die Beurteilung, ab wann oder bis wohin die automatisierte Schriftsatzerzeugung prozessökonomisch sinnvoll ist, sind die Anzahl der wiederkehrenden Workflows und die Kongruenz ihrer Inhalte. Wenn sich auch komplexere und verästelte Argumentationen in einer großen Anzahl von Verfahren wiederholen, kann es sich lohnen, auch diese Argumentationsführung zu automatisieren. Die Einrichtung der erforderlichen Komplexität des Schriftsatzes gebietet jedoch eine intensive Vorbereitungs- und Testphase sowie die Herstellung eines geeigneten Datenmodells. In Abhängigkeit von der Gestalt des täglichen Geschäfts in einer **Kanzlei** erscheint es also sinnvoll, auf **unterschiedliche Grade** der Automatisierung zurückzugreifen.

Die Automatisierung der Schriftsatzgenerierung bei Massenschadensfällen bedeu- 102
tet folglich zwar einen Mehraufwand *vor* ihrer Verwendung, kann den Sachbearbeitenden jedoch eine ganz erhebliche Unterstützung bei der Bearbeitung einer Vielzahl gleich oder ähnlich gelagerter Fälle bieten. So bleibt mehr **Zeit** für die grundsätzliche Bearbeitung der Verfahren sowie für juristische Einzel- und Sonderfälle, welche manuelle Arbeit erfordern.

Die Anwendenden sollten sich dabei nicht der Illusion hingeben, das Erzeugen 103
sämtlicher Schriftsätze im Verfahren könne ausnahmslos durch die Nutzung automatisierter Texterstellung erfolgen. Dies ist auch kein erstrebenswertes Ziel. Es wird vielmehr stets Fälle geben, welche sich durch juristische Probleme auszeichnen, die nicht in das automatisierte Schema passen und die durch einen juristischen Sachbearbeitenden mit einem **individuellen** Schriftsatz bedient werden müssen. Zwar können bereits durch die richtig verwendete Software besondere Fallkonstellationen erkannt und den Sachbearbeitenden gesondert vorgelegt werden. Dennoch sollten Anwältinnen und Anwälte bei der Automatisierung von Schriftsätzen hierfür stets **sensibel** bleiben, da die Verantwortung für den Inhalt der Schriftsätze letztlich bei ihnen bleibt.

D. Ausblick auf weitere Nutzungsmöglichkeiten

Automatisierte Dokumentenerstellung mithilfe einer Software eröffnet weitergehende 104
Möglichkeiten des Ausschöpfens digitaler Potenziale.

Durch die automatisierte Erstellung des Dokuments stehen beispielsweise sowohl 105
die zugrunde liegenden Sachverhaltsinformationen als Rohdaten als auch das fertige

Textdokument parallel zur Verfügung. Sowohl die Rohdaten als auch der gespeicherte Datensatz können daraufhin in einem „**Contract Lifecycle Management**" weiterverarbeitet werden, worunter u. a. die Archivierung, Verwaltung, Anpassung, Weiterentwicklung und Beendigung von Verträgen und anderen Dokumenten verstanden wird.[50] Dies bietet für die Anwaltskanzlei auch den Vorteil, den kompletten Überblick darüber zu behalten, welche Dokumente mit welchen Bestandteilen, Textteilen oder Abschnitten auf Grundlage welcher Templates für welche Mandanten erstellt wurden. So kann auch proaktiv auf Änderungen der Sach- und Rechtslage reagiert werden und die Anwaltschaft kann im Falle nachträglich entstandener Risiken mit Verbesserungsvorschlägen auf die Mandanten zugehen. Auch ist eine Suche von Dokumenten, denen bestimmte Sachverhaltskonstellationen zugrunde liegen, auf diese Weise einfach durchzuführen.[51] Die **Archivierung der Rohdaten** in digitaler, durchsuchbarer Form kann zu mehr Übersichtlichkeit, Transparenz und einer besseren Kontrollierbarkeit rechtlicher Risiken führen.

106 Außerdem ergibt sich daraus im Vertragsbereich die Möglichkeit von „**Smart Contracts**". Wenn der Rohdatensatz von den Parteien als verbindlich festgelegt wird, können damit verbindliche Verträge erstellt werden, die komplett maschinenlesbar sind und durch entsprechend konfigurierte Computerprogramme verstanden und ggf. automatisch ausgeführt werden können.[52] Diese können dann beispielsweise in EDV-Systeme des Mandanten eingespielt werden, um hieraus die enthaltenen Vertragsinformationen automatisch im System der Kanzlei auszuwerten, zu übernehmen und weiterzuverarbeiten.

107 In der Finanzbranche wird auch bereits teilweise auf eine in natürlicher Sprache formulierte Fassung eines Vertrages verzichtet, indem ein Smart Contract durch eine **Blockchain** äußerst fälschungssicher dokumentiert und nach bestimmten programmierten Regeln ausgeführt werden kann.[53]

108 All diese Aspekte können bei der automatisierten Schriftsatzgestaltung berücksichtigt werden und dort einfließen und umgekehrt auch bei der Erstellung außergerichtlicher Dokumente einfließen.

E. Fazit

109 Zwar gibt es auch kritische Stimmen, die sich gegen die (teil-)automatisierte Schriftsatzgestaltung und Digitalisierung der anwaltlichen Tätigkeit erheben. In diesem Zusammenhang werden Reformen des Prozessrechts angemahnt, um **digitalisierte „Massenverfahren"** zu verhindern, aber es gibt auch Bemühungen um eine Digitalisierung des

50 *Halbleib* in: Hartung/Bues/Halbleib (Hrsg.), Legal Tech, 2018, Rn. 1152.
51 *Halbleib* in: Hartung/Bues/Halbleib (Hrsg.), Legal Tech, 2018, Rn. 1152.
52 *Halbleib* in: Hartung/Bues/Halbleib (Hrsg.), Legal Tech, 2018, Rn. 1153.
53 *Halbleib* in: Hartung/Bues/Halbleib (Hrsg.), Legal Tech, 2018, Rn. 1154.

gesamten Zivilverfahrens (I.). Abschließend und zusammenfassend soll hier betont werden, welche Vorzüge die anwaltliche Praxis durch den Einsatz von Legal Tech-Software zur Schriftsatzautomatisierung genießen kann (II.).

I. Kritik und Reform

Kritik wird an der automatisierten Erstellung von Schriftsätzen hinsichtlich der **Rechtsschutzgewähr** und der **Prozessökonomie** gesehen. So lässt sich kritisieren, dass in Massenverfahren im Falle der Abtretung der Ansprüche von **Klägerinnen und Klägern** an eine Kanzlei keine einzelfallbezogene, erschöpfende Prüfung und Verfolgung ihrer Ansprüche angeboten wird, was den Rechtsschutz beeinträchtigt. Auch die Infrastruktur an den **Gerichten** scheint zum jetzigen Zeitpunkt noch nicht den digitalen Massenverfahrensbearbeitungen der anwaltlichen Bevollmächtigten gewachsen. Eine Erleichterung wäre es dabei auf jeden Fall, wenn es eine einheitliche Schnittstelle der Justiz für den Eingang und Ausgang auch automatisierter Schriftsätze gäbe. Auch die Justiz könnte sich hierbei Vorteile der Automatisierung z.B. in Bezug auf Verfügungen, Hinweise oder auch Entscheidungen zunutze machen. 110

Bezüglich der eher noch verbreiteten Skepsis vor digitalen Massenverfahren veröffentlichten im November 2021 einige **Zivilrichterinnen und Zivilrichter** verschiedener Landgerichte einen öffentlichen Brief, in dem sie verzweifelt mehr Unterstützung für die Bearbeitung von Massenklagen forderten. Sie äußerten darin, dass die vielen Massenverfahren zum Dieselskandal, zum Widerrufen von Bankdarlehen sowie zu Klagen gegen Beitragserhöhungen in der privaten Krankenversicherung auch die bislang widerstandsfähigsten Richterinnen und Richter mürbe gemacht hätten. Durch die Massenverfahren drohten Gefahren sowohl für den **Rechtsstaat** als auch für die **psychische Gesundheit** (Burnout, Depression, innere Gleichgültigkeit) und die **Motivation** der **Belegschaft** in der Justiz. Denn die Dieselklagen und Widerrufsfälle nähmen mittlerweile einen Großteil der Arbeit der Zivilkammern ein und veränderten das Berufsbild der Richterschaft. Die Kritik richtet sich gegen spezialisierte Klägerkanzleien, Inkassodienstleister und Prozessfinanzierer, die durch ihre standardisierten, umfangreichen Schriftsätze erheblich zu der Überlastung der Zivilgerichte beitrügen.[54] 111

Dies ist auch unmittelbar Legal Tech-Anbietern zuzuschreiben. So erklärte die Vorsitzende des Ausschusses Zivilverfahrensrecht im DAV, Dr. Michaela Balke, dass auch die Legal Techs durch Massenklagen einen ganz eigenen Schub bekommen hätten. **Legal Tech-Inkassodienstleister** hätten einerseits ein gutes Geschäft mit den massenhaft abgetretenen Ansprüchen der Verbraucherinnen und Verbraucher gemacht und andererseits z.B. die Dieselfälle auch sukzessive dazu genutzt, ihr Geschäftsmodell zu etablieren und vom BGH als zulässig bestätigen zu lassen.[55] 112

54 *Jung*, Brandbrief aus Augsburg, Frankfurter Allgemeine Zeitung 18.11.2021.

55 *Dahmen*, AnwBl 2022, 10 (12).

113 Gleichfalls in diese Richtung geht eine Schilderung des Präsidenten des Oberlandesgerichts Nürnberg, Dr. Thomas Dickert, der derzeitigen Situation bei den Gerichten: „Das **Bauamt** kam zu uns in den Justizpalast: Durch die vielen Akten in den Dieselverfahren hätten wir die Statik der Räumlichkeiten überreizt. Es wurde befürchtet, dass die Decke einbricht, und so mussten wir die Akten dann im ganzen Haus verteilen."[56] Auch wenn ein solcher Eindruck keine Spur einer Digitalisierung in der Justiz erkennen lässt, lässt sich die Feststellung nicht verleugnen, dass die dortigen **Klageeingänge** von normalerweise 2.000 pro Jahr angabegemäß auf 4.000 bis 4.500 angewachsen sind.

114 Als Reaktion darauf hat Bayern Mitte November 2021 auf der Herbstkonferenz der **Justizminister** in Berlin einen neuen **Gesetzesreformvorschlag**[57] zur effizienten Bewältigung von Massenverfahren präsentiert. Darin enthalten sind Änderungen im Gebühren- und Kostenrecht, Änderungen im RDG und eine Anpassung der Verjährungsfrist, um den Gerichten die rechtlichen Werkzeuge zur angemessen schnellen Bearbeitung von Massenklagen zur Verfügung zu stellen. Wertvolle **Justizressourcen** dürften auch im Hinblick auf eine effektive Durchsetzbarkeit von **Verbraucherrechten** in Massenverfahren nicht unnötig verschlissen werden, wenn sich solche Massenverfahren vor allem durch eine hoch automatisierte Standardisierung der Klägerschriftsätze ohne hinreichendem konkreten Einzelfallbezug auszeichnen. Zwar können Inkassodienstleister und Legal Tech-Plattformen Verbraucherinnen und Verbrauchern mit niedrigschwelligen Angeboten in bestimmten Bereichen den Zugang zum Recht erleichtern, Kosten sparen und somit für kleine und mittlere Dienstleistungsunternehmen in dem Bereich neue Geschäftsfelder eröffnen. Allerdings führt die zunehmende Zahl der Massenverfahren zu erheblichen **Mehrbelastungen** und **Verzögerungen** bei den Zivilgerichten. Ob diese Auswirkungen von Massenverfahren allein durch eine quantitative und qualitative Verbesserung der Justiz v. a. in personeller Hinsicht aber auch materiell vermieden werden können, erscheint zweifelhaft. Zusätzlich dürften Änderungen im Prozessrecht erforderlich sein, die neben dem Prozessrecht insbesondere auch das materielle Recht, das Gebühren- und Kostenrecht sowie das anwaltliche Berufs- bzw. das Rechtsdienstleistungsrecht in den Blick nehmen.[58]

115 Zusätzlich zu der Reform der prozessualen Regelungen und der derzeitigen prozessualen Möglichkeiten der ZPO sollte aber verstärkt eine **Digitalisierung** des Zivilverfahrens angestrebt werden. Das Zivilprozessrecht muss sich vermehrt an das digitale Zeitalter anpassen, zu einem **digitalen Zivilprozess** werden. Die heutige ZPO limitiert die Digitalisierung des Zivilverfahrens, auch wenn sich die analogen Juristinnen und Juristen dank der ZPO noch immer unverzichtbar fühlen.[59]

56 *Dahmen*, AnwBl 2022, 10 (11).
57 https://www.justiz.bayern.de/presse-und-medien/pressemitteilungen/archiv/2021/174.php.
58 https://www.justiz.bayern.de/presse-und-medien/pressemitteilungen/archiv/2021/174.php.
59 *Pickel*, AnwBl 2018, 288.

Somit sind bisherige Innovationsbemühungen noch zu stark durch die prozessrechtlichen Rahmenbedingungen auch gedanklich **eingeschränkt.**[60] Es wird überlegt, **mediative** Elemente in den Zivilprozess einzuführen oder verstärkt **virtuelle** Verhandlungen gemäß § 128a ZPO durchzuführen. Das übergeordnete System der ZPO bleibt aber bestehen. 116

Software-Lösungen im Zivilverfahren wie die beschriebene Software zur Schriftsatzerstellung unterstützen allerdings auch in diesem Rahmen die Digitalisierung. Ein **strukturierter Parteivortrag** durch die (teil-)automatisierte Schriftsatzgestaltung ist gerade in Massenverfahren sinnvoll und kann zu einer **Effizienzsteigerung** bei Gericht beitragen, indem Sachvortrag und rechtliche Würdigung für jeden Einzelfall übersichtlich zugeordnet werden. 117

Dabei müssen im Übrigen aber auch immer der **Datenschutz** und die **Datensicherheit** im Sinne der DSGVO und auch der **berufsrechtliche Geheimhaltungsschutz** gewährleistet werden. 118

Die **Papierform** als physisch verkörperter, nicht ohne Weiteres duplizierbarer oder extern auslesbarer Datenträger ist im Grundsatz gegenüber digitalen Dokumenten durch seine physische Zugangshürde besser dazu geeignet, Datenschutz und Datensicherheit herzustellen.[61] Absoluten Datenschutz und Datensicherheit können aber auch Papierdokumente nicht bieten, da sie natürlich auch z.B. hinsichtlich Integrität, Vertraulichkeit und Verfügbarkeit anfällig sein können. Technisch und organisatorisch ist jedenfalls zu gewährleisten, dass das erforderliche Niveau an Datenschutz und Datensicherheit auch für digitalisierte Gerichtsverfahren gewahrt bleibt. 119

Schließlich verlangen diese Rechtsautomation und Dokumentenautomatisierung ein erhebliches Maß an **Antizipation** aller potenziell möglichen Fallgestaltungen. Dies macht die Entwicklung der Softwares schwierig und derzeit nur für bestimmte, einfach gelagerte und häufig wiederkehrende Fallgestaltungen attraktiv.[62] 120

II. Vorzüge

Dennoch kann, wie in den vorangehenden Abschnitten aufgezeigt, eine automatisierte Dokumentengenerierung nicht nur ein Schritt in Richtung einer **papierlosen** und **digitalen** Rechtspflege sein, sondern auch eine erhebliche **Erleichterung** im Arbeitsalltag der Anwaltschaft und Richterschaft darstellen. 121

Die **Effizienz** vieler Arbeitsprozesse kann gesteigert werden, was jedoch nur mit der Einbindung möglichst aller Mitarbeiter gelingen kann. Dem Gedanken der Automatisierung liefe es entgegen, die Software-Lösung nur partiell in einer Kanzlei, einem Gericht oder einer Behörde einzubringen. Für ein gelungenes Ergebnis ist der **allumfas-** 122

60 Hierzu instruktiv: *Gremminger/Risse*, AnwBl 2022, 24ff.
61 Vgl. *Werner/Wollweber*, AnwBl Online 2018, 386 (387).
62 *Netzer*, AnwBl 2018, 280 (281).

sende Einsatz der Software in allen Abteilungen und Arbeitsprozessen der **Kanzlei** notwendig.

123 Für **Gerichte** bietet die automatisierte Schriftsatzgestaltung ebenfalls die Chance, Verfahren **effizienter** durchzuführen. Bei zehn- oder sogar hunderttausenden gleich gelagerten Fällen mit weitgehend gleich oder zumindest ähnlich lautenden Darstellungen der Sach- und Rechtslage bietet es sich an, hier **statistische** Auswertungen, aber auch **automatisierte** Entscheidungen zu generieren. Die Anforderungen an die Qualität der Arbeit der Justiz sind allerdings genauso wie die Anforderungen an die anwaltlichen Schriftsätze: Bei aller Automatisierung muss der **Einzelfallbezug** erhalten bleiben. Digitalisierung muss **Individualisierung** unterstützen. Für gerichtliche Entscheidungen könnte dies noch verstärkt gelten, da sie unmittelbar hoheitliche Auswirkungen haben und einzelne Sachverhaltsfehler daher nicht toleriert werden können. Mit einem entsprechenden Verfahrensmanagement können aber alle Beteiligten im **digitalen Zeitalter** ankommen und bauliche Gefahren für Gerichtsgebäude wie in Nürnberg ebenso wie Ressourcenverschwendung in Bezug auf Personal und Zeit vermeiden.

Christian Altenhofen

§ 9 Digitales Wissensmanagement

Gliederungsübersicht **Rn.**

A. Prolog

> „Legal risk management and knowledge management will be key strategic issues for tomorrow's in-house lawyers.“[1]

Diese aus dem Jahr 2013 stammende Prophezeiung hat sich mittlerweile bewahrheitet. 1
Für das Wissensmanagement (engl. Knowledge Management – im Folgenden auch KM) trifft dies indes nicht nur auf in-house Anwältinnen und Anwälte zu. Sie gilt vielmehr für sämtliche am Wirtschaftsgeschehen beteiligte Akteure, so dass heute in Anwaltskanzleien, Unternehmen, Banken, Beratungen etc., aber auch in Behörden und bei den Gerichten ein effektives und oft globales Arbeiten ohne ein gut funktionierendes Wissensmanagement gar nicht mehr gelingen kann. Lediglich das Wort „digital“ müsste aus heutiger Sicht eingefügt werden. Denn der Nutzen der Digitalisierung von Arbeitspro-

1 *Susskind*, Tomorrow's Lawyers, 2013, S. 68.

Christian Altenhofen
https://doi.org/10.1515/9783110755787-009

zessen ist hinlänglich bekannt, und so ist die Digitalisierung auch im Bereich des Wissensmanagement ein kategorischer Imperativ. Viele fortschrittliche Organisationen haben den Vorteil erkannt, der dadurch entsteht, dass sie sich um ein Wissensmanagement herum aufbauen und dieses als den „Nukleus“ ihrer Geschäftseinheit ansehen.

2 Was für die meisten Wirtschaftsakteure, die auf ein strukturiertes Verbandswissen zurückgreifen können, nahezu eine Banalität geworden ist, ist im Bereich des Zivilprozesses noch ausbaufähig. Der Beitrag soll daher nicht nur die Hintergründe eines digitalen Wissensmanagements erläutern, sondern auch einen Ausblick auf mögliche Anwendungsbereiche im Rahmen der Gerichtsbarkeit gewähren.

B. Allgemein: Sinn und Zweck des Wissensmanagements

I. Wissen – Die Frage nach dem „Warum“

3 In der Praxis wird jede Organisation für sich bewerten, was überhaupt das „Wissen“ ist, das es zu sammeln gilt. Dabei bietet es sich an, das „Pferd von hinten aufzuzäumen“ und sich mit der (zentralen) Frage auseinanderzusetzen, welches Wissen der Organisation nützt. Wissensmanagement ist keinesfalls Selbstzweck. Die Wissensaufbereitung muss ein konkretes Ziel verfolgen und einen Mehrwert (z.B. für die Mandatsarbeit) liefern. Es sollte daher stets eng mit dem Business Case einer Kanzlei einhergehen und auf diesen abgestimmt sein bzw. die Richterinnen und Richter bei ihrer konkreten Arbeit unterstützen und auf diese abgestimmt sein.

II. Management des Wissens

4 Erst wenn eine Organisation die Frage nach dem „Warum“ für sich beantwortet hat – und schon dies ist schwer genug – wird man auf einer zweiten Ebene die Struktur festlegen können, mit Hilfe derer das „Management“ des Wissens vorgenommen werden kann. So muss sich eine Organisation dazu Gedanken machen, wie sie ihr Wissen einsammelt, von den Einzelpersonen abstrahiert und in aufbereiteter Form dem entsprechenden Adressatenkreis im Unternehmens-, Kanzleiverband oder an den Gerichten zur Verfügung stellt. Hier spielt unter anderem auch die Wahl der IT-Systeme und Tools, deren Hilfe man sich bedient, eine entscheidende Rolle.

III. Das Resultat eines funktionierenden KM

5 Im Ergebnis erkennt man ein gut funktionierendes Wissensmanagement nicht anhand konkreter Kennzahlen, weder in Kanzleien und in Unternehmen und schon gar nicht an Gerichten. Gleichwohl wirkt es sich mittelbar auf sämtliche Bereiche der Organisation aus. So wird etwa für eine Kanzlei die tägliche Mandatsarbeit durch das Auffinden der geeigneten und weiterführenden Templates, Muster, Precedents etc. wesentlich erleichtert und es werden Prozesse eingeführt, die standardisierbare Arbeitsabläufe effizient

gestalten, während bei komplizierter Mandatsarbeit ein möglichst breites Wissensspektrum Unterstützung gewährleisten kann. Durch ein gut funktionierendes KM kann schneller und effektiver beraten werden und auch die Qualität des Rechtsrates wird gesichert.[2] An den Gerichten kann ein funktionierendes KM ebenfalls die Schnittstelle zwischen den Richterinnen und Richtern, der IT, den Wissensdatenbanken sein – vor allem bei der Umstellung auf eine neue Rechtslage unterstützen.

Generell kann darüber hinaus vor allem die Abwanderung von Wissen (im englischen oft als „brain drain“ bezeichnet) verhindert oder auf krankheitsbedingte Ausfälle von Kolleginnen und Kollegen schneller reagiert werden, weil das Wissen von einzelnen Personen losgelöst und auf die Ebene der Organisation verlagert wird. So wird beispielsweise durch die bevorstehende Pensionierungswelle ein erheblicher Teil des an den Gerichten bestehenden Wissens verloren gehen, wenn und weil es vorher nicht von der individuellen Person abstrahiert wurde. Wird dies konsequent angewendet, muss nicht das verloren gegangene Wissen wieder mühsam und kostenaufwendig aufgebaut werden. Umgekehrt, das heißt wenn ein Wissenstransfer auf die Ebene der Gesellschaft nicht funktioniert, könnte es in Unternehmen sogar dazu kommen, dass ganze Geschäftsprozesse ins Stocken geraten, nur weil wichtiges Expertenwissen verloren geht.[3] 6

Auch kann aus Fehlern gelernt werden, was nicht zuletzt unter Compliance Gesichtspunkten ein wichtiger Aspekt von Wissensmanagement ist. Zeitersparnis und folglich Kostenersparnis können erhebliche Wettbewerbsvorteile sichern und auch die Akquise neuer Mandate oder Kunden kann durch das KM unterstützt werden, wenn z.B. Trends frühzeitig erkannt werden und gemeinsam mit dem Mandanten eine Strategie für mögliche Problemfelder erarbeitet wird. Das kann sich mitunter sogar auf den Recruiting Prozess auswirken, wenn und weil zukunftsträchtige Bereiche eines Unternehmens oder einer Kanzlei als besonders wichtig identifiziert werden. 7

C. Die Arbeit des Knowledge Managers

I. Wie aus Daten Informationen werden

Die vornehmliche Aufgabe eines Knowledge Managers (oder in Kanzleien: Knowledge Lawyer) ist es, Informationen zu schaffen und diese dem relevanten Adressatenkreis zugänglich zu machen. Dies beginnt in einer Kanzlei zunächst mit dem Sammeln von sämtlichen Verträgen, Schriftsätzen, Klauseln und Satzbausteinen, die innerhalb der Organisation (global) entstehen oder die im Rahmen der Mandatsarbeit von Dritten zur Verfügung gestellt werden. Dies geschieht meist in Form von internen Abfragen. Bei in- 8

2 *Yuan* in: Halft/Henning (Hrsg.), Die Digitale Zukunft der Rechtsabteilung, 2021, S. 94; Vgl. dazu auch die Studie der Boston Consulting Group und der Bucerius Law School vor dem Hintergrund der Effizienzsteigerung durch Legal Operations, *Veith* u.a., Legal Operations: Getting More from In-House Legal Departments and Their Outside Counsel, 2018, S. 3ff.

3 *Yuan* in: Halft/Henning (Hrsg.), Die Digitale Zukunft der Rechtsabteilung, S. 94.

ternationalen Organisationen kommt hier eine riesige Datenmenge zusammen – einen Mehrwert bietet diese für sich betrachtet indes nicht. Denn dazu müssen die Daten zunächst strukturiert, d.h. aufbereitet und in einen Kontext gebracht werden. Erst durch diesen Prozess entstehen Informationen, die der Organisation später bei der Mandatsarbeit weiterhelfen.

9 **Praxisbeispiel**: Eine Kanzlei vertritt einen großen Konzern bei der Abwehr tausender Klagen. Jeder neue Schriftsatz bedeutet eine große Anzahl von Daten. Entscheidend ist jedoch, welche Daten hieraus relevant sind. So könnten bspw. der Klagewert oder die Produktdaten aus der jeweiligen Klage relevant sein. Für die Abwehr zukünftiger Klagen wird aber vor allem die Begründung der Klagen von besonderer Bedeutung sein. Sollten hier neue Argumente vorgebracht werden, so müssen sich alle mit dem Fall beschäftigten Anwälte auf diese neuen Argumente einstellen können. Evtl. könnten neue Argumente sogar zu einer Änderung der Prozessstrategie führen. Daher müssen sämtliche Schriftsätze ggf. mittels technischer Unterstützung auf neue Argumentationsmuster durchsucht werden und neue Informationen zentral gesammelt und im weiteren Verlauf dann in aufbereiteter Form allen Kollegen mitgeteilt werden. Spiegelbildlich können Gerichte mit dem Aufbau zentraler Datenbanken eben jene neuen Erkenntnisse aus den Prozessen aufbereiten. Davon soll keinesfalls die richterliche Entscheidungsfreiheit eingeschränkt sein. Vielmehr soll der Entscheidungsfindungsprozess beschleunigt werden.

10 Auch M&A-Verträge enthalten eine Vielzahl an relevanten Informationen. So können für die Mandatsarbeit Formulierungshilfen bereitgestellt werden, besondere Klauselarten abgelegt werden oder globale Trends frühzeitig erkannt werden. Dies kann in Verhandlungen eine entscheidende Rolle spielen. Der Vorteil, den ein KM hier bieten kann, ist vor allem auch im internationalen Kontext unübersehbar. Gerade M&A-Verträge aus anderen Ländern bieten oft die Möglichkeit, auf zusätzliches Wissen zugreifen zu können.

11 **Praxisbeispiel**: Bei vielen Transaktionen während der Covid-Pandemie wurde die Frage seitens der Mandanten gestellt, ob man sich nicht über Material Adverse Chance (MAC)-Klauseln[4] absichern könne bzw. welche Auswirkungen solche Klauseln in bestehenden Verträgen haben. Wer hier die Rechtslage in Form von internen Memos aufbereitet hatte, konnte frühzeitig auf Mandantenanfragen reagieren und lief nicht Gefahr, sich in theoretischen Diskussionen zu verlieren, übergreifende Rechtsfragen an mehreren Standorten parallel zu prüfen oder – im schlimmsten Fall – zu uneinheitlichen Ergebnissen zu gelangen.

---

4 Material Adverse Chance (MAC)-Klauseln sollen die Preisgefahr und damit das Risiko von Werteinbußen der Zielgesellschaft(en) zwischen dem Unterzeichnungs- und dem Vollzugstag auf den Verkäufer verlagern; Dazu im Detail *Feldhaus*, Gestaltung von Unternehmenskaufverträgen in Zeiten von Corona, BB 2020, 1546 (1548).

II. Aufbereitung der Informationen: Design Thinking und weitere Herausforderungen

Die gefilterten Informationen werden in internen Datenbanken abgespeichert. Dies kann in Form eines Sourcebook (in denen sämtliche Quellen zu einem Thema gesammelt werden), in Form von Intranet-Seiten oder auf anderen Plattformen stattfinden, auf die die gesamte Kanzlei oder das Unternehmen Zugriff hat. Eine wichtige Rolle spielt hier das Thema Legal Design. Dies gilt sowohl für die Vertragsmuster selbst als auch für die Gestaltung der IT-Systeme. 12

So sollten alle internen Datenbanken und Systeme, aber auch die einzelnen Sammlungen so angelegt werden, dass sie intuitiv auffindbar und durchsuchbar sind. Auch der/die Mitarbeiter/in am ersten Arbeitstag sollte idealerweise nach einer kurzen Einführung die Systeme benutzen können und die für ihn oder sie relevanten Dokumente finden. Das kann das KM mitunter vor große Herausforderungen stellen, weil wir im Alltag verwöhnt werden, was das user interface bzw. die user experience anbelangt. 13

Aber auch externe Plattformen müssen benutzerfreundlich designed werden. Zum Beispiel kann es vorkommen, dass im Rahmen von Due Diligence Prüfungen[5] auch externe Anwältinnen und Anwälte, die Mandanten oder sog. local counsel selbst auf die Plattform zugreifen sollen. In solchen Fällen muss sichergestellt werden, dass das sog. onboarding möglichst reibungslos verläuft und die Plattformen möglichst intuitiv bedient werden können. 14

Praxisbeispiel: Manche Themen stellen das KM bei der Aufbereitung vor besondere Herausforderungen. Ein interessantes Beispiel ist das Thema Environmental Social Governance (ESG)[6]. Hier stehen eine Vielzahl von unterschiedlichen Normen im Mittelpunkt, die Konsequenzen für alle Praxisgruppen zeitigen. So spielen bspw. Umweltthemen für den Finanzierungsbereich (green financing), bei der Ausarbeitung der Dienstverträge der Geschäftsleiterinnen und Geschäftsleiter, bei der Due Diligence Prüfung im Rahmen von Transaktionen, bei den Kaufverträgen und bei der Abwehr von Klagen eine zentrale Rolle. Das hat zwingend zur Folge, dass nicht eine einzelne Praxisgruppe, sondern verschiedene Praxisgruppen einer Kanzlei Zugriff auf die Dokumente haben müssen – und das weltweit! 15

---

5 Due Diligence Prüfungen werden im Vorfeld von Transaktionen durchgeführt, um rechtliche Besonderheiten des Zielunternehmens, mögliche Risiken und sonstige Sachverhalte von wesentlicher Bedeutung für die Bewertung und Beurteilung der Transaktion zu identifizieren; *Meurer* in: Meyer-Sparenberg/Jäckle (Hrsg.), Becksches M&A-Handbuch, 1. Aufl. 2017, § 8, Rn. 1.

6 ESG beschreibt drei nachhaltigkeitsbezogene Verantwortungsbereiche eines Unternehmens. Vgl. dazu und weiterführen zur Rolle der ESG-Regeln bei M&A-Transaktionen; *Bünning*, Berücksichtigung von ESG-Regeln bei M&A-Transaktionen, BB 2021, 235.

III. Interne Datenbanken vs. Newsletter

16 Interne Datenbanken speichern das gesamte Wissen. Zentraler Aspekt hierbei ist das richtige und sorgfältige Kennzeichnen der Dokumente (engl. taggen) und das strukturierte Ablegen von Dokumenten. Andernfalls können die Informationen nicht wiedergefunden werden. Hat eine Organisation zu viele Daten, werden zu viele Suchergebnisse angezeigt. Im Einzelfall kann sich anbieten, für besonders relevante Inhalte eine eigenständige Datenbank aufzubauen. Die entscheidende Frage wird hierbei oft sein, ob man vorgefertigte IT-Tools lizensiert oder ob man sich individuelle, auf die eigenen Wünsche spezifizierte Tools erstellt. Die Vorteile liegen auf der Hand: Externe Lösungen sind meist schon erprobt und günstiger (und können meist auch angepasst werden). Die Entwicklung eigener Datenbanken ist kosten- und zeitintensiv. Am Ende kann die Kanzlei allerdings auf eine Softwarelösung zurückgreifen, die auf das eigene Profil individuell zugeschnitten ist und daher den eigenen Anforderungen gerecht wird.

17 Für besonders relevante Inhalte und Hinweise auf neue Materialien, Ereignisse etc. eignet sich ein Newsletter am besten. Dieser, in wöchentlichem oder monatlichem Rhythmus erscheinende Bericht, sollte auch auf die wichtigsten internen und externen Dokumente hinweisen. Dort bietet es sich auch an, über Zwischenstadien (z. B. bei Gesetzesvorhaben) zu informieren, sodass die Kanzlei oder die jeweiligen Gerichte bereits frühzeitig von Veränderungen in der Gesetzeslage erfahren und sich entsprechend darauf einstellen. Im Idealfall ist dieser Newsletter so konzipiert, dass er gleichzeitig an Mandanten bzw. Richterinnen und Richter verschickt werden kann. So kann eine stete Verbindung zum Mandanten aufgebaut werden, die die Grundlage für weitere gemeinsame Projekte bilden kann.

IV. Schulungen und Mandantenpräsentationen

18 Auch in Form von Schulungen kann das Verbandswissen sowohl intern als auch extern weitergegeben werden. Heute bieten fast alle Kanzleien interne Trainingsdatenbanken an, auf denen Trainingsvideos, Präsentationen und anderes Schulungsmaterial gesammelt werden. Dies ist vor allem für junge Anwältinnen und Anwälte relevant, die nach der sehr theoretischen Ausbildung im Studium und Referendariat in das kalte Wasser der Praxis geworfen werden und sich möglichst schnell zurechtfinden sollen. Durch diverse Schulungen wird sichergestellt, dass die jungen Anwälte möglichst schnell die Mandatsarbeit aufnehmen können. Die entsprechenden Datenbanken bieten hierzu eine sinnvolle Ergänzung. Entsprechendes sollte auch an den Gerichten eine Selbstverständlichkeit sein, denn auch das Referendariat kann nur generell auf die Praxis an den Gerichten vorbereiten und Wissen muss permanent aufgefrischt werden (können).

19 Externe Schulungen und Fortbildungen sowie Workshops mit Mandanten sollten idealerweise zwischen den Business Development, Social Media und KM Teams abgestimmt sein, um gewährleisten zu können, dass das neueste Know-how kommuniziert wird. Durch diesen Austausch bekommt die Kanzlei auch ein Gespür für die derzeitigen

Interessengebiete ihrer Mandanten, was auch wieder KM-seitig innerhalb der Kanzlei weiterverfolgt werden sollte.

D. Achtung! Problemfelder und Gefahrenquellen eines digitalen Knowledge Managements

Die Marschrichtung für Knowledge Managerinnen und Manager ist im Grunde einfach: 20
Je mehr Daten vorhanden sind, desto besser. Das birgt aber zahlreiche Gefahren.

I. Komplexitätsprobleme globaler Datenbanken

Globales Knowledge Management bringt qua natura diverse Komplexitätsprobleme mit 21
sich. Das Material, das zur Verfügung gestellt wird, muss so zur Verfügung gestellt werden, dass die gesamte Kanzlei darauf Zugriff hat. Das hat zur Folge, dass besondere Sorgfalt auf die Form der Präsentation zu legen ist. Es reicht nicht aus, die vielen Dokumente in einer Datenbank zu sammeln. Es müssen vielmehr zahlreiche Such- bzw. Filtermöglichkeiten (etwa nach Jurisdiktion, Sprache, Rechtsgebiet, Practice Group etc.) angeboten werden.

Wenn dies gelingt, kann die Kanzlei die Vorteile eines internationalen Zugriffs ge- 22
nießen: Zum einen hat die Kanzlei ein breiteres Wissensspektrum. In manchen Bereichen, etwa dem Arbeitsrecht, mag das weniger eine Rolle spielen, zumal sich die Inhalte der Mandatsarbeit überwiegend nach nationalem Recht richten. Im M&A und Finance kommen aber die wesentlichen Neuerungen aus den angelsächsischen Ländern, überwiegend aus den USA (so zuletzt geschehen bei dem Trendthema SPACs[7]). Hier ist es besonders hilfreich, wenn Zugriff auf die Materialien der ausländischen Kolleginnen und Kollegen gewährt werden kann.

Ein weiterer Vorteil internationaler Vernetztheit betrifft die Mandatsarbeit selbst. 23
Oft greift eine Mandantin auch bei Rechtsgeschäften im Ausland auf die heimische Kanzlei zurück. In diesen Fällen ist es hilfreich, wenn auch die Kolleginnen und Kollegen anderer Büros auf dieselben Materialien und das gleiche Wissen zurückgreifen können. Die Mandanten erkennen dann sofort, dass hier mit einheitlichen Standards gearbeitet wird, was nicht selten zu mehr Sicherheit auf dem für den Mandanten unbekannten Terrain führt und die Mandatsbeziehung stärkt. Spiegelbildlich gilt dies für die Gerichte: Damit die Richterinnen und Richter Urteile unter Einbeziehung der

7 Eine Special Purpose Acquisition Company (SPAC) ist eine Mantelgesellschaft ohne eigenes operatives Geschäft mit dem einzigen Ziel, durch einen Börsengang Kapital einzusammeln, um sodann innerhalb eines begrenzten Zeitraums ein nicht börsennotiertes Unternehmen zu übernehmen und dieses somit mittelbar an die Börse zu bringen, *Hell*, The SPACs are back – Unternehmensfinanzierung durch Special Purpose Acquisition Companies, BKR 2021, 26.

heutigen Rechtsrealität fällen können, ist es unerlässlich, dass auch sie ständig up-to-date sind.

II. Daten- und Wettbewerbsschutz

24 Ein wichtiges Thema betrifft den Datenschutz. Die Dokumente müssen intern selbstverständlich so aufbereitet werden, dass sie den deutschen und europäischen Datenschutzstandards entsprechen. Hier gibt es bereits Software, die hierbei unterstützt. Es darf zudem nicht unterschätzt werden, dass andere Jurisdiktionen, etwa im asiatischen Raum oder die angelsächsischen Länder weniger streng mit dem Thema Datenschutz umgehen. Hier ist eine Sensibilisierung der Kolleginnen und Kollegen wichtig, was auch Teil der Aufgabe eines KM ist.

25 Jedoch müssen Daten nicht nur DSGVO-konform abgelegt werden, sondern auch wettbewerbskonform. Ein häufiges Thema innerhalb des KM ist die Aufbewahrung von Materialien von Mandanten, die in direktem oder indirektem Wettbewerb anderer von der Kanzlei betreuter Mandanten stehen. Gerade in großen Wirtschaftskanzleien kommt dies oft vor (vor allem wenn sog. Chinese Walls[8] eingesetzt werden). Hier sind klare Absprachen mit dem Mandanten sowie eine saubere Vorbereitung zur Trennung dieser Daten unverzichtbar. Im Zweifelsfall sollte hier im Sinne des Mandanten gehandelt werden und die Vertragsdokumentation separat bei dem jeweiligen Partner bzw. der jeweiligen Partnerin abgespeichert werden. Auch Datenräume mit begrenztem Zugang bieten sich hier an.

26 Für das juristische Knowledge Management ist es nicht weiter problematisch, wenn wirtschaftliche Kennzahlen oder Analysen nicht geteilt werden, da sich das KM lediglich auf die juristischen, abstrahierten Inhalte fokussiert und wettbewerbsrechtliche Daten daher außenvorgelassen werden können.

E. Knowledge Management 2.0 – Von der Automatisierung bis zum machine learning

27 Neue Technologien halten auch in der juristischen Welt Einzug und verändern die Arbeitswelt. Wer sie in der Kanzlei oder im Unternehmen gewinnbringend für sich zu nutzen weiß, hat meist auch Wettbewerbsvorteile. Die Gerichte, die diese Technologien einsetzen, können meist Effizienzgewinne für sich verbuchen.

8 Eine Chinese Wall ist eine Informationsbarriere oder eine andere organisatorische Maßnahme, die verhindern soll, dass Informationen zwischen unterschiedlichen Abteilungen eines Unternehmens, einer Investmentbank oder einer Anwaltskanzlei ausgetauscht werden. Berät etwa eine Kanzlei parallel zwei Kaufinteressenten für dasselbe Zielunternehmen, muss eine Chinese Wall sicherstellen, dass die beiden involvierten Beraterteams keine Informationen austauschen, vgl. *Risse/Kästle* in: Risse/Kästle/Engelstädter/Gebler/Lorenz (Hrsg.), M&A und Corporate Finance von A–Z, 3. Auflage 2018.

I. Der Nutzen neuer Technologien für die interne Arbeit

Vor allem die Technologisierung des Knowledge Managements erleichtert die tägliche Mandatsarbeit. Besonders die Digitalisierung und Automatisierung leisten beim KM wertvolle Unterstützung und sorgen für mehr Effizienz. So kann beispielsweise ein SPA locked box Muster[9] bei entsprechender Automatisierung der Vertragsdokumentation mit nur einem Klick in ein closing accounts Muster[10] verwandelt werden, oder Klauseln aus der Klauseldatenbank können hinzugefügt werden. Auch das Speichern sämtlicher Inhalte auf einer Cloud führt zu mehr Sicherheit und ständiger Abrufbarkeit der Dokumente (mitunter auch mobil auf dem Smartphone). 28

Spannend ist auch der Einsatz von machine learning[11]. Verträge können damit in kürzester Zeit durchleuchtet werden, um neue Satzbausteine für Schriftsätze oder Muster herauszufiltern. Das eröffnet ganz neue Anwendungsmöglichkeiten in Bezug auf das Knowledge Management, zum einen zum Auffinden neuer Klauseln in den eigenen Datenbanken, zum anderen aber auch zum Vergleichen eben jener Klauseln, um schnell sichtbar zu machen, inwiefern der gegnerische Vertragsentwurf vom eigenen Standard abweicht. In der Folge können intern Vertragsmuster angepasst und permanent aktualisiert werden. 29

II. Gestaltung neuer Arbeitsprozesse

Auch ganze Arbeitsprozesse können neu gedacht werden. 30

Praxisbeispiel: Due Diligence Reports, vgl. dazu oben, sind meist mehrere hundert Seiten lange Berichte. Der Mehrwert solcher Berichte ist allerdings angesichts des Umfangs in vielen Fällen begrenzt, da die Mandanten oftmals nur über die wirklichen Risiken eines Deals aufgeklärt werden wollen und sich aufgrund der Struktur der Reports kein schnelles Bild der rechtlichen Lage machen können.[12] Für die Mandanten kann eine Plattform, auf die er jederzeit zugreifen und bei der er sich mittels Dashboards einen Überblick über das Unternehmen machen kann, oft von großem Mehrwert sein. Er kann 31

9 Die locked box-Klausel bestimmt ein Verfahren zur Ermittlung des Kaufpreises, bei welchem auf Basis historischer Kennzahlen der Unternehmenskaufpreis errechnet wird. *Ziegenhain* in: Meyer-Sparenberg/Jäckle (Hrsg.), Becksches M&A-Handbuch, § 13, Rn. 15.

10 closing accounts-Klausel ist eine Bestimmung, nach welcher der Unternehmenskaufpreis nicht wie beim locked box-Verfahren auf Basis historischer Kennzahlen ermittelt wird, s. o., sondern nach welcher demgegenüber zur Preisermittlung eine Bilanz eines zukünftigen Stichtages herangezogen wird; s. weiterführend *Ziegenhain* in: Meyer-Sparenberg/Jäckle (Hrsg.), Becksches M&A-Handbuch, § 13, Rn. 25 ff.

11 Das machine learning ist ein Vorgehen, bei welchem in einem System ein Programmierer nicht mehr jeden Einzelschritt festlegen muss, sondern bei welchem das System erst mit einer Vielzahl von Datensätzen trainiert wird und dadurch lernt selbstständig bei einem bestimmten Input einen bestimmten Output zu generieren, vgl. *Sassenberg/Faber*, Rechtshandbuch Industrie 4.0 und Internet of Things, 2. Auflage 2020, Rn. 5 f.

12 Das Executive Summary kann hier oftmals Abhilfe leisten, wirklich elegant ist diese Lösung in der heutigen Zeit aber nicht mehr.

so in Echtzeit den Due Diligence Prozess überwachen und sich ganz gezielt in die relevanten Teilaspekte der Due Diligence klicken. Auch die Zusammenarbeit mit local counsels ist besser steuerbar.

32 Die Schnittstelle zum Knowledge Management bilden hier die Bibliotheken, die das Due Diligence Wissen in Form von Templates, Checklisten, Satzbausteinen etc. einspeisen. Zusammen mit Projektmanagerinnen und Projektmanagern können diese Prozesse so gestaltet werden, dass selbst sehr komplexe Unternehmens-Prüfungen in kurzer Zeit Ergebnisse liefern, die im Idealfall direkt im Vertragswerk widergespiegelt werden.

III. Knowledge Management als externer Service

33 Am interessantesten dürfte jedoch für Kanzleien die Möglichkeiten im SaaS Bereich[13] sein, die immer öfter zu Tage treten. So können einzelne Bereiche des Knowledge Managements automatisiert werden und als eigene Dienstleistung verkauft oder lizensiert werden. Dadurch kann die Rechtsdienstleistung, die als solche nicht skaliert werden kann, in ein Produkt umgewandelt werden, das sich beliebig oft verkaufen lässt.

34 Hier liegen die größten Potentiale für Kanzleien, die sich mit dieser Transformation von Dienstleistung in Produkt auseinandersetzen und kreative Lösungen entwickeln. Demgegenüber werden Kanzleien, die hier ins Hintertreffen geraten, in kürzester Zeit den Kostendruck zu spüren bekommen, der dadurch entsteht, dass der Markt sich verändert und Dokumente, deren Erstellung früher noch abgerechnet werden konnten, bald als „im Preis mit inbegriffen“ gelten. So wird beispielsweise bei Pitches von Kanzleien bei Unternehmen für die Übertragung neuer Mandate immer öfter nachgefragt, inwiefern Kanzlei-Software eingesetzt wird und in welchem Rahmen technologische Lösungen angeboten werden.

35 **Praxisbeispiel**: Die Globalisierung auf der einen Seite und immer mehr Dokumentations-, Informations- und Organisationspflichten (als Beispiel sei hier das Transparenzregister und die damit einhergehenden Geldwäsche-Prüfungen erwähnt) auf der anderen Seite stellen die Rechtsabteilungen von Konzernen vor neue Probleme. Um das sog. Corporate Housekeeping für alle Beteiligungen bzw. Tochterunternehmen des Konzerns zu bewerkstelligen, benötigen sie in vielen Fällen entweder eigene Anwälte oder müssen hierfür gesondert Anwaltskanzleien beauftragen. Beides ist teuer.

36 Hier bieten sich IT-Plattformen an, die verschiedene Schritte automatisch vornehmen und daher günstiger abgerechnet werden können. Solche Plattformen entstehen oft aus der Vorarbeit und der weiteren Entwicklung internen Knowledge Datenbanken. Die Vorteile liegen auf der Hand: Die Mandanten bekommen eine kostengünstige Lösung für wiederkehrende Prozesse und Handlungen. Die Kanzlei kann vor allem die Mandatsbeziehung stärken und im Idealfall auch neue Umsätze generieren.

13 Software as a Service, also das Betreiben von Software als externer Dienstleister für den Mandanten.

F. Ausblick: Wo geht die Reise für Kanzleien, Unternehmen und die Justiz hin

Globalisierung, Digitalisierung und andere langfristige Trends werden das Knowledge Management von Kanzleien und Unternehmen vor neue Herausforderungen stellen – gleichzeitig aber auch neue Lösungsmöglichkeiten bieten. Für die Justiz gilt es hier Schritt zu halten, um nicht den Anschluss an andere Länder zu verpassen. 37

I. Kanzleien

Für Kanzleien liegt der Fokus auf der globalen Ausrichtung des Knowledge Managements. Schon jetzt hat es klare Vorteile, auch auf die Dokumente anderer Jurisdiktionen zugreifen zu können, was sich z. B. beim Thema der SPACs zeigte, welche in den USA viel früher von Mandanten angefragt wurden. Viele Sachverhalte haben einen internationalen Bezug, egal ob dies Transaktionen oder Gerichtsverfahren betrifft. Das hat auch Auswirkungen auf die Arbeit des KM. Die Chancen sind hier in einem globalen KM zu sehen, das aber auch mit Schwierigkeiten in Form einer erhöhten Komplexität und Abstimmung einhergeht. 38

Auch werden sich in Zukunft viele Themen nicht mehr innerhalb einer Practice Group abspielen, sondern vielmehr verzahnt sein, z. B. im Bereich Environmental Social Governance, wo Informationen von verschiedenen Abteilungen abgefragt werden. 39

Darüber hinaus werden Kooperationsplattformen eine größere Rolle spielen. Ein schneller Zugang für alle Beteiligten ist hier unabdingbar, aber es besteht Vorsicht bei dem Teilen von Informationen. Dem KM kommt hier die wichtige Rolle zu, die Plattformen mit den eigenen Datenbanken zu synchronisieren. 40

II. Unternehmen

Die Rechtsabteilungen stellen sich immer internationaler auf. Auch für sie gilt das, was für die Kanzleien gilt: Sie müssen Prozesse standardisieren und Daten möglichst effektiv für die Arbeit nutzen. Zum einen leiden Rechtsabteilungen unter erheblichem Kostendruck. Zum anderen kann eine reibungslose Interaktion mit den unterstützenden Kanzleien für mehr Effizienz bei der Bearbeitung der diversen Rechtsstreitigkeiten bzw. Transaktionen bedeuten. Ein gutes KM ist auch hier unabdingbar. 41

III. Justiz

Ein effektives Knowledge Management ist auch in der Justiz dringend notwendig. 42

Dies muss mit der Automatisierung und Digitalisierung einfacher Abläufe einhergehen. Hier kann die Justiz auf die in der Wirtschaft gefundenen Lösungen und auf das dort vorhandene Wissen zurückgreifen und dieses ausbauen. Gerade das mittels machine learning unterstützte Auffinden von Urteilen oder Satzbausteinen könnte in der Justiz zu erheblicher Zeitersparnis führen. Insbesondere Fragen zur Zulässigkeit von Kla- 43 gen können systematisiert werden und einheitlich abgefragt werden, etwa in einer Maske in einem Tool.

44 Auch im Rahmen der Begründetheit einer Klage bestehen zahlreiche Digitalisierungsmöglichkeiten, z. B. können je nach Rechtsgebiet Satzbausteine entworfen werden, die den Richterinnen und Richtern auch gerichtsübergreifend zur Verfügung stehen. So sind z. B. das Mietrecht, Versicherungsrecht, Baurecht, Kaufvertragsrecht oder AGB-Recht sehr systematisch, weshalb hier Möglichkeiten für verschieden Vorschläge für Satzbausteine bestehen, die dann für den Einzelfall angepasst werden können. Dies setzt zunächst aber ein bestehendes KM voraus, das die relevanten Sachverhalte herausfiltert und die jeweiligen Daten abfragt.

G. Fazit

45 Heute sehen sich die Kanzleien, Unternehmen und Gerichte einer Vielzahl von neuen Herausforderungen gegenübergestellt. Neben den Dauerbaustellen (geeignetes Personal zu finden und mangelnder Digitalisierung) führen ineffizientes Arbeiten und verloren gegangenes Wissen oft dazu, dass Potential nicht voll ausgeschöpft werden kann. Die Einführung eines funktionierenden Knowledge Managements kann hier gegensteuern. Wer als Kanzlei oder Unternehmen KM richtig versteht, wird es als das „Gehirn" der Organisation einsetzen und dem KM sowohl entsprechende Kompetenzen einräumen als auch die relevanten Stellen entsprechend besetzen. Das KM ist dann der Dreh- und Angelpunkt der Organisation, die Schnittstelle zwischen allen Bereichen.

46 Das verlangt von den Mitarbeiterinnen und Mitarbeitern des KM ein erhebliches Maß an Wissen über die einzelnen Fachbereiche ab und darüber hinaus die Neugierde, sich mit neuen Themen auseinandersetzen zu wollen. Der Knowledge Manager von heute muss sich daher nicht nur in seinem Fachgebiet vortrefflich auskennen. Er muss auch neue Trends frühzeitig erkennen und ein gewisses Gespür dafür haben, welche Probleme die Mandanten oder die Kollegen im operativen Bereich morgen erwarten. Nur dann kann gewährleistet werden, dass entsprechende Fokusgruppen rechtzeitig eingerichtet werden und sich die Unternehmen und Kanzleien mit den wichtigen Fragestellungen frühzeitig auseinandersetzen.

47 Wer heute Knowledge Manager in einer Kanzlei oder Rechtsabteilung wird, hat nur noch zu einem Teil der Zeit Kontakt zu Juristinnen und Juristen. ITler, Prozessmanager, operative Mitarbeiter, Legal Designer und viele weitere Berufsgruppen arbeiten heute schon Hand in Hand an den entsprechenden Arbeitsprodukten. Das ist gleichsam spannend wie herausfordernd. Wer diesen Job beherrscht, dem mangelt es an Wertschätzung der Kollegen nicht.

Markus Hartung

§ 10 Quo vadis?

Gliederungsübersicht **Rn.**

Literatur: *Breidenbach/Glatz*, Rechtshandbuch Legal Tech, 2. Auflage München 2021; *Fries*, Recht als Kapital, in: AcP 221 (2021), 108; *Halmer*, Rechtspolitische Überlegungen zu einem modernen Verbraucherschutz durch Legal Tech, in: REthinking:Law, Ausgabe 6/2019, Dezember 2019, S. 4; *Hartung/Bues/Halbleib* (Hrsg.), Legal Tech. Die Digitalisierung des Rechtsmarkts, 1. Auflage München 2018; *Hartung/Meising*, Legal Tech im Familienrecht, NZFam 2019, 982; *Hartung*, Legal Tech – ein Ordnungsruf, in LR 2019, 106; *Hartung*, Von Helden und Rittern – über die Digitalisierung im (Arbeits-)Recht, in Selbstbestimmung: Freiheit und Grenzen, Festschrift für Reinhard Singer zum 70. Geburtstag, 2021, S. 261; *Hellwig/Ewer*, Keine Angst vor Legal Tech, NJW 2020, 1783; *Hullen*, Effizienzsteigerung in der Rechtsberatung durch Rechtsvisualisierungstools: von der Rechtsinformatik zu Legal Tech, Dissertation, Frankfurt (Oder) 2018; *Kaulartz/Braegelmann*, Rechtshandbuch Artificial Intelligence und Machine Learning, München 2020; *Köbler*, Justizverwaltung, in Chibanguza/Kuß/Steege, Künstliche Intelligenz, 2021, S. 1187; *Leeb*, Digitalisierung, Legal Technology und Innovation: der maßgebliche Rechtsrahmen für und die Anforderungen an den Rechtsanwalt in der Informationstechnologiegesellschaft, Dissertation, Passau 2019; *Maurer*, Bringing the robots to work, Tagungsbericht von der 9. Herbsttagung des Bucerius CLP über aktuelle Automationsprojekte in Kanzleien und Rechtsabteilungen, in: REthinking:Law, Ausgabe 6/2019, Dezember 2019, S. 23; *Meder*, Zur Vorgeschichte automatisierter Systeme im Recht: Von Subsumtionsautomaten zu lernfähigen Systemen und künstlicher Intelligenz, in Chibanguza/Kuß/Steege, Künstliche Intelligenz, 2021, S. 1119; *Morell*, Keine Kooperation ohne Konflikt, JZ 2019, 809; *Quarch, B./Engelhardt*, Legal Tech, 1. Aufl. 2021; *Quarch, M.*, Strafprozessrecht, in Chibanguza/Kuß/Steege, Künstliche Intelligenz, 2021, S. 1111; *Remmertz* (Hrsg.): Legal Tech – Strategien für Rechtsanwälte, München 2020; *Römermann/Günther*, Legal Tech als berufsrechtliche Herausforderung, in: NJW 2019, 551; *Rollberg*, Algorithmen in der Justiz, Dissertation, Berlin 2020; *Schroeder*, Zivilprozessrecht einschließlich Schiedsgerichtsbarkeit, in Chibanguza/Kuß/Steege, Künstliche Intelligenz, 2021, S. 1095; *Siegmund*, „Legal Tech" – eine Gefahr für die Justiz? in: REthinking:Law, Ausgabe 6/2019, Dezember 2019, 28; *Skupin*, Die Entwicklung der Legal-Tech-Rechtsprechung im Jahr 2020, GRuR-Prax 2021, 73; *Timmermann*, Legal Tech-Anwendungen: Rechtswissenschaftliche Analyse und Entwicklung des Begriffs der algorithmischen Rechtsdienstleistung, Dissertation, Berlin 2020; *Uwer*, Recycling the Bar? – Die Bundesrechtsanwaltskammer, Legal Tech und die Novellierung des anwaltlichen Berufsrechts, in: REthinking:Law, Ausgabe 6/2019, Dezember 2019, 34; *Wagner*, Legal Tech und Legal Robots, 2. Aufl. 2020.

Markus Hartung
https://doi.org/10.1515/9783110755787-010

A. Einführung

1 In diesem Kapitel soll es darum gehen, wohin die Reise geht. Das hat verschiedene Aspekte: regulatorische, technische und menschliche, letzteres verstanden als unsere oft mangelnde Bereitschaft, uns auf etwas Neues einzulassen.

2 Bisher ging es um den **Stand der Dinge bei der Digitalisierung** der unmittelbaren anwaltlichen Leistung, aber auch bei **neuen Geschäftsmodellen**, die erst durch Technik möglich und populär geworden sind. Oft befindet sich das alles in einem Topf, auf dessen Deckel „Legal Tech" steht. Aber es sind ganz unterschiedliche Bereiche, wenn es um die Digitalisierung der anwaltlichen Tätigkeit geht. Die Antwort auf das „quo vadis" fällt daher unterschiedlich aus.

3 Für die **Zukunft der Anwaltsbranche oder überhaupt der Rechtsberatung** stellt sich zunächst die Frage, wohin sich die Regulierung von BRAO und RDG entwickeln wird: denn den Zustand, den wir heute, Anfang 2023, haben, werden wir vielleicht in drei oder fünf Jahren nicht mehr haben. Dieses Regulierungsthema betrifft in erster Linie die nichtanwaltlichen Rechtsdienstleister, also diejenigen, die ihre Dienste mit einer Lizenz nach dem RDG anbieten, oder aber diejenigen Anbieter, deren Dienstleistungen im Rechtsmarkt heute nicht als Rechtsdienstleistungen i.S.d. RDG gelten (**Stichwort: Smartlaw**), was sich aber mit der weiteren Entwicklung der Technik wieder ändern kann. Das regulatorische Umfeld spielt aber für die Entwicklung der Technik eine wichtige Rolle, denn die Entwicklung von Technik braucht Geld, das nicht vom Staat, sondern von **privaten Investoren** kommt. Diese suchen wiederum ein sicheres regulatorisches Umfeld, in dem ihr Investment ein gesichertes Geschäftsmodell unterstützt und das sie dann nach einer Zeit wieder verlassen, ihren Anteil also weitergeben können. Gibt es ein solches Umfeld nicht, suchen Investoren andere Möglichkeiten, von denen es viele gibt. Angesichts der seit Frühjahr 2022 deutlich düsterer gewordenen Aussichten gilt das umso mehr.

4 In diesem Kapitel werde ich daher zunächst einen kurzen Ausblick auf die Regulierung der rechtsberatenden Tätigkeit werfen. Im Anschluss daran geht es um das, was wir von der Weiterentwicklung von Software erwarten können. Am Ende wird sich zeigen: Es ist nicht so sehr die Weiterentwicklung der Technik, von der wir so viel zu erwarten haben. Vielmehr geht es einerseits um die **Verfügbarkeit von Daten** und andererseits um unsere Bereitschaft, vertraute Arbeitsabläufe aus der analogen Welt kritisch zu überprüfen und anzupassen, vielleicht auch: komplett neu zu denken. Denn Software könnte schon heute „viel mehr" als wir zulassen.

B. Der Erlaubnisrahmen – Künftige Regulierung des Rechtsdienstleistungsmarktes

5 Die vorangegangenen Kapitel zeigen, wie sehr **Kanzleien als Unternehmen** handeln müssen, um sich künftig zu behaupten. Ihr Erfolg wird u.a. davon abhängen, was das anwaltliche Berufsrecht in den kommenden Jahren ermöglicht, und welche nicht-

anwaltlichen Wettbewerber sich mit welcher Regulierung im Rechtsdienstleistungsmarkt ausbreiten werden. Daher ist die künftige Regulierung von erheblicher Bedeutung. Schon die Situation heute ist Folge einer durch die Rechtsprechung verbesserten Rechtslage für nichtanwaltliche Dienstleister. Diesen gelang es mit Hilfe innovativer Technik und viel Kapital, Verbrauchern etwas anzubieten, wozu Anwälte in ihrem regulatorischen Umfeld nicht in der Lage waren oder es nicht attraktiv fanden. Dabei geht es insbesondere um die Geltendmachung von Schadensersatz- und Entschädigungsansprüchen bei Streu- und Bagatellschäden.

Alle die damit zusammenhängenden Fragen (insbes. Umfang der Inkassolizenz 6
i.S.d. § 2 Abs. 1 RDG) sollen hier nicht wiederholt werden, denn inzwischen gibt es mit dem durch das **„Legal Tech Gesetz"** geänderten Rechtsrahmen im RDG und im RVG sowie vor dem Hintergrund der neueren Rechtsprechung des BGH eine **schon weitgehend verlässliche Grundlage.**[1] Das gilt auch für die Frage des Begriffs der Rechtsdienstleistung außerhalb des Sonderfalls von Inkasso, also besonders die Frage, ob eine rein softwarebasierte Dienstleistung etwas ist, was in „konkreten fremden Angelegenheiten" stattfindet.[2] Das alles hat den Legal Tech-Unternehmen viel mehr Beinfreiheit verschafft, als es noch vor wenigen Jahren denkbar war.

Damit ist aber nicht alles geklärt. Denn nach dem Legal Tech-Gesetz[3] haben wir eine 7
Situation, in der **ein und dieselbe Tätigkeit**, nämlich die Geltendmachung einer Geldforderung, **unterschiedlich reguliert ist**, je nachdem, wer tätig wird. Das Legal Tech-Gesetz schafft einen weniger inkohärenten Rechtsrahmen, beseitigt aber nicht den Umstand, dass Rechtsanwälte, die Inkasso betreiben, nach wie vor einem strengeren Reglement unterliegen als Inkassounternehmen. Das betrifft vor allem Fragen der Finanzierung, der Honorargestaltung, der Werbung und der Berufsaufsicht.

I. Entschließung des Bundestages

Gegen das Legal Tech-Gesetz gab es erheblichen Widerstand gerade der Berufsorganisa- 8
tionen. Die Anhörung der Sachverständigen im Rechtsausschuss des Deutschen Bundes-

1 Die Bandbreite der Auseinandersetzung ist in der Lexfox I-Entscheidung des BGH vom 27.11.2019 gut dargestellt, die Lektüre dieser Entscheidung lohnt sich auf jeden Fall, auch wenn sie keine leichte Kost und für manche schlicht unverdaulich ist; vgl. BGH NJW 2020, 208; Besprechung der Entscheidung u. a. bei *Fries*, NJW 2020, 193; weiterhin BGH NJW 2021, 3046 (Sammelklage-Inkasso).

2 Grundlegend BGH NJW 2021, 3125 (Smartlaw); vgl. dazu *Hartung*, Smartlaw und GPT-3, Anmerkung zur Smartlaw-Entscheidung des BGH, LTZ 2022, 63, 67ff. (die Software ChatGPT war zum damaligen Zeitpunkt noch nicht verfügbar, denn sie wurde erst im Dezember 2022 freigegeben).

3 Einen guten Überblick zum Legal Tech-Gesetz und zum Gesetzgebungsablauf bei *Lührig*, AnwBl Online vom 25.6.2021 (https://anwaltsblatt.anwaltverein.de/de/anwaeltinnen-anwaelte/berufsrecht/erfolgshonorar-legal-tech-inkasso-gesetz).

tages[4] zeigte deutlich, wie weit die Positionen voneinander entfernt waren. Aus Sicht der BRAK wurden mehrfach rote Linien überschritten.

9 In der letzten Phase des Gesetzgebungsverfahrens zu diesem Gesetz und möglicherweise als Reaktion auf die lebhaften Auseinandersetzungen im Rechtsausschuss hatte der **Bundestag** eine **Entschließung** verabschiedet, mit der der künftigen Bundesregierung Arbeitsaufträge erteilt wurden. Diese Aufträge enthielten auch eine Frist zur Erledigung, nämlich den 30. Juni 2022. Eine erste Entschließung von Mai 2021 (ohne genaues Datum) war dabei sehr weitgehend. Am Ende wurde dann am 9. Juni 2021 eine leicht abgeänderte Version verabschiedet.

10 Der Entwurf von Mai 2021 kam von den Koalitionsparteien CDU/CSU und SPD aus der Mitte des Bundestages und ist nicht in Bundestagsmaterialien veröffentlicht worden. Der Entwurf hatte auszugsweise folgenden Wortlaut:[5]

> „Der Bundestag wolle beschließen:
> In der kommenden Legislaturperiode soll die Bundesregierung eine umfassende Reform des Rechtsdienstleistungsmarktes anstreben. Diese umfassende Reform soll zum Ziel haben, den Rechtsdienstleistungsmarkt mit den Grundsätzen der Rechtsanwaltschaft zu verzahnen und den technischen Entwicklungen Rechnung zu tragen. Im Vordergrund der Reform soll der Verbraucherschutz und der niedrigschwellige Zugang zum Rechtssystem für die Verbraucherinnen und Verbraucher stehen. Gleichzeitig soll für die Anbieter von Rechtsdienstleistungen und der Rechtsanwaltschaft die Rechtssicherheit erhöht werden.
>
> Die Reform soll insbesondere umfassen:
> Das grundsätzliche Verhältnis zwischen Rechtsdienstleistungsmarkt und Anwaltschaft soll in eine kohärente Struktur gefasst werden, die sowohl für die Rechtsdienstleister, Anwaltschaft als auch Verbraucherinnen und Verbraucher praktikabel ist.
> Es soll festgelegt werden, welchen anwaltlichen Berufspflichten auch Rechtsdienstleistungsunternehmen unterliegen. Es soll ebenfalls evaluiert werden, ob Rechtsdienstleistungsunternehmen zur Forderung der Qualität der Rechtsdienstleistungsangebote Personen mit juristischer Qualifikation beschäftigen müssen (bspw. Wirtschaftsjuristinnen und Wirtschaftsjuristen, Assessorinnen und Assessoren). …“

11 Gerade der erste Punkt, also die grundsätzliche Revision des Verhältnisses zwischen Anwaltschaft und „Rechtsdienstleistungsmarkt“, also nicht anwaltlichen Rechtsdienstleistungsunternehmen, hatte es in sich, denn dort geht es nicht nur um graduelle Fragen. Tatsächlich verabschiedete der Bundestag auf Empfehlung des Rechtsausschusses eine anderslautende Entschließung, die auszugsweise wie folgt lautet:[6]

4 Transparenzhinweis: Der Autor dieses Kapitels war einer der Sachverständigen. Die jeweiligen Gutachten sowie ein Video der Anhörung im Rechtsausschuss finden sich hier: https://www.bundestag.de/webarchiv/Ausschuesse/ausschuesse19/a06_Recht/anhoerungen/836780-836780.

5 Die kompletten Versionen der beiden Bundestagsentschließungen finden sich bei *Römermann* in: FS Singer, 2021, S. 561 (563 ff.).

6 Weitergehend *Römermann* in: FS Singer, S. 561 (564 f.).

„I. Der Deutsche Bundestag stellt fest:
Der vorliegende Gesetzentwurf enthält für den Rechtsdienstleistungsmarkt wesentliche Weichenstellungen, die durch die aktuellen Entwicklungen veranlasst und notwendig geworden sind. Die Regelungen werden in vielen Punkten zur Stärkung der Rechtssicherheit und des Verbraucherschutzes führen und den Zugang zum Recht insgesamt fördern.
Gleichwohl sieht der Deutsche Bundestag den Bedarf, die Praxis weiter zu beobachten und die noch ausstehenden Entscheidungen des Bundesgerichtshofs zum Rechtsdienstleistungsrecht in die weiteren Überlegungen miteinzubeziehen. …

II. Der Deutsche Bundestag bittet die Bundesregierung vor diesem Hintergrund
1. zu prüfen, ob die Kohärenz zwischen den berufsrechtlichen Anforderungen an die Rechtsanwaltschaft einerseits und andere Rechtsdienstleister andererseits Anpassungen im Hinblick auf weitere Anforderungen (beispielsweise Verschwiegenheitspflichten) notwendig macht;
2. …"

Die Formulierung in Ziffer II. 1. der Entschließung klingt schon deutlich zurückhaltender 12 als das, was zunächst entworfen war. Denn hier geht es nicht mehr um die grundsätzlichen Fragen, sondern darum, ob das anwaltliche Berufsrecht gelockert oder die Regulierung für Inkassounternehmen verschärft werden soll. Das sind absolut keine trivialen Fragen, denn: Wenn man Inkassodienstleister strenger regulieren will, mehr wie Rechtsanwälte, dann muss man dafür eine gute Begründung haben, weil eine engere Regulierung nicht nur vor dem **deutschen Verfassungsrecht, sondern auch vor den europäischen Grundfreiheiten bestehen und verhältnismäßig** sein muss. Wenn der einzige Grund für eine strengere Regulierung wäre, dass es in einer anderen Berufsgruppe auch so ist, dann besteht das keinen Verhältnismäßigkeitstest, insbesondere dann nicht, wenn es keinen empirischen Befund gibt, der eine strengere Regulierung rechtfertigen könnte. Das bedeutet gleichzeitig: Wenn es für eine bestimmte Tätigkeit, nämlich Inkasso, keinen Grund für eine strenge Regulierung auf Anwaltsniveau gibt, dann gibt es auch keinen Grund, Anwälte, die solche Tätigkeiten ausüben, mit dem strengen Berufsrecht einzuschränken.[7] Es sind kommunizierende Röhren der Regulierung, solange man nicht Tätigkeiten, sondern Berufe reguliert. Die Diskussion hat gerade erst begonnen.

Die jetzige (Ampel-)Bundesregierung, bestehend aus den Parteien SPD, Bündnis90/ 13 Grüne und FDP, fühlt sich jedenfalls an die Entschließung des letzten Bundestages gebunden und hat wegen der darin erwähnten Themen die Verbändeanhörung eingeleitet.

7 *Hellwig*, AnwBl Online 2020, 260 (https://anwaltsblatt.anwaltverein.de/files/anwaltsblatt.de/anwaltsblatt-online/2020-260.pdf); speziell zu den verfassungsrechtlichen Anforderungen bei der Einschränkung von Rechtsdienstleistern *Hartung*, LRZ 2022, Rn. 473, 508 ff. verfügbar unter www.lrz.legal/2022Rn476.

II. Der Koalitionsvertrag

14 Die Entschließung scheint aber zu den noch nicht in allen Einzelheiten erkennbaren Vorstellungen der Ampelkoalition zu passen, denn im Koalitionsvertrag haben die drei Parteien bezogen auf den Rechtsdienstleistungsmarkt Folgendes vereinbart:

> „Wir erweitern den Rechtsrahmen für Legal Tech-Unternehmen, legen für sie klare Qualitäts- und Transparenzanforderungen fest und stärken die Rechtsanwaltschaft, indem wir das Verbot von Erfolgshonoraren modifizieren und das Fremdbesitzverbot prüfen."

15 Das klingt etwas mehr wie die Bundestagsentschließung aus Mai 2021, wenn jetzt von einer Erweiterung des Rechtsrahmens für Legal Tech-Unternehmen die Rede ist. Das weitere Vorhaben, den Fortbestand des „**Fremdbesitzverbots**" zu prüfen, zielt auf die Verbesserung der Finanzierungsmöglichkeiten von Anwaltskanzleien. Diese Diskussion wird oft sehr emotional und unter Außerachtlassung der Frage, wie Anwaltskanzleien als Unternehmen sich denn finanzieren sollen, geführt. Die vorstehenden Kapitel in diesem Buch zeigen aber, dass Investitionen in den Ausbau der Kanzlei längst nicht nur aus ihrem Cashflow finanziert werden können. Das Thema, nämlich die Finanzierungsnöte innovativer Kanzleien, ist nicht neu,[8] und schon im Vorfeld der „Großen BRAO-Reform" hieß es in einem **Eckpunktepapier** des BMJV vom 27. August 2019:

> „... 7. Es wird auch geprüft, ob reine Kapitalbeteiligungen mit dem Ziel erlaubt werden können, alternative Finanzierungswege durch Wagniskapital für solche Rechtsanwältinnen und -anwälte zu eröffnen, die z. B. im Bereich von legal tech hohe Anfangsinvestitionen erbringen müssen, um neue Rechtsdienstleistungsangebote erbringen zu können."

16 Bisher sind alle diese Überlegungen am entschiedenen Widerstand der Berufsorganisationen gescheitert, die sich nicht einmal bereiterklären, das Thema überhaupt zu diskutieren. Angesichts des politischen Willens der alten und der neuen Koalition ist das schon eine erstaunliche Haltung, die vielleicht überdacht werden sollte.

III. Zwischenfazit

17 Die jetzige Koalition ist entschlossen, nicht nur das anwaltliche Berufsrecht, sondern den Rechtsmarkt neu zu gestalten, und trifft auf eine innovative Veränderungsbereitschaft in der Justiz.[9] Römermann hat in dem hier bereits erwähnten Beitrag mit der

---

8 Vgl. zu den Finanzierungsschwierigkeiten etwa *Hartung*, AnwBl 2009, 704; zu alternativen Finanzierungswegen *Hartung/Löwe*, BRAK-Mitt. 2017, 197; zu den europarechtlichen Fragen und dem Gesichtspunkt der Kohärenz *Kilian*, AnwBl 2014, 111.

9 Vgl. das Diskussionspapier „Modernisierung des Zivilprozesses" der Arbeitsgruppe zur Digitalisierung und Reform der Justiz, download hier: https://www.justiz.bayern.de/media/images/behoerden-und-gerichte/oberlandesgerichte/nuernberg/diskussionspapier_ag_modernisierung.pdf. Am 26.2.2021 fand an der Humboldt Universität zu Berlin eine Online-Konferenz zu diesem Diskussionspapier statt. Der Inhalt der Referate ist im Mai-Heft des AnwBl in einem redaktionellen Beitrag zusammengefasst (AnwBl 2021,

Schaffung eines Rechtsdienstleistungsgesetzbuches (RDGB) gleich eine Komplettsanierung vorgeschlagen.[10] So weit wird es vielleicht doch nicht kommen. Aber schon eine Erweiterung des Erlaubnisrahmens für Legal Tech-Unternehmen, kombiniert mit der Liberalisierung des anwaltlichen Berufsrechts, wird unabweislich dazu führen, dass sich das **außergerichtliche anwaltliche Beratungsmonopol** auflöst und in dieser Folge Verbraucher eine viel größere Auswahl an rechtlicher Unterstützung finden werden. Es ist kaum zu rechtfertigen, dass Verbraucher dann, wenn es um die Geltendmachung von Forderungen geht, nicht-anwaltliche Dienstleister um Rat und Unterstützung fragen können, nicht aber dann, wenn es um die Verteidigung gegen solche Forderungen geht.[11] Gerade im Verbraucherbereich und insbesondere dann, wenn es um Forderungen von bis zu 5.000 Euro geht, sollten Verbraucher selber entscheiden können, wen sie zu ihrer rechtlichen Unterstützung heranziehen. Das Beharren der Anwaltschaft auf dem Status quo ist nicht durchzuhalten, insbesondere wenn erste Studien zeigen, dass weite Teile der Anwaltschaft Legal Tech-Unternehmen nicht als ernsthafte Konkurrenz wahrnehmen.[12] Das ist auch unmittelbar nachvollziehbar, wenn man das Thema „Zugang zum Recht" nicht als ein Konkurrenzthema zwischen Anwaltschaft und anderen Dienstleistern betrachtet. Wenn man **Legal Needs-Studien** aus anderen Ländern heranzieht und sich mit der Frage beschäftigt, warum weiten Teilen der Bevölkerung der Zugang zum Recht mit Hilfe von Anwälten verschlossen ist, stößt man immer auf zwei Gründe: Mangelnde Information von Menschen über ihre Rechte und zu hohe Kosten bei der Einschaltung von Anwälten. Das große Verdienst der Legal Tech-Unternehmen liegt darin, in diese Bereiche vorgestoßen zu sein und Marktbereiche für solche Ansprüche zu erschließen, die von der Anwaltschaft nicht erschlossen waren. Die Frage lautet also nicht, wie mit der anwaltlichen Konkurrenz um die geschätzt 30 % der Bevölkerung zu verfahren ist, die um ihre Rechte wissen und sich Unterstützung leisten können, sondern was mit den verbleibenden 70 % geschehen soll. Die Erweiterung des Rechtsrahmens für Legal Tech ist vor diesem Hintergrund ein Gewinn für die rechtsuchende Bevölkerung einschließlich der genannten 70 %, ebenso wie die Liberalisierung des anwaltlichen Berufsrechts.

Die Diskussionen werden aber nicht einfach. Denn die berufsrechtliche und berufs- 18
politische Diskussion findet gerade in der Anwaltschaft nicht auf den lichten Höhen der Evidenz und der Rationalität, sondern in den dunklen Tälern des Meinens, Lamentierens und Beschwörens statt. Dem Vernehmen nach sollen Reformdiskussionen innerhalb der Justiz auch nicht einfach sein. Die Lösung kann nur in einer Rationalisierung

---

280f.), im Anschluss daran finden sich Beiträge der Referentinnen und Referenten zu einzelnen Reformvorschlägen (Beiträge von *Thomas Dickert, Ralf Köbler, Reinhard Greger, Volker Römermann, Guido Christensen, Markus Hartung, Caroline Meller-Hannich, Hendrik Schultzky, Michael Stürner, Jakob Horn* und *Edith Kindermann*).

10 *Römermann* in: FS Singer, S. 561 (571ff.).

11 *Hartung*, LRZ [E-Zeitschrift für Wirtschaftsrecht und Digitalisierung] 2022, Rn. 476ff.

12 *Kilian*, AnwBl 2020, 608 und 676.

der Diskussion liegen, auf Basis von Erhebungen wie Legal Needs-Studien, die in anderen Ländern zum Standard der rechtspolitischen Debatte gehören. Weiterhin erfordert eine Reformpolitik die Bereitschaft, Neuerungen, über deren Auswirkungen man unsicher ist, zunächst in Reallaboren zu testen, verbunden mit einer anderen **Fehlerkultur**, die den Mut zur Innovation ermöglicht.[13] Nur so schafft man einen Rahmen, in dem man die Entwicklungen der Rechtspflege, die wiederum von zentraler Bedeutung für das Gelingen eines Rechtsstaats ist, gestalten kann.

C. E-Akte und ERV als Inbegriff der Digitalisierung?

19 Die Frage des Quo vadis hat weiterhin eine rein technische Komponente: Was geht heute schon? Und was wird Software in Zukunft können? Allerdings ist mindestens genauso wichtig die Frage, was wir wollen und was nicht („wir" verstanden als diejenigen, die in der Rechtspflege tätig sind, egal in welcher Funktion). Denn Software „kann" heute schon deutlich mehr als davon in der Rechtspflege genutzt wird. Das geradezu klassische Beispiel ist die **E-Akte**. In einem Interview mit dem IT- und Rechts-Blog im Februar 2020 äußerte sich Ralf Köbler wie folgt[14]:

> „Wenn Sie überlegen wie viele Tonnen Papier-Akten in den Geschäftsstellen hängen und liegen und in Bewegung sind und zu den jeweiligen Zuständigen gebracht werden müssen, dann muss man sich erstmal vorstellen, dass die Lebensphase einer Akte daraus besteht, dass sie einen vorgedruckten Aktendeckel bekommt und dann anschließend einen Computereintrag. Aber der Aktendeckel muss wiederum irgendwo im Schrank vorrätig gehalten werden, und zwar für uns 6000 Stück im Jahr. Und dann wird die Akte in unserem Haus X-mal hin und her getragen und am Ende, wenn das Urteil oder der Vergleich da ist und die Sache rechtskräftig geworden ist, dann kommt die Akte ins Archiv. Das Archiv befindet sich im Dachgeschoss. Im Keller gibt es kein Archiv, weil der Keller nass ist. Das ist in vielen Gerichtsgebäuden ein Problem. Im Archiv wird die Akte für fünf weitere Jahre aufbewahrt. Nach fünf Jahren wird der Titel rausgenommen, den muss man nämlich dann 30 Jahre aufbewahren. Mit anderen Worten, der logistische Aufwand über den gesamten Lebenszyklus einer Akte ist irre und daher einfach nicht mehr zeitgemäß. Und genau das könnte man mit einer elektronischen Akte abkürzen. Die E-Akte ist da, die ist auch da, wenn sie jemandem anderen vorliegt, und sie schimmelt nicht im Keller. Sie hat leider nur das Problem, dass sie betriebssicher und performant gehostet werden muss. Aber da sage ich immer allen Skeptikern, die auch Sorge haben, dass ihre Akte verschwindet, ob auch mal ihr Bankkonto weg war. Bankkonten gibt es nur elektronisch so wie das Grundbuch, die Eigentumsordnung an Grund und Boden. All diese Dinge waren natürlich nie weg. Das heißt, es ist eine Frage der Professionalität des Hostings, der Betriebszentren, der gewählten Technik und der IT-Architektur. Dann sollte die E-Akte für die Justiz auch machbar sein."

---

13 *Hartung*, Legal Tech Sandboxes, RDi 2021, 421.

14 Das insgesamt sehr lesenswerte Interview gibt es hier: https://it-und-rechtsblog.de/dr-ralf-kobler-uber-e-akten/; vgl. auch den Beitrag von *Köbler* über strukturierten Parteivortrag in diesem Buch, § 18; vgl. auch *Köbler*, Justizverwaltung, in Chibanguza/Kuß/Steege, Künstliche Intelligenz, 2021, S. 1187.

Bei allen Zukunftsvisionen und konkreten Änderungsvorschlägen, die das genannte Reformpapier der Justiz[15] beschreibt: Eine solche Bemerkung eines mit der Digitalisierung der Justiz vertrauten Fachmanns – Köbler war 15 Jahre lang für den IT-Einsatz in der hessischen Justiz verantwortlich – rückt die Dinge wieder ins Verhältnis. Denn E-Akten als technische Möglichkeit gibt es seit vielen Jahren, und die *Pain Points*[16], die Köbler in seinem Interview beschrieben hatte, existieren seit Jahrzehnten. Vermutlich wird es sehr viele Menschen in der Rechtspflege geben, für die das alles nicht so schlimm, sondern der Inhalt ihres Arbeitsplatzes ist, den sie behalten wollen. 20

Das zeigt die Komplexität des Themas, und natürlich ist es nicht nur eine technische Frage: Mit der **Einführung einer E-Akte** müssen lauter Verfahrensabläufe neugestaltet werden, alle Arbeitsweisen aller Justizfunktionen, vom Senatsvorsitzenden bis zum Wachtmeister angepasst werden, Personal muss ausgebildet werden, eine Reihe von Arbeitsplätzen werden wegfallen, Akten müssen digitalisiert werden. Alles das auf Länderebene. Damit verbunden ist ein erheblicher Kulturwechsel, der wiederum Vertrauen braucht, das erforderlich ist, um künftig auf Papier zu verzichten und alles einem Rechenzentrum zu überantworten. Unser Vertrauen in die Schriftform, also in die Ewigkeit, Unzerstörbarkeit und Fälschungssicherheit von Papier, von Urkunden, ist ungleich höher ausgeprägt als das Vertrauen in ein elektronisches Speichermedium. 21

Das bedeutet nicht, dass sich hier nie etwas ändern wird. Gesetzlich ist vorgesehen, dass ab dem 1.1.2026 an allen deutschen Gerichten nur noch mit der E-Akte gearbeitet wird.[17] Da ab Januar 2022 **nur noch elektronische Dokumente** bei Gerichten eingereicht werden dürfen (§ 130d ZPO), müssen die Gerichte in der Übergangszeit erheblichen Aufwand an Druck und Vervielfältigung leisten. In internationalen Kanzleien oder Unternehmen würde man solche Änderungsvorhaben, Change-Prozesse, mit Workshops begleiten, um sicherzustellen, dass alle Mitarbeiter eingebunden werden und mitziehen. Staatliche Einrichtungen sind für eine solche Umsicht nicht bekannt. Umfangreiche Änderungsprozesse wie das, was bei der Justiz ansteht, funktionieren aber gar nicht anders, und es wäre zu wünschen, dass die Änderungen nicht gegen das Justizpersonal und ihre Interessenvertretungen, sondern mit ihnen geführt werden. 22

15 Siehe oben Fn. 9.

16 „Pain Points" und das, wofür der Begriff heute steht, lässt sich nur unvollkommen übersetzen. Gemeint ist ein anhaltendes oder wiederkehrendes Problem (z.B. bei einem Produkt oder einer Dienstleistung), das Kunden häufig Unannehmlichkeiten bereitet oder verärgert, Definition nach Merriam-Webster.com Dictionary, Merriam-Webster, https://www.merriam-webster.com/dictionary/pain%20point.

17 Das bedeutet natürlich nicht – Stichwort Föderalismus –, dass in Deutschland ein einheitliches E-Akten-System eingeführt wird. Vielmehr gibt es mehrere Systeme. Es ist auch noch nicht gesichert, ob wirklich alle Bundesländer die Frist einhalten werden – eigentlich kaum zu verstehen, wenn man bedenkt, dass das Gesetz zur Einführung der E-Akte aus dem Jahr 2016 stammte und den Ländern zehn Jahre Zeit einräumte, um ihre Infrastruktur in die Gegenwart zu bringen. Eingehend dazu eine Studie der Universität Duisburg und des Unternehmens MATERNA von November 2020, mehr dazu hier: https://www.materna.de/Microsite/Monitor/DE/2021-01/Praxis-und-Erfahrung/justiz-studie/justiz-studie_node.html.

23 Das alles betrifft nur die Verwendung eines längst vorhandenen Speichermediums in der Justiz, um eine Grundlage für die Digitalisierung zu schaffen. Dazu gehört auch der **elektronische Rechtsverkehr**, auch wenn er noch so gestaltet ist, als sei nur das Telefax elektronifiziert worden. Digitalisierung ist das noch nicht, sondern nur die Umwandlung analoger Daten und Arbeitsschritte in digitale Daten. Die Digitalisierung setzt erst auf dieser elektronischen Infrastruktur auf. Bevor es also zu neuen Formen der Konfliktbehandlung durch Gerichte oder zu Vorstufen davon wie strukturiertem Parteivortrag oder Basisdokumenten kommen kann,[18] muss noch ziemlich viel passieren.

24 Aber damit kein falscher Eindruck entsteht: **„Die Anwaltschaft"** ist kein Deut innovativer oder veränderungsbereiter als „die Justiz". Aber so wie es in der Justiz viele innovative und veränderungs- bzw. verbesserungswillige Richterinnen und Richter gibt, gibt es in der Anwaltschaft viele innovative und veränderungs- bzw. verbesserungswillige Anwältinnen und Anwälte. Dort ist es vielleicht etwas sichtbarer. Aber den Irrglauben, E-Akte und ERV seien das Nirwana der Digitalisierung, gibt es auch in der Anwaltschaft.

25 Das zeigt sich z.B. an Stellungnahmen der BRAK. Dort hieß es zur Digitalisierung[19]

> „Die BRAK begrüßt die Diskussionen zur Digitalisierung der Justiz und die Bereitschaft aller Beteiligten, die in Deutschland bereits umgesetzten Digitalisierungsschritte weiter voranzutreiben. Die Anwaltschaft, vertreten durch die BRAK, hat mit der Einrichtung und dem Betrieb des besonderen elektronischen Anwaltspostfaches (beA) bereits einen entscheidenden Anteil zu diesem Prozess beigetragen. Ab dem 1. Januar 2022 ist die Nutzung des beA für alle Anwälte verpflichtend. Die Anwaltschaft ist damit als größte Berufsgruppe in der Rechtspflege zugleich Vorreiter und Garant für das Funktionieren eines „Digitalen Rechtssystems"."

26 Das ist immerhin etwas.[20] Allerdings wird die Einführung des **strukturierten Parteivortrages** „nachdrücklich" abgelehnt, wegen Bedenken der Einschränkung des rechtlichen Gehörs.[21] Das wäre aber der Schritt von der Digitization in die Digitalisierung, die nicht bei der Umwandlung von Daten stehenbleibt, sondern darüber hinaus überlegt, wie man mit digitalen Daten den Zivilprozess der Zukunft führen kann. Noch mal: E-Akte und elektronischer Rechtsverkehr sind (nur) eine wichtige Infrastruktur, damit Digi-

18 Vgl. dazu § 18 (*Köbler*); *Köbler* ist insgesamt skeptisch, was die Veränderungsbereitschaft in der Justiz angeht, vgl. seine Bestandsaufnahme zur Justizverwaltung in Chibanguza u.a. (Hrsg.), Künstliche Intelligenz, 2022, § 8 Rn. 45ff.

19 Stellungnahme Nr. 60 von November 2021, S. 1 (https://brak.de/zur-rechtspolitik/stellungnahmen-pdf/stellungnahmen-deutschland/2021/november/stellungnahme-der-brak-2021-60.pdf).

20 Auch wenn es irritiert, dass die BRAK behauptet, ab dem 1. Januar 2022 sei die Nutzung des beA für alle Anwälte verpflichtend. Denn eine passive Nutzungspflicht bestand nach § 31a VI BRAO bereits seit 2018 (bzw. nach der endgültigen Freischaltung des beA am 3.9.2019). Eine aktive Nutzungspflicht des beA besteht indes nicht, auch wenn nach § 130d ZPO die Pflicht besteht, elektronische Dokumente einzureichen: Das muss aber nicht per beA sein, sondern man kann auch eine andere der Übermittlungsmöglichkeiten des § 130a II-IV ZPO verwenden.

21 BRAK-Stellungnahme (Fn. 19), S. 7 unter Ziff 5.

talisierung überhaupt stattfinden kann. Entscheidend wird aber sein, ob es danach weitergeht.

D. Roboter und Rechtsautomaten

Über „Rechtsautomaten“, verstanden als Maschinen oder als ein Roboter, der juristische Fragen präzise und mit juristischen Wertungen beantworten kann, wird schon seit Jahrzehnten nachgedacht, und Ideen für solche Automaten oder Subsumtionsmaschinen findet man bereits bei Weber, Kelsen und Radbruch.[22] Vor diesem Hintergrund fragt man sich, warum das Recht bis heute fast immun gegen Software geblieben ist, trotz vieler Versuche. Das lässt sich jedoch dadurch erklären, dass die **Informatik** über sehr komplexe Logikmodellierungen verfügt, aber nur über ein beschränktes semantisches Instrumentarium – die Rechtsanwendung kommt mit vergleichsweise einfachen Logiken aus, setzt aber ein semantisch hochkomplexes Verständnis voraus. Erst in den vergangenen Jahren haben Computerlinguistik und Spracherkennungsforschung signifikante Fortschritte gemacht. Dennoch lassen sich das für eine **automatische Subsumtion** nötige Weltwissen, Erfahrungen, „gesunder Menschenverstand“ und Gerechtigkeitsempfinden nicht abbilden. 27

Juristisches Wissen ist heute unterschiedlich darstellbar, was sich in zwei wesentliche Strömungen fassen lässt: einmal ein **induktiver Ansatz** auf Grundlage großer Datenmengen, in dem mathematische Modelle (z.B. in Form Neuronaler Netze oder vergleichbarer Techniken) zur Aufbereitung der Daten zum Einsatz kommen. Sodann gibt es den **deduktiven**, **regelbasierten Weg**, bei dem die Prüfungsstrukturen herausgelöst und Entscheidungsbäume abgebildet werden. Beide Ansätze haben im juristischen Anwendungsbereich eine Daseinsberechtigung, allerdings mit unterschiedlichen Vor- und Nachteilen und Grenzen.[23] Für beide Ansätze gibt es auch Software, die insbesondere von Kanzleien und Unternehmen genutzt wird. 28

Dennoch gibt es bis heute die erwähnten „Rechtsautomaten“ nicht, abgesehen von den wenigen Bereichen im Recht, in denen Anspruchsvoraussetzungen vergleichsweise einfach zu klären sind und die Rechtsfolge, etwa die Zubilligung eines Entschädigungsbetrages, rein schematisch ermittelt wird. Ansonsten „kann“ Software im Bereich der Rechtspflege herzlich wenig. Anderswo kann Software Musik „komponieren“, also auf Basis der digitalisierten Noten und Werke von Beethoven die X. Symphonie komponieren, und inzwischen kann Software erahnen, was ein Programmierer gerade programmieren oder ein Autor gerade schreiben will und auf Basis dessen die nächsten Pro- 29

22 Zum Ganzen *Grupp*, in: Hartung/Bues/Halbleib (Hrsg.), Legal Tech: Die Digitalisierung des Rechtsmarkts, 2018, Rn. 1100; *Meder*, Zur Vorgeschichte automatisierter Systeme im Recht: Vom Subsumtionsautomaten zu lernfähigen Systemen und künstlicher Intelligenz, in Chibanguza/Kuß/Steege, Künstliche Intelligenz, 1. Aufl. 2021, S. 1119.

23 Zitiert nach *Grupp* (Fn. 22), Rn. 1107 f.

grammzeilen vorschlagen,[24] oder auch mit Hilfe von **„Generative Pre-trained Transformer 3"-Software** (GPT-3) autonom Texte zu bestimmten Themen schreiben, die so „echt" sind, dass man nicht mehr zuverlässig feststellen kann, ob ihr Verfasser eine Maschine oder ein Mensch war.[25]

30 In der Juristerei sind wir davon meilenweit entfernt: Die automatisierte Erstellung von Schriftsätzen geschieht mitunter so schlecht, dass sie bereits von Gerichten ohne Einsatz von Technik erkannt und als unzureichender Vortrag zurückgewiesen werden.[26] Auch wenn in diesen Fällen eine Software letztlich nur das falsch gemacht hatte, was der Benutzer schon nicht auf die Reihe bekommen hatte, zeigt das eben: Eine Software, die solche Fehler verhindert und den perfekten Schriftsatz liefert, gibt es für Anwälte noch nicht.

E. Rechtspolitik und Digitalisierung

31 Woran liegt es, dass die Justiz oder insgesamt die Rechtspflege zurückliegt, was den Stand der Digitalisierung angeht? Dafür gibt es eine Vielzahl von Gründen. Einige haben mit dem Mindset von Juristen zu tun, der eher konservativ und Änderungen gegenüber nicht aufgeschlossen ist. Weiterhin ist die **Rechtspolitik** langsam, denn das Zusammenspiel zwischen Bundes- und Landeszuständigkeiten und ein sehr aufwendiger Abstimmungsprozess führen zu behäbiger Umsetzungsgeschwindigkeit. Schließlich reagiert Rechtspolitik etwa auf Überlastungsanzeigen der Justiz am ehesten noch mit der Aufstockung von Planstellen, nicht aber mit einer Remedur der nicht mehr zeitgemäßen technischen Ausstattung und Verfahrensordnungen. Symptomatisch dafür ist der erste **„Pakt für den Rechtsstaat"**, der das Thema Digitalisierung gar nicht bzw. nur im Zusammenhang mit einer medienbruchfreien Kommunikationsschnittstelle zwischen der Justiz und Polizei behandelte, um den Austausch zwischen Polizei und Staatsanwalt-

24 Mehr dazu hier: https://copilot.github.com.

25 Damit wäre nach dem sog. Turing-Test (aus dem Jahr 1950, benannt nach dem englischen Mathematiker Alan Turing) der Beweis erbracht, dass eine Maschine/ein Computer ein dem Menschen gleichwertiges Denkvermögen hat. Mehr zu GPT-3 Software hier: https://en.wikipedia.org/wiki/GPT-3. Diese Software wurde ebenso wie die vorerwähnte Programmierungssoftware von dem US-amerikanischen Unternehmen OpenAI entwickelt, das derzeit in diesem Bereich führend ist. Seit Dezember 2022 ist allerdings der Chatbot ChatGPT verfügbar, der auf Basis von GPT-3 (und seit März 2023 GPT-4) auch in natürlicher Sprache gestellte Rechtsfragen beantworten kann. Auch wenn der Anteil falscher Antworten noch sehr hoch ist, beginnt hier eine neue Dimension der Digitalisierung der Rechtspflege, denn dieser Chatbot kommt dem Rechtsautomaten schon sehr nahe.

26 Vgl. aus neuerer Zeit etwa OLG Köln, BeckRS 2020, 20925; solche Fragen beschäftigen die Rechtsprechung aber schon seit vielen Jahren, vgl. BGH NJW-RR 2008, 1308.

schaft von Bund und Ländern zu verbessern und die Interoperabilität mit den Gerichten zu ermöglichen.[27] In der Begründung für den genannten Pakt hieß es:

> „... Rechtstaatliche Verfahren werden in Deutschland oft nicht mehr positiv wahrgenommen, sondern zum Teil als lästig oder im schlechtesten Sinne bürokratisch.
>
> Als Antwort sieht der Koalitionsvertrag den Pakt für den Rechtsstaat vor.
>
> Wir verbessern die Personalausstattung der Justiz ganz erheblich. Die Länder werden im Rahmen ihrer Personalhoheit insgesamt 2.000 Stellen für Richterinnen und Richter sowie Staatsanwältinnen und Staatsanwälte schaffen und besetzen – zuzüglich des dafür erforderlichen Personals für den nicht-richterlichen und nicht-staatsanwaltlichen Bereich."

Das grenzt schon an Realsatire. Ein als bürokratisch empfundenes System bleibt büro- 32
kratisch, dafür aber mit mehr Personal auf allen Ebenen. Natürlich ist dieser Pakt auch ein Zeichen der Wertschätzung für die Bedeutung der Justiz für einen funktionierenden Rechtsstaat, andererseits ein Beweis für die Hilflosigkeit in der Digitalisierung und für eine ausschließlich analoge Gedankenwelt, in der sich die Rechtspolitik bewegt. Vor diesem Hintergrund kann man die o.g. **Initiative der Präsidentinnen und Präsidenten der Oberlandesgerichte und der Präsidentin des BGH**[28] gar nicht hoch genug einschätzen, die in ihren Überlegungen ungleich viel weiter sind als die Rechtspolitik.

Das ist aber nicht alles. Die o.g. Software GPT-3, die als derzeit am weitesten ent- 33
wickelte **Deep Learning-Software** in anderen Bereichen in der Lage ist, vorauszuahnen, was ein Autor oder ein Programmierer schreiben will, um dann Text oder Programmzeilen vorzuschlagen, funktioniert in der Juristerei noch nicht. Auch Software, die Dokumente „lesen und verstehen" sowie relevante Details erkennen und exzerpieren kann, leistet noch längst nicht das, was sie in anderen Bereichen längst leistet. Der Grund dafür sind fehlende Daten, die erforderlich sind, um solche Systeme zu trainieren. Ein Unternehmen wie Flightright konnte z.B. seit über 10 Jahren unveröffentlichte Urteile in Flugverspätungssachen sammeln und auswerten. Ähnlich ist es bei anderen Legal Tech-Inkassounternehmen, die in ihren Bereichen entsprechende Urteile sammeln konnten. Rechtsprechung, aber auch die Vielzahl anderer Falldetails, Datenpunkte genannt, sind wichtige Bausteine für das Training einer Software, die Erfolgsaussichten berechnet.

Alle diese **Daten** – Urteile, Gutachten, Vertragsmuster, sonstige juristischen Texte – 34
existieren, sind aber nicht frei verfügbar. Eine **frei zugängliche Datenbank**, in der alle Urteile deutscher Gerichte vorgehalten und für Legal Tech-Unternehmen zur Entwick-

27 Mehr zu den einzelnen Vereinbarungen hier: https://www.bmj.de/SharedDocs/Artikel/DE/2019/020119_Rechtstaat.html; in weiteren Diskussionen im September 2022 ging es in Fortschreibung des Pakts für den Rechtsstaat immerhin um einen Betrag von bis zu 200 Mio Euro, der den Ländern für die Digitalisierung zur Verfügung gestellt werden sollte. Streit gab es dennoch, weil die Länder sich mit der Justiz insgesamt alleingelassen fühlen.

28 Vgl. oben Fn. 9.

lung innovativer Anwendungen zur Verfügung gestellt werden, existiert nicht. Schon das ist bei Licht besehen ein unhaltbarer Zustand. Das kritisiert auch die EU-Kommission, die deshalb seit Jahren darauf drängt, Urteile online und in maschinenlesbarem Format zur Verfügung zu stellen:[29]

> „Ensuring online access to judgments increases the transparency of justice systems, helps citizens and businesses understand their rights, and can contribute to consistency in case-law. The arrangements for online publication of judicial decisions are essential for creating user-friendly search facilities that make case-law more accessible to legal professionals and the general public. Seamless access to and easy reuse of case law enables innovative 'legal tech' applications supporting practitioners."

35 Das muss auch Ziel in Deutschland sein. Mit dem Zugriff auf Urteile können Algorithmen entwickelt werden, mit denen wiederum bessere und günstigere Angebote für Rechtsuchende, aber auch für Justizangehörige und Anwaltschaft geschaffen werden können. Erst dann könnte Software ihr Potential entfalten. Soll es wirklich so weitergehen wie bisher: Juristen produzieren täglich tausende von Daten und Dateien, die einem bestimmten Zweck im Einzelfall dienen, ansonsten aber **unstrukturierter Datenmüll** sind, der für andere Zwecke nicht verwendet werden kann? Software kann in diesem Lernprozess nicht unterstützen und nichts bewirken. Und wie soll sich die Gesellschaft weiterentwickeln, wenn juristisches Wissen nicht allgemein und niedrigschwellig zur Verfügung gestellt wird?

36 Die Rechtspolitik muss verstehen, welches Verbesserungspotential die Digitalisierung für die Rechtspflege und den Rechtsstaat bietet, und ihre Politik daran ausrichten.

F. Fortschreibung des Status quo?

37 Im Moment sieht es so aus, als beantworte sich die Frage Quo vadis mit einer **Fortschreibung des Status quo**. Dieser Status quo zeichnet sich aus durch Aufrüstung der Softwaretechnik auf Kläger- und Beklagtenseite und durch Bestrebungen der Rechtspolitik, die Auswüchse wieder einzufangen. Während bislang über die Klägerkanzleien berichtet wurde, die im Verbund mit Rechtsdienstleistern den logistischen Gewaltakt der Bündelung und Einreichung tausender Ansprüche bewerkstelligten, kommen jetzt

29 The 2022 EU Justice Scoreboard („EU Justizbarometer"), S. 35, download hier: https://ec.europa.eu/info/policies/justice-and-fundamental-rights/upholding-rule-law/eu-justice-scoreboard_de; Deutschland rangiert insoweit im oberen Mittelfeld. Das Justizbarometer weist offenbar als Rechtfertigung für dieses Ranking darauf hin, dass die Entscheidung in Deutschland hinsichtlich der Instanzentscheidungen bei den Ländern liege. Von einer Initiative der Länder, ihre Anstrengungen insoweit zu verstärken, ist aber nichts bekannt. Nur bezogen auf die Rechtsprechung der Bundesgerichte würde Deutschland weit vorne rangieren.

die Beklagtenkanzleien ins Spiel bzw. auf den Radar der Öffentlichkeit. Im Dezember 2021 berichtete die Zeitschrift Juve:[30]

> „Neue Büros, neue Anwälte, alte Marke: Freshfields Bruckhaus Deringer reagiert auf den Trend zu Massenverfahren mit zigtausenden ähnlich gelagerten Fällen – und gründet innerhalb der Kanzlei eine spezialisierte Einheit für derartige Verfahrenskomplexe. Zum Februar eröffnet die Einheit ein Büro in Münster, weitere Standorte sollen folgen."

Bereits vorher, im September 2021, gab es Berichte über einen Verbund zwischen Deloitte und der Münchner Kanzlei Frommer, die eine spezielle Kanzlei namens „Classreaction" gegründet hatten, um angegriffene Unternehmen zu unterstützen.[31] 38

Das zeigt einmal, dass die Erwartung besteht, dass sich diese Mandate fortsetzen werden, vielleicht nicht ganz so intensiv wie die Dieselklagen, die aber auch noch lange nicht am Ende sind. Die **Verbandsklagerichtlinie der EU von November 2020**[32] muss bis Ende 2022 in nationales Recht umgesetzt werden, Mitte 2023 soll es losgehen. Es wird also viel mehr solcher Fälle geben, nicht weniger. Diese Sammelklagen lassen sich nur mit Software bewerkstelligen. 39

Wenn man das, was es heute bereits gibt, fortschreibt, erklärt sich der oben verwendete Begriff der **Aufrüstung**, verbunden mit der Erkenntnis, dass es so vielleicht besser nicht weitergehen sollte. Denn die Situation ist vereinfacht wie folgt: Klägerkanzleien und Rechtsdienstleister verwenden Datenbanken, die es ermöglichen, tausende von Mandantendaten in bestimmten Anspruchsarten so mit Software zur Dokumentenerstellung zu verknüpfen, dass die Behandlung gleichartiger Fälle möglichst automatisiert ablaufen kann. Schriftsätze werden immer umfangreicher (und auch redundanter), weil möglichst viele Eventualitäten erfasst werden sollen. Das Ergebnis, eine umfangreiche Klageschrift oder andere Schriftsätze mit vielen tausend Seiten an Anlagen, wird verschlüsselt und per beA bei Gericht eingereicht.[33] Dort muss es (heute noch) ausgedruckt und im üblichen Verfahren zugestellt werden (es sei denn, die Parteien tei- 40

---

30 Online-Bericht vom 27.12.2021, Nachweis hier: https://www.juve.de/markt-und-management/__trashed-120/.

31 „Classreaction" ist ein Wortspiel, dass sich auf „Class Action", den US-amerikanischen Begriff für Sammel-, Gruppen- oder Massenklagen bezieht, vgl. den Online-Bericht in Juve vom 15.9.2021, Nachweis hier: https://www.juve.de/markt-und-management/legal-tech-deloitte-und-frommer-gruenden-gemeinsame-kanzlei-zur-abwehr-von-massenklagen/.

32 Richtlinie (EU) 2020/1828 des Europäischen Parlaments und des Rates vom 25.11.2020 über Verbandsklagen zum Schutz der Kollektivinteressen der Verbraucher und zur Aufhebung der Richtlinie 2009/22/EG, ABl. L 409/1 vom 4.12.2020; zum Zeitpunkt der Niederschrift liegt nur ein Referentenentwurf vor, der noch diskutiert wird.

33 Vgl. den Beitrag aus den Stuttgarter Nachrichten vom 26.7.2019 „LKW-Kartell mit Daimler bringt Justiz an ihre Grenzen" über die Zustände am Landgericht Stuttgart über Schriftsätze mit 690.000 Seiten, Zustellung auf „zig Euro-Paletten" mit Hunderten von Leitz-Ordnern usw., download hier: https://www.stuttgarter-nachrichten.de/inhalt.tonnenschwere-akten-lkw-kartell-mit-daimler-bringt-justiz-an-ihre-grenzen.b185573f-eeae-436c-8162-28513e874714.html.

len dem Gericht gemeinsam mit, dass dem Anwalt der Beklagten auch die Klageschrift bereits elektronisch zugestellt werden kann). Auf der Beklagtenseite wird zur Bewältigung der Textmassen Software eingesetzt, um die Lektüre zu verkürzen und Muster und Abweichungen festzustellen, sodann (wie auf der Klägerseite) Software mit dem Ziel, möglichst schnell und automatisiert Erwiderungsschriftsätze zu erstellen, diese zu verschlüsseln und via beA an das Gericht zu geben. Beide Seiten verwenden außerdem Software, um den organisatorischen Betrieb eines Anwaltsbüros zu ermöglichen, in dem zehntausende von Mandaten verwaltet und z.B. Fristen richtig erfasst und überwacht werden müssen.

41 Die Justiz ist dem nicht gewachsen. Selbst wenn es weitere Richterstellen gibt, lassen sich diese Verfahren auf Basis der ZPO und mit den zur Verfügung stehenden Mitteln nicht vernünftig behandeln. Damit ist aber das Aufeinanderprallen einer Justiz aus dem vorvergangenen Jahrhundert mit anwaltlicher industrialisierter Arbeitsweise von heute und morgen nicht zu bewältigen. Zuletzt wurden Brandbriefe von Richtern bekannt, die alarmierend die Entwicklung ihrer Arbeitsbedingungen, verbunden mit hohen physischen und psychischen Belastungen schilderten. Auf der Frühjahrskonferenz der 92. Konferenz der Justizministerinnen und Justizminister wurde die Einführung eines **Vorab-Verfahrens für Sammelklagen beim BGH** vorgeschlagen.[34] Auf der Herbstkonferenz 2021 war der „dringende Reformbedarf" in Sammelklagen ebenfalls ein Thema. Zur Begründung der Notwendigkeit weitreichender Änderungen hieß es u.a.:[35]

> „Die Prozessführung in Massenverfahren stellt die Gerichte vor große Herausforderungen, weil zum Teil sehr umfangreiche und textbausteinartige Schriftsätze ohne hinreichenden Einzelfallbezug eingereicht werden und Terminsvertreter nicht immer sachkundig sind. Da eine große Zahl von Parallelverfahren anhängig ist, werden Entscheidungen meist mit den zur Verfügung stehenden Rechtsmitteln angefochten und es bestehen kaum Vergleichsmöglichkeiten. Dies führt dazu, dass eine Vielzahl von Verfahren mit ähnlichem Streitgegenstand parallel über mehrere Instanzen geführt wird. Hinzu kommt, dass zum Teil Parteien die frühzeitige höchstrichterliche Klärung grundlegender Rechtsfragen vermeiden."

42 Ob das die Regel oder die Sammlung vieler Ausnahmen ist, kann hierbei dahinstehen. Eigentlich würden „zum Teil ... textbausteinartige Schriftsätze" oder „nicht immer sachkundige Terminsvertreter" keine tiefgreifenden Änderungen rechtfertigen. Es sind aber eben nicht die Auswüchse solcher Verfahren, in denen altbekannte Phäno-

34 Der entsprechende Beschluss kann hier eingesehen werden: https://www.justiz.nrw.de/JM/jumiko/beschluesse/2021/Fruehjahrskonferenz_2021/TOP-I_-10--Vorabentscheidungsverfahren.pdf. Das BMJ hat im März 2023 eine Verbändeanhörung gestartet mit dem Ziel, die Vorschläge des DRB zu diskutieren und auf die eine oder andere Art umzusetzen.

35 Beschlusspapier der JuMiKo zu TOP I. 11 hier: https://www.justiz.nrw/JM/jumiko/beschluesse/2021/Herbstkonferenz_2021/TOP-I_-11--Dringender-Reformbedarf-zur-Bewaeltigung-von-Massenverfahren.pdf.

mene – Textbausteine und nicht vorbereitete Terminsvertreter gab es schon immer, so wie nicht vorbereitete Richter und Urteile oder Beschlüsse, die sehr an Textbausteine gemahnen – auftauchen. Die Möglichkeit der Digitalisierung für Gerichtsverfahren sind noch längst nicht erkannt. Dass die ZPO umgestaltet werden muss, damit man solche Verfahren unter Nutzung der Möglichkeiten der Digitalisierung sinnvoll betreiben und entscheiden kann, sollte unstreitig sein.[36] Allerdings wirken die Beschlüsse der JuMiKo so, als solle das bestehende System im Wesentlichen unverändert bleiben, Auswüchse wie oben beschrieben aber verhindert werden. Es geht dabei also nicht um Überlegungen, wie man den kollektiven Rechtsschutz mit angemessenen und zeitgemäßen Verfahrensarten in die ZPO implementiert, und auch nicht um den besseren Nutzen der Möglichkeiten der Digitalisierung, sondern um eine **Beschneidung der zivilprozessualen Rechtsschutzmöglichkeiten und der heute möglichen technischen Gestaltungen**. Dass sich dann auch sofort die Frage nach dem Ausgleich mit berechtigten Verbraucherinteressen stellt, liegt auf der Hand.[37]

Diesen Weg – ob mit Erweiterung der Musterfeststellungsklage, Vorabverfahren 43
oder ähnlichen rechtlichen Vereinfachungsmöglichkeiten – kann man natürlich gehen, würde aber dadurch die Chancen, welche die Digitalisierung bietet, verpassen. Auch wenn es noch keine erprobten Muster gibt, scheint es nicht fernzuliegen, in Massenverfahren eine viel engere **Kooperation aller Verfahrensbeteiligten unter Führung des Gerichts** in den Blick zu nehmen, und zwar schon zu Beginn eines solchen Verfahrens. Denn auch mit einer verbesserten Musterfeststellungsklage bleibt es bei dem widersinnigen Verfahren, dass jede Seite technisch aufrüstet, um diese Materialschlacht zu gewinnen. Zu welchem Ergebnis würde ein **Design Thinking Workshop** für Massenverfahren führen?[38] Sind gemeinsame Datenpools aller Prozessbeteiligten ausgeschlossen? Sind „Fallkonferenzen" entweder kurz vor oder nach Erhebung einer Sammelklage undenkbar – Treffen aller Verfahrensbeteiligten, um den Prozessstoff zu sichten, die fallrelevanten Daten für eine gemeinsame Datenbank zur Nutzung durch alle Verfahrensbeteiligten zu besprechen, um dann weiterhin eine Struktur für den Vortrag zu erarbeiten? Teilweise sind solche Ideen bereits mit der ZPO umzusetzen, teilweise nicht. Die Überlegungen müssen in diese Richtung fortgesetzt werden.

---

36 In diese Richtung gehen auch die Vorschläge der Arbeitsgemeinschaft Massenverfahren des Deutschen Richterbundes vom 13.5.2022, download hier: https://www.drb.de/fileadmin/DRB/pdf/Stellungnahmen/2022/Loesungsvorschlaege_AG_Massenverfahren.pdf.

37 Kritisch zu diesen Entwicklungen, auch zu den Vorschlägen der AG Massenverfahren auch *Windau*, Blogbeitrag in AnwBl Online vom 28.5.2022, download hier: https://anwaltsblatt.anwaltverein.de/de/zpoblog/deutscher-richterbund-arbeitsgemeinschaft-massenverfahren-kollektiver-rechtsschutz.

38 Vgl. zu Legal-Design-Verfahren in der Justiz § 28 (*Andert*).

G. Fazit

44 Von Alan Kay stammt das Bonmot „the best way to predict the future is to invent it".[39] Die Kapitel in diesem Abschnitt zeigen, an welchen Themen in der Anwaltschaft gearbeitet wird, um die Vorteile der Digitalisierung für die anwaltliche Arbeit auf- und auszubauen. Niemand glaubt an ein Wunder oder ein überraschendes Ereignis, das alles ändern wird. Software ist schon heute zu viel mehr in der Lage, als es sich im Bereich der Rechtspflege wiederfindet. Die wesentlichen Herausforderungen liegen weniger in den Grenzen der Software, sondern entweder im Mangel an auszuwertenden Daten oder aber an „analogen Abläufen", die sich ihrerseits kaum digitalisieren lassen. Im Bereich Sammelklagen besteht die Sorge, dass die Anwaltschaft als Kläger- oder als Beklagtenvertreter in der Verwendung von Software „zu gut" geworden ist und die Rechtspolitik darauf nur mit den vertrauten Mitteln reagiert: die bisherigen Vorschläge laufen auf eine Begrenzung der Möglichkeiten der Digitalisierung hinaus. Das wäre fatal. Für Sammelklagen braucht es ein grundsätzlich neues System. Wie es aussehen wird, weiß niemand. Aber wie immer gilt: Wenn man anfängt, in diese Richtung nachzudenken, wird man Lösungen finden.

39 Mui, 7 Steps For Inventing The Future, Forbes Online vom 4.4.2017, download hier: https://www.forbes.com/sites/chunkamui/2017/04/04/7-steps-for-inventing-the-future./.

Teil III: Digitale Geschäftsstellen/ Rechtsantragstellen

Isabelle D. Biallaß

§ 11 Gerichts-Chatbots und Formulare

Gliederungsübersicht **Rn.**

Literatur: *Isabelle Désirée Biallaß*, Chatbots zur medienbruchfreien Antragsaufnahme beim Amtsgericht, NJW-aktuell 34/2019, 15; *Isabelle Désirée Biallaß*, Der Einsatz von künstlicher Intelligenz in der Justiz, Teil 3: Potenzielle Anwendungsfälle, in Viefhues (Hrsg.), Elektronischer Rechtsverkehr Ausgabe 1/2020, Rn. 42ff.; *Isabelle Désirée Biallaß*, Die Erklärung zum Pkh-Antrag im elektronischen Rechtsverkehr, NJW 2020, 2941ff.; *Isabelle Désirée Biallaß*, Die Digitalisierung der Rechtsantragstelle, RDi 2023, 59ff.; *Michelle Duda/Alexander Lilienbeck*, Legal Chatbots in der Rechtsberatung, CTRL 2021, S. 168ff.; *Daniel Antonius Hötte/Frederik Simon Bäumer/Isabelle Désirée Biallaß/Michael Sommerfeld*, Die Unterstützung der Arbeit auf der Rechtsantragstelle durch Chatbots, CR 2021, 770ff.; *Luisa Lorenz*, Chatbots im praktischen Einsatz: Grundbegriffe, Rechtsfragen und Anwendungsszenarien, K&R 2019, 1ff.

A. Einsatzszenarien

I. Problemaufriss

Seit dem 1.1.2022 ist in ganz Deutschland für professionelle Einreicher die aktive Nutzungspflicht des elektronischen Rechtsverkehrs in Kraft getreten. Dies bedeutet, dass professionelle Einreicher:innen[1], d.h. Rechtsanwält:innen, Behörden und juristische 1

1 Die Verwendung des Gender-Doppelpunkt entspricht dem Wunsch der Herausgeber:in.

Isabelle D. Biallaß
https://doi.org/10.1515/9783110755787-011

Personen des öffentlichen Rechts einschließlich der von ihnen zur Erfüllung ihrer Aufgaben gebildeten Zusammenschlüsse, vorbereitende Schriftsätze und deren Anlagen sowie schriftlich einzureichende Anträge und Erklärungen als elektronisches Dokument zu übermitteln haben (§ 130d Zivilprozessordnung (ZPO)[2]).

2 Es ist jedoch zu befürchten, dass viele Bürger:innen von den Möglichkeiten des elektronischen Rechtsverkehrs nichts wissen oder, wenn sie ihnen bekannt sind, diese als nicht niedrigschwellig genug empfinden, um von ihnen Gebrach zu machen. Im Folgenden wird deshalb untersucht, wie die Digitalisierung der Kommunikation mit den Gerichten weiter gefördert werden kann.

3 Der Erstkontakt von Bürger:innen mit dem Gericht erfolgt entweder mit der Poststelle, auf der ihre schriftlichen Eingaben eingehen, oder mit einer Geschäftsstelle bzw. der Rechtsantragstelle. Dieser Beitrag befasst sich mit der Frage, welche Entwicklungsmöglichkeiten es an den beiden letztgenannten Stellen gibt. Eine über die bisherigen Möglichkeiten hinausgehende Förderung der elektronischen Kommunikation könnte durch den Einsatz von **Chatbots** oder von **elektronischen Formularen** erfolgen. Eine solche ist nicht nur aus Bürgerfreudlichkeit anstrebenswert, sondern bietet auch Potential für eine Arbeitserleichterung der Gerichtsmitarbeiter:innen.

4 Spätestens ab dem 1.1.2026 wird bei allen Gerichten und Staatsanwaltschaften in Deutschland mit der **elektronischen Akte** gearbeitet.[3] Durch den elektronischen Rechtsverkehr wird es bei den Landgerichten und Oberlandesgerichten somit nur noch in wenigen Ausnahmefällen zu einem **Medienbruch** kommen. Denkbar ist beispielsweise noch ein in Papierform eingehender durch die Naturalpartei gestellter Antrag auf Prozesskostenhilfe.

5 Die Situation bei den Amtsgerichten wird voraussichtlich anders aussehen: Es wird weiterhin eine Mischung zwischen von professionellen Einreichern übersandten elektronischen Eingängen und Papiereingängen geben. Hierdurch wird bei den Amtsgerichten ein dauerhafter **Scanaufwand** entstehen.

6 Zudem müssen die **Metadaten** der eingescannten Schriftsätze nach dem Scannen aktuell aufwendig manuell erfasst werden. Der Begriff „Metadaten“ beschreibt strukturierte Daten, die Informationen über Merkmale anderer Daten enthalten. In der Justiz werden Metadaten im **XML-Format** erfasst (siehe § 2 III Elektronischer-Rechtsverkehr-Verordnung (ERVV)). Bei einer elektronischen Einreichung soll der Metadatensatz gemäß § 2 III ERVV mindestens die folgenden Informationen enthalten: die Bezeichnung des **Gerichts**, die Bezeichnung der **Parteien** oder **Verfahrensbeteiligten**, den **Verfahrensgegenstand** sowie, sofern bekannt, das **Aktenzeichen** des Verfahrens und das Ak-

2 Parallelvorschriften finden sich in § 46g Arbeitsgerichtsgesetz (ArbGG), § 14b Gesetz über das Verfahren in Familiensachen und in den Angelegenheiten der freiwilligen Gerichtsbarkeit (FamFG), § 52d Finanzgerichtsordnung (FGO), § 65d Sozialgerichtsgesetz (SGG), § 32d Strafprozeßordnung (StPO) und § 55d Verwaltungsgerichtsordnung (VwGO).

3 § 298a Ia 1 ZPO sowie die Parallelvorschriften in § 46e Ia 1 ArbGG, § 14 IVa 1 FamFG, § 52b Ia 1 FGO, § 65b Ia 1 SGG, § 32 I 1 StPO in der ab dem 1.1.2026 gültigen Fassung, § 55b Ia 1 VwGO.

tenzeichen eines denselben Gegenstand betreffenden Verfahrens und die aktenführende Stelle (etwa ein anderes Gericht oder eine Behörde) dieses Verfahrens.[4] Um die manuelle Bearbeitung zu erleichtern, wäre es hilfreich, wenn diese Daten aus dem eingescannten Dokument automatisiert ausgelesen werden könnten.[5] Es gab zwar bereits Pilotprojekte, um die Geeignetheit entsprechender Software zu testen, sie ist jedoch noch nicht im Echteinsatz.

Theoretisch steht auch allen Bürger:innen die Möglichkeit der elektronischen Einreichung bei Gericht offen. Seit dem 1.1.2018 regelt § 130a IV Ziff. 1 ZPO, dass es sich bei dem **Postfach- und Versanddienst eines De-Mail-Kontos** um einen sicheren Übermittlungsweg handelt, wenn der Absender bei Versand der Nachricht sicher im Sinne von § 4 I 2 De-Mail-Gesetz (De-MailG) angemeldet ist und er sich die sichere Anmeldung gemäß § 5 V De-MailG bestätigen lässt. Die Möglichkeit der Nutzung von De-Mail wurde jedoch nur sehr schlecht angenommen.[6] Hinzu kommt, dass entweder für jede versandte Nachricht oder pro Monat Kosten für die Nutzung von De-Mail anfallen und die maximale Größe einer De-Mail inklusive aller Anhänge auf 10 Megabyte beschränkt ist. 7

Durch das Gesetz zum Ausbau des elektronischen Rechtsverkehrs mit den Gerichten und zur Änderung weiterer Vorschriften[7] wurde zudem das **elektronische Bürgerpostfach** (eBO)[8] eingeführt und die Möglichkeit eröffnet, den Postfach- und Versanddienst eines **Nutzerkontos im Sinne des § 2 V OZG** zu nutzen, wenn bestimmte technische Voraussetzungen erfüllt sind[9]. Erst die Zukunft wird zeigen, wie das eBO und die elektronische Kommunikation über den Postfach- und Versanddienst eines Nutzerkontos angenommen werden und ob hierdurch eine Reduzierung des Medienbruchs erreicht werden kann. Es bleibt zu befürchten, dass viele Bürger:innen nicht bereit sein werden, sich ein Postfach, das nur zur Kommunikation mit dem Gericht dient, anzulegen. 8

II. Geschäftsstelle

Gemäß § 153 I Gerichtsverfassungsgesetz (GVG)[10] wird bei jedem Gericht und bei jeder Staatsanwaltschaft eine **Geschäftsstelle** eingerichtet. Die nähere Ausgestaltung obliegt dem Bund und den Ländern für ihren jeweiligen Geschäftsbereich, § 153 IV 1 GVG. Beispielsweise wurden für die Gerichte und Staatsanwaltschaften des Landes Nordrhein-Westfalen konkretere Regelungen zu den Geschäftsstellen in § 27f. des Gesetzes über die Justiz im Land Nordrhein-Westfalen (JustG NRW) getroffen. 9

4 *Biallaß* in: Ory/Weth, jurisPK-ERV Band 2, 2. Aufl., § 2 ERVV (Stand: 7.9.2022), Rn. 28.
5 *Biallaß* in: Ory/Weth, jurisPK-ERV Band 1, 2. Aufl., Kapitel 8 (Stand: 27.10.2022), Rn. 19, 414f.
6 Zum aktuellen Stand siehe *Gerber*, Ende ohne Anfang, c't 2021, Heft 21, S. 28f.
7 G. v. 5.10.2021, BGBl. I S. 4607 (Nr. 71).
8 Siehe hierzu § 14 Rn. 27ff. (*Herberger*).
9 Siehe hierzu § 14 Rn. 27ff. (*Herberger*).
10 Siehe auch § 7 I ArbGG; § 12 FGO; § 4 SGG und § 13 VwGO.

10 Seit 1995 wurden aufgrund eines Beschlusses der Justizministerkonferenz bundesweit bei den Gerichten anstelle der bisherigen Geschäftsstellen sogenannte **Service-Einheiten** eingerichtet, in denen die funktionale Trennung zwischen Geschäftsstelle und Schreibdienst aufgehoben ist.[11] Die Geschäftsstellen sind durch interne Geschäftsverteilung in verschiedene Abteilungen gegliedert, die mit jeweils unterschiedlichen Aufgaben betraut sind.[12]

11 Die Einrichtung der Geschäftsstelle dient der Entlastung des Richters.[13] Dort werden die Aufgaben wahrgenommen, die nicht ausdrücklich dem Richter, Staatsanwalt, Rechtspfleger oder Amtsanwalt zugewiesen sind.[14] Gemäß § 27 I JustG NRW erledigt die Geschäftsstelle alle Aufgaben, die ihr nach Rechts- und Verwaltungsvorschriften obliegen oder übertragen sind.

12 Der **Urkundsbeamte der Geschäftsstelle** nimmt auch eine gewisse **Fürsorgefunktion** für die Parteien wahr.[15] Aus dem Zweck des § 129a ZPO ergibt sich, dass der Urkundsbeamte im Rahmen seiner Möglichkeiten bei der Formulierung des zum Protokoll der Geschäftsstelle gestellten Antrags behilflich sein muss, wenn das Gewollte und das Erklärte erkennbar auseinanderfallen oder das Gewollte im Erklärten überhaupt nicht deutlich wird.[16]

13 Die Geschäftsstelle wird mit der erforderlichen Zahl von Urkundsbeamten besetzt, § 153 I GVG. In § 153 II bis V GVG werden Regelungen zu der fachlichen Eignung der als Urkundsbeamter der Geschäftsstelle eingesetzten Personen getroffen. In der Regel handelt es sich um Beamte des mittleren Dienstes, teilweise auch um Justiz- oder Verwaltungsfachangestellte.

14 Der Antragsteller muss nicht zwingend auf der Geschäftsstelle des örtlich zuständigen Gerichts vorsprechen. Gemäß § 129a I ZPO können Anträge und Erklärungen, deren Abgabe vor dem Urkundsbeamten der Geschäftsstelle zulässig ist, vor der Geschäftsstelle eines jeden Amtsgerichts zu Protokoll abgegeben werden. Grundsätzlich hat die Geschäftsstelle das Protokoll unverzüglich dem Gericht zu übermitteln, an das der Antrag oder die Erklärung gerichtet ist, § 129a II 1 ZPO. Dem Vorsprechenden kann gemäß § 129a II 3 ZPO – mit seiner Zustimmung – die Übermittlung des Protokolls überlassen werden.

---

11 MünchKomm-ZPO/*Pabst*, 6. Aufl. 2022, § 153 GVG Rn. 5; BeckOK GVG/*Huber*, 16 Ed. 15.8.2022, § 153 GVG Rn. 1.

12 MünchKomm-ZPO/*Pabst*, § 153 GVG Rn. 5; siehe auch § 28 I JustG NRW.

13 MünchKomm-ZPO/*Pabst*, § 153 GVG Rn. 1, 6.

14 MünchKomm-ZPO/*Pabst*, § 153 GVG Rn. 6.

15 MünchKomm-ZPO/*Pabst*, § 153 GVG Rn. 11.

16 BeckOK ZPO/*von Selle*, 46. Ed. 1.9.2022, § 129a ZPO Rn. 9.1; Musielak/Voit/*Stadler*, 19. Aufl. 2022, ZPO § 129a Rn. 5; MünchKomm-ZPO/*Fritsche*, 6. Aufl. 2020, § 129a ZPO Rn. 6.

III. Rechtsantragstelle

In § 24 Rechtspflegergesetz (RpflG) werden bestimmte Geschäfte der Geschäftsstelle dem Rechtspfleger übertragen. Bei der **Rechtsantragstelle** handelt es sich somit um eine Abteilung der Geschäftsstelle, in der Rechtspfleger:innen tätig sind.[17] Zwingend in die Zuständigkeit des Rechtspflegers fallen nach Abs. 1 die Aufnahme von Erklärungen über die Einlegung und Begründung der Rechtsbeschwerde und der weiteren Beschwerde, der Revision in Strafsachen und die Aufnahme eines Antrags auf Wiederaufnahme des Verfahrens (§ 366 II StPO, § 85 Gesetz über Ordnungswidrigkeiten (OWiG)). Zudem sollen gemäß II weitere als besonders anspruchsvoll geltende Erklärungen, wie z. B. Klagen und Klageerwiderungen, vom Rechtspfleger aufgenommen werden.[18] 15

Der Aufgabenzuschnitt der Rechtsantragstellen unterscheidet sich. Es gibt beispielsweise Länder[19], in denen sie auch für die Bearbeitung von Beratungshilfeanträgen nach § 4 Gesetz über Rechtsberatung und Vertretung für Bürger mit geringem Einkommen (BerHG) zuständig sind. Andererseits fällt die Aufnahme von Anträgen in Nachlass- und Betreuungssachen (z. B. Aufnahme von Betreuungsanregungen, Erbscheinanträgen und Erbausschlagungen) in einigen Ländern[20] nicht in die Zuständigkeit der Rechtsantragstelle, sondern in die der in der Nachlass- bzw. Betreuungsabteilung tätigen Mitarbeiter:innen. Es ist deshalb sinnvoll, die digitale Geschäftsstelle und die digitale Rechtsantragstelle gemeinsam zu betrachten. 16

Soweit für das Geschäft, weswegen auf der Rechtsantragstelle vorgesprochen wird, funktionell ein Urkundsbeamter zuständig ist, nimmt der oder die Rechtspfleger:in die Aufgaben an Stelle des Urkundsbeamten wahr.[21] 17

B. Chatbots

Sowohl für die Kommunikation der Rechtsuchenden mit der Geschäfts- als auch mit der Rechtsantragstelle kommt der Einsatz von **Chatbots** in Betracht. Unter dem Begriff Chatbot versteht man technisch automatisierte bzw. autonome Dialogsysteme.[22] „Ein System ist autonom, wenn es sich selbst steuern und seine Regelsätze selbst geben, anpassen oder ändern kann."[23] Chatbots ermöglichen eine Kommunikation zwischen Mensch und Maschine.[24] Diese erfolgt entweder über geschriebene oder gesprochene 18

17 *Hötte/Bäumer/Biallaß/Sommerfeld*, CR 2021, 770 (772); MünchKomm-ZPO/*Pabst*, § 153 GVG Rn. 5.
18 BeckOK ZPO/*von Selle*, § 129a ZPO Rn. 8.
19 Wie Nordrhein-Westfalen.
20 Beispielsweise in Nordrhein-Westfalen.
21 *Hötte/Bäumer/Biallaß/Sommerfeld*, CR 2021, 770 (772); MünchKomm-ZPO/*Fritsche*, § 129a ZPO Rn. 4.
22 *Lorenz*, K&R 2019, 1; *Leeb*, Digitalisierung, Legal Technology und Innovation, 2019, S. 236; *Biallaß* in: Ory/Weth (Hrsg.), jurisPK-ERV Band 1, Kapitel 8 Rn. 76.
23 *Lorenz*, K&R 2019, 1.
24 *Hötte/Bäumer/Biallaß/Sommerfeld*, CR 2021, 770 (771).

Eingaben.[25] Ein Chatbot ist in der Lage, **natürliche Sprache** zu verstehen. Dies bedeutet, dass er Äußerungen, die aus ganzen Sätzen bestehen, verarbeiten und die relevanten Informationen extrahieren kann. Es ist nicht notwendig, Eingaben in einer formalen Sprache, z. B. unter Verwendung einer Programmiersprache, zu machen.

I. Legal Chatbots

19 „**Legal Chatbots**" sind Chatbots, die in der Lage sind, Dialoge mit einem juristischen Kontext zu führen. Sie müssen das konkrete rechtliche Anliegen des Nutzers identifizieren, damit sie – wenn möglich – eine rechtlich abgesicherte Antwort ausgeben können.[26]

20 In der Rechtsberatung ist der Einsatz von Chatbots bereits üblich.[27] Durch die Anwaltschaft können Chatbots zur ersten Kontaktaufnahme mit dem potenziellen Mandanten eingesetzt werden.[28] Dies ermöglicht vorab eine strukturierte Erfassung der Mandantendaten.[29] Anwälte können zudem bei der Bearbeitung sich häufig wiederholender Standardprobleme entlastet werden, indem der Mandant durch Eingabe der Sachverhaltsdaten im Self-Service mit dem Chatbot einfache Rechtsfragen selbstständig lösen kann.[30]

21 In der deutschen Justiz werden bislang noch keine Chatbots eingesetzt. **Legal Chatbots** bieten Möglichkeiten für einen erweiterten Zugang zum Recht durch die jederzeitige Verfügbarkeit via Internet und unabhängig von einer persönlichen Vorsprache. Insbesondere die Covid-19-Pandemie hat deutlich gemacht, wie wichtig es ist, dass auch die Justiz derartige Möglichkeiten schafft. Aber auch außerhalb dieser Sondersituation können durch digitale Zugriffsmöglichkeiten Anreisewege und Wartezeiten vermieden werden. Ein denkbares Einsatzszenario ist die (zumindest teilweise) digitale Geschäftsstelle bzw. Rechtsantragstelle.

II. Einsatzszenario Rechtsantragstelle

1. Bisherige Überlegungen

22 Die Idee, einen Chatbot zur Unterstützung der Rechtsantragstelle einzusetzen, ist nicht neu.[31] Auch in dem auf dem Zivilrichtertag vorgestellten Diskussionspapier der Ar-

---

25 *Lorenz*, K&R 2019, 1 (2); *Biallaß*, NJW-aktuell 34/2019, 15.

26 *Hötte/Bäumer/Biallaß/Sommerfeld*, CR 2021, 770 f.

27 Mehrere Beispiele für Chatbots finden sich bei *Kuhlmann*, Legal Tech: Chatbots: Virtuelle Assistenten des Rechts, in: Legal Tribune Online, 21.3.2017, https://www.lto.de/persistent/a_id/22422/; siehe auch *Timmermann*, Legal Tech-Anwendungen, S. 149 ff.; *Mielke/Wolff*, Jusletter IT 18. Mai 2017, 1, 15; *Anton*, in: Ory/Weth (Hrsg.), jurisPK-ERV Band 1, 1. Aufl., Kapitel 5.1.1 (Stand: 4.1.2021), Rn. 288 ff.

28 *Lorenz*, K&R 2019, 1 (2).

29 *Duda/Lilienbeck*, CTRL 2021, S. 168 (169).

30 *Duda/Lilienbeck*, CTRL 2021, S. 168 (169).

31 EDV-Gerichtstag Workshops „Cognitive Computing für die Justiz" am 4.9.2018, siehe hierzu *Biallaß* in: Viefhues (Hrsg.), eBroschüre Elektronischer Rechtsverkehr Ausgabe 2/2019, Rn. 47 (53 ff.); „Möglichkeiten

beitsgruppe der Präsidentinnen und Präsidenten der Oberlandesgerichte, des Kammergerichts, des Bayerischen Obersten Landesgerichts und des Bundesgerichtshofs zur Modernisierung des Zivilrechts wurde das Bedürfnis für eine digitale Öffnung der Rechtsantragstellen herausgearbeitet und die Möglichkeit, hierzu Chatbots einzusetzen, ausdrücklich thematisiert.[32]

2. Projekt des Bundesministeriums der Justiz

a) Machbarkeitsstudie

Das Bundesministerium der Justiz (BMJ, damals noch Bundesministerium der Justiz und für Verbraucherschutz (BMJV)) gab im Jahr 2020 eine **Studie** in Auftrag, mit der die **Machbarkeit der Entwicklung eines Chatbots zum Einsatz auf der Rechtsantragstelle** untersucht wurde.[33] Diese befasste sich mit den technischen und nicht-technischen Herausforderungen. Zum Zwecke der Studienerstellung wurden Experten auf dem Gebiet der Rechtsantragstelle aus der ordentlichen Gerichtsbarkeit des Landes Nordrhein-Westfalen befragt, so dass sich die Ausführungen in der Studie zu den Tätigkeitsfeldern und der Fachsoftware, zu der möglicherweise Schnittstellen geschaffen werden müssen, auf diesen Bereich beschränken. Die Studie kam zu dem Ergebnis, dass es möglich ist, eine große Anzahl von Anfragen ohne einen persönlichen Termin im Gericht zu erledigen.[34] 23

b) Aktueller Sachstand Pilotprojekt

In einem nächsten Arbeitsschritt wurde ein Konzept für die Entwicklung und den Einsatz von Chatbots in Rechtsantragstellen erstellt.[35] Hierzu erfolgte mit Hilfe eines stuktu- 24

---

des Einsatzes von künstlicher Intelligenz (KI) im Bereich der Justiz“ am 15.5.2019, siehe hierzu *Biallaß*, in: Viefhues (Hrsg.), eBroschüre Elektronischer Rechtsverkehr Ausgabe 1/2020, Rn. 42 (46 ff.), und „Künstliche Intelligenz (KI) in der Justiz und Legal Tech“ am 12.3.2020; *Biallaß*, NJW-aktuell 34/2019, 15; *Biallaß*, e-Justice Magazin, Ausgabe 1/2019, 6, 7, https://www.deutscheranwaltspiegel.de/e-justice/kuenstliche-intelligenz/der-einsatz-von-kuenstlicher-intelligenz-in-der-justiz/; *Biallaß* in: Ory/Weth (Hrsg.), jurisPK-ERV Band 1, Kapitel 8, Rn. 78 (so auch schon in der Vorauflage); *Rühl* in: Kaulartz/Braegelmann (Hrsg.), Rechtshandbuch Artificial Intelligence und Machine Learning, S. 622; *Leeb*, Digitalisierung, Legal Technology und Innovation, S. 230; *Biallaß*, Rethinking Law 2/2021, 34 (35 f.).

32 Modernisierung des Zivilprozesses – Diskussionspapier, S. 5 ff., https://www.justiz.bayern.de/media/images/behoerden-und-gerichte/oberlandesgerichte/nuernberg/diskussionspapier_ag_modernisierung.pdf.

33 *Hötte/Bäumer*, Machbarkeitsstudie: Entwicklung eines Chatbots für Rechtsantragstellen, siehe https://www.bmj.de/SharedDocs/Downloads/DE/Fachinformationen/Chatbot_Rechtsantr%C3%A4ge_Machbarkeitsstudie.html.

34 *Hötte/Bäumer*, Machbarkeitsstudie: Entwicklung eines Chatbots für Rechtsantragstellen, S. 3 ff.; *Hötte/Bäumer/Biallaß/Sommerfeld*, CR 2021, 770 (774).

35 *Boston Consulting Group (BCG)*, Konzept für die Entwicklung und den Einsatz von Chatbots in Rechtsantragstellen, https://www.bmj.de/SharedDocs/Downloads/DE/Fachinformationen/Chatbot_Rechsantragstelle_Abschlussbericht.pdf.

rierten Fragebogens eine Befragung von Rechtspfleger:innen, die an insgesamt 19 Gerichten in den Ländern Hamburg, Niedersachsen, Nordrhein-Westfalen, Saarland und Schleswig-Holstein sowie bei der Fachgruppe Rechtsantragstelle der Fachhochschule für Rechtspflege in Nordrhein-Westfalen tätig waren. Es wurden auch Praktiker:innen der Fachgerichtsbarkeiten beteiligt. In dem Konzept werden Vorschläge für die Ausgestaltung einer Erstversion des Chatbots gemacht. Das BMJV plante eine Ausschreibung für die Entwicklung des Chatbots.[36]

25 Die auf der Rechtsantragstelle Vorsprechenden haben ein großes Bedürfnis nach der strukturierten Bereitstellung von Vorabinformationen. Zahlreiche Termine auf der Rechtsantragstelle enden nicht mit einer Antragstellung, sondern indem eine andere Lösung gefunden wird. Teilweise werden lediglich abstrakte Informationen, z.B. über zuständige Stellen, Anschriften, Öffnungszeiten, oder online abrufbare Merkblätter[37] benötigt. Suchen Nutzer:innen konkrete Informationen für die weitere Verfolgung ihres Anliegens, wäre es ihnen bereits eine große Hilfe, wenn der Chatbot in der Lage wäre, das Anliegen zu identifizieren und ihnen alle Information zu liefern, die sie für eine Vorsprache bei der Rechtsantragstelle benötigen.

26 Aufgrund dieser Rückmeldungen durch die Praktiker:innen aus den Ländern wurde untersucht, welche Funktionen eine Erstversion des Chatbots sinnvollerweise zur Verfügung stellen sollte. In einer ersten Stufe ist denkbar, zu möglichst vielen Themengebieten allgemeine Informationen bereitzustellen (zuständige Stellen, Anschriften, Öffnungszeiten oder allgemeine Merkblätter). Bereits hierdurch kann voraussichtlich die persönliche Vorsprache von zahlreichen Rechtsuchenden erübrigt werden. In einer zweiten Stufe könnte der Chatbot, nachdem er das Anliegen des Rechtsuchenden korrekt identifiziert hat, konkrete Informationen bezogen auf das zuständige Gericht liefern. Zu denken wäre beispielsweise an eine Checkliste der benötigten Dokumente oder Informationen zur Terminvereinbarung.

27 In einer dritten Stufe würden durch den Chatbot konkrete Informationen aufgenommen und an das Gericht übermittelt werden, um die persönliche Vorsprache vorzubereiten. Zum einen könnten die Nutzer:innen ihre für die weitere Bearbeitung benötigten Daten eingeben (**Metadaten**)[38], die in die Fachanwendung eingelesen werden können, um ihre manuelle Erfassung zu vermeiden, zum anderen könnten sie durch den Chatbot unterstützt bereits den Sachverhalt schildern und relevante Unterlagen hochladen. Die elektronische Kommunikation mit dem Gericht erfolgt über einen sicheren Übermittlungsweg oder das **Elektronische Gerichts- und Verwaltungspostfach**

---

36 *Sudhof*, DRiZ 2021, 362, 363.

37 Ein Prototyp für einen Chatbot, der per Spracheingabe bedienbar ist und die Fundstelle des korrekten Merkblatts ausgibt, wurde bereits 2019 auf einem Workshop des EDV-Gerichtstags vorgestellt, siehe *Augstein/Bogs*, Hands-On – So entstehen Chatbot Lösungen – IBM Watson Assistant am Beispiel der Rechtsantragsstelle, 2019; *Biallaß*, in: Viefhues (Hrsg.), eBroschüre Elektronischer Rechtsverkehr Ausgabe 1/2020, Rn 42 (46).

38 Siehe Rn. 6.

(EGVP). Somit wäre es systematisch korrekt, wenn auch über den Chatbot aufgenommene Informationen per EGVP an das Gericht übersandt würden.[39] Sofern es sich lediglich um Informationen handelt, die die weitere Bearbeitung erleichtern und keine Antragstellung erfolgt, ist es nicht notwendig, ein Verfahren zur Identifikation des Einreichers zu implementieren. Es ist ausreichend, wenn eine Verknüpfung der elektronisch übermittelten Dokumente mit einem dem Nutzer vorliegenden Exemplar erfolgt[40], beispielsweise über eine Vorgangsnummer, die bei der späteren persönlichen Vorsprache eine Zuordnung ermöglicht.

Eine weitaus größere Herausforderung würde die rechtswirksame Stellung eines **Online-Antrags** darstellen. Nach den bisherigen Planungen soll diese Stufe zunächst nicht Teil des Projekts des BMJs sein. Durch die **Formvorschriften des elektronischen Rechtsverkehrs** wird eine hohe Schwelle für die Nutzung eines Chatbots zur rechtswirksamen Antragstellung geschaffen. 28

Gemäß § 496 ZPO sind die Klage, die Klageerwiderung sowie sonstige Anträge und Erklärungen einer Partei, die zugestellt werden sollen, beim Amtsgericht entweder schriftlich einzureichen oder mündlich zum Protokoll der Geschäftsstelle anzubringen. Die Abgabe zum Protokoll der Geschäftsstelle setzt die persönliche Anwesenheit des Antragstellenden vor dem Aufnehmenden voraus.[41] Die Antragstellung über einen Chatbot stellt somit *de lege lata* keinen Antrag dar, der mündlich zum Protokoll der Geschäftsstelle gestellt wird. Somit müssten die Anforderungen an eine schriftliche Einreichung erfüllt werden. Schriftlich einzureichende Anträge und Erklärungen können nach Maßgabe des § 130a ZPO als elektronische Dokumente bei Gericht eingereicht werden.[42] 29

Für den Erfolg eines Chatbots, der auch eine Online-Antragstellung ermöglichen soll, wäre es notwendig, dass die Bürger:innen diesen annehmen. Ihre Interessen müssen deswegen bereits bei der Entwicklung berücksichtigt werden. In jedem Fall ist es zwingend notwendig, dass Schnittstellen für alle sicheren Übermittlungswege und für eine Einreichung per EGVP mit qualifizierter elektronischer Signatur geschaffen werden. Es sollte jedoch auch überlegt werden, ob *de lege ferenda* ein durch die Bürger:innen als niederschwelliger wahrgenommenes Identifikationsverfahren zugelassen werden kann.[43] 30

Eine Möglichkeit, um die Nutzung des Chatbots zum elektronischen Rechtsverkehr mit dem Gericht ohne die Notwendigkeit einer Gesetzesänderung etwas niedrig- 31

39 So auch die Empfehlung der BCG, Konzept für die Entwicklung und den Einsatz von Chatbots in Rechtsantragstellen, S. 50.

40 Überlegungen zur Notwendigkeit einer Verknüpfung eine Verknüpfung des elektronischen Dokuments mit dem Papierschriftsatz finden sich bereits bei *Biallaß*, NJW-aktuell 34/2019, 15.

41 BeckOK ZPO/*Toussaint*, ZPO § 496 Rn. 6; Musielak/Voit/*Wittschier*, ZPO § 496 Rn. 2; MüKoZPO/*Deppenkemper*, 6. Aufl. 2020, ZPO § 496 Rn. 7.

42 Die Bürger:innen zur Verfügung stehenden sicheren Übermittlungswege wurden unter Rn. 7f. dargestellt.

43 Siehe auch § 12 Rn. 44ff. (*Dörr*).

schwelliger auszugestalten, wäre, ihn mit **elektronischen Formularen** i.S.v. § 130c ZPO[44] zu kombinieren, die die Nutzung des elektronischen Identitätsnachweises nach § 18 PAuswG, § 12 EIDKG oder § 78 V AufenthG zulassen.[45]

32 Des Weiteren gibt es Erklärungen, die nur vor dem Amtsgericht abgegeben werden können. Beispielsweise seien die Versicherung an Eides statt, dass die Angaben im Nachlassverfahren richtig sind, gemäß § 352 III 3, 4 FamFG,[46], die Erbausschlagung gemäß § 1945 BGB[47] oder die Anerkennung der Vaterschaft, die Zustimmung der Mutter, die etwa erforderliche Zustimmung des Mannes, der im Zeitpunkt der Geburt mit der Mutter des Kindes verheiratet ist, des Kindes oder eines gesetzlichen Vertreters sowie der Widerruf der Anerkennung nach § 180 FamFG[48] genannt. *De lege lata* ist es nicht umsetzbar, diese über einen Chatbot abzugeben.

33 Bei der Konzeption des Chatbots sollte zudem berücksichtigt werden, dass es Anliegen gibt, deren Bearbeitung im Rahmen eines persönlichen Termins zwingend notwendig ist, da der oder die Rechtspfleger:in nur so seiner oder ihrer **Fürsorgepflicht** nachkommen kann. Zu denken ist an komplexe oder atypische Sachverhalte bzw. solche mit einer stark emotionalen Wirkung.[49] Hierunter dürften beispielsweise Anträge nach dem Gewaltschutzgesetz oder Anträge in komplexeren Nachlasssachen fallen.

34 Nach dem Regierungswechsel entschied das BMJ das Projekt „Chatbot für die Rechtsantragstelle“ mit dem Projekt „Digitale Klagewege“, das im Mai 2021 durch das BMJ (damals noch BMJV) im Rahmen des Tech4Germany Fellowship-Programms durchgeführt wurde, zusammenzuführen und in Kooperation mit der DigitalService4Germany GmbH in einem Discovery Sprint unter dem Titel „Zugang zum Recht“ die Rahmenbedingungen für das künftige gemeinsame Projekt zu definieren. Ziel ist es, eine erste Produktversion – ein sogenanntes Minimum Viable Product (MVP) – zu konzeptionieren und die wesentlichen Meilensteine zu definieren. Hierdurch sollen der Umfang des künftigen Projekts und dessen Kosten ermittelt werden.[50]

35 Das Ergebnis des Discovery Sprints war, dass es nicht möglich ist, ein MVP für beide Projekte zu entwickeln. Beide Ziele können nur durch eine unterschiedliche weitere

---

44 Siehe hierzu ab Rn. 57.

45 Siehe *Biallaß*, NJW 2020, 2941 (2941) zu der Kombination eines elektronischen Formulars und eines Chatbots zur Einreichung der „Erklärung über die persönlichen und wirtschaftlichen Verhältnisse bei Prozess- oder Verfahrenskostenhilfe“.

46 Soweit sie nicht vor dem Notar oder – im Ausland – vor dem Konsularbeamten nach §§ 12 Nr. 2, 20 KonsularG abgegeben wird.

47 Sofern sie nicht in öffentlich beglaubigter Form abgegeben wird.

48 Sofern sie nicht vor dem Notar, dem Standesamt, dem Jugendamt oder – im Ausland – dem deutschen Konsularbeamten abgegeben werden.

49 *Hötte/Bäumer/Biallaß/Sommerfeld*, CR 2021, 770 (773).

50 *Möser*, Discovery Sprint „Zugang zu Recht“: Durch Digitalisierung Verbraucherrechte stärken und Gerichte entlasten, 27.1.2022, siehe https://digitalservice.bund.de/blog/blog-projekt-bundesjustizministerium-discoverysprint; *Buschmann*, Tweet vom 17.12.2021, 4:23 h, siehe https://twitter.com/marcobuschmann/status/1471863523324178436.

Vorgehensweise erreicht werden.[51] Beide Projekte wurden wieder getrennt.[52] Eines der in der am 5.9.2022 veröffentlichten Digitalstrategie der Bundesregierung genannten Ziele für die „Digitale Justiz" ist, bis Ende 2023 ein Minimum Viable Product (MVP) einer bundesweit einsetzbaren Software für Justizdienstleistungen in einer digitalen Rechtsantragstelle zu entwickeln und bereits erste Justizdienstleistungen in einer digitalen Rechtsantragstelle anzubieten.[53]

Es ist besonders begrüßenswert, dass sich das BMJ der Thematik angenommen hat und das Projekt unter Beteiligung der interessierten Justizverwaltungen der Länder koordiniert. Hierdurch wird die in vielen anderen IT-Projekten der Justiz bestehende Situation verhindert, dass mehrere Länderverbünde an unterschiedlichen Projekten arbeiten, die das gleiche Ziel verfolgen. Durch die Länder kann weiterhin die fachliche Expertise der Praktiker:innen zur Verfügung gestellt werden, die für die erfolgreiche Entwicklung eines Chatbots kontinuierlich benötigt wird. Zudem sind frühe Praxistests der Erstversion und eine schnelle Berücksichtigung der Rückmeldungen bei der weiteren Entwicklung aktuell geplant und empfehlenswert. 36

III. Technische Konzeption von Chatbots

Eine der weichenstellenden Fragen, die bei einem solchen Projekt beantwortet werden muss, ist, welche Technologie eingesetzt werden soll. Um diese Problematik besser nachvollziehen zu können, wird im Folgenden ein knapper Überblick über die bei einem Chatbot zum Einsatz kommende Technik gegeben. 37

1. Umsetzungskategorien

Chatbots lassen sich aufgrund ihrer Umsetzungskomplexität in verschiedene Umsetzungskategorien einordnen. 38

a) Regelbasierte Chatbots

In ihrer simpelsten Umsetzungsform sind Chatbots kaum von einem auswahlbasierten Dialogsystem zu unterscheiden, das durch ein Formular führt.[54] **Regelbasierte Chatbots** basieren auf vorab festgelegten Regeln, die als **Entscheidungsbaum** dargestellt 39

51 *Kaiser*, Vom Sprint zur Phase: Ergebnisse aus dem Discovery Sprint „Zugang zu Recht", 28.6.2022, siehe https://digitalservice.bund.de/blog/ergebnisse-aus-dem-discovery-sprint-zugang-zu-recht.

52 *Biallaß* in: Ory/Weth, jurisPK-ERV Band 1, Kapitel 8, Rn. 78.1.

53 BT-Drs. 20/3329, S. 35.

54 *Hötte/Bäumer/Biallaß/Sommerfeld*, CR 2021, 770 (771).

werden.[55] Es handelt sich um **Expertensysteme**.[56] Als Expertensystem wird eine Software zur Unterstützung von menschlichen Experten bezeichnet, in der das für die Problemlösung benötigte Fachwissen hinterlegt ist. Ein Expertensystem ermöglicht auf Grundlage dieses Wissens, einen Sachverhalt zu bewerten und Antworten zu finden.[57] Entscheidungsbäume ermöglichen eine Darstellung von formellen Regeln und die Lösung von Entscheidungsproblemen. Dies setzt jedoch voraus, dass die im Prüfprozess zu beantwortenden Fragen, mit „ja“ oder „nein“ beantwortet werden können.[58]

40 **Regelbasierte Chatbots** führen nur vorab definierte Szenarien aus, so dass sie für einen Einsatz in klar abgegrenzten Nutzungsszenarien gut geeignet sind.[59] In komplexen Nutzungsszenarien stoßen sie an ihre Grenzen, da die Erstellung und Wartung der zu Grunde liegenden Regelwerke nicht möglich sind.[60]

41 Die Regeln und Muster können mithilfe von sogenannten Scripts definiert[61], klassisch programmiert[62] oder unter Verwendung einer **Automatisierungssoftware**[63] modelliert werden.[64] Automatisierungssoftware macht es Anwendern ohne Programmierkenntnisse möglich, Entscheidungsbäume selbst zu erstellen.[65]

42 Vorteile von **regelbasierten Chatbots** sind ihre einfache Umsetzung und die damit verbundenen vergleichsweise geringen Entwicklungskosten, ihre hohe Geschwindigkeit bei der Reaktion auf Eingaben und die Nachvollziehbarkeit sowie Berechenbarkeit ihrer Ausgaben.[66] Ein Nachteil von regelbasierten Systemen ist, dass in den meisten Fällen ihre Sprachverarbeitung nur in einem sehr reduzierten Umfang erfolgt. Sie können nur sehr einfache Dialoge führen. Die Nutzer sind in ihrer Ausdrucksfähigkeit beschränkt, da regelbasierte Chatbots nicht in der Lage sind, lange Freitexte zu verarbeiten.[67]

---

55 *Hötte/Bäumer*, Machbarkeitsstudie: Entwicklung eines Chatbots für Rechtsantragstellen, S. 3; *Lorenz*, K&R 2019, 1 (2); *Biallaß* in: Ory/Weth (Hrsg.), jurisPK-ERV Band 1, Kapitel 8 Rn. 80; *Duda/Lilienbeck*, CTRL 2021, S. 168 (169).

56 *Biallaß* in: Ory/Weth (Hrsg.), jurisPK-ERV Band 1, Kapitel 8 Rn. 80.

57 *Biallaß* in: Ory/Weth (Hrsg.), jurisPK-ERV Band 1, Kapitel 8 Rn. 333 m.w.N.

58 *Hötte/Bäumer/Biallaß/Sommerfeld*, CR 2021, 770 (775).

59 *Hötte/Bäumer/Biallaß/Sommerfeld*, CR 2021, 770 (771).

60 *Hötte/Bäumer/Biallaß/Sommerfeld*, CR 2021, 770 (771); *Biallaß* in: Viefhues (Hrsg.), Elektronischer Rechtsverkehr Ausgabe 1/2019, Rn. 42; *Biallaß* in: Ory/Weth (Hrsg.), jurisPK-ERV Band 1, Kapitel 8 Rn. 335; *Grupp/Bues*, Rethinking Law, 2/2019 19 (21).

61 Beispiele aus der Machbarkeitsstudie: RiveScript, ChatScript oder Pandorabots.

62 In der Machbarkeitsstudie wird Python als beispielhafte Programmiersprache genannt.

63 Beispiel aus der Machbarkeitsstudie: BRYTER, siehe auch *Hötte/Bäumer*, Machbarkeitsstudie: Entwicklung eines Chatbots für Rechtsantragstellen, S. 20f.

64 *Hötte/Bäumer*, Machbarkeitsstudie: Entwicklung eines Chatbots für Rechtsantragstellen, S. 16.

65 *Biallaß* in: Ory/Weth (Hrsg.), jurisPK-ERV Band 1, Kapitel 8 Rn. 26ff.

66 *Hötte/Bäumer/Biallaß/Sommerfeld*, CR 2021, 770 (771), *Hötte/Bäumer*, Machbarkeitsstudie: Entwicklung eines Chatbots für Rechtsantragstellen, S. 16.

67 *Hötte/Bäumer/Biallaß/Sommerfeld*, CR 2021, 770 (771).

b) KI-basierte Chatbots

Künstliche Intelligenz im Sinne von **maschinellem Lernen** kann bei Chatbots zur Gesprächsführung eingesetzt werden.[68] Dies ist beispielsweise dann sinnvoll, wenn ein nicht abgegrenzter Sachverhalt eingeordnet und bewertet werden muss oder wenn eine Plausibilitätsprüfung und die Analyse von Dokumenten notwendig sind.[69] Sie sind in der Lage, Frage-Antwort-Szenarien zu antizipieren.[70] Da der Chatbot entscheidet, welche Informationen noch fehlen und auf dieser Grundlage seine weiteren Fragen stellt, kann die Kommunikation für den Nutzer unstrukturiert erscheinen.[71] Dies schränkt die Einsatzmöglichkeiten von rein **KI-basierten Chatbots** in Kontexten, in denen der Nutzer ein größeres Maß an Seriosität erwartet, massiv ein. 43

Problematisch bei der Entwicklung **KI-basierter Chatbots** ist zudem, dass für das Training von Anwendungen des **maschinellen Lernens** große Datenmengen benötigt werden. Soll der Chatbot für eine Domäne entwickelt werden, für die noch keine hinreichende Menge **Trainingsdaten** vorliegt, kommt es zum so genannten **„Kaltstartproblem"**: „Dies ist eine Situation, in der Verfahren des maschinellen Lernens aufgrund mangelnder Trainingsdaten nicht genutzt werden können, weshalb wiederum das finale Produkt nicht lauffähig ist, von dem man sich die Akquise neuer Datensätze erhofft hat."[72] Aktuell existiert keine ausreichende Datenmenge zum Training eines Chatbots, der auf der Rechtsantragstelle eingesetzt werden soll. 44

c) Hybride Chatbots

Hybride Chatbots basieren auf einem regelbasierten, computerlinguistischen Unterbau, verwenden aber auch Verfahren des maschinellen Lernens. Hierdurch wird das **Kaltstartproblem** vermieden, da das System ohne Trainingsdaten eingesetzt werden kann.[73] Wie bei regelbasierten Chatbots ist ihre Funktionsweise transparent und nachvollziehbar.[74] Da über ein Regelwerk der Gesprächsverlauf und die notwendigen Infor- 45

68 *Hötte/Bäumer/Biallaß/Sommerfeld*, CR 2021, 770 (771); *Lorenz*, K&R 2019, 1 (2); *Bues* in: Hartung/Bues/Halbleib (Hrsg.), Legal Tech, 2018, Rn. 1191; *Biallaß* in: Ory/Weth (Hrsg.), jurisPK-ERV Band 1, Kapitel 8 Rn. 81; *Duda/Lilienbeck*, CTRL 2021, S. 168 (169).

69 *Hötte/Bäumer*, Machbarkeitsstudie: Entwicklung eines Chatbots für Rechtsantragstellen, S. 4; *Hötte/Bäumer/Biallaß/Sommerfeld*, CR 2021, 770 (775).

70 *Lorenz*, K&R 2019, 1 (2); *Biallaß* in: Ory/Weth (Hrsg.), jurisPK-ERV Band 1, Kapitel 8 Rn. 81.

71 *Hötte/Bäumer/Biallaß/Sommerfeld*, CR 2021, 770 (775).

72 *Hötte/Bäumer/Biallaß/Sommerfeld*, CR 2021, 770 (772).

73 *Hötte/Bäumer/Biallaß/Sommerfeld*, CR 2021, 770 (772); *Hötte/Bäumer*, Machbarkeitsstudie: Entwicklung eines Chatbots für Rechtsantragstellen, S. 19.

74 *Hötte/Bäumer/Biallaß/Sommerfeld*, CR 2021, 770 (772); *Hötte/Bäumer*, Machbarkeitsstudie: Entwicklung eines Chatbots für Rechtsantragstellen, S. 19.

mationen definiert wurden, wird eine unstrukturierte und damit auf den Nutzer wenig seriös wirkende Kommunikation vermieden.[75]

46 Weil **hybride Chatbots** aber auch **maschinelles Lernen**, insbesondere **semantische Analyse**, verwenden, sind sie in der Lage, den Gesprächsverlauf zu modifizieren oder Entscheidungen zu treffen, die nicht vorgegeben wurden.[76] Sie sind somit deutlich flexibler als rein regelbasierte Chatbots.

2. Komponenten

47 Moderne Chatbots bestehen aus mehreren Komponenten. Sie müssen über ein Modul zur natürlichen Spracherkennung verfügen, um in der Lage zu sein, die Nutzereingaben zu analysieren und zu interpretieren. **Natürliche Spracherkennung**, englisch **Natural Language Processing** (NLP), beschreibt Techniken und Methoden zur maschinellen Verarbeitung natürlicher Sprache.[77] Hierzu können beispielsweise feste Regeln eingesetzt oder Schlüsselwörter abgeglichen werden.[78] Es kommt aber auch der Einsatz von komplexen **semantischen Analysen** in Betracht.[79] Es gibt Chatbots, die in der Lage sind, den Kontext und die Absichten hinter dem Geschriebenen zu erkennen.[80] Diese Funktionsweise wird durch den Begriff **natürliches Sprachverständnis**, englisch **Natural Language Understanding,** NLU, beschrieben.[81] Darüber hinaus gibt es Chatbots, die die emotionale Verfassung der Nutzer einschätzen.[82]

48 Die Verarbeitung der relevanten Sprache stellt eine große technische Herausforderung dar. Der Chatbot muss sowohl Alltagssprache als auch Rechtstexte verstehen.[83] Alltagssprache kann über sog. **Allzweck-NLP-Pipelines** (Allzweck-Natural-Language-Processing-Pipelines) trainiert werden.[84] Sie werden verwendet, um menschliche Sprache zu lesen und zu verstehen.

---

75 *Hötte/Bäumer/Biallaß/Sommerfeld*, CR 2021, 770 (775).
76 *Hötte/Bäumer/Biallaß/Sommerfeld*, CR 2021, 770 (772, 775).
77 *Hötte/Bäumer*, Machbarkeitsstudie: Entwicklung eines Chatbots für Rechtsantragstellen, S. 3, 17; *Biallaß* in: Ory/Weth, jurisPK-ERV Band 1, Kapitel 8, Rn. 249 ff.
78 *Hötte/Bäumer/Biallaß/Sommerfeld*, CR 2021, 770 (772); *Lorenz*, K&R 2019, 1, 2; *Biallaß* in: Ory/Weth (Hrsg.), jurisPK-ERV Band 1, Kapitel 8 Rn. 80.
79 *Hötte/Bäumer/Biallaß/Sommerfeld*, CR 2021, 770 (772).
80 *Hötte/Bäumer/Biallaß/Sommerfeld*, CR 2021, 770 (771 f.).
81 *Hötte/Bäumer/Biallaß/Sommerfeld*, CR 2021, 770 (771).
82 *Lorenz*, K&R 2019, 1 (2).
83 *Hötte/Bäumer/Biallaß/Sommerfeld*, CR 2021, 770 (774).
84 *Hötte/Bäumer/Biallaß/Sommerfeld*, CR 2021, 770 (774).

Domänenspezifisches Vokabular muss den computerlinguistischen Modellen explizit beigebracht werden.[85] Hierzu werden domänenspezifische Texte benötigt.[86] Für den deutschsprachigen Raum gibt es noch keine derart ausgereiften Sprachmodelle wie für den englischsprachigen.[87] Es ist somit notwendig, das dem Chatbot zu Grunde liegende **computerlinguistische Modell** dahingehend zu trainieren, dass es die für seine Zwecke erforderliche Rechtssprache versteht. Die aktuell auf der Rechtsantragstelle aufgenommenen Daten werden nicht in einer Form gespeichert, die ihre Verwendung als **Trainingsdaten** zulässt. Selbst wenn sie verfügbar wären, wäre ihre Nutzung nicht ohne zusätzlichen Aufwand möglich. Sie müssten zunächst anonymisiert bzw. pseudonymisiert und sodann annotiert werden. Dies bedeutet, dass die relevanten Informationen mit Label versehen werden müssen, die es dem Sprachmodell gestatten, das rechtsspezifische Vokabular und den Kontext, in dem es verwendet wird, zu lernen. 49

Eine Lösung für dieses Problem könnte sich durch die Einführung der elektronischen Akte ergeben. Erstmals wird eine große Menge juristischer Daten in elektronischer Form vorliegen. Diese können verwendet werden, um **Trainingsdaten** zur Verfügung zu stellen, die es ermöglichen, ein computerlinguistisches Modell auf deutsche Rechtssprache zu trainieren. Alternativ könnten Dialoge simuliert werden, um erste Trainingsdaten zu erlangen.[88] Zudem ist es denkbar, zunächst mit Chatverläufen aus einer verwandten Domäne zu arbeiten.[89] 50

Des Weiteren muss ein Chatbot über einen **Dialog Manager** verfügen, der den Dialog steuert und entscheidet, welche Aktion er als nächstes ausführt.[90] Hierzu wertet er die vorherigen Beiträge, integriertes Wissen und Wissen aus externen Quellen aus.[91] Es werden die Intention des Nutzers (**Intent Recognition**) und eventuelle Zusatzinformationen (**Named Entity Recognition** – NER) ermittelt.[92] Für eine erfolgreiche NER aufgrund eines Verfahrens des maschinellen Lernens ist das Vorhandensein von **Trainingsdaten** eine zwingende Voraussetzung, so dass ihre eingeschränkte Verfügbarkeit die Möglichkeiten bei der Entwicklung einer Chatbot-Erstversion begrenzt.[93] 51

---

85 *Hötte/Bäumer/Biallaß/Sommerfeld*, CR 2021, 770 (774).

86 *Hötte/Bäumer/Biallaß/Sommerfeld*, CR 2021, 770 (774).

87 *Duda/Lilienbeck*, CTRL 2021, S. 168 (169).

88 *Hötte/Bäumer/Biallaß/Sommerfeld*, CR 2021, 770 (774).

89 *Hötte/Bäumer/Biallaß/Sommerfeld*, CR 2021, 770 (774).

90 *Hötte/Bäumer/Biallaß/Sommerfeld*, CR 2021, 770 (772); *Hötte/Bäumer*, Machbarkeitsstudie: Entwicklung eines Chatbots für Rechtsantragstellen, S. 17; *Duda/Lilienbeck*, CTRL 2021, S. 168 (169).

91 *Hötte/Bäumer/Biallaß/Sommerfeld*, CR 2021, 770 (772); *Hötte/Bäumer*, Machbarkeitsstudie: Entwicklung eines Chatbots für Rechtsantragstellen, S. 17.

92 *Duda/Lilienbeck*, CTRL 2021, S. 168 (169).

93 *Hötte/Bäumer/Biallaß/Sommerfeld*, CR 2021, 770 (774).

52 Auch bei der Entwicklung des **Dialog Managers** können unterschiedliche Techniken zum Einsatz kommen. Es kann sich um ein regelbasiertes System mit einer endlichen Anzahl an vordefinierten Zuständen handeln.[94] In diesem Fall muss jede Frage hinreichend beantwortet werden, bevor das System den Dialog weiterführt. Es besteht nur wenig Freiraum für den Nutzer.[95] Bei platzhalterbasiertem Dialogmanagement werden Kommunikationsschablonen mit definierten Platzhaltern verwendet, um die Antworten darin zu speichern. Dies ermöglicht eine flexiblere Gesprächsführung, in der die Informationen zu einem beliebigen Zeitpunkt des Kommunikationsprozesses geliefert werden.[96]

53 Zudem wird ein Modul für die Sprachproduktion, englisch **Natural Language Generation,** NLG, benötigt, um die Antworten des Chatbots in natürlicher Sprache zu generieren.[97] Zur Erzeugung von natürlicher Sprache können – wie zum Verständnis natürlicher Sprache – unterschiedliche Techniken eingesetzt werden. Template-basierte Systeme (abrufende Systeme) arbeiten regelbasiert mit einer Sammlung an Textvorlagen und geeigneten Textbausteinen, die durch Angaben oder Teile zuvor interpretierter Aussagen modifiziert werden.[98] Generierende Systeme ermöglichen eine Produktion von flexiblen Textbausteinen und sind daher deutlich komplexer.[99] Die fehlenden **Trainingsdaten** sind bei ihrer Entwicklung jedoch ebenfalls ein Problem.[100]

3. Notwendigkeit der Weiterentwicklung

54 Bei **NLP**, **NLU** und **NLG** kommen Verfahren der **künstlichen Intelligenz** zum Einsatz, um Sprache zu verstehen und zu generieren.[101] Die durch den Chatbot generierten Texte können wiederum verwendet werden, um den **KI-basierten Chatbot** zu trainieren und hierdurch kontinuierlich zu verbessern.[102]

55 Jedoch werden bei der Entwicklung der Chatbot-Erstversion voraussichtlich keine hinreichenden **Trainingsdaten** zur Verfügung stehen, um machine-learning-basierte Komponenten erfolgreich zu trainieren. Es bietet sich somit an, einen hybriden Chatbot einzusetzen. Nachdem durch den Einsatz des Chatbots mehr Daten zur Verfügung ste-

---

94 *Hötte/Bäumer/Biallaß/Sommerfeld*, CR 2021, 770 (772); *Hötte/Bäumer*, Machbarkeitsstudie: Entwicklung eines Chatbots für Rechtsantragstellen, S. 17.

95 *Hötte/Bäumer/Biallaß/Sommerfeld*, CR 2021, 770 (772).

96 *Hötte/Bäumer/Biallaß/Sommerfeld*, CR 2021, 770 (772); *Hötte/Bäumer*, Machbarkeitsstudie: Entwicklung eines Chatbots für Rechtsantragstellen, S. 17.

97 *Hötte/Bäumer/Biallaß/Sommerfeld*, CR 2021, 770 (772); *Hötte/Bäumer*, Machbarkeitsstudie: Entwicklung eines Chatbots für Rechtsantragstellen, S. 17; *Duda/Lilienbeck*, CTRL 2021, S. 168 (170).

98 *Hötte/Bäumer*, Machbarkeitsstudie: Entwicklung eines Chatbots für Rechtsantragstellen, S. 18.

99 *Hötte/Bäumer*, Machbarkeitsstudie: Entwicklung eines Chatbots für Rechtsantragstellen, S. 18.

100 *Hötte/Bäumer/Biallaß/Sommerfeld*, CR 2021, 770 (774).

101 *Hötte/Bäumer/Biallaß/Sommerfeld*, CR 2021, 770 (771).

102 *Hötte/Bäumer/Biallaß/Sommerfeld*, CR 2021, 770 (771).

hen, kann in einer späteren Version dann stärker mit KI-basierten Komponenten gearbeitet werden.

Der Chatbot muss somit kontinuierlich weiterentwickelt werden. Neben dem IT- 56
Fachpersonal, das technische Verbesserungen vornimmt, die insbesondere der Verbesserung der Erkennung der relevanten Sprache dienen, müssen aber auch Juristen bei der Weiterentwicklung des Chatbots mitwirken. Änderungen der Rechtslage oder der gängigen Praxis müssen kontinuierlich eingepflegt werden.[103]

C. Elektronische Formulare

Eine weitere Möglichkeit, die Digitalisierung der Geschäfts- und Rechtsantragstellen vo- 57
ranzutreiben, wäre, von § 130c ZPO[104] Gebrauch zu machen. Er lässt die Einführung von **elektronischen Formularen** für das gerichtliche Verfahren zu. Dies ermöglicht es, die gerichtlichen Verfahrensabläufe zu vereinfachen und zu standardisieren.[105] Für die Bürger:innen haben Formulare den Vorteil, dass sie ihnen eine Orientierung bieten, welche Informationen dem Gericht mitgeteilt werden müssen. Zudem senkt § 130c ZPO abweichend von § 130a III ZPO die Anforderungen an die Identifikation des Formularverwenders. Bisher hat bedauerlicherweise keine Gerichtsbarkeit von dieser Möglichkeit, die bereits seit 1.7.2014 besteht, Gebrauch gemacht.

Für die Einreichung von elektronischen Formularen i.S.v. § 130c ZPO wird – über 58
die Vorschriften des elektronischen Rechtsverkehrs hinausgehend – die Identifizierung des Formularanwenders auch durch Nutzung eines **elektronischen Identitätsnachweises** zugelassen.[106] Seit der zum 1.9.2021 in Kraft getretenen Änderung des Personalausweisgesetzes bedeutet dies, dass eine medienbruchfreie Identifikation im Internet mit Hilfe des Personalausweises oder eines Smartphones bzw. eines anderen mobilen Endgeräts erfolgen kann. Der Ausweisinhaber kann in einem sicheren Verfahren Daten aus dem elektronischen Speicher- und Verarbeitungsmedium des Personalausweises auf ein elektronisches Speicher- und Verarbeitungsmedium in einem mobilen Endgerät übermitteln, § 10a PAuswG. Der elektronische Identitätsnachweis erfolgt durch eine Zwei-Faktor-Authentifizierung: Er setzt voraus, dass der Ausweisinhaber im Besitz seines Personalausweises oder des mobilen Endgeräts, auf dem er die Daten gespeichert hat, ist und dass er über das notwendige Wissen in Form der sechsstelligen Geheimnummer i.S.v. § 2 X PAuswG verfügt. Weitere elektronische Identitätsnachweise werden in § 12 EIDKG und § 78 V AufenthG geregelt.

---

103 *Hötte/Bäumer/Biallaß/Sommerfeld*, CR 2021, 770 (774).

104 Parallelvorschriften finden sich in § 46f ArbGG, § 14a FamFG, § 52c FGO, § 65c SGG, § 32c StPO und § 55c VwGO.

105 BT-Drs. 17/12634, 27; MünchKomm-FamFG/*Pabst*, 3. Aufl. 2018, § 14a FamFG Rn. 2; *Biallaß* in: Ory/Weth, jurisPK-ERV Band 2, 2. Aufl., § 14a FamFG (Stand: 1.9.2022), Rn. 7.

106 *Biallaß* in: Ory/Weth (Hrsg.), jurisPK-ERV Band 2, § 14a FamFG Rn. 24ff.

59 Eine Pflicht zur Verwendung der elektronischen Formulare besteht *de lege lata* nicht.[107] Dies ergibt sich aus einem Umkehrschluss zu § 703c II ZPO[108], § 292 II 2 FamFG und § 292 VI 2 FamFG (in der ab dem 1.1.2023 geltenden Fassung), in denen jeweils ausdrücklich ein Formularzwang eingeführt wird. Eine vergleichbare Regelung enthalten § 130c ZPO und seine Parallelvorschriften nicht.[109]

60 Es wäre möglich, eine automatisierte Plausibilitätsprüfung zu implementieren, die für die Bürger:innen einen Anreiz zur Formularnutzung schafft, da durch sie sichergestellt wird, dass der oder die Einreichende keine notwendigen Angaben vergisst bzw. keine widersprüchlichen Angaben vornimmt.[110]

61 Die in § 130c S. 2 ZPO vorgesehene Übermittlung von strukturierten Daten (**Metadaten**[111]) würde eine IT-gestützte Vorgangsbearbeitung ohne Medienbruch bei den Gerichten erleichtern und die gerichtlichen Verfahrensabläufe effizienter gestalten.[112] Die übermittelten Metadaten könnten automatisiert in die Fachanwendung des Gerichts übernommen werden.[113] Die Notwendigkeit für eine erneute – zeitaufwendige – Eingabe der Daten würde entfallen.[114]

62 In der Gesetzesbegründung werden als beispielhaft der Kostenfestsetzungsantrag, die Anzeige von Veränderungen der persönlichen und wirtschaftlichen Verhältnisse im PKH-/VKH-Verfahren (§ 120a IV 1 ZPO) und der Einspruch gegen ein Versäumnisurteil oder gegen einen Vollstreckungsbescheid genannt.[115]

63 Denkbar wäre auch die Einführung von elektronischen Formularen zur Abgabe der „Erklärung über die persönlichen und wirtschaftlichen Verhältnisse bei Prozess- oder Verfahrenskostenhilfe“[116] oder zur Stellung des Antrags auf Eröffnung des Insolvenzverfahrens und Vorlage der Dokumente nach § 305 I InsO im Verbraucherinsolvenzverfahren gemäß §§ 304ff. InsO.[117]

---

107 *Biallaß* in: Ory/Weth, jurisPK-ERV Band 2, 2. Aufl., § 14a FamFG (Stand: 1.9.2022), Rn. 33; *Köbler* in: Ory/Weth, jurisPK-ERV Band 2, 2. Aufl., § 130c ZPO (Stand: 1.9.2022), Rn. 8; *Herberger* in: Schwab/Weth (Hrsg.), ArbGG, 6. Aufl. 2022, § 46f ArbGG Rn. 1; MünchKommZPO/*Fritsche*, 6. Aufl. 2020, § 130c ZPO Rz. 2.

108 *Herberger* in: Schwab/Weth (Hrsg.), ArbGG, § 46f ArbGG Rn. 1.

109 *Herberger* in: Schwab/Weth (Hrsg.), ArbGG, § 46f ArbGG Rn. 1.

110 *Biallaß*, NJW 2020, 2941 (2941); *Herberger* in: Schwab/Weth (Hrsg.), ArbGG, § 46f ArbGG Rn. 11.

111 Siehe Rn. 6.

112 BT-Drs. 17/12634, S. 27.

113 *Biallaß*, NJW 2020, 2941 (2941); *Natter* in: Ory/Weth, jurisPK-ERV Band 2, 2. Aufl., § 46f ArbGG (Stand: 13.9.2022), Rn. 6; *Herberger* in: Schwab/Weth (Hrsg.), ArbGG, § 46f ArbGG Rn. 11.

114 *Natter* in: Ory/Weth (Hrsg.), jurisPK-ERV Band 2, § 46f ArbGG Rn. 6; *Herberger* in: Schwab/Weth (Hrsg.), ArbGG, § 46f ArbGG Rn. 11.

115 BT-Drs. 17/12634, S. 27.

116 *Biallaß*, NJW 2020, 2941 (2941); *Biallaß* in: Ory/Weth, jurisPK-ERV Band 2, § 14a FamFG Rn. 8; *Biallaß* in: Ory/Weth, jurisPK-ERV Band 2, 2. Aufl., § 14 FamFG (Stand: 28.10.2022), Rn. 119; zustimmend *D. Müller* in: Ory/Weth, jurisPK-ERV Band 2, 2. Aufl., § 117 ZPO (Stand: 11.10.2022), Rn. 69f.; *Herberger* in: Schwab/Weth (Hrsg.), ArbGG, § 46c ArbGG, Rn. 93; *Mes*, Beck'sches Prozessformularbuch, 15. Aufl. 2022, Form. I. C. 1. Rn. 12.

117 *Biallaß* in: Ory/Weth (Hrsg.), jurisPK-ERV Band 2, § 14a FamFG Rn. 8.

Durch die vorstehenden Beispiele wird deutlich, dass der Einsatz von elektronischen Formularen in Sachverhalten sinnvoll ist, die für die gerichtliche Praxis ein „**Massengeschäft**" darstellen, bei denen es wenig auf individualisierten Sachvortrag ankommt und die sich aufgrund ihrer gleichgelagerten Art sowie begrenzten Anzahl von Paramenten besonders gut für eine Vereinheitlichung eignen.[118] 64

Teilweise wird diskutiert, ob *de lege ferenda* auch an Online-Klageformulare zu denken wäre, die nicht nur mit Ausfüllhinweisen, sondern auch mit einer kursorischen Schlüssigkeitsprüfung verbunden sind.[119] Insofern befindet sich der rechtswissenschaftliche Diskurs jedoch noch ganz am Anfang. Zahlreiche Fragen sind noch ungeklärt. Ist eine derartige Schlüssigkeitsprüfung überhaupt technisch umsetzbar? Ist es aus Waffengleichheitsgesichtspunkten als zulässig anzusehen, wenn der Kläger bzw. Antragssteller durch ein vom Staat bereitgestelltes Formular, bei Erstellung einer schlüssigen Klage bzw. eines schlüssigen Antrags unterstützt wird? Müsste dann nicht auch der Beklagte bei der Fertigung der Klageerwiderung unterstützt werden? Falls ja, müssten die Überlegungen zum strukturieren Parteivortrag miteinbezogen werden.[120] Ergeben sich Ansprüche gegen den Staat, wenn die Angaben im Formular sich als falsch erweisen? Ist es tatsächlich rechtspolitisch gewünscht, dass sich der Staat durch die Bereitstellung derartiger Formulare in eine gewisse Konkurrenz zu den rechtsberatenden Berufen begibt? 65

D. Resümee und Ausblick

Bereits *de lege lata* gibt es Möglichkeiten, die Digitalisierung der Geschäftsstelle und der Rechtsantragstelle voranzutreiben. Bei derartigen Vorgaben muss stets berücksichtigt werden, welche Interessen die Rechtsuchenden und die Mitarbeiter:innen bei Gericht haben. 66

Bürger:innen haben ein Interesse an einer leicht verfügbaren Information über die ihnen zur Verfügung stehenden Möglichkeiten sowie an Methoden, die es ihnen ermöglichen, ohne großen Aufwand Einreichungen bei Gericht vorzunehmen. Die Mitarbeiter: innen bei Gericht haben ein Interesse daran, dass redundante und lästige Arbeiten entfallen. Von den technischen Möglichkeiten, diese Wünsche bereits jetzt umzusetzen, sollte Gebrauch gemacht werden. 67

118 So auch *Natter* in: Ory/Weth (Hrsg.), jurisPK-ERV Band 2, § 46f ArbGG Rn. 7.

119 *Herberger* in: Schwab/Weth (Hrsg.), ArbGG, § 46f ArbGG Rn. 22 m.w.N.

120 Siehe hierzu § 18 (*Köbler*).

68 *De lege ferenda* muss überlegt werden, ob weitere Möglichkeiten geschaffen werden sollen, um den Bürger:innen einen einfachen und niedrigschwelligen Zugang zum Recht zu gewähren. Insoweit sind zahlreiche Optionen, z. B. eine Antragstellung auf der Rechtsantragstelle per Videokonferenz, denkbar. Ideen hierzu werden im folgenden Kapitel entwickelt.[121]

121 Siehe § 12 Rn. 20 ff. (*Dörr*).

Isabelle D. Biallaß

Sina Dörr

§ 12 Der digitale Zugang zur Justiz – Rechtsantragstelle und Justizportal

Gliederungsübersicht **Rn.**

Sina Dörr
https://doi.org/10.1515/9783110755787-012

Literatur: *Andert/Dörr*, Legal Design Thinking für mehr Zugang zum Recht, LTO 11/2021; *Deichsel*, Digitalisierung der Streitbeilegung, 2022; *Einwächter/Laßmann/Novotny/Thamm*, Fallstudie: Digitale Klagewege, 2021; Institut für Demoskopie *Allensbach*, Roland-Rechtsreport 2021; JUSTICE-Arbeitsgruppe Preventing Digital Exclusion from Online Justice, 2018; *Kohlmeier/Klemola*, Das Legal Design Buch, 2021; *Nink*, Justiz und Algorithmen, 2021; *Paschke*, Digitale Gerichtsöffentlichkeit, 2018; *Rühl*, Digital Justice made in Germany, FS Singer, S. 591ff; *Rühl*, Digitale Justiz oder Zivilverfahren für das 21. Jahrhundert, JZ 2020, 809-820; *Sela*, e-Nudging Justice: The Role of Digital Choice Architecture in Online Courts; Susskind, Online Courts and the Future of Justice, 2019; Stutzenberger, Innovation und Agilität im öffentlichen Sektor, 2020; *Voß*, Gerichtsverbundene Online-Streitbeilegung: Ein Zukunftsmodell?, RabelsZ 84, 62–96,;*Voß*, Verbraucherfreundliche, verfahrensökonomisch, verfassungskonform?, VuR 2021, 243; *Wrase/Behr/Günther/Mobers/Stegemann/Thies*, Studie: Zugang zum Recht in Berlin, Zwischenbericht explorative Phase

A. Einführung

1 § 129a ZPO ermöglicht Bürgerinnen und Bürgern, zahlreiche Anträge und Erklärungen[1] nicht nur schriftlich, sondern auch persönlich mündlich zu Protokoll der Geschäftsstelle eines beliebigen Amtsgerichts anzubringen. Wer nicht ohne weiteres in der Lage ist, Erklärungen eigenständig (schriftlich) zu formulieren, dem wird – so die Intention – der Zugang zur Justiz erleichtert, indem er oder sie darin unterstützt wird, sachgerechte An-

1 Klagen, Klageerwiderungen, Anträge auf einstweilige Verfügungen/Anordnungen nach dem Gewaltschutzgesetz. Anwendbar ist die Regelung auf die im Gesetz ausdrücklich genannten Fälle z.B. §§ 44, 109 (117), 118, 129 II, 248 (381), 386, 389 (406), 486, 496 (569), 571, 573 (920), 924 ZPO sowie auf Erklärungen, für die keine besondere Form vorgeschrieben ist.

träge bei Gericht einzureichen.[2] Die Regelung soll dem effektiven Rechtsschutz dienen und die Gleichheit vor dem Gesetz begünstigen, indem sie hilft, Zeit und Kosten zu sparen.[3]

Trotz dieser Intention setzte die Norm des § 129a ZPO nach bisherigem Verständnis in der (bis zum Druck dieses Kapitels geltenden Fassung) die körperliche Anwesenheit der erklärenden Person bei der Protokollierung von Anträgen voraus. Noch im Jahr 2009 hat der Bundesgerichtshof[4] ausgeführt, warum die persönliche Präsenz vor Ort unverzichtbar sei, und stellte maßgeblich auf die folgenden Aspekte ab: 2

1. *Übereilschutz*: Es bedürfe eines Mindestmaßes formeller Erfordernisse, die den Betroffenen davor schützen sollten, übereilt Rechtsmittel einzulegen. 3
2. *Beweiszwecke* sowie das Erfordernis der *Rechtsklarheit* und der *Rechtssicherheit* in die Verlässlichkeit der Eingabe machten körperliche Anwesenheit unverzichtbar.
3. Schließlich bestehe *kein Bedürfnis* für eine alternative – etwa fernmündliche – Abgabemöglichkeit, da es dem nicht anwaltlich vertretenen Rechtsuchenden ohne weiteres zuzumuten sei, entweder ein Schreiben aufzusetzen oder sich persönlich zu einem Amtsgericht zu begeben.

Vor dem Hintergrund der technologischen Entwicklungen und Möglichkeiten des digitalen Zeitalters, die spätestens mit dem Einzug des Smartphones die Kommunikationsstrukturen in vielen Lebensbereichen verändert haben, sieht diese Argumentation heute im wahrsten Sinne des Wortes „alt“ aus. Das wird gemeinsam mit der jüngst erklärten politischen Zielsetzung der verstärkten Schaffung und Nutzung digitaler Infrastrukturen in der Justiz[5], die auch in einem aktuellen Gesetzgebungsvorhaben u.a. zu § 129a ZPO[6] ihren Niederschlag gefunden hat, zum Anlass genommen, einige Überlegungen zur Weiterentwicklung des Ökosystems der unmittelbaren Zugänge zu den Gerichten im digitalen Zeitalter anzustellen. 4

In den Diskussionen rund um den – zu digitalisierenden – Zugang zum Recht wird immer wieder die Frage aufgeworfen, ob und inwieweit Gerichte die Befugnis und Auf- 5

2 Siehe auch § 11 Rn. 9 (*Biallaß*).

3 Anders/Gehle/*Anders*, 80. Aufl. 2022, ZPO § 129a Rn. 2, 2a.

4 BGH, NJW-RR 2009, 852, Rn. 12. In dieser Entscheidung ging es um eine telefonische Antragstellung.

5 Der „Koalitionsvertrag 2021“, geschlossen von *SPD, Bündnis 90/Die Grünen* und *FDP* enthält auf den S. 105–106 das Bekenntnis zur Stärkung von Videoverhandlungen im Sinne einer schneller und effizienter agierenden Justiz (abrufbar unter: https://www.bundesregierung.de/breg-de/service/gesetzesvorhaben/koalitionsvertrag-2021-1990800). Die „Digitalstrategie“ beinhaltet auf S. 46 ebenfalls unterschiedliche Maßnahmen zum Ausbau der Nutzung innovativer Technologien zur Kommunikation zwischen Justiz und Bürger:innen (abrufbar hier: https://digitalstrategie-deutschland.de/static/67803f22e4a62d19e9cf193c06999bcf/220830_Digitalstrategie_fin-barrierefrei.pdf).

6 Entwurf eines Gesetzes zur Förderung des Einsatzes von Videokonferenztechnik in der Zivilgerichtsbarkeit und den Fachgerichtsbarkeiten, abrufbar unter: https://www.bmj.de/SiteGlobals/Forms/Suche/Gesetzgebungsverfahrensuche_Formular.html?nn=6425014

gabe haben, Bürger:innen bei der Navigation durchs Rechtssystem mit Informationen und Hilfestellungen zu assistieren.

6 Ausgehend von § 129a ZPO lässt sich diese Frage beantworten: Gerichte sind nicht nur befugt zu assistieren, sondern sogar dazu verpflichtet. Dieses Kapitel soll darlegen, dass der in § 129a ZPO angelegten Aufgabe gerichtlicher Assistenz für Bürger:innen mit der Schaffung digitaler Justizplattformen (erstmals) auf umfassende Weise Rechnung getragen werden könnte. Dadurch wird es möglich, die bestehenden Zielsetzungen des Gesetzgebers in weitaus größerem Umfang zu verwirklichen als bisher.

B. Was will § 129a ZPO? – Fürsorge und Beratung durch das Gericht

I. Rechtsantragstellen: Zugang zum Recht analog

1. Schattendasein der Rechtsantragstellen

7 Neben den Regelungen zum Erfordernis der prozessualen Schriftlichkeit in §§ 129, 130 ZPO und denen des elektronischen Rechtsverkehrs rund um §§ 130a ff ZPO fristet die Regelung des § 129a ZPO, der die ortsunabhängige Abgabe von Erklärungen zu Protokoll der Geschäftsstellen eines beliebigen Amtsgerichts gegenüber Urkundsbeamt:innen erlaubt, ein in der breiten Öffentlichkeit wenig bekanntes Schattendasein. Das ist angesichts der bisherig bestehenden hohen Hürde des Präsenzerfordernisses zwar wenig überraschend, mit Blick auf die rechtsstaatliche Bedeutung der Regelung allerdings kaum gerechtfertigt: Hinter dem Leitgedanken des § 129a ZPO verbirgt sich ein regelrechter Powerriegel rechtstaatlicher Serviceleistungen für Bürgerinnen und Bürger. Warum ist das so?

2. Rechtsbeistand durch das Gericht

8 Die Urkundsbeamt:innen, gegenüber denen eine Erklärung zu Protokoll der Geschäftsstelle abgegeben wird, nehmen eine über die bloße Niederlegung dieser Erklärung hinausgehende Fürsorgefunktion für Bürger:innen wahr. Sie sollen Bürger:innen in zulässigem Umfang beraten.[7] Nicht anwaltlich vertretene Parteien (Naturalparteien) können so auf die Rechts- und Fachkunde der Urkundsbeamt:innen zurückgreifen, bei denen es sich für die zahlreichen in § 24 RpflG benannten Geschäfte[8] häufig sogar um hochqualifizierte Rechtspfleger:innen handelt. In der Praxis wird die Aufgabe der Entgegennah-

7 MüKoZPO/*Deppenkemper*, 6. Aufl. 2020, ZPO § 496 Rn. 8, 9.

8 Einlegung und Begründung der Rechtsbeschwerde und der weiteren Beschwerde, der Revision in Strafsachen; die Aufnahme eines Antrags auf Wiederaufnahme des Verfahrens; sonstige Rechtsbehelfe, soweit sie gleichzeitig begründet werden; Klagen und Klageerwiderungen; andere Anträge und Erklärungen, die zur Niederschrift der Geschäftsstelle abgegeben werden können, soweit sie nach Schwierigkeit und Bedeutung den in den Nummern 1 und 2 genannten Geschäften vergleichbar sind.

me von Erklärungen zu Protokoll der Geschäftsstelle in aller Regel auf bestimmte Geschäftsstellen, die *Rechtsantragstellen*, übertragen.[9]

Naturalparteien sind also nicht darauf angewiesen, ihre Erklärungen möglicherweise missverständlich oder fehlerhaft eigenständig in Schriftsätzen zu formulieren. 9
Die in der Rechtsantragstelle tätigen Personen wirken (gegebenenfalls durch Erörterung der Sache) auf die Abgabe sachgerechter Anträge und Erklärungen hin. Zur Unterstützung der Bürger:innen gehören die Prüfung nach Form und Inhalt sowie das Erteilen von Hinweisen auf leicht erkennbare Schlüssigkeitsdefizite oder offensichtliche Unklarheiten.[10] Auch die Beratung über verschiedene Handlungsmöglichkeiten der Verteidigung beim Abfassen einer Klageerwiderung ist von der Fürsorgefunktion der Rechtsantragstelle umfasst.[11] Es geht also um viel mehr als nur darum, eine Niederschrift aufzunehmen. Sinn der Sache ist (auch) eine Entlastung der Gerichte[12], vor allem aber geht es darum, Barrieren beim Zugang zu den Gerichten abzubauen. Die Rechtsantragstellen halten nach der ihnen gesetzgeberisch zugedachten Funktion eine umfassende rechtsstaatliche Dienstleistung vor, sie werden in der Erfüllung ihrer Aufgabe nach § 129a ZPO in den Grenzen des § 139 ZPO zum *Rechtsbeistand der Erklärenden.*[13]

II. Elektronischer Rechtsverkehr: Briefpost digital

1. Schriftform und Erklärung zu Protokoll der Geschäftsstelle

Das umfassende Serviceangebot des § 129a ZPO steckte lange Zeit im analogen Zeitalter 10
fest. Während der elektronische Rechtsverkehr die Schriftform, also die analoge „Post", den papiergebundenen Schriftverkehr mit den Regelungen der §§ 130a ff ZPO weitestgehend maßstabsgetreu in ein digitales Format übertrug, fehlte die gesetzliche Öffnung für ein digitales Äquivalent zur formwahrenden Abgabe von Erklärungen zu Protokoll der Geschäftsstelle. Dafür wird bzw. wurde weiterhin die körperliche Anwesenheit vor Ort für erforderlich erachtet.[14]

Digital können Erklärungen bis dato[15] nur im Wege des elektronischen Rechtsver- 11
kehrs ans Gericht gelangen. Der elektronische Rechtsverkehr verfolgt allerdings eine ganz andere Zielsetzung als § 129a ZPO.

Ein Blick auf Fürsorge- und Beratungsfunktionen verdeutlicht, warum der elektro- 12
nische Rechtsverkehr keine echte Alternative für die Übermittlung von Erklärungen an

9 Vgl. § 11 Rn. 15 (*Biallaß*).

10 BeckOK, GVG/*Huber*, 14. Ed. 2022 § 153 Rn. 7.

11 MüKoZPO/*Deppenkemper*, § 496 Rn. 8, 9.

12 BeckOK, GVG/*Huber*, § 153 Rn. 7.

13 MüKoZPO/*Deppenkemper*, § 496 Rn. 8, 9.

14 Siehe vorgenannte BGH-Entscheidung.

15 Der erwähnte Regelungsentwurf zur Ermöglichung einer Abgabe von Erklärungen zu Protokoll der Geschäftsstellen im Wege der Videokonferenz (§ 129a ZPO-E) befindet sich bei Redaktionsschluss noch im Abstimmungsprozess des Gesetzgebungsverfahrens.

das Gericht ist. Dokumente, die bislang als Schriftstück in Papierform übermittelt werden konnten, können zwar als elektronische Dokumente über besondere elektronische Gerichts- und Verwaltungspostfächer versendet oder empfangen werden. Die Fürsorge- und Beratungsfunktionen des § 129a ZPO werden im Rahmen der Schriftform und damit auch im elektronischen Rechtsverkehr indes nicht abgebildet. Von einer Benutzung des elektronischen Rechtsverkehrs dürften Menschen, die ohnehin auf die Assistenz von Rechtsantragstellen angewiesen sind, aufgrund der hohen zu bewältigenden Hürden faktisch ausgeschlossen sein.

13 Dieser Umstand kommt in der zitierten Entscheidung des Bundesgerichtshofs aus dem Jahr 2009 nicht zum Ausdruck. Der Senat ging damals davon aus, die körperliche Anwesenheit im Gericht bei Erklärungen zu Protokoll der Geschäftsstelle sei unter anderem deswegen unverzichtbar (und ohne weiteres zumutbar), weil alternativ die Möglichkeit bestünde, eigenständig eine schriftliche Erklärung zu verfassen und diese postalisch zu übermitteln. Diese Erwägung impliziert die Gleichwertigkeit beider Arten der Abgabe von Erklärungen gegenüber dem Gericht. Eine Binnenperspektive, die den Blickwinkel auf die Lebensrealität von Bürger:innen vermissen lässt. Das eigenständige Verfassen (und Absenden) wirksamer schriftlicher Erklärungen und erst recht die Nutzung des elektronischen Rechtsverkehrs stellen deutlich höhere Anforderungen an Bürger:innen als die Abgabe von Erklärungen zu Protokoll einer Beratungsfunktionen wahrnehmenden gerichtlichen (Geschäfts-) Stelle.

2. Erfordernis digitaler Rechtsantragstellen

14 Das Erfordernis der körperlichen Anwesenheit vor Ort vermochte mit Blick auf das Bedürfnis nach Rechtssicherheit und -klarheit sowie Beweiszwecke vielleicht (noch) zu überzeugen, soweit als Alternative allein auf eine Abgabe der Erklärung über (bildloses) Telefon abgestellt wurde. Angesichts der etablierten Nutzungsmöglichkeiten von Videokonferenz-Technologien leuchtet das Festhalten am Erfordernis der körperlichen Präsenz heute allerdings nicht mehr ein. Vieles hätte daher bereits für ein weiteres Verständnis der gegenwärtigen (und demnächst alten) Normfassung gesprochen.

15 Auf diese Neuinterpretation des § 129a ZPO kommt es aber nun wohl nicht mehr an. Angesichts aktueller rechtspolitischer Bestrebungen, die auf den Ausbau der Nutzung digitaler Kommunikationstechnologien in Gerichtsverfahren zielen und der Vorlage des vorerwähnten Gesetzesentwurfs zu § 129a ZPO, dürfte (abhängig vom Ausgang des Gesetzgebungsverfahrens) mit einer zeitnahen Anpassung des Regelungstextes zu rechnen sein.[16]

16 Vgl. dazu auch Blogbeitrag der Digitalservice GmbH zu gemeinsamen Projekten zur Digitalisierung des Zugangs zum Recht mit dem Bundesministerium der Justiz (abrufbar unter: https://digitalservice.bund.de/blog/ergebnisse-aus-dem-discovery-sprint-zugang-zu-recht).

Mit einer digitalen Öffnung der Rechtsantragstellen als *dem* unmittelbaren Zugang zum Recht wird einem bei den unterschiedlichen Akteurinnen und Akteuren bestehenden Bedürfnis zur Nutzung moderner Kommunikationsmittel Rechnung getragen. Dieses Bedürfnis ist insbesondere anlässlich der pandemischen Situation konkret sichtbar geworden: Die präsenzpflichtige Inanspruchnahme der in § 129a ZPO enthaltenen Fürsorgefunktionen war nur vor Ort in den Rechtsantragstellen möglich. Die befanden sich aber eben nicht „vor Ort" im Sinne ihres üblichen Regelbetriebs, sondern in einem Notbetrieb, der ausschließlich für „äußerst dringende und unaufschiebbare" Angelegenheiten vorgehalten wurde. 16

C. Digitale Transformation des Zugangs zum Gericht

Der in § 129a ZPO angelegten Assistenz für Bürger:innen bei der Navigation durch das komplexe Rechtssystem kommt eine Schlüsselfunktion zu, wenn es um die bürgernahe Transformation der Justiz ins digitale Zeitalter geht. Die Entwicklung nachhaltiger digitaler Lösungen bedarf einer ganzheitlichen Herangehensweise, die nicht nur die Binnenperspektive der Gerichte in den Blick nimmt, sondern sich maßgeblich an den Bedürfnissen der Bürger:innen nach einem leicht zu handhabenden digitalen Zugang zu Informationen und nach Navigation durch ein (transparentes) Rechtssystem orientiert. 17

Um Lösungsansätze für eine digitale Transformation zu beleuchten, sollen zunächst das intendierte rechtsstaatliche Angebot und seine etwaigen Umsetzungsdefizite betrachtet werden. 18

I. Das rechtsstaatliche Serviceversprechen: How it started...

Die Regelung des § 129a ZPO, der die Abgabe rechtswirksamer Erklärungen gegenüber dem Gericht unterstützen soll, flankiert den Leitgedanken des § 79 Abs. 1 ZPO: Bürgerinnen und Bürger können ein Zivilverfahren vor dem Amtsgericht als Naturalparteien im Parteiprozess grundsätzlich selbst führen. Eine Ausnahme davon gilt nur, wenn ein Anwaltsprozess nach § 78 Abs. 1 ZPO normativ geboten ist.[17] 19

Nach der in diesen Regelungen zum Ausdruck gebrachten Wertung des Gesetzgebers ist Bürger:innen in amtsgerichtlichen Verfahren der Zugang zum Gericht, das Auftreten in eigener Sache und eigener Person *uneingeschränkt ohne Einschaltung eines Rechtsanwalts zu ermöglichen*. Im unteren Streitwertbereich sollen Streitigkeiten auf diesem Weg einfach und ohne großes Kostenrisiko für die Parteien beigelegt werden können. Dieser Leitlinie entsprechend verfolgen die bestehenden Fürsorge- und Prozessleitungspflichten der Gerichte den Zweck, die Interessen der Parteien zu wahren 20

17 Der Anwaltszwang gilt im Wesentlichen für Verfahren außerhalb der Amtsgerichte und für bestimmte Ehe- und Familienstreitsachen (§ 114 II FamFG).

und zwar insbesondere dann, wenn diese nicht in der Lage sind, den Prozess sachgerecht selbst zu führen.[18]

II. Die praktischen Probleme beim Zugang zum Recht: ... how it's going

1. Blackbox Justiz

21 Prozessuale wie materiell-rechtliche Regelungen sind demgegenüber in weiten Teilen gerade nicht so gestaltet, dass eine sachgerechte Selbstvertretung durch Naturalparteien realistisch erscheint. Ca. 88 % der Klagen vor den Amtsgerichten erfolgen dementsprechend auch mit anwaltlicher Unterstützung.[19] Dieser Umstand steht in augenfälliger Diskrepanz zu dem klaren Bekenntnis der Regelungen der §§ 79, 129a ZPO zur – wenn auch assistierten – Selbstermächtigung von Bürger:innen beim Zugang zum Recht.[20]

22 Wer das Recht nicht kennt, kann eine problematische Lebenssituation kaum als justiziablen Konflikt einordnen. Das Recht wiederum ist mit seinen Gesetzen und Verfahrensordnungen von Juristen für Juristen designt worden. Es ist nur selten in einfacher Sprache gefasst und für die originären Normadressaten, Bürgerinnen und Bürger, wenig verständlich. Die wissen häufig zu wenig über die Existenz gesetzlicher Regelungen, die eine Lebenssituation flankieren. Aus sich heraus sind nur wenige gesetzliche Regelungen verständlich formuliert. Valide Informationen sind regelmäßig nicht kostenfrei verfügbar oder aus der digitalen Informationsflut nur mühsam zuverlässig herauszuklauben. Vorhandene Handlungsoptionen zu Ansprüchen und deren Durchsetzbarkeit sind aus dieser Perspektive oft nicht zu überblicken.

23 Wenig überraschend wird das gerichtliche Verfahren daher mitunter als intransparente „Blackbox" mit kaum überschaubaren Risiken empfunden. Nicht zu Unrecht, bedenkt man die einschneidenden Folgen unzulässiger oder unschlüssiger Klagen, bei denen eine erhebliche, den Streitwert überschreitende Kostenlast samt Anspruchsverlust drohen kann. Für vulnerable Gruppen potenzieren sich diese Hürden.[21]

---

18 Gesetz zur Neuregelung des Rechtsberatungsrechts BT-Drs. 16/3655 S. 34 und 85.

19 Destatis Fachserie 10, Reihe 2.1, 2020, S. 30 (abrufbar unter https://www.destatis.de/DE/Themen/Staat/Justiz-Rechtspflege/Publikationen/Downloads-Gerichte/zivilgerichte-2100210207004.pdf?__blob=publicationFile).

20 Dazu auch: *Andert/Dörr* „Legal Design Thinking für mehr Zugang zum Recht", LTO vom 25.11.2021 (abrufbar unter https://www.lto.de/recht/justiz/j/justiz-digitalisierung-buergerzentriert-zugang-zum-recht-legal-design-thinking).

21 Vgl. dazu *Wrase/Behr/Günther/Mobers/Stegemann/Thies*, Studie: Zugang zum Recht in Berlin, Zwischenbericht explorative Phase (abrufbar unter https://bibliothek.wzb.eu/pdf/2022/p22-004.pdf); *Einwächter/Laßmann/Novotny/Thamm*, Fallstudie: Digitale Klagewege, 2021, S. 4, (abrufbar unter https://tech.4germany.org/wp-content/uploads/2021/11/Fallstudie-Digitale-Klagewege-Tech4Germany-2021.pdf).

2. Folgeprobleme

Das alles ist misslich. Zum einen, weil die zutreffende Zuordnung eines Problems als rechtlich relevante Beschwer nicht nur vorhandenem Recht zur Geltung verhelfen, sondern auch dazu beitragen würde, den einen oder anderen von Beginn an aussichtslosen Rechtsstreit zu verhindern und die ohnedies ressourcenschwach aufgestellten Gerichte zu entlasten.[22] 24

Es geht aber um noch mehr – der Zugang zum Recht zahlt maßgeblich auf das Vertrauen in eine funktionsfähige rechtsstaatliche Demokratie und die Gleichheit vor dem Recht ein. Oder umgekehrt und zugespitzt formuliert: **Wie kann ein Rechtsstaat für sich werben, wenn niemand mitbekommt, wie gut er ist?** 25

Für die Mehrheit der Normadressat:innen ist es nur nach Überwindung zum Teil erheblicher Hürden möglich, die Mehrwerte des feintarierten Rechtssystems zu erfahren (und in Anspruch zu nehmen). Von seiner Zielsetzung, unterschiedliche Interessen und strukturelle Ungleichgewichte durch Regelungen in Ausgleich zu bringen, Rechte zu schützen und Ansprüche zu begründen, erfährt meist nur, wer die juristische Ausbildung durchläuft. Diese Kluft kommt schon in der Sprache der Jurist:innen zum Ausdruck, die nicht ohne Grund als unverständliches „Juristendeutsch“ in Verruf ist.[23] Wer es nicht versteht, hat oft genug das Nachsehen und braucht „Dolmetscher:innen“. 26

Zwar verlangt der allgemeine Gleichheitssatz (Art. 3 Abs. 1 GG) in Verbindung mit dem Sozialstaats- und Rechtsstaatsprinzip (Art. 20 Abs. 1, 3 GG), dass der Gesetzgeber im gerichtlichen *und* außergerichtlichen Bereich dafür sorgt, dass Bürger:innen nicht deswegen von vorneherein an der Wahrnehmung und Durchsetzung ihrer Rechte scheitern, weil sie nicht hinreichend vermögend sind. Die praktische Lebensrealität sieht allerdings anders aus: Bürger:innen sind auf fachkundigen (kostenpflichtigen) Rechtsrat angewiesen, um Rechte erkennen, bewerten und darüber entscheiden zu können, ob und mit welchen Erfolgsaussichten sie – gegebenenfalls auch gerichtlich – durchsetzbar sind.[24] Fast alle Lebenssituationen sind von gesetzlichen Regelungsgeflechten umgeben, die in komplexen Zusammenhängen stehen. 27

Das begründet die Gefahr struktureller Ungleichheiten u. a. aufgrund von Wissenshoheiten, weil nicht alle Menschen identischen Zugriff und die notwendigen (u. a. finanziellen) Ressourcen für die Inanspruchnahme von „Übersetzern des Rechts“ haben. Dies entspricht nicht der Zielsetzung in einem verteilungsgerechten System.[25] 28

Es geht um die sog. Responsivität des Rechts. „Rechte, die auf dem Papier eingeräumt werden, sind nichts wert, wenn sie von den Rechteinhaber:innen nicht in der 29

---

22 *Susskind*, Online Courts and the Future of Justice, 2019, S. 121.

23 *Rupflin*, „Juristendeutsch als Volkssport“, LTO vom 13.1.2028 (abrufbar unter https://www.lto.de/recht/feuilleton/f/umstaendliche-sprache-rechtswissenschaften-juristen-deutsch-verstaendlich/).

24 Vgl. auch BVerfGE Band 122, 39.

25 *Susskind*, Online Courts and the Future of Justice, 2019, S. 69.

Realität mithilfe der rechtsstaatlichen Instanzen durchgesetzt werden können".[26] Wo keine Kläger:innen, da keine Richter:innen: Zugrunde legend, dass nur ein Bruchteil der Auseinandersetzungen wirklich vor den Gerichten landet, muss man mit einer gewissen Wahrscheinlichkeit davon ausgehen, dass ein großer Teil bestehender Konfliktsituationen nicht im Sinne dieser am Ziel der materiellen Gerechtigkeit ausgerichteten Rechtsordnung gelöst werden. Das fördert die Entstehung von Frustrationsmomenten bei Betroffenen und kann zu wachsendem Argwohn und einer Erosion des Vertrauens in rechtsstaatliche Institutionen führen.

30 Instrumente der rechtsstaatlichen Selbstermächtigung, die Verständnis und eigenständige Teilhabe ermöglichen, wie etwa die Entscheidungsmöglichkeit zwischen verschiedenen (bekannten) rechtlichen Handlungsoptionen, sind vor diesem Hintergrund wichtige vertrauensbildende Faktoren.

3. Ressourcenknappheit des analogen Zeitalters

31 Den vom Gesetzgeber gewollten umfassenden Fürsorge- und Prozessleitungspflichten standen in der Vergangenheit fehlende Mittel gegenüber. Mit den begrenzten personellen und finanziellen Ressourcen einer analogen Welt wäre es kaum darstellbar gewesen, die Kluft zwischen potenziell Rechtsuchenden und der Unverständlichkeit und Komplexität der vorhandenen Zugänge zum Recht durch eine umfassende (analoge) Assistenz zu überbrücken.

32 Die Einrichtung von Rechtsantragstellen und die Möglichkeit, Verfahrens- und Prozesskostenhilfe in Anspruch zu nehmen, sind zwar an dem Ziel ausgerichtet, hier Ausgleich zu schaffen und einen gleichberechtigten Zugang zum Recht sicherzustellen.[27] Bis heute bleiben sie aber, wie die Forschung zeigt, Annäherungsversuche und dürften lediglich einen Bruchteil des Assistenzbedarfs und des Spektrums möglicher Konfliktlösungen abdecken.[28]

III. Potentiale der Nutzung moderner Technologien

1. Assistenz durch digitale Werkzeuge

33 Diese Ausgangssituation hat sich grundlegend verändert. Exponentieller technologischer Fortschritt hat nicht nur neue Kommunikationswege und Interaktions(platt)formen, sondern auch Möglichkeiten zur schnellen Verarbeitung komplexer Daten hervorgebracht.

34 Heute können digitale Technologien umfassende Angebote zur gezielten Bereitstellung notwendiger Informationen unterbreiten und Bürger:innen als digitale Assistenz

---

26 *Wrase/Behr/Günther/Mobers/Stegemann/Thies*, Studie: Zugang zum Recht in Berlin, Zwischenbericht explorative Phase a.a.O., S. 6 m.w.N.

27 Vgl. auch BVerfGE Band 122, 39.

28 Vgl. § 30 Rn. 12, 27, 33 (*Günther/Wrase*).

bei der Navigation durch das Rechtssystem unterstützen. Intelligente Software-Tools können helfen, große Datenmengen zu analysieren, zu ordnen, inhaltlich zu erschließen und auf diese Weise die Erledigung juristischer Aufgaben auf der Seite der Gerichte in erheblichem Umfang vereinfachen und erleichtern.[29] Die immer noch streng am analogen Zeitalter ausgerichteten Arbeitsabläufe der Justiz könnten einen technologiebasierten Transformationsprozess durchlaufen, der in digitalen Konfliktlösungsangeboten und ressourcenschonenden Verfahrensabläufen mündet.

2. Rechtliche Basisversorgung

So könnte das Potential der Digitalisierung für die Justiz ausgeschöpft und langfristig 35
etwas geschaffen werden, was Richard Susskind „legal health promotion" nennt:[30] Die Bereithaltung einer rechtlichen Basisversorgung für Bürgerinnen und Bürger, mit der als wesentlicher Aspekt beim Ausbau des Zugangs zum Recht ein Grundverständnis für rechtliche Zusammenhänge vermittelt wird. Bürger:innen, die das Recht als solches und ihre eigenen Rechte besser verstehen lernen, können den eigenen rechtlichen Handlungsrahmen und die Möglichkeiten, die darin liegen, überhaupt erst erkennen.

Mithilfe digitaler Werkzeuge könnten Bürger:innen frühzeitig darin unterstützt 36
werden, Vorteile und Leistungen, die das Recht bereithält, zu erkennen und zu nutzen. Angefangen von einer Einordnung der eigenen rechtlichen Angelegenheiten über das Erkennen geeigneter Handlungsoptionen bis hin zur Befähigung, sie zu ergreifen.

3. Rechtszugang als Instrument demokratischer Selbstermächtigung

Wenn es Bürger:innen möglich ist, mit einfachen Hilfsmitteln ihre rechtlichen Angele- 37
genheiten einordnen zu können, stärkt das individuell und kollektiv die Souveränität der Bevölkerung. *Legal Empowerment*[31], also die Vorhersehbarkeit und das Verstehen der (rechtlichen) Konsequenzen des eigenen Handelns sowie Assistenz zur Selbsthilfe können dazu beitragen, Konflikten frühzeitig vorzubeugen und sie kostengünstig zu lösen.

Das dient nicht nur der Durchsetzung und Verwirklichung des Geltungsanspruchs 38
des Rechts, sondern ist überdies ein kraftvolles Instrument demokratischer Selbstermächtigung. Eine informierte Bevölkerung hat die Möglichkeit, politisches Handeln besser einzuordnen, sie kann die eigenen Rechte besser durchsetzen und sich strukturell überlegener Gegenseiten besser erwehren. Auch staatlicher Willkür übrigens – überträgt man diese Überlegung auf andere Bereiche. Bürger:innenfreundliche, verständliche und transparente Zugänge zum Recht machen sichtbar, was der Rechtsstaat

29 Umfassender Überblick und Bewertung der Einsatzmöglichkeiten digitaler Technologien: *Nink*, Justiz und Algorithmen, 2021.

30 *Susskind*, Online Courts and the Future of Justice, 2019, S. 69.

31 *Voß*, „Verbraucherfreundlich, verfahrensökonomisch, verfassungskonform?", VuR 2021, 243.

auf der Haben-Seite für jede Einzelne und jeden Einzelnen bereithält. Auch vor diesem Hintergrund kommt dem u.a. in §§ 129a, 139 und 496 ZPO zum Ausdruck gebrachten Fürsorgegedanken besondere Bedeutung zu.

IV. More than a feeling: Praktisches Bedürfnis nach digitalen Zugängen

1. Zeitgemäße Zugänge zum Recht im digitalen Zeitalter

a) Akzeptanz

39 Eine Justiz, die der Zielsetzung von Bürger:innennähe im digitalen Zeitalter gerecht werden will, bedarf digitaler Zugangsmöglichkeiten. Von justiziellen Einrichtungen muss bereits aus Gründen der Akzeptanz erwartet werden, dass sie sich nicht vor gesamtgesellschaftlichen Lebens- und Kommunikationswirklichkeiten verschließen. Wegen der mit dem Serviceangebot der *Rechtsantragstellen* verbundenen umfassenden Fürsorge- und Beratungsfunktion ist ein niedrigschwelliger Zugang für sie von besonderer Bedeutung. Die Eröffnung digitaler Rechtsantragstellen dürfte vor diesem Hintergrund nicht nur wünschenswert, sondern sogar notwendig sein.

b) Kommunikationskultur im digitalen Zeitalter

40 Die persönliche Vorsprache vor Ort, das Warten in Amtsfluren als Voraussetzung zur Wahrnehmung eigener Angelegenheiten wird Menschen im digitalen Zeitalter nicht ohne Grund zunehmend fremder. In einer global vernetzten Welt sind digitale Kommunikationskanäle in allen Lebensbereichen weitgehend zum etablierten Standard geworden. So sehr die persönliche Vor-Ort-Ansprache in einer Amtsstube die Bedürfnisse derer, die sie tatsächlich in Anspruch nehmen, erfüllen mag (wobei hier eine Untersuchung zu den angenommenen Bedürfnissen und den Möglichkeiten, diese zu erfüllen, aussteht), so deutlich beschränkt und begrenzt sie doch den Zugang zu rechtsstaatlichen Serviceleistungen für viele Menschen. Das Erfordernis der Wahrnehmung von Präsenzterminen wirkt mit Ausnahmen, die eine tatsächliche Präsenzpflicht rechtfertigen können, wie ein Anachronismus und baut eine nicht mehr zeitgemäß erscheinende Hürde auf. **Es geht dabei um mehr als eine vermeintliche Bequemlichkeit des digitalen Zeitalters, sondern um eine insgesamt veränderte gesellschaftliche Kommunikationskultur.**

c) Rücksicht auf begrenzte Ressourcen (Mobilität und Zeit)

41 Bürger:innen mit rechtlichen Anliegen können nicht nur in einer pandemischen Lage daran gehindert sein, das nächstgelegene Amtsgericht ohne Aufwand zu erreichen (sondern bspw. auch aufgrund fehlender Mobilität in ländlichen Gegenden oder bei körperlich eingeschränkten, alten, kranken, gebrechlichen Personen). In Zeiten politisch intendierter Vollbeschäftigung lässt der Lebensalltag zahlreicher (Allein-) Erziehender oder Doppelverdiener-Haushalte, gerade mit Blick auf knappe Betreuungsange-

bote[32], schlicht wenig Raum zur Unterbringung von Amtsgängen. Es bedarf keiner großen Phantasie sich vorzustellen, dass eine Person von der Inanspruchnahme der Unterstützung einer Rechtsantragstelle absieht, wenn dafür Termin, Wartezeit und der Gang zum Amt erforderlich sind, anstelle von Hilfestellungen per Videocall oder einigen Klicks im Internet, die auch einen Zugang von zuhause aus unproblematisch möglich machen würden.

d) Einbeziehung vulnerabler Gruppen

Digitale Zugangswege eröffnen die Möglichkeit, vulnerable Gruppen besser mit dem Serviceangebot der Rechtsantragstellen zu adressieren. Etwa durch mehrsprachige Informationen und Werkzeuge, die barrierefreien Zugang zu Informationen und Beratung schaffen.[33] 42

2. Krisenresilienz, Umgang mit zunehmendem Personalmangel, Wissensmanagement

a) Krisenresilienz

Ein gleichlaufendes praktisches Bedürfnis zur Einrichtung digitaler Zugangsmöglichkeiten lässt sich auch aus gerichtsorganisatorischer Sicht ermitteln. Die pandemische Situation hat eindrücklich verdeutlicht, dass eine resiliente Justiz digitale Kommunikationsinfrastrukturen benötigt, um auch in Krisensituationen nicht nur einen Not-, sondern den Regelbetrieb aufrechterhalten zu können. 43

b) Entlastung

Digitale Zugangspunkte können, abhängig von ihrer konkreten Ausgestaltung, die knappen Personalressourcen der Justiz entlasten. Durch die vorbereitende Unterstützung von Bürger:innen bei der Identifikation ihres Anliegens können zahlreiche Anfragen „herausgefiltert“ und bspw. durch einfache Auskunftserteilungen erledigt werden. Vorab erfasste Angaben von Bürger:innen könnten in die Fachsysteme übernommen werden, bevor es zum (dann informierten) persönlichen Online-Kontakt mit Mitarbeitenden der Rechtsantragstellen kommt, die auf die Daten zugreifen und sie weiterverarbeiten. Formulare und Erklärungen ließen sich so ressourcenschonend vorbereiten. Neben einer Eröffnung 44

32 Die Aufzählung der Lebenssituationen ist beispielhaft und nicht abschließend zu verstehen. Es sind zahlreiche Varianten auch bspw. in Einzelhaushalten denkbar, die Amtsbesuche im Alltag faktisch unmöglich machen.

33 Ausführlich zur Einbeziehung vulnerabler Gruppen in die Digitalisierung der Justiz: Bericht der *JUSTICE-Arbeitsgruppe* „Preventing Digital Exclusion from Online Justice“ (abrufbar unter https://files.justice.org.uk/wp-content/uploads/2018/06/06170424/Preventing-Digital-Exclusion-from-Online-Justice.pdf).

digitaler Zugänge ist allerdings auch die Prüfung, Analyse und Neugestaltung interner Abläufe erforderlich, damit eine effiziente Bearbeitung der Ersuchen möglich ist.

c) Personalmanagement

45 Die gerichtsübergreifende Besetzung oder Bildung digitaler Rechtsantragstellen kann bei bereits bestehender hoher Belastung und zunehmender Personalknappheit in der Rechtspflege Ressourcen freisetzen und neue Möglichkeiten zum flexibleren Personaleinsatz eröffnen. Die Möglichkeit des mobilen Arbeitens von Mitarbeitenden der Rechtsantragstellen kann überdies der Vereinbarkeit von Beruf und Familie dienen.

d) Wissensmanagement

46 Expert:innenwissen, das in Abfrage-, Informations- und/oder Entscheidungsbaumsystemen eingebunden und hinterlegt wird, bleibt der Organisation auch bei Personalwechseln erhalten. Wissensverwaltung nachhaltig zu etablieren und einen effizienten Wissenstransfer innerhalb von Organisationen möglich zu machen, wird insbesondere angesichts der anstehenden Pensionierungswelle, aber auch in der alltäglichen Arbeitsorganisation, etwa in Vertretungsfällen relevant.[34]

V. Rechtsantragstellen reloaded – gerichtliche Online-Plattformen

1. Der Prototyp eines Justizportals – das Tech4Germany-Projekt

47 „Das Justizportal – die Justiz im Netz. Einfach. Online. Jederzeit“ – so titelt die Webseite des Tech4Germany-Projekts zu digitalen Klagewegen, auf der sich der erste prototypische Entwurf einer digitalen Gerichtsplattform befindet.[35] Die Ideenschmiede des Förderprogramms Tech4Germany bringt die öffentliche Verwaltung regelmäßig für befristete Projekte mit Innovationsprofis aus dem Bereich der digitalen Produktentwicklung zusammen.[36] Sie ist unter dem Dach der DigitalService GmbH[37] angesiedelt, der zentralen Digitalisierungseinheit des Bundes für Innovation in der Verwaltung.

a) Zielsetzung des Projekts

48 Ziel des Projekts „Digitale Klagewege“, das von August bis Oktober 2021 in Zusammenarbeit mit dem Bundesministerium der Justiz[38] durchgeführt wurde, war es, in nur drei

34 Siehe zu Wissensmanagement insgesamt: § 9 (*Altenhofen*).

35 Https://tech.4germany.org/project/digitale-klagewege-bmjv/.

36 Zum Projekt auch § 26 Rn. 16 ff. (*Rühl/Horn*).

37 Vormals „DigitalService4Germany GmbH“.

38 Transparenzhinweis: Die Autorin dieses Kapitelteils hat an dem Projekt in ihrer vorangehenden Tätigkeit als Referentin des Bundesministeriums der Justiz mitgewirkt.

Monaten eine prototypische Lösung für einen niedrigschwelligen digitalen Zugang für Bürgerinnen und Bürger zur Justiz zu entwerfen. Mit agilen Methoden der modernen Produktentwicklung wurde untersucht, wie solche Zugänge aussehen müssen und auf welche Weise eine Möglichkeit geschaffen werden kann, Bürger:innen bei der digitalen Klageeinreichung zu unterstützen. Wesentliche Erkenntnisse der durchgeführten Recherchen zu den Nutzendenbedürfnissen auf Seiten der Bürger:innen waren die Identifikation der bereits benannten Zugangshürden: Geringes Rechtsverständnis, unklare Handlungsoptionen und ein „Black-Box-Effekt" beim Zugang zum Recht durch Gerichte.

b) Lösungsentwicklung durch Design Thinking

Der prototypische Lösungsansatz für diese Probleme wurde unter Anwendung der Methodik des Design Thinkings entwickelt, die einem streng nutzendenzentrierten Ansatz folgt.[39] Stellt man die Bedürfnisse der Bürger:innen in den Mittelpunkt, wird schnell klar, woran es hapert beim Zugang zum Recht: Es fehlt an transparent zugänglichen, verlässlichen Informationen in einfacher Sprache und Hilfe bei der Navigation durch das komplizierte Rechtssystem. 49

In Gestalt einer digitalen Justizplattform veranschaulicht der Prototyp in einem ersten Näherungsversuch, wie diese Probleme gelöst werden könnten: Ein *Justiz-Informationsportal mit Wegweiserfunktion* unterstützt Bürgerinnen und Bürger bei der eigenständigen Navigation durch das Rechtssystem und hilft ihnen, ihre rechtlichen Angelegenheiten und Probleme einzuordnen und selbständig Schritte zur Konfliktlösung zu beschreiten. 50

c) Aufbau und Inhalt

Über die Plattform werden relevante Sachverhaltsangaben zu ausgewählten beispielhaften Anwendungsfällen (Mietmängel- und Fluggastrechtesachen) mit einfach verständlichen Abfragesystemen erfasst. Kann das Portal den Fall nicht abdecken, wird an Beratungsstellen wie etwa Mietervereine und auf die Möglichkeit der Inanspruchnahme der Dienste von Rechtsanwält:innen oder landesspezifischen Schlichtungsstellen verwiesen. Basierend auf den eingegebenen Antworten stellt ein Wegweiser relevante Informationen über mögliche nächste Schritte und rechtliche Ansprüche zusammen, anhand derer Bürger:innen sich einen Überblick verschaffen und ihre Handlungsoptionen verstehen können. 51

Das Justizportal unterstützt zunächst die unmittelbare Kontaktaufnahme potentieller Kläger:innen mit der Gegenseite bspw. durch Hilfe bei der Erstellung eines Anschrei- 52

39 Vgl. dazu § 28 (*Andert*); *Einwächter/Laßmann/Novotny/Thamm*, Fallstudie: Digitale Klagewege, 2021, S. 4, (abrufbar unter https://tech.4germany.org/wp-content/uploads/2021/11/Fallstudie-Digitale-Klagewege-Tech4Germany-2021.pdf).

bens an Vermieter:innen, um schnell eine einvernehmliche Lösung zu erzielen. Kommt eine solche nicht zustande, können Bürger:innen über das Justizportal auch eine Klageschrift erstellen. Dabei wird zunächst über den Ablauf des Verfahrens und die zu erwartenden Kosten informiert. Im Anschluss können die Bürger:innen ein Abfragesystem nutzen, um ihre Angaben zum Sachverhalt strukturiert einzugeben. Aus den eingegebenen Daten wird eine Klageschrift generiert.

53 Das dem Prototypen zugrundeliegende Konzept sieht im Anschluss daran weitere (noch einzurichtende) Schritte vor. So soll die Klageschrift digital an das Gericht übermittelt und anschließend auch digital gestützt weiterverarbeitet werden können, wozu auch eine Übermittlung an die Gegenseite mit der Möglichkeit zur Reaktion (bspw. Klageerwiderung) auf digitalem Weg gehört.[40] Eine digitale Anbindung der Beklagten und Richter:innen soll für eine strukturierte Reaktion und digitale Weiterbearbeitung sorgen und so Ressourcen auf Seiten der Beklagten und der Justiz schonen.

54 Bedingt durch die begrenzte Projektlaufzeit konnten diese konzeptionellen Schritte nicht mehr umgesetzt werden. Wenn eine Plattformlösung für den Echtbetrieb entwickelt wird, dann müssten diese Funktionen perspektivisch integriert werden.

d) Einordnung

55 Die prototypische Lösung des Tech4Germany-Projekts ist als Klickdummy nicht an den Echtbetrieb angeschlossen. Sie visualisiert aber, wie ein Wegweiser zur Identifikation und Durchsetzung rechtlicher Ansprüche grundsätzlich aussehen könnte. Entscheidend ist der methodisch ermittelte Lösungsansatz als solcher, weniger die Frage, ob die beispielhaft ausgewählten konkreten Anwendungsfälle auch für eine Testung im Echtbetrieb geeignet wären und jede Abfragemaske bereits jetzt inhaltlich fehlerfrei ist.

Das Tech4Germany-Projekt ist abgeschlossen. Die Idee eines Onlinezugangs zur Justiz einschließlich der digitalen Verfahrensführung wird in Zusammenarbeit mit der DigitalService GmbH in den Folgeprojekten „Digitale Rechtsantragstelle" und „Einführung und Erprobung eines zivilgerichtlichen Onlineverfahrens" weiterentwickelt. Dabei werden neben dem Prototypen des Justizportals bestehende Vorüberlegungen aus einem weiteren Projekt zu Rechtsantragstellen zusammengeführt. In der Blogpost-Veröffentlichung des DigitalService[41] heißt es dazu:

> *Ziel beider Projekte ist es, das Potenzial der Digitalisierung im Kontext des Justizsystems zu heben. Die Bedürfnisse der Bürger:innen sowie der in der Justiz tätigen Personen werden dabei in den Mittel-*

---

40 Weitere Informationen zum Projekt finden sich hier: https://tech.4germany.org/project/digitale-klagewege-bmjv/.

41 Blogpost der Digitalservice GmbH vom 26.10.2022 (abrufbar unter: https://digitalservice.bund.de/blog/next-steps-digitalisierung-der-justiz). Weiter Infos zu einer Zwischenprojektphase im Blogpost vom 22.1.2022 (abrufbar unter: https://digitalservice.bund.de/blog/blog-projekt-bundesjustizministerium-discoverysprint).

punkt gestellt. Einerseits sollen Bürger:innen mithilfe digitaler Lösungen vereinfachte Zugänge zum Recht und zur Justiz erhalten. Andererseits soll mit Hilfe von Modernisierungsvorhaben ein Beitrag zur Entlastung der Justiz(mitarbeitenden) geleistet werden. Beide Projekte sind Bestandteil strategischer politischer Vorhaben: der kürzlich vorgestellten Digitalstrategie und dem vom BMJ vorgeschlagenen „Pakt für den digitalen Rechtsstaat".

Durch die Schaffung einer digitalen Rechtsantragstelle sollen Bürger:innen mit Rechtsproblemen eine unkomplizierte digitale Anlaufstelle erhalten. Sie soll das Potenzial haben, Bürger:innen zu unterstützen und zu befähigen sowie die Justiz zu entlasten.

Über zivilgerichtliche Online-Verfahren sollen Bürger:innen im Bereich niedriger Streitwerte ihre Ansprüche in einem nutzerfreundlichen, niedrigschwelligen und zügigen digitalen gerichtlichen Verfahren geltend machen können.

Der gefundene Lösungsansatz des Tech4Germany-Projekts stellt ein erstes Experiment in den Mittelpunkt der in den vergangenen Jahren geführten Diskussionen und ergänzt hunderte Seiten geschriebener Arbeitspapiere um die wertvollen Erkenntnisse des praktischen Versuchs. Damit weist das Projekt den künftigen Diskussionen die Richtung: Es geht nicht mehr ums „Ob", sondern vielmehr ums „Wie". Der Diskurs rund um digitale Zugänge zum Recht bewegt sich von der Theorie hin zu praktischen Umsetzungsfragen.[42] Die angestoßenen neuen Projekte zur Rechtsantragstelle und dem Onlineverfahren zeigen, dass diese Diskussion innerhalb (für die Justizpolitik) kurzer Zeit zu konkreten Vorhaben führt, die weitere Erkenntnisse und Erfahrungen liefern werden. Das in jedem Fall ein Gewinn.

2. Rechtsantragstellen 2025: nicht Ort, sondern Service

Löst man sich von der gegenwärtigen Form der Rechtsantragstellen als funktionale 56
Amtsstuben mit Behördensprechzeiten, wird deutlich: **Die Informations-, Navigations- und Protokollierungsfunktionen einer Onlineplattform im Sinne eines Justizportals[43] sind in weiten Teilen deckungsgleich mit dem Aufgabenfeld der Rechtsantragstellen.**[44] Über eine Justizplattform bzw. einen Portalverbund[45] können Justiz-

42 *Dahmen*, „Mit einem Online-Klagetool den Zivilprozess umkrempeln?" AnwBl vom 27.10.2021 (abrufbar unter https://anwaltsblatt.anwaltverein.de/de/anwaeltinnen-anwaelte/anwaltspraxis/mit-einem-online-klagetool-den-zivilprozess-umkrempeln).

43 Zur Begrifflichkeit von „Online-Portalen" (auch) im Sinne eines Justizportals: *Deichsel*, Digitalisierung der Streitbeilegung, 2022, S. 82f. und 120f; *Paschke*, Digitale Gerichtsöffentlichkeit, 2018, S. 260f., Diskussionspapier „Modernisierung des Zivilprozesses" S. 10f. (abrufbar unter https://www.justiz.bayern.de/media/images/behoerden-und-gerichte/oberlandesgerichte/nuernberg/diskussionspapier_ag_modernisierung.pdf).

44 Zu den klassischen Arbeitsabläufen der Rechtsantragstellen: *Hötte/Bäumer*, Machbarkeitsstudie zur Entwicklung eines Chatbots für Rechtsantragstellen, S. 9 (abrufbar unter https://www.bmj.de/SharedDocs/Downloads/DE/Fachinformationen/Chatbot_Rechtsanträge_Machbarkeitsstudie.pdf;jsessionid=CD2B79DD70A71F35F0633CEF0359DBF4.1_cid297?__blob=publicationFile&v=2).

dienstleistungen wie bspw. neue Modelle gerichtsverbundener Online-Streitbeilegung[46], digitale Klageeinreichungen und Onlineverfahren sowie sonstige Angebote der Justiz als **„One-Stop-Shop"**[47] angeboten werden.

57 Werden die Aufgaben der Rechtsantragstellen und ihre Funktionalitäten der Fürsorge und Unterstützung von Bürger:innen unter Nutzung moderner Kommunikationsmittel ins digitale Zeitalter übersetzt, dann gehen sie in einem Justizportal als digitaler Gerichtsplattform auf und könnten dort gewinnbringend integriert werden.

58 Was in vielen Unternehmen selbstverständlich geworden ist, nämlich die Umstellung auf einen digital gestützten Kundenservice, könnte so auch Einzug in die Justiz halten. Die Rechtsberatungsbranche macht es vor. Moderne Kanzleien setzen für eine bessere Mandantenbetreuung und eine effizientere Arbeitsweise auf technologisierte Abläufe und moderne Kommunikationsstrukturen jenseits der Herangehensweisen des analogen Zeitalters.

59 Digitale Kommunikationskanäle treten neben die herkömmlichen analogen Wege. Im Fall der Rechtsantragstellen also neben den Besuch vor Ort in der Amtsstube. Stattdessen werden online wichtige erste Informationen gezielt bereitgestellt, nach einer Abfrage des Anliegens über Eingabemasken. Dabei kann neben der Variante des Selbstlesens auch eine barrierefreie Vorlese-Funktion integriert und die Übersetzung in andere Sprachen für Nicht-Muttersprachler angeboten werden. Datenschnittstellen könnten die Übermittlung maschinenlesbarer Informationen ermöglichen. Vorabinformationen bspw. zu Zuständigkeitsfragen, notwendigen Zwischenschritten oder erforderlichen bereitzustellenden Dokumenten können so auf einfache Weise ressourcenschonend und ohne die heute erforderlichen zeitintensiven Vor-Ort-Termine vermittelt werden. Bei Bedarf kann eine unmittelbare Interaktion mit Ansprechpersonen der Rechtsantragstellen für eine persönliche Beratung vermittelt werden bspw. über Telefon, Text-Chat oder Video-Call. In vielen Fällen wird dies aber gar nicht nötig sein, weil Bürger:innen mit den Hilfestellungen über die Justizplattform in die Lage versetzt werden, ihr Anliegen eigenständig über Abfrage- und Eingabemasken zu formulieren und zu lösen. Werden in die Portallösung zudem Konfliktlösungsmechanismen integriert, wie dies etwa beim kanadischen Civil Resolution Tribunal (CRT) der Fall ist, können Bürgerinnen und Bürger über diesen Weg bei der Lösung ihrer Konflikte stufenweise unterstützt werden.[48]

60 Auf diese Weise könnte ein beachtlicher Mehrwert für Bürger:innen beim Zugang zum Recht generiert werden, weil der Service der Rechtsantragstellen niedrigschwellig

45 *Deichsel*, Digitalisierung der Streitbeilegung, 2022, S. 124.

46 *Voß*, „Gerichtsverbundene Online-Streitbeilegung: Ein Zukunftsmodell?", RabelsZ 84, 62–96.

47 Ausführlich dazu *Rühl* „Digital Justice made in Germany" in: FS Singer, S. 591 (594ff.).

48 Das CRT bietet auf der ersten Stufe über Fragenkataloge ein Expertensystem zur rechtlichen Problemanalyse mit fallspezifischen Rechtsinformationen sowie automatisch generierten Musterdokumenten zur eigenständigen Konfliklösung an. In der nächsten Stufe schließen sich Phasen zur einvernehmlichen Streitbeilegung an. Eine streitige Entscheidung erfolgt nur bei Scheitern dieser Vorstufen.

und ressourcenschonend einem deutlich breiteren Adressatenkreis als heute zur Verfügung gestellt würde.

VI. So könnte es weitergehen

1. Öffnung der gesetzlichen Rahmenbedingungen

a) Agile Gesetzgebung

Woher soll man wissen, was in der Praxis funktioniert, wenn man es nicht ausprobieren kann? Ohne zugrundeliegende Empirie erinnern Gesetzgebungsprozesse oft genug an den sprichwörtlichen Blick in die Glaskugel. Dieser Effekt wird durch die Veränderungsgeschwindigkeit des digitalen Zeitalters verstärkt. Um den Gesetzgebungsprozess zu informieren, müssen verschiedene Szenarien erprobt werden können. Dafür bedarf es – häufig – gesetzlicher Öffnungen, die zwar flexibel, aber doch auch hinreichend rechtssicher sein müssen. Das ist mit herkömmlichen Gesetzgebungsverfahren wegen ihrer oft schwerfälligen Abstimmungsprozesse kaum zu machen. Damit kein professioneller Blindflug erfolgt, bedarf es daher grundsätzlich agiler oder zumindest agilerer Gesetzgebungsprozesse. 61

b) Erste Schritte gesetzlicher Anpassungen

aa) Experimentierklauseln schaffen, § 129a ZPO anpassen, § 130a ZPO nutzen

Wer die Ansicht vertritt, bereits heute sei eine weite Interpretation des Normtextes von § 129a ZPO möglich (vgl. Randnummer 8), hätte auch in der Vergangenheit direkt anfangen können zu erproben, wie sich die unmittelbare Abgabe rechtswirksamer Anträge und Erklärungen zu Protokoll der Geschäftsstelle im Wege digitaler Bild- und Tonübertragung optimal im Gerichtsbetrieb bewerkstelligen lässt. 62

Ein solcher Versuchsaufbau de lege (noch) lata erscheint zugegebenermaßen etwas zu optimistisch. Aufgrund des jüngst angestoßenen Gesetzesvorhabens zur „Förderung des Einsatzes von Videokonferenztechnik in der Zivilgerichtsbarkeit" dürfte nun eine darin vorgesehene gesetzgeberische Anpassung des § 129a ZPO die notwendige Klarheit bringen und einen wichtigen Impuls in die gerichtliche Praxis setzen, die von dem erweiterten gesetzlichen Rahmen Gebrauch machen könnte (und sollte). 63

Im Zuge dieser Anpassungen wäre es wünschenswert gewesen, direkt weitere digitale Kommunikationswege für die wirksame Abgabe von Erklärungen zuzulassen. Die sinnvolle Nutzbarkeit von Justizplattformen dürfte voraussetzen, dass Erklärungen nicht nur im Wege digitaler persönlicher Vorsprache in Videokonferenzen abgegeben werden können, sondern auch über andere dort bereitgestellte Kanäle wie bspw. intelligente Masken oder Text-Chats. 64

Eine Öffnungs- und Experimentierklausel könnte dabei helfen, besagte Erfahrungen im Umgang mit diesen für die Justiz neuen Kommunikationsformen zu sammeln (und auch der *German Angst* Rechnung zu tragen). Sie könnte eine Nutzung neuer Kommunikationskanäle zunächst begrenzt auf bestimmte Anwendungsbereiche für erste Pi- 65 lotvorhaben erlauben. Wie bereits im vorangehenden Kapitelteil ausgeführt, kann zu diesem Zweck zudem von den in § 130a ZPO angelegten und ggf. zu modifizierenden Möglichkeiten Gebrauch gemacht werden.[49]

bb) Es darf auch einfacher gehen – unkomplizierte Identifizierungslösungen erlauben

66 Keine Diskussion um digitale Zugänge vergeht ohne die Frage nach einer hinreichend sicheren Identifizierung. Wie können sich Personen, die auf digitalen Kommunikationswegen die Justiz adressieren möchten, ausweisen?

67 Neue Kommunikationskanäle werden nur genutzt, wenn sie leicht praktikabel sind. Das gilt auch für die Identitätsfeststellung. Deswegen sollten die Anforderungen an eine digitale Identifizierung nicht höher sein als in der analogen Praxis.[50] Die sieht eine Identifizierung und Authentifizierung anhand unterschriebener schriftlicher Dokumente vor. Hand aufs Herz: Wer prüft bei schriftlich/postalisch eingegangenen analogen Eingaben die Echtheit der Unterschrift bzw. ob nachträgliche Änderungen an den Dokumenten vorgenommen wurden?

68 Für die Aufnahme von Erklärungen durch (digitale) Rechtsantragstellen bzw. Justizplattformen würde bereits die leicht umsetzbare Sichtkontrolle von Ausweisdokumenten im Wege der Videokonferenz ein – vermutlich – höheres Identifikationsniveau erreichen als der vermeintliche Goldstandard der analogen schriftlichen Klagen heute. Wenn Erklärungen über ein Justizportal nicht digital-mündlich gegenüber einer Person abgegeben und protokolliert, sondern andere Eingabeformen genutzt werden, bspw. protokollierte Text- oder Stimme-zu-Text-Eingaben, könnten andere anerkannte Identifizierungsverfahren wie der eID-Service oder Video-Ident genutzt werden.[51] Oder noch einfacher: Es genügt die Anmeldung mit E-Mail-Kontakt und Nutzernamen (und ggf. noch Adressdaten). So wird es bspw. im Vereinigten Königreich praktiziert. Dafür könnte dann das OZG[52]-Konto oder ein Nutzendenkonto, das auf dem Justizportal eingerichtet würde, verwendet werden. Eine solche Vorgehensweise sollte zumindest versuchsweise erprobt werden, weil nur so beurteilt werden kann, ob mit einer Absenkung der Identifikationshürden der Untergang der Rechtssicherheit droht oder vielleicht doch eine praxistaugliche Lösung gefunden werden kann.

---

49 Siehe auch § 11 Rn. 56ff. (*Biallaß*).

50 Dazu auch *Voß*, Digitale Gerichtsportale: Wege zur Justiz – Wege zum Recht? in: Adrian/Kohlhase/Evert/Zwickel (Hrsg.) Digitalisierung von Zivilverfahren und Rechtsdurchsetzung (2022) S. 84.

51 Zu weiteren niedrigschwelligen Identifikationsmöglichkeiten: *Deichsel*, Digitalisierung der Streitbeilegung, 2022, S. 126.

52 Das Onlinezugangsgesetz (OZG) sieht die Schaffung eines digitalen Angebots zur Nutzungs von Verwaltungsdienstleistungen und die Einrichtung von Nutzerkonten auf Bundes- und Länderebene vor.

2. Schaffung digitaler Plattformlösungen

a) Bundeseinheitliche Entwicklung der IT-Infrastruktur für Justizportale

aa) Ressourcen bündeln und auf Standardisierung setzen

Wer zukunftsfähige digitale Justizplattformen aufbauen will, bedarf einer Organisations- und Managementstruktur, die eine Entwicklung und Bereitstellung **bundeseinheitlicher Umsetzungslösungen** erlaubt. Das setzt neue Herangehensweisen im Umgang mit den föderalen Zuständigkeitszuordnungen der Länderjustiz unter Wahrung der Grundsätze der Gewaltenteilung voraus. 69

Die IT-Betriebsbedingungen der Länder sind äußerst heterogen. Gleichzeitig wird IT-Entwicklung immer anspruchsvoller und einzelne Länder dauerhaft überfordern. Der Normenkontrollrat des Bundes hat auch vor diesem Hintergrund Empfehlungen für die Softwareentwicklung im Verwaltungsbereich skizziert.[53] Erwägungen, die sich auch auf den Bereich der Justiz übertragen lassen. Entwickeln die Bundesländer jeweils alleine oder in Verbünden Plattformlösungen, führt dies mit einiger Wahrscheinlichkeit zu wenig wünschenswerten Unterschieden der Gerichtszugänge für Bürger:innen verschiedener Bundesländer. In der Folge könnte die Gefahr von Ungleichheiten beim Zugang zum Recht entgegen der eigentlichen Zielsetzung zu- statt abnehmen. Eine Fortschreibung der Zersplitterung technischer Umsetzungslösungen der Länder führt mangels Standardisierung zu Chaos und verschleißt wertvolle Ressourcen. Mittel und Kapazitäten, die man bündeln und in eine qualitativ hochwertige bundeseinheitliche Lösung[54] investieren sollte, die State-of-the-art-Technologien und -Entwicklungsmethoden nutzt. 70

bb) Entscheidungsmechanismen vereinfachen und Steuerungskonzepte erneuern

Zu diesem Zweck könnte eine bundeseigene Digitalisierungsagentur der Justiz[55] die zentrale Steuerungs- und Entwicklungsrolle übernehmen. Orientierung können hier Vergleichsländer wie das Vereinigte Königreich, Kanada oder Österreich bieten, die erfolgreiche Modelle etabliert haben.[56] Diese zentrale Steuerungseinheit sollte mit den Bundesländern kooperieren, muss aber mit ausreichenden Lenkungs- und Entscheidungsbefugnissen hinsichtlich der Produktverantwortung ausgestattet werden, um eine 71

53 Vgl. dazu die Empfehlungen des Normenkotrollrats im „Monitor Digitale Verwaltung #6“ Seite 6 (abrufbar unter https://www.normenkontrollrat.bund.de/resource/blob/72494/1958282/70fdb29d2a322a1e6731e9d92a132162/210908-monitor-6-data.pdf).

54 Zu Plattformkonzepten und föderalem Architekturmanagement: Empfehlungen des Normentkontrollrats wie vor.

55 Vorbilder solcher bundeseigenen Digitalagenturen existieren national bereits im Bereich der Verwaltung. Bspw. die DigitalService GmbH, eine bundeseigenen Digitalagentur, die diese Aufgabe für ausgewählte Vorhaben im Bereich der Verwaltung übernimmt.

56 Vgl. Studie „The Future of Digital Justice“, erschienen am 3. Juni 2022 (abrufbar unter https://www.legaltechverband.de/wp-content/uploads/2022/06/22-06-01-The-Future-of-Digital-Justice_BLS_BCG-web.pdf).

Ausbremsung durch schwerfällige und lähmende föderale Abstimmungsprozesse zu vermeiden. Damit werden schnelle Reaktionsmöglichkeiten geschaffen und die notwendigen raschen Entwicklungen gefördert.[57] Daneben ist auch die Nutzung neu geschaffener strukturierter Ökosysteme für Tech-Entwicklung denkbar, die Bund-Länder-Kooperationen bei Digitalprojekten unterstützen.[58]

cc) Kooperation und Koordination

72 In Kooperation mit Innovationsteams innerhalb der bestehenden Strukturen auf Länderebene, die ebenfalls mit entsprechenden Befugnissen agieren, könnten so kurzfristig Umsetzungsbausteine bspw. innerhalb eines umfassenden Projektrahmens der Digitalisierung von Gerichtsverfahren erprobt und implementiert werden. Begleitend dazu können Projekte und Ideenfabriken, die bereits in den einzelnen Bundesländern vorhanden sind, besser vernetzt werden, damit Synergieeffekte ausgeschöpft werden und gemeinsames Lernen von best practices möglich wird.

73 Die eigentliche Nutzung und Anwendung – wenn man so will, der „Betrieb im engeren Sinn“ – einer auf diese Weise entwickelten und betriebenen bundeseinheitlichen Lösung, könnte unter Wahrung der föderalen Strukturen in der Zuständigkeit der Länderjustiz verbleiben.

b) Die Quadratur des Kreises und Wicked Problems – Agilität und Legal Design Thinking

aa) Warum agil?

74 Was zunächst wie die Quadratur des Kreises anmutet, dürfte zwar verzwickt im Sinne eines sog. wicked- oder auch ill-defined-Problems[59], aber dennoch lösbar sein. Wicked- und ill-defined-Problems sind Aufgaben und Fragestellungen, die noch nicht exploriert oder erprobt sind, sich durch einen hohen Komplexitätsgrad auszeichnen und das Handeln unterschiedlichster Akteur:innen erfordern. Die bundeseinheitliche Entwicklung von Justizportalen eines (überwiegend) föderalen Justizbetriebs nebst Schaffung entsprechender rechtlicher Rahmenbedingungen fällt in diese Kategorie. Aufgabenstellungen dieses Kalibers bedürfen agiler Projektmethoden (bspw. der methodischen Brücke des Design Thinkings[60]), um zu nachhaltigen und qualitativ hochwertigen Lösungen zu gelangen.[61] Ein herkömmliches „Wasserfall“-Projekt[62] wird aufgrund der exponentiellen technischen Entwicklung und der damit korrespondierenden Entwicklung der Nut-

57 Vgl. Studie „The Future of Digital Justice“, a. a. O. und Empfehlungen des Normenkontrollrats im „Monitor Digitale Verwaltung“ a. a. O.

58 Wie etwa der GovTech Campus Deutschland e.V., der ein Ökosystem für Kooperationen zwischen Bund und Ländern bereitstellt.

59 *Stutzenberger*, Innovation und Agilität im öffentlichen Sektor, 2020, S. 16.

60 Dazu auch § 28 (*Andert*).

zendenerwartungen kaum funktionieren, weil bei Projektstart nicht absehbar ist, wie das Endprodukt aussehen soll.

bb) Design Anforderungen für Justizplattformen und denkbare Umsetzungslösungen

(Legal) Design Thinking ist ein nutzendenzentrierter Ansatz, der sichergestellt, dass die Bedürfnisse der Bürger:innen und die daraus folgenden relevanten Design-Anforderungen in den Fokus genommen werden, wenn es um die Entwicklung technologischer Lösungen geht. Um die erforderlichen fachlichen Qualifikationen für diese Aufgabenstellung einzubringen, wird mit interdisziplinären Teams gearbeitet. Diese Teams werden die Perspektiven von Mitarbeitenden aller gerichtlicher Dienstzweige ebenso beleuchten müssen, wie die der Vertreter:innen der Anwaltschaft und weiterer Institutionen, die mit Konfliktbeilegung befasst sind.[63] 75

Welche spezifischen Aspekte gilt es bei der Gestaltung einer Umsetzungslösung zu adressieren?[64] 76

(1) Leicht verständliche Informationen

Zum einen müssen juristische Informationen in nutzendenfreundlicher, leicht verständlicher Form bereitgestellt werden, insbesondere auch in anderen Sprachen für jene, deren Muttersprache nicht Deutsch ist. Diese Informationen sollten individualisiert und auf den konkreten Fall zugeschnitten sein, damit der komplexe Aufbau und Inhalt von Rechtstexten und Verfahrensweisen aufgeschlüsselt werden und Transparenz für Bürger:innen geschaffen werden kann, etwa auch zu Kostenrisiken. Gerichtspersonen oder auch digitale Werkzeuge können über Videokonferenztools, intelligente Eingabemasken (schriftlich oder mit Sprache-zu-Text-Werkzeugen und unter Nutzung von Natural-Language-Processing), den erforderlichen Sachverhalt zu erfassen. 77

---

61 *Mergel/Ney* „Agil und kollaborativ komplexe Probleme lösen" (abrufbar unter https://www.springerprofessional.de/agil-und-kollaborativ-komplexe-probleme-loesen/23162746).

62 Wasserfall-Modell sind starr, bieten allerdings hohe Planungssicherheit und werden daher häufig in hierarchischen Strukturen angewandt. Sie sind durch eine konsequente Durchführung der vorher geplanten Phasen gekennzeichnet. Nach Abschluss einzelner Schritte sollen vorangehende Entscheidungen nicht mehr rückgängig gemacht (und damit auch überprüft und korrigiert) werden. Anhand eines klar definierten Ablaufs wird das Projekt schrittweise bearbeitet.

63 Perspektivisch gilt es, alle Akteur:innen an die Plattformen der Justiz anzubinden, wie bspw. Verbraucherschlichtungsstellen, LegalTech-Dienstleister oder Beratungsvereine auch Unternehmen (bspw. Airlines auf Beklagtenseite bei Fluggastrechtesachen) sowie sonstige professionelle Verfahrensbeteiligte.

64 Ausführlich zur konkreten Ausgestaltung von Online-Portalen zur Streitbeilegung: *Deichsel*, Digitalisierung der Streitbeilegung, 2022, S. 129 ff.

(2) Digitalisierung von Arbeitsabläufen

78 Gleichzeitig gilt es, die Justiz in ihren internen Prozessen in den Bereichen aller Dienstzweige zu entlasten und so Verfahren zu verkürzen. Dafür müssen Arbeitsabläufe überprüft und gegebenenfalls überarbeitet werden. Die Aspekte der Prozessanalyse sollten bei der Entwicklung digitaler Lösung mitgedacht werden.[65] Selbstlernende Software kann bspw. durch die verschiedenen Arbeitsschritte der Mitarbeitenden automatisch trainiert werden, Aufgaben zu übernehmen oder bei diesen zu unterstützen (etwa durch den Vorschlag typischer Antworten oder Textbausteine). Daneben können Prozessabläufe neu gedacht und vereinfacht werden.

(3) Übereilschutz

79 Weitere spezifische (Design-)Anforderungen an die Abgabe von Erklärungen über eine Justizplattform ergeben sich aus den Bedingungen, die der Bundesgerichtshof in seiner dem Kapitel vorangestellten Entscheidung[66] aufgestellt hat (vgl. Rdn. 2): Der Schutz der Betroffenen vor der übereilten Abgabe von Erklärungen kann bei digitalen Gesprächsterminen mit der Rechtsantragstelle durch entsprechende Aufklärung und Hinweise der Mitarbeitenden des Gerichts vermittelt werden. Warnfunktion und Übereilschutz können zudem als Kriterien bei der Gestaltung der Nutzendenoberflächen (User-Interface/UI-Design) und der Nutzendenerfahrung (User-Experience/UX-Design) definiert und umgesetzt werden.[67] So kann bspw. bereits die Integration der erforderlichen Nutzung der eID-Funktion vor Abgabe einer Erklärung, ebenso wie die übrige Gestaltung der Entscheidungsarchitektur einen warnenden Effekt erzielen.

(4) Rechtsklarheit und der Rechtssicherheit

80 Im digitalen persönlichen Kontakt mit Mitarbeitenden können bspw. durch Screensharing bei Videokonferenz Nachweise erbracht werden, die ohne Weiteres die Beweiszwecke entsprechend der analogen Vorgehensweise erfüllen und dem Erfordernis der *Rechtsklarheit* und der *Rechtssicherheit* bzw. der Verlässlichkeit einer Eingabe genügen.

---

65 Vgl. dazu auch den Technologie- und Innovationsfahrplan für die Rechtsbranche des Justizministeriums Singapur aus dem Jahr 2020, dort S. 18-19. Darin legt es Pläne zur Förderung von Innovation, Technologieeinsatz und Entwicklung in der Rechtsbranche Singapurs im nächsten Jahrzehnt dar. Der vollständige Bericht kann unter https://go.gov.sg/minlaw-tech-and-innovation-roadmap abgerufen werden.

66 BGH, Beschluss vom 12. März 2009 a.a.O.

67 Mit UI-Design und UX-Techniken kann eine Justizplattform als digitale Entscheidungsumgebung (für Bürger:innen) auf sehr unterschiedliche Weise gestaltet werden. Das Design digitaler Umgebungen steuert oft das Verhalten der Nutzenden, absichtlich und unabsichtlich – sog. Nudging. Ausführlich zu Nudging im Kontext mit digitalen Gerichtsplattformen: *Sela*, „e-Nudging Justice: The Role of Digital Choice Architecture in Online Courts" (abrufbar unter https://papers.ssrn.com/sol3/papers.cfm?abstract_id=3414176). Außerdem zu Designanforderungen: *Kohlmeier/Klemola*, Das Legal Design Buch, 2021, S. 64f.

UI-Design und UX-Techniken können auch hier etwa über digitale Protokollierung und Identitätskontrollen entsprechende Gestaltungsvorgaben umsetzen.

c) Wer soll das bezahlen?

Wird das alles zu teuer? Sollte der Staat (auch deswegen) die Information und Navigation durch das Rechtssystem nicht zumindest im vorgerichtlichen Bereich der Privatwirtschaft überlassen?[68] 81

Wer Bürgerinnen und Bürger mit Normen adressiert, sollte sie auch transparent 82 und verständlich vermitteln können und ein niedrigschwelliges System bereitstellen, das ihnen zur Anwendung und Geltung im Einzelfall verhilft. Die wichtigen Aufgaben vorgerichtlicher Information und Navigation ausschließlich privatwirtschaftlichen Akteur:innen zu überlassen, erscheint daher nicht sach- und interessengerecht.

Eine umfassende Justizportal-Lösung wird zweifellos erhebliche Investitionen er- 83 forderlich machen. Zugleich kann die Bündelung der Ressourcen von 16 Bundesländern und dem Bund in einer bundeseigenen Digitalagentur oder in gemeinsamen Digitalprojekten der Justiz den beträchtlichen Verschleiß an Ressourcen für die Entwicklung von Insellösungen eindämmen und die Mittel stattdessen in hochwertige Einheitslösungen kanalisieren. Agile, iterativ-inkrementelle Projektentwicklung ermöglicht daneben (kosteneffizient) kurze Planungs- und Realisierungsabschnitte.[69]

VII. Paradigmenwechsel beim Zugang zum Recht

Der Weg in Richtung digitaler Plattformlösungen für die Gerichte unter Einbindung der 84 Services der Rechtsantragstellen könnte ein *Game-Changer* beim Zugang zum Recht werden. Die Idee dahinter ist der Zivilprozessordnung schon lange vertraut und hat in den Fürsorge- und Assistenzgedanken der §§ 79 Abs. 1, 129a, 139, 496 ZPO ihren Niederschlag gefunden. Die gesetzgeberische Intention, die hinter den Rechtsantragstellen steckt,[70] kann auf digitalem Wege geradezu zwingend besser verwirklicht werden. Bürgerinnen und Bürger könnten mithilfe der digitalen Unterstützung der Justizplattform ihre Rechte

68 § 26 Rn. 20 (*Rühl/Horn*).

69 Abweichungen und erforderliche Anpassungen können bei agiler Entwicklung zeitnah erkannt und korrigiert werden. So unterscheidet sich iterative Projektentwicklung vom traditionell auch in der Justiz verfolgten monolithischen Ansatz, bei dem der gewünschte Endzustand bereits vor Projektbeginn feststeht und durch Meilensteine festgeschrieben wird. Änderungen und Kurskorrekturen im Projektverlauf ziehen dann häufig das Überschreiten von Termin- und Budgetvorgaben nach sich.

70 Genauer gesagt handelt es sich um die hinter der gesetzlichen Möglichkeit zur Abgabe von Erklärungen zu Protokoll einer Geschäftsstelle des Gerichts stehende gesetzgeberische Intention. Die Einrichtung von Rechtsantragstellen selbst als zentrale Geschäftsstellen zur Entgegennahme dieser Erklärungen ist eine gerichtsorganisatorische Entscheidung.

vor den (Amts-) Gerichten in erheblich umfassenderer Weise eigenständig wahrnehmen als heute.

85 Es geht darum, dieser Zielsetzung des Gesetzgebers zur Geltung zu verhelfen, Recht zu übersetzen und Bürger:innen mit der Absicht zu ermächtigen, mehr echte rechtsstaatliche Mündigkeit und Gleichheit vor dem Recht zu erreichen. Es geht um den Abbau von Ungleichheiten aufgrund von Wissenshoheiten im Sinne einer „legal health promotion" als Serviceleistung auch durch den Rechtsstaat, durch die Justiz, durch die Gerichte selbst.

86 Das ist aber nicht alles. Gleichzeitig bedarf es einer geeigneten Reaktion auf den virulenten Bedarf an digitaler Transformation der Arbeitsweise der Justiz zur Sicherung ihrer Funktionsfähigkeit und der Qualität ihrer Ergebnisse. Dazu ist eine Überprüfung der Arbeitsprozesse ebenso notwendig wie eine zukunftsfähige IT-Infrastruktur, die bundeseinheitlich entwickelt werden muss und auf Standardisierung setzt.[71]

87 Die bestehenden Ausgestaltungsformen gerichtlicher Verfahren und auch der Rechtsberatungsberufe sind wertvolle Errungenschaften. Es ist aber nicht Aufgabe des Rechts, sie bedingungslos in ihrer konkreten Ausgestaltung zu schützen.

88 Das Recht soll in erster Linie der Gesellschaft, den Bürgerinnen und Bürgern dienen. Stehen bessere Möglichkeiten zur Verfügung, darf sich das bestehende System im Sinne der ihm zugedachten Funktionalitäten entwickeln und neue Wege beschreiten. Das ist mehr als nur ein *nice-to-have*, immerhin geht es um die *Effektuierung des Justizgewährungsanspruchs* nach Art. 20 Abs. 3 GG, Art. 6 EMRK und Art. 47 der EU-Grundrechte-Charta.[72]

89 Wenn es nicht die Verfahrensgrundsätze sind, die Digitalisierungsvorhaben entgegenstehen[73], lohnt es sich zu untersuchen, wo die eigentlichen Hürden einer digitalen Transformation liegen.[74] Dazu kann auch eine gewisse Selbstreflektion der Justiz und ihrer Verwaltungsorganisationen auf Landes- und Bundesebene, ebenso wie der sie bespielenden Akteur:innen (bspw. die Anwaltschaft) beisteuern. Die gewonnenen Erkenntnisse können einen wertvollen Beitrag zur Gestaltung neuer Lösungen leisten und dabei helfen, die Frage zu beantworten, wie die Justiz der Gesellschaft und Bürger:innen auch in Zukunft am besten dienen kann.

71 Vgl. dazu auch Empfehlungen des Normenkontrollrats a. a. O.

72 Dazu vertieft: § 26 Rn. 20 (*Rühl/Horn*).

73 Dazu mit umfassender Prüfung: § 26 (*Rühl/Horn*).

74 Einen ersten Näherungsversuch der Ursachensuche unternimmt eine Studie der Bucerius Law School, der Strategieberatung Boston Consulting Group und des Legal Tech Verbands Deutschland, die anhand von Experteninterviews den Stand der Digitalisierung der Justiz in Deutschland mit den Vorreiter-Nationen Singapur, Kanada, Großbritannien und Österreich vergleicht. Das Fazit des Ländervergleichs: Deutschlands Politik muss die Strategie in Sachen Digitalisierung neu ordnen und Tempo aufnehmen (abrufbar unter https://www.legaltechverband.de/aktivitaeten/die-zukunft-digitaler-justiz-internationale-studie-zeigt-deutschlands-rueckstand-und-liefert-konkrete-loesungsansaetze/).

Die Antwort auf diese Frage muss sich an den Möglichkeiten des digitalen Zeitalters 90
messen lassen. Von ihr wird abhängen, welchen gesellschaftlichen Stellenwert die Justiz und die sie umgebenden Akteur:innen behalten und erlangen.

Sina Dörr

Moritz Baumann

§ 13 Vollständiges Online-Mahnverfahren

Gliederungsübersicht **Rn.**

Moritz Baumann

https://doi.org/10.1515/9783110755787-013

Literatur: AG Modernisierung des Zivilprozesses, Diskussionspapier; *Keller*, Die Automation des Mahnverfahrens – Schwerpunkte einer Projektentwicklung, NJW 1981, 1184; Justizverwaltungen der Bundesländer, Die maschinelle Bearbeitung der Mahnverfahren; *Sujecki*, Das Online-Mahnverfahren in Deutschland, MMR 2006, 369; *Quarch/Hähnle*, Zurück in die Zukunft: Gedanken zur Automatisierung von Gerichtsverfahren, NJOZ 2020, 1281; *Voß*, Verbraucherfreundlich, verfahrensökonomisch, verfassungskonform? VuR 2021, 243.

A. Einleitung

Das in §§ 688ff. ZPO geregelte Mahnverfahren ist ein nicht streitiges Gerichtsverfahren zur vereinfachten Erlangung eines Vollstreckungstitels.[1] Aufgrund drohenden Effizienzverlustes wurden bereits 1974 Überlegungen zu dessen Automatisierung angestellt.[2] Zwei Jahre später schuf der Gesetzgeber dafür die gesetzliche Grundlage.[3] Ab 1982 wurden in Stuttgart daraufhin die ersten Mahnverfahren maschinell bearbeitet.[4] Diese Automatisierung hat das Mahnverfahren derart revolutioniert, dass damals sogar Unternehmen an Standorten ohne maschinelle Bearbeitung ihren Sitz an solche mit maschineller Bearbeitung verlegt haben.[5] Seitdem hat sich das **automatisierte gerichtliche Mahnverfahren (AGM)** zu einem anerkannten und bewährten Verfahren entwickelt.[6] 1

Während früher Magnetbänder und Disketten eingereicht wurden (sog. Datenträgeraustausch),[7] werden heute etwa 85 % der Verfahren im **elektronischen Datenaustausch (EDA)** geführt.[8] Hingegen ist die grundlegende Struktur des Informationssystems gleichgeblieben. Antragstellende generieren Strukturdatensätze, die anschließend an das zuständige Mahngericht übermittelt und dort zu einem Output verarbeitet werden. 2

Professionelle Antragstellende profitieren von der Interoperabilität des EDA mit externen Softwarelösungen.[9] Sie übermitteln oft mehrere Tausend Datensätze auf einmal.[10] Hingegen ist das Mahnverfahren dort, wo Beteiligte mit geringem bis mittlerem Mahnaufkommen aktiv sind, vor allem im Hinblick auf Zugang und Übermittlung teils 3

1 *Ruess*, NJW 2006, 1915 (1916).
2 *Sujecki*, MMR 2006, 369 (369).
3 Gesetz zur Vereinfachung und Beschleunigung gerichtlicher Verfahren vom 3. Dezember 1976 (BGBl I, S. 3281).
4 *Sujecki*, MMR 2006, 369; *Mayer*, NJW 1983, 92.
5 Koordinierungsstelle für das Automatisierte Mahnverfahren, persönliche Kommunikation, 19.10.2021.
6 Justizverwaltungen der Bundesländer, Die maschinelle Bearbeitung der Mahnverfahren, Stand: Februar 2021, S. 6, https://www.mahngerichte.de/wp-content/uploads/Infobroschuere_2021.pdf.
7 *Sujecki*, MMR 2006, 369; *Mayer*, NJW 1983, 92 (93).
8 Koordinierungsstelle für das Automatisierte Mahnverfahren, persönliche Kommunikation, 8.3.2021.
9 Eine Liste der Softwareanbieter findet sich unter: https://www.mahngerichte.de/verzeichnisse/softwarehersteller/.
10 Koordinierungsstelle für das Automatisierte Mahnverfahren, persönliche Kommunikation, 19.10.2021.

verbesserungsbedürftig (Rn. 15ff.). Deshalb hat die **Arbeitsgruppe „Modernisierung des Zivilprozesses"** die Einführung eines vollständigen **Online-Mahnverfahrens** angeregt.[11] Dieses soll gemeinsam mit Online-Rechtsantragsstellen[12] und einem beschleunigten Online-Verfahren in einem speziell auf Bürger zugeschnittenen Justizportal gebündelt werden.[13] Ziel dieser Vorschläge ist, Bürgerinnen und Bürgern einen verbesserten Zugang zur Justiz zu gewähren.[14]

4 Trotz einiger Herausforderungen ist das elektronische Mahnverfahren bis dato ein Vorreiter in der Digitalisierung der Justiz. Insbesondere deshalb, weil die EDV nicht nur formelle Fehler erkennt, sondern auch materiell unberechtigte Forderungen aussortieren kann. Diese Fähigkeit, materielles Recht mittels Software zu prüfen ist ein entscheidender Gamechanger in der Digitalisierung der Rechtsfindung. Der Beitrag erörtert den Stand der Digitalisierung des derzeitigen Verfahrens, diskutiert den Vorschlag der **Arbeitsgruppe „Modernisierung des Zivilprozesses"** und stellt weiterführende Überlegungen zur Modernisierung des Mahnverfahrens an.

B. Stand der Digitalisierung im Mahnverfahren

5 Um den **Stand der Digitalisierung** darzustellen, ist die Betrachtung des Prozesses aus Informationsperspektive notwendig. Der Weg der Information vom Initiierenden bis zur Adressat:in der Output-Information ist in vier Phasen aufgeteilt: Zunächst wird die Information erstellt (I) und an das Mahngericht übermittelt (II). Dort wird sie zu einem Output verarbeitet (III). Dieser wird dann wiederum an den richtigen Adressaten übermittelt (IV). Im Folgenden soll vertieft auf vier Phasen der Information eingegangen und jeweils deren Probleme, sowie etwaiger Handlungsbedarf erörtert werden.

I. Informationserstellung

6 Zur Informationserstellung kommen vier verschiedene Verfahren zum Einsatz: **Online-Mahnantrag** und **Mahnsoftware,** mit denen jeweils maschinell lesbare Strukturdatensätze generiert werden, sowie Formulare und Schriftsätze.

---

11 AG Modernisierung des Zivilprozesses, Diskussionspapier, 2021, justiz.bayern.de/media/images/behoerden-und-gerichte/oberlandesgerichte/nuernberg/diskussionspapier_ag_modernisierung.pdf; § 29 Rn. 17 (*Waltl/Wagner/Jacob/Schindler*).

12 Eingehend zu digitalen Rechtsantragstellen: s. § 12 (*Dörr*).

13 AG Modernisierung des Zivilprozesses, Diskussionspapier, S. 10.

14 AG Modernisierung des Zivilprozesses, Diskussionspapier, S. 9, 10.

1. Der Strukturdatensatz

Das Herzstück der Informationserstellung ist der maschinell lesbare **Strukturdatensatz i.S.d. § 702 II ZPO.** Dieser gibt die Informationen des Erklärenden als EDA-Datei wieder.[15] So wird bspw. aus der Information, dass ein Antragstellender EUR 345.000,45 wegen rückständiger Pacht vom 1.1.2022 bis 21.1.2022 geltend macht und den Antragsgegner per Mahnung zur Zahlung aufgefordert hat: 01ASPK 0023 Mahnung 220101 220121 0034500045.[16] 01 bedeutet Datensatzart 01, für Mahnantrag, ASPK steht für katalogischer Anspruch, 00 bedeutet „keine Folgesätze“ und 23 ist die Katalognummer für Ansprüche aus Pacht.[17] Die erste Zahlenkombination nach „Mahnung“ steht für den 1.1.2022, die zweite für den 21.1.2022 und die dritte für den Betrag, EUR 345.000,45.[18] 7

Da ein Computer mit „ASPK“ nichts anfangen kann, sondern nur mit „Strom an“ und „Strom aus“, also „0“ und „1“, müssen diese verschiedenen Zeichen auf bestimmte Weise codiert sein. Dafür wird im Mahnverfahren der Zeichensatz **ASCII** (7 Bit/CP-850) verwendet.[19] Für Sonderzeichen sind eigene Hexadezimalwerte hinterlegt, bspw. X ‚F5‘ für „§“.[20] 8

Die Datensätze bestehen aus drei Abschnitten.[21] Der erste Teil ist der **Dateivorsatz** (AA).[22] Dieser beinhaltet etwa Kennziffer des EDA-Teilnehmers, Erstellungsdatum und die Art der Datensätze, bspw. „01“ für Mahnantrag.[23] Dann folgt der **Datenbereich,** in dem die eigentlichen Anträge in jeweils mehreren Teilsätzen enthalten sind.[24] Insgesamt kann ein Strukturdatensatz aus bis zu 81.000 solcher Teilsätze à 128 Stellen (Übertragungslimit von 10 MB) bestehen, wobei ein einzelner Mahnantrag etwa 12-15 Teilsätze benötigt.[25] Darauf folgt der **Dateinachsatz** (BB), der ebenso wie der Dateivorsatz Kennziffer und Datum enthält, aber insbesondere beim Mahnantrag auch die Anzahl der Mahnanträge und die Anzahl der Einzeldatensätze.[26] Eine solche Datei, die aus einem Dateivorsatz, einem Datenbestand gleicher Satzart und einem Dateinachsatz besteht, wird als **logische Datei** bezeichnet.[27] Diese ist zu unterscheiden von der physischen Datei, die aus einer oder mehreren logischen Dateien besteht. Unter einer physi- 9

15 EDA Konditionen, Format 4.X, S. 8, https://www.mahngerichte.de/wp-content/uploads/EDA-Konditionen.pdf.

16 Satzbeschreibung MBA, Format 4.0 – Version 00 (4.0.00), S. 20, https://www.mahngerichte.de/wp-content/uploads/EDA-SB_01_4000_MBA-1.pdf.

17 Satzbeschreibung MBA, S. 20; vgl Online-Mahnantrag.

18 Vgl. Satzbeschreibung MBA, S. 20.

19 EDA Konditionen, S. 5.

20 EDA Konditionen, S. 12.

21 EDA Konditionen, S. 12.

22 EDA Konditionen, S. 9.

23 Vgl. Satzbeschreibung MBA, S. 5.

24 Vgl. Satzbeschreibungen, https://www.mahngerichte.de/publikationen/eda-konditionen/.

25 EDA Konditionen, S. 5.

26 Vgl. Satzbeschreibung MBA, S. 30.

27 EDA Konditionen, S. 12.

schen Datei versteht man den Gesamtdatenbestand einer Übertragungsdatei, die aus bis zu 220 logischen Dateien bestehen kann.[28]

2. Erstellung der Strukturdatensätze

10 Diese Strukturdatensätze werden mittels externer Software wie der kostenlosen Webanwendung **Online-Mahnantrag** oder spezieller **Mahnsoftware** generiert.[29] Mit dem Online-Mahnantrag können Haupt-, Neuzustellungsanträge und Widersprüche erstellt werden.[30] Darüber hinaus sind auch für **Rücknahme-**, Erledigterklärungen (Satzart 25), **Monierungsantworten** (Satzart 20) und **Anträge auf Kosteneinzug/Abgabe** (Satzart 29) Strukturdatensätze definiert.[31] Diese sind jedoch nicht im Online-Mahnantrag verfügbar.[32] Die Datensätze können entweder als solche übermittelt oder als Barcode ausgedruckt werden.[33]

3. Nutzungszwang für Rechtsdienstleistende

11 Für die Anwaltschaft und Inkassodienstleistende gilt **Nutzungszwang.** Sie dürfen Haupt- und Neuzustellungsanträge sowie Widersprüche gem. §§ 702 II 2, 692 I Nr. 5, 703c I Nr. 1, II ZPO, § 1 I, Anlage MaschMahnVordrV[34] nur noch in maschinell lesbarer Form einreichen.[35] Seit 1.1.2022 ist zudem die Nutzung des eRV gem. § 130d S. 1 ZPO obligatorisch.[36] Daher muss die Anwaltschaft neben der etablierten Pflicht zur Einreichung maschinell lesbarer Anträge beachten, dass die **Übermittlung postalischer Barcodes** nur noch im Ausnahmefall (§ 130d S. 2 ZPO) zulässig ist.[37] Eine Ausnahme von der Pflicht zur Datensatzeinreichung besteht gem. § 703c I 2 Nr. 3, Nr. 4 ZPO i.V.m. § 1 II MaschMahnVordrV, wenn der Mahnbescheid ins Ausland oder nach Art. 32 des Zusatzabkommens zum NATO-Truppenstatut[38] zuzustellen ist. Die Ausnahme besteht aber nicht für die Pflicht zur elektronischen Übermittlung gem. § 130d S. 1 ZPO. Hier gilt lediglich

28 EDA Konditionen, S. 12.
29 Justizverwaltungen der Bundesländer, Die maschinelle Bearbeitung der Mahnverfahren, S. 8f.
30 Vgl. Online-Mahnantrag; Anlage MaschMahnVordrV.
31 Vgl. EDA Konditionen; Satzbeschreibungen.
32 Vgl. Online-Mahnantrag.
33 Vgl. Online-Mahnantrag.
34 Vordruckverordnung vom 6. Juni 1978 (BGBl. I S. 705), zuletzt geändert durch Artikel 7 des Gesetzes vom 27. Juli 2001 (BGBl. I S. 1887).
35 Darauf wird auch in den Formularvordrucken ausdrücklich hingewiesen, vgl. Justizverwaltungen der Bundesländer, Die maschinelle Bearbeitung der Mahnverfahren, S. 20, 37, 41, 45, 51.
36 *Biallaß*, NJW 2020, 2941.
37 Vgl. Online Mahnantrag; zu § 130d S. 2 ZPO: § 14 Rn. 5 (*Herberger*).
38 Zusatzabkommen zum NATO-Truppenstatut vom 3. August 1959 (BGBl. 1961 II S. 1183, 1218).

§ 130d S. 2 ZPO.[39] Die Anwaltschaft ist daher zur Informationserstellung im Regelfall auf nicht als Barcode gedruckte Strukturdatensätze beschränkt.[40]

4. Formulare und Schriftsätze

Die **Formularvordrucke** für Haupt-, Neuzustellungsanträge und Widersprüche gem. Anlage MaschMahnVordrV werden bundesweit immer seltener verwendet.[41] Hier besteht gem. § 703c I Nr. 1, II ZPO, § 1 I, Anlage MaschMahnVordrV Nutzungszwang für alle. Eine Ausnahme gilt beim **Widerspruch**[42] und in Fällen des § 1 II MaschMahnVordrV. 12

Keine Datensatzbeschreibung i.S.d. **EDA Konditionen** besteht hingegen für die Erklärung zu den persönlichen und wirtschaftlichen Verhältnissen. Diese ist auf dem nach der PKHFV[43] eingeführten Formular zu erstellen.[44] 13

Schriftsätze können verwendet werden, wo kein Nutzungszwang herrscht, und müssen verwendet werden, wenn keine Datensatzbeschreibungen oder Formulare etabliert sind. Dazu zählen sonstige Erklärungen, etwa über Tod, Insolvenz oder Parteiwechsel und Rechtsbehelfe, insbesondere der **Einspruch**, Anträge auf Einstellung der Zwangsvollstreckung und Wiedereinsetzung.[45] 14

5. Probleme der Informationserstellung

Der Verfahrensschritt Informationserstellung ist mit einigen Problemen behaftet. Schon das Auffinden des Online-Mahnantrags bereitet erstmaligen Anwender:innen Herausforderungen. Insbesondere für vulnerable Gruppen, etwa nicht Muttersprachler:innen erscheint ein Auffinden des Online-Mahnantrag ohne Vorkenntnisse nahezu unmöglich. Der Online Mahnantrag selbst ist zwar für versierte Anwender:innen leicht zu bedienen, dennoch muss man konstatieren, dass das Ende der Fahnenstange mit Hinblick auf **Legal Design**[46] noch nicht erreicht ist (Rn. 17). So ist das Verfahren etwa auch nur in deutscher Sprache verfügbar. Ein Ausfüllen des Formulars auf Englisch ist nicht vorgesehen. Zudem kommt es aufgrund der Systemgrenze zwischen Informationserstellung und Datenverarbeitung teils zu fehlerhaften Anträgen und Erklärungen. Auch hinsichtlich der Anzahl an Anträgen und Erklärungen, die als Strukturdatensatz definiert und verfügbar sind, ist das Potenzial noch nicht vollständig ausgeschöpft. 15

39 Zu § 130d S. 2 ZPO: § 14 Rn. 5 (*Herberger*).

40 Zu Nutzungspflichten im eRV: § 14 Rn. 3, 5 (*Herberger*).

41 2019 gingen nur noch 1,21% der Mahnanträge als Beleg ein, Koordinierungsstelle für das Automatisierte Mahnverfahren, persönliche Kommunikation, 8.3.2021.

42 MünchKomm-ZPO/*Schüler*, 6. Aufl. 2020, § 692 Rn. 10.

43 Prozesskostenhilfeformularverordnung vom 6. Januar 2014 (BGBl. I S. 34).

44 *Biallaß*, NJW 2020, 2941.

45 Koordinierungsstelle für das Automatisierte Mahnverfahren, persönliche Kommunikation, 8.3.2021.

46 Das bedeutet die Schaffung eines nutzerfreundlichen Anwendungsdesigns, s. § 28 Rn. 11ff. (*Andert*).

a) Auffinden des Online-Mahnantrag

16 Das erste Problem tritt beim Auffinden der Webanwendung **Online-Mahnantrag** auf, denn private Inkassodienstleistende greifen durch bessere Suchmaschinenplatzierung und ähnliche Namensgebung potenzielle Nutzer des Online-Mahnantrags ab. Das ist den Mahngerichten, die den Rechtssuchenden die kostenlose Webanwendung zur Verfügung stellen, ein Dorn im Auge.[47] Deswegen haben sie mit dem Kauf einschlägiger Domains gegengesteuert, womit das Problem aber nicht beseitigt wurde. Dieses Problem betrifft vor allem Rechtssuchende, die erstmals ein Mahnverfahren durchführen möchten, denen aber der Online-Mahnantrag so nicht bekannt ist.

b) Lack of Legal Design

17 **Legal Design**,[48] das darauf abzielt, die Bedürfnisse Rechtssuchender in der Rolle als Nutzende eines Informationssystems in Form eines einfach und verständlich gestalteten Verfahrens in den Mittelpunkt zu stellen, wäre ein Paradigmenwechsel in der Justiz.[49] Der Online-Mahnantrag ist diesbezüglich ein Vorreiter. Dennoch fehlt die Möglichkeit, ein Konto zu erstellen, mit dem Benachrichtigungen empfangen, der Status des Verfahrens eingesehen, die Anzahl der laufenden Verfahren überblickt und einzelne Verfahren angewählt werden können. Zudem ist das Design des Online-Mahnantrags eher älteren Baujahres. Doch gerade ein ansprechendes Webdesign, bspw. mit eingebautem Erklärvideo, die Möglichkeit auf eine andere Sprache umzustellen und eine eigene App mit responsiver Ausrichtung auf mobile Endgeräte sind essenziell, um Bürger:innen anzusprechen. Die „Aufmache" und die Breite des Angebots sind von entscheidender Bedeutung. Hier zeigt sich deutlich, dass Legal Design eine wesentliche Zukunftsaufgabe der Justiz ist.[50] Diese Problematik wird sich in Zukunft aber dadurch entschärfen, indem die Kopplung der Bürgerportale der Länder mit der allgemeinen Kommunikationsstruktur der Justiz (Bsp.: OZG-Konto) umgesetzt wird.[51]

c) Fehlerhafte Anträge

18 Bei der Eingabe der Daten im Online-Mahnantrag findet zwar eine **Plausibilitätskontrolle** statt, sodass formal fehlerhafte Anträge weitgehend ausgeschlossen werden,[52]

47 Koordinierungsstelle für das Automatisierte Mahnverfahren, persönliche Kommunikation, 19.10.2021.
48 Dazu § 28 Rn. 11ff. (*Andert*).
49 *Andert/Dörr*, Der Zivilprozess der Zukunft, Legal Design Thinking für mehr Zugang zum Recht, Legal Tribune Online, 25.11.2020, www.lto.de/persistant/a_id/6746/; § 28 Rn. 10 (*Andert*).
50 § 28 (*Andert*).
51 Koordinierungsstelle für das Automatisierte Mahnverfahren, persönliche Kommunikation, 22.7.2022.
52 *Quarch/Hähnle*, NJOZ 2020, 1281 (1283); das betrifft in erster Linie formelle Gesichtspunkte, es werden aber auch grobe materielle Grenzen (etwa 99.999 € für Telefon oder Auskünfte) gezogen. Freilich fällt die Kontrolle bei Gericht wesentlich engmaschiger aus.

aber eben nur weitgehend. Tatsächlich ist es keine Kunst, die Mahngerichte mit fehlerhaften Anträgen zu beschäftigen. Wer den Antrag auf Erlass eines Vollstreckungsbescheides noch vor Zustellung des Mahnbescheides erstellt, wird daran vom Online-Mahnantrag nicht gehindert.[53] Das kann insbesondere dann vorkommen, wenn Rechtssuchende den Erlass mit der Zustellung des Mahnbescheides verwechseln und dementsprechend nach zwei Wochen ihren VB-Antrag stellen. Doch auch „Profis" können die Arbeitskapazitäten der Mahngerichte in Anspruch nehmen. So findet etwa hinsichtlich des Ablaufs von Signaturen eine automatisierte Prüfung statt, dennoch kommt es hier vor allem bei „Großmahnern" teils zu einer telefonischen Rückfrage anstatt einer Zurückweisung, wenn die Signatur abgelaufen ist.[54] Das ist zwar einerseits ein Gewinn an Nutzendenfreundlichkeit, andererseits aber auch „Effizienzbremse" aufseiten des Mahngerichts. Weitestgehend nicht ausgeschlossen ist auch die Eingabe überhöhter Nebenforderungen, auf die das Mahngericht zeitverzögert mit einer postalischen Monierung antworten wird.[55]

Die Ursache liegt in der Natur der Ausgestaltung des Informationssystems. Die Da- 19
tensätze werden auch beim Online-Mahnantrag losgelöst vom Informationsverarbeitungssystem des Mahngerichts generiert.[56] Ein Zugriff auf den Datenbestand der Mahngerichte findet nicht statt, hinsichtlich Geschäftsnummer und Kennziffer findet eine Prüfzifferkontrolle statt.[57] Der Online-Mahnantrag führt also, wie auch andere Mahnsoftware, eine **eigenständige Plausibilitätsprüfung** durch, die weniger engmaschig ist, als die Ausfilterung insbesondere materiell offensichtlich unberechtigter Forderungen durch die automatisierte Kontrolle bei Gericht.

d) Strukturdatensätze nicht überall definiert und verfügbar

Einige bestehenden Strukturdatensätze sind im **Online-Mahnantrag** nicht verfügbar. 20
Die Satzarten 25, 20 und 29 (Rücknahme/Erledigung, Monierungsantwort, Kosteneinzug/Abgabe) sind kommerziellen Softwarelösungen vorbehalten.[58] Hier könnte eine Integration in die Webanwendung Abhilfe schaffen. Zudem sind für eine Reihe weiterer Anträge und Erklärungen keine Strukturdatensätze definiert (siehe Rn. 14). Eine Erweiterung könnte insbesondere die Zuordnung zum jeweiligen Verfahren vereinfachen und gleichzeitig das Online-Angebot der Mahngerichte um weitere interaktive Formulare bereichern. Somit wäre etwa bei Insolvenz oder Tod im Mahnverfahren insbesondere für Laien leichter ersichtlich, was zu tun ist.

53 Vgl. Online-Mahnantrag.
54 Koordinierungsstelle für das Automatisierte Mahnverfahren, persönliche Kommunikation, 19.10.2021.
55 Justizverwaltungen der Bundesländer, die maschinelle Bearbeitung der Mahnverfahren, S. 26.
56 Koordinierungsstelle für das Automatisierte Mahnverfahren, persönliche Kommunikation, 19.10.2021.
57 Koordinierungsstelle für das Automatisierte Mahnverfahren, persönliche Kommunikation, 19.10.2021.
58 Vgl. Online-Mahnantrag.

II. Übermittlung

21 Zur **elektronischen Datenübermittlung** steht die EGVP-Infrastruktur offen.[59] Neben den sicheren Übermittlungswegen[60] ist die Verwendung anderer **OSCI-konformer Sendeeinrichtungen** möglich,[61] hier wird allerdings eine qualifizierte elektronische Signatur gefordert.[62] Zudem ist gem. § 702 II 3 ZPO zur einfachen Abwicklung die **Übermittlung mittels eID** eröffnet.[63] Hier wird der Antrag aus der Anwendung heraus als OSCI-Nachricht an das EGVP übermittelt. Dabei findet mittels der Zugriffsschicht Governikus Authent ID eine Verifizierung im Hintergrund über den Authentifizierungsdienst des Bundesinnenministeriums statt.[64] Gleiches gilt für die De-Mail,[65] auch sie landet über ein Gateway im EGVP des Gerichts.[66]

22 Beim Verfahrensschritt der Übermittlung an das Gericht stellt sich die Herausforderung, eine **niederschwellige Internetübermittlung** zu gewährleisten. Während Großkund:innen den EDA nutzen, drucken Bürgerinnen und Bürger Datensätze, die in Sekunden über das Internet übermittelt werden könnten, größtenteils aus und übermitteln sie per Post als Barcode.[67] Die Ursache liegt darin, dass die technischen Anforderungen für die eID, im Vergleich zu anderen für eIDAS-Vertrauensdienste etablierte Ident-Verfahren, als hoch einzustufen sind.[68] In der Zeit, die Rechtssuchende dafür benötigen, sich mit der Online-Funktion des Personalausweises vertraut zu machen, waren sie längst beim nächstgelegenen Briefkasten. Während Video- oder Foto-Ident-Verfahren vielen vertraut sind, ist die Online-Funktion des Personalausweises für die meisten Neuland.

III. Datenverarbeitung

23 Die eingehenden Informationen werden vom Mahngericht verarbeitet. Hier kommen zu den Eingängen der Parteien rücklaufende Postzustellungsurkunden hinzu (PZU-Rück-

59 Justizverwaltungen der Bundesländer, Die maschinelle Bearbeitung der Mahnverfahren, S. 11.

60 Dazu § 14 Rn. 15 ff. (*Herberger*).

61 *Brosch/Sandkühler*, NJW 2015, 2760 (2761); § 14 Rn. 18 (*Herberger*); § 29 Rn. 49 (*Waltl/Wagner/Jacob/Schindler*).

62 Justizverwaltungen der Bundesländer, Die maschinelle Bearbeitung der Mahnverfahren, S. 11; vgl. Online-Mahnantrag.

63 *Quarch/Hähnle*, NJOZ 2020, 1281 (1283).

64 Koordinierungsstelle für das Automatisierte Mahnverfahren, persönliche Kommunikation, 22.7.2022.

65 Zur De-Mail: § 14 Rn. 19 f. (*Herberger*).

66 *Müller*, Der ungeliebte „sichere Übermittlungsweg": Die De-Mail aus Sicht des Gerichts, 4.1.2018, eRV-Blog, https://ervjustiz.de/der-ungeliebte-sichere-uebermittlungsweg-die-de-mail-aus-sicht-des-gerichts#:~:text=De-Mail%20%E2%80%93%20Kommunikati-on%20durch%20die%20Justiz%3A%20Das%20De-Mail, EGVP-%C3%9Cbersendung%20an%20die%20EGVP-Postf%C3%A4cher%20der%20einzel-nen%20Gerichten%20weitergesendet.

67 AG Modernisierung des Zivilprozesses, Diskussionspapier, S. 9.

68 *Grabicki*, Elektronischer Identitätsnachweis für eIDAS-Vertrauensdienste: 3 Ident-Verfahren im Überblick, d.velop blog, 1.12.2020, https://www.d-velop.de/blog/compliance/elektronischer-identitaetsnachweis/.

lauf). Im Folgenden werden die Verarbeitung der unterschiedlichen Eingangsarten, Beendigungen und Ausnahmen aus der maschinellen Bearbeitung, der Umfang der elektronischen Datenprüfung und die in diesem Verfahrensschritt auftretenden Probleme beleuchtet.

1. Verarbeitung elektronischer, maschinell lesbarer Eingänge

Alle elektronisch eingereichten, maschinell lesbaren Anträge und Erklärungen, werden ohne menschliches Zutun in die Datenverarbeitung eingespeist.[69] Diese Eingangsart macht den größten Anteil der Eingänge aus, so gingen 2019 bundesweit 84,35 % der Mahnanträge **maschinell lesbar im EDA** ein.[70] Die EDV verarbeitet den Eingang dann, abgesehen von wenigen Ausnahmen (dazu gleich unter Rn. 29 ff.), vollständig automatisiert zum programmmäßigen Output. Das gilt auch für Zustellungsurkunden, die im elektronischen Postzustellungsauftrag (ePZA) eingehen. Diese werden ebenfalls vollautomatisiert erfasst und programmmäßig zur Zustellungs- bzw. Nichtzustellungsbenachrichtigung nach Satzart 05 verarbeitet.[71] 24

2. Verarbeitung nichtelektronischer Eingänge

Barcodes und Formulare werden eingelesen und so von der EDV erfasst. Darauf folgen die oben beschriebene maschinelle Bearbeitung und ggf. eine Aussteuerung oder Ausnahme aus der maschinellen Bearbeitung (dazu gleich unten unter Rn. 29 ff.). Der Unterschied zwischen beiden Eingangsarten ist, dass Formulare keine Strukturdatensätze im Sinne der **EDA Konditionen** enthalten. Sie müssen zudem händisch eingegeben werden, wenn der Lesevorgang nicht erfolgreich abläuft. Formulare sind daher im Gegensatz zum Barcode ausdrücklich nicht unter die Kategorie **„maschinell lesbar“ i.S.d. § 702 II ZPO** zu subsumieren.[72] 25

Der **Barcode** macht den zweitgrößten Anteil der Eingänge aus, so gingen 2019 bundesweit 14,44 % der Mahnanträge als Barcodeantrag ein.[73] Die Antragstellung auf Formular fristet nur noch ein Nischendasein, lediglich 1,21 % der Mahnanträge gingen 2019 noch als Beleg ein.[74] 26

Da einige Gerichte noch nicht auf ePZA[75] umgestellt haben, müssen teils noch **Zustellungsurkunden** wie beim Formulareingang eingelesen und ggf. händisch einge- 27

69 Koordinierungsstelle für das Automatisierte Mahnverfahren, persönliche Kommunikation, 8.3.2021.
70 Koordinierungsstelle für das Automatisierte Mahnverfahren, persönliche Kommunikation, 8.3.2021.
71 Koordinierungsstelle für das Automatisierte Mahnverfahren, persönliche Kommunikation, 8.3.2021.
72 Koordinierungsstelle für das Automatisierte Mahnverfahren, persönliche Kommunikation, 19.10.2021; Justizverwaltungen der Bundesländer, Die maschinelle Bearbeitung der Mahnverfahren, S. 9.
73 Koordinierungsstelle für das Automatisierte Mahnverfahren, persönliche Kommunikation, 8.3.2021.
74 Koordinierungsstelle für das Automatisierte Mahnverfahren, persönliche Kommunikation, 8.3.2021.
75 Elektronischer Postzustellungsauftrag.

geben werden, um zur Zustellungs- oder Nichtzustellungsbenachrichtigung verarbeitet werden zu können.[76]

3. Verarbeitung unstrukturierter Eingänge

28 **Unstrukturierte Eingänge (Schriftsätze)** werden manuell bearbeitet und der Datenverarbeitung zugeführt, soweit sich der Eingang dazu eignet.[77]

4. Ausnahme und Aussteuerung aus der maschinellen Bearbeitung

29 Nach der elektronischen Erfassung des Datensatzes kommt es in bestimmten Fällen zu einem **Ende der maschinellen Bearbeitung**. Dort ist zu unterscheiden zwischen Nicht-EDV-Fällen, für die **N-Aktenzeichen** angelegt werden, und Fällen, die von der maschinellen Bearbeitung ausgenommen sind, aber das herkömmliche **B-Aktenzeichen** erhalten.[78]

30 Fälle mit **N-Aktenzeichen** unterscheiden sich im Verfahrensablauf nicht von herkömmlichen Fällen.[79] Der Unterschied besteht darin, dass auf herkömmliche Weise Akten angelegt werden, weil der Fall aus technischen oder konzeptionellen Gründen aus der maschinellen Bearbeitung ausgesteuert wurde.[80] Zu einer **Aussteuerung** aus technischen Gründen kommt es etwa, wenn die Informationsgrenzen des Format 4.X überschritten werden.[81] Die Informationsgrenzen werden bspw. dann überschritten, wenn mehr als 6 Antragsteller enthalten sind.[82] Eine Aussteuerung aus anderen Gründen erfolgt zur Verfahrenskontrolle durch eine Entscheidung des Gerichts.[83]

31 Verfahren mit **Auslandszustellung** und Antragsgegnern, die dem NATO-Truppenstatut unterliegen, werden **nicht maschinell bearbeitet**, bekommen aber in der Regel das herkömmliche **B-Aktenzeichen**.[84] In diesen Fällen bleibt es ausnahmsweise bei der Vorschusspflicht des § 12 III GKG.[85] Gegebenenfalls sind Übersetzungen mit entsprechenden Auslagen notwendig.[86]

---

76 Koordinierungsstelle für das Automatisierte Mahnverfahren, persönliche Kommunikation, 8.3.2021.
77 Koordinierungsstelle für das Automatisierte Mahnverfahren, persönliche Kommunikation, 8.3.2021.
78 Justizverwaltungen der Bundesländer, Die maschinelle Bearbeitung der Mahnverfahren, S. 16, 58.
79 Justizverwaltungen der Bundesländer, Die maschinelle Bearbeitung der Mahnverfahren, S. 58.
80 Justizverwaltungen der Bundesländer, Die maschinelle Bearbeitung der Mahnverfahren, S. 58; EDA Konditionen, S. 7.
81 EDA Konditionen, S. 7.
82 EDA Konditionen, S. 7.
83 EDA Konditionen, S. 7.
84 Justizverwaltungen der Bundesländer, Die maschinelle Bearbeitung der Mahnverfahren, S. 15f.
85 Justizverwaltungen der Bundesländer, Die maschinelle Bearbeitung der Mahnverfahren, S. 16.
86 Vgl. Online-Mahnantrag.

5. Umfang der Datenprüfung

Die Mahngerichte erlassen keine ungeprüften Mahnbescheide. Die EDV nimmt nicht nur eine Formal-, sondern auch eine **Sachprüfung** vor, die schon bei Einführung des Mahnverfahrens die vorher stattfindende „**Schlüssigkeitsprüfung**" bei weitem übertraf.[87] Seit Jahrzehnten führt die EDV eine **Plausibilitätskontrolle** durch, damit offensichtlich unberechtigte Forderungen nicht durchgesetzt werden können.[88] Selbst wenn Forderungen als nicht unter eine Katalognummer fallend aufgestellt werden,[89] kann die EDV unberechtigte Forderungen herausfiltern.[90] Die konkreten (materiellen) Beanstandungsmodalitäten sind zur Missbrauchsvorbeugung allerdings nicht für die Öffentlichkeit bestimmt.[91] Für Nebenforderungen gibt es Beanstandungsgrenzen, die ebenso zur Missbrauchsverhütung nicht für die Öffentlichkeit bestimmt sind.[92] 32

6. Probleme der Datenverarbeitung

a) Schlüssigkeitsprüfung – da geht noch mehr

Die fehlende **Schlüssigkeitsprüfung** wird teils scharf kritisiert. So sei „eine Richtigkeitsgarantie entfallen […] die für die Ausstattung eines Titels mit uneingeschränkter Rechtskraft konstitutiv ist."[93] Bei diesem Thema zeigt sich der in Verfahren mit beschränktem materiell-rechtlichem Prüfprogramm bestehende Konflikt zwischen dem Bedürfnis der Volkswirtschaft nach einem vereinfachten Verfahren zur Titelerlangung und dem Schutz der Bürger:in, die sich in der abstrakten Gefahr befindet, dass gegen sie unberechtigte Forderungen tituliert werden – ohne Höhenbegrenzung, rechtlichen Beistand, durch bloßes Nichtstun und mit dem Prädikat der **Rechtskraft (§ 700 I ZPO)**.[94] Das Mahnverfahren setzt sich damit in einen Widerspruch zu Säumnis und Anerkenntnis.[95] Dieser Konflikt hat in erster Linie gesetzgeberische Ursachen, denn dieser gibt den Prüfungsumfang im Mahnverfahren an. Technisch gesehen ist eine wesentlich weitreichendere Prüfung als gesetzlich vorgesehen möglich.[96] 33

Zwar war die Situation vor der Automation in der Tat schlechter als heute (siehe Rn. 32). Das zeigt aber umso mehr, welches umfangreiche Verbesserungspotenzial die Digitalisierung bietet. Messlatte des Mahnverfahrens ist nicht die Situation in den 70er 34

87 *Keller*, NJW 1981, 1184 (1187).
88 *Sujecki*, MMR 2006, 369 (371).
89 Vgl. Satzbeschreibung MBA, S. 22.
90 Koordinierungsstelle für das Automatisierte Mahnverfahren, persönliche Kommunikation, 19.10.2021.
91 Koordinierungsstelle für das Automatisierte Mahnverfahren, persönlich Kommunikation, 19.10.2021.
92 Koordinierungsstelle für das Automatisierte Mahnverfahren, persönliche Mitteilung, 19.10.2021.
93 MünchKomm-ZPO/*Braun*/*Heiß*, Vorbemerkungen zu § 578 Rn. 30.
94 BGH NJW 1987, 3256 (3257); BayVerfGH NJOZ 2011, 1422 (1422); aA. OLG Köln NJW 1986, 1350 (1351).
95 MünchKomm-ZPO/*Braun*/*Heiß*, Vorbemerkungen zu § 578 Rn. 30.
96 Das zeigt schon die gängige Praxis der auf das Rechtsstaatsprinzip gestützten materiell-rechtlichen Prüfung, die durch das Gesetz (fehlende konkrete Rechtsgrundlage) restriktiv eingebremst wird.

Jahren oder der heutige allgemeine Zivilprozess, sondern die internationale Champions League. Man denke hier etwa an Dänemark mit seiner Prozessplattform mintressag.dk.

35 Die Mahngerichte haben bisher einen gesetzlich vorgegebenen **Informationsumfang im Mahnantrag** und schaffen es trotz dieses geringen Informationsumfangs, eine Sachprüfung vorzunehmen (siehe dazu Rn. 32). Man stelle sich vor, was möglich wäre, wenn die Datenverarbeitung nicht nur die Information 01AUSL 00 00000450HR-Auskunft (EUR 4,50 für eine Handelsregisterauskunft) erhält, sondern der Strukturdatensatz zudem die Information, dass ein entsprechender Beleg als Anlage beigefügt ist. Heute ist völlig unklar, ob die Auslage tatsächlich angefallen ist. Das sähe mit einem der Information zugeordneten Dokument anders aus. Mit diesem erweiterten Informationsumfang könnte man nicht nur an einen automatisierten Abgleich denken, einfacher wäre bspw. die Anlagen auf einer Plattform hochzuladen, wo der Antragsgegner sie abrufen und einsehen kann. Das würde zwar Mehraufwand für Antragstellende bedeuten und eine längere Vorlaufzeit zur Anpassung externer Softwarelösungen erfordern, ist aber einem Antragstellenden, der immerhin einen rechtskräftigen Vollstreckungstitel erwirken will, zuzumuten.

b) Aussteuerung und Ausnahme

36 Die **Aussteuerung aus technischen Gründen** ist ein „Schönheitsfehler" der Datenverarbeitung, an dem aber ständig gearbeitet wird.[97] Bei **Auslandsmahnverfahren** könnte langfristig eine vollmaschinelle Bearbeitung ebenfalls mehr Effizienz schaffen. Sind es doch gerade Aussteuerungen, Auslandsmahnverfahren etc. die die Arbeitskapazitäten der Mahngerichte in Anspruch nehmen, während das automatisiert abgewickelte Mahnverfahren keinen menschlichen Ressourceneinsatz fordert.

c) Manuelle Bearbeitung unstrukturierter Eingänge

37 Gleiches gilt für die Bearbeitung unstrukturierter Eingänge. Hier könnte eine **Vorstrukturierung,** angefangen von einer automatisierten Zuordnung zur Sachbearbeiter:in bis hin zur Vorbereitung der Sachentscheidung ebenso mehr Effizienz schaffen und so auf lange Sicht die automatisierte Bearbeitung sonstiger Eingänge vorbereitet werden.

IV. Ausgang

38 Der letzte Prozessschritt ist der Ausgang des Mahngerichts. Die Benachrichtigung des Antragstellenden erfolgt auf dem Weg, über den die Daten bei Gericht eingegangen sind.[98] Gesteuert über den **Ausbaugrad**, den der Antragstellende im Kennzifferantrag

97 Koordinierungsstelle für das Automatisierte Mahnverfahren, persönliche Kommunikation, 8.3.2021.
98 Koordinierungsstelle für das Automatisierte Mahnverfahren, persönliche Kommunikation, 22.7.2022.

angibt, versendet das Gericht Benachrichtigungen in nur maschinell lesbarer Form (EDA-Format).[99] Die Zustellung an Antragsgegner erfolgt hingegen auf dem Postweg. Probleme bestehen sowohl im Bereich der elektronischen Benachrichtigung des Antragstellenden als auch in der Postzustellung an Schuldner. So können Antragstellende nur nach Stellung eines postalischen Kennzifferantrags mithilfe der dadurch erhaltenen EDA-Registrierung Benachrichtigungen des Mahngerichts, etwa Kosten- und Erlassnachrichten oder die Abgabenachricht elektronisch erhalten. Ein Online-Portal mit Postfach zum Einsehen der Benachrichtigungen besteht nicht (siehe Rn. 17).

Große Probleme treten durch die Postzustellung auf. Antragstellende werden mit **Nichtzustellungsnachrichten** konfrontiert, weil Briefkästen länger nicht geleert wurden oder Firmen „erloschen“ sind, obwohl kurz zuvor entsprechende Auskünfte eingeholt wurden. Die Gründe dafür liegen in der Natur der Postzustellung und im Zustellungsrecht. So garantieren weder behördliche Meldungen noch Handelsregisterauskünfte, dass an eine Adresse bei Nichtantreffen gem. §§ 178-181 ZPO ersatzzugestellt werden kann.[100] Selbst der fahrlässig verursachte Rechtsschein einer Wohnung oder eines Geschäftsraumes genügt nach einem Urteil des BGH[101] nicht für eine Ersatzzustellung nach § 180 ZPO. Eine andere Beurteilung sei nur bei Vorsatz angezeigt.[102] Auf der anderen Seite ist das Zustellungsrecht Ursache für Fehlzustellungen. So reicht der Briefschlitz im Mehrparteienhaus für die Zustellung nach § 180 S. 1 ZPO aus,[103] nicht aber die Zeitungsbox für die Zustellung gem. § 181 I 3 ZPO.[104] 39

Anders sieht die Situation in Österreich aus. Während die Teilnahme an der elektronischen Zustellung in Deutschland für Unternehmen freiwillig ist (§ 173 IV ZPO), sind diese dort seit 1.1.2021 gem. § 1b I EGovG[105] zur **Teilnahme an der elektronischen Zustellung** verpflichtet. Ausnahmen gibt es nur in Härtefällen (§ 1b II EGovG) und bei fehlender Umsatzsteuervoranmeldepflicht (§ 1b IV EGovG). Die Zustellung erfolgt über ein Unternehmensportal, das USP.[106] 40

Was beim Thema Zustellung mehr in den Fokus gestellt werden muss ist, dass Mahnbescheide oft nicht mit „offenen Armen“ empfangen werden. Es gibt zahlreiche Schuldner:innen, die erfolgreich die **Zustellung von Mahnbescheiden** durch Abmon- 41

99 Vgl. Kennzifferantrag, S. 2 und Hinweise zu Nr. 3, https://www.mahngerichte.de/wp-content/uploads/ASTKezi-SA.pdf; Koordinierungsstelle für das Automatisierte Mahnverfahren, persönliche Kommunikation, 22.7.2022.

100 BGH NJW 2011, 2440 (2441); BGH NJW-RR 2010, 489 (490), OLG Dresden BeckRS 2016, 16379 Rn. 24.

101 BGH NJW 2011, 2440 (2441); aA. Vorinstanz OLG Frankfurt a.M. BeckRS 2010, 5421.

102 BGH NJW 2011, 2440 (2441); BVerfG NJW-RR 2010, 421 (422); OLG Dresden BeckRS 2016, 16379 Rn. 27; OLG Hamm NStZ 2015, 525.

103 BGH NJW 2011, 2440 (2442).

104 BGH NJW 2013, 3310 (3311).

105 Bundesgesetz über Regelungen zur Erleichterung des elektronischen Verkehrs mit öffentlichen Stellen (E-Government-Gesetz – E-GovG) StF: BGBl. I Nr. 10/2004 (NR: GP XXII RV 252 AB 382 S. 46. BR: 6959 AB 6961 S. 705).

106 Unternehmensportal USP (www.usp.gv.at).

tieren des Briefkastens in der Hoffnung verhindern, dass Gläubiger:innen aus **rationalem Desinteresse** von weiteren rechtlichen Schritten absehen. Gerade bei vielen kleineren Forderungen, mit Antragstellenden, die idealerweise maximal weit vom Gerichtsstand entfernt sind, ein erfolgversprechendes Vorgehen. Gerade die Zustellung an solche Personen ist aber zur effektiven Rechtsverwirklichung essenziell. Die in Österreich vorgenommene Kappungsgrenze der Steuervoranmeldung ist als Vorbild zu betrachten. Denn auch hierzulande sind Unternehmen bereits seit 2005 zur eUStVA[107] verpflichtet.[108] Die Verfassungsmäßigkeit dieser Pflicht hat der BFH 2012 bestätigt.[109] Warum gibt es keine passive Zustellungsteilnahmepflicht für Personen, die bereits der aktiven Pflicht zur elektronischen Umsatzsteuervoranmeldung unterliegen? Das Argument des Schutzes nicht digitalaffiner Rechtsunterworfener greift hier gerade nicht durch. Würden hier Verbesserungen geschaffen, könnten Bürger:innen nach der Absendung des Mahnantrags kurz darauf die Benachrichtigung über die Zustellung erhalten – ohne nach fehlgeschlagenen Neuzustellungsanträgen frustriert aufzugeben. Das würde zwar die Schaffung einer entsprechenden Postfachinfrastruktur erfordern, dieser Aufwand macht sich aber schon hinsichtlich der dadurch für immer wegfallenden Druckkosten bezahlt und erst recht über eine bessere Rechtsverwirklichung.

V. Fazit

42 Das Mahnverfahren wird dank maschinell bearbeitbarer Strukturdatensätze weitgehend automatisiert abgewickelt. Dennoch besteht Verbesserungsbedarf: Der **Bürgerzugang** über das Internet hat noch mehr Potenzial. Angefangen von der Auffindbarkeit, über das Design und den Funktionsumfang des Online-Mahnantrags bis hin zum Fehlen besonders niederschwelliger **Authentifikationsverfahren**. Zudem ist es nicht schwer, fehlerhafte Anträge zu produzieren. Außerdem könnte ein Mehr an Informationsumfang im Mahnantrag eine noch weitreichendere **Plausibilitätskontrolle** ermöglichen. Überdies besteht Handlungsbedarf im Hinblick auf die **elektronische Zustellung** an Unternehmen über einer bestimmten Umsatzgrenze und im Hinblick auf eine vereinfachte elektronische Benachrichtigung von Antragstellenden.

C. Vorschlag der AG Modernisierung

43 Die Arbeitsgruppe der Präsidentinnen und Präsidenten der Oberlandesgerichte, des Kammergerichts, des Bayerischen Obersten Landesgerichts und des BGH zur Moderni-

107 Elektronische Umsatzsteuervoranmeldung.

108 Bunjes/*Heidner*, Umsatzsteuergesetz, 20. Aufl. 2021, § 18 Rn. 2.

109 BFH DStR 2012, 748.

sierung des Zivilprozesses hat die Einführung eines echten **Online-Mahnverfahrens** angeregt,[110] das gemeinsam mit Online-Rechtsantragsstellen[111] und einem beschleunigten Online-Verfahren in einem Justizportal gebündelt werden soll.[112]

I. Niederschwelliger Zugang über ein Justizportal

Nach einmaliger Registrierung, bei der die Identität des Beteiligten überprüft wird, sollen über diesen Zugang auch Folgeanträge gestellt und Benachrichtigungen empfangen werden können.[113] Das Online-Formular soll eine Weiterentwicklung des bisherigen Formulars im Online-Mahnantrag sein, das Wert auf Verständlichkeit für juristische Laien legt und ein Mehr an Hilfestellung bietet.[114] Auch Antragsgegner werden von der Arbeitsgruppe berücksichtigt. Ihnen sollen nach einmaliger Registrierung Widerspruch, Einspruch und Abgabeantrag zur Verfügung stehen.[115] Für den Zugang zu diesem Justizportal sieht das Diskussionspapier das Log-in mit den Zugangsdaten für ein nach dem OZG (Onlinezugangsgesetz) bis Ende 2022 einzurichtendes Bürgerportal vor. Dadurch wird ein gesondertes Identifikationsverfahren obsolet.[116] Zudem sollen Anmeldung und Identifikation alternativ oder kumulativ auch direkt über das Justizportal erfolgen können.[117] Als mögliche Authentifikationsverfahren werden das Einscannen des Personalausweises, die eID und Video-Ident vorgeschlagen.[118] 44

Das Konzept der Arbeitsgruppe ist durchweg auf positive Resonanz gestoßen, denn es bedenkt, dass sich die Digitalisierung der Justiz nicht auf die Einrichtung von Übermittlungswegen beschränken darf, sondern vielmehr echte *digitalisation* und *digital transformation* anstatt bloßer *digitisation* erforderlich ist.[119] Während die *digitisation* analoge Prozesse lediglich ein digitales Medium überführt, setzen *digitalisation* und *digital transformation* bei der Änderung der Informationssystemstrukturen selbst an. Diesen Bedarf für eine Neujustierung des Zivilprozesses hat die Arbeitsgruppe erkannt.[120] Gerichtsverfahren sind derzeit im wahrsten Sinne des Wortes vor allem von Juristen für Juristen gemacht.[121] Die Digitalisierung der Justiz muss aber mehr sein als die elektronische Übernahme analoger Abläufe, also *digitisation*.[122] Während in China schon 2017 45

110 AG Modernisierung des Zivilprozesses, Diskussionspapier, S. 9f.
111 Zu digitalen Rechtsantragsstellen: § 11 (*Biallaß*).
112 AG Modernisierung des Zivilprozesses, Diskussionspapier, S. 10.
113 AG Modernisierung des Zivilprozesses, Diskussionspapier, S. 9f.
114 AG Modernisierung des Zivilprozesses, Diskussionspapier, S. 10.
115 AG Modernisierung des Zivilprozesses, Diskussionspapier, S. 10.
116 AG Modernisierung des Zivilprozesses, Diskussionspapier, S. 11.
117 AG Modernisierung des Zivilprozesses, Diskussionspapier, S. 11.
118 AG Modernisierung des Zivilprozesses, Diskussionspapier, S. 11.
119 *Voß*, VuR 2021, 243.
120 *Voß*, VuR 2021, 243.
121 *Andert/Dörr*, Legal Tribune Online, 25.11.2020.
122 *Andert/Dörr*, Legal Tribune Online, 25.11.2020.

das erste Online-Gericht tagte[123] und in Dänemark Zivilprozesse bereits seit 2016 papierlos und seit 2018 über ein Prozessportal abgewickelt werden[124] führt die *digitisation* des hiesigen Zivilprozesses teils nicht zu Effizienzgewinn sondern zu Mehrarbeit.[125] So gibt es Gerichte, die elektronische Eingänge zunächst Ausdrucken und dann an die zuständige Richter:in per Fax schicken. Anwält:innen müssen „doppelte Aktenführung" betreiben, da einige Dokumente noch nicht digital erteilt werden, man denke insbesondere Vollstreckungstitel. Auch die Pflicht zur Bedienung des beA durch die Anwält:in persönlich verwehrt Entlastungsmöglichkeiten durch Fachangestellte. Insbesondere Bürgerinnen und Bürger werden von für Laien nicht verständlichen Abläufen abgeschreckt und nehmen gerichtlichen Rechtsschutz aus rationalem Desinteresse durchschnittlich erst ab einem Streitwert von EUR 3.683,– in Anspruch.[126]

II. Anforderungen

1. Technische Möglichkeiten

46 Ein möglicher Weg wäre, in das **Justizportal** eine Mahnsoftware mit höchstem Ausbaugrad einzubauen. Das bedeutet, es würde es im Hintergrund einen Strukturdatensatz (ASCII 7 Bit/CP 850) erstellt, der dann an die Datenverarbeitung eines Mahngerichts übermittelt wird, wo er verarbeitet wird, um Benachrichtigungen wiederum an das Justizportal zu übermitteln, wo der Eingang dem Postfach des jeweiligen Beteiligten zugeordnet wird. Bei solchen Daten, die nur per Schriftsatz zu erstellen sind, könnte man sich Eingabemasken zunutze machen, um Bürger:innen das Erstellen eines Schriftsatzes zu erleichtern. Dieser würde dann ebenso durch das Justizportal an das Mahngericht geschickt, dort verarbeitet und der Output wieder zurück übermittelt werden.

47 Zur vorgeschlagenen **Einbindung externer Softwarelösungen**[127] könnte die Datenübernahme aus externen Programmen in das Justizportal ermöglicht werden, um insbesondere Kleinunternehmern einen besseren Zugang zu bieten.

2. Authentifikation

48 Anforderungen bestehen mit Blick auf das erforderliche Authentifikationsniveau, welches **§ 702 II 4 ZPO** normiert.[128] Danach muss die Authentizität in einer der Unterschrift

123 *Lichtenstein/Ruckteschler*, Zivilverfahren online, Chinas erstes Digitalgericht, Legal Tribune Online, 29.9.2017, https://www.lto.de/recht/hintergruende/h/china-gericht-justiz-online-digital-zivilverfahren-legal-tech/.

124 *Quarch/Hähnle*, NJOZ 2020, 1281 (1282).

125 *Greger*, NJW 2019, 3429 (3430); *Köbler/Weller*, AnwBl Online 2018, 383 (384).

126 ROLAND Rechtsreport 2022, 7, 20.

127 AG Modernisierung des Zivilprozesses, Diskussionspapier.

128 Saenger/*Gierl*, Zivilprozessordnung, 9. Aufl. 2021, § 702 Rn. 9.

entsprechenden Weise gewährleistet sein.[129] Das heißt aber nicht, dass eine qualifizierte elektronische Signatur (qeS) entsprechend § 130a III 1 ZPO anzuordnen ist.[130] Vielmehr ist das Sicherheitsniveau niedriger anzusetzen als bei § 130 ZPO,[131] der die Unterschrift in Kopie ausreichen lässt (§ 130 Nr. 6 ZPO).

Das vorgeschlagene **Einscannen des Personalausweises**[132] ist zumindest im Mahnverfahren als ausreichend zu erachten. Anhand einer derartigen Kopie kann zwar nicht in einer dem Schriftvergleich der Unterschrift (§ 442 ZPO) gleichstehenden Weise bei einem späteren Verfahren eine Authentizitätsprüfung stattfinden, denn eine solche Kopie trifft keine Aussage darüber, wer diese aus welchen Gründen angefertigt hat. Zweck des § 702 II 4 ZPO ist es aber, schon den Erlass eines Mahnbescheides unter falschem Namen auszuschließen.[133] Das kann die Personalausweiskopie besser als die Unterschrift. Man muss konstatieren, dass das bloße Erfinden einer Unterschrift, die vor Erlass des Mahn- oder Vollstreckungsbescheides nicht geprüft werden kann, wesentlich einfacher ist, als eine Ausweiskopie zu erlangen. Ein derartiges Verfahren ist daher sogar eine Verbesserung des status-quo und wahrt im Gegensatz zur bereits bestehenden Variante der eID einen niederschwelligen Zugang. Hinzu kommt das ohnehin als gering einzustufende Risiko massenhaften Missbrauchs. So werden Anträge in Polen ohne Unterschrift als E-Mail-Anhang übermittelt, ohne dass es zu Missbrauch in besorgniserregendem Maße gekommen wäre.[134] 49

D. Weiterführende Überlegungen

Der Vorschlag der Arbeitsgruppe ist geeignet, einen besseren Bürgerzugang zu schaffen, 50
darüber hinaus besteht aber eine Reihe weiterer Herausforderungen.

I. Realisierung in einem Prozessportal

Problematisch wäre ein vollständiges **Online-Mahnverfahren** in einem Portal, das nur 51
für Bürger:innen, nicht aber Unternehmer:innen und Anwält:innen zugänglich ist. Der Online-Mahnantrag wird auch durch Anwaltschaft und Unternehmen genutzt. Diese an einer umfangreichen und kostenintensiven Neuerung nicht partizipieren zu lassen, findet keine Begründung. Vielmehr wäre die Integration des Mahnverfahrens in ein **Prozessportal** nach dänischem Vorbild das Mittel der Wahl, denn die elektronische Prozessführung ist derzeit teils mit Mehraufwand gegenüber der analogen Variante

129 BT-Drs. 11/3621 S. 47.
130 Saenger/*Gierl*, § 702 Rn. 9.
131 Saenger/*Gierl*, § 702 Rn. 9.
132 AG Modernisierung des Zivilprozesses, Diskussionspapier, S. 11.
133 BT-Drs. 11/3621 S. 47.
134 Koordinierungsstelle für das Automatisierte Mahnverfahren, persönliche Kommunikation, 8.3.2021.

verbunden.[135] Es wird kritisiert, dass der zurzeit beschrittene Weg (aufgrund fehlender Anpassung des Informationssystems) die Justiz in die elektronische Sackgasse anstatt in die digitale Zukunft befördern wird.[136] Durch das bloße Überstülpen digitaler Medien auf herkömmliche Prozessabläufe wird das effizienzsteigernde Potential der Digitalisierung verkannt.[137] Auch bei einer Einführung eines Bürgerjustizportals werden Mehrbelastungen befürchtet.[138] Es sind elektronische **Streitmanagementsysteme** erforderlich, um diese abzufedern.[139] Betrachtet man die erfolgreiche Digitalisierung in anderen Ländern, kristallisiert sich immer stärker heraus, dass die Abwicklung von Streitigkeiten über Prozessportale, auf die auch die Anwaltschaft zugreift, sich langfristig zum internationalen Standard etablieren wird. Während man bei uns lebhaft über das elektronische Empfangsbekenntnis (eEB) diskutiert, lädt die Richterschaft in Dänemark Urteile einfach auf dem Prozessportal hoch, damit ist das Urteil verkündet,[140] und folglich auch zugestellt. Anstatt einer zukünftigen digitalen „Rechtszersplitterung" aus EGVP-Infrastruktur, Bürgerportalen, Online-Mahnanträgen und elektronischen Nachrichtenräumen mit mehreren Ebenen[141] wäre ein Prozessportal, das allen zur Verfügung steht und alles vereint, der richtige Ort, um ein verbessertes Online-Mahnverfahren zu realisieren.

II. Verbessertes Informationssystem

52 Ein verbessertes Mahnverfahren, idealerweise in ein Prozessportal integriert, sollte nicht nur auf die Forderung nach einem verbesserten Bürgerzugang reagieren. Im Folgenden werden die Phasen der Informationsverarbeitung im Mahnverfahren bezüglich möglicher Verbesserungen erörtert.

1. Informationserstellung, Datenverarbeitung, Benachrichtigung

53 Bei der Informationserstellung, Datenverarbeitung und Benachrichtigung müssen sowohl für Einzelantragstellende als auch Großkunden passende Lösungen gefunden werden, die auf die erörterten Probleme unter dem heutigen Digitalisierungsstand reagieren.

---

135 *Greger*, NJW 2019, 3429 (3430); *Köbler/Weller*, AnwBl Online 2018, 383 (384).

136 *Greger*, NJW 2019, 3429 (3430).

137 *Greger*, NJW 2019, 3429 (3430).

138 *Voß*, VuR 2021, 243 (246)

139 *Voß*, VuR 2021, 243 (246)

140 *Vom Stein*, NZA 2021, 1057 (1059).

141 AG Modernisierung des Zivilprozesses, Diskussionspaper, S. 29.

a) Einzelantragstellende

i) Auffinden der Webanwendung

Das erste Problem ist das Auffinden (Rn. 16). Ein allseits bekanntes Prozessportal könnte einiges an Verbesserung erreichen. Darüber sollte aber insgesamt die Möglichkeit, Suchmaschinen zu verpflichten, e-Justice Dienste zuerst erscheinen zu lassen, evaluiert werden. Es ist nicht akzeptabel, dass aufwändig entwickelte Internetangebote des Staates nur nach einer umfangreichen Recherche gefunden werden. Bloße Suchmaschinenoptimierung erscheint nicht ausreichend, denn das können private Anbieter ebenso. Es muss verhindert werden, dass Menschen, die nach dem staatlichen Angebot suchen, am Ende bei einem privaten Angebot landen. 54

ii) Einfacher Zugang, breites Angebot, Legal Design

Der einfache Zugang zum Prozessportal sollte in der Weise erfolgen, wie es die Arbeitsgruppe für das Bürgerportal angedacht hat (Rn. 44). Gegebenenfalls könnten, soweit nicht schon eine Authentifikation über das Bürgerportal stattgefunden hat, **Verifikationsstufen** eingeführt werden, sodass etwa mit dem Hochladen des Personalausweises (Rn. 49) nur ein Konto freigeschaltet wird, das Mahnverfahren bis zu EUR 1.000,– ermöglicht. Mit einer eIDAS-konformen Identitätsfeststellung könnte hingegen etwa der umfassende Zugang für Anwälte freigeschaltet werden. 55

Um ein breiteres Angebot zu bieten, sollten Benachrichtigungen des Mahngerichts wie etwa Zustellungsbenachrichtigungen oder Monierungen in das Postfach des Prozessportals geschickt werden. Zum anderen könnten für weitere Anträge und Erklärungen (Rn. 14) interaktive Formulare geschaffen werden, die gewährleisten, dass die Informationen über einen Lebenssachverhalt vollständig und für die zügige Bearbeitung vorstrukturiert sind. Was bei Tod oder Insolvenz im Mahnverfahren zu tun ist, wissen teils selbst Juristen nicht ad hoc. Mit den Methoden des **Legal Design** optimierte Eingabemasken, die dem Beteiligten zeigen, welche Informationen erforderlich sind, würden allen die Arbeit erleichtern. 56

Auch für einen nahtlosen Übergang in Anschlussverfahren zeigt sich die Stärke eines Prozessportals: Alle Zwangsvollstreckungsverfahren könnten unmittelbar die Daten des Mahnverfahrens übernehmen, Aufträge an Gerichtsvollzieher könnten so, auch mittels interaktiver Online-Formulare, wie derzeit schon im Mahnverfahren etabliert, vereinfacht und gemeinsam mit dem Mahnverfahren über ein Portal abgewickelt werden. 57

Personen, die Daten nicht einzeln eingeben möchten, könnte ermöglicht werden, Daten aus externen Programmen ins Prozessportal zu übernehmen (Rn. 47). 58

iii) Datenverarbeitung

Für die **Datenprüfung** gibt es zwei mögliche Szenarien. Szenario I: es wird im Hintergrund ein Datensatz erstellt und erst nach der rechtsgültigen Abgabe erfolgt ein Request 59 an das Verarbeitungssystem des zuständigen Mahngerichts, das dem Prozessportal dann den Output als Response ausgibt (so unter Rn. 46). Es finden also weiterhin zwei getrennte Plausibilitätsprüfungen statt.

60 Szenario II: die Prüfung der Daten erfolgt in Echtzeit durch das Back-End des Servers, auf dem der Antragstellende das Formular ausfüllt. Nach jeder Eingabe stehen alle Fehler, die zur Verhinderung des gewünschten Outputs führen, fest. Es finden also keine zwei voneinander getrennten Datenprüfungen mehr statt, sondern nur noch eine. Bei einem „Fehler" ist dann nur zu entscheiden, ob dieser bereits vor der rechtsgültigen Abgabe des Antrags oder erst danach angezeigt werden soll. Letzteres ist teilweise erforderlich, damit bestimmte Beanstandungsmodalitäten nicht durch ständiges Ausprobieren ausgelotet werden können.[142] Dieses Anzeigen nach der Abgabe auf einem idealerweise als „Monierung" betitelten Seitenlayout ist dann nichts anderes als die heutige Monierung. Falls eine nichtmaschinelle Bearbeitung, etwa zur Verfahrenskontrolle, erforderlich ist, sieht das Programm schon nach der Eingabe der Daten, die dieses Ereignis auslösen, die Abgabe an den Rechtspfleger vor, der ebenso wie die Richterschaft auf das Prozessportal zugreift. Die Grenzen zwischen Informationserstellung und Verarbeitung werden dadurch aufgelöst und es passiert (fast) alles in Echtzeit, weil Wartezeiten von Response bis Request des Mahngerichts wegfallen. Es wird also ein besonders schlankes und schnelles Informationssystem geschaffen und der Umweg über eine Erstellung eines in ASCII (7 Bit/CP-850) codierten Strukturdatensatz erspart.

61 Szenario I bietet den Vorteil, dass Hackerangriffe auf das Verarbeitungssystem durch Strukturdatensätze praktisch ausgeschlossen sind und auf die bestehenden Strukturen zurückgegriffen werden kann. Es führt aber auch zu Verzögerungen, fehlerhaften Anträgen und Informationsumwegen, auch wenn durch eine zügige Antwort des Mahngerichts an das Prozessportal ebenfalls ein schnelles Informationssystem geschaffen werden könnte. Das Szenario II bereitet Herausforderungen bei der IT-Sicherheit. Ein Eindringen in das Back-End und ein Ausspähen des Datenbestandes müssen zwingend verhindert werden.[143] Zum anderen benötigt es eine ausreichende Serverinfrastruktur, um alles auf einem Rechner in Echtzeit zu erledigen.[144] Hier tun sich in der Digitalisierung immer neue Möglichkeiten auf. So stellt mittlerweile etwa T-Systems in Kooperation mit Google souveräne Cloud-Lösungen zur Verfügung, die sich speziell an Behörden und Unternehmen richten, die sensible Daten verarbeiten.[145] Wenn hingegen langfristig bloß die Einführung eines verbesserten Bürgermahnverfahrens geplant wird, ist Szena-

142 Koordinierungsstelle für das Automatisierte Mahnverfahren, persönliche Kommunikation, 19.10.2021.

143 Koordinierungsstelle für das Automatisierte Mahnverfahren, persönliche Kommunikation, 19.10.2021.

144 Koordinierungsstelle für das Automatisierte Mahnverfahren, persönliche Kommunikation, 19.10.2021.

145 T-Systems, https://www.t-systems.com/de/de/newsroom/news/t-systems-und-google-cloud-bauen-souveraene-cloud-fuer-deutschland-450414.

rio I zu bevorzugen, da das Bürgerportal sich dann in die bestehende Infrastruktur einfügt und kein abgesplitterter Fremdkörper geschaffen wird. Anders wäre die Situation aber zu beurteilen, wenn man ein anderes Informationssystem (Szenario II) erst in einem Bürgermahnportal erprobt, um dann langfristig das gesamte Verfahren darauf umzustellen.

iv) Upload von Belegen und Zugriff des AG

Zu bestimmten Forderungen könnte ein **Upload von Belegen** verpflichtend sein. Dabei 62
könnten die Grundsätze ordnungsgemäßer Buchführung (GoBD) zur Belegaufbewahrung als Vorbild dienen. Zu anderen Belegen könnte ein freiwilliger Upload ermöglicht werden. So könnte freiwillig die unbezahlte Rechnung hochgeladen, dem Schuldner zur Verfügung gestellt und dadurch ein Widerspruch vermieden werden.

Für den Umgang mit den Belegen gibt es drei Szenarien: Szenario I, die Datenver- 63
arbeitung prüft die Belege und es wird bei fehlender Übereinstimmung beanstandet. Szenario II, der Antragsgegner greift wie der Antragsteller auf das Prozessportal zu, gibt die Geschäftsnummer ein und kann dadurch die Belege einsehen. Szenario III: Beides auf einmal. Wobei Szenario II wohl das beste Kosten-Nutzen Verhältnis zu bescheinigen ist. Bei Szenario I und III droht, dass Belege nicht erkannt und manuell eingesehen werden müssen. E-contrario sorgen Szenario I und III aber für einen größeren Antragsgegnerschutz und könnten dem allgemeinen Zivilprozess als Vorbild dienen.

b) Großkunden

Vielmahner, insbesondere im Inkasso, tippen Mahnanträge nicht einzeln händisch ein. 64
Hier ist das **DFÜ-Verfahren**,[146] wie es heute praktiziert wird, das richtige Mittel. Dieses Verfahren kommt nicht nur im Mahnverfahren, sondern auch im Banking mit Großkunden zum Einsatz.[147] Hier ist, wie man auch im Mahnverfahren sieht, eine umfangreiche Veränderung schwierig, da damit immer die Anpassung externer Programme, die die Datensätze erstellen, einhergeht. Das erklärt auch die etwas ältere Zeichencodierung ASCII (7-Bit/CP-850) mit eigenen Werten für Sonderzeichen (siehe Rn. 8). Allerdings könnte langfristig im Mahnverfahren bei der Einführung eines Prozessportals, anstatt DFÜ mittels OSCI-konformer Sendeeinrichtungen, wie im Banking ein HTTP-Binding über einen XML-Request des Antragstellenden und einen XML-Response des Servers des Prozessportals zum Einsatz kommen.[148] Jedenfalls wären bei einer Pflicht zur Belegeinreichung die Datensätze zu modifizieren und eine Vorlaufzeit zur Anpassung externer Software einzuplanen.

---

146 Im Mahnverfahren anders als im Banking als EDA bezeichnet.

147 Vgl. EBICS-Spezifikationen, Version 3.0.2.

148 Vgl. EBICS-Spezifikationen, S. 19.

2. Zustellung

65 Die elektronische Zustellung an Unternehmen ist dringend angezeigt (Rn. 41). Dies erfordert zwar die Schaffung einer Postfachinfrastruktur, die sich aber bezahlt machen würde. In diesem Fall könnte die Datenverarbeitung unmittelbar einen Request an das Unternehmensportal mit der entsprechenden Postfachinfrastruktur setzten, ob ein zustellungsbereites Konto vorhanden ist. Mahn- und Vollstreckungsbescheide wären nur Sekunden nach der Antragstellung bereits zugestellt.

E. Ausblick

66 Das Mahnverfahren hat schon in den 70er-Jahren bewiesen, was Digitalisierung erreichen kann, nämlich echten Fortschritt. Der Grund, warum man damals über eine Automatisierung nachgedacht hat, war Effizienzverlust (Rn. 1). Die Geschäftsstellen der Amtsgerichte erhielten kistenweise Mahnanträge, die niemand mehr inhaltlich auf Schlüssigkeit geprüft hat.[149] Die Automatisierung hat für weitreichende Verbesserungen gesorgt (Rn. 32). Dennoch ist auch dieses System langsam in die Jahre gekommen, was sich etwa an der Verwendung von ASCII (7 Bit/CP-850) und dem Design des Online-Mahnantrags zeigt. Die erfolgreiche Digitalisierung des Zivilprozesses mitsamt Mahnverfahren und Zwangsvollstreckung kann nur mit einer zeitgemäßen Ausgestaltung des Informationssystems, durch Schaffung eines einheitlichen Prozessportals nach dänischem Vorbild erfolgen. Die auf dem OSCI-Transprotokoll basierende EGVP-Infrastruktur ist für den bloßen Nachrichtenaustausch ausreichend, nicht aber um eine komplexere Digitalisierung zu realisieren. Denkt man an das Mahnverfahren, dann könnte bereits in diesem Schritt durch die Prüfung hochzuladender Belege eine weitreichendere Sachprüfung ermöglicht werden (Rn. 62f.) und eine bessere Auffindbarkeit und Nutzendenfreundlichkeit gewährleistet werden. Man kann aber auch an das Zwangsvollstreckungsverfahren denken: Der Titel wird im Prozessportal digital und zentral hinterlegt, jegliche Änderungen wären unmittelbar einsehbar. Das Erfordernis einer Ausfertigung in Papierform entfällt. Insbesondere das Mahnverfahren könnte damit wesentlich reibungsloser sowohl in die Richtung Zwangsvollstreckung als auch in die Richtung streitiger Zivilprozess abgewickelt werden. Im allgemeinen Zivilprozess lassen sich mit einer derartigen Infrastruktur wesentlich leichter elektronische Streitmanagementsysteme als auch eine vereinfachte Kommunikation, bspw. mit einem Nachrichtenraum für die Prozessbeteiligten bis hin zur Einstellung und leichten Änderbarkeit von Videokonferenzterminen realisieren. Die Möglichkeiten, die sich hier eröffnen sind nahezu unendlich weit.

149 Koordinierungsstelle für das Automatisierte Mahnverfahren, persönliche Kommunikation, 19.10. 2021.

Marie Herberger

§ 14 Elektronischer Rechtsverkehr – Kommunikation mit dem Gericht

Gliederungsübersicht **Rn.**

Literatur: *Bernhardt/Leeb*, in: Heckmann/Paschke, jurisPK-Internetrecht, Saarbrücken, 7. Aufl. 2021, Kapitel 6: Elektronischer Rechtsverkehr; *Brosch/Sandkühler*, Das besondere elektronische Anwaltspostfach – Nutzungsobliegenheiten, Funktionen und Sicherheit, NJW 2015, 2760 ff.; *Degen/Emmert*, Elektronischer Rechtsverkehr: beA, IT-Sicherheit & Co., München, 2. Aufl. 2021; *Brosch/Lummel/Sandkühler/Freiheit*, Elektronischer Rechtsverkehr mit dem beA: Eine Einführung, Köln, 2017; *Fisch*, Die elektronische Signatur in Theorie und Praxis, ZIP 2019, 1901 ff.; *Herberger*, Zehn Anmerkungen zum „Gesetz zur Förderung des elektronischen Rechtsverkehrs mit den Gerichten", JurPC Web-Dok. 81/2013; *Jost/Kempe*, E-Justice in Deutschland: Eine Bestandsaufnahme zur Digitalisierung der Justiz, NJW 2017, 2705 ff.; *Kesper/Ory*, Der zeitliche Fahrplan zur Digitalisierung von Anwaltschaft und Justiz, NJW 2017, 2709 ff.; *Krüger/Vogelgesang*, Elektronischer Rechtsverkehr in Verfahren ohne Anwaltszwang – der Justizgewährungsanspruch des Bürgers als praktischer und theoretischer Störfaktor? – Anmerkungen insbesondere aus amtsrichterlicher Sicht, JurPC Web-Dok. 39/2017; *Mardorf*, Das elektronische Dokument im Sinne des elektronischen Rechtsverkehrs – Update 2022, jM 2022, 2 ff.; *Möller*, Der digitale Postausgang, NJW 2021, 2179 ff.; *D. Müller/Gomm*, Die Digitalisierung der Justiz am Beispiel des Zivilprozesses – von Thesen zur Umsetzung (Teil 1), jM 2021, 222 ff.; *D. Müller/Gomm*, Die Digitalisierung der Justiz am Beispiel des Zivilprozesses – von Thesen zur Umsetzung (Teil 2), jM 2021, 266 ff.; *H. Müller*, E-Justice 2022 – Aktive Nut-

https://doi.org/10.1515/9783110755787-014

zungspflicht und neue Übermittlungswege, NJW 2021, 3281ff.; *Riehm*, in: Fest/Gomille, Festschrift für Johannes Hager zum 70. Geburtstag am 9.7.2021, Totgesagte leben länger? 20 Jahre elektronische Form im BGB, S. 71ff.; *Siegmund*, Die Pflicht zur elektronischen Kommunikation mit den Gerichten, NJW 2021, 3617ff.; *Vogelgesang*, Der elektronische Rechtsverkehr, die elektronische Akte und das Zivilverfahrensrecht: Probleme und Chancen, Saarbrücken, 2020; *Weller/Köbler*, Verfahrensgrundsätze und Modellregeln für die grundsätzlich elektronische Führung gerichtlicher Erkenntnisverfahren, Baden-Baden, 2016.

A. Begriffsverständnis

1 Anerkanntermaßen ist der Aspekt der Kommunikation mit den Gerichten, die **Justizkommunikation,** ein Teilthema des elektronischen Rechtsverkehrs im weiteren Sinne.[1] Indes wird uneinheitlich beantwortet, wie weit der Bereich der Justizkommunikation zu fassen ist. Teilweise wird angenommen, dass unter Justizkommunikation der Austausch verfahrensbezogener Informationen auf sicherem elektronischem Weg zu verstehen ist.[2] Damit ist jegliche Form der Kommunikation zwischen den Verfahrensbeteiligten und dem Gericht angesprochen. Mag man zunächst an die rechtsverbindliche elektronische Einreichung von Anträgen und Klagen oder die Zustellung von gerichtlichen Entscheidungen denken, so ist zu konstatieren, dass hier auch die Kommunikation mithilfe von Videokonferenztechnik einzuordnen ist (vgl. dazu § 19 [*Windau*]).[3] Es wird aber auch vertreten, dass die Justizkommunikation neben dem „Außenbereich" zusätzlich den „Binnenbereich" der Justiz umfasse (z.B. elektronische Aktenführung[4]; vgl. dazu § 15 [*Jansen/Schlicht*]).[5] Im Folgenden soll der Fokus darauf gerichtet werden, auf welche Weise Schriftsätze dem Gericht auf elektronischem Wege zugeleitet werden können und auf welche Weise das Gericht seinerseits zustellen kann. Damit stehen § 130a ZPO und § 173 ZPO im Mittelpunkt der Überlegungen.

1 Elektronischer Rechtsverkehr im engeren Sinne wird teilweise als Synonym zum Terminus der Justizkommunikation verwendet, so z.B. *H. Müller*, NZA 2019, 11.

2 In diese Richtung *Radke*, JurPC Web-Dok. 46/2006, I, der unter den Terminus E-Justice zum einen die „Kommunikation und Transaktion zwischen Justiz und Außenwelt" und zum anderen die „Vereinfachung und Durchführung von Prozessen durch moderne Informationstechnologie" versteht.

3 *Bernhardt/Leeb* in: Heckmann/Paschke, jurisPK-Internetrecht, 7. Aufl., Kap. 6, Rn. 3.

4 Dafür spricht, dass das Gesetz über die Verwendung elektronischer Kommunikationsformen in der Justiz (Justizkommunikationsgesetz) mit § 298a ZPO die elektronische Akte eingeführt hat.

5 So *Bernhardt/Leeb* in: Heckmann/Paschke, jurisPK-Internetrecht, 7. Aufl., Kap. 6, Rn. 3.

B. Entwicklung

I. Parteikommunikation mit dem Gericht (§ 130a ZPO)

§ 130a ZPO ist 2001 durch das Gesetz zur Anpassung der Formvorschriften des Privatrechts und anderer Vorschriften an den modernen Rechtsgeschäftsverkehr in die ZPO eingefügt worden.[6] Die Vorschrift legte ursprünglich fest, dass einem Schriftformerfordernis auch durch eine Aufzeichnung als elektronisches Dokument Genüge getan werden kann, wobei das Dokument mit einer qualifizierten elektronischen Signatur versehen sein „sollte". Indes war zusätzlich erforderlich, dass die Bundesregierung bzw. die Landesregierungen für ihren Bereich durch Rechtsverordnung den Zeitpunkt, von dem an elektronische Dokumente bei den Gerichten eingereicht werden können, sowie die für die Bearbeitung der Dokumente geeignete Form festgelegt hatten. In der Konsequenz entstand ein „Flickenteppich", weil die Bundesländer unterschiedlich agiert haben.[7] Durch das Gesetz zur Förderung des elektronischen Rechtsverkehrs mit den Gerichten hat sich der Gesetzgeber 2013 – mit einer großzügig bemessenen Übergangszeit bis Anfang 2018 – für eine bundeseinheitliche Öffnung aller Gerichte für elektronische Eingänge entschieden.[8] Seitdem konnte – musste aber nicht – elektronisch eingereicht werden. Wegen der mangelnden Akzeptanz der qualifizierten elektronischen Signatur hat sich der Gesetzgeber aber dafür entschieden, einfach signierte Dokumente ausreichen zu lassen, dies aber nur bei der Einreichung auf einem sicheren Übermittlungsweg (vgl. dazu § 130a IV 1 ZPO).[9] 2

Bei fakultativer elektronischer Einreichung kann je nach Verarbeitungsszenario ein Medienbruch entstehen. Seit dem 1.1.2022 besteht zwar für Rechtsanwälte und Behörden sowie juristische Personen des öffentlichen Rechts (einschließlich der von ihr zur Erfüllung ihrer öffentlichen Aufgaben gebildeten Zusammenschlüsse) eine **aktive Nutzungspflicht** (§ 130d S. 1 ZPO). Für alle anderen Einreichenden bleibt es bei einem Wahlrecht, weswegen eine vollständige elektronische Kommunikation derzeit nicht erreichbar ist. 3

Ob *de lege ferenda* auch nichtprofessionelle Prozessparteien zur Teilnahme am elektronischen Rechtsverkehr verpflichtet werden können, erscheint zweifelhaft. Insofern könnte der Justizgewährungsanspruch (Art. 19 IV GG, Art. 6 I EMRK) entgegenstehen.[10] Zwar besteht nach der Rechtsprechung des Bundesverfassungsgerichts kein Anspruch 4

---

6 BGBl. I 2001, S. 1542 (D1543).

7 BT-Drs. 17/11691, S. 28.

8 BGBl. I 2013, S. 3786; vgl. dazu BR-Drs. 818/12, S. 31.Von der in Artikel 24 des Gesetzes vorgesehenen Opt-Out-Lösung hat kein Bundesland Gebrauch gemacht.

9 BT-Drs. 17/12634, S. 20.

10 So z.B. *Vogelgesang*, Der elektronische Rechtsverkehr, die elektronische Akte und das Zivilverfahrensrecht: Probleme und Chancen, 2020, S. 177; *Krüger/Vogelgesang*, JurPC Web-Dok. 39/2017, Abs. 12. So im Ergebnis in Bezug auf nicht-digitalaffine Rechtsunterworfene *Hoffmann*, RDi 2022, 76 (84). Eine gleichgelagerte Überlegung lässt sich für das Recht auf rechtliches Gehör anstellen (Art. 103 I GG).

auf voraussetzungslose und zeitlich unbegrenzte Zugänglichkeit des Rechtswegs. Vielmehr bleibt danach die Ausgestaltung der Voraussetzungen und Bedingungen des **Zugangs zu Gericht** den Prozessordnungen überlassen. Dabei kann der Gesetzgeber auch Regelungen treffen, die für ein Rechtsschutzbegehren besondere formelle Voraussetzungen aufstellen und sich infolgedessen für den Rechtssuchenden einschränkend auswirken. Allerdings bestehen Grenzen: Der Anspruch des Einzelnen auf eine tatsächlich wirksame gerichtliche Kontrolle darf nicht in unzumutbarer, aus Sachgründen nicht mehr zu rechtfertigender Weise erschwert werden.[11] Gegen die Annahme einer unzumutbaren Erschwerung durch einen **Nutzungszwang** des elektronischen Rechtsverkehrs wird ins Feld geführt, dass daneben weiterhin die Möglichkeit bestünde, Erklärungen mündlich abzugeben (während der mündlichen Verhandlung bzw. außerhalb der mündlichen Verhandlung zu Protokoll der Geschäftsstelle).[12] Allerdings gilt es zu bedenken, dass man sich so zum Amtsgericht begeben müsste,[13] was – im Vergleich zu klassischen Einreichungsmöglichkeiten – sicherlich als Erschwernis anzusehen ist. Um nicht-professionelle Einreicher dennoch zu motivieren, den elektronischen Rechtsverkehr zu nutzen, wird darüber nachgedacht, geringfügige Gebührenanreize zu setzen.[14] Selbst, wenn Naturalparteien über die Gebühren nachdenken sollten – was wenig wahrscheinlich ist –[15] bliebe selbst bei dadurch erreichter Steuerungswirkung das Problem bestehen. Denn nicht alle werden sich dadurch beeinflussen lassen, den elektronischen Weg zu wählen. Maßgeblich muss am Ende das Prinzip sein, kein „digital divide“ dadurch eintreten zu lassen, dass des Digitalen nicht Mächtige letzten Endes nur unter erschwerten Bedingungen den Rechtsweg beschreiten können.[16] Hinzu kommt der Gesichtspunkt der Akzeptanz. Wenn der elektronische Rechtsverkehr für einen Teil der Bevölkerung aufgrund von deren Digitalisierungsferne nicht zugänglich ist, leidet in dieser Wahrnehmung das Gesamtprojekt.[17]

---

11 BVerfG NJW 2000, 1709 (1710); BVerfG NJW 1993, 1635; BVerfG NJW 1988, 1255 f.

12 *Korves*, in: Buschmann/Gläß/Gonska/Philipp/Zimmermann (Hrsg.), Digitalisierung der gerichtlichen Verfahren und das Prozessrecht, 2018, S. 41 (49 f.).

13 Der Workflow wird sich anders darstellen, wenn die Zielvorstellung einer virtuellen Rechtsantragstelle realisiert ist, vgl. zu diesem Vorschlag z. B. Diskussionspapier der Arbeitsgruppe „Modernisierung des Zivilprozesses“, S. 5 ff. (www.justiz.bayern.de/media/images/behoerden-und-gerichte/oberlandesgerichte/nuernberg/diskussionspapier_ag_modernisierung.pdf).

14 So z. B. *Weller/Köbler*, Verfahrensgrundsätze und Modellregeln für die grundsätzlich elektronische Führung gerichtlicher Erkenntnisverfahren, 2016, S. 45; *Vogelgesang*, Der elektronische Rechtsverkehr, die elektronische Akte und das Zivilverfahrensrecht: Probleme und Chancen, 2020, S. 177; *Vogelgesang/Krüger*, JurPC Web-Dok. 39/2017, Abs. 30.

15 So zu Recht *Korves*, in: Buschmann/Gläß/Gonska/Philipp/Zimmermann (Hrsg.), Digitalisierung der gerichtlichen Verfahren und das Prozessrecht, 2018, S. 41 (50).

16 Vgl. zu dieser Problematik https://files.justice.org.uk/wp-content/uploads/2018/06/06170424/Preventing-Digital-Exclusion-from-Online-Justice.pdf.

17 Vgl. dazu *Herberger*, Deutscher Bundestag, 17. Wahlperiode, Rechtsausschuss, Protokoll Nr. 123, S. 5; *ders.*, JurPC Web-Dok. 81/2013, Abs. 59.

Ein weiterer Medienbruch droht im Rahmen von § 130d S. 2 ZPO. Selbst bei professioneller Einreichung besteht die aktive Nutzungspflicht nach § 130d ZPO nur im Rahmen des Möglichen. Die Übermittlung nach den allgemeinen Vorschriften bleibt zulässig, wenn eine Übermittlung als elektronisches Dokument aus technischen Gründen vorübergehend nicht möglich ist.[18] Irrelevant ist es dabei, ob die Ursache für die vorübergehende **technische Unmöglichkeit** in der Sphäre des Gerichts oder in der Sphäre des Einreichenden liegt, weil ein vorübergehender Ausfall der technischen Einrichtungen des Rechtsanwalts für den Rechtsuchenden mit keinen Nachteilen verbunden sein darf.[19] Die Gerichte können sich also auch in dieser Hinsicht nicht auf eine Einreichung ausschließlich auf digitalem Weg einstellen. Indes bestünde an dieser Stelle *de lege ferenda* die Möglichkeit, elektronische Dokumente in einem weiteren Maße verpflichtend zu fordern, als es bisher der Fall ist. Nach § 130d S. 3 ZPO ist bei einer vorübergehenden Unmöglichkeit lediglich „auf Anforderung“ ein elektronisches Dokument nachzureichen. Hat man jedoch die digitale Weiterverarbeitung bei Gericht im Blick, sollte die Nachreichung als elektronisches Dokument verpflichtend eingeführt werden. Allerdings müsste sichergestellt werden, dass das „traditionell“ eingereichte und das elektronisch eingereichte Dokument inhaltlich übereinstimmen. Zwar ist es denkbar, dafür Prozeduren des IT-basierten Dokumentenvergleichs einzuführen. Diese sind aber nicht trivial und erfordern einen beachtlichen Implementationsaufwand.[20] Deswegen empfiehlt sich stattdessen eine Orientierung an § 130a VI 2 ZPO. Dort ist die Konstellation geregelt, dass ein elektronisches Dokument für das Gericht zur Bearbeitung nicht geeignet ist und das Dokument unverzüglich in einer für das Gericht zur Bearbeitung geeigneten Form nachgereicht wird. Hier muss der Einreichende glaubhaft machen, dass das nachgereichte Dokument mit dem zuerst eingereichten Dokument übereinstimmt. Das Erfordernis einer Glaubhaftmachung wäre dann auch in § 130d S. 3 ZPO zu vorzusehen. 5

II. Zustellung von elektronischen Dokumenten (§ 173 IV 1 i.V.m. II 1 ZPO)

An Rechtsanwälte, Notare, Gerichtsvollzieher, Behörden, Körperschaften oder Anstalten des öffentlichen Rechts, Steuerberater und an sonstige in professioneller Eigenschaft am Prozess beteiligte Personen, Vereinigungen und Organisationen, bei denen von einer erhöhten Zuverlässigkeit im Sinne der Wahrung professioneller Standards ausgegangen werden kann, kann ein elektronisches Dokument zugestellt werden (vgl. z.B. § 173 IV 1 i.V.m. II 1 ZPO). Dazu müssen die Genannten einen sicheren Übermittlungsweg für die Zustellung elektronischer Dokumente eröffnen. An andere Verfahrensbeteiligte kann 6

18 Was die Übermittlung nach den allgemeinen Vorschriften angeht, verweist der Gesetzgeber auf eine Übermittlung in Papierform oder eine Übermittlung durch einen Telefaxdienst, vgl. BT-Drs. 17/12634, S. 27. *Siegmund*, NJW 2021, 3617 (3618) hält die postalische Übermittlung für keine taugliche Alternative.

19 BR-Drs. 818/12, S. 36. Allerdings ist unklar, welche technischen Einrichtungen als notwendig zu erachten sind, vgl. *Siegmund*, NJW 2021, 3617 (3618).

20 Vgl. dazu *Herberger*, in: Schwab/Weth, ArbGG, 6. Aufl. 2021, § 46c ArbGG, Rn. 82.

ebenfalls ein elektronisches Dokument zugestellt werden, wenn sie der Übermittlung elektronischer Dokumente für das jeweilige Verfahren zugestimmt haben (§ 173 IV 1 ZPO).[21] Die Zustellung wird an die in § 173 II ZPO genannten durch ein **elektronisches Empfangsbekenntnis** nachgewiesen (vgl. z. B. § 173 III 1 ZPO).[22] Für andere Empfänger ist in § 173 IV 4 ZPO nunmehr eine Zustellungsfiktion normiert worden.

7 Der Gesetzesantrag der Länder Hessen, Baden-Württemberg, Berlin, Niedersachsen, Sachsen für ein Gesetz zur Förderung des elektronischen Rechtsverkehrs in der Justiz sah zunächst vor, dass ein elektronisches Dokument bereits mit Eingang im elektronischen Postfach als zugestellt gelten sollte (**elektronische Eingangsbestätigung**).[23] Im Gesetzesentwurf der Bundesregierung für das Gesetz zum Ausbau des elektronischen Rechtsverkehrs mit den Gerichten und zur Änderung weiterer prozessrechtlicher Vorschriften war dann zwar keine elektronische Eingangsbestätigung als Zustellungsnachweis vorgesehen, dafür aber eine **Zustellungsfiktion**. Danach sollte ein elektronisches Dokument am dritten Tag nach dem auf der automatisierten Eingangsbestätigung ausgewiesenen Tag des Eingangs in dem vom Empfänger eröffneten elektronischen Postfach als zugestellt gelten.[24] Dadurch wollte man etwaigen Verzögerungen bei der Kenntnisnahme durch den Empfänger Rechnung tragen.[25] Beide Ansätze empfand die Anwaltschaft als zu starke Beeinträchtigung.[26] Auf diese Bedenken wurde mit der jetzigen Regelung dadurch Rücksicht genommen, dass es – zumindest für die in § 173 II ZPO Genannten – beim Empfangsbekenntnis blieb. Es handelt sich allerdings bei der beibehaltenen Prozedur um ein Relikt, das bei konsequenter Realisierung des elektronischen Rechtsverkehrs nicht mehr als systemkonform angesehen werden kann.

C. Bearbeitungseignung und Hinweispflicht (§ 130a II, VI ZPO)

8 Das elektronische Dokument muss für die Bearbeitung durch das Gericht geeignet sein, § 130a II 1 ZPO. Dabei werden die technischen Rahmenbedingungen für die Übermittlung und die Eignung zur Bearbeitung durch das Gericht im Wege einer Rechtsverordnung festgelegt. Dies ist mit der Verordnung über die technischen Rahmenbedingungen des elektronischen Rechtsverkehrs und über das besondere elektronische Behördenpostfach (**Elektronischer-Rechtsverkehr-Verordnung – ERVV**) geschehen. In § 3 ERVV findet sich erneut eine Ausnahme vom Prinzip der elektronischen Kommunikation. Nach dieser Vorschrift darf derjenige, der glaubhaft macht, dass die nach § 5 I Nr. 3

---

21 Kritisch zum Erfordernis der Zustimmung z. B. *H. Müller*, NJW 2021, 3281 (3285).

22 Vgl. zum Umgang mit dem elektronischen Empfangsbekenntnis *Biallaß*, NJW 2019, 3495 ff.

23 BR-Drs. 503/12, S. 7.

24 BR-Drs. 145/21, S. 2 f.

25 BR-Drs. 145/21, S. 37; kritisch *Burianski*, AnwBl 2013, 96 (97); *Herberger*, JurPC Web-Dok. 81/2013, Abs. 33 (unter Hinweis auf die Akzeptanzproblematik).

26 Vgl. *Lummel*, NJW-Spezial 2013, 510.

ERVV bekanntgemachten Höchstgrenzen für die Anzahl oder das Volumen elektronischer Dokumente nicht eingehalten werden können, die Übermittlung als Schriftsatz nach den allgemeinen Vorschriften vornehmen, wobei es der Verordnungsgeber als wünschenswert erachtet, den Schriftsatz und die Anlagen als elektronisches Dokument auf einem nach § 5 I Nr. 4 bekanntgemachten zulässigen physischen Datenträger beizufügen. In der Bekanntmachung zu § 5 der Elektronischer-Rechtsverkehr-Verordnung vom 22.12.2017 war unter Nummer 2 lit. b) das Volumen elektronischer Dokumente in einer Nachricht auf höchstens 60 Megabyte beschränkt. Diese Begrenzung der Dateigröße wurde kritisch beurteilt, weil es sich nicht um eine technisch erforderliche Grenze handele. Deshalb wurde die Aufgabe dieser Grenze gefordert.[27] Im Übrigen war dem Gesetzgeber bewusst, dass eine möglichst zeitnahe und deutliche Erhöhung der Volumengrenzen vorzunehmen sein wird.[28] Für einen effektiven und konsequent ausgestalteten elektronischen Rechtsverkehr ist es unumgänglich, diesen Schritt möglichst bald zu vollziehen. Die Elektronischer-Rechtsverkehr-Bekanntmachung 2022 (ERVB 2022) hielt zwar bis zum 31.3.2022 an der Begrenzung auf 60 Megabyte fest. Zum 1. April 2022 wurden die Anzahl und das Volumen dann aber angehoben. So durften maximal 200 Dateien und höchstens 100 Megabyte eingereicht werden. Ab dem 1. Januar 2023 bis mindestens zum 31. Dezember 2023 beläuft sich die Begrenzung auf höchstens 1.000 Dateien und höchstens 200 Megabyte.[29]

Sollte ein elektronisches Dokument für das Gericht zur Bearbeitung nicht geeignet 9
sein, ist dies dem Absender unter Hinweis auf die Unwirksamkeit des Eingangs *unverzüglich* mitzuteilen, § 130a VI S. 1 ZPO. Sofern der Absender das elektronische Dokument dann *unverzüglich* in einer für das Gericht zur Bearbeitung geeigneten Form nachreicht und glaubhaft macht, dass es mit dem zuerst eingereichten Dokument inhaltlich übereinstimmt, gilt das Dokument als zum Zeitpunkt der früheren Einreichung eingegangen, § 130a VI 2 ZPO. Das zweimal auftauchende Tatbestandsmerkmal „unverzüglich" kann nicht in beiden Fällen gleich verstanden werden. Falls ein Dokument bei Gericht eingeht, das für die Bearbeitung nicht geeignet ist, lässt sich dies aufgrund der formellen Vorgaben technisch feststellen, sodass eine nahezu sofortige Rückmeldung an den Einreichenden möglich ist. Deswegen darf hier „unverzüglich" nicht im Sinne von § 121 I 1 BGB („ohne schuldhaftes Zögern") verstanden werden. Anders ist dies bei dem Erfordernis der unverzüglichen Nachreichung. Hier ist eine aktive Handlung auf der Seite des Einreichenden erforderlich, die dieser ohne schuldhaftes Zögern zu vollziehen hat.[30]

---

27 *H. Müller*, NZA 2019, 11 (12). Das Landgericht München I hat intern über eine Cloudlösung für große Datenmengen diskutiert. Auf Anfrage wurde mitgeteilt, dass dieser Plan einstweilen nicht weiter verfolgt wird.

28 Vgl. BR-Drs. 645/17, S. 17.

29 Zweite Bekanntmachung zu § 5 der Elektronischer-Rechtsverkehr-Verordnung (2. Elektronischer-Rechtsverkehr-Bekanntmachung 2022 – 2. ERVB 2022) vom 10. Februar 2022.

30 Vgl. dazu im Kontext der Parallelnorm des § 46c VI ArbGG *Herberger*, in: Schwab/Weth, ArbGG, 6. Aufl. 2021, § 46c ArbGG, Rn. 88.

D. Übermittlung elektronischer Dokumente

10 Nach § 130a III 1 ZPO muss ein elektronisches Dokument entweder mit einer qualifizierten elektronischen Signatur der verantwortenden Person versehen sein oder von der verantwortenden Person signiert und auf einem sicheren Übermittlungsweg eingereicht werden. Sind diese Voraussetzungen nicht erfüllt, ist die prozessuale Form nicht gewahrt.[31]

I. Signaturen

1. Qualifizierte elektronische Signatur

11 Unter einer qualifizierten elektronischen Signatur ist eine fortgeschrittene elektronische Signatur zu verstehen, die von einer qualifizierten elektronischen Signaturerstellungseinheit erstellt wurde und auf einem qualifizierten Zertifikat für elektronische Signaturen beruht (vgl. Art. 3 Nr. 12 eIDAS-VO). Zweck der qualifizierten elektronischen Signatur ist es, die Authentizität und die Integrität eines Dokuments zu gewährleisten.[32]

12 Was die Anforderungen an eine qualifizierte Signatur angeht, war zunächst angenommen worden, dass eine sog. **Containersignatur** ausreichend sei. Durch eine solche Signatur werden nicht die einzelnen Dokumente, sondern ein aus mehreren Dateien bestehender Container qualifiziert elektronisch signiert.[33] Diese Signatur wurde mit dem Bild eines Siegels veranschaulicht, das auf der Rückseite eines Briefumschlags angebracht ist, in dem sich nicht unterschriebene Dokumente befinden.[34] Nunmehr legt § 4 II ERVV fest, dass mehrere elektronische Dokumente nicht mit einer gemeinsamen qualifizierten elektronischen Signatur übermittelt werden dürfen. Trotz dieses klaren Wortlauts wird darüber nachgedacht, ob § 4 II ERVV einschränkend auszulegen sei.[35] Das Verbot könne sich – bei **verfassungskonformer Auslegung** – nicht auf mehrere elektronische Dokumente beziehen, die alle *ein* Verfahren betreffen und bei nicht elektronisch geführten Akten mit dem Ergebnis der Signaturprüfung auf Papier ausgedruckt werden. In diesem Fall soll die Containersignatur nämlich eine Überprüfung der Authentizität und Integrität des elektronischen Dokuments ermöglichen.[36] Der BGH hingegen interpretiert § 4 II ERVV – im Einklang mit dem Wortlaut und der Entstehungsgeschichte der Vorschrift[37] – als generelles Verbot der Containersigna-

---

31 BT-Drs. 17/12634, S. 25.

32 BGH NJW 2013, 2034 f. Vgl. zu weiteren Einzelheiten *Riehm*, in: FS Hager, 71 (75 ff.) und *ders.* zu denkbaren Visionen in: Reuß/Windau, Göttinger Kolloquien zur Digitalisierung des Zivilverfahrens, 2021, 123 ff.

33 *Bernhardt/Leeb* in: Heckmann/Paschke, jurisPK-Internetrecht, 7. Aufl., Kap. 6, Rn. 232.

34 *Bacher*, NJW 2009, 1548.

35 Vgl. dazu ausführlicher *Herberger*, in: Schwab/Weth, ArbGG, 6. Aufl. 2021, § 46c ArbGG, Rn. 31.

36 OLG Brandenburg NJW 2018, 1482 (1483); LSG Niedersachsen-Bremen, Urt. v. 10.10.2018, L 2 R 117/18.

37 Vgl. dazu BR-Drs. 645/17, S. 15.

tur.[38] Für diese Betrachtungsweise wird außerdem der mit der Regelung verfolgte Zweck der Rechtsklarheit und der Rechtssicherheit genannt. Bei der vorgeschlagenen teleologischen Reduktion von § 4 II ERVV müsste ein Absender elektronischer Dokumente wissen, auf welche Art das jeweilige Gericht die Akten führt. Ansonsten wäre der Absender nicht in der Lage, formunwirksame Übermittlungen zu vermeiden. Es könne auch nicht die Rede davon sein, dass § 4 II ERVV den Zugang zu Gericht unzumutbar beschränke. Denn den Rechtssuchenden stehen zumutbare andere Übermittlungswege zur Verfügung.[39] Der Gedanke der verfassungskonformen Auslegung kann angesichts dieser Umstände nicht gegen den klaren Wortlaut der Verordnung ins Feld geführt werden.

Es existieren verschiedene Möglichkeiten, um die qualifizierte elektronische Signatur der Ausgangsdatei „beizufügen". Die qualifizierte elektronische Signatur kann – **detached** – zu der Ausgangsdatei als weitere Datei gespeichert werden. Technisch möglich ist es aber auch, das Ausgangsdokument im Wege des **enveloping** mit in die Signaturdatei aufzunehmen. Spiegelbildlich dazu kann das Ausgangsdokument die Signaturdatei aufnehmen **(enveloped, inline, embedded)**.[40] Nach § 5 I Nr. 5 ERVV i.V.m. Nr. 5 Elektronischer-Rechtsverkehr-Bekanntmachung 2022 (ERVB 2022) ist entweder eine detached-signature (lit. a) oder eine inline-signature (lit. b) zu verwenden. Nicht in Betracht kommt demnach die enveloping-signature.[41] 13

2. Einfache Signatur

Eine einfache Signatur besteht aus Daten in elektronischer Form, die anderen elektronischen Daten beigefügt oder logisch mit ihnen verbunden werden und die der Unterzeichner zum Unterzeichnen verwendet (vgl. Art. 3 Nr. 10 eIDAS-VO). Es genügt also die bloße Wiedergabe des Namens am Ende des Textes.[42] Mit anderen Worten: Es ist ausreichend, den Namen in Buchstabenform darzustellen. Einer irgendwie gearteten Abbildung der handschriftlichen Unterschrift bedarf es nicht. Mit dem Hinzufügen des Namens bringt die verantwortende Person zum Ausdruck, dass sie die inhaltliche Verantwortung für das Dokument übernehmen will.[43] 14

---

38 BGH NJW 2019, 2230 (2232). So auch BAG NJW 2018, 2978; BSG NJW 2018, 2222 (2223); MüKo-ZPO/*Fritsche*, 6. Aufl. 2020, § 130a ZPO, Rn. 13; *Plum*, NJW 2018, 2224; *Radke*, jM 2019, 189 (191).

39 BGH NJW 2019, 2230 (2232).

40 Vgl. zu diesen Möglichkeiten den beA-Newsletter 14/2017 v. 6.4.2017, https://www.brak.de/zur-rechtspolitik/newsletter/bea-newsletter/2017/ausgabe-14-2017-v-06042017.

41 Vgl. zu den Konsequenzen bei Verwendung einer enveloping-signature *Ulrich/Schmieder*, NJW 2019, 113 (115).

42 BGH, Beschl. v. 7.9. 2022, XII ZB 215/22; *Bacher*, NJW 2015, 2753.

43 BT-Drs. 17/12634, S. 25.

II. Übermittlungswege

15 Wie ein elektronisches Dokument zu übermitteln ist, hängt davon ab, ob es mit einer qualifizierten oder mit einer einfachen elektronischen Signatur versehen ist.

16 Auf welchem Wege ein elektronisches Dokument zu übermitteln ist, das mit einer qualifizierten elektronischen Signatur versehen ist, richtet sich nach § 130a II 2 ZPO i.V.m. Elektronischer-Rechtsverkehr-Verordnung (ERVV).[44] In diesem Sinne legt § 4 I ERVV fest, dass ein solches Dokument entweder auf einem sicheren Übermittlungsweg (Nr. 1; vgl. dazu § 130a IV ZPO[45]) oder an das für den Empfang elektronischer Dokumente eingerichtete Elektronische Gerichts- und Verwaltungspostfach des Gerichts (EGVP, vgl. dazu sogleich unter 1.) über eine Anwendung, die auf OSCI oder einem diesen ersetzenden, dem jeweiligen Stand der Technik entsprechenden Protokollstandard beruht (Nr. 2), eingereicht werden kann.

17 Einfach elektronisch signierte elektronische Dokumente müssen auf einem **sicheren Übermittlungsweg** i.S.v. § 130a IV ZPO (vgl. dazu sogleich unter 2. ff.) eingereicht werden. Eine Einreichung via EGVP genügt den normativen Vorgaben nicht. Eine elektronische Übermittlung über einen sicheren Übermittlungsweg ist nur dann ohne qualifizierte elektronische Signatur zulässig, wenn der Aussteller das Dokument eigenhändig aus seinem Postfach versendet. Nur so ist mit Blick auf Authentifizierung und Finalisierung (Abgrenzung zu einem bloßen Entwurf) eine hinreichende Vergleichbarkeit mit einer Unterschrift bzw. einer qualifizierten elektronischen Signatur gegeben.[46]

1. Das Elektronischen Gerichts- und Verwaltungspostfach (EGVP)

18 Das Elektronische Gerichts- und Verwaltungspostfach (EGVP) ist ein Verfahren zum Versand von Schriftsätzen und anderen Dokumenten über das Internet. Zum Einsatz kommt zur Übertragung von EGVP-Nachrichten derzeit das Online Services Computer Interface-Verfahren.[47] Dieses sog. **OSCI-Verfahren** ist ein für den Bereich der Verwaltung entwickeltes Übertragungsverfahren, welches spezielle Mechanismen zur Signatur und Verschlüsselung der übermittelten Nachrichten beinhaltet.[48] Auf diese Weise wird eine echte Ende-zu-Ende-Verschlüsselung zwischen Absender und Empfänger gewähr-

---

44 BT-Drs. 17/12634, S. 25.

45 Dem Wortlaut von § 130a IV ZPO lässt sich nicht eindeutig entnehmen, ob die in § 130a IV ZPO genannten sicheren Übermittlungswege nur für den Versand von elektronischen Dokumenten von Dritten an die Justiz gelten oder darüber hinaus auch umgekehrt für den Versand durch die Justiz an Dritte. Die Arbeitsgruppe Modernisierung des Zivilprozesses, Diskussionspapier, S. 14 fordert deswegen eine Klarstellung hin zu einer wechselseitigen Geltung. Vgl. zum Prinzip der Gegenseitigkeit bereits *Herberger*, JurPC Web-Dok. 81/2013, Abs. 12ff.

46 BSG, Beschl. v. 18.11.2020, B 1 KR 1/20 B; BAG NJW 2020, 2351 (2353); OLG Braunschweig NJW 2019, 2176 (2177); *Leuering*, NJW 2019, 2739 (2741f.); *H. Müller*, NZA 2019, 1682 (1683); *Poguntke/von Villiez*, NZA 2019, 1097 (1098f.).

47 *Bacher*, NJW 2009, 1548 (1551).

48 *Bacher*, NJW 2009, 1548 (1551).

leistet.[49] Die Adressierbarkeit innerhalb der EGVP-Struktur wird durch Verzeichnisdienste nach dem **SAFE-Standard** realisiert.[50]

2. De-Mail-Konto

19 Zunächst existierte nur *ein* sicherer Übermittlungsweg, der auch Bürgerinnen und Bürgern zur Verfügung stand. Dies war (und ist) der Postfach- und Versanddienst eines De-Mail-Kontos, wenn der Absender bei Versand der Nachricht sicher im Sinne des § 4 I 2 des De-Mail-Gesetzes angemeldet ist und er sich die sichere Anmeldung gemäß § 5 V des De-Mail-Gesetzes bestätigen lässt (vgl. § 130a IV Nr. 1 ZPO). Voraussetzung ist also eine sog. **absenderbestätigte De-Mail.**[51] Eine nicht-absenderbestätigte De-Mail genügt den Anforderungen – genauso wie eine gewöhnliche E-Mail – nicht.[52] Anders als das EGVP beruht De-Mail auf E-Mail-Protokollen. Deshalb muss die Justiz, die selbst über keine eigenen De-Mail-Postfächer verfügt[53] – als Brücke zwischen dem De-Mail-System und dem EGVP – ein sog. Gateway einsetzen.[54] Eine De-Mail-Nachricht wird auf dem Übermittlungsweg zwischen dem De-Mail-Provider des Absenders und dem De-Mail-Provider des Empfängers verschlüsselt übertragen.[55] Es handelt sich jedoch standardmäßig nicht um eine Ende-zu-Ende-Verschlüsselung im informationstechnischen Sinne. Allerdings besteht seit 2015 die Möglichkeit, dass der Anwender mit Hilfe eines Browser-Plug-Ins für sich eine Ende-zu-Ende-Verschlüsselung realisiert.[56]

20 Der De-Mail-Übermittlungsweg wird immer wieder kritisch beurteilt. Da sich diese Kommunikationsmethode nicht durchgesetzt hat,[57] wird die Streichung dieses Übermittlungsweges gefordert.[58] Die Telekom hat sich in einem ersten Schritt dafür entschieden, den Dienst nicht mehr aktiv zu vermarkten, ihn aber Bestandskunden weiterhin anzubieten.[59] Im Sommer 2021 fiel dann die Entscheidung, das De-Mail-Angebot zum 31.8. 2022 abzuschalten. Da allerdings die Telekom nicht der einzige De-Mail-Anbieter

---

49 *Löschhorn*, MMR 2018, 204 (205).

50 Zu den technischen Einzelheiten vgl. https://egvp.justiz.de/Drittprodukte/SAFE_Abbildungsvorschrift_SAFE_ID_V2.pdf. Dazu auch *Löschhorn*, MMR 2018, 204 (205).

51 *Ulrich/Schmieder*, NJW 2019, 113 (114). Vgl. zur Prüfung der Absenderauthentifizierung z.B. VG Karlsruhe, Urt. v. 29.3.2021, 2 K 3855/20.

52 *Ulrich/Schmieder*, NJW 2019, 113 (114).

53 Das übersehen Hoeren/Sieber/Holznagel/*Kersting*/*Wettich*, Multimediarecht, Teil 24 Rn. 40.

54 *Ulrich/Schmieder*, NJW 2019, 113 (114). Vgl. zu datenschutzrechtlichen Bedenken BeckOK Datenschutzrecht/*Schild*, 36. Edition 2021, Syst. E. Datenschutz bei Gerichten und Staatsanwaltschaften, Rn. 50i.

55 jurisPK-ERV/*H. Müller*, Band 2, 2020, § 130a ZPO, Rn. 93.

56 *Brosch/Lummel/Sandkühler/Freiheit*, Elektronischer Rechtsverkehr mit dem beA: Eine Einführung, 2017, Rn. 92; *Vogelgesang*, Der elektronische Rechtsverkehr, die elektronische Akte und das Zivilverfahrensrecht: Probleme und Chancen, 2020, S. 100 f.

57 Vgl. z.B. Hk-ZPO/*Saenger*, 9. Aufl. 2021, Einführung, Rn. 35.12; *Natter/Gomm*, NZA 2021, 261 (263).

58 Vgl. z.B. *Natter/Gomm*, NZA 2021, 261 (263).

59 *Rosenbach*, Telekom-Chef erklärt De-Mail zum »toten Gaul«, www.spiegel.de/netzwelt/web/timotheus-hoettges-telekom-chef-erklaert-de-mail-zum-toten-gaul-a-3a60e22c-9769-4e7a-a39d-1567a91fb857.

auf dem Markt war, folgt aus der Entscheidung der Telekom nicht das offizielle Ende des De-Mail-Dienstes.[60] Zu berücksichtigen ist für die Dauer der Koexistenz von De-Mail- und beA-Eingaben, dass die Gerichte infrastrukturell dazu gezwungen sind, die De-Mail-Eingänge separat für die Weiterverarbeitung bei Gericht aufzubereiten. Generell ist es im Sinne der Vereinfachung einer IT-Infrastruktur immer von Vorteil, wenn unnötige Gateways vermieden werden können. Je einfacher die Architektur ist, desto leichter und kostengünstiger ist sie zu pflegen. Auch sicherheitstechnisch ergeben sich dann Vorteile.

3. Besonderes elektronisches Anwaltspostfach (beA)

21 Der Übermittlungsweg zwischen dem besonderen elektronischen Anwaltspostfach (sog. beA) nach § 31a BRAO oder einem entsprechenden, auf gesetzlicher Grundlage errichteten elektronischen Postfach und der elektronischen Poststelle des Gerichts stellt einen weiteren sicheren Übermittlungsweg dar (vgl. § 130a IV Nr. 2 ZPO). Nach § 31c Nr. 3 BRAO werden Einzelheiten des beA in der **Rechtsanwaltsverzeichnis- und -postfachverordnung (RAVPV)** geregelt. Das beA stellt derzeit den in der Praxis bedeutsamsten sicheren Übermittlungsweg dar.

22 Das beA arbeitet nicht mit einer **Ende-zu-Ende-Verschlüsselung**. Bei einer Ende-zu-Ende-Verschlüsselung erfolgt die Verschlüsselung der Informationen am Ort des Senders und die Entschlüsselung am Ort des Empfängers. Der dazwischen liegende Kommunikationskanal beeinflusst die Chiffrierung nicht. Es besteht keine Möglichkeit, die Nachricht innerhalb der digitalen Übertragungskette in den ursprünglichen Klartext umzuwandeln.[61] Der BGH hat entschieden, dass die BRAK weder nach einfachgesetzlich normierten Vorgaben noch von Verfassungs wegen verpflichtet sei, das beA mit einer Ende-zu-Ende-Verschlüsselung zu versehen. Zur Begründung wurde u.a. ausgeführt, dass eine „sichere Kommunikation im Rechtssinne" keine Freiheit von jeglichen Risiken erfordere. Ausreichend sei es, wenn das gewählte Übermittlungssystem einen Sicherheitsstandard erreiche, der – unter Berücksichtigung der Funktionalität – dem Stand der Technik entsprechend, voraussichtlich eine störungs- und gefahrfreie Übermittlung ermögliche und Risiken für die Vertraulichkeit möglichst weitgehend ausschließe.[62] Berücksichtigt man, dass der Stand der Technik einer ständigen Weiterentwicklung unterliegt, wird das beA in Zukunft möglicherweise doch mit einer Ende-zu-Ende-Verschlüsselung arbeiten müssen.[63]

---

60 Vgl. *Rosenbach*, Gefloppter E-Mail-Dienst: Telekom schaltet De-Mail ab, www.spiegel.de/netzwelt/netzpolitik/telekom-schaltet-de-mail-ab-a-1cf7a036-c4ad-4d3c-b8d8-2f3d1afa7944.

61 BGH MMR 2021, 551 (552).

62 BGH MMR 2021, 551 (552).

63 So auch *Danz*, RDi 2021, 352 (353).

Nach § 23 III 5 RAVPV kann der Inhaber eines beA das Recht, nicht-qualifiziert elektronisch signierte Dokumente auf einem sicheren Übermittlungsweg zu versenden, nicht auf andere Personen übertragen. 23

Nach § 130a IV Nr. 2 ZPO sind sichere Übermittlungswege zudem die zwischen den (dem beA entsprechenden) auf gesetzlicher Grundlage errichteten elektronischen Postfächern und der elektronischen Poststelle des Gerichts. Ein erster solcher Übermittlungsweg ist das **besondere elektronische Notarpostfach** (beN, vgl. § 78n BNotO).[64] 24

Hinzugekommen ist zum 1.8.2022 das **besondere elektronische Steuerberaterpostfach** (beSt, vgl. § 86d StBerG). Seit dem 1.8.2022 ist außerdem der Übermittlungsweg zwischen dem besonderen elektronischen Anwaltspostfach nach § 31b BRAO und der elektronischen Poststelle des Gerichts ein weiterer sicherer Übermittlungsweg.[65] Auf der Grundlage von § 31b BRAO wird die BRAK verpflichtet, besondere elektronische Anwaltspostfächer für **Berufsausübungsgesellschaften** einzurichten. 25

4. Besonderes elektronisches Behördenpostfach (beBPO)

Ein sicherer Übermittlungsweg ist außerdem der Übermittlungsweg zwischen einem nach Durchführung eines Identifizierungsverfahrens eingerichteten Postfachs einer Behörde oder einer juristischen Person des öffentlichen Rechts und der elektronischen Poststelle des Gerichts (vgl. § 130a IV Nr. 3 ZPO). 26

5. Besonderes elektronisches Bürger- und Organisationen-Postfach (eBO)

Nach § 130a IV Nr. 4 ZPO ist der Übermittlungsweg zwischen einem nach Durchführung eines Identifizierungsverfahrens eingerichteten elektronischen Postfach einer natürlichen oder juristischen Person oder einer sonstigen Vereinigung und der elektronischen Poststelle des Gerichts ein weiterer sicherer Übermittlungsweg.[66] 27

Ob das eBO den elektronischen Zugang zu Gericht für Bürgerinnen und Bürger erleichtern kann, wird bezweifelt.[67] Indes wird das eBO für Bürgerinnen und Bürger zumindest so lange Nutzen entfalten können, bis die **Verwaltungsportale** ihre Massentauglichkeit unter Beweis gestellt haben.[68] Aber auch dann dürfte das eBO nicht über- 28

64 Vgl. zu Einzelheiten zum beN die Verordnung über das Notarverzeichnis und die besonderen elektronischen Notarpostfächer (NotVPV).

65 BGBl. I 2021, 2363 (2430). Vgl. dazu z. B. *H. Müller*, NJW 2021, 3281 (3283).

66 Die Einrichtung eines eBO wird beschrieben unter https://egvp.justiz.de/buerger_organisationen/index.php.

67 *Skrobotz*, jurisPR-ITR 3/2021 Anm. 2. Kritisch auch *Riehm*, in: FS Hager, S. 71 (S. 90), der anmerkt, dass so „die ‚Insellösung' von beA, EGVP & Co. gestärkt wird". Vgl. zu dem zusätzlichen Aufwand für die Länderprüfstellen *H. Müller*, NJW 2021, 3281 (3284).

68 *D. Müller/Gomm*, jM 2021, 222 (223).

flüssig werden. Vielmehr bleibt es weiterhin für professionelle Verfahrensbeteiligte notwendig.[69]

6. Verwaltungsportale nach dem Onlinezugangsgesetz

29 Außerdem ist der Übermittlungsweg zwischen einem nach Durchführung eines Identifizierungsverfahrens genutzten Postfach- und Versanddienst eines Nutzerkontos im Sinne des § 2 V des Onlinezugangsgesetzes (OZG) und der elektronischen Poststelle des Gerichts ein sicherer Übermittlungsweg (§ 130a IV Nr. 5 ZPO). Nach § 1 I OZG sind Bund und Länder verpflichtet, bis spätestens Ende 2022 ihre Verwaltungsleistungen auch elektronisch über Verwaltungsportale anzubieten.[70] Dieser Kommunikationsweg wird für Bürgerinnen und Bürger interessant sein, die nicht regelmäßig mit der Justiz in Kontakt treten und deshalb keinen justizspezifischen Kommunikationsweg einrichten wollen.[71] Das Nutzerkonto hat zwei Funktionen. Zum einen können sich Nutzer über Nutzerkonten einheitlich identifizieren und authentifizieren (§ 3 II 1 OZG). Ein Nutzerkonto ist eine zentrale **Identifizierungs- und Authentifizierungskomponente** (§ 2 V 1 OZG). Damit ist also die Authentifizierungsfunktion angesprochen. Darüber hinaus hat ein Nutzerkonto aber zusätzlich eine weitere Funktion. Es soll über ein Nachrichtenpostfach auch die elektronische Kommunikation ermöglichen (**Kommunikationsfunktion**).[72] Zur Erleichterung der Kommunikation will der Gesetzgeber, dass De-Mail-Adressen und/oder E-Mailadressen der Nutzer erhoben und gespeichert werden.[73]

7. Sonstige bundeseinheitliche Übermittlungswege

30 § 130a IV Nr. 6 ZPO enthält eine Verordnungsermächtigung für die Bundesregierung, die mit Zustimmung des Bundesrates weitere bundeseinheitliche Übermittlungswege festlegen kann, vorausgesetzt, die Authentizität und die Integrität der Daten sowie die Barrierefreiheit sind gewährleistet. Auf diese Weise sollte – dem Gebot der Nachhaltigkeit entsprechend – eine technologieoffene Regelung geschaffen werden, die es ermöglicht, die elektronische Kommunikation künftigen technischen Entwicklungen auf dem Gebiet der Übermittlungswege zeitnah anzupassen.[74] Auf dieser Grundlage wird darüber nach-

69 *D. Müller/Gomm*, jM 2021, 222 (223); *Natter/Gomm*, NZA 2021, 261 (263). Das eBO befürwortend daher auch *Oltmanns*, NZA 2021, 525 (527).

70 Dieser Termin kann nach allgemeiner Einschätzung nicht mehr eingehalten werden, was die ambitionierten Zielsetzungen im OZG angeht.

71 *H. Müller*, NJW 2021, 3281 (3284); *Natter/Gomm*, NZA 2021, 261 (263).

72 BT-Drs. 18/11135, S. 5.

73 BT-Drs. 18/11135, S. 95.

74 BT-Drs. 17/12634, S. 26.

gedacht, den **E-POST-Brief** der Deutschen Post als weiteren sicheren Übermittlungsweg vorzusehen.[75]

8. Vorschläge de lege ferenda

Die Arbeitsgruppe „Modernisierung des Zivilprozesses" erachtet es als notwendig, die elektronische Kommunikation zwischen Bürgerinnen und Bürgern und der Justiz zu verbessern. Zu Recht nimmt die Arbeitsgruppe gegenüber einer Kommunikation per E-Mail eine ablehnende Haltung ein. Die Missbrauchsmöglichkeiten stellten eine zu große Gefahr dar.[76] Die Arbeitsgruppe befürwortet stattdessen – in Anlehnung an das Regelungskonzept der Arbeitsgruppe „IT-Standards in der Justiz" der Bund-Länder-Kommission für Informationstechnik in der Justiz –, das EGVP zu einem sicheren Übermittlungsweg i.S.v. § 130a IV ZPO zu erklären.[77] 31

Außerdem wird von der Arbeitsgruppe die Schaffung eines **elektronischen Nachrichtenraums** vorgeschlagen, und zwar in Verfahren, in denen sämtliche Parteien anwaltlich vertreten sind. Dadurch soll mittels moderner Kommunikationsmittel die Kommunikation des Gerichts mit den Verfahrensbeteiligten mit Blick auf einen informellen Nachrichtenaustausch erleichtert werden.[78] Dieser Ansatz ist zu begrüßen. So stünde der Praxis ein zeitgemäßer und sicherer Kommunikationsraum zur Verfügung.[79] Darauf aufbauend wird in dem Diskussionspapier angeregt, den elektronischen Nachrichtenraum zu einer **Dokumentenaustausch- und Arbeitsplattform** zu erweitern.[80] Auf diese Weise soll die gleichzeitige Zurverfügungstellung elektronischer Dokumente und gerichtlicher Entscheidungen für die Prozessbevollmächtigten und für das Gericht möglich werden. Diese Idee steht im Einklang mit zeitgemäßen Vorstellungen der Online-Kooperation.[81] Das darauf abzielende Konzept beruht darauf, dass die verschiedenen Akteure in einem Kommunikationszusammenhang an einer Stelle über alle nötigen Informationen verfügen, die für das jeweils zu erzielende Arbeitsergebnis relevant sind und entsprechend agieren können. 32

75 *Vogelgesang*, Der elektronische Rechtsverkehr, die elektronische Akte und das Zivilverfahrensrecht: Probleme und Chancen, 2020, S. 103.
76 Arbeitsgruppe Modernisierung des Zivilprozesses, Diskussionspapier, S. 21.
77 Arbeitsgruppe Modernisierung des Zivilprozesses, Diskussionspapier, S. 21 f.
78 Arbeitsgruppe Modernisierung des Zivilprozesses, Diskussionspapier, S. 26 ff.
79 *D. Müller/Gomm*, jM 2021, 222 (224).
80 Arbeitsgruppe Modernisierung des Zivilprozesses, Diskussionspapier, S. 29 f. Vgl. dazu § 25 (*Scherer/Jensen*) mit Blick auf die dortige Verbreitung derartiger Plattformen.
81 *D. Müller/Gomm*, jM 2021, 222 (224).

E. Zustellung (§ 173 I ZPO)

33 Wenn ein elektronisches Dokument zugestellt werden soll, muss das Dokument auf einem sicheren Übermittlungsweg i. S. v. § 130a IV ZPO übermittelt werden.

34 Offen ist nach wie vor die Frage, ob eine solche Zustellung weiterhin durch ein **elektronisches Empfangsbekenntnis** nachgewiesen werden sollte (§ 173 III 1 ZPO). Vieles spricht dafür, dass als Zustellungsnachweis heutigen technologischen Standards entsprechend die **automatisierte Eingangsbestätigung** genügen kann und muss.[82] Sollte die Lösung einer automatisierten Eingangsbestätigung nicht mehrheitsfähig sein, wäre über eine **Zustellungsfiktion** – auch für die in § 173 II ZPO Genannten – nachzudenken. Insofern wird eine Anlehnung an § 270 S. 2 ZPO (ein bis zwei Tage bei formloser Mitteilung), § 31 II 2 VwVfG (drei Tage bei elektronischer Übermittlung eines Verwaltungsakts) oder § 53 BRAO (Wochenfrist) diskutiert.[83]

F. Materiell-rechtliche Vorgaben zur elektronischen Form

35 Wenn eine gesetzlich vorgeschriebene schriftliche Form durch die elektronische Form ersetzt werden soll, was möglich ist, wenn sich aus dem Gesetz nicht ein anderes ergibt (§ 126 III BGB), muss der Aussteller der Erklärung dieser seinen Namen hinzufügen und das elektronische Dokument mit einer qualifizierten elektronischen Signatur versehen (§ 126a I BGB). Eine Konsequenz daraus ist, dass die materiell-rechtlichen Vorgaben zur elektronischen Form trotz korrekter digitaler Einreichung eines Schriftsatzes nicht immer eingehalten werden können, weil die prozessualen Vorgaben nicht nur mit einer qualifizierten elektronischen Signatur sondern auch mit einfacher Signatur und sicherem Übermittlungsweg eingehalten werden können, die materiell-rechtlichen Vorgaben hingegen nicht. Berücksichtigt man weiterhin, dass professionelle Einreicher nach § 130d ZPO verpflichtet sind, in Form eines elektronischen Dokuments einzureichen, zeigt sich, dass Schriftsatzkündigungen teilweise nicht mehr möglich sein werden.[84]

I. Ersetzungsbefugnis

36 Die materiell-rechtliche Schriftform kann nach § 126 III BGB dann nicht durch die elektronische Form ersetzt werden, wenn sich aus dem Gesetz ein anderes ergibt,[85] also z. B.

82 So auch der Vorschlag der Arbeitsgruppe „Modernisierung des Zivilprozesses“, S. 20.

83 So ein Vorschlag der Arbeitsgruppe „Modernisierung des Zivilprozesses“, S. 20.

84 Vgl. dazu z. B. *Ulrich/Schmieder*, JurPC Web-Dok. 56/2017, Abs. 8. Zu Überlegungen *de lege ferenda* siehe *Preuß*, ZZP 129 (2016), 421 (429).

85 Vgl. dazu *Riehm*, in: FS Hager, S. 71, (S. 91 f.), der diese Vorschrift für nicht mehr zeitgemäß hält. Es sei „Aufgabe der Softwaregestaltung, den Prozess der Signaturerstellung so auszugestalten, dass die Warnfunktion des Schriftformerfordernisses adäquat abgebildet wird.“

bei der Beendigung von Arbeitsverhältnissen durch Kündigung oder Auflösungsvertrag (§ 623 Hs. 2 BGB), bei der Zeugniserteilung nach § 630 S. 3 BGB (ebenso § 109 III GewO, § 16 I 2 BBiG), bei der Erteilung eines Leibrentenversprechens, soweit das Versprechen der Gewährung familienrechtlichen Unterhalts dient (§ 761 S. 3 BGB) sowie bei Bürgschaftserklärungen (§ 766 S. 2 BGB), bei Schuldversprechen (§ 780 S. 2 BGB) und bei Schuldanerkenntnissen (§ 781 S. 2 BGB). Darüber hinaus ist die elektronische Form in bestimmten Fällen „kraft Natur der Sache" kein Äquivalent für die Schriftform.[86] In diesem Sinne ist die Ersetzung der Schriftform durch die elektronische Form z.B. ausgeschlossen, wenn materiell-rechtlich die Aushändigung bzw. Ausstellung einer Urkunde gefordert wird. So ist beispielsweise eine Forderungsabtretungsanzeige nach § 409 I 2 BGB nicht in elektronischer Form möglich.[87] Der Ausschluss der Ersetzungsbefugnis ist **europarechtlich** nicht zu beanstanden. Zwar hat nach Art. 25 II eIDAS-VO eine qualifizierte elektronische Signatur die gleiche Rechtswirkung wie eine handschriftliche Unterschrift. Indes normiert Art. 2 III eIDAS-VO mit Blick auf den Anwendungsbereich der Verordnung, dass sie das nationale Recht in Bezug auf den Abschluss und die Gültigkeit von Verträgen nicht berührt. Daraus folgt, dass es dem nationalen Gesetzgeber überlassen bleibt, Anforderungen an Formvorschriften festzulegen bzw. für Erklärungen zusätzliche Anforderungen aufzustellen (z.B. Aushändigung einer Urkunde). Darin ist keine gegen Art. 25 II eIDAS-VO verstoßende Ungleichbehandlung von qualifizierten elektronischen Signaturen und der handschriftlichen Unterschrift zu sehen.[88]

II. Qualifizierte elektronische Signatur

Materiell-rechtlich kann die Schriftform nur dergestalt durch die elektronische Form 37
ersetzt werden, dass der Aussteller der Erklärung dieser seinen Namen hinzufügt und das elektronische Dokument mit einer qualifizierten elektronischen Signatur versieht (§ 126a I BGB). Soll also materiell-rechtlich die elektronische Form gewahrt bleiben, so ist – anders als auf der prozessualen Ebene – eine qualifizierte elektronische Signatur zwingend.[89] Mit anderen Worten: Mit einer qualifizierten elektronischen Signatur wird sowohl die prozessuale Form als auch die materiell-rechtliche Form gewahrt. Dies setzt freilich voraus, dass der Weg der elektronischen Form materiell-rechtlich überhaupt eröffnet ist.

86 BeckOGK/*Hecht*, § 126 BGB Rn. 69.

87 BeckOGK/*Lieder*, § 409 BGB Rn. 43. Ggf. kann eine solche aber als Anzeige des Altgläubigers i.S.v. § 409 I Satz 1 BGB aufrechterhalten bleiben, vgl. MüKo-BGB/*Roth*/*Kieninger*, 9. Aufl. 2022, § 409 BGB, Rn. 7.

88 So auch MüKoBGB/*Einsele*, 9. Aufl. 2021, § 126a BGB, Rn. 2; Herberger/Martinek/Rüßmann/Weth/Würdinger/*Junker*, § 126 BGB, Rn. 77; *Roßnagel*, MMR 2015, 359 (361f.); *Sosna*, CR 2014, 825 (826f.).

89 Nach § 37 S. 1 BRAO kann mittlerweile im Anwendungsbereich dieses Gesetzes die Schriftform durch eine Erklärung über das beA ersetzt werden, wenn Erklärender und Empfänger über ein solches verfügen.

G. Das System e-curia beim Gerichtshof der europäischen Union

38 Beim Gerichtshof der europäischen Union existiert seit November 2011 das System **e-Curia.**[90] Diese Informatikanwendung ermöglicht es, Verfahrensschriftstücke auf elektronischem Wege beim Gerichtshof der Europäischen Union einzureichen.[91] Während die Nutzung zunächst in das Belieben der Verfahrensbeteiligten gestellt war, ist e-Curia seit dem 1.12.2018 für die Einreichung beim Gericht (EuG) verbindlich.[92] Nach Art. 56a I der Verfahrensordnung des Gerichts (EuGVfO) ist grundsätzlich jedes Verfahrensschriftstück mittels e-Curia einzureichen. Spiegelbildlich dazu hat grundsätzlich jede Zustellung mittels e-Curia zu erfolgen. Beim Gerichtshof hingegen ist eine elektronische Einreichung nicht obligatorisch (vgl. Art. 57 der Verfahrensordnung des EuGH (EuGHVfO)).

39 Was die Funktionsweise von e-Curia angeht, handelt es sich um eine elektronische Authentifizierung unter Rückgriff auf eine persönliche Benutzerkennung in Verbindung mit einem persönlichen Passwort (vgl. ErwG 2 u. Art. 2 des Beschlusses des Gerichts vom 11. Juli 2018 über die Einreichung und die Zustellung von Verfahrensschriftstücken im Wege der Anwendung e-Curia[93] [im Folgenden: e-Curia-Beschluss EuG] bzw. ErwG 2 u. Art. 2 des Beschlusses des Gerichtshofs vom 16. Oktober 2018 über die Einreichung und die Zustellung von Verfahrensschriftstücken im Wege der Anwendung[94] [im Folgenden: e-Curia-Beschluss EuGH]). Die Verwendung der Benutzerkennung und des Passworts gilt als Unterzeichnung des betreffenden Schriftstücks (vgl. Art. 3 e-Curia-Beschluss EuG bzw. Art. 3 e-Curia-Beschluss EuGH). Die Verfahrensschriftstücke einschließlich der Urteile und Beschlüsse werden den Inhabern eines e-Curia-Kontos über e-Curia zugestellt (vgl. Art. 6 e-Curia-Beschluss EuG bzw. Art. 6 e-Curia-Beschluss EuGH). Die Empfänger der Zustellungen werden per E-Mail von jeder neuen Zustellung benachrichtigt, die über e-Curia an sie gerichtet wird (vgl. Art. 6 e-Curia-Beschluss EuG bzw. Art. 7 e-Curia-Beschluss EuGH). E-Curia transportiert – anders als z.B. das beA – keine Nachrichten zwischen mehreren Empfängern. Vielmehr handelt es sich lediglich um einen Formularservice. Dokumente werden demnach für den Gerichtshof der europäischen Union nur hochgeladen bzw. heruntergeladen.

---

90 Vgl. dazu *Herberger*, MDR 2021, 1508ff.

91 Vgl. den Beschluss des Gerichts vom 13. September 2011 über die Einreichung und die Zustellung von Verfahrensschriftstücken im Wege der Anwendung e-Curia (2011/C 289/06), ABl. 2011, C 289/7.

92 Vgl. den Beschluss des Gerichts vom 11. Juli 2018 über die Einreichung und die Zustellung von Verfahrensschriftstücken im Wege der Anwendung e-Curia, ABl. 2018, L 240/72.

93 ABl. 2018, L 240/72.

94 ABl. 2018, L 293/36.

H. Ausblick

In Zukunft wird sich die Frage stellen, ob man über die Abbildung aus der analogen Welt bekannter Abläufe hinaus neue Workflow-Modellierungen zu erarbeiten hat. An der bisherigen Strategie wurde bezogen auf diesen Gesichtspunkt Kritik dahingehend geübt, dass man es überwiegend mit einer „Digitalisierung der Postkutsche“[95] zu tun habe. Diese Metapher sollte veranschaulichen, dass im Mittelpunkt zahlreicher Prozeduren ein Transportgedanke steht. Für den Gesamtablauf nötige Informationen werden in Gestalt von Dokumenten von A nach B transportiert. Dies kommt u. a. dadurch zum Ausdruck, dass von Übermittlungswegen gesprochen wird und Regelungen getroffen werden, um diese Übermittlungswege auszugestalten. Ein Alternativkonzept verabschiedet sich vom Gedanken des Transports und stellt gemeinsame virtuelle Arbeitsräume zur Verfügung, in denen die einzelnen Arbeitsschritte vollzogen werden. Auf diese Weise kommt es zu einer Zusammenarbeit an „Ort und Stelle“. Derartige Konzepte setzen cloudbasierte Implementationen voraus. Insofern kann der Gedanke aus dem Diskussionspapier „Arbeitsgruppe Modernisierung des Zivilprozesses“ zum gemeinsamen elektronischen Dokument („Basisdokument“) einen gedanklichen Ausgangspunkt bilden. Es lässt sich aber nicht verkennen, dass es bei einer solchen Neuorientierung nicht nur um Organisation geht, sondern auch um die Veränderung von Mentalitäten. Ohne eine solche gedankliche Neuorientierung kann weder Effizienz gewährleistet werden noch Akzeptanz entstehen.[96] 40

95 *Köbler*, JurPC Web-Dok. 157/2014, Abs. 2.

96 Vgl. für einen Vorschlag zur gedanklichen Neuorientierung *Riehm* in: Reuß/Windau, Göttinger Kolloquien zur Digitalisierung des Zivilverfahrens, 2021, 123 ff.

Marie Herberger

Miriam Jansen und Christian Schlicht

§ 15 Elektronische Akte

Gliederungsübersicht **Rn.**

Literatur: *Gomm*, Die elektronische Akte in der Justiz, in Ory/Weth (Hrsg.), jurisPK-ERV, Band 1, 2. Aufl., Kapitel 6 (Stand: 1.6.2022); *Gomm*, Akteneinsicht, in Ory/Weth (Hrsg.), jurisPK-ERV, Band 1, 2. Aufl., Kapitel 5.2 (Stand: 1.6.2022); *Jandt/Nebel/Nielsen*, Elektronische Gerichtsakten – Neue Herausforderungen für die Tätigkeit des Sachverständigen, DS 2016, 248ff.; *Jansen*, Kommunikation Gericht-Dritte, in Ory/Weth (Hrsg.), jurisPK-ERV Band 1, 2. Aufl., Kapitel 5.3 (Stand: 1.6.2022); *Lerch/Valdini*, Herausforderungen an den Zivilprozess bei Massenverfahren, NJW 2023, 420ff.; *Pesch/Werner*, Einführung der elektronischen Akte – Bericht aus Köln, DRiZ 2023, 90ff.; *Schmieder/Ulrich*, Die untrennbare Verbindung bei elektronischer Aktenführung, NJW 2015, 3482ff.; *Ulrich/Schmieder*, Elektronische Aktenführung und elektronischer Rechtsverkehr jenseits der ZPO, jM 2017, 398ff.; *Viefhues*, Die Chancen der E-Akte, DRiZ 2015, 312ff.; *Vogelgesang*, Verschiedene E-Akten-Systeme: Beispiel für ein gesetzgeberisches Versagen bei der Einführung der elektronischen Akte?, jM 2021, 51ff.; *Walter*, Neue Wege im Sachverständigenbeweis, DS 2015, 205ff.

Miriam Jansen/Christian Schlicht

https://doi.org/10.1515/9783110755787-015

A. Einführung

Gerichte können ihre Akten gemäß § 298a ZPO, § 32 StPO, § 65b SGG, § 46e ArbGG, § 14 FamFG, § 55b VwGO, § 110a OWiG, § 135 GBO, § 52b FGO[1] elektronisch führen. Ab dem 1.1.2026 ist die elektronische Aktenführung verpflichtend (vgl. etwa § 298a Ia ZPO). Mit der Umstellung von der Papierakte auf die elektronische Akte bestreitet die Justiz eine Jahrhundertaufgabe. Neben technischen Herausforderungen stellen sich zahlreiche praktische und rechtliche Fragen, die auf Bundes-, Landes- und Gerichtsebene zu lösen sind und eine erhebliche Kraftanstrengung nicht zuletzt von den betroffenen Sachbearbeiter:innen[2] erfordern. Benötigt wurde nicht nur eine elektronische Akte (eAkte), die lediglich eine Informations- und Datensammlung darstellt, sondern ein umfassendes Arbeitstool, welches sowohl die ergonomische Darstellung des Akteninhaltes als auch die Einbindung der Fachprogramme beinhaltet und die Arbeitsabläufe innerhalb des Gerichts sowie die Kommunikation nach außen zu steuern vermag. 1

Um eine funktionsfähige elektronische Akte zu errichten sowie deren effiziente elektronische Bearbeitung zu ermöglichen, musste die Justiz Programme erstellen (lassen), mit denen die zahlreichen Anforderungen, die an die Arbeit der Justiz gestellt werden, umgesetzt werden können. Soweit nachfolgend die eAkte beschrieben wird, ist damit nicht lediglich die Anwendung gemeint, welche den (früher analogen) Akteninhalt strukturiert wiederzugeben vermag. Vielmehr wird das gesamte Programm dargestellt, wie es unter anderem in Nordrhein-Westfalen in Gebrauch ist und welches neben der Dokumentenwiedergabe auch die Bearbeitung inklusive der internen und externen Kommunikation beinhaltet.[3] Da die Justizverwaltungen in die Zuständigkeit der Länder fallen, überrascht es nicht, dass der eAkte bei den verschiedenen Gerichten keine bundeseinheitliche Anwendung zugrunde liegt, sondern sich Länder zu **Entwicklungsverbünden** zusammengeschlossen und individuelle Lösungen entwickelt haben. Dem e^2A-Verbund gehören Nordrhein-Westfalen, Niedersachen, Hessen, Sachsen-Anhalt, Saarland und Bremen an; dem Verbund ForumStar Bayern, Baden-Württemberg, Berlin, Brandenburg, Hamburg, Mecklenburg-Vorpommern, Rheinland-Pfalz, Sachsen, Schleswig-Holstein und Thüringen. Innerhalb des ForumStar-Verbundes ist es zur Entwicklung von zwei verschiedenen eAkten-Systemen gekommen: der eAkte als Service (eAS) und dem elektronischen Integrationsportal (eIP). Jedenfalls der e^2A-Verbund hat die zuvor genutzten Fachanwendungen 2

1 Im Folgenden wird vornehmlich auf die zivilprozessualen Vorschriften abgestellt, da die anderen Verfahrensordnungen weitestgehend gleichgelagerte Regelungen enthalten. Vgl. zur elektronischen Aktenführung und zum elektronischen Rechtsverkehr jenseits der ZPO *Ulrich/Schmieder*, jM 2017, 398.

2 Der Begriff wird im Folgenden – teilweise in Abhängigkeit vom konkreten Kontext – für alle Dienstzweige (Richter:innen, Rechtspfleger:innen, Kostenbeamt:innen, Serviceeinheiten, Wachtmeister:innen) verwendet.

3 Da die Autoren des Kapitels beide in NRW tätig sind und mit der eAkte des Systems e^2A (ergonomische elektronische Akte) arbeiten, beziehen sich die nachfolgenden Darstellungen zur Funktionsweise der elektronischen Akte auf diese Anwendung.

in die Aktenanwendung integriert, die als **Rahmenanwendung** ausgestaltet ist. Künftig soll aber ein bundesweites, gemeinsames Fachverfahren (gefa)[4] geschaffen werden. Die im Jahre 1969 durch die 37. Justizministerkonferenz gegründete Bund-Länder-Kommission (BLK) für Informationstechnik in der Justiz stellt einmal im Jahr Berichte der Länder für den Deutschen EDV-Gerichtstag zusammen, aus denen die Entwicklung des Einsatzes der Informationstechnik in der Justiz und damit auch der Entwicklungsstand betreffend die eAkten-Anwendungen hervorgeht.[5]

3 Bei der Abgabe von Akten, deren Beiziehung oder der Vernehmung von Zeug:innen durch die ersuchten Richter:innen müssen die Gerichte auch mit den eAkten anderer Gerichte arbeiten können. Daher war bei der Schaffung der Anwendungen stets im Blick zu halten, dass die Programme **kompatibel** sind.[6] Vor diesem Hintergrund werden über die BLK für Informationstechnik in der Justiz fortlaufend einheitliche Anforderungen erarbeitet. Diese Aufgabe erfüllt die BLK seit 2012 als Arbeitsgruppe des E-Justice-Rat, in dem die Amtschefinnen und Amtschefs der Bundesjustizverwaltung sowie der Landesjustizverwaltungen vertreten sind.

4 Die eAkte muss nach der gegenwärtigen Konzeption grundsätzlich denselben Anforderungen wie die Papierakte entsprechen. Die bereits für die in Papier geführten Akten entwickelten **Grundsätze der Aktenführung**, die sicherstellen sollen, dass die Akte den verfahrens- und verfassungsrechtlichen Anforderungen genügt, müssen erfüllt werden. Hierzu gehört, dass die Akte vollständig sein muss, also alle entscheidungsrelevanten Unterlagen und Bearbeitungsschritte in der Akte zu führen sind (Gebot der Aktenmäßigkeit und Vollständigkeit). Sie muss nachvollziehbar und wahrheitsgemäß geführt (Gebot der Nachvollziehbarkeit und der wahrheitsmäßigen Aktenführung), vor unzulässigen Veränderungen geschützt (Gebot der Integrität und Authentizität) und langfristig gesichert werden (Gebot der Sicherung). Unter Einhaltung dieser „Mindeststandards" sind von der für die Papierakte geltenden Aktenordnung abweichende Gestaltungen der Aktenführung möglich.[7]

5 Um die Sicherheit der eAkten bestmöglich zu gewährleisten, haben die Länder umfassende Sicherheitsmaßnahmen ergriffen. So wurde etwa in Nordrhein-Westfalen im Vorfeld auf die Einführung der eAkte ein zentrales Rechenzentrum inklusive entsprechender (Geo-)Redundanzen errichtet. Dadurch wurden die Kräfte zur Gewährleistung der IT-Sicherheit gebündelt. Die **Umstellung** von der Papier- auf die elektronische Aktenführung erfolgt in allen Bundesländern **sukzessive**. Es wurden und werden nicht alle Fachgerichtsbarkeiten und Gerichte gleichzeitig auf die elektronische Aktenführung umgestellt. In größeren Gerichten erfolgt(e) die Umstellung zudem gestaffelt nach Abtei-

4 Vgl. hierzu: https://gefa-justiz.de.

5 Vgl. hierzu: https://justiz.de/laender-bund-europa/BLK/laenderberichte/index.php.

6 Vgl. hierzu auch *Viefhues*, DRiZ 2015, 312, 315.

7 S. hierzu den Ausblick ab Rn. 74; vgl. auch *Pesch/Werner*, DRiZ 2023, 90 ff.

lungen, Kammern oder Senaten.[8] Während im Rahmen der Pilotprojekte zum Teil „Hybridakten“ geführt wurden, d.h. parallel eine führende Papierakte und eine elektronische (Zweit-)Akte, wird bei der inzwischen bundesweit angelaufenen vollständigen Umstellung ganz überwiegend auf eine **Stichtagsregelung** gesetzt: Verfahren, die bis zum Umstellungstermin als Papierakten angelegt wurden, werden bis zum rechtskräftigen Abschluss der Instanz in Papierform fortgeführt. Nur Neuverfahren werden – wenn auch in der Übergangszeit bis zur flächendeckenden Führung von eAkten ggf. nur innerhalb einer Instanz – ausschließlich elektronisch geführt. Ausnahmen gelten insbesondere für Verfahren, die typischerweise seit vielen Jahren geführt und erwartungsgemäß noch mehrere Jahre bearbeitet werden. Bei diesen Verfahren wäre weder eine Nachdigitalisierung des bereits generierten Aktenumfangs ökonomisch noch eine Fortführung in Papier sinnvoll. Daher werden beispielsweise Betreuungsverfahren als „Hybridakten“ geführt.

B. Aufbau der elektronischen Akte

Die eAkte ist der Papierakte nachgebildet. Ihre **Struktur** ist grundsätzlich linear und 6
chronologisch. Zeitlich später zur eAkte genommene Dateien werden in der Anwenderoberfläche „nachgeheftet“. Sie erhalten automatisch fortlaufende Blattzahlen. Eine Ausnahme gilt, wie in Papierverfahren, für nachgesandte Dokumente, die einem früheren Hauptdokument versehentlich nicht beigefügt waren. In diesem Fall werden die nachgereichten Dokumente mit Kleinbuchstaben „zwischenpaginiert“. Daten, die für die Weiterbearbeitung relevant sind (z.B. Daten der Parteien und Rechtsanwält:innen, das Rubrum mit seinen weiteren Angaben, Zeugenanschriften), werden in den Fachanwendungen, die Teil der eAkten-Rahmenanwendung sind, hinterlegt. Diese Daten werden bei der weiteren Bearbeitung der Akte mithilfe weiterer integrierter Fachanwendungen genutzt.

I. Bestandteile der elektronischen Akte

Technisch besteht die eAkte aus einer Vielzahl an Einzeldateien, überwiegend aus PDF- 7
Dokumenten,[9] die per beA/beN/EGVP/DE-Mail/bePBO/eBO übermittelt[10] oder im Rahmen des ersetzenden Scannens erzeugt wurden.[11] Die einzelnen Dateien lassen sich in einen **XJustiz-Datensatz** zusammenfassen, der auch eine Sammlung von XML-Schemata ent-

8 Beispielsweise an den Landgerichten Köln und Düsseldorf wurden die zahlreichen Zivilkammern und Kammern für Handelssachen in mehreren Phasen jeweils über einen Zeitraum von etwa einem Jahr „ausgerollt“.
9 Siehe zur Einbindung von anderen Beweismitteln Rn. 9.
10 Vgl. dazu § 14 (*Herberger*).
11 Siehe Rn. 14ff.

hält. So bleiben die Struktur und die für das Verfahren oder einzelne Dateien hinterlegten Informationen (z.B. das Dokumenten-, Eingangs- und Veraktungsdatum) bei dem Versand oder der Abgabe der eAkte erhalten.

8 Die Nutzer:in arbeitet nicht mit dem digitalen Original, sondern auf der Ansichtsebene mit einem digitalen **Repräsentat.**[12] Zwar handelt es sich hierbei streng genommen nur um eine digitale Kopie der Originalakte. Das Repräsentat wird jedoch seinerseits zum eAktenbestandteil, weil es mit Verfahrensinformationen versehen wird. Hierzu zählen neben der Paginierung etwa mit digitalen Stempeln aufgebrachte digitale Vermerke und Verfügungen.[13] In der Ansichtsebene wird grundsätzlich die letzte Version eines Dokuments angezeigt. Es besteht jedoch für die Gerichtsbediensteten die Möglichkeit, über den sog. Versionsverlauf auf Vorversionen zurückzugreifen.

9 **Beweismittel**[14] werden ganz überwiegend nicht Bestandteil der eAkte. Denn dort können zurzeit nur Text- und Bilddateien angezeigt werden. Physische Asservate und Originalunterlagen können nicht ersetzend digitalisiert und zur eAkte genommen werden. Gegenwärtig werden aber auch digital eingereichte, andere Dateien – insbesondere Audio- und Videodateien – nicht unmittelbar in die eAkte integriert. In e^{2}A wird – als bloße Arbeitshilfe – ein PDF-Platzhalter erzeugt, der mit der hinterlegten Datei verknüpft ist. Die verknüpfte Datei kann dort angesteuert und dann außerhalb des Rahmenprogramms mit separater Software abgespielt werden. Einzig beim Export als XJustiz-Datensatz wird die hinterlegte Datei mit umfasst und Teil des Datenpakets. Audio- und Videodateien können jedoch nicht – wie auf Internetseiten – in Schriftsätze oder Anlagen eingebettet werden.

10 Für die eAkte gilt die jeweilige Aktenordnung der einzelnen Bundesländer,[15] ergänzt um eine Verordnung zur elektronischen Aktenführung (in Nordrhein-Westfalen u.a. die eAktVOZivFam NRW).[16] Jedes Verfahren besteht im Rahmen der Aktenanwendung aus einem der Aktenordnung unterliegenden **„revisionsfesten“** Teil – hierbei handelt es sich um die eigentliche, der Akteneinsicht unterliegende Akte[17] – und einem **„internen“** Teil. Zum „revisionsfesten“ Teil gehören die Vor- und Hauptakte sowie das digitale Kostenheft und ggf. weitere Sonderhefte (PKH-Heft, Ordnungsgeldheft, Vollstreckungsheft usw.). Die in der Papierwelt tatsächlich als gesonderte Hefte geführten Akteneile werden in der eAkte als Ordner dargestellt. Die Bezeichnungen aus der analo-

12 Im Rahmen der Akteneinsicht gemäß § 299 III ZPO wird das Repräsentat zugänglich gemacht, vgl. *Greger* in: Zöller, Zivilprozessordnung, 34. Aufl. 2022, § 299 ZPO, Rn. 6d; kritisch hierzu die Stellungnahme Nr. 5/2020 der BRAK, S. 4.

13 Vgl. Gomm in: Ory/Weth, jurisPK-ERV, Band 1, 2. Aufl., Kapitel 6, Rn. 132ff. (Stand: 1.6.2022).

14 Vgl. dazu § 20 (*Irskens*).

15 Exemplarisch https://www.justiz.nrw.de/BS/gesetze_und_verordnungen/akto/akto_ord/AktO-2023-NRW.PDF.

16 Https://recht.nrw.de/lmi/owa/br_bes_text?sg=0&menu=1&bes_id=39604&aufgehoben=N&anw_nr=2.

17 Vgl. zur Akteneinsicht Rn. 67ff., zur vorgeschlagenen kollaborativen Aktenführung Rn. 77ff. und zum sog. Basisdokument § 18 (*Köbler*).

gen Welt wurden jedoch übernommen. Der „interne“ Teil enthält weitere Ordner, die nur für die gerichtsinternen Zugriffsberechtigten oder die Ersteller:in des Dokuments freigegeben sind. Zu nennen sind insbesondere der Eingangsordner, in dem sämtliche Eingänge (wie etwa beA-Nachrichten oder Scanprodukte) ankommen, der Ordner „Geschäftsgang“, in dem sämtliche noch nicht ausgeführten Entscheidungen und Verfügungen (zwischen-)abgelegt werden, der Ordner mit Ausgängen sowie der Persönliche Ordner, der z.B. für eigene Rechercheergebnisse genutzt werden kann. Darüber hinaus können neue Ordner verfahrensbezogen angelegt werden. Bei diesen Ordnern muss durch die Ersteller:in entschieden werden, ob es sich um Aktenbestandteile oder gerichtsinterne Arbeitsordner handelt, die entweder nur der Sachbearbeiter:in persönlich oder weiteren Personen – und damit „freigegeben“ – zur Verfügung stehen sollen. Letzteres wird in der Regel bei einem sog. Kammer- oder Senatsheft gewählt, in dem Voten oder Entscheidungsentwürfe für alle Mitglieder des Spruchkörpers (auch zur gemeinsamen, sukzessiven oder simultanen Bearbeitung) abgelegt werden können.

Die revisionsfeste Akte und die „internen“ Elemente unterscheiden sich – neben der 11
eingeschränkten Zugriffsberechtigung – darin, dass die Dokumente der revisionsfesten eAkte automatisch paginiert und aus ihr nur noch gegen ein Fehlblatt entnommen werden können (eine Ausnahme gilt für den zuletzt vorgenommenen Verschiebevorgang). Auf dem Fehlblatt ist der Grund der Entnahme aus dem Aktenteil zwingend zu vermerken, und dem Fehlblatt lässt sich entnehmen, wer die Datei entfernt hat.

Optisch ist die eAkte in der Anwendung e^{2}A so aufgebaut, dass die einzelnen Doku- 12
mente auf der linken Bildseite in einer „Baumstruktur“ (sog. **Aktenbaum** bzw. **Verfahrenssteuerung**) untereinander aufgelistet sind. Diese Dokumente können einzeln benannt sowie mit weiteren Metadaten versehen werden – Klage, Anlage K1, Anlage K2, Prozessleitende Verfügung, ZU, Verteidigungsanzeige usw. nebst z.B. Eingangsdatum, Datum des Schriftsatzes o.ä.

Beim Anklicken der einzelnen Dokumente in der Verfahrenssteuerung öffnet sich 13
das ausgewählte Dokument jeweils auf der ersten Seite. In der eAkte kann von dort aus per Scrollfunktion oder über Pfeilelemente navigiert werden. Dabei besteht auch die Möglichkeit, an den Anfang oder das Ende des jeweiligen Dokuments, den Anfang oder das Ende des gesamten Aktenteils und in den vorherigen oder nächsten Aktenteil zu „springen“ sowie die konkrete Seitenzahl einzutippen.

II. Umfang der Digitalisierung für die elektronische Akte

Grundsätzlich sind alle nicht elektronisch erfolgten Einreichungen zu digitalisieren und 14
zur Akte zu nehmen (vgl. etwa § 3 I 1 eAktVOZivFamNRW). Sonderbände – z.B. für schriftlich eingereichte Patientenunterlagen oder Sachverständigengutachten – werden nicht geführt. Auch diese Dokumente sind einzuscannen. Ausgenommen sind – in Nordrhein-Westfalen – Schriftstücke und sonstige Unterlagen, deren Übertragung wegen ihres Umfanges oder ihrer sonstigen Beschaffenheit unverhältnismäßig wäre, sowie in Papierform geführte Akten anderer Instanzen und Beiakten (vgl. etwa § 3 I 2 eAktVOZivFam NRW). So-

weit ein solcher Ausnahmefall vorliegt, sind die nicht bereits als Akten geführten Schriftstücke ihrerseits zu (Papier-)Akten zu vereinen (§ 2 I eAktVOZivFam NRW). In jedem Fall ist dann ein wechselseitiger Vermerk anzubringen (§ 2 II eAktVOZivFam NRW).

15 In diese Kategorie fallen auch Dokumente und Gegenstände, die **nicht gescannt werden können**. Das betrifft Gegenstände, die digital nicht abgebildet werden können oder deren digitale Abbildung nicht sinnvoll ist. Gerade aus den Arzthaftungskammern ist bekannt, dass Einreicher:innen CDs oder USB-Sticks übersenden, auf denen sich spezielle Programme zum Aufruf von Röntgenaufnahmen o. ä. befinden. Im – auf dem Speichermedium – geöffneten Programm können diese Dateien und sonstige Unterlagen eingesehen werden. Eine Übertragung in das eAkten-Programm ist jedoch technisch nicht möglich, weil die Software nicht (kostenfrei) zur Verfügung steht oder eine Kompatibilität der Programme fehlt.[18] Ob eine Integration für jeden Einzelfall wünschenswert wäre, mag nicht zuletzt mit Blick auf die Performance der Anwendung bezweifelt werden. In einem solchen Fall wird das Speichermedium als Beweismittel neben der eAkte geführt, auf der Geschäftsstelle aufbewahrt und ggf. im Verhandlungstermin präsentiert. Entsprechendes gilt für andere Asservate, die sich nicht digitalisieren lassen.

16 Bei rückgabepflichtigen und nicht digitalisierbaren Elementen muss beim Zugriff auf jeden der Teile ein **(wechselseitiger) Hinweis** auf den jeweils anderen Teil enthalten sein, § 2 II eAktVOZivFam. Dasselbe gilt für Gegenstände, die zur Akte gereicht oder in amtlichen Gewahrsam genommen wurden. Für Dokumente (Urkunden usw.) im DIN-A4-Format wird hierfür ein Sammelordner angelegt, in dem die Urkunden nach Aktenzeichen sortiert (getrennt durch Papierreiter) aufgenommen werden. Größere Urkunden, Beiakten, Gegenstände usw. sind in geeigneter Form gesondert aufzubewahren.

17 Einen weiteren Sonderfall bilden Dokumente, die zwar gescannt werden (können), aber nicht ersetzend (!) gescannt werden dürfen, weil sie der **Rückgabepflicht** unterliegen und der Scan das Original aus rechtlichen oder tatsächlichen Gründen nicht ersetzen kann. Zu denken ist etwa an Testamente, Grundstückskaufverträge oder Inhaberpapiere. Hier wird das Original – gesondert von den nicht rückgabepflichtigen Dokumenten – in der Regel bis zum Abschluss des Verfahrens oder der Beweisaufnahme – auf der Geschäftsstelle aufbewahrt und dann zurückgegeben.

III. Ersetzendes Scannen für die elektronische Akte

18 Textdokumente gelangen derzeit noch über verschiedene Wege zu Gericht. Entweder werden diese elektronisch – per beA/beN/EGVP/DE-Mail/bePBO/eBO – übersandt.[19] Alternativ werden sie persönlich, postalisch oder per Telefax übermittelt. Für diesen zweiten und dritten Weg regelt etwa § 298a III ZPO, dass die in Papier vorliegenden Schriftstücke und sonstige Unterlagen nach dem Stand der Technik zur Ersetzung der

18 Vgl. auch *Gomm* in: Ory/Weth, jurisPK-ERV, Band 1, 1. Aufl., Kapitel 6, Rn. 126 (Stand: 1.6.2022).
19 Vgl. dazu § 14 (*Herberger*).

Urschrift in ein elektronisches Dokument zu übertragen sind. Es ist sicherzustellen, dass das elektronische Dokument mit den vorliegenden Schriftstücken und sonstigen Unterlagen **bildlich und inhaltlich übereinstimmt**. Dabei versteht sich von selbst, dass Scans nicht nachbearbeitet werden (z.B. bei schlechter Qualität übermittelter Bilder) und farbige Dokumente nicht schwarz-weiß eingescannt werden dürfen.[20] Denn Ziel des Scanprozesses ist es, eine möglichst originalgetreue digitale Replikation des physisch eingereichten Dokuments für die eAkte zu erzeugen. Daher werden auch beschädigte Sendungen (z.B. eingerissene Blätter) im Status quo eingescannt, in diesem Fall aber mit einem gesonderten Vermerk über die bereits vorhandene Beschädigung versehen. Unerheblich ist, in welchem Format die Dokumente eingereicht wurden, weil die Dokumente in der eAkte optisch vergrößert und verkleinert werden können. Daher werden grundsätzlich auch Dokumente z.B. im DIN-A1-Format, wie etwa Baupläne, digitalisiert. Größenbeschränkungen resultieren allein aus den im Land oder Bezirk verfügbaren Scannern.

Das elektronische Dokument ist mit einem **Übertragungsnachweis** (sog. Transfer- 19
log) zu versehen, der das bei der Übertragung angewandte Verfahren und die bildliche und inhaltliche Übereinstimmung dokumentiert. Wird ein von den verantwortenden Personen handschriftlich unterzeichnetes gerichtliches Schriftstück übertragen, ist der Übertragungsnachweis mit einer qualifizierten elektronischen Signatur der Urkundsbeamt:in der Geschäftsstelle zu versehen. Die Übertragungsnachweise sind mit den jeweiligen Dokumenten zur Akte zu nehmen, können jedoch bei der Aktenbearbeitung ausgeblendet werden, ohne dass die Akte von der Geschäftsstelle angefordert werden muss.

Der in § 298a III 1 ZPO normierte Stand der Technik wird – derzeit – konkretisiert 20
durch die **Technische Richtlinie 03138 Ersetzendes Scannen (TR RESISCAN)** des Bundesamtes für Sicherheit in der Informationstechnik.[21] Hiernach sind spezielle „Scanstraßen" einzurichten, die nur von zuvor festgelegten Personen betreten werden dürfen. Es sind eine oder mehrere Scanverantwortliche zu bestellen. Die wesentlichen Abläufe und Störfälle sind durch diese zu dokumentieren. Soweit bekannt, werden die Aufgaben im Zusammenhang mit dem Scanprozess an den Gerichten überwiegend von gesondert geschultem Personal der Wachtmeisterei übernommen. Damit diese Wachtmeister:innen eine qualifizierte elektronische Signatur[22] vornehmen dürfen, wird ihnen die Eigenschaft einer Urkundsbeamt:in der Geschäftsstelle verliehen. Vereinzelt wird der Scanprozess insgesamt oder in Bezug auf einzelne Arbeitsschritte von den Serviceeinheiten, die für die Aktenführung zuständig sind, durchgeführt.

20 Vgl. zum schwarz-weiß-Druck elektronisch übermittelter Farbdokumente KG, Beschl. v. 23.6.2020, Az. 5 W 1031/20.

21 https://www.bsi.bund.de/DE/Themen/Unternehmen-und-Organisationen/Standards-und-Zertifizierung/Technische-Richtlinien/TR-nach-Thema-sortiert/tr03138/ersetzendes-scannentr-resiscan.html.

22 Siehe schon Rn. 19.

21 Der **Scanprozess** beginnt mit der Vorsortierung der Scanstapel, die aus mehreren Post-/Fax-Sendungen bestehen. Im Rahmen dieser Vorsortierung werden Sendungs- und Dokumententrennblätter mit Barcodes eingefügt, die von den Scannern erkannt werden. Das jeweilige Scanprogramm erzeugt dann technisch einzelne Sendungen bzw. Dokumente. In der eAkte werden die Dokumente dann einzeln angezeigt und können angeklickt werden. Nach dem eigentlichen Scanvorgang schließt sich eine Qualitätssicherung an. Hierbei wird stichprobenartig geprüft, ob die gescannten Dokumente optisch den Originalen entsprechen. Die Zahl der zu überprüfenden Dokumente wird dabei durch das Programm vorgegeben und die Qualitätssicherung kann erst abgeschlossen werden, wenn eine hinreichende Anzahl überprüft wurde. Dass dies ordnungsgemäß durchgeführt wurde, muss durch die Scanoperator:innen mittels qualifizierter elektronischer Signatur bestätigt werden.

22 Die Papieroriginale werden nach dem Scanprozess zur Serviceeinheit des jeweiligen Spruchkörpers transportiert. Sie können gemäß § 298a III 5 ZPO sechs Monate nach der Übertragung vernichtet werden, sofern sie nicht rückgabepflichtig sind.[23] Teilweise ist die Dauer bis zur **Vernichtung der Originale** landesweit[24] oder an einzelnen Gerichten[25] abweichend geregelt worden. Hintergrund ist, dass regelmäßig innerhalb der Aufbewahrungsfrist auffällt, wenn einzelne Schriftsätze oder Seiten nicht bzw. trotz der durchgeführten Qualitätssicherung ausnahmsweise in optisch nicht mit dem Original übereinstimmender Weise gescannt wurden. Diese würden entsprechend nachgescannt werden.

23 Gerade in der Übergangsphase kann es vorkommen, dass zu einem elektronisch geführten Hauptsacheverfahren Akten beigezogen werden. Soweit diese **Beiakten** noch als Papierakten geführt werden, sind diese nicht (ersetzend) einzuscannen. In einigen Gerichten werden diese jedoch, wie ein Aktendoppel, für den Spruchkörper als Arbeitshilfe eingescannt. Dabei müssen die Vorgaben der TR RESISCAN nicht beachtet werden.

C. Arbeiten mit der eAkte

24 Ein Vorteil der eAkte im Verhältnis zur Papierakte liegt in ihrer zeitlichen und grundsätzlich örtlich ungebundenen Verfügbarkeit für die Gerichtspersonen und andere am Verfahren Beteiligte. Die **höhere Verfügbarkeit** führt zu einer erheblichen Veränderung der Arbeitsweisen und Arbeitsabläufe, wenngleich die Funktionen der eAkte im Wesentlichen dem Arbeiten mit der Papierakte nachempfunden wurden. Unterschiede von der elektronischen zur papiergebundenen Aktenbearbeitung ergeben sich sowohl für die Arbeit der verschiedenen mit einer Akte befassten Gerichtspersonen als auch für

23 Siehe Rn. 17.

24 In Nordrhein-Westfalen beträgt die Aufbewahrungsdauer zwölf Monate.

25 Etwa am Landgericht Köln wurde in der Dienstanweisung eine längere, 14-monatige Aufbewahrungsdauer festgelegt.

Dritte, Parteien, Rechtsanwält:innen und Sachverständige,[26] die mit einem Verfahren befasst sind.

I. Grundlagen der Aktenbearbeitung

1. Allgemeines

Die Bearbeitung von Papierakten ist im Regelfall dadurch gekennzeichnet, dass die Akte einer Person vorliegt, die einen Arbeitsschritt ausführt, die relevante Stelle innerhalb der Akte durch einen Papierstreifen kennzeichnet und die Akte sodann durch die Wachtmeisterei – zumeist am Folgetag – der nächsten zur Aktenbearbeitung berufenen Person zutragen lässt. Ist es erforderlich, dass mehrere Personen Arbeiten innerhalb einer Akte erledigen, muss dies in der Papierakte nacheinander erfolgen und die Akte „wandert" Tag für Tag von der einen zur anderen Bearbeiter:in. Dabei wird die Papierakte u. a. in Kostenangelegenheiten nicht etwa direkt vom Richtertisch zur zuständigen Kostenbeamt:in oder Rechtspfleger:in zugetragen, sondern zunächst nochmals der Servicekraft der Geschäftsstelle vorgelegt, welche sie sodann – in Ausführung der (richterlichen) Verfügung – der nächsten zuständigen Sachbearbeiter:in zutragen lässt und vermerkt, wo sich die Papierakte nach dem Zutrag befindet. Eine **zeitgleiche Aufgabenerledigung** durch unterschiedliche Gerichtspersonen ist mit der Papierakte regelmäßig mangels Aktenverfügbarkeit nicht möglich. 25

Bei der Arbeit mit der eAkte entfällt sowohl die Notwendigkeit eines **Zu- und Abtrags** durch die Wachtmeister:innen als auch die Notwendigkeit, die Serviceeinheit als „Drehkreuz" zwischen den verschiedenen Gerichtspersonen „zwischenzuschalten". Das trägt zu einer deutlich effizienteren Aktenzirkulation innerhalb des Gerichts bei. Hinzu kommt, dass mehrere Personen zeitgleich und ortsunabhängig in der eAkte arbeiten können, soweit nicht ausnahmsweise nicht digitalisierte Aktenbestandteile oder Beweismittel benötigt werden.[27] 26

2. Digitale „Aufgaben" und Pensum/virtueller Aktenbock

Die Bearbeitung der eAkte wird durch die Erstellung elektronischer **„Aufgaben"** gesteuert. Diese Aufgaben werden an der zu bearbeitenden Stelle/dem digitalen Bezugsdokument der eAkte erstellt und der zuständigen Sachbearbeiter:in in ihrem virtuellen Aktenbock, dem sog. **Pensum**, angezeigt. Über das Anklicken der Aufgabe im Pensum erreicht die Sachbearbeiter:in die digitale „Seite" innerhalb der eAkte, an der eine Tätigkeit ihrerseits erforderlich ist. Wurde die Akte wie vorgesehen bearbeitet, muss die Sachbearbeiter:in die ihr gestellte Aufgabe durch Setzen eines digitalen Hakens „erledigen" und ihrerseits eine neue Aufgabe für die nächste Bearbeiter:in erstellen. 27

26 Vgl. aus der Perspektive der Sachverständigen: *Jandt/Nebel/Nielsen*, DS 2016, 248.

27 Siehe Rn. 9 und Rn. 15.

28 Das Pensum ist unterteilt in die Rubriken „Zutrag“, „Abtrag“ , „Termine“ und „Informationen“. Der digitale Zutrag enthält alle durch die jeweilige Sachbearbeiter:in zu bearbeitenden, fälligen Aufgaben, der digitale Abtrag die erledigten Aufgaben.

29 In der elektronischen Akte werden der digitale **Zu- und Abtrag** wie analoge Eingangs- und Ausgangsfächer abgebildet, so, wie sie bis heute in den Büros für die Papierakten zur Verfügung stehen und regelmäßig – üblicherweise einmal pro Tag – durch die Wachtmeister:innen befüllt bzw. geleert werden. Mit zunehmender Überführung der Verfahren auf die elektronische Aktenführung vermindern sich die Nutzung dieser analogen Fächer und die Notwendigkeit des physischen Zu- und Abtrags durch die Wachtmeister:innen.

30 Der digitale **Zutrag** im elektronischen Pensum kann so eingestellt werden, dass neue Aufgaben entweder sofort bei ihrer Erstellung, nur einmal am Tag zu einer von den Anwender:innen individuell zu konfigurierenden Uhrzeit oder zu zwei einzustellenden Uhrzeiten an jedem Arbeitstag angezeigt werden. Standardeinstellung ist, dass ein „elektronischer Zutrag“ einmal am Tag, am frühen Vormittag, erfolgt. Durch diese Einstellung soll verhindert werden, dass sich die Sachbearbeiter:in einer nicht enden wollenden Flut von Aufgaben ausgesetzt sieht. Dies ist ein wesentlicher psychologischer Aspekt für die Akzeptanz der Neuerungen für die Beschäftigten.[28] Eine Ausnahme zu diesem Prinzip ist für solche Aufgaben vorgesehen, die besonders eilbedürftig sind und bei denen bei der papiergebundenen Aktenbearbeitung die Akte von Hand zu Hand gereicht wird. Eilige Aufgaben können durch die Ersteller:innen mit der höchsten Dringlichkeitsstufe (Stufe 5) versehen werden. Derart gekennzeichnete Aufgaben werden der nächsten Sachbearbeiter:in unabhängig von deren digitalen Zutragseinstellungen sofort angezeigt.

31 Aufgaben, die erst zu einem späteren Zeitpunkt **zur Bearbeitung fällig** werden, für die also eine Frist in der weiteren Zukunft vorgegeben ist, werden standardisiert nicht vor dem Tag ihrer Fälligkeit angezeigt. Auch dies kann die jeweilige Sachbearbeiter:in über die Einstellungen des Pensums individuell anpassen und sich so einen Überblick über die in den nächsten Tagen oder gar Wochen anstehenden bzw. den bereits feststehenden Teil dieser eigenen Aufgaben verschaffen. Soweit der Fristablauf nicht aus prozessualen oder sonstigen Gründen abgewartet werden muss, kann die Aufgabe auf diese Weise auch schon vor Eintritt der Fälligkeit bearbeitet werden, ohne dass die Akte von der Geschäftsstelle angefordert werden muss.

32 Die im Pensum angezeigten Aufgaben beinhalten eine Reihe von Informationen, die regelmäßig zunächst durch die Ersteller:in einer Aufgabe definiert werden. Die unterschiedlichen Kategorien werden im Pensum grundsätzlich in mehreren **Informationsspalten** angezeigt (vergleichbar der optischen Ordnerstruktur z. B. in Windows). Jeder Sachbearbeiter:in ist es jedoch überlassen, auszuwählen, welche Spalten und damit Zusatzinformationen zu einer Aufgabe sie im Pensum angezeigt bekommen möchte. Anhand der Spalten ist es möglich, die Aufgaben zu sortieren, zu gruppieren oder auch

28 Vgl. dazu § 31 (*Tutschka*).

zu filtern. Hierdurch kann die eigene Arbeit strukturiert und übersichtlicher gestaltet werden.

Damit die **Sortier-, Gruppier- und Filterfunktionen** bestmöglich genutzt werden 33
können, empfiehlt es sich, dass sich Aufgabenersteller:in und -empfänger:in abstimmen, welche Eintragungen vorgenommen werden. Es können etwa neben dem regelmäßig sachlich vorgegebenen Aufgabentyp (z.B. Verfügung oder Wiedervorlage) Merkmale oder Notizen zu einer Aufgabe vermerkt werden, mit denen die Aufgabe – in begrenztem Umfang – näher definiert werden kann. Diese Eintragungen kann zwar auch die Aufgabenempfänger:in nachträglich bearbeiten. Dies setzt allerdings, anders als bei der Aufgabenersteller:in, eine vorherige Sichtung der Aufgabe voraus.

Für den **Vertretungsfall** ist es möglich, sich nicht nur Aufgaben im Pensum anzei- 34
gen zu lassen, die der jeweiligen Sachbearbeiter:in selber gestellt wurden, sondern auch solche der Sachbearbeiter:in, die vertreten werden soll.

3. Aufgabenerstellung und -erledigung

Bestimmte Aufgaben werden automatisch durch das System erzeugt. Dies ist etwa dann 35
der Fall, wenn ein neuer Eingang, z.B. ein per beA eingereichter Schriftsatz, in einer Akte vorliegt.[29] In diesem Fall erhält die zuständige Servicekraft mit dem neuen elektronischen Zutrag eine Aufgabe, die zu dem Eingang in einem gesonderten Eingangsordner des Verfahrens verknüpft ist.[30] Bei dieser Form der **automatischen Aufgabenerstellung** können die vorgenannten Einstellungen durch die Aufgabenersteller:in nicht vorgenommen werden. Es gibt jedoch auch Fälle, in denen die Details einer automatisch erstellten Aufgabe (z.B. Aufgabentyp, Fälligkeit/Frist der Aufgabe, Dringlichkeit der Aufgabe, Empfänger:in der Aufgabe, Merkmal, Notiz) bei der Aufgabenersteller:in abgefragt werden. Dies ist insbesondere im Zusammenhang mit Verfügungen der Fall, welche die Entscheider:in entweder mit der in die eAkte eingebetteten Fachanwendung erstellt, oder aber durch die in der eAkte vorgesehenen sog. Stempelverfügungen, welche ein Äquivalent zur handschriftlichen Kurzverfügung bei der Papierakte darstellen.[31]

Darüber hinaus ist es möglich, **Aufgaben manuell** zu erstellen. Dies ist unter ande- 36
rem dann relevant, wenn nach Vorlage einer Akte keine Verfügung in der Akte erfolgt. Soll eine Bearbeiter:in die Akte lediglich nach einer bestimmten Frist erneut durch das System vorgelegt bekommen, muss nur eine Aufgabe zur Frist erstellt werden. Auch hier entfallen wieder Arbeitsschritte für die Wachtmeisterei und Servicegeschäftsstelle, die bei der Papierakte für den Zu- und Abtrag sowie die Eintragung und Kontrolle der Wiedervorlagefrist oder auch das Weglegen und Heraussuchen der Papierakte zuständig sind bzw. waren.

---

29 Die automatische Aufgabe wird unabhängig davon erzeugt, ob der Eingang über das elektronische Gerichtspostfach eingeht oder das Ergebnis eines Scanvorgangs innerhalb des Gerichts ist.

30 Siehe zum Vorschlag automatischer Zuordnung von Schriftstücken Rn. 78.

31 Ausführlich hierzu Rn. 49.

37 Wie schon bei der Papierakte würde eine eAkte, auf der sich keine Frist (bei der eAkte in Gestalt einer Aufgabe) befindet, Gefahr laufen, aus dem Blick zu geraten. Dies würde regelmäßig erst auffallen, wenn neue Eingänge zu verzeichnen sind, die Anlass zum Aufruf der eAkte gäben. Anders als bei Papierakten ist auch die Wahrscheinlichkeit, dass die eAkte durch Zufall wieder in den Blick genommen wird, gemindert. Um eine konsistente Aktenbearbeitung sicherzustellen, wird durch das System daher geprüft, ob eAkten ohne Aufgaben/Frist vorhanden sind. Ist dies der Fall, erscheint mit dem elektronischen Zutrag des Folgetages bei der Servicekraft eine automatisch erzeugte Aufgabe, der sog. **Stillstandswächter**. Aufgrund dieser Aufgabe ist dafür Sorge zu tragen, dass die Akte entweder einer Entscheider:in vorgelegt und/oder eine sinnhafte Frist zur Wiedervorlage im System durch Anlegen einer Aufgabe notiert wird.

38 Aufgaben zu einer eAkte kann jede:r erstellen, der Zugriff auf die Akte hat, was wiederum von der **Berechtigungsstruktur** innerhalb der Gerichte abhängt. Ein Zugriff wird regelmäßig für die Entscheider:innen, d.h. Richter:innen, Rechtspfleger:innen und Kostenbeamt:innen sowie für die Servicekräfte und die auf der Scanstelle eingesetzten Mitarbeiter:innen bestehen. Darüber hinaus sind Zugriffsmöglichkeiten ggf. für Kanzleikräfte, Mitarbeiter:innen der Gerichtsverwaltung sowie Bezirksrevisor:innen sinnvoll.[32] Zudem besteht die Möglichkeit, die Berechtigung im Wege der sog. **Selbstermächtigung** herbeizuführen. Dies ist insbesondere relevant, wenn bei kleineren Gerichten der Eildienst durch Personen wahrgenommen wird, die originär nicht für Dezernate freigeschaltet sind, in denen Eilanträge eingehen. Etwaigem Missbrauch wird vorgebeugt, indem der Fremdzugriff protokolliert wird. Auf die Protokollierung wird die Person, die sich selbst ermächtigt, vorab ausdrücklich hingewiesen.

39 Digital erstellte Aufgaben zur eAkte sind kein Akteninhalt. Sie dienen – wie der Papierstreifen bei der Papierakte – lediglich der Markierung einer in der Akte zu bearbeitenden Stelle und übernehmen zusätzlich die Funktion der Fristenüberwachung sowie des Zutrags. Bei einer Akteneinsicht ist jedoch nicht zu erkennen, welche Aufgaben das Gericht auf der Akte notiert hat. Ebenso wenig ist in diesem Rahmen zu erkennen, welche Arbeitsschritte und damit Aufgaben bereits an der Akte vorgenommen bzw. bearbeitet wurden. Zu erkennen sind lediglich Ergebnisse der Aufgabenerledigung, die Niederschlag in der eAkte gefunden haben. Auch insofern ergeben sich keine Änderungen im Vergleich zur Nutzung des Papierstreifens sowie des Zutrags durch die Wachtmeister bei der Papierakte. Gerichtsintern kann jedoch anhand einer **Aufgabenübersicht** des jeweiligen Verfahrens nachvollzogen werden, welche Aufgaben wann durch wen erstellt und erledigt wurden.[33] Die Aufgabenübersicht ermöglicht es der Sachbearbeiter:in auch, sich einen Überblick über sämtliche noch offene Aufgaben auf der Akte zu verschaffen – unabhängig davon, ob diese ihr oder einer anderen Person gesetzt

---

32 Vgl. *Jansen* in: Ory/Weth, jurisPK-ERV Band 1, 2. Aufl., Kapitel 5.3, Rn. 55ff. (Stand: 1.6.2022).

33 Zur Speicherung von Daten im Zusammenhang mit der Aktenbearbeitung vgl. *Gomm* in: Ory/Weth, jurisPK-ERV, Band 1, 2. Aufl., Kapitel 6, Rn. 165ff. (Stand: 1.6.2022).

wurden. Diese Übersicht ist eine gute Hilfe, um einen Überblick über den Bearbeitungsstand der Akte insgesamt zu gewinnen.

Der Umstand, dass die Aufgabe nicht Aktenbestandteil wird, ist bei der Erstellung einer Aufgabe immer im Blick zu behalten. Wie bereits unter Rn. 33 ausgeführt, können bei der Aufgabenerstellung auch Notizen oder sog. Merkmale mit Freitext angelegt werden. Diese Möglichkeit sollte in der Regel nicht zur Erstellung von Verfügung genutzt werden, da diese üblicherweise Aktenbestandteil werden müssen.[34] **40**

Nachdem eine digital angelegte Aufgabe abgearbeitet wurde, ist diese durch das Setzen eines digitalen Hakens zu erledigen. Die Aufgabe wird dann im virtuellen **Abtrag** des Tages angezeigt, der – in Anlehnung an das Vorgehen in der Papierwelt – täglich geleert wird. Fällt nach Erledigung der Aufgabe auf, dass etwas vergessen wurde, ist es über die Aufgabe im Abtrag möglich, die bearbeitete Aktenstelle wieder zu finden. Die Aufgabe kann auch reaktiviert werden, indem der Haken entfernt bzw. die Aufgabe zurückgesetzt wird. Die Erledigung ebenso wie das Zurücksetzen der Erledigung mehrerer Aufgaben kann über den digitalen Zu- und Abtrag im Pensum auch *en bloc* erfolgen. **41**

Eine Ausnahme von der aktiven Aufgabenerledigung durch das Setzen eines digitalen Hakens gibt es bei wenigen Aufgabentypen, die im Rahmen eines sog. Workflows[35] ausgewählt werden können. **42**

4. Aufgabenkette/Workflow

Unterschiedliche Aufgaben können in der eAkte grundsätzlich durch mehrere Personen zeitgleich erledigt werden. Es gibt jedoch auch zahlreiche Arbeiten, die durch verschiedene Sachbearbeiter:innen in einer durch die Natur der Aufgabe **festgelegten Reihenfolge** zu verrichten sind. Ein klassisches Beispiel hierfür sind Kammer- oder Senatsentscheidungen, die durch mehrere Richter:innen zu signieren und anschließend durch die Servicekraft auszuführen sind. **43**

Selbstverständlich kann jede Sachbearbeiter:in der jeweils nächsten Person eine neue manuelle Aufgabe erstellen, nachdem die eigene Aufgabe erledigt wurde. Die Anwendung e²A bietet hierfür indes eine effizientere Vorgehensweise, nämlich die Erstellung eines sog. **Workflows**. Diese Funktion ermöglicht es, eine mehrstufige Aufgabenkette zu erstellen. **44**

Workflows sind insbesondere für den Fall der Signatur durch mehrere Entscheider:innen und die Ausführung der entsprechenden Verfügung durch die Serviceeinheit, aber auch für den Fall, dass mehrere Sachbearbeiter:innen Kenntnis von einer Verfügung nehmen sollen, vorgesehen. Hierfür beinhaltet die Anwendung insbesondere die **Aufgabentypen** „Signatur“ und „Kenntnisnahme“, welche nicht händisch durch das Setzen eines Hakens an der Aufgabe erledigt werden können, sondern lediglich durch Vor- **45**

---

34 Zur Erstellung von Verfügungen siehe Rn. 48.
35 Siehe Rn. 43ff.

nahme der systemseitig vorgesehenen Aktion, also die Signatur oder das Setzen eines digitalen Kenntnisnahme-Stempels. Will eine Sachbearbeiter:in diese Aktion nicht ausführen, etwa weil noch Änderungen der Entscheidung erforderlich sind, muss der Workflow beendet werden, damit die Aufgabe aus dem Pensum entfernt wird. Die Ersteller:in des Workflows erhält in diesem Fall den Hinweis, dass der Workflow abgebrochen wurde.

46 Die Ersteller:in eines Workflows kann festlegen, ob verschiedene Sachbearbeiter:innen die ihnen gestellte Aufgabe zeitgleich oder nur nacheinander erledigen können. Ersteres bietet sich etwa an, wenn ein inhaltlich abgestimmtes Urteil nur noch signiert werden muss. Die sukzessive Aufgabenerledigung wird z.B. dann gewählt, wenn die weitere Beisitzer:in ihre Aufgabe erst nach der Durchsicht und etwaigen Korrektur durch den Vorsitzende:n erhalten soll.

47 Wie bei „normalen" Aufgaben können auch Workflow-Aufgaben mit weiteren Informationen (z.B. Dringlichkeit, Empfänger:in, Notiz) versehen werden.

II. Gerichtliche Verfügungen, Entscheidungen und Protokolle

1. Erstellung

48 Verfügungen und Entscheidungen können weiterhin mit den gerichtlichen Fachanwendungen[36] oder aber in einem Word-Dokument, welches üblicherweise zunächst im Ordner „Geschäftsgang" gespeichert wird, erstellt werden. Die erstellten digitalen Verfügungen werden durch die Servicekraft aus dem Ordner „Geschäftsgang" ausgeführt und im Anschluss zur eAkte genommen.[37]

49 Darüber hinaus können digitale Verfügungen im Rahmen der elektronischen Aktenanwendung durch elektronische Stempel in der Akte vermerkt werden. Das System bietet „Stempelvorlagen" mit den am häufigsten benötigten Kurzverfügungen an. Diese können um individuelle Angaben, wie z.B. eine konkrete Frist, die durch die Bearbeiter:in zu bestimmen ist, ergänzt werden. Darüber hinaus können die Nutzer:innen eigene Stempelvorlagen erstellen und zur künftigen Verwendung speichern. Besonders häufig genutzte Stempelverfügungen können als Favoriten markiert werden und erscheinen dann in der Liste der Stempelverfügungen oberhalb der übrigen Stempelverfügungen. Je nachdem, ob die Verfügung nur zu paraphieren oder – wie etwa bei einer Fristsetzung – zu unterschreiben ist, muss die digitale **Stempelverfügung** auch signiert werden.[38] Die „Stempel" können entweder auf ein vorhandenes Dokument, auf ein neues Dokument oder eine neue digitale Seite eines Dokuments gesetzt werden. Soll die Stempelverfügung signiert werden, sollte diese auf ein neues Dokument gesetzt werden, da es nicht möglich ist, den Stempel getrennt von dem sonstigen Do-

36 Siehe auch § 16 (*Visarius/Hey*).
37 Vgl. hierzu schon Rn. 10.
38 Vgl. zur Signatur Rn. 51ff.

kumenteninhalt bzw. der aus Stempel und Dokument gebildeten Gesamtdatei zu signieren.[39]

Ist es z. B. aufgrund technischer Schwierigkeiten oder mangels Signaturkarte nicht 50
möglich, eine Entscheidung elektronisch zu fertigen, kann diese auf Papier erstellt und unterzeichnet werden. Damit die papiergebundene Entscheidung ordnungsgemäß Akteninhalt wird, ist sie anschließend jedoch **ersetzend einzuscannen** und durch einen Urkundsbeamt:in der Geschäftsstelle qualifiziert elektronisch zu signieren.[40]

2. Signatur und untrennbare Verbindung

Die handschriftliche Unterschrift wird durch die qualifizierte elektronische Signatur 51
des Dokuments ersetzt.[41] Die Aktenanwendung sieht vor, dass Dokumente sofort signiert oder in einer sog. **Signaturmappe** gesammelt und später gemeinsam in nur einem Arbeitsschritt gebündelt im „Stapel" signiert werden können.

Die erfolgreiche digitale Signatur wird auf dem Dokument mit dem Symbol einer 52
grünen Füllfedernadel kenntlich gemacht. Noch nicht überprüfte Signaturen werden gelb/orange dargestellt, ungültige Signaturen oder solche, bei denen eine Überprüfung nicht möglich war, rot. Sofern die Signaturprüfung ein negatives Ergebnis aufweist (rote Signaturnadel), ist je nach Eilbedürftigkeit der Angelegenheit durch die Entscheider:in zu bestimmen, ob die qualifizierte elektronische Signatur durch Ausdrucken und Unterschreiben des Dokuments ersetzt werden muss. Bei der Anzeige einer gelben Signaturnadel ist zu differenzieren. Hierbei ist zu berücksichtigen, dass die Prüfung der Signatur häufig spätestens nach einer Zeit von wenigen Stunden erfolgreich durchgeführt werden kann. Mit Ausnahme von besonderen Eilfällen ist daher zunächst eine gewisse Zeit zuzuwarten, bevor der Vorgang in Papierform weiterbearbeitet wird. Die erneute Überprüfung der Signatur erfolgt nicht automatisch. Vor Übergang in eine Bearbeitung in Papierform ist daher zunächst durch die Servicekraft ein neuer Signaturprüfbericht anzufordern. In bestimmten Fällen (allgemeine Störung, Verwendung eigener Signaturkarte, deren Zertifikat nicht gesperrt wurde) kann trotz gelber Signaturnadel von einer gültigen Signatur ausgegangen werden. Wird ein Dokument nach der Signatur geändert, wird eine neue Version des Dokuments erzeugt. Die ältere Version, die wirksam signiert wurde, ist dann in der älteren Version zwar noch gespeichert vorhanden. Die aktuelle Version wurde jedoch „darübergelegt". Allerdings wird an dem Nadelsymbol durch die Anzeige eines „V" nebst der Anzahl der in der aktuellen oder früheren Dokumentenversionen vorhandenen Signaturen darauf hingewiesen, dass es eine ältere Version mit Signaturen gibt. Es kann stets nur das gesamte Dokument, nicht aber einzelne Bestandteile – wie etwa Stempelverfügungen oder Seiten – eines Dokumentes signiert werden.

---

39 Vgl. Rn. 52.

40 Vgl. hierzu schon Rn. 19.

41 Zu den rechtlichen Grundlagen der Signatur vgl. § 14 (*Herberger*).

53 Diese Funktionsweise ist u.a. bei der Fertigung von elektronisch zu signierenden Stempelverfügungen, beim Setzen digitaler **Verkündungsvermerke** durch die Urkundsbeamt:in der Geschäftsstelle sowie bei Erstellung des **Verhandlungsprotokolls** in Zusammenarbeit zwischen Protokollführer:in bzw. Kanzleikraft und der Entscheider:in zu berücksichtigen. So wird durch das Setzen eines digitalen Stempels oder eines digitalen Verkündungsvermerks auf ein bereits signiertes Dokument dessen wirksame digitale Signatur zerstört. Aus diesem Grund sind auch solche digitalen Stempel, die nicht signiert werden sollen, ggf. auf ein neues, leeres elektronisches Dokument zu setzen.

54 Der digitale Verkündungsvermerk wird ebenfalls auf einem neuen elektronischen Dokument gefertigt. Die erforderliche elektronische Verbindung zu der verkündeten Entscheidung erfolgt sodann über eine sog. **untrennbare Verbindung** der elektronischen Dokumente. Diese kann nicht mehr „gelöst" werden und führt dazu, dass die Entscheidung nicht ohne den Verkündungsvermerk und der Vermerk nicht ohne die Entscheidung weiter bearbeitet, also z.B. elektronisch verschickt oder – soweit eine elektronische Versendung nicht möglich ist – gedruckt und ausgefertigt werden kann.[42]

55 Die untrennbare Verbindung kommt darüber hinaus zum Einsatz, wenn in der Papierwelt eine dauerhafte körperliche Verbindung von Dokumenten herzustellen wäre, wie etwa bei Berichtigungsbeschlüssen mit der berichtigten Entscheidung.

III. Durchdringung der eAkte

56 Die inhaltliche **Durchdringung** der eAkte wird durch elektronische Hilfsmittel erheblich unterstützt. Diese Hilfsmittel (Metadaten, Markierungen, Notizen, Links, etc.) sind kein eAkten-Bestandteil, sondern dienen dazu, sich den Verfahrensstoff zu erschließen.

57 Bereits die optische Struktur der eAkte, wie sie der Anwender:in beim Lesen am Bildschirm angezeigt wird, erleichtert die Durchdringung. Der Aktenbaum, in welchem die einzelnen Dokumente der eAkte aufgelistet und bezeichnet sowie ggf. mit weiteren Daten, wie dem Datum des Schriftsatzes oder dem Eingangsdatum bei Gericht, versehen sind, ermöglicht einen ersten, schnelleren Zugriff auf den Inhalt der eAkte im Vergleich zur Papierakte. Die einzelnen digitalen Dokumente werden zudem einem Dokumententyp zugeordnet. U.a. nach diesem Dokumententyp lassen sich die Dokumente der eAkte filtern und die eAkte damit in der Bearbeitung auf die gesuchten Dokumente reduzieren. Zudem können Teile der eAkte mit kurzen digitalen Notizen, wie etwa einem Hinweis auf Asservate auf der Geschäftsstelle, versehen werden.

58 Alle Dokumente der eAkte sind durchsuch- und kopierbar. Auch aktenübergreifend kann der gesamte Bestand, auf den die Sachbearbeiter:in Zugriff hat, durchsucht werden.

59 Die Anwendung bietet die Möglichkeit, **Markierungen** in unterschiedlichen Farben vorzunehmen und diesen Schlagworte zuzuordnen, nach denen wiederum gefiltert wer-

42 Vgl. umfassend hierzu bereits *Schmieder/Ulrich*, NJW 2015, 3482.

den kann. Die Markierungen können digital entweder so angebracht werden, dass nur die sie anbringende Sachbearbeiter:in sie sieht („Persönlich") oder aber alle Personen mit Berechtigung für diese eAkte („Freigegeben"). Ob die Markierungen auch im Rahmen einer Akteneinsicht in die eAkte zu sehen sind, kann bei der Vorbereitung der eAkte zur Einsicht durch die Servicekraft eingestellt werden, soweit es sich um freigegebene oder von der Servicekraft persönlich angebrachte digitale Markierungen handelt. Die Markierungen können mit eigenen digitalen Notizen ergänzt und umbenannt werden.

Neben diesen Markierungen können auch digitale **Lesezeichen** in verschiedenen 60
Farben auf einzelnen Seiten angebracht und benannt werden. In diesem Fall erscheint in der Verfahrenssteuerung ein zusätzliches Lesezeichensymbol in der Baumstruktur, sodass die Anwender:in auf einen Blick sehen kann, welche Dokumente mit einem Lesezeichen versehen wurden. Schließlich können an jeder Stelle der eAkte **Freitextfelder** – ebenfalls in mehreren Farben – eingefügt werden, um beispielsweise eine Passage im Schriftsatz zu kommentieren. Bei Lesezeichen und Freitextfeldern bestehen darüber hinaus dieselbe Funktionen wie bei Markierungen.

Mit Hilfe digitaler Markierungen, Lesezeichen und Freitextfelder kann eine **Relati-** 61
onstabelle erstellt werden. Diese Tabelle kann um Gliederungspunkte und eigenständige, d.h. von Markierungen unabhängige Anmerkungen ergänzt werden. Sie kann in eine Word-Tabelle exportiert und dann in Word weiterbearbeitet werden.

Es können digitale **Notizzettel** in der eAkte angebracht werden und Akteninhalte 62
mit anderen Aktenstellen intern oder mit Internetseiten extern verlinkt werden (sog. **Querverweise**). Eine interne Verlinkung bietet sich etwa zwischen Schriftsätzen und den zugehörigen Anlagen an. Die externe Verlinkung bietet sich u.a. an, wenn eine Entscheidung zitiert wird, die dann direkt verlinkt wird. Entsprechende Links sind derzeit allerdings noch von Seiten des Gerichts selber manuell einzubetten.

Eine automatisierte Verlinkung durch die Anwendung ist für sog. **Normverweise** 63
vorgesehen. Über diese Funktion werden zitierte Vorschriften in den Dokumenten der eAkte erkannt und diese werden bei Ausführung der Funktion automatisch mit dem durch das BMJ bereitgestellten Gesetzestext im Internet verlinkt. Eine entsprechende Funktion für Zitate, etwa von Entscheidungen oder Fachliteratur, die sich in den einschlägigen juristischen Datenbanken finden ließen, existiert bisher nicht. Dies wäre eine hilfreiche Erweiterung.

Zudem bietet e^{2}A die Möglichkeit, zwei Dokumente miteinander zu vergleichen 64
(sog. **Vergleichsanalyse**). Die Übereinstimmungen werden für die Bearbeiter:in optisch hervorgehoben. Diese Funktion kann vor allem bei der Bearbeitung von Parallelverfahren Anwendung finden. So lassen sich die oft nur geringen Unterschiede in langen Schriftsätzen rasch erfassen.

IV. Verfügbarkeit der eAkte außerhalb des Gerichtsgebäudes

1. Homeoffice und App

65 Die Einführung der eAkte erleichtert das ortsunabhängige Arbeiten, insbesondere also die Arbeit im Homeoffice erheblich. Dieser Vorteil der elektronischen Aktenführung und -bearbeitung hat sicherlich einen erheblichen Beitrag zur Akzeptanz bei den Nutzer:innen geleistet. Über eine **VPN-Verbindung** ist es nunmehr möglich, die auf den gerichtlichen Servern abgespeicherten Dateien zu sichten und zu bearbeiten. Der lästige und die Möglichkeiten des Homeoffice erheblich limitierende Aktentransport entfällt. Eilsachen können ortsungebunden bearbeitet und signiert werden. Zugleich bleibt die eAkte für die im Gericht arbeitenden Kolleg:innen greifbar.[43]

66 Eine Einschränkung zu Letzterem kann sich indes bei der Nutzung der **e²A-App** ergeben. Diese App ermöglicht die „Mitnahme" einer Akte auf einem mobilen Endgerät und deren Bearbeitung offline. Zugleich führt die Mitnahme jedoch dazu, dass die eAkte für eine Bearbeitung durch andere Personen gesperrt wird. Die eAkte kann von diesen aber zumindest in dem Stand, in dem sie aus dem Gericht „entfernt" wurde, angesehen werden. Wird die eAkte offline nicht mehr benötigt, muss die Sachbearbeiter:in, die sie „mitgenommen" hat, ihre Daten mit der Anwendung synchronisieren und damit ihre Änderungen in das System überspielen. Erst dann kann die Akte wieder durch alle Berechtigten bearbeitet werden.

2. Akteneinsicht

67 Die Papierakte kann grundsätzlich nur durch eine Person zur selben Zeit bearbeitet werden. Dies führt zu Verzögerungen und Schwierigkeiten in der Verfahrenssteuerung für das Gericht sowie der Verfahrensführung für die Beteiligten, die in vielen Fällen vermeidbar wären. Klassische Beispiele für derartige Probleme sind insbesondere der Versand der Akte zur **Akteneinsicht** an einen Verfahrensbeteiligten sowie an einen gerichtlichen Sachverständige:n zur Fertigung eines Gutachtens. Letzteres dürfte erheblich dazu beitragen, dass die Einholung von Sachverständigengutachten als ein Hauptgrund für überlange Verfahren gilt.[44] Regelmäßig verbleibt in den genannten Fällen bei Gericht lediglich ein sog. Retent, welches ausweist, wo sich die Papierakte befindet und eine Sammlung zwischenzeitlich eingehender Schriftsätze beinhaltet. Fragen der Verfahrensbeteiligten, die während der „Abwesenheit" der Papierakte an das Gericht herangetragen werden, kann dieses mangels Zugriffsmöglichkeit auf den Akteninhalt häufig nicht oder nicht hinreichend konkret beantworten. Die zeitgleiche Erhebung weiterer Beweise, wie etwa die Vernehmung von Zeugen, ist ebenfalls nicht möglich. Die erforderlichen Informationen zur Prüfung von Anliegen oder der Weiterbearbeitung des Verfahrens stehen dann nicht zur Verfügung.

---

43 Hierzu auch *Viefhues*, DRiZ 2015, 312, 316.

44 Zur Verfahrensdauer bei Sachverständigenbeweis: *Walter*, DS 2015, 205.

Dieser Problemstellung wurde und wird zum Teil durch die Fertigung von Zweit- oder Drittakten begegnet. Die Mehrfertigung von Papierakten ist indes recht aufwändig und führt nur zu einer geringfügigen Verbesserung, da die Akte sich fortlaufend weiterentwickelt. Gleichwohl wurde schon vor der Einführung der eAkte bei umfangreichen Verfahren mit mehreren Beteiligten vermehrt dazu übergegangen, die Papierakten einzuscannen und den Verfahrensbeteiligten auf diese Art elektronisch zur Verfügung zu stellen. 68

Die Einführung der eAkte ermöglicht es nunmehr, die Akte ohne beträchtlichen Aufwand zu vervielfältigen und den Akteninhalt den Verfahrensbeteiligten auf diese Weise zeitnah (aktualisiert) zur Verfügung zu stellen, ohne dass dies mit einem Aktenentzug für das Gericht verbunden wäre. Nachdem sich die Gerichte eine Weile mit USB-Sticks und CDs behelfen mussten, erfolgt die Akteneinsicht zwischenzeitlich entweder durch das Übersenden einer aktuellen Kopie der eAkte per EGVP/beA oder durch Einstellen in das webbasierte sog. **Akteneinsichtsportal**. Bei Letzterem wird eine digitale Kopie der eAkte als Gesamt-PDF in dem Zustand, den die eAkte bei Gewährung der Akteneinsicht hat, zum Download zur Verfügung gestellt.[45] Mittlerweile ist das Akteneinsichtsportal auch mit den beA-Postfächer gekoppelt, sodass die eAkte in das beA-Konto der Rechtsanwält:innen hochgeladen werden kann.[46] Referendar:innen erhalten im Rahmen der Ausbildung bei Gericht eine Gesamt-PDF der eAkte. Die PDF-Datei wird in NRW über die Online-Plattform *Nextcloud* bereitgestellt. Soweit eine solche Plattform in einzelnen Bundesländern (noch) nicht zur Verfügung steht, erhalten Referendar:innen regelmäßig eine Kopie der Akte auf einem USB-Stick. 69

V. eAkten im Instanzenzug

Wird in einer Instanz eine Akte elektronisch geführt, wird diese auch als Datensatz an die vorangehende oder nachfolgende Instanz abgegeben. Ebenso geht die **Aktenführungsbefugnis** auf diese Instanz über. Das bedeutet, dass nur noch das zur Aktenführung befugte Gericht berechtigt ist, die Akte zu ergänzen. Wird die Akte an eine Instanz abgegeben, welche die Akten nicht elektronisch bearbeitet, ist diese für den Ausdruck der eAkte grundsätzlich selbst verantwortlich. 70

Durch das Übergehen der Aktenführungsbefugnis auf die nächste Instanz wird ein bedeutender Vorteil der eAkte, die zeitgleiche Verfügbarkeit des digitalen Akteninhalts an verschiedenen Orten, nicht effizient genutzt. So müssten etwa Kostenfestsetzungsverfahren der Vorinstanz nicht ruhend gestellt werden, wenn eine weitere Bearbeitung des Aktenbandes der jeweiligen Instanz als zulässig erachtet würde. Problematisch ist dies derzeit indes aufgrund des Umstandes, dass die Gerichte auf unterschiedliche Da- 71

45 Vgl. hierzu: https://www.akteneinsichtsportal.de; vgl. zu den Einzelheiten der Akteneinsicht *Gomm* in: Ory/Weth, jurisPK-ERV, Band 1, 2. Aufl., Kapitel 5.2 (Stand: 1.6.2022).

46 https://www.brak.de/newsroom/newsletter/nachrichten-aus-berlin/2022/ausgabe-22-2022-v-4112022/akteneinsichtsportal-anmeldung-jetzt-mit-bea-karte-moeglich.

tenbestände zugreifen. Regelungen wie etwa § 724 II ZPO, der die Erteilung von vollstreckbaren Ausfertigungen der Entscheidungen der Vorinstanz durch das Gericht der höheren Instanz vorsieht, was gem. § 734 ZPO die Vornahme eines mit der Entscheidung untrennbar zu verbindenden Vermerks nach sich zieht, erfordern eine Änderungsbefugnis zugunsten der höheren Instanz. Die Bearbeitungsbefugnis an einer Akte kann aber richtigerweise nicht zeitgleich bei mehreren Gerichten bestehen, solange diese nicht auch auf denselben Datenbestand zugreifen.

D. Weiterentwicklung der elektronischen Akte

72 Die eAkte ist noch längst nicht bundesweit und in allen Gerichtsbarkeiten eingeführt worden. Die weitere Einführung muss zügig vorangetrieben werden. Dabei muss aber auch für die Akzeptanz der Anwender:innen und übrigen Beteiligten Sorge getragen und berücksichtigt werden, dass die mit der Einführung verbundenen Schwierigkeiten nicht zur Beeinträchtigung des effektiven Rechtsschutzes führen dürfen. Keineswegs sollten die gesetzlichen Fristen zur Einführung ausgereizt werden. Die Papierakte führt seit der Nutzung und deutlich spürbar seit der aktiven Nutzungspflicht des beA seit dem 1.1.2022 dazu, dass zusätzliche Ressourcen gebunden werden, um elektronische Eingänge auszudrucken. Jeder Medienbruch – auch bei der Kommunikation der Gerichte untereinander – hat weitere Reibungsverluste zur Folge.

73 Auf der Grundlage einer performant, d.h. stabil und verlässlich funktionierenden eAkte bei allen Gerichten gibt es selbstverständlich kurz- und langfristig erhebliches Entwicklungspotential. Dieses Potential könnte noch besser ausgeschöpft werden, wenn die Entwicklung nicht parallel in verschiedenen Entwicklungsverbünden betrieben und abgestimmt werden müsste.[47]

I. Verbesserungspotential bei chronologischer Aktenführung

1. (Teil-)Automatisierte Dezernatsarbeit und Entscheidungsvorschläge

74 Innerhalb der bisherigen Struktur, bei der Dokumente in aller Regel chronologisch nach ihrem Eingang abgeheftet werden, besteht noch viel Automatisierungspotential. Auch die heute „händisch" vorgenommenen digitalen Querverweise,[48] z. B. zwischen der Nennung einer Anlage im Schriftsatz und der Anlage selbst, können in naher Zukunft sicherlich vollautomatisch hinterlegt werden. In Schiedsverfahren wird dies schon heute standardmäßig seitens des Schiedsgerichts verlangt.[49]

---

47 Vgl. hierzu *Vogelgesang*, jM 2021, 51 mit gesetzgeberischen Handlungsvorschlägen.

48 Siehe Rn. 62.

49 Vgl. dazu § 25 (*Scherer/Jensen*).

Es ist heute ohne Weiteres denkbar, dass eAkten-Programme Richter:innen bereits hilfreiche Informationen mitliefern; gerade für die **Dezernatsarbeit**, d. h. insbesondere die täglich anfallende Bearbeitung zahlreicher Akten, bei denen nur kurze Verfügungen zu treffen sind (z. B. Schriftsatzweiterleitung mit und ohne Fristsetzung, Bescheidung von Akteneinsichtsgesuchen oder Fristverlängerungsanträgen). Geht etwa ein neuer Fristverlängerungsantrag ein, könnte eine Information darüber erfolgen, ob es sich um eine (nicht verlängerbare) Notfrist handelt, der Schriftsatz bis zum Ablauf der gesetzten Frist eingegangen ist, eine Begründung enthält und ob es sich um die erste oder eine weitere Fristverlängerung handelt (vgl. § 225 II, § 520 II 3 ZPO). In diesen Fällen könnten bereits Entscheidungsvorschläge für Verfügungen oder Beschlüsse generiert werden, die „nur" noch zu überprüfen wären. Entsprechendes gilt für die Akteneinsicht, deren Voraussetzungen sich in Standardfällen weitestgehend automatisiert prüfen lassen könnten. 75

2. (Teil-)Automatisierung der Arbeitsabläufe

Die Zusammenarbeit innerhalb des Gerichts hat sich durch die Einführung der eAkte zwar in vielen Bereichen (insbesondere bei der Wachtmeisterei) erheblich verändert. In anderen Bereichen wurden analoge Prozesse aus der „Papierwelt" hingegen lediglich in die „digitale Welt" übersetzt. Nach wie vor erfolgt etwa die Fristenüberwachung ebenso wie die Bearbeitung der Eingänge zunächst durch die Servicekräfte. Da sich die Akten bisher grundsätzlich auf der Geschäftsstelle befanden, dort verwaltet und Eingänge durch die Wachtmeisterei hier zugetragen wurden, war dieser Ablauf mit der Papierakte sinnvoll. Die elektronische Aktenführung lässt **abweichende, effizientere Abläufe** aber ohne Weiteres zu. So könnte die Vorlage unmittelbar an die originäre zuständige Person erfolgen, indem entweder das Programm die Zuteilung selbstständig vornimmt oder bei der Einreichung von Schriftstücken eine Vorauswahl getroffen werden kann. Schon heute wäre ein Computerprogramm in der Lage, beispielsweise die Rechnung einer Sachverständigen der Kostenbeamt:in vorzulegen oder die Klageschrift – auch abhängig von der erfolgten, dokumentierten Einzahlung des Vorschusses – entweder der Richter:in oder der Serviceeinheit. Anwält:innen könnten – als alternative oder kumulative Möglichkeit – bei der Einsendung auswählen, für wen der Eingang bestimmt ist, z. B. im Kostenfestsetzungsverfahren für die Rechtspfleger:in. Ohne Auswahl oder bei computerseits nicht möglicher Zuordnung bliebe es bei der Vorlage an die Serviceeinheit. Alle vorstehenden Vorschläge könnten durch ein (fakultatives) Datenblatt/Formular oder – z. B. bezüglich der Zuständigkeit – über eine Schaltfläche umgesetzt bzw. erleichtert werden. Zudem könnten jedenfalls „einfache" Verfügungen unmittelbar durch die Software ausgeführt und verschickt werden, beispielsweise beim bloßen Versand eines Schriftsatzes an die Gegenseite zur Kenntnis- oder Stellungnahme nebst Wiedervorlagefrist. Richtig programmiert entstünde hierbei keine Mehrarbeit für die Richterschaft, welche den Versand ohnehin verfügt, und eine Befassung der Serviceeinheit mit dem Versand wäre an dieser Stelle nicht mehr erforderlich. Das Programm würde neben 76 dem Versand auch die Wiedervorlagefrist automatisch notieren und die eAkte wieder vorlegen.

3. Simultane Aktenanzeige und Upload in die eAkte

77 Bei einer zwar technisch vorbereiteten, aber in jedem Einzelfall durch die Richter:in noch zu beschließenden Akteneinsicht sollte es nicht bleiben. Vielmehr sollten zukünftig jedenfalls professionelle Beteiligte **dauerhafte elektronische Einsicht** in die eAkte (d.h. den revisionsfesten Teil des Verfahrens, nicht aber die gerichtsinternen „Arbeitsdaten")[50] haben, soweit ihnen Akteneinsicht unzweifelhaft zu gewähren wäre (anders etwa für das PKH-Heft; Zugriff hätte dort nur die Antragstellerseite). Dadurch entfielen Arbeitsschritte bei Gerichten und Anwaltschaft und es bestünde jederzeit weitestgehende Transparenz hinsichtlich des Verfahrensstandes.

78 Aufbauend darauf müssten Schriftsätze durch das Gericht nicht mehr (gegen elektronisches Empfangsbekenntnis) übersandt, sondern könnten hochgeladen werden. Jede:r (professionelle) Beteiligte könnte eine **automatische Mitteilung** über ein neues Schriftstück in der eAkte erhalten. Der Zustellungszeitpunkt könnte durch Fiktion geregelt werden. Ähnlich läuft das Verfahren schon heute bei der Universalschlichtungsstelle des Bundes ab.[51] Der dynamische Zugriff auf die eAkte würde die Arbeitslast für alle Beteiligten verringern und umfassende Transparenz schaffen. In diesem Zusammenhang wäre auch eine Vereinfachung der Aktenabgabe und parallelen Bearbeitung im Instanzenzug[52] oder bei Verweisungen möglich.

4. Kollaborative Aktenführung

79 Ein weiterer denkbarer Schritt wäre die zeitgleiche oder gar gemeinsame Arbeit an derselben eAkte nicht nur durch die Bediensteten des Gerichts, an dem das Verfahren gerade geführt wird, sondern auch durch weitere Beteiligte, wie etwa Rechtsanwält:innen und Sachverständige. Diese kollaborative Aktenführung würde sicherstellen, dass alle Beteiligten synchron arbeiten und stets auf demselben, aktuellen Stand sind. Das Gericht könnte durch Aufgaben im Pensum, die übrigen Beteiligten durch elektronische (Push-)Mitteilungen über Veränderungen informiert werden. Um die **gemeinsame Arbeit** einer Partei innerhalb der Aktenanwendung zu ermöglichen, könnten Dokumente bis zum Fristablauf nur für diese Partei einschließlich ihrer anwaltlichen und übrigen Berater:innen sichtbar sein. Die sukzessive Freischaltung für die übrigen Beteiligten und das Gericht könnte manuell oder automatisch zu einem bestimmten Zeitpunkt – in der Regel mit Fristablauf – erfolgen. Solche Mechanismen kommen schon heute ins-

50 Siehe Rn. 10 sowie Rn. 39.
51 Vgl. dazu § 24 (*Braun/Burr/Klinder*).
52 Siehe hierzu Rn. 71.

besondere bei Transaktionen und in Schiedsverfahren zum Einsatz.[53] Ebenfalls denkbar wäre die gemeinsame und ggf. synchrone Bearbeitung eines Dokuments durch das Gericht und die Parteien. Es stellen sich in diesem Zusammenhang allerdings neben den technischen auch zahlreiche rechtliche Fragen, wie etwa die Frage, wer die datenschutzrechtliche Verantwortung für den Inhalt des Datenraumes tragen würde.[54]

5. Möglichkeiten zum Verfahrensvergleich bei Massenstreitigkeiten

Für Massenverfahren (Fluggastentschädigungen, Prämienerhöhungen etc.) wäre jeden- **80**
falls der Einsatz intuitiver **Dokumentenvergleichsprogramme** hilfreich. Diese müsste so in die eAkten-Anwendung integriert sein, dass sich nicht nur einzelne Schriftsätze oder der Inhalt von zwei Akten vergleichen ließen. Hilfreich wäre es, wenn der gesamte Aktenbestand auf diese Weise verglichen und optisch aufbereitet werden könnte, dass – wie heute etwa im Pensum – eine Sortierung anhand der (höchsten) Übereinstimmungen möglich wäre. So könnte die Richter:in beispielsweise schon bei der Terminierung auf diese Vorauswahl zurückgreifen und sich dann einheitlich in gleichgelagerte Themenbereiche einarbeiten.[55]

II. Abschied von der chronologischen Aktenführung und Formaterweiterung?

Weitergehende Reformvorschläge lösen die bisherige Struktur der eAkte auf und hän- **81**
gen wesentlich davon ab, ob die Bereitschaft besteht, sich von der linearen, chronologischen Aktenführung zu verabschieden. Dies betrifft etwa die von *Köbler* verfolgte Idee des Basisdokuments und des strukturierten Parteivortrags, die dort näher beleuchtet werden soll.[56] Hierhin gehört auch die Überlegung, die Beschränkung auf Text- und Bilddateien aufzuheben. Ob hybride „Schriftsätze“ aus Videos, Audiodateien, Text etc. tatsächlich sinnvoll sind, muss jedoch bezweifelt werden.

---

53 Vgl. dazu § 25 (*Scherer/Jensen*).

54 Vgl. zu entsprechenden Überlegungen *Gomm* in: Ory/Weth, jurisPK-ERV, Band 1, 2. Aufl., Kapitel 6, Rn. 181ff. (Stand: 1.6.2022).

55 Vgl. hierzu auch *Lerch/Valdini*, NJW 2023, 420, 423, Rn. 17.

56 Vgl. dazu § 18 (*Köbler*).

Vivien Visarius und Roland Hey

§ 16 Bearbeitung der Verfahren vom Eingang bis zur Entscheidung

Gliederungsübersicht **Rn.**

A. Einleitung

1 **Fachanwendung** (oder auch *Fachverfahren, Fachsystem*) ist ein Begriff, der sich im Sprachgebrauch der Gerichte und Staatsanwaltschaften in den vergangenen drei Jahrzehnten fest etabliert hat. Verstanden werden hierunter üblicherweise Softwareprodukte (*Werkzeuge, Tools*), welche die Justiz über alle Dienstzweige und Gerichtsbarkeiten einschließlich der Staatsanwaltschaften bei der Bewältigung der täglichen Arbeiten unterstützen.

2 Diese Werkzeuge lassen sich grob kategorisieren und sind bei der **Speicherung und Verarbeitung erforderlicher Verfahrensdaten** (*Fachverfahren*) sowie der **Erstellung und Behandlung gerichtlicher Verfügungen, Entscheidungen und Schreibwerk** (*Textsysteme*) inzwischen unverzichtbar geworden. Sie begegnen – im Einklang mit anderen Softwareprodukten, welche die elektronische Aktenführung abbilden (*eAkte*) –

https://doi.org/10.1515/9783110755787-016

über Schnittstellen verbunden und in unterschiedlichste Betriebsumgebungen (*Domänen*) eingebettet der in den vergangenen Jahren beständig wachsenden Arbeitsverdichtung der Gerichte und Staatsanwaltschaften und zunehmenden Komplexität der zu bearbeitenden Rechtsgebiete wie auch einzelnen Verfahren.

Während die Abläufe und Inhalte in den Fachsystemen durch die Digitalisierung der 3
Aktenführung bisher nur geringfügige Änderungen erfahren haben, sind im Bereich der Textsysteme enorme Veränderungen zu verzeichnen. Der Verzicht auf Papier – wenngleich auch immer noch in ‚virtueller' Form abgebildet –, die Abkehr von handschriftlichen Unterzeichnungen, die Anwendung und Notwendigkeit von **elektronischen Signaturen** und ein insgesamt völlig verändertes Handling der Verfahrensbearbeitung vom Eingang bis zur Rechtskraft der abschließenden Entscheidung, verändern die Textsysteme in besonderem Umfang.

Neben den Fachsystemen, den Textsystemen und der eAkte gibt es zahlreiche **Ex-** 4
pertensysteme, deren Ziel die Unterstützung stark spezialisierter, eingeschränkter fachlicher Kontexte ist. Sie widmen sich juristischen Besonderheiten und Anforderungen mit besonderer Detailtiefe. Expertensysteme, die sich etwa mit familienrechtlichen Besonderheiten wie der Berechnung von Unterhalt und Versorgungsausgleich befassen, werden daher oft neben den Fachsystemen in den Gerichten eingesetzt. Viele Expertensysteme haben inzwischen generalisierte Schnittstellen, die eine Kooperation mit den zudem eingesetzten Fach- und Textsystemen ermöglichen.

Das Zusammenwirken dieser Systeme erfasst damit nahezu alle in den Gerichten 5
und Staatsanwaltschaften anfallenden Arbeiten und kann inzwischen sowohl das Ermittlungsverfahren als auch gerichtliche Verfahren vollständig digital abbilden.

Viele durch die Fachverfahren bereitgestellte Funktionalitäten sind dabei für die 6
Anwenderinnen und Anwender nicht unmittelbar wahrnehmbar. Die **Abbildung der Organisation** der Behörde in den Systemen, deren interne Strukturen, Gebäude wie auch Räumlichkeiten, die Erfassung beschäftigter Personen, die Steuerung von **Benutzerrechten und Rollen**, also Kategorien von Benutzern mit gleichen Berechtigungen, sowie die Abbildung unterschiedlichster Formen von Geschäftsverteilung und Möglichkeiten der **Verfahrensregistrierungen** und **Verfahrensverwaltung**, die Unterstützung bei **Terminierungen** und **Saalmanagement** und die Abbildung gesetzlich vorgeschriebener **Kommunikationsstandards** wie insbesondere des **XJustiz**-Standards, treten meist nur durch ihre Ergebnisse in Erscheinung. Mit der erforderlichen Sorgfalt durch die Verwaltungen der Behörden gepflegt, erleichtern und vereinfachen sie die Arbeit der Bediensteten erheblich und ermöglichen einen den Anforderungen von Datenschutz und Datensicherheit entsprechenden Einsatz digitaler Hilfsmittel bei der Verfahrensbearbeitung. Sie vereinfachen das Suchen nach in den Fachverfahren vorgehaltenen Daten, verhindern unberechtigte Zugriffe, erleichtern Verfahrensregistrierungen bis hin zur Abbildung kleinteiliger Statistiken und der Generierung gesetzlich vorgeschriebener Listen und Verzeichnisse.

Die eingesetzten Textsysteme wie auch die e-Aktensysteme greifen hierbei auf die 7
in den Fachverfahren bereitgestellten Daten und Funktionen zu. So ist es in den hin-

reichend entwickelten Textsystemen inzwischen möglich, auf **fallbezogene Verfügungsvorlagen** zuzugreifen und diese mit den aus den Fachsystemen bezogenen Daten anzureichern. Auch eine **individuelle Anpassung der Vordrucke**, die von Verfahrenseinleitung bis zur Entscheidung und dem Abschluss des Verfahrens umfassende Unterstützung bieten, ist in den heute verfügbaren Textsystemen zumeist möglich. Standardisierte Abläufe von der Unterschrift der zuständigen Person bis zur **automatisierten Erstellung von Reinschriften und Begleitschreiben einschließlich der für den Versand erforderlichen Dokumente** werden abgebildet. Eine papierfreie Erstellung von Dokumenten und deren Versand wird auf unterschiedlichsten Kommunikationswegen unterstützt.

B. Ein Blick zurück

8 Der tatsächliche Einsatz der Möglichkeiten elektronischer Datenverarbeitung in der Justiz hat erst in den vergangenen zwei Jahrzehnten an Bedeutung gewonnen. Erste Berührungen waren für die Bediensteten in der Justiz tatsächlich der Einsatz der elektrischen und später der elektronischen Schreibmaschine.

9 Erst mit dem zunehmenden Einzug des **Personal Computers** in die häusliche und private Umgebung der Bediensteten, wuchs auch der Erfindungsreichtum einzelner interessierter Pioniere – und später deren Ansehen in den Gerichten. Sie erkannten, dass oftmals gleichartig verlaufende Tätigkeiten durch die Nutzung von anpassbaren Vorstücken ihre Arbeit bereits deutlich vereinfachten oder die für deren Erstellung erforderliche Zeit merklich verkürzten. Ab Mitte der 1980er Jahre wurden die vormals unbezahlbaren Personal Computer wegen ihrer steigenden Verbreitung und Produktionszahlen auch für die Gerichte und Staatsanwaltschaften zu bezahlbaren Technologien. Mit Windows und den ersten Office-Paketen wurde in den 1990er Jahren auch eine einfach handhabbare Benutzeroberfläche verfügbar. Die in Microsoft Word bereitgestellte **Makroprogrammierung** wurde zur Automation der Texterstellungsanwendungen genutzt. Auf den damals noch nicht vernetzten Personal Computern in den Gerichten und Staatsanwaltschaften waren fortan immer häufiger Makrosammlungen zu finden, die einen großen Teil der Texterstellungen einzelner Fachbereiche abbildeten.

10 Durch die Nutzung einer verfügbaren **Datenbank** aus dem Office-Paket wurde der nächste Evolutionsschritt der Fachsysteme eingeleitet. Es war möglich geworden, die für die Texterstellung erforderlichen Makros nach ihrem Einsatzgebiet zu differenzieren und die Arbeit damit durch Zugriff auf eine einheitliche Datenbank und Bereitstellung einheitlicher Daten zu vereinfachen. Noch heute sehen moderne Softwarearchitekturen die damals entstandene **Aufteilung in Fach- und Textsystem** als sinnvolle Abgrenzung vor.

11 Bedingt durch die steigende technische Komplexität der Informationstechnik, die **Einrichtung von Behörden- und Landesnetzwerken**, das Internet und dessen steigende Nutzung für den Informationsaustausch sowie aufkommende und wachsende Anfor-

derungen an Datensicherheit und Datenschutz stieg auch der Anspruch nach Professionalisierung der eingesetzten Systeme. Bedingt durch föderale Strukturen der Länder entstanden in vielen Bundesländern parallel ähnliche Systeme mit gleichen Einsatzzielen, die durch marktgängige Softwarehäuser nach den individuellen Vorgaben der Bundesländer ausgestaltet wurden.

Über Landesgrenzen hinweg wurde erkannt, dass föderale Strukturen und die daraus folgenden Fertigungsprozesse der Fach- und Textsysteme die Justizhaushalte der Länder in deutlich höherem Maß belasten, als dies bei gemeinschaftlichen Beauftragungen und Umsetzungen der Fall wäre. Die Gründung von **Entwicklungsverbünden** und über Landesgrenzen hinweg operierenden Arbeits- und Projektgruppen waren die logische Folge. In vielen Bereichen entstanden gemeinschaftlich genutzte und gepflegte Fachsysteme, wie beispielsweise **MESTA**, **e²A** und **EUREKA**. Mit Blick auf die föderale Organisationsstruktur der Justiz und länderspezifische Besonderheiten sind allerdings weiterhin die meisten Fachverfahren nur in einigen Bundesländern im Einsatz. Ansätze zur Entwicklung bundeseinheitlicher Fachverfahren existieren, sind aber mit hohen Abstimmungsaufwänden verbunden und konnten bisher nicht abgeschlossen werden. 12

C. Stand Heute

In den Gerichten sind heute neben ausgereiften Fach- und Textsystemen **E-Aktensysteme** im Einsatz. Die Fach- und Textsysteme sind in ihren Kernbereichen zumeist ausgereift und etabliert. 13

Neue Anforderungen, wie zum Beispiel in Folge der fortschreitenden Etablierung des **elektronischen Rechtsverkehrs**, mit dem sich beständig ändernde Notwendigkeiten der Bereitstellung, aber auch der Ver- und Bearbeitungsmöglichkeiten standardisierter Datenstrukturen einhergehen, führten zu einer starken Veränderung der abgebildeten Prozesse und bedingen häufige Versionswechsel der Systeme. 14

Die Entwicklungsprozesse der Fachsysteme gestalten sich daher heute völlig anders als zu ihren Anfängen. Für die ersten Fachsysteme bestanden keine oder kaum Erwartungen an deren Funktionsumfang. Einfach zu erlernende Handhabung oder intuitive **Bedienbarkeit** und **Benutzerführung** waren keine limitierenden Faktoren. Auch **barrierefreie Zugänge** zu den Programmen, möglichst geringe Schulungsaufwände, einheitliches **Design** und möglichst zu vermeidende Medienbrüche, spielten bei der Softwareentwicklung zunächst keine gewichtige Rolle. Jede abgenommene Routinearbeit, jede Vereinfachung stellte in der Vergangenheit einen wirklichen Gewinn und damit eine willkommene Hilfe dar. 15

Diese Erwartungshaltung hat sich grundlegend geändert. Die Fachsysteme sind aus dem gerichtlichen Alltag heute nicht mehr wegzudenken. Abläufe und Strukturen der Prozesse und Arbeitsorganisation haben sich längst an den Möglichkeiten der Fachsysteme orientiert. Wenngleich diese Änderungen nicht aus Anlass des Einsatzes der Fachsysteme erfolgten, sind sie teilweise inzwischen so fest etabliert, dass die Verfügbarkeit 16 eines Systems ganz wesentlich für die Abläufe in einem Gericht ist. Die Fachanwendungen sind damit nicht nur Bestandteil des **Prozesses der Digitalisierung gerichtlicher Arbeitsabläufe**, sondern zugleich Ausgangspunkt dieses Prozesses und unverzichtbare Voraussetzung seines Fortschreitens. Das Vorhandensein der Fachanwendungen hat die gerichtliche Arbeitswelt so weitgehend geprägt, dass anders als in der Vergangenheit nicht nur rechtliche und gesellschaftliche Veränderungen und die technische Fortentwicklung die Vorgänge innerhalb eines Gerichts bestimmen, sondern gerade die Darstellung gerichtlicher Verfahren in den Fachanwendungen die in diesen üblichen Arbeitsabläufe rückbeeinflusst. Die Möglichkeiten der eingesetzten Fachanwendungen treiben den Prozess der Digitalisierung voran und begrenzen ihn zugleich.

17 Waren in der Vergangenheit die Fachsysteme nur unterstützende **Werkzeuge** bei der Verrichtung gerichtlicher Aktivitäten, sind sie heute in allen Bereichen **Systeme**, die für das Arbeiten essentiell sind. Machten sie in der Vergangenheit das Arbeiten leichter und vielleicht schneller, ist heute ohne verfügbare und stabil laufende Fachsysteme das Bearbeiten eines gerichtlichen Verfahrens oftmals überhaupt nicht mehr möglich. Kam in der Vergangenheit die Hilfe durch ein Fachsystem den Bediensteten rein zeitlich betrachtet wirklich zu Gute, ist diese **Effizienzsteigerung und Unterstützung** längst auch in die Bemessungskriterien für die Arbeitsbelastungen eingeflossen, setzt hierbei allerdings ein reibungsloses Funktionieren der Fachsysteme sowie deren umfassende Verfügbarkeit zwingend voraus.

18 Den Fachsystemen kommt damit in der Gegenwart eine durchgehend größere Bedeutung zu als in der Vergangenheit. Auch die Anforderungen an die mit dem fachlichen Design der Systeme befassten Personen haben sich dadurch vollständig verändert. In der Vergangenheit konnten Softwareentwickler durch geschicktes Nachfragen und intensives Zuhören bei Gesprächen mit sachkundigen Bediensteten der Gerichte die abzubildenden Anforderungen erfragen. Sie konnten also auf die Expertise der späteren Anwenderinnen und Anwender vertrauen. Sie folgten damit den Sachkundigen, fachliches Know-How war kaum oder gar nicht zwingend erforderlich.

19 Durch die rasante Geschwindigkeit, mit der sich die Arbeit der Gerichte wegen des elektronischen Rechtsverkehrs verändert hat, konnte sich eine verdichtete und weit verbreitete Expertise in diesen Bereichen kaum entwickeln. Man muss wohl feststellen, dass die gesamte Justiz ebenso wie die Anwaltschaft, die Notare und die beteiligten weiteren Stellen und Behörden diesbezüglich noch lange Zeit Erfahrungen sammeln werden müssen. Während sich diese Kenntnisse also gerade erst herausbilden, gilt es, sich den neuen und völlig unbekannten Herausforderungen der **elektronischen Aktenführung** zu widmen. Spätestens seit der Entwicklung der E-Aktensysteme konnten Softwareentwickler aber nicht mehr auf das Know-How der späteren Anwenderinnen und Anwender zurückgreifen. Know-how war und ist überwiegend hierfür nicht vorhanden. Softwareentwickler müssen daher heute in vielen Fällen gesetzliche Vorschriften noch in ihrem Entstehungsstadium erfassen, durchdringen und verstehen um hieraus in Fachsystemen realisierte gänzlich neue Arbeitsschritte bereitstellen zu können. Ihre Tätigkeit umfasst damit neben der Softwareentwicklung oft auch die **Prozess- und Orga-**

nisationsentwicklung von Abläufen und Arbeitsfolgen in den Behörden. Anders als in der Softwarenentwicklung in anderen Bereichen wird auch heute noch die Entwicklung und Pflege der Fachverfahren weiterhin maßgeblich und überwiegend durch die Justiz selbst unter Einsatz von Praktikerinnen und Praktikern verantwortet.

Die Geschwindigkeit, mit der die Verbreitung des elektronischen Rechtsverkehrs 20
voranschreitet, und die elektronische Aktenführung Raum greift, stellt damit auch für die Anwenderinnen und Anwender innerhalb der Gerichte nie dagewesene Anforderungen dar. Sie müssen sich mit neuen Werkzeugen, neuen Verrichtungen und Aktivitäten vertraut machen und dürfen dabei gleichzeitig die gesetzeskonforme Arbeitsweise der Systeme nie aus dem Blick verlieren.

Viele Anwenderinnen und Anwender der Systeme innerhalb der Behörden werden 21
dabei mit für sie völlig neuen Realitäten und Paradigmenwechseln konfrontiert. Durfte man in der Vergangenheit zum Beispiel noch auf die einzige relevante und wirkliche Urschrift einer Entscheidung in einer Papierakte vertrauen, weil man sie physisch vor sich sah, sie anfassen und im wahrsten Sinne des Wortes begreifen konnte, ist es heute möglich, durch einfaches Kopieren und Einfügen eine zweite oder beliebig viele weitere **Urschrift**(en) einer Entscheidung zu erzeugen. Die Kennzeichnung einer Urschrift als solche vermag das Vertrauen in diese für sich genommenen in der digitalen Welt also nicht mehr zu rechtfertigen. Erst das Vorhandensein eines entsprechenden **Zertifikates** in einem die Unveränderlichkeit garantierenden **Umsystem** kann die greifbare Urschrift alter Genese ersetzen. Dieses einfache Beispiel zeigt, wie sehr Vergangenheit, Gegenwart und wahrscheinlich Zukunft der Arbeitsweise der Gerichte voneinander abweichen.

Neben dem rasanten Tempo, mit dem sich die fachlichen Anforderungen an die 22
Fachsysteme fortentwickeln, ist die *Technik und deren Fortschritt* ein weiterer Faktor, der die Fachsysteme verändert. Die Fachsysteme müssen sich in fortschreitende Vernetzung, neue Technologien und Betriebsumgebungen, zentrale wie dezentrale Strukturen, Cloud-Technologien und vergleichbare Umgebungen einpassen. Zahlreiche Schnittstellen zur **elektronischen Kommunikation mit Behörden und Registern**, der inzwischen zwingende **elektronische Rechtsverkehr** mit anderen Verfahrensbeteiligten und das Erfordernis, strukturierte Daten in den Fachsystemen einzulesen und diese nach Möglichkeit an die Textsysteme weiterzugeben, stellen zahlreiche neue und technische komplexe Anforderungen an die Fach- wie Textsysteme. Auch die sinnvollerweise beständig steigenden Anforderungen an **Datensicherheit** und die Ausschärfung von besonderen Funktionalitäten für den **Datenschutz** müssen berücksichtigt werden.

Eine besondere Herausforderung bildet dabei auch der **Parallelbetrieb von Papie-** 23
rakten und elektronischen Akten. Eine völlige Neuentwicklung der Fachsysteme und Textsysteme aus Anlass der elektronischen Aktenführung schied bereits wegen der damit verbundenen Aufwände und Kosten aus. Daher mussten diese Systeme auch auf eine langsame Einführung der elektronischen Aktenführung und damit einhergehend auf ihren parallelen Einsatz in Papierakten und Akten vorbereitet werden.

24 In den meisten Bundesländern werden heute ganz überwiegend ähnliche Fachsysteme und Textsysteme eingesetzt. Es werden E-Aktensysteme entwickelt, die die vorhandenen Fach- und Textsysteme ergänzen und auf ihnen aufbauen.

25 Während die Trennung fachlicher Anforderungen in Fachsystem, Textsystem und E-Aktensystem sich dem Grundsatz nach wegen der nachhaltigen Sinnhaftigkeit verfestigt hat, wachsen ihre abgedeckten Funktionsbereiche immer enger zusammen. Die **Interoperabilität** der Systeme gewinnt zunehmend an Bedeutung. Wurde noch in der jüngsten Vergangenheit eine monolithische Entwicklungsweise für die Systeme bevorzugt, setzt sich gegenwärtig eine **modulare beziehungsweise servicebasierte Vorgehensweise** durch. Diese ermöglicht es, nicht jede Funktionalität selbst entwickeln und umsetzen zu müssen. Vielmehr ist es hierdurch möglich, durch Dritte entwickelte Dienste in die eigene Anwendung einzubinden. Durch gezielte **Kollaborationen** entsteht hierdurch eine funktionale Dichte, die bei einer monolithischen Entwicklungsweise nicht möglich wäre.

26 Der Wirkungskreis der Fachsysteme beginnt damit ab der ersten Berührung des Gerichts mit einem verfahrenseinleitenden Schriftsatz oder Erklärung und endet mit der Beendigung und Abwicklung des Verfahrens nach Ablauf eventueller Aufbewahrungsfristen. In dieser Zeit finden die Erfassung und Verwaltung des Verfahrens, die Bearbeitung seiner Inhalte, die statistische und kostenrechtliche Abwicklungen, diverse Korrespondenz, die Gewährleistung erforderlicher Zugriffe auf gespeicherte Daten, die Verhinderung unberechtigter Zugriffe auf die Daten und eine Unterstützung bei der Entscheidungsfindung statt.

27 Während viele dieser bereitgestellten Funktionalitäten oder abzubildenden Aktivitäten unmittelbar von der Anwenderin oder dem Anwender des Systems bedient werden müssen, gibt es eine viel größere Anzahl von Funktionalitäten, die zumeist verborgen bleiben.

D. Unmittelbare Unterstützung aus Fachanwendung

28 In der Fachanwendung selbst werden Daten gespeichert, die für die Bearbeitung der Verfahren relevant sind. Hierzu gehören maßgeblich personenbezogene Daten der Verfahrensbeteiligten, aber beispielsweise auch zur Vorbereitung von Entscheidungen erforderliche weitere Daten wie Termine, Verfahrensgegenstände, Beweismittel, Asservate, Beiakten und ähnliche Informationen. Die **Strukturierung der Daten und deren Aufbereitung zu relevanten Informationen** bieten zusammen mit zielgerichteten Funktionalitäten eine große Fülle an Unterstützungsmöglichkeiten. Nicht alle diese Funktionalitäten können und müssen unmittelbar durch den mit der Entscheidungsfindung befassten Anwender angewendet werden. Zahlreiche Funktionalitäten kommen auch ohne eine unmittelbare Interaktion zum Einsatz.

I. Übersichten der Aufgabenbereiche (Struktur und Umfang des eigenen Arbeitspensums)

Für eine **effektive und effiziente Selbstorganisation** der Entscheidungsträgerinnen und Entscheidungsträger sind Informationen über ihre konkreten Aufgaben von besonderer Wichtigkeit. Übersichten über die grundsätzlich zu Aufgabengebieten gehörende Verfahren, erfolgte Zuschriften, ablaufende Fristen, neue Eingänge oder stattfindende Termine werden daher durch das Fachsystem bereitgestellt. 29

Auch **Übersichten zu Eingangszahlen, Erledigungen und Geschäftsentwicklung** sind weitere Instrumente, die bei der Planung und Organisation der Tätigkeiten sowohl der oder des einzelnen Entscheidungsträgers als auch der Gerichtsorganisation wichtige Grundlagen bilden. 30

II. Terminierungshilfen- und Assistenten, Kalenderfunktionen

Eine der wichtigsten Unterstützungen bei der Verfahrensbearbeitung in den Gerichten sind **Terminierungshilfen- und Assistenten**. Ausgehend von einzelnen Verfahren wird die Möglichkeit geboten, einen oder im Bedarfsfall auch mehrere Terminstage zu bestimmen. Bei der Terminierung kommen Assistenten zum Einsatz, die Terminierungsmöglichkeiten nach unterschiedlichsten Kriterien anbieten können. Vorrangig hierbei ist, dass nicht an einem gewünschten Terminstag bereits anderweitige Termine eine Durchführung verhindern. Aber auch freie und verfügbare Sitzungssäle und deren besondere Ausstattungsmerkmale können in den Assistenten Berücksichtigung finden. Sind die erforderlichen Terminstage gefunden, können die Details eines Termins (Art des Termins, Uhrzeit, abweichende Ladungszeiten, erforderliche Asservate oder Beiakten etc.) vermerkt werden. 31

Sämtliche Termine einer Entscheidungsträgerin oder eines Entscheidungsträgers können in übersichtlicher Form in einem elektronisch geführten Kalender aufbereitet werden. Durch die Kombination von Terminen und Wiedervorlagefristen oder fällig werdenden Aufgaben entsteht eine nahezu unverzichtbare Übersicht über alle aktuell relevante Vorgänge in Bezug auf eine Entscheidungsträgerin oder einen Entscheidungsträger. Auch soweit Termine mehrere Entscheidungsträger gleichzeitig betreffen, zum Beispiel in Kammern oder Senaten, können hierdurch **gemeinsame Kalenderführungen** angeboten werden. 32

In Fällen von Terminverlegungen oder Aufhebungen werden gleichfalls Unterstützungsmöglichkeiten angeboten. Dadurch wird auch das Um- oder Abladen zu diesen Terminen erheblich beschleunigt und führt auch damit zu einer weiteren Komfortsteigerung. 33

III. Bereitstellung erforderlicher Informationen (Verfahrensdaten, Parteidaten, Aktenbestandteile)

34 Durch die Fachsysteme werden alle wesentlichen Informationen zu den gespeicherten Verfahren angeboten. Unterschiedliche Sichten auf diese Daten erlauben eine umfassende Unterstützung unterschiedlichster Kontexte. Die Fachsysteme entscheiden die Frage, ob ein Datum gespeichert werden sollte, in aller Regel danach, ob es im zukünftigen Verlauf mehr als einmal benötigt werden wird. Bereits dann, wenn ein Datum ein zweites Mal erfasst werden müsste, „lohnt" sich seine Speicherung bei der ersten Erfassung. Dies setzt natürlich immer auch voraus, dass die Daten auch gespeichert werden dürfen.

35 Zu den wesentlichen Informationen gehören neben den Daten zu den an dem Verfahren beteiligten Personen auch solche Daten, die den **Verfahrensgang**, seine Substanz und seinen Verlauf im Sinne der Führung einer Historie betreffen.

IV. Schnittstellen zu Informationsdiensten

36 Die **Standardisierung von Nachrichtenformaten** erlaubt eine **Kommunikation mit Diensten**, die in weiten Teilen auch außerhalb der Justiz verortet sind. So können zum Beispiel Anfragen an Meldebehörden innerhalb kürzester Zeit erstellt werden. Je nach Ausgestaltung des Fachverfahrens sind das Erstellen und die Verarbeitung einer erhaltenen Antwort einer Meldebehörde innerhalb weniger Minuten medienbruchfrei möglich. In gleicher Weise ist die in Teilen bidirektionale Kommunikation mit zahlreichen Registern und Auskunftsdiensten wie zum Beispiel dem Bundeszentralregister, Verkehrszentralregister, dem zentralen Testamentsregister, dem Insolvenzportal in die Geschäftsabläufe der Behörden integriert und unterstützt die Entscheidungsfindung.

V. Berechnungsroutinen- und Hilfen

37 Naheliegend ist es, in Fachsystemen **mathematische Berechnungsroutinen** zu verorten oder existierende Programme einzubinden. Die für die zum Teil komplizierten Berechnungswege (zum Beispiel für die Berechnung des für die Bewilligung von Prozess- und Verfahrenskostenhilfe maßgeblichen Einkommens, die sehr kritische Berechnung von Strafzeiten oder auch Berechnungen von Ver- und Abzinsungen oder Mindestgeboten im Immobiliarvollstreckungsverfahren) erforderlichen aktuellen Vorgaben des Gesetzgebers (wie zum Beispiel die Vorgaben von Einkommensgrenzen nach den Sozialgesetzbüchern) können in den Fachsystemen schnell bereitgestellt werden und gewährleisten stets aktuelle Berechnungsgrundlagen.

VI. Recherchemöglichkeiten

Datenbankgestützte Fachsysteme ermöglichen neben einer Verbindung relevanter Daten zu Datensätzen (zum Beispiel Daten eines Verfahrens) auch eine **Suche nach relevanten Informationen**. 38

Einfache Funktionalitäten, wie etwa die Suche nach phonetisch gleichklingenden Daten, finden sich hier ebenso wie der algorithmisch unterstützte Abgleich von Ähnlichkeiten, der Möglichkeit der Darstellung von Verkettungen von Daten oder auch das Erstellen einfacher oder umfangreicher Listen und Verzeichnisse, die wiederum Gegenstand von Recherchen sein können. 39

Die Anwendungsbereiche variieren hier von sachdienlich (weil beschleunigend) bis unabdingbar (weil gesetzlich vorgeschrieben) etwa in Form der Suche nach relevanten Vorstücken oder laufenden oder bereits abgeschlossen Verfahren gleichen Gegenstand oder – so im Familienbereich – gleicher Parteien. 40

E. Unmittelbare Unterstützung aus der Fachanwendung (Textsystem)

Der wichtigste Weg, den die Menschheit fand, ihr erworbenes Wissen festzuhalten, zu überliefern und zu teilen, ist das geschriebene Wort. Es gilt so auch seit hunderten von Jahren die Aussage: 41

> „Denn was man schwarz auf weiß besitzt, kann man getrost nach Hause tragen.“ 42

Dies ist sicher auch eins der wichtigsten Paradigmen der analogen Justiz. Herausragende Bedeutung kommt im juristischen Alltagsgeschäft Begriffen wie *Original, Ausfertigung, vollstreckbare Ausfertigung* in verschiedenen Formen, unterschiedlichsten Arten von *Abschriften, Zweitschriften* und Formvorschriften zu. Jede der einschlägigen gesetzlichen Grundlagen ist bemüht, die **Authentizität** des Schreibens, der Entscheidung, des Urteils oder Beschlusses oder einer sonst zu fertigenden Verfügung, eines Berichts oder einfach nur eines Schriftstücks zu reglementieren oder zu verfestigen. Bei der Verfolgung dieses ungemein wichtigen Ziels gerät oftmals ins Hintertreffen, dass es nicht die Form ist, die das Niedergeschriebene oder Festgehaltene wichtig macht, sondern vielmehr dessen Inhalt. Bildgewaltige Deckblätter, große Landeswappen und aufwändig designte Stilmittel täuschen oft über den Inhalt getroffener Entscheidungen und die für die Entscheidungsfindung aufgewendeten Energien hinweg. 43

Dass der Inhalt eines Dokumentes deutlich gewichtiger als seine Form ist, hat in der Digitalisierung schon vor langer Zeit Entsprechungen gefunden. Spätestens, seit es notwendig wurde, Inhalte von Texten auf unterschiedliche Weisen wiederzugeben, sie in unterschiedlichen Größen, bei unterschiedlichen Anlässen und unterschiedlichen Arten ihrer Darstellung wiederzugeben, wurde die Trennung von Form und Inhalt bewusst auch in der Programmierung eingesetzt. Eigens entwickelte Programmiersprachen tragen diesem Umstand Rechnung und ermöglichen es, die Inhalte der Texte in unterschiedlichsten Formaten und auf unterschiedlichsten Lesegeräten darzustellen. Der 44 wohl am meisten verbreitete Standard, der genau das Ziel ermöglicht, Form und Inhalt eines Textes voneinander zu separieren, ist die Extensible Markup Language (XML). Diese **Auszeichnungssprache** stellt Daten im Format einer Textdatei dar und kann sowohl von Menschen als auch von Maschinen gelesen (und verarbeitet) werden. Sie ist die Grundlage der meisten Datenaustauschformate (zum Beispiel XJustiz).

45 Erschwerend für eine Wandlung der Textsysteme von einer analogen Justiz hin zu einer digitalen Rechtsprechung ist, dass das zugrundeliegende **Verfahrensrecht** zumeist die digitale Zukunft in den Blick nimmt, die analoge Gegenwart und Vergangenheit aber ebenfalls weiter abbildet und koexistent zulässt. Für die Textsysteme bedeutet dies nicht nur, dass derzeit „beide Welten" unterstützt werden müssen, sondern, dass sie auch nebeneinander weiter auf unterschiedliche Entwicklungen anzupassen sind. Oftmals werden daher auch zukünftig in vielen Bereichen durch die Textsysteme noch Handlungs- und Verfahrensweisen unterstützt werden müssen, die vielleicht anderweitig nicht nur einfacher, sondern im Handling für die Rechtsprechenden auch komfortabler abgebildet und umfänglicher unterstützt werden könnten.

46 Ein besonders herausragendes Beispiel ist die Unterzeichnung von gerichtlichen Entscheidungen in den Kollegialgerichten. Natürlich ist es von besonderer Bedeutung, in geeigneter Weise zum Ausdruck zu bringen, dass alle Mitglieder einer Kammer oder eines Senats die getroffene Entscheidung mittragen. Auch ist es gleichsam von Bedeutung feststellen zu können, dass die Vorgaben des Grundgesetzes bei der Entscheidung beachtet wurden und die wirklich zuständigen Personen diese Entscheidung trafen. Der Vorgang einer solchen gemeinschaftlichen Unterzeichnung ist in einer Papierakte einfach und unkompliziert. Aber den Lauf einer Beratung und die anschließende Unterzeichnung einer getroffenen Entscheidung durch Anbringen einer qualifizierten elektronischen Signatur von bis zu fünf Personen komfortabel und unkompliziert in einem Textsystem abzubilden, ist hingegen hochkomplex. Ungeachtet dessen müssen diese Abläufe einfach, komfortabel und schnell ablaufen, damit die Ausrichtung der Textsysteme auf eine digitale Aktenführung aus der Sicht der Entscheidungsträgerinnen und Entscheidungsträger nicht zu erheblichen Mehraufwänden führt, länger dauert oder hohe bis höchste Ansprüche an deren technischen Sachverstand bedingt. Die Textsysteme sollen und müssen auch in der digitalen Rechtsprechung eine faktische Unterstützung, eine spürbare Vereinfachung und Erleichterung für ihre Anwenderinnen und Anwender bedeuten. Es sollte unbedingt vermieden werden, dass herausragende Juristen wegen umfangreichen erforderlichen technischen Kenntnissen ihre Kernaufgabe nicht mehr in der gewohnten Effizienz ausüben können.

47 Vermutlich werden die Textsysteme gleichwohl noch viele Jahre dem bei Anwenderinnen und Anwendern verbreiteten Eindruck entgegenwirken müssen, kompliziert in ihrer Handhabung zu sein. Vielmehr ist richtig, dass sie die jedenfalls in der jetzigen Zeit oftmals viel komplizierteren und verglichen mit der analogen Handhabung deutlich komplexeren Vorgehensweisen überhaupt erst ermöglichen und erträglich abbilden.

48 Mit der digitalen Form der Erstellung von Entscheidungen ändert sich zugleich auch die Arbeitsweise der Entscheidungsträger und der die Ausführung und Umsetzung

getroffener Entscheidungen bewirkenden Behördenangehörigen in fast jeder Hinsicht. Einfache, nie in Frage gestellte Verfahrensweisen und daraus resultierende Folgefragen, wie etwa wann es überhaupt zwingend einer Unterschrift bedarf oder welche Bedeutung einer Paraphe zukommt, begegnen völlig neuen, zum Teil verwirrenden und innerhalb hergebrachter Denkweisen unlogisch erscheinenden Möglichkeiten wie zum Beispiel, dass fortan beliebig viele Originale digitaler Dokumente existieren können.

Die Textsysteme leisten damit in Bezug auf die Digitalisierung der Justiz den wahrscheinlich größten Beitrag und müssen zugleich die größten Veränderungen innerhalb der Fachsysteme bewältigen. 49

I. „Analoge Welt"

Textsysteme sollen Entscheiderinnen und Entscheidern in ihrem Kerngeschäft dadurch unterstützen, dass sie sich der eigentlichen Rechtsfindung mit einem höheren Zeiteinsatz widmen können, als dies ohne vergleichbare Hilfsmittel der Fall wäre. 50

Die existierenden Textsysteme unterstützen diese Forderung in unterschiedlicher Tiefe und mit unterschiedlichen Ansätzen. Ein in der ordentlichen Gerichtsbarkeit von Nordrhein-Westfalen erfolgreich eingesetzter Ansatz geht davon aus, dass Entscheiderinnen und Entscheidern eine möglichst hohe Unterstützung und größtmöglicher Komfort bei Routinearbeiten angeboten werden muss. Die Hilfe durch ein Textsystem wird hier immer dann als besonders weitreichend empfunden, wenn wiederkehrende oder auf der Grundlage gewonnener und eingearbeiteter Erfahrungen und Kenntnisse wahrscheinliche Arbeits- und Verfahrensweisen möglichst umfassend unterstützt werden und gleichzeitig der notwendige Raum für völlig freie Handlungsweisen für neue und unbekannte Herausforderungen und Rechtslagen angeboten wird. 51

Die Textsysteme bilden insoweit eine organisierte und ausgeprägte Form des **Knowledge-Managements**, auch wenn dies nicht ihr vorrangiges Anwendungsziel ist. Die jeder Juristin und jedem Juristen bekannte und beliebte Frage nach einem „**Vorstück**" ist letztlich nur eine andere Art eines Wissens- und Erfahrungsmanagements. Während in den Anfängen der Texterstellung noch kopierte Standardtexte eine ausreichende Unterstützung darstellten, werden in den modernen Textsystemen verfestigte und etablierte Verfahrensweisen in Anweisungen angeboten, die durch automatisches Abfragen von Informationen der Fachsysteme und einer Interaktion mit der Anwenderin oder dem Anwender auf den jeweils konkreten Sachverhalt angepasst werden können. Bereitgestellte Verfügungs- und Entscheidungsvorstücke kombiniert mit deren flexibler individueller Anpassbarkeit ergänzen sich zu effektiven und effizienten Werkzeugen. Da es die Arbeit deutlich erschweren würde, wenn erst aus allen Vorstücken aller Verfahrensarten das Passende herausgesucht werden müsste, werden diese hierbei zu den jeweiligen Kontexten angeboten und mit umfangreichen und komfortablen **Filter- und Suchmöglichkeiten** angereichert. Moderne Textsysteme ermöglichen es so sogar, schnell die jeweils inhaltlich passenden Vorlagen zu finden, soweit solche bereits vorhanden sind. 52

53 Der nordrhein-westfälische Ansatz der **organisierten Qualitätssicherung**, der bereitgestellte Verfügungs- und Entscheidungsvorstücke durch mit erfahrenen Fachkräften und Technikern besetzten Gremien erarbeitet und auf Aktualität prüft, hat zu einem Erfahrungsschatz von nahezu sechstausend Vorstücken für die ordentliche Gerichtsbarkeit geführt. Die darin bereitgestellten Informationen und verfügbaren Erfahrungen vereinfachen und erleichtern auch den Ein- oder Umstieg in oder aus anderen Fachgebieten in neue Aufgabenbereiche erheblich.

54 Die Entscheidungsfindung wird zudem durch die Bereitstellung der Rubren der Entscheidungen (durch Abruf und Kombination der aus dem Fachverfahren abgerufenen Daten), bereitgestellte Schnittstellen zu externen Berechnungsprogrammen und zu angebundenen Expertensystemen erleichtert. In besonderem Maße sind moderne Textsysteme zudem dem Grundsatz verpflichtet, dass jedes Datum sowohl im Sinne eines effektiven Arbeitens, aber auch des Datenschutzes nur einmal erfasst und nach Möglichkeit auch nur an einem Ort gespeichert werden sollte, da sie in den Fachsystemen vorhandene Daten nutzen und die angebotenen Vorlagen automatisch an diese Daten anpassen sowie erst im Textsystem durch die Entscheiderin oder den Entscheider beziehungsweise Servicekräfte erfasste Daten in die Datenbanken der Fachsysteme zurückschreiben. Die Textsysteme vereinfachen die Arbeit der Entscheiderinnen und Entscheidern und der Servicekräfte insoweit nicht nur durch das Vorhalten von Vorstücken, sondern durch deren automatische Befüllung mit den richtigen Inhalten, wenn diese im Fachsystem erfasst wurden.

55 Textsysteme können auch weitergehende Unterstützung dadurch bieten, dass sie auf der Grundlage standardisierter und teilautomatisierter Arbeitsschritte eine **automatisierte Ausführung der Arbeitsanweisungen** ermöglichen. Dies sind neben der Fertigung von Reinschriften gerichtlicher Dokumente auch die Erstellung der zu deren Versand erforderlichen Übersendungsdokumente wie zum Beispiel Begleitschreiben, Zustellungsurkunden, Empfangsbekenntnisse, Formschreiben und Vordrucke.

II. „Digitale Welt“

56 Die in den Textsystemen abzubildenden Geschäftsvorfälle ändern sich durch die Einführung elektronischer Aktenführungen massiv. Den Textsystemen kommt damit eine viel stärkere Bedeutung zu, als dies in der „analogen Welt“ der Fall war. Oft werden bei der Umsetzung neuer gesetzlicher Vorgaben Überlegungen zu deren konkreter Bedeutung und bestmöglicher Unterstützung erstmals durch die Designer des Textsystems durchdacht und erprobt. Eine besondere Rolle spielt hierbei auch, dass durch das **Einlesen strukturierter Daten** beispielsweise im XJustiz-Standard in den Fachsystemen mehr und mehr mögliche Inhalte für durch das Textsystem in Vorstücken vorgesehene Platzhalter zur Verfügung stehen. Die Textsysteme bilden insoweit mehr und mehr auch solche Funktionalitäten ab, die jedenfalls in den Randbereich üblicherweise unter die Begriffe **Entscheidungsunterstützung** und **Legal Tech** gefasster Anforderungen fallen. Der XJustiz-Standard stellt hierfür inzwischen eine große Anzahl standardisierter Datensätze und Nachrichtenvorlagen bereit.

Der **Versand elektronischer Dokumente** erfolgt bei einer elektronischen Aktenführung und einem geeigneten Adressaten papierlos. Der zeitraubende und ressourcenintensive Vorgang eines Ausdrucks einschließlich des Kuvertierens zu übersendender Dokumente entfällt. Mit dem Wegfallen dieser Notwendigkeiten entfällt aber auch die Möglichkeit, Fehler etwa in Form oder Umfang der Dokumente zu erkennen und zu berichtigen. Der Entwicklung und Umsetzung des elektronischen Versands ist daher besonders aufwändig und begegnet vielen Vorbehalten. Gleichwohl bieten moderne Textsysteme einen unmittelbaren elektronischen Versand über sichere Übermittlungswege an. 57

F. Nicht wahrnehmbare, aber unverzichtbare Unterstützung

Durch die Fachsysteme werden unzählige Funktionalitäten bereitgestellt, die dem Entscheidungsträger bei seiner inhaltlichen Arbeit dienen, ohne aber selbst von ihm bedient oder bewusst eingesetzt oder aufgerufen zu werden. Zahlreiche Selbstverständlichkeiten werden auf dem Weg vom Eingang einer verfahrensinitiierenden Schrift bis zur Erledigung des Verfahrens zum Teil unzählige Male genutzt, ohne wirklich als selbständige Funktion wahrgenommen zu werden. Einige dieser essentiellen Funktionalitäten der Fachsysteme werden nachstehend erörtert. 58

I. Abbildung der Behörden (Gerichte, Staatsanwaltschaften und vergleichbare Justizbehörden)

Innerhalb der Fachsysteme der Justiz ist es eine wesentliche Information, in welcher Behörde das System eingesetzt wird. Neben der reinen Bezeichnung der Behörde müssen natürlich ihre Adresse, unterschiedliche Ansprechpartner und alle eventuell im Rahmen von der Erzeugung von Schriftwerk erforderlichen Angaben vorgehalten und bei Bedarf bereitgestellt werden. Neben den Anschriften der Behörde gehören auch Beschreibungen der Zufahrtswege und Zugangsmöglichkeiten in der elektronischen Kommunikation zum Umfang vorgehaltener Informationen. Insbesondere Adressen des elektronischen Gerichts- und Verwaltungspostfach (EGVP), Telefon und Faxnummern, E-Mail-Adressen, Internetadressen, Bankverbindungen, Sprechzeiten der Behörde oder einzelner Behördenbestandteile und sonst wichtige oder erwähnenswerte Hinweise sind enthalten. 59

Neben den Gebäuden der Behörde findet sich in vielen Fachsystemen auch eine Verwaltung der Räume. Diese Abbildung ist nicht nur für das Management der Sitzungssäle erforderlich, sondern dient in vielen Fällen auch der Abbildung von Verwahrorten von Aktenbestandteilen oder der Akten selbst. Zu der Abbildung von Räumen des Gerichts gehören selbstverständlich auch die Speicherung der jeweiligen Adressen und der Zugangsmöglichkeiten etwa zu Sitzungssälen für den Fall der Anfertigung von Ladungsschreiben. 60

61 Der gerichtliche **Geschäftsverteilungsplan** bestimmt die organisatorische Struktur einer Behörde. Er gibt wieder, welche Geschäfte innerhalb der Behörde anfallen und ordnet den in der Rechtsprechung tätigen Personen ihre Aufgabengebiete und Verantwortlichkeiten zu. Auch diese Zuordnung wird innerhalb des Fachsystems abgebildet.

62 Der Geschäftsverteilungsplan eines Gerichts erfährt üblicherweise innerhalb der Grenzen des Gerichtsverfassungsgesetzes während eines Geschäftsjahres viele Veränderungen. Eine der sicher häufigsten Ursachen für eine Änderung des Geschäftsverteilungsplans ist eine Veränderung der in der Behörde arbeitenden Personen (Personalfluktuation, Änderung der Arbeitszeitmodelle, Teilzeit etc.). Auch eine Aufteilung der Spruchkörper oder der Verantwortungsbereiche derselben sind Ursachen solcher Veränderungen.

63 Die Änderungen müssen in dem Fachsystem für einen in der Zukunft liegenden Zeitpunkt eingetragen werden können, ab dem ihre Wirkungen in Kraft treten. Es muss gewährleistet werden, dass jede Anwenderin und jeder Anwender eines Fachsystems die ihr oder ihm am jeweiligen Gültigkeitstag zugewiesenen Aufgaben ausüben kann, und die dafür erforderlichen Informationen und Berechtigungen zur Verfügung stehen. Umgekehrt müssen natürlich auch das Entziehen von Zugriffsrechten oder Bearbeitungspflichten planbar erfolgen können.

64 Unterschiedlichste Formen der gerichtlichen Geschäftsverteilung finden in Fachverfahren ihren Niederschlag. Die weit verbreitete Form der Geschäftsverteilung etwa auf Grundlage eines sich am Alphabet orientierenden Systems (Buchstabenverteilung) kann ebenso abgebildet werden, wie ein System des sich eher an mathematischen Regeln (Turnussystem) orientiert. Viele Fachsysteme unterstützen daneben eine **Verteilung der Verfahren** in Anlehnung an deren Materie oder Gegenstand.

II. Abbildung eines Rollen- und Rechtekonzepts

65 Regelmäßig werden die in den Behörden anfallenden Geschäfte nicht allein von einer Person erledigt werden können. Unterschiedliche zu erledigende Aufgaben erfordern unterschiedliche Qualifikationen der jeweiligen Bearbeiterinnen und Bearbeiter Diese reichen von der Bearbeitung und Verwaltung eingehender Post bis zur Entscheidungsfindung und Erledigung der Korrespondenz. Der Geschäftsverteilungsplan einer Behörde bildet aus den erforderlichen Qualifikationen zuständige Organisationseinheiten. Abstrakten Begriffen wie „Senat", „Kammer", „Abteilung" oder „Richterkennziffer", „Erhebungseinheit" oder „Serviceeinheit" werden konkrete Personen zugeordnet, denen gemeinsam die Erledigung der jeweiligen Geschäfte übertragen ist.

66 In den Fachsystemen werden daher regelmäßig alle Anwenderinnen und Anwender des Systems nebst der sie betreffenden relevanten Daten hinterlegt. Erfasst werden dabei insbesondere solche Daten, die bei der Erzeugung von Schreibwerk und Nachrichten sonst jedes Mal eingegeben werden müssten. In **Rollen- und Rechteabbildungen** legen die Fachsysteme regelmäßig fest, welche Anwenderin oder welcher Anwender in

einer Organisationseinheit welche für die Bearbeitung der jeweiligen Tätigkeit erforderlichen Kompetenzen und Zugriffsrechte erhält.

Dies ist erforderlich, um steuern zu können, wer im Einzelfall Zugang zu Vorgängen und den enthaltenen Daten hat, da in der digitalen Welt gleichzeitig von vielen Bearbeitern auf dieselben Vorgänge zugegriffen werden kann und die erforderlichen **Zugangsberechtigungen** nicht länger nur durch die Übergabe oder auch Wegnahme eines Papiervorgangs stattfindet. 67

Neben der originären Zuständigkeiten der Behördenangehörigen muss in dem Fachsystem auch abgebildet werden, welche Regelungen für Fälle geplanter oder unplanmäßiger und nicht vorhersehbarer Abwesenheiten bestehen. Die **Vertretungsregelungen** innerhalb der Behörde müssen klar geregelt sein und abgebildet werden. Hier ist für die Gerichte insbesondere Art. 101 GG maßgeblich. In den Fachsystemen wird daher regelmäßig gespeichert, wer in welchem Zeitraum wen in welcher zugewiesenen Rolle innerhalb der Behörde vertritt. 68

Der Umfang und die Art der erteilten Berechtigung ist letztlich auch maßgeblich für die Frage der Tiefe und des Umfangs der nach einschlägigen Datenschutzvorschriften vorzuhalten Protokollierungen. 69

III. Management von Sitzungssälen

Der Grundsatz der Öffentlichkeit der mündlichen Verhandlung entsprechend § 169 I 1 GVG ist oftmals einer der wesentlichen Gründe langer Laufzeiten von gerichtlichen Verfahren. Der Terminierung kommt insoweit bei einer einen Kalendertag übersteigenden Verhandlungsdauer besondere Bedeutung zu; hier ist ein verlässlicher Zugriff auf bereitgestellte Sitzungssäle von herausragender Bedeutung. 70

Die Fachsysteme unterstützen hier durch die **Verwaltung der Sitzungssäle** und sonstigen zur Durchführung mündlicher Verhandlung geeigneter Räumlichkeiten. Ein Zusammenwirken aus Kalenderfunktion und Sitzungssaalverwaltung bietet die Möglichkeit, Reservierungen für Organisationseinheiten der Behörde abzustimmen und in Form besonderer Suchroutinen zugänglich zu machen. So können Doppelbelegungen vermieden und durch angepasste Suchmöglichkeiten nach freien Räumen auch kurzfristige (oder nach besonderen Kriterien, wie zum Beispiel Saalgröße, technische Ausstattung, Abhörsicherheit) Raumbedarfe gedeckt werden. 71

IV. Statistiken

Über die Arbeit der Behörden (Art und Umfang der Geschäfte, Erledigungs- und Verweildauern, Komplexitätsgrade und viele weitere Zielrichtungen) sind umfangreiche standardisierte **Statistiken** zu führen. In den Fachsystemen werden die für die ordnungsgemäße Erstellung der Statistiken erforderlichen Informationen und Algorithmen vorgehalten. Sie stellen den Zugang zu den statistischen Informationen sicher, bieten Möglichkeiten für deren weitere Aufbereitung und Übertragung und verhindern ins- 72 besondere Fehler bei der Speicherung statistikrelevanter Daten. Da solche Fehler in letzter Konsequenz Auswirkungen bis hin zum Abbau von Stellen haben könnten, ist das Bereitstellen der Statistikfunktionen in einem Fachsystem nicht nur von nebensächlicher Bedeutung.

V. Fehlervermeidung

73 In den Fachsystemen kann auf einfache Weise, aber auch auf programmtechnisch anspruchsvolleren Wegen verhindert werden, dass die Bearbeitung des Vorgangs fehlerhaft erfolgt.

74 Die einfachste technische Weise, fehlerhafte Eingaben oder Speicherungen zu verhindern, ist eine technische Prüfung einzelner Eingaben. Hier können etwa Eingabeformate hinterlegt oder eingegebene Daten auf fehlerhafte Datumseingaben wie etwa „30. Februar 2022“ oder sonst zulässige Werte wie etwa Herkunftsprüfung aus zulässigen Auswahlkatalogen überprüft werden.

75 Die nächste Stufe einer möglichen **Plausibilisierung** ist die Überprüfung der Vollständigkeit getätigter Eingaben. Hier werden zusammenhängende Gruppen von Eingaben auf ihre sinnvolle und ausreichende Abdeckung eines fachlichen Sachverhalts geprüft. So kann zum Beispiel das Fachsystem in geeigneter Weise und zu einem geeigneten Zeitpunkt darauf hinweisen, dass die Eingabe eines Nachnamens oder sonstiger identifizierender Attribute bei einer natürlichen Person für die weitere Sachbearbeitung erforderlich ist. Gleichfalls können sinnlose oder fehlerträchtige Eingaben an anderen Stellen verhindert werden, wie zum Beispiel die Eingabe eines Geburtsortes bei einer juristischen Person, falls ein solches Eingabefeld vorhanden sein sollte.

76 Anspruchsvolleren Überprüfungen sind letztlich keine Grenzen gesetzt. Diese, oftmals nur als Folge einer Verkettung nicht plausibler Daten erkennbaren Fehler oder fehlerhaften Eingaben müssen regelmäßig in Programmroutinen abgebildet werden. Allein der Komfort für den Anwender oder die Anwenderin, die mit diesen Routinen verhinderten Fehler oder erzielten Effizienzgewinne sind hier limitierende oder auslösende Faktoren. Komplexere Algorithmen von Plausibilitätsprüfungen können sich als **selbständige Hilfsprogramme** auch über die Daten des Fachsystems hinaus mit der Prüfung zur Verfügung stehender Daten – wie etwa der Inhalte elektronischer Akten – beschäftigen und nicht nur Fehler verhindern, sondern auch in Form von automatisiert ablaufenden Geschäftsprozessen Routineabläufe erkennen oder Entscheidungsvorschläge an die Sachbearbeitung, wie beispielsweise Versäumnisurteile oder das Setzen von Ausschlussfristen bei Nichterfüllung von Auflagen unterbreiten. Wie bei den Textsystemen der Übergang vom „Vorstück“ hin zur **Entscheidungsunterstützung** mit zunehmendem Entwicklungsfortschritt fließend ist, geht hier die reine Plausibilisierung in Ansätze künstlicher Intelligenz über.

77 Häufig wird diskutiert, wie weitreichend die Plausibilisierung in die Abläufe eines Verfahrens eingreifen kann oder soll. Soll um jeden Preis verhindert werden, dass Fehler gemacht werden? Dürfen Fachsysteme Eingaben oder Abläufe verhindern, die viel-

leicht in allen in der Vergangenheit bekannt gewordenen Fällen tatsächlich falsch waren aber nun in einem vielleicht vereinzelten Fall doch richtig sind? Diese Frage zeigt auch bereits an dieser Stelle die Problematik des Einsatzes künstlicher Intelligenz in der Entscheidungsfindung und unterstreicht die Notwendigkeit, die Systeme immer wieder auf ihre fachliche Richtigkeit zu prüfen und in besonders kritischen Fragestellungen eine besonders ausgeprägte und angemessene Fehlertoleranz umzusetzen.

VI. Standardisierung von Nachrichtenformaten

Voraussetzung dafür, dass Kommunikationspartner einander verstehen, ist das Beherrschen einheitlicher Sprachen. Für eine Kommunikation mit Schnittstellenpartnern oder anderen Systemen ist eine solche einheitliche Sprache besonders wichtig. In den vergangenen Jahren hat hier eine steigende **Standardisierung** die Grundlage einer zukünftig deutlich komplexeren Kommunikation gelegt. 78

Durch das Beherrschen von etablierten Standards wie **XJustiz**, XMeld oder anderer gleichartiger, zumeist auf **XML** basierender Standards, ist es den Fachsystemen nicht nur möglich geworden, grundsätzlich zu empfangen und zu versenden. Vielmehr wird es zukünftig durch die Standardisierung von Nachrichtentypen auch immer mehr von Bedeutung werden, auch den Zweck einer Datenübermittlung ausdrücken zu können. Ein bedeutender Anwendungsfall ist § 174 IV 3–5 ZPO. Das elektronische Empfangsbekenntnis zeigt, wie stark auch Möglichkeiten der Kommunikation durch Standardisierung von Nachrichten vereinfacht und beschleunigt werden können. 79

G. Ausblick

Ein Blick in die Zukunft der Fachsysteme ist vor dem Hintergrund der allgemeinen technischen Entwicklung schwierig, aber unbedingt erforderlich, denn nur so können für die weitere Digitalisierung gerichtlicher Verfahren dringend notwendige Entwicklungen angestoßen und Innovationen auch für die Justiz und damit letztlich auch für die Rechtssuchenden und ihre Vertreterinnen und Vertreter nutzbar gemacht werden. 80

Viele technische Innovationen der letzten Jahrzehnte, aber auch Jahre wurden zunächst belächelt, sind aber inzwischen selbstverständlicher Bestandteil des Alltages geworden. Noch vor wenigen Jahren gab es mobile Telefone, die – verglichen mit heutigen Smartphones – nur eine sehr eingeschränkte Funktionalität aufwiesen, aber sich durch unzählige Bedienungselemente (Tasten, Schieberegler) auszeichneten. Sie wurden solange für den Gipfel der Kommunikationsmöglichkeiten gehalten, bis jemand sich aufmachte und nahezu alle Bedienungselemente und Tasten einfach abschaffte. Jemand hatte die Idee, eine Kamera in sein Mobiltelefon einbauen zu lassen. Heute ist dies gängiger Standard und aus dem Alltag nicht wegzudenken. Ohne diese Möglichkeit wäre zum Beispiel das Erfassen und Verarbeiten der QR-Codes im Pandemiegeschehen nicht möglich. Noch vor wenigen Jahren wäre es den meisten Menschen dieser Erde wie ein 81

Auszug aus einem Science-Fiction Film erschienen, wenn der Bewohner eines Hauses seinem Mobiltelefon das Einschalten des Lichts oder der Heizung befohlen hätte. Heute sind die Einsatzmöglichkeiten deutlich weiter; selbst Kühlschränke tätigen selbständige Bestellungen in Supermärkten, wenn bestimmte Vorräte ausgehen.

82 Die **Zukunft des Fachsystems** sollte daher ähnlich mutig und mit vergleichbarem Weitblick betrachtet werden. Auch in die Fachsysteme müssen modernste Technologien Einzug halten und deren Entwicklungen nicht nacheifern, sondern sie forcieren. Die Fachsysteme sollten dabei wie in der Vergangenheit wieder **Motor der technischen Entwicklung** in der Justiz sein und nicht der gesellschaftlichen Entwicklung oder gar der umzusetzenden Rechtslage hinterherlaufen.

83 Jeder technische Ansatz, der das eigentliche Ziel der Fachsysteme, nämlich die Gewährleistung einer **effektiven und effizienten Rechtsprechung** von hoher Qualität, voranbringt, unterstützt oder sicherstellt, muss insoweit in Betracht gezogen werden. Anders als in der Vergangenheit müssen aber auch die Möglichkeiten des elektronischen Rechtsverkehrs verstärkt ins Auge gefasst werden. Der **niedrigschwellige, einfache Zugang** jeder Bürgerin und jedes Bürgers zu den Dienstleistungen der Justiz sollte als selbstverständliches Ziel der voranschreitenden Digitalisierung gerichtlicher Verfahren erkannt und umgesetzt werden. Gerade die Möglichkeiten der digitalen Welt können dabei auch Menschen aus sozial schwachen Zusammenhängen, Menschen in ländlichen Regionen, alten Menschen und Menschen mit Behinderung die Teilhabe ermöglichen, die ihnen von Rechts wegen selbstverständlich zusteht. Hier müssen sich auch bislang unerschlossene Funktionsbereiche einer papierfreien Bearbeitung öffnen. Die Fachsysteme müssen daher beispielsweise so schnell wie möglich auch die **sichere Kommunikation** mit den Bürgerinnen und Bürgern ermöglichen. Die Nutzbarmachung der Online-Ausweisfunktion des Personalausweises für die Justiz sollte hierbei einen ersten Schritt darstellen. Die Online-Rechtsantragsstelle, das Verfügbarmachen aller Formulare in digitaler Form und ihre Befüllbarkeit über Spracherkennung werden mit Sicherheit in wenigen Jahren Standard sein.

84 Zugleich hat aber auch die Corona-Pandemie die Bedürfnisse der Anwenderinnen und Anwender in der Justiz selbst maßgeblich verändert. **Homeoffice** sowohl für Entscheiderinnen und Entscheider als auch für Servicekräfte und Gerichtsverhandlungen über Videokonferenz-Lösungen sind binnen kürzester Zeit für alle Verfahrensbeteiligten zur Selbstverständlichkeit geworden. Die schnelle Ausstattung der Justiz mit mobilen Endgeräten stellt hierbei die Fachsysteme vor neue Anforderungen im Hinblick auf das Ermöglichen mobilen Arbeitens an jedem denkbaren Ort. Auch die **Bedienbarkeit** der Fachanwendungen muss sich insoweit erheblich verändern. Spracherkennung und Sprachsteuerung haben in den vergangenen Jahren zuvor nicht vorstellbare Fortschritte erzielt. Gleichwohl werden **Sprach- und Gestensteuerung** als Möglichkeit zukünftiger Bedienelemente bislang nicht ausreichend auch für die Fachsysteme ins Auge gefasst. Obwohl heutzutage von jedem Anwender und jeder Anwenderin im privaten Gebrauch völlig selbstverständlich intuitive Bedienelemente und Sprachsteuerungen genutzt werden, sind die Fachsysteme immer noch an die Steuerung über Buttons,

Schaltfläche, Tastaturen, Touchpads und ähnliches, sowie die Visualisierung auf einem Bildschirm gebunden. Auch die bereits zur Verfügung stehenden Möglichkeiten zum Beispiel für das Anmelden an Systeme und das Überprüfen von Zugangs- und Zutrittsberechtigungen werden bisher durch die Fachsysteme nicht oder kaum genutzt. Wie einfach könnte es sein, wenn gleich beim Betreten eines Gerichtsgebäudes für den Bediensteten dessen Arbeitsumgebung vorbereitet und gestartet würde? Wie hilfreich und schneller wäre es, auf Authentifizierungszeremonien verzichten zu können, wenn der Systemzugang durch das **Erkennen biometrischer Daten** ermöglicht würde?

Sämtliche Fachanwendungen müssen auch große Fortschritte in Richtung **intuitiver Bedienbarkeit** machen. Es muss Freude bereiten, mit einer Fachanwendung arbeiten zu dürfen. Anwenderinnen und Anwender sollten schon kraft ihrer fachlichen Grundqualifikation in der Lage sein, ein Fachverfahren ohne tage- oder wochenlange Schulungsläufe zu bedienen. Die derzeit im Consumerbereich erfolgreichsten Programme sind stets solche, die man öffnen und sofort ohne weiteres nutzen kann. Auch die Fachsysteme sollten soweit wie möglich intuitiv verständlich und auch für Menschen mit unterschiedlichsten Einschränkungen selbstverständlich bedienbar sein. Sie müssen die erforderliche Fehlertoleranz aufweisen, aber auch vor schweren Fehlern schützen. Sie müssen Belange der Barrierefreiheit in jeder Hinsicht verinnerlichen und abbilden. 85

Weitere heute verfügbare technische Möglichkeiten können und müssen deutlich effektiver genutzt werden. Dies gilt insbesondere für den **Informationsaustausch** zwischen Systemen und den dort anknüpfenden weiteren Verarbeitungsschritten. Diese **Maschine-zu-Maschine Kommunikation** wird in Teilbereichen bereits heute genutzt, in Nordrhein-Westfalen zum Beispiel bei der Kommunikation zwischen den Familiengerichten und den gesetzlichen Versorgungsträgern, hat aber – eine Abstimmung der Kommunikationspartner und deren gegenseitiges Wohlwollen vorausgesetzt – noch große und bisher nicht ausreichend genutzte Potenziale. 86

Die Fortentwicklung der Fachsysteme darf schließlich auch vor der Frage, ob das Fachsystem als solches überhaupt noch ein sinnvolles Konstrukt ist, nicht Halt machen. Gab es in der Vergangenheit stets eine physische Akte in Papierform, für die mittels des Fachsystems zwar Inhalte in Form von bedruckten Seiten hinzugefügt werden konnten, erfolgte die eigentliche manuelle Bearbeitung doch durch Beschriften, durch Lochen, durch Registrieren, durch Foliieren, durch Abheften. Die Arbeit der Entscheidungsträger stützte sich auf die Akteninhalte. Dem Fachsystem kommt daher auch immer noch die Aufgabe zu, dem Verfahren, der Akte in der Welt der analogen elektronischen Datenverarbeitung ein Gesicht zu geben. Dieser an die Haptik der Papierwelt anknüpfenden Visualisierungen bedarf es bei einer echten elektronischen Aktenführung jedenfalls dann nicht länger, wenn sich auch die Anwenderinnen und Anwender zunehmend von der Nachbildung der Papierakte in der digitalen Welt lösen. Die elektronische Akte ist als solche zukünftig selbst in der Welt von Bits und Bytes präsent. Sie muss sich nicht auf die Nachbildung von Papier auf einem Bildschirm beschränken, sondern kann **dreidimensional Inhalte** jeglicher Genese und Art umfassen und über verschiedenste Medien präsent machen. 87

Vivien Visarius/Roland Hey

88 Möglicherweise endet damit auch die **Sinnhaftigkeit** der umfänglichen Fachsysteme. Dies gilt natürlich nicht für die von ihnen bereitgestellten Funktionen. Auch zukünftig wird es erforderlich sein, Termine anzuberaumen. Auch zukünftig wird es sinnvoll sein, Ladungen zu Terminen zu fertigen und zu versenden. Sicher wird es aber hierzu nicht mehr erforderlich sein, ein Fachsystem zu öffnen und explizit die hierfür erforderlichen Komponenten anzustoßen. Diese Funktionen können in auf kleinste Anwendungen reduzierten Komponenten auch unmittelbar aus dem E-Aktensystem aufgerufen werden oder durch komplexe Algorithmen oder den Einsatz künstlicher Intelligenz im richtigen Kontext angeboten werden. Das Vorhalten von Daten in Datenbanken wird künftig vielleicht nicht mehr erforderlich sein, wenn es mithilfe **künstlicher Intelligenz** möglich sein wird, die elektronische Akte im vorstehend beschriebenen Sinn ohne Zeitverluste nach bestimmten, in diesem Moment benötigten Informationen zu durchsuchen. Auch das Erfordernis, strukturierte Daten anzuliefern und diese in den Fachsystemen einzulesen, könnte so zukünftig wieder entfallen. Die ermittelten Daten könnten dann unmittelbar in einem korrekten Kontext der Entscheiderin oder dem Entscheider in einem oder sogar mehreren möglichen Entscheidungsvorschlägen angeboten werden.

89 So neu gedacht ist das von manchem schon befürchtete Ende der gerichtlichen Fachverfahren noch fern. Vielmehr werden die Fachsysteme der Zukunft in dieser Form der Dreh- und Angelpunkt aller Legal Tech-Lösungen für die Justiz sein, wenn sie Daten losgelöst von ihrem Format für die zu treffenden Entscheidungen für jede Anwenderin und jeden Anwender so einfach wie schnell und überall verfügbar machen und zugleich allen Rechtssuchenden einen unmittelbaren und unkomplizierten Zugang zur Justiz ermöglichen.

Jan F. Orth und Heinz-Joachim Pabst

§ 17 Apps zur Unterstützung gerichtlicher Tätigkeit

Gliederungsübersicht **Rn.**

Anmerkung: Verf. *Orth* ist Vorsitzender Richter am Landgericht in Köln und Honorarprofessor an der Universität zu Köln. Verf. Pabst lehrt Staatsrecht, Verwaltungsrecht und Europarecht an der Hochschule des Bundes für öffentliche Verwaltung in Brühl. *Orth* hat die Abschnitte A. bis C. und D. VI. 1., *Pabst* den Abschnitt D. (ohne IV. 1.) bearbeitet.

Jan F. Orth/Heinz-Joachim Pabst
https://doi.org/10.1515/9783110755787-017

Literatur: *Albrecht/Jotzo*, Das neue Datenschutzrecht der EU, 2017; *Berlit*, Der Richter als Sicherheitsrisiko? Richterliche Unabhängigkeit und IT-Sicherheit, jM 2016, 334; *Elfring*, Datenschutz bei Gericht – Der Begriff der „justiziellen Tätigkeit" im Sinne der DS-GVO, NJW 2022, 902; *Hau*, Informationsverantwortung im Zivilprozess, ZfPW 2022, 154; *Krüger/Möllers/Vogelgesang*, Richterliche Unabhängigkeit und Bring Your Own Device (BYOD) – Weg in die Zukunft oder unvertretbares Sicherheitsrisiko? o. Jahr, https://publications.cispa.saarland/842/1/iris2017byod.pdf; *Schmitt/Resch*, Von der Befugnis der Gerichte Daten zu verarbeiten, jM 2020, 134; *Werner/Hohl*, Datenschutz im richterlichen Alltag, DRiZ 2021, 276; *Wiebe/Eichfeld*, Spannungsverhältnis Datenschutzrecht und Justiz, NJW 2019, 2734.

A. Einleitung

1 Word, Excel, das jeweilige Fachverfahren, der PKH-Rechner, häufig schon die E-Akte (wenn auch noch nicht so lange) und viele andere kleine Helferlein unterstützen die Zivilrichterinnen und Zivilrichter seit langem bei der Erledigung der richterlichen Tätigkeit. Die Digitalisierung des Zivilverfahrens hat eher schleichend und unscheinbar begonnen und steckt wohl doch eher noch in den Kinderschuhen. Bei der Bedeutung von Smartphones für unseren Tagesablauf, die Selbstorganisation und letztlich das gesamte soziale Leben war es nur eine Frage der Zeit, bis auch das Mobiltelefon (und andere mobile Endgeräte wie Tablets) einen Platz im Zivildezernat finden würden. Das haben sie auch getan: Am Schreibtisch greift zum „Rechner" auf dem Handy, wer den Taschenrechner gerade nicht zur Hand hat, die „Google-Recherche" aus der „allgemein zugänglichen Quelle" Internet fördert eine „allgemeinkundige Tatsache"[1] zu Tage und über die „Foto-App" werden die handschriftlichen Notizen aus der mündlichen Verhandlung gesichert und stehen dauerhaft und an jedem Bearbeitungsort zur Verfügung. Und fast bei jedem Verkehrsunfall im Zivildezernat kommt „Google Maps" zum Einsatz. Dieser Beitrag soll einen Überblick darüber geben, welchen Mehrwert für ein zivilrichterliches Dezernat durch Apps insbesondere für Richterinnen und Richter erreicht werden können. Er weist am Ende auf die datenschutzrechtlichen Gefahren beim Einsatz dieser Möglichkeiten hin, für die nicht bei allen Richterinnen und Richtern derzeit ein ausreichendes Bewusstsein bestehen dürfte.

1 Vgl. MüKoZPO/*Prütting*, 6. Aufl. 2020, ZPO § 291 Rn. 5-8.

B. Apps zur Unterstützung gerichtlicher Tätigkeit

I. Einführung

Für die Unterstützung der gerichtlichen/richterlichen Tätigkeit im Zivildezernat können gedanklich zwei unterschiedliche Gruppen von Applikationen zum Einsatz kommen. Im Sinne dieses Beitrags sind unter diesen Applikationen im Grundsatz alle **Apps** zu verstehen, die sich auf einem Mobiltelefon oder Tablet aus dem jeweiligen „Store" („App Store" für die Apple-Produkte bzw. der „Google Play Store" für die Android-Welt) als eigenständige Anwendung installieren lassen; dies gilt zunächst unabhängig davon, ob diese einen allgemeinen Einsatzgedanken als Standardsoftware verfolgen oder anwendungsspezifisch erstellt worden sind. Umfasst sind zum einen also Apps, die bei der Erledigung der jeweiligen richterlichen Aufgabe **nützlich** sein können, aber hierfür nicht (speziell) konzipiert worden sind (siehe hierzu Rn. 3ff., „generelle Apps"). Zum anderen kann es Apps geben, die speziell für die Erledigung **juristischer** (Rn. 10f.) oder speziell für die Erledigung **(zivil-)richterlicher Aufgaben** entworfen worden sind (Rn. 12ff.). Sie lassen sich unter dem Oberbegriff „spezielle Apps" zusammenfassen. 2

II. Generelle Apps

1. Allgemeines

Als unverzichtbar im richterlichen Betrieb haben sich „generelle Apps" bereits jetzt herausgestellt. Trotz nicht unerheblicher datenschutzrechtlicher Bedenken wegen der Speicherung von Daten auf Servern der US-Konzerne (s. Rn. 77ff.), bilden insbesondere Kommunikationsdienste wie WhatsApp (im Meta-, vormals Facebook-, Konzern) oder iMessage (Apple Inc.), die Angebote der großen amerikanische Mailprovider[2] (z.B. gmail.com von Google LLC, also letztlich Alphabet Inc., oder outlook.com der Microsoft 3

2 Die Mär, dass die E-Mail ein datenschutzrechtlicher Albtraum sei, weil sie „ohne weiteres von Dritten gelesen werden kann" (so auch noch Werner/Hohl, DRiZ 2021, 276 (278)), ist leider nicht auszurotten und jedenfalls so falsch. Die Übermittlung der E-Mail vom Absender an seinen Mail-Provider (an den dortigen SMTP-Server), die Übermittlung von Mailserver des Providers des Absenders an den Mailserver des Providers des Empfängers und letztlich die Übermittlung der E-Mail vom Mailserver des Providers des Empfängers an die Empfänger erfolgt fast schon seit Jahrzehnten auf der TLS-Ebene SSL-verschlüsselt und ist nach dem Stand der Technik damit gerade nicht für Dritte einsehbar. Eine Zugriffsmöglichkeit verbleibt auf den Endgeräten des Absenders und des Empfängers. Ohne Ende-zu-Ende-Verschlüsselung (Verschlüsselung durch eine digitale Signatur nach Austausch von Schlüsseln durch Absender und Empfänger) bleibt eine Zugriffsmöglichkeit auf den Klartext auf dem Server des Mailproviders. Diese Zugriffsmöglichkeit bleibt, was gezielte Zugriffe von Personen mit Administratorenrechten angeht, eher theoretischer oder krimineller Natur. Standardisierte Zugriffe auf diese Inhalte gibt es natürlich, etwa zur Identifikation von Kinderpornographie. Ob und inwieweit staatlicher (polizeilicher, geheimdienstlicher) Zugriff (nicht nur auf die E-Mail-Metadaten, Zeitstempel, IP-Adressen, Absender, Empfänger pp., sondern auch auf den Inhalt) stattfindet, wird in Bezug auf die Wahrung datenschutzrechtlicher Vorgaben bei der Datenübermittlung in das außereuropäische Ausland behandelt (Rn. 77ff.).

Corporation) oder die bekannten Online-Speicherdienste wie Dropbox, Google Drive, iCloud oder Microsoft eine wesentliche Grundlage von kammer- oder gerichtsinterner **Kommunikation** (Kammer, Geschäftsstelle, Referendare, Gerichtsverwaltung). Dies kann allenfalls insoweit zulässig sein, als hier nicht personenbezogene Daten (dazu Rn. 73ff.) Gegenstand der Erörterungen sind, sondern eher ein (jedenfalls dienstlich veranlasster) **allgemeiner sozialer Austausch** stattfindet – wie etwa die Verabredung zu einer Beratung oder zu einem Gespräch, die Einigung über einen Termin, soweit hierbei keine personenbezogenen Daten verarbeitet werden (s. Rn. 84), die Mitteilung, wann oder an welchem Tag wer im Gericht ist oder zu Hause arbeitet, oder die Festlegung des Orts für das gemeinsame Mittagessen. Obwohl es verlockend erscheint, über diesen Weg auch gerichtliche Dokumente wie Voten, Beschluss- und Urteilsentwürfe zu versenden und auszutauschen, ist dies nach der geltenden Rechtslage klar ausgeschlossen (s. Rn. 77 ff.). Bedauerlich bleibt, dass letztlich nicht ausgeschlossen werden kann, dass hier und da trotz der eindeutigen Rechtslage Kolleginnen und Kollegen von dieser Möglichkeit Gebrauch machen. Das kann aber nicht überraschen, wenn die Justizverwaltungen als konzeptionelles Gegenangebot nur den anachronistisch anmutenden „verschlüsselten USB-Stick" anzubieten vermögen.[3] Sicherlich wäre es auch in der Theorie sehr praktisch, etwa einen Kammerkalender auf „Google Calendar" einzurichten (s. Rn. 84), um gemeinsame Verhandlungen, Termine, Absetzungsfristen und Urlaube (usw.) synchronisieren zu können. Ungewünschter (weiterer) Wildwuchs (im datenschutzrechtlichen Sinne) wird nur zu verhindern sein können, wenn die Justizverwaltungen in der Lage sind, vergleichbare und ähnlich praktische Tools auf ihren eigenen Servern mit eigenen Apps umzusetzen. Naheliegend erschiene etwa auch die Verwendung von „Google Sheets", um die Mängelliste im Bauprozess der gesamten Kammer verfügbar zu machen und Ergänzungen in der mündlichen Verhandlung darin sogleich via Handy-App vorzunehmen. Enthält die Zahlentabelle nur die allgemeinen Mängelbeschreibungen sowie Beträge und keine Hinweise auf die Parteien oder ein Aktenzeichen, können hier mangels personenbezogener Daten Verwendungsbedenken ggf. sogar zurücktreten. Aber auch dieser Ansatz schlägt fehl, wenn die Parteien aufgrund dieser Angaben rekonstruierbar – „identifizierbar" im Sinne des Art. 4 Nr. 1 DS-GVO sind (s. Rn. 77ff.). Andere denkbare Alternativen (also vielleicht Excel mit der gespeicherten Datei auf einem Microsoft OneDrive) sind datenschutzrechtlich nicht besser. Auf der sicheren Seite ist die Richterin oder Richter also nur, wenn sie oder er Excel ausschließlich auf dem dienstlichen Laptop verwendet und diesen mit in den Sitzungssaal nimmt.

3 Vgl. *Werner/Hohl*, DRiZ 2021, 276 (278), die außerdem hinsichtlich der USB-Sticks zu Recht auf Sicherheitsbedenken hinweisen. Die Justiz hat in der Tat durch die IT-Katastrophe beim Kammergericht im Jahr 2019 bereits teures Lehrgeld bezahlt, Nachweis bei *Werner/Hohl* a.a.O.

2. Besonders nützliche Apps

a) Unterstützungsmöglichkeiten durch Apps

Ebenfalls unter Zurückstellung datenschutzrechtlicher Bedenken erweisen sich die auf Smartphones befindlichen Standardapps für das richterliche Dezernat als besonders nützlich: Unbedenklich erscheint die Verwendung der **Taschenrechner-App** sowohl im Dezernat als auch in der mündlichen Verhandlung. Das gleiche gilt für die **Kalender-App,** um die persönlichen Termine mit den gerichtlichen abzugleichen oder zu synchronisieren, um etwa einen Verkündungstermin nicht in den eigenen Urlaub zu legen. Auch dies ist, soweit keine Verfahrensdaten abgespeichert werden, unproblematisch. Ansonsten müssen die landesrechtlichen Voraussetzungen für den Einsatz privater IT-Geräte vorliegen (s. Rn. 85ff.). 4

Großes Potenzial für eine Arbeitserleichterung im richterlichen Dezernat hat ebenfalls die heute auf allen Smartphones seitens der Betriebssysteme vorhandene **Foto-App** und die Tatsache, dass die modernen Smartphones hochentwickelte Kameras enthalten. **Beweiserhebungsergebnisse** durch richterlichen Augenschein könnten hierdurch – auch für das Berufungs- und Revisionsgericht – einfach **dokumentiert** werden. In Betracht kommt etwa den Heilungszustand einer Verletzung im Schadenersatzprozess oder den Zustand und das Aussehen einer Narbe z.B. im Gesichtsbereich durch die Aufnahme einer **Fotografie** mit dem privaten Mobiltelefon zu sichern. Dies gilt schon grundsätzlich nur in geeigneten Fällen. Während vielleicht Gesicht, Fuß, Hand, Arm usw. hier als unproblematische Körperregionen gelten dürften, sollte die Begutachtung und Dokumentation anderer Bereiche einem Sachverständigen vorzubehalten sein. Die Aufnahme und Speicherung dieser Daten auf dem privaten Gerät können nur mit einem Einverständnis des Betroffenen zulässig sein – verbunden mit der richterlichen Versicherung, dass Material vom privaten Gerät zu löschen, sobald es seinen Weg in die Akten gefunden hat. Der dauerhafte Verbleib auf dem privaten Gerät ist nicht nur unprofessionell und untunlich, weil es keinen vernünftigen Grund gibt, dienstlich generierte Bilder von anderen Personen auf seinem Privatgerät vorzuhalten, sondern aufgrund der beschränkten Einwilligung auch gemäß Art. 17 lit. a DS-GVO rechtswidrig. Die Einwilligung des/der Betroffenen ist hier aus zwei rechtlichen Gesichtspunkten erforderlich: Zum einen stellt die Aufnahme einen (unmittelbar staatlichen) Eingriff in das Allgemeine Persönlichkeitsrecht (Art. 2 I, Art. 1 I GG) des/der Verfahrensbeteiligten und zum anderen eine Datenverarbeitung (s. Rn. 77ff.) dar. Zu diskutieren wird sein, ob ein/eine, sein/ihr Rechtsschutzziel verfolgende/r Kläger/in, (oder gar ein/e Angeklagte/r oder Geschädigte/r im Strafverfahren) eine solche Einwilligung unter dem Eindruck einer richterlichen Aufforderung überhaupt **freiwillig** (s. Rn. 63ff.) abgeben kann. Bedenken dürften hier endgültig zurücktreten, wenn der/die Richter/in über Grund und Wirkung ausreichend aufklärt. 5

Mit der **Foto-App** könnten außerdem eigene handschriftliche Notizen, Skizzen der Parteien und Parteienvertreter, vorgelegte Urkunden usw. fixiert und für die spätere Verwendung gespeichert werden. Für diese Zwecke gilt es sogar noch weitergehende Scan-Apps, auch gratis – etwa Adobe Scan – die Seitenglättung und OCR (also Texterken- 6 nung) gleich mit zu übernehmen. Obwohl dies regelmäßig vom Datengehalt nicht über den Inhalt der bloßen Papierverkörperung hinausgeht, bleibt dies **auch mit Zustimmung der Verfahrensbeteiligten** ein rechtlicher Graubereich, weil bereits die Aufnahme mit einer Digitalkamera ebenso eine Datenverarbeitung darstellt wie das Speichern der Aufnahme im Arbeitsspeicher des Mobiltelefons (s. Rn. 77ff.). Rechtswidrig wird ein Vorgang sicher, wenn die Fotos durch den Anbieter automatisch mit einem Server in den USA „in der Cloud" synchronisiert werden (s. Rn. 77ff.), wie etwa bei Apples Foto-App oder Adobes Scan-App. Sofern diese Funktion deaktiviert ist, hält Verf. Orth solche Vorgehensweisen mit der Zustimmung der Prozessbeteiligten (und der Betroffenen) allerdings auch aus pragmatischen Gründen für zulässig und sinnvoll, sofern die nach Landesrecht vorgesehenen Bestimmungen **für die dienstliche Verwendung privater IT-Geräte**[4] eingehalten sind, soweit diese selbst mit höherrangigem Recht in Einklang zu bringen sind (s. Rn. 85ff.).

7 Als unbezahlbar bei der Urteilsabsetzung (oder auch bei der Erstellung langer Beweisbeschlüsse in „Punktesachen") kann sich eine **OCR-App** erweisen, die immer dann zum Einsatz kommen könnte, wenn keine e-Akte vorliegt, aus der größere Textbestandteile kopiert und für das gerichtliche Dokument verwendet werden können. Da sich der Tatbestand aus dem Sachvortrag der Parteien ergibt, ist es – entgegen dem Gefühl einiger Referendarinnen und Referendare – weder überraschend noch verwerflich, wenn sich der (um Wertungen und Spitzen befreite sowie ggf. gehörig umformulierte) Parteivortrag im Tatbestand wiederfindet. So sieht es die Prozessordnung mit der Verhandlungsmaxime (dem Beibringungsgrundsatz) vor. Je nach Qualität und Ausrichtung von Parteivortrag und Parteivertreter kann es sogar angebracht sein, Textpassagen wortwörtlich zu übernehmen. Die **Texterkennung** ist dann sehr hilfreich. Texterkennung ist in den neueren Betriebssystemversionen der Smartphones bereits in der „Fotos-App" enthalten. Für iOS etwa gibt es komfortablere (aber auch kostenpflichtige) Varianten wie „Prizmo Go" oder auch das bereits genannte „Adobe Scan", die einen noch angenehmeren Export von Text (bei qualitativ hochwertiger OCR) ermöglichen als die Standardapps. Eine solche Vorgehensweise zur Erstellung gerichtlicher Dokumente erscheint jedenfalls dann zulässig, wenn das Foto des analysierten Dokuments und der daraus resultierende Text nicht dauerhaft auf dem privaten Gerät verbleibt und keine personenbezogenen Daten enthält. Datenschutzrechtlich problematisch bleibt aber auch **der Weg des Textes** vom privaten auf das dienstliche Endgerät (s. Rn. 73ff.). Hier kommt auch der Austausch über eine E-Mail, eine Cloud-Anwendung oder einen USB-Stick in Betracht. Die rechtlichen und praktischen Nachteile dieser Methoden sind gerade bereits dargestellt worden.

---

4 Beispielhaft für NRW: Dienstanweisung zum Datenschutz und zur Datensicherung beim Einsatz von IT-Geräten bei Justizbehörden des Landes Nordrhein-Westfalen – DA DS, RV d. JM vom 25. März 2002 (1510 – I D. 15), dort § 7. Abrufbar unter https://www.jvv.nrw.de/anzeigeText.jsp?daten=539. Die Verwaltungsvorschriften legen eine Verwaltungspraxis nahe, bei deren Befolgung die Voraussetzungen der DS-GVO als eingehalten angesehen werden können.

Schließlich können die „**Sprachmemo-Apps**“ helfen, vorübergehend das Protokoll einer mündlichen Verhandlung aufzuzeichnen, falls das eigene (hoffentlich bereits digitale) Diktiergerät seinen Dienst verweigert. Dies erscheint jedenfalls vordergründig datenschutzrechtlich zulässig, weil letztlich nur das ohnehin in öffentlicher Hauptverhandlung gesprochene Wort zusammengefasst oder wiedergegeben wird. Allerdings liegt auch hier der datenschutzrechtliche Teufel im Detail (s. Rn. 77ff.). Sprachmemos können auch digitale Diktate vorbereiten oder ersetzen. Außerdem ist auch für die richterliche Tätigkeit ihr ursprünglicher Zweck, die kurze und einfache Aufzeichnung wichtiger eigener Gedanken, die ansonsten verloren gehen würden, eine wichtige Unterstützung bei der Erledigung zahlreicher und verschiedener Aufgaben im richterlichen Dezernat unter hohem Arbeitsdruck. 8

b) Verwendung in der mündlichen Verhandlung

Bei einer Verwendung des Smartphones und von Apps **in der mündlichen Verhandlung** (in Anwesenheit von Parteienvertreterinnen und -vertretern und/oder Parteien), wie etwa bei der gerade beschriebenen Protokollierung, sollte die Richterin bzw. der Richter Vorsicht walten lassen, um negative Folgen – wie einen **Befangenheitsantrag**[5] – zu vermeiden. Zwar ist im Zivilbetrieb die Stimmung in der mündlichen Verhandlung regelmäßig weniger konfrontativ als im Strafbereich. Allerdings lassen sich durch einfache kommunikative Mittel Zweifel oder Irritationen der Prozessbeteiligten, ob der/die Spruchrichter/in an seinem/ihrem Mobiltelefon nicht doch vielleicht private Nachrichten liest, ohne sich auf den Verfahrensstoff zu konzentrieren, verhindern. Der/Die Vorsitzende agiert vorausschauend und rücksichtsvoll, wenn er/sie etwa ankündigt, was er/sie tut (Beispiele: „Das rechnet die Berichterstatterin gerade mal auf ihrem Handy nach.“, „Ich schaue rasch in meinem Kalender, ob der Spruchtermin mit meinem Urlaub kollidiert.“ oder „Ich ändere die Tabelle direkt online, dann sollte mir sofort die Vergleichsquote angezeigt werden.“), bevor er das Gerät zückt und sich darauf konzentriert. Dass es auf der anderen Seite kontraproduktiv und sehr schlecht für die richterliche und gerichtliche **Außenwirkung** ist, wenn der beisitzende Richter oder die besitzende Richterin, der nicht Berichterstatter/in ist, durch umfangreiche (private) Handynutzung dokumentiert, dass ihn/sie die mündliche Verhandlung nicht wirklich interessiert, liegt ebenso auf der Hand. Abgesehen davon hält Verf. die Gefahr negativer Konsequenzen für den Zivilprozess durch eine vernünftige Techniknutzung für äußerst gering – die meisten Rechtsanwältinnen und Rechtsanwälte werden sie ohnehin betreiben. 9

5 Sehr weitgehend für den Strafprozess: BGH NJW 2015, 2986.

III. Spezielle Apps

1. „Jura-Apps"

10 Soweit durch die eigene Recherche ersichtlich, hat sich zwar in den App-Stores für „Jura-Apps" – also für Apps, die ein spezifisch juristisches Angebot zum Gegenstand haben – bereits ein Markt entwickelt, der allerdings überwiegend Fachanwendungen für professionelle Endbenutzer vermissen lässt. So finden sich (unabhängig von einer speziellen Anwaltssoftware, die eigene App-Anbindungen hat) spezielle **Anwaltsapps** so nicht; spezielle Richterapps sowieso nicht. Aus unterschiedlichen Gründen hat sich offensichtlich ein Markt für alle möglichen **Lern-, Informations- und Wissensvermittlungsapps** für den juristischen Nachwuchs entwickelt. Was vom geschäftlichen Ansatz her möglicherweise kritisch zu sehen ist, ist es vom didaktischen Blinkwinkel aus eher nicht: Da viele Menschen in der heutigen Zeit ihr Smartphone ohnehin permanent in der Nähe oder der Hand haben, macht es Sinn, die notwendigen Grundstrukturen und Definitionen gleich auf dem Smartphone zu repetieren und zu pauken. Dass Informationen über den juristischen Beruf, aktuelle Gesetzgebungsvorhaben und Entscheidungen der Gerichte für alle Juristen eine sinnvolle Lektüre sind, ist offenkundig. Im Bereich dieser **Nachrichten-Apps** gibt es ein reichhaltiges Angebot, beispielhaft sind etwa die „juris Nachrichten" oder „Legal Tribune Online (LTO)" zu nennen. Konsequent und nachvollziehbar sind angebotene Apps, die Zugriffe auf diverse **Kostenrechner**, **Gesetzestexte** oder verschiedene juristische **Datenbanken** ermöglichen.

11 Im anwaltlichen Bereich scheint der Markt durch die großen Anwaltssoftware-Anbieter dominiert zu sein, welche die Standardanfragen (Mandantenkommunikation, Aktenzugriff, Abrechnungserfassung, Terminnotizen und -ergebnis pp.) durch stationäre Desktop- oder mobile Laptop-Lösungen (dann über einen VPN-Zugang) abbilden. Auch vor dem Hintergrund, dass aber auch für das rechtssuchende Publikum die Auslagerung von Rechtsschutz auf das Internet nicht gerade erst begonnen hat (s. § 3 [*Lorenz/Dülpers*] und § 6 [*Quarch*]),[6] sind hier Neuerungen und Veränderungen zu erwarten, wie etwa Schnittstellen zu den justiziellen Systemen, eine Anbindung an dienstliche Smartphones und eine kontextsensitiv-automatisierte Mandantenkommunikation.

2. „Richter-Apps"

a) Status quo

aa) Beschreibung

12 Speziell für Richterinnen und Richter designte Apps, mit Ausnahme von gleich b), gibt es, vielleicht abgesehen von den von der Justiz selbst in Auftrag gegebenen und nur auf den dienstlichen Endgeräten funktionierenden Programmen zur Bearbeitung der e-Akte, so nicht. Zwar haben einige für Zivilrechtler interessante Anwendungen zumindest

6 Vgl. nur https://www.flightright.de.

eine Online- oder programmmäßige Berücksichtigung gefunden. Hier ist zuvorderst „Schusters kleiner Kostentenor" des Kollegen RiLG *Peter Schuster* aus Düsseldorf zu nennen.[7] Mit seiner Anwendung lassen sich ein Kostentenor mit Hilfe der **Baumbach'schen Kostenformel**, Mehrkostenmethode oder Quotenmethode sowie Auswirkungen von Hilfsaufrechnungen berechnen. Außerdem kann der Anwender sich zu einem gewählten Streitwert Gerichtsgebühren und Anwaltsvergütung berechnen lassen, um z. B. die Kosten von Anerkenntnis gegenüber Säumnis und/oder normaler Verurteilung zu vergleichen oder seine Gebührenrechnung zu prüfen. Der Tenor der Kostenentscheidung nach Teilklagerücknahme (§ 269 III ZPO) kann nach Quotenmethode oder nach Mehrkostenmethode erzeugt werden. Auch der Tenor der Kostenentscheidung bei einer Staffelung von Klageanträgen und Hilfsaufrechnungen kann ermittelt werden (§§ 322 II ZPO, 45 III GKG, 387 ff. BGB). Dabei wird laut Autor berechnet, zu welchem Betrag der Beklagte noch verurteilt wird, welche Kostenverteilung angemessen ist und wie hoch der Streitwert festzusetzen ist. Diese Berechnungen sind für den zivilrechtlichen Praktiker Gold wert. Die Legende, dass Richter Akten mit einem solchen Kostentenor ausschließlich den ihnen zur Ausbildung zugewiesenen Referendaren zur Bearbeitung übergeben, scheint nicht frei von Wahrheit zu sein.

Das für Berufsanfänger ewige Mysterium des **Quotenvorrechts** beim Verkehrsunfall[8] wird durch den „Quotenvorrecht-Rechner"[9] von *Michael Peus* zumindest von der Berechnung her entschärft. Als praktisch wird häufig auch der zivilrechtliche **Verjährungsrechner**[10] angesehen. In diese Kategorie der **„browserbasierten Apps"** (in Abgrenzung zur Eingangsdefinition s. Rn. 2) fallen auch die familienrechtlichen Berechnungen von *Gutdeutsch*.[11] 13

Im Netz tummeln sich weitere Berechnungstools und Tabellen, insbesondere zu Prozesskosten und Anwaltsgebühren, ohne dass sie es jedoch – soweit ersichtlich – in spezielle Apps geschafft hätten. 14

bb) Verwendungsmöglichkeit und Überprüfungspflicht

Gegen die **Verwendung** von rechnerisch oder algorithmisch ermittelten **App-Ergebnissen** in der spruchrichterlichen Tätigkeit spricht im Ausgangspunkt nichts, auch wenn das Ergebnis Bestandteil oder wesentliche Grundlage des Spruchs wird. Dies gilt solange und soweit, wie die **App als Hilfsmittel** (etwa einem Taschenrechner gleich) verwendet wird und die Richterin bzw. der Richter **die volle inhaltliche Verantwor-** 15

7 https://www.kostentenor.de.

8 Vgl. NK-GVR/*Thomas Pöpel/Jochen Link/Klaus Moos*, 3. Aufl. 2021, VVG § 86 Rn. 9 ff.

9 https://quotenvorrecht-rechner.de.

10 http://www.verjährungsrechner.net.

11 https://beck-online.beck.de/Modul/97126/Inhalt/Familienrechtliche-Berechnungen-Online/621.

tung für das Resultat übernimmt. Denn die rechtsprechende Gewalt ist den Richterinnen und Richtern anvertraut, Art. 92 GG. Hierbei sind die Richter unabhängig und nur an das Gesetz gebunden, Art. 97 I GG. Danach geht das Grundgesetz in diesen Vorschriften von einer Sachentscheidung durch die Richterinnen und Richter aus, die diese selbst treffen und für die sie die Verantwortung übernehmen. Dies ergibt sich nicht nur unmittelbar aus den einfachgesetzlichen Umsetzungen, etwa in §§ 25, 26 DRiG oder § 839 II BGB, sondern auch nach den allgemeinen Rechtsgrundsätzen: Urheber der Entscheidung ist die Richterin oder der Richter, der Akt ihrer/seiner Entscheidungsfällung ist **Rechtsgeschäft**. Damit muss dieser Entscheidungsakt menschlichen Ursprungs sein, weil eine **Willenserklärung** vorausgesetzt wird. Danach kann eine gerichtliche Entscheidung nicht allein durch eine Maschine oder Algorithmus getroffen werden, sondern muss auf den inhaltlich Verantwortlichen zurückzuführen sein. Dafür mag freilich ausreichen, dass sich der/die Richter/in das Ergebnis zu eigen macht. Daraus folgt aber, dass eine **blinde Übernahme** der App-Ergebnisse durch Anwenderinnen und Anwender für ihre Rechtsprechungsergebnisse auszuscheiden hat. Das App-Ergebnis muss bei den ersten Verwendungen gründlichst, bei einer allgemeinen Verbreitung und Anerkennung der App und ihrer Ergebnisse nur noch stichprobenartig und auf Plausibilität, insbesondere bei atypisch liegenden Berechnungsfällen, überprüft werden. Richterinnen und Richter haben also eine **Überprüfungspflicht**, deren konkreter Inhalt sich an den genannten Kriterien orientiert (vgl. auch s.u. Rn. 48ff.). Findet eine falsche Berechnung durch die App oder ein falsches Ergebnis aufgrund einer Fehlbedienung der App durch den/die Anwender/in zu einer Manifestation in einer gerichtlichen Entscheidung (Urteil oder Beschluss), liegt eine Anwendung von § 319 I ZPO nahe, die eine Korrektur der Entscheidung wegen einer offensichtlichen Unrichtigkeit ermöglicht.

16 Hierdurch ist aber zugleich auch in verfassungsrechtlicher Hinsicht die Grenze gezogen, inwieweit die Richterinnen und Richter zu technischen Hilfsmitteln und inwiefern sie zu Mitteln der Entscheidungsautomation greifen dürfen. Solange sie Hilfsmittel einsetzen, den Berechnungsweg verstehen und nachvollziehen können und somit das Ergebnis auf Richtigkeit überprüfen können (einfache mathematische Berechnungen, Prozesskostenrechner, Baumbach'sche Kostenformel pp.), ist eine Verwendung unproblematisch, wenn die o.g. Kriterien eingehalten werden. Komplexere Berechnungen oder Algorithmen werden die Richterinnen und Richter nicht ohne Weiteres anwenden können, wenn die entsprechende Berechnung und Automation nicht hinreichend zugelassen oder erläutert ist. Denn in diesem Fall können sie als Richter oder Richterin ohne weitere Erkenntnisquellen nicht inhaltlich hinter dem Ergebnis stehen; sie verstehen es einfach nicht. Jede fachliche Berechnung und jeden Algorithmus können sie sich im Prozess durch **Sachverständige** erklären lassen und dann – mit den entsprechenden Erläuterungen – zur Entscheidungsgrundlage machen. Anerkannte Standardmethoden können durch die **höchstrichterliche Rechtsprechung** eine Zulassung im genannten Sinne erhalten wie etwa das DNA-Vergleichsgutachten, bei dem der Tatrichter aber angehalten ist, im schriftlichen Urteil

bestimmte Validitätsangaben niederzulegen.[12] Und letztlich ist natürlich auch der Gesetzgeber befugt, bestimmten Methoden (im Sinne der Aufstellung einer entsprechenden Beweisregel etwa) die rechtliche Zulassung zu erteilen.

Dies schließt eine **Entscheidungsautomation** nicht aus, **solange nie ein Automat entscheidet**. Die Entscheidungsautomation kann bei der verlangten persönlichen Letztverantwortlichkeit die Richterin bzw. der Richter diese/n immer nur bei der Entscheidung unterstützen, die letztlich aber durch einen Menschen zu treffen bleibt. Zulässig ist es demnach ohne Weiteres, wenn eine Software aus einer Akte die verfahrenswesentlichen Tatsachen herausfiltert, diese gegenüberstellt, das Recht darauf anwendet und dem/der Richter/in einen Entscheidungsvorschlag macht. Wenn dieser nachvollzogen und dann akzeptiert wird, liegt nach wie vor eine richterliche Entscheidung vor. **Art. 92 GG verhindert** insoweit eine weitergehende **Rechtsprechungsautomation** ebenso wie „Robo-Judges".[13] Sprich: Rechtsprechung ohne Richterinnen und Richter aus Fleisch und Blut gibt es nicht. 17

b) Beta: „Richter-Tools"

Eine spezielle Richter-App (in einer derzeit länger nicht aktualisierten, aber in der Neuentwicklung befindlichen Beta-Version) hat *Verf.* für iOS-Geräte entwickelt.[14] Sie unterstützt die User zunächst bei immer wiederkehrenden Fristberechnungen. Im Übrigen ist es das Ziel der App, einige der häufigsten in der mündlichen Verhandlung benötigten Berechnungsmethoden zusammenzufassen und für eine arbeitserleichternde Verwendung sinnvolle Ausgaben zu produzieren. Sie richtet sich zunächst an Richter der ordentlichen Gerichtsbarkeit, kann aber auch zu anderen Zwecken eingesetzt werden. Sie soll auf Vorschläge hin erweitert werden. 18

Hierbei werden folgende Funktionen angeboten: 19

aa) Fristberechnung

Der Vorteil der App bei den Fristberechnungen (s. Abb. 1) liegt darin, dass nicht nur die bloßen Fristen zuverlässig berechnet werden, sondern zum jeweiligen Fristende auch entsprechende Warnungen ausgegeben werden. Die Fristenberechnungs-Screens sind auf Richterbedürfnisse angepasst, spiegeln also in der Eingabemaske die typischen richterlichen *use cases* wider. Das berechnete Fristende kann über den Plus-Button in einen 20

12 BGH NJW 2014, 2454 – mit sinkenden Darstellungsanforderungen bei wachsender Verlässlichkeit und überragender wissenschaftlicher Akzeptanz der Methode.

13 *Schulte/Walkstein*, Legal Tech in der Justiz: Kann und darf Software den Richter ersetzen? Wirtschaftsführer für junge Juristen 2019 (Boorberg, Stuttgart 2019). Im Ausgangspunkt ebenso, aber mit guten Gründen für gewisse Öffnungen *Fries*, NJW-Editorial vom 9.6.2022, https://rsw.beck.de/aktuell/daily/magazin/detail/frauke-richtet.

14 https://www.janforth.de/richter-tools/.

der eigenen Kalender exportiert oder über den Share-Button beliebig weitergeleitet werden.

21 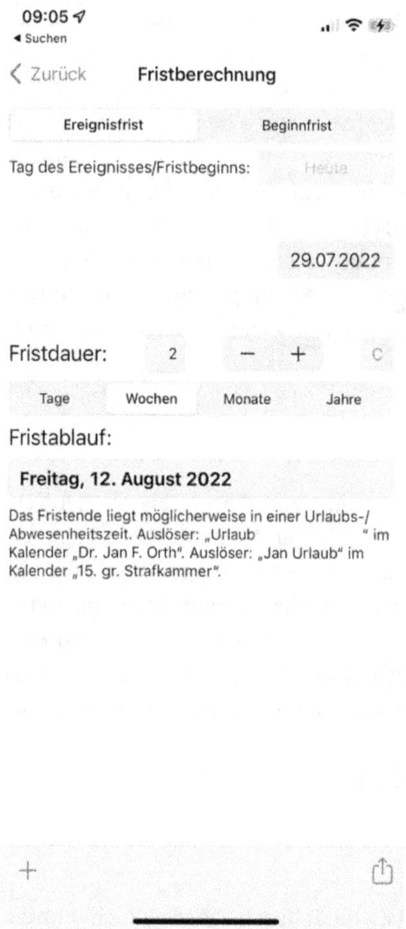

Abbildung 1: App-Screen „Fristberechnung"

22 Für die eigene Arbeitsplanung und die Arbeitsplanung im Spruchkörper ist es häufig wichtig zu wissen, wieviel Zeit um den Fristablauf herum zur Erledigung der fristgebundenen Aufgabe zur Verfügung steht. Deswegen wird anhand eines Kalenders, auf den die App Zugriff hat, überprüft, ob das Fristende

- in die Schulferien im eingestellten Bundesland fällt (oder an diese angrenzt),
- in den eigenen Urlaub (oder eine Abwesenheitszeit),
- oder einen im Kammerkalender eingetragenen Urlaub fällt (oder an diesen angrenzt),
- auf einen Brückentag fällt oder

– in die Karnevalszeit (also den Zeitraum von Weiberfastnacht bis Karnevalsdienstag)[15] fällt.

Neben der allgemeinen Fristberechnung (x Tage/Wochen/Monate ab einem einzugebenden Datum als Beginn- oder Ereignisfrist) gibt es auch eine Funktion für **Kündigungs-/ Ladungsfristen** (s. Abb. 2). 23

24

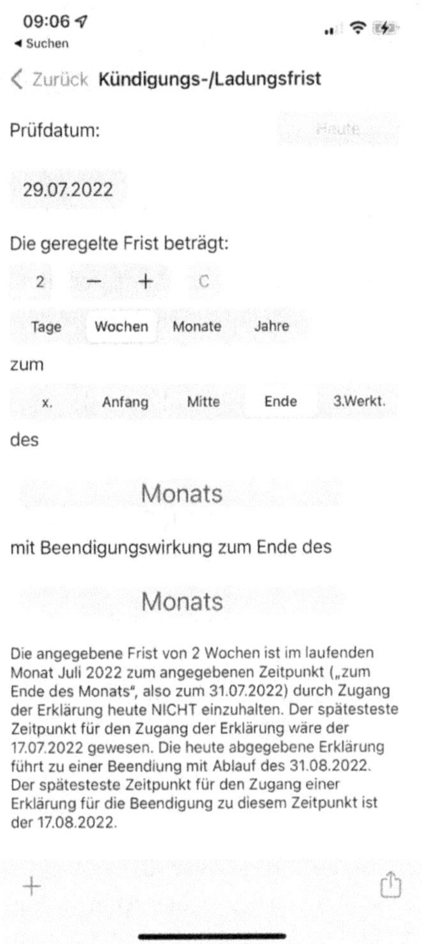

Abbildung 2: App-Screen „Kündigungs-/Ladungsfrist"

15 Was als Kölner Spezialität anmutet, ist in der Praxis von nicht geringer Relevanz: Überraschte Anrufer aus Süddeutschland, die in dieser Zeit eine eingeschränkte Erreichbarkeit der Kölner Justiz beklagen, gibt es nicht selten.

25 Dieser Punkt dient im Wesentlichen der Berechnung aller möglichen Kündigungsfristen, etwa denen nach § 622 BGB (Kündigung von Arbeitsverhältnissen) und nach § 573c BGB (Fristen der ordentlichen Kündigung für Mietverhältnisse). Der Eingabebereich ist aber so flexibel gehalten, dass sämtliche in Verträgen o.ä. geregelten Beendigungs-, Ladungs- und Erklärungsfristen berechnet werden können. Neben dem spätesten Erklärungszeitpunkt berechnet die App auch den zu erreichenden Beendigungszeitpunkt. Ist im laufenden Erklärungsintervall eine Beendigung des zu überprüfenden Schuldverhältnisses nicht mehr zu erreichen, berechnet die App den nächsten möglichen Zeitpunkt. Die App beherrscht die Karenzzeit („3. Werktag") für die Kündigung von Mietverhältnissen – vgl. § 573c I Satz 1 BGB, wobei die hierzu ergangene höchstrichterliche Rechtsprechung[16] berücksichtigt wird.

26 Denn bei diesen Erklärungsfristen gilt § 193 BGB grundsätzlich nicht.[17] Fällt der späteste Erklärungszeitpunkt auf einen Samstag, Sonntag oder Feiertag, muss die Erklärung gleichwohl spätestens an diesem Tag zugehen. Die App weist auf diesen Umstand bei der erstmaligen Verwendung dieser Funktion einmalig hin.

27 Selbstverständlich gibt es umfassende Exportfunktionen: Das Berechnungsergebnis kann mit einem Share-Button beliebig weitergeleitet oder geteilt werden. Mit dem Plus-Button lässt sich der späteste Erklärungszeitpunkt in einen der eigenen Kalender eintragen.

bb) Geburtstagsrechner

28 Es kann berechnet werden, welches Alter eine Person an einem gewissen Datum hat. Die wichtigsten rechtlichen Implikationen dieses Alters werden ausgegeben.

cc) Datumsdifferenz

29 Es wird der Zeitraum zwischen zwei Daten (immer als Betrag) in Jahren, Monaten und Tagen sowie insgesamt in Kalendertagen berechnet.

dd) „Zugestellt am…"-Fristen

30 Eine typische Situation im richterlichen Dezernat ist die Vorlage einer Akte mit einem Schriftsatz, der einen Eingangsstempel trägt. Häufig ist durch den Richter dann die Einhaltung einer 1-, 2-, 4-Wochen oder Monatsfrist zu prüfen. Ausgehend vom einzutragenden Zustelldatum zeigt die App die Fristablaufdaten der verschiedenen Fristzeiträume an.

---

16 BGHZ 162, 175.

17 BGHZ 162, 175; *Grüneberg-Ellenberger*, § 193, Rn. 3.

ee) Spruchfrist

Diese Funktion dient der Berechnung der Spruchfrist am Ende der mündlichen Verhandlung, wobei die Spruchfrist in Wochen flexibel eingestellt werden kann. Ein etwaiger Schriftsatznachlass kann ebenfalls eingestellt werden. 31

Ergebnis ist neben der Berechnung des Tages des Spruchs ein Text für das Protokoll der mündlichen Verhandlung. Gerade an den Amtsgerichten sind einige Kollegen dazu übergegangen, das Protokoll der mündlichen Verhandlung aus Textbausteinen selbst zusammenzusetzen. Der von der App generierte Protokolltext kann über den Share-Button sofort geteilt und weiterverarbeitet werden. Er wird allerdings auf dem privaten Endgerät generiert und muss (mit den datenschutzrechtlichen Einschränkungen) entweder als Textbestandteil oder später als fertiges Worddokument mit dem Gesamtprotokoll auf den dienstlichen Rechner übertragen werden (s.o. II. 2. a). Wird nach § 310 I Satz 2 ZPO eine Spruchfrist über 3 Wochen bestimmt, enthält der Protokolltext zusätzlich die entsprechenden Rechtfertigungsgründe, die angewählt werden können. 32

Mit dem Plus-Button kann der Verkündungstermin selbst in einen der eigenen Kalender auf dem eigenen Smartphone eingetragen werden. Die datenschutzrechtlichen Vorgaben sind einzuhalten, Hierbei übernimmt die App neben dem errechneten Datum die „übliche VT-Uhrzeit", die in den App-Einstellungen verändert werden kann. Außerdem wird ein Aktenzeichen in der Form „15 C 123/19" in den Kalendereintragstitel übergeben, der leicht verändert werden kann (s. Rn. 84). Die Nummer der Kammer/Abteilung nimmt sich die App aus der entsprechenden Bezeichnung in den App-Einstellungen, wobei die erste in der Eingabe gefundene Zahl verwendet wird. Das Registerzeichen in diesem Aktenzeichen richtet sich nach dem voreingestellten Gericht sowie der ebenfalls voreingestellten üblichen funktionellen Tätigkeit und wird automatisch ermittelt. Damit ist die Überwachung der eigenen Spruchtermine durch die Kalender-App gewährleistet. 33

ff) Kosten bei Vergleich

Diese Funktion dient ebenfalls der Verwendung in der mündlichen Verhandlung (s. Abb. 3). 34

35

Abbildung 3: App-Screen „Kosten bei Vergleich“

36 Für Vergleichskonstellationen wird anhand von Streitwert und Unterliegenswert die Unterliegensquote berechnet. Nach den weiteren Einstellungen werden auch die Kosten des Rechtsstreits und des Vergleichs berechnet. Die Anwendung von § 92 ZPO kann vorgesehen oder ausgeschlossen werden. Der Grenzwert für die Anwendung von § 92 ZPO kann eingestellt werden. Voreingestellt sind 10 %. Der berühmte „Glaubenskrieg“ unter den Kolleginnen und Kollegen, ob die Kostenquote als genaue Prozentzahl oder als Bruch angegeben werden soll, wird durch die App nicht entschieden. Wer dies wünscht, kann sich die Quote durch denjenigen Bruch darstellen lassen, der dem prozentualen Wert am nächsten kommt. Hierbei wird selbstverständlich ein bereits gekürzter Bruch mit dem kleinsten möglichen Nenner (insgesamt also ein „schöner“ Bruch) ermittelt. Der größte mögliche Nenner dieses Bruchs ist 11, sie auch das Berechnungsbeispiel in Abb. 3.

Ergebnis ist ein Kostenverteilungstext, der entweder sofort ins Protokoll diktiert 37
oder über die Share-Funktion (s.o. Rn. 12ff.) zur weiteren Verarbeitung verteilt werden kann.

gg) Prozesskostenrechner

Die App verfügt über einen vollständigen **Prozesskostenrechner** (s. Abb. 4), der die im 38
Verfahren anfallenden Kosten konkret berechnen kann. Ausgangspunkt für die Berechnung ist immer diejenige Prozesssituation, die sich aus den eigenen Einstellungen ergibt. Zu Grunde gelegt werden die RVG-Gebühren nach dem Rechtsstand ab dem 1.1. 2021. Ein Berechnungsbeispiel ergibt sich aus s. Abb. 4.

39

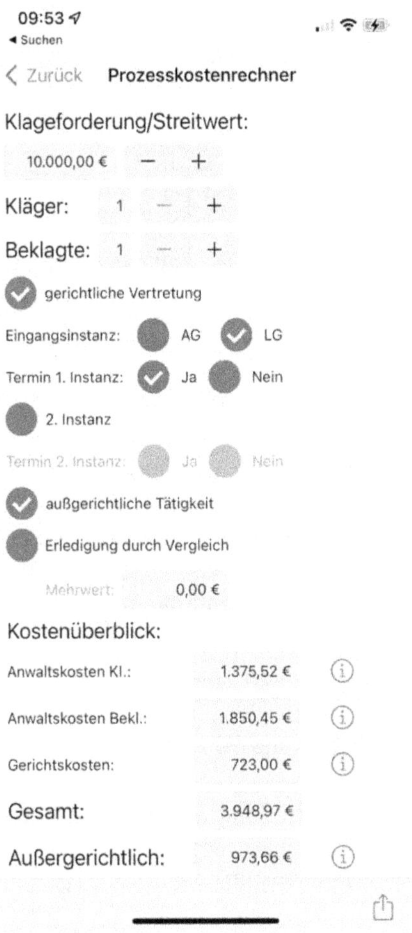

Abbildung 4: App-Screen „Prozesskostenrechner“

hh) Kfz-Schaden/4-Stufen-Modell

40 Nach Eingabe der Reparaturkosten (lt. Gutachten), des Wiederbeschaffungswerts, des Restwerts und des tatsächlichen Reparaturaufwands (Eingabe brutto oder netto möglich) wird berechnet, welchen Betrag der geschädigte Eigentümer eines Kfz vom Schädigen verlangen kann.

ii) Empfängniszeitraum

41 Hier kann nach Eingabe des Geburtstagsdatums der Zeitraum nach § 1600d III 1 BGB ausgerechnet werden, in dem das Kind als empfangen gilt.

jj) Strafrechts-Tools

42 Die App verfügte auch über umfassende Tools für Strafrichterinnen und Strafrichter, die allerdings aufgrund der Thematik des vorliegenden Buches hier nicht dargestellt werden sollen.

kk) Staatsexamen-Rechner

43 Für Prüferinnen und Prüfer im Ersten (NRW-)Examen enthält die App einen Rechner zur Berechnung der endgültigen Note unter Verwendung von Klausurergebnissen und den Resultaten des mündlichen Prüfungstags.

IV. Wünschenswerte Funktionen

44 Durch Verf. Orth und zahlreiche Nutzerrückäußerungen per E-Mail oder auf Twitter sind durch die Anregungen vieler Richterinnen und Richter aus ganz Deutschland für eine solche App folgende weitere wünschenswerte Einsatzbereiche identifiziert worden:
- Verschlüsselter Nachrichtendienst und automatische Terminabstimmung mit identifizierten Rechtsanwälten über die App und beA
- Verfeinerung der Urlaubs-/Abwesenheitserkennung bei der Fristberechnung durch die Analyse von Ortsdaten
- Identifizierung als Gerichtsangehörige durch Bestätigung der dienstlichen E-Mail-Adresse
- Versand von Push-Nachrichten durch die Gerichtsverwaltung an die gerichtsangehörigen Richter, etwa für Evakuierungs-, Brand- oder sonstige Notfälle
- Anzeige von „News“ aus dem jeweiligen Gericht für identifizierte Angehörige des Gerichts
- Berechnung von Verjährungsfristen
- Streitwertberechnung
- PKH-Rechner

- Unterhaltsrechner
- Monats-/Stundenlohnrechner
- Prozesskosten bei überschießendem Vergleichswert
- Baumbach'sche Formel
- Zusätzliche Patentanwaltskosten
- Düsseldorfer Tabellen
- Fahrtkostenrechner
- Quotenvorrechtsrechner
- Mängelliste in Bausachen
- Bürgergeld-Rechner
- Anbindung an die Fachverfahren (Abruf von Verfahrensdaten, Auslösung von Dokumentenversand, Datenaustausch)

V. Erfahrungen

Die Erfahrungen aus dem Beta-Test der App sind überwiegend positiv. Viele Tester, auch 45
aus dem Bereich der Anwaltschaft, berichten bei einer konsequenten Anwendung von erheblichen Effizienzgewinnen. Auch die Kollegen schätzen die schnellen Informations- und Berechnungsmöglichkeiten im Rahmen der Dezernatstätigkeit und im Rahmen der mündlichen Verhandlung. Verlangt wird allerdings der o.g. dargestellte, erweiterte Funktionsumfang. Die Kolleginnen und Kollegen würden natürlich eine Anbindung an die Fachverfahren begrüßen, was allerdings wegen des unter Datenschutzgesichtspunkten in der Justiz überwiegend abgelehnten BYOD-Konzepts[18] nicht zu erwarten ist. Sollten sich die Justizverwaltungen letztlich entschließen, die Richterinnen und Richter neben einem Laptop oder Tablet auch mit einem Diensthandy auszustatten, könnte eine App mit entsprechender Integration freilich darauf betrieben werden. Hier wird die Entwicklung der öffentlichen Haushalte sicherlich eine entscheidende Rolle spielen. Eine Vernetzung auf dieser Ebene mit den Anwälten, um – gleichsam von dem heimischen Sofa aus – den Termin zur mündlichen Verhandlung definitiv mit Gericht und beiden Parteien „abzusprechen", erscheint zwar wünschenswert, aber vor diesem Hintergrund nicht zeitnah zu erwarten. Diskutabel erscheint auch, ob ein solches Modell u.a. aus Gründen der Arbeitszeithygiene wünschenswert ist. Schon die privaten Handys mit Social Media- und Messenger-Apps (s. D.III.2.) haben zu einer deutlich größeren Verfügbarkeit des Einzelnen gegenüber Familie und Freunden, aber auch gegenüber Arbeitgeber, Dienstherrn, Kunden und Mandanten geführt. Diese Erreichbarkeit könnte hierdurch noch erweitert werden. Sie korrespondiert zwar mit der richterlichen Unabhängigkeit, die eine Arbeitserledigung zu einer frei gewählten Zeit beinhalt, kollidiert

18 Das Akronym BYOD steht für Englisch „Bring your own Device", also „Bring Dein eigenes Gerät (mit)". Der Begriff bezieht sich auf das Arbeitsleben und meint, dass Angestellte ihre privaten mobilen Endgeräte (Smartphones, Laptops, Tablets) zum Arbeiten nutzen und in die vorhandenen Netzwerke des Unternehmens integrieren.

aber möglicherweise mit der Treuepflicht der Dienstherren: Auch die Konzentration auf jedenfalls gewisse Arbeitsplätze, -zeiten und -usancen kann positive Effekte haben.

46 Gleichwohl beabsichtigt *Verf.* Orth die Richter-App weiter zu entwickeln und – vielen Rufen danach folgend – auch auf Android-Systemen verwendbar zu machen.

C. Haftungsfragen

I. Haftung des Softwareanbieters

47 Der **Programmierer und Anbieter von Software** kann, auch wenn er sie kostenlos und „Open Source" abgibt (vgl. nun auch § 516a BGB n.F.),[19] u.U. vertraglich – nämlich für Mängel –,[20] aber auch außervertraglich über die deliktische Produzentenhaftung nach § 823 BGB haften.[21] Aus fehler- oder lückenhafter Programmierung können Verletzungen an geschützten Rechtsgütern (zB. das Recht auf informationelle Selbstbestimmung des Nutzers und ggf. Anderer) folgen, welche eine entsprechende Haftung für daraus entstehende Schäden auslösen. Dabei kommt – jedenfalls in den relevanten Szenarien wie übersehenen Sicherheitslücken oder Funktionsausfällen (z.B. Nichtverfügbarkeit der App und deswegen Versäumung einer Berufungsfrist; Versäumung einer gerichtlichen Frist, weil die App eine Frist falsch berechnet hat; Fehlanwendung einer gesetzlichen Vorschrift, weil eine Gesetzesänderung nicht in die App integriert worden ist) – eine Haftung nach dem ProdHaftG nicht in Betracht, weil reine Vermögensschäden nicht erfasst sind (vgl. § 1 ProdHaftG) und Gesundheitsschädigungen oder Sachbeschädigungen durch die dargestellte Software kaum vorstellbar sind. Der Pflichtenkanon der Herausgeber bzw. Vertreiber von Software als Vertragspartner ist durch die seit dem 1.1.2022 in Kraft getretenen Regeln im BGB über die digitalen Produkte (§§ 475a; 327–327u BGB n.F.) grundsätzlich reformiert und erheblich verschärft worden.[22] Bei der Bereitstellung von Software für die dienstliche Nutzung der Richter und Richterinnen oder beruflich handelnde Rechtsanwälte scheidet dessen Anwendbarkeit jedoch bereits mangels Verbrauchereigenschaft (vgl. §§ 327, 327a, 310 III, 13 BGB) aus. Der Softwareanbieter hat dennoch Verkehrssicherungspflichten wie die Warnung bei Bekanntwerden von Fehlern oder Lücken sowie insbesondere Sicherheitsupdates und Fehlerkorrekturen zu Verfügung zu stellen.[23] Sollte eine solche verletzt werden, kommt eine umfassende vertragliche und auch deliktische Haftung des Softwareherausgebers in Betracht.

19 *Winteler*, Vertragliche Haftung für OSS, S. 126ff.
20 Vgl. etwa *Raue*, Haftung für unsichere Software, NJW 2017, 1841.
21 *Raue* a.a.O. (s.o. Fn. 13).
22 *Bittner*, Verträge über digitale Produkte – der Beginn des digitalen Zeitalters im BGB, VuR 2022, 9.
23 *Raue* a.a.O., 1843f.

II. Haftung der Richterin bzw. des Richters wegen fehlerhafter App-Ergebnisse

Umfassend abgesichert gegen eine **persönliche** Haftung ist hingegen die Richterin oder der Richter, die oder der eine allgemeine App oder eine spezielle Jura- und/oder Richter-App zur Erledigung ihrer/seiner Rechtsprechungsaufgabe verwendet, und durch eine Falschanwendung oder einen Fehler in der App einen Schaden (etwa durch eine falsche oder falsch berechnete Entscheidung) verursacht. Für den Schaden haftet nach Art. 34 S. 1 GG **der Staat an seiner Stelle**. Es handelt sich um eine befreiende gesetzliche Schuldübernahme; die persönliche Haftung des Richters ist ausgeschlossen. Der Rückgriff auf die Richterin bzw. den Richter ist nicht nur nach Art. 34 S. 2 GG auf den Fall von Vorsatz und grober Fahrlässigkeit beschränkt, was in fast allen Fällen zu einem völligen Ausschluss der persönlichen Haftung des Verwenders führen dürfte. Denn regelmäßig wird der Anwender gutgläubig davon ausgehen (dürfen), dass die Software ihre Aufgabe zuverlässig erledigt, soweit es dafür nicht andere Anhaltspunkte (wie etwa augenfällig falsche Ergebnisse oder Berichte anderer Benutzer im Internet) gibt. Grob fahrlässig handelt aber sicherlich die- bzw. derjenige Richterin oder Richter, die oder der Berechnungsergebnisse einer App völlig ungeprüft (siehe hierzu oben Rn. 15ff.) in seine Entscheidung übernimmt, insbesondere wenn er/sie nie überprüft hat, ob die App für eine ordnungsgemäße Aufgabenerledigung geeignet ist. Auf jeden Fall gilt aber für die Richterin bzw. den Richter in Erledigung der Spruchrichteraufgaben das Spruchrichterprivileg des § 839 II BGB, das über die Regelung von Art. 34 S. 2 GG hinaus einen Rückgriff auf den Richter überhaupt nur dann zulässt, wenn er eine Straftat, also regelmäßig eine (vorsätzliche!) Rechtsbeugung (siehe zu den weiteren Voraussetzungen hierzu auch gleich unten) begeht. Damit scheidet eine Haftung des Richters für Schäden so gut wie aus. Allerdings kann der Richter dienstrechtlich, also disziplinarisch, belangt werden, wenn er die landesrechtlichen Bestimmungen für die Verwendung privater IT-Geräte (s.o.) nicht einhält. Hier bleibt ein Spannungsfeld zur richterlichen Unabhängigkeit nach Art. 97 GG. Zu ihrem Schutzbereich gehört die „eigentliche Rechtsfindung", wobei „im Interesse eines wirksamen Schutzes der richterlichen Unabhängigkeit eine großzügige Grenzziehung geboten ist und deshalb alle der Rechtsfindung auch nur mittelbar dienenden – sie vorbereitenden und ihr nachfolgenden – Sach- und Verfahrensentscheidungen in den Schutzbereich der richterlichen Unabhängigkeit einzubeziehen sind,[24] vgl. zur schwierigen Grenzziehung, inwieweit sich die Richterinnen und Richter bei ihrer Entscheidung Hilfsmitteln bedienen dürfen oder ob eine Entscheidungsautomation zulässig ist (s. Rn. 15ff.). Ob dieser Kernbereich schon betroffen ist oder ob lediglich eine Frage der „äußeren Ordnung" der Ausübung des Richterberufs vorliegen, ist nicht zu entscheiden. Für den Kernbereich spricht, dass die Apps eine ganz konkrete Ausgestaltung des persönlichen Arbeitslaufs des Richters darstellen, deren Anwendung zu konkreten förmlichen Entscheidungen (Fristversäumnisse) oder spezifischen Sachentscheidungsinhalten (Höhe und Inhalt eines Schadenersatzanspruchs) führen kann. Dagegen 48

24 Dürig/Herzog/Scholz/Hillgruber, 99. EL September 2022, GG Art. 97 Rn. 80.

spricht, dass die App letztlich nur ein Entscheidungshilfsmittel ist, welches im Rahmen der geltenden Gesetze grundsätzlich von Richterinnen und Richtern herangezogen werden kann. Um hier Auseinandersetzungen zu vermeiden, sollten die Justizverwaltungen anerkannt nützlichen und datenschutzrechtlich unbedenklichen Apps von vorneherein ihren Verwendungssegen spenden.

III. Haftung der Rechtsanwälte

49 Die **Haftung für Rechtsanwältinnen und Rechtsanwälte**, die solche Apps verwenden, bleibt – wie in der Anwaltshaftung regelmäßig – unverändert streng, auch bei „neuen innovativen Rechtsprodukten".[25] Anwälte dürfen sich auf Fristberechnungen elektronischer Systeme nicht verlassen, sie müssen auch die Eintragungen in solche Systeme überprüfen.[26] Als Softwarenutzer hat der Anwalt auch weitere Verkehrspflichten bei dem Umgang mit Software, insbesondere die Pflicht (Sicherheits-)Updates durchzuführen.[27] Verpasst der Anwalt durch ein Update eine Fehlerbehebung in der App und kommt deswegen zu falschen Ergebnissen oder Beratungsempfehlungen, liegt seine Haftung auf Hand. Wie streng die anwaltliche Haftung ist, zeigt sich insbesondere im **Verhältnis zum Richter:** Während dieser i.W. „fein raus" sein dürfte (s.o.), kann der Anwalt ggf. auch für einen Fehler des Gerichts haften, wenn ihm dieser hätte auffallen müssen und den Irrtum hätte beseitigen können. Insoweit besteht eine Hinweispflicht des Rechtsanwalts.[28] Das ist ganz erheblich: Der Rechtsanwalt darf also auch auf „Vorrechnungen" durch das Gericht in der mündlichen Verhandlung unter Verwendung verschiedenster Hilfsmittel (s.o.) nicht auf die Richtigkeit vertrauen, sondern muss alle Ergebnisse nachprüfen und auf etwaige Abweichungen hinweisen.

50 Letztlich bleibt den Mitgliedern der Rechtsanwaltschaft die Pflicht, jedes Berechnungsergebnis einer App, die nicht anerkanntermaßen und über einen hinreichend validen Zeitraum bei einer Vielzahl von Verwendungen und Verwender korrekte Ergebnisse geliefert hat, kritisch zu hinterfragen und selbst zu überprüfen. Echte Effizienzgewinne können hier also aus den dargestellten Rechtsgründen erst mittelfristig erzielt werden.

D. Datenschutzrechtliche Voraussetzungen

51 Bei der Verwendung von Apps stellt sich regelmäßig das Problem, ob der Einsatz der App **datenschutzrechtkonform** stattfindet. Voraussetzung ist dafür zunächst, dass das Datenschutzrecht, insbesondere die DS-GVO, auf richterliche Handlungen Anwendung

25 LG Berlin, Urt. v. 5.6.2014, Az. 14 O 395/13.

26 BGH, Beschl. v. 2.2.2021, Az. X ZB 2/2, NJW-RR 2021, 444; BGH NJW 2019, 1456.

27 *Raue*, Haftung für unsichere Software, NJW 2017, 1841.

28 BGH, Urt. v. 17.9.2009, Az. IX ZR 74/08, AnwBl 2009, 869.

findet. In diesem Kontext soll auch die Frage der Datenschutzaufsicht angesprochen werden. Im Weiteren ist zu klären, ob die nach der DS-GVO verlangten Erlaubnisnormen für die Verarbeitung personenbezogener Daten gegeben sind. Auch sind für den Fall erforderlicher Einwilligungen der betroffenen Personen die Anforderungen an eine wirksame Einwilligung zu ermitteln.

Weiterhin soll die Gefährdung der Datensicherheit bei Einbindung von außereuropäischen Servern und Clouddiensten behandelt werden. Schließlich ist nach dem Bestehen von Sanktionsmöglichkeiten bezogen auf richterliche Datenschutzverstöße zu fragen. 52

I. Anwendbarkeit des Datenschutzrechts auf richterliches Handeln

1. Grundsätzliche Anwendbarkeit der DS-GVO auf justizielle Tätigkeiten

Erwägungsgrund 20 zur DS-GVO führt aus: „Diese Verordnung gilt zwar unter anderem für die Tätigkeiten der Gerichte und anderer Justizbehörden". Ausdrücklich angesprochen wird die hier vornehmlich interessierende **justizielle Tätigkeit** in Art. 9 II lit. f DS-GVO, der die Verarbeitung besonderer Kategorien personenbezogener Daten nach Art. 9 I DS-GVO ausnahmsweise erlaubt, wenn die Verarbeitung zur Geltendmachung, Ausübung oder Verteidigung von Rechtsansprüchen oder bei Handlungen der Gerichte im Rahmen ihrer justiziellen Tätigkeit erforderlich ist. Eine weitere Erwähnung findet die Gerichtsbarkeit in Art. 37 I lit. a DS-GVO, wonach Datenschutzbeauftragte für die Tätigkeit der Gerichte außerhalb der justiziellen Tätigkeit zu benennen sind, und in Art. 55 III DS-GVO, wonach die Aufsichtsbehörden für den Datenschutz nicht zuständig sind für Gerichte im Rahmen ihrer justiziellen Tätigkeit vorgenommenen Verarbeitungen. 53

Damit steht zunächst einmal fest, dass die DS-GVO grundsätzlich auf die richterliche Tätigkeit Anwendung findet. Der Befund ist nicht gleichermaßen eindeutig für die justizielle Tätigkeit der Strafgerichte. So ordnet § 45 S. 1 BDSG an, dass die Vorschriften des dritten Teils des BDSG, durch den die JI-Richtlinie[29] umgesetzt wird, für die Verarbeitung personenbezogener Daten durch die für die Verhütung, Ermittlung, Aufdeckung, Verfolgung oder Ahndung von Straftaten oder Ordnungswidrigkeiten zuständigen öffentlichen Stellen gelten, soweit sie Daten zum Zweck der Erfüllung dieser Aufgaben verarbeiten. Bei weiter Auslegung der Vorschrift wären alle Tätigkeiten innerhalb des Straf- und Ordnungswidrigkeitenverfahrens erfasst, bis hin zur Aburteilung durch die Strafgerichte. Bei der – vorzugswürdigen – engeren Auslegung würde die Strafverfolgung alle Tätigkeiten insbesondere der Staatsanwaltschaften und ihrer Ermittlungsper- 54

29 Richtlinie (EU) 2016/680 des Europäischen Parlaments und des Rates vom 27. April 2016 zum Schutz natürlicher Personen bei der Verarbeitung personenbezogener Daten durch die zuständigen Behörden zum Zwecke der Verhütung, Ermittlung, Aufdeckung oder Verfolgung von Straftaten oder der Strafvollstreckung sowie zum freien Datenverkehr und zur Aufhebung des Rahmenbeschlusses 2008/977/JI des Rates, Abl. EU L 110/89.

sonen bis hin zur Anklageerhebung erfassen, wodurch Datenverarbeitungsvorgänge durch die Strafgerichte im Zuge der Aburteilung wie die übrigen Gerichte **einheitlich** der Geltung der **DS-GVO** unterfallen.[30]

2. Abweichendes Aufsichtsrecht

55 Besonderheiten ergeben sich hinsichtlich der internen und externen **Aufsicht**. So heißt es in Satz 2 des Erwägungsgrunds 20: „Damit die Unabhängigkeit der Justiz bei der Ausübung ihrer gerichtlichen Aufgaben einschließlich ihrer Beschlussfassung unangetastet bleibt, sollten die Aufsichtsbehörden nicht für die Verarbeitung personenbezogener Daten durch Gerichte im Rahmen ihrer justiziellen Tätigkeit zuständig sein".

56 Bezüglich der Ausgestaltung der behördeninternen Datenschutzaufsicht sind die Gerichte gemäß Art. 37 I a) DS-GVO im Rahmen ihrer justiziellen Tätigkeit deswegen von der Zuständigkeit des behördlichen Datenschutzbeauftragten ausgenommen. Der Begriff der justiziellen Tätigkeit ist so auszulegen, dass die Zielsetzung des Art. 37 DS-GVO, der darauf gerichtet ist, die **richterliche Unabhängigkeit** unangetastet zu lassen, gewahrt wird.[31]

57 Damit nimmt der behördliche Datenschutzbeauftragte, der für die Gerichte bezüglich ihrer verwaltenden Tätigkeit zu berufen ist,[32] bezogen auf die Spruchtätigkeit der Richterinnen und Richter die Aufgaben nach Art. 39 DS-GVO nicht wahr. Hierunter fällt insbesondere die Unterrichtung und Beratung der/des Verantwortlichen oder der Auftragsverarbeiterin bzw. des Auftragsverarbeiters und der Beschäftigten, die Verarbeitungen durchführen, hinsichtlich ihrer Pflichten nach der DS-GVO sowie nach sonstigen Datenschutzvorschriften der Union bzw. der Mitgliedstaaten (Art. 39 I lit. a DS-GVO). Ausgenommen ist bezogen auf die richterliche Tätigkeit auch die Überwachung der Einhaltung dieser Verordnung, anderer Datenschutzvorschriften der Union bzw. der Mitgliedstaaten sowie der Strategien der Verantwortlichen oder der Auftragsverarbeiter für den Schutz personenbezogener Daten einschließlich der Zuweisung von Zuständigkeiten, der Sensibilisierung und Schulung der an den Verarbeitungsvorgängen beteiligten Mitarbeiter und der diesbezüglichen Überprüfungen (Art. 39 I lit. b DS-GVO).

58 Erwägungsgrund 20 fordert in Satz 3, dass mit der Aufsicht über diese Datenverarbeitungsvorgänge besondere Stellen im Justizsystem des Mitgliedstaats betraut wer-

---

30 Umstritten: Wie hier auch *Braun* in Gola/Heckmann, BDSG, § 45 BDSG Rn. 15; *Elfring*, NJW 2022, 902, 903; *Spengeler* in Specht/Mantz Datenschutz-HdB § 22 Rndr.10; *Roggenkamp in* Plath, BDSG § 45 BDSG Rn. 28; anders *Paal* in Paal/Pauly, DS-GVO BDSG, Art. 23 DS-GVO Rn. 33. Offen gelassen bei *Schmitt/Resch*, jM 2020, 134, 134.

31 *Heberlein* in Ehmann/Selmayr, Datenschutz-Grundverordnung, Art. 37 DS-GVO Rn. 16; *Paal* in *Paal/Pauly*, DS-GVO, Art. 37 Rn. 6; *Niklas/Faas*, NZA 2017, 1091, 1091f.; weitergehend *Moos* in BeckOK Datenschutzrecht, Art. 37 DS-GVO Rn. 13; *Bergt* in Kühling/Buchner, DS-GVO/BDSG, Art. 37 DS-GVO Rn. 16.

32 Insoweit jedenfalls zutreffend *Heberlein* in Ehmann/Selmayr, Datenschutz-Grundverordnung, Art. 37 DS-GVO Rn. 16.

den können sollten, die insbesondere die Einhaltung der Vorschriften der DS-GVO sicherstellen, Richter und Staatsanwälte besser für ihre Pflichten aus dieser Verordnung sensibilisieren und Beschwerden in Bezug auf derartige Datenverarbeitungsvorgänge bearbeiten. Bislang haben sich einige Gerichte in Ausübung ihrer **autonomen Organisationsgewalt** bestimmte Richterinnen und Richter mit der Wahrnehmung von Aufgaben des Datenschutzes betraut.[33] Soweit erkennbar, hat der deutsche Gesetzgeber sich der Aufgabe, einen Rahmen für entsprechende Strukturen zu schaffen, trotz eindringlicher Forderungen aus der Literatur noch nicht angenommen.[34]

II. Rechtfertigungstatbestände für richterliche Datenverarbeitung

Sofern Richterinnen und Richter im Zuge ihrer richterlichen Tätigkeit Daten verarbei- 59
ten, müssen sie sich hierzu auf eine Befugnisnorm berufen können. Als **Verarbeitung** bezeichnet Art. 4 Nr. 2 DS-GVO „jeden mit oder ohne Hilfe automatisierter Verfahren ausgeführten Vorgang oder jede solche Vorgangsreihe im Zusammenhang mit personenbezogenen Daten wie das Erheben, das Erfassen, die Organisation, das Ordnen, die Speicherung, die Anpassung oder Veränderung, das Auslesen, das Abfragen, die Verwendung, die Offenlegung durch Übermittlung, Verbreitung oder eine andere Form der Bereitstellung, den Abgleich oder die Verknüpfung, die Einschränkung, das Löschen oder die Vernichtung“. Personenbezogene Daten sind nach Art. 4 Nr. 1 DS-GVO alle Informationen, die sich auf eine identifizierte oder identifizierbare natürliche Person (im Folgenden „betroffene Person“) beziehen; als identifizierbar wird eine natürliche Person angesehen, die direkt oder indirekt, insbesondere mittels Zuordnung zu einer Kennung wie einem Namen, zu einer Kennnummer, zu Standortdaten, zu einer Online-Kennung oder zu einem oder mehreren besonderen Merkmalen, die Ausdruck der physischen, physiologischen, genetischen, psychischen, wirtschaftlichen, kulturellen oder sozialen Identität dieser natürlichen Person sind, identifiziert werden kann. Nicht erfasst sind die Daten Verstorbener sowie juristischer Personen, soweit die Verarbeitung der betreffenden Daten nicht den Rückschluss auf die Daten lebender natürlicher Personen erlaubt.[35]

Bezogen auf die richterliche Tätigkeit kommt das Erheben, Erfassen, Speichern, 60
Auslesen und das Verwenden von Daten in Betracht.[36] Als Erheben ist die gezielte Beschaffung von Daten über die betroffene Person zu verstehen, gleich auf welche Weise dies geschieht, also durch elektronischen Abruf, durch Anforderung von Unterlagen

33 *Kugelmann/Römer* in Schwartmann/Jaspers/Thüsing/Kugelmann DS-GVO, 2. A. 2020, Art. 55 DS-GVO Rn. 73.

34 Vgl. nur *Wiebe/Eichfeld*, NJW 2019, 2734, 2738; *Kugelmann/Römer* in Schwartmann/Jaspers/Thüsing/Kugelmann DS-GVO, 2. A. 2020, Art. 55 DS-GVO Rn. 73; *Körffer* in Paal/Pauly, DS-GVO/BDSG, Art. 55 DS-GVO Rn. 6.

35 *Klar/Kühling* in Kühling/Buchner, DS-GVO BDSG, Art. 4 DS-GVO Rn. 4f.

36 So zutreffend *Schmitt/Resch*, jM 2020, 134, 135.

oder Befragung.[37] Erfassung als Unterbegriff zur Speicherung wird zumeist als Aufschreiben oder Aufnehmen von Daten begriffen, wohingegen die Speicherung das Aufbewahren zum Zweck der weiteren Verwendung meint, die bei elektronischer Datenverarbeitung auf Speichermedien geschieht, bei manueller Verarbeitung aber auch die Ablage in der sortierten Akte erfolgen kann.[38] Das Auslesen beschreibt den Vorgang der Zurückgewinnung aus gespeicherten Datenbeständen, wohingegen die Verwendung jeden nicht anderweitig erfassten Datenverarbeitungsvorgang beschreibt.[39]

61 Die DS-GVO verlangt nach Art. 2 I DS-GVO Geltung für die **automatisierte** oder teilautomatisierte Verarbeitung von Daten, sowie für die **nichtautomatisierte Verarbeitung** personenbezogener Daten, wenn diese Daten in einem Dateisystem gespeichert sind oder gespeichert werden sollen. Als Dateisystem wird gemäß Art. 4 Nr. 6 DS-GVO „jede strukturierte Sammlung personenbezogener Daten, die nach bestimmten Kriterien zugänglich sind, unabhängig davon, ob diese Sammlung zentral, dezentral oder nach funktionalen oder geografischen Gesichtspunkten geordnet geführt wird". Wegen des Grundsatzes der **Technikneutralität** reicht die Ablage manuell verarbeiteter Daten in einer sortierten Akte aus;[40] neben Führung von Daten in einer elektronischen Akte eröffnet damit auch eine Prozessakte in Papierform den sachlichen Anwendungsbereich der DS-GVO.

62 In der Folge ist unabhängig von der Art der Datenverarbeitung für deren Rechtmäßigkeit entweder nach einer Einwilligung der betroffenen Person oder nach einer Erlaubnisnorm zu fragen.

1. Einwilligung betroffener Personen

63 Nach den in Frage kommenden Erlaubnisnormen für richterliche Datenverarbeitungen, Art. 6 I DS-GVO und Art. 9 II DS-GVO,[41] ist die **Einwilligung** der betroffenen Person nach Art. 6 I Nr. 1 DS-GVO und Art. 9 II Nr. 1 DS-GVO grundsätzlich tauglicher Rechtfertigungsgrund. Die Einwilligung als Rechtfertigungstatbestand birgt aber in der Praxis verschiedene Probleme.

64 Dass eine solche Einwilligung nach Art. 7 I DS-GVO hinreichend zu dokumentieren ist, scheint zunächst selbstverständlich. Allerdings müsste eine Einwilligung nicht nur von den unmittelbar Prozessbeteiligten erteilt werden; auch andere Personen, die als Sachverständige oder Zeuginnen bzw. Zeugen auftreten, müssten ihre Einwilligung mit der Verarbeitung der eigenen Daten erklären.[42] Dass eine solche Verarbeitung gegeben

---

37 *Paal* in Paal/Pauly, DS-GVO, Art. 2 DS-GVO Rn. 23.

38 *Paal* in Paal/Pauly, DS-GVO, Art. 2 DS-GVO Rn. 24f.

39 *Herbst* in Kühling/Buchner, DS-GVO/BDSG, Art. 2 DS-GVO Rn. 28. Auch *Schmitt/Resch*, jM 2020, 134, 135.

40 *Pabst* in Schwartmann/Jaspers/Thüsing/Kugelmann, DS-GVO, 2. A. 2020, Art. 2 DS-GVO Rn. 29f.

41 Zu den betreffenden Normen sogleich näher Rn. 70ff.

42 *Schmitt/Resch*, jM 2020, 134, 135.

ist, ist allein aufgrund der Erfassung der Personaldaten der betreffenden Personen nahezu unausweichlich.

Eine Einwilligung ist nach Art. 4 Nr. 11 DS-GVO eine „freiwillige, für den bestimmten Fall, in informierter Weise und unmissverständlich abgegebene Willensbekundung, [...] mit der die betroffene Person zu verstehen gibt, dass sie mit der Verarbeitung der sie betreffenden personenbezogenen Daten einverstanden ist". Dabei bedeutet „in informierter Weise", dass die betroffene Person abschätzen können muss, welche persönlichen Auswirkungen sich aus der Erteilung der Einwilligung ergeben. Weiterhin muss die betroffene Person die Umstände der Datenverarbeitung sowie die Tragweite ihrer Einwilligung erkennen können. Auch muss durch Aufklärung deutlich werden, welche Arten von Daten zu welchem Zweck verarbeitet werden, sowie, wer die verantwortliche datenverarbeitende Stelle ist. Schließlich muss klargestellt werden, an welche Dritten die Daten im Falle der Übermittlung gegebenenfalls weitergegeben werden.[43] 65

Weiterhin sind die Anforderungen an eine wirksame Einwilligung sehr streng. Erwägungsgrund 42 zur DS-GVO führt in Satz 5 aus: „Es sollte nur dann davon ausgegangen werden, dass sie ihre Einwilligung freiwillig gegeben hat, wenn sie eine echte oder freie Wahl hat und somit in der Lage ist, die Einwilligung zu verweigern oder zurückzuziehen, ohne Nachteile zu erleiden." Ob das in der Situation vor Gericht für Parteien, Angeklagte, Zeuginnen/Zeugen oder Sachverständige (für letztere noch am ehesten) sicherzustellen ist, mag bezweifelt werden. 66

Sofern dies nicht vorneherein absehbar ist, würde dann auch der Einsatz einer Foto-App (s. Rn. 5f.) einer gesonderten Einwilligung bedürfen. 67

Der nach Art. 7 III 1 DS-GVO jederzeit mögliche Widerruf einer Einwilligung lässt zwar nach Satz 2 die Rechtmäßigkeit der bis zum Zeitpunkt des Widerrufs vorgenommenen Datenverarbeitungen unberührt, gleichwohl ist eine ordnungsgemäße Fortführung des Prozesses auf Grundlage eines solchen Widerrufs gefährdet. 68

In der Gesamtschau erweist sich die Einwilligung nicht als tauglicher Erlaubnistatbestand für die richterliche Datenverarbeitung. 69

2. Erlaubnisnormen nach DS-GVO

Eine Erlaubnisnorm kann sich aus **Art. 6 I lit. e) DS-GVO** ergeben, wonach eine Verarbeitung als rechtmäßig gilt, wenn die Verarbeitung für die Wahrnehmung einer Aufgabe erforderlich ist, die im öffentlichen Interesse liegt oder in Ausübung öffentlicher Gewalt erfolgt, die dem Verantwortlichen übertragen wurde. Aus Art. 6 III 1 DS-GVO ist herzuleiten, dass der Tatbestand des Art. 6 I lit. e) DS-GVO eine Rechtsgrundlage aus dem EU- bzw. dem nationalen Recht verlangt. Diese kann zunächst aus § 3 BDSG hergeleitet werden, wobei unter den Begriff der öffentlichen Stelle unter Rückgriff auf § 2 I 70

43 Hierzu umfassend *Buchner/Kühling* in Kühling/Buchner, DS-GVO/BDSG, Art. 4 DS-GVO Rn. 59ff.

BDSG auch die Gerichte und ihre Spruchkörper fallen.[44] Daneben kann sich aus **Art. 9 II lit. f) DS-GVO** eine Erlaubnisnorm ergeben, der die Verbreitung besonderer Kategorien personenbezogener Daten betrifft. Gemeint sind nach Art. 9 I DS-GVO Daten, aus denen die rassische und ethnische Herkunft, politische Meinungen, religiöse oder weltanschauliche Überzeugungen oder die Gewerkschaftszugehörigkeit hervorgehen, sowie die Verarbeitung von genetischen Daten, biometrischen Daten zur eindeutigen Identifizierung einer natürlichen Person, Gesundheitsdaten oder Daten zum Sexualleben oder der sexuellen Orientierung einer natürlichen Person. Nach Art. 9 II lit. f) DS-GVO ist die Verarbeitung entgegen dem Verbot nach Absatz 1 erlaubt, wenn die Verarbeitung zur Geltendmachung, Ausübung oder Verteidigung von Rechtsansprüchen oder bei Handlungen der Gerichte im Rahmen ihrer justiziellen Tätigkeit erforderlich ist.

71 Umstritten ist, ob die Befugnis nach Art. 9 II lit. f) DS-GVO im Erst-recht-Schluss auf Verarbeitung „einfacher" Daten erstreckt werden kann. Die besseren Argumente dürften dafürsprechen, dass Art. 9 II lit. f) DS-GVO sowohl die Verarbeitung besonderer Kategorien personenbezogener Daten erfasst als auch die Verarbeitung „einfacher" Daten,[45] wobei die Maßgaben des Art. 6 DS-GVO auch bei der Verarbeitung nach Art. 9 II DS-GVO einzuhalten sind, so etwa die Vorgaben zur Zweckbindung nach Art. 6 IV DS-GVO.[46]

72 In der Folge ist anzunehmen, dass auch ohne spezifische Einwilligung der betroffenen Person die Richterinnen und Richter aufgrund der genannten Erlaubnisnormen berechtigt sind, Datenverarbeitungen durchzuführen. Davon erfasst wäre dann auch – im Grundsatz – das Anfertigen von Fotos auf digitalen Endgeräten, die Fertigung von Audiomitschnitten sowie die Übertragung dieser Daten (Bilddaten wie sonstige Daten) auf dienstliche Endgeräte. Ob dies auch mittels privater Endgeräte erfolgen darf, und welche Regeln bei der Übertragung einzuhalten sind, soll im Weiteren geklärt werden.

III. Rechtmäßigkeitsanforderungen an die Nutzung privater Endgeräte bzw. Nutzung dienstlicher Endgeräte im privaten Raum

73 Die moderne Gerätetechnik bringt es mit sich, dass für die Datenverarbeitung, häufig mangels Verfügbarkeit – geeigneter – dienstlicher Geräte, private Endgeräte eingesetzt werden. So könnten Fotos (s. Rn. 5f.) auch mittels einer dienstlich zur Verfügung gestellten – bevorzugt digitalen – Kamera angefertigt werden, ebenso wie Audiomitschnitte auf entsprechenden Aufzeichnungsgeräten. Auch kann die Datenverarbeitung im privaten Bereich auf dienstlich zur Verfügung gestellten Rechnern, bevorzugt Notebooks, erfolgen.

---

44 *Pabst* in Kugelmann/Römer in Schwartmann/Jaspers/Thüsing/Kugelmann, DS-GVO, 2. A. 2020, § 2 BDSG Rn. 4.

45 So auch *Albrecht/Jotzo* in Albrecht/Jotzo, Das neue Datenschutzrecht der EU, Teil 3 Rn. 58. und *Schmitt/Resch*, jM 2020, 134, 137f.

46 *Weichert* in Kühling/Buchner, DS-GVO BDSG, Art. 9 DS-GVO Rn. 4ff., dort auch zu weiteren Maßgaben nach Art. 6 DS-GVO.

Derartige Kameras dürften jedoch in den seltensten Fällen seitens des Dienstherrn gestellt werden; Notebooks erweisen sich, je nachdem, wie sie konkret ausgestaltet sind, gerade für das Arbeiten nicht am heimischen Arbeitsplatz, sondern beispielsweise auf dienstlichen oder privaten Reisen jedenfalls als wesentlich unpraktischer als etwa der Einsatz von Tablets, insbesondere mit mobilen Tastaturen. 74

Das Land NRW hält für die Nutzung privater Endgeräte in seiner Dienstanweisung[47] relativ knappe Regelungen vor. So wird nach § 7 der Dienstanweisung der Einsatz privater Endgeräte grundsätzlich gestattet. Die Vorgaben für diesen Einsatz muten dann relativ reduziert an. So sollen etwa nur Daten aus laufenden Verfahren verarbeitet werden. Nach Wegfall der Erforderlichkeit einer Speicherung hat die Löschung der Daten zu erfolgen, ohne dass eine Vorgabe hinsichtlich der Methode bzw. der hierfür zu verwendenden Software erfolgt.[48] Bei der Nutzung privater Endgeräte hat ein hinreichender Schutz insbesondere vor Ausspähung der Geräte zu erfolgen. Die Verwendung privater Endgeräte ist der Behörden- bzw. Gerichtsleitung anzuzeigen, getroffene Schutzmaßnahmen sind der Behördenleitung auf Verlangen zu erläutern. Soweit der Einsatz privater Endgeräte zulässig ist, ist auch der Datentransfer zwischen privaten und dienstlichen Endgeräten zulässig. Über die Anforderungen an den Transfer personenbezogener Daten beispielsweise per E-Mail wird keine Aussage etwa bezüglich der Notwendigkeit der Verschlüsselung getroffen.[49] Im Übrigen ist, so sagt § 4 der Dienstanweisung, der Einsatz privater IT-Geräte für die Verarbeitung dienstlicher personenbezogener oder dem Dienstgeheimnis unterfallender Daten nicht zulässig. 75

Dabei erweist sich jedoch als problematisch, dass die betreffende Dienstanweisung aus dem Jahr 2002 stammt. So müssen heute wesentliche Entwicklungen auf dem Gebiet des Datenschutzes, gerade in Bezug auf die Frage des Datentransfers, Berücksichtigung finden. In diesem Kontext kann die betreffende Dienstanweisung auch im Lichte der seit 2002 veränderten Ausstattung mit IT-Geräten auch der Gerichte betrachtet werden. 76

1. Probleme der Datenspeicherung auf mobilen Endgeräten und des Transfers auf Gerichtsserver

Als datenschutzrechtlich problematisch erweist sich die Speicherung von Inhalten mit personenbezogenen Daten auf mobilen Endgeräten und deren Übertragung auf Gerichtsserver. 77

47 http://www.jvv.nrw.de/anzeigeText.jsp?daten=539.

48 Anders etwa die Dienstanweisung „Datenschutz und Datensicherheit beim Einsatz von IT-Geräten im Geschäftsbereich des Ministeriums der Justiz des Landes Brandenburg“ vom 28.10.2009, (JMBl/09, [Nr. 11], S. 146), abrufbar unter https://bravors.brandenburg.de/verwaltungsvorschriften/itjustiz, wo es unter Pkt. 8.1.3 jedenfalls heißt: „Geeignete Programme zum sicheren Löschen von Daten sind auf der Grundlage aktueller Vorgaben des Bundesamts für Sicherheit in der Informationstechnik auszuwählen.“

49 Anders wiederum die Dienstanweisung für die Justiz in Brandenburg, wo nach Pkt. 8.2 bei Übermittlung personenbezogener Daten per E-Mail eine Verschlüsselung vorzunehmen ist.

78 Hier ist der Umstand entscheidend, dass es bei der Speicherung von Daten auf Endgeräten und der Übertragung von Daten, für die Nutzerin oder den Nutzer häufig nicht erkennbar, zu **Datenübermittlungen** ins außereuropäische Ausland, insbesondere in die USA kommt. Dies gilt etwa für die Nutzung von Geräten der Fa. Apple, aber auch bei Nutzung der Dienste von Google.

79 Gemäß Art. 45 DS-GVO kann die Europäische Kommission einen so genannten Angemessenheitsbeschluss erlassen, der bescheinigt, dass das Land, in das Datenübermittlungen stattfinden sollen, ein angemessenes, der DS-GVO vergleichbares Datenschutzniveau bietet, so dass die Datenübermittlung keiner gesonderten Genehmigung bedarf.

80 Gegenstand des Verfahrens C-311/18[50] war die Frage, ob der Angemessenheitsbeschluss der EU-Kommission zum EU-US Datenschutzschild (Privacy-Shield-Beschluss) rechtmäßig ist.[51] Der Europäische Gerichtshof hat klargestellt, dass personenbezogene Daten von EU-Bürgern nur an Drittländer übermittelt werden dürfen, wenn sie in diesem Drittland einen im Wesentlichen gleichwertigen Schutz genießen wie in der EU.[52]

81 Für die USA hat er mit dem Urteil ein solches angemessenes Schutzniveau verneint. Hintergrund ist die begründete Annahme, dass US-Geheimdienste trotz Verschlüsselungen bei den Cloudbetreibern Zugriff auf alle Daten nehmen können, die in US-Clouds gespeichert werden.[53]

82 Für grundsätzlich wirksam erklärt hat der EuGH die so genannten Standardvertragsklauseln, mit denen Standardvertragsklauseln europäische Datenschutzstandards vertraglich zwischen Datenexporteuren im Europäischen Wirtschaftsraum und Datenimporteuren in Drittstaaten vereinbart werden. Zugleich hat der EuGH aber festgestellt, dass der Datenexporteur auch bei Verwendung der für sich wirksamen Standardvertragsklauseln die Rechtslage und -praxis des Drittlands prüfen[54] und ggf. zusätzliche Schutzmaßnahmen ergreifen muss. Gelingt dies nicht, muss von der Übermittlung Abstand genommen werden.

83 In der Konsequenz der EuGH-Rechtsprechung ist anzunehmen, dass Datenspeicherungen und -übertragungen, die unter Nutzung US-amerikanischer Clouddienste erfolgen, zum jetzigen Zeitpunkt bezogen auf den Schutz personenbezogener Daten mehr als problematisch sind. Dies gilt beispielsweise für Textdateien, die personenbezogene Da-

---

50 EuGH (Große Kammer), Urt. v. 16.7.2020 – C-311/18 (Facebook Ireland u. Schrems – Schrems II) NJW 2020, 2613ff.

51 Durchführungsbeschluss (EU) 2016/1250 der Kommission vom 12. Juli 2016 gemäß der Richtlinie 95/46/EG des Europäischen Parlaments und des Rates über die Angemessenheit des vom EU-US-Datenschutzschild gebotenen Schutzes, abrufbar unter https://eur-lex.europa.eu/legal-content/DE/TXT/?uri=uriserv%3AOJ.L_.2016.207.01.0001.01.DEU.

52 EuGH C-311/18, NJW 2020, 2613, Rn. 149.

53 EuGH C-311/18, NJW 2020, 2613, Rn. 104. Vgl auch *Brennel*, wenn Ihre Daten in der Cloud sind, hat sie auch die NSA", abrufbar unter https://futurezone.at/science/wenn-ihre-daten-in-der-cloud-sind-hat-sie-auch-die-nsa/219.100.024.

54 EuGH C-311/18, NJW 2020, 2613, Rn. 105.

ten enthalten, wie etwa Urteilsentwürfe und Voten. Gleichermaßen betroffen sind Fotographien oder Audiomitschnitte als personenbezogene Daten.[55]

Problematisch ist zugleich die Nutzung **cloudbasierter Apps**, wie etwa Google Calendar. Hierzu reicht die Aufnahme von Terminierungsdaten zu einzelnen Verfahren. Spätestens, wenn die Terminierung mit Klarnamen der Prozessbeteiligten erfolgt, liegen personenbezogene Daten vor. Bislang nicht explizit entschieden, in der Literatur und Rechtsprechung nur am Rande angesprochen, ist die Frage, ob es sich schon bei der Speicherung von Gerichtsaktenzeichen um personenbezogene Daten handelt.[56] Geht man davon aus, dass die Prozessbeteiligten über das Gerichtsaktenzeichen, wenn auch durch Heranziehen zusätzlicher Informationen identifizierbar sind, kann vom Vorliegen eines personenbezogenen Datums ausgegangen werden.[57] Keinen Einfluss auf die Eigenschaft als personenbezogenes Datum hat die Publizität des Gerichtsaktenzeichens. So wird in der Rechtsprechung auch das Autokennzeichen als personenbezogenes Datum angesehen.[58] 84

2. Pflicht zur Nutzung dienstlich gestellter Endgeräte und richterliche Unabhängigkeit

In der Folge ist zu überlegen, ob Richterinnen und Richter dann, wenn ihnen **dienstliche Endgeräte** zur Verfügung gestellt werden, zur Nutzung dieser Geräte anstelle privater Endgeräte („Bring Your Own Device – BYOD“) verpflichtet werden können. So könnte durch eine vom Dienstherrn vorgegebene Ausstattung mit zentral administrierter, sicherer Software und die Etablierung von VPN-Clients der Datentransfer zwischen den mobilen Endgeräten und den Gerichtsservern die Gefährdung durch den Zugriff Dritter auf personenbezogene Daten reduziert werden. Auch kann der Dienstherr durch entsprechende Vereinbarungen die Sicherheit des Datenverkehrs mit dem Diensteanbieter sicherstellen. 85

Bezüglich der Ausstattung mit dienstlichen IT-Geräten lässt sich eine Parallele zur Situation von Lehrerinnen und Lehrern ziehen. Im Zuge der Corona-Pandemie ist die Ausstattung der Lehrerinnen und Lehrer mit mobilen Endgeräten etwa in NRW erheblich verbessert worden, um gleichermaßen Homeoffice wie Fernunterricht gewähr- 86

55 *Klar/Kühling* in Kühling/Buchner, DS-GVO BDSG Art. 4 DS-GVO Rn. 35.

56 Die Eigenschaft des Gerichtsaktenzeichens als personenbezogenes Datum offenbar annehmend AG Rockenhausen, Urt. v. 9.8.2016, 2 C 341/16, Rn. 38 = VIA 2016, 87.

57 *Schild* in BeckOK Datenschutzrecht, Art. 4 DS-GVO Rn. 17.

58 OVG NRW, NZV 2018, 225 Rn. 35ff.

leisten zu können. Gemäß § 2 II 1 VO-DV I[59] bedarf die Verarbeitung personenbezogener Daten auf privaten Endgeräten der Genehmigung durch die Schulleitung. Diese Genehmigung darf nach Satz 4 aber nicht erteilt werden, wenn ein persönliches dienstliches digitales Gerät für schulische Zwecke zur Verfügung gestellt wird. Eine bereits erteilte Genehmigung erlischt mit Aushändigung eines solchen Gerätes. Die Muster-Nutzungsbedingungen für dienstliche Endgeräte für Lehrerinnen und Lehrer in NRW verbieten unter Pkt. 4.7 die Ablage und der Austausch von Daten und Dokumenten mit Personenbezug über Cloudspeicherdienste, zu denen seitens des Landes NRW, des Schulträgers oder der Schule kein Vertragsverhältnis besteht. Gleichermaßen untersagt ist die Verwendung entsprechender Dienste aus dem Bereich „Social Media".[60] Die entsprechende Verpflichtung korrespondiert mit den Vorgaben, die sich aus der zuvor beschriebene EuGH-Rechtsprechung ergeben.

87 Eine solche Verpflichtung auf die Nutzung persönlicher dienstlicher, das heißt, der Richterin oder dem Richter zur eigenen Verwendung überlassener Endgeräte könnte auch für Richterinnen und Richter etabliert werden. **Keine Beschränkungen** ergeben sich insoweit aus der verfassungsrechtlich garantierten richterlichen **Unabhängigkeit**. Während die Einführung der elektronischen Gerichtsakte zeitweise als Gefährdung der richterlichen Unabhängigkeit angesehen wurde, steht der BGH auf dem Standpunkt, dass die richterliche Unabhängigkeit durch die Vorgabe bestimmter Hilfsmittel bei der Entscheidungsfindung nicht betroffen sei.[61]

88 Die Problematik, dass wie in dem zugrundeliegenden Verfahren die Zuweisung eines computergestützten Arbeitsplatzes im Gericht, der eine Bearbeitung dieser Eingänge am Bildschirm ermöglicht, die Anwesenheit am Gericht erfordert, stellt sich heute nicht mehr. Im Gegenteil ermöglicht die Zugänglichkeit der Gerichtsserver über Datenverbindungen das Arbeiten der Richterinnen und Richter vom heimischen Arbeitsplatz aus. Allerdings verbleibt es bei der Verantwortlichkeit der Gerichte bzw. Gerichtsleitungen für die Einhaltung datenschutzrechtlicher Bestimmungen. Deswegen haben die Gerichtsleitungen die erforderlichen technischen und organisatorischen Maßnahmen im Sinne des Art. 5 DS-GVO zu treffen. Hinsichtlich der IT-Sicherheit können sich Richterinnen und Richter nicht auf Weisungsfreiheit berufen.[62] Entsprechend dispensiert die richterliche Unabhängigkeit nicht von der Einhaltung von Sicherheitsbestimmungen.[63]

---

59 Verordnung über die zur Verarbeitung zugelassenen Daten von Schülerinnen, Schülern und Eltern (VO-DV I) vom 14.6.2007, geändert durch Verordnung vom 23.3.2022 (GV. NRW. 2022 S. 405).

60 Medienberatung NRW, Muster-Nutzungsbedingungen für dienstliche Endgeräte, abrufbar unter https://www.bezreg-detmold.nrw.de/sites/default/files/documents/2020-10/nutzungsbedingungen-lehrer endgeraete.pdf.

61 Vgl. zum – erfolglosen – Bestreben eines Richters gegenüber dem Dienstherrn nach Vorlage von elektronisch eingereichten Eingaben zum Handelsregister in ausgedruckter Form BGH, CR 2010, 89 Rn. 20 ff.

62 Berlit, jM 2016, 334, 336.

63 *Krüger/Möllers/Vogelsang*, Richterliche Unabhängigkeit und Bring Your Own Device (BYOD) – Weg in die Zukunft oder unvertretbares Sicherheitsrisiko? o. Jahr, https://publications.cispa.saarland/842/1/iris 2017byod.pdf.

Erweist sich damit die Verpflichtung auf die Nutzung dienstlicher mobiler Endgeräte im Hinblick auf Datenschutz und Datensicherheit als die geeignetere Variante, kann eine Verpflichtung auf die Verwendung dieser Geräte sinnvoll und rechtlich zulässig sein. 89

Beim Einsatz privater Endgeräte ohne Kontrollmöglichkeit des Verantwortlichen bezüglich der eingesetzten Software ist insbesondere auf den Einsatz cloudbasierter App-Anwendungen zu verzichten. 90

IV. Haftungsfragen und Sanktionsmöglichkeiten

Zu fragen bleibt weiterhin nach der Haftung der Richterin oder des Richters für Datenschutzverstöße. Im Weiteren ist dann noch kurz auf die Möglichkeit einer Verhängung von Bußgeldern einzugehen. 91

1. Haftung des Richters wegen eines datenschutzrechtlichen Verstoßes

Problematisch für Richterinnen und Richter bleibt ggf. der **Schadenersatzanspruch aus Art. 82 I DS-GVO** wegen **datenschutzrechtlicher Verstöße,** wenn die Norm anwendbar ist und ein datenschutzrechtlicher Verstoß vorliegt. Denn diese Vorschrift gewährt jeder Person, der wegen eines Verstoßes gegen die DS-GVO ein materieller oder immaterieller Schaden entstanden ist, einen Schadenersatzanspruch u.a. gegen „den Verantwortlichen". Ob die konkrete Richterin bzw. der konkrete Richter **„Verantwortliche/r"** i.S.d. Vorschrift ist, ist bereits umstritten: Zum Teil wird hier das richterliche Personal für verantwortlich gehalten,[64] zum Teil die zuständige Präsidentin bzw. der Präsident, entsprechend die Direktorin bzw. der Direktor des jeweiligen Gerichts.[65] Mit Blick auf den Wortlaut des Art. 4 Nr. 7 DS-GVO der den „Verantwortlichen" als „die natürliche oder juristische Person, Behörde, Einrichtung oder andere Stelle, die allein oder gemeinsam mit anderen über die Zwecke und Mittel der Verarbeitung von personenbezogenen Daten entscheidet," definiert, spricht vieles dafür, als „Verantwortliche/n" in der Tat **die konkrete Gerichtsleitung** zu erblicken. Das Argument, dass dies die Richterinnen und Richter (ggf. mit ihren Spruchköpern) nicht sein können, weil sie – obwohl unabhängig – gerade nicht in der Lage sind, ihre Zuständigkeit und damit „über die Zwecke und Mittel" der Datenvereinbarung zu entscheiden, ist sehr überzeugend. Denn diese Entscheidung trifft zwar auch nicht die jeweilige Gerichtsleitung, sondern das Präsidium nach § 21e GVG; dieses hat als gerichtsinternes Gremium aber wohl keine eigene Rechtspersönlichkeit. Allerdings ist die Präsidentin bzw. den Präsidenten kraft Gesetzes Vorsitzende/r des Präsidiums, § 21a II Hs. 1 GVG, und macht in der Regel dem Präsidium konkrete Besetzungsvorschläge. Es erscheint naheliegend, die datenschutzrechtliche 92

64 *Wiebke/Eichfeld*, NJW 2019, 2734 (2736).
65 *Elfring*, NJW 2022, 902, Rn. 25 mwN.

Verantwortungskette daher auf dieses Amt zuzuleiten. Beurteilt man diese Rechtsfrage anders, können auch für Richterinnen und Richter Haftungsrisiken nicht mehr gänzlich ausgeschlossen werden. Allein über die Frage, ob Art. 34 S. 1 GG wegen des grundsätzlichen Anwendungsvorrangs des EU-Rechts des Inhalts des in Art. 82 I DS-GVO normierten Schadenersatzanspruchs im Hinblick auf die Schuldnerinnen bzw. Schuldner dergestalt ändern kann, dass die Beamten/Richter aus der persönlichen Haftung der Gläubigerin oder dem Gläubiger gegenüber ausscheidet und die Haftung insgesamt auf den Staat übergeleitet wird, wird man Bücher schreiben können. Die Verf. neigen hier der Auffassung zu, dass in Bezug auf die den Hoheitsträger betreffende Ausgestaltung eines Staatshaftungsanspruchs[66] keine Unionskompetenz bestehen dürfte. Dann kann Unionsrecht, selbst bei einer Normenkollision, nicht vorrangig anwendbar sein. Letztlich dürfte auch nur ein vordergründiger und kein wirklicher Widerspruch zu Art. 34 GG besteht. Sinn und Zweck des unionsrechtlichen Anspruchs dürfte ein möglichst effektiver Rechtsschutz des Anspruchsinhabers sein. Und dieser wird nur verstärkt, wenn der Staat als Anspruchsgegner einspringt. Somit scheidet ein Anwendungsvorrang auch schon mangels Kollisionslage aus. Verneint man aber die aufgeworfene Frage, haftet die Richterin oder der Richter aus Art. 82 I DS-GVO auf Schadenersatz und könnte insoweit vor den ordentlichen Gerichten von den Betroffenen persönlich in Anspruch genommen werden. Das ist natürlich genau diejenige Situation, die Art. 34 1 GG gerade vermeiden wollte: Seine Spruchrichterin bzw. seinen Spruchrichter sollte man wegen dieser Tätigkeit nun eben nicht vor Gericht ziehen können. Bejaht man die oben gestellte Rechtsfrage (Staatshaftung), dürfte wegen des Spruchrichterprivilegs nach § 839 II BGB für eine **persönliche Haftung** der Richterin oder des Richters wiederum nur wenig übrigbleiben: Auch bei einem vorsätzlichen Verstoß gegen Datenschutzrecht dürfte nach den hohen Hürden der Rechtsprechung des Bundesgerichtshofs ein **Beugen** des Rechts noch nicht vorliegen. Denn der Tatbestand erfasst nicht jede – auch nicht jede unvertretbare – Rechtsverletzung, sondern setzt einen **„elementaren Verstoß gegen Rechtspflege“** voraus.[67] Dass die Richterinnen und Richter allein wegen Art. 20 III GG auch das gesetzliche Datenschutzrecht einhalten müssen, steht außer Frage. Es dürfte aber – jedenfalls nach bisherigem landläufigem Verständnis – mehr Verfahrens- oder Ordnungscharakter haben, als zum elementaren Bereich der Zivil- und Strafrechtspflege gehören. Dies gilt insbesondere, weil die größten Teile der in den Verfahren vorhandenen Daten ohnehin in öffentlicher mündlicher Verhandlung bzw. Hauptverhandlung erörtert werden. Daraus folgt, dass mit einem bloßen datenschutzrechtlichen Verstoß der Tatbestand der Rechtsbeugung nicht erfüllt werden kann. Bei einer Verfahrensverletzung ist außerdem nach der Rechtsprechung des BGH erforderlich, dass durch die Verfahrensverletzung die **konkrete Gefahr einer falschen Entscheidung** begründet wird, ohne dass ein Vor-

66 Zum Staatshaftungsanspruch aus EU-Recht grundlegend EuGH, Urt. v. 19.11.1991, Az. C-6/90 (Francovich).

67 BGHSt 62, 312.

oder Nachteil tatsächlich eingetreten sein muss.[68] Auch dies liegt regelmäßig nicht vor: Der Verwenderin bzw. dem Verwender der App geht es überhaupt nicht um die Herbeiführung einer Falschentscheidung im Sinne einer Rechtsbeugung zu Gunsten oder zu Lasten einer Partei. Im Gegenteil: Die datenschutzrechtliche Frage dürfte mit dem Ergebnis des Rechtsprechungsprozesses zu Gunsten oder zu Lasten einer Partei nichts zu tun haben. Denn wenn die Richterin oder der Richter, etwa durch die Anwendung einer App, datenschutzrechtliche Normen verletzt, wird sie oder er das im Zweifel immer gegenüber allen Parteien bzw. Beteiligten tun. Diese Haftungsprivilegierung gilt nicht für Richterinnen und Richter **außerhalb der spruchrichterlichen Tätigkeit**. Ist eine Richterin oder Richter als „Dezernent/in" oder „Präsidialrichter/in" Mitglied der Gerichtsverwaltung, unterstützt also die Gerichtspräsidentin/den Gerichtspräsidentenin bei der Erledigung ihrer/seiner Verwaltungsgeschäfte, gilt das Spruchrichterprivileg nach § 839 II BGB nicht.

2. Sanktionsmöglichkeiten

Grundsätzlich sieht Art. 83 DS-GVO die Möglichkeit der Verhängung von **Bußgeldern** für Verstöße gegen datenschutzrechtliche Bestimmungen vor. Allerdings gesteht Art. 83 VII DS-GVO den Mitgliedstaaten zu, darüber zu entscheiden, ob und in welchem Umfang gegen Behörden und öffentliche Stellen, die in dem betreffenden Mitgliedstaat niedergelassen sind, Geldbußen verhängt werden können. Von dieser Möglichkeit hat der deutsche Gesetzgeber dahingehend Gebrauch gemacht, dass lediglich im Bereich **fiskalischen Handelns** Geldbußen verhängt werden können. So nimmt § 43 BDSG öffentliche Stellen nach § 2 I BDSG von der Sanktionsmöglichkeit aus; allerdings gelten öffentliche Stellen, die als öffentlich-rechtliche Unternehmen am Wettbewerb teilnehmen, nicht als öffentliche Stellen und unterliegen damit der Anwendbarkeit des Art. 83 DS-GVO.[69] Nach nordrhein-westfälischem Landesrecht können entsprechende Stellen, gemäß § 32 DSG NRW Bußgelder gegen fiskalisch handelnde öffentliche Stellen nach § 5 V Nr. 1–4 DSG NRW verhängt werden. 93

E. Ausblick

Die Verwendung von Apps für die Erledigung von Aufgaben im zivilrichterlichen Dezernat hat gerade erst begonnen. Durch jeden Generationenwechsel im Bereich der Richter-, Staatsanwaltschaft- und Anwaltschaft wird der Ruf derjenigen, die seit Kindesbeinen an die Verwendung von Smartphones für jede vorstellbare Aufgabe gewöhnt sind, nach qualitativ hochwertigen, arbeitserleichternden und effizienzsteigernden Angebo- 94

68 BGHSt 42, 343, 346, 351; *Fischer* StGB § 339 Rn. 23.
69 *Moos/Scherfzig* in Taeger/Gabel, DSGVO – BDSG – TTDSG, Art. 83 DS-GVO Rn. 157.

ten noch einmal deutlich wachsen, auch weil angesichts des stetig steigenden Aktenumfangs und der hohen Belastungslage ein praktisches Bedürfnis für technische Arbeitserleichterungen besteht. Ohne den Bereich der Anwaltschaft ist der Absatzmarkt für solche Apps allerdings schon von der Personenzahl her stark beschränkt: Zum 31.12.2020 gab es in Deutschland 21.942,81 Richterstellen (AKA).[70] Auch wenn die Kopfzahl der Richter insgesamt höher liegen dürfte, ist auch dies noch kein Abnehmerfeld, dass sich als interessantes Investmentfeld für die freie Wirtschaft aufdrängt. Damit die Justiz praktische und von den Anwendern begehrte Angebote schaffen kann, werden einige Investitionen und Entwicklungen von Nöten sein. Vor allem sind aber die Landesjustizverwaltungen (und ggf. auch der Bundes- und die Landesgesetzgeber) gefragt, ein datenschutzrechtliches Bekenntnis abzugeben: Ein noch zu erklärender eindeutiger Verzicht auf das BYOD-Modell mag unkomfortabel und übervorsichtig wirken, würde aber sicherlich für einen leichter zu überwachenden und noch konsequenteren Datenschutz im gerichtlichen Betrieb führen. Das gilt jedenfalls dann, wenn dieser Verzicht stringent umgesetzt und den Richterinnen und Richtern ein Rückgriff auf private Endgeräte verboten wird. Diese Entscheidung würde gleichzeitig auf dem App-Markt als weitere Innovationsbremse wirken: Effiziente Datenverarbeitung völlig ohne personenbezogene Daten lässt nur noch wenige Anwendungsmodelle offen und schränkt daher App-Anwendungsgebiete naturgemäß stark ein. Entwicklerinnen und Entwickler würden abgeschreckt. Von daher wären die Landesjustizverwaltungen gut beraten, Datenverarbeitungsvorgänge auf privaten Endgeräten durch eine tragfähige Grundlage grundsätzlich zu erlauben, aber natürlich auch im Interesse aller Beteiligten von der Einhaltung sachgemäßer Datenschutzstandards abhängig zu machen (Passwort- und Zugangssicherung, Verschlüsselung, Verzicht auf US-Cloud-Systeme, Angebot eigener Cloudlösungen auf Servern in Europa („JustizCloud"), datenschutzrechtliche Unbedenklichkeitsbescheinigung für privat(wirtschaftlich) entwickelte Apps usw.). Nur dann wäre eine Öffnung der Kommunikationssysteme mit einer Anbindung an die Fachverfahren zu realisieren. Entscheiden sich die Landesjustizverwaltungen dagegen, wird man kurz- bis mittelfristig nicht umhinkommen, den „justiziellen Gerätepark" um leistungsfähige Smartphones und praktische Tablets zu erweitern, um aus Gründen der Effizienzsteigerung, Aktualität der Arbeitsumgebung und letztlich auch zur Mitarbeitermotivation hier *up to date* zu bleiben.

70 https://www.bundesjustizamt.de/SharedDocs/Downloads/DE/Justizstatistiken/Richterstatistik_2020.pdf?__blob=publicationFile&v=5.

Ralf Köbler

§ 18 Vom strukturierten Parteivortrag zum smarten Prozess-Tool

Gliederungsübersicht **Rn.**

Literatur: *Biallaß*, Antragstellung mittels Chatbot, NJW-Aktuell, 34/2019, 15; *Effer-Uhe*, Strukturierter Parteivortrag im Zivilprozess, GVRZ 2018, 6; *Effer-Uhe*, Möglichkeiten des elektronischen Zivilprozesses, MDR 2019, 69; *Gaier*, Der moderne liberale Zivilprozess, NJW 2013, 2871; *Gaier*, Strukturiertes Parteivorbringen im Zivilprozess, JurPC Web-Dok. 133/2015 (erstveröffentlicht in: ZRP 2015, 101); *Gaier*, Erweiterte Prozessleitung im gerichtlichen Verfahren, NJW 2020, 177; *Greger*, Der Zivilprozess auf dem Weg in die digitale Sackgasse, NJW 2019, 3429; *Greger*, Richterliche Prozessführung im digitalen Zeitalter, in: Ferrand/Knetsch/Zwickel (Hrsg.), Die Digitalisierung des Zivilrechts und der Ziviljustiz in Deutschland und Frankreich, 2020, 267; *Heil*, IT-Anwendung im Zivilprozess, 2020, 88; *Heil*, Modernisierung des Zivilprozesses, ZIP 2021, 502; *Köbler*, Das Gesetz zur Förderung des elektronischen Rechtsverkehrs mit den Gerichten und die Chancen zu einer ergonomischen Verbesserung der richterlichen Arbeitsmöglichkeiten – und von den Risiken, DVBl 2016, 1506; *Köbler*, eJustice: Zwischen Scheiternsrisiko und methodisch-organisatorischen Chancen – Appell für eine unangenehme Verfahrensrechtsreform, FS Herberger, 2016; *Köbler*, Vortrag in einem Basisdokument, NJW-aktuell 52/2020, 19; *Köbler*, Die kontroverseste Idee: Strukturierter Parteivortrag, AnwBl 2021, 284; *Köbler*, Machen statt reden, NJW-Aktuell 26/2021, 15; *Korves*, Formularzwänge im (digitalisierten) Prozessrecht, GVRZ 2018, 7; *Müller-Teckhof*, Gesetz zur Förderung des elektronischen Rechtsverkehrs mit den Gerichten – Harmonisierung der Formerfordernisse mit Möglichkeiten moderner Kommunikation, MMR 2014, 95; *Römermann*, Vorschlag zum strukturierten Parteivortrag geht an der Realität vorbei, AnwBl 2021, 285; *Roth*, Die Zukunft der Ziviljustiz, ZZP 2016, 3; *Rühl*, Digitale Justiz, oder: Zivilverfahren für das 21. Jahrhundert, JZ 2020, 809; *Schäfer*, Der strukturierte Parteivortrag im elektronischen Rechtsverkehr, in: *Ackermann/Gaier/Wolf*, Gelebtes Prozessrecht, FS Vorwerk, 2019; *Schellhammer*, Die Arbeitsmethode des Zivilrichters, 18. Auflage 2019; *Schnelle/Bender*, Der elektronisch gestützte Zivilprozess – Das „Neue Stuttgarter Modell“, DRiZ 1993, 97; *Schultzky*, Die „kleine“ ZPO-Reform 2020, MDR 2020, 1; *Späth*, Struktur und Strukturierung von Schriftsätzen und Urteilen als Voraussetzung des computerisierten Zivilprozesses, in: Ferrand/Knetsch/Zwickel (Hrsg.), Die Digitalisierung des Zivilrechts und der Ziviljustiz in Deutschland und Frankreich, 2020, 305; *Specht*, Chancen und Risiken einer

Ralf Köbler

https://doi.org/10.1515/9783110755787-018

digitalen Justiz für den Zivilprozess, MMR 2019, 153; *Vorwerk*, Verhandlungen des 70. DJT, Bd. II/1, Sitzungsberichte I 29ff; *Vorwerk*, Strukturiertes Verfahren im Zivilprozess, NJW 2017, 2326; *Weller/Köbler*, Verfahrensgrundsätze und Modellregeln für die grundsätzlich elektronische Führung gerichtlicher Erkenntnisverfahren, 2016; *Zwickel*, Die Strukturierung von Schriftsätzen – Lösungen des französischen und englischen Rechts sowie Ideen zur Umsetzung im deutschen Zivilprozessrecht, MDR 2016, 988; *Zwickel*, Die digitale Strukturierung und inhaltliche Erschließung zivilprozessualer Schriftsätze im Spannungsfeld zwischen Parteiherrschaft und Richtermacht, in: Buschmann/Gläß/Gonska/Philipp/Zimmermann (Hrsg.), Digitalisierung der gerichtlichen Verfahren und das Prozessrecht, 2018, 179; *Zwickel*, Bürgernahe Justiz: Ideen für ein digitales Bagatellverfahren, in: Ferrand/Knetsch/Zwickel (Hrsg.), Die Digitalisierung des Zivilrechts und der Ziviljustiz in Deutschland und Frankreich, 2020, 181; *Zwickel*, Analoge und digitale Strukturierung im zivilgerichtlichen Verfahren, MDR 2021, 716.

A. Einleitung

1 Das geht doch sowieso nicht. Das braucht ja nun wirklich niemand.

2 So oder so ähnlich erging es Carl Benz mit seiner Erfindung der Motorkutsche im Jahr 1885.[1] Bekanntlich hat sich das Gerät durchgesetzt und ist auf dem Sprung ins digital-elektrische Zeitalter. Einem dieser eher allgemeinen Einschätzung vergleichbaren persönlichen Irrtum soll der seinerzeitige Chef eines der weltgrößten IT-Konzerne Anfang der 40er Jahre des letzten Jahrhunderts mit seiner Prognose für den Bedarf an Personal-Computern unterlegen sein. Ihm wird die Äußerung zugeschrieben, es würden weltweit allenfalls fünf Stück gebraucht.[2] Heute dürfen wir getrost von einer vielfachen Millionenzahl ausgehen.

3 Und so ist auch der Vorschlag des strukturierten Parteivortrags in der Gestalt des 2020 veröffentlichten Diskussionspapiers der Arbeitsgruppe „Modernisierung des Zivilprozesses" der Präsidentinnen und Präsidenten des Bundesgerichtshofs, des Bayerischen Obersten Landesgerichts und sämtlicher deutscher Oberlandesgerichte sogleich a limine polemisch als „mediative Selbstfindungsgruppe"[3] abgelehnt worden.

4 Dabei handelt es sich lediglich um den Gedanken, den heutigen unstrukturierten Vortrag im Zivilprozess bereits von Anfang des Verfahrens an mit Hilfe der Informationstechnik so zu ordnen, dass inhaltlich zusammengehöriger Sachvortrag der Parteien übersichtlich nebeneinander zu stehen kommt oder technisch wie auch immer übersichtlich zugeordnet und visualisiert werden kann. Hierzu gibt es unterschiedliche Ideen und Ansätze, die im Folgenden skizziert werden. Ihnen gemeinsam ist der Verzicht auf in ihrer Chronologie nacheinander in die Akten geheftete oder gespeicherte kontradiktorische Schriftsätze der herkömmlichen Form.

1 Quelle: https://de.wikipedia.org/wiki/Carl_Benz.

2 Es handelt sich um eine unbelegte Zuschreibung; vgl. https://de.wikipedia.org/wiki/Thomas_J._Watson.

3 *Römermann*, AnwBl 2021, 285.

Der Einwand, dies sei ein Angriff auf die Möglichkeiten der „anwaltlichen Kunst“, ruft dem Justiz-Juristen Falten auf die Stirn: Viele Schriftsätze sind wenig kunstvoll, sondern „runterdiktiert“ und als Duplik stark redundant. Und: Einen Anspruch auf ungeordneten oder unsachlichen Parteivortrag kennt die deutsche Rechtsordnung nicht.[4] 5

Letztlich: Einen Absolutheitsanspruch kann keiner der bisherigen Ansätze erheben. 6
Es liegt auf der Hand, dass es Fälle gibt, die sich für einen solchen Ansatz nicht eignen. Damit darf aber nicht die gesamte Idee als solche verworfen werden. Es gilt herauszuarbeiten, für welche Fallgestaltungen und mit welcher Systematik strukturierter Parteivortrag zur Effektivierung und Beschleunigung des Zivilprozesses im digitalen Zeitalter dienlich sein kann. Und wieso eigentlich nur im Zivilprozess?

Im Kontext der Überlastung der Gerichte bei gleichzeitig leeren Kassen kritisierten 7
schon die Väter des „Neuen Stuttgarter Modells“ Anfang der 90er Jahre des letzten Jahrhunderts das Verhaftetsein am Altbekannten:

> „Weil wir, wenn wir von Zielen sprechen, dabei die schon bekannten Zielverwirklichungstechniken immer gleich mitdenken, sehen wir Zielkonflikte, wo es sich möglicherweise nur um Konflikte zwischen den uns schon bekannten Zielverwirklichungstechniken handelt. Neue Alternativen, bessere Zielverwirklichungstechniken, an die bisher niemand gedacht hat, die möglicherweise den Konflikt auflösen, die beide Ziele gemeinsam besser als bisher verwirklichen, kommen so gar nicht ins Blickfeld, nach ihnen wird gar nicht erst gesucht.“[5]

B. Ganz kurz zur Methode der Relation

Die Relationsmethode ist unentbehrliches, logisch notwendiges Handwerkszeug des Ju- 8
risten: Ist der Tatsachenstoff des Falles auf den ersten Blick nicht mehr überschaubar – was im Grunde der Regelfall sein dürfte –, so bedarf es der zumindest stichpunktartigen Gegenüberstellung des zueinander gehörigen Vortrags der Streitparteien in einer Tabelle, die in der Praxis an der Chronologie des vorgetragenen Lebenssachverhalts ausgerichtet wird, und den dazu passenden, zugestehenden oder widersprechenden Vortrag der Gegenpartei direkt neben dem Klägervortrag enthält. In der alltäglichen Praxis der Richterin oder des Richters wird die Tabelle regelmäßig eine dritte Spalte zur Bewertung des jeweiligen Vortrags als schlüssig/unschlüssig, bestritten/unbestritten besitzen. Ob man diese Tabelle Relationstabelle oder weniger spektakulär Aktenspiegel

4 *Gaier*, JurPC Web-Dok. 133/2015 (erstveröffentlicht in: ZRP 2015, 101) formuliert scharf: „Es gibt keine ‚Kunst der Anfertigung von Schriftsätzen‘, jeder schreibt nach seinen persönlichen Vorlieben aufs Geratewohl, nicht selten am Thema und regelmäßig am Vortrag des Gegners vorbei.“; ähnlich *Effer-Uhe*, MDR 2019, 69 (71): „Allerdings haben die Parteien auch nicht per se das unantastbare Recht, einen ungeordneten Wust an Tatsachen- und Rechtsvortrag dem Gericht zu unterbreiten.“; *Schellhammer*, Die Arbeitsmethode des Zivilrichters, 2019, 4, Rn. 9 spricht von der „Unordnung im Parteivorbringen“.
5 *Schnelle/Bender*, DRiZ 1993, 97.

oder Aktenauszug[6] nennt, kann dahinstehen. Im englischen Rechtsleben ist die Nutzung einer solchen Tabelle durch die Parteien unter der Bezeichnung „Scott Schedule" verbreitet.[7]

9 Die Erstellung der Relationstabelle ist heutzutage bei papiernen Akten, die alleine dem Prinzip der Chronologie folgen, mühsame Aktenarbeit des Gerichts.[8] Allen Juristinnen und Juristen ist aus der Referendarzeit die Methode bekannt, ein DIN A 4-Blatt quer in der Mitte zu knicken, um links den als erheblich qualifizierten Klägervortrag, rechts den dazu gehörigen Beklagtenvortrag darzustellen. Bei bis zu 1000-seitigen Zivilakten findet diese heute noch geübte Vorgehensweise eine praktische Grenze. IT-gestützter strukturierter Vortrag bietet mithin die Perspektiven einer enormen Entlastung der Gerichte[9] und der Vermeidung von Fehlern und Missverständnissen.[10] Angesichts der Überlastung der Gerichte und zur Umsetzung einer digital gestützten Reform, die diese Bezeichnung wert ist, sollte die Aufgabe der Erstellung der Relationstabelle in die Sphäre der Parteien vorverlagert werden. Dabei wäre es in Zeiten der Digitalisierung geboten, auch den Sachvortrag in Form strukturierter Daten statt Fließtext darzustellen, sodass Kernelemente (Parteibezeichnungen, Beweisangebote, Zeugennamen etc.) direkt in eine entsprechend strukturierte elektronische Akte und in die Entscheidungen übernommen werden können. Letztlich wäre eine solche Methodik nicht nur für die Gerichte entlastend: Auch dem vortragenden Anwalt auf Kläger- wie auch auf Beklagtenseite, würde eine strikte strukturelle Orientierung helfen, sich auf den als entscheidungserheblich identifizierten Tatsachenvortrag zu konzentrieren und zu vermeiden subsumtionserheblichen Stoff auszulassen und damit unschlüssig vorzutragen.

C. Die bisherigen Vorschläge zu strukturiertem Parteivortrag

I. Das „Neue Stuttgarter Modell"

10 Das „Neue Stuttgarter Modell" eines elektronisch gestützten Zivilprozesses geht von der Mühe aus, die Richterin oder Richter aufzuwenden haben, um den anwaltlichen Sachvortrag zu ordnen und zu strukturieren und Streitiges und Unstreitiges und die Probleme des Falles herauszuarbeiten – und dies in der Berufungsinstanz aufs Neue, weil die Vorarbeiten der ersten Instanz nicht weitergegeben werden und keine auch instanzen-

6 So *Schellhammer*, Die Arbeitsmethode des Zivilrichters, 41, Rn. 95.

7 Vgl. die Scott-Schedule-Note des britischen Justizministeriums unter https://www.justice.gov.uk/courts/procedure-rules/civil/standard-directions/general/scott-schedule-note.

8 Plakativ formuliert *Specht*, MMR 2019, 153 (154): „Begreift man die Rechtsprechung als eine knappe und dem Allgemeinwohl dienende Ressource, so erscheint dieser zeitliche Aufwand unangemessen.".

9 So auch *Effer-Uhe*, GVRZ 2018, 6, Rn. 6.

10 So *Greger*, NJW 2019, 3429 (3430).

übergreifend durchgängigen Geschäftsprozesse im gerichtlichen Verfahren existieren.[11] Noch schlimmer sei dies im Strafverfahren,

> „wenn dieselbe Arbeit von der Kriminalpolizei, der Staatsanwaltschaft, der ersten Instanz und der zweiten Instanz jeweils wiederholt wird."[12]

Leider ist dies weitgehend noch heute so.[13] 11

Der Vorschlag des „Neuen Stuttgarter Modells" geht von der Relationstechnik aus: 12
Ein bereits 1993 in Baden-Württemberg zur Verfügung stehendes Programm[14] ermöglichte der Richterin oder dem Richter die eigenhändige Erstellung eines klassischen Aktenspiegels (= der Relationstabelle) am Computer. Die Aufgabe der Einfügung des Sachvortrags der Parteien sollte zur Arbeitserleichterung, allerdings von einem damals noch nicht existierenden System, dem Computer zugewiesen werden, der den von den Parteien auf einem Datenträger eingereichten Sachvortrag automatisiert der zutreffenden Stelle im Aktenspiegel zuordnen sollte.[15] Dies sollte nach dem Vorschlag mit Hilfe von „Signalzeichen" im Sinne von Ordnungsmerkmalen wie einer Randziffer zur Zuweisung von Sachvortrag zu bestimmten, damit markierten Streitpunkten geschehen.

Der Vorschlag trägt mangels der Möglichkeit des gemeinsamen Arbeitens der Ver- 13
fahrensbeteiligten auf einem einzigen, über das Internet erreichbaren (Cloud-) Speichersystem den schwierig umsetzenden Gedanken der automatisierten Zusammenführung getrennter Dateiinhalte in sich.

Das „Neue Stuttgarter Modell" ging über die Frage der Erstellung der Relationstabel- 14
le weit hinaus, indem „Pfadsysteme" im Sinne von Prüfschemata für einzelne, vor allem schuldrechtliche Fallkonstellationen entwickelt wurden.[16] Dieser Gedanke lässt sich unter den heutigen technischen Möglichkeiten für die Entwicklung moderner Eingabemasken für konkrete Fallkonstellationen fruchtbar machen (dazu noch unten Kapitel 4).

II. Der normorientierte Ansatz

Der in dieser Form erstmals von *Vorwerk* auf dem 70. Deutschen Juristentag (DJT) 2014[17] 15
neben vielfältigen Ansätzen zur Effektivierung des Zivilprozesses erläuterte Gedanke ist eine erklärte Abkehr von dem römischen Zivilprozessprinzip des „da mihi facta, dabo ti-

---

11 *Schnelle/Bender*, DRiZ 1993, 97 (99).

12 *Schnelle/Bender*, DRiZ 1993, 97 (99).

13 Nach aktuellem Stand werden in der landgerichtlichen Praxis vielfach gerade umfangreiche Strafakten zu pdf-Dateien gescannt, so dass wenigstens der Suchlauf als Unterstützungswerkzeug genutzt werden kann – eine sinnvolle elektronische Akte ist dies nicht; so auch *Köbler*, DVBl. 2016, 1506 (1509).

14 So *Schnelle/Bender*, DRiZ 1993, 97 (103).

15 *Schnelle/Bender*, DRiZ 1993, 97 (103).

16 Ausführlich *Schnelle/Bender*, DRiZ 1993, 97 (105ff.).

17 Referat von *Vorwerk*, Verhandlungen des 70. DJT, Bd. II/1, Sitzungsberichte I 29ff.

bi ius“[18] auf der Grundlage einer von *Vorwerk* so bezeichneten „vertieften Prozessleitung“. Eine moderne, an Hinweis- und Aufklärungspflichten des Gerichts orientierte Prozessleitung erfordere die Konzentration auf die rechtlichen Anforderungen der vom Kläger gewählten **Anspruchsnorm** und die ggf. erforderliche richterliche Wegweisung. Es seien mithin für eine Abschichtung des Prozessstoffes zunächst die anspruchsausfüllenden Tatsachen zu erkennen, und es sei schlüssiger Vortrag zur Kausalität etwa eines Schadens und zu seiner Höhe erforderlich. *Vorwerk* verlangt daher, über **verbindliche Regelungen**[19]

> „sicherzustellen, daß die Parteien ihren Vortrag in genau dieser Reihenfolge strukturieren. ... Was nicht in dieser Struktur zusammengeführt wird, ist unbeachtlich.“[20]

16 Zu den verbindlichen Regelungen gehört für *Vorwerk* die Vorgabe, dass sich der Vortrag inhaltlich elektronisch erschließen lassen muss.[21] Wie dies zu geschehen hat, wird nicht ausgeführt.

17 Unter dem Eindruck des Mitte 2013 beschlossenen Gesetzes zur Förderung des elektronischen Rechtsverkehrs[22] und dem Ergebnis des 70. DJT[23] bringt der damalige Richter des BVerfG *Gaier* den wichtigen und m.E. richtigen Gedanken zum Ausdruck, dass die Reduzierung moderner elektronisch gestützter Geschäftsabläufe in den Gerichten auf den elektronischen Rechtsverkehr wichtige Potenziale für die richterliche Arbeit ungenutzt lässt.[24]

18 *Gaier* knüpft für seinen Vorschlag zum strukturierten Parteivortrag am zivilprozessualen **Beibringungsgrundsatz** an, wobei es Aufgabe des Gerichtes bleibe, den

> „unkoordinierten, nicht selten unnötig ausufernden und redundanten Parteivortrag aus den gewechselten Schriftsätzen abzugleichen und auf Bestreiten sowie zugehörige Beweisangebote zu untersuchen. Die Anwendung dieser Relationstechnik ist ein oftmals mühevolles und zeitraubendes Unterfangen. Allein die Übermittlung des Parteivortrags auf elektronischem Weg und die angestrebte Verfügbarkeit in Form einer elektronischen Akte erleichtern diese Arbeit noch nicht spürbar.“[25]

19 *Gaier* schlägt konkret vor, es den Parteien zur Pflicht zu machen, ihren Sachvortrag an der gewählten Anspruchsgrundlage auszurichten:

---

18 Gib mir die Tatsachen, ich gebe dir das Recht.

19 Die Forderung nach verbindlichen Vorgaben fand eine knappe Mehrheit, *Vorwerk*, Verhandlungen des 70. DJT, Bd. II/1, Beschlüsse I 53, III. 13.

20 *Vorwerk*, Verhandlungen des 70. DJT, Bd. II/1, Sitzungsberichte I 33.

21 *Vorwerk*, Verhandlungen des 70. DJT, Bd. II/1, Sitzungsberichte I 47.

22 *Gaier*, NJW 2013, 2871.

23 *Gaier*, JurPC Web-Dok. 133/2015.

24 *Gaier*, NJW 2013, 2874; *ders.*, JurPC Web-Dok. 133/2015 Rn. 15 spricht von „Verschwendung richterlicher Arbeitskraft“.

25 *Gaier*, NJW 2013, 2874.

„Dabei ermöglicht es ein folgerichtiges Weiterdenken des Beibringungsgrundsatzes, den – anwaltlich vertretenen – Parteien zur Pflicht zu machen, ihr Vorbringen dergestalt zu koordinieren, dass der Kläger mit dem ersten Zug orientiert an der geltend gemachten Anspruchsgrundlage die diese begründenden einzelnen Tatsachenbehauptungen nebst Beweisangeboten vorträgt und der Beklagte im zweiten Zug an die damit vorgegebene Struktur anknüpfen und punktgenau zu den einzelnen Behauptungen erwidern sowie Gegenbeweis anbieten muss.“[26]

Kern des normorientierten Ansatzes ist es mithin, dass der Kläger eine Norm auswählt, 20
die den geltend gemachten Anspruch begründen kann, und die zur Erfüllung der Tatbestandsmerkmale dieser Norm erforderlichen Tatsachen samt Beweisangeboten vorträgt. Der Beklagte hat mit seinem Vortrag an diese vorgegebene, ggf. die auf Hinweise des Gerichtes noch zu verändernde Struktur anzuknüpfen.[27] Erst diese Methodik eröffnet für *Gaier* die „Perspektiven eines IT-gestützten Zivilprozesses“.[28]

III. Der ermessensgeleitete Ansatz

2017 legte *Vorwerk* einen vollständig ausformulierten Gesetzentwurf für ein so bezeich- 21
netes „strukturiertes Verfahren“ vor der Zivilkammer nach § 348 I ZPO, mithin: auch in Einzelrichtersachen, vor.[29] Dabei geht *Vorwerk* wiederum von der von ihm so genannten „vertieften Prozessleitung“ aus: Im **„strukturierten Verfahren“** soll ausschließlich nach den Anordnungen des Gerichts vorgetragen werden. Als Legalbeispiele für solche Anordnungen sieht der Entwurf in § 608 II ZPO-E vor:

„Das Gericht kann insbesondere anordnen,
a) dass die Parteien die Anspruchsgrundlagen oder Einredevoraussetzungen, auf die sie sich stützen wollen, konkret nennen und den Vortrag auf diese Voraussetzungen ausrichten;
b) dass der Gegner entsprechend der vorgegebenen Struktur (Abs. 2a) zu erwidern hat;
c) Vortrag zunächst nur zu bestimmten Anspruchsgrundlagen, zu an Tatbestandsvoraussetzungen dieser Anspruchsgrundlagen oder zu den Anspruch vernichtenden oder dessen Durchsetzung hemmenden Einwendungen oder zu Rechtsfragen zu halten;
d) Tatsachenvortrag oder Rechtsausführungen nur unter hervorgehobener, gegebenenfalls maschinenlesbarer Angabe von vom Gericht zu bestimmenden Gliederungspunkten oder Stichworten zu halten;
e) neuen Tatsachenvortrag oder bisher nicht erörterte Rechtsfragen nur unter hervorgehobener, gegebenenfalls maschinenlesbarer Angabe „Neuer Tatsachenvortrag“ und „Neue rechtliche Erwägungen“ auszuführen.“[30]

---

26 *Gaier*, NJW 2013, 2874.

27 Auf die – allgemeine – Hinweispflicht des Gerichtes weist auch *Roth*, ZZP 2016, 3 (21) im Kontext der Strukturierung hin.

28 Ausführlich zum normorientierten Ansatz *Gaier*, JurPC Web-Dok. 133/2015 (erstveröffentlicht in: ZRP 2015, 101), wie die Perspektiven eines IT-gestützten Zivilprozesses konkreter aussehen könnten, lässt *Gaier* (als Jurist) offen.

29 *Vorwerk*, NJW 2017, 2326.

30 *Vorwerk* NJW 2017, 2328.

22 Welche Anordnungen konkret getroffen werden, wird in das Ermessen des Gerichts gestellt, das gleichfalls nach seinem Ermessen in jedem Stadium des Verfahrens einen Erörterungstermin zu den Vorgaben zur Abschichtung des Prozessstoffs und des im Rahmen der Anordnungen beabsichtigten Vorgehens anberaumen können soll. Für den Vortrag selbst hat das Gericht eine Frist zu setzen, deren Ablauf ein Novenverbot und eine Präklusionswirkung auslösen soll.

23 Auch die Anordnung des „strukturierten Verfahrens“ selbst wird in das Ermessen der Zivilkammer gestellt. Eine in jedem Verfahrensstadium mögliche und im Prinzip unanfechtbare Anordnung „soll“ nach § 606 II ZPO-E ergehen,

- wenn die Parteien dies übereinstimmend beantragen,
- wenn der originär zuständige Einzelrichter die Sache wegen besonderer Schwierigkeiten tatsächlicher oder rechtlicher Art auf die Kammer übertragen hat,
- wenn ein einer Proberichterin oder einem Proberichter im ersten Jahr zugewiesenes Verfahren besondere Schwierigkeiten tatsächlicher oder rechtlicher Art aufweist,
- wenn ein grundsätzlich als Spezialmaterie nach § 348 Abs. 1 S. 2 ZPO der Kammer zugewiesenes Verfahren in den Bereichen der Bank- und Finanzgeschäfte, der Bau- und Architektenverträge oder der Heilbehandlungen besondere Schwierigkeiten tatsächlicher oder rechtlicher Art aufweist
- oder ein Rechtsstreit im Hinblick auf den Anspruch auf eine Entscheidung in angemessener Zeit besonderer Beschleunigung bedarf.

24 Der Regelungsvorschlag äußert sich nicht zur IT-Tauglichkeit und der Form der Einreichung, sondern verharrt in Methodik und Verfahrensweise. Da die Anordnung des „strukturierten Verfahrens“ nicht nur in jedem Stadium des Verfahrens bis hin zur Berufungsinstanz möglich sein soll, mithin frühestens nach Anhängigkeit durch Einreichung der Klageschrift, hätte das strukturierte Verfahren bei normativer Realisierung einen Geburtsfehler, der eine dieser Verfahrensart zugeneigte Ermessensausübung in der Praxis hindern dürfte: Mindestens die Klageschrift, ggf. aber bereits sehr viel mehr Schriftsätze der Parteien wären zum Zeitpunkt der Anordnung bereits ausgearbeitet – die gewiss in vielen Fällen der gerichtlichen Praxis sinnvolle Anordnung eines geordneten und gegliederten Vortrages würde nicht unerhebliche Doppel- und Mehrarbeit bedeuten, die von der Anwaltschaft jedenfalls in komplexeren Fällen kaum goutiert werden würde. Das „strukturierte Verfahren“ wäre nur dann eine akzeptanzverheißende prozessuale Vorgehensweise, wenn seine Nutzung **von Beginn des Verfahrens** an vorgesehen wäre.

IV. Der IT-affine Ansatz

25 *Zwickel* wagt als Erster, die Frage nach den technischen Realisierungsmöglichkeiten für strukturierte Schriftsätze an den Anfang der Überlegungen zu stellen:

„Ein Fortschritt der prozessualen Technik ist nur möglich, wenn Klarheit über die (mögliche) Technik im Zivilprozess besteht, denn diese kann die prozessuale Technik verändern."[31]

Damit wird der puristische Ansatz rechtswissenschaftlicher Methodik zugunsten einer realitäts- und zeitgerechten Praktikabilität verlassen. 26

Zwickel differenziert zunächst zwischen **vertikaler und horizontaler Strukturierung.**[32] Unter vertikaler Strukturierung versteht er zum einen die Auslagerung der Sachaufklärung in die Sphäre der Parteien, die jedem weiterführenden und effektivierenden Strukturierungsansatz innewohnen sollte: 27

„Dem entscheidungszuständigen Richter würde dann ein nahezu feststehender gemeinsamer Sachverhalt unterbreitet."[33]

Daneben zählt für *Zwickel* die Abschichtung des Tatsachenstoffs nach Sachverhaltskomplexen zur vertikalen Struktur ebenso wie der Gedanke eines vorgeschalteten Online-Schlichtungsverfahrens. 28

Zur horizontalen Strukturierung gehören für *Zwickel* zunächst Aufbauregeln für Schriftsätze, zu denen vor allem die Trennung von Tatsachen- und Rechtsausführungen gehören. Daneben weist *Zwickel* auf die Möglichkeit von Schriftsatzbeschränkungen hin, wie sie sich etwa im englischen Recht mit der Beschränkung auf 25 Seiten und auf den Wechsel außergerichtlicher Parteidokumente, die so genannten Pre-action Protocols der Parteien, sowie die auf Claim Forms einzureichende Klageschrift, Replik und Duplik finden.[34] Auch im französischen Zivilprozessrecht finden sich Strukturvorgaben für Schriftsätze.[35] 29

Entscheidend ist der Vorschlag, Schriftsätze über elektronische Eingabeformulare[36] abzubilden, die nicht bei den Stammdaten der Verfahren verharren sollen. Vielmehr schlägt *Zwickel* vor, auch die inhaltliche Darstellung des Verfahrensstoffs über vorformulierte Strukturformulare abzubilden, die nach und nach den Sachverhalt abfragen und den tatsächlichen Vortrag aufnehmen. Dabei werden die Nutzung eines gemein- 30

31 *Zwickel* in: Buschmann/Gläß/Gonska/Philipp/Zimmermann (Hrsg.), Digitalisierung der gerichtlichen Verfahren und das Prozessrecht, 2018, 179 (180); demgegenüber ist *Greger*, NJW 2019, 3429 (3432) umgekehrt der Auffassung, das „Verfahrensrecht, nicht die Technologie ist dazu berufen, den Zivilprozess der Zukunft zu gestalten."; ebenso vertritt *Effer-Uhe*, MDR 2019, 69 die klassische Auffassung, dass die Optimierung der Abläufe einer Programmierung voranzugehen habe.

32 Siehe auch die griffige Definition bei *Zwickel* MDR 2021, 716.

33 *Zwickel* (Fn. 31), 186.

34 *Zwickel* (Fn. 31), 188; vertiefend *ders.*, MDR 2016, 988; *Effer-Uhe*, GVRZ 2018, 6, Rn. 8 weist darauf hin, dass der Strukturierungsgedanke schon im römischen Recht zu finden ist.

35 *Zwickel* (Fn. 31), 193.

36 *Korves*, GVRZ 2018, 7, Rn. 8 definiert Formulare zeitgemäß als „standardisierte Gestaltungsvorgaben für nicht mündliche Erklärungen".

samen Verfahrensdokuments der Parteien sowie eine Automatisierungsunterstützung für die Inhaltserschließung durch das Gericht vorgeschlagen.[37]

V. Der prozessleitende Ansatz des Gesetzes

31 Im Jahr 2019 schließlich äußerte sich der Gesetzgeber zum Thema des strukturierten Parteivortrags und fügte in die Vorschrift des § 139 ZPO zur materiellen Prozessleitung einen neuen Satz 3 in Absatz 1 ein. Er lautet wie folgt:

> „Das Gericht kann durch Maßnahmen der Prozessleitung das Verfahren strukturieren und den Streitstoff abschichten."[38]

32 Dabei wurde bereits in der Gesetzesbegründung[39] ausgeführt, dass es sich insoweit lediglich um eine Klarstellung handelt – selbstverständlich konnte das Gericht auch nach der zuvorigen Rechtslage strukturierende und abschichtende Prozessleitungsverfügungen treffen. Es sollte nach der Gesetzesbegründung

> „ein zusätzlicher Anreiz gesetzt werden, von den Möglichkeiten der Strukturierung und Abschichtung noch stärker als bislang Gebrauch zu machen, insbesondere auch einzelne Sachverhaltskomplexe abzuschichten."[40]

33 Die Differenzierung des Gesetzeswortlauts deutet bereits an, dass mit Abschichtung die Untergliederung des Tatsachenstoffs in Abschnitte oder auch Einzelsegmente gemeint ist, wie dies aus den sog. „Punktesachen" etwa im Baumängelprozess wohlbekannt ist. Unter Strukturierung dürfte die innere Verpflichtung des Sachvortrags auf eine logische Anknüpfung an die gesetzlichen Merkmale der Anspruchsnorm zu verstehen sein.[41]

34 Nun ist der Gesetzestext der pflichtbewussten Richterin und dem pflichtbewussten Richter gewiss steter Anreiz, Verfahren normgerecht zu führen. Indessen dürfte von der Formulierung kaum eine bewusstseinsbildende Wirkung für die Richterschaft aus-

37 *Zwickel* (Fn. 31), 189ff.; ebenso *Späth*, Struktur und Strukturierung von Schriftsätzen und Urteilen als Voraussetzung des computerisierten Zivilprozesses, in: Ferrand/Knetsch/Zwickel (Hrsg.), Die Digitalisierung des Zivilrechts und der Ziviljustiz in Deutschland und Frankreich, 2020, 305 (308); siehe auch *Effer-Uhe*, GVRZ 2018, 6, Rn. 11f., der aber nicht von einem den Parteien gemeinsamen Eingabeformular ausgeht, sondern von der Produktion des Aktenspiegels „auf Knopfdruck".

38 Gesetz zur Regelung der Wertgrenze für die Nichtzulassungsbeschwerde in Zivilsachen, zum Ausbau der Spezialisierung bei den Gerichten sowie zur Änderung weiterer prozessrechtlicher Vorschriften vom 12.12.2019, BGBl. I 2633, Art. 2.

39 Die Gesetzesbegründung siehe in BT-Drs. 19/13828, 18.

40 Gesetzesbegründung BT-Drs. 19/13828, 18; Dazu auch *Zwickel* MDR 2021, 716.

41 So jedenfalls *Gaier* NJW 2020, 177 (178); *Schultzky*, MDR 2020, 1 (3) weist zutreffend darauf hin, dass mit Strukturierungs- oder Abschichtungsanordnungen des Gerichtes keine Präklusionswirkungen verbunden sind.

gehen, so dass die Vorschrift kaum Wirkung haben dürfte.[42] Es drängt sich die unbelegte Vermutung auf, dass mit dieser Einfügung eine langjährige ungeliebte Diskussion mit einem Wort des Gesetzgebers beendet werden sollte. Dies ist nicht der Fall, wie im Nachfolgenden zu zeigen sein wird.

VI. Der Vorschlag des gemeinsamen Basisdokuments

Die Arbeitsgruppe „Modernisierung des Zivilprozesses" der Präsidentinnen und Präsi- 35
denten des Bundesgerichtshofs, des Bayerischen Obersten Landesgerichts und sämtlicher deutscher Oberlandesgerichte stellt in ihrem Ende 2020 veröffentlichten Diskussionspapier[43] einen neuen Vorschlag vor, der sich dezidiert in den Kontext elektronischer Aktenführung einfügt.

Kern des Vorschlags ist die Idee, justizseitig die elektronische Vorlage eines von den 36
Parteien und dem Gericht gemeinsam bearbeitbaren **Basisdokuments** bereitzustellen,[44] das nach den Vorstellungen der Arbeitsgruppe für den Anwaltsprozess verpflichtend zu nutzen sein soll, und dies **von Beginn des Verfahrens an** mit der Einreichung der Klageschrift. Das Basisdokument soll die Gestalt einer Relationstabelle haben und verwirklicht damit den prozessual durchaus revolutionären Gedanken einer Vorverlagerung der Erstellung der Relationstabelle in die Sphäre der Parteien.[45]

Zugleich löst sich der Vorschlag von der Vorstellung der Orientierung an gesetz- 37
lichen Anspruchsmerkmalen zugunsten einer ausschließlichen **Orientierung an dem zugrundeliegenden Lebenssachverhalt**, der chronologisch in sinnvollen, nummerierten Abschnitten vorzutragen sei.[46] Die Abschnitte sollen sich dabei geradezu zwanglos durch die jeweils erforderlichen Beweisangebote oder aber durch eine sachlich sinnvolle Abtrennung vom vorherigen Abschnitt ergeben.[47] Dem chronologischen Lebenssach-

---

42 Demgegenüber sieht *Gaier* NJW 2020, 177, in der Vorschrift sehr positiv die Chance, im Wege der Prozessleitung strukturierten Vortrag mittelfristig im Zivilprozess zu etablieren und damit „die Voraussetzung für einen effizienten IT-Einsatz im Verfahrensrecht zu schaffen.".

43 Verfügbar über die Homepage des federführenden OLG Nürnberg: https://www.justiz.bayern.de/media/images/behoerden-und-gerichte/oberlandesgerichte/nuernberg/diskussionspapier_ag_modernisierung.pdf.

44 Soweit ersichtlich spricht als erster *Greger*, NJW 2019, 3429 (3431) ausdrücklich vom Basisdokument. Ausführlich dazu *ders.*, Richterliche Prozessführung im digitalen Zeitalter, in: Ferrand/Knetsch/Zwickel (Hrsg.), Die Digitalisierung des Zivilrechts und der Ziviljustiz in Deutschland und Frankreich, 2020, 267 (283ff.); *Heil*, IT-Anwendung im Zivilprozess, 2020, 88 spricht von der „elektronischen Verfahrensdatei".

45 Vgl. *Köbler*, AnwBl 2021, 284: „Der Zivilprozess radikal neu gedacht.".

46 Zutreffend weist *Heil*, ZIP 2021, 502 (505) darauf hin, dass der Sachverhalt von den Parteien durchaus unterschiedlich gesehen und dargestellt werden kann, so dass er die Gefahr einer Benachteiligung des an die vom Kläger gewählte Chronologie für den daran gebundenen Beklagten sieht.

47 Ähnlich schon der Vorschlag eines „Baukastensystems" von *Effer-Uhe*, GVRZ 2018, 6, Rn. 18; ebenso *ders.*, MDR 2019, 69.

verhalt sollen das Rubrum, die Anträge und ggf. ein erläuternder Eingangssatz zum Grundverständnis des Rechtsstreits vorangestellt werden.

38 Neben dem Basisdokument soll es Schriftsätze lediglich noch für Verfahrensfragen wie Fristverlängerung oder Terminverlegungsanträge geben dürfen. Ähnlich wie im Vorschlag *Vorwerks* soll das Gericht zur Schaffung einer sinnvollen Strukturierung einen „Strukturierungstermin" bestimmen können. Rechtsausführungen, die in den bisherigen Vorschlägen keine Rolle spielen, sollen getrennt von den Tatsachen als Freitext im Anschluss an den Tatsachenvortrag dargestellt werden dürfen.

39 Grundlegend neu und bestechend ist der Vorschlag der Arbeitsgruppe, dass auf Klage und Klageerwiderung erfolgender **weiterer Sachvortrag** der Parteien **nur an der sachlich-chronologisch** richtigen Stelle des bisherigen Vortrags eingetragen werden darf.[48] Dies selbstverständlich bei lückenloser elektronischer Nachvollziehbarkeit. So entstünde erstmals ein ganzheitlicher, in Abfolge und Chronologie vollständiger und nicht über eine Vielzahl von Dokumenten verteilter unüberschaubarer Vortrag – eine wichtige Idee zur Schaffung eines durchgängigen und einheitlichen Sachvortrags und zur Vermeidung des in der Praxis allzu häufig anzutreffenden zeitraubenden redundanten Vortrags.

40 Der Sachvortrag im Basisdokument soll nach der Vorstellung der Arbeitsgruppe prozessuale Verbindlichkeit erlangen, entweder durch übereinstimmende Verbindlicherklärung der Parteien, etwa nach einem Strukturierungstermin, oder aber wie bisher nach Schluss der letzten mündlichen Verhandlung. Völlig neu ist der daran anknüpfende Vorschlag, dass der Sachvortrag des Basisdokuments, abgesehen von einem zur Verständlichkeit des Falles ggf. sinnvollen einführenden Satz, den **Tatbestand** des Urteils ersetzen soll.

41 Der Vorschlag der Arbeitsgruppe ist der bedeutendste Vorschlag zum strukturierten Parteivortrag, der unter dem Eindruck moderner Cloud-Technologie – deren Einsatz letztlich gar nicht zwingend sein dürfte – von dem Gedanken eines Kläger, Beklagtem und Gericht **gemeinsam** zur digitalen Bearbeitung zur Verfügung stehenden aktenartigen Dokuments ausgeht und damit zugleich den Parteien mehr Verantwortung für präzisen und aufeinander abgestimmten Sachvortrag übertragen will. Damit wird die bisherige Gedankenwelt einer die hergebrachte chronologisch geführte Papierakte ablösenden, trotz mit vielfältiger Unterstützungstools gleichwohl mit Einzeldokumenten operierenden elektronischen Akte gesprengt.[49] An der Univer-

48 Ebenso der Ansatz von *Heil*, IT-Anwendung im Zivilprozess, 91 mit sehr anschaulichen Masken eines fiktiven Systems; *Köbler*, NJW-aktuell 52/2020, 19 bezeichnet auch dies als „verfahrensrechtliche Revolution".

49 Bereits 2016 hatten *Weller und Verf.* vorgeschlagen, statt einer E-Akte einen gerichtlichen Datenraum zu schaffen, dem ein spiegelgleicher anwaltlicher Datenraum korrespondieren sollte. Der Vorschlag war dem Gedanken geschuldet, dass die IT-Netze der Justiz höchsten Schutzbedarf haben und keinen externen Zugriff erlauben. Darüber hinaus war der Vorschlag der Versuch, Grundregeln für ein genuines Prozessrecht für elektronisch geführte Verfahren zu schaffen, um den vom Gesetzgeber bislang verfolgten

sität Regensburg läuft derzeit ein erstes Projekt, das Basisdokument technisch darzustellen.[50]

42 Die Justizpolitik hat dem Gedanken an eine kurzfristige Arbeit an einem Basisdokument bereits eine inzidente Absage erteilt: Der Beschluss der 92. Justizministerkonferenz vom 11./12.11.2021 zum „Zivilprozess der Zukunft"[51] schlägt die Prüfung einiger Vorschläge der Arbeitsgruppe „Modernisierung des Zivilprozesses" vor – das „Basisdokument" ist allerdings nicht dabei.

D. Der eigene Ansatz der Sachverhaltstypisierung

43 Der eigene Ansatz des *Verf.*[52] knüpft an das Bedenken an, dass voraussichtlich nicht jeder Fall für die Bearbeitung in einem universalen Basisdokument als gemeinsamem Verfahrensdokument der Parteien und des Gerichtes geeignet sein wird. Zugleich sollte gerade im digitalen Zeitalter nicht verkannt werden, dass nicht jede und jeder um sein Recht Streitende, der nicht bereits durch ein online-dispute-Verfahren der großen amerikanischen Internet-Konzerne befriedigt werden konnte, anwaltlich vertreten sein möchte und auch nicht vertreten sein muss. Es gilt, den Zugang zum Recht in einer Weise zeitgemäß zu vereinfachen, die unvertretenen Bürgern und den wenig spezialisierten Teilen der Anwaltschaft gleichermaßen juristisch fundierte Unterstützung gibt[53] – es sei denn, und dies ist letztlich eine justizpolitische Frage, derer sich die Justizpolitik bislang nicht angenommen hat, die Bearbeitung von Bagatellrechtsstreiten soll den Streitschlichtungssystemen der amerikanischen Netz-Mächte oder nationalen Schieds- und Schlichtungsstellen überlassen werden.[54]

Ansatz der Überführung der Gedankenwelt des papierbasierten Zivilverfahrens in die digitale Welt, der die Möglichkeiten der modernen IT nicht ausschöpfen kann, endlich zu überwinden.

50 Leider gibt es zu dem von *Mielke* geleiteten Projekt soweit zur Zeit der Erstellung des Manuskripts ersichtlich noch keine Publikation.

51 Abrufbar unter https://www.justiz.nrw.de/JM/jumiko/beschluesse/2021/Herbstkonferenz_2021/index.php.

52 Erstmals ausgeführt *Köbler* in: FS Herberger, 2016, 541; sowie bei *Weller/Köbler*, Verfahrensgrundsätze und Modellregeln für die grundsätzlich elektronische Führung gerichtlicher Erkenntnisverfahren, 2016, 93.

53 *Korves*, GVRZ 2018, 7, Rn. 51 spricht insoweit plakativ vom Formular als „Substitut qualifizierter Rechtsberatung"; zutreffend weist *Schäfer*, Der strukturierte Parteivortrag im elektronischen Rechtsverkehr, in: Ackermann/Gaier/Wolf (Hrsg.), Gelebtes Prozessrecht, FS Vorwerk, 2019, 291 (301) darauf hin, dass strukturierter Vortrag auch dem Anwalt hilft, um Wiederholungen und Widersprüche zu vermeiden.

54 *Zwickel*, in: Ferrand/Knetsch/Zwickel (Hrsg.), Die Digitalisierung des Zivilrechts und der Ziviljustiz in Deutschland und Frankreich, 2020, 181 (196) geht davon aus, „dass internes Beschwerdemanagement, Legal Tech-Angebote und Verbraucherschlichtung zu größeren Umwälzeffekten weg von der staatlichen Gerichtsbarkeit führen.".

44 Dazu bietet es sich an, für eine beliebige Zahl zu identifizierender **typischer Fallkonstellationen** des Rechtslebens **online-Eingabemasken** für Klagen zu entwickeln und im Web zur Verfügung zu stellen.[55] Diese Masken sollten die gesetzlichen Anforderungen an die typische streitentscheidende Norm erschöpfend abfragen, ob durch Bezeichnung der Eingabefelder oder durch laienverständliche Fragen.[56]

45 Nach Zustellung an den Beklagten sollte sich die klägerische Eingabemaske **zu einer Relationstabelle** erweitern und die Angaben des Beklagten in exakter Gegenüberstellung zum klägerischen Vortrag aufnehmen.[57] Ob dies letztlich in einem Cloud-Dokument oder einem gerichtsseits bereitgestellten Eingabetool geschieht oder ob und wie eine solche Datei rechtssicher dem Gericht elektronisch zu übermitteln ist, kann zunächst dahingestellt bleiben.[58] Letzteres ist Stand des elektronischen Rechtsverkehrs. Sollte eine Cloud-Variante entwickelt werden können, die es zulässt, den einmal gespeicherten Schriftsatz erneut aufzurufen und zu bearbeiten, sollte wie im Vorschlag des Basisdokuments nur an einer bereits bearbeiteten Stelle der Ursprungsmaske nachträglicher Vortrag mit unveränderlicher Kenntlichmachung seiner Nachträglichkeit zugelassen werden. So entstünde ein in seiner zeitlichen und sachlichen Reihenfolge **konsistentes Prozessdokument**. Essentiell ist dabei, dass der jeweils gegnerische Text unveränderlich ist.

46 Im Anschluss an die Eingabefelder sollten die Eingabemasken Möglichkeiten zur Angabe von Beweismitteln, auch unterschiedlicher Art, sowie die Möglichkeit zum **Upload** von Dokumenten oder Bildern bieten.

47 Als Beispiele geeigneter typischer Sachverhalte sind zu nennen der Verkehrsunfallschaden, die Klage auf Räumung gemieteten Wohnraums, die Klage auf Zustimmung zu einer Mieterhöhung, die Klage auf Rückzahlung einer Mietkaution bei Wohnraum oder Mietwagen.[59] Die Liste ließe sich fast beliebig und gewiss auch über die Grenzen der or-

55 *Köbler*, Die Digitalisierung in der Justiz: Die E-Akte muss mehr können, https://www.lto.de//recht/justiz/j/digitalisierung-justiz-e-akte-elektronischer-rechtsverkehr-strukturierter-parteivortrag/ spricht im Hinblick auf die Sorge um die „anwaltliche Kunst" insoweit von einem „behutsamen Vorgehen"; auch *Effer-Uhe*, GVRZ 2018, 6, Rn. 27 schlägt Strukturformulare für „hinreichend einheitliche Fallgruppen" vor; ebenso *ders.*, MDR 2019, 69 (73).

56 So auch *Zwickel* (Fn. 54), 201; *Rühl*, JZ 2020, 809 (813) spricht von „gut strukturierten Eingabemasken", wobei offenbleibt, ob es sich nur um Antragstellermasken handeln soll oder ob sie die Relation abbilden können sollen; *Biallaß*, NJW-Aktuell 34/2019, 15 schlägt für diesen Ansatz eine andere interessante technische Lösung vor.

57 Ebenso der Ablaufvorschlag von *Zwickel* (Fn. 31), 241.

58 *Zwickel* (Fn. 31), 225 schlägt für Bagatellverfahren eine „Verfahrensplattform" vor.

59 Diese Fallkonstellationen waren bereits Gegenstand von Entwürfen für Eingabemasken von Teilnehmerinnen und Teilnehmern der von *Verf.* gemeinsam mit *Prof. Dr. em. Maximilian Herberger* an der Deutschen Universität für Verwaltungswissenschaften Speyer angebotenen Lehrveranstaltung „E-Justice-Tools und strukturierter Parteivortrag". In dieser Lehrveranstaltung wird der Entwurf von Eingabemasken, aber auch die Nutzung und Befüllung von Eingabemasken, die normorientiert gefasst sind, mit Unterstützung der Software AG geübt und kritisch diskutiert.

dentlichen Gerichtsbarkeit hinweg in die Zuständigkeiten der Fachgerichtsbarkeiten erweitern.[60]

Es liegt auf der Hand, dass derartige, auf eine konkrete Klagesituation hin aus- 48
gerichtete Eingabemasken der **Pflege** und einer laufenden **Überprüfung** auf die Notwendigkeit der Berücksichtigung gesetzlicher Änderungen oder wesentlicher Entwicklungen der Rechtsprechung bedürfen. Daher stellt sich unmittelbar die Frage, ob das Angebot solcher Masken im Internet eine staatliche Aufgabe ist oder ob diese Aufgabe – nach einer ersten Erprobung in staatlicher Verantwortung – nicht dem **Markt**, den **LegalTechs** und den **Fachverlagen**, übergeben werden sollte. Denn es ist genau das, was LegalTech-Unternehmen derzeit mit ihrem Angebot in den Bereichen der Fluggastentschädigungen, der Bahnverspätungsentschädigung, der Erhöhung der Wohnraummiete, letztlich auch der Diesel-Klagen tun: Sie modellieren wenige ausgesuchte Streitmaterien aus reiner Klägersicht im Hinblick auf die parteibezogenen Grunddatensätze und die Angaben zum Streitstoff und stellen im Anschluss im wesentlichen inhaltsgleiche Anträge bei Gericht. In vielen Fällen kaufen sie die Forderung und klagen aus abgetretenem Recht, was für den Bürger sicher und bequem ist. Was fehlt, und so wäre es auch im Falle der Realisierung von Eingabemasken für typische Klagesituationen, ist die **automatisierte Weiterbearbeitbarkeit** bei Gericht im Sinne eines Online-Verfahrens.

Um zumindest in einer Anfangsphase mit wenigen typisierten Eingabemasken aus- 49
kommen zu können, sollte der Vorschlag des *Verf.* um das Angebot einer sehr einfach gehaltenen **„Universal-Eingabemaske“** erweitert werden, die zwangsläufig nicht alle gewünschten Fallkonstellationen zufriedenstellend aufnehmen können und auch Rückfragen und Hinweise des Gerichts auslösen dürfte.

E. Fazit und justizpolitischer Vorschlag

I. Vorverlagerung der Relation in die Verantwortung der Parteien

Die skizzierten Ansätze zum strukturierten Sachvortrag sind überwiegend methodisch- 50
prozessrechtlicher Art und bilden eine lediglich rechtswissenschaftliche Diskussion ab, ohne die Möglichkeiten der Informatik zu beleuchten. Man mag sie im Detail, in dem sie sich unterscheiden, kritisch diskutieren und verfeinern. Aber wo bleibt der praktische interdisziplinäre Ansatz, wo ist der Schritt auf die Informatiker zu? *Herberger* hat seinem Eröffnungsvortrag des 30. Deutschen EDV-Gerichtstags 2021[61] die Überschrift gegeben: „Juristen und Informatiker müssen Freunde werden.“[62] Aber beide Professionen

---

60 Eine weitergehende Vorschlagsliste findet sich bei *Weller/Köbler*, Verfahrensgrundsätze und Modellregeln für die grundsätzlich elektronische Führung gerichtlicher Erkenntnisverfahren, 94.

61 https://www.edvgt.de/interviews-und-grussworte-zum-30-jaehrigen-jubilaeum/.

62 Dabei hat *Herberger* sogleich darauf hingewiesen, dass es sich um ein autorisiertes Zitat des Informatikers *Matthes* handele.

sind nicht pro bono unterwegs: Eine erfolgreiche Reform, wie auch immer sie aussähe, braucht Geld, und hier sind die Justizpolitiker gefordert.

51 Besonders wichtig wäre es bei Umsetzungsversuchen, niemals den Gedanken aus dem Blick zu verlieren, die zu entwickelnden **Eingabemasken** als **Relationstabellen** auszugestalten und die Aufgabe der Erstellung des Nebeneinanders sachlich-chronologisch zusammengehörenden Tatsachenvortrags in die **Sphäre der Parteien** vorzuverlagern. Im Sinne des Parteiprinzips und des Beibringungsgrundsatzes würde die Notwendigkeit zu präzisem und geschärftem Vortrag entstehen, und zugleich würde schon die blanke Vorlage eines von den Parteien strukturierten Dokuments ohne all die weiteren vorstellbaren Geschäftsablaufoptimierungen eine massive Effektivierung des Zivilprozesses nicht zuletzt im Sinne einer Ersparnis an überflüssigem Aufwand bei den Gerichten bedingen: Die zeitraubenden richterlichen „Suchspiele" in den Akten ließen sich weitgehend reduzieren. Aber auch die anwaltliche Arbeit würde angesichts der Notwendigkeit präzisen Vortrags qualitativ aufgewertet und um zeitaufwändige Redundanzen verschlankt. Hinzu käme die Möglichkeit, ggf. differenziert nach typischen Mandantenanliegen, bereits im Vorfeld einer Klage in die Mandantengespräche und die von den Mandanten selbst beizubringenden Tatsachen Strukturierungselemente wie online-Fragebögen o.ä. einzubringen.

52 Zugleich würde das Angebot **laientauglicher Eingabemasken**[63] den Weg der Fachdiskussion um den doch eher ungeliebten strukturierten Parteivortrag zum **„smarten Prozess-Tool"** einschlagen – und was smart und „sexy" ist, setzt sich in Zeiten der disruptiven Wirtschaft mühelos durch. Warum sollte der Staat, warum sollten die Gerichte hier weiterhin hintanstehen?

II. Zur normativen Umsetzung des „smarten Prozesstools"

53 Das Thema der Einführung strukturierten Sachvortrags ist mit der Ergänzung des § 139 I ZPO nicht einmal ansatzweise erledigt. Zumal die Kombination des smarten Vortrags mit einem durchgängig elektronischen Verfahrensablauf bei Gericht davon nicht erfasst ist.

54 Ein früherer Normvorschlag des *Verf.* lautet wie folgt:

> „(1) Der Kläger trägt die wesentlichen Tatsachen in auf den Lebenssachverhalt bezogen stimmiger Reihenfolge in einem elektronischen Dokument vor, das dem Beklagten Gelegenheit gibt, seinen Vortrag strukturiert dem Klägervortrag gegenüberzustellen.
>
> (2) Das Bundesministerium der Justiz führt mit Zustimmung des Bundesrates durch Rechtsverordnung die Vorlage des elektronischen Dokumentes nach Abs. 1 zur verpflichtenden Nutzung durch

63 Kritisch *Korves*, GVRZ 2018, 7, Rn. 53, der fürchtet, dass der durch Prozesskostenhilfe finanzierte Anwalt durch Formularausfüllhilfen ersetzt wird.

die Parteien ein. Für einzelne Fallgestaltungen können zusätzliche spezielle Vorlagendokumente eingeführt werden. Ihre Nutzung kann freigestellt werden."[64]

Freilich ging dieser Vorschlag mit der Naivität des Wohlmeinenden davon aus, dass eine **verpflichtende Nutzung** der seinerzeit noch nicht so bezeichneten „smarten Prozessvorlage" vorzusehen sei.[65] Dies ist indessen nach dem Stand der oben skizzierten Diskussion als zumindest derzeit nahezu ausgeschlossen anzusehen. Dem naheliegenden Vorwurf der Etablierung einer „Strukturierungsmacht" des Klägers ist entgegenzuhalten, dass der Kläger ohnehin den Vorrang des Vortrags besitzt und der Beklagte dagegenhalten muss, wenn er nicht auf ein Bestreiten verzichten möchte. Die Waffengleichheit des Beklagten wird immer auf Verteidigungs- oder Gegenmittel wie Einreden oder Widerklagen beschränkt bleiben. Daran änderte auch der dargestellte Vorschlag nichts. 55

Ein anderer weiterführender Gedanke ist die Nutzung des seit 2013 brachliegenden § 130c ZPO, nach dessen recht allgemein gehaltenem Wortlaut das BMJV durch Rechtsverordnung mit Zustimmung des Bundesrates „elektronische Formulare" einführen kann, denen je nach Fassung der Rechtsverordnung die in dem Formular enthaltenen Angaben als strukturierter, maschinenlesbarer Datensatz, gemeint ist ein XML-Schema nach den Vorgaben der X-Justiz-Datensätze,[66] beizufügen ist. Bereits aus letzterer Option folgt zwangslos, dass bei Schaffung des § 130c ZPO nicht an Formulare gedacht war, die von den Parteien gemeinsam zu bearbeiten wären. Es ging vielmehr darum, im Übertragungsstandard des elektronischen Rechtsverkehrs übermittelte Dokumente und vor allem die Stammdatensätze der Verfahren einlesen zu können.[67] Nach der Gesetzesbegründung war zunächst an Anträge im Zwangsvollstreckungs- oder im Kostenfestsetzungsverfahren im Sinne der Schaffung „amtlicher Vordrucke" gedacht.[68] Eine Nutzungsverpflichtung sieht § 130c ZPO nicht vor. 56

Nach Sinn und Zweck der Vorschrift bestünden aus meiner Sicht indessen keinerlei Bedenken, auch die Einführung einer von den Parteien gemeinsam zu nutzenden **„smarten Prozessvorlage"** auf § 130c ZPO zu stützen. 57

Letztlich bringt die fehlende Nutzungsverpflichtung den gewagten Gedanken hervor, „smarte Prozessvorlagen" für die Rechtsuchenden völlig **ohne normative Grundlage** durch Bund und Länder oder durch LegalTech-Anbieter, Fachverlage oder die Anbieter von Anwaltssoftware im Internet zur Nutzung bereitzustellen – **als reines Angebot** mit niederschwelliger Identifizierungsmöglichkeit durch Nutzung von Einmal-Signaturen oder der Identifizierungsfunktion des Personalausweises. Oder – wer es zeitgemäßer, aber weniger sicher mag – vielleicht nur mit einem Snapshot des Personal- 58

---

64 *Köbler* in: FS Herberger, 2016, 541 (548).

65 So auch der äußerst konstruktive vollständige Gesetzesvorschlag bei *Heil*, IT-Anwendung im Zivilprozess, 105 ff.

66 Siehe dazu www.xjustiz.de mit weiterführenden Erläuterungen.

67 Vgl. *Müller-Teckhof*, MMR 2014, 95 (97).

68 BT-Drs. 17/12634, 27.

ausweises? Dazu bedürfte es allerdings dann doch einer rechtlichen Grundlage. Es bliebe auch für den Fall des „Angebots" bei den Regeln der rechtssicheren Übertragung nach § 130c ZPO. Es sei denn, eine allererste Pilotierung könnte sich mit einer Paralleleinreichung anfreunden: in Papier, um den Anforderungen des Gesetzes zu genügen, und zugleich digital, um dem Gericht eine „unverbindliche" elektronische Arbeitshilfe bereitzustellen. Innovativ wäre dies freilich kaum, und auf eine Akzeptanz bei „digital natives" wäre auch kaum zu hoffen.

59 Bliebe die Frage der Bearbeitung und Zuständigkeit im Gericht zu klären, zumal gewiss nicht alle Richterinnen und Richter Freude an der pilothaften Bearbeitung online eingereichter Relations-Formulare haben dürften. Problemlos wäre die geschäftsverteilungsmäßige Zuteilung solcher Eingänge bis zur Einführung elektronischer Akten im Falle des Ausdrucks zur Papierakte, denn die formalen Anforderungen des § 253 ZPO dürften es nicht ausschließen, dass der Beklagte nach Klagezustellung auf einem „Formular" erwidert, das den Klägervortrag in strukturierter Form darstellt und für die Aufnahme des Beklagtenvortrags vorbereitet ist.

60 Wäre statt des wenig weiterführenden Ausdrucks eine elektronische Weiterbearbeitung im Gericht gewünscht, sollte es mit Präsidialbeschluss zur Geschäftsverteilung rechtlich möglich sein, einen **Sonder-Turnus zur Zuweisung strukturiert und „smart" eingereichter Schriftsätze** zu schaffen, der unter Anrechnung auf den allgemeinen Turnus nur diejenigen Richterinnen und Richter erfasst, die ihre Bereitschaft zur Bearbeitung solcher Verfahren gegenüber dem Präsidium erklärt haben. Für einen solchen Beschluss zur Geschäftsverteilung bedürfte es natürlich einer Mehrheit im Präsidium und der Berücksichtigung von Spezialkammer-Zuständigkeiten.

61 Des Weiteren wäre die durchgängig elektronische Bearbeitung „smart" eingereichter Schriftsätze m. E. ohne weiteres als **Fall der elektronischen Aktenbearbeitung und -führung** einzuordnen, so dass insoweit eine Rechtsverordnung nach § 298a I ZPO erforderlich wäre. Diese Vorschrift lässt es aber in I 3 problemlos zu, die elektronische Aktenführung auf einzelne Gerichte oder Verfahren zu beschränken. Zuständig wäre die für ein pilotierendes Gericht verantwortliche Landesregierung.

III. Konkreter Pilotierungsvorschlag

62 Justiz- und rechtspolitisch sind große Würfe zeitnah nicht zu erwarten, wiewohl wir sie in der Rechtspraxis dringend benötigen. Eine gute Reform braucht, wie man an der Schuldrechtsreform 2002 gesehen hat, in Deutschland 100 Jahre...

63 Es wäre daher kurzfristig weiterführend, in einem **Pilotprojekt** einige „smarte Eingabemasken" zu erarbeiten und zu programmieren.[69] Für die Bereitstellung in der ge-

---

69 *Heil*, ZIP 2021, 502 (507) weist auf den vom BMWi verfolgten Ansatz der Einrichtung von „Reallaboren" hin. Vgl. https://www.bmwk.de/Redaktion/DE/Pressemitteilungen/2021/09/20210903-neue-raeume-fuer-innovationen-bmwi-legt-konzeptvorschlag-fuer-reallabore-gesetz-vor.html; *Köbler*, NJW-Aktuell 26/2021, 15 spricht vom „Think Tank Justiz".

richtlichen Praxis eines oder mehrerer Pilotgerichte sollte auf den üblichen Perfektionismus der Einbindung in die unterschiedlichen Fachsysteme der Länder und Länderverbünde verzichtet werden – die manuelle Eingabe der Stammdatensätze in die Fachverfahren macht nicht mehr oder weniger Arbeit als zuvor. Die neben der eigentlichen gerichtlichen Sachbearbeitung anfallenden Dokumente und Aufgaben sollten im Zuge einer raschen Pilotierung (leider) in einer Papierakte bearbeitet werden, um sich auf die Erprobung der smarten Eingabemasken zu konzentrieren. Zur elektronischen Weiterverarbeitung bei den beteiligten Richtern bedürfte es eines „einfachen" Softwaretools – hier mag Pate stehen, was in der Speyerer Lehrveranstaltung erarbeitet wurde.[70] Einen wichtigen Beitrag zur Förderung einer echten Realisierungsphantasie leisten auch die Ergebnisse des Tech4Germany/BMJV-Projekts „Online-Tool zur Einreichung einer zivilrechtlichen Klage" aus dem Herbst 2021.[71]

Um weiterzukommen bedarf es des noch nicht erkennbaren justizpolitischen Wil- 64
lens, den skizzierten Ansatz noch vor der Einführung der verpflichtenden elektronischen Akte im Jahr 2026 zu pilotieren, die erforderliche Verordnung zur begrenzten elektronischen Aktenführung und die benötigten Finanzmittel beizusteuern.

Quick and dirty als proof of concept, sonst diskutieren wir noch in zehn Jahren, und 65
auf der Hand liegende Effizienzpotenziale würden verschenkt.

Richterinnen und Richter, die sich an einem solchen Pilotprojekt beteiligen würden, 66
sind vorhanden. Da ist sich *Verf.* nach einigen Gesprächen in dem von ihm geleiteten Landgericht sicher.

70 Dazu oben Fn. 56.

71 Die Seite mit der Übersicht über die Projekte findet sich unter https://tech.4germany.org/project/digitale-klagewege-bmjv/.

Benedikt Windau

§ 19 Verfahrensführung einschließlich Videoverhandlung

Gliederungsübersicht **Rn.**

Benedikt Windau

https://doi.org/10.1515/9783110755787-019

Literatur: *Duhe/Weißenberger*, Ein empirischer Blick auf die mündliche Verhandlung per Videokonferenz, RDi 2022, 176; *Glunz*, Psychologische Effekte beim gerichtlichen Einsatz von Videotechnik, 2012; *Frank*, Rechtliche Aspekte der Verhandlung per Videokonferenz in Familiensachen, FuR 2020, 331; *Fries*, Die vollvirtuelle Verhandlung – Quo vadis, § 128a ZPO?, GVRZ 2020, 27; *Irskens*, Die Videoverhandlung in der Praxis, Betrifft Justiz 2020, 281; *Körber*, Die Videoverhandlung im Zivilprozess – Vorschlag einer Neuregelung, NJW 2021, 1072; *Lorenz*, Die Videokonferenz im familiengerichtlichen Verfahren, MDR 2016, 956; *Mantz/Spoenle*, Corona-Pandemie: Die Verhandlung per Videokonferenz nach § 128a ZPO als Alternative zur Präsenzverhandlung (§ 128a ZPO), MDR 2020, 637; *Paschke*, Digitale Gerichtsöffentlichkeit, 2018; *Prütting*, Ein kleiner Schritt auf dem Weg zum elektronischen Gerichtsverfahren, AnwBl. 2013, 330; *Reuß*, Die digitale Verhandlung im deutschen Zivilprozessrecht, JZ 2020, 1135; *Rühl*, Digitale Justiz, oder: Zivilverfahren für das 21. Jahrhundert, JZ 2020, 809; *Schultzky*, Videokonferenzen im Zivilprozess, NJW 2003, 313; *Windau*, Die Verhandlung im Wege der Bild- und Tonübertragung, NJW 2020, 2753.

A. Videokonferenztechnik im System des Zivilverfahrensrechts

I. Historie

Den Einsatz von Videokonferenztechnik im Zivilprozess ermöglicht die auf Initiative des Rechtsausschusses[1] durch das **ZPO-Reformgesetz**[2] eingeführte Regelung in § 128a ZPO bereits seit 2001.[3] Sie blieb allerdings lange Zeit ohne große praktische Bedeutung. Das lag vor allem daran, dass die Länder es weitgehend versäumten, die technischen Voraussetzungen zu schaffen; teilweise wurde ein Grund für die geringe Bedeutung aber auch darin gesehen, dass die Regelung das Einverständnis der Beteiligten erforderte. Auf eine entsprechende Bundesratsinitiative Hessens[4] hin nahm sich der Bundesgesetzgeber der Regelung deshalb 2013 erneut an und strich mit dem **Gesetz zur Intensivierung des Einsatzes von Videokonferenztechnik in gerichtlichen und staatsanwaltschaftlichen Verfahren**[5] das Erfordernis eines Einverständnisses im Wortlaut des § 128a I ZPO. Zugleich wurde den Bundesländern in den Art. 9 und 10 II gestattet, bis spätestens Ende 2017 die Anwendung der Vorschrift auszuschließen. 1

Auch nach der Reform 2013 und nach Auslaufen der Übergangsfrist Ende 2017 blieb die Regelung zunächst ohne große Relevanz.[6] Plötzlich in den Mittelpunkt der Aufmerksamkeit rückte die Möglichkeit einer Verhandlung im Wege der Bild- und Tonübertragung erst mit der **Corona-Pandemie** und dem Gebot des *social distancing* im Jahr 2020.[7] Aber auch während der Corona-Pandemie war der Umfang der Nutzung je nach Bundesland sehr unterschiedlich und von der technischen Ausstattung abhängig: Während im Winter 2020/2021 in manchen Gerichten und Gerichtsbezirken ein erheblicher Teil der 2

1 BT-Drucks. 14/6036.
2 BGBl. 2001 I, 1887.
3 S. zur damaligen Rechtslage grundlegend *Schultzky*, NJW 2003, 313.
4 BR-Drucks. 643/07 und BR-Drucks. 902/09.
5 BGBl. I 2013, 935.
6 S. aber z.B. *Irkskens*, Betrifft Justiz 2020, 281.
7 S. aber auch *Windau*, NJW-Editorial Heft 25/2018.

mündlichen Verhandlungen teilweise oder vollständig im Wege der Bild- und Tonübertragung stattfand,[8] wird diese Möglichkeit in vielen Bundesländern mangels technischer Voraussetzungen nach wie vor nicht genutzt.[9]

II. Die vier Elemente des Regelungskonzepts in § 128a I ZPO

3 Charakteristisch für das Regelungskonzept in § 128a I ZPO sind vier Elemente.

1. Keine Online-Verhandlung

4 Zunächst regelt § 128a I ZPO dogmatisch keine „Online-Verhandlung" oder „Videoverhandlung",[10] auch wenn die missverständliche nichtamtliche Überschrift des § 128a ZPO und die landläufig verwendete Terminologie etwas Anderes nahelegen mag. Das hinter § 128a I ZPO stehende Konzept sieht vielmehr lediglich eine **besondere Form der Teilnahme an einer „gewöhnlichen" Verhandlung** vor, bei der die persönliche Anwesenheit im Gerichtssaal durch die „virtuelle Anwesenheit" in Form der Bild- und Tonübertragung ersetzt wird.[11] Das Gesetz geht damit von **„hybriden" Verhandlungen** als Regelfall aus und erlaubt auch nur diese, weil sich zumindest das Gericht stets im Gerichtssaal befinden muss.

2. Grundsatz der Freiwilligkeit

5 Die Regelung in § 128a I ZPO ist außerdem ganz wesentlich bestimmt durch den **Grundsatz der Freiwilligkeit**: Das Gericht kann eine Teilnahme im Wege der Bild- und Tonübertragung lediglich gestatten.[12] Es bleibt jedem Beteiligten unbenommen, trotz einer Gestattung persönlich im Gerichtssaal zu erscheinen und dort an der Verhandlung teilzunehmen.[13] Mindestens missverständlich ist es deshalb, wenn in der Literatur oder auch in gerichtlichen Entscheidungen vielfach davon die Rede ist, dass das Gericht eine Verhandlung im Wege der Bild- und Tonübertragung „anordne".[14]

8 S. nur https://www.mj.niedersachsen.de/startseite/aktuelles/presseinformationen/videoverhandlungen-in-der-justiz-immer-beliebter-198816.html.

9 S. dazu die rechtstatsächliche Untersuchung von *Duhe/Weißenberger*, RDi 2022, 176ff.; eine Liste, die allerdings nur eingeschränkt aktuell ist, findet sich unter https://justiz.de/service/verzeichnisse/videokonferenzanlagen_gerichte_staatsanwaltschaften.pdf.

10 S. zu Reformvorschlägen insoweit unten Rn. 68.

11 S. nur *Balke/Liebscher/Helwig*, AnwBl. 2020, 366 (367).

12 Zu Reformvorschlägen insoweit s. unten Rn. 69.

13 S. nur OLG Celle, Beschluss vom 4.1.2022 – 17 WF 230/21; in Ausnahmefällen kann es aber zulässig sein, eine Partei faktisch dazu zu zwingen, an einer Verhandlung gem. § 128a ZPO teilzunehmen, s. dazu ausf. *Windau*, NJW 2020, 2753 Rn. 12ff.

14 So die Formulierung bei z. B. LAG Düsseldorf, Beschluss v. 4.7.2020 – 4 Ta 200/20 Rn 10; Musielak/Voit/*Stadler*, § 128a Rn. 2.

3. Ermessensentscheidung des Gerichts

Ob einer Partei gestattet wird, im Wege der Bild- und Tonübertragung teilzunehmen, stellt das Gesetz in das **pflichtgemäße Ermessen** des Gerichts; bei Erörterungsterminen gem. § 32 FamFG ist das Ermessen „in geeigneten Fällen" gem. § 32 III FamFG eingeschränkt.[15] Den Beteiligten steht also auch bei einem dahingehenden Antrag kein Anspruch auf Gestattung zu, wohl aber ein Anspruch auf ermessensfehlerfreie Entscheidung. S. zur Ermessensausübung unten Rn. 33. 6

4. Kein Einverständnis erforderlich

Eine Teilnahme im Wege der Bild- und Tonübertragung bedarf zuletzt aufgrund der ausdrücklichen gesetzgeberischen Wertung seit 2013 nicht mehr der **Zustimmung oder des Einverständnisses** der weiteren Beteiligten. Damit kann eine Partei nicht mehr die Anwesenheit der Gegenseite „erzwingen". 7

III. Technische Umsetzung

Umfang und Grad der technischen Ausstattung in den Gerichten sind auch mehr als 20 Jahre nach Einführung der Regelung und mehr als drei Jahre nach Beginn der Corona-Pandemie von Bundesland zu Bundesland sehr unterschiedlich. Die eingesetzte Software- und Hardware ist ebenfalls äußerst unterschiedlich und lässt sich kaum überblicken.[16] Die meisten Länder setzen auf **Kombinationen aus verschiedenen Software- und Hardwarekomponenten**. Als Software kommen u. a. Cisco WebEx, Microsoft Teams und Skype for Business sowie jitsi Meet zum Einsatz. Sinnvoll wäre daher ein „Bundesweiter Standard für Videoverhandlungen an den Gerichten", wie er gegenwärtig im BMJ erarbeitet wird.[17] 8

Den gegenwärtig genutzten Softwarelösungen ist dabei überwiegend gemein, dass sie auf Seiten der im Wege der Bild- und Tonübertragung teilnehmenden Personen **keine besonderen technischen Anforderungen** stellen. Im Regelfall ist es nicht notwendig, eine besondere Software herunterzuladen oder diese ist jedenfalls kostenlos. Und als Hardware sind ein gängiger PC mit Webcam und ein Headset völlig ausreichend. 9

IV. Ausstattungspflicht?

Eine Pflicht der Länder und ihrer Justizverwaltungen, die Gerichte mit der für Verhandlungen im Wege der Bild- und Tonübertragung erforderlichen Verhandlung auszustatten, wird ganz überwiegend unter Hinweis auf die Begründung des Gesetzes zur Intensi- 10

15 Entsprechende „Soll-Vorschriften" befanden sich von Mai bis Dezember 2020 auch in §§ 114 III ArbGG, 211 III SGG.

16 S. aber anschaulich z. B. *Irskens*, Betrifft Justiz 2020, 281 (283); *Mantz/Spoenle*, MDR 2020, 637 (639 f.).

17 S. dazu https://media.frag-den-staat.de/files/foi/583934/videoanlagen-brd.pdf.

vierung des Einsatzes von Videokonferenztechnik in gerichtlichen und staatsanwaltschaftlichen Verfahren 2013 abgelehnt.[18] Dabei überzeugt schon dieses historische Argument nicht. Denn den Landesregierungen wurde in den Art. 9 und 10 II gestattet, bis spätestens Ende 2017 die Anwendung der Vorschrift auszuschließen. Die Begründung führt dazu auch aus, dass mit der Reform des § 128a ZPO im Jahr 2013 kein Anspruch auf eine entsprechende Ausstattung geschaffen werden solle. Unmittelbar im Zusammenhang damit heißt es aber, die Übergangsregelung sei bis Ende 2017 zu befristen, weil spätestens zu diesem Zeitpunkt davon ausgegangen werden könne, dass alle Länder die technischen Voraussetzungen für den Einsatz der Videokonferenztechnik geschaffen haben werden.[19]

11 Der Verzicht auf eine entsprechende Ausstattungspflicht war daher schon nach dem Willen des Gesetzgebers bis Ende 2017 befristet; ohne eine Ausstattungspflicht bliebe die Regelung in Art. 9 auch ohne jeden Sinn.[20] Hinzu kommt, dass ein „Haushaltsvorbehalt“ dem Prozessrecht fremd wäre[21] und auch einen unzulässigen Eingriff der Exekutive in die richterliche Unabhängigkeit darstellen würde.[22] Richtigerweise ist daher davon auszugehen, dass die Justizverwaltungen seit 2018 verpflichtet sind, die für Verhandlungen im Wege der Bild- und Tonübertragung erforderliche Technik zur Verfügung zu stellen.[23]

B. Anwendungsbereich und Einsatzmöglichkeiten

I. Sachlicher Anwendungsbereich

12 § 128a I ZPO findet Anwendung auf mündliche Verhandlungen im Anwendungsbereich der ZPO[24] und gem. § 278 II Satz 2 ZPO auf die **Güteverhandlung**. Zur **Beweisaufnahme im Wege der Bild- und Tonübertragung** gem. § 128a II ZPO s. ausf. § 20 (*Irskens*).

13 Die Regelung gilt entsprechend:
- gem. § 46 II ArbGG im arbeitsgerichtlichen Verfahren,[25]
- gem. § 99 I PatG im patentgerichtlichen Verfahren[26],

---

18 S. nur Zöller/*Greger*, § 128a Rn. 1; jurisPK-ERV/*Müller*, § 110a SGG Rn. 13.
19 S. die Beschlussempfehlung und Bericht des Rechtsausschusses, BT-Drs. 17/12418, S. 17, 18.
20 Darauf weist auch jurisPK-ERV/*Klasen*, § 128a ZPO Rn. 17.
21 So überzeugend auch BeckOK ZPO/*von Selle*, § 128a Rn. 2.2.
22 S. *Schmidt/Saam*, DRiZ 2020, 216 (219); jurisPK-ERV/*Schreiber*, § 211 SGG Rn. 9 aE.
23 Wie hier auch BeckOK ZPO/*von Selle*, § 128a Rn. 2ff.; jurisPK-ERV/*Klasen*, § 32 FamFG Rn. 10f.; *Schmidt/Saam*, DRiZ 2020, 216 (219).
24 Zur Anwendbarkeit im patentgerichtlichen Verfahren s. BPatG GRUR 2003, 176; Beschluss vom 25.6.2021 – 35 W (pat) 409/19.
25 Vgl. LAG Düsseldorf Urteil vom 13. Januar 2021 – 12 Sa 453/20 mit zust. Anmerkung *Natter*, RDi 2021, 301.
26 S. nur BPatG GRUR 2003, 176.

- gem. § 113 I Satz 2 FamFG in Ehesachen und Familienstreitsachen[27] und
- gem. § 4 Satz 2 InsO für Gläubigerversammlungen im Insolvenzverfahren.[28]

Wenn die mündliche Verhandlung als Kernstück eines Prozesses im Wege der Bild- und Tonübertragung durchgeführt werden darf, spricht viel dafür, die Regelung außerdem entsprechend auf alle **weiteren Verhandlungen und Termine in der ZPO** anzuwenden, so z. B. gem. §§ 118 I; 802f.,[29] 875 ZPO. 14

Ein ganz wesentlicher, bislang noch kaum erschlossener Anwendungsbereich der Regelung dürften **freigestellte mündlichen Verhandlungen** gem. § 128 IV ZPO sein. So kann das Gericht beispielsweise der Passivseite im einstweiligen Rechtsschutz rechtliches Gehör gewähren oder es kann mit den Parteien und dem Sachverständigen die genaue Formulierung der Beweisfragen oder das Vorgehen des Sachverständigen erörtern.[30] Videoverhandlungen kombinieren insoweit die Vorteile eines schriftlichen Verfahrens mit denen einer mündlichen Verhandlung: Sie verursachen auf Seiten der Parteien wenig Aufwand, ermöglichen aber einen unmittelbaren Austausch von Rede und Widerrede und gewährleisten so eine höhere Richtigkeit der gerichtlichen Entscheidung. Der Einsatz von Videokonferenztechnik bietet bislang kaum genutzte Möglichkeiten für eine **Stärkung des Mündlichkeitsgrundsatzes.**[31] 15

Eine Teilnahme im Wege der Bild- und Tonübertragung ist über die Verweisung in § 32 III FamFG auch in **Erörterungsterminen in selbständigen Familiensachen und Angelegenheiten der freiwilligen Gerichtsbarkeit** möglich. Dies gilt unabhängig davon, ob sie gesetzlich vorgeschrieben sind (s. §§ 157, 175, 207, 222, 365, 405 FamFG) oder ob das Gericht nach dem ihm in § 32 I FamFG eingeräumten Ermessen einen Erörterungstermin anberaumt. Eingeschränkt wird der Anwendungsbereich allerdings dadurch, dass es sich um „geeignete Fälle" handeln muss.[32] Das wird z. B. bei Gewaltschutzsachen anzunehmen sein oder auch wenn dadurch das Verfahren beschleunigt werden kann.[33] Gleichzeitig wird es aber gerade in Kindschaftssachen für das Gericht oftmals unerlässlich sein, sich einen über den Inhalt der persönlichen Anhörung hinausgehenden und umfassenden Eindruck von den Beteiligten zu verschaffen.[34] 16

---

27 S. nur *Lorenz*, MDR 2016, 956 (957); Keidel/*Meyer-Holz*, FamFG, 20. Aufl. 2020, § 32 Rn. 43.
28 S. dazu *Jungmann*/*Windau*, NZI 2021, 849.
29 S. dazu LG Oldenburg DGVZ 2021, 195 m. abl. Anmerkung *Schmidt*, RDi 2021, 263.
30 S. zur Zulässigkeit solcher formloser Erörterungstermine grundlegend *Greger*, NJW 2014, 2554ff.
31 S. dazu ausführlich *Windau*, NJW-Editorial 31/2021.
32 S. dazu ausführlich *Frank*, FuR 2020, 331 (334f.).
33 Keidel/*Meyer-Holz*, § 32 Rn. 44; ähnlich Kemper/Schreiber/*Schreiber*, 3. Aufl. 2015, § 32 Rn. 17; *Lorenz*, MDR 2016, 956 (960).
34 *Frank*, FuR 2020, 331 (334f.); *Lorenz*, MDR 2016, 956 (959).

II. Persönlicher Anwendungsbereich

17 Eine Teilnahme im Wege der Bild- und Tonübertragung kann gem. § 128a I ZPO auf Antrag oder von Amts wegen den **Parteien, ihren Bevollmächtigten und Beiständen** gestattet werden. Die Parteien können auch dann im Wege der Bild- und Tonübertragung zugeschaltet werden, wenn sie gem. § 141 I Satz 1 ZPO bzw. § 128 I FamFG persönlich angehört werden sollen.[35]

18 Den Parteien stehen **Nebenintervenienten/Streithelfer und Streitverkündete** gleich.[36] Im Anwendungsbereich des § 32 III FamFG kann eine Teilnahme im Wege der Bild- und Tonübertragung allen Beteiligten gestattet werden.

19 § 185 Ia GVG ermöglicht es dem Gericht außerdem, **Dolmetscher:innen** zu gestatten, sich während einer Verhandlung, einer Anhörung oder einer Vernehmung an einem anderen Ort aufzuhalten, wenn eine Bild- und Tonübertragung gewährleistet ist. Außerhalb der Corona-Pandemie dürfte die Relevanz der Vorschrift ganz wesentlich von der Qualität der technischen Ausstattung abhängen: Ist die Tonqualität eher mäßig, werden die ohnehin bei Einsatz eine:r Dolmetscher:in auftretenden Kommunikationshindernisse durch die Bild- und Tonübertragung noch größer. Ist die Tonqualität hingegen gut (oder kann das Gericht technisch einen Mehrkanalton ermöglichen), kann die Regelung dazu beitragen, Verfahren deutlich zu beschleunigen, gerade wenn Dolmetscher:innen für seltene Sprachen so zugeschaltet werden können und nicht extra anreisen müssen.

20 Bislang ungeklärt ist, ob das Gericht auch **Dritten** gestatten kann, sich im Wege der Bild- und Tonübertragung zu einer Gerichtsverhandlung „dazuzuschalten". Als gesichert kann insoweit lediglich gelten, dass am „anderen Ort" keine Öffentlichkeit sichergestellt werden *muss*.[37] Nicht beantwortet ist damit allerdings die Frage, ob eine Öffentlichkeit auch am „anderen Ort" gestattet werden *kann*, oder ob dem insbesondere § 169 I Satz 2 GVG entgegensteht. Unzulässig dürfte es gem. § 169 I Satz 2 GVG sein, den Inhalt der Verhandlung einem unbegrenzten oder unbegrenzbaren Teilnehmerkreis zugänglich zu machen. Jedenfalls in öffentlichen Verhandlungen sollte aber etwas Anderes gelten, soweit es um einen überschaubaren Personenkreis geht, betreffend den die Beteiligten ein Interesse an der Teilnahme haben: Keine Bedenken dürften beispielsweise dagegen bestehen, dass zusammen mit einer zugeschalteten Anwältin auch deren Referendar teilnimmt oder sich in dem Konferenzraum, aus dem sich die Geschäftsführerin einer Partei zuschaltet, auch deren persönlicher Assistent anwesend ist.

---

35 S. nur Musielak/Voit/*Stadler*, § 128a Rn. 3; *Lorenz*, MDR 2016, 956 (957); einschränkend Zöller/*Greger*, § 128a Rn. 3.

36 Stein/Jonas/*Kern* § 128a Rn. 7.

37 S. nur Musielak/Voit/*Stadler*, § 128a Rn. 2.

III. Räumlicher Anwendungsbereich

21 Besondere Anforderungen an den „anderen Ort“ ergeben sich aus § 128a ZPO nicht;[38] insbesondere muss es sich nach inzwischen gefestigter Ansicht bei dem anderen Ort **nicht um einen Gerichtssaal** handeln.[39]

22 Auch sonstige Angemessenheitsgesichtspunkte sind § 128a ZPO nicht zu entnehmen: Der „andere Ort“ kann deshalb jeder Ort sein, der eine störungsfreie Durchführung der Verhandlung und der Bild- und Tonübertragung ermöglicht.[40] In Betracht kommen deshalb neben Kanzleiräumen auch **allgemeine Büroräume oder private Arbeitszimmer**.[41]

23 Ob sich der „andere Ort“ auch **im Ausland** befinden kann, ist umstritten (s. dazu ausführlich § 33).

C. Praktische Umsetzung

I. Gestattungsentscheidung

1. Antrag

24 Eine Teilnahme im Wege der Bild- und Tonübertragung kann das Gericht auf Antrag, aber auch von Amts wegen gestatten. Wollen Beteiligte an einer Verhandlung im Wege der Bild- und Tonübertragung teilnehmen, ist im Regelfall ein **frühzeitiger Antrag** sinnvoll. Dieser sollte außerdem in einem **eigenen Schriftsatz** gestellt werden, damit das Gericht den Antrag nicht erst unmittelbar vor dem Termin im Rahmen der Terminsvorbereitung zur Kenntnis nimmt.

2. Zuständigkeit, Verfahren und Form

25 Darüber, ob einem Beteiligten gestattet wird, sich während der Verhandlung oder Vernehmung an einem anderen Ort aufzuhalten, entscheidet das Gericht – ein Kollegialgericht in voller Besetzung – durch **Beschluss** vgl. § 128a III Satz 2 ZPO.[42] Der Beschluss kann schon zusammen mit der Ladung oder auch zwischen Ladung und Termin erlassen werden. Angesichts der Übertragung auch der nicht zugeschalteten Beteiligten

38 S. ausf. LAG Düsseldorf, Urteil v. 13.1.2021 – 12 Sa 453/20; Stein/Jonas/*Kern*, § 128a Rn. 8; einschränkend Zöller/*Greger*, § 128a Rn. 4; anders SG Gießen, S 12 KG 2/18: nur „unter Kontrolle zumindest der jeweiligen Landesjustizverwaltungen befindliche, allgemeine Videokonferenzräume“.

39 Prütting/Gehrlein/*Prütting*, § 128a Rn. 4; Stein/Jonas/*Kern*, § 128a Rn. 8, 22; *Schultzky*, NJW 2003, 313 (314).

40 Ausf. *Resch/Kübra Erden*, jM 2022, 46 (47 ff.).

41 S. z. B. LAG Düsseldorf ZIP 2021, 1724 Rn. 22; jurisPK-ERV/*Klasen*, § 128a ZPO Rn. 20; ebenso jetzt auch Zöller/*Greger*, § 128a Rn. 4.

42 S. z. B. Stein/Jonas/*Kern*, § 128a Rn. 13; Wieczorek/Schütze/*Gerken*, § 128a Rn. 4; *Schreiber*, Betrifft Justiz 2020, 268 (269).

sollte – sofern zeitlich möglich – den weiteren Beteiligten vor einer gestattenden Entscheidung rechtliches Gehör gewährt werden. Ein Einverständnis ist allerdings nicht erforderlich (s. oben Rn. 7).

26 Soll die Teilnahme im Wege der Bild- und Tonübertragung gestattet werden, ist es aus praktischen Gründen weit verbreitet, vor dem Termin lediglich die Zugangsdaten bzw. den Teilnahmelink und ggf. weitere Informationen über die technische Umsetzung zu übersenden und einen gestattenden Beschluss zu Beginn des Termins zu fassen und zu protokollieren.

3. Inhalt der Entscheidung

27 Wird einem Antrag auf Teilnahme im Wege der Bild- und Tonübertragung nicht entsprochen, ist der Beschluss so rechtzeitig zu erlassen, dass die Beteiligten in der Lage sind, zum Termin anzureisen. Die **ablehnende Entscheidung** ist zu begründen. Da das Gericht sein Ermessen pflichtgemäß auszuüben hat, müssen Umfang und Inhalt der Begründung erkennen lassen, dass das Gericht den jeweiligen **Einzelfall** geprüft hat. Formularmäßige Ablehnungen („kommt nicht in Betracht") genügen dem nicht und lassen auf einen Ermessensausfall oder -fehlgebrauch schließen. Zur Ablehnung unter Hinweis auf fehlende Technik s. unten Rn. 36.

28 Eine gestattende Entscheidung bezieht sich stets nur auf einen Termin und ist daher **für jeden Termin gesondert** zu treffen.[43] In der Entscheidung ist anzugeben, welchen Beteiligten gestattet wird, sich während der Verhandlung an einem anderen Ort aufzuhalten.[44]

29 Der **konkrete Ort der Teilnahme** muss im Regelfall bei Parteien, Prozessbevollmächtigten, Nebenintervenient:innen oder Dolmetscher:innen nicht festgelegt werden.[45] Dafür spricht ganz wesentlich die Regelung in § 160 I Nr. 4 ZPO: Wäre der „andere Ort" stets im Beschluss vorgegeben, bedürfte es keiner Angaben dazu im Protokoll. Für eine solche Festlegung besteht im Regelfall aber auch kein praktisches Bedürfnis. Wird der „andere Ort" vorgegeben und soll von einem „anderen anderen Ort" aus teilgenommen werden, wäre anderenfalls eine Änderung des Beschlusses erforderlich.[46] Eine Festlegung des „anderen Ortes" mag allenfalls im Einzelfall sinnvoll sein, wenn z. B. die Parteien persönlich angehört werden sollen und insoweit ausgeschlossen werden soll, dass Dritte auf diese Einfluss nehmen.[47] Sinnvoll kann es sein, bei einem vorab übermittelten Beschluss den Ort mit allgemeinen Kriterien zu umreißen, bei-

---

43 Wieczorek/Schütze/*Gerken*, § 128a Rn. 4.

44 S. auch das Formulierungsbeispiel bei *Mantz*/*Spoenle*, MDR 2020, 637 (642).

45 Ebenso z. B. BSG Beschluss v. 16.2.2021 – B 12 R 15/19 R (juris); *Resch*/*Kübra Erden*, jM 2022, 46 (50); anders z. B. Zöller/*Greger*, § 128a Rn. 4; BeckOK ZPO/*von Selle*, § 128a Rn. 6.

46 So aber ausdrücklich Zöller/*Greger*, § 128a Rn. 4.

47 Zu entsprechenden Erwägungen bei Zeugen s. auch *Irskens*, § 20.

spielsweise „an einem Ort, an dem eine störungsfreie Durchführung der Teilnahme gewährleistet ist“.

Ebenso sinnvoll kann es sein, zusammen im oder zusammen mit dem Beschluss auf das **Aufzeichnungsverbot** in § 128a III Satz 1 ZPO hinzuweisen.[48] Ist die Verhandlung bzw. Erörterung **nichtöffentlich**, sollte darauf im Beschluss ausdrücklich hingewiesen werden (vgl. § 4 Satz 2 InsO). 30

In geeigneten Fällen sollte das Gericht außerdem einen **„Testlauf“** anbieten. Bietet das Gericht dies nicht von sich aus an, wird es den Parteien und ihren Prozessbevollmächtigten auf Antrag diese Möglichkeit einräumen müssen; ggf. sollte deshalb ein solcher Antrag in den Antrag auf Gestattung einer Teilnahme im Wege der Bild- und Tonübertragung aufgenommen werden. 31

Gerade bei voraussichtlich länger dauernden Verhandlungen ist es vielfach zweckmäßig, den Beteiligten aufzugeben bzw. sie aufzufordern für die Tonübertragung ein **Headset** oder ein Konferenzmikrofon zu nutzen, weil die oft sehr mäßige Qualität der in Notebooks integrierten Mikrofone bei anderen Beteiligten besonders ausgeprägte Konzentrationsleistungen fordert. 32

4. Ermessensausübung

a) Allgemeines

Das Gericht hat das ihm in §§ 128a I ZPO, 185 Ia GVG eingeräumte Ermessen jedenfalls dann auszuüben, wenn eine solche Teilnahme beantragt wird. Die Ermessensausübung ist dabei nicht frei, sondern **pflichtgebunden** und hat sich am Zweck der Regelung zu orientieren, Gerichtsverfahren bürgerfreundlicher auszugestalten, indem aufwändige und zeitintensive Anreisen vermieden und dadurch das Verfahren beschleunigt und Kosten reduziert werden.[49] 33

b) Nicht zu berücksichtigende Umstände

Im Rahmen der Ermessensausübung darf nicht berücksichtigt werden, dass das Gericht **mit der Bedienung der Technik nicht vertraut** ist oder die Technik als störend empfindet, dass das Gericht die gesetzliche Regelung in § 128a ZPO für verfehlt hält[50] oder dass das Gericht davon ausgeht, die Parteien besser von der Sinnhaftigkeit eines Vergleichs überzeugen zu können. Solche Begründungen stellen vielmehr einen offensichtlichen Ermessenfehlgebrauch dar. 34

Ebenso ermessensfehlerhaft wird im Regelfall eine Ablehnung unter Hinweis auf die Möglichkeit einer **Entscheidung im schriftlichen Verfahren** (§ 128 II ZPO) sein. 35

---

48 Vgl. jurisPK-ERV/*Müller*, § 110a SGG Rn. 51.

49 S. BT-Drucks. 17/1224, S. 16.

50 S. das Beispiel bei *Roller*, COVuR 2021, 135.

Denn eine mündliche Verhandlung im Wege der Bild- und Tonübertragung wird gegenüber einer Entscheidung im schriftlichen Verfahren i.d.R. eine höhere Richtigkeitsgewähr bietet und deshalb vorzugswürdig sein.[51]

36 Da die Justizverwaltungen verpflichtet sind, die erforderliche Technik vorzuhalten (s. dazu oben Rn. 10 f.), muss **fehlende Technik** für die Ermessensausübung außer Betracht bleiben.[52] Das Gericht hat vielmehr auch dann sein Ermessen pflichtgemäß und am Gesetzeszweck orientiert auszuüben. Es wird allerdings zusammen mit einer Gestattung auf die fehlende Technik hinweisen und die Beteiligten darauf verweisen, sich wegen der technischen Hindernisse an die Gerichtsverwaltung zu wenden.

37 Ermessensfehlerhaft ist es zuletzt auch, eine Teilnahme im Wege der Bild- und Tonübertragung mit der Begründung abzulehnen, dass nicht sichergestellt sei, dass die **Übertragung nicht durch die Parteien aufgezeichnet** wird.[53] Denn einerseits ist eine Aufzeichnung auch bei einer Verhandlung im Saal unter den heutigen technischen Bedingungen nicht zu verhindern.[54] Und dem Gesetzgeber ist diese Gefahr bekannt, wie sich aus der Neufassung des § 4 Satz 2 InsO ergibt; er hat aber offensichtlich keine Veranlassung gesehen, die Regelungen in § 128a ZPO oder § 32 FamFG einzuschränken.

38 Zuletzt kann eine Teilnahme im Wege der Bild- und Tonübertragung nicht mit der Begründung abgelehnt werden, dass das Gericht das **persönliche Erscheinen** der Parteien angeordnet hat. Denn ein „persönliches Erscheinen" i.S.d. §§ 278 III i.V.m. 141 I ZPO für eine Güteverhandlung oder eine persönliche Anhörung ist auch im Wege der Bild- und Tonübertragung möglich.[55] Eine darüberhinausgehende Absicht des Gerichts, sich einen „persönlichen Eindruck" der Parteien zu verschaffen, findet im Gesetz keine Stütze und ist als Form richterlichen „Bauchgefühls" rechtsstaatlich nicht ohne Bedenken (zur abweichenden Situation in manchen Familienverfahren s. oben Rn. 16). Im Übrigen kann das Gericht das persönliche Erscheinen auch nicht erzwingen (vgl. § 141 III Satz 2 ZPO); das Gesetz geht vielmehr davon aus, dass die Parteien selbst entscheiden, ob sie an „ihrem" Gerichtstermin teilnehmen wollen oder nicht, solange der Prozess auch ohne ihre Anwesenheit gefördert werden kann. Können die Parteien dem Termin aber auch fernbleiben, muss es ihnen umso mehr möglich sein, diesen nicht im Saal, sondern im Wege der Bild- und Tonübertragung wahrzunehmen. Auch soweit das Gericht im Einzelfall seine **Überzeugung auf den Inhalt einer Parteianhörung stützen will,**[56] ist eine solche Sachverhaltsaufklärung bei einer Teilnahme im Wege der Bild- und Tonübertragung möglich.

---

51 Ebenso wohl *Schreiber*, Betrifft Justiz 2020, 268 (271); anders scheinbar Zöller/*Greger*, § 128a Rn. 1.

52 Ebenso jurisPK-ERV/*Klasen*, § 128a ZPO Rn. 15 aE.

53 So aber z.B. BFH BFH/NV 2021, 1079 mit abl. Anmerkung *Schreiber*, RDi 2021, 560; Bayerisches LSG, WzS 2021, 259; wie hier *Frank*, FuR 2020, 331 (332).

54 Ebenso *Gädeke*, RDi 2021, 507.

55 Ebenso Musielak/Voit/*Stadler*, § 128a Rn. 3; *Schultzky*, NJW 2003, 313 (316); vgl. auch die Fassung des § 128a III im RegE, BT-Drucks. 17/1224, S. 7; einschränkend Zöller/*Greger*, § 128a Rn. 3.

56 S. dazu ausf. *Kockentiedt*/*Windau*, NJW 2019, 3348.

c) Ermessensausübung bei § 128a I ZPO

Ausgangspunkt der Ermessensausübung sollte vielmehr die Art des Termins und des Verfahrens sein. Stehen eher **persönlich geprägte Konflikte** im Mittelpunkt und handelt es sich um eine **Güteverhandlung**, wird die Anwesenheit aller Beteiligten im Sitzungssaal vielfach sinnvoll sein.[57] Dass diese objektiv sinnvoll ist, führt aber noch nicht dazu, dass ein entsprechender Antrag abgelehnt werden könnte.[58] Vielmehr muss das Gericht dann im Rahmen seiner Ermessensentscheidung diesen Gesichtspunkt mit den berechtigten Interessen der beantragenden Partei abwägen, insbesondere deren **Zeit- und Kostenersparnissen** bei einer Teilnahme im Wege der Bild- und Tonübertragung. Würde die Ablehnung eines Antrages auf Teilnahme im Wege der Bild- und Tonübertragung dazu führen, dass die Verhandlung durch Unterbevollmächtigte wahrgenommen wird, spricht dies beispielsweise dafür, einem entsprechenden Antrag stattzugeben, damit die Partei im Termin durch ihre Hauptbevollmächtigten vertreten sein kann.[59] Stets zu berücksichtigen ist, dass der **Gesetzgeber** mit der Reform des § 128a ZPO im Jahr 2013 (s. dazu oben Rn. 1) den **Einsatz von Videokonferenztechnik** im Interesse einer effizienteren Verfahrensführung bewusst fördern wollte.[60] 39

Handelt es sich nicht um eine Güteverhandlung oder stehen auch im Fall einer Güteverhandlung **wirtschaftliche Gesichtspunkte im Mittelpunkt der Auseinandersetzung**, werden in der Regel schon kaum sachliche Gründe vorliegen, die eine Anwesenheit der Parteien und ihrer Prozessbevollmächtigten im Saal sinnvoll erscheinen lassen. Das Ermessen wird dann im Regelfall dahin auszuüben sein, dem Antrag auf Teilnahme im Wege der Bild- und Tonübertragung stattzugeben.[61] 40

Noch stärker reduziert ist das Ermessen, wenn der **Termin voraussichtlich einseitig** bleibt, weil beispielsweise einer der Prozessbevollmächtigten kurz vor dem Termin erklärt, nicht aufzutreten. Gerade dann zeigt sich der Vorteil einer Teilnahme gem. § 128a ZPO besonders deutlich, weil mangels Anreise keine Fahrtkosten anfallen und auf anwaltlicher Seite kein Zeitverlust eintritt, ohne dass ein Grund ersichtlich ist, der eine persönliche Anwesenheit im Termin erforderlich machen würde. 41

d) Besonderheiten bei Erörterungsterminen nach dem FamFG

Dem Wortlaut des § 32 III FamFG folgend ist die Ermessensausübung gebunden, so dass das Gericht einen entsprechenden Antrag nur bei besonderen – in der Entscheidung darzulegenden – Gründen ablehnen darf. Gleichzeitig ist aber der Anwendungsbereich auf **„geeignete Fälle"** beschränkt. Wesentliche Unterschiede zu § 128a I ZPO werden sich daraus allerdings nicht ergeben. Denn auch im Rahmen der Ermessensausübung 42

---

57 Ähnlich auch *Mantz/Spoenle*, MDR 2020, 637 (641); einschränkend *Irskens*, BJ 2020, 281 (285).

58 Anders wohl Zöller/*Greger*, § 128a Rn. 1.

59 Vgl. *Heß/Figgener*, NJW-Spezial 2021, 585 (586).

60 BT-Drucks. 17/1224, S. 1 und passim; Stein/Jonas/*Kern*, § 128a Rn. 12, 24.

61 Ähnlich *Lorenz*, MDR 2016, 956 (958).

bei § 128a ZPO ist die „Geeignetheit" zu prüfen; liegt diese vor, ist auch bei § 128a I ZPO das Ermessen deutlich eingeschränkt (s. oben Rn. 40).

e) Ermessensausübung bei Dolmetschern

43 Für die Ermessensausübung im Rahmen von § 185 Ia GVG ist wichtig, dass Dolmetscher nicht selbst aufgrund eigener Rechte am Prozess beteiligt sind, sondern als **„Helfer des Gerichts"**. Deshalb steht insoweit die möglichst **reibungsfreie Durchführung der Verhandlung** im Mittelpunkt. Trägt die Anwesenheit des Dolmetschers im Sitzungssaal zum reibungslosen Ablauf bei, wird dies für eine Ablehnung eines entsprechenden Antrags im Regelfall ausreichen. Handelt es sich hingegen um sehr seltene Sprachen und würde eine Teilnahme im Wege der Bild- und Tonübertragung für die Parteien deutliche Kostenvorteile mit sich bringen, wird das Gericht dies in seiner Ermessensentscheidung zu berücksichtigen haben[62], insbesondere bei geringeren Streitwerten.

5. Anfechtbarkeit

44 § 128a III Satz 2 ZPO bestimmt, dass Entscheidungen gem. § 128a I ZPO **nicht anfechtbar** sind. Wird eine Teilnahme im Wege der Bild- und Tonübertragung ermessensfehlerhaft abgelehnt, ist dagegen nur die Gegenvorstellung eröffnet. Ein offensichtlicher Ermessensnicht- oder -fehlgebrauch[63] kann im Einzelfall aber Zweifel an der Unvoreingenommenheit des Gerichts begründen, gerade wenn daraus deutlich wird, dass sich das Gericht weigert, die vorgebrachten Gründe zur Kenntnis zu nehmen oder sein Ermessen pflichtgemäß auszuüben.

II. Ladung

45 Zu laden sind die Beteiligten **an die Gerichtsstelle i.S.d. § 219 ZPO**, auch wenn ihnen zugleich eine Teilnahme im Wege der Bild- und Tonübertragung gestattet wird.[64] Dafür spricht ganz wesentlich, dass die Verhandlung eben gerade nicht am „anderen Ort" stattfindet, sondern ausschließlich im Gerichtssaal und dass es jederzeit möglich (und beispielsweise bei absehbaren technischen Problemen ggf. sogar geboten) ist, am Gerichtsort zu erscheinen.[65]

---

62 Ebenso Prütting/Gehrlein/*Neff*, § 185 GVG Rn. 8.

63 Ein solcher ist praktisch durchaus verbreitet, wie in den sozialen Medien verbreitete ablehnende Beschlüsse zeigen.

64 Ebenso Zöller/*Greger*, § 128a Rn. 4; ausf. *Windau*, NJW 2020, 2753 Rn. 23; anders, Ladung an den anderen Ort: Saenger/*Wöstmann*, § 128a Rn. 2; Prütting/Gehrlein/*Prütting*, § 128a Rn. 7.

65 Ebenso *Mantz/Spoenle*, MDR 2020, 637 (642).

III. Protokollierung und Durchführung des Termins

1. Aufbau der Verbindung

Beteiligte, die an der Verhandlung im Wege der Bild- und Tonübertragung teilnehmen wollen, sollten – gerade, wenn kein „Testlauf" stattgefunden hat – **ausreichend Zeit einplanen**, um eine Verbindung aufzubauen. Ergeben sich beim Verbindungsaufbau Probleme, ist auf dem schnellstmöglichen Weg (per Telefon/E-Mail) Kontakt zum Gericht aufzunehmen, wofür entsprechende Kommunikationswege vom Gericht mitzuteilen sind. Entsprechend sollte das Gericht nach Möglichkeit sicherstellen, dass ein Verbindungsaufbau schon einige Minuten vor Beginn des Termins möglich ist, um den Beteiligten ausreichend Zeit zu geben, etwaige technische Probleme zu lösen. Sofern die Software die Möglichkeit bietet, einen Namen einzutragen, ist es gerade bei vielen per Videokonferenz teilnehmenden Personen hilfreich, dem Namen die jeweilige **Parteirolle** als Klammerzusatz hinzuzufügen. 46

2. Inhalt des Protokolls

Zu Beginn der Verhandlung ist festzustellen, dass die im Wege der Bild- und Tonübertragung teilnehmenden Personen nicht im Saal erschienen sind, aber eine Bild- und Tonübertragung stattfindet. Gem. § 160 I Nr. 4 ZPO ist außerdem der **Ort aufzunehmen, von dem Beteiligte im Wege der Bild- und Tonübertragung teilnehmen**. Was darunter zu verstehen ist, wird in der gerichtlichen Praxis sehr unterschiedlich gehandhabt, möglicherweise auch deshalb, weil der Sinn dieser Regelung aus den Gesetzgebungsmaterialien nicht deutlich wird. Eine genaue postalische Bezeichnung ist unschädlich, im Regelfall dürfte aber die Gemeinde und eine allgemeine Bezeichnung der Räumlichkeiten ausreichen („an seinem Wohnort in Hamburg"). Jedenfalls ist auf **berechtigte Geheimhaltungsbelange** (z.B. der Privatanschrift der Prozessbevollmächtigten oder Dolmetscher) Rücksicht zu nehmen. Fehlt die Angabe im Protokoll, berührt dies die Wirksamkeit der Prozesshandlungen nicht (vgl. § 295 I ZPO). 47

Ist die Verhandlung nichtöffentlich, sollten die zugeschalteten Beteiligten ggf. aufgefordert werden, mit der Kamera eine 360°-Sicht des Raumes zu zeigen, in dem sie sich aufhalten, um so die **Nichtöffentlichkeit** zu dokumentieren. 48

Für den weiteren Verlauf der Verhandlung ergeben sich aus der Teilnahme im Wege der Bild- und Tonübertragung **keine Besonderheiten**. Gem. § 160 II ZPO als wesentlicher Vorgang der Verhandlung aufzunehmen sind allerdings Unterbrechungen oder Störungen der Übertragung. Gerade bei Beweisaufnahmen kann es sich außerdem anbieten, die vorhandene Übertragungstechnik zu nutzen, um so eine unmittelbare Aufzeichnung i.S.d. § 160 II Satz 4 ZPO zu erstellen, die dann Grundlage eines späteren Wortprotokolls sein kann.[66] 49

66 S. dazu ausf. *Spoenle*, RDi 2021, 231 sowie *Irskens*, § 20.

50 Bei Erörterungsterminen, an denen Beteiligte gem. **§ 32 III FamFG** im Wege der Bild- und Tonübertragung teilnehmen, gilt § 28 IV FamFG, wonach das Gericht über die wesentlichen Vorgänge einen **Vermerk** zu fertigen hat.[67]

3. Äußeres Erscheinungsbild

51 Wie eingangs dargestellt, normiert § 128a ZPO keine besondere Form der Verhandlung, sondern lediglich eine besondere Form der Teilnahme. Auch die Teilnahme im Wege der Bild- und Tonübertragung ist also ein Auftreten „vor Gericht" i.S.d. § 20 BORA.[68] Praktisch wird die **Robenpflicht** bei einer Teilnahme im Wege der Bild- und Tonübertragung allerdings äußerst unterschiedlich gehandhabt.

52 Die Nutzung sog. „virtueller Hintergründe" dürfte bei Beteiligten – anders als sog. „Filter" – im Grundsatz zulässig sein. Etwas Anderes kann aber gelten, wenn beispielsweise die Nichtöffentlichkeit sichergestellt werden soll oder Anlass dafür besteht, dass sich weitere Personen im Raum befinden und auf die teilnehmende Person Einfluss ausüben.

4. Sitzungspolizei

53 Auch Umstände am „anderen Ort" können aufgrund der Bild- und Tonübertragung die Verhandlung stören. Deshalb müssen sich die sitzungspolizeilichen Befugnisse auch auf den anderen Ort erstrecken.[69] Die Frage nach sitzungspolizeilichen Befugnissen kann sich beispielsweise daraus ergeben, dass **die Teilnahme durch Dritte gestört wird**.

54 In solchen Fällen wird zwar eine Durchsetzung sitzungspolizeilicher Anordnung durch **Gerichtswachtmeister** kaum in Betracht kommen,[70] das Gericht wird der zugeschalteten Partei aber als Ausfluss seiner Sitzungspolizei aufgeben können, durch geeignete Maßnahmen solche Störungen auszuschließen[71] und ggf. gem. § 177 GVG Ordnungsmittel zu verhängen[72] oder – als ultima ratio – die Tonübertragung oder die gesamte Verbindung zu unterbrechen.[73] Dabei sind allerdings die sich aus § 177 GVG ergebenden Grenzen zu beachten: Das Gericht darf einen **Anwalt oder eine Anwältin nicht stummschalten** oder gar die Verbindung trennen und dann die Verhandlung fort-

67 Bahrenfuss/*Rüntz*, § 32 Rn. 26.

68 Ebenso im Ergebnis *Irskens*, BJ 2020, 281 (287).

69 Ebenso MünchKomm-ZPO/*Fritsche*, 6. Aufl. 2020, § 128a Rn. 8; *Resch/Kübra Erden*, jM 2022, 46 (49); anders aber Musielak/Voit/*Stadler*, § 128a Rn. 2.

70 Anders wohl *Schultzky*, NJW 2003, 313 (316f.).

71 Ähnlich jurisPK-ERV/*Klasen*, § 128a Rn. 21.

72 *Resch/Kübra Erden*, jM 2022, 46 (49).

73 Ebenso BeckOK-ZPO/*von Selle*, § 128a Rn. 9a; im Ergebnis auch Musielak/Voit/*Stadler*, § 128a Rn. 2.

setzen, da ihm sitzungspolizeiliche Befugnisse gegen Prozessbevollmächtigte nicht zustehen.[74] Es kann in solchen Fällen lediglich die Verhandlung vertagen.[75]

D. Einzelfragen

I. Begriff der „Übertragung der Verhandlung"

55 In technischer Hinsicht setzt § 128a I ZPO voraus, dass die Verhandlung „zeitgleich in Bild und Ton" an den anderen Ort und in das Sitzungszimmer übertragen wird. Im Grundsatz unzulässig ist nach dem eindeutigen Wortlaut des § 128a ZPO also eine Verhandlung lediglich im Wege der **Telefonkonferenz**, d.h. ohne begleitende Bildübertragung.[76]

56 Eine Übertragung der Verhandlung bzw. Vernehmung setzt außerdem voraus, dass alle an- und abwesenden Beteiligten die Möglichkeit haben, **sämtliche weitere an- und abwesende Beteiligte jederzeit sehen und hören zu können**.[77] Bedenklich ist daher z.B. die Verwendung einzeln schaltbarer Mikrofone oder (nur) einer schwenkbaren Kamera, wenn damit am anderen Ort nicht alle im Saal anwesenden Personen zu sehen sind.[78] Gleiches gilt, wenn die Videokonferenzsoftware nicht die gleichzeitige Videoübertragungen aller zugeschalteten Personen zulässt. Denn gerade in Gerichtsverhandlungen ist nonverbale Kommunikation oder sind spontane verbale Reaktionen wichtig.[79]

57 Nicht erforderlich ist hingegen, dass die **Zuschauer** für die zugeschalteten Personen sichtbar sind, denn sie sind nicht Teil der „Verhandlung".[80] Es muss auch für die Parteien z.B. nicht die Möglichkeit bestehen, die Öffentlichkeit der Sitzung (§ 169 I GVG) zu überprüfen. Derartige Einschränkungen nimmt eine Partei in Kauf, wenn sie sich entscheidet, im Wege der Bild- und Tonübertragung teilzunehmen.

58 Ein Verstoß gegen die vorgenannten Anforderungen (z.B. auf die Bildübertragung oder auf die Möglichkeit, alle im Saal anwesenden Personen sehen zu können) kann allerdings gem. **§ 295 I ZPO geheilt** werden, denn bei den durch § 128a ZPO aufgestellten Anforderungen handelt es sich um Vorschriften, auf deren Befolgung die Partei gem. § 295 II ZPO wirksam verzichten kann.[81]

---

74 S. nur OLG Hamm, NZV 2003, 491.

75 *Resch/Kübra Erden*, jM 2022, 46 (49).

76 Ebenso Wieczorek/Schütze/*Gerken*, 4. Aufl. 2013, § 128a Rn. 6; Prütting/Gehrlein/*Prütting*, 11. Aufl. 2019, § 128a Rn. 4; *Schultzky*, NJW 2003, 313 (315).

77 MünchKomm-ZPO/*Fritsche*, § 128a Rn. 6; Zöller/*Greger*, § 128a Rn. 6; *Frank*, FuR 2020, 331; *Schultzky*, NJW 2003, 313 (315).

78 Ähnlich *Schreiber*, Betrifft Justiz 2020, 268 (272).

79 Ausf. *Windau*, NJW 2020, 2753 Rn. 5.

80 Ebenso Musielak/Voit/*Stadler*, § 128a Rn. 2.

81 Ebenso OLG Saarbrücken, Urteil v. 15.7.2021 – 4 U 48/20; ausf. *Windau*, NJW 2020, 2753 Rn. 7; aA *Gomille/Frenzel*, NJOZ 2022, 1185.

II. Säumnis bei Verhandlungen im Wege der Bild- und Tonübertragung

59 Für die Frage, ob eine der Parteien säumig ist, kommt es entgegen einer in der Literatur verbreiteten Ansicht nicht darauf an, ob sich die Partei bzw. ihr Prozessbevollmächtigter zur Terminszeit im Sitzungssaal oder an dem vorgegebenen anderen Ort aufhält.[82] Maßgeblich muss vielmehr sein, ob die Partei in der Lage ist, im Sitzungssaal Prozesshandlungen vorzunehmen (vgl. § 333 ZPO), also ob sie **physisch oder virtuell im Gerichtssaal anwesend** ist: Säumnis tritt ein, wenn die Partei weder im Gerichtssaal erscheint noch eine Übertragung im Wege der Bild- und Tonübertragung zustande kommt.[83] Erforderlich ist dabei nach dem eindeutigen Wortlaut des § 128a ZPO eine Übertragung von Bild und Ton;[84] kommt aus technischen Gründen nur eine Tonübertragung zustande, hindert dies Säumnis nicht. Es steht den Parteien in einem solchen Fall allerdings frei, auch dann zur Sache zu verhandeln, wenn auf einer oder beiden Seiten nur eine Tonverbindung zustande kommt; der Verstoß gegen § 128a ZPO kann dann gem. § 295 I ZPO geheilt werden (s. oben Rn. 58).

60 Auch wenn danach eine Säumnis vorliegt, setzt der Erlass eines Versäumnisurteils voraus, dass die Säumnis auch **verschuldet** ist (vgl. § 337 Satz 1 aE ZPO). Zur notwendigen Sorgfalt wird es insoweit jedenfalls gehören, alle notwendigen Vorbereitungen dafür zu treffen, um eine Bild- und Tonübertragung im Termin sicherzustellen[85]; dazu wird es im Regelfall auch gehören, eine vom Gericht angebotene Testmöglichkeit wahrzunehmen. Ergeben sich dann während der Verhandlung **technische Probleme**, dürfen an die technischen Kenntnisse zur Behebung keine überzogenen Anforderungen gestellt werden.[86] Ist der „andere Ort" nicht vorgegeben, ist außerdem sicherzustellen, dass am gewählten „anderen Ort" eine störungsfreie Teilnahme gewährleistet ist, sowohl betreffend die äußeren Umstände (Lärm, etc.) als auch betreffend die Übertragungsmöglichkeit (Empfang).

61 Da die gesetzliche Konzeption eine Ermessensentscheidung des Gerichts voraussetzt, wird ein Beteiligter ohne besondere Anhaltspunkte nicht davon ausgehen können, dass seinem Antrag auf Gestattung stattgegeben wird, sondern wird eine Anreise zum Gerichtsort planen müssen, solange keine Gestattung ergangen oder in Aussicht gestellt ist.

---

82 So aber z.B. MünchKomm-ZPO/*Fritsche*, § 128a Rn. 9; vgl. auch BGH, Beschluss vom 30.3.2004 – VI ZB 81/03 unter II.2.c).

83 OLG Celle, Beschluss v. 15.9.2022 – 24 W 3/22; s. ausf. *Windau*, NJW 2020, 2753 Rn. 24 f.; ebenso Musielak/Voit/*Stadler*, § 128a Rn. 4; ähnlich BeckOK-ZPO/*von Selle*, § 128a Rn. 7.

84 S. nur Stein/Jonas/*Kern*, § 128a Rn. 40; *Schultzky*, NJW 2003, 313 (315).

85 S. auch *Mantz/Spoenle*, MDR 2020, 637 (643).

86 OLG Celle, Beschluss v. 15.9.2022 – 24 W 3/22; s. auch *Mantz/Spoenle*, MDR 2020, 637 (643); ähnlich schon *Schaumburg*, ZRP 2002, 313 (315).

III. Kosten- und Gebührenrechtliche Fragen

1. Auslagen des Gerichts

Für Verhandlungen im Wege der Bild- und Tonübertragung normieren Ziff. 9019 KV-GKG bzw. Ziff. 2015 KV-FamGKG einen besonderen **Auslagentatbestand**: Danach erhebt das Gericht für die „Inanspruchnahme von Videokonferenzverbindungen“ je Verfahren für jede angefangene halbe Stunde Auslagen in Höhe von 15 EUR.[87] Die Regelung ist rechtspolitisch bedenklich, sind die Justizverwaltungen doch ohnehin verpflichtet, die dafür erforderliche Ausstattung zur Verfügung zu stellen. 62

2. Anwaltsgebühren

Für die gesetzlichen Anwaltsgebühren nach dem RVG ergeben sich grundsätzlich keine Besonderheiten. Bislang – soweit ersichtlich – nicht erörtert ist allerdings die Frage, ob **Auslagen** für eine Anreise zum Termin notwendig i. S. d. § 91 ZPO sind, wenn dem Prozessbevollmächtigten eine Teilnahme gem. § 128a I ZPO gestattet war. Ebenso wie bei Zeugen oder Sachverständigen (s. dazu *Irskens* § 20) spricht auch hier viel dafür, dass eine Teilnahme im Gerichtssaal auch bei einer Gestattung gem. § 128a I ZPO jederzeit zulässig bleibt, so dass die dadurch entstehenden Kosten **„notwendig“** i. S. d. § 91 I ZPO sein dürften. Die Grenze wird hier – wie auch sonst – lediglich der Rechtsmissbrauch sein.[88] 63

IV. Besonderheiten im Rahmen von § 495a ZPO

Gem. § 495a Satz 1 ZPO kann das Gericht sein Verfahren nach billigem Ermessen bestimmen, wenn der Streitwert 600 EUR nicht übersteigt, gem. Satz 2 ist allerdings auf Antrag mündlich zu verhandeln. Dies legt die Frage nahe, ob das Gericht aufgrund des ihm in Satz 1 eingeräumten Ermessens auch eine **Verhandlung im Wege der Bild- und Tonübertragung „anordnen“** kann, die Beteiligten also darauf verweisen kann (beispielsweise aufgrund begrenzter „Saalkapazitäten“ oder zur Verfahrensbeschleunigung), den Termin nicht im Saal, sondern lediglich im Wege der Bild- und Tonübertragung wahrzunehmen.[89] 64

Insoweit scheint eine differenzierte Betrachtung notwendig: Eine solche Anordnung wird vom Ermessen des Gerichts gedeckt sein und in manchen Fällen einem rein schriftlichen Verfahren sogar vorzuziehen sein (vgl. auch oben Rn. 15). Da das Gericht im schriftlichen Verfahren entscheiden könnte, wird auch die Öffentlichkeit für eine solche Verhandlung verzichtbar sein, so dass das Gericht die Verhandlung aus dem Büro 65

87 S. zu Einzelheiten *Windau*, Kostenrechtliche Fragen der Verhandlungen im Wege der Bild- und Tonübertragung, www.zpoblog.de/?p=8673.

88 Vgl. OLG Frankfurt GRUR 1998, 1034.

89 Zu Reformvorschlägen, unabhängig vom Streitwert ein solches Anordnungsrecht einzuführen s. *Köbler*, NJW 2021, 1072 f.

oder ggf. sogar dem Homeoffice leiten kann.[90] Hat allerdings eine Partei gem. Satz 2 beantragt, mündlich zu verhandeln, setzt dies eine Verhandlung voraus, die öffentlich ist und (auch) eine Teilnahme im Saal ermöglicht.[91]

E. Reformbestrebungen und Ausblick

66 Die Erfahrungen der Corona-Pandemie haben deutlich gezeigt, welche Vorteile der Einsatz von Videokonferenztechnik in vielen Verfahren bieten kann. Entsprechend ist eine Ausweitung dieser Möglichkeiten Gegenstand aktueller rechtspolitischer Bestrebungen.[92] Trotz vieler rechtspolitischer Vorschläge[93] blieben diese allerdings bislang eher wenig konkret.[94] Erst nach Abschluss des Manuskripts hat der Gesetzgeber den Entwurf eines Gesetzes zur Förderung des Einsatzes von Videokonferenztechnik in der Zivilgerichtsbarkeit und den Fachgerichtsbarkeiten vorgelegt.[95]

67 Die Reformdiskussionen in Rechtspraxis und Rechtswissenschaft betreffen mittelbar oder unmittelbar alle vier eingangs herausgearbeiteten Regelungselemente (Rn. 3ff.).

I. Einführung echter Online-Verhandlungen

68 Gegenstand vieler Vorschläge aus der Rechtswissenschaft und der gerichtlichen Praxis ist die Einführung **„echter“ Online-Verhandlungen** bzw. voll-virtueller Verhandlungen, bei der die Teilnahme nur im Wege der Bild- und Tonübertragung möglich ist und auf einen Sitzungssaal verzichtet wird.[96] In diesem Zusammenhang wird teilweise auch gefordert, das § 128a ZPO immanente **Freiwilligkeitsmoment** einzuschränken, so dass das Gericht derartige Online-Verhandlungen auch gegen den Willen oder ohne Zustim-

90 Vgl. auch *Rühl*, JZ 2020, 809 (814).

91 Ebenso zu § 1047 I 1 ZPO MünchKomm-ZPO/*Münch*, § 1047 Rn. 12.

92 S. dazu z.B. S. 106 des Koalitionsvertrages von SPD, Bündnis90/Die Grünen und FDP.

93 S. z.B. die Stellungnahme des DAV (https://anwaltverein.de/de/newsroom/pm-31-21-videoverhandlung-nicht-gegen-parteiwillen), der BRAK (https://brak.de/zur-rechtspolitik/stellungnahmen-pdf/stellungnahmen-deutschland/2021/november/stellungnahme-der-brak-2021-60.pdf) und des Legal-Tech-Verbands (https://www.legaltechverband.de/2021/09/13/stellungnahme-videoverhandlungen/).

94 S. aber aus jüngerer Zeit die Änderung von § 278 II ZPO durch das ERV-Ausbaugesetz.

95 Abrufbar unter https://www.bmj.de/SharedDocs/Gesetzgebungsverfahren/Dokumente/RefE_%20Videokonferenztechnik.pdf?__blob=publicationFile&v=3).

96 S. dazu ausf. *Fries*, GVRZ 2020, 27; *Reuß*, JZ 2020, 1135 (1139f.) sowie S. 45ff. des Diskussionspapiers der OLG-Arbeitsgruppe „Modernisierung des Zivilprozesses“, abrufbar unter https://www.justiz.bayern.de/media/images/behoerden-und-gerichte/oberlandesgerichte/nuernberg/diskussionspapier_ag_modernisierung.pdf; grundlegend *Susskind*, Online Courts and the Future of Justice, 2019.

mung der Parteien anzuordnen kann,[97] ggf. in Verbindung mit der Einführung eines an die EU-Bagatell-VO[98] angelehnten „Online-Verfahrens“.[99]

Besonderes Augenmerk ist dabei auf das Spannungsverhältnis zwischen den Persö- 69
nlichkeitsrechten der Beteiligten und dem **Öffentlichkeitsgrundsatz** zu richten, der gem. § 169 I GVG gegenwärtig als Saalöffentlichkeit ausgestaltet ist und ohne Anknüpfung an einen Sitzungssaal Probleme bereitet.[100] Teilweise wird dazu vorgeschlagen, an dieser Saalöffentlichkeit festzuhalten und diese in Form eines Übertragungsraumes sicherzustellen;[101] noch weiter gehen Vorschläge, die bisherige Saalöffentlichkeit im Sinne einer voll-digitalen Verhandlung durch Streaming zu ermöglichen.[102] Vermieden wird dieses Problem auch, wenn sich das Gericht weiter im Saal aufhält und das Gericht lediglich anordnen kann, dass sich die weiteren Beteiligten zuschalten müssen.[103]

Insgesamt ist bei diesen Vorschlägen eine wichtige Unterscheidung zu berücksichti- 70
gen: Die **Möglichkeit**, an einer Gerichtsverhandlung per Videokonferenz teilzunehmen kann – insbesondere aufgrund der Zeit- und Kostenvorteile – Rechtsschutz erst ermöglichen. Ein solcher **Zwang** wird allerdings gegenwärtig und auch auf absehbare Zeit auf viele Rechtssuchende auch abschreckend wirken und Rechtsschutz (auch) verhindern. Nicht umsonst misst das Gesetz der Möglichkeit, ein Anliegen in einem Gerichtssaal „Auge in Auge“ dem Gericht vortragen zu können, zu Recht große Bedeutung bei; Parteien können auch bei kleinsten Streitwerten gem. § 495a Satz 2 ZPO eine Möglichkeit zur (Präsenz-)Verhandlung (s. oben Rn. 65) erzwingen.

Dass mündliche Verhandlungen auch ohne Rückbindung an einen Verhandlungs- 71
saal denkbar sind, dürfte (abgesehen von der dann zu lösenden Frage der Öffentlichkeit, s. oben Rn. 69) kaum Zweifeln begegnen und wird auch durch die seit Beginn der Corona-Pandemie in Schiedsverfahren üblich gewordenen *virtual hearings* deutlich (s. dazu § 27). „Echte Online-Verhandlungen“ sind daher uneingeschränkt sinnvoll und zu begrüßen, soweit die Parteien damit ihr Einverständnis erklärt haben. Dann wären über die gegenwärtig erörterten technischen Möglichkeiten der Bild- und Tonübertragung hinaus auch „Hologramm-Hearings“[104] oder virtuelle Gerichtssäle in Form eines sog. Metaversums denkbar. Soll das Gericht Online-Verhandlungen auch gegen den Willen der Parteien anordnen können, ist Zurückhaltung geboten und stets sorgfältig zu prüfen, ob der damit einhergehende Zwang nicht rechtsschutzverkürzend wirken kann.

---

97 S. dazu auch den Vorschlag der Arbeitsgruppe „Modernisierung des Zivilprozessrechts (Fn. 95); ähnlich *Köbler*, NJW 2021, 1072.
98 S. insoweit Art. 8, 9 der EuGFVO (EU-Bagatell-VO, VO (EG) Nr. 861/2007).
99 Skeptisch im Hinblick auf die Freiwilligkeit auch *Rühl*, JZ 2020, 809 (811).
100 S. dazu *Reuß*, JZ 2020, 1135 (1140).
101 S. dazu S. 47 des Diskussionspapiers der Arbeitsgruppe „Modernisierung des Zivilprozesses“ (Fn. 95).
102 S. dazu ausf. *Paschke*, Digitale Gerichtsöffentlichkeit, S. 412f., 434ff.
103 So *Köbler*, NJW 2021, 1072.
104 S. dazu *Risse/Gremminger*, AnwBl. 2022, 24 (26).

72 So sinnvoll die Vorschläge zur Einführung „echter Online-Verhandlungen" in vielen Fällen sind, sie zeigen auch ein Dilemma: Entweder sie sind nur im Einverständnis der Parteien möglich und drehen damit in gewisser Weise die Rechtslage hinter den Stand der Reform von 2013 zurück. Oder sie können gegen den Willen angeordnet werden, was ebenfalls sehr kritisch zu sehen ist. Die Einführung „echter" Online-Verhandlungen ist nur teilweise geeignet, die mit den Möglichkeiten der Videokonferenztechnik verbundenen Zeit- und Kostenersparnisse zu realisieren.

II. Verzicht auf eine gerichtliche Gestattungsentscheidung

73 Das lenkt den Blick zurück auf das gegenwärtige hybride Modell, in dem **Videokonferenztechnik** die Rechtsschutzmöglichkeiten gerade deshalb erweitern könnte, weil sie den Parteien individuell **als weitere Option** neben der Möglichkeit einer Teilnahme im Sitzungssaal zur Verfügung steht. Dafür müssten allerdings die **gegenwärtig bestehenden rechtlichen und tatsächlichen Hindernisse** beseitigt werden: Die nach wie vor oft grotesk schlechte Ausstattung vieler Gerichte[105] (wozu z.B. im Übrigen neben der bloßen Technik auch die technische Unterstützung der Richter:innen gehört) und die teilweise fehlerhaften Ermessensausübung durch die Gerichte.[106]

74 Deshalb erscheint eine Rückbesinnung auf die **Parteihoheit** im Zivilprozess naheliegend: Nicht das Gericht, sondern die Parteien und ihre Bevollmächtigten sollten darüber entscheiden,[107] ob sie an einer Verhandlung im Wege der Bild- und Tonübertragung teilnehmen wollen, oder ob sie eine Teilnahme im Saal vorziehen, beispielsweise weil die Verhandlung für sie von besonderer Bedeutung ist und sie eine Zuschaltung als „Teilnahme zweiter Klasse" ansehen. Notwendig ist allenfalls, dass die Art der Teilnahme dem Gericht rechtzeitig mitgeteilt wird.

75 § 128a I ZPO sollte daher ersatzlos gestrichen und stattdessen § 128 I ZPO wie folgt neu gefasst werden:

76 „Die Parteien verhandeln über den Rechtsstreit vor dem erkennenden Gericht mündlich. Der Anwesenheit der Parteien, ihrer Prozessbevollmächtigten und Beistände im Sitzungszimmer steht eine zeitgleiche Bild- und Tonübertragung der Verhandlung in das Sitzungszimmer und an ihren Aufenthaltsort gleich. Eine Teilnahme im Wege der Bild- und Tonübertragung ist dem Gericht so früh wie möglich, spätestens aber zwei Wochen vor dem Termin anzuzeigen."

---

105 S. dazu symptomatisch das von den Ländern selbst im Angesicht der Corona-Pandemie betonte „Ausstattungsermessen" in BR-Drucks. 245/20, S. 2; zur Notwendigkeit der Unterstützung der Richer:innen s. auch *Duhe/Weißenberger*, RDi 2022, 176.

106 Für eine Ermessenseinschränkung daher statt vieler *Balke/Liebscher/Helwig*, AnwBl 2020, 366 (368).

107 S. dazu auch schon den Vorschlag der FDP-Bundestagsfraktion, BT-Drucks. 19/19120 und die Vorschläge bei *Fries/Podszun/Windau*, RDi 2020, 49.

Eine solche Änderung könnte beispielsweise mit **Kostenanreizen** verbunden werden.[108] Und auf diese Weise würde im Übrigen auch klargestellt, dass die Gerichtsverwaltungen verpflichtet sind, die dafür notwendige Ausstattung in technischer und personeller Hinsicht zur Verfügung zu stellen (s. dazu schon oben Rn. 10 f.). 77

108 Vgl. auch den Vorschlag von *Fries*, GVRZ 2020, 27 Rn. 23.

Gesine Irskens

§ 20 Die digitale Beweisaufnahme

Gliederungsübersicht **Rn.**

Gesine Irskens

https://doi.org/10.1515/9783110755787-020

Literatur: *Berger*, Beweisführung mit elektronischen Dokumenten, NJW 2005, 2016; *Brandt/Skowronek*, Die Herausforderungen der Digitalisierung für das zivilprozessuale Beweisverfahren, RDi 2021, 178; *Effer-Uhe*, Urteilen ohne Denkfehler – Psychologie und Justiz, DRiZ 2020, 18; *Freye/Schnebbe*, Digitale Gerichtsverhandlung, ZD 2020, 502; *Glunz*, Psychologische Effekte beim gerichtlichen Einsatz von Videotechnik, 2012; *Henning/Windau*, Pandemie als Digitalisierungsschub für die Justiz?, DRiZ 2021, 332; *Irskens*, Die Videoverhandlung in der Praxis, Betrifft Justiz 2020, 281; *Jansen*, Der Internetbeweis – Grundlagen der Internetforensik, CR 2018, 334; *Kaulartz*, Die Blockchain-Technologie, CR 2016, 474; *Köbler*, Die Videoverhandlung im Zivilprozess – Vorschlag einer Neuregelung, NJW 2021, 1072; *Lorenz*, Die Videokonferenz im familiengerichtlichen Verfahren, MDR 2016, 956; *Mantz/Spoenle*, Corona-Pandemie: Die Verhandlung per Videokonferenz nach § 128a ZPO als Alternative zur Präsenzverhandlung, MDR 2020, 637; *Munzel*, „Ein Bild sagt mehr als tausend Worte" – 3D-Darstellung in der Bauschadensbeschreibung, DS 2004, 183; *Nink*, Justiz und Algorithmen, 2021; *Rass/Garbe*, Assessorenfortbildung zur Psychologie der Aussagebeurteilung, ZDRW 2020, 142; *Reuß*, Die digitale Verhandlung im deutschen Zivilprozessrecht, JZ 2020, 1135; *Riehm*, Totgesagte leben länger? 20 Jahre elektronische Form im BGB, Festschrift für Johannes Hager zum 70. Geburtstag am 9.7.2021, 2021, 71; *Roßnagel/Nebel*, Beweisführung mittels ersetzend gescannter Dokumente, NJW 2014, 886; *Rühl*, Digitale Justiz, oder: Zivilverfahren für das 21. Jahrhundert, JZ 2020, 809; *Schultzky*, Videokonferenzen im Zivilprozess, NJW 2003, 313; *Spoenle*, Zur Aufzeichnung von Aussagen in der Videoverhandlung, RDi 2021, 235; *Windau*, Die Verhandlung im Wege der Bild- und Tonübertragung, NJW 2020, 2753; *Windau*, Gerichtsverhandlungen per Videokonferenz: Keine Angst vor § 128a ZPO, AnwBl 2021, 26.

A. Einführung

Die Zivilprozessordnung enthält einen abschließenden Katalog von **fünf Strengbeweismitteln**. Hierzu zählen der **Augenschein** (§§ 371–372a, 144 ZPO), der **Zeugenbeweis** (§§ 373–401 ZPO), der **Sachverständigenbeweis** (§§ 402–414, 144 ZPO), der **Urkundenbeweis** (§§ 415–444, 142 ZPO) und die **Parteivernehmung** (§§ 445–477 ZPO). Die zunehmende Digitalisierung der Beweismittel sowie die Gestattungsmöglichkeit einer Bild- und Tonübertragung im Rahmen des § 128a ZPO bringen Besonderheiten mit sich, die im Folgenden betrachtet werden. 1

B. Videovernehmungen: Zeugenbeweis (§§ 373–401 ZPO), Sachverständigenbeweis (§§ 402–414, 144 ZPO) und die Parteivernehmung (§§ 445–477 ZPO)

2 Videoverhandlungen sind in den Zeiten der Covid-19-Pandemie zu einem **festen Bestandteil** in den Sitzungskalendern der Justiz geworden. Erstinstanzlich erreichen die Gerichte teilweise Quoten von 49 Prozent (so z. B. das Landgericht Aurich in den Monaten Jan. und Feb. 2021), in zweiter Instanz bis zu 75 Prozent.[1] Daraus folgt allerdings nicht, dass im gleichen Umfang Videovernehmungen durchgeführt werden.

3 Ist doch die **Offenheit** gegenüber Videoverhandlungen gem. § 128a ZPO pandemiebedingt deutlich **gestiegen**, besteht weiterhin **Zurückhaltung** in Anwalt- und Richterschaft bei einer Vernehmung von Zeuginnen und Zeugen im Wege der Bild- und Tonübertragung.[2] Die positiven Erfahrungen mit mündlichen Verhandlungen gem. § 128a Abs. 1 ZPO, bei der die **persönliche Überzeugungskraft** von Bedeutung ist, lassen sich nicht unmittelbar auf die Online-Personeneinvernahme, bei der die **Beurteilung der Glaubhaftigkeit der Aussage** im Vordergrund steht, übertragen. Weitläufig verbreitet ist die **Sorge**, dass Aussagepersonen aufgrund der räumlichen Distanz zum Gericht und der fehlenden unmittelbaren Konfrontation mit der Gegenpartei **häufiger lügen** und eine **unwahre Aussage** auf Grund einer Abschwächung des persönlichen Eindrucks von der Aussageperson **schlechter erkannt** werden könnte (hierzu im Einzelnen unten Rn. 13–19).[3] Demzufolge bleiben Online-Vernehmungen nach wie vor die **Ausnahme**. Vorbehalte gegenüber einer digitalen Vernehmung in privaten Räumen begründen sich meist auf der Sorge vor **potenzieller Manipulation und Beeinflussung** der Aussageperson durch Dritte. Es gibt jedoch Möglichkeiten, eine Online-Zeugenvernehmung insgesamt **praktikabel** zu gestalten. Da die digitale Vernehmung zahlreiche Chancen und Vorteile bietet, auf die im Folgenden vertieft eingegangen wird, müssen **Bedenken und Vorbehalte der Praxis dringend hinterfragt** und die Bild- und Tonübertragung bei jeder Vernehmung bzw. Anhörung als Option in Erwägung gezogen werden.

I. Allgemeines

4 Zur technischen Ausstattung im Allgemeinen, zur Ausstattungspflicht und dem Grundsatz der Freiwilligkeit siehe *Windau* § 20. Die Zuschaltung der in § 128a Abs. 2 ZPO und § 128a Abs. 1 ZPO genannten Personen kann kombiniert werden, § 128a Abs. 2 Satz 3 ZPO.

---

1 https://www.mj.niedersachsen.de/startseite/aktuelles/presseinformationen/videoverhandlungen-in-der-justiz-immer-beliebter-198816.html. Belastbare und repräsentative Datenerhebungen über die deutschlandweit durchgeführten Videoverhandlungen liegen allerdings nicht vor; teils wird von deutlich niedrigeren Quoten berichtet, vgl. Duhe/Weißenberger, RDi 2022, 176.

2 *Brandt/Skowronek*, RDi 2021, 178 (183); Musielak/Voigt/*Stadler*, ZPO, § 128a Rn. 6; MüKoZPO/*Rauscher*, Beilage – Durch die COVID-19-Situation verursachte Fragestellung im Zivilprozessrecht, Rn. 18; Anders/Gehle/*Anders*, ZPO, § 128a Rn. 17; *Mantz/Spoenle*, MDR 2020, 637 (641).

3 *Glunz*, Psychologische Effekte beim gerichtlichen Einsatz von Videotechnik, 2012, S. 58.

II. Anwendungsbereich

1. Sachlicher Anwendungsbereich

Der sachliche Anwendungsbereich des § 128a Abs. 2 ZPO erstreckt sich ausschließlich 5
auf die Beweisaufnahme. Das umfasst nicht nur die **Befragung** der Zeuginnen und Zeugen, Sachverständigen oder der Partei, sondern darüber hinaus alle damit in Zusammenhang stehenden Handlungen, wie etwa die **Ermahnung zur Wahrheit**, die **Belehrung** zu etwaigen Zeugnisverweigerungsrechten und insbesondere auch die **Beeidigung.**[4]

2. Persönlicher Anwendungsbereich

Eine Teilnahme im Wege der Bild- und Tonübertragung kann **Parteien, Zeuginnen und** 6
Zeugen sowie Sachverständigen auf Antrag gestattet werden. Für Parteien, deren persönliches Erscheinen zum Zwecke der **informatorischen Anhörung gemäß § 141 Abs. 1 ZPO** angeordnet wurde, gilt § 128a Abs. 1 ZPO. Erst die **förmliche Parteivernehmung** gem. §§ 445–477 ZPO im Wege der Bild- und Tonübertragung richtet sich nach § 128a Abs. 2 ZPO und darf nicht von Amts wegen, sondern nur auf Antrag gestattet werden.

3. Räumlicher Anwendungsbereich

Zu dem „anderen Ort" gelten die Ausführung bei *Windau* § 20. Insbesondere können die 7
in Abs. 2 genannten Personen in ihren Privaträumen vernommen werden,[5] sofern diese im Inland liegen.[6] Eine Verlagerung der Gerichtsverhandlung ins „Private" findet ob der **Übertragung der vernommenen Person in den Gerichtssaal** nicht statt.[7] Bei einer Vernehmung aus ihren Privaträumen haben die Gerichte aktuell aber keine Möglichkeit zu prüfen, ob das seitens der Aussageperson genutzte Gerät (Smartphone, Tablet, PC) den aktuellen Sicherheitsstandards entspricht. Dies birgt die potentielle Gefahr, dass die genutzten Geräte kompromittiert sind und sich darüber unbefugt Dritte Zugang zu der – möglicherweise nichtöffentlichen – Verhandlungen verschaffen und Aufzeichnungen anfertigen könnten. Mangels Kontrollinstrument bliebe damit auch eine gerichtliche Anordnung, bestimmte technische Mindeststandards zu erfüllen, wirkungslos. Das Gericht kann die **Verantwortung für die Einhaltung der DSGVO** und den **Schutz des allgemeinen Persönlichkeitsrechts nicht** auf die Aussageperson **abwälzen.** Der Einsatz der Konferenztechnik kann gleichwohl im Rahmen der Interessenabwägung nach Art. 6

---

4 BT-Drs. 14/6063, S. 120.

5 *Schultzky*, NJW 2003, 313 (314); Musielak/Voit/*Stadler*, ZPO, § 128a Rn. 2; BGH NJW 2004, 2311 (2312); a.A. *Zöller/Greger, § 128a* Rn. 4; *Reuß*, JZ 2020, 1135 (1136).

6 *Schultzky*, NJW 2003, 313 (314); *Windau*, NJW 2020, 2753 (2754); BeckOKZPO/*von Selle*, § 128a Rn. 16.

7 Hierzu ausführlich LAG Düsseldorf, Urteil vom 13.1.2021, 12 Sa 453/20, juris Rn. 78ff.

Abs. 1 lit. f) DSGVO gerechtfertigt sein.[8] Bei Aussagepersonen mit besonderer Nähe zu einer der Parteien könnte anzuraten sein, sie in einem anderen Gericht als in ihrem privaten Umfeld zu vernehmen. So können ihnen die Gerichtsatmosphäre vermittelt und etwaige Manipulationshandlungen unterbunden werden. Eine gute Alternative bietet die **Vernehmung von Aussagepersonen aus einem separaten Raum in der Kanzlei der Parteivertretung**. Dies setzt natürlich voraus, dass die Anwaltskanzlei für die Aussageperson besser zu erreichen ist als das Gericht. Die Parteivertreterinnen bzw. -vertreter können eine den aktuellen **Sicherheitsstandards genügende Vernehmungstechnik** zur Verfügung stellen, wozu sie **§ 2 Abs. 2 Bundesrechtsanwaltsordnung (BRAO)** ohnehin anhält, und darüber hinaus versichern, dass es sich um die benannte Aussageperson handelt, keine weiteren Personen im Raum sind und nur solche Unterlagen als Gedächtnisstütze genutzt werden, die das Gericht wahrnehmen kann. Auch das **Risiko unerlaubten Abfilmens** der Vernehmung durch Dritte, um beispielsweise andere Aussagepersonen per Live-Stream über den Vernehmungsinhalt zwecks Absprache zu informieren, würde dadurch **minimiert** und wäre nicht höher als während einer Präsenzverhandlung.[9] Die Vernehmung in einem **wohnortnahen Gericht**, das womöglich noch in einem anderen Bundesland belegen ist, bietet demgegenüber zahlreiche Fallstricke – von der Organisation der Abläufe bis hin zur eingeschränkten Kompatibilität der jeweils im Einsatz befindlichen Videokonferenzsysteme der Länder. Bei **Sachverständigen** oder **institutionalisierten Zeuginnen und Zeugen,** z.B. aus dem Versicherungs- und Bankensektor, spricht in der Regel nichts gegen eine Vernehmung in deren Büro. Besonderes Augenmerk ist auf die **grenzüberschreitenden Vernehmungen** im Wege der Bild- und Tonübertragung und die damit verbundenen Vorzüge zu legen.

4. Antragsvoraussetzung

8 § 128a Abs. 1 ZPO erfordert als Alternative zu der Anordnung von Amts wegen einen **Antrag** einer Partei oder der Streithelfer (§ 66 ZPO).[10] Es besteht in der Literatur Einigkeit, dass es ausreichend ist, wenn **eine Partei** den Antrag stellt.[11] Besteht **Anwaltszwang**, gilt dies gem. § 78 ZPO auch für den (förmlichen) Antrag.

9 Ebenso normiert § 128a Abs. 2 ZPO einen Antrag als Voraussetzung für die Gestattung; eine Anordnung von Amts wegen ist nicht möglich. Es gelten hierbei die vorgenannten Grundsätze (Rn. 8). Darüber hinaus können den Antrag Zeuginnen und Zeu-

8 Zu den Anforderungen gem. DSGVO und dem allgemeinen Persönlichkeitsrecht ausführlich *Reuß*, JZ 2020, 1135 (1139); *Freye/Schnebbe*, ZD 2020, 502.

9 Dazu, dass das Risiko von unerlaubten Aufnahmen keinen Grund darstellen darf, eine Gestattung nach § 128a ZPO abzulehnen: LAG Düsseldorf, Urteil vom 13.1.2021, 12 Sa 453/20, juris Rn. 95.

10 *Lorenz*, MDR 2016, 956 (958); Saenger ZPO/*Wöstmann*, § 128a Rn. 2.

11 So auch MüKoZPO/*Fritsche*, 6. Aufl. 2020, § 128a Rn. 5; Prütting ZPO/*Gehrlein*, § 128a Rn. 5; Saenger ZPO/*Wöstmann*, § 128a Rn. 2.

gen, Sachverständige oder eine Partei stellen[12]. Wenn auch die Genese der Norm nahelegt, dass zunächst das Erfordernis des Einverständnisses *beider* Parteien dergestalt aufgeweicht werden sollte, dass der Antrag *einer* Partei genüge[13], findet sich in dem Wortlaut der Norm keine Beschränkung darauf, dass der Antrag nur von Parteien gestellt werden darf.

Qualität und Sicherheit der Zuschaltung hängen auch von der dem Zugeschalteten zur Verfügung stehenden Technik ab. Im Zuge der Anhörung vor der Entscheidung über die Gestattung gem. 128a ZPO sind **geäußerte Bedenken** der Beteiligten im Rahmen der Ermessensentscheidung zu **berücksichtigen** und **ggf. Vorkehrungen zu treffen.** 10

III. Entscheidung

1. Grundlagen

Bzgl. Form und Anfechtbarkeit des Beschlusses wird auf *Windau* § 20 Bezug genommen. 11
Der Beschluss sollte aus klarstellenden Gründen den Zusatz enthalten, dass sich die **Gestattung auf die Vernehmung** bezieht. Bei Zeuginnen und Zeugen kann es sinnvoll sein, den **Ort der Vernehmung** vorzugeben,[14] damit ein angemessener Ort gewählt wird;[15] oftmals besteht aber keine Notwendigkeit, den Ort festzulegen.[16] Üblicherweise gibt das Gericht **Verhaltensregeln** auf[17] sowie weitere Hinweise zu der benötigten Technik oder der Kameraeinstellung (Portraitansicht und 360-Grad-Perspektive, jedenfalls durch einmaliges Schwenken der Kamera durch den Raum) und untersagt ggfs. die Nutzung virtueller Hintergründe oder der Blur-Einstellung. Die Verwendung eines Headsets führt beispielsweise nicht nur zu einer verbesserten Tonqualität, sondern reduziert das Risiko eines unbefugten Mithörens oder Mitschneidens. Bei Verstoß können Ordnungsmittel gem. §§ 176 Abs. 1, 177, 178 Gerichtsverfassungsgesetz (GVG) erwogen werden.[18] Darüber hinaus bietet es sich an, vorab Regeln zur Anwesenheit anderer Personen und zur Nutzung etwaiger Unterlagen als Gedächtnisstützen gem. § 378 ZPO mitzuteilen.

2. Ermessensausübung

Vergleiche zu den Grundlagen der Ermessensausübung *Windau* § 20. Für die Beweisauf- 12
nahme gilt ergänzend Folgendes:

---

12 MüKoZPO/*Fritsche*, § 128a Rn. 14; a.A. Anders/Gehle/*Anders*, ZPO, § 128a Rn. 10.
13 Vgl. BT-Drs. 17/1224, S. 13.
14 *Windau*, NJW 2020, 2753 (2754).
15 Unangemessen sind z.B. Orte wie Internetcafé, Schwimmbad, Kneipe oder Fußballplatz, ähnlich auch LAG Düsseldorf, Urteil vom 13.1.2021, 12 Sa 453/20, juris, Rn. 95.
16 *Windau*, NJW 2020, 2753, (2755); a.A. *Schultzky*, NJW 2003, 313, (316).
17 Z.B. sicherzustellen, dass man ungestört bleibt.
18 BeckOKZPO/*von Selle*, § 128a Rn. 9a.

a) Zeugenvernehmung

13 Die Vernehmung von Zeuginnen und Zeugen im Wege der Bild- und Tonübertragung gem. §§ 128a Abs. 2, 373–401 ZPO bietet die Möglichkeit, **Prozesskosten** zu senken, **schneller** Verhandlungstermine anzuberaumen und auch bei eingeschränkter Reisefähigkeit der Aussageperson einen **unmittelbaren Eindruck** zu erhalten. Es können **Nachfragen gestellt** werden, wo sonst nur eine schriftliche Vernehmung oder die Vernehmung durch ersuchte Richterinnen bzw. Richter in Betracht gezogen würde. Eine Vernehmung auf andere Weise, z.B. per **Telefonanruf**, ist nur bei **Zustimmung der Parteien im Freibeweis nach § 284 Satz 2 ZPO**[19] oder im **Verfahren nach § 495a ZPO** statthaft. Auch für die Aussageperson ist eine Videovernehmung mit Vorteilen verbunden. Es entfallen lange Fahrt- und Wartezeiten, die vielfach in keinem Verhältnis zur Dauer der Vernehmung selbst stehen. Die **Vernehmung von Kindern** im Wege der Bild- und Tonübertragung ermöglicht diesen überdies **einen Verbleib in ihrer gewohnten Umgebung** sowie – in Pandemiezeiten – einen Kontakt zu dem Gericht und den Beteiligten ohne Mund-Nase-Bedeckung, was auch – nicht nur bei der Vernehmung von Kindern – eine bessere Wahrnehmung der Mimik und damit der Emotionen erlaubt. **Traumatisierten Opfern** kann durch die Bild- und Tonübertragung ein **Schutzraum** geboten werden.[20] Vorgenannte Punkte sollten leitgebend für die Entscheidung sein, ob eine Videovernehmung beantragt bzw. gestattet wird.

14 Eine Vernehmung im Wege der Bild- und Tonübertragung kommt nur dann nicht in Betracht, wenn der **persönliche Eindruck für die Beweiswürdigung von maßgeblicher Bedeutung** ist und bei der Videovernehmung nicht hinreichend wahrgenommen werden kann. Maßgebend ist daher, inwieweit der Beweiswert der Aussage durch die Nutzung der Videokonferenztechnik beeinflusst werden könnte. Zu berücksichtigen sind einerseits Manipulationsmöglichkeiten und andererseits die ggf. eingeschränkte Wahrnehmbarkeit der Aussageperson.

15 Bei sog. **Zufallszeuginnen und -zeugen** oder **Polizeibeamtinnen und -beamten** werden nur äußerst selten Manipulationen oder Einflussnahmen zu erwarten sein. Anders kann sich dies darstellen, wenn eine große Nähe zwischen der Aussageperson und einer der Parteien besteht oder die Aussageperson ein Interesse an dem Ausgang des Verfahrens hat.[21] Während einer Vernehmung per Video ist es der Aussageperson ohne weiteres möglich, Stichworte, Absprachen oder Fotos auf dem Bildschirm anzeigen oder gar sich von einer nicht im Aufnahmebereich der Kamera befindlichen Person soufflieren zu lassen. Bei einer Vernehmung im Gerichtssaal besteht die Möglichkeit sicherzustellen, dass während der Vernehmung nur **Unterlagen oder Hilfsmittel herangezogen** werden, die das Gericht auch wahrnehmen kann. So kann es die Aussageperson besser anhalten, zwischen noch vorhandenen Erinnerungen und Aussageteilen, die auf

19 *Zöller/Greger*, ZPO, § 377 Rn. 10a.
20 Vgl. die Erwägungen zu § 247a StPO, BT-Drs. 17/1224, S. 10 ff.
21 *Lorenz*, MDR 2016, 956 (959).

einer Gedächtnisstütze beruhen, zu differenzieren (vgl. § 378 ZPO). Diesen Risiken kann allerdings auch bei einer Videovernehmung begegnet werden. Sollten etwaige Bedenken bestehen, könnte die zu vernehmende Person gebeten werden, sich mit einem Zweitgerät, z. B. Handy, in die Konferenz einzuwählen und die Sicht auf den PC und den dahinterliegenden Raum abzubilden oder eine 360°-Kamera zu nutzen – wozu sie allerdings wohl nicht verpflichtet werden kann. Alternativ kann die Vernehmung von Aussagepersonen in der Kanzlei einer der Parteivertretenden erfolgen, um einer Manipulationsgefahr zu begegnen (s. o.). Soweit praktikabel, kommt auch die Vernehmung an einer wohnortnahen Gerichtsstelle in Betracht.

Ein noch nicht vollständig erforschter Bereich ist die **Beeinflussung des Beweiswertes** durch den Einsatz von Videokonferenztechnik. Allerdings existieren bedeutsame wissenschaftliche Erkenntnisse aus dem Bereich der Psychologie der Aussagebeurteilung. In diesem Zusammenhang ist wissenschaftlich nachgewiesen, dass Alltagstheorien und das Bauchgefühl bei der Würdigung von Aussagen keine guten Ratgeber sind.[22] Die häufige Annahme, lügende Personen gut an körpersprachlichen Signalen wie der Vermeidung von Blickkontakt zu erkennen, ist falsch.[23] Dies wird in den Medien und populärwissenschaftlich jedoch immer wieder versucht zu suggerieren[24] und führt auch zu der Fehlvorstellung, der Einsatz von Videokonferenztechnik könnte per se zu einer Verschlechterung des Beweiswertes der Aussage führen.[25] Zwar gibt es körpersprachliche Zeichen, die z. B. auf eine Veränderung des Erregungszustandes hindeuten können. Die Gründe für solche Veränderungen sind aber vielfältig und bieten die reale Gefahr, dass die Vernehmungsperson diese Anzeichen im Sinne ihrer Voreinstellung (fehl-)interpretiert.[26] Von größter Bedeutung für eine **zuverlässige Aussagebeurteilung** ist die **Analyse des Inhalts der Aussage**, insbesondere zu dem für das Gericht relevante Kerngeschehen des zu untersuchenden Sachverhalts, die im Wege einer Videovernehmung vollständig erfolgen kann. Viel ernstzunehmender für eine fehlerhafte Aussagebeurteilung sind **Rationalitätsschwächen** wie der Bestätigungsfehler oder die kognitive Dissonanz.[27] Im Verhältnis zu diesen Gefahren dürfte der Einfluss durch den Einsatz von Videokonferenztechnik zu vernachlässigen sein, wobei man sich allerdings auch die Nachteile von Videovernehmungen **bewusstmachen** sollte: So kann kein direkter Blickkontakt zwischen den teilnehmenden Personen hergestellt werden, was für eine entspannte Vernehmungsatmosphäre entscheidend sein kann. Ferner können – für die Glaubwürdigkeitsbeurteilung unzuverlässige – körpersprachliche Signale durch den Einsatz der Videotechnik verzerrt oder betont werden (zur Gefahr der Fehlinterpretation wie vor). Auch können die Offenheit und Aufrichtigkeit von Aussageper- 16

22 *Rass/Garbe*, ZDRW 2020, 142.
23 *Bender/Nack* et. al., Tatsachenfeststellung vor Gericht, Rn. 224 f.; *Rass/Garbe*, ZDWR 2020, 142 (143).
24 *Rass/Garbe*, ZDRW 2020, 142 (145).
25 So z. B. Musielak/Voit/*Stadler*, ZPO, § 128a Rn. 6.
26 *Rass/Garbe*, ZDWR 2020, 142 (146) m. w. N.
27 *Effer-Uhe*, DRiZ 2020, 18 (19); *Nink*, Justiz und Algorithmen, 2021, S. 63.

sonen durch die technikbedingte Distanz leiden.[28] Die jeweilige Vernehmungsperson sollte vor diesem Hintergrund ihre bisherigen Vernehmungsmethoden reflektieren, auf die Videovernehmung anpassen und ggf. – einzelfallbezogen – ein Gegengewicht zur verstärkten **Versachlichung der Kommunikation durch den Technikeinsatz** entwickeln, um eine angenehme Vernehmungssituation zu schaffen. Durch die Bild- und Tonübertragung kann der Eindruck verringert sein, wie Aussagepersonen und Parteien aufeinander reagieren; gerade in familienrechtlichen Verfahren bieten solche Interaktionen die Möglichkeit, Konflikte zu verstehen und zu schlichten. Auf der anderen Seite ist dann auch der sich vergewissernde Blick der Aussageperson zu der ihm nahestehenden Partei nicht mehr möglich und eine gegenseitige Beeinflussung vermindert.

17 Bei der Ermessensausübung kann auch berücksichtigt werden, wer den Antrag stellt. Stellt die **beweispflichtige Person den Antrag gem. § 128a ZPO**, hält also selbst eine Bild- und Tonübertragung für die Beweisaufnahme für ausreichend und trägt sie das Risiko, dass – was eher einer hypothetischen Annahme entspricht – infolge der Bild- und Tonübertragung die Aussage nicht zur Überzeugungsbildung des Gerichts ausreicht, sollte eine **Gestattung** erfolgen. Dies gilt umso mehr, wenn alle Beteiligten die Vernehmung im Wege der Bild-und Tonübertragung beantragen.

18 Zusammenfassend lässt sich sagen, dass der Technikeinsatz einen **Einfluss auf die Vernehmungssituation** hat, was zu bedenken ist, aber **nicht hinderlich** sein muss. Davon, dass durch die Videovernehmung der **Beweiswert der Aussage** automatisch verringert sei, kann aber in **keinem Fall die Rede** sein. Bezüglich der Qualität der allein maßgeblichen objektiven Trefferquote sind in der überwiegenden Anzahl der Studien, die die Trefferquote der zutreffenden Glaubhaftigkeitsbeurteilung maßen, **Verschlechterungen nicht aufgetreten.**[29] Allein die Präsenzvernehmung ist kein Garant für eine zutreffende Glaubhaftigkeitsbeurteilung. Ausgehend davon dürften kaum Fälle denkbar sein, in denen der unmittelbare persönliche Eindruck zwingend erforderlich wäre.[30]

19 Soweit die zu vernehmende Person **im Ausland** lebt, wäre selbst dann, wenn das Gericht zu dem Ergebnis gelangt, dass ihre **unmittelbare Vernehmung** vor dem erkennenden Gericht **erforderlich** ist, zu erwägen, sie gemäß § 128 a Abs. 2 ZPO im Wege der **Bild- und Tonübertragung zu vernehmen,**[31] **§ 363 ZPO.**

---

28 Vertiefend hierzu *Glunz*, Psychologische Effekte beim gerichtlichen Einsatz von Videotechnik, 2012, S. 319 (387).

29 *Glunz*, S. 191.

30 Konträr hierzu: *Glunz*, S. 387f.

31 Grundlegend: BGH 1.7.2010 – V ZR 238/09 Rn. 7; BPatG, Beschl. v. 16.7.2002 – 23 W 32/98; OLG München, Urt. v. 14.2.2014 – 10 U 3074/13; Stein/Jonas/*Chr. Berger*, ZPO, § 363 Rn. 14; ähnlich BGH, Beschl. v. 24.7. 2013 – IV ZR 110/12 Rn. 10; *Lafontaine*, DAR 2020, 541 (549); *Dötsch*, MDR 2011, 269 (272); *Mankowski*, RIW 2014, 397 (399).

b) Sachverständige

Gemäß § 128a ZPO kann das Gericht auf Antrag gestatten, dass sich **Sachverständige** während der Vernehmung gem. § 402 ZPO i.V.m. § 397 ZPO oder der Erläuterung des Gutachtens gem. § 411 Abs. 3 ZPO an einem anderen Ort aufhalten. 20

Anders als bei Zeuginnen und Zeugen sowie Parteien steht regelmäßig nicht die **Glaubhaftigkeit** der Aussage, sondern die **Nachvollziehbarkeit** des Sachverständigengutachtens im Mittelpunkt der Anhörung. Durch die **Sachbezogenheit** der Vernehmung gibt es kaum Gründe, eine Vernehmung im Gerichtssaal als notwendig zu erachten.[32] Überlegungen, dass in Bauprozessen mit einer Vielzahl von Unterlagen eine Anhörung im Gerichtssaal sinnvoll ist, um z.B. Baumängel anhand der Unterlagen zu erörtern, dürften – jedenfalls zukünftig – obsolet sein; eingereichte Unterlagen können über die Funktion „Bildschirm teilen" mit allen Beteiligten erörtert werden. Gerade in Bauprozessen bietet die **Digitalisierung großes Potential** (hierzu unten, Rn. 80, 98f.). 21

c) Parteivernehmung

Für die **förmliche Parteivernehmung** gelten die gleichen Grundsätze wie für die Vernehmung von Zeuginnen und Zeugen bzgl. des unmittelbaren Eindrucks. Stellt die **beweispflichtige Person den Antrag** nach § 128a Abs. 2 ZPO, ist dies ebenso entsprechend bei der Ermessensausübung des Gerichts **zugunsten einer Gestattung** nach § 128a ZPO zu berücksichtigen. 22

IV. Durchführung der Videovernehmungen

1. Ladung, Öffentlichkeit und Kosten

Zur Ladung vgl. auch *Windau* § 20. Nach streitiger Auffassung sind die Parteien **in den Sitzungssaal am Terminsort i.S.d. § 219 Abs. 1 ZPO zu laden**.[33] Gleiches gilt für § 128 Abs. 2 ZPO. Die Gestattung, an der Verhandlung im Wege der Bild- und Tonübertragung teilzunehmen, basiert auf dem Grundsatz der Freiwilligkeit. Erscheint die Aussageperson trotz einer Gestattung nach § 128a ZPO im Gerichtssaal, sind ihr die Reisekosten zum in der Ladung angegebenen Ort gleichwohl als notwendige Auslagen zu erstatten.[34] 23

Sollen Aussagepersonen an einer Gerichtsstelle in Wohnortnähe vernommen werden, dann sind diese auch dorthin zu laden, arg. ex § 375 ZPO. Denn die Gestattung nach § 128a ZPO stellt eine mildere Maßnahme als die Beweisaufnahme durch einen beauftragten oder ersuchten Richter bzw. eine Richterin dar. Die nötige technische Ausstat- 24

---

32 *Mantz/Spoenle*, MDR 2020, 637 (641).

33 LAG Düsseldorf, Beschl. v. 13.1.2021 – 12 Sa 453/20 Rn. 96; BeckOKZPO/*Jaspersen*, § 219 Rn. 2a; *Windau*, NJW 2020, 2753 Rn. 23; a.A. MüKoZPO/*Fritsche*, § 128a Rn. 13.

34 A.A.: Mehraufwand durch Anreise nicht erstattungsfähig, Musielak/Voit/*Stadler*, ZPO, § 128a; MüKoZPO/*Fritsche*, § 128a Rn. 10; *Zöller/Greger*, § 128a, Rn. 8; Saenger ZPO/*Wörstmann*, § 128a Rn. 3; *Schultzky*, NJW 2003, 313 (316).

tung wird vor Ort bereitgestellt. In diesem Falle ist auch eine **Erstattung der Aufwendungen**, die der Aussageperson entstehen, falls diese auf die Zuschaltmöglichkeit verzichtet und anreist, **ausgeschlossen**.[35]

25 Am „anderen Ort" ist keine Öffentlichkeit zu gewährleisten.[36]

2. Identitätsfeststellung

26 Die Frage nach der **Identitätsfeststellung** bei Vernehmungen im Wege der Bild- und Tonübertragung wird regelmäßig aufgeworfen und mag eine Ursache für den zurückhaltenden Einsatz des § 128a Abs. 2 ZPO sein. Es sind allerdings keine Fälle bekannt, in denen absichtlich eine andere als die geladene Person im Gericht erschienen ist. Die Überprüfung der Personalien erfolgt an manchen Gerichten standardmäßig, überwiegend aber erst dann, wenn sich Unstimmigkeiten z.B. bzgl. der Personalien wie des Alters oder der Meldeadresse ergeben. Bei einer Videovernehmung bietet es sich an, den Personalausweis in die Kamera halten zu lassen. An einem gut belichteten Ort können über die Kamera auch Hologramme als Echtheitszeichen erkannt werden. Zukünftig könnten die gerichtlich genutzten Videokonferenzsysteme mit den Nutzerkonten (§ 3 Onlinezugangsgesetz) verknüpft werden. Dies würde die Authentifizierung von Identitäten erleichtern. Obwohl oftmals die Motive fehlen dürften, mag zukünftig auch das Risiko von „Deepfakes" bei der Online-Zuschaltung in Gerichtsverfahren virulent werden. Deepfakes sind in erster Linie gefälschte Video- und Audiodateien, die überzeugend echt aussehen und klingen. „Echtzeit"-Deepfakes können z.B. durch das sog. Face-Swapping-Verfahren erzeugt und mit „Echtzeit"-Audiodeepfakes kombiniert werden.[37] Da auch Echtzeit-Deepfakes immer leichter durch Laien erstellt werden können und die Erkennung zunehmend schwieriger wird, ist eine grundsätzliche Sensibilität für dieses, aus heutiger Sicht allerdings noch **sehr niedrige** Risiko sinnvoll.

3. Getrennte Vernehmung

27 § 394 ZPO sieht eine getrennte Vernehmung von Zeuginnen und Zeugen vor. Dies ist auch bei der Bild- und Tonübertragung sicherzustellen. Sie dürfen nur einzeln zu der Konferenz eingelassen werden, können aber, wie auch bei Präsenzverhandlungen, nach Abschluss ihrer Vernehmung noch der Verhandlung beiwohnen, wenn sich noch Anschlussfragen ergeben können. Sobald die Aussageperson entlassen ist, zählt sie zur Öffentlichkeit. Zur Übertragung der Öffentlichkeit vgl. *Windau* § 20. Soweit zu befürchten

35 Entsprechend unmissverständlich sollten dann die Hinweise gefasst sein, die der Aussageperson mit der Ladung übersandt werden.

36 Musielak/Voit/*Stadler*, ZPO, § 128a Rn. 2.

37 Hierzu und zu möglichen Gegenmaßnahmen: https://www.bsi.bund.de/DE/Themen/Unternehmen-und-Organisationen/Informationen-und-Empfehlungen/Kuenstliche-Intelligenz/Deepfakes/deepfakes_node.html.

ist, dass Aussagepersonen die technischen Möglichkeiten nutzen, um den Aussageinhalt der anderen Personen durch kollusives Zusammenwirken im Rahmen der technischen Möglichkeiten mitzuverfolgen, sollte von einer Videovernehmung abgesehen oder diese an einer wohnortnahen Gerichtsstelle oder der Kanzlei der Parteivertretenden durchgeführt werden. Häufiger dürfte sich durch den Technikeinsatz jedoch eher vermeiden lassen, dass sich die vor dem Gerichtssaal wartenden Personen gegenseitig – unbewusst – durch Gespräche vor dem Gerichtssaal beeinflussen. Würde jedoch z.B. aufgrund eines versehentlichen Einlasses in die Konferenz keine getrennte Vernehmung der Aussagepersonen erfolgen, bliebe dies ohne Konsequenz, da § 394 ZPO nur eine sanktionslose Ordnungsvorschrift darstellt.[38]

4. Belehrung und Beeidigung

Für Belehrungen nach § 395 ZPO bzw. §§ 410, 391, 402 ZPO ergeben sich aus der Bild- und 28
Tonübertragung **keine Besonderheiten**. Ein Hinweis darauf, dass Aufzeichnungen verboten sind, dürfte i.d.R. zweckdienlich sein. Bei einer grenzüberschreitenden Vernehmung nach § 128a Abs. 2 ZPO ist zusätzlich auf die **Freiwilligkeit** der Aussage hinzuweisen.[39] Wichtig ist die Belehrung über die Wahrheitspflicht; das deutsche Strafrecht ist unabhängig vom Recht des Tatorts für Straftaten gem. §§ 153–156 StGB bei Auslandsvernehmungen anwendbar, § 5 Nr. 10 StGB.

5. Protokollierung und Aufzeichnungsverbot

Der bzw. die Vorsitzende hat die Möglichkeit, im Rahmen der Prozessleitung gem. § 136 29
ZPO eine **Tonaufnahme der gesamten Sitzung** auf einem Datenträger anzufertigen, § 160a Abs. 1 ZPO.[40] Die **vorläufigen Aufzeichnungen der Vernehmungen** können dann nach § 160a Abs. 3 Satz 1 ZPO zu den Prozessakten (§ 298a ZPO) genommen werden. Dort werden sie im Hinblick auf die von den Hauptakten abweichenden Aufbewahrungsfristen und Einsichtsrechten vorzugsweise in einem elektronischen Sonderheft gespeichert.

Das **Aufzeichnungsverbot** gem. § 128a Abs. 3 Satz 1 ZPO steht der Tonaufnahme 30
nicht entgegen, denn es bezieht sich auf die Aufzeichnung in Bild und Ton. Nach einhelliger Auffassung bleibt die Erlaubnis bestehen, eine vorläufige Tonaufnahme gem. § 160 Abs. 3 Nr. 4 und 5 ZPO anzufertigen und zu den Akten zu geben.[41] Bei Einverständnis der zu vernehmenden Person wird die Bild- und Tonaufzeichnung teilweise für zulässig erachtet.[42] Das Aufzeichnungsverbot und die Genese der Vorschrift stehen dem allerdings

---

38 Anders/Gehle/*Gehle*, ZPO, § 394 Rn. 2.

39 Geimer/Schütze Int. Rechtsverkehr/*Knöfel*, 62. EL Juli 2021, VO (EG) 1206/2001 Art. 10 Rn. 37.

40 Anders/Gehle/*Bünnigmann*, ZPO, § 160a.

41 Musielak/Voit/*Stadler*, ZPO, § 128a Rn. 10; *Spoenle*, RDi 2021, 231, Rn. 17ff.

42 Zöller Zivilprozessordnung/*Greger*, 34. Aufl. 2022, § 128a ZPO, Rn. 9; a.A. *Schultzky*, NJW 2003, 313 (317); *Mantz/Spoenle*, MDR 2020, 637 (639).

entgegen.[43] Ein Bedürfnis nach Aufzeichnungsmöglichkeiten wurde im Rahmen des Gesetzes zur Intensivierung des Einsatzes von Videokonferenztechnik 2013 explizit erörtert und abgelehnt, auch um Wertungswidersprüche zwischen Präsenz- und Videoverhandlungen zu vermeiden.[44] Die Bedürfnisse sind ein Jahrzehnt später neu zu bewerten (vgl. hierzu E.).

31 Eine (gesetzlich bisher nur erlaubte Ton-)Aufzeichnung stellt gegenüber den verkürzt protokollierten Aussagen einen deutlichen Mehrwert dar[45], **vermeidet Redundanzen** in der Sitzung durch das Protokollieren mittels Richterdiktats, die bei Hinzunahme einer dolmetschenden Person eine weitere Steigerung erfahren, und führt somit zu einer **enormen Zeitersparnis**. Dies lässt sich auch mit einer Zusammenfassung des wesentlichen Ergebnisses der Aussage kombinieren, die verschriftlicht den Akten zugeführt wird, § 160a Abs. 2 Satz 1 ZPO.

32 Da sich § 160a ZPO auf Tonaufzeichnungen bezieht, sind sowohl Screenshots als auch tonlose Aufzeichnungen von Videosequenzen von dem expliziten Aufzeichnungsverbot umfasst, soweit sich diese auf die in § 128a ZPO geregelten Fälle beziehen (zu Screenshots im Rahmen eines Tele-Augenscheins oder der Vorlage elektronischer Dokumente s. unten).

6. Ausbleiben der Aussageperson

33 Ist die Aussageperson **weder in dem Konferenzraum erschienen noch telefonisch erreichbar**, können – unter den gesetzlichen Voraussetzungen – **Ordnungsmittel** verhängt und die **polizeiliche Vorführung angeordnet** werden. Zum Verschulden s. *Windau* § 20. Der Hinweistext, den die Aussageperson mit der Ladung erhält, ist entsprechend klar zu fassen.

34 Bei **technischen Störungen**, die sich auf die Bildübertragung auswirken, liegt für die mündliche Verhandlung nach § 128a Abs. 1 ZPO nahe, eine Tonübertragung als ausreichend zu erachten, soweit rügelos zur Sache verhandelt wird.[46] Bei der Beweisaufnahme dürfte Ähnliches gelten. Das Gericht ist jedoch gehalten, ungeachtet einer Rüge zu prüfen, ob die Tonübertragung für die Bewertung der Aussage und die Akzeptanz eines späteren Urteils ausreicht. Ggf. ist die Beweisaufnahme abzubrechen und in Präsenz zu wiederholen. Eine **Tonübertragung ist** selbstredend **zwingend.**[47]

---

43 BT-Drs. 17/12418, S. 14; so auch *Schultzky*, NJW 2003, 313 (317); *Stadler*, ZZP 115 (2002), 440; *Mantz/Spoenle*, MDR 2020, 637 (639).

44 BT-Drs. 17/12418, S. 14.

45 So auch *Diekmann*, NJW 2021, 605 (606).

46 Zu § 128a Abs. 1 ZPO: LG Saarbrücken mit Urteil vom 5.7.2021 – 4 U 48/20; Hessische Finanzgericht, Urteil vom 24.7.2014, Az. 8 K 1324/10.

47 Dies mag allenfalls in dem seltenen Fall nicht gelten, dass eine taubstumme Person vernommen würde und sich die dolmetschende Person im Gerichtssaal aufhielte. Dann könnte schwerlich auf eine Bildübertragung verzichtet werden.

C. Tele-Augenschein und Tele-Urkundenbeweis (§§ 371–372a, 144 ZPO)

I. Allgemeines

Augenschein ist jede **unmittelbare Sinneswahrnehmung von beweiserheblichen Tatsachen durch ein Gericht**. Das Beweismittel der Inaugenscheinnahme umfasst entgegen seinem engen Wortlaut nicht nur visuelle, sondern auch akustische, olfaktorische und haptische Wahrnehmungen des Gerichts.[48] Neben den klassischen Beweisen aus dem Bereich des Augenscheins sind hiervon auch alle **elektronischen Dokumente** umfasst (vgl. hierzu D.). Zu betrachten ist, inwieweit im Wege der Bild- und Tonübertragungen auch Augenscheinsobjekte und Urkunden prozessordnungsgemäß eingeführt werden können. 35

II. Tele-Augenschein im Wege der Bild- und Tonübertragung

Die Zulässigkeit eines sog. **Tele-Augenscheins** ist **umstritten**. Der Tele-Augenschein ist von der Regelung des § 128a Abs. 2 S. 1 ZPO bislang nicht umfasst.[49] In den jeweiligen Gesetzesmaterialien fehlen entsprechende Erwägungen. Wegen des **Ausnahmecharakters** von § 128a ZPO erstreckt sich der Anwendungsbereich auf die in Abs. 2 genannten Beweismittel, ohne eine abschließende Regelung für alle Beweismittel zu treffen.[50] Daher ist es **nach allgemeinen Grundsätzen zulässig**, Beweis mittels Bild- und Tonübertragungen zu erheben, so dass eine Ausweitung des § 128a Abs. 2 ZPO auch nicht erforderlich ist: Die Zulässigkeit folgt aus der **Konkretisierung des Beibringungsgrundsatzes** in § 371 Abs. 1 ZPO sowie bei Einverständnis der Parteien aus § 284 Satz 2 ZPO.[51] Mangels spezialgesetzlicher Regelung ist auch außerhalb des Anwendungsbereiches des § 284 Satz 2 ZPO kein Antrag oder Einverständnis der Parteien erforderlich. § 371 Abs. 1 Satz 2 ZPO gestattet Beweisantritte durch Übermittlung einer „Datei“. Nichts anderes als Dateien sind die Bilddatensätze eines Tele-Augenscheins.[52] Ebenso wie es der Partei unbenommen ist, Beweis durch Augenschein mittels Fotografie, Video oder Tonträger anzutreten, kann sie ihren Beweisantritt auf die Übertragung der Bild- und Toninformationen richten. Für den Augenschein mittels Bild-Ton-Übertragung gelten die allgemeinen Vorschriften für den Beweis durch Augenschein. Das Gericht kann **nach seinem Ermessen** bestimmen, 36

---

48 *Zöller/Greger*, ZPO, § 371 Rn. 1.

49 Für abschließende Regelung *Stadler*, ZZP 115 (2002), 442; MüKoZPO/*Fritsche*, § 128a Rn. 3; Musielak/Voit/*Stadler*, § 128a Rn. 5; für die Zulässigkeit des „Tele-Augenscheins“ Zöller/*Greger*, ZPO, § 128a ZPO Rn. 7; *Manz/Spoenle* MDR 20, 637 (639); MüKo/*Rauscher* Bd 1 Beilage Covid-19 Rn 21; *Schultzky*, NJW 2003, 313 (314); allgemein zur Heranziehung technischer Hilfsmittel (z.B. Mikroskope, Ferngläser) zur Augenscheineinnahme *Ahrens* in Festschrift für Reinhold Geimer, 2002, S. 6f.

50 Musielak/Voit/*Stadler*, ZPO, § 128a Rn. 5, Stein/Jonas/*Leipold*/ZPO, § 128a, 36.

51 So auch Zöller/*Greger*, ZPO, § 128a, Rn. 33 und *Schultzky*, NJW 2003, 313 (314).

52 So auch Geimer/Schütze, Int. Rechtsverkehr/*Knöfel*, 62. EL Juli 2021, VO (EG) 1206/2001 Art. 10 Rn. 39, 40.

ob die Beweisaufnahme im Gerichtssaal, an „Ort und Stelle" oder mittels Videotechnik durchgeführt wird.[53] Der Tele-Augenschein kommt nur in Betracht, wenn er im Einzelfall nach Auffassung des Gerichts dem „echten" Augenschein funktional gleichwertig ist. Für elektronische Dokumente, die dem Gericht übermittelt oder vorgelegt werden können, besteht kein praktisches Bedürfnis einer Fernvorlage im Wege des Tele-Augenscheins.

37 Bei der Auswahl der Art der Inaugenscheinnahme ist zu berücksichtigen, dass die Bildübertragung einen **Qualitätsverlust** bedeutet und je nach Beweisfrage die **Gefahr von Verfälschungen** höher ist, als bei unmittelbarer Anschauung.[54] Beispielsweise können die Entfernung und Einsichtsmöglichkeiten an einer Kreuzung durch den **Verzerreffekt** von Kameras schlechter eingeschätzt und vermittelt werden. Wenn es auf einen **dreidimensionalen Eindruck** ankommt, dürfte der Augenschein an Ort und Stelle vorzugswürdig sein. Auch **Kontraste** und **Proportionen** können einen verfälschten Eindruck begünstigen. Ausschlaggebend sind hierbei die technischen Möglichkeiten. Im Strafrecht sind 3-D-Tatortbegehungen und Rekonstruktionen etablierter als im Zivilrecht. Zukünftig könnte VR-Technik genutzt werden, um vorgenannten Qualitätsverlust zu minimieren. Für olfaktorische und haptische Eindrücke wie z. B. das Probeliegen auf einer Couchgarnitur[55] oder das Riechen an einem gebrauchten Rasierer[56] kommt der Tele-Augenschein wegen der Beschränkung auf eine visuelle und auditive Wahrnehmung nicht in Betracht. Zulässig dürfte es auch sein, wenn Sachverständige für das Gericht **nicht abspielbare Sonderformate**, z. B. aus CAD-Programmen zur 3-D-Simulation im Rahmen der Bild- und Tonübertragung allen Beteiligten, insbesondere dem Gericht, **präsentieren.**[57] Der für Fotografien aufgestellte Grundsatz, dass eine dem Gericht vorgelegte Fotografie den **gegenständlichen Augenschein entbehrlich** macht, wenn **keine Partei deren Unzulänglichkeit als Beweismittel konkret darlegt**, lässt sich auf den Tele-Augenschein übertragen.[58]

38 Ein **Nachteil** des (Tele-)Augenscheins ist, dass das Beweismittel **flüchtig** bleibt. Zur Akte gelangt lediglich das wesentliche Ergebnis der Beweisaufnahme als Teil des Protokolls. Eine **Bild- (und ggf. Ton-)aufnahme** der Bildschirmübertragung könnte hier **Abhilfe** schaffen. Eine solche hat der Gesetzgeber bisher nicht ausdrücklich vorgesehen, gleichwohl dürfte sie zulässig sein. Das Aufzeichnungsverbot des § 128a Abs. 3 ZPO steht dem jedenfalls nicht entgegen. Wie eingangs ausgeführt, stellt § 128a ZPO eine Ausnahmeregelung dar. Als solche ist die Regelung grundsätzlich eng auszulegen. Zudem ist die Vorschrift systematisch der mündlichen Verhandlung (Buch 1 Abschnitt 3 Titel 1 der

53 Anders/Gehle/*Gehle*, ZPO, Vor § 371 Rn. 6.
54 *Schultzky*, NJW 2003, 313 (316); Zöller/*Greger*, § 219 Rn. 2.
55 OLG Naumburg BeckRS 2015, 10371 Rn. 27ff.
56 AG Backnang BeckRS 2009, 86331.
57 Z. B. über die Funktion „Bildschirm teilen".
58 BGH NJW-RR 1987, 1237; OLG Köln NZV 94, 279; *Hähnchen/Bommel*, JZ 2018, 334 (339); OLG Köln, Urteil vom 13.10.1993, Az. 11 U 89/93 = NZV 1994, 279, 3. Leitsatz; Hk-ZPO/*Siebert*, § 371, Rn. 5; OLG Stuttgart Urt. v. 18.8.2008 – 10 U 4/06, BeckRS 2009, 87889, beck-online.

ZPO) und nicht der Beweisaufnahme (Buch 2 Abschnitt 1 Titel 5 der ZPO) zugeordnet. Auch deshalb besteht kein Grund, das Aufzeichnungsverbot nach § 128a Abs. 3 ZPO auf den Tele-Augenschein zu erweitern.[59]

III. Inaugenscheinnahme von Urkunden

Der **Tele-Urkundenbeweis** durch Videoübermittlung ist jedenfalls dann **nicht möglich,** wenn die **Echtheit der Urkunde beweiserheblich** ist.[60] Der Urkundenbeweis wird gem. § 420 ZPO durch **Vorlage der (Original-)Urkunde** angetreten; dies gilt trotz der Einführung des rechtsverbindlichen elektronischen Rechtsverkehrs für die Rechtsanwaltschaft; gleichwohl ist dem Schriftsatz nach §§ 130d, 131 ZPO eine (elektronische) Abschrift der Urkunde beizufügen.[61] Allein die Übermittlung des Videobildes einer Urkunde stellt keine wirksame Vorlage oder Übermittlung an das Gericht dar und ist vergleichbar mit der **Vorlage einer Fotokopie,** die ebenso nicht ausreichen würde.[62] Wegen der Gefahr der **Manipulation** sowie der **Flüchtigkeit** wäre es auch **sachlich nicht gerechtfertigt**, bei einer derartigen Übermittlung von Urkunden diesen die weitreichende Beweiskraft von Originalurkunden zuzubilligen.[63] Teile der Urkunde können allerdings auch Augenscheinsobjekt sein; so stellt der Teil der Originalurkunde, bei dem es nicht um ihren gedanklichen Inhalt geht sowie der Scan einer Urkunde ein Augenscheinsobjekt dar (vgl. unten Rn. 51). Für diese Eindrücke gilt nicht die Beweisvermutung des § 416 ZPO; daher kann die Art der Vorlage bei der Beweiswürdigung berücksichtigt und der so erhaltene Eindruck als (Tele-)Augenscheinsbeweis verwertet werden.[64] 39

Zum Screensharing als Mittel der Vorhaltung und zur elektronischen Übermittlung von Urkunden, z.B. im Urkundsprozess, siehe unten Rn. 80. 40

D. Elektronische Urkunden

Durch das **Formvorschriftenanpassungsgesetz** vom 13.7.2001[65] wurde im Zivilrecht die Möglichkeit geschaffen, **Verträge in elektronischer Form** abzuschließen. Der Gesetzgeber rechnete bereits damals verstärkt mit elektronischen Beweismitteln.[66] Aber 41

---

59 So auch *Spoenle*, RDi 2021, 231 (235).

60 BeckOKZPO/*von Selle*, § 128a Rn. 10; *Zöller/Greger*, § 128a Rn. 7; *Mantz/Spoenle*, MDR 2020, 637 Rn. 14; *Schmidt/Saam*, ZRP 2020, 216 (218); *Prütting*/Gehrlein, § 128a Rn. 5.

61 LG Ulm, Urteil vom 29. Mai 2020 – 2 O 276/19 – juris Rn. 24, zur „Abschrift" der Urkunde im Urkundsprozess bei elektronischer Einreichung der Schriftsätze und Anlagen; *Windau*, RDi 2021, 419.

62 *Schultzky*, NJW 2003, 313 (314); BeckOKZPO/*von Selle*, ZPO § 128a Rn. 10.

63 *Schultzky*, NJW 2003, 313 (314).

64 MüKoZPO/*Zimmermann*, 6. Aufl. 2020, ZPO § 371 Rn. 2.

65 Formvorschriftenanpassungsgesetz vom 13. Juli 2001, BGBl. I S. 1542.

66 BT-Drs. 15/4067, S. 25.

auch die stete Zunahme elektronischer Kommunikationsmittel sowie die Einführung des verpflichtenden elektronischen Rechtsverkehrs seit dem 1.1.2022 für Rechtsanwälte gem. § 130d ZPO lässt der elektronischen Beweisführung noch **größeres Gewicht** zukommen.[67]

I. Grundlagen

42 Die **Schriftform** kann, sofern das Gesetz keine Ausnahme gem. § 126 Abs. 3 BGB vorsieht (so z.B. § 623 Hs. 2 BGB für die Kündigung von Dienst- oder Arbeitsverhältnissen mit der Rechtsfolge der Nichtigkeit gem. § 125 Satz 1 BGB bei Verstoß), **durch die elektronische Form gem. § 126a BGB ersetzt** werden.[68] Hierfür muss der Erklärungsempfänger **empfangsbereit** sein.[69] Zudem muss der Erklärende der Erklärung **seinen Namen hinzufügen** (einfache Signatur) und das elektronische Dokument mit einer **qualifizierten elektronischen Signatur** (im Folgenden qeS) versehen. Die technischen Anforderungen an die qeS ergeben sich im Einzelnen aus der **eIDAS-VO**[70] in Verbindung mit dem **eIDAS-DurchführungsG**. Unterschieden werden drei Arten von elektronischen Signaturen, die qualitativ aufeinander aufbauen: die einfache, fortgeschrittene und qualifizierte Signatur.[71]

43 Die qualifizierte elektronische Signatur erfordert einen **öffentlichen** und einen **persönlichen Signaturschlüssel**, die von einer **Zertifizierungsstelle** ausgegeben werden. Der Inhaber dieser Schlüssel erhält eine Smartcard, welche beide Schlüssel enthält und mit einer PIN nur durch den Inhaber berechtigt verwendet werden kann. Dadurch werden beim Signieren die **Integrität** und die **Authentizität** des Dokumentes sichergestellt.[72] Es gibt zahlreiche qualifizierte **Vertrauensdienstanbieter**, die von staatlichen Stellen zertifiziert sind[73] und die nach vorheriger Identifizierung ein **Signieren ohne Signaturkarte** und Lesegerät mittels Nutzung eines **NFC-fähigen Handys** ermög-

---

67 Mit dem Gesetz zum Ausbau des elektronischen Rechtsverkehrs mit den Gerichten wurde der Anwendungsbereich auf Steuerberaterinnen und –berater und „sonstige in professioneller Eigenschaft am Prozess beteiligte Personen, Vereinigungen und Organisationen, bei denen von einer erhöhten Zuverlässigkeit ausgegangen werden kann", erweitert, BT-Drs. 19/28399. Gestaffelt zum 1.1.2024 werden diese verpflichtet, einen sicheren Übermittlungsweg zu eröffnen. Mit der Einführung des elektronischen Bürger- und Organisationenpostfach (eBO) steht ihnen ein sicherer Übermittlungsweg auch grundsätzlich bereits jetzt zur Verfügung.

68 BeckOGK/*Primaczenko*/*Frohn*, BGB, § 126a Rn. 1; *Riehm* in FS: Hager, S. 73.

69 BeckOGK/*Hecht*, BGB, § 126 Rn. 79-83; *Riehm* in FS: Hager, S. 75.

70 VO (EU) Nr. 910/2014 des Europäischen Parlaments und des Rates vom 23.7.2014 über elektronische Identifizierung und Vertrauensdienste für elektronische Transaktionen im Binnenmarkt und zur Aufhebung der RL 1999/93/EG.

71 BeckOGK/*Primaczenko*/*Frohn*, BGB § 126a Rn. 1.

72 BeckOGK/*Hecht* BGB § 126 Rn. 75-76.1.

73 MüKoBGB/*Einsele*, § 126a Rn. 13; *Riehm* in FS: Hager, S. 77.

lichen.[74] Bei der **vereinbarten Schriftform** gelten die Erleichterungen des § 127 BGB. Eine einfache Signatur, also z.B. der Namenszusatz, ist dann ausreichend, wenn das Gesetz bisher keine besondere Form vorschreibt und keine Gewähr für die **Authentizität oder die Integrität des Dokuments** erforderlich ist.

II. Beweisführung mit elektronischen Dokumenten mit und ohne Signatur

1. Überblick

Die **Urkunde** genießt unter allen Strengbeweismitteln aus historischer Perspektive den **höchsten Beweiswert.**[75] Der Gesetzgeber hat den Begriff der Urkunde trotz vielfacher Erwähnung, z.B. in den §§ 126a, 126b BGB, §§ 130a, 371 Abs. 1 Satz 2, 371a ZPO, nicht legaldefiniert. Man versteht hierunter ein Beweismittel, das **dauerhaft eine Gedankenerklärung verkörpert und den Aussteller erkennen lässt.**[76] Insbesondere zur Beweiskraft von Urkunden bestehen in den §§ 415-444 ZPO spezielle Regelungen. 44

Mangels dauerhafter Verkörperung der Gedankenerklärung handelt es sich bei elektronischen Dokumenten **nicht um Urkunden.** Zudem ist elektronischen Dokumenten gemein, dass sie **nur unter Zuhilfenahme technischer Geräte lesbar** sind. Der Gesetzgeber hat sich daher entschieden, elektronische Dokumente – systematisch richtig – als **Augenscheinsobjekte** zu behandeln, sie aber unter bestimmten Voraussetzungen mit der **Beweiskraft von Urkunden** auszustatten. Dadurch sind die Vorschriften der §§ 371ff. ZPO und §§ 415ff. ZPO miteinander verzahnt – aber auch unübersichtlicher geworden. 45

2. Beweiskraft

Der Augenschein übermittelt im Schwerpunkt nicht einen gedanklichen Inhalt, sondern unmittelbar ein Objekt der Wahrnehmung und richtet sich nach § 371 ZPO.[77] Um auch im Zeitalter der Digitalisierung einen erhöhten Beweiswert im Rechtsverkehr für elektronische Dokumente zu erreichen, wurden die §§ 371a, 371b sowie § 416a ZPO geschaffen. Die Regelungen unterscheiden zwischen **öffentlichen und privaten Erstellern** der elektronischen Dokumente. Für öffentliche elektronische Dokumente gelten die Sonderregelungen der §§ 317a Abs. 3, 371b, 416a ZPO. Zudem erlauben sie die Unterteilung in 46

- **einfache elektronische Dokumente (§ 371 ZPO),**
- **qualifizierte elektronisch signierte Dokumente (§ 371a ZPO),**
- **De-Mail mit Absenderbestätigung (§ 371a ZPO) sowie**
- **gescannte öffentliche elektronische Dokumente (§ 341a ZPO).**

---

74 *Riehm* in FS: Hager, S. 78.

75 *Balzer/Walter*, Beweisaufnahme und Beweiswürdigung im Zivilprozess, 2018, Rn. 246.

76 BGH NJW 1976, 294.

77 *Redeker*, NJW 1983.

47 Für die Beweisführung im Zivilprozess ergibt sich im Vergleich zur klassischen Urkunde folgendes Bild:

Urkunde/Urkundenbeweis	Elektronisches Dokument/Augenscheinsbeweis
Vorlage der Urkunde, §§ 420–432 ZPO	Vorlage oder Übermittlung des elektronischen Dokuments, §§ 371, 422–432 ZPO
Beweiskraft öffentlicher Urkunden, § 415 ZPO	Beweiskraft öffentlicher elektronischer Dokumente, §§ 371a Abs. 3 Satz 1 ZPO i.V.m. § 415 ZPO
Beweiskraft von Privaturkunden, § 416 ZPO	Beweiskraft von Privatdokumenten mit qeS u.A., § 371a Abs. 1 ZPO – entspr. Anwendung des § 416 ZPO unter den dort genannten Voraussetzungen
Beweiskraft inländischer öffentlicher Urkunden, § 437 ZPO	Beweiskraft §§ 371a Abs. 3 Satz 2, 371b Satz 2 ZPO i.V.m. § 437 ZPO

48 Die vorgenannten Regelungen führen unter bestimmten Voraussetzungen zu einer weitreichenden Beweiskraft, die sich sowohl auf die Wahrheit des Inhalts als auch auf die Echtheit des elektronischen Dokuments erstreckt (vgl. z.B. § 371a ZPO). Außerhalb gesetzlicher Vermutungen hängt der Beweiswert von dem jeweils erreichten Grad an Authentizität und Integrität des Dokuments ab. **Authentizität** bedeutet hierbei, dass das Beweismittel dem tatsächlichen Urheber zugeschrieben werden kann; unter **Integrität** versteht man die inhaltliche Übereinstimmung des Dokuments mit dem Inhalt zur Zeit der Erstellung.[78]

49 Hierzu im Einzelnen:

a) Einfache elektronische Dokumente (§ 371 ZPO)

50 Unter die Kategorie **einfacher elektronischer Dokumente** sind alle digitalen Text-, Graphik-, Audio- oder Videodaten sowie Software und Internetrecherchen zu fassen.[79] „Elektronisches Dokument" ist **gem. Art. 3 Ziff. 35 eIDAS-VO** jeder in elektronischer Form, insbesondere als Text-, Ton-, Bild- oder audiovisuelle Aufzeichnung gespeicherte Inhalt. Je nach Inhalt des Rechtsstreits können auch Datenklassen wie Kommunikationsdaten, Überwachungsdaten (z.B. Telekommunikationsdaten, Mobilfunkturmdaten, Geodaten), Daten aus den Bereichen Car Forensic und Navigationsdaten, Daten aus dem Internet of Things (Smart Home)/Industrie 4.0, Netzwerk-, Server- und Routerdaten, Social Media-Daten oder Netzwerktraffic eine Rolle spielen, insbesondere um den Beweiswert

78 Hoeren/Sieber/Holznagel/*Geis*, MMR-HdB, Teil 13.2 Beweisqualität elektronischer Dokumente, Rn. 10.
79 *Berger* NJW 2005, 1017; *Celle*, NJW-RR 2019, 152 Rn. 36; Anders/Gehle/*Gehle*, § 371 Rn. 6; die früher vertretene enge Auffassung ist überholt, so inzwischen auch Musielak/Voit/*Huber*, ZPO, § 371 Rn. 11.

einer elektronisch übermittelten Erklärung zu erhöhen oder zu schwächen. Insbesondere Dashcam-Aufnahmen können beweisrelevant werden.[80]

Mit der Einführung des elektronischen Rechtsverkehrs werden Urkunden in der Regel zunächst dem Gericht gem. § 130b ZPO als **Scan** vorgelegt. Scans von Urkunden unterfallen dann ebenso der **Regelung des § 371 ZPO**. Auch bei **Anbringen einer Signatur** findet § 371a ZPO **keine** Anwendung, da dem Scan über das bloße Abbild hinaus **kein eigenständiger Erklärungswert** zukommt.[81] Möchte das Gericht im Wege des Strengbeweises Beweis erheben, muss das Gericht zur Vorlage des Originals auffordern. Unabhängig davon, ob eine E-Mail mit einer einfachen, fortgeschrittenen oder qualifizierten Signatur versehen ist und welche Beweiskraft ihr zukommt, kann sie in Form eines Ausdrucks zum Gegenstand eines Urkundenprozesses gem. §§ 592 ff. ZPO gemacht werden.[82] 51

Für den Beweiswert eines vorgelegten elektronischen Dokuments ist der **Grundsatz der freien Beweiswürdigung gem. § 286 Abs. 1 ZPO** maßgebend.[83] Wird in Abrede gestellt, dass die vorgelegte elektronische Urkunde echt ist, trägt die beweispflichtige Person hierfür die **volle Beweislast**. Dass die enthaltene Erklärung vom Urheber stammt, ist ggf. mit allen Mitteln zu beweisen, z. B. durch Vorlage eines Sendeprotokolls.[84] Für die Vorlage elektronischer Dokumente wie **E-Mails,** WhatsApp- oder SMS-Nachricht sowie **Chatverläufe** in anderen Messenger-Diensten, **Sprachnachrichten** oder **Videos**, auch aus **sozialen Medien** wie z. B. **Instagram** oder **Twitter**, finden ebenso die Regelungen des Beweises durch Augenschein gem. § 371 ZPO Anwendung.[85] Für die Anwendung des § 371a ZPO **fehlt** es an der **Unterzeichnung** durch den Aussteller mittels qeS. Ein **vorgelegter elektronischer Screenshot** solcher Nachrichten, insbesondere der beweiserheblichen Passagen, kann im Rahmen der freien Beweiswürdigung gem. § 286 Abs. 1 ZPO bewertet werden. Auch möglich ist es, die Funktion **„Chat exportieren"** zu nutzen und die elektronische Exportdatei einzureichen. Allerdings ist auch eine solche Textdatei **nicht vor Manipulationen geschützt**. Möchte das Gericht im Wege des Strengbeweises Beweis erheben, muss das Gericht die **Nachricht durch Vorlage oder Übermittlung des Datenträgers von der Partei anfordern**. Bleibt es bei der Vorlage von Screenshots, ist die Partei mangels Vorlage der originären elektronischen Datei beweisfällig geblieben. Wenn die Parteien einverstanden sind, kann es auch ausreichen, **elektronische Dokumente** auf dem Smartphone der beweispflichtigen Partei **gem. § 284 Satz 2 ZPO vorzuzeigen**. Dies wäre z. B. möglich, indem die beweispflichtige Person den Messenger-Dienst oder das 52

80 Zur Verwertbarkeit BGH NJW 2018, 2883.

81 Musielak/Voigt/*Huber*, ZPO, § 371a Rn. 5; *Roßnagel*/*Wilke*, NJW 2006, 2147; Anders/Gehle/*Gehle*, § 371a Rn. 4.

82 OLG München, BeckRS 2012, 7418, Rn. 17; Hoeren/Sieber/Holznagel/*Geis*, MMR-HdB, Teil 13.2 Beweisqualität elektronischer Dokumente, Rn. 45.

83 BGH NJW-RR 1986, 190.

84 *Borges*, EWiR, 2002, 735; Zöller/*Greger*, ZPO, § 371a ZPO Rn. 2.

85 Zur Behandlung als Augenscheinsobjekte: Ddf NJW-Spezial 2020, 140.

E-Mail-Programm live aufruft und das Gericht (im Rahmen einer Videoverhandlung auch per Screensharing, vgl. oben unter C.) das elektronische Dokument in Augenschein nehmen kann. Bleiben die beweiserhebliche Tatsache und insbesondere die Integrität des elektronischen Dokuments streitig, besteht die Möglichkeit, einen **Sachverständigen hinzuzuziehen, § 372 ZPO.** Den höchsten Beweiswert hat es, wenn der Sachverständige den Datenträger im Original nebst Zugangskennung erhält, um u. a. eventuelle Manipulationen bei dem Exportvorgang auszuschließen. Ob der Beweisantritt durch Einvernahme eines Tele-Augenscheins im Einzelfall der Übermittlung des elektronischen Dokuments zur Akte gleichwertig ist, muss das Gericht im Einzelnen entscheiden. In der Regel dürfte die Übermittlung oder Vorlage des elektronischen Dokuments nach § 371 ZPO erforderlich sein.

53 Je nach genutztem Messengerdienst oder sonstiger genutzter Kommunikationsplattform kommen den Nachrichten bzgl. **Authentizität und Integrität** ein unterschiedliches Gewicht hinsichtlich ihres Beweiswertes zu. Der Beweiswert steigt, je mehr die genutzten Systeme mit der Sicherheit einer qeS vergleichbar sind, insbesondere in Bezug auf die Echtheit der elektronischen Dokumente und die Zuordnung zu einem Urheber. Einer **SMS** kommt ein **vergleichsweise hoher Beweiswert** zu, da Anbieter von SMS-Diensten, die als Telekommunikationsdienst im Sinne des § 3 Nr. 24 TKG einzuordnen sind, gem. § 88 Abs. 2 TKG zur Wahrung des Fernmeldegeheimnisses verpflichtet sind. Die damit einhergehenden umfangreichen technischen Schutzmaßnahmen begründen ein erhöhtes Vertrauen in die Unverfälschtheit der SMS.[86] **Unsicherheiten** können sich **bzgl. der Urheberschaft** ergeben, auch wenn die enge Verknüpfung von Rufnummer und Person Rückschlüsse auf die Urheberschaft zulässt. Wird vorgetragen, dass sich ein Dritter Zugang zu dem mobilen Endgerät oder SIM-Karte verschafft habe, kann dies Zweifel an der Urheberschaft begründen. Es obliegt allerdings grundsätzlich dem Besitzer, den Zugang zu kontrollieren, sodass oftmals eine **Vermutung** dafür streiten dürfte, **dass Inhaber der Rufnummer und Verfasser der Nachricht identisch** sind.[87] Nach dem Übertragungsvorgang bestehen jedoch ebenso mannigfaltige Manipulationsmöglichkeiten.[88]

54 Werden Inhalte über **Messenger-Dienste** wie Signal, Telegram, Threema oder WhatsApp ausgetauscht, spricht für die **Echtheit des elektronischen Dokuments die Ende-zu-Ende-Verschlüsselung der Daten**; zudem sind die Dienste ebenso mit einer **Telefonnummer gekoppelt, die vor Nutzung zu authentifizieren** ist. Hierfür wird in der Regel ein Code per SMS übersandt. Dies ist bei Wechsel des genutzten Endgerätes zu wiederholen und erlaubt eine **Zuordnung zu einer Person als Urheber** der Nachricht. Wird der Messenger im Rahmen der **Webfunktion**, die einige Dienste bereitstellen, genutzt, setzt dies voraus, dass der Nutzer einen QR-Code in der Webanwendung mit dem

---

86 *Brand/Skowronek*, Rdi 2021, 178 (180).

87 Hoeren/Sieber/Holznagel/*Ortner*, MMR-HdB, Teil 3.2 Rn. 54.

88 Hoeren/Sieber/Holznagel/*Ortner*, MMR-HdB, Teil 3.2 Rn. 54: z. B. die Manipulation der Uhrzeit oder des Inhalts mittels Apps oder Kartenlese- und –schreibgeräte.

authentifizierten Mobiltelefon scannt. Zudem setzt die Nutzung der Webanwendung voraus, dass sich das Endgerät in der Nähe befindet. Damit dürfte der **Beweiswert mit dem der SMS vergleichbar** sein.[89] Andere Dienste wie **Skype** oder **soziale Medien** wie z. B. Instagram oder Facebook setzen **lediglich die Anmeldung mit einem Benutzernamen sowie die Festlegung eines Passwortes** voraus. Eine Authentifizierung findet nicht statt. Damit ist die **Zuordnung** zu einer Person **nicht ohne weiteres** möglich. Zudem können solche Accounts **gekapert** werden. Hinzu kommt bei sozialen Medien die **fehlende Verschlüsselung** der Nachrichten, sodass auch die **Integrität** der elektronischen Dokumente als **gering** einzustufen ist und jedenfalls hinter dem der SMS und Messenger-Dienste zurückbleibt.[90]

Ein vorgelegter Screenshot ist jederzeit verfälschbar; ihm kommt nur ein geringer Beweiswert zu. Der Beweiswert steigt, wenn dem Gericht ermöglicht wird, Urheber- und Inhaberschaft der Nachrichten mittels Zugriff auf das Gerät zu prüfen und andere simple Verfälschungsmöglichkeiten auszuschließen. Zur Beweissicherungen der elektronischen Inhalte gibt es vermehrt Anbieter wie z. B. Netzbeweis[91]; den gleichen Zweck erfüllen Add-Ons für den Browser wie z. B. WebCapture oder das Add-On von Netzbeweis.[92] Zu Beweissicherungen im Einzelnen vgl. Rn. 83. 55

Bei **digitalen Fotos** gilt zu beachten, dass diese ebenfalls bereits durch Laien unmerklich **manipuliert** werden können, weshalb **erhöhte Anforderungen an die Authentizität** zu stellen sind. **Sprach- und Videoaufzeichnungen** enthalten demgegenüber **zusätzliche audio-(visuelle) Informationen**, die erlauben, die Nachricht einem **Urheber** zuzuordnen, weshalb ihnen ein **höherer Beweiswert** zukommt. Aber auch diese Informationen können – wenn auch nicht so leicht wie die Abbildungen auf Digitalfotos – durch **sog. DeepFakes** verändert werden und so eine falsche Urheberschaft ausweisen. Ebenso kann durch eine **veränderte Zusammenstellung** oder Kürzung von Aufnahmen **ein verfälschter Inhalt** entstehen. 56

Einfache E-Mails weisen einen **geringen Beweiswert** auf. Ein **Anscheinsbeweis**, dass der angegebene **Absender identisch mit dem Verfasser** der E-Mail sei, kann mit Blick auf die Regelung des § 371a ZPO **nicht begründet** werden, ist aber auch technisch nicht gerechtfertigt.[93] Es besteht eine **hohe Anfälligkeit für Fälschungen**, sowohl bzgl. 57

---

89 So auch: *Brand/Skowronek*, RDI 2021, 178 (181).

90 Hoeren/Sieber/Holznagel/*Ortner*, MMR-HdB, Teil 3.2 Rn. 59.

91 Bei Netzbeweis handelt es sich um ein Tool zur Sicherung von Webseiten. Das Basisprodukt ist über ein Webformular im Internet nutzbar, bei dem lediglich die URL zur Webseite und die eigene E-Mail-Adresse eingegeben werden müssen. Dieses Angebot ist kostenlos. Nach kurzer Zeit bekommt man eine E-Mail mit einem Link zu einem elektronisch signierten und nicht mehr veränderbaren Report in PDF-Format zugeschickt. Dieser Report enthält die URL, das Abrufdatum mit Uhrzeit sowie die Screenshots der Webseite oder des Tweets. Die Erstellung des Reports erfolgt automatisch. Eine Überprüfung oder Auswahl durch Netzbeweis findet nicht statt. Die PDF-Datei erfüllt auch die Anforderungen für den elektronischen Rechtsverkehr.

92 https://rewis.io/service/webcapture/.

93 *Mankowski*, NJW 2002, 2822 (2823).

der **unverschlüsselt** übermittelten Inhalte als auch bzgl. der Urheberschaft bei einem **Mail-Account mit einfachem Passwortschutz.**[94] Zu Mails mit qeS und De-Mail s. unten Rn. 61 ff. Soweit Verschlüsselungsdienste genutzt werden, steigt selbstredend der Beweiswert.

58 Bei elektronisch abgeschlossenen Kaufverträgen, beispielsweise über Handelsplattformen, spielt die Vorlage elektronischer Dokumente ebenfalls eine große Rolle. Im Hinblick auf einen Identitätsmissbrauch im **Online-Banking** hat der Bundesgerichtshof wegen der **praktischen Unüberwindbarkeit des Authentifizierungsverfahrens einen Anscheinsbeweis** für Inhaber des Accounts und Urheber der Überweisung angenommen.[95] Die Grundsätze dürften auf eine Zwei-Faktor-Identifizierung mittels biometrischer Daten übertragbar sein (z. B. Freigabe von Zahlungen per Fingerabdruck). Da im Online-Handel lediglich ein einfacher Passwortschutz existiert, oftmals kombiniert mit der Funktion „angemeldet bleiben", ist im **Online-Handel kein Anscheinsbeweis** zu begründen.

59 Sog. **Token** einer **Blockchain** und somit Einträge in einer Datenbank, die ausschließlich, einzigartig und nicht vervielfältigbar sind,[96] unterfallen ebenfalls § 371 ZPO; sie erfüllen die Anforderungen des § 371a ZPO **mangels qualifizierter elektronischer Signatur** nicht.[97] Token sind grundlegende Bausteine für Operationen mit **Kryptowerten** und weisen i. d. R. **gleichwohl eine hohe Authentizität und Integrität** auf; die Authentizität wird bei Tokens dadurch sichergestellt, dass nur der Inhaber des entsprechenden privaten Schlüssels über den Token verfügen kann. Dies lässt sich mit dem dazugehörigen öffentlichen Schlüssel überprüfen und entspricht dem System der qeS. Die Integrität ergibt sich aus der Fälschungssicherheit einer Blockchain, soweit die konkrete Blockchain diese Eigenschaft auch erfüllt.[98] Soll bewiesen werden, dass eine bestimmte Person eine Transaktion in einer Blockchain vorgenommen hat, ist **zu unterscheiden zwischen dem Nachweis der Echtheit der Transaktion und der Zuordnung dieser zu einer bestimmten Person**. Bei **öffentlichen Blockchains**, z. B. Bitcoin, können die Datensätze der Blockchain live über den Explorer eingesehen werden.[99] In der Regel wird es ausreichend sein, den fraglichen Token der Blockchain (z. B. eine Bitcoin-Transaktion) als Screenshot einzureichen oder dem Gericht vorzulegen. Sowohl Gericht als auch Gegenseite können das Vorhandensein des Eintrags selbstständig überprüfen. Bleibt die **Echtheit des To-**

---

94 Hoeren/Sieber/Holznagel*Geis*, MMR-HdB, Teil 13.2. Rn. 46.

95 Urteil des BGH vom 26.1.2016 – XI ZR 91/14, NJW 2016, 2024.

96 *Riehm* in FS: Hager, 71 (92); *Kaulartz/Matzke*, NJW 2018, 3278 (3278).

97 Für analoge Anwendung aber *Kaulartz/Matzke*, NJW 2018, 3278 (3283).

98 Hierzu näher mit weiterführenden Hinweisen: *Kaulartz/Matzke*, NJW 2018, 3278 (3283); private Blockchains, die insbesondere nicht dezentral mittels Konsensmechanismus gespeichert werden, erfüllen diese Voraussetzung nicht.

99 Z. B. über www.blockchain.com/explorer; dem Explorer liegt zugrunde, dass der Anbieter einen Knoten der Blockchain betreibt und der Explorer als Web-Frontend die Knotensoftware befragt. Solche Interpreter bzw. Zwischenschichten sind vielfach im Internet erreichbar und können unterschiedlich vertrauenswürdig sein.

kens streitig, kann die Blockchain live im Rahmen der Beweisaufnahme in Augenschein genommen werden. Grundsätzlich kann auch eine Kopie der Blockchain eingereicht werden, die aber kaum menschenlesbar sein dürfte.[100] Soweit Streit über die Integrität der Daten besteht, bedarf es der Expertise eines Sachverständigen, der die Attribute der Blockchain, die Länge der Verschlüsselungen und die Sicherung der Blocks[101] überprüft, damit das Gericht die Beweiswürdigung vornehmen kann.

Um **Token einer bestimmten Person zuzuordnen**, könnten z.B., bezogen auf Kryptowährungen, die in der sog. Wallet (Brieftasche)[102] dokumentierten Transaktionen präsentiert werden. Bleibt die Zuordnung streitig, ist ein **„proof of ownership“** durchzuführen. Es ist zu beweisen, dass die behauptete Person im Besitz des zugehörigen privaten Schlüssels ist.[103] Wie gut Nutzende ihren privaten Schlüssel schützen, liegt in deren Hand. Der Schlüssel kann daher auch kompromittiert werden. 60

b) qualifiziert elektronisch signierte Dokumente (§ 371a ZPO)

Enthalten **private elektronische Urkunden** nach Art. 32 eIDAS-VO i.V.m. eIDAS-Durchführungsgesetz eine **qualifizierte elektronische Signatur** (qeS), erbringen sie gem. § 371a Abs. 1 ZPO i.V.m. § 416 ZPO den **vollen Beweis dafür, dass die in ihnen enthaltenen Erklärungen von den Ausstellern abgegeben sind**. Die **Signatur** muss sich allerdings **auf die Erklärung beziehen**.[104] 61

Anders als elektronische Dokumente ohne Signatur kommt ihnen damit ein **gesteigerter Beweiswert** zu. Die qeS verleiht dem Dokument den **Anschein der Echtheit**, der nur durch **Tatsachen erschüttert** werden kann, die **ernstliche Zweifel** daran begründen, dass die **Erklärung** von der **verantwortenden Person abgegeben** worden ist. Dies 62

---

100 Grundsätzlich kann bei öffentlichen dezentralen Blockchains auch eine Kopie der Blockchain eingereicht werden. Hierzu ist es erforderlich, einen Knotenpunkt der Blockchain zu bilden. An jedem Knoten – den sog. Nodes – werden vollständige Kopien der Datensätze gehalten, um die Token vor späteren Veränderungen zu schützen. Bezogen auf Bitcoins wäre ein Bitcoinclient herunterzuladen. Nach ca. zwei Tagen wäre eine vollständige Kopie der Blockchaineinträge – ein sog. Fullnode – vorhanden. Die bisherigen Daten dürften aktuell noch auf einen USB-Stick passen. Durch die Kontrollinstanz, den sog. Minern, ist eine hohe Fälschungssicherheit gegeben, jedenfalls aus heutiger Perspektive mit den zur Verfügung stehenden Rechenleistungen. Wenn die Blockchain vollständig in der Knotensoftware vorhanden ist, kann der Datensatz auf einen Datenträger kopiert und dem Gericht übermittelt werden. Es fehlt dann allerdings das Web-Frontend, um Daten gezielt abzufragen und anzeigen zu lassen, weshalb eine Kopie meist nicht sinnvoll sein dürfte.

101 Die Integrität hängt, wie eingangs ausgeführt, davon ab, wie viele Attribute die Blockchain erfüllt.

102 Die Wallet ist nur zugänglich mit dem privaten Schlüssel, der in der Wallet gespeichert ist.

103 Weitere Infos auf https://coinguides.org/prove-bitcoin-address-ownership/, Abruf am 17.03.2023. Bei Bitcoin ist es möglich, zu jeder Einzahlungsadresse Nachrichten zu verschlüsseln; dies setzt aber den Besitz des privaten Schlüssels voraus. Kann die Nachricht dann mit der öffentlichen Einzahlungsadresse entschlüsselt werden, ist nachgewiesen, dass die Person, die verschlüsselt hat, im Besitz des privaten Schlüssels ist, der der Einzahlungsadresse zugeordnet ist.

104 BT-Drs. 15/4067, S. 34.

geht sogar **über den Urkundenbeweis hinaus**, bei dem die Echtheit der Unterschrift gem. § 440 Abs. 2 ZPO gegebenenfalls bewiesen werden muss, was teils kritisiert wird.[105] **Ernstliche Zweifel** könnten durch den Vortrag begründet werden, dass die Signaturkarte wie beispielsweise der Personalausweis gestohlen, verloren oder samt PIN einem Dritten überlassen wurde. Der Nachweis unbefugter Benutzung wird in der Regel ausreichen.[106]

63 Die Prüfung der qeS erfolgt, soweit beweiserheblich, durch das Gericht. Grundsätzlich zu unterscheiden sind **inline-signierte Daten** (z. B. pdf-Dateien, die die Signaturen enthalten) und **Dateien mit Detached-Signatur**, sprich, die Signatur ist in einer zusätzlichen Datei abgespeichert (z. B. „Dokument.pdf" und „Dokument.pdf.p7s").

64 Für **andere elektronische Signaturen**, die zwar nicht die gesetzliche Schriftform erfüllen, gleichwohl aber mit öffentlichen und privaten Schlüsseln zur Sicherstellung der Integrität und Authentizität arbeiten, gilt die **Vermutung** des § 371a ZPO **nicht**. Daher ist der **Vollbeweis für Echtheit und Urheberschaft** zu erbringen. Der Beweiswert der **einfachen elektronischen Signatur** hängt von dem genutzten Verfahren ab. Bereits die einfache Namensnennung in einer E-Mail stellt eine einfache elektronische Signatur dar;[107] eine besondere Beweisqualität kann so nicht erreicht werden. Demgegenüber gibt es auf dem Markt Angebote wie bspw. Adobe DocuSign, die in Bezug auf die Integrität der signierten Daten kaum hinter der qeS zurückbleiben. Die Schwierigkeit liegt in der Identifizierung der unterzeichnenden Person. Allerdings werden bei bestimmten elektronischen Signaturen parallel wichtige Daten zur Signatur in einem eigenen Protokoll (sog. Audit-Trail) festgehalten, z. B. Name, Datum und Uhrzeit sowie die Emailadresse und IP-Adresse aller Beteiligten. Diese Daten können bei einer Beweisfrage genauere Aufschlüsse über die Transaktion bieten.

65 Eine **fortgeschrittene Signatur** bleibt bezüglich ihres Beweiswertes hinter der qeS zurück; sie verzichtet auf die bei der unterzeichnenden Person eingesetzten Hardwaregeräte.[108] Sie gewährleistet die Überprüfung der Identität und Integrität der signierten Daten. Bei der fortgeschrittenen Signatur kommt es für die Beweiskraft auf die Sicherheit des eingesetzten Verfahrens an, das durch Sachverständigenbeweis belegt werden kann.[109] Bei der qualifizierten elektronischen Signatur folgt die Beweiskraft hingegen bereits aus dem Beweisrecht selbst.

c) De-Mail mit Absenderbestätigung (§ 371a ZPO)

66 Auch die von einem **De-Mail-Konto versendeten Nachrichten** nebst **Dateianhängen** gem. § 371a Abs. 2 ZPO erbringen gem. § 371a Abs. 1 ZPO i. V. m. § 416 ZPO den vollen Be-

105 Zöller Zivilprozessordnung/*Greger*, § 371a ZPO Rn. 2.
106 So Anders/Gehle/*Gehle*, § 371a Rn. 5.
107 Art. 3 Nr. 10 eIDAS-VO.
108 *Riehm* in FS: Hager, S. 76.
109 Hoeren/Sieber/Holznagel/*Geis*, MMR-HdB, Teil 13.2 Beweisqualität elektronischer Dokumente, Rn. 14.

weis dafür, dass die in ihnen enthaltenen **Erklärungen** von den **Ausstellern abgegeben** sind. Eine absenderbestätigte De-Mail ist einem **elektronischen Dokument mit qeS weitestgehend gleichgestellt**. Der absenderbestätigten De-Mail können sich natürliche Personen, Behörden und mit öffentlichem Glauben versehene Personen (z. B. Notare) bedienen. Diese müssen sich **sicher nach § 4 Abs. 1 Satz 2 De-Mail-Gesetz angemeldet** haben; zudem muss die De-Mail mit einer **Absenderbestätigung** gemäß § 5 Absatz 5 De-Mail-Gesetz einer **qualifizierten elektronischen Signatur des De-Mail-Providers** versehen sein. Für Unternehmen gelten diese Regelungen nicht.

d) öffentliche elektronische Dokumente (§ 371a ZPO)

Öffentliche elektronische Dokumente haben, wenn sie **innerhalb der Amtsbefugnisse formgerecht erstellt** wurden (vgl. §§ 3a, 33, 37 VwVfG), stets die **Beweiskraft** öffentlicher Urkunden. Eine qeS oder die Nutzung des De-Mail-Dienstes ist gem. § 371a Abs. 3 Satz 1 ZPO **nicht** erforderlich. Die **Beweiskraft erstreckt sich** entsprechend § 415 Abs. 1 ZPO auf den durch die Behörde oder die Urkundsperson **beurkundeten Vorgang** (§ 415 Abs. 1 ZPO) und, soweit sie amtliche Anordnungen, Verfügungen oder Entscheidungen enthalten, auch **auf ihren Inhalt** (§ 417 ZPO). 67

Zulässig bleibt der **(Gegen-)Beweis**, dass der **Vorgang unrichtig beurkundet** wurde (§ 415 Abs. 2 ZPO) oder das elektronische Dokument **unecht** ist. Bei amtlichen Anordnungen, Verfügungen oder Entscheidungen ist der Beweis des Inhalts **unwiderleglich**. Durch diese Verweisung sind neben den allgemeinen Beweiskraftregeln in den §§ 415, 417, 418 ZPO auch die speziellen Vorschriften über die Beweiskraft des gerichtlichen Protokolls (§ 165 ZPO) und des Urteilstatbestandes (§ 314 ZPO) erfasst. **Protokolle und Urteile, die in elektronischer Form vorliegen**, genießen also **dieselben beweisrechtlichen Wirkungen wie ihre Papierentsprechungen.**[110] 68

Darüber hinaus wird die **Echtheit** öffentlicher elektronischer Dokumente **vermutet** und kann nur durch den Gegenbeweis entkräftet werden (§ 437 ZPO), wenn sie die öffentliche Behörde oder mit öffentlichem Glauben versehene Person mit ihrer **qeS** (§ 371a Abs. 3 Satz 2 ZPO) oder ein **akkreditierter De-Mail-Anbieter** im Auftrag der öffentlichen Behörde oder mit öffentlichem Glauben versehenen Person mit einer Absenderbestätigung und seiner qeS (§ 371a Abs. 3 Satz 3 ZPO) versehen hat.[111] 69

e) gescannte (§ 371b ZPO) und ausgedruckte öffentliche elektronische Dokumente (§ 416a ZPO)

Wird eine in Papierform vorliegende **öffentliche Urkunde** gescannt, kann sie die Beweiskraft öffentlicher Urkunden – sprich des Originals – erhalten (§ 371b ZPO). Die **Be-** 70

110 BT-Drs. 15/4067, S. 34.
111 BT-Drs. 15/4067, S. 34.

weiskraft korreliert mit der Beweiskraft des Originals.[112] Die **Echtheit** wird **vermutet** und kann nur durch Gegenbeweis entkräftet werden (§ 437 ZPO), wenn das **Einscannen nach dem Stand der Technik** (bestimmt in der Technischen Richtlinie 03138 – Ersetzendes Scannen (TR-Resiscan) des BSI) durch eine Behörde oder mit öffentlichem Glauben versehene Person wie z. B. Notare erfolgt und diese die **bildliche und inhaltliche Übereinstimmung mit dem Original bestätigt**. D.h., dass die (dann elektronische) Urkunde die **Vermutung der Echtheit** für sich in Anspruch nehmen kann. Das Gericht kann, wenn es die Echtheit gem. § 437 ZPO für zweifelhaft hält, von Amts wegen die Behörde oder die Person, von der die Urkunde errichtet worden sein soll, zu einer Erklärung über die Echtheit veranlassen. Werden öffentliche elektronische Urkunden **ausgedruckt**, stehen sie als amtlich **beglaubigter Ausdruck einer in beglaubigter Abschrift vorliegenden öffentlichen Urkunde gleich** (§ 416a ZPO). Voraussetzung ist, dass das Dokument nach § 371a Abs. 3 ZPO erstellt und der Ausdruck mit einem Beglaubigungsvermerk versehen ist. Gleiches gilt für gerichtliche elektronische Dokumente, die eine qeS enthalten, wenn der Ausdruck mit einem Integritätsnachweis gemäß § 298 Abs. 3 ZPO versehen ist. Dem Gericht steht entsprechend § 435 Abs. 1 Hs. 2 ZPO die Möglichkeit offen, die Vorlage des ursprünglichen öffentlichen elektronischen Dokuments zu verlangen.[113]

f) Scans privater Urkunden

71 Wie oben gezeigt gilt **§ 371a ZPO nur für die digital erstellte Urkunde**, nicht aber für den **Scan**, der mit einer **Kopie einer Originalurkunde** zu vergleichen ist und § 371 ZPO unterfällt. § 416 ZPO ist nicht entsprechend anwendbar. Dem Grunde nach kommt diesen **„elektronischen Kopien" nur ein geringer Beweiswert** zu. Legen beide Parteien unterschiedliche Scans des gleichen Originals vor, muss das Gericht vermuten, dass von einer Seite ein **versuchter Prozessbetrug** begangen wird und **die Echtheit beider Scans untersuchen.**[114] Werden die gescannten Originale, beispielsweise mit Blick auf eine elektronische Aktenführung in Unternehmen, **vernichtet**, besteht zusätzlich die Gefahr eines gerichtlichen Unterliegens wegen **Beweisvereitelung** gem. § 444 ZPO. Rechtssicherheit für das ersetzende Scannen besteht nur punktuell, z. B. für die elektronische Aktenführung der Gerichte (§ 298a Abs. 3 ZPO) und Behörden (§§ 5ff., insb. § 7 Abs. 2 Gesetz zur Förderung der elektronischen Verwaltung), die elektronische Buchführung (§§ 239 Abs. 4, 257 Abs. 3 Handelsgesetzbuch), Besteuerungsunterlagen gem. § 147 Abs. 5 Abgabenordnung oder die elektronische Aufbewahrung schriftlicher Dokumente gem. § 110a Abs. 2 Satz 1 Sozialgesetzbuch Viertes Buch. Vorgenannte Vorschriften legen bereits unterschiedliche Anforderungen an das ersetzende Scannen fest.[115] Der **Rechts-**

112 OLG Oldenburg, Beschluss vom 5. 12.2018, 14 U 60/18, juris, Rn. 21.
113 BeckOK ZPO/*Krafka*, § 416a Rn. 4.
114 *Roßnagel/Nebel*, NJW 2014, 886 (888).
115 Hierzu vertiefend *Roßnagel/Nebel*, NJW 2014, 886 (887).

sicherheit im Geschäftsverkehr wäre es zuträglich, wenn der **Gesetzgeber einheitliche Voraussetzungen schaffte**, unter denen bspw. auch dem **Scan einer Privaturkunde die Beweiskraft gem. § 371a ZPO zukäme, sodass nicht mit einem Beweisverlust zu rechnen ist und das Original vernichtet werden dürfte**. Der Beweiswert von Scans kann erhöht werden, wenn in Anlehnung an die Regelung für gescannte öffentliche Urkunden gem. § 371b ZPO das Scannen jedenfalls nach dem Stand der Technik erfolgt, dies durch Zertifizierung und Transfermerk nachwiesen werden kann und zusätzlich eine qeS angebracht wird, die durch nachträgliche Manipulationen bzw. Änderung des Hashwertes ihre Gültigkeit verliert.[116] Für den **Urkundenprozess** ist zu beachten, dass nach § 593 Abs. 2 Satz 1 ZPO die Abschrift und damit, übertragen auf den elektronischen Rechtsverkehr, auch ein **Scan der Originalurkunde**, eingereicht als einfache Anlage zur signierten Anspruchsbegründung, **ausreicht**.[117]

g) Weitere Erkenntnismittel der eIDAS-Verordnung

Daneben nennt die eIDAS-Verordnung[118] **weitere Erkenntnismittel** wie das **qualifizierte Siegel**, das **qualifizierte elektronische Einschreiben** sowie den **elektronischen Zeitstempel**. Diese sind zivilprozessual **nicht mit Urkunden gleichgestellt** worden. Ihnen darf nach den Regelungen der eIDAS-Verordnung die Zulässigkeit als Beweismitteln in Gerichtsverfahren nicht allein deshalb abgesprochen werden, weil sie in elektronischer Form vorliegen oder sie die Anforderungen an qeSen nicht erfüllen (vgl. Art. 25 Abs. 1 eIDAS-VO). Für sie gelten die **Regelungen des Augenscheinsbeweises gem. § 371 ZPO**, zusätzlich greift die **Vermutung der Unversehrtheit der Daten und Richtigkeit der Herkunftsangabe** der Daten gem. Art. 35 Abs. 2 eIDAS-VO **für elektronische Siegel**, die **Vermutung der Richtigkeit des Datums und der Zeit sowie die Unversehrtheit der mit diesen Angaben verbundenen Daten** gem. Art. 41 Abs. 2 eIDAS-VO für **elektronische Zeitstempel** sowie die **Vermutung der Unversehrtheit der Daten, der Absendung dieser Daten durch den identifizierten Absender und des Empfangs der Daten durch den identifizierten Empfänger und der Korrektheit des Datums und der Uhrzeit** gem. Art. 43 Abs. 2 eIDAS-VO bei **Nutzung eines qualifizierten Dienstes für die Zustellung elektronischer Einschreiben**.[119] Die Regelungen der VO sind gem. Art. 288 AEUV **unmittelbar geltendes Recht**. In der Beurteilung des Beweiswertes bleibt das Gericht frei. Es wird dabei u.a. zu berücksichtigen haben, welche Vorkehrungen getroffen wurden, um die Übereinstimmung von elektronischem Dokument und Urschrift zu gewährleisten. 72

---

116 *Momsen/Grützner*, WirtschaftsStrafR-HdB, § 17 Umgang mit Daten bei internen Ermittlungen, Rn. 26.

117 LG Ulm, Urteil vom 29.5.2020, 2 O 276/19, juris, Rn. 24.

118 VO (EU) Nr 910/2014 (eIDAS-VO, ABl Nr L 257 v 28.8.2014, 73).

119 S. hierzu *Roßnagel*, NJW 2014, 3686 (3691); *Jandt*, NJW 2015, 1209; Zöller Zivilprozessordnung/*Greger*, § 371a ZPO Rn. 5.

h) Zusammenfassung

73 Die Grundsätze der „Vertraulichkeit“, „Integrität“ und „Authentizität“ stehen in einem Interdependenzverhältnis zur Beweiskraft. Je stärker diese Grundsätze hinsichtlich des angebotenen Beweismittels ausgeprägt sind, desto höher ist seine Beweiskraft.[120] Für private elektronische Dokumente sind Beweiserleichterungen bei Nutzung einer qeS oder der De-Mail vorgesehen. Zur Verbesserung der Beweiskraft sollten andere private digitale Dokumente z. B. über eine eIDAS-konforme digitale Signatur und digitale Zeitstempel bestätigt werden, soweit sie in einem späteren Rechtsstreit von Bedeutung sein könnten.[121]

3. Beweisantritt

74 Sofern Augenschein nicht von Amts wegen angeordnet wird (§ 144 ZPO), ist er **durch Benennung von Thema und Objekt zu beantragen**[122] und das elektronische Dokument gem. § 371 Abs. 1 Satz 2 ZPO **vorzulegen** oder zu **übermitteln**. Allein die Benennung ist nicht ausreichend.[123] Bei fehlender Verfügungsgewalt über das elektronische Dokument ist ein Vorlageantrag entsprechend §§ 422 ff. ZPO oder ein Antrag auf Erlass einer Anordnung gem. § 144 ZPO zulässig, der sich auch auf erforderliche Zugangskennungen erstrecken kann.[124]

a) Beibringung durch elektronische Vorlegung und Übermittlung

75 In der Praxis werden dem Gericht **Kopien der elektronischen Dateien auf einem Speichermedium**, z. B. einem USB-Stick, **vorgelegt** oder **gem. § 130a ZPO**[125] **übermittelt**. Eine Vorlage im Original, also letztlich der Ursprungsdatei, ist wegen der Eigenheit elektronischer Dokumente nicht erforderlich.[126] Das Gericht zieht nach § 372 ZPO einen

---

120 Hoeren/Sieber/Holznagel/*Geis*, MMR-HdB, Teil 13.2 Beweisqualität elektronischer Dokumente, Rn. 10.

121 *Jansen*, CR 2018, 334 (355).

122 Zöller Zivilprozessordnung/*Greger*, § 371 ZPO Rn. 2 mit weiteren Einzelheiten.

123 *Berger*, NJW 2005, 1016 (1017).

124 *Berger*, NJW 2005, 1016 (1020).

125 Die Beschränkungen der Dateiformate gem. §§ 2 bis 5 Elektronischer-Rechtsverkehr-Verordnung (ERVV) gelten für Beweismittel nicht. Insbesondere Audio- oder Videodateien dürfen übersandt werden. So spricht die Begründung zur ERVV von Beweismitteln in den Formaten WAV, MP2, MPEG und AVI. Dateien, die aufgrund ungewöhnlicher Formate nicht vom beA akzeptiert werden, können auf einem geeigneten Datenträger eingereicht werden. Die geltenden technischen Standards für die Übermittlung und Eignung zur Bearbeitung elektronischer Dokumente werden im Bundesanzeiger und auf der Internetseite www.justiz.de bekannt gemacht, § 5 Abs. 1 ERVV. In der dort verfügbaren Elektronischer-Rechtsverkehr-Bekanntmachung 2022 (ERVB 2022) bleiben nach Ziff. 4 CDs und DVDs als physische Datenträger zunächst weiter bis Ende 2022 zulässig.

126 Hoeren/Sieber/Holznagel/*Geis*, MMR-HdB, Teil 13.2 Beweisqualität elektronischer Dokumente, Rn. 17.

Sachverständigen hinzu, wenn es die Datei nicht selbst öffnen kann.[127] Erforderliche Zugangsschlüssel sind dem Gericht mitzuteilen.[128] Werden **Originalurkunden** gem. § 131 ZPO elektronisch als Scan übermittelt, unterliegen sie ebenfalls der freien Beweiswürdigung gem. § 371 ZPO (vgl. oben).

Wird auf den **Inhalt von Internetseiten** Bezug genommen, ist es ausreichend, die **URL mitzuteilen.**[129] Der Inhalt der Internetseite kann ggf. eine offenkundige Tatsache gem. § 291 ZPO darstellen, wenn der Zugang zu den Inhalten nicht durch ein Anmeldeverfahren geschützt ist.[130] Bei einer großen Informationsfülle auf der in Bezug genommenen Internetseite ist ein Hinweis darauf sinnvoll, wo sich die Information befindet. Problematisch ist die Bezugnahme auf Internetseiten, deren URL nicht mehr abrufbar ist. Hier kann die Vorlage auch durch **(elektronische) Screenshots** erfolgen, der Beweiswert ist dadurch aber vermindert. In vielen Fällen lässt sich der ursprüngliche Zustand einer Website über **Internetarchive** recherchieren. Zugriff auf das größte Internetarchiv bietet die Wayback Machine.[131] Anbieter von Websites können die Archivierung durch die **Wayback Machine** allerdings mit einem Code unterbinden.[132] Problematisch ist die Sicherung solcher Websites, die ihren Inhalt bzw. Content ständig ändern. Um solche **dynamischen Web-Inhalte**, die aus einem Zusammenspiel von HTML, CSS und evtl. Skriptsprachen bestehen, im ERV mit hoher Beweiskraft vorzulegen, sind IT-Kenntnisse erforderlich. Das **Mindestmaß für die Sicherung flüchtiger Daten** umfasst zahlreiche Schritte, die durch einen sachverständigen, unabhängigen Zeugen ausgeführt werden sollten, z. B. die Protokollierung der Durchführung der Schritte mit präzisen Zeitangaben, überprüfte automatische kontinuierliche Synchronisierung des eigenen Systems mit der Atomzeit, die Nutzung von EU-Zeitstempeln und Angabe der Zeitzone für zeitsensitive Fälle, Anlegen eines neuen Browserprofils, Nutzung eines Anonymisierungsdienstes, z. B. VPN-Netzwerke, Anfertigung von Screenshots und Videos des gesamten Bildschirms mit Zeitanzeige, Erfassung der Einträge zum DNS-Namen, zumindest der IP-Adressen und die Speicherung zumindest des Quelltextes der Hauptseite.[133] 76

127 Musielak/Voit/*Huber*, § 371 Rn. 13.

128 *Berger*, NJW 2005, 1016 (1017); Musielak/Voit/*Huber*, § 371 Rn. 13.

129 Das Anbieten einer während der Verhandlung noch abrufbaren Internetadresse dürfte den Anforderungen an die Darlegungs- und Beweislast i. d. R. genügen, vgl. zu den Anforderungen BGH, Beschluss vom 21.5.2007, II ZR 266/04, Rz. 13 ff.; a. A. wohl LG Hamburg, Urteil vom 8.7.2016, 310 O 89/15; *Jansen*, CR 2018, 334 (344).

130 *Jansen*, CR 2018, 334 (337).

131 http://wayback.archive.org/, Abruf am 1.11.2022; alternativ steht das Google Cache Browser Archive zur Verfügung: https://cachedview.com/.

132 https://www.textbroker.de/wayback-machine; Abruf am 1.11.2022.

133 Eine gute Übersicht gibt *Jansen*, CR 2018, 334 mit weiteren Details. Ist angezeigter Content (z. B. Werbung) beweiserheblich, stellt sich das Problem, dass die Anzeige bei einem erneuten Aufruf der Website oftmals nicht reproduzierbar ist. Dann kann mit unterschiedlichen IP-Adressen und unterschiedlichen Browsern die Seite so oft aufgerufen werden, bis der Content erneut erscheint.

77 Werden **Detached-Signaturen** übermittelt, sollte der **Dokumentenname des Bezugsobjekts nicht verändert werden** (z.B. durch die Ergänzung „Anlage K1"), damit sich der Hash-Wert nicht ändert. In den meisten Fällen dürfte die Änderung des Dokumentennamens zwar für die **Gültigkeit der Signatur unschädlich** sein, führt dann aber zu dem Erfordernis, die Signaturen **händisch den Bezugsdokumenten** zuzuordnen. Eine automatisierte Signaturzuordnung ist dann nicht mehr möglich. Das Gericht prüft im Rahmen der Beweisaufnahme die Unverfälschtheit der Signatur und ihrer Erzeugung in einem sicheren Verfahren durch eine Überprüfung des in die Signatur eingeschlossenen Zertifikats des Zertifizierungsdiensteanbieters.[134]

78 **Probleme bei der Übermittlung** an das EGVP ergeben sich daraus, dass die **Größe** einer Nachricht **begrenzt** ist; die Begrenzung von 60 Megabyte und 100 Dateien wurde zum 1.4.2022 auf 100 Megabyte und 200 Dateien angehoben. Eine weitere Anhebung der Begrenzung auf höchstens 200 Megabyte und höchstens 1000 Dateien gilt ab dem 1.1.2023 bis 31.12.23.[135] Zudem können einige „unsichere" Dateiformate (z.B. .doc, .exe) die ERV-Firewalls der Justiz aus Gründen des Virenschutzes und der IT-Sicherheit nicht passieren.[136] Grundsätzlich spricht in diesen Fällen nichts dagegen, in dem Schriftsatz einen Link zu bezeichnen, über den Gericht und Gegenseite das elektronische Dokument einsehen und ggf. herunterladen können. Dies ist **praktikabel**, ist gesetzlich **jedoch nicht als wirksame Übermittlung vorgesehen**. Eine dem § 299 Abs. 3 Satz 1 ZPO entsprechende Regelung, die lauten müsste, dass statt der Übermittlung auch die „Bereitstellung des Beweismittels zum Abruf" möglich ist, fehlt bislang.

79 Das **Akteneinsichtsrecht** nach § 299 ZPO umfasst auch die Unterlagen, die im Prozess **verwertet** werden sollen.[137] Für die Speicherung elektronischer Beweismittel werden in den eAkten-Systemen hierfür **separate Sammlungen** vorgehalten, z.B. bei e^2A zwecks Unterscheidung durch weiße oder graue Ordner anstelle von gelben Ordnern; eine **Begrenzung auf bestimmte Dateitypen ist nicht vorgesehen**.[138] Es können allerdings nicht alle Dateitypen von den e-Aktensystemen angezeigt bzw. wiedergegeben werden. Beispielsweise können Excel-Tabellen in der e^2A angezeigt werden. Die Filterfunktion ist dann aber nicht nutzbar; auch bestimmte Videoformate können nicht wiedergegeben werden. Die Wiedergabe kann dann aber außerhalb der e^2A erfolgen.

---

134 BT-Drs. 14/4987, 17.

135 Aktuelle Regelungen der 2. Elektronischer-Rechtsverkehr-Bekanntmachung 2022 vom 10.2.2022

136 *Henning/Windau*, DRiZ 2021, 332 (334).

137 OLG Karsuhe, NJW-RR 2013, 312; Anders/Gehle/*Bünnigmann*, § 299 Rn. 10 in Abgrenzung zu dem Besichtigungsrecht im Strafprozessrecht.

138 BeckOK IT-Recht/*Loos*, Rn. 20.

b) (Tele-)Vorhaltung elektronischer Dokumente und die Nutzung digitaler Möglichkeiten in der mündlichen Verhandlung und Beweisaufnahme

Abzugrenzen von der wirksamen elektronischen Vorlage eines elektronischen Dokuments im ERV ist deren Verwendung in der (virtuellen) mündlichen Verhandlung. Findet diese mittels Bild- und Tonübertragung statt, ist die Möglichkeit, den Bildschirm zu teilen, eine beliebte Funktion, um Vergleichsentwürfe abzustimmen oder Beweismittel in Augenschein zu nehmen, z.B. elektronisch vorgelegte Abschriften von Urkunden, Baupläne oder digitale Veranschaulichungen.[139] Durch die **Bildschirmpräsentation** können alle Beteiligten **gleichmäßig den Erläuterungen folgen**; bei einer Inaugenscheinnahme in Präsenz am Richtertisch kommt es aufgrund von Platzproblemen oft zu einer nur eingeschränkten Wahrnehmung. Darüber hinaus besteht schon heute die Möglichkeit, mit **3-D-Modellierungen** den streitigen Lebenssachverhalt darzustellen – etwa, in dem einzelne Bauschritte visualisiert und Mängel bzw. Ausführungsfehler simuliert werden.[140] Diese Möglichkeiten helfen vor allem den Richterinnen und Richtern, ein besseres Verständnis davon zu bekommen, worüber genau gestritten wird. Bei komplexeren Fragestellungen sollten standardmäßig digitale Visualisierung bei der Gutachtenerstellung eingefordert werden. Dies erleichtert auch den Prozessbeteiligten, die tatsächlich bestehenden Differenzen zu erkennen. 80

Das Gericht hat sicherzustellen, dass die präsentierten Dokumente mit den eingereichten Dokumenten übereinstimmen. Dies lässt sich am besten gewährleisten, wenn das Gericht die Dokumente präsentiert. Vielfach dürfte aber nichts dagegensprechen, den Parteivertretenden ebenfalls die Möglichkeit der digitalen Vorhaltung einzuräumen. 81

4. Beweissicherung und digitale Forensik

a) Allgemeines zur digitalen Forensik

Die neuen technischen Möglichkeiten führen auch **zu neuen Herausforderungen bei der Beweiswürdigung**. Über die Echtheit eines in Papierform vorgelegten Dokuments kann sich das Gericht anhand seiner Lebenserfahrung einen ersten Eindruck verschaffen und punktuell, z.B. zu der Echtheit der Unterschrift, ein Gutachten einholen. Zu den gutachterlichen Methoden und Untersuchungen (Druckintensität, Schwung etc.) findet man leicht Zugang. Im Rahmen der digitalen Forensik sind **Integrität, sprich die Vollständigkeit und Unverfälschtheit der Daten**, und die **Authentizität, also die sichere Zuordnung einer Datei zu einer bestimmten Person oder Quelle**, von Bedeutung. Bei Fragen rund um die Echtheit von Signaturen oder der Unverfälschtheit von Dokumenten können Gerichte aufgrund der bisherigen Inhalte der Ausbildung der Juristinnen und Juristen in der Regel weder auf eigene Sachkunde noch auf technische Hilfsmittel 82

139 Vgl. *Irskens*, BJ 2020, 281.
140 *Munzel*, DS 2004, 183 (184).

zur eigenen Untersuchung der Integrität und Authentizität der Daten zurückgreifen. Gleiches gilt für die Rechtsanwaltschaft bei der Beratung ihrer Mandantschaft, insbesondere bzgl. möglicher Vorkehrungen zur Beweissicherung. Einen guten Einstieg in die komplexe Thematik bietet der **Leitfaden „IT-Forensik" Version 1.0.1** als Grundlagenwerk zur IT-Forensik.[141] Kritisch anzumerken ist in diesem Zusammenhang, dass aufgrund des **fehlenden Fachwissens des Gerichts Sachverständige nicht mehr Gehilfe** sind, sondern diesen in noch stärkerem Maße als bisher auch die **Beweiswürdigung überlassen** wird. Sachverständigengutachten beziehen sich zunehmend nicht auf Hilfstatsachen, sondern auf rechtserhebliche Tatsachen. Politisch darf hier nicht kapituliert werden; Maßnahmen wie **verstärkte Fortbildungen** für den Bereich digitale Forensik, Anpassungen der Prüfungsordnungen für die Ausbildung oder ein zentralisiert zuständiges Gericht für solche Verfahren, die einen starken Bezug zu technischen Fragen aufweisen, sollten frühzeitig erwogen werden. Gegen eine zentralisierte Zuständigkeit spricht allerdings, dass durch die zunehmende Digitalisierung zukünftig mehr oder weniger alle Verfahren Berührung mit Fragen der IT-Forensik haben werden.

b) Konkrete Datensicherung

83 Die **Datenforensik** beginnt mit der Sicherung der Daten, die den Beweiswert hinsichtlich Integrität und Authentizität der Daten nicht beeinträchtigen darf.[142] Mitunter kann es für die beweispflichtige Partei mit Schwierigkeiten verbunden sein, bestimmte Daten dergestalt zu sichern, dass Sachverständige zu einem späteren Zeitpunkt die Integrität und Authentizität der Daten überprüfen können. Geeignet sind **Analysesysteme**, die von Datenträgern bitweise Kopien der gewünschten Dateien anfertigen und diese durch sogenannte **Writeblocker** physikalisch vor Schreibzugriffen sichern.[143] So wie elektronische qualifizierte Signaturen oder Verschlüsselungsdienste erzeugen Writeblocker Hashwerte, sprich Summenwerte, die aus Daten aller Dokumente berechnet werden. Bei Veränderungen oder Manipulationen an den Daten verändert sich der Hashwert. Der in diesem Zusammenhang zu betreibende Aufwand zur Datensicherung ist dann angezeigt, wenn nicht z.B. der Eingang oder die elektronische Abgabe einer Erklärung **zusätzlich durch Zeuginnen bzw. Zeugen** wahrgenommen wurde. Zur Sicherung von flüchtigen Inhalten im Internet vgl. Rn. 55, 76. Softwarequellcodes können bei einem Treuhandunternehmen, sog. Escrow-Anbieter, verwahrt werden. Der TÜV bietet beispielsweise die Hinterlegung von Software an.[144] Dies setzt allerdings eine Escrow-Ver-

---

141 https://www.bsi.bund.de/SharedDocs/Downloads/DE/BSI/Cyber-Sicherheit/Themen/Leitfaden_IT-Forensik.html; Abruf am 1.11.2022.

142 Vgl. auch *Jansen*, CR 2018, 334 (344).

143 Vgl. zum Beispiel https://it-forensik.fiw.hs-wismar.de/index.php/Write_Blocker.

144 https://www.tuvsud.com/de-de/dienstleistungen/produktpruefung-und-produktzertifizierung/hinterlegung-von-software-escrow, Abruf am 1.11.2022.

einbarung zwischen den Parteien mit dem Escrow-Anbieter voraus. Es ist möglich, solch eine Vereinbarung noch im Streitfall zu schließen.

Die digitale Verfügbarkeit von Dokumenten erleichtert es, unmerklich Veränderungen an diesen vorzunehmen. Selbst Videoaufzeichnungen können durch Techniken der Künstlichen Intelligenz manipuliert werden. Das Einfügen oder Entfernen von Personen, die Veränderung von Gesichtern oder dem gesprochenen Inhalt ist mittels leicht zugänglicher Apps selbst für Laien möglich. Auf der anderen Seite unterstützen **neuronale Netze** auch dabei, diese **sog. DeepFakes** oder Veränderungen zu identifizieren. Es ist absehbar, dass durch die vorgenannten Aspekte zukünftig Verfahren, in denen der Beweiswert digitaler Daten von Bedeutung ist, durch die Kosten für Sachverständige für die Parteien exorbitant teurer werden und damit zu hohen Prozessrisiken und einem erschwerten Zugang zum Recht führen können. **84**

E. Ausblick

"The electric light did not come from the continuous improvement of candles." **85**
(Oren Haran) **86**

I. Aktuelle Diskussion

Die Digitalisierung der Gerichte beschränkt sich oftmals darauf, bestmöglich die Papierwelt digital abzubilden, statt Prozesse neu zu denken.[145] Dass der Wunsch nach einer umfassenderen Modernisierung der ZPO groß ist, zeigen jedoch die aktuellen, intensiven Diskussionen. **87**

In Bezug auf die digitale Beweisaufnahme wird z. B. gefordert, in geeigneten Fällen dem Gericht zu ermöglichen, Aussagepersonen per **Videoanruf** zu vernehmen[146] (was ohnehin bereits zulässig ist), die schriftliche Vernehmung von Zeuginnen und Zeugen um die Möglichkeit zu ergänzen, eine **Videoaufzeichnung** der Aussage anzufordern[147] sowie **Zeuginnen und Zeugen oder Sachverständige** aus dem Gerichtssaal heraus **telefonisch befragen zu können,** so dass die Parteien über Lautsprecherfunktion das Gesagte mithören können[148] (dies ist bei Einverständnis der Parteien nach § 284 ZPO bereits heute möglich). Darüber hinaus soll ein schriftliches Wortprotokoll bei Beweisaufnahmen (KI-gestützt) angefertigt werden,[149] wo nicht bereits durch die Aufnahme einer **88**

145 So auch *Risse/Gremminger*, AnwBl. 2022, 24 (26).

146 Diskussionspapier, S. 45 (92).

147 Diskussionspapier, S. 45.

148 Diskussionspapier, S. 45 (92).

149 Diskussionspapier, S. 45; Stellungnahme der BRAK 11/2021, https://www.brak.de/fileadmin/05_zur_rechtspolitik/stellungnahmen-pdf/stellungnahmen-deutschland/2021/stellungnahme-der-brak-2021-60.

virtuellen Verhandlung deren Inhalt festgehalten wurde.[150] Ferner wird seitens der BRAK ein Anspruch auf Videoverhandlung gefordert, wenn die Parteien übereinstimmend einer Videoverhandlung zustimmen und keine Zeugenvernehmung terminiert ist. **Beweisaufnahmen** mit Zeuginnen und Zeugen sowie Sachverständigenanhörungen sollen demgegenüber durch ein gesetzliches Regel-Ausnahme-Verhältnis **grundsätzlich in Präsenz** stattfinden, wenn nicht alle Beteiligten ihre Zustimmung zur Videovernehmung erteilen oder ein Ausnahmetatbestand vorliegt.[151] Aus der Richterschaft stammt der Wunsch, eine vollvirtuelle Verhandlung zu ermöglichen, bei der sich auch die Mitglieder des Spruchkörpers an unterschiedlichen „anderen" Orten, z.B. im Homeoffice, aufhalten können.[152] Auch die Einführung eines eigenen Beweismittels der „elektronischen Datei", so dass z.B. ein Screenshot oder ein Chatverlauf Beweismittel sein können, (wobei ein Erfordernis hierfür nicht bestehen dürfte, s.o.), wird gefordert.[153]

89 Viele Forderungen eint das Ziel, Gerichtsverfahren schneller und effizienter auszugestalten. So findet sich nun auch im Koalitionsvertrag, dass „Verhandlungen [...] **online durchführbar** sein, **Beweisaufnahmen audiovisuell dokumentiert** und mehr spezialisierte Spruchkörper eingesetzt werden" sollen.[154] Die Forderungen zeigen auch insgesamt, dass Praktikerinnen und Praktiker durch die Erfahrungen während der Pandemie-Monate Vertrauen in die technische Unterstützung gefasst haben.[155]

II. Impulse

90 Ohne hier im Einzelnen alle Vor- und Nachteile der unter Ziff. 1 genannten Forderungen diskutieren zu können, sollen für die Beweisaufnahme einige Impulse gesetzt werden, ausgehend von den Schwächen bzw. Regelungslücken, die sich bei der Durchführung einer digitalen Beweisaufnahme aktuell noch zeigen:

1. Reformierung des § 128a ZPO

91 Eine Reform des § 128a ZPO ist dringend angezeigt. Sinnvoll wäre, wenn der Gesetzgeber das **Verhältnis der §§ 128a Abs. 2, 375 und 377 Abs. 3 ZPO** neu justiert. Es ist nicht nachvollziehbar, dass die ausschließlich schriftliche Vernehmung eines Zeugen in das **alleinige Ermessen des Gerichts** gestellt wird, demgegenüber die – **alle Prozess-**

---

pdf https://www.brak.de/fileadmin/05_zur_rechtspolitik/stellungnahmen-pdf/stellungnahmen-deutschland/2021/stellungnahme-der-brak-2021-60.pdf.

150 Stellungnahme der BRAK 11/2021. https://www.brak.de/fileadmin/05_zur_rechtspolitik/stellungnahmen-pdf/stellungnahmen-deutschland/2021/stellungnahme-der-brak-2021-60.pdf.

151 Stellungnahme der BRAK 11/2021.

152 Diskussionspapier, S. 45, vgl. auch *Köbler*, NJW 2021, 1072.

153 Diskussionspapier, S. 62.

154 https://www.bundesregierung.de/breg-de/aktuelles/koalitionsvertrag-2021-1990800, S. 106.

155 So auch *Henning/Windau*, DRiZ 2021, 332 (334).

maximen zum Tragen bringende – Bild- und Tonübertragung einen Antrag voraussetzt. Auch **Ort der Ladung** und die **Kostenfrage** bieten Spielraum für eine gesetzgeberische Gestaltung. Für § 375 ZPO ist ein Ausnahme-Regel-Verhältnis festgelegt, gleichwohl setzt auch die Beweisaufnahme durch einen beauftragten oder ersuchten Richter **keinen Antrag bzw. kein Einverständnis** voraus. Im strafprozessualen Bereich wird die Videovernehmung eines Sachverständigen **ebenso in das Ermessen des Gerichts** gestellt (§ 247a Abs. 2 StPO).

Die seitens der BRAK vorgebrachten Forderungen, eine Videovernehmung nur mit Zustimmung durchführen zu können, kann zu einem **Prozessungleichgewicht** zwischen Kläger- und Beklagtenseite führen; nicht immer wird ein Einvernehmen über die Durchführung einer Videovernehmung herzustellen sein. Hängt beispielsweise der Rechtsstreit maßgeblich von einem Sachverständigengutachten ab, dessen schriftliches Ergebnis zuungunsten der Klägerseite ausfällt, wird letzterer eher zur Reduzierung eines weiteren Kostenrisikos eine Erläuterung des Gutachtens durch den Sachverständigen im Wege der Bild- und Tonübertragung wünschen. Dies wäre dann aber **abhängig von dem Einverständnis** der beklagten Partei, der aller Voraussicht nach nicht die Kosten des Prozesses tragen wird. Dies erscheint **im Ergebnis nicht sach- und interessengerecht.** 92

Die allein telefonische Vernehmung einer Aussageperson lässt den **Eindruck der Gerichtsverhandlung auf diese und die Vermittlung der Bedeutung der Aussage für den Rechtsstreit verloren** gehen; auch ist die Feststellung der Identität der Aussageperson erschwert. Gleichermaßen kann heute nahezu jede Aussageperson per Videoanruf erreicht werden. Ohne in Abrede stellen zu wollen, dass die telefonische Befragung in einigen Fällen Mittel der Wahl sein kann, sollte sie die Ausnahme bleiben. Die Forderung mag eher als Behelf gemeint sein, Schwächen der technischen Ausstattung zu überwinden und Verfahren effizienter führen zu können. Wäre Ausgangspunkt, dass eine Telefonverbindung sicherer ist als eine https-verschlüsselte Datenverbindung, wäre diese Annahme jedenfalls seit Einführung der Voice-Over-IP-Technik für Telefonie obsolet. Auch ein Telefongespräch kann mittels App[156] ohne weiteres von Dritten mitverfolgt und aufgezeichnet werden, insbesondere wenn das Telefon kompromittiert ist. 93

Besser wäre daher, einen Konsens darüber herzustellen, dass in den meisten Fällen die Bild- und Tonübertragung den Prozessmaximen mindestens gleichwertig zur Geltung verhilft bzw. darüber zu sprechen, welche technische Ausstattung hierfür erforderlich ist, um dies zu sichern. Zudem sollte auch bei § 128a ZPO die Annahme zugrunde gelegt werden, dass das Gericht sein Ermessen pflichtgemäß ausüben wird – wie auch in anderen Fällen (z. B. §§ 375, 377 Abs. 3 ZPO, § 247a StPO) – und die Möglichkeit eröffnen, 94

156 Bei einigen Smartphones ist die Funktion „Gespräch aufzeichnen" bereits voreingestellt, obgleich die Aufzeichnung ohne Zustimmung des Gesprächspartners strafbar ist. Auch das nachträgliche Installieren einer der zahlreich verfügbaren Aufzeichnungs-Apps ist kinderleicht, beispielsweise die App „Anruf Aufzeichnen"; vgl. https://www.heise.de/tipps-tricks/Anrufe-aufzeichnen-diese-Moeglichkeiten-gibt-es-4638430.html, Abruf: 1.11.2022.

Videobeweisaufnahmen von Amts wegen anordnen zu können. Gleichzeitig sollte den Parteien jederzeit die Möglichkeit offenstehen, in Präsenz bei Gericht zu erscheinen und sich einen unmittelbaren Eindruck des entscheidenden Spruchkörpers zu verschaffen;[157] entstehende Kosten tragen sie dann jedoch selbst.

95 Daraus würde sich ein Regel-Ausnahmeverhältnis für eine Neufassung des § 128a ZPO wie folgt ableiten lassen:

> § 128a Verhandlung im Wege der Bild- und Tonübertragung
>
> (1) [1]Die mündliche Verhandlung findet im Wege der Bild- und Tonübertragung statt, wenn die Parteien dies übereinstimmend beantragen. [2]Die Parteien, ihre Bevollmächtigten und Beistände halten sich während der mündlichen Verhandlung an einem anderen Ort auf und nehmen dort Verfahrenshandlungen vor. [3]Die Verhandlung wird zeitgleich in Bild und Ton an diesen Ort und in das Sitzungszimmer übertragen.
>
> (2) [1]Der Vorsitzende kann anordnen, dass sich die Parteien, ihre Bevollmächtigten und Beistände während der mündlichen Verhandlung an einem anderen Ort aufhalten und dort Verfahrenshandlungen vornehmen, es sei denn, die Parteien beantragen übereinstimmend die Durchführung einer Präsenzverhandlung. [2]Macht ein Beteiligter glaubhaft, nicht über geeignete Technik zu verfügen oder hält das Gericht die Vernehmung an einer Gerichtsstelle für erforderlich, so lädt es diesen in sein nächstgelegenes Gericht, wo die benötigte Technik zur Verfügung gestellt wird. [3]Abs. 1 Satz 3 gilt entsprechend.
>
> (3) [1]Das Gericht kann anordnen, dass sich ein Zeuge, ein Sachverständiger oder eine Partei während einer Vernehmung an einem anderen Ort aufhält, es sei denn, die Parteien beantragen übereinstimmend die Durchführung einer Präsenzvernehmung. [2]Abs. 1 Satz 1 und Abs. 2 Satz 3 gelten entsprechend. [3]Die Vernehmung wird zeitgleich in Bild und Ton an diesen Ort und in das Sitzungszimmer übertragen. [4]Ist Parteien, Bevollmächtigten und Beiständen nach Absatz 1 Satz 1 gestattet worden, sich an einem anderen Ort aufzuhalten, so wird die Vernehmung auch an diesen Ort übertragen.
>
> (4) [1]Entscheidungen nach Absatz 1 Satz 1, Absatz 2 Satz 1 und Absatz 3 Satz 1 sind unanfechtbar. [2]Den Beteiligten steht jederzeit offen, die Gerichtsstelle gem. § 219 ZPO aufzusuchen und im Sitzungszimmer an der Verhandlung teilzunehmen. [3]Die hierdurch entstehenden Mehrkosten tragen die Beteiligten jeweils selbst.

96 Darüber hinaus wäre es sinnvoll, die Regelungen in §§ 128a, 160, 160a ZPO dergestalt anzupassen, dass ein Wortprotokoll angefertigt wird und auch Videoaufzeichnungen sowie das Anfertigen von Screenshots (z.B. von in die Kamera gehaltenen Ausweisdokumenten oder auf einem Whiteboard online angefertigte Skizzen einer Aussageperson) durch das Gericht erlaubt sind. Gerichtliche Screenshots sollten durch das Gericht als Anlage zum Protokoll genommen werden können. Für die übrigen Zugeschalteten bleibt es bei dem Aufzeichnungsverbot des aktuellen § 128a Abs. 3 Satz 1 ZPO. Eine vollvirtuelle Verhandlung, bei der sich das Gericht oder ein Teil des Spruchkörpers nicht im Gericht aufhält, wie es in § 219 ZPO, § 169 GVG und § 193 Abs. 1 GVG vorgesehen ist, sollte

157 So auch *Henning/Windau*, DRiZ 2021, 332 (333); *Köbler*, NJW 2021, 1072 (1072).

insbesondere zur Vermeidung eines Terminausfalls (z. B. im Falle einer Quarantäne oder witterungsbedingt) möglich sein. Den Parteien steht dann allerdings nicht mehr offen, sich einen unmittelbaren Eindruck von dem Gericht zu verschaffen. Zukünftig werden im Falle vollvirtueller Verhandlungen in den Gerichten separate Räume mit Bildschirmen und Kopfhörern zur Verfügung stehen, über die die Gerichtsöffentlichkeit mehrere Onlineverhandlungen verfolgen kann. Das führt zu der Frage, ob und warum in jedem Fall die Gerichtsöffentlichkeit in das Gericht kommen muss, um auf einem Bildschirm eine Verhandlung zu verfolgen oder die digitale Gerichtsöffentlichkeit über ein Onlinestreaming der Verhandlungen hergestellt werden könnte.[158]

2. Stärkung digitaler Möglichkeiten der Wahrheitsfindung

Darüber hinaus sollte der Einsatz digitaler Möglichkeiten zur Wahrheitsfindung gestärkt werden. 97

Das Potential der Digitalisierung kann in komplexen Verfahren bereits bei Klageerhebung nutzbar gemacht werden, indem klägerseits eine interaktive **digitale Präsentation speziell für die mündliche Verhandlung** als Ergänzung zum Vortrag erstellt wird (etwa ein interaktiver Zeitstrahl über die Entstehung von Mängeln und die Entwicklung einer Baustelle einschließlich der Mängel, verknüpft mit Fotos und Videos, die als Beweismittel vorgelegt werden) oder durch den Einsatz von Virtual- oder Augmented-Reality. Sehr zielführend sind Darstellungen mittels Augmented Reality. Hierbei können dreidimensionale virtuelle Abbildungen z. B. eines Gebäudes, das noch nicht oder nicht mehr existiert oder Unfallsimulationen mit der Realität verbunden und im Rahmen von Ortsterminen aus allen Perspektiven betrachtet werden.[159] Aus der Schiedsgerichtsbarkeit sind dreidimensionale Videosimulationen bekannt, die hinsichtlich der Errichtung eines Gebäudes Abweichungen des tatsächlichen von dem geplanten Bauverlauf farblich kennzeichnen. Die Visualisierung der entsprechenden Vorgänge ist einfacher zu erfassen und eindrücklicher als schriftsätzlicher Vortrag.[160] Eine Investition durch die Parteien zur frühzeitigen Visualisierung des Streitstoffs kann den Prozess insgesamt deutlich günstiger werden lassen. In ausgewählten Spezialgebieten (z. B. Bauprozesse, Abgasverfahren) könnte testweise eine **Soll-Vorschrift eingefügt werden, den grundlegenden Sachvortrag der Parteien frühzeitig von diesen visualisieren zu lassen**. Zu klären wäre, ob und inwieweit hierdurch entstehende Mehrkosten für die Sachverhaltsvisualisierung auch Teil der Kosten des Rechtsstreits gem. § 91 Abs. 1 Satz 1 ZPO bzw. der Sachverständigenvergütung nach dem Gesetzes über die Vergütung von Sach- 98

158 Vgl. hierzu grundlegend Paschke, Digitale Gerichtsöffentlichkeit 2018, zu Möglichkeiten, Risiken und einem –streitbaren – Vorschlag für eine zeitgemäße technische Umsetzung eines Onlinestreamings.
159 Gute Beispiele bieten die Forschungsbereiche des Fraunhofer-Institut, z. B. das IEM: https://www.iem.fraunhofer.de/de/ueber-uns/forschung/leistungsangebot/produktentstehung/AugmentedRealityimindustriellenEinsatz.html, Abruf: 30.10.2022.
160 *Malcher*, SchiedsVZ 2021, 287, 289 mit Bezug auf Ausführungen von Frau Prof. Dr. *Voser*.

verständigen, Dolmetscherinnen, Dolmetschern, Übersetzerinnen und Übersetzern sowie die Entschädigung von ehrenamtlichen Richterinnen, ehrenamtlichen Richtern, Zeuginnen, Zeugen und Dritten“ (sog. Justizvergütungs- und -entschädigungsgesetz – JVEG) sein können. Letzteres dürfte bei engem Zusammenhang mit dem Gutachtenauftrag jedenfalls teilweise über die anfallenden Honorarkosten für die Begutachtung abgedeckt werden können, § 8 JVEG.[161]

99 Die Beweisaufnahme nach § 128a ZPO ist gedanklich bisher auf den Einsatz der Videotechnik beschränkt. Es bedarf Regelungen, die es erlauben, dass das Abbild eines Personalausweises oder Skizzen, die eine Aussageperson während der Vernehmung anfertigt, mittels Screenshot als Anlage zu Protokoll genommen werden. Es ist unklar, ob sich das **Aufzeichnungsverbot nach § 128a Abs. 3 Satz 1 ZPO** auf solche **Hilfsmittel** erstreckt. Eine umfassende und klare Regelung der digitalen Beweisaufnahme in Ergänzung zu § 284 ZPO wäre hier hilfreich. Auch ist unklar, ob es ausreicht, wenn das Gericht in einer virtuellen Verhandlung den Parteivertretenden einen **schriftlichen Vergleich per Screensharing zur Durchsicht vorlegt** und genehmigen lässt.

100 Ein anderes, bereits genanntes Problem ist die Verteuerung der Prozesse dadurch, dass Gerichte mangels eigener Expertise zukünftig vermehrt Sachverständige in Anspruch nehmen müssen, um Dateiformate abzuspielen oder technische Fragen aufzuklären. Die zunehmende Datenmenge lässt sich nicht nach § 130a ZPO übermitteln und ein Datentransfer per CD, DVD oder USB-Stick ist nicht zeitgemäß. Um dieser Herausforderung zu begegnen, könnte zunächst **§ 371 ZPO** dahingehend erweitert werden, dass die Übermittlung auch durch die **Bereitstellung zum Abruf** erfolgen kann. Ob dies zwingend über eine Justizcloud erfolgen muss[162] oder auch möglich ist, der Anwaltschaft die Wahl zu lassen, wo sie ihre Daten hält, wäre zu prüfen. Gegen die **Nutzung von Drittanbietern dürften bei Einverständnis der Mandantschaft hiermit keine Bedenken** bestehen, wobei der Zeitpunkt des Hochladens und eventueller Veränderungen nachvollziehbar sein müsste. Auf diesen Servern könnten Prozessbeteiligte Dateien hochladen und darauf in Schriftsätzen zu Beweiszwecken oder zur Konkretisierung eines Antrages Bezug nehmen.[163] Dem Gericht und den weiteren Beteiligten wären diese Dateien über den Server ebenfalls zugänglich. Idealiter würde die Justiz hierfür ein **Portal** bereitstellen, auf dem einerseits zu den Aktenzeichen des Verfahrens elektronische Dokumente nebst Signaturen hochgeladen würden. Zum anderen würden in dem Portal verschiedene Dienste verfügbar sein, z. B. solche, die eine **Verifikation von Signaturen** durchführen. Denkbar ist auch, ähnlich wie bei der automatisierten Bewertung der Sicherheit von Passwörtern, die **Integrität und Authentizität von elektronischen Dokumenten KI-gestützt prüfen und auswerten zu lassen**. Dieser **Werkzeugkasten** stünde nicht nur dem Gericht, sondern auch den Parteien zur Verfügung. Ein solcher könnte

---

161 Schneider, DS 2018, 115, 118 in Bezug auf die Erstellung von Grafiken und Diagrammen.
162 Zu einer Justizcloud *Henning/Windau*, DRiZ 2021, 332 (333).
163 *Henning/Windau*, DRiZ 2021, 332, (334).

auch erleichtern, eine unmittelbare Datensicherung, z.B. von Smartphones, durchzuführen. Damit könnte einer zukünftigen Steigerung von Verfahrenskosten entgegengewirkt und die materielle Wahrheitsfindung unterstützt werden. Der Bedarf an Sachverständigengutachten ließe sich damit reduzieren.

Großes Potential bieten die technischen Möglichkeiten, virtuelle Realitäten zu er- 101
schaffen oder Hologramme zu erstellen und so aktuell noch zweidimensionale Online-Verhandlungen realitätsnäher zu gestalten. Bereits seit vielen Jahren werden in Deutschland und anderen Ländern sog. immersive virtual environments betrachtet, bei denen eine als echt empfundene, computergenerierte, interaktive Umgebung mit Hilfe künstlicher Sinnesinformationen geschaffen wird.[164] Wenn sich in dieser geschaffenen Parallelwelt mehrere Personen gleichzeitig aufhalten, virtuell repräsentiert durch Avatare, spricht man von einem collaborative virtual environment[165], das einem Metaversum entsprechen würde. Für solche Sinneseindrücke werden u.a. Virtual-Reality-Brillen (VR-Brillen) benötigt. Derzeit können VR-Brillen den Teil des Gesichts, den sie verdecken, nicht für einen anderen sichtbar darstellen. Sowohl Augenbewegungen als auch Mimik gehen noch verloren. Es darf allerdings davon ausgegangen werden, dass in naher Zukunft das Tracking der Augenbewegungen und der Mimik durch VR-Technik abgebildet wird.[166] So entstünde ein realistisches Gefühl der Anwesenheit an einem Ort nebst Kontakt zu anderen Menschen; die virtuelle und die reale Welt würden verschmelzen. Die Einsatzmöglichkeiten wären dann schier unbegrenzt. Ob in der Vielzahl der Verfahren die Begegnung mittels VR-Technik einen Vorteil gegenüber einer zweidimensionalen Videoverhandlung bietet, scheint fraglich. Als Visualisierungsmedium und zur Unterstützung von Aussagen kann der Einsatz der Technik schon heute sinnvoll sein. Die Behauptungen der Parteien würden in einer virtuellen Umgebung nachgestellt; alternativ könnte die Aussageperson einen Avatar oder Gegenstände wie Autos durch ein künstliches Abbild der Realität steuern. Möglich wäre die Simulation von Unfallorten, um die Wetter- und Sichtverhältnisse und den Standort der Beteiligten zu veranschaulichen. Ggf. hätten auch die Aussagepersonen hierdurch eine bessere Möglichkeit sicherzustellen, dass sie richtig verstanden werden. Zu beachten ist allerdings auch die hohe Suggestivkraft entsprechender realistischer Darstellungen mit den damit einhergehenden Gefahren. In Zivilverfahren wird der Einsatz der Technik als Ausprägung der Digitalisierung der Gesellschaft zukünftig Einzug erhalten: Da ein Metaversum keinen rechtsfreien Raum darstellt, können dort auch u.a. Straftaten, Markenverletzungen oder Wettbewerbsverstöße stattfinden, dessen Beweissicherung nur unter Einsatz der VR-Technik möglich ist.

---

164 *Glunz*, S. 20f.; *Susskind*, Online Courts, S. 59, 255ff.; *Jackson*, The Metaverse Courtroom, 24.3.2022; *Hartung/u.a.*; The Future of Digital Justice 2022, S. 20.

165 Glunz, S. 21.

166 *Knobloch*, heise.de vom 21.6.2022; seit dem 25.10.2022 ist mit Meta Quest Pro ein Produkt auf dem Markt, das ein Eye- und Facetracking beinhaltet, https://mixed.de/meta-quest-pro-infos/, Abruf: 1.11.2022.

III. Fazit

102 Die Justiz genießt in der Gesellschaft großes Vertrauen,[167] auch im internationalen Vergleich.[168] Kritik gibt es allerdings insbesondere in Bezug auf die Verfahrensdauer und die Überlastung der Gerichte durch zu viel Arbeit,[169] wobei im internationalen Vergleich und im Verhältnis zur Schiedsgerichtsbarkeit die Verfahrensdauern vorzeigbar sind.[170] Effizientere Arbeitsmethoden und die intensivere Nutzung des § 128a ZPO könnten insoweit einer schnelleren Verfahrensbearbeitung aller Beteiligten zuträglich sein. Bei den Reformbestrebungen, die sich auf die Beweisaufnahme beziehen, darf allerdings nicht vergessen werden, dass bereits die **Nutzung und Förderung der vorhandenen Möglichkeiten**, insbesondere der effizienten Planung und Durchführung einer Gerichtsverhandlung, auch im Sinne von Nachhaltigkeit und Umweltschutz und im Fall einer Pandemie im Sinne des Infektionsschutzes – teilweise noch ungenutztes – Potential bietet, Verfahren effizienter zu gestalten.

---

167 Roland Rechtsreport 2021, S. 10-11: Zwei Drittel der Bevölkerung haben sehr viel oder ziemlich viel Vertrauen in die Gerichte. Das Vertrauen in die Gerichte bewegt sich seit rund zehn Jahren in der Bandbreite zwischen 61 und 71 Prozent.

168 MüKoZPO/*Rauscher*, 6. Aufl. 2020, Einl. Rn. 233; *Stürner*, JZ 2019, 1122.

169 Roland Rechtsreport 2021, S. 16.

170 Vgl. hierzu Diekmann NJW 2021, 605 (605) unter Hinweis auf das „2020 EU Justice Scoreboard", https://ec.europa.eu/info/sites/info/files/2020_eu_justice_scoreboard_factsheet.pdf und die Angabe des ICC Court in Paris, dass die durchschnittliche Verfahrensdauer bis zu einem Schiedsspruch für das Jahr 2019 bei 26 Monaten liegt.

Hendrik Schultzky

§ 21 Das Sitzungsprotokoll im digitalen Zeitalter

Gliederungsübersicht **Rn.**

Literatur: *Diekmann*, Commercial Courts – Innovative Verfahrensführung trotz traditioneller Prozessordnung? NJW 2021, 605; *Kodek*, Der Zivilprozess und neue Formen der Informationstechnik, ZZP 115 (2002), 445; *Müller/Windau*, Pandemie als Digitalisierungsschub für die Justiz? DRiZ 2021, 332; *Natter/Mohn/Halblitzel*, Die unmittelbare Aufzeichnung von Zeugenaussagen im zivil- und arbeitsgerichtlichen Verfahren, NJOZ 2013, 1041; *Stürner*, Protokollierung von Aussagen im deutschen Zivilverfahren, JZ 2016, 137.

A. Einleitung

Mit dem Sitzungsprotokoll wird im Zivilprozess die **schriftliche chronologische Aufzeichnung** der in den § 160 II-IV ZPO gesetzlich bestimmten mündlichen Vorgänge be- 1

https://doi.org/10.1515/9783110755787-021

schrieben.[1] Das Protokoll dokumentiert den sonst flüchtigen Inhalt der mündlichen Verhandlung. Unmittelbar nach dem protokollpflichtigen Geschehen – dem Aufruf zur Sache, der Stellung der Anträge, der Aussage der Zeugin oder des Zeugen – ist der jeweilige Vorgang im Protokoll festzuhalten. Nach der mündlichen Verhandlung kann das Protokoll noch korrigiert und ausformuliert werden; fehlende Vorgänge dürfen aber nicht mehr ergänzt werden.[2] Die Schriftlichkeit des Protokolls erfordert dabei nicht mehr eine in Papierform niedergelegte Dokumentation. Bereits 2005 und damit lange vor Einführung der E-Akte ist bestimmt worden, dass das Sitzungsprotokoll auch als gerichtliches elektronisches Dokument gespeichert werden kann (§ 160a IV ZPO).[3]

2 Ausgehend von dieser Rechtslage befasst sich der Beitrag damit, wie **Form, Verfahren und die flankierenden rechtlichen Vorgaben in das digitale Zeitalter überführt** werden können. Das erfordert zunächst eine Beschäftigung mit der derzeitigen Praxis der Protokollierung und der Funktion des Protokolls. Auf dieser Grundlage soll dann der Einsatz technischer Mittel unter der geltenden Rechtslage in praktischer und rechtlicher Hinsicht beurteilt werden. Welche weiteren Möglichkeiten durch den Gesetzgeber sinnvoll eröffnet werden sollten, schließt den Beitrag ab.

B. Derzeitige Praxis der Protokollierung

3 In der Gerichtspraxis erfolgt die Fertigung des Sitzungsprotokolls meist durch **Diktat** der Vorsitzenden oder des Vorsitzenden, sei es gegenüber einer anwesenden Protokollkraft oder unter Verwendung eines Diktiergeräts oder Spracherkennungssystems. Zunehmend ist auch festzustellen, dass die Richterin oder der Richter den Protokollinhalt während der Verhandlung selbst in ein Textverarbeitungssystem eingibt und dies dabei laut vorliest. Für die meist knappe Feststellung der Formalien, wie Anwesenheit der Parteien, Antragstellung, Abgabe von Prozesserklärungen, sind diese Vorgehensweisen unproblematisch.

4 Anders verhält es sich bei der nach § 160 III Nr. 4 ZPO vorgeschriebenen **Feststellung der Aussagen** von Zeuginnen und Zeugen, Sachverständigen und vernommenen Parteien sowie der Angaben von Parteien im Rahmen ihrer Anhörung nach § 141 ZPO.[4] Eine Protokollierung des vollständigen Wortlauts der Aussagen ist hier nicht vorgeschrieben.[5] Sie wird jedoch von der herrschenden Meinung – jedenfalls wenn es für die

---

1 Zöller/*Schultzky*, 2022, § 159 Rn. 1.

2 Zöller/*Schultzky*, § 159 Rn. 3.

3 Art. 1 Nr. 11 Gesetz über die Verwendung elektronischer Kommunikationsformen in der Justiz (JKomG) v. 22.3.2005.

4 Die Protokollierung der Parteianhörung ist zwar nicht vorgeschrieben, findet aber in der Praxis häufig statt, wenn ihre Heranziehung zu Beweiszwecken in Betracht gezogen wird, vgl. dazu bereits BGH NJW 1969, 428.

5 BGH NJW 2019, 2538 Rn. 19 m.w.N.

Beweiswürdigung erheblich ist – als wünschenswert angesehen.[6] In der Praxis findet eine Niederlegung des Wortlauts der Aussagen im Protokoll jedoch (fast) nicht statt. Die/Der beim Diktat von Aussagen als Intermediär zwischen Partei und Protokoll agierende Richterin oder Richter verändert vielmehr in aller Regel den Wortlaut der Aussagen. Er nimmt sprachliche Glättungen vor, lässt aus seiner Sicht Überflüssiges weg und fasst wiederholende Aussagen zusammen. Dadurch reduziert sie oder er die **Authentizität der Protokollierung**. Besondere **Schwierigkeiten** verursacht es auch, dass der Zeugin oder dem Zeugen nach § 396 I ZPO zunächst Gelegenheit zu geben ist, ungesteuert und ohne Unterbrechung seine Erklärungen zu dem Beweisthema abzugeben.[7] Die Richterin oder der Richter sieht sich so genötigt, häufig umfangreiche Erklärungen stichpunktartig mitzunotieren, um nicht durch ihr oder sein Diktat die Zeugin oder den Zeugen bei seiner Aussage zu stören. Selbst geübten und aufmerksamen Vorsitzenden ist es bei komplexeren Angaben dabei kaum möglich, anhand ihrer/seiner Notizen die Aussage im oder zumindest „nahe am" Wortlaut beim Diktat zu rekonstruieren. Zudem ist das Verfahren der Aussageprotokollierung aufwendig und zeitraubend, weil das Diktat oder die eigene Niederschrift erhebliche Zeit in Anspruch nimmt. Nicht selten sind im Anschluss an das Diktat der Vorsitzenden oder des Vorsitzenden Diskussionen mit den Prozessparteien zu beobachten, ob die diktierte Aussage das von der Zeugin oder dem Zeugen Gesagte zutreffend wiedergibt oder zusammenfasst.[8] Die von der oder dem Vorsitzenden dann gestellten Rückfragen bei der Zeugin oder bei dem Zeugen, ob das Diktierte denn der Aussage entspräche, führen im besseren Fall nur zu einem Zeitverlust, im schlechteren Fall geben sie der Zeugin oder dem Zeugen Gelegenheit, ihre/seine Aussage anzupassen.

Die bereits 1975 mit der Neufassung des § 160a ZPO eingeführte Möglichkeit, die Ver- 5
nehmungen mit einem Tonaufnahmegerät **unmittelbar aufzuzeichnen** und dies (zunächst) lediglich im Protokoll festzuhalten, hat sich hingegen in der Praxis nicht durchsetzen können, obwohl sie die/den Vorsitzende/n als Intermediär überflüssig macht und die genannten Schwierigkeiten vermeidet. Vereinzelte Erfahrungsberichte über unmittelbare Tonaufzeichnungen von Beweisaufnahmen und die Verwendung von Spracherkennungssoftware,[9] blieben in der Zivilgerichtsbarkeit ohne breiten Widerhall.

C. Aufgabe des Protokolls

Dass trotz der geschilderten Unwägbarkeiten an der geübten Praxis festgehalten wird 6
und auch die Vorschriften über die Protokollierung in §§ 159 ff. ZPO bisher nicht reformiert wurden, ist auch darin begründet, dass unterschiedliche Vorstellungen darüber

6 BGH NJW 2019, 2538 Rn. 19; Musielak/Voit/*Stadler*, 2021, § 160 Rn. 8; *Dötsch*, MDR 2014, 1122 (1123).
7 Zöller/*Greger*, § 396 Rn. 1.
8 *Natter/Mohn/Halblitzel*, NJOZ 2013, 1041 (1043).
9 Z.B. *Natter/Mohn/Hablitzel*, NJW 2013, 1770 und bereits *Franzki*, DRiZ 1975, 97 (99).

existieren, wie Aussagen von Zeuginnen und Zeugen, Parteien und Sachverständigen im Protokoll wiedergegeben werden sollen. Die wörtliche Protokollierung wird keineswegs allgemein als Goldstandard anerkannt. Vielmehr werden von Richterinnen und Richtern die Vorteile einer zusammenfassenden Wiedergabe im Protokoll betont. Durch den Verzicht auf die Protokollierung von Nebensächlichkeiten und Wiederholungen lasse sich der wesentliche Aussagegehalt ohne überflüssigen Leseaufwand schnell erfassen. Praktische Erwägungen in die eine oder andere Richtung können und sollen zwar bei Anwendung und Auslegung der Protokollierungsvorschriften sowie bei Reformüberlegungen eine Rolle spielen. Leitend muss aber das ***telos* der Protokollierung** sein. Eine zwar praktisch handhabbare, aber nicht den Protokollzwecken genügende Protokollierung ist kein erstrebenswerter Zustand. Wird daher der Einsatz neuer digitaler Möglichkeiten zur Erleichterung und Verbesserung der Protokollierung erwogen, ist der Zweck der Protokollierung im Allgemeinen ebenso wie der Zweck der Protokollierung von Aussagen immer im Blick zu behalten.

I. Beweissicherungszweck des Protokolls im Allgemeinen

7 Der Protokollzweck lässt sich bereits **aus den Vorschriften der ZPO** über den Protokollinhalt und die Rechtsfolgen erfolgter oder unterbliebener Protokollierung ableiten. § 160 II, III ZPO legen einen notwendigen Protokollinhalt fest und in den Vorschriften der § 165 ZPO und §§ 415, 418 ZPO werden weitreichende Beweiswirkungen für das Protokoll geregelt. Erklärt z.B. die Klagepartei den Rechtsstreit in der mündlichen Verhandlung teilweise für erledigt, gilt die Erklärung nach § 165 ZPO grundsätzlich als nicht erfolgt, wenn sie nicht im Protokoll niedergelegt ist. Aus § 314 S. 2 ZPO folgt zudem, dass die Beweiskraft des Tatbestandes für das mündliche Parteivorbringen nur durch das Sitzungsprotokoll entkräftet werden kann. Dem Protokoll kommt so eine umfangreiche Beweiswirkung zu.

8 Dem Protokoll wird daher allgemein eine **Beweissicherungsfunktion** zugemessen.[10] Schon § 139 der Civilprozessordnung vom 30.1.1877 schrieb vor, dass „über die mündliche Verhandlung vor dem Gerichte … ein Protokoll aufzunehmen" ist. Die Niederschrift von Förmlichkeiten, des Gangs der Verhandlung und auch der erhobenen Beweise (vgl. § 140 II CPO 1877) erschien den Gesetzesverfassern dabei als Ergänzung zum – nach umfangreicher Abwägung der Vor- und Nachteile in die CPO übernommenen – Mündlichkeitsprinzip geboten:

> „Das gesprochene Wort verhallt, und dennoch ist es an sich, wie für spätere prozessuale Vorgänge, von Interesse, das flüchtige Wort insoweit fixiert zu sehen, als es einen wesentlichen Bestandteil des Sachverhältnisses bezielt."[11]

---

10 *Stürner*, JZ 2016, 137 (138); Wieczorek/Schütze/*Smid*, 2012, § 159 Rn. 2; MüKoZPO/*Fritsche*, 2020, § 159 Rn. 4.

11 *Hahn/Mugdan*, Die gesammten Materialien zu den Reichsjustizgesetzen, Bd. II/1, 1180, S. 126.

Die Fixierung erfolge dabei neben den vorbereitenden Schriftsätzen und dem Tatbestand des Urteils durch das Sitzungsprotokoll. Jenes solle in der CPO „Änderungen der Gesuche (petita)“ feststellen, aber nicht jede Abweichung von Sachvortrag zu den vorbereitenden Schriftsätzen enthalten.[12] Dem entsprechend schrieb § 140 I CPO 1877 auch nur die Wiedergabe des Gangs des Verfahrens im Allgemeinen vor. Die Feststellung des während der Instanz erfolgten Sachvortrags war hingegen dem Tatbestand des Urteils vorbehalten.[13] 9

II. Niederschrift von Aussagen

Die Kompensation der Nachteile des Mündlichkeitsprinzips steht bei der Dokumentation von Aussagen der Beweispersonen nach § 160 III Nr. 4 ZPO hingegen offensichtlich nicht im Vordergrund, geht es doch nicht um die Fixierung von Förmlichkeiten oder Parteivorbringen. Dementsprechend wird der Dokumentationszweck hier auch abweichend verstanden. 10

1. Binnenfunktion als „Gedächtnisstütze“

Teilweise explizit, teilweise aber auch nur inzident durch die Art der Protokollierung wird der Niederschrift von Aussagen eine bloße Funktion als „Gedächtnisstütze“ für den Spruchkörper in der Instanz zugewiesen. Das gipfelt in der Beobachtung, dass bisweilen Richterinnen und Richter von „ihrem“ Protokoll sprechen.[14] Insbesondere die schriftliche Fixierung von Parteianhörungen, Zeugenaussagen und Sachverständigenanhörungen erleichtert die spätere **Erinnerung an die und Würdigung der erhobenen Beweise**. Aufgrund der regelmäßig hohen Belastung der Richterinnen und Richter mit einer Vielzahl von Verfahren ist bei der regelmäßig nicht unmittelbar auf den Verhandlungstermin folgenden Anfertigung des Urteils nicht jede Verhandlung mehr ausreichend präsent. Das gilt umso mehr, wenn die Beweisaufnahme sich über mehrere Termine erstreckt. 11

Dem Zweck des Protokolls als Hilfsmittel für die entscheidende/n Richterin/nen entspricht es, dass die **Abfassung des Protokolls in die Hände der oder des Vorsitzenden** oder Einzelrichterin/Einzelrichters gelegt ist[15] und die Mitwirkung der Parteivertreterinnen und Parteivertreter in Abweichung von der Dispositionsmaxime und dem Beibringungsgrundsatz bei der Abfassung nicht vorgesehen ist. 12

12 *Hahn/Mugdan*, Die gesammten Materialien zu den Reichsjustizgesetzen Bd. II/1, S. 127.
13 *Hahn/Mugdan*, Die gesammten Materialien zu den Reichsjustizgesetzen Bd. II/1, S. 127.
14 Dazu *Stürner*, JZ 2016, 137.
15 Zöller/*Schultzky*, § 159 Rn. 4.

2. Beweisfunktion der protokollierten Aussagen

13 Auch hinsichtlich der protokollierten Aussagen von Zeugeninnen und Zeugen, Sachverständigen und vernommenen Parteien beschränkt sich die Funktion des Protokolls aber nicht auf den bloßen Ersatz eines Merkzettels für die Richterin oder den Richter, denn das **Zivilprozessrecht misst dem Protokoll weitere Bedeutung zu**.

14 Als öffentliche Urkunde kommt den protokollierten Aussagen von Zeuginnen und Zeugen, Sachverständigen und vernommenen Parteien die **Beweiswirkung des § 418 I ZPO** zu.[16] Das gilt auch für protokollierte Angaben einer Partei im Rahmen ihrer informatorischen Anhörung. Nur unter den engen Voraussetzungen des § 418 II ZPO können sich Parteien und Zeuginnen und Zeugen deshalb später darauf berufen, die Angaben nicht so gemacht zu haben, wie sie protokolliert sind. Bei einem Wechsel der Gerichtsbesetzung nach einer Beweisaufnahme können protokollierte Zeugen- und Sachverständigenaussagen im Wege des Urkundsbeweises verwertet und auf eine erneute Beweisaufnahme verzichtet werden.[17] Ist der persönliche Eindruck einer Zeugin oder eines Zeugens im Protokoll niedergelegt und in die Verhandlung eingeführt worden, können darauf sogar Erwägungen zur Glaubwürdigkeit im Urteil gestützt werden.[18]

15 Die normierte Beweiswirkung wird faktisch noch bedeutend durch die **Bindung des Berufungsgerichts** an die erstinstanzlichen Tatsachenfeststellung nach § 529 I Nr. 1 ZPO erweitert. Die Bindungswirkung entfällt nur, wenn das Berufungsgericht konkrete Zweifel an der Richtigkeit und Vollständigkeit der Tatsachenfeststellungen hat. Solche ergeben sich insbesondere, wenn die protokollierten Aussagen im Widerspruch zu den Urteilsgründen stehen oder sich aus dem Protokoll die Lückenhaftigkeit der Beweisaufnahme ergibt.[19]

III. Anforderungen an den Protokollierenden

16 Die Aufgabe, ein in dem vorgenannten Sinne „zweckmäßiges" Protokoll anzufertigen, trifft **in erster Linie die Vorsitzende oder den Vorsitzenden** als berufene Protokollführer. Mit ihrer bzw. seiner Unterschrift hat sie oder er für die Richtigkeit der Protokollierung einzustehen (§ 163 I 1 ZPO). Das gilt zwar auch für die Urkundsbeamtin und den Urkundsbeamten. Diktiert jedoch die oder der Vorsitzende das Protokoll, kann sie oder er faktisch den Inhalt der Protokollierung kaum beeinflussen, selbst wenn sie oder er in der Verhandlung mit anwesend ist.

17 Auch die übrigen Prozessbeteiligten haben nur geringe Einflussmöglichkeiten. Nach § 162 ZPO sind bestimmte Feststellungen, wie Sachanträge, bestimmte Prozesserklärungen und Aussagen von **Zeuginnen und Zeugen**, **Sachverständigen** und Par-

---

16 OLG Stuttgart Justiz 2004, 213; OLG Düsseldorf, Beschl. v. 3.9.2014 – 21 U 85/14, juris; vgl. auch BGH NJW-RR 1994, 386 (387).

17 BGHZ 53, 245 (257).

18 BGHZ 53, 245 (257); Zöller/*Greger*, § 355 Rn. 4.

19 Zöller/*Heßler*, § 529 Rn. 12.

teien, den Beteiligten zur Richtigkeitskontrolle vorzulesen, vorzuspielen oder zur Durchsicht vorzulegen. Diktiert die Vorsitzende oder der Vorsitzende die Aussagen der Beweispersonen, können die Beteiligten allerdings auf die Wiedergabe verzichten (§ 162 II ZPO), was in der Praxis regelmäßig passiert. Eine Zeugin oder ein Zeuge, die/der eine Korrektur des „zusammenfassenden" Diktats verlangt, ist selten. Die mit einer Überforderung einhergehende ungewohnte Vernehmungssituation und der Respekt vor dem Gericht mögen hierfür wesentliche Gründe sein.

Die **Parteien** können im Rahmen des § 160 IV ZPO eine Ergänzung des Protokolls 18
verlangen, wobei das Gericht die beantragte Ergänzung allerdings durch unanfechtbaren Beschluss ablehnen kann. Schließlich haben sie Anspruch auf eine nachträgliche Protokollberichtigung bei Unrichtigkeiten nach § 164 ZPO. Ein Erfolg derartiger Anträge ist aber an das Erinnerungsvermögen der Protokollunterzeichner geknüpft. Erinnern sich die/der Vorsitzende und ggf. die Urkundsbeamtin oder der Urkundsbeamte nicht mehr an den Sitzungsinhalt, scheidet eine Berichtigung aus.[20] In der Praxis sind solche Anträge selten.

D. Digitale Hilfsmittel bei der Protokollierung

Bereits **unter dem geltenden Recht** können technische Hilfsmittel bei der Erstellung 19
des Protokolls herangezogen werden.

I. Einsatz von Spracherkennungssoftware beim Diktat

Bestimmt die/der Vorsitzende als Protokollführer den Protokollinhalt durch eigenes Dik- 20
tat, kann die **Verschriftlichung ihres/seines Diktats** einer Spracherkennungssoftware übertragen werden.

1. Nachgelagerte Verschriftlichung

Der Einsatz dieser Software kann dabei in der Weise erfolgen, dass zunächst ein **Dik-** 21
tat auf ein digitales Diktiergerät erfolgt und die Spracherkennung nach Abschluss der Sitzung erfolgt. Die Dateien mit der digitalen Tonaufzeichnung sind in diesem Fall vorläufige Aufzeichnungen i.S.d. § 160a I ZPO. Die Herstellung des Protokolls aus der vorläufigen Aufzeichnung erfolgt nachgelagert durch die Spracherkennungssoftware.

Die **Verantwortung für die Richtigkeit der Übertragung** liegt weiterhin nach 22
§ 163 I 2 ZPO bei der Urkundsbeamtin oder dem Urkundsbeamten, die/der mit ihrer/seiner Unterschrift unter dem Protokoll die Richtigkeit der Übertragung zu bestätigen hat.

20 Zöller/*Schultzky*, § 164 Rn. 3b.

Vorläufig aufzubewahren auf einer „zentralen Datenspeichereinrichtung" nach § 160a III ZPO ist dabei die Audiodatei des Diktats. Hierbei kann auf die bereits für digitale Diktate vorgesehenen Ablagestrukturen der Gerichte zurückgegriffen werden. Eine Aufbewahrung der automatischen Transkription ist gesetzlich nicht vorgesehen und erscheint, weil es sich bei ihr um einen bloßen Zwischenschritt bei der Protokollerstellung handelt, auch nicht erforderlich.

23 Der Einsatz einer Spracherkennungssoftware zur Transkription des Richterdiktats kann die **Geschäftsstellen der Gerichte entlasten**. Die Kontrolle durch die Urkundsbeamtin oder den Urkundsbeamten macht aber weiterhin ein Abhören der Audiodateien und ein „Mitlesen" der Transkription erforderlich. Selbst bei sehr hohen Erkennungsraten der Software ist der so fortbestehende Aufwand auf den Geschäftsstellen nicht zu vernachlässigen. Für die Richterin oder den Richter macht es keinen Unterschied, ob die Verschriftlichung nach Diktat durch einen Menschen oder einen Computer unter menschlicher Kontrolle vorgenommen wird. Rationalisierungsvorteile ergeben sich für ihn nicht. Auch inhaltlich unterscheidet sich das auf diese Weise erstellte Protokoll nicht von einem auf herkömmliche Weise diktierten.

2. Unmittelbare Verschriftlichung des Diktats

24 Spracherkennungssoftware kann **auch die/der Vorsitzende selbst** bei Diktat des Protokolls heranziehen. Solche Software steht – jedenfalls in Bayern – flächendeckend zur Verfügung. In der Praxis geschieht dies derzeit zumeist in der Weise, dass die Richterin oder der Richter seinen Dienstlaptop mit der entsprechenden Software mit in den Sitzungssaal nimmt und das Diktat über ein Headset, ein externes oder das interne **Mikrofon** vornimmt.[21] Es kommt aber auch die Nutzung mit Mikrofonanlagen und Sitzungssaalrechnern in Betracht, wenn diese vom Richterplatz aus bedient werden können und auf ihnen das Spracherkennungsprogramm zugänglich ist.[22]

25 Das Diktat der/des Vorsitzenden wird durch die Spracherkennungssoftware **unmittelbar in Text umgewandelt**, wobei in der Praxis regelmäßig keine Speicherung der Audiodateien erfolgt. Das schmälert zwar die Möglichkeit einer späteren Richtigkeitskontrolle des Diktats, ist aber dennoch rechtlich unproblematisch. **Vorläufige Aufzeichnung** i. S. d. § 160a ZPO ist in diesem Fall nicht die digitale Tonaufzeichnung, sondern die durch die Software bereits während der Sitzung generierte Textdatei, aus der später das schriftliche Protokoll durch Ausdruck oder Erstellung eines elektronischen

21 Nach den praktischen Erfahrungen des *Verf.* mit den unterschiedlichen Varianten, die keine Allgemeingültigkeit beanspruchen, ist die Tonqualität eines externen Tischmikrofons des im Laptop eingebauten Mikrofons überlegen, was sich in einer deutlich erhöhten Erkennungsrate der Software niederschlägt. Die Nutzung eines Headsets mag noch eine weitere Steigerung bringen, vermittelt aber aus Sicht des *Verf.* einen unvorteilhaften Eindruck auf die anwesenden Parteien.

22 Das ist in Bayern bei den für die Nutzung der e-Akte ausgestatteten Sitzungssälen der Fall.

Dokuments hergestellt wird.[23] § 160a I ZPO sieht nämlich bereits eine in der Verhandlung selbst erfolgende vorläufige Verschriftlichung als vorläufige Aufzeichnung ausdrücklich vor, indem dort die „gebräuchliche Kurzschrift" oder „verständliche Abkürzungen" als Aufzeichnungsmöglichkeiten genannt werden. Eine erste Kontrolle der Richtigkeit der Übertragung findet zudem regelmäßig durch die Vorsitzende oder den Vorsitzenden statt, die/der während des Diktats die Transkription durch die Software am Bildschirm mitverfolgen kann, so dass die Transkription einer eigenen schriftlichen Niederlegung ähnelt.

Für die Datei in der Textverarbeitung oder bei Verwendung eines „Diktierpads" der 26
vorläufigen Aufzeichnung in der Spracherkennungssoftware gelten die **Aufbewahrungsregelungen** des § 160a III ZPO. Sie dürfen daher auch nach Übernahme in ein anderes Dokument nicht unmittelbar gelöscht werden, sondern müssen bis zum Ablauf der Fristen des § 160a III 2 ZPO zentral gespeichert werden. Wird unmittelbar in das Textsystem der Justizsoftware diktiert, kann dies durch eine dort automatisch erfolgende Speicherung verschiedener Protokollversionen erfolgen.[24] Die in der Sitzung erstellte unkorrigierte und automatisch gespeicherte Version stellt dann die vorläufige Aufzeichnung dar.

Die Hinzuziehung einer Urkundsbeamtin oder eines Urkundsbeamten wird bei die- 27
ser Vorgehensweise sowohl in der Sitzung bei der Herstellung des vorläufigen als auch nachgelagert bei der Fertigung des endgültigen Protokolls überflüssig. Die auf der Seite eingesparten Ressourcen der Justiz gehen jedoch mit einer gewissen – wenn auch nicht sehr großen – **Steigerung des Aufwands für die Vorsitzende oder den Vorsitzenden** einher. Diese/Dieser ist einmal vor der Sitzung gefordert, die notwendige Technik im Sitzungssaal sicherzustellen. Während der Sitzung hat sie oder er beim Diktat die korrekte Funktion der Spracherkennungssoftware fortlaufend zu prüfen. Da keine Audioaufzeichnung des Diktats erfolgt, kann eine versehentliche Stummschaltung des Mikrofons sonst zu Lücken im Protokoll führen. Zudem ist eine Korrektur von Fehlern bei der Transkription in oder – um die Sitzung nicht zu verzögern – nach der Sitzung erforderlich.

II. Unmittelbare Aufzeichnung der Beweisaufnahme und Verschriftlichung

Das bei den unter I. genannten Varianten weiter stattfindende **Diktat der/des Vorsit-** 28
zenden wird bei einer unmittelbaren Aufzeichnung der Beweisaufnahme für diese **überflüssig**.

23 Zöller/*Schultzky*, § 160a Rn. 2.

24 So z. B. im Textsystem von forumSTAR, das (noch) in der Mehrzahl der Länder genutzt wird.

1. Rechtliche Vorgaben

29 Die unmittelbare Tonaufzeichnung ist für die Zeugen-, Sachverständigen- und Parteivernehmung nach § 160a I ZPO **als vorläufige Protokollaufzeichnung** zulässig. Das gilt auch, wenn die Verhandlung oder Vernehmung im Wege der Videokonferenz geführt wird; das Aufzeichnungsverbot des § 128a III 1 ZPO steht der reinen Tonaufnahme nicht entgegen (dazu § 20 [*Irskens*]). Erfolgt ein solcher Mitschnitt der Beweisaufnahme, bedarf es grundsätzlich **keiner Verschriftlichung der Aufzeichnungen**; im Protokoll ist lediglich zu vermerken, dass eine unmittelbare Aufzeichnung vorgenommen wurde (§ 160a II 2 ZPO).

30 Allerdings kann eine **schriftliche Ergänzung des Protokolls** von den Parteien verlangt oder vom Rechtsmittelgericht angefordert werden (§ 160a II 3 ZPO). Das Antragsrecht der Parteien ist nicht im Voraus verzichtbar, denn die Herstellung eines Protokolls – und nicht bloß einer im Rechtssinne vorläufigen Aufzeichnung – gehört zu den Prinzipien einer geordneten Rechtspflege.[25] Es ist daher nicht möglich, dass die Parteien im Hinblick auf ihre Einsichtsrechte in die vorläufigen Aufzeichnungen (dazu sogleich) gegenüber dem Gericht auf eine Verschriftlichung verzichten, um so den mit der Verschriftlichung verbundenen Aufwand beim Gericht zu vermeiden und dieses zur Tonaufzeichnung der Aussagen zu bewegen. Ohnehin kann stets das Rechtsmittelgericht die Protokollergänzung verlangen, so dass auch durch einen Antragsverzicht der Parteien diese nicht ausgeschlossen werden könnte.

31 Als vorläufige Aufzeichnungen werden die Audiodateien nach § 160a III 1 ZPO **zu den Prozessakten genommen**, wenn diese elektronisch geführt werden; im Übrigen können sie nach § 160a III 3 ZPO auf einem zentralen Server abgelegt werden.[26] Wegen der unterschiedlichen Aufbewahrungsfristen und Einsichtsrechte ist insoweit die Anlage eines elektronischen „Sonderhefts" zweckmäßig. Bis zur Löschung haben die Parteien einen **Anspruch auf Übermittlung der digitalen Tonaufzeichnungen**, auch ohne Darlegung eines besonderen berechtigten Interesses.[27] Die Übermittlung hat dabei nach dem Rechtsgedanken des § 299 III 1 ZPO als Daten auf einem sicheren Übermittlungsweg i.S.d. § 130a IV ZPO zu erfolgen.[28]

2. Vor- und Nachteile der unmittelbaren Aufzeichnung

32 Dass sich die unmittelbare Aufzeichnung von Beweisaufnahmen in der Praxis nicht hat durchsetzen können (vgl. Rn. 5), hat verschiedene Gründe. Häufig scheitert sie bereits an der fehlenden oder unzureichenden **technischen Ausstattung** in den Sitzungssälen. Ein Diktiergerät oder ein Mikrofon am Richtertisch genügen regelmäßig – jedenfalls in größeren Räumen und bei einer Mehrzahl unterschiedlich platzierter Sprecherinnen

25 Vgl. Zöller/*Greger*, § 295 Rn. 3, 6 a.E.; a.A. *Diekmann* NJW 2021, 605 Rn. 13.
26 Zöller/*Schultzky*, § 160a Rn. 8.
27 OLG Stuttgart NJW-RR 2021, 640; Zöller/*Schultzky* § 160a Rn. 10; a.A. OLG Frankfurt ZIP 2017, 179 (181).
28 Zöller/*Schultzky*, § 160a Rn. 10.

und Sprecher – nicht, um eine verständliche und für eine spätere Verschriftlichung taugliche Qualität der Tonaufzeichnungen zu erreichen. Hierbei ist zu berücksichtigen, dass Zeuginnen und Zeugen zum Teil undeutlich oder leise sprechen, dass störende Geräusche vorhanden sind und dass es auch zu einem gleichzeitigen Sprechen mehrerer Prozessbeteiligter kommen kann.[29]

Die vollständige Aufnahme einer Befragung ist außerdem **regelmäßig wesentlich umfassender** und die Aufzeichnung erreicht schnell eine erhebliche Dauer. Um die Aufzeichnung und ggf. die später erfolgende Verschriftlichung „schlank" zu halten, d.h. ein unnötig aufgeblähtes Protokoll zu vermeiden, kann sich das Gericht veranlasst sehen, die Befragung möglichst knapp und stringent durchzuführen. Gerade bei der Vernehmung von Zeuginnen und Zeugen wird ein solches Vorgehen aber als problematisch angesehen, weil es eine förmliche und so hemmende Vernehmungssituation herstellen kann.[30] Versuche in der Praxis haben jedoch gezeigt, dass eine stringente Vernehmung bei entsprechender Erfahrung des Gerichts sich nicht nachteilig auswirken muss.[31] Es bleibt aber auch so das Problem, dass der Umgang mit einer Audioaufzeichnung für das Gericht im Anschluss an die Verhandlung **aufwendiger** ist als bei einer verschriftlichten Protokollierung. So muss die Audiodatei bei digitaler Aufzeichnung auf einem Computer mit entsprechender Software abgespielt werden. Das Auffinden der gesuchten Passage verlangt das Abspielen oder Spulen in der Aufzeichnung. 33

Bei einer einspurigen und unbearbeiteten Aufnahme kann es überdies für die Hörerin und den Hörer schwierig sein, den jeweiligen **Sprecher zu erkennen**. Aus diesem Grund muss bereits während der Vernehmung ein Durcheinandersprechen der Prozessbeteiligten vermieden werden. Dies erfordert erhöhte Disziplin bei der Vernehmung. Es kann auch nützlich sein, wenn die jeweilige Sprecherin oder der jeweilige Sprecher zu Beginn ihren/seinen Namen oder ihre/seine Rolle (z.B. Klägervertreterin) nennt. Bei **non-verbalen Äußerungen** des Vernommenen, etwa Kopfschütteln auf eine Frage, muss die/der Vernehmende überdies darauf achten, dass diese nicht verloren gehen. Das kann etwa durch einen gesprochenen Kommentar der Vorsitzenden oder des Vorsitzenden oder eine erneute Nachfrage gegenüber der Zeugin oder dem Zeugen erfolgen. 34

Findet eine **Verschriftlichung** der unmittelbar aufgezeichneten Aussage durch die Serviceeinheit des Gerichts statt, verursacht dies einen **erheblich höheren Aufwand** als bei einem Richterdiktat. Die Urkundsbeamtin oder der Urkundsbeamte sieht sich einer umfangreicheren und schlechter verständlichen Aufnahme gegenüber. Das Erkennen der Sprecherinnen und Sprecher und das eigenständige Gliedern des Textes durch Interpunktion und Absätze nehmen erhebliche Zeit in Anspruch. Auch die späte- 35

29 Vgl. *Natter/Mohn/Halblitzel*, NJOZ 2013, 1041 (1043).

30 So bereits *Franzki*, DRiZ 1975, 98 (99): „Eine solche Vernehmungsweise wäre aus psychologischen Gründen nicht einmal erwünscht. Der Richter muss, um dem Zeugen seine häufig vorhandene Befangenheit zu nehmen, zunächst einmal belanglose Einführungsfragen stellen. Er darf auch nicht gleich eingreifen, wenn der Zeuge etwas weitschweifig Dinge berichtet, die nicht unbedingt zur Sache gehören."

31 *Natter/Mohn/Halblitzel*, NJOZ 2013, 1041 (1043).

re Korrektur des Protokolls durch die Vorsitzende oder den Vorsitzenden ist in der Praxis deutlich aufwendiger, insbesondere bei unvollständigen Sätzen, Aussagen in Dialekt- und Alltagssprache oder bei Überschneidungen von Frage und Antwort.[32] Dass eine Verschriftlichung der Vernehmung nicht immer, sondern nur in den von § 160a II 3 ZPO bestimmten Fällen erforderlich ist, kompensiert den erhöhten Aufwand nicht, vor allem, weil davon auszugehen ist, dass die Parteien gerade bei umfangreichen Beweisaufnahmen auf einem schriftlichen Protokoll bestehen werden.

36 Der schlechteren Handhabung und dem erhöhten Aufwand bei einer Verschriftlichung stehen aber auch gewichtige **praktische Vorteile** gegenüber. Die **Vernehmung selbst** durch die Richterin oder den Richter wird erheblich beschleunigt, denn Unterbrechungen für das Diktat werden überflüssig. Die Richterin oder der Richter wird zudem von der Aufgabe entbunden, für die Protokollierung zu sorgen und kann sich so vollständig auf die Befragung konzentrieren.[33] Bei versuchsweisem Einsatz in der Praxis wurde festgestellt, dass diese auch die persönliche Überzeugungsbildung der Richterin oder des Richters erleichtert.[34] Zudem werden die Diskussionen zwischen den Parteivertretern und dem Gericht überflüssig, ob das Diktat der Vorsitzenden oder des Vorsitzenden die Aussage zutreffend wiedergibt.[35]

37 Vor allem wird die unmittelbare Aufzeichnung der unter Rn. 8ff. herausgearbeiteten **Beweissicherungsfunktion des Protokolls** in erheblich höherem Maße gerecht als das Richterdiktat. Mit der Aufzeichnung wird niedergelegt, was gesprochen wurde und nicht, was das Gericht verstanden hat. Die Interpretation der Aussage durch das Gericht findet nachgelagert statt und wird im Rahmen der Beweiswürdigung im Urteil niedergelegt. Die durch die unmittelbare Aufzeichnung geschaffene Authentizität des Protokolls rechtfertigt seine Beweisfunktion im und außerhalb des Rechtsstreits. Sie erleichtert es überdies dem Berufungsgericht, im Rahmen des § 529 I Nr. 1 ZPO die Beweiswürdigung des Erstgerichts nachzuvollziehen. In der Praxis ist freilich bemängelt worden, dass durch das fehlende Richterdiktat in der mündlichen Verhandlung für die Parteien nicht mehr erkennbar wird, wie das Gericht die Aussage versteht.[36] Das sollte zum Anlass genommen werden, dass das Gericht im Rahmen der Beweiserörterung (§ 279 III ZPO) sein Verständnis von den Zeuginnen- oder Zeugenaussagen deutlich macht.[37]

---

32 *Natter/Mohn/Halblitzel*, NJOZ 2013, 1041 (1043).
33 *Natter/Mohn/Halblitzel*, NJW 2013, 1770 (1771).
34 *Natter/Mohn/Halblitzel*, NJOZ 2013, 1041 (1043).
35 *Natter/Mohn/Halblitzel*, NJOZ 2013, 1041 (1043).
36 *Natter/Mohn/Halblitzel*, NJOZ 2013, 1041 (1043).
37 Dazu bereits *Greger*, MDR 2016, 1057 (1059ff.).

3. Optimierung durch den Einsatz von Software

Wie beim Richterdiktat kann bei der Verschriftlichung unmittelbarer Aufzeichnungen 38 der Beweisaufnahme Spracherkennungssoftware zum Einsatz kommen. Die Erkennung des gesprochenen Wortes bei Mitschnitten von Aussagen stellt jedoch **technisch erheblich höhere Anforderungen**. Das beginnt bereits damit, dass ein Training der Software mit einer bestimmten Sprecherin oder einem bestimmten Sprecher ausscheidet. Die eingesetzte Spracherkennungssoftware sollte darüber hinaus über eine Sprechererkennung verfügen, die in der Lage ist, auch bei einem Durcheinandersprechen die notwendige Erkennung der jeweils sprechenden Person sicherzustellen.[38] Die Software muss hohe Erkennungsraten auch bei schwer verständlichen Sprecherinnen und Sprechern erreichen. Gefordert ist dabei ein Umgang mit verschiedenen Dialekten. Notwendig ist auch die Fähigkeit der Software, die Interpunktion selbst vorzunehmen. Im Ergebnis muss die eingesetzte Software in der Lage sein, eine möglichst richtige und gegliederte Transkription der Vernehmung zu erstellen. Das Vorhandensein derartiger Programme in der nötigen Qualität ist momentan wohl noch Zukunftsmusik. Es ist jedoch zu erwarten, dass in wenigen Jahren automatisierte Transkription zuverlässig möglich sein wird und sich auch in die Softwareumgebungen der Justiz integrieren lässt.

a) Computergestützte Vervollständigung des Protokolls

Wie bei der Verschriftlichung eines in einer Audiodatei aufgezeichneten Richterdiktats 39 kommt zunächst eine computergestützte Verschriftlichung der unmittelbar aufgezeichneten Aussagen im Rahmen der Herstellung des schriftlichen Protokolls in Betracht. Dies ist hilfreich **in den Fällen des § 160a II 3 ZPO**, also wenn dies gesetzlich vorgeschrieben ist. Wie auch sonst bei der nachgelagerten Verschriftlichung (dazu Rn. 22f.) muss auch hier die Geschäftsstelle nach § 163 I 2 ZPO die Richtigkeit der Transkription prüfen, was angesichts des Umfangs der Aussagen (s. Rn. 33) auch bei einer hohen Erkennungsrate durch die Software einen nicht zu vernachlässigenden Aufwand bedeuten wird.[39]

Zulässig wäre auch eine **stets erfolgende computergestützte Transkription** der 40 Vernehmungen bei der Transkription der übrigen Audiodatei, in die der Richter den übrigen Protokollinhalt diktiert hat. Eine regelhafte Verschriftlichung unmittelbarer Aufzeichnungen wird durch die Protokollierungsvorschriften nicht ausgeschlossen, wie sich aus § 160a II 2 ZPO ergibt. Allerdings dürfte der Aufwand der Urkundsbeamtinnen und der Urkundsbeamten bei der Fertigstellung der Protokolle aufgrund der Vielzahl der erforderlichen Übertragungen ganz erheblich steigen.

---

38 Hier kann evtl. die Verwendung mehrerer Audiospuren durch getrennte Mikrofone am Richterpult, am Zeugenstand und an den Plätzen der Prozessbeteiligten sinnvoll sein.

39 *Müller/Windau*, DRiZ 2021, 332 (335).

b) Erstellung einer Leseabschrift

41 Während der Einsatz von Transkriptionssoftware zur Herstellung des Protokolls die oben aufgezeigten Nachteile der unmittelbaren Aufzeichnung im Kern nicht beseitigen, sondern allenfalls zu einer gewissen Aufwandsersparnis führen kann, ist das anders, wenn die Transkriptionssoftware zur **Erstellung einer Leseabschrift** eingesetzt würde.[40] Im Gegensatz zur Verschriftlichung bleibt die Leseabschrift mit der Audiodatei verknüpft und ergänzt diese um „Untertitel". Es erfolgt also keine Verschriftlichung der vorläufigen Aufzeichnung im Protokoll, sondern eine Ergänzung der Audiodatei, die selbst nicht Gegenstand des Sitzungsprotokolls wird. Ein derartiges Vorgehen ist bereits *de lege lata* zulässig, weil vorläufige Aufzeichnung (Audiodatei) und Sitzungsprotokoll als solche unberührt bleiben.

42 Eine mit der Audiodatei verknüpfte automatisierte Leseabschrift führt zu einer deutlich **gesteigerten Handhabbarkeit der unmittelbaren Aufzeichnungen**. Durch Anklicken einer transkribierten Textpassage kann bei geeigneter Software unmittelbar die passende Stelle der Tonspur abgespielt werden.[41] Zudem kann die Nutzerin oder der Nutzer über eine Volltextsuche schnell die für sie/ihn relevanten Passagen auffinden. An die Richtigkeit der Leseabschrift wären sowohl in rechtlicher als auch in praktischer Hinsicht **geringere Anforderungen als an die Verschriftlichung im Sitzungsprotokoll** zu stellen. Als bloßes Hilfsmittel ist eine Überprüfung der Richtigkeit der Übertragung durch die Geschäftsstelle nach § 163 I S. 2 ZPO nicht erforderlich. Fehler in der Transkription schränken die praktische Verwendung der Leseabschrift auch kaum ein. Soweit die Leserin und der Leser den groben Sinn ermitteln kann, kann sie/er den richtigen Wortlaut durch Abhören der entsprechenden Stelle in der Aufzeichnung feststellen.

43 Die automatisierte Leseabschrift ermöglicht so eine einfache und zweckgerechte Protokollierung, verbessert die Handhabung der Aufzeichnung und reduziert zugleich gerichtlichen Aufwand bei der Verschriftlichung. Bestehen bleibt das Recht der Parteien und des Rechtsmittelgerichts auf eine **Protokollergänzung** nach § 160a II 2 ZPO, weil die Leseabschrift das Sitzungsprotokoll nach derzeitiger Rechtslage nicht ersetzt. Werden die Leseabschriften den Parteien übermittelt und dem Rechtsmittelgericht mit vorgelegt, ist aber zu erwarten, dass diese eine Verschriftlichung vielfach für überflüssig halten werden und diese nur noch selten erforderlich sein wird. Zwar ist ein entsprechendes Einsichtsrecht in die Leseabschrift nicht vorgesehen, da diese weder Protokoll noch vorläufige Aufzeichnung ist. Allerdings kann sie gleich einem gerichtlichen Vermerk zum Aktenbestandteil gemacht werden, der den Parteien übermittelt wird und zugleich der Akteneinsicht nach § 299 I ZPO unterliegt. Bei allgemeiner Verfügbarkeit ent-

40 So bereits die Vorschläge von *Mosbacher*, ZRP 2019, 158 (159) für den Strafprozess und *Müller/Windau*, DRiZ 2021, 332 (335).

41 Derartige Software wird bereits vornehmlich für die Untertitelung von Videokonferenzen als Onlinedienst angeboten. Für den Einsatz in der Justiz wäre eine für reine Audiodateien geeignete und innerhalb der IT-Infrastruktur lauffähige Version erforderlich.

sprechender Transkriptionssoftware können zudem Parteien und Rechtsmittelgerichte eigene Leseabschriften anfertigen.

E. Überlegungen de lege ferenda

Die Ausführungen zur Funktion des Protokolls (dazu Rn. 6ff.) und zur unmittelbaren Aufzeichnung (dazu Rn. 28ff.) die unbefriedigende Situation der Protokollierung: Das Richterdiktat erweist sich als umständlich und kaum zweckgerecht, die unmittelbare Aufzeichnung verursacht einen erheblichen technischen und personellen Aufwand. Vor diesem Hintergrund wurde schon auf der Tagung der Zivilprozessrechtslehrer 2002 die vollständige Aufzeichnung von Verhandlungen in Bild und/oder Ton, die computergestützte Übertragung eines Wortprotokolls durch Stenografen und sogar Spracherkennungssysteme diskutiert.[42] **Gesetzgeberische Konsequenzen** wurden aber daraus nicht gezogen. So verharren die Regelungen in der ZPO für die Protokollherstellung weiter im Wesentlichen auf dem Rechtsstand von 1975, mit denen die zu diesem Zeitpunkt bereits herrschende Verwendung von Diktiergeräten legalisiert und die Kurzschrift als „modernes Mittel" der Protokollführung zugelassen werden sollte.[43] In jüngster Zeit ist immerhin die rechtspolitische Diskussion wieder aufgenommen worden, wie die Protokollierung durch diese erleichtert und verbessert werden kann.[44] 44

I. Videoaufzeichnung der Verhandlung oder der Beweisaufnahme

Ein Weg des Gesetzgebers könnte die Anordnung sein, Sitzungen auf Video aufzuzeichnen.[45] Die Videoaufzeichnung kann dann als vorläufige Aufzeichnung dienen oder das schriftliche Protokoll ersetzen. 45

1. Vorzüge und Nachteile einer Videoaufzeichnung im Allgemeinen

Eine Aufnahme in Bild und Ton hätte erhebliche **Vorteile**. Die Beweissicherungs- 46
funktion des Protokolls käme so bestmöglich zur Geltung; dem Gericht und den Parteien

42 Vgl. dazu den Kongressvortrag von *Kodek*, ZZP 115 (2002), 445 (460ff.).

43 *Franzki*, DRiZ 1975, 97.

44 Vgl. hierzu insbesondere die Überlegungen der Arbeitsgruppe „Modernisierung des Zivilprozesses" im Auftrag der Präsidentinnen und Präsidenten der Oberlandesgerichte, des Kammergerichts, des Bayerischen Obersten Landesgerichts und des Bundesgerichtshofs, Diskussionspapier, S. 52ff., abrufbar unter https://www.justiz.bayern.de/media/images/behoerden-und-gerichte/oberlandesgerichte/nuernberg/diskussionspapier_ag_modernisierung.pdf.

45 Vgl. Koalitionsvertrag von SPD, Bündnis90/Die Grünen und FDP 2021, S. 106, abgerufen unter https://www.bundesregierung.de/breg-de/aktuelles/koalitionsvertrag-2021-1990800, Arbeitsgruppe „Modernisierung des Zivilprozesses", Diskussionspapier, S. 56.

wäre es möglich, die Beweisaufnahme durch Ansicht der Aufnahme vollständig nachzuvollziehen. Bei Richterwechseln würde eine erneute Beweisaufnahme so regelmäßig auch dann überflüssig, wenn die Glaubhaftigkeit einer Aussage fraglich ist. Die Durchführung der Beweisaufnahme wäre für das Gericht gegenüber der bloßen unmittelbaren Tonaufzeichnung (dazu Rn. 36) noch weiter erleichtert. Die Richterinnen und Richter könnten sich auf die Vernehmung konzentrieren und müssten nicht einmal darauf achten, dass sich die Mimik des Vernommenen in einer akustischen Äußerung niederschlägt. Bei der Durchführung einer Videoverhandlung oder -vernehmung im Wege des § 128a ZPO liegt es gleichsam auf der Hand, die vorhandene Übertragung zur Grundlage einer Aufzeichnung zu machen (dazu § 20 [*Irskens*]).

47 Allerdings werden auch **Bedenken gegen eine Aufzeichnung** von Zeugenaussagen auf Video erhoben. So wird angeführt, dass die Aufnahmesituation die Zeugin oder den Zeugen in seiner Aussage hemmen oder sonst beeinflussen kann. Es sei deshalb zu befürchten, dass die Beweisperson sich davon beeinflussen lässt, dass jede ihrer Regungen dauerhaft und unbegrenzt vom Gericht und den Parteien abrufbar wird.[46] Ein starkes Argument gegen eine Videoaufzeichnung lässt sich daraus nicht herleiten. Bereits die Vernehmungssituation als solche, in der sich die Zeugin oder der Zeuge stets der Kontrolle von Gericht und Parteivertreterinnen und Parteivertretern ausgesetzt sieht, führt in der Praxis dazu, dass Zeuginnen und Zeugen genau abwägen, wie sie sich verhalten. Nachdem Videoaufzeichnungen inzwischen an vielerlei Orten üblich sind, dürfte die Aufnahmesituation daher keine erhebliche zusätzliche Beeinflussung der Zeugenaussage bedeuten.

2. Gegenstand der Videoaufzeichnung

48 Beim Einsatz von Videotechnik kommen verschiedene Varianten in Betracht: Die Aufnahme könnte sich auf die Beweisaufnahme beschränken oder sich auf die gesamte mündliche Verhandlung einschließlich der Güteverhandlung erstrecken. Der Beweissicherungsfunktion des Protokolls wird auch bei einer **Beschränkung der Aufzeichnung auf Vernehmung i.w.S.** hinreichend Rechnung getragen. Unter den Vernehmungen i.w.S. sollten neben den in § 160 III Nr. 4 ZPO genannten Beweismitteln der Aussagen von Zeuginnen und Zeugen, Sachverständigen und nach §§ 445ff. ZPO vernommenen Parteien auch Parteianhörungen i.S.d. § 141 ZPO fallen, weil auch diese Gegenstand der Beweiswürdigung sind.[47] Auch aus praktischen Gründen spricht wenig für eine Dokumentation der gesamten mündlichen Verhandlung. Die Aufnahme der Formalien und der übrigen wesentlichen Vorgänge i.S.d. § 160 ZPO durch Richterdiktat hat sich bewährt und erfordert keinen erheblichen Aufwand. Bei einer vollständigen Aufzeich-

46 So Diskussionspapier der Arbeitsgruppe Modernisierung des Zivilprozesses, S. 55.
47 Zöller/*Greger* § 286 Rn. 14.

nung wäre zu befürchten, dass Gericht und Parteien insbesondere in der Güteverhandlung ein „offenes Wort" scheuen, was einem Vergleichsschluss entgegenstehen kann.

Soweit entsprechende **rechtspolitische Forderungen** erhoben worden sind, be- 49
schränkt sich das Verlangen nach einer Aufzeichnung auf die Beweisaufnahme. Die von den Präsidentinnen und Präsidenten der Oberlandesgerichte eingesetzte Arbeitsgruppe hat dementsprechend in ihrem Ende 2020 vorgelegten Abschlussbericht die Zulässigkeit einer Videoaufzeichnung (nur) der Vernehmung und der Beweisaufnahme erwogen.[48] Auch im Koalitionsvertrag von SPD, Bündnis 90/Die Grünen und FDP ist vereinbart, dass „Beweisaufnahmen audio-visuell dokumentiert" werden sollen.[49]

3. Ersatz des schriftlichen Protokolls

Nachdem die audio-visuelle Dokumentation der Beweisaufnahme die Beweissiche- 50
rungsfunktion des Protokolls besser als jede schriftliche Niederlegung erfüllen kann, liegt es nahe, die schriftliche Protokollierung durch die Videoaufzeichnung zu ersetzen. Hinsichtlich der Beweisaufnahme würde dann an die Stelle des schriftlichen ein **audio-visuelles Sitzungsprotokoll** treten.[50] Der Aufwand einer nachgelagerten Verschriftlichung (s. Rn 21ff.) entfiele so auch völlig. Die Verwendung des Videoprotokolls könnte zudem in den sog. Massenverfahren die wiederholte Vernehmung von Zeuginnen und Zeugen oder Sachverständigen überflüssig machen, wenn es als Beweismittel in diesen Verfahren herangezogen werden könnte.[51]

Ein audio-visuelles Sitzungsprotokoll hat allerdings nicht zu unterschätzende Nach- 51
teile bei der **Handhabung**, auch in den Rechtsmittelinstanzen. Es bietet nicht die Übersichtlichkeit einer Niederschrift und bedarf für einen Einblick stets des Abspielens von Videosequenzen, wobei die jeweilige gesuchte Stelle bei ungegliederten Aufnahmen durch aufwendiges Spulen zu suchen ist. Dieses Problem lässt sich allerdings durch eine **automatisierte Leseabschrift** weitgehend vermeiden (s. Rn 41). Zu bedenken ist vor einer Einführung des audio-visuellen Sitzungsprotokolls überdies, dass die dauerhafte Speicherung bei den Prozessakten, verbunden auch mit Einsichtsrechten Dritter nach § 299 II ZPO, Persönlichkeitsrechte der Vernommenen und der übrigen Prozessbeteiligten berührt.[52]

Von der Arbeitsgruppe „Modernisierung des Zivilprozesses" wurde darauf hinge- 52
wiesen, dass Videoaufnahmen als Protokoll auch zu einer nicht gewünschten **Funktionsänderung der Rechtsmittelinstanzen** führen würden.[53] Die **Berufungsinstanz**

48 Arbeitsgruppe „Modernisierung des Zivilprozesses", Diskussionspapier, S. 56.

49 Koalitionsvertrag 2021, S. 106.

50 So der Antrag der FDP-Fraktion im Bundestag vom 16.10.2019, BT-Drs. 19/14037, S. 3.

51 Bei einer entsprechenden gesetzlichen Regelung würde es das rechtliche Gehör allerdings gebieten, dass der Partei ein Recht auf erneute Vernehmung zusteht, wenn sie ergänzende Fragen hat.

52 So auch Arbeitsgruppe „Modernisierung des Zivilprozesses", Diskussionspapier, S. 55.

53 Arbeitsgruppe „Modernisierung des Zivilprozesses", Diskussionspapier, S. 55.

würde im Rahmen des § 529 ZPO damit befasst werden, umfangreiches Videomaterial zu sichten, um zu prüfen, ob Anhaltspunkte für Zweifel an der Richtigkeit der Beweiswürdigung bestehen. Faktisch würde sich die Berufungsinstanz so von einer Rechtskontrollinstanz mit Elementen einer Tatsacheninstanz[54] zu einer vollständigen Tatsacheninstanz hin wandeln, bei der lediglich die eigene Beweiserhebung durch die Würdigung der Beweiserhebung in erster Instanz ersetzt würde. Dieser Einwand trifft allerdings nur auf solche Verfahren zu, in denen in der Berufungsbegründung Angriffe auf die Beweiswürdigung des Erstgerichts erhoben werden; wird die Beweisaufnahme nicht angegriffen, bedarf es auch keiner Prüfung durch das Revisionsgericht.[55] Eine Bindung an die Beweisergebnisse erster Instanz würde also nicht generell beseitigt werden. In den Fällen konkreter Angriffe der Parteien auf die Beweiswürdigung des Erstgerichts würde zudem dem Berufungsgericht durch das Videoprotokoll eine verbesserte Prüfmöglichkeit zur Verfügung stehen. Die im Rahmen des § 529 I Nr. 1 ZPO erforderliche Beurteilung, ob eine gewisse Wahrscheinlichkeit dafür besteht, dass erstinstanzliche Feststellungen bei Wiederholung der Beweisaufnahme keinen Bestand haben,[56] könnte daher *de lege ferenda* verschärft werden. Nachdem die Beweiswürdigung durch das Erstgericht nach Sichtung des Videomaterials vollständig nachvollzogen werden kann, wird so vielfach keine Unsicherheit beim Berufungsgericht darüber bestehen, ob die Beweiswürdigung zutreffend war. Schließlich könnte dem Berufungsgericht gestattet werden, in geeigneten Fällen auch ohne Wiederholung der Beweisaufnahme eine eigene Beweiswürdigung auf die Videoaufzeichnungen zu stützen.

53 Auch die Funktion der **Revisionsinstanz** als reine Rechtskontrolle könnte aus Sicht der Arbeitsgruppe kaum erhalten bleiben.[57] Dadurch, dass die Videoaufzeichnungen Teil des Sitzungsprotokolls wären, würde sich die Entscheidungsgrundlage nach § 559 I ZPO erheblich erweitern. Diese Problematik ist bisher vornehmlich für den Strafprozess erörtert worden.[58] Dort ist vorgeschlagen worden, dass die Aufzeichnungen nur zur Überprüfung der Beachtung der wesentlichen Förmlichkeiten und zu behaupteten Abweichungen zwischen den Urteilsgründen und der Aufzeichnung zur Verfügung stehen.[59] Auch für das zivilprozessuale Revisionsverfahren könnte die Verwendung der Videoaufzeichnungen beschränkt werden, um den Bedenken Rechnung zu tragen.

4. Vorläufige Aufzeichnung

54 Zu keiner grundlegenden Umgestaltung des Sitzungsprotokolls käme es, wenn die Videoaufzeichnung lediglich **neben der Tonaufnahme als Mittel der vorläufigen Auf-**

54 Zöller/*Heßler*, vor § 511 Rn. 1.
55 Vgl. Zöller/*Heßler* § 529 Rn. 17.
56 Dazu Zöller/*Heßler* § 529 Rn. 8.
57 Arbeitsgruppe „Modernisierung des Zivilprozesses", Diskussionspapier, S. 55.
58 Vgl. *Wehowsky*, NStZ 2018, 177; *Mosbacher*, ZRP 2019, 158 (160); *Bartl*, StV 2018, 678.
59 Vgl. § 352 Abs. 3 StPO-E des Gesetzentwurfs der FDP-Fraktion vom 25.6.2019, BT-Drs. 19/11090.

zeichnung i. S. d. § 160a ZPO zugelassen würde.[60] Wie bei der unmittelbaren Tonaufzeichnung könnte eine Verschriftlichung nach § 160a II 2 ZPO verlangt werden, die – wie bisher – der Richtigkeitskontrolle durch die Urkundsbeamtin oder den Urkundsbeamten unterläge. Allerdings würde die bei der Transkription erforderliche Sprechererkennung durch die Bildaufnahmen wohl erleichtert. Zudem könnte auch die Mimik in der Sitzungsniederschrift wiedergegeben werden (z. B. „Der Zeuge nickt").

II. Protokollersetzende Tonaufzeichnung

Analog zur Überlegung, das Protokoll der Beweisaufnahme durch eine Videoaufzeichnung zu ersetzen (s. Rn. 50 ff.) ist auch eine **Ersetzung der Niederschrift** durch eine unmittelbare Tonaufnahme in die Reformdiskussion eingebracht worden.[61] Dieser Vorschlag ist im Grundsatz wie die protokollersetzende Videoaufzeichnung zu bewerten (s. Rn. 45 ff.). Die Tonaufzeichnung dürfte allerdings kaum genügen, um wiederholte Beweisaufnahmen in der Berufungsinstanz oder anderen Prozessen überflüssig zu machen, denn durch das Fehlen des visuellen Eindrucks des Vernommenen kann ein vollständiger Eindruck, der für eine Beweiswürdigung durch das Berufungsgericht oder ein anderes Gericht erforderlich ist, nicht vermittelt werden. 55

III. Automatisiert erstelltes Wortprotokoll

Die Arbeitsgruppe „Modernisierung des Zivilprozesses" setzt sich für ein **verpflichtendes Wortprotokoll** von Zeugen-, Sachverständigen- und Parteivernehmungen sowie der Parteianhörungen nach § 141 ZPO **ab 2026** ein. Anders als derzeit in § 160a II ZPO vorgesehen, würde eine wortgetreue Verschriftlichung unmittelbarer Ton- und Videoaufzeichnungen dann in jedem Fall erfolgen. Grundlage der Verschriftlichung könnten sowohl eine vorläufige unmittelbare Tonaufzeichnung als auch eine vorläufige unmittelbare Videoaufzeichnung sein. Hintergrund des genannten Datums ist die Erwartung, dass bis zu diesem Zeitpunkt hinreichend zuverlässige Transkriptionssoftware zur Verfügung steht und die notwendige technische Ausstattung beschafft werden kann.[62] Eine Verschriftlichung durch Mitarbeiter des Servicebereichs will die Arbeitsgruppe vermeiden. 56

Das Wortprotokoll bietet gegenüber Ton- und Videoaufzeichnungen den **Vorteil** besserer Handhabbarkeit (siehe dazu bereits Rn. 42). Zudem stellen sich die Fragen einer Funktionsänderung in den Rechtsmittelinstanzen nicht. Die Aufbewahrung von und die Einsichtnahme in Ton- und Videoaufzeichnungen als vorläufige Aufzeichnungen kann nach den bewährten Regeln erfolgen. Darüber hinaus kann die **Berichtigung** 57

60 So der Referentenentwurf eines Gesetzes zur Förderung des Einsatzes von Videokonferenztechnik in der Zivilgerichtsbarkeit vom 21.11.2022.

61 *Müller/Windau*, DRiZ 2021, 332 (335).

62 Arbeitsgruppe „Modernisierung des Zivilprozesses", Diskussionspapier, S. 55 ff.

des Protokolls in die Hände der Parteien gelegt werden. Da die Parteien ein Einsichtsrecht in die Aufnahmen haben, können sie Übertragungsfehler ohne weiteres rügen und das Gericht kann durch Abhören bzw. Anschauen der Aufzeichnung entscheiden. Auch wird – anders als bei § 164 ZPO – die Mitwirkung der in der Verhandlung anwesenden Richterinnen und Richter an der Entscheidung über die Berichtigung überflüssig, weil es auf deren Erinnerungsvermögen nicht mehr ankommt.

F. Fazit

58 Die **derzeitige Praxis** der Protokollierung der Beweisaufnahme im Zivilprozess durch ein in aller Regel zusammenfassendes oder zumindest glättendes Diktat der Vorsitzenden oder des Vorsitzenden ist nicht nur **umständlich**, sondern erfüllt die Beweissicherungsfunktion des Protokolls nur **unzureichend**. Bereits *de lege lata* kann der Einsatz von **Spracherkennungssoftware** dem Gericht die Protokollierung der Beweisaufnahme erleichtern. Erfolgt eine unmittelbare Tonaufzeichnung der Vernehmungen als vorläufige Aufzeichnung, kann Spracherkennungssoftware dazu verwendet werden, eine „Leseabschrift“ zu erzeugen, die die Handhabung der Audiodatei erleichtert und zudem die Anträge auf Verschriftlichung der unmittelbaren Aufzeichnung reduzieren dürfte.

59 Eine grundsätzliche Verbesserung der Protokollierung der mündlichen Verhandlung setzt aber **gesetzgeberisches Tätigwerden** voraus. Dabei gilt es, den Zielkonflikt zwischen Beweissicherungsfunktion, geringem Aufwand in personeller sowie technischer Hinsicht, guter Handhabbarkeit des Protokolls, Vermeidung von Funktionsveränderungen der Rechtsmittelinstanzen und Wahrung der Persönlichkeitsrechte der Beteiligten bestmöglich aufzulösen. Betont man den Zweck des Protokolls, ein genaues Abbild der Vernehmung zu liefern, dürfte der Ersatz der schriftlichen Protokollierung durch eine **Videoaufzeichnung** vorzugswürdig sein. Eine solche Videoaufzeichnung kann überdies eigenständige Beweisaufnahmen in der zweiten Instanz sowie in Parallelverfahren vermeiden, indem die Aufzeichnung an die Stelle der persönlichen Vernehmung tritt. Dies ist gerade in Massenverfahren ein nicht zu unterschätzender Vorteil. Ein **automatisch erstelltes Wortprotokoll** wäre hingegen für Gericht, Rechtsanwältinnen und Rechtsanwälte besser handhabbar und würde es durch die Wiedergabe des vollständigen Wortlauts ermöglichen, ein Abbild des Verlaufs der Vernehmung zu liefern.

60 Vor einer gesetzgeberischen Festlegung auf eine bestimmte Lösung sollten die unterschiedlichen Modelle jedenfalls erprobt und die **praktischen Erfahrungen** ausgewertet werden. Nur dies wird die erforderliche breite Akzeptanz aller Beteiligten für ein Abgehen von der seit mehreren Generationen geübten Form der Protokollierung schaffen.

Simon Apel und Philipp Herrmann

§ 22 Digitalisierung und Zwangsvollstreckung

Gliederungsübersicht — Rn.

Literatur: *Apel/Brechtel*, § 10 Datenbestände in Zwangsvollstreckung und Insolvenz, in Specht-Riemenschneider/Werry/Werry (Hrsg.), Datenrecht in der Digitalisierung, 2020; *Bacher*, Die Kryptowährung Bitcoin im Klage- und Vollstreckungsverfahren. Erwägungen und Vorschläge zur Antragsformulierung, CR 2021, 356 ff.; *Badstuber*, Bitcoin und andere Kryptowährungen in der Zwangsvollstreckung, DGVZ 2019, 246 ff.; *Boehm/Bruns*, 13. Teil. E-Payment und Mobile Payment, E. Digitale Währungen am Beispiel Bitcoin, in Bräutigam/Rücker (Hrsg.), E-Commerce Rechtshandbuch, 2017; *Boehm/Pesch*, Bitcoins: Rechtliche He-

Simon Apel/Philipp Herrmann
https://doi.org/10.1515/9783110755787-022

rausforderungen einer virtuellen Währung. Eine erste juristische Einordnung, MMR 2014, 75ff.; *d'Avoine/Hamacher*, Kryptowährungen im Insolvenzverfahren. Sicherung, Behandlung, Verwertung und mehr, ZIP 2022, 6ff.; *Effer-Uhe*, Kryptowährungen in Zwangsvollstreckung und Insolvenz am Beispiel des Bitcoin, ZZP 2018, 513ff.; *Erbguth*, § 6.1 Bitcoin/E-Geld/Virtuelle Währungen, in Specht-Riemenschneider/Werry/Werry (Hrsg.), Datenrecht in der Digitalisierung, 2020; *Hackenberg*, Teil 15.2 Big Data und Datenschutz, in Hoeren/Sieber/Holznagel (Hrsg.), Handbuch Multimedia-Recht, 2022; *Heine/Stang*, Weiterverkauf digitaler Werke mittels Non-Fungible-Token aus urheberrechtlicher Sicht. Funktionsweise von NFT und Betrachtung der urheberrechtlichen Nutzungshandlungen, MMR 2021, 755ff.; *Hergenröder*, Der elektronische Titel – „Anlagekapital" für unseriöses Inkasso?, DGVZ 2019, 69ff.; *Hoeren/Prinz*, Das Kunstwerk im Zeitalter der technischen Reproduzierbarkeit – NFTs (Non-Fungible Tokens) in rechtlicher Hinsicht, CR 2021, 565ff.; *Hohn-Hein/Barth*, Immaterialgüterrechte in der Welt von Blockchain und Smart Conract, GRUR 2018, 1089ff.; *Hombrecher*, Domains als Vermögenswerte – Rechtliche Aspekte des Kaufs, der Lizenzierung, der Beleihung und der Zwangsvollstreckung, MMR 2005, 647ff.; *Jacobs/Arndt*, Bitcoins in der Zwangsvollstreckung, in Boele-Woelki et al. (Hrsg.), Festschrift für Karsten Schmidt zum 80. Geburtstag, Band I, 2019; *Kaulartz/Matzke*, Die Tokenisierung des Rechts, NJW 2018, 3278ff.; *Kaulartz/Schmid*, Rechtliche Aspekte sogenannter Non-Fungible Tokens (NFTs), CB 2021, 298ff.; *Kersting/Wettich*, Teil 24 Digitale Justiz, in Hoeren/Sieber/Holznagel (Hrsg.), Handbuch Multimedia-Recht, 2022; *Kleespies*, Die Domain als selbständiger Vermögensgegenstand in der Einzelzwangsvollstreckung, GRUR 2002, 764ff.; *Koch*, Die Zwangsvollstreckung in virtuelle Währungen, DGVZ 2020, 85ff.; *Koch/Sander*, Die Zwangsvollstreckung in IT-Güter. Praxisrelevante Aspekte unter Berücksichtigung des Datenschutzes, DGVZ 2022, 97ff.; *Kütük/Sorge*, Bitcoin im deutschen Vollstreckungsrecht. Von der „Tulpenmanie" zur „Bitcoinmanie", MMR 2014, 643ff.; *Linardatos*, Der Mythos vom „Realakt" bei der Umbuchung von Bitcoins – Gedanken zur dinglichen Erfassung von Kryptowährungen, in Beyer et al. (Hrsg.), Privatrecht 2050 – Blick in die digitale Zukunft, 2019; *Mroß*, Elektronischer Rechtsverkehr beim Gerichtsvollzieher – noch viele ungelöste Fragen, DGVZ 2018, 1ff.; *Müller/Gomm*, Die Digitalisierung der Justiz am Beispiel des Zivilprozesses – von Thesen zur Umsetzung (Teil 1 und 2), jM 2021, 222ff., 266ff.; *Paulus*, Daten in der Zwangsvollstreckung, DGVZ 2020, 133ff.; *Rauer/Bibi*, Non-fungible Tokens – Was können sie wirklich?, ZUM 2022, 20ff.; *Rellermeyer*, 2.21 Internet-Domain, in Stöber/Rellermexer (Hrsg.), Forderungspfändung, 2020; *Rosenkranz/Scheufen*, Die Lizenzierung von nicht-personenbezogenen Daten. Eine rechtliche und rechtsökonomische Analyse, ZfDR 2022, 159ff.; *Röttgen*, § 4.2 Rechtspositionen an Daten: Die Rechtslage im europäischen Rechtsraum, in Specht-Riemenschneider/Werry/Werry (Hrsg.), Datenrecht in der Digitalisierung, 2020; *Schmittmann/Schmidt*, Elektronische Wertpapiere und Kryptowährungen in Zwangsvollstreckung und Insolvenz, DZWIR 2021, 648ff.; *Shmatenko/Möllenkamp*, Digitale Zahlungsmittel in einer analog geprägten Rechtsordnung. A bit(coin) out of control – Rechtsnatur und schuldrechtliche Behandlung von Kryptowährungen, MMR 2018, 495ff.; *Skauradszun*, Durchbruch bei der Pfändung und Verwertung von Kryptowerten nach § 857 Abs. 1 und 5 ZPO, § 1 Abs. 11 Satz 4 KWG n.F., WM 2020, 1229ff.; *Specht*, Ausschließlichkeitsrechte an Daten – Notwendigkeit, Schutzumfang, Alternativen. Eine Erläuterung des gegenwärtigen Meinungsstands und Gedanken für eine zukünftige Ausgestaltung, CR 2016, 288ff.; *Spikowius/Rack*, NFTs: Verwertung, Vertragspraxis, Rechtsdurchsetzung. Eine Einordnung von Non-Fungible Tokens im Urhebervertragsrecht, MMR 2022, 256ff.; *Stamm*, Die Digitalisierung der Zwangsvollstreckung. Der Schlüssel zu einer Reform an Haupt und Gliedern, NJW 2021, 2563ff.; *Tobler*, Non-fungible Tokens – Einsatzmöglichkeiten aus Sicht des deutschen Rechts, DSRITB 2021, 251ff.; *Weiss*, Zivilrechtliche Grundlagenprobleme von Blockchain und Kryptowährungen, NJW 2019, 1050ff.; *ders.*, Die Rückabwicklung einer Blockchain-Transaktion, NJW 2022, 1343ff.; *Welzel*, Zwangsvollstreckung in Internet-Domains, MMR 2001, 131ff.; *Zech*, Information als Schutzgegenstand, 2012; *Zimmermann*, Immaterialgüterrechte in der Zwangsvollstreckung, Diss., 1998.

A. Einleitung

Die Digitalisierung ist bereits seit Dekaden omnipräsent und aus dem allgemeinen Sprachgebrauch, gesellschaftlichen Debatten und politischen Reformvorhaben kaum wegzudenken.[1] Soweit dort von Digitalisierung die Rede ist, geht es meist um mehr als den schlichten technischen Vorgang der Umwandlung von analogen Werten in binäre, informationstechnisch verarbeitbare Signale. Vielmehr beschreibt der Begriff in der Regel einen umfassenden, auf der Digitaltechnik aufbauenden, in Teilen disruptiven Transformationsprozess in Staat, Gesellschaft, Wirtschaft, Arbeits- und Privatleben. 1

Als Folge der weiter voranschreitenden Digitalisierung machen digitale Güter einen immer größeren Teil des Schuldnervermögens aus.[2] Der Begriff der digitalen Güter soll dabei in diesem Beitrag in einem weiten Sinne all jene unkörperlichen vermögenswerten Güter erfassen, die aus Daten, d. h. binär kodierten, maschinenlesbaren Zeichen und Zeichenfolgen, denen ein Informationswert[3] zukommt, bestehen. Das können etwa die Daten „an sich" („Rohdaten") oder besondere Ausprägungen und Zusammensetzungen von Daten wie Datenbanken und Computerprogramme sowie eine Internet-Domain oder Kryptowerte sein. Vor diesem faktischen Hintergrund muss im Ansatz auch die Möglichkeit der Vollstreckungsorgane bestehen, auf dieses unverkörperte, digitale Vermögen zuzugreifen. Andernfalls wäre die effektive Durchsetzbarkeit von titulierten Ansprüchen des Gläubigers zunehmend nicht mehr gewährleistet[4] und es bestünde letztlich die Möglichkeit des jeweiligen Schuldners, den Vollstreckungszugriff durch Umwandlung seines Vermögens in bestimmte digitale Güter zu vereiteln. 2

Über diesen grundlegenden Ansatz der möglichst vollständigen Erfassung sämtlichen – gerade auch digitalen – Schuldnervermögens dürfte Einigkeit bestehen. Gleichwohl ist festzustellen, dass in mancher Hinsicht mit Blick auf digitale Güter bereits das „Ob" der Vollstreckbarkeit nach den bestehenden Regeln Fragen aufwirft. Digitale Güter sind als Vollstreckungsgegenstände nicht explizit geregelt, sodass es der Auslegungen und Anwendung der allgemeinen vollstreckungsrechtlichen Bestimmungen bedarf. Eine gesetzliche oder (höchst)richterliche Klärung steht hierbei in vielen Fällen noch 3

1 In dem Koalitionsvertrag zwischen SPD, Bündnis 90/Die Grünen und FDP „Mehr Fortschritt wagen" finden sich etwa an unzähligen Stellen Verweise auf die Zielvorstellung, die Digitalisierung verschiedenster Bereiche weiter voranzutreiben bzw. Digitalisierungspotenziale allgemein in Staat und Gesellschaft besser zu nutzen. Das Digitale steht insofern sinnbildlich für alles Fortschrittliche.

2 *Krone/Vierkötter* in: Kindl/Meller-Hannich (Hrsg.), Gesamtes Recht der Zwangsvollstreckung, 4. Aufl. 2021 Schwerpunktbeiträge 2. Zwangsvollstreckung in IT-Güter Rn. 1.

3 *Paulus*, DGVZ 2020, 133 (136); vgl. die Unterscheidung zwischen semantischer Information (Aussagegehalt) und syntaktischer Information (Zeichenfolge bzw. Codierung), *Riehm*, VersR 2019, 714; MünchKomm-BGB/*Wagner*, 8. Aufl. 2020, § 823 Rn. 334; grundlegend *Zech*, Information als Schutzgegenstand, 2012.

4 Vgl. *Apel/Brechtel* in: Specht-Riemenschneider/Werry/Werry (Hrsg.), Datenrecht in der Digitalisierung, 2020, S. 941 (944); *Jacobs/Arndt* in: FS Schmidt, 2019, S. 559 (565).

aus, sodass in der Praxis mit vorhandenen Unsicherheiten umgegangen werden muss. In jedem Fall ist vor Durchführung des Vollstreckungsverfahrens seitens des Gläubigers eine genaue Prüfung der bereitstehenden rechtlichen Möglichkeiten anzuraten, um eine rechtswirksame Vollstreckung und letztlich die gewünschte Verwertung der digitalen Güter zur Befriedigung seiner Forderung zu erreichen. Hierzu soll mit diesem Beitrag eine Handreichung gegeben werden.

4 Der Beitrag gibt zunächst einen Überblick über die Grundlagen des Zwangsvollstreckungsverfahrens (B.), beschreibt sodann dessen Digitalisierung (C.) und thematisiert abschließend die zentrale Frage, wie in einzelne Kategorien digitaler Güter vollstreckt werden kann (D.). Ein Fokus soll bei letztgenanntem Kapitel auf das verhältnismäßig neue Phänomen der Kryptowerte gelegt werden.

B. Digitalisierung des Zwangsvollstreckungsverfahrens

5 Die Reformüberlegungen zur Modernisierung des Zivilprozesses[5] konzentrieren sich bislang im Wesentlichen auf das zivilprozessuale Erkenntnisverfahren, während das Zwangsvollstreckungsverfahren bislang nicht in gleicher Weise „digital gedacht" wird.[6] Gleichwohl findet auch dort bereits eine fortschreitende Digitalisierung insbesondere in Form des elektronischen Rechtverkehrs Eingang.

I. Digitalisierung im Zwangsvollstreckungsverfahren de lege lata

1. (Elektronische) Formulare für Vollstreckungsaufträge

6 Für die Stellung eines Vollstreckungsauftrages wegen Geldforderungen wurden im Verordnungswege – namentlich durch die Gerichtsvollzieherformularverordnung (GVFV)[7] aufgrund der Ermächtigung in § 753 III ZPO sowie durch die Zwangsvollstreckungsformular-Verordnung (ZVFV)[8] auf Basis von § 829 IV ZPO – verbindliche Formulare eingeführt, die der Gläubiger zu nutzen hat (Formularzwang).[9] Lässt er die Formulare außer Acht, kann die Ausführung des Vollstreckungsauftrages abgelehnt werden.[10] Die Formu-

5 *Müller/Gomm*, jM 2021, 222 ff.; 266 ff., *passim*.

6 *Stamm*, NJW 2021, 2563.

7 Verordnung über das Formular für den Vollstreckungsauftrag an den Gerichtsvollzieher (Gerichtsvollzieherformular-Verordnung – GVFV vom 28.5.2015, BGBl. 2015, Teil I Nr. 37, S. 1586; ausführlich dazu *Salten*, MDR 2016, 125.

8 Verordnung über Formulare für die Zwangsvollstreckung (Zwangsvollstreckungsformular-Verordnung – ZVFV) vom 23.8.2021, BGBl. I S. 1822, geändert durch Art. 1 der Verordnung vom 16.6.2014 (BGBl. I S. 754); die Verordnungsermächtigung ergibt sich aus § 758a VI ZPO und aus § 829 IV ZPO.

9 Vgl. § 4 GVGA, § 5 GVFV; BGH Beschl. v. 26.9.2018 – VII ZB 56/16, NJW 2019, 441, 26072; § 5 ZVFV, § 758a VI 2 ZPO, § 829 IV 2 ZPO.

10 Vgl. BeckOK-ZPO/*Ulrici*, 47. Ed. 1.12.2022, ZPO § 753 Rn. 9a.

lare können hierbei (auch) in elektronischer Form über das Internet abgerufen und digital ausgefüllt werden.[11]

2. Elektronische Übermittlung von Vollstreckungsaufträgen

Die Voraussetzungen für einen wirksamen Vollstreckungsantrag erfüllt der Gläubiger 7
klassischerweise dadurch, dass der analog handschriftlich oder digital unterstützt ausgefüllte Vollstreckungsauftrag unterschrieben[12] in Papierform an das Vollstreckungsorgan[13] übersendet wird. Daneben kommt die elektronische Übermittlung des Vollstreckungsauftrages in Betracht, die im Falle der Einreichung durch einen Rechtsanwalt, eine Behörde oder eine juristische Person des öffentlichen Rechts seit dem 1.1.2022 nach § 130d ZPO verpflichtend ist. Bei der elektronischen Übermittlung sind stets die Anforderungen des § 130a ZPO[14] sowie die auf dieser Grundlage erlassenen Rechtsverordnungen, namentlich die Elektronischer-Rechtsverkehr-Verordnung (ERVV)[15] zu beachten.[16]

3. Digitale Weiterverarbeitung elektronischer Vollstreckungsaufträge

Die Digitalisierung bei vollstreckungsrechtlichen Anträgen kann nur so weit reichen, 8
wie die übermittelten elektronischen Antragsdokumente auf Empfängerseite auch digital weiter genutzt werden können, ohne dass deren Übersetzung in ein Papierformat erforderlich ist. Eine solche digitale, und papierlose Weiterverarbeitung von elektro-

11 „Vollstreckungsauftrag an die Gerichtsvollzieherin/den Gerichtsvollzieher", „Antrag auf Erlass einer richterlichen Durchsuchungsanordnung", „Antrag auf Erlass eines Pfändungs- und Überweisungsbeschlusses insbesondere wegen gewöhnlicher Geldforderungen" und „Antrag auf Erlass eines Pfändungs- und Überweisungsbeschlusses wegen Unterhaltsforderungen", jeweils abrufbar unter https://justiz.de/service/formular/f_mahn_vollstreckung/index.php.

12 Umstritten ist im Einzelnen, ob eine handschriftliche (Original-)Unterschrift in dem entsprechenden Feld im Formular zur Wirksamkeit des Vollstreckungsauftrags erforderlich ist (bejahend etwa AG Böblingen, Beschl. v. 8.3.2021, 40 M 361/21 Rn. 4ff.; AG Dresden, Beschl. v. 8.10.2020, 501 M 8912/20, Rn. 5; a.A. LG Heilbronn, Beschl. v. 11.8.2021, Wo 1 T 34/21, DGVZ 2021, 238 Rn. 3ff.; LG Freiburg, Beschl. v. 5.7.2021 – 9 T 26/21, DGVZ 2021, 238, Rn. 5); angesichts der variierenden Rechtsprechung ist bereits aus Gründen der Vorsicht angeraten, das Unterschriftsfeld nicht unausgefüllt zu lassen.

13 Im Falle des Antrags nach §§ 753, 754 ZPO kann dieser auch über die Geschäftsstelle übermittelt werden (§ 753 II ZPO).

14 Vgl. in diesem Zusammenhang zur elektronischen Signatur *Apel/Huber*, Jura 2022, 1141; *Riehm* in: FS Hager, 2021, S. 71f.

15 Verordnung über die technischen Rahmenbedingungen des elektronischen Rechtsverkehrs und über das besondere elektronische Behördenpostfach (Elektronischer-Rechtsverkehr-Verordnung – ERVV) vom 24.11.2017, BGBl. 2017, Teil I Nr. 75, S. 3803.

16 Vgl. § 753 IV ZPO für Aufträge an den Gerichtsvollzieher; bzgl. § 829 ZPO vgl. BeckOK-ZPO/*Riedel*, 42. § 829 Rn. 19; siehe hierzu im Detail § 14 Rn. 15ff. (*Herberger*).

nischen Dokumenten setzt seitens des Vollstreckungsorgans eine elektronische Aktenführung voraus.[17]

9 Sofern auf Seiten der Vollstreckungsorgane keine elektronische Aktenführung vorliegt, muss nach § 298 I 1 ZPO grds. von jedem eingehenden elektronischen Dokument ein Ausdruck für die dort bestehende Papierakte angefertigt werden. Die durch die digitale Antragseinreichung auf Seiten der Gläubiger bzw. deren Bevollmächtigten ermöglichte Papiereinsparung bedingt somit einen Papiermehrverbrauch bei den Vollstreckungsorganen, die elektronische Dokumente nicht ohne Medienbruch weiterverarbeiten können.[18] Dies betrifft zunächst diejenigen Gerichte und Verfahren, für die in Anwendung einer Verordnung nach § 298a I ZPO noch keine elektronische Aktenführung vor dem 1.1.2026 eingeführt wurde. Die Einführung der elektronischen Akte kann bei diesen Gerichten und Verfahren gleichwohl sukzessive durch entsprechende Anpassung der Verordnungen nachgeholt werden.

10 Diese Option besteht dagegen nicht bei Gerichtsvollziehern, für die § 298a ZPO und die darin enthaltene Verordnungsermächtigung nicht gilt, sodass die dortigen Akten weiterhin in Papierform zu führen sind.[19] So verweist § 753 IV 2 ZPO bzgl. der Behandlung der eingereichten elektronischen Dokumente lediglich auf eine entsprechende Anwendung des den Ausdruck bei der Aktenführung in Papierform regelnden § 298 ZPO, nicht jedoch auf § 298a ZPO. Eine gesetzliche Grundlage für die Einführung der elektronischen Akte bei Gerichtsvollziehern ist daher nach jetzigem Stand auch nach dem 1.1. 2026 leider nicht vorgesehen. Sofern die elektronische Akte bei Gerichtsvollziehern ermöglicht werden soll, was angesichts der Pflicht zur Übermittlung elektronischer Dokumente auch gegenüber Gerichtsvollziehern nach § 753 V, § 130d ZPO dringend zu befürworten ist, bedürfte es einer Ergänzung des § 753 IV 2 ZPO um einen Verweis auf § 298a ZPO.[20]

4. Elektronische Übermittlung des Vollstreckungstitels

11 Trotz der Ausweitung des elektronischen Rechtsverkehrs bei der Übermittlung von Vollstreckungsaufträgen kann von einer vollständigen Digitalisierung in diesem Verfahrensabschnitt nicht gesprochen werden, da für die Einleitung der Zwangsvollstreckung im Grundsatz stets eine vollstreckbare Ausfertigung des Vollstreckungstitels vorgelegt werden muss (§§ 724 I, 725 ZPO), welche nur in Papierform erteilt wird (§ 317 II 1 ZPO). Auch wenn bei dem Gericht, welches das zu vollstreckende Urteil erlässt, bereits eine

---

17 Vgl. hierzu detailliert § 15 Rn. 6 ff. (*Jansen/Schlicht*).

18 Vgl. *Klose*, NJ 2020, 521 (522) (Justiz insoweit als *„Druckerei der Anwaltschaft"*); *D. Müller* in: Ory/Weth, jurisPK-ERV Band 2-ZPO, § 753, 2020 Rn. 61.

19 *D. Müller* in: Ory/Weth, jurisPK-ERV Band 2-ZPO, § 753 Rn. 60; *Müller/Gomm*, jM 2021, 266 (267); Saenger/*Kindl*, ZPO, 9. Aufl. 2021, § 753 Rn. 15; Anders/Gehle/*Vogt-Beheim*, ZPO, 80. Aufl. 2022, § 753 Rn. 17; *Sternal* in: Kindl/Meller-Hannich, ZPO, § 753 Rn. 18.

20 Vgl. *D. Müller* in: Ory/Weth, jurisPK-ERV Band 2-ZPO/, § 753 Rn. 61 ff.

elektronische Aktenführung besteht und dieses Urteil in elektronischer Form vorliegt (§ 130b ZPO), wird die erforderliche Ausfertigung immer nur in Papierform erteilt (§ 317 II 1, III ZPO).[21] Die Möglichkeiten des elektronischen Rechtsverkehrs bleiben mithin durch das Erfordernis der Titelvorlage notwendigerweise beschränkt.[22]

Eine Ausnahme von der Vorlage der Originalausfertigung ist indes für die Vollstreckung aus Vollstreckungsbescheiden nach §§ 754a, 829a ZPO vorgesehen, bei der die Übermittlung einer Abschrift in elektronischer Form genügt.[23] Demnach ist im Falle eines elektronisch eingereichten Auftrags zur Zwangsvollstreckung aus einem Vollstreckungsbescheid, der einer Vollstreckungsklausel nicht bedarf (§§ 699, 796 ZPO), die Übermittlung einer Ausfertigung des Vollstreckungsbescheides entbehrlich, wenn (i) die sich aus dem Vollstreckungsbescheid ergebende Geldforderung nicht mehr als 5.000 Euro beträgt, (ii) keine anderweitigen Urkunden vorgelegt werden müssen[24], (iii) der Gläubiger dem Auftrag eine Abschrift des Vollstreckungsbescheides nebst Zustellungsbescheinigung als elektronisches Dokument beifügt[25] und (iv) der Gläubiger versichert, dass ihm eine Ausfertigung des Vollstreckungsbescheides und eine Zustellungsbescheinigung vorliegen und die Forderung in Höhe des Vollstreckungsauftrags noch besteht. 12

Die genannten Voraussetzungen zielen letztlich darauf ab, einen Kompromiss zwischen einem ausgeweiteten elektronischen Rechtsverkehr in der Zwangsvollstreckung – und einer damit verbundenen Verfahrensbeschleunigung – einerseits und dem Schuld- 13

21 Der elektronischen Aktenführung wird indes dadurch Rechnung getragen, dass in diesem Fall vor der Aushändigung einer papiergebundenen vollstreckbaren Ausfertigung der Vermerk hierzu nach § 734 S. 2, 3 ZPO (i.V.m. § 795 S. 1 ZPO) in einem gesonderten elektronischen Dokument festgehalten und mit dem Urteil (oder anderen Vollstreckungstitel) untrennbar verbunden wird; vgl. zu Letzterem *Schmieder/Ulrich*, NJW 2015, 3482.

22 Vgl. BT-Drs. 18/7560, S. 35; *Bernhardt*, NJW 2015, 2275 (2276); *Salten*, MDR 2016, 125 (127); *Moß*, DGVZ 2018, 1; *Müller/Gomm*, jM 2021, 266 (267); Ory/Weth, jurisPK-ERV Band 2-ZPO/*D. Müller*, § 754a, Rn. 13; Zöller-ZPO/*Seibel*, 34. Aufl. 2022, § 754a ZPO, Rn. 1; erst die Zustellung des Vollstreckungstitels an den Schuldner nach § 750 ZPO ist unter den Voraussetzungen von § 169 IV, V, § 174 III ZPO in elektronischer Form möglich.

23 § 829a ZPO wurde durch das Gesetz zur Reform der Sachaufklärung in der Zwangsvollstreckung vom 29.7.2009 (BGBl. I 2009, S. 2258) mit Wirkung zum 1.1.2013 eingeführt; der Regelungsgehalt des § 829a ZPO wurde sodann mit dem durch das Gesetz zur Durchführung der Verordnung (EU) Nr. 655/2014 sowie zur Änderung sonstiger zivilprozessualer, grundbuchrechtlicher und vermögensrechtlicher Vorschriften und zur Änderung der Justizbeitreibungsordnung (EuKoPfVODG), BGBl. I 2016, S. 2591 eingeführten § 754a ZPO mit Wirkung zum 28.11.2016.

24 Anderweitige Urkunden können etwa der Haftbefehl nach § 802g I ZPO (vgl. AG Düsseldorf, Beschl. v. 5.3.2021, 666 M 108/21) oder eine vorzulegende Vollmacht nach § 80 I 1 ZPO im Falle eines Inkassounternehmens (vgl. LG Hamburg, Beschl. v.13.8.2020, 304 T 10/20, Rn. 10) sein.

25 Es genügt hierbei die Übermittlung des Vollstreckungsbescheides nebst Zustellungsbescheinigung als Scan, ohne dass die Anforderungen des § 130a III ZPO einzuhalten sind, da es sich hierbei um Anlagen zum Vollstreckungsauftrag i.S.d. § 130a III 2 ZPO handelt; *D. Müller* in: Ory/Weth, jurisPK-ERV Band 2-ZPO, § 754a, Rn. 24.

nerschutz andererseits zu erzielen. Durch die Übermittlung des Titels lediglich in elektronischer Form besteht für den Schuldner jedenfalls ein potentielles Risiko, dass der Gläubiger nach einer bereits erfolgten Zwangsvollstreckung missbräuchlich oder versehentlich versuchen könnte, erneut Vollstreckungsmaßnahmen auf Basis des Originaltitels, der sich nach wie vor in dessen Besitz befindet, einzuleiten.[26] Diesem Risiko wird zum Einen dadurch begegnet, dass der Gläubiger nach § 754a I 1 Nr. 4, § 829a I 1 Nr. 4 ZPO das Vorhandensein einer Ausfertigung des Vollstreckungsbescheides nebst Zustellungsbescheinigung und das Bestehen der vollstreckungsgegenständlichen Forderung versichern muss.[27] Weiterhin erhält der Schuldner durch den Gerichtsvollzieher nach § 757 I ZPO eine Quittung über den Empfang der Leistung, mit welcher eine Einstellung der Zwangsvollstreckung erwirkt werden kann (§ 775 Nr. 4 ZPO).[28] Schließlich kann das Vollstreckungsorgan nach § 754a II, § 829a II ZPO Zweifel[29] an dem Vorliegen der Ausfertigung des Vollstreckungsbescheides anmelden, mit der Konsequenz, dass der Gläubiger nun doch die Ausfertigung im Original vorlegen muss. Letztere Option bleibt indes eine Ausnahme, da die Vorlage des Originaltitels konträr zu dem Ziel der §§ 754a, 829a ZPO läge, eine Verfahrensbeschleunigung zu ermöglichen. Im Regelfall geht daher mit der durch §§ 754a, 829a ZPO ermöglichten elektronischen Titelübermittlung ein herabgesetzter Schuldnerschutz einher, was auch der Grund für den eingeschränkten Anwendungsbereich der Normen ist.[30]

5. Digitalisierung im Rahmen von Vollstreckungsmaßnahmen

14 Die auf Basis eines Antrags (s. o.) erfolgende Vollstreckung in das Vermögen des Schuldners – insbesondere die Mobiliarvollstreckung, welche eine Inbesitznahme bestimmter Gegenstände voraussetzt – kann in der Praxis nicht vollständig digital verwirklicht wer-

26 Dazu *Hergenröder*, DGVZ 2019, 69 (71); *Mroß*, DGVZ 2018, 1 (2).

27 Gleichwohl handelt es sich hierbei nicht um eine eidesstattliche Versicherung; da eine falsche Versicherung insofern keine strafrechtliche Relevanz hat, wird der Wert einer solcher Versicherung angezweifelt; vgl. *Ulrici*, NJW 2017, 1142 (1144); *Hergenröder*, DGVZ 2019, 69 (72).

28 BT-Drucks. 18/7560, S. 35.

29 Die Regierungsbegründung spricht hier von „begründete(n) Zweifel(n)" und nennt beispielhaft Umstände, aus welchen sich derartige Zweifel ergeben können (namentlich Unleserlichkeit der elektronisch übermittelten Ausfertigung oder Abweichungen zwischen elektronischem Dokument und Vollstreckungsauftrag); BT-Drucks. 18/7560, S. 35; „Zweifel" i. S. d. § 754a II und § 829a II ZPO müssen sich mithin immer auf konkrete tatsächliche Anhaltspunkte stützen; vgl. AG Kassel, Beschl. v. 28.7.2017, 630 M 546/17; *Ulrici*, NJW 2017, 1142 (1144); *Hergenröder*, DGVZ 2019, 69 (72); *D. Müller* in: Ory/Weth, jurisPK-ERV Band 2-ZPO§ 754a, Rn. 32.

30 Laut Regierungsbegründung soll gleichwohl die „zunächst beschränkte Regelung etwa zukünftigen gesetzlichen Entwicklungen zur weiteren Stärkung der elektronischen Titelverwaltung gegenüber offen" sein, BT-Drs. 18/7560, S. 35; demnach ist eine Ausweitung des Anwendungsbereiches der Norm in der Zukunft denkbar; vgl. *Hergenröder*, DGVZ 2019, 69 (71).

den. Nichtsdestoweniger bestehen auch nach gegenwärtiger Rechtslage Ansatzpunkte, die Vorteile der Digitalisierung im Zwangsvollstreckungsverfahren nutzbar zu machen.

So hat der Gerichtsvollzieher über die zu Beginn der Vollstreckung beim Schuldner einzuholende Vermögensauskunft nach § 802f V ZPO ein Vermögensverzeichnis als elektronisches Dokument zu erstellen, das bei dem zentralen Vollstreckungsgericht hinterlegt und von letzterem in elektronischer Form verwaltet wird (§ 802f VI ZPO, § 802k I 1ZPO). Die dort geführten Vermögensverzeichnisse können über das Internet durch einen Gerichtsvollzieher eingesehen und abgerufen werden.[31] Dieser kann dadurch feststellen, ob bereits eine Vermögensauskunft für den Schuldner eingeholt wurde und wie lange diese zurückliegt, um auf Basis dieser Informationen über den gegenwärtigen Antrag des Gläubigers entscheiden zu können.[32] 15

Als weiteres Beispiel für digitale Elemente in der Zwangsvollstreckung kann die Möglichkeit der öffentlichen Versteigerung einer gepfändeten Sache im Internet über eine Versteigerungsplattform (Internetversteigerung) nach § 814 II Nr. 2 ZPO genannt werden.[33] Die gepfändete Sache soll so einem größeren Bieterkreis zugänglich gemacht werden und ggf. auch ein höherer Verwertungserlös erzielt werden.[34] 16

II. Digitalisierung im Zwangsvollstreckungsverfahren de lege ferenda

Ein maßgebliches Hindernis für ein digitales Vollstreckungsverfahren besteht wie beschrieben darin, dass der Gläubiger – mit Ausnahme von §§ 754a, 829a ZPO – bei dem Vollstreckungsorgan stets eine Ausfertigung des Vollstreckungstitels in Papierform vorlegen muss, um die Zwangsvollstreckung hieraus einleiten zu können (s. oben Rn. 12). 17

Als mögliche Lösung für dieses Digitalisierungshemmnis wird seit einigen Jahren die Idee eines „elektronischen Titelregisters“ diskutiert. Nach dem Vorschlag der von den Präsidentinnen und Präsidenten der Oberlandesgerichte, des Kammergerichts, des Bayerischen Obersten Landesgerichts und des Bundesgerichtshofs im Mai 2019 einge- 18

31 Um die Funktionalität des elektronischen Schuldnerverzeichnisses zu wahren und datenschutzrechtliche Implikationen weitestgehend zu vermeiden, wurde mit § 802k V ZPO von der Möglichkeit nach Art. 23 DSGVO Gebrauch gemacht, das Auskunftsrechts betroffener Personen nach Art. 15 DSGVO auf die Kategorien berechtigter Empfänger zu beschränken und das Widerspruchsrecht nach Art. 21 DSGVO auszuschließen.

32 Hintergrund ist § 802d I 1 ZPO, wonach Schuldner grds. nicht verpflichtet ist, innerhalb einer „Sperrfrist“ von zwei Jahren eine weitere Vermögensauskunft abzugeben; vgl. BeckOK-ZPO/*Fleck*, § 802k Rn. 5.

33 Die Internetversteigerung als ausdrücklich normierte Verwertungsart neben der Präsenzversteigerung wurde durch das Gesetz über die Internetversteigerung in der Zwangsvollstreckung und zur Änderung anderer Gesetze v. 30.7.2009, BGBl. I 2009, S. 2474, eingeführt; zuvor war eine Versteigerung im Internet nur als andere Verwertungsart nach § 825 ZPO möglich; *Herberger* in: vgl. Ory/Weth, jurisPK-ERV Band 2-ZPO, § 814 Rn. 1; *Deuring*, DGVZ 2020, 1 (6).

34 Die Einzelheiten der Internetversteigerung werden nach § 814 III ZPO durch Rechtsverordnung der Landesregierungen festgelegt; als zentrale Versteigerungsplattform wurde die Webseite www.justiz-auktion.de eingerichtet; vgl. MünchKomm-ZPO/*Gruber*, § 814 Rn. 11; *Weber*, DGVZ 2018, 149 (150).

setzten Arbeitsgruppe „Modernisierung des Zivilprozesses“ sollen, wie in deren Diskussionspapier[35] dargelegt, zur Meidung einer als weder sinnvoll noch zeitgemäß empfundenen Papierbindung im Vollstreckungsverfahren sämtliche Vollstreckungstitel in digitaler Form und für die Vollstreckungsorgane (z.B. über einen Link) abrufbar in ein solches elektronisches Titelregister eingestellt werden. Hierfür soll das seit 1.1.2022 von der Bundesnotarkammer[36] betriebene elektronische Urkundenarchiv[37] genutzt und entsprechend erweitert werden.[38] Die Zugänglichmachung über das Titelregister, welche an das Vorliegen der grundsätzlichen Vollstreckungsvoraussetzungen geknüpft werden könne, soll sodann die Erteilung einer (vollstreckbaren) Ausfertigung in Papierform ersetzen. Eine Doppelvollstreckung könne dadurch vermieden werden, dass erfolgte Zahlungen und Beitreibungen sowie Änderungen des Titels zentral für alle zugriffsberechtigten Vollstreckungsorgane einsehbar im Titelregister vermerkt würden.[39]

19 Die Arbeitsgruppe gesteht indes selbst ein, dass der vorgeschlagene Ansatz eines solchen Titelregisters rechtliche und organisatorische Fragen aufwirft. Zu konstatieren ist etwa, dass mit der Einstellung sämtlicher Vollstreckungstitel in einem Register und deren Abrufbarkeit im Volltext personenbezogene Daten zu den Verfahrensbeteiligten, die etwa in Rubrum und Tatbestand enthalten sind, verarbeitet werden. Mittel der Anonymisierung wie ein Schwärzen dürften allerdings in praktischer Hinsicht nicht in Betracht kommen, da das jeweilige Vollstreckungsorgan die Identität von Titelgläubiger und -schuldner verlässlich kennen muss, um die beauftragte Zwangsvollstreckung einleiten zu können (vgl. § 750 I 1 ZPO).[40] Ein anlassloser Zugriff müsste folglich durch ent-

35 Arbeitsgruppe „Modernisierung des Zivilprozesses“ im Auftrag der Präsidentinnen und Präsidenten der Oberlandesgerichte, des Kammergerichts, des Bayerischen Obersten Landesgerichts und des Bundesgerichthofs, Modernisierung des Zivilprozesses – Diskussionspapier, abrufbar unter https://www.justiz.bayern.de/gerichte-und-behoerden/oberlandesgerichte/nuernberg/aktuelles.php.

36 Die Arbeitsgruppe knüpft an den Betrieb durch die Bundesnotarkammer an, die auf Basis des bestehenden Systems auch das Titelregister betreiben soll; stattdessen befürwortet *Stamm*, NJW 2021, 2563 (2564) ein zentrales Titelregister, das von einem zentralen Vollstreckungsgericht zu führen ist.

37 §§ 78 II Nr. 3, 78h BNotO.

38 Modernisierung des Zivilprozesses, Diskussionspapier, S. 107ff.; diese Idee findet sich bereits in der Begründung zum Entwurf der Bundesregierung des Gesetzes zur Neuordnung der Aufbewahrung von Notariatsunterlagen und zur Einrichtung des Elektronischen Urkundenarchivs bei der Bundesnotarkammer, BT-Drucks. 18/10607, S. 43; *Damm*, DNotZ 2017, 426 (429); vgl. auch *Bernhardt*, NJW 2015, 2775 (2776); *Schobel*, eJustice-Gesetz I und II, abrufbar unter https://www.justiz.bayern.de/media/pdf/veranstaltungen/infotage/ejustice-gesetz_i_und_ii.pdf.

39 Modernisierung des Zivilprozesses, Diskussionspapier, S. 111.

40 Dies ist ein Unterschied zu der bei Urteilsveröffentlichungen möglichen Schwärzung. Auch wenn bei der Urteilsveröffentlichung für die Allgemeinheit auf das von der Arbeitsgruppe zur Diskussion gestellte Titelregister zurückgegriffen werden könnte, handelt es sich letztlich um verschiedene Abrufmodalitäten – einmal in der Regel anonymisiert an eine Fach- bzw. Bürgeröffentlichkeit und einmal unter Angabe der erforderlichen Daten an bestimmte zugriffsberechtigte Nutzer wie Vollstreckungsorgane –, sodass die beiden Ebenen getrennt betrachtet werden müssen; vgl. *Stamm*, NJW 2021, 2563 (2564); Modernisierung des Zivilprozesses, Diskussionspapier, S. 70f.

sprechende Ausgestaltung von Zugriffsrechtem vermieden werden („privacy by design", Art. 25 I DSGVO). Hinzu kommen technische und finanzielle Herausforderungen angesichts der benötigten Speicherkapazität und Maßnahmen zur Gewährleistung angemessener IT-Sicherheit.[41]

Als alternativer Ansatz zu einem elektronischen Titelregister erscheint vor diesem Hintergrund der in Zusammenarbeit der Bundesnotarkammer, des Bayerischen Staatsministeriums der Justiz und der Projektgruppe Wirtschaftsinformatik des Fraunhofer-Instituts für Angewandte Informationstechnik FIT entwickelte Prototyp eines „Gültigkeitsregisters" auf Blockchain-Basis erwähnenswert.[42] Die hierzu veröffentlichte Machbarkeitsstudie stellt explizit fest, dass das zunächst für den Einsatz bei der Digitalisierung von Erbscheinen und notariellen Vollmachtsurkunden vorgesehene Konzept perspektivisch auch für andere Anwendungsfälle nutzbar gemacht werden könne, in denen ein analoges Dokument bestimmte Rechte verkörpert. Mithin komme auch eine Anwendung im Bereich Vollstreckungstitel bzw. zur Ersetzung vollstreckbarer Ausfertigungen in Betracht.[43] Im Unterschied zu dem Vorschlag eines Titelregisters (s. oben Rn. 18f.) soll bei der Umsetzung eines Gültigkeitsregisters nicht der Text der elektronischen Dokumente selbst (hier namentlich des Vollstreckungstitels) in dem Register abgelegt werden, sondern stattdessen eine dem jeweiligen Dokument zugeordnete eindeutige ID („Dokumenten-ID"), über die relevante Informationen betreffend das Dokument ausgelesen werden können. Im Falle eines Vollstreckungstitels, der durch die Dokumenten-ID (etwa einen Hashwert)[44] identifizierbar ist, könnte so der „Gültigkeitsstatus" im Hinblick auf die Vollstreckbarkeit des Titels hinterlegt werden.[45] Der Gefahr einer „Doppelvollstreckung" wäre hierbei damit zu begegnen, dass das jeweilige Vollstreckungsorgan ermächtigt wird, im Falle des Leistungsempfangs (vgl. § 757 ZPO) diesen Gültigkeitsstatus im Register zu verändern.[46] 20

41 *Danninger*, RDi 2021, 109 (115).

42 *Danninger et al.*, Das Blockchain-basierte Gültigkeitsregister. Eine Machbarkeitsstudie zur ersten Blockchain-Kooperation in der deutschen Justiz, Bayreuth/Berlin/München. Projektgruppe Wirtschaftsinformatik des Fraunhofer-Instituts für Angewandte Informationstechnik FIT, Hrsg.: Bundesnotarkammer K. d. Ö.R und Bayerisches Staatsministerium der Justiz, abrufbar unter https://www.bnotk.de/fileadmin/user_upload_bnotk/Pressemitteilungen/2020/Machbarkeitsstudie_Das_Blockchain-basierte_Gueltigkeitsregister.pdf.

43 *Danninger et al.*, Das Blockchain-basierte Gültigkeitsregister, S. 5, 22.

44 *Danninger et al.*, Das Blockchain-basierte Gültigkeitsregister, *S. 16.*

45 *Danninger*, RDi 2021, 109 (115); *Müller/Gomm*, jM 2021, 266 (267f.).

46 *Müller/Gomm*, jM 2021, 266 (267f.).

C. Verfahren der Zwangsvollstreckung in digitale Güter

I. Daten

1. Daten als Gegenstand eines Vollstreckungstitels

21 Daten können zunächst dadurch Gegenstand einer Zwangsvollstreckung werden, dass der Gläubiger einen Titel auf Datenherausgabe erwirken konnte und diesen zu vollstrecken sucht. Als Grundlagen für einen solchen titulierten Anspruch kommen etwa Art. 15 III, Art. 20 DSGVO, § 7 Nr. 1 GeschGehG oder vertragliche Anspruchsgrundlagen (z. B. im Rahmen von Verträgen über den Datenzugang[47]) zur Datenübermittlung in Betracht. Bei vertraglich geschützten Daten empfiehlt es sich, die jeweiligen Ansprüche auf Datenherausgabe konkret und unmissverständlich zu regeln.[48] Die konkrete Durchsetzung hängt sodann von der Art und Form der gläubigerseits begehrten Daten ab, wobei die allgemeinen Normen des Zwangsvollstreckungsrechts zur Anwendung kommen.

22 Wird die Herausgabe eines körperlichen Datenträgers (z. B. CD, DVD, Bluray, USB-Stick, Festplatte) begehrt, auf dem die Daten gespeichert sind, liegt eine Vollstreckung zur Erwirkung der Herausgabe einer beweglichen Sache i. S. d. § 883 ZPO vor.[49] Soweit jedoch ein körperlicher Datenträger nicht existiert und der zu vollstreckende Anspruch erst auf die Anfertigung eines solchen Datenträgers (und ggf. Löschung der Daten beim Schuldner) gerichtet ist, scheidet eine Anwendung von § 883 ZPO mangels physischem Herausgabegegenstand aus.[50] In diesem Fall läge je nach Einzelfallgestaltung eine Vollstreckung zur Erwirkung einer vertretbaren (§ 887 ZPO) oder einer unvertretbaren Handlung (§ 888 ZPO) vor.[51] Der Inhalt des zu vollstreckenden Anspruchs auf Datenherausgabe wird letztlich durch die jeweilige (sonder)gesetzliche oder vertragliche Anspruchsgrundlage festgelegt.

23 Eine Besonderheit gilt, soweit ein Titel aus einer Geschäftsgeheimnisstreitsache nach § 16 I GeschGehG zu vollstrecken ist. Hierunter kann auch ein Anspruch auf Herausgabe von bestimmten Dokumenten, die das Geschäftsgeheimnis verkörpern, fallen

---

47 *Rosenkranz/Scheufen*, ZfDR 2022, 159 (173 f.); *Czychowski/Winzek*, ZD 2022, 81 (83); *Hackenberg* in: Hoeren/Sieber/Holznagel (Hrsg), MMR-HdB, Teil 15.2: Big-Data und Datenschutz Rn. 39.

48 *Apel/Brechtel* in: Specht-Riemenschneider/Werry/Werry (Hrsg.), Datenrecht in der Digitalisierung, S. 941 (969); die vertragliche Regelung kann im Übrigen mit darüber entscheiden, ob eine Information zusätzlich als Geschäftsgeheimnis nach § 2 Nr. 1 GeschGehG Schutz genießt; *Alexander* in: Köhler/Bornkamm/Feddersen, 40. Aufl. 2022, GeschGehG § 2 Rn. 60.

49 *Bartels* in: Stein/Jonas, 23. Aufl. 2017, ZPO § 883 Rn. 11; vgl. zum Herausgabeanspruch nach § 7 I GeschGehG *Kalbfus* in: Harte-Bavendamm/Ohly/Kalbfus, 2020, GeschGehG § 7 Rn. 31; *Schroeder/Drescher* in: Brammsen/Apel, GeschGehG, 1. Aufl. 2022, § 7 Rn. 85.

50 Vgl. BGH Beschl. v. 21.9.2017 – I ZB 8/17, GRUR 2018, 222 Rn. 15; *Schmidt* in: Anders/Gehle, 80. Aufl. 2022, ZPO § 883 Rn. 5; *Seibel* in: Zöller-ZPO, § 883 Rn. 2; *Bendtsen* in: Kindl/Meller-Hannich, Zwangsvollstreckung, ZPO § 883 Rn. 15; a. A. *Bartels* in: Stein/Jonas, ZPO, § 883 Rn. 11, wonach § 883 ZPO analog angewendet werden soll.

51 Siehe *Apel/Brechtel* in: Specht-Riemenschneider/Werry/Werry (Hrsg.), Datenrecht in der Digitalisierung, S. 941 (969).

(§ 7 I GeschGehG). Die im Erkenntnisverfahren durch das Gericht getroffenen Geheimhaltungsanordnungen sind demnach auch im Zwangsvollstreckungsverfahren zu beachten.[52]

2. Vollstreckung wegen einer Geldforderung in Daten

In Betracht kommt auch, dass der Gläubiger eine Geldforderung (ggf. ohne jeden Da- 24
tenbezug) vollstrecken und hierbei Zugriff auf bestimmte beim Schuldner vorhandene Daten nehmen möchte. Eine solche Konstellation ist praktisch von Relevanz, da Daten, seien es personenbezogene oder nicht personenbezogene Daten (etwa Prozess- und Maschinendaten) oder Geschäftsgeheimnisse, durchaus einen monetären Wert[53] haben können, sodass dem Gläubigerinteresse auf Befriedigung seiner Geldforderung durch Verwertung dieser Daten entsprochen werden kann. Damit ist die Frage aufgeworfen, nach welchen vollstreckungsrechtlichen Bestimmungen ein solcher Zugriff erfolgen kann und inwiefern spezialgesetzliche Vorgaben bestehen, die bei einer Vollstreckung zu beachten sind.

a) Körperliche Gegenstände

Soweit die Daten auf einem physischen Datenträger (z.B. CD. DVD, Bluray, USB-Stick, 25
Festplatte) gespeichert sind, kann eine Vollstreckung nach §§ 808ff. ZPO in diesen Datenträger als körperlichen Gegenstand erfolgen. Der Datenträger ist hierbei inklusive der darauf gespeicherten Daten als einheitliche körperliche Sache anzusehen, die den Bestimmungen der Sachpfändung unterliegt.[54] Die Vollstreckung wird vorgenommen, indem der Gerichtsvollzieher den Datenträger in Besitz nimmt.[55] Da die Vollstreckung auf die Durchsetzung einer Geldforderung gerichtet ist, erlangt der Gläubiger nicht den Datenträger selbst, sondern lediglich den bei der Verwertung des Datenträgers (etwa im Wege der Versteigerung nach § 814 ZPO) erzielten Geldbetrag in Höhe der zu vollstreckenden Forderung.

Zu beachten ist, dass eine Pfändung des Datenträgers nach § 811 I Nr. 5 ZPO 26
ausscheidet, soweit sich auf dem Datenträger *„private Aufzeichnungen befinden, durch deren Verwertung in Persönlichkeitsrechte eingegriffen wird"*, beispielsweise private

52 Beispielsweise können Tatbestand und Entscheidungsgründe bei der Zustellung des Urteils an den Beklagten zu schwärzen sein, soweit darin Geschäftsgeheimnisse enthalten sind; *Kalbfus* in: Harte-Bavendamm/Ohly/Kalbfus, GeschGehG § 19 Rn. 50; vgl. zu Geschäftsgeheimnissen in der Urteilsformel *Steinbrück/Höll* in: Brammsen/Apel, GeschGehG § 19 Rn. 60.

53 *Paulus*, DGVZ 2020, 133 (136f.).

54 *Kemper* in: Saenger, ZPO, § 808 Rn. 3; *Koch/Sander*, DGVZ 2022, 97 (100f.).

55 Alternativ kommt auch das Kopieren der Daten auf einen tragbaren Datenspeicher, wobei die Daten im Anschluss von dem Datenträger des Schuldners gelöscht werden; *Herget* in: Zöller-ZPO, § 857 Rn. 12f. MünchKomm-ZPO/*Gruber*, § 808 Rn. 30.

E-Mails oder Fotos.[56] Mit dieser seit 1.1.2022 geltenden Bestimmung wird nunmehr erstmals im Rahmen des Zwangsvollstreckungsrechts Bezug auf den weiten Begriff der Persönlichkeitsrechte genommen, der sowohl das allgemeine Persönlichkeitsrecht aus Art. 2 I i.V.m. Art. 1 I GG als auch dessen Ausprägungen wie das Recht auf informationelle Selbstbestimmung umfasst. Mit der Norm wurde somit eine direkte „Schnittstelle zum Datenschutzrecht"[57], d.h. insbesondere auch zu den Bestimmungen der DSGVO geschaffen. Eine Pfändung wäre demnach untersagt, wenn die Verwertung des gepfändeten Datenträgers mit einer Verarbeitung personenbezogener Daten ohne Erlaubnistatbestand einherginge. Soweit sich auf dem gepfändeten Datenträger personenbezogene Daten befinden, wäre die bei der Verwertung erfolgende Übergabe des Datenträgers bzw. die damit verbundene Datenübermittlung eine Verarbeitung im Sinne von Art. 4 Nr. 2 DSGVO, die einer Rechtfertigungsgrundlage nach Art. 6 DSGVO bedürfte. Soweit der Schutz der personenbezogenen Daten das Verwertungsinteresse des Gläubigers überwiegt – was in der Praxis zumindest oft angenommen werden dürfte – kommt als Rechtfertigungsgrundlage lediglich die Einwilligung des Schuldners (oder eines dritten Betroffenen) nach Art. 6 I Nr. 1 DSGVO in Betracht. Fehlt es an einem Erlaubnistatbestand, läge ein Eingriff in die Persönlichkeitsrechte im Rahmen der Verwertung des Datenträgers vor, sodass die Pfändung des Datenträgers mit den personenbezogenen Daten einem Pfändungsverbot nach § 811 I Nr. 5 ZPO unterfiele. Im Übrigen kann eine Mitpfändung personenbezogener Daten auf einem Datenträger unter das Verbot der zwecklosen Pfändung nach § 803 II ZPO fallen.[58]

27 Um die datenschutzrechtswidrige Verarbeitung von personenbezogenen Daten im Rahmen der Vollstreckung und somit ein Pfändungsverbot nach § 811 I Nr. 5 ZPO und § 803 II ZPO zu vermeiden, wird man dem zuständigen Vollstreckungsorgan (hier der Gerichtsvollzieher) nach §§ 758, 758a ZPO[59] die Befugnis zugestehen müssen, eine Durchsuchung des Datenträgers durchzuführen und hierbei zu prüfen, inwieweit verwertbare oder unverwertbare Daten vorhanden sind. Soweit der Gerichtsvollzieher unpfändbare personenbezogene Daten auf dem vollstreckungsgegenständlichen Datenträger feststellt, ist dieser zum Löschen der Daten zur Wahrnehmung seiner öffentlichen Aufgabe, mithin zur rechtswirksamen und letztlich auch datenschutzkonformen Pfändung und Verwertung des Datenträgers nach Art. 6 I lit. e DSGVO berechtigt, wobei dem Schuldner die Möglichkeit zu gewähren ist, die Daten zuvor zu sichern.[60] Kommt ein Löschen der personenbezogenen Daten nicht in Betracht, etwa weil der Schuldner den Datenträger mit einem Schreibschutz versehen hat, führt dies im Übrigen noch nicht automatisch zur Unpfändbarkeit nach § 811 I Nr. 5 ZPO und § 803 II

56 Vgl. BT-Drs. 19/27636, 31; *Koch/Sander*, DGVZ 2022, 97 (103).
57 *Koch/Sander*, DGVZ 2022, 97 (103).
58 *Koch/Sander*, DGVZ 2022, 97 (106); Anders/Gehle/*Vogt-Beheim*, ZPO § 803 Rn. 13ff.
59 Eine jedenfalls analoge Anwendung befürwortend, *Koch/Sander*, DGVZ 2022, 97 (106); BeckOK-ZPO/*Ulrici*, § 758 Rn. 4.
60 *Koch/Sander*, DGVZ 2022, 97 (106).

ZPO. Denn andernfalls wäre der Schuldner in der Lage, jede Pfändung im Ansatz dadurch zu torpedieren, dass auf einen Datenträger mit wirtschaftlich wertvollen Daten zugleich private Aufzeichnungen (z.B. Urlaubsfotos) kopiert würden („Kontamination") und der Datenträger in dieser Form vor jeglichen Änderungen geschützt würde. Vielmehr ist – da vorgenannte Normen die Heranziehung der datenschutzrechtlichen Erlaubnistatbestände eröffnen – im Einzelfall nach Art. 6 I 1 lit. f DSGVO zu prüfen, ob hier tatsächlich die Interessen des Schuldners diejenigen des Gläubigers an der Verwertung überwiegen. Soweit etwa eine Löschung der personenbezogenen Daten gerade aufgrund der von dem Schuldner eingesetzten Sperrung ausscheidet, sich auf dem Datenträger ökonomisch bedeutende Daten befinden und der Schuldner die Gelegenheit, die personenbezogene Daten zu entfernen bzw. den Schreibschutz aufzuheben, bewusst nicht wahrnimmt, ist ein überwiegendes Schuldnerinteresse und insofern ein Pfändungsverbot nach § 811 I Nr. 5 ZPO und § 803 II ZPO regelmäßig zu verneinen.

b) Unkörperliche Gegenstände

Existiert beim Schuldner hingegen kein physischer Datenträger, der in Besitz genom- 28
men werden könnte und soll daher nicht auf das Trägermedium, sondern vielmehr auf etwaige Rechtspositionen an einem Datenbestand Zugriff genommen werden, kommt eine Vollstreckung in andere Vermögensrechte nach § 857 ZPO in Betracht. Voraussetzung hierfür wäre, dass an dem Datum bzw. dem Datenbestand Rechte bestehen, die einen Vermögenswert derart verkörpern, dass die Pfandverwertung zur Befriedigung des Geldanspruchs des Gläubigers führen kann.[61]

aa) Urheberrecht und verwandte Schutzrechte

Anzudenken wäre zunächst ein Urheberrecht an den Daten. Ein urheberrechtlicher 29
Schutz scheidet jedoch mit Blick auf ein einzelnes Datum und dessen strukturelle, syntaktische oder semantische Ebene[62] aus, da es an einem persönlichen geistigen Schöpfungsakt bei der Datenproduktion fehlt.[63] Auch ein Eingreifen verwandter Schutzrechte scheitert hinsichtlich einer konkreten Information an einem grundsätzlich nicht vorgesehenen Imitationsschutz des darin angelegten geistigen Inhalts.[64]

---

61 BGH, Urt. v. 23.10.2008 – VII ZB 92/07, NJW-RR 2009, 411; Urt. v. 20.12.2006 – VII ZB 92/05, NJW-RR 2007, 1219.

62 Siehe zum sog. Drei-Ebenen-Modell, welches zwischen struktureller (Verkörperung), syntaktischer (Codierung) und semantischer (Inhalt/Information) Ebene unterscheidet, *Rosenkranz/Scheufen*, ZfDR 2022, 159 (164 f.); *Zech*, Information als Schutzgegenstand, S. 43 ff.

63 *Ulbricht/Hubertus* in Dorschel (Hrsg.), Praxishandbuch Big Data, 2015, S. 215.

64 Vgl. BGH, Urt. v. 1.12.2010 – I ZR 12/08, GRUR 2011, 134 (137) – Perlentaucher; zu einer möglichen Ausnahme (Codierung als Tondatei) s. *Nägele/Apel* in: Kaulartz/Braegelmann (Hrsg.), Rechtshandbuch Artifi-

30 Ein urheber- und leistungsrechtlicher Schutz kann gleichwohl dann in Betracht kommen, soweit Leistungen in Rede stehen, die über die bloße Erzeugung oder Bereitstellung einer Information hinausgehende Ausdrucksformen und Gestaltungen von Daten betreffen. So können Datenbestände als Datenbankwerk gemäß § 4 II UrhG geschützt sein, wenn die Daten systematisch oder methodisch angeordnet, einzeln mit Hilfe elektronischer Mittel oder auf andere Weise zugänglich sind und in der konkreten Auswahl und Ausgestaltung der Datenansammlung eine schöpferische Eigenart[65] erblickt werden kann. Da einfache, etwa alphabetische, Sortierungen von Daten die für den urheberrechtlichen Schutz erforderliche Originalität vermissen lassen[66] und die im Falle von elektronischen Datenbanken eingesetzte Software ihrerseits bei Beurteilung der schöpferischen Eigenart der Datenanordnung keine Berücksichtigung findet[67], kommt ein Schutz eines Datenbestandes als Datenbankwerk in der Praxis selten vor.[68] Eine nicht vorhandene Schöpfungshöhe der Anordnung des Datenbestandes hat jedoch nicht zwangsläufig eine urhebergesetzliche Schutzlosigkeit zur Folge, da neben dem urheberrechtlichen Schutz als Datenbankwerk nach § 4 II UrhG auch ein leistungsrechtlicher Schutz als Datenbank gem. §§ 87a ff. UrhG treten kann. Letzterer knüpft nicht an den Charakter der Anordnung des Datenbestandes als individuelle geistige Schöpfung an, sondern vielmehr an die mit der Beschaffung, Überprüfung oder Darstellung der Inhalte verbundene Investition des Datenbankherstellers.[69] Daten, die zu einer Folge von Anwendungsbefehlen verbunden werden, können schließlich als Computerprogramm urheberrechtlich nach § 2 I Nr. 1, §§ 69a ff. UrhG geschützt werden, soweit die Ausdrucksform (Quellcode, Objektcode) über hinreichende Individualität verfügt (§ 69a III UrhG).[70]

31 Wie dargestellt, würden im Falle eines Datenbankwerkes oder eines Computerprogramms ein Urheberrecht und im Falle einer Datenbank ein Leistungsschutzrecht, mithin jeweils ein anderes Vermögensrecht im Sinne von § 857 ZPO vorliegen. Während sich die Vollstreckung in das Datenbankleistungsschutzrecht nach den allgemeinen vollstreckungsrechtlichen Regelungen richtet, müssen jedoch bei einer Vollstreckung in das Urheberrecht die Sonderregelungen der §§ 113 ff. UrhG beachtet werden. So ist eine Vollstreckung in das Urheberrecht am Datenbankwerk oder am Computerprogramm nach

---

cial Intelligence und Machine Learning, 2020, S. 291 (310 f.); *Schröler/Kuß* in: Chibanguza/Kuß/Steege (Hrsg.), Künstliche Intelligenz, 2022, S. 171 (190 f.).

65 Siehe EuGH, Urt. v. 1.3.2012 – C-604/10, GRUR 2012, 386 (388) – Football Dataco Ltd.

66 *Ehlen/Brandt*, CR 2016, 570 (572).

67 § 4 II 2 UrhG.

68 Siehe *Sattler* in: Sassenberg/Faber (Hrsg.), Rechtshandbuch Industrie 4.0 und Internet of Things, 2020, S. 35 (45 f.); vgl. die Beispiele für Datenbankwerke bei *Dreier* in: Dreier/Schulze, UrhG, § 4 Rn. 20.

69 Das Leistungsschutzrecht des Datenbankherstellers nach §§ 87a ff. UrhG kann anders als das Urheberrecht auch einer juristischen Person zustehen (siehe etwa BGH, Urt. v. 1.12.2010 – I ZR 196/08, GRUR 2011, 754 Rn. 26 – Zweite Zahnarztmeinung II) und als solches mangels urheberpersönlichkeitsrechtlicher Komponente frei übertragen werden (vgl. *Dreier* in: Dreier/Schulze, UrhG, § 29 Rn. 21).

70 *Nordemann* in: Fromm/Nordemann, 12. Aufl. 2018, UrhG § 2 Rn. 75.

§ 113 UrhG nur zulässig, wenn der Urheber seine Einwilligung erteilt und soweit Nutzungsrechte nach § 31 UrhG eingeräumt werden können.

Fraglich und umstritten ist, ob und inwieweit Ausnahmen von dem Einwilligungserfordernis zuzulassen sind. Es wird hierbei die Auffassung vertreten, § 113 UrhG sei dahingehend teleologisch zu reduzieren, dass die Einwilligung des Urhebers entbehrlich sein soll, wenn dieser zu seinem Werk ein lediglich kommerzielles Verhältnis pflege.[71] Die Ansicht kann jedoch dogmatisch nicht überzeugen, da es an einem planwidrigen Regelungsüberschuss als Voraussetzung einer solchen teleologischen Reduktion fehlt[72] und im Übrigen – durch das isolierte Abstellen auf Vermarktungsinteressen und Außerachtlassen der ideellen und persönlichkeitsrechtlichen Komponente – dem urheberrechtlichen Monismus (§ 11 S. 1 UrhG) widersprochen würde.[73] Angesichts des klaren Wortlautes und Gesetzeszweckes können von dem Einwilligungserfordernis keine Ausnahmen gemacht werden. Gleichwohl wird das Recht des Urhebers nach § 113 UrhG jedenfalls dahingehend einzuschränken sein, dass die Einwilligung nicht unter Verstoß gegen Treu und Glauben als allgemeinem Rechtsprinzip (§§ 226, 242 BGB) versagt werden darf.[74] Ein treuwidriges Verhalten kann im Einzelfall angenommen werden, wenn der Vollstreckung keine über die kommerzielle Vermarktung hinausgehenden Interessen des Urhebers entgegenstehen.[75] Eine treuwidrig versagte Einwilligung – ohne die eine Vollstreckung unzulässig wäre – müsste vom Gläubiger dann aber in einem gesonderten Verfahren geltend gemacht und nach § 894 ZPO durchgesetzt werden.[76] Wenn die Vollstreckung schließlich nicht beim Urheber, sondern bei dessen Rechtsnachfolger vorzunehmen ist, ist eine Einwilligung des Rechtsnachfolgers nach § 115 S. 2 UrhG entbehrlich, wenn das Werk bereits erschienen ist. 32

Soweit eine Vollstreckung in das Urheberrecht wegen einer Geldforderung nicht an einer fehlenden Einwilligung des Urhebers bzw. dessen Rechtsnachfolger scheitert, ist mit Blick auf die sodann heranzuziehenden allgemeinen vollstreckungsrechtlichen Bestimmungen zu beachten, dass nach § 857 III ZPO nicht das Urheberrecht als Ganzes Vollstreckungsgegenstand sein kann. Denn dieses ist nach § 29 I UrhG nicht unter Lebenden übertragbar und kann somit als unveräußerliches Recht nicht der Zwangsvoll- 33

71 *Zimmermann*, Immaterialgüterrechte in der Zwangsvollstreckung, Diss. Bonn 1998, S. 194; BeckOK-UrhR/*Rudolph*, 35. Ed. 15.7.2022, UrhG § 113 Rn. 25ff.

72 *Kefferpütz* in: Wandtke/Bullinger, UrhG § 113 Rn. 17; *Raue* in: Dreier/Schulze, UrhG § 113 Rn. 15.

73 Vgl. *Apel/Brechtel* in: Specht-Riemenschneider/Werry/Werry (Hrsg.), Datenrecht in der Digitalisierung, S. 941 (964).

74 *Apel/Brechtel* in: Specht-Riemenschneider/Werry/Werry (Hrsg.), Datenrecht in der Digitalisierung, S. 941 (964); *Kefferpütz* in: Wandtke/Bullinger, UrhG § 113 Rn. 18; a. A. *Schack*, Urheberrecht und Urhebervertragsrecht, 2021, Rn. 867.

75 *Apel/Brechtel* in: Specht-Riemenschneider/Werry/Werry (Hrsg.), Datenrecht in der Digitalisierung, S. 941 (964f.) m.w.N.

76 *Kefferpütz* in: Wandtke/Bullinger, UrhG § 113 Rn. 19.

streckung unterliegen.[77] Veräußerlich und mithin tauglicher Vollstreckungsgegenstand sind indes die urheberrechtlichen Nutzungs- und Verwertungsrechte (§§ 31ff., §§ 15ff. UrhG).[78] Letztere werden nach § 857 I, II i.V.m. § 829 ZPO durch Pfändungsbeschluss des Vollstreckungsgerichts gepfändet. Da es hierbei an einem Drittschuldner fehlt, ist die Pfändung nach § 857 II ZPO in dem Zeitpunkt als bewirkt anzusehen, in dem das Gebot, sich jeder Verfügung über das Recht zu enthalten, dem Schuldner zugestellt ist (sog. Inhibitorium). Die Verwertung kann sodann nicht im Wege eines Überweisungsbeschlusses nach § 835 ZPO erfolgen. Zum einen scheitert eine Überweisung an Zahlungs statt zum Nennwert daran, dass die urheberrechtlichen Nutzungsrechte keinen Nennwert haben und zum anderen ist mangels Forderung gegen einen Dritten auch keine Einziehung von Geldbeträgen möglich.[79] Vielmehr kommen in der Praxis maßgeblich der freihändige Verkauf oder die öffentliche Versteigerung als besonders anzuordnende Verwertungsmaßnahmen (§ 857 IV, V, § 844 ZPO) in Betracht.[80]

bb) Geschäftsgeheimnisse

34 Die semantische Ebene von Daten, namentlich bestimmte Informationen, können weiterhin als Geschäftsgeheimnisse im Sinne von § 2 Nr. 1 GeschGehG geschützt sein. Dies setzt voraus, dass diese nicht allgemein bekannt oder ohne Weiteres zugänglich und daher von wirtschaftlichem Wert sind, sie Gegenstand von angemessenen Geheimhaltungsmaßnahmen durch ihren rechtmäßigen Inhaber sind und bei ihnen ein berechtigtes Interesse an der Geheimhaltung besteht.

35 Die Vollstreckung in ein Geschäftsgeheimnis kommt hierbei nach § 857 ZPO in Betracht, soweit darin ein „anderes Vermögensrecht" zu sehen wäre. „Recht" umfasst hierbei allgemein relative und absolute Rechtspositionen. Soweit im Rahmen der Zwangsvollstreckung keine relative Anspruchsstellung (beispielsweise ein Anspruch auf Übermittlung bestimmter Daten als Geschäftsgeheimnisse), sondern vielmehr das Geschäftsgeheimnis als solches betroffen ist, stellt sich die Frage, ob dieses als absolutes Recht einzustufen ist. Dies wäre der Fall, soweit mit dem Geschäftsgeheimnis eine Rechtsposition einem Rechtssubjekt normativ gegenüber jedermann zur Nutzung unter Aus-

77 *Raue* in: Dreier/Schulze, UrhG § 112 Rn. 4; selbiges gilt im Grundsatz auch für Urheberpersönlichkeitsrechte, wobei eine Ausnahme dann zu machen ist, soweit der Urheber diese in zulässiger Weise kommerzialisiert hat; vgl. BGH, Urt. v. 26.11.1954 – I ZR 266/52, GRUR 1955, 201 – Wagner; siehe dazu *Apel/Brechtel* in: Specht-Riemenschneider/Werry/Werry (Hrsg.), Datenrecht in der Digitalisierung, S. 941 (966) m.w.N.

78 Es handelt sich jedoch nur dann um Rechte des Urhebers, wenn nicht ausnahmsweise eine anderweitige gesetzliche Zuordnung getroffen wurde. Zu beachten ist hier § 69b UrhG, wonach die Rechte an einem im Arbeits- oder Dienstverhältnis erstellten Computerprogramm dem Arbeitgeber bzw. Dienstherrn zuzuordnen sind.

79 *Schack*, Urheberrecht und Urhebervertragsrecht, Rn. 881; *Koch* in: Kindl/Meller-Hannich, Zwangsvollstreckung, ZPO § 857 Rn. 27.

80 *Schack*, Urheberrecht und Urhebervertragsrecht, Rn. 881; *Flockenhaus* in: Musielak/Voit, ZPO 19. Aufl. 2022 § 857 Rn. 11.

schluss Dritter zugewiesen wäre.[81] Festzustellen ist hierbei, dass das Geschäftsgeheimnisgesetz mit der Definition in § 2 Nr. 2 GeschGehG das Geschäftsgeheimnis einem Inhaber – der Person, die die rechtmäßige Kontrolle über das Geschäftsgeheimnis hat – als Träger des Rechts zuweist.[82] Mit der Eigenschaft als Geschäftsgeheimnis geht wiederum die Befugnis des Inhabers einher, Dritte von der Nutzung und der Erlangung des Geschäftsgeheimnis durch bestimmte Handlungsverbote in § 4 GeschGehG auszuschließen. Diese Abwehrbefugnis wirkt hierbei nicht nur gegenüber dem Vertragspartner (etwa einer Geheimhaltungsvereinbarung), sondern gegenüber jedermann, mithin in absoluter Weise.[83] Die Tatsache, dass der Inhaber eines Geschäftsgeheimnisses Dritte nicht unbeschränkt von der Nutzung ausschließen kann und insoweit die Rechtsposition nach §§ 3, 5 GeschGehG eingeschränkt ist, führt als solches noch nicht zur Versagung einer absoluten Rechtsposition, zumal auch bei den als absolute Rechte anerkannten Immaterialgüterrechten[84] keine unbegrenzte Nutzungsbefugnis gegeben ist.[85] Ein absolutes, einen Vermögenswert[86] verkörperndes Recht im Sinne des § 857 ZPO kann mit Blick auf Geschäftsgeheimnisse mithin bejaht werden.[87]

Der Gläubiger wird idealiter von der Existenz eines pfändungswürdigen Ge- 36
schäftsgeheimnisses im Schuldnervermögen im Wege einer Vermögensauskunft nach § 802c ZPO erfahren. Die Vollstreckung erfolgt sodann aufgrund eines entsprechenden Auftrages dadurch, dass das Vollstreckungsgericht die Rechte aus dem Geschäftsgeheimnis im Wege des Pfändungsbeschlusses pfändet. Da das Geschäftsgeheimnis – soweit die Schutzvoraussetzungen nach § 2 Nr. 1 GeschGehG erfüllt sind – gegenüber jedermann Schutz entfaltet, fehlt es grds. an einem spezifischen Drittschuldner. Es

---

81 Vgl. *Adam*, JuS 2021, 109 ff.

82 *Harte-Bavendamm* in: Harte-Bavendamm/Ohly/Kalbfus, GeschGehG § 2 Rn. 72; *Brammsen* in: Brammsen/Apel, GeschGehG § 2 Rn. 141 ff.

83 *Kiefer*, WRP 2018, 910 (913).

84 Das Geschäftsgeheimnis weist zwar Parallelen zu Immaterialgüterrechten auf, kann jedoch nicht direkt als solches bezeichnet werden. So wird eine Information als Geschäftsgeheimnis geschützt, wenn sie aufgrund ihrer faktischen Geheimhaltung einen wirtschaftlichen Wert darstellt, wobei der Schutz unabhängig von einer besonderen Qualität der Information besteht; siehe Begr. RegE, BT-Drs. 19/4724, 20 (31); dem Geschäftsgeheimnis kann vielmehr eine „hybride" Natur aus lauterkeitsrechtlicher Position und Immaterialgüterrecht attestiert werden; vgl. *Keller* in: Keller/Schönknecht/Glinke, 1. Aufl. 2021, GeschGehG § 1 Rn. 17 m.w.N.; *Schroeder/Drescher* in: Brammsen/Apel, GeschGehG, 2022, § 6 Rn. 6; a.A. *Brammsen* in Brammsen/Apel, GeschGehG § 1 Rn. 21.

85 So zutreffend *McGuire*, GRUR 2016, 1000 (1003).

86 Zum Teil wird die Eigenschaft als Vermögensrecht bestritten mit dem Argument, betriebliches Wissen sei im Einzelnen nicht bewertbar, sondern nur als Ganzes; dagegen spricht jedoch, dass sich der Wert einer Information für den Geschäftserfolg durchaus bewerten bzw. jedenfalls schätzen lässt, wenn auch die Wertermittlung schwierig sein mag; vgl. dazu MünchKomm-UWG/*Hauck*, GeschGehG vor § 1 Rn. 17 m.w.N.

87 So auch MünchKomm-UWG/*Hauck*, GeschGehG vor § 1 Rn. 17 m.w.N.; vgl. indes *Slawik* in: Brammsen/Apel, GeschGehG, Einl. D Geschäftsgeheimnisse im Rechtsverkehr, Rn. 58 mit dem Hinweis darauf, dass die Umsetzung des Vollstreckungsverfahrens wohl wenig bis kaum erprobt sein dürfte.

genügt daher für eine wirksame Pfändung nach § 857 II ZPO, wenn an den Schuldner, d.h. den Inhaber des Geschäftsgeheimnisses das Gebot zugestellt wird, sich jeder beeinträchtigenden Verfügung zu enthalten (Inhibitorium). Anderes kann gelten, wenn der Schuldner als Lizenzgeber Nutzungsrechte an dem Geschäftsgeheimnis[88] an einen Dritten als Lizenznehmer übertragen hat, wobei Letzterem als Drittschuldner dann nach § 857 I i.V.m. § 829 ZPO zu verbieten wäre, an den Schuldner zu zahlen (Arrestatorium).[89] Zu beachten ist, dass eine Pfändung des Geschäftsgeheimnisses dann nach § 851 ZPO ausscheidet, wenn das Recht an dem Geschäftsgeheimnis nicht übertragbar wäre. Dies kann etwa dann der Fall sein, wenn aufgrund einer engen Beziehung zwischen Geschäftsgeheimnis und Geschäftsbetrieb eine separate Veräußerung des Geschäftsgeheimnisses nicht möglich wäre und der Geheimnisinhaber auch keine gewerbliche Nutzung bzw. Verwertung des Geschäftsgeheimnisses zu erkennen gibt.[90]

37 Die Verwertung kann sich im Grundsatz zunächst nach § 857 I i.V.m. § 835 I ZPO richten. Eine Überweisung an Zahlungs statt scheitert zwar bei Geschäftsgeheimnissen an deren fehlendem Nennwert. Allerdings wäre eine Überweisung zur Einziehung denkbar, wobei der Gläubiger anstelle des Schuldners Nutzungsverträge mit Dritten schließt.[91] Im Übrigen kann auch eine Veräußerung der Nutzungsrechte über § 857 IV, V, § 844 ZPO in Betracht kommen, wenngleich die fortbestehende Geheimhaltung zu wahren ist, um nicht den Bestand des Geschäftsgeheimnisses als solches zu gefährden (§ 2 Nr. 1 GeschGehG).

cc) Personenbezogene Daten

38 In Betracht kommt weiterhin der gläubigerseitige Zugriff auf beim Schuldner vorhandene personenbezogene Daten, seien es solche, die sich auf den Schuldner beziehen oder solche mit Bezug zu Dritten. Eine Vollstreckung kann primär dadurch erfolgen, dass der Gläubiger „Hardware", d.h. physische Datenträger nach §§ 808ff. ZPO pfänden lässt. Die auf dem Datenträger befindlichen personenbezogenen Daten können jedoch nur dann wirksam mitgepfändet und verwertet werden, soweit nach § 811 I Nr. 5 ZPO nicht in Persönlichkeitsrechte des Betroffenen eingegriffen wird und die Verwertung der personen-

---

88 Die Gewährung von Nutzungsrechten an bzw. von Rechten auf Zugang zu Geschäftsgeheimnissen unterliegt grds. der Vertragsfreiheit der Parteien; denkbar sind etwa eine Vollübertragung sowie die Gewährung von ausschließlichen oder einfachen Lizenzen; vgl. *Hauck* in: MünchKomm-UWG, 3. Aufl. 2022, GeschGehG vor § 1 Rn. 16.

89 *Würdinger* in: Stein/Jonas, ZPO, § 857 Rn. 98; eine andere Frage ist, ob bei der Vollstreckung in eine Lizenz an dem Geschäftsgeheimnis (Schuldner = Lizenznehmer) der Lizenzgeber ein Drittschuldner ist, an den der Pfändungsbeschluss zugestellt werden müsste; überwiegend wird dies damit verneint, dass Lizenzgeber und Lizenznehmer dem Recht unterschiedlich nahestehen, vgl. *Apel/Brechtel* in: Specht-Riemenschneider/Werry/Werry (Hrsg.), Datenrecht in der Digitalisierung, S. 941 (966) m.w.N.

90 MünchKomm-UWG/*Hauck*, GeschGehG vor § 1 Rn. 17.

91 Vgl. *Schack*, Urheberrecht und Urhebervertragsrecht, Rn. 881 zum Urheberrecht.

bezogenen Daten nicht als Verstoß gegen das Verbot der zwecklosen Pfändung nach § 803 II ZPO erscheint.[92]

Soweit indes eine isolierte Vollstreckung in personenbezogene Daten angestrebt ist, stellt sich die Frage, ob diese als anderes Vermögensrecht nach § 857 ZPO eingestuft werden können. Die Frage ist noch nicht geklärt.[93] Dafür mag sprechen, dass personenbezogene Daten selbstredend einer natürlichen Person als Betroffenem zugeordnet sind, über das Verbot der Verarbeitung mit Erlaubnisvorbehalt nach Art. 6 DGSVO auch eine gewisse Ausschlussfunktion gegenüber jedermann gewährleistet ist und im Rechtsverkehr personenbezogene Daten faktisch als Gegenleistung in vertraglichen Austauschbeziehungen zwischen Verbrauchern und Unternehmern anerkannt sind (§ 312 Ia BGB). Gleichwohl ist mit der neu eingeführten gesetzlichen Regelung keine dogmatische Einordnung des Aktes der Bereitstellung der personenbezogenen Daten verbunden, sodass die Frage der Übertragbarkeit einer Rechtsposition an personenbezogenen Daten noch unbeantwortet ist.[94] 39

dd) Nicht-personenbezogene Daten

Die Frage, nach welchem Maßstab nicht-personenbezogenen Daten[95] geschützt sind und welche Rechte daran bestehen, ist gleichfalls nach wie vor ungeklärt.[96] Ein „Dateneigentum“ bzw. ein „Datenausschließlichkeitsrecht“ ist de lege lata nicht existent, sodass letztlich ein allgemeines absolutes datenbezogenes Nutzungsrecht, welches nach § 857 ZPO Gegenstand der Zwangsvollstreckung sein könnte, zu verneinen ist.[97] Der Schutz nicht-personenbezogener Daten ist somit vertraglich auszugestalten.[98] 40

II. Internet-Domains

Internet-Domains, d.h. in der Regel kurze und prägnante sowie – noch wichtiger – weltweit eindeutige Bezeichnungen, mit der eine Zieladresse im Internet auf einfachem Wege durch Eingabe einer URL bzw. Verlinkung erreicht werden kann[99] dienen der 41

92 Siehe oben D.I.2.a).

93 Vgl. *Herget* in: Zöller, ZPO, § 857 Rn. 12f.; *Paulus*, DGVZ 2020, 133 (135).

94 *Herget* in: Zöller, ZPO, § 857 Rn. 12f.; BT-Drs. 19/27653, 35.

95 Gemeint ist mithin die syntaktische und inhaltliche Ebene von Daten bzw. Datensätzen (Prozessdaten, Maschinendaten), ohne, dass besondere Immaterialgüterrechte eingreifen.

96 *Stender-Vorwachs/Steege*, NJOZ 2018, 1361; *Specht*, CR 2016, 288 (289); *Röttgen* in: Specht-Riemenschneider/Werry/Werry (Hrsg.), Datenrecht in der Digitalisierung, S. 374.

97 *Rosenkranz/Scheufen*, ZfDR 2022, 159 (168f.).

98 Vgl. auch zur Pfändung von schuldrechtlichen Rechtspositionen an Daten gegenüber Host-Providern und sonstigen Eigentümern des Datenträgers, *Riehm* in: Hornung (Hrsg.), Rechtsfragen der Industrie 4.0, 2018, S. 73 (91).

99 Vgl. *Goebel/Schatz* in: Goebel (Hrsg.), AnwaltFormulare Zwangsvollstreckung, 5. Aufl. 2016, § 8 Rn. 664; *Fuchs/Meinhardt* in: Weber (Hrsg.), Rechtswörterbuch, 6. Aufl. 2022, Domain-Name.

Abgrenzung von anderen Internet-Adressen und haben somit eine Kennzeichnungsfunktion, die zugleich mit einem wirtschaftlichen Wert verbunden ist.[100] Die hohe wirtschaftliche Bedeutung zeigt sich auch an den Summen, die zum Teil auf entsprechenden Domain-Börsen erzielt werden.[101] Unterschieden werden kann in Top-Level-Domains (z.B. „.com“, „.de“, „.net“) und Second-Level-Domains bzw. Subdomains. Die Top-Level-Domains werden von sog. Network Information Centers vergeben, die wiederum von der Internet Corporation for Assigned Names and Numbers (ICANN) überwacht werden. Die Namen unter der Top-Level-Domain „.de“ werden von der DENIC eG vergeben und registriert. Die Vergabe einer bestimmten Domain ist einmalig und führt mithin zu einer alleinigen Nutzungsmöglichkeit des bei der DENIC unter dieser Domain registrierten Inhabers.[102]

42 Die Frage, ob und nach welchen Vorschriften in eine Internet-Domain vollstreckt werden kann, war in Rechtsprechung und Literatur zunächst umstritten,[103] kann aber nunmehr durch eine Grundsatzentscheidung des BGH aus dem Jahr 2005[104] als geklärt betrachtet werden. Der BGH führte hier aus, dass eine Internet-Domain kein anderes Vermögensrecht im Sinne von § 857 ZPO sei, da mit dieser keine absolute, gesetzlich zugewiesene Rechtsposition vergleichbar einem Immaterialgüterrecht (beispielsweise Patentrecht) verbunden sei. Vielmehr sei die ausschließliche Stellung, die darauf beruhe, dass von der DENIC die Internet-Domain nur einmal vergeben werde, allein technisch bedingt. Die Inhaberschaft an einer Internet-Domain sei vielmehr das Ergebnis der Gesamtheit der schuldrechtlichen Ansprüche, die dem registrierten Inhaber der Domain gegenüber der DENIC als Vergabestelle aus dem Registrierungsvertrag zustehen. Der Registrierungsvertrag begründe neben dem Anspruch auf Eintragung der Domain in das DENIC-Register und den Primary Nameserver die Aufrechterhaltung der Eintragung nach erfolgter Konnektierung.[105]

43 Das Vollstreckungsverfahren richtet sich mithin nach § 857 ZPO, wobei Vollstreckungsgegenstand nicht die Internet-Domain als solche, sondern die Gesamtheit der schuldrechtlichen Ansprüche ist, die sich aus dem Registrierungsvertrag mit der DENIC

---

100 *Köhler* in: Köhler/Bornkamm/Feddersen, 40. Aufl. 2022, UWG § 4 Rn. 4.87; *Jung-Weiser* in: Fezer/Büscher/Obergfell, Lauterkeitsrecht, UWG, 3. Aufl. 2016, Rn. 70.

101 So werden etwa auf der Börse www.sedo.com Domains teilweise für mehreren Millionen Euro bzw. US-Dollar gehandelt.

102 Unter der Adresse www.denic.de kann etwa durch den Gläubiger vor Einleitung einer Vollstreckung geprüft werden, ob der Schuldner als Inhaber einer .de-Domain registriert ist und insoweit eine Pfändung und Verwertung dieser Domain in Frage kommt.

103 Vertreten wurde etwa, dass eine Internet-Domain ein Recht sui generis vergleichbar einer Lizenz sei, welches als absolutes Recht nach § 857 I ZPO pfändbar sei; andererseits wurde eine Pfändbarkeit einer Internet-Domain verneint; vgl. zum Meinungsstand BGH, Beschl. v. 5.7.2005, VII ZB 5/05, MMR 2005, 685 (686).

104 BGH, Beschl. v. 5.7.2005, VII ZB 5/05, MMR 2005, 685; bestätigt durch BGH, Urt. v. 11.10.2018, VII ZR 288/17, GRUR 2019, 324; vgl. auch BVerfG, Beschl. v. 24.11.2004 – 1 BvR 1306/02, NJW 2005, 589.

105 BGH, Beschl. v. 5.7.2005, VII ZB 5/05, MMR 2005, 685 (686f.).

(bzw. einer anderen Vergabestelle) ergeben. Diese Ansprüche werden im Wege eines Pfändungsbeschlusses gepfändet. Eine isolierte Pfändung einzelner Ansprüche und Nebenrechte aus diesem Vertragsverhältnis ist hierbei nicht möglich, sodass sich der Pfändungsantrag des Gläubigers daher allgemein auf alle schuldrechtlichen Ansprüche aus dem Vertragsverhältnis mit der Vergabestelle zu richten hat.[106] Der Pfändungsbeschluss ist der DENIC (bzw. einer anderen Vergabestelle) als Drittschuldner gemäß § 857 I i.V.m. § 829 I ZPO zuzustellen.[107] Zu prüfen ist weiter, ob etwaige Pfändungsverbote der Pfändung entgegenstehen könnten.[108] Nach erfolgreicher und wirksamer Pfändung kann der Schuldner als Domain-Inhaber nur noch mit Zustimmung des Gläubigers über die Domain verfügen. Die Vergabestelle kann fortan jedoch auch gegenüber dem Gläubiger von ihren vertraglichen Rechten Gebrauch machen und u.a. auch den Vertrag und die Domain kündigen, soweit die vertraglichen Voraussetzungen hierfür vorliegen.[109]

Die Verwertung einer gepfändeten Internet-Domain – bzw. genauer: der Gesamt- 44
heit der vertraglichen Ansprüche gegen die Vergabestelle – kann auf entsprechenden Gläubigerantrag hin durch Überweisung der Ansprüche an Zahlungs statt zum Schätzwert nach § 857 I i.V.m. § 844 ZPO erfolgen. In diesem Fall tritt der Gläubiger vollumfänglich in die Rechtsstellung des Schuldners gegenüber der Vergabestelle als Vertragspartner des Registrierungsvertrages ein und kann daher eine Umregistrierung auf seinen Namen verlangen.[110] Als mögliche Verwertungsarten kommen weiterhin nach § 857 V ZPO die Veräußerung der Internet-Domain in einer Auktion[111] oder die freihändige Veräußerung nach § 844 ZPO in Betracht.[112]

---

106 Entscheidend ist letztlich, dass der Hauptanspruch, namentlich die Aufrechterhaltung der Registrierung, gepfändet wird, wobei dieser sodann auch alle sich aus dem Vertragsverhältnis ergebende Nebenansprüche umfasst; BGH, Beschl. v. 5.7.2005, VII ZB 5/05, MMR 2005, 685 (687); *Riedel* in: BeckOK-ZPO, 45. Ed. 1.7.2022, ZPO § 857 Rn. 64.

107 BGH, Urt. v. 11.10.2018, VII ZR 288/17, GRUR 2019, 324 (325).

108 In Betracht kommt etwa eine Unpfändbarkeit nach § 811 I Nr. 1 b) ZPO (analog), wonach Sachen, die der Schuldner für die Ausübung einer Erwerbsstätigkeit benötigt nicht der Pfändung unterliegen (vgl. auch § 811 I Nr. 5 a.F. ZPO); die Frage, ob das genannte Pfändungsverbot eine Domain-Pfändung verhindern kann, mithin ein Domain-Name für die Ausübung der Erwerbstätigkeit „erforderlich" sein kann, ist umstritten, vgl. LG Mühlhausen, Beschl. v. 13.12.2012 – 2 T 222/12, MMR 2013, 664 m.w.N.; *Jung-Weiser* in: Fezer/Büscher/Obergfell, Lauterkeitsrecht, UWG, Domainrecht S. 11 Rn. 72; etwaige Namensrechte (§ 12 BGB) oder Markenrechte an der Internet-Domain stehen der Vollstreckung noch nicht entgegen, können jedoch Unterlassungsansprüche der berechtigten Personen auslösen, vgl. LG Mönchengladbach, Beschl. v. 22.9.2004 – 5 T 445/04, NJW-RR 2005, 439.

109 *Riedel* in: BeckOK-ZPO, § 857 Rn. 65.

110 BGH, Urt. v. 11.10.2018, VII ZR 288/17, GRUR 2019, 324 (326); *Auer-Reinsdorff* in: Auer-Reinsdorff/Conrad, Handbuch IT- und Datenschutzrecht, 3. Aufl. 2019, § 21 Rn. 71.

111 LG Mönchengladbach, Beschl. v. 22.9.2004 – 5 T 445/04, NJW-RR 2005, 439; *Riedel* in: BeckOK-ZPO, ZPO § 857 Rn. 67.

112 *Herget* in: Zöller-ZPO, § 857 Rn. 12c; *Flockenhaus* in: Musielak/Voit, ZPO § 857 Rn. 13a.

III. Kryptowerte

1. Terminologie und praktische Relevanz

45 Der Begriff „Kryptowert“ wird im hiesigen Beitrag i. S. d. zum 1.1.2020 neu eingeführten Legaldefinition in § 1 XI 4 KWG verwendet. Gemeint sind demnach unverkörperte digitale Darstellungen von Werten, die von keiner Zentralbank oder sonstigen zentralen öffentlichen Stellen emittiert wurden, nicht den gesetzlichen Status einer Währung oder von Geld besitzen, aber von natürlichen und juristischen Personen aufgrund einer Vereinbarung oder tatsächlichen Übung als Tausch- oder Zahlungsmittel akzeptiert werden oder Anlagezwecken dienen und elektronisch übertragen, gespeichert und gehandelt werden können. Die Bezeichnung Kryptowert soll als Oberbegriff für verschiedene Erscheinungsformen digitaler Vermögenswerte unter Einsatz kryptografischer Verfahren[113], die in einer Blockchain gespeichert sind, dienen. Eine Einheit eines Kryptowertes bzw. die einzelne Werteintragung zu Kryptowerten in der Blockchain wird in diesem Sinne auch als „Token“ bezeichnet.[114] Zu den damit angesprochenen Kryptowerten zählen insbesondere Kryptowährungen[115] (z. B. Bitcoins) und Non-Fungible Token („NFTs“). Diese sind im hiesigen Kontext deshalb von Interesse, weil sie verwertbar sind und somit auch Gegenstand von Zwangsvollstreckungsmaßnahmen sein können.[116]

46 Bei den genannten Formen von Kryptowerten ist zudem eine zunehmende Verbreitung und praktische Relevanz zu beobachten. Dies gilt hinsichtlich der als Zahlungsmittel oder auch als Anlage- und Spekulationsobjekt eingesetzten Kryptowährungen insbesondere (aber nicht nur) für den „Bitcoin“. Bitcoin ist die erste und nach wie vor bekannteste Kryptowährung, deren Prinzip eines dezentralen Transaktionssystems[117] erstmals von einem Autor[118] mit dem Pseudonym *Satoshi Nakamoto* in Form eines Whitepapers aus dem Jahr 2008[119] dargelegt wurde.

47 Seitdem konnte sich neben dem Bitcoin eine zunehmend unübersichtliche Vielzahl unterschiedlicher Kryptowährungen („Altcoins“)[120] etablieren. Als weitere bekanntere

113 Instruktiv zur Kryptographie etwa *Kulow* in: Brammsen/Apel, GeschGehG, Einl. G Rn. 6 ff. mwN.

114 Zum Begriff des Tokens sowie zur „Tokenisierung“, siehe *Kaulartz/Matzke*, NJW 2018, 3278.

115 Gebräuchlich ist auch der Begriff der „virtuellen Währung“, vgl. BaFin, Virtuelle Währungen/Virtual Currency (VC), abrufbar unter: https://www.bafin.de/DE/Verbraucher/Finanzwissen/Fintech/VirtuelleWaehrungen/virtuelle_waehrungen_artikel.html. Der Begriff ist gleichwohl nicht völlig treffend, denn aufgrund eines realen Umrechnungswertes bei Kryptowährungen handelt es sich gerade um eine reale, nicht lediglich virtuelle Währung wie dies etwa im Falle von reinen In-Game-Währungen (etwa den Rubinen in einem „Zelda“-Spiel) der Fall ist.

116 Vgl. *Apel/Brechtel* in: Specht-Riemenschneider/Werry/Werry (Hrsg.), § 10 Rn. 5 f.

117 Vgl. dazu *Badstuber*, DGVZ 2019, 246 (247).

118 Oder einer Autorin.

119 *Nakamoto*, Bitcoin: A Peer-to-Peer Electronic Cash System, abrufbar unter https://bitcoin.org/bitcoin.pdf.

120 Es existieren mittlerweile mehr als 10.000 verschiedene Kryptowährungen; vgl. *d'Avoine/Hamacher*, ZIP 2022, 6; https://de.statista.com/statistik/daten/studie/1018542/umfrage/anzahl-unterschiedlicher-kryptowaehrungen/.

Beispiele können „Tether“ oder „Ether“ genannt werden, die eine Marktkapitalisierung im zwei- bzw. dreistelligen Milliardenbereich aufweisen.[121]

Ein (noch) jüngeres Phänomen digitaler Güter stellen NFTs dar. Ein NFT kann beschrieben werden als digitale Abbildung eines Vermögenswertes, mit welcher dem Inhaber des NFT eine Art „Echtheitszertifikat“ über einen zugrundeliegenden Vermögenswert ausgestellt wird.[122] Mit der Inhaberschaft eines NFT geht somit die Zuweisung einer exklusiven Stellung zu dem digital abgebildeten Wert einher. Im Unterschied zu Währungs-Tokens sind NFTs nicht untereinander austauschbar („fungibel“), da sie sich auf einen spezifischen Vermögenswert beziehen. NFTs gleicher Art, Menge und Güte kann es demnach nicht geben. Der digital abgebildete Vermögenswert kann sowohl körperlich als auch unkörperlich sein.[123] Eingesetzt werden NFTs insbesondere bei digitalen Vermögenswerten (etwa bei digitalen Kunstwerken), um angesichts der theoretisch unbegrenzt möglichen Vervielfältigung bei gleichzeitig nicht bzw. kaum möglichen Unterscheidbarkeit zwischen Original und Kopie das Original klar zu kennzeichnen und durch Zuweisung einer exklusiven Stellung als Inhaber des Originals eine einzigartige Vermögensposition zu schaffen.[124] Wegen der damit vermittelten Einzigartigkeit werden NFTs häufig für erhebliche Beträge gehandelt.[125] Für Aufsehen sorgte etwa die Versteigerung eines NFTs an einem digitalen Kunstwerk am Auktionshaus Christie’s im März 2021 für knapp 70 Mio. US-Dollar.[126] Einzelne Plattformen, auf denen NFTs gehandelt werden, erzielen Umsätze in dreistelliger Millionenhöhe.[127] 48

2. Technologischer Hintergrund

Kryptowerte und einzelne Tokens sind als digitale Informationen in einer sog. Blockchain[128] hinterlegt. Bei Letzterer handelt es sich um eine Datenbank mit einer fortlaufenden Kette von aneinandergereihten Informationsblöcken, in denen jeweils mehrere 49

121 Das Allzeithoch der Bitcoin-Marktkapitalisierung am 8.11.2021 konnte zwischenzeitlich sogar die Billionenmarke überschreiten und lag bei einem Höchststand von 1.274,8 Milliarden Dollar; https://www.wiwo.de/finanzen/boerse/bitcoin-ethereum-avalanche-und-co-die-zehn-groessten-kryptowaehrungen-nach-marktkapitalisierung-2022/27456842.html.

122 *Hoeren/Prinz*, CR 2021, 565 (566).

123 NFTs können sich auf beliebige Vermögenswerte beziehen und kommen in vielfältigen Bereichen zum Einsatz, so etwa bei Musikalben, digitalen Sammelkarten, in Videospielen oder auch in der Finanzbranche; vgl. Beispiele bei *Spikowius/Rack*, MMR 2022, 256; *Rauer/Bibi*, ZUM 2022, 20; *Tobler*, DSRITB 2021, 251; *Kleiber*, MMR-Aktuell 2022, 445475.

124 *Kaulartz/Schmid*, CB 2021, 298; ein weiterer denkbarer Anwendungsbereich ist die Nutzung von NFTs zur Übermittlung von Dokumenten, vgl. *Herrmann*, RDi 2022, 456.

125 *Rauer/Bibi*, ZUM 2022, 20.

126 Gegenstand der Auktion war der NFT an dem digitalen Kunstwert „Everydays: The First 5000 Days“ des Künstlers Mike „Beeple“ Winkelmann; der Erlös von knapp 70 Mio. US-Dollar war der dritthöchste Erlös, der für einen lebenden Künstler bei einer Auktion erzielt wurde; https://www.christies.com/about-us/press-archive/details?PressReleaseID=9970&lid=1; *Heine/Stang*, MMR 2021, 755.

127 So etwa die NFT-Plattform OpenSea; vgl. *Heine/Stang*, MMR 2021, 755.

Transaktionen zusammengefasst werden. Die Blockchain bzw. die darin enthaltenen Daten werden nicht etwa in der „Cloud", sondern in Form von Datenbankkopien jeweils lokal auf den Rechnern der Nutzer, mithin dezentral im verbundenen Rechnernetz („Peer-to-Peer-Netzwerk") gespeichert.[129] Die Blockchain enthält die gesamte Transaktionshistorie des jeweiligen Tokens.[130] Daraus geht hervor, welcher spezifischen Person bzw. – genauer – welcher spezifischen Adresse der von einer bestimmten Person gehaltenen Wallet (dazu sogleich) der Token aktuell zugewiesen ist. Die Zuweisung des Tokens erfolgt exklusiv, d.h. eine gleichzeitige Zuweisung an mehrere Adressen sowie eine Mehrfachübertragung ein und desselben Tokens („Double Spend") wird praktisch ausgeschlossen.[131] Die Informationsblöcke der Blockchain sind zudem durch kryptografische Hashfunktionen miteinander verbunden, sodass nachträgliche Manipulationen verhindert werden.[132]

50 Kryptowerte werden entweder durch sog. Mining („Schürfen") oder sog. Minting („Prägen") kreiert.[133] Das Mining kommt vor allem bei Kryptowährungen, z.B. beim Bitcoin zum Einsatz. Es handelt sich um einen automatisierten Vorgang, bei dem bestimmte Teilnehmer des Peer-to-Peer-Netzwerkes (sog. Miner) eine Transaktion verifizieren und diese durch Lösen einer komplexen kryptografisch-mathematischen Aufgabe – was den Einsatz von erheblicher Rechenkapazität[134] erfordert – in einen neu erstellten Informationsblock in der Blockchain einfügen.[135] Die Bestätigung der Transaktion führt so zur Aufnahme eines neuen Blocks und zur Fortsetzung der Blockchain.[136] Als Belohnung

128 Diese ist ein Anwendungsfall der sog. Distributed Ledger Technologie; siehe *Rein* in: Sassenberg/Faber, Rechtshandbuch Industrie 4.0 und Internet of Things, § 14 Rn. 2ff.; vgl. allgemein zur Blockchain, *Erbguth* in: Specht-Riemenschneider/Werry/Werry (Hrsg.), Datenrecht in der Digitalisierung, S. 643 (651ff.) *Weiss*, JuS 2019, 1050 (1051).

129 *Steinacker/Krauß* in: Bräutigam/Rücker (Hrsg.), Rechtshandbuch E-Commerce, 2017, 13. Teil Rn. 62f; *d'Avoine/Hamacher*, ZIP 2022, 6; *Badstuber*, DGVZ 2019, 246 (247); *Jacobs/Arndt* in: FS Schmidt, 2019, S. 561.

130 *Erbguth* in: Specht-Riemenschneider/Werry/Werry (Hrsg.), Datenrecht in der Digitalisierung, S. 643 (654); die Blockchain wird daher auch als Transaktionsregister oder Zahlungschronologie bezeichnet, vgl. *Skauradszun*, WM 2020, 1229 (1231).

131 *Spindler/Bille*, WM 2014, 1357 (1358).

132 Aus jedem Block wird ein Hashwert mithilfe einer kryptografischen Hashfunktion errechnet und in den folgenden Block hineingeschrieben, sodass nachträgliche Veränderungen zu geänderten Hashwerten bei allen folgenden Blöcken führen, die sodann ebenfalls geändert werden müssten, um die Manipulation in der Blockchain zu vertuschen; *Erbguth* in: Specht-Riemenschneider/Werry/Werry (Hrsg.), Datenrecht in der Digitalisierung, S. 643 (654); *d'Avoine/Hamacher*, ZIP 2022, 6; *Kaulartz/Schmid*, CB 2021, 298; *Hoeren/Prinz*, CR 2021, 565 (566); *Schäfer/Eckhold* in: Assmann/Schütze/Buck-Heeb KapAnlR-HdB, § 16a Rn. 25.

133 *Kaulartz/Matzke*, NJW 2018, 3278.

134 Und von Energie, zur Klimaschädlichkeit von Kryptowährungen daher etwa kritisch https://www.deutschlandfunk.de/boom-der-kryptowaehrung-bitcoin-an-sich-ist-eine-sehr-100.html.

135 Vgl. *Erbguth* in: Specht-Riemenschneider/Werry/Werry (Hrsg.), Datenrecht in der Digitalisierung, S. 643 (651ff.).

136 *Erbguth* in: Specht-Riemenschneider/Werry/Werry (Hrsg.), Datenrecht in der Digitalisierung, S. 643 (654); die Blockchain wird daher auch als Transaktionsregister oder Zahlungschronologie bezeichnet, vgl. *Skauradszun*, WM 2020, 1229 (1231).

hierfür erhalten Miner neu geschöpfte Tokens (sog. Proof-of-Work).[137] Beim Minting, welches vor allem bei NFTs angewendet wird, werden dagegen die Token nicht vollständig automatisiert, sondern mittels sog. Smart Contracts, d. h. softwarebasierter Computerprotokolle nach festgelegten Wenn-Dann-Regeln erstellt.[138] Der Smart Contract enthält hierbei Angaben zu den auszugebenden Tokens (Name, Code[139], Anzahl der Tokens, Metadaten) und dient der Abwicklung der Transaktion.[140]

Der (Zweit-)Erwerb und Handel mit Krypto-Token findet maßgeblich auf entsprechenden digitalen Handelsplattformen („Kryptobörsen") – im Falle von Kryptowährungen – gegen staatliche Währungen oder – im Falle von NFTs – gegen die der Blockchain zugehörigen Kryptowährung[141] statt. Ein Nutzer der Kryptobörse kann so Token gegen Bezahlung des sich durch Angebot und Nachfrage bildenden – mitunter sehr volatilen – Wechselkurses (im Falle von Kryptowährungen) bzw. Marktwertes (im Falle von NFTs) „erwerben". Veranschaulichend kann dieser Erwerbsvorgang dahingehend beschrieben werden, dass Token auf die für den Nutzer angelegte sog. „Wallet" übertragen werden.[142] Tatsächlich sind die Kryptowerte jedoch nicht in der Wallet selbst abgelegt sondern befinden sich in der Blockchain.[143] Die Wallet kann als digitale „Brieftasche" beschrieben werden, in dem ein kryptografisches Schlüsselpaar des Nutzers bestehend aus einem öffentlichen und einem privaten Schlüssel abgelegt ist. Der öffentliche Schlüssel ist öffentlich in der Blockchain für jeden Nutzer einsehbar und dient – vergleichbar einer Kontonummer – der Zuordnung, mithin als Ziel- bzw. Ausgangsadresse für die Übertragung von Token. Mit dem zum öffentlichen Schlüssel gehörenden privaten Schlüssel kann sodann – vergleichbar einer PIN – die Transaktionen hinsichtlich der dem Nutzer zugewiesenen Kryptowerte autorisiert 51

137 Vgl. *Nakamoto*, Bitcoin: A Peer-to-Peer Electronic Cash System, abrufbar unter https://bitcoin.org/bitcoin.pdf; *Erbguth* in: Specht-Riemenschneider/Werry/Werry (Hrsg.), Datenrecht in der Digitalisierung, S. 643 (651ff.) als Alternative zu dem weitverbreiteten Proof-of-Work-Ansatz zur Validierung neuer Blöcke in der Blockchain kann etwa auch Proof-of-Stake gewählt werden, wobei die größten Anteilseigner der Blockchain die Bestätigung von Transaktionen und die Fortschreibung der Blockchain übernehmen; ein Wechsel von Proof-of-Work zu Proof-of-Stake soll etwa bei einem Upgrade der Ethereum-Blockchain vorgenommen werden; https://ethereum.org/de/upgrades/vision/; vgl. *Völkle*, MMR 2021, 539 (540).

138 *Berberich* in: Ebers/Heinze/Krügel/Steinrötter (Hrsg.), Künstliche Intelligenz und Robotik, 2020, § 27 Rn. 7.

139 Der Code enthält einen Link zu dem zugrundeliegenden Wert, auf den sich der NFT bezieht wie z.B. ein digitales Bild (die Bilddatei selbst wird dagegen nicht in der Blockchain gespeichert); *Heine/Stang*, MMR 2021, 755 (756).

140 *Kaulartz/Matzke*, NJW 2018, 3278 f.; *Hoeren/Prinz*, CR 2021, 565 (566 f.); *Langenbucher/Hoche/Wentz* in: Langenbucher/Bliesener/Spindler, Bankrechtskommentar, 11. Kap. Rn. 29.

141 Bei NFTs auf der Ethereum-Blockchain etwa die zugehörige Kryptowährung Ether; vgl. *Kaulartz/Schmid*, CB 2021, 298.

142 *Bachert*, CR 2021, 356 f.

143 *Badstuber*, DGVZ 2019, 246 (247).

werden.[144] Mit erfolgter Transaktion und Eintragung in der Blockchain bzw. Hinterlegung im Smart Contract ändert sich sodann der Zuweisungsstatus des jeweiligen transferierten Tokens in der Blockchain.[145]

3. Kryptowerte als Gegenstand eines Vollstreckungstitels

a) Erwirken eines Titels auf Übertragung von Kryptowerten

52 Ein Anspruch auf Übertragung von Kryptowerten kann vor Gerichten eingeklagt und im Erfolgsfalle zu einem vollstreckbaren Titel in Form eines Gerichtsurteils führen.[146] Grundlage für einen solchen Anspruch kann etwa eine konkrete vertragliche Abrede sein, wonach sich eine Vertragspartei verpflichtet hat, einen bestimmten oder mehrere Krypto-Token zu übertragen.

53 Dies kann ein Vertrag über die Lieferung eines (digitalen) Produktes[147] oder die Erbringung einer Dienst- bzw. Werkleistung sein, bei dem die Gegenleistung in Kryptowährungs-Tokens besteht, welche in ihrer Funktion als Zahlungsmittel eingesetzt werden.[148] Im Falle von NFTs wird eine vertragliche Abrede in der Regel auf die Übertragung des spezifischen NFTs gegen eine bestimmte Menge Kryptowährungs-Tokens oder auch Geld gerichtet sein.[149]

---

144 *Boehm/Pesch*, MMR 2014, 75f. *Badstuber*, DGVZ 2019, 246 (247); *d'Avoine/Hamacher*, ZIP 2022, 6 (7f.); *Weiss*, JuS 2019, 1050 (1051).

145 *D'Avoine/Hamacher*, ZIP 2022, 6 (7); *Möllenkamp* in: Hoeren/Sieber/Holznagel (Hrsg.), MMR-HdB, Teil 13.6 Rn. 10.

146 Daneben ist etwa an einen Vergleich nach § 794 I Nr. 1 ZPO zu denken, dessen Inhalt auf die Übertragung von Kryptowährungseinheiten gerichtet ist. Ein Vollstreckungsbescheid kommt dagegen nicht in Betracht, da ein Anspruch auf Übertragung von Kryptowerten nicht auf die „Zahlung einer bestimmten Geldsumme in Euro" gerichtet ist (§ 688 I ZPO).

147 Vgl. § 327 I 2 BGB, wonach bei den Regelungen betreffend Verbraucherverträge über die Bereitstellung digitaler Produkte als Preis auch die digitale Darstellung eines Werts gilt, was nach Erwägungsgrund 23 der Digitale-Inhalte-RL (EU 2019/770) auch virtuelle Währungen umfasst.

148 Ein Vertrag „Ware gegen Kryptowährung" wäre nach hiesiger Sicht vertragstypologisch als Tausch i.S.d. § 480 BGB einzustufen; vgl. *Shmatenko/Möllenkamp*, MMR 2018, 495 (500); *Gillen/Schubert*, jurisPR-BKR 9/2021 Anm. 4; *Spindler/Bille*, WM 2014, 1357 (1362); *Schlund/Pongratz*, DStR 2018, 598 (600); ablehnend indes *Boehm/Pesch*, MMR 2014, 75 (78); ein Vertrag „Dienstleistung/Werkleistung gegen Kryptowährung" wäre ein Dienst- bzw. Werkvertrag, da die zu leistende Vergütung i.S.d. §§ 611, 631 BGB (anders als der Kaufpreis bei § 433 BGB) keine Geldzahlung voraussetzt; vgl. *Rein* in: Sassenberg/Faber (Hrsg.), Rechtshandbuch Industrie 4.0 und Internet of Things, S. 459 (494).

149 Ein Vertrag „NFT gegen Kryptowährung" wäre nach hiesiger Sicht entsprechend der Wertung unter Fn. 124 ebenfalls als Tauschvertrag (§ 480 BGB) einzustufen, da dieser den Austausch von Wirtschaftsgütern jeder Art ohne Zahlungsvorgang erfasst; BeckOK-BGB/*Gehrlein*, § 480 Rn. 1; ein Vertrag „NFT gegen Geld" kann jedenfalls als Kauf eines sonstigen Gegenstandes i.S.d. § 453 BGB angesehen werden; so auch mit Blick auf Kryptowährungen *Weiss*, JuS 2019, 1050 (1056f.); *Rein* in: Sassenberg/Faber (Hrsg.), Rechtshandbuch Industrie 4.0 und Internet of Things, S. 459 (494).

b) Vollstreckungsvoraussetzungen

Soweit ein auf die Übertragung von Kryptowerten lautender Titel erwirkt werden konnte, stellt sich im unmittelbaren Anschluss die Frage, auf welcher rechtlichen Grundlage und auf welche (tatsächlich wirksame) Art und Weise dieser vollstreckt werden kann; denn wenn es nicht zum erwünschten Vermögenszufluss beim Vollstreckungsgläubiger kommt, wäre der Titel und die Vollstreckung aus diesem wenig wert.[150] 54

Der zu beschreitende Weg der Zwangsvollstreckung ist letztlich davon abhängig, ob die Vollstreckung aus dem Titel als Vollstreckung wegen einer Geldforderung (§§ 802a ff. ZPO), als Vollstreckung zur Erwirkung der Herausgabe von Sachen (§§ 883 ff. ZPO) oder als Vollstreckung zur Erwirkung von Handlungen oder Unterlassungen (§§ 887 f. ZPO) einzustufen ist. 55

aa) Vollstreckung wegen Geldforderungen

Eine Vollstreckung wegen einer Geldforderung kommt mit Blick auf den Anspruch auf Übertragung von Kryptowerten nur dann in Betracht, wenn diese als Geld im Sinne von § 802a ff. ZPO anzusehen wären. Ausgehend von einem rechtlichen Geldbegriff[151] bedürfte es hierzu einer staatlichen Anerkennung bzw. normativen Anknüpfung.[152] Eine solche haben in Deutschland nur die auf Euro lautenden Banknoten und Münzen als gesetzliche Zahlungsmittel (Art. 128 I 3 AEUV; Art. 10 f. VO (EG) 974/98) sowie das sog. Buchgeld bzw. Giralgeld[153] (§§ 675c ff. BGB) und das sog. E-Geld[154] (§ 675c II BGB) erfahren. NFTs fehlt es bereits an der Austauschbarkeit der Werte und somit an der Einsetzbarkeit als fungibles Zahlungsmittel. Aber auch fungible Kryptowährungen fallen indes (noch)[155] unter keines der genannten normativ anerkannten Zahlungsmittel und sind 56

150 Vgl. allg. *Apel/Brechtel* in: Specht-Riemenschneider/Werry/Werry (Hrsg.), S. 941 (946 f.).

151 Siehe zum Streit, ob Geld als außerrechtliche Erscheinung allein durch bestimmte ökonomische Funktion – namentlich Tauschfunktion, Wertaufbewahrungsmittel und Rechnungseinheit – determiniert wird oder sich als Rechtsphänomen gerade erst durch seine gesetzliche Anerkennung bildet, MünchKomm-BGB/*Grundmann*, 8. Aufl. 2019, § 245 Rn. 10 m.w.N.; vgl. zur Differenz zwischen normativer Anerkennung und wirtschaftlichen Geldfunktionen, *Beck*, NJW 2015, 580 (582).

152 Langenbucher/Bliesener/Spindler/*Langenbucher/Hoche/Wentz*, Bankrechts-Kommentar, 11. Kap. Rn. 2.

153 Es handelt sich hierbei um eine Forderung gegen Kreditinstitute; vgl. MünchKomm-BGB/*Grundmann*, BGB § 245 Rn. 6.

154 Vgl. die Definition in § 1 II 3 ZAG: „jeder elektronisch, darunter auch magnetisch, gespeicherte monetäre Wert in Form einer Forderung an den Emittenten, der gegen Zahlung eines Geldbetrags ausgestellt wird, um damit Zahlungsvorgänge im Sinne des § 675f Absatz 4 Satz 1 des Bürgerlichen Gesetzbuchs durchzuführen, und der auch von anderen natürlichen oder juristischen Personen als dem Emittenten angenommen wird."

155 Ob ein künftiger digitaler Euro eine Kryptowährung in diesem Sinne wäre, muss einstweilen offen bleiben; die EZB scheint hier auch begrifflich differenzieren zu wollen, https://www.ecb.europa.eu/paym/digital_euro/html/index.de.html.

daher nicht als Geld im Rechtssinne anzusehen.[156] Forderungen auf Übertragung von Kryptowerten können folglich nicht als Geldforderungen unter §§ 802a ff. ZPO vollstreckt werden.

bb) Vollstreckung der Erwirkung einer Herausgabe von Sachen

57 Eine Vollstreckung unter dem Aspekt der Erwirkung einer Herausgabe von Sachen nach §§ 883 ff. ZPO scheitert mit Blick auf Tokens an deren fehlenden Körperlichkeit.[157] Eine etwaige Verkörperung kann auch nicht – wie vom BGH für Standardsoftware angenommen[158] – über einen Datenträger konstruiert werden.[159] Die Kryptowerte werden gerade nicht beim Nutzer auf einem Datenträger gespeichert, sondern befinden sich technisch gesehen als Zuweisungsinformation in einer Blockchain, während lediglich die Wallet mit dem kryptografischen Schlüsselpaar auf einem Datenträger des Nutzers gespeichert sein kann.[160]

cc) Vollstreckung zur Erwirkung einer Handlung

58 Letztlich ist der Akt der Übertragung von Kryptowährungseinheiten eine Handlung i.S.d. §§ 887, 888 ZPO.[161] Je nach dem, ob diese als vertretbar oder als nicht vertretbar einzustufen ist, richten sich die vollstreckungsrechtlichen Voraussetzungen entweder nach § 887 ZPO oder nach § 888 ZPO. Eine vertretbare Handlung läge etwa dann vor, wenn sie auch ein Dritter mit rechtlich und wirtschaftlich gleichem Erfolg vornehmen könnte.[162] Umgekehrt ist eine unvertretbare Handlung anzunehmen, wenn der Gläubiger ein rechtlich geschütztes Interesse daran hat, dass der Schuldner persönlich die Handlung ausführt. Die vorzunehmende Abgrenzung muss maßgeblich das Gläubigerinteresse unter Berücksichtigung des konkreten Klageantrages in den Blick nehmen.

---

156 Vgl. die Definition von Kryptowerten in § 1 XI 4 KWG, wonach diese *„nicht den gesetzlichen Status einer Währung oder von Geld“* besitzen; *Grüneberg*-Grüneberg, BGB § 245 Rn. 6; *Omlor*, ZHR 183 (2019), 294 (330); *Boehm/Pesch*, MMR 2014, 75 (78); *Spindler/Bille*, WM 2014, 1357 (1360); *Kern* in: Staudinger, Eckpfeiler des Zivilrechts, J 2 (2020), Rn. J 49.; Musielak/Voit/*Flockenhaus*, ZPO § 815 Rn. 2; *Djazayeri*, jurisPR-BKR 6/2014 Anm. 1; *Bausch/Heetkamp*, DisputeResolution, 1/2018, 9; a.A. *Weiss*, JuS 2019, 1050 (1056); *Beck*, NJW 2015, 580 (585).

157 Eine Sonderregelung, wonach die für Sachen geltenden Bestimmungen entsprechend auf Token anwendbar wären, existiert nicht und ist aktuell durch den Gesetzgeber nicht geplant; indessen für einen neuen § 90b BGB plädierend, *Omlor*, ZHR 183 (2019), 294 (341).

158 BGH, Urt. v. 15.11.2006 – XII ZR 120/04, MMR 2007, 243; vgl. auch im datenrechtlichen Kontext *Apel/Brechtel* in: Specht-Riemenschneider/Werry/Werry (Hrsg.), S. 941 (951 f.).

159 OLG Düsseldorf, Beschl. v. 19.1.2021 – 7 W 44/20, BKR 2021, 514; *Fritzsche* in: BeckOK-BGB, § 90 Rn. 21.

160 *Shmatenko/Möllenkamp*, MMR 2018, 495 (497); *Koch*, DGVZ 2020, 85.

161 OLG Düsseldorf, Beschl. v. 19.1.2021 – 7 W 44/20, BKR 2021, 514; *Jacobs/Arndt* in: FS Schmidt, S. 559 (571); *Bachert*, CR 2021, 356 (359).

162 Musielak/Voit/*Lackmann*, ZPO § 887 Rn. 8.

Bei NFTs ist das Interesse des Gläubigers darauf gerichtet, den spezifischen NFT 59 übertragen zu bekommen, welcher als Unikat der Wallet des Schuldners zugewiesen ist und einen spezifischen Vermögenswert abbildet. Die Transaktion kann nur mittels des zum Wallet zugehörigen privaten Schlüssels autorisiert und veranlasst werden. Da dieser private Schlüssel – soweit er nicht anderweitig offenbart wurde – ausschließlich dem Wallet-Inhaber bekannt ist, kann auch nur dieser die Transaktion vornehmen. Die Übertragung von NFTs stellt somit eine nicht vertretbare Handlung nach § 888 ZPO dar.[163] Die Vollstreckung erfolgt hierbei dergestalt, dass der Schuldner auf Antrag des Gläubigers von dem Prozessgericht des ersten Rechtszuges zur Übertragung des spezifischen NFTs an die Wallet-Adresse des Gläubigers durch Zwangsgeld (ersatzweise Zwangshaft) oder sogleich durch Zwangshaft angehalten wird. Die genannten Zwangsmittel können indes nur festgesetzt werden, soweit der Schuldner in tatsächlicher Hinsicht noch über das NFT verfügen kann.[164] Ist dies nicht der Fall – etwa weil der Schuldner das NFT bereits weiter übertragen hat – ist die Zwangsvollstreckung zur Übertragung des NFT nicht möglich. Dem Gläubiger bliebe lediglich die Geltendmachung eines Schadensersatzanspruchs in Form einer neuen Klage nach § 893 S. 2 ZPO.[165]

Weniger eindeutig erscheint die Sachlage indes bei den durch Fungibilität gekenn- 60 zeichneten Kryptowährungen: Hier ist insofern konkret zu eruieren, ob es dem Gläubiger lediglich darum geht, Kryptowährungs-Tokens gleicher Art, Menge und Güte[166] unabhängig von deren Herkunft zu erhalten oder ob sich das Gläubigerinteresse nach dem titulierten Anspruch auf spezifische, nur beim Schuldner zu erlangende Tokens bezieht. In erstgenanntem Fall, d.h. bei einem lediglich auf die Übertragung einer bestimmten Menge von Kryptowährungseinheiten (z.B. Bitcoins) an eine genau bezeichnete Wallet-Adresse des Gläubigers lautenden Antrag, ohne dass die zu übertragenden Kryptowährungseinheiten gerade aus dem Wallet des Schuldners stammen müssen oder sonst spezifiziert werden, kann die Übertragung auch von Dritten mit rechtlich und wirtschaftlich gleichem Erfolg vorgenommen werden. Die Vollstreckung ist hier also auf eine vertretbare Handlung i.S.v. § 887 ZPO gerichtet.[167] Der Gläubiger wird hier-

163 Die bei NFTs bestehende Situation, bei der nur der Schuldner (hier: der Wallet-Inhaber) über die zur Leistungserfüllung erforderlichen Informationen (hier: der private Schlüssel) verfügt, ist gerade ein typischer Fall einer unvertretbaren Handlung; vgl. *Kießling* in: Saenger, ZPO § 888 Rn. 8.

164 BeckOK-ZPO/*Stürner*, § 888 Rn. 22; Zwangsmittel nach § 888 I ZPO können per se nicht zur Anwendung kommen soweit der Vollstreckungsantrag auf eine unmögliche Handlung gerichtet wäre; Musielak/Voit/*Lackmann*, ZPO § 888 Rn. 9.

165 *Werner* in: Omlor/Link (Hrsg.), Kryptowährungen und Token, 2021, Kap. 7 Rn. 140; vgl. auch *Apel/Brechtel* in: Specht-Riemenschneider/Werry/Werry (Hrsg.), S. 941 (969 f.).

166 Entsprechend der Formulierung bei einem Sachdarlehen nach § 607 I BGB); vgl. OLG Düsseldorf, Beschl. v. 19.1.2021 – 7 W 44/20 BKR 2021, 514.

167 So das OLG Düsseldorf, Beschl. v. 19.1.2021 – 7 W 44/20 BKR 2021, 514; es handelt sich – soweit ersichtlich – bislang um die erste und einzige obergerichtliche Entscheidung zu dieser Thematik; die Entscheidung des OLG Düsseldorf hat in den dazu veröffentlichten Entscheidungsbesprechungen im Allgemeinen Zustimmung erfahren (vgl. *Handke/Strauch*, BKR 2021, 514; *Koch*, EWiR 2021, 611; *Schmidt*, JuS 2022, 77)

bei auf Antrag von dem Prozessgericht des ersten Rechtszuges nach § 887 I ZPO ermächtigt, die Übertragung der im Titel genannten Menge an Einheiten der virtuellen Währung durch einen Dritten auf Kosten des Schuldners vornehmen zu lassen. Konkret – in der praktischen Umsetzung – kann sich der Gläubiger demnach mit der entsprechenden Menge der Kryptowährung an einer Kryptobörse eindecken und die dafür aufgewendeten Kosten von dem Schuldner im Nachgang ersetzt verlangen oder sich die voraussichtlichen Kosten auf Antrag nach § 887 II ZPO als Vorschuss auf Basis des Kurswertes am Tag der Antragstellung auszahlen lassen.[168]

61 Denkbar, wenn auch aus wirtschaftlicher Sicht wohl eher der Ausnahmefall,[169] erscheint demgegenüber auch der Fall, in dem es dem Gläubiger gerade darauf ankommt, dass bestimmte näher bezeichnete Kryptowährungs-Tokens von dem Wallet des Schuldners aus transferiert werden.[170] Die Übertragung dieser dem Wallet des Schuldners zugehörigen Kryptowerte kann allein derjenige veranlassen, der auf das entsprechende kryptografische Schlüsselpaar zugreifen kann. Die Vollstreckung richtet sich in diesem Fall – wie bei NFTs – nach § 888 ZPO (Vollstreckung einer unvertretbaren Handlung).[171] Wegen der geschilderten praktischen Schwierigkeiten der Vollstreckung einer unvertretbaren Handlung ist daher bei einer Vollstreckung eines Titels auf Übertragung von Kryptowährungs-Tokens aus Gläubigersicht zu hinterfragen, ob es tatsächlich darauf ankommen soll, an die spezifischen Tokens des Schuldners zu gelangen. Soweit dies – wie regelmäßig – nicht der Fall ist, sollte der Klageantrag auf die Übertragung von Einheiten der jeweiligen virtuellen Währung, keinen Verweis auf ein näher bezeichnetes Wallet des Schuldners enthalten, um eine dem Gläubigerinteresse entsprechende Vollstreckung einer vertretbaren Handlung zu ermöglichen.[172]

---

und wurde bestätigt durch das LG Heilbronn, Beschl. v. 3.3.2021 – Sa 8 O 368/20; ebenso BeckOK-ZPO/*Stürner*, § 887 Rn. 8; *Koch* in: Kindl/Meller-Hannich, ZPO, § 857 Rn. 36; *ders*., DGVZ 2020, 85 (88); a.A. (unvertretbare Handlung) *Kütük/Sorge*, MMR 2014, 643; *Badstuber*, DGVZ 2019, 246; *Boehm/Bruns* in: Bräutigam/Rücker (Hrsg.), Rechtshandbuch E-Commerce, 13. Teil Rn. 550; *Lackmann* in: Musielak/Voit, ZPO § 887 Rn. 10; MünchKomm-ZPO/*Gruber* § 887 Rn. 46.

168 Zwischenzeitlich eingetretene Kursschwankungen im Zeitpunkt des späteren Erwerbs können hierbei über das Nachforderungsrecht nach § 887 II ZPO berücksichtigt werden; vgl. dazu *Bachert*, CR 2021, 356 (359); *Koch*, DGVZ 2020, 85 (89f.).

169 *Jacobs/Arndt* in: FS Schmidt, S. 559 (571).

170 Vgl. *Jacobs/Arndt* in: FS Schmidt, S. 559 (571); *Gillen/Schubert*, jurisPR-BKR 9/2021 Anm. 4.

171 Siehe Rn. 59; es handelt sich wie bei NFTs um einen typischen Fall des § 888 ZPO, bei dem es auf die Kenntnisse des Schuldners ankommt, vgl. MünchKomm-ZPO/*Gruber* § 888 Rn. 2; a.A. *Jacobs/Arndt* in: FS Schmidt, S. 559 (571), die (sehr weitgehend) eine vertretbare Handlung mit der Begründung annehmen, es sei einem Dritten möglich, den Computer des Schuldners zu starten, auf das dort gespeicherte Schlüsselpaar zuzugreifen und die Transaktion auszuführen.

172 *Bachert*, CR 2021, 356 (358); *Gillen/Schubert*, jurisPR-BKR 9/2021 Anm. 4.

4. Vollstreckung wegen einer Geldforderung in Kryptowährungen

Von dem unter D II. 2. b. behandelten Fall zu unterscheiden ist die Konstellation, bei welcher der Gläubiger einen auf eine Geldforderung lautenden Titel vollstreckt. Hierbei steht der Gläubiger vor der Frage, ob und wie auf ein etwaiges Guthaben an Bitcoins oder anderen Kryptowährungen, welches mitunter einen erheblichen Vermögenswert darstellt[173], zugegriffen werden kann. 62

a) Sach- und Forderungspfändung

Tokens sind, wie oben[174] dargestellt, keine körperlichen Sachen, sodass eine Pfändung nach §§ 808ff. ZPO ausscheidet. Es handelt sich auch nicht um Geldforderungen, die nach §§ 829ff. ZPO vollstreckt werden könnten. Kryptowerte sind weder Geld im Rechtssinne[175] noch Forderungen i.S.v. § 194 I BGB. Der Kryptowert als solcher begründet – anders als etwa beim Buchgeld gegenüber der Bank[176] – kein relatives Recht gegen eine bestimmte Stelle zur Auszahlung.[177] Im dezentralen Peer-to-Peer-Netzwerk der jeweiligen Blockchain fehlt es dahingehend an einem Anspruchsgegner.[178] Ein über § 857 ZPO pfändbarer Anspruch kann sich daher lediglich aus einer Vertragsbeziehung – etwa bei einem „Tauschgeschäft" von Kryptowährungen gegen Geld auf einer Handelsplattform – ergeben, wobei in einem solchen Fall nicht die Kryptowährung aus sich heraus den Geldzahlungsanspruch begründet, sondern vielmehr die vertragliche Abrede.[179] 63

b) Zwangsvollstreckung in andere Vermögensrechte

aa) Kryptowerte als „andere Vermögensrechte"

Voraussetzung hierfür wäre, dass es sich bei Kryptowerten um „andere Vermögensrechte" i.S.d. Norm handelt. Als Vermögensrechte werden Rechte aller Art angesehen, die einen Vermögenswert derart verkörpern, dass die Pfandverwertung zur Befriedigung des Geldanspruchs des Gläubigers führen kann.[180] Was unter einem solchen Recht zu verstehen ist, geht dabei nicht eindeutig aus gesetzlichen Bestimmungen, welche an ein 64

173 Konnte ein Bitcoin etwa im Jahr 2013 noch für etwa 100 Euro erworben werden, liegt – soweit der Bitcoin gehalten wurde – heute allein damit ein Vermögenswert von annähernd 40.000 Euro vor; vgl. zur Wertsteigerung des Bitcoin https://www.wiwo.de/finanzen/boerse/wie-teuer-war-ein-bitcoin-am-anfang-kurs-und-meilensteine-der-aeltesten-kryptowaehrung-in-der-historie/27269248.html.

174 Siehe unter Rn. 57.

175 Siehe unter Rn. 56.

176 *Weiss*, JuS 2019, 1050 (1054); *Kütük/Sorge*, MMR 2014, 643 (644).

177 *Jacobs/Arndt* in: FS Schmidt, S. 559 (563); *Badstuber*, DGVZ 2019, 246 (250).

178 Die im Netzwerk zusammengeschlossenen Nutzer bilden mangels Rechtsbindungswillen auch keine Gesellschaft bürgerlichen Rechts, vgl. *Koch*, DGVZ 2020, 85 (87).

179 Vgl. zur vertragstypologischen Einstufung eines Vertrages „Kryptowährung gegen Geld", *Rein* in: Sassenberg/Faber (Hrsg.), Rechtshandbuch Industrie 4.0 und Internet of Things, S. 459 (494) m.w.N.

180 BGH, Beschl. v. 5.7.2005 – VII ZB 5/05, NJW 2005, 3353.

Recht anknüpfen – neben § 857 ZPO etwa auch § 823 BGB – hervor. Allgemein kann ein Recht als normative Wertung beschrieben werden, wonach ein Gegenstand (Rechtsobjekt) einer Person (Rechtssubjekt) zugewiesen wird.[181] Unterschieden wird hierbei je nach allgemeiner Wirkung zwischen relativen und absoluten Rechten. Während bei relativen Rechten der genannte Zuweisungsgehalt „Objekt-Subjekt" spezifisch im Verhältnis zu einzelnen Personen besteht, erfolgt bei absoluten Rechten eine Zuordnung mit Wirkung *erga omnes*.

i) Relatives Recht

65 Wie bereits erläutert,[182] geht mit einem Kryptowert kein Rechtsverhältnis zu einer bestimmten Person einher. Es fehlt insbesondere an einer zentralen emittierenden Stelle vergleichbar einer Bank, die als Anspruchgegner für eine Auszahlung bzw. Übertragung in Betracht kommen könnte. Ein relatives Recht sind Kryptowerte also nicht.

ii) Absolutes Recht

66 Ein absolutes Recht könnte ein Kryptowert nur dann sein, wenn dieser einem Rechtssubjekt normativ gegenüber jedermann zur Nutzung unter Ausschluss Dritter zugewiesen wäre.[183] Das wäre etwa dann der Fall, wenn ein Token Gegenstand dinglicher Sachenrechte, allen voran des Eigentums, sein könnte. Da Eigentum und andere dingliche Rechte jedoch nur an Sachen i. S. d. § 90 BGB, d. h. körperlichen Gegenständen entstehen können und es Kryptowerten, die lediglich als Daten in der Blockchain gespeichert sind, an jener Körperlichkeit mangelt, kommt eine sachenrechtliche Zuweisung hier nicht in Betracht.[184] Ein „Dateneigentum", wenngleich breit diskutiert, ist weder anerkannt noch gar gesetzgeberisch implementiert.[185]

67 In Anbetracht ihrer fehlenden Körperlichkeit könnte indes mit Kryptowerten ein „Immaterialgüterrecht" verbunden sein. Als solches kommt etwa das explizit gesetzlich geregelte und mit Ausschließungsfunktion versehene Urheberrecht in Betracht, welches nach §§ 1, 2 II, 11ff. UrhG aber nur dem Urheber einer persönlichen geistigen Schöpfung zusteht. Da Einheiten einer Kryptowährung jedoch im Verfahren des Minings ohne menschlich-geistige Schöpfungskraft, sondern schlicht automatisiert durch Einsatz von Rechenkapazität erzeugt werden[186], liegt zumindest ein urheberrechtlich geschütztes

---

181 Vgl. *Jacobs/Arndt* in: FS Schmidt, S. 559 (565 f.).

182 Siehe unter Rn. 52 ff.

183 Vgl. *Adam*, JuS 2021, 109 ff.

184 *Badstuber*, DGVZ 2019, 246 (247 f.); siehe auch bereits unter Rn. 57.

185 Im Überblick s. etwa MünchKomm-BGB/*Wagner*, § 823 Rn. 332 ff. m. w. N, der selbst für ein Dateneigentum prädiert; s. auch *Röttgen* in: Specht-Riemenschneider/Werry/Werry (Hrsg), S. 371 (373).

186 Siehe unter Rn. 49 ff.

Werk nicht vor.[187] Selbiges gilt auch für NFTs, die mittels eines Smart Contracts, d.h. eines softwarebasierter Computerprotokolls erzeugt („gemintet") werden und letztlich nur ein urheberrechtlich geschütztes Werk abbilden können[188], nicht jedoch selbst ein Werk i.S.d. UrhG darstellen. Kryptowerte als solche stellen insbesondere auch keine Computerprogramme i.S.d. § 69a UrhG[189] und auch keine nach § 87a UrhG geschützten Datenbanken dar.[190] Andere ausdrücklich als absolute Rechte geregelte Immaterialgüterrechte (etwa Patente, Geschmacksmuster, Designs, Marken)[191] sind ebenfalls nicht einschlägig. Dies ist auch folgerichtig: Das Charakteristikum der genannten Immaterialgüterrechte, namentlich die Nicht-Rivalität im Konsum,[192] die eine besondere rechtliche Zuweisung eines Ausschließlichkeitsrechts erforderlich macht,[193] trifft auf die „Inhaberschaft" von Kryptowerten nicht zu: Bei Letzteren kann immer nur eine Person, welche über das kryptografische Schlüsselpaar verfügt, eine Transaktion veranlassen – das ist gerade ein Daseinszweck des Kryptowertes.[194]

Die Tatsache allein, dass die Voraussetzungen eines der genannten „klassischen" 68
Immaterialrechtsgüter nicht vorliegen, bedeutet indes noch nicht, dass der mit der Zuweisung von Kryptowerten verbundenen Verfügungsmacht die Eigenschaft als absolutes Recht abgesprochen werden muss. Einen auf die oben genannten Immaterialgüterrechte beschränkten Numerus-Clausus-Grundsatz, der die Anerkennung anderer Vermögensrechte i.S.d. § 857 ZPO ausschließt, existiert in dieser Form nicht.[195] Die Idee eines Typenzwangs dinglicher Rechte bewirkt vielmehr eine Beschränkung der Privatautonomie gegenüber Vertragsparteien, die daran gehindert sind, durch einfachen Vertrag Rechte mit Ausschließlichkeitscharakter gegenüber jedermann zu schaffen. Ein Verbot der Rechtsfortbildung unter Berücksichtigung normativer Wertungen ist damit nicht verbunden.[196] Entscheidend ist daher, ob sich, unabhängig von dem Katalog der

187 *Koch*, DGVZ 2020, 85 (87); *Shmatenko/Möllenkamp*, MMR 2018, 495 (497); *Spindler/Bille*, WM 2014, 1357 (1360); *Walter*, NJW 2019, 3609 (3610).

188 Nicht jedes NFT bildet indes auch ein urheberrechtlich geschütztes Werk ab; siehe nur das NFT an dem ersten Twitter-Tweet mit dem schlichten Inhalt *„Just setting up my twttr"* (verfasst durch den Twitter-Mitgründers Jack Dorsey), dem eine urheberrechtlich relevante Schöpfungshöhe schwerlich zugesprochen werden kann; vgl. *Spikowius/Rack*, MMR 2022, 256 (258).

189 *Badstuber*, DGVZ 2019, 246 (248f.); *Boehm/Pesch*, MMR 2014, 75 (78); als Computerprogramm kann lediglich der Quellcode und der Objektcode der Blockchain-Anwendung bzw. des Peer-to-Peer-Netzwerkes angesehen werden, vgl. *Hohn-Hein/Barth*, GRUR 2018, 1089 (1090f.); *Shmatenko/Möllenkamp*, MMR 2018, 495 (497).

190 *Hohn-Hein/Barth*, GRUR 2018, 1089 (1090f.).

191 Die Ausschließungsfunktion der genannten Immaterialgüterrechte ist jeweils konkret gesetzlich geregelt, vgl. § 15 UrhG, § 9 PatG, § 11 GebrMG, § 38 DesignG, § 14 MarkenG).

192 Gemeint ist die Tatsache, dass Güter von mehreren Personen gleichzeitig genutzt werden.

193 Ausschließlichkeitsrechte dienen der Verhinderung von Trittbrettfahrereffekten und der Schaffung von Anreizen für Innovationen, *Bechtold*, GRUR Int 2008, 484f.

194 *Jacobs/Arndt* in: FS Schmidt, S. 559 (565); *Badstuber*, DGVZ 2019, 246 (249).

195 Vgl. MünchKomm-BGB/*Wagner*, § 823 Rn. 302; *Jacobs/Arndt* in: FS Schmidt, S. 559 (565).

196 *Linardatos* in: Jahrbuch Junge Zivilrechtswissenschaft, 2019, S. 181 (196f.).

ausdrücklich als solche bezeichneten Ausschließlichkeitsrechte, eine normative Zuweisung in Gestalt eines Rechts mit Nutzungs- und Ausschließungsfunktion für Kryptowerte ergibt.

69 Die aus dem Zuweisungsgehalt der Blockchain resultierende rein tatsächliche Fähigkeit des Wallet-Inhabers, mittels des kryptografischen Schlüsselpaares eine Transaktion über bestimmte Kryptowerte vorzunehmen ist zunächst nur eine faktische Herrschaftsmacht vergleichbar mit dem Besitz an einem körperlichen Gegenstand.[197] Damit ist indes noch nichts über eine rechtliche Zuweisung von ausschließlichen Nutzungsrechten gesagt. Auch der Sachbesitz ist etwa nur insoweit als sonstiges Recht i. S. d. § 823 I BGB geschützt, wie die tatsächliche Position rechtlich legitimiert ist und kraft gesetzlicher Wertung gegenüber jedermann in Stellung gebracht werden kann.[198] Nichts anderes kann bei Kryptowerten gelten, da andernfalls unabhängig von normativen Zuordnungsfragen Rechte allein durch Fakten geschaffen würden.[199] Es bedarf mithin einer normativen Anknüpfung, die der faktisch-technischen Zuweisung über die Blockchain eine Bedeutung als absolutes Recht verleiht. Bei dem zu Vergleichszwecken herangezogenen Sachbesitz wird etwa eine absolute Rechtsposition daraus abgeleitet, dass der Besitzer sich auf eine relativ wirkende Berechtigung aus einem bestimmten Rechtsverhältnis berufen kann und zusätzlich eine gesetzliche Wertung in Form der §§ 858ff. BGB existiert, die dem Besitz einen gegenüber jedermann wirkenden Schutz zuerkennt.[200] Auch bei Kryptowerten ist festzustellen, dass die Übertragung des Tokens, soweit diese aufgrund eines entsprechenden wirksamen Kausalgeschäfts (etwa Tausch i. S. d. § 480 BGB) erfolgt, auf einem rechtlichen Grund basiert. Das Kausalgeschäft zielt nach dem Willen der Parteien gerade auf eine Änderung der „Rechtsinhaberschaft" hinsichtlich des übertragenen Tokens mittels entsprechendem Verfügungsgeschäft[201] ab, da mit vollzogenem Übertragungsakt alleine der Erwerber unter Ausschluss des vorherigen Inhabers über den Token verfügen können soll. Hierin besteht ein Unterschied zur Besitzübertragung. Die Token-Übertragung selbst ist insofern kein reiner „Realakt", sondern eine Verfügung mit rechtlicher Wirkung.[202] Eine gesetzlich-normative Wertung betref-

---

197 Es gilt mithin die Wertung des Urteils des BGH. v. 18.1 2012 – I ZR 187/10, NJW 2012, 2034 (2036) m. w. N. zur Vergabe eines Domainnamens entsprechend: *„Bei einem Domainnamen handelt es sich aber nur um eine technische Adresse im Internet. Die ausschließliche Stellung, die darauf beruht, dass ein Domainname von der DENIC nur einmal vergeben wird, ist allein technisch bedingt. Eine derartige, rein faktische Ausschließlichkeit begründet kein absolutes Recht."*

198 MünchKomm-BGB/*Wagner*, BGB, § 823 Rn. 324ff. m. w. N.

199 Vgl. *Jacobs/Arndt* in: FS Schmidt, S. 559 (566).

200 MünchKomm-BGB/*Wagner*, BGB, § 823 Rn. 324ff. m. w. N.

201 Vgl. indes zur umstrittenen rechtlichen Konstruktion des Übertragungsaktes (§§ 929ff. BGB analog, §§ 398, 413 BGB (analog) oder §§ 873, 925 BGB), *Walter*, NJW 2019, 3609 (3611ff.); *Kern* in: Staudinger, Eckpfeiler des Zivilrechts, J 2 (2020), J 49 m. w. N.

202 Die rechtliche Relevanz der Token-Übertragung ergibt sich auch aus dem damit verknüpften Erfüllungs- bzw. Tilgungszweck, der der die Token-Übertragung grds. zu einer kondiktionsfähigen Leistung macht; *Linardatos* in: Jahrbuch Junge Zivilrechtswissenschaft 2019, S. 181 (209).

fend eine absolute Zuordnungs-, Nutzungs- und Ausschließungsfunktion ergibt sich demnach aus der rechtlich wirksamen Änderung der Rechtsinhaberschaft des Tokens in Verbindung mit der technisch über die Blockchain vermittelten und exklusiv dem Wallet-Inhaber zugewiesenen Herrschaftsposition[203], die als sonstiges Recht i.S.d. § 823 I BGB schützenswert ist.[204] Die Position begründet im Übrigen für den „Inhaber" des Tokens Abwehrrechte nach § 823 II i.V.m. §§ 202a, 303a StGB.[205] Auch unter diesem Aspekt ist mithin eine hinreichende gesetzliche Manifestation des Charakters eines absoluten Rechts i.S.d. § 857 ZPO zu erblicken.[206] Hierfür spricht auch eine verfassungskonforme Auslegung unter Berücksichtigung der durch Privatautonomie gebildeten Vermögenswerte sowie der Sinn und Zweck des § 857 ZPO, als Auffangnorm das Vermögen des Schuldners vollständig zu erfassen.[207] Kryptowerte können folglich als anderes Vermögensrecht i.S.d. § 857 ZPO angesehen werden.[208] Einer ansonsten in Betracht zu ziehenden – gleichwohl im Rahmen des Zwangsvollstreckungsrechts nicht unproblematischen[209] – analogen Anwendung bedarf es folglich nicht.

bb) Praktische Durchführung der Vollstreckung nach § 857 ZPO

Die Vollstreckung in Kryptowerte als sonstige Rechte erfolgt im Wege eines Pfändungs- 70
beschlusses durch das Vollstreckungsgericht nach § 857 Abs. 1 ZPO i.V.m. §§ 828ff. ZPO. Der Pfändungsbeschluss enthält das an den Schuldner gerichtete Gebot, sich jeder Verfügung über die jeweiligen Kryptowerte zu enthalten (sog. Inhibitorium nach §§ 857 I, 829 I 2 ZPO). Ein Verbot für Drittschuldner, an den Schuldner zu leisten (sog. Arrestatori-

203 Die eindeutige technische Zuordnung in Form der Eintragung in der Blockchain und die damit bewirkte Publizität stellen hier einen entscheidenden Unterschied zu einfachen Daten dar.

204 *Linardatos* in: Jahrbuch Junge Zivilrechtswissenschaft 2019, S. 181 (204, 207); *Jacobs/Arndt* in: FS Schmidt, S. 559 (566f.).

205 *Jacobs/Arndt* in: FS Schmidt, S. 559 (567); *Shmatenko/Möllenkamp*, MMR 2018, 495 (498).

206 Zum Teil wird zur Begründung einer Zuordnung eines Rechts hinsichtlich Kryptowerten auf die zum 1.1.2020 eingeführte Definition von Kryptowerten in § 1 XI 4 KWG verwiesen; *Skauradszun*, WM 2020, 1229 (1233); *d'Avoine/Hamacher*, ZIP 2022, 6 (9); wenngleich darin noch keine eindeutige normative Aussage zur Anerkennung von Kryptowerten als Recht gesehen werden kann, stellt die Aufnahme der Definition jedenfalls einen Beleg für die aufsichtsrechtliche Berücksichtigung sowie das Bedürfnis einer rechtlichen Konturierung dar.

207 *Skauradszun*, WM 2020, 1229 (1234).

208 So auch *Jacobs/Arndt* in: FS Schmidt, S. 559 (566f.); *Linardatos* in: Jahrbuch Junge Zivilrechtswissenschaft 2019, S. 181 (204, 207); *Skauradszun*, WM 2020, 1229 (1233); *d'Avoine/Hamacher*, ZIP 2022, 6 (9); *Schmittmann/Schmidt*, DZWIR 2021, 648; nach a.A. soll jedenfalls eine Analogie des § 857 ZPO in Betracht kommen, so *Badstuber*, DGVZ 2019, 246 (250f.) (zugleich auf praktische Probleme hinweisend); *Koch*, DGVZ 2020, 85 (87); *ders.* in: Kindl/Meller-Hannich, ZPO, § 857 Rn. 35.; nach wiederum a.A. wird auch eine Heranziehung des § 857 ZPO gänzlich abgelehnt, so *Kütük/Sorge*, MMR 2014, 643 (644); *Boehm/Bruns* in: Bräutigam/Rücker (Hrsg.), E-Commerce, Kap. E. 13. Rn. 47.

209 So beim Einsatz von Zwangsmitteln nach §§ 836, 802g ZPO; *Gillen/Schubert*, jurisPR-BKR 9/2021 Anm. 4; *Skauradszun*, WM 2020, 1229.

um nach §§ 857 I, 829 I 1 ZPO) erfolgt nicht, da es bei Kryptowerten gerade an Drittschuldnern fehlt. Aus diesem Grund ist die Pfändung des bzw. der Kryptowerte nach § 857 II ZPO bereits in dem Zeitpunkt als bewirkt anzusehen, in welchem dem Schuldner der Pfändungsbeschluss zugestellt ist. Mit Wirksamwerden der Pfändung entsteht zugunsten des Vollstreckungsgläubigers ein Pfändungspfandrecht nach § 804 I ZPO. Der Schuldner bleibt noch Inhaber des Kryptowertes, hat aber nun alles zu unterlassen, was den Bestand des gepfändeten Tokens beeinträchtigen könnte.[210] Eine Weiterübertragung des gepfändeten Kryptowertes ist dem Vollstreckungsschuldner somit rechtlich im Verhältnis zum Gläubiger untersagt (§ 135 BGB). Rein faktisch wäre er hierzu noch in der Lage, da sich der private Schlüssel zur Wallet-Adresse, der die jeweiligen Tokens zugewiesen sind, nach wie vor in seiner Verfügungsmacht befindet. In diesem Fall läge jedoch eine Vollstreckungsvereitelung nach § 288 I StGB vor, soweit der Schuldner in Kenntnis der drohenden Zwangsvollstreckung sowie in der Absicht handelte, die Befriedigung des Gläubigers zu vereiteln. Dem Gläubiger kommt somit jedenfalls ein strafrechtlicher Schutz vor einer solchen Handlung zu.[211]

71 Für die Verwertung von Kryptowerten kommen verschiedene gesetzliche Anknüpfungspunkte in Betracht. So richtet sich die Verwertung anderer Vermögensrechte gemäß § 857 I BGB grds. nach den entsprechenden Bestimmungen Forderungsvollstreckung, namentlich §§ 835, 844 ZPO. Die nach § 835 ZPO geregelten Möglichkeiten der Überweisung zur Einziehung oder an Zahlungs statt zum Nennwert scheiden indes bei Kryptowerten regelmäßig aus. Eine Überweisung zur Einziehung setzt nach § 835 I Var. 1 ZPO voraus, dass ein anderer als der Schuldner selbst das Recht ausüben kann.[212] Die Ausübung der – technisch-faktisch zugewiesenen und rechtlich legitimierten – Inhaberschaft über die konkreten Kryptowerte des Schuldners, d.h. die Veranlassung von Transaktionen, ist jedoch alleine demjenigen möglich, der Kenntnis von dem zur Wallet-Adresse zugehörigen privaten Schlüssel hat.[213] Dies ist regelmäßig alleine der Schuldner. Der Gläubiger kann dagegen ohne Kenntnis von dem privaten Schlüssel keine Krypto-Transaktion veranlassen. Auch wenn die Erlangung des privaten Schlüssels durch den Gläubiger nicht gänzlich ausgeschlossen ist und ggf. über § 836 Abs. 3 ZPO erreicht werden kann[214], so ist dies jedenfalls mit Schwierigkeiten verbunden. Weiterhin haben Kryptowährungen und NFTs – anders als Geld oder eine Eigentümerhypothek – keinen Nennwert, sondern lediglich einen sich durch Angebot und Nachfrage bildenden Verkehrswert.[215]

---

210 Saenger/*Kemper*, ZPO, § 829 Rn. 29.

211 *Skauradszun*, WM 2020, 1229 (1234).

212 MünchKomm-ZPO/*Smid*, ZPO, § 857 Rn. 46; Stein/Jonas/*Würdinger*, ZPO, § 857, Rn. 109.

213 Die Situation unterscheidet sich von derjenigen eines Anspruchs auf Übertragung von Kryptowerten und der damit verbundenen Abgrenzung zwischen § 887 und § 888 ZPO, da es hier nicht um den bloßen Handlungserfolg der Erlangung wertmäßig bestimmter Kryptowerte (unabhängig von der Quelle), sondern um die konkrete Rechtsausübung anstelle des Schuldners geht.

214 Stein/Jonas/*Würdinger*, ZPO, § 857 Rn. 104.

215 *Skauradszun*, WM 2020, 1229 (1235).

Vor diesem Hintergrund kann durch das Vollstreckungsgericht nach § 844 I ZPO eine andere Art der Verwertung angeordnet werden.[216] In Betracht kommt – da es sich bei Kryptowerten nach hiesiger Auffassung um veräußerliche[217] Rechte handelt – nach § 857 V i.V.m. § 844 ZPO vor allem die Veräußerung durch freihändigen Verkauf. In praktischer Hinsicht kann das Gericht auf Antrag des Gläubigers die freihändige Veräußerung der Kryptowerte durch den Gerichtsvollzieher oder eine andere durch das Gericht zu bestimmende Person als Treuhänder anordnen (§ 825 II ZPO).[218] Die Anordnung wäre darauf gerichtet, dass der Gerichtsvollzieher oder eine sonstige bestimmte Person die gepfändeten Kryptowerte (etwa auf einer entsprechenden Kryptobörse) gegen Zahlung von Euro zum jeweiligen Kurswert zu veräußern hat. Um die Übertragung der Kryptowerte im Rahmen des freihändigen Verkaufs durchführen zu können, bedarf der Gerichtsvollzieher oder der bestellte Treuhänder indes der Kenntnis des privaten Schlüssels zum Wallet des Schuldners.[219] Letztere kann im Wege einer Hilfspfändung nach § 836 III ZPO erlangt werden. Demnach ist der Schuldner verpflichtet, dem Gläubiger die zur Geltendmachung der Forderung benötigte Auskunft zu erteilen. Weigert sich der Schuldner, dem Auskunftsanspruch zu entsprechen, kann der Gerichtsvollzieher den Schuldner auf Antrag des Gläubigers zur Erteilung der Auskunft und Abgabe einer eidesstattlichen Versicherung laden (§§ 857 I, 836 III 2, 3, 802e, 802f ZPO). Lässt sich der Schuldner auch hiervon nicht beeindrucken und verweigert weiterhin die Auskunft, kann durch das Vollstreckungsgericht ein Haftbefehl erlassen werden (§§ 857 I, 836 III 4, 802g ZPO).[220] Soweit der private Schlüssel in Erfahrung gebracht werden konnte, kann der freihändige Verkauf entsprechend vollzogen, d.h. Kryptowerte gegen Zahlung von Euro gemäß aktuellem Kurs übertragen werden. Der Gerichtsvollzieher bzw. der benannte Treuhänder werden den Erlös hieraus einziehen und bis zur Höhe der Gläubigerforderung an den Gläubiger abführen (§ 819 ZPO).[221] 72

216 Anders jedoch *Skauradszun*, WM 2020, 1229 (1234), wonach eine Verwertung nach § 835 ZPO ist somit auch von § 844 ZPO verneint wird.

217 Eine Verwertung nach § 857 III, IV ZPO für unveräußerliche Rechte kommt daher nicht in Betracht; die Veräußerlichkeit bzw. Übertragbarkeit von Kryptowerten wurde nunmehr auch in der entsprechenden Definition in § XI 4 KWG seitens des Gesetzgebers klargestellt; vgl. *d'Avoine/Hamacher*, ZIP 2022, 6 (9).

218 *Nober* in: Anders/Gehle, ZPO, § 844 Rn. 7.

219 *Jacobs/Arndt* in: FS Schmidt, S. 559 (569).

220 *Skauradszun*, WM 2020, 1229 (1236); handelt es sich bei der Wallet des Schuldners um eine sog. anbieterabhängige Wallet eines Kryptoverwahrers, der über Kenntnis über den zur Wallet gehörigen privaten Schlüssel verfügt, kann sich der Auskunftsanspruch auch gegen diesen Anbieter richten, vgl. *d'avoine/Hamacher*, ZIP 2022, 6 (11f.).

221 Vgl. Formulierungsbeispiel für einen Verwertungsantrag, *Skauradszun*, WM 2020, 1229 (1236).

Teil IV: **Digitalisierung der außergerichtlichen Streitbeilegung**

Ulla Gläßer

§ 23 Mediation und Digitalisierung

Gliederungsübersicht **Rn.**

Ulla Gläßer
https://doi.org/10.1515/9783110755787-023

Literatur: *Adrian*, The New Normal: Online Dispute Resolution and Online Mediation, in: Gläßer/Adrian/Alexander (Hrsg.), mediation moves, 2022, 175ff.; *Bielecke*, Moderative Kompetenz und digitale Unerschrockenheit – Konfliktmanagement in Hybridformaten, ZKM 2022, 9ff.; *Bond*, Neue Verfahrensalternativen: Online-Mediation und Online-Mediationsausbildungen, perspektive mediation 2021, 249ff.; *Carrel/Ebner*, Mind the Gap: Bringing Technology to the Mediation Table, Journal of Dispute Resolution, 2019, 1ff.; *Condlin*, Online Dispute Resolution: Stinky, Repugnant, or Drab?, Cardozo Journal of Conflict Resolution 2017, 717ff.; *Dendorfer-Ditges*, Auf Distanz. Online-Mediation in Zeiten von Lock Down und „New Normal", KonfliktDynamik 2020, 139ff.; *Ferz/Sonnleitner*, Von Überlegungen, Initiativen und Boostern. Mediative Streitbeilegung nach der digitalen Evolution, perspektive mediation 2021, 224ff.; *Gläßer/Sinemillioglu/Wendenburg*, Online-Mediation (Teil 1) – Technische Möglichkeiten und praktische Verfahrensgestaltung der Mediation im virtuellen Raum, ZKM 2020, 80ff.; *Gläßer/Sinemillioglu/Wendenburg*, Online-Mediation (Teil 2) – Chancen, Herausforderungen, Perspektiven, ZKM 2020, 133ff.; *Harnack*, Wesenszüge des digitalen Streits – Online Verhandeln, Schlichten und Richten, ZKM 2021, 97ff.; *Katsh/Rabinovich-Einy*, Digital justice: technology and the internet of disputes, 2017; *Rainey/Katsh/Abdel Wahab* (Hrsg.), Online Dispute Resolution: Theory and Practice, 2. Aufl. 2021; *Rickert*, Online-Mediation. Wie Konfliktklärung im virtuellen Raum gelingt, 2023; *Sela*, The Effect of Online Technologies on Dispute Resolution System Design, Lewis & Clark Law Review 2017, 634ff.; *Vicente/Oliveira/de Almeida (Hrsg.)*, Online Dispute Resolution – New Challenges, 2022

A. Einführung

1 Das Thema „Online Dispute Resolution (ODR)" wird seit den 2010er Jahren verstärkt diskutiert.[1] Allerdings blieb die Faszination von den Möglichkeiten, die die digitale Welt für die Gestaltung von Streitbeilegungsverfahren bietet, meist auf einer theoretischen, programmatisch-visionären oder experimentellen Ebene. Die Praxis der gerichtlichen wie außergerichtlichen Konfliktbearbeitung[2] in Deutschland fand bis zum Beginn der globalen Covid-19-Pandemie ganz überwiegend in realen Räumen unter körperlicher Anwesenheit aller Beteiligten statt.

2 Insbesondere Mediator:innen standen Online-Formaten überwiegend skeptisch oder gar ablehnend gegenüber.[3] Mit Blick auf das spezifische konflikttransformative Potential des Mediationsverfahrens, welches auf der Förderung von ganzheitlichem zwi-

1 S. dazu exemplar. *Rainey/Katsh/Abdel Wahab* (Hrsg.), 2021 (1. Aufl. 2012); *Katsh/Rabinovich-Einy*, Digital justice: technology and the internet of disputes 2017; *Carrel/Ebner*, Journal of Dispute Resolution, 2019, 1; *Albers/Katsivelas* (Hrsg.), Recht & Netz, 2018 – jeweils mit weiteren Nachweisen (im Folgenden: m.w.N.); sowie die auf Mediation fokussierten Handbuch-Beiträge von *Lapp* in: Haft/Schlieffen (Hrsg.), Handbuch Mediation, 2016, S. 505ff.; und *Lenz/Schluttenhofer* in: Trenczek/Berning u.a. (Hrsg.), Mediation und Konfliktmanagement, 2017, S. 423ff.; das erste Buch zu ODR erschien bereits 2001: *Katsh/Rifkin*, Online dispute resolution: Resolving conflicts in cyberspace, 2001.

2 Außergerichtliche Konfliktbearbeitung (Alternative Dispute Resolution) wird im Folgenden bisweilen mit dem Akronym „ADR" abgekürzt.

3 S. exemplar. *Lederer*, Meine Reise in eine neue Welt ... von der klassischen zur Online-Mediation, perspektive mediation 2020, 233 (233f.); sowie *Winters*, Confessions of an Online Mediation Skeptic, The St. Louis Bar Journal Spring 2021, 16 (16).

schenmenschlichem Kontakt, Empathie und Perspektivwechsel gründet[4], schien die gemeinsame physische Präsenz der Beteiligten vielen Mediator:innen geradezu zwingend – und eine virtuelle Verfahrensweise entsprechend fernliegend.[5]

Die Covid-19-Pandemie hat seit dem Frühjahr 2020 der Digitalisierung in vielen Le- 3
bensbereichen rasanten Vorschub geleistet. Den Geboten von Lockdown und Infektionsprävention folgend wurden unterschiedlichste Dienstleistungen zwangsläufig in die Online-Welt verlegt – so auch die Konfliktbearbeitung. Nicht nur Richter:innen, sondern auch Mediator:innen sahen sich unvermittelt mit neuartigen Fragestellungen und technischen wie methodischen **Herausforderungen der Verfahrensführung im virtuellen Raum** konfrontiert.

Die pandemisch erzwungene verstärkte Nutzung von ODR hat zu einer breiten, kon- 4
struktiven Reflexion und zu dem systematischen **Ausbau der digitalen Streitbeilegung** geführt. Mit dem Zuwachs an Erfahrung und technisch-methodischer Versiertheit wurden anfängliche Berührungsängste abgebaut; die Experimentierfreude der Verfahrensanbieter:innen und -beteiligten nahm zu.[6] All dies führte nicht nur zu exponentiellem Wachstum der einschlägigen Literatur[7], sondern auch zu einem erheblichen praktischen Entwicklungsschub. So hat sich auch Online-Mediation binnen kurzer Zeit von einer Notlösung zur „neuen Normalität"[8] entwickelt.[9]

Nachdem Verfahrensanbieter:innen wie -nutzer:innen die praktischen Möglichkei- 5
ten und Vorteile der Online-Konfliktbearbeitung näher kennengelernt haben, werden Online-Verfahren auch in Zukunft – unabhängig von der Pandemielage – nachgefragt

4 S. dazu exemplar. *Bush/Folger*, The Promise of Mediation: The Transformative Approach to Conflict, 2004 oder auch *Duss-von Werdt*, Einführung in die Mediation, 2011.

5 S. exemplar. *Harnack*, ZKM 2021, 97 (97); *Ebner* in: Rainey/Katsh/Abdel Wahab (Hrsg.), 2021, S. 73 ff.

6 S. dazu exemplar. den subjektiven, in die Metapher einer Reise eingekleideten Bericht von *Lederer*, perspektive mediation 2020, 233; sowie *Zukowski*, Online Mediation Goes Mainstream, Arizona Attorney 6/2020, 38 (38): *„Try it, you'll like it!"*.

7 S. dazu unter https://odr.info/publications/ die dynamisch wachsende, internationale Publikationsliste, die das US-basierte National Center for Technology and Dispute Resolution regelmäßig aktualisiert; allerdings enthält diese Listung ganz überwiegend englischsprachige Literatur; eine kommentierende Sichtung deutschsprachiger ODR-Publikationen findet sich bei *Ferz/Sonnleitner*, perspektive mediation 2021, 224.

8 S. dazu *Adrian* in: Gläßer/Adrian/Alexander (Hrsg.), mediation moves, 2022, S. 175 ff.; *Dendorfer-Ditges*, Konfliktdynamik 2020, 139 (139); *Pierce*, Mediation in the Time of a Pandemic: Preparing for the ‚New Normal' of Online Mediations, The Oklahoma Bar Journal 6/2020, 24 und (mit Fokus auf internationale Mediationen) *Alexander*, International mediation and Covid-19: The new normal?, https://ink.library.smu.edu.sg/sol_research/3308/.

9 So *Zukowski*, Online Mediation Goes Mainstream, Arizona Attorney 6/2020, 38 (40): *„Online mediation is mainstream and here to stay."* Eine deutschsprachige Monographie zu Online-Mediation erscheint voraussichtlich 2022: *Rickert*, Online-Mediation. Wie Konfliktklärung im virtuellen Raum gelingt, 2023.

werden und fester Bestandteil des Angebotsportfolios der Verfahrensdienstleister:innen bleiben.[10]

6 Dieser Beitrag[11] erörtert zum einen **Grundsatzfragen von Nutzen, Risiken und Zukunftsperspektiven von Mediation im digitalen Raum**. Zum anderen bietet er einen **praxisorientierten Überblick** über die technischen Möglichkeiten und Besonderheiten der Verfahrensgestaltung vor allem der synchronen Online-Mediation, aber auch von hybriden Mediationsverfahren, die physische Präsenz und Online-Elemente verbinden.

7 Nach einem Überblick über die unterschiedlichen Ebenen und Ansätze der digitalen Streitbeilegung (B.) werden die grundsätzlichen Chancen und Risiken bzw. Herausforderungen digitaler Mediationsformate gegenübergestellt (C.). Dann erfolgt eine pragmatische Kurzeinführung in die technischen und organisatorischen Rahmenbedingungen der Online-Mediation mit praktischen Hinweisen zu Infrastruktur (D.). Auf dieser Basis werden Besonderheiten, die es auf der Ebene der Verfahrensführung und Interventionsgestaltung im Online-Format zu berücksichtigen gilt, entlang der Phasenstruktur der Mediation vorgestellt und durch Empfehlungen zur Vor- und Nachbereitung digitaler Mediationsverfahren vervollständigt (E.). Daran anschließend wird auf die Besonderheiten hybrider Mediationen eingegangen (F.). Am Ende des Beitrags stehen ein Blick auf die sich verändernden Ausbildungsanforderungen für Mediator:innen (G.), Zukunftsfragen (H.) und ein Fazit (I.).

B. Ebenen, Ansätze und Terminologie der digitalen Streitbeilegung

8 Mit digitaler Streitbeilegung bzw. Online Dispute Resolution (ODR) wird ein **breites Spektrum** von digital unterstützten oder vollständig virtuellen Formen der Konfliktbearbeitung bezeichnet.[12]

---

10 So exemplar. *Griffin/Margolis/Webb*, A New Tool for Resolving Litigation: The Benefits and Pitfalls of Virtual Mediations, The Mississippi Lawyer Winter 2021, 29 (31); *Blanchard*, Virtual Mediation: Convenience and Cost Savings Created Through New Approach, The Gavel Winter 2021, 8 (8).

11 Wesentliche Teile dieses Beitrags beruhen auf dem zweiteiligen Artikel von *Gläßer/Sinemillioglu/Wendenburg*, ZKM 2020, 80 und *Gläßer/Sinemillioglu/Wendenburg*, ZKM 2020, 133. Ich danke meinen Kolleg:innen für die Möglichkeit, mit dem zu Beginn der Pandemie gemeinsam erstellten Material weiterzuarbeiten. Des Weiteren danke ich Ellen Birkhahn sowie Katarzyna Jaloszewska für die Unterstützung bei der Arbeit an diesem Text.

12 So United Nations Commission on International Trade Law (UNCITRAL), Technical Notes on Online Dispute Resolution. Commission of International Trade Law, para. 24, 2017, https://uncitral.un.org/sites/uncitral.un.org/files/media-documents/uncitral/en/v1700382_english_technical_notes_on_odr.pdf. Siehe dazu das durchgängige Begriffsverständnis bei *Wahab/Katsh/Rainey*, 2012, und *Vicente/Oliveira/de Almeida (Hrsg.)*, 2022, sowie *Anzinger*, 10 Jahre Modria: KMS und Online-Mediation auf dem Weg zur Digitalisierung der Justiz, Teil 1, ZKM 2021, 53 (54ff.).

Der **Ursprung von ODR** liegt in den 1990er Jahren, als erste Online-Plattformen zur Konfliktbeilegung im Bereich des Internethandels entwickelt wurden.[13] Diese Plattformen sollten die Möglichkeit bieten, Konflikte, die im digitalen Raum entstehen, auch online zu lösen. 9

In den Folgejahren wurden Online-Verfahren auch zur Beilegung „analog" entstandener Konflikte angeboten. Dabei waren die Entwickler:innen der frühen ODR-Mechanismen zunächst darauf fokussiert, im außergerichtlichen Bereich die Funktionsweise der traditionellen ADR-Verfahren möglichst ähnlich in der Online-Welt nachzubilden.[14] 10

Grundlegend lassen sich **synchrone** (gleichzeitige Anwesenheit der Beteiligten in Telefon- und Video-Konferenzen bzw. Chats) **und asynchrone** (ungleichzeitige Kommunikation über E-Mail, Chat, Online-Plattformen[15] oder spezielle ODR-Software[16]) **ODR-Formate** unterscheiden.[17] Bei dieser Klassifizierung bleibt ODR noch beschränkt auf eine digitale Spielart der analogen Streitbeilegungsformen in Gesprächen oder im Schriftwechsel. 11

Das deutlich darüber hinausgehende revolutionäre Potential der digitalen Technik, das insbesondere durch die **Nutzung eigenständiger digitaler Formate**[18] **und künstlicher Intelligenz** in der Streitbeilegung entsteht, wird erst schrittweise realisiert.[19] 12

Die nachfolgende Klassifizierung[20] fokussiert auf den **Grad des Einflusses der eingesetzten Technologie** auf das jeweilige Konfliktbearbeitungsverfahren. 13

---

13 Etwa durch eBay, vgl. *Exon*, Ethics and Online Dispute Resolution: From Evolution to Revolution, Ohio State Journal on Dispute Resolution 2017, 609 (614f.).

14 *Katsh/Rabinovich-Einy*, Digital justice: technology and the internet of disputes, 2017, S. 33.

15 Z.B. das (weiterverweisende) EU-Portal für Verbraucherstreitigkeiten www.ec.europa.eu/consumers/odr, die niederländische Plattform rechtwijzer.nl für zivil-, strafrechtliche und administrative Angelegenheiten (vgl. auch *van Zeeland*, ZKM 2019, 128) oder youstice.comfür Konflikte zwischen Verbraucher*innen und Handel.

16 Z.B. smartsettle.com oder cybersettle.com.

17 *Lapp* unterscheidet für die Online-Mediation entsprechend zwischen text-basierten und audio-/video-basierten Systemen, *Lapp* in: Haft/Schlieffen (Hrsg.), Handbuch Mediation, 2016, Rn. 13ff.

18 S. dazu *Exon*, Ethics and Online Dispute Resolution: From Evolution to Revolution, Ohio State Journal on Dispute Resolution 2017, 609 (613ff.) und *Katsh/Rabinovich-Einy*, Digital justice: technology and the internet of disputes, 2017, S. 25ff.

19 S. *Exon*, Ethics and Online Dispute Resolution: From Evolution to Revolution, Ohio State Journal on Dispute Resolution, 2017, 609 (610); sowie *Martinez*, Designing Online Dispute Resolution, Journal of Dispute Resolution, 2020, 135 (136).

20 S. dazu *Adrian* in: Gläßer/Adrian/Alexander (Hrsg.), mediation moves, 2022, S. 175ff.

14 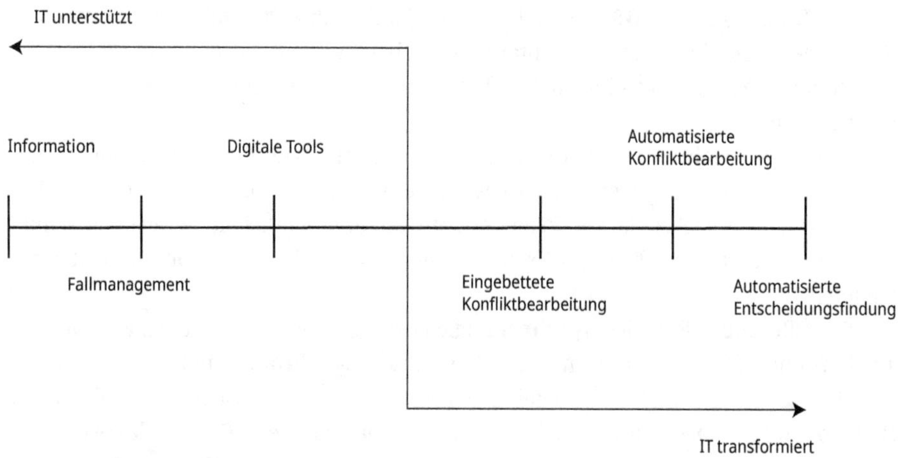

Abb. 1: Das ODR-Spektrum[21]

15 An dem einen Ende des Spektrums befinden sich Formen von ODR, bei denen Technologie als reine Unterstützung von analoger Konfliktbeilegung auf den Ebenen von Informationsmanagement und Kommunikation zum Einsatz kommt, etwa ein E-Mail-Austausch zur Vorbereitung einer Präsenzmediation; am anderen Ende des Spektrums stehen Formate, bei denen der Einsatz von Technologie, insbesondere von künstlicher Intelligenz, zur Entstehung völlig neuer Formen der Konfliktbearbeitung führt.[22]

16 Im Zentrum dieses Beitrags steht die **synchrone Online-Mediation**, bei der alle Beteiligten zeitgleich virtuell anwesend und per Audio und Video miteinander verbunden sind.[23] Diese Form der Online-Mediation ist im mittleren Bereich des dargestellten Spektrums verortet. Sie versucht, die Präsenzmediation im digitalen Medium nachzubilden und ihre Vorteile bestmöglich zu erhalten.[24]

17 Für diese Verfahrensform werden auch die Begriffe **e-Mediation**, **virtuelle Mediation** oder **„remote mediation"** verwendet;[25] unter „cyber mediation" wird dagegen

21 Die Abbildung beruht auf der entsprechenden englischsprachigen Grafik bei *Adrian* in: Gläßer/Adrian/Alexander (Hrsg.), mediation moves, 2022, S. 175 (178).

22 S. exemplar. *Sela*, Lewis & Clark Law Review, 2017, 634 (660 ff.); *Barnett*/*Treleaven*, Algorithmic Dispute Resolution, The Computer Journal, 2018, 399; *Anzinger*, ZKM 2021, 53 (54 ff.) mit vielen Beispielen und weiteren Nachweisen.

23 Vgl. *Exon*, Ethics and Online Dispute Resolution: From Evolution to Revolution, Ohio State Journal on Dispute Resolution, 2017, 609 (611).

24 S. *Griffin*/*Margolis*/*Webb*, A New Tool for Resolving Litigation: The Benefits and Pitfalls of Virtual Mediations, The Mississippi Lawyer Winter, 2021, 29 (29).

25 S. dazu auch *Rickert*, Live-Online-Mediation – ein Zukunftstrend?, Konfliktdynamik 2019, 64; dieser Begriffsgebrauch ist allerdings nicht durchgängig einheitlich; einige deutschsprachige Autor:innen bezeichnen online durchgeführte Mediation mit Unterstützung synchron anwesender Mediator:innen als „E-Mediation", während sie unter „Online-Mediation" asynchrone, automatisierte Prozessabläufe verste-

(überwiegend) ein voll automatisiertes System verstanden, das softwarebasiert einen Einigungsspielraum für die Konfliktparteien berechnet.[26] Mediation in physischer Präsenz wird demgegenüber als face to face-, in person- oder Präsenzmediation bezeichnet. Zu Recht kritisieren einige die zugrundeliegenden Annahmen und die damit einhergehende unzutreffende Polarisierung, die diese Begriffswahl mit sich bringt.[27] Denn auch eine Begegnung im digitalen Raum kann sich sehr präsent, real und nah anfühlen.[28]

Allerdings beeinflusst die genutzte Technologie die Kommunikation, die Verhaltens- 18
weisen und das Mediationserleben aller Verfahrensbeteiligten[29]; damit muss seitens der Mediator:innen bewusst und proaktiv umgegangen werden.[30]

C. Chancen und Herausforderungen der Online-Mediation

Das Format der synchronen Online-Mediation bietet im Vergleich zur Vermittlung in 19
physischer Präsenz eine Reihe von Vorteilen und Chancen (I.), stellt Mediator:innen aber auch vor spezifische Herausforderungen (II.) und ambivalente Aspekte (III.), aufgrund derer Anpassungen der mediativen Arbeitsweise nötig werden.

---

hen; so *Lenz/Schluttenhofer* in: *Trenczek/Berning* u. a. (Hrsg.), Mediation und Konfliktmanagement, 2017, S. 423ff; eine differenzierte Betrachtung des divergierenden Begriffsverständnisses bieten *Ferz/Sonnleitner*, perspektive mediation 2021, 224 (225f.).

26 *S. Pierce*, Mediation in the Time of a Pandemic: Preparing for the ‚New Normal' of Online Mediations, The Oklahoma Bar Journal 6/2020, 24 (24); ähnlich auch Zukowski, Online Mediation Goes Mainstream, Arizona Attorney 6/2020, 38 (38).

27 So sehr deutlich *Bond*, perspektive mediation 2021, 249 (250): „Aber was sind die Annahmen, die diese Begriffe – meist unbewusst – transportieren? […] Dass die Online-Arbeit nicht ‚präsent' ist, sondern ‚abwesend'? Dass die Online-Arbeit ‚außer Person' ist, also ohne persönlichen Kontakt? Und dass die Online-Arbeit gesichtslos ist? Und nicht ‚reell'?"; ähnlich auch *Zukowski*, Online Mediation Goes Mainstream, Arizona Attorney 6/2020, 38 (39): „There is still the ability to have face-to-face communication in an online mediation – it just does not occur with the participants in the same physical room."

28 Ähnlich auch *Blanchard*, Virtual Mediation: Convenience and Cost Savings Created Through New Approach, The Gavel Winter 2021, 8 (9) und *Winters*, Confessions of an Online Mediation Skeptic, The St. Louis Bar Journal Spring 2021, 16 (17): „Online mediations are very real."

29 Dazu grundlegend für jegliche Art der (Fern-)Kommunikation *Harnack*, Über die Ferne: Sprechen, Verhandeln und Entscheiden, ZKM 2021, 14.

30 So auch *Arnold/Schön*, Ausbildungsprozesse digital gestalten und begleiten, ZKM 2021, 48 (52); s. dazu systematisch E.

I. Vorteile und Chancen

1. Geringer logistischer und finanzieller Aufwand

20 Die augenfälligsten Vorteile von Online-Mediation sind **logistischer und finanzieller Natur**[31]: Die Festlegung und ggf. Anmietung eines für alle Parteien akzeptablen Sitzungsortes entfällt ebenso wie Zeit- und Kostenaufwand für Anreise, etwaige Übernachtungen und Bewirtung der Verfahrensbeteiligten. Dies bringt auch Vorteile im Sinne der Ökologie und Nachhaltigkeit mit sich.[32]

2. Zugänglichkeit

21 Die Reduzierung des Aufwandes führt zu einer niedrigschwelligeren **Zugänglichkeit** des Mediationsverfahrens.[33] In einigen Fallkonstellationen kommt Mediation überhaupt erst durch das Online-Format als mögliches Streitbeilegungsverfahren in Betracht bzw. wird erst dadurch attraktiv.

22 Dies gilt vor allem in Fällen, in denen die Präsenz-Konfliktbearbeitung logistisch zu aufwändig erscheint – also insbesondere in grenzüberschreitenden Konfliktkonstellationen, aber auch wenn Streitparteien in entlegeneren oder schwer zugänglichen ländlichen Räumen leben[34] oder wenn die zu erwartende Honorarhöhe den Reiseaufwand für die Mediatorin[35] unverhältnismäßig erscheinen lässt.

23 In gewaltbelasteten Konflikten, etwa zwischen (ehemaligen) Beziehungspartnern oder verfeindeten ethnischen Gruppen, die sich aus Sicherheitsgründen physisch nicht an einen Tisch setzen würden, kann die Option des virtuellen Raumes eine Verhandlungsbereitschaft ermöglichen.

24 Auch die Bearbeitung von Konflikten, bei denen einzelne Beteiligte aufgrund einer Behinderung nur eingeschränkt mobil, in Haft oder in Quarantäne sind, wird online möglich. Für Personen, die aufgrund besonderer physischer oder psychischer Disposition die reale Begegnung scheuen, erscheint die Online-Bearbeitung ihrer Konflikte möglicherweise vorzugswürdig.[36]

25 Und für „digital natives“, also technikaffine, gerade auch jüngere Bevölkerungsgruppen, macht das Medium das Online-Format die Mediation womöglich überhaupt erst attraktiv.

---

31 So auch *Griffin/Margolis/Webb*, A New Tool for Resolving Litigation: The Benefits and Pitfalls of Virtual Mediations, The Mississippi Lawyer Winter 2021, 29 (29f.).

32 So auch *Bond*, perspektive mediation 2021, 249 (252).

33 So auch *Bond*, perspektive mediation 2021, 249 (251).

34 So *McQuiston/Sturges*, Online Dispute Resolution: A Digital Door to Justice or Pandora's Box? (Part 1), Colorado Lawyer 2/2020, 30 (31).

35 Im Singular werden männliche und weibliche Sprachformen in losem Wechsel gebraucht; die anderen Geschlechter sind jeweils mitgemeint.

36 *Condlin*, Cardozo Journal of Conflict Resolution, 2017, 717.

3. Erhöhte Flexibilität in der Terminfindung und der Hinzuziehung von Dritten

Aufgrund des Online-Formates gestaltet sich auch die **Terminfindung** – auch über unterschiedliche Zeitzonen hinweg – in der Regel **leichter und flexibler**.[37] So können Konflikte schneller angegangen und gelöst werden.[38] Anstrengende Ganztagessitzungen, die durchgeführt werden, um den Reiseaufwand lohnenswert zu machen, können (und sollten) auf mehrere kürzere Online-Termine aufgeteilt werden. 26

Online-Mediationen vereinfachen auch die **Gestaltung bestimmter Verfahrensaspekte**. So können Unterbrechungen zur internen Besprechung innerhalb einer Beteiligtenseite, mit dem anwaltlichen Beistand oder anderen Berater:innen effizient über wenige Klicks organisiert werden. Ähnlich können Gutachter:innen, Behördenvertreter:innen und andere relevante Dritte mit minimalem logistischen Aufwand punktuell oder wiederholt in das Verfahren zugeschaltet werden.[39] 27

4. Autonomie der Konfliktparteien

Einige Konfliktparteien empfinden **mehr Sicherheit, Autonomie und Selbstermächtigung** durch den Umstand, dass sie den Ort, an dem sie an einer Mediation teilnehmen, frei wählen können.[40] Hinzu kommt, dass sie ihre Audio- und Videoübertragung an- und ausschalten sowie ihre grundsätzliche Teilnahme an der Mediation per einfachem Mausklick beenden können. Dies gibt Parteien im Vergleich zur Präsenzmediation ein stärkeres Gefühl, kontrollieren zu können, was sie von sich preisgeben. 28

5. Erleichterte Moderation und Verfahrenseffizienz

Auch die Mediator:innen haben online aufgrund der technischen Möglichkeiten in gewisser Hinsicht **mehr Kontrolle über das Kommunikationsgeschehen**.[41] Denn zumeist ermöglicht es die Konferenz-Software, Teilnehmer:innen stumm zu schalten, in gesonderte Räume zu transferieren oder sogar vollständig aus dem Online-Meeting zu entfernen. 29

Nach den bisherigen Erfahrungen neigen die Beteiligten in Online-Sitzungen weniger als in Präsenzzusammenkünften zu Redeunterbrechungen. Dies gilt auch unabhängig von der (trotzdem sehr empfehlenswerten) Vereinbarung von spezifischen Online- 30

37 So auch *Griffin/Margolis/Webb*, A New Tool for Resolving Litigation: The Benefits and Pitfalls of Virtual Mediations, The Mississippi Lawyer Winter 2021, 29 (30).

38 *Zukowski*, Online Mediation Goes Mainstream, Arizona Attorney 6/2020, 38 (38).

39 So auch *Majzoub*, Mediation, Pandemic Style, Michigan Bar Journal 9/2020, 42 (44); *Griffin/Margolis/Webb*, A New Tool for Resolving Litigation: The Benefits and Pitfalls of Virtual Mediations, The Mississippi Lawyer Winter 2021, 29 (30).

40 *Griffin/Margolis/Webb*, A New Tool for Resolving Litigation: The Benefits and Pitfalls of Virtual Mediations, The Mississippi Lawyer Winter 2021, 29 (30).

41 So auch *Bond*, perspektive mediation 2021, 249 (253).

Gesprächsregeln – wohl, weil spontanes Unterbrechen eines anderen Redebeitrags unmittelbar spürbar zu auditivem Chaos führt. Die Anmeldung von Wortbeiträgen über die Meldefunktion oder den Chat ermöglicht es allen Beteiligten, in einem disziplinierten und fairen Nacheinander von Redebeiträgen zu Wort zu kommen. Dies wiederum **entschleunigt die Kommunikation** und trägt zur **Deeskalation** bei.

31 Wenn in Mediationen **sukzessive Einzelgespräche** geführt werden,[42] ist das Online-Format effizienter und schneller, da kein realer Raumwechsel mit Wegezeiten nötig ist.[43] Auch Wartezeiten und Pausen können im digitalen Raum von allen Beteiligten sinnvoller und selbstbestimmter genutzt werden.[44] Nicht zuletzt erhöhen auch die Möglichkeiten, Dokumente per E-Mail, Chat oder Screensharing zu teilen bzw. die digitale Mitarbeit an Dokumenten freizuschalten, die **Effizienz der Zusammenarbeit**.

6. Höhere Akzeptanz für Co-Mediation

32 Schon aus technischen Gründen legt das Online-Setting die Arbeit in Co-Mediation besonders nahe,[45] so dass der **Mehrwert der Anwesenheit eines Co-Mediators** auch den Konfliktparteien leichter zu vermitteln ist. Dadurch bietet die Online-Mediation in Co-Konstellation Mediator:innen neben der kollegialen Entlastung[46] auch die große Chance, gemeinsam Erfahrungen zu sammeln und insbesondere Kolleg:innen, die am Anfang ihrer Mediator:innentätigkeit stehen, einen begleiteten Einstieg in die Mediationspraxis zu ermöglichen.

II. Nachteile und Risiken

33 Den aufgelisteten Vorteilen stehen auch manifeste Nachteile und Risiken des Online-Formates gegenüber.

1. Technisch bedingte Asymmetrien

34 Mediationsparteien, die mit digitalen Medien und Kommunikationsformen wenig erfahren sind, fühlen sich im Online-Setting oft grundsätzlich unsicher.[47] Unterschiedliche technische Ausrüstung kann dazu führen, dass einer Partei der Zugang zur Mediation

42 Dazu grundlegend *Gläßer/Kublik*, Einzelgespräche in der Mediation, ZKM 2011, 89.

43 *Winters*, Confessions of an Online Mediation Skeptic, The St. Louis Bar Journal Spring 2021, 16 (19).

44 Ebenda; sowie *Blanchard*, Virtual Mediation: Convenience and Cost Savings Created Through New Approach, The Gavel Winter 2021, 8 (9).

45 S. dazu unten unter E; sowie *Gläßer/Sinemillioglu/Wendenburg*, ZKM 2020, 80 (82).

46 Diese Entlastung durch Arbeitsteilung ist in hybriden Settings geradezu zwingend, siehe F.

47 Bei Mediationen, an denen jüngere Kinder oder ältere Menschen, die ansonsten kaum in Berührung mit Formen der Online-Kommunikation kommen, beteiligt werden sollen, steht die Online-Eignung insgesamt in Frage.

erschwert wird oder die Mediation **von technischen Problemen überschattet** ist. Dies kann dazu führen, dass sich eine Mediationspartei aufgrund des Settings in einer unterlegenen Verhandlungsposition fühlt. Nicht zu unterschätzen ist auch der Groll, der sich u. U. gegen die nicht funktionierende Technik – die aus diesem Grund mitunter als vierte Partei bezeichnet wird[48] – aufbauen und die Gesamtatmosphäre negativ beeinflussen kann.[49]

2. Ermüdung und Ablenkbarkeit

Viele Menschen erleben in Online-Formaten eine **verkürzte Aufmerksamkeitsspanne** 35
und deutlich **schnellere Ermüdung** als in Besprechungen in physischer Präsenz.[50] Die Gründe hierfür sind vielfältig: der eintönige Fokus auf den Bildschirm, eingeschränkte ganzkörperliche Bewegung, die Notwendigkeit erhöhter Konzentration zur Wahrnehmung von Zwischentönen, Mimik und Gestik, fehlender direkter Augenkontakt oder schlicht mangelnde Routine mit Online-Meetings und Handhabung der Technik. Zudem bergen zusätzlich geöffnete Programme oder ggf. unbemerktes Bearbeiten von E-Mails etc. zusätzliches **Ablenkungspotential**.

All dies kann die aktive Mitwirkung in der Online-Mediation und das Sich-Einlassen 36
auf die Konfliktklärung erschweren. Entsprechend sollten **Vereinbarungen** zur alleinigen Fokussierung auf das Meeting sowie zu machbaren Sitzungslängen und zur Pausengestaltung getroffen werden.

3. Eingeschränkter Kontakt

In der Online-Kommunikation fehlt der für die menschliche Interaktion eminent wichti- 37
ge **direkte Blickkontakt**;[51] Augenkontakt kann nur durch Fokussierung der Kamera simuliert werden. Auch können die Mediationsparteien einander nicht **ganzkörperlich und mit allen Sinnen wahrnehmen**. Nicht selten erschweren suboptimale Lichtverhältnisse oder Körperhaltungen die Lesbarkeit der Mimik auf den Bildkacheln; auch werden online nicht alle Nuancen der menschlichen Stimme übertragen.[52] Bei schlechter Internetverbindung können durch verzögerte Bildübertragung und die dadurch eine

48 So *Choi/Katsh* (Hrsg.), Online Dispute Resolution (ODR): Technology as the „Fourth Party“. Papers and Proceedings of the 2003 UN Forum of ODR, 2003, III. J. S. 5ff. (zitiert nach *Anzinger*, ZKM 2021, 53 (55), Fn. 45).

49 So auch *Proksch*, Ein Praxisleitfaden für Online-Mediation, perspektive mediation 2021, 244 (247).

50 S. z. B. *Sklar*, 'Zoom fatigue' is taxing the brain, 2020 (www.nationalgeographic.com/science/2020/04/coronavirus-zoom-fatigue-is-taxing-the-brain-here-is-why-that-happens); *Rewa/Hunter*, 2020 (abrufbar unter http://www.leadinggroupsonline.org/ebooks/Leading%20Groups%20Online.pdf), S. 8.; Jani, 2012, S. 42 (abrufbar unter https://www.mediatebc.com/sites/default/files/Guidelines_Mediating-from-a-Distance-%28Second-edition%29_0.pdf).

51 Dazu m.w.N. *Harnack*, ZKM 2021, 97 (98).

52 Ebenda.

fehlende Synchronität zwischen Bild und Ton zusätzliche Verwerfungen entstehen. Nicht zuletzt fehlen im digitalen Raum **informelle und zufällige Begegnungsmöglichkeiten**, wie sie im realen Raum vor und nach Sitzungen oder in Pausen möglich sind.[53]

38 All dies erschwert den Kontaktaufbau und die Herstellung eines authentischen Nähegefühls zwischen den Beteiligten und zu der Mediatorin.[54]

4. Commitment-Defizit

39 Der oben positiv hervorgehobene niedrigschwellige Zugang zu Online-Mediation[55] und die einfache Abbruchmöglichkeit kann sich auch negativ auf das Engagement der Konfliktparteien und ihr Vertrauen in die Verbindlichkeit der Gegenseite auswirken.[56] Diese Gefahren sollten Mediator:innen zu Beginn einer Mediation proaktiv benennen und während des Verfahrens im Bewusstsein behalten.

III. Ambivalente Aspekte

40 Neben diesen klaren Vor- und Nachteilen gibt es auch ambivalente Aspekte der Online-Mediation.[57]

41 Die bisherigen Erfahrungen zeigen, dass das Online-Setting deutliche **Auswirkungen auf die Emotionalität der Beteiligten** hat:[58] Da nur ein Teil der Mimik und Gestik über den Bildausschnitt zu erkennen ist und die nonverbale Kommunikation damit nur reduziert – und teilweise zusätzlich auch verzögert – wahrgenommen wird, ist die **persönliche Ausdrucksfähigkeit** in der Online-Kommunikation **eingeschränkt**. Dadurch sind Emotionen zum einen weniger klar erkenn- und lesbar. Zum anderen beeinträchtigt der Umstand, dass aufgrund der technischen Übertragung verbaler und nonverbaler Ausdruck nicht vollständig synchron sind, die emotionale Resonanz in der Online-Kommunikation.[59]

42 Parteien haben es deshalb leichter, sich im Online-Raum vom Konflikt(bearbeitungs)geschehen zu distanzieren und **Emotionen zurückzuhalten**. Hinzu kommt, dass **Momente der Stille**, in denen sich emotionale Regungen oder Perspektivwechsel ent-

53 *Winters*, Confessions of an Online Mediation Skeptic, The St. Louis Bar Journal Spring 2021, 16 (17).

54 So auch *Harnack*, ZKM 2021, 97 (98).

55 S. dazu C.I.2.

56 *Griffin/Margolis/Webb*, A New Tool for Resolving Litigation: The Benefits and Pitfalls of Virtual Mediations, The Mississippi Lawyer Winter 2021, 29 (31).

57 Dazu ausführlicher *Gläßer/Sinemillioglu/Wendenburg*, ZKM 2020, 133 (134f.).

58 So *Tait*, Evaluation of the Distance Family Mediation Project, 2013, S. 2, 28, 36.

59 S. dazu anschaulich https://www.nationalgeographic.com/science/2020/04/coronavirus-zoom-fatigue-is-taxing-the-brain-here-is-why-that-happens/ und https://www.nytimes.com/2020/04/29/sunday-review/zoom-video-conference.html.

wickeln können[60], im Online-Setting oft schwerer auszuhalten sind. Denn bei Stille drängt sich unwillkürlich der Eindruck eines technischen oder sonstigen kommunikativen Problems auf, das es möglichst schnell zu beheben gilt.

Ein **Setting mit gedämpften Emotionen** erscheint bei sehr impulsiven Streitparteien oder in hocheskalierten Konflikten als klarer Vorteil. Angesichts dessen, dass die Offenlegung und das gemeinsame Durchleben von Emotionen für eine nachhaltige Klärung von Konflikten aber in bestimmten Fallkonstellationen unerlässlich sein kann[61], können Online-Mediationen zugleich Gefahr laufen, den Konflikt nur oberflächlich zu behandeln. 43

In manchen Konfliktkonstellationen öffnen sich Parteien online aber auch stärker emotional, als sie dies in physischer Präsenz tun würden – gerade weil sie sich auf Distanz und somit in sicherer Umgebung befinden. 44

Für Mediator:innen bedeutet dies in beiden denkbaren Varianten, dass sie in Online-Mediationen **mehr Anstrengungen** aufbringen müssen, um Gefühle und Interessen der Konfliktparteien zu lesen, klar herauszuarbeiten und zu modulieren. 45

IV. Zwischenfazit

Mit Sorgfalt und Kreativität können die Risiken und Einschränkungen der Online-Mediation zwar nicht vollständig, aber doch weitgehend ausgeglichen werden. Dafür ist zum einen die **Vorbereitung der Konfliktparteien auf das Online-Format** zentral. Zum anderen ist auf Seiten der Mediator:innen **hohe Sensibilität, Präzision und zugleich Flexibilität bei der Verfahrensgestaltung** und dem Einsatz der mediativen Interventionsmethoden erforderlich.[62] Es braucht erhöhte Aufmerksamkeit für die unterschiedlichen verbalen und nonverbalen Signale der Konfliktparteien und einen konsequenten Einsatz der kommunikativen Grundtechniken (aktives Zuhören, passgenaues Nachfragen, Zusammenfassen und Strukturieren von Redebeiträgen). Dazu tritt das Erfordernis nach souveräner Spontaneität und Improvisation im Umgang mit unerwarteten technischen und kommunikativen Störungen. 46

Letztlich hängen Gestaltung und Gelingen einer Online-Mediation entscheidend von der **Haltung** der verfahrensverantwortlichen Mediator:innen ab:[63] Wenn letztere in empathischem Kontakt zu den Mediationsbeteiligten stehen, wenn sie authentisch daran interessiert sind und verstehen wollen, was die jeweiligen Konfliktparteien bewegt, wie es ihnen geht und was sie brauchen, dann werden auch technische Schwierigkeiten keine unüberwindlichen Hürden darstellen.[64] 47

---

60 Zur wichtigen Rolle von Schweigen als Interventionsform in der Mediation, s. *Ben Larbi/Gläßer* in: Knapp (Hrsg.), Konfliktlösungs-Tools II, 2013, S. 265 ff.

61 So insbes. die Vertreter der Klärungshilfe, s. exemplar. *Thomann*, Klärungshilfe 2, 2008.

62 Dazu ausführlich E.

63 So auch *Bond*, perspektive mediation, 249 (249 u. 254).

64 Ebenda.

48 Online- und Offline-Vermittlung erscheinen letztlich als *„zwei gleichberechtigte erste Wahlmöglichkeiten“*.[65] Für die Entscheidung, ob sich mit Blick auf einen konkreten Konflikt-/Mediationsfall die Online-Arbeitsweise empfiehlt oder nicht, können ganz **unterschiedliche Parameter** – u. a. konfliktbezogene, persönliche, organisationsbezogene, rechtliche und technische Faktoren – herangezogen werden.[66] Gegebenenfalls kann bewusst eine **hybride Verfahrensform** gewählt werden, um die Vorteile der Online-Arbeit mit denen der Präsenzvermittlung optimal zu kombinieren.[67]

49 Letztlich muss für jedes Konfliktszenario individuell und gemeinsam mit den Konfliktbeteiligten geprüft und abgewogen werden, ob eine Online- oder hybride Mediation durchgeführt werden kann bzw. sollte.[68]

D. Infrastruktur und Rahmenbedingungen der Online-Mediation

I. Technische Infrastruktur

50 Die technischen Möglichkeiten, Mediationen „live“ online durchzuführen und individuell zu gestalten, sind vielfältig. Grundsätzlich ist jede **Software** verwendbar, die Audio-Video-Verbindungen ermöglicht. Die diesbezüglichen Angebote reichen von Skype über Apps wie WhatsApp, FaceTime, Viber oder Signal, die vor allem für mobile Endgeräte optimiert sind, bis hin zu spezifischen Online-Meeting- bzw. Videokonferenz-Anbietern. Meetingsoftware bietet den Nutzer:innen dabei deutlich mehr Optionen und stabilere Verbindungen, insbesondere bei mehr als zwei Teilnehmenden.[69]

51 Die Entscheidung für eine bestimmte Software bzw. Plattform hängt von einer Reihe von **Kriterien** ab:

52 Zum einen gibt es seitens von Behörden, Unternehmen und anderen Organisationen nicht selten strikte **Vorgaben**, welche Software genutzt werden darf und welche nicht. Auch wenn die dahinterstehenden **datenschutzrechtlichen Bedenken**[70] durch die mittlerweile erfolgten Nachbesserungen vieler Softwareanbieter etwas abgemildert

---

65 *Bond*, perspektive mediation, 249 (250); manche halten die Online-Mediation sogar für objektiv überlegen, so *Winters*, Confessions of an Online Mediation Skeptic, The St. Louis Bar Journal Spring 2021, 16 (17).

66 Dazu detailliert *Dendorfer-Ditges*, Konfliktdynamik 2020, 139 (140).

67 S. zu hybriden Verfahrensformen Kapitel F.

68 So auch *Dendorfer-Ditges*, Online-Mediation – Bridge the Crisis, Shape the Future, 7 Yearbook on International Arbitration 2021, 143 (158).

69 Neben kommerziellen Anbietern wie Adobe Connect, BlueJeans, MS Teams, WebEx oder Zoom gibt es auch frei nutzbare Open-Source Software wie z. B. Jitsi, BigBlueButton, fairmeeting oder Nextcloud Talk; eine Übersicht über Open Source-Meetingsoftware findet sich z. B. hier: https://www.heise.de/tipps-tricks/Die-besten-Videokonferenz-Tools-im-Ueberblick-4688243.html.

70 S. dazu Rn. 102 sowie *Ehrnsperger*, Vertraulichkeit und Datenschutz bei der Online-Mediation über Videokonferenzen, 2021; *Ehrnsperger*, Online-Mediation, Datenschutz und die Wahl eines geeigneten Videokonferenzdienstes, ZKM 2021, 175.

wurden, sind diese Vorgaben natürlich bei der Planung von Mediationen zu erfragen und zu berücksichtigen. Auch vor dem Hintergrund der **Vertraulichkeit** von Mediation sollten Mediator:innen über ausreichende Informationen über die Art des Datenflusses (z. B. Verschlüsselungsformen, Serverstandorte) und Speicherung von Daten durch die genutzte Software verfügen und diese mit den Konfliktparteien vorab im Dienste einer informierten Entscheidung teilen.

Zum anderen gibt es – auch jenseits von Regularien – den Aspekt der **Gewohnheit und Vertrautheit**, der auf Seiten der Mediator:innen, aber auch der Konfliktparteien (insbesondere bei Mediationen im innerorganisatorischen Rahmen mit einer bereits etablierten Online-Kultur) Gewicht hat. Denn die technische Infrastruktur sollte so wenig Irritationspotential und Störanfälligkeit wie nur möglich bereithalten, damit sich alle Beteiligten inhaltlich auf das Mediationsgeschehen konzentrieren können. 53

Grundvoraussetzung dafür, dass die Meetingsoftware stabil läuft, ist eine ausreichend **schnelle und stabile Internetverbindung**. Empfehlenswert ist dafür die direkte Verbindung des Endgerätes per LAN-Kabel. Daneben sind eine qualitativ gute Kamera und ein Mikrofon Teil der notwendigen Grundausstattung.[71] 54

Besteht eine gewisse Wahlfreiheit bezüglich der nutzbaren Software, sind die Verfügbarkeit der gewünschten **Funktionen** sowie die **Stabilität** des Programmlaufs entscheidend. Hier hat während der Pandemie, nach anfänglich noch sehr starken Divergenzen, eine gewisse funktionale Angleichung der Meetingsoftware stattgefunden. 55

Essentiell für die Online-Vermittlung ist die Funktion, den Bildschirm teilen zu können (**Screensharing**), um gemeinsam auf die Tagesordnung bzw. Themenliste, eine entstehende Mitschrift oder auf bereits fertige Dokumente sehen zu können. Die kontinuierliche **Visualisierung von Arbeitsschritten** in einem digitalen Mediationsverfahren kann über einfache Worddokumente, integrierte Whiteboards, separate Visualisierungsprogramme[72] oder auch schlicht über handschriftliche Notizen auf Papier oder an einem echten Flipchart, welche über eine zweite Kamera eingeblendet werden, erfolgen. Die Möglichkeit, Dateien und Links über den Chat direkt einzuspeisen und so ad hoc – ohne zusätzlichen E-Mailverkehr – mit allen Teilnehmer:innen eines Meetings zu teilen, ist eine hilfreiche Ergänzung. Auch kann der Hintergrund des eigenen Videobildes durch einen virtuellen Hintergrund ersetzt, mindestens aber weichgezeichnet werden, um unliebsame Einblicke in die eigene Arbeits- oder Privatsphäre zu vermeiden. 56

Die Software sollte es ermöglichen, unkompliziert **virtuelle Nebenräume** (breakout rooms) einzurichten, damit bei Bedarf Einzelgespräche zwischen Mediator und Parteien, kurze Beratungen zwischen Parteien und ihren begleitenden Rechtsanwält:innen oder auch Abstimmungen zwischen Co-Mediator:innen in vertraulichem Rahmen stattfinden können. 57

71 S. dazu die konkreten Hinweise bei *Proksch*, perspektive mediation 2020, 244 (245 f.).
72 S. dazu die Übersicht bei *Bielecke*, ZKM 2022, 9 (10) m. w. N.

58 Nehmen mehr als sechs Personen an einem Mediationstermin teil, ist es für eine geordnete Gestaltung der Kommunikation hilfreich, wenn die Meetingsoftware Funktionen hat, über die **Wortmeldungen** wie auch Reaktionen auf Statements durch **visuelle Symbole** angezeigt werden können.

II. Organisatorische Rahmenbedingungen

59 Eine wesentliche Voraussetzung für das Gelingen einer Online-Mediation ist ein technisch wie räumlich funktionsfähiges Setting – sowohl auf Seiten der Mediator:innen als auch auf Seiten der Konfliktparteien. Hierfür sind einige grundlegende organisatorische Rahmenbedingungen herzustellen, die auch für andere Videokonferenz-Situationen relevant sind. Für die Online-Mediation sollten sich alle Teilnehmenden in einen **ruhigen, gut ausgeleuchteten Raum** begeben, in dem sie für die Dauer der Online-Sitzung ungestört bleiben können. Um die **Internetverbindung stabil** zu halten, empfiehlt es sich gegebenenfalls, vorab dafür zu sorgen, dass nicht parallel andere Personen im gleichen Büro oder Haushalt über den gleichen Internetzugang surfen oder streamen.

60 Meetingsoftware ist in der Regel über verschiedene digitale Endgeräte (Computer bzw. Notebook, Tablet und Mobiltelefon) nutzbar. Für Mediationssitzungen empfiehlt sich die Nutzung eines **Desk- oder Laptop**, da zum einen die Funktionalität der Meetingsoftware über mobile Endgeräte nicht selten eingeschränkt oder schlechter bedienbar ist. Zum anderen bleibt das Videobild so ruhiger und stabiler, was für alle Beteiligten von Vorteil ist. Die **Einstellung der Kamera** auf Augenhöhe und ein frontaler **Blickwinkel zur Kamera** fördern den Eindruck, dass sich die Beteiligten direkt gegenseitig ansehen. Durch die **Nutzung eines zweiten Bildschirms** können für die Mediation relevante Dokumente sowie Visualisierungsergebnisse vor Augen stehen, ohne dass die Videobilder der beteiligten Personen verkleinert bzw. ausgeblendet werden. Wenn irgend möglich, sollte für eine Mediationssitzung die private Chatfunktion abgestellt werden. Um transparente Kommunikation zu fördern, sollten alle **Chatbeiträge** für alle Sitzungsteilnehmer:innen gleichermaßen sichtbar sein. Von einer Aufzeichnung von Sitzungen oder Teilen davon ist abzuraten, um Befangenheiten und mögliche Vertraulichkeitsverletzungen zu vermeiden.[73]

61 Angesichts dessen, dass die Handhabung der digitalen Infrastruktur zusätzliche Aufmerksamkeit verlangt und auch fehleranfällig ist, ist es bei Online-Mediationen sehr entlastend, in einer **Co-Konstellation** zu arbeiten.[74] So kann eine Person den technischen Support[75] oder auch die Moderation von Wortmeldungen übernehmen, parallele Mitteilungen im Chat beobachten und Visualisierungen verantworten. Auch können

---

73 So auch *Zukowski*, Online Mediation Goes Mainstream, Arizona Attorney 6/2020, 38 (40) und *Dendorfer-Ditges*, Konfliktdynamik 2020, 139 (143).

74 Grds. zur Co-Mediation *Troja*, Lehrmodul 3: Co-Mediation, ZKM 2005, 161.

75 Der technische Support kann auch auf zusätzliche Unterstützungspersonen oder einen kommerziellen externen Dienstleister ausgelagert werden; letzteres wird häufig bei großen Online-Schiedsverhand-

Co-Mediator:innen besser auf in der Online-Mediation womöglich weniger deutlich erkennbare Zwischentöne, Gestik und Mimik achten und auf diese eingehen. Nicht zuletzt kann eine zweite Mediatorin nahtlos die Verfahrensleitung übernehmen, wenn der Kollege erschöpft ist oder aus technischen Gründen aus der Online-Sitzung „fällt".

E. Anpassung der mediativen Arbeitsweise an das Online-Format

Grundsätzlich verläuft eine Online-Mediation in dem hier beschriebenen synchronen Format in der gleichen **Phasenstruktur**[76] und unter Anwendung der gleichen **Kommunikationsmethodik**[77] wie eine Präsenzmediation. Die **Vorschriften des MediationsG** sind gleichermaßen anwendbar.[78] Allerdings ist aufgrund der zusätzlichen technischen Komponente besondere Sorgfalt auf die Gestaltung der Rahmenbedingungen sowie auf die Vorbereitung des gesamten Verfahrens und der einzelnen Sitzungen zu verwenden (I.). Auch für die Arbeit im Phasenmodell ergeben sich aus dem Online-Format einige Besonderheiten (II.).[79] Eine systematische Nachbereitung trägt dazu bei, die Lerneffekte aus einem konkreten Verfahrensverlauf zu reflektieren und damit die Qualität der Online-Mediation weiterzuentwickeln (III.). 62

I. Vorbereitung eines Online-Mediationsverfahrens

Ähnlich wie bei Präsenzmediationen können auch die Vereinbarungen zu Rahmenbedingungen und Verlauf einer Online-Mediation vorab (ggf. in einer gemeinsamen vorbereitenden Online-Sitzung) geklärt werden.[80] Insbesondere bei wenig technikaffinen Beteiligten ist es ratsam, einen – auch technikfokussierten – **Vorbereitungstermin** zu vereinbaren. So haben die Beteiligten die Möglichkeit, sich frühzeitig mit den einzelnen 63

lungen so gehandhabt. Alle Hilfspersonen, die zur Unterstützung in die Durchführung des Mediationsverfahrens eingebunden sind, sind von der Verschwiegenheitspflicht des § 4 MediationsG erfasst.

76 Die Struktur eines Mediationsverfahrens besteht aus einer Reihe von Verfahrensschritten (sog. Mediationsphasen), die systematisch aufeinander aufbauen. Auch wenn die genaue Anzahl der Mediationsphasen zwischen den verschiedenen Mediationsmodellen variiert, bleiben die Reihenfolge, der wesentliche Inhalt und die als Zwischenschritte angestrebten Ergebnisse dieser Phasen gleich:
Phase 1: Eröffnung des Verfahrens: Arbeitsbündnis und Rahmenvereinbarung
Phase 2: Bestandsaufnahme: Informations- und Themensammlung
Phase 3: Bearbeitung der Konfliktfelder: Interessenprofile
Phase 4: Lösungsfindung: Sammlung und Bewertung von Lösungsoptionen
Phase 5: Abschluss des Verfahrens: Abschlussvereinbarung.

77 S. dazu *Gläßer* in: Haft/Schlieffen (Hrsg.), Handbuch Mediation, 2016, S. 357 ff.

78 S. dazu die detaillierten Ausführungen und Praxishinweise bei *Dendorfer-Ditges*, Konfliktdynamik 2020, 139.

79 Dazu auch *Rickert*, Wie gelingt Onlinemediation? Konfliktdynamik, 2020, 217.

80 So auch *Dendorfer-Ditges*, Konfliktdynamik 2020, 139 (140 f.) mit der Empfehlung einer vorbereitenden Verfahrenskonferenz.

Funktionen der verwendeten Software vertraut zu machen. Dies kann auch einem aus ungleicher *„technical literacy“* entstehenden Unterlegenheitsgefühl auf Seiten einer Partei[81] vorbeugen.

64 Zusätzlich zu den üblichen vorbereitenden Klärungen sind für Online-Mediationen weitere **spezifische Vorab-Informationen und Vorbereitungen** nötig. So sollten die Parteien Erläuterungen zu den oben genannten technischen und räumlichen Voraussetzungen sowie zu den datenschutzrechtlichen Implikationen der verwendeten Programme[82] erhalten. Die Meetingsoftware, Kamera und Mikrofon sollten von allen Beteiligten vor der Mediation auf ihre Funktionsfähigkeit getestet werden. Die Mediationsbeteiligten können sich auch vorab darüber verständigen, ob sie in der Mediation einheitlich ihren realen Raumhintergrund zeigen oder einen virtuellen Hintergrund nutzen wollen. Jedenfalls sollte einvernehmlich geklärt werden, wie im Rahmen von Online-Sitzungen ein etwaiger Dokumentenaustausch gehandhabt werden soll.[83]

65 Für den Fall von technischen Problemen sollten vorab **Lösungsstrategien** und eine alternative Vorgehensweise mit den Mediand:innen abgesprochen werden.[84] Denkbar sind z. B. vorsorgliche Absprachen über den Einsatz alternativer Endgeräte, die Nutzung einer alternativen Meetingsoftware, eine rein telefonische Fortsetzung oder eine zeitliche Verschiebung der Mediation. In jedem Fall sollte für die Dauer jeder Online-Sitzung eine **alternative Erreichbarkeit aller Beteiligten** sichergestellt werden.

66 Eine weitere Vorbereitungsebene betrifft die **Zeitplanung**. Da Online-Meetings schneller ermüden als Präsenztreffen, sollten Online-Mediationen in kürzere Zeiteinheiten unterteilt und adäquate Pausen eingeplant werden. Auch ist es überlegenswert, eher mehrere Sitzungen in kürzerem Abstand als eine lange ganztägige Sitzung durchzuführen.[85]

67 Hilfreich kann darüber hinaus der Hinweis an die Mediationsparteien sein, vor und nach der Online-Mediation einen **Zeitpuffer** einzuplanen. Da An- und Abreisen entfallen, fehlen sonst Übergangszeiten für die innere Vor- und Nachbereitung und Reflexion. Gerade letztere können aber sehr nötig sein, um insbesondere nach einer emotional aufgeladenen Mediationssitzung, die mit einem simplen Mausklick endet, wieder aus dem Konfliktgeschehen „herauszufinden“.

68 In diesem Zusammenhang sollte auch ein Hinweis zur bewussten **Wahl des Ortes** für die Mediation erfolgen: Mediand:innen sollten darauf aufmerksam gemacht werden, dass sie sich den Konflikt mit der Online-Mediation ggf. buchstäblich ins eigene Arbeits- oder Wohnzimmer holen – was Vorteile (Vertrautheit/Geborgenheit/Sicherheit), aber auch Nachteile (mangelnde Distanzierungsmöglichkeit) haben kann.

---

81 S. dazu Rn. 34.

82 Dazu recht detailliert *Dendorfer-Ditges*, Konfliktdynamik 2020, 139 (144).

83 *Dendorfer-Ditges*, Konfliktdynamik 2020, 139 (141).

84 So auch *Zukowski*, Online Mediation Goes Mainstream, Arizona Attorney 6/2020, 38 (40).

85 So auch *Bond*, perspektive mediation 2021, 249 (254).

II. Phasenspezifische Hinweise

Im Folgenden werden **methodische Hinweise** entlang der einzelnen Mediationsphasen vorgestellt; Bezugspunkt ist dabei das gängige Fünf-Phasen-Modell der Mediation[86]. 69

Die Empfehlungen beruhen auf der Grundannahme, dass die synchrone Online-Mediation **mit allen Beteiligten gemeinsam** durchgeführt wird. Soweit in bestimmten Phasen **Einzelgespräche** stattfinden sollen,[87] ist dies auch im Online-Raum technisch möglich. Viele Online-Plattformen stellen separate digitale „Breakout-Räume" zur Verfügung, die per einfachem Mausklick angesteuert werden können; alternativ können Einzelgespräche auch über separate Links oder Telefonate arrangiert werden.[88] Dabei sollte – noch mehr als in physischer Präsenz – darauf geachtet werden, die anderen Beteiligten nicht zu lange unbeschäftigt warten zu lassen, da sich dies negativ auf die Konfliktdynamik auswirken kann. Gegebenenfalls können den Parteien, die gerade nicht im Einzelgespräch sind, für die Wartezeit inhaltliche Vorbereitungs- oder Reflexionsaufgaben gestellt werden, die dem Fortgang des Mediationsverlaufs dienen können. 70

1. Eröffnung des Verfahrens und Arbeitsbündnis

Um sicherzustellen, dass nur berechtigte Personen an einer digitalen Mediationssitzung teilnehmen, können vorab **Zugangscodes** versandt und/oder die **Warteraumfunktion** von Videoplattformen genutzt werden.[89] Zusätzlich können die Mediationsbeteiligten zu Protokoll versichern, dass nur teilnahmeberechtige Personen in dem von ihnen für die Videokonferenz genutzten physischen Raum anwesend sind.[90] 71

Wenn alle im digitalen Raum versammelt sind, können nach der gegenseitigen Begrüßung **Verfahrensvereinbarungen zur online-spezifischen Kommunikation** getroffen werden:[91] Hier ist insbesondere eine kollektive Stummschaltung mit Wortmeldungen per Handzeichen empfehlenswert. Auch wenn dies die Spontaneität von Äußerungen hemmt, entsteht so eine klare Ordnung und gute Hörbarkeit der einzelnen Sprechbeiträge. Zur Vermeidung von Befangenheit oder Ablenkung, die durch die ständige Selbstbetrachtung des eigenen Videobildes entstehen kann, können die Konfliktparteien darauf hingewiesen werden, dass sie – sofern die Online-Plattform das erlaubt – das eigene Bild ausblenden können.[92] Wenn mehrere Beteiligte auf einer Seite 72

86 S. dazu Fn. 76 sowie *Ade/Alexander*, Mediation und Recht, 2017, S. 39ff.; auch andere Phasenmodelle mit mehr oder weniger Phasen folgen letztlich einer vergleichbaren Ablauflogik, so dass ein Transfer unschwer möglich sein sollte, s. *Kessen/Troja* in: Haft/Schlieffen (Hrsg.), Handbuch Mediation, 2016, S. 329ff.

87 Zu grundsätzlichen Chancen, v.a. aber auch zu Risiken des Einzelgesprächsformats vgl. *Gläßer/Kublik*, ZKM 2011, 89.

88 *Dendorfer-Ditges*, Konfliktdynamik 2020, 139 (143).

89 Dazu *ausführlicher Dendorfer-Ditges*, Konfliktdynamik 2020, 139 (141).

90 *Dendorfer-Ditges*, Konfliktdynamik 2020, 139 (143).

91 S. dazu auch *Rickert*, Konfliktdynamik 2020, 217 (222).

92 *Proksch*, perspektive mediation 2021, 244 (247).

stehen oder die Konfliktparteien anwaltlich vertreten sind, sollte besprochen werden, dass und wie Abstimmungs- oder Beratungsbedarf während des laufenden Mediationstermins berücksichtigt werden kann.

73 Ebenso wie im physischen Präsenzsetting ist es denkbar, dass Parteien das Mediationsgeschehen nebenbei z. B. mittels Diktierprogramm aufzeichnen.[93] Da dies in der Online-Mediation vollkommen unsichtbar geschehen kann, muss eine solche Vorgehensweise als Risiko angesprochen werden; ein heimlicher Mitschnitt sollte im Rahmen der **Vertraulichkeitsvereinbarung** ausgeschlossen werden. Auch die **datenschutzrechtlichen Rahmenbedingungen** der genutzten Software sollten den Konfliktparteien gegenüber transparent gemacht und in der Mediationsrahmenvereinbarung festgehalten werden.[94]

74 Die **Mediationsrahmenvereinbarung** kann per E-Mail oder Textdokument abgeschlossen und bei Bedarf auch mit digitalen Unterschriften versehen werden.

2. Informations- und Themensammlung

75 Die zweite Phase einer Online-Mediation verläuft sehr **ähnlich wie in physischer Präsenz**. Vorab sollten Mediator:innen sich überlegen, wie sie die Visualisierung der Konfliktsituation und der zwischen den Parteien regelungsbedürftigen Aspekte handhaben wollen. Hierfür kommen alle unter D. beschriebenen technischen Möglichkeiten in Betracht.

3. Interessenklärung

76 Dass im Online-Setting ein echter Blickkontakt und die ganzkörperliche Wahrnehmung aller Teilnehmenden fehlen, wird vor allem in der dritten Mediationsphase spürbar. Insgesamt ist es in dieser Phase deshalb besonders angezeigt, dass die Mediator:innen die Konfliktparteien beim Ausdrücken von Emotionen, Interessen und Bedürfnissen durch **aktives Zuhören und (Re-)Formulieren auch von Zwischentönen oder Körpersprache** konsequent unterstützen und die jeweils im Fokus stehende Mediationspartei immer wieder mit ihrem Namen ansprechen.[95]

77 Zugleich gilt es, eine Atmosphäre zu schaffen, in der **Zuwendung, Perspektivwechsel und gegenseitiges Verständnis** entstehen kann. Dafür müssen die Mediator:innen zum einen immer wieder darauf hinwirken, die Aufmerksamkeit der nicht aktiv am Gesprächsgeschehen beteiligten Partei zu erhalten. Hierfür kommen z. B. kurze Kreuzcheck-Schleifen („*Welche Elemente des von der anderen Partei Gesagten sind aus Ihrer Sicht gut nachvollziehbar, welche werfen Fragen auf?*") in Betracht. Zum anderen wer-

---

93 So *Bertolino*, Datenschutz im Mediationsbüro, ZKM 2019, 58.

94 Ein Formulierungsbeispiel findet sich bei *Dendorfer-Ditges*, Konfliktdynamik 2020, 139 (140).

95 So auch *Proksch*, Ein Praxisleitfaden für Online-Mediation, perspektive mediation 2021, 244 (246) und *Bond*, perspektive mediation 2021, 249 (254).

den Passagen von nachdenklichem Schweigen online leichter möglich, wenn der Mediator den Sinn und Wert einer solchen Sprechpause explizit hervorhebt.

4. Sammlung und Bewertung von Lösungsoptionen

Die digitale Sammlung und Bewertung von Lösungsoptionen setzt nicht nur Kooperati- 78
onswillen bei den Konfliktparteien voraus, sondern auch geeignete Tools für das rasche Zusammentragen, Erörtern, Modifizieren und Weiterentwickeln von Ideen.[96] Idealerweise sollten Mediator:innen in dieser Phase Rückgriff auf eine **Online-Kollaborationsplattform**[97] nehmen, die virtuelle Alternativen zu physischen Moderationskarten, Post-its und Pinnwände bietet. Alternativ ist es natürlich auch denkbar, dass Lösungsvorschläge in den Chat gestellt[98] oder per E-Mail zugesandt werden, um diese anschließend in (re)arrangierter Form für alle strukturiert sicht- und diskutierbar zu machen.

5. Abschluss einzelner Sitzungen und des Verfahrens insgesamt

Am Ende einer einzelnen Online-Sitzung wie auch des gesamten Verfahrens sollte den 79
Beteiligten die Gelegenheit zur **Reflexion des Erlebten** nicht nur in inhaltlicher, sondern auch in technischer Hinsicht gegeben werden.[99] Hier sollten insbesondere Momente der Verunsicherung, Überforderung, Irritation und Unzufriedenheit proaktiv angesprochen werden, um daraus für nachfolgende Termine bzw. Verfahren zu lernen.

Mit Blick auf den Abschluss des gesamten Verfahrens stellt sich die Frage, wie sich 80
der **Akt der Abschlussvereinbarung**, der in physischer Präsenz mit einer Vertragsunterzeichnung und (zumindest) einem Händedruck ein auch zeremonielles Element enthält, in das Online-Format übertragen lässt.[100] Hier die Phantasie aller Beteiligten gefragt, um gemeinsam Ideen zu entwickeln, wie in dem konkreten Mediationsverfahren ein stimmiger und würdiger Schlusspunkt gesetzt werden kann.

III. Nachbereitung

Zur Nachbereitung einer Online-Mediation bzw. einzelner Sitzungen gehört die Versen- 81
dung der entstandenen **Visualisierungen und (Abschluss-)Dokumente**. Eine **systematische technische Nach- und Aufbereitung**, die insbesondere den Umgang mit tech-

96 Grundlegend zur Optionensammlung und -bewertung *Gläßer/Kirchhoff*, ZKM 2007, 88 ZKM, 157.

97 In Betracht kommen hier u.a. die Plattformen mural.co, miro.com und cai-world.com.

98 S. das besondere Format des „Chat Storm" bei *Bielecke*, ZKM 2022, 9 (13).

99 Grundlegend zum Stellenwert von Feedback in der und für die Mediation, s. *Ade/Gläßer*, Feedback in der Mediation, ZKM 2009, 60.

100 Für bestimmte Vereinbarungen ist die notarielle Beurkundung eine Wirksamkeitsvoraussetzung; dies setzt persönliche Anwesenheit voraus und ermöglicht damit einen Verfahrensabschluss in gemeinsamer physischer Präsenz.

nischen Problemen und Verbindungsstörungen, aber auch den gut gelungenen Einsatz digitaler Mittel reflektiert, fördert ein **lernendes System**.

F. Hybride Mediationsverfahren

I. Hybride Mediationskonstellationen

82 Vermittlungsverfahren, in denen digitale Elemente mit physischer Präsenz gemischt werden, bezeichnet man als hybride Verfahren.[101] Dabei sind zwei grundsätzlich unterschiedliche Mischformen zu unterscheiden: das konsekutive Hintereinanderschalten von Verfahrenselementen, die Online bzw. in physischer Präsenz stattfinden (**konsekutive Hybridmediation**), und die zeitgleiche Anwesenheit von Verfahrensbeteiligten teilweise in physischer Präsenz und teilweise über digitale Kanäle (**parallele Hybridmediation**).[102] In der Mediationspraxis kommen mittlerweile alle denkbaren Kombinationen von physischer und digitaler Beteiligung vor.

83 Im Folgenden sollen Verfahrenskonstellationen näher beleuchtet werden, in denen sich ein Teil der Verfahrensbeteiligten gemeinsam in einem physischem Raum befindet, während andere digital dazu geschaltet sind. Denn diese Konstellationen stellen Mediator:innen wie auch Beteiligte aufgrund ihrer erhöhten **Komplexität** vor spezifische Herausforderungen.[103]

84 Je nach Form der Beteiligung ergeben sich **verschiedene Spielarten**:[104] Die Mediation findet grundsätzlich in gemeinsamer physischer Präsenz statt, aber einzelne Beteiligte sind online zugeschaltet; die Mediationsparteien sitzen – ggf. jeweils mit ihrer anwaltlichen Begleitung – physisch zusammen in einem Raum, während mindestens eine Mediatorin online zugeschaltet wird; das Setting ist heterogen gemischt, einige der Beteiligten sind mit dem Mediator gemeinsam in einem physischen Raum, während andere Beteiligte an einem anderen Ort gemeinsam in einem Raum sind und online zugeschaltet werden etc.

85 Eine zentrale Aufgabe der Mediator:innen ist es, alle Konfliktparteien gleichmäßig am Verfahren zu beteiligen und **guten Kontakt zu allen Verfahrensbeteiligten** zu halten – unabhängig davon, in welchem Medium sie an dem Verfahren teilnehmen.

---

101 So auch *Bielecke*, ZKM 2022, 9 (9). Diese Begriffswahl ist zu unterscheiden von den sog. Hybridverfahren, in denen einzelne klassische Verfahrenstypen des ADR-Spektrums zu eigenen Mischformen kombiniert werden; besonders bekannt und in der Praxis gebräuchlich sind die Med-Arb- und Arb-Med-Verfahren, die Mediation und Schiedsgerichtsbarkeit gestuft zusammenfügen; s. dazu *Kück*, Hybride ADR-Verfahren, in: Kracht/Niedostadek/Sensburg (Hrsg.): Praxishandbuch Professionelle Mediation, 2023 (im Druck).

102 S. dazu www.hybridmediation.de.

103 So auch *Bielecke*, ZKM 2022, 9 (9).

104 Ähnlich auch *Bielecke*, ZKM 2022, 9 (12f.).

II. Spezifische Herausforderungen

Die Mediator:innen müssen dafür in hybriden Settings verstärkt **Multitasking-Leistungen** erbringen, da sie sowohl die Online-Technik als auch die räumlichen Gegebenheiten navigieren und dabei die Beteiligten im Raum und auf dem Bildschirm im Auge behalten müssen. Soweit die Mediator:innen im physischen Raum arbeiten, erleben sie zudem einen eingeschränkten Bewegungsspielraum, da sie darauf achten müssen, im Fokus der Kamera und in der Reichweite des Mikrofons zu agieren, um auch für die Online-Teilnehmer:innen durchgängig präsent zu bleiben. Auch muss eine Visualisierungsform gewählt werden, die für alle Mediationsbeteiligten gleichermaßen gut sichtbar ist. 86

Schwierigkeiten können dadurch entstehen, dass sich die Mediationsbeteiligten nicht gleichmäßig sehen und hören können. Denn die Beteiligten, die in einem physischen Raum versammelt sind, sitzen – zu Pandemiezeiten ggf. auch noch mit Maske – unterschiedlich weit entfernt von Kamera und Mikrofon. Dies kann zu **Verständigungsproblemen** führen. Die Online-Teilnehmer:innen des Verfahrens sind dagegen zwar in der Regel gut hör- und sichtbar, letzteres aber eben nur mit einem körperlichen Teilausschnitt. So ist Mimik und Körpersprache der Mediationsbeteiligten nicht für alle gleichmäßig lesbar. Alle Beteiligten stehen vor der Herausforderung, **unterschiedliche Blick- und Sprechrichtungen** – zu den Beteiligten im Raum und Kamera/Mikrofon – berücksichtigen zu müssen. 87

All dies erzeugt ein **zusätzliches Stressempfinden** und vermindert das Empfinden von Präsenz und Kontakt, was sich negativ auf die Kommunikations- und Konfliktdynamik auswirken kann. Zudem können die Ungleichmäßigkeiten in der Kommunikationssituation dazu führen, dass einzelne Teilnehmer:innen übersehen werden[105] oder dass die Mediationsparteien – ggf. auch unbewusst – ein **ungleiches Nähe-Distanz-Verhältnis** zwischen Mediatorin und einzelnen Beteiligten interpretieren. Letzteres kann wiederum dazu führen, dass Einzelne die Allparteilichkeit der Mediator:innen in Frage stellen. 88

In der Gesamtschau stellt eine hybride Verfahrensgestaltung mit paralleler Online- und physischer Präsenz **sehr hohe Anforderungen** an die Mediator:innen und Konfliktparteien wie auch an die Verfahrensvorbereitung und technische Ausstattung.[106] Das Arbeiten in einem reinen Online-Format oder in physischer Präsenz mit allen Beteiligten ist dagegen deutlich einfacher für die Mediator:innen – und erfahrungsgemäß auch befriedigender für die Konfliktparteien. Insofern sollte sorgfältig überprüft werden, ob ein paralleles Hybridformat wirklich erforderlich ist.[107] 89

---

105 Ähnlich auch *Bielecke*, ZKM 2022, 9 (12).

106 So auch *Bielecke*, ZKM 2022, 9 (9).

107 Während in diesem Beitrag eher zur Vorsicht mit dem Einsatz hybrider Arbeitsformen gemahnt wird, ermutigen andere ausdrücklich zu hybriden Formaten, da diese „das Beste aus beiden Welten zusammenführen", so *Bielecke*, ZKM 2022, 9 (9 und 14), und sehen hybride Verfahren als das Modell der Zukunft, so *Majzoub*, Mediation, Pandemic Style, Michigan Bar Journal 9/2020, 42 (44).

90 Dennoch kann es **gute Gründe** dafür geben, dass eine Mediationssitzung in hybrider Konstellation stattfinden soll. Insbesondere bei kurzfristiger Erkrankung oder auch Reiseschwierigkeiten ist ein digitales Zuschalten einzelner Beteiligter manchmal der einzige Weg, einen Termin nicht gänzlich ausfallen zu lassen. Umgekehrt kann es für digital averse, besonders sicherheits-, abstimmungs- oder anderweitig unterstützungsbedürftige Konfliktparteien eine „conditio sine qua non" sein, in physischer Präsenz mit der Mediatorin, der eigenen peer group und/oder der eigenen anwaltlichen Begleitung arbeiten zu können, während andere das Online-Medium für ihre Teilnahme präferieren.

III. Methodisch-technische Besonderheiten

91 In hybriden Verfahren müssen Elemente der Online- und der physischen Präsenzmediation kombiniert werden. Insofern gilt alles, was zur technischen und methodischen Verfahrensgestaltung in den Kapiteln D. und E. dargestellt wurde, auch für diese Verfahrensvariante. Dazu tritt die Anforderung, aktiv und sorgsam mit den unter F.II. dargestellten Herausforderungen umzugehen.

92 Ein Teil der geschilderten Probleme lässt sich durch den gezielten **Einsatz von Technik** zwar nicht vollständig lösen, aber doch erheblich eindämmen. So sollten, insbesondere bei höherer Teilnehmerzahl einer Mediation und entsprechend größeren Räumen, mehrere Kameras (idealerweise mit Zoomfunktion) und hochwertige Mikrofone im Raum verteilt werden, um alle physisch Teilnehmenden für die Online-Teilnehmer:innen gut sicht- und hörbar zu machen. Umgekehrt müssen Bildschirm oder Leinwand, auf die die Online-Teilnehmer:innen projiziert werden, in einem Blickwinkel platziert werden, der für alle im Raum Anwesenden günstig ist. Eine allseitig sichtbare Visualisierung kann entweder über eine zusätzliche, auf die Flipchart gerichtete Kamera oder über eine digitale Visualisierung, die direkt projiziert wird, hergestellt werden. In der Vorbereitung einer hybriden Mediationssitzung sind Sitzordnung, Visualisierungs-Infrastruktur, Kamera- und Mikrofoneinstellungen und Projektionsflächen sorgsam aufeinander abzustimmen.[108]

93 Die **Phasen des Ankommens und Verabschiedens** jenseits der eigentlichen Mediationssitzung sollten sehr bewusst unter persönlicher Ansprache der Verfahrensteilnehmer:innen gestaltet werden, um allen Beteiligten den Eindruck gleichmäßig verteilter Aufmerksamkeit zu geben.[109] Um vorzubeugen, dass seitens der Mediator:innen stillere Teilnehmer:innen im digitalen Raum übersehen werden, können physisch anwesende Personen im Sinne einer individuell zugeordneten „Patenschaft" besonders darauf achten, dass die digital zugeschalteten Personen adäquat wahrgenommen und in

---

108 Ähnlich auch *Bielecke*, ZKM 2022, 9 (10).
109 *Bielecke*, ZKM 2022, 9 (11 und 14).

den Mediationsprozess eingebunden werden.[110] Gezielte **Ansprache** der im physischen Raum und online Beteiligten sowie **regelmäßige Rückkopplung** sollte in hybriden Formaten noch häufiger stattfinden als dies ohnehin empfehlenswert ist.[111]

Die erhöhte kommunikationsdynamische Komplexität und die zusätzlichen technischen Aufgaben der hybriden Verfahrensführung legen es nahe, dass in derartigen Settings **mindestens zwei Mediator:innen arbeitsteilig zusammenarbeiten** sollten, um eine möglichst reibungsfreie professionelle Verfahrensdienstleistung zu gewährleisten. Eine mögliche Variante ist es dabei, dass eine Mediatorin im physischen Raum und ein Mediator online arbeitet. Für die Navigation der Technik (insbes. das Ansteuern verschiedener Kameras etc.) ist es empfehlenswert, weitere Unterstützungspersonen hinzuzuziehen. Über die dadurch entstehenden erhöhten Kosten eines Mediationsverfahrens muss vorab eine Verständigung mit den Konfliktparteien herbeigeführt werden. 94

G. Konsequenzen für die Aus- und Fortbildung von Mediator:innen

Die gestiegene Nachfrage nach Online-Mediation hat auch Auswirkungen auf die Aus- und Fortbildung von zukünftigen Mediator:innen. Denn, wie erörtert, stellt das Vermittlungssetting im digitalen Raum **spezifische Anforderungen** an die Wahrnehmungsfähigkeit, Kommunikationsgestaltung und mediative Methodik. Entsprechend erklärte die BRAK in einer Stellungnahme vom Januar 2021: *„Hier reicht es nicht, Online-Mediation im Angebot zu haben, sondern wichtig ist, sie auch zu beherrschen und abwägen zu können, ob dieses Format im konkreten Konfliktfall das geeignete Verfahren der Wahl ist.“*[112] 95

Um die Professionalität der digitalen Dienstleistung Online-Mediation in Deutschland nachhaltig abzusichern, bedarf es einer **Anpassung der Curricula** für die Aus- und Fortbildung von Mediator:innen.[113] Die Gestaltung von Online-Mediation sollte naturgemäß auch online unterrichtet werden; für eine digitale Ausbildungsgestaltung bedarf es einer gesonderten Qualitätssicherung.[114] 96

---

110 *Bielecke*, ZKM 2022, 9 (12).

111 S. dazu auch *Bielecke*, ZKM 2022, 9 (13).

112 BRAK Stellungnahme Nr. 6/2021, S. 8.

113 So *Lenz*, Virtual Mediation – The New Modus? 7 Yearbook on International Arbitration 2021, 159 (165 f.) mit einem Überblick über entsprechende Interimsregelungen von Mediationsverbänden während der Pandemie.

114 Für Qualitätsstandards für Online-Trainings plädiert *Bond*, perspektive mediation 2021, 249 (251); ähnlich auch *Schubert-Panecka/Weigel/Winhart*, Mediation Training Online, perspektive mediation 2021, 256, mit vielen Spezifika, die es für die Online-Mediationsausbildung zu beachten gilt; grds. zu Gestaltungsbedingungen und -möglichkeiten digitaler (Mediations-)Ausbildungen *Arnold/Schön*, Ausbildungsprozesse digital gestalten und begleiten, ZKM 2021, 48; sowie *Thole/Arnold*, Nachgefragt – Zur Nachhaltigkeit einer (auch) virtuellen Mediatorenausbildung, ZKM 2021, 100.

97 Den durch die Covid-19-Pandemie ausgelösten Veränderungen im Konfliktbearbeitungsmarkt soll deshalb nun im Rahmen einer Novelle der **Verordnung über die Aus- und Fortbildung von zertifizierten Mediatoren** (Zertifizierte-Mediatoren-Ausbildungsverordnung – ZMediatAusbV) Rechnung getragen werden.[115] Um hierfür die Erfahrungen der bereits praktisch im digitalen Raum tätigen Mediator:innen auswerten und einbeziehen zu können, lud das BMJV zwischen Juni 2020 und November 2021 Praktikter:innen und Ausbilder:innen zu mehreren Online-Austauschtreffen.[116] Schließlich wurden seitens des BMJ[117] in seinem Eckpunktepapier vom 15.11.2021[118] mit Blick auf digitale Mediationsausbildung die folgenden Änderungen der ZMediatAusbV zur Diskussion vorgeschlagen:[119] Die bislang gemäß der ZMediatAusbV 120 Zeitstunden umfassende Mediationsausbildung soll um die konkreten Lehrinhalte „Digitalkompetenz und Online-Mediation" auf 130 Stunden aufgestockt werden. Ziel dieser Erweiterung ist die nachhaltige Verankerung der Verfahrensform der Online-Mediation im Curriculum der Mediatorenausbildung, um der gestiegenen Nachfrage nach Online-Mediationen, nicht nur in Pandemiezeiten, Rechnung zu tragen.

98 Auch wenn die digitalen Kompetenzen naheliegenderweise via digitaler Medien unterrichtet werden können,[120] sollen **Mediationsausbildungen** insgesamt aber nach wie vor ganz **überwiegend in Präsenz** (im Sinne einer gleichzeitigen physischen Anwesenheit von Lehrenden und Lernenden an einem Ort[121]) stattfinden. Nach dem im März 2023 vorgelegten Referententwurf zur Novellierung der Ausbildungsverordnung können bis zu vierzig Prozent der Präsenz-Ausbildungszeitstunden in virtueller Form durchgeführt werden, sofern neben der Anwesenheitsprüfung auch die Möglichkeit der persönlichen Interaktion der Lehrkräfte mit den Ausbildungsteilnehmenden sowie der Ausbildungsteilnehmenden untereinander sichergestellt ist.

---

115 Der Referentenentwurf für die Novelle liegt seit 13.3.2023 vor.
Grundsätzlich zum weitergehenden Regulierungsbedarf der Mediationsausbildung in Deutschland *Lenz*, Braucht es für die Qualität der Mediation (weitere) Regulierung?, ZKM 2021, 151; ebenfalls kritisch v. a. mit Blick auf das Konzept der Selbstzertifizierung *Röthemeyer*, ZMediatAusbV ist jetzt pandemiefest – der Webfehler des Zertifizierungskonzepts bleibt, ZKM 2020, 193.

116 Vgl.: https://mediation-deutschland.de/blog/2020/11/17/bmjv-2-web-erfahrungsaustausch-am-17-november-2020/; Bundesregierung zu Mediation unter Pandemie-Bedingungen, ZKM 2020, 237; ZKM-Report 6/2021, 3f.

117 Die zuvor noch übertragene Zuständigkeit für den Verbraucherschutz (zuvor daher: BMJV) ist seit der 24. Bundesregierung unter Kanzler Scholz auf das Ministerium für Umweltschutz übertragen worden.

118 https://www.bmev.de/fileadmin/downloads/mediationsgesetz/2021-11-15_Diskussionsentwurf_BMJV_Mediation_2021.pdf.

119 *Klowait*, Zukünftige Ausbildungsvorgaben für zertifizierte Mediatoren, ZKM 2022, 19 (20).

120 S. https://www.bmev.de/fileadmin/downloads/mediationsgesetz/2021-11-15_Diskussionsentwurf_BMJV_Mediation_2021.pdf, S. 2.

121 https://www.bmev.de/fileadmin/downloads/mediationsgesetz/2021-11-15_Diskussionsentwurf_BMJV_Mediation_2021.pdf, S. 2.

99 Unabhängig von der gesetzlichen Regelung von Ausbildungsvorgaben sollten sich auch bereits ausgebildete Mediator:innen systematisch in **Fortbildungen** mit den Besonderheiten der Online-Mediation auseinandersetzen und die für eine Online-Vermittlung zusätzlich erforderlichen Kompetenzen erwerben, um zukunftsfähig zu werden. Entsprechend nimmt seit Beginn der Pandemie die Zahl der einschlägigen Fortbildungsangebote seitens der Mediationsverbände, Universitäten, kommerziellen Aus-/Fortbildungsanbieter und der Justiz (speziell für Güterichter:innen) deutlich zu.

100 Angesichts dessen, dass sich die Erscheinungsformen der Online Dispute Resolution mit den technischen Möglichkeiten und Rahmenbedingungen stetig weiter entwickeln werden, sei hier ergänzend Mediator:innen der **systematische Austausch** zu praktischen Erfahrungen mit der Online-Mediation im Rahmen von Diskussionsforen[122] und kollegialer Beratung[123] sehr empfohlen. Denn dies ermöglicht das Lernen aus der Praxis von Kolleg:innen und den fortlaufenden Kompetenzausbau.

H. Zukunftsfragen

101 Der seit 2020 zu verzeichnende erhebliche Entwicklungsschub der Online-Mediation hat nicht nur neue technische Möglichkeiten der Verfahrensführung in den Blick gerückt; er wirft auch Fragen auf, die – gerade angesichts der dynamischen Entwicklung der digitalen Streitbeilegung – der andauernden **kritischen Diskussion** und **wissenschaftlichen Erforschung** bedürfen.[124]

I. Datenschutz und Vertraulichkeit

102 Bei der Nutzung von Software für Online-Mediationen stellen sich zahlreiche **datenschutzrechtliche Fragen**, die aufgrund des Vertraulichkeitsprinzips der Mediation erhöhte Brisanz erlangen.[125] So ist häufig nicht eindeutig geklärt, welche Meeting Tools DSGVO-konform sind – nicht zuletzt, weil viele Tools von außereuropäischen Unterneh-

122 S. die Fachgruppe „Online-Mediation" des Bundesverbandes Mediation, https://fg-online-mediation.bmev.de/.

123 Grundlegend zu kollegialer Beratung *Tietze*, Kollegiale Beratung. Problemlösungen gemeinsam entwickeln, 2020; *ders.*, https://kollegiale-beratung.de(Website mit kurzem Überblick über die Methode, Qualifizierungsangeboten und weiterführender Literatur); zu kollegialer Beratung im Feld der Mediation siehe *Mahlstedt/Berlin/Bond*, Kollegiale Beratung – Ein Erfahrungsbericht, ZKM 2016, 67.

124 Zu praxisrelevanten Forschungsfragen, z.B. zur systematischen Erhellung der Auswirkungen, die Online-Mediation aufwirft, s. *Gläßer/Sinemillioglu/Wendenburg*, ZKM 2020, 133 (136 f.).

125 S. dazu *Ehrnsperger*, Online-Mediation, Datenschutz und die Wahl eines geeigneten Videodienstes, ZKM 2021, 175; sowie umfassend *Ehrnsperger*, Vertraulichkeit und Datenschutz bei der Online-Mediation über Videokonferenzen, 2021 (online zum kostenfreien Download verfügbar unter www.vfst.de/fachliteratur/produkte/vertraulichkeit-und-datenschutz-online-mediation-ueber-videokonferenzen).

men angeboten werden[126] und weil die Funktionsweise der Tools anbieterseitig kontinuierlich verändert und nachgebessert wird. Daher ist es sinnvoll, Meeting-Software immer wieder neu daraufhin zu überprüfen, ob/inwieweit bestimmte Datenschutzkriterien erfüllt sind. Hierzu zählen insbesondere Form und Umfang der Datenspeicherung, die Transparenz und Auswahlmöglichkeit von Serverstandorten bzw. die alternative Möglichkeit der Installation der Software auf eigenen Servern, die eingesetzte Verschlüsselungs- und Kommunikationstechnik und der Grad der individuellen Konfigurierbarkeit von Einstellungen zur Einrichtung weiterer datenschutzrechtlicher Vorkehrungen.

II. Barrierefreiheit

103 Ähnlich wie im anlässlich der Covid-19-Pandemie vieldiskutierten Bereich des E-Schooling/-Learning besteht auch im Feld der Streitbeilegung der **Bedarf nach flächendeckender digitaler Inklusion**. Die Schere des offenkundig eher bildungs- und einkommens- als altersabhängigen „digital divide“ öffnet sich immer weiter. Fehlende Hardwareausstattung, mangelnde „digital literacy“ und nicht zuletzt der ungleichmäßige Netzausbau führen schon in Deutschland, und noch viel mehr im globalen Vergleich, zu ungleichen Zugangsmöglichkeiten zu digitalen Kommunikationsformen – und damit auch zu Ungerechtigkeiten im „Access to Justice“.

104 Daher müssen auch in Zukunft **barrierefreie Zugänge** zu (digitalen) Streitbeilegungsformaten ermöglicht werden. Das heißt, dass insbesondere institutionell angebotene ADR-Verfahren (z. B. mediative Güterichterverfahren, Verbraucherschlichtung[127] oder behördliche Familienmediationen) nur dann bürgernah bleiben, wenn sie weiterhin auch die Möglichkeit einer nichtdigitalen Verfahrensweise offenhalten und/oder Möglichkeiten einer technischen Assistenz bereitstellen.

105 Auch gilt es, die Kommunikationsgestaltung für **Menschen mit besonderen Bedarfslagen** – Konfliktparteien ohne gemeinsame Sprachebene, aber auch Gehörlose, Blinde, etc. – in Online-Verfahren zu optimieren. Erste Ansätze hierfür bieten automatisierte Vorlese- bzw. Übersetzungs-Software oder die Untertitelfunktionen vieler Meeting Tools.

III. Konfliktdynamische Besonderheiten sowie Verfahrens- und Ergebnisqualität der Online-Mediation

106 Die bislang primär aus Praxiserfahrungen gespeisten Beobachtungen, dass die rein digitale Arbeitsweise das emotionale Erleben der Konfliktbeteiligten und damit auch die

126 Zur Anwendbarkeit der DSGVO auf Plattform-Anbieter außerhalb des europäischen Wirtschaftsraums siehe *Dendorfer-Ditges*, Konfliktdynamik 2020, 139 (144).
127 Siehe § 24 Rn. 46 (*Braun*/*Burr*/*Klinder*).

Konfliktdynamik eines Mediationsverfahrens verändert, sollte wissenschaftlich ausgeleuchtet werden. Insbesondere die Hypothese, dass das Online-Format tendenziell zu einer Versachlichung der Kommunikation und damit zu einer effizienteren Lösungsfindung beiträgt[128], sollte mit Methoden der **empirischen Sozialforschung** überprüft werden.

Auch die grundsätzliche Erforschung, inwieweit die zentralen „menschlichen Komponenten" der Kommunikation „im digitalen Raum noch vorhanden sind, sich transformiert haben oder ob sie gänzlich verschwunden sind",[129] erscheint sehr relevant für die Konfliktbearbeitung. Hierbei ist besonders interessant, dass das **Verschwinden des gemeinsamen physischen Raums** nicht nur „eine Verschiebung in ein neues Medium und eine veränderte Wahrnehmung", sondern auch „eine Veränderung im Denken der beteiligten Personen" mit sich bringt.[130] Denn nach dem psychologischen Modell der „Grounded Cognition" muss menschliche Kognition als Interaktion zwischen Gehirn, Körper und Umwelt verstanden werden; damit wird der umgebende Raum zum zentralen Bestandteil menschlichen Denkens und darauf basierenden Handelns.[131] 107

Dies mündet in eine Kaskade von Fragen, die **Verfahrens- und die Ergebnisqualität von Online-Mediationen** betreffen. 108

Hier wäre es hochinteressant, im Rahmen einer länger angelegten Studie durch die Nachbefragung aller Mediationsbeteiligten – also Mediator:innen, Konfliktparteien und deren anwaltliche Begleitung – differenzierte Daten dazu zu gewinnen, wie Online- bzw. hybride Mediationen mit Blick auf verschiedene Aspekte der Verfahrensgestaltung erlebt wurden, wie zufrieden die Beteiligten auf der Verfahrens- und der Ergebnisebene sind, ob der Konflikt nachhaltig beigelegt und ob die Abschlussvereinbarungen umgesetzt wurden.[132] Hieraus ließen sich wiederum interessante Schlussfolgerungen für die Optimierung der digitalen Verfahrensgestaltung, für Qualitäts- und ethische Standards der Verfahrensführung[133] sowie für Eignungskriterien von Konfliktkonstellationen für die digitale Bearbeitung[134] gewinnen. 109

---

128 S. dazu *Harnack*, ZKM 2021, 97 (98) m.w.N., *Bond*, perspektive mediation 2021, 249 (253); sowie *Winters*, Confessions of an Online Mediation Skeptic, The St. Louis Bar Journal Spring 2021, 16 (17 u. 20).

129 *Harnack*, ZKM 2021, 97 (97).

130 Ebenda.

131 Ebenda m.w.N.

132 Ähnlich auch *Harnack*, ZKM 2021, 97 (99).

133 Für die Online-Familienmediation *Melamed*, Establishing ethical standards for online family mediation, Family Court Review 2021, 244.

134 S. hier die Hypothesenbildung dazu, welche Konfliktarten besser geeignet für die digitale Bearbeitung sind als andere, bei *Majzoub*, Mediation, Pandemic Style, Michigan Bar Journal 9/2020, 42 (44).

IV. Digitale Tools zur Unterstützung der Verfahrenswahl und ODR-Konfliktmanagement-Systeme

110 Bei der Untersuchung der Auswirkungen der Digitalisierung auf die außergerichtliche Konfliktbearbeitung sollten nicht nur die Besonderheiten der Online-Arbeitsweise in der Durchführung von außergerichtlichen Verfahren betrachtet werden. Vielmehr fordert der erweiterte Blick auf das gesamte verfügbare Spektrum von ADR/ODR-Verfahren auch ein entsprechend **erweitertes Konfliktmanagement** und **neue Ansätze von Konfliktmanagement-Systemen**[135].

111 Eine zentrale Aufgabe des Konfliktmanagements ist es, durch die Auswahl bzw. Gestaltung eines für den konkreten Konfliktfall geeigneten Verfahrens **Transparenz, Steuerbarkeit und Effizienz der Konfliktbearbeitung** sicherzustellen.[136] Hierfür wurden in den letzten Jahren **Online-Tools** entwickelt, die die Streitparteien bzw. professionellen Konfliktmanager dabei unterstützen sollen, das für den konkreten Konflikt bestpassende Verfahren auszuwählen. Für Konflikte zwischen Unternehmen bietet das vom *Round Table für Mediation und Konfliktmanagement der deutschen Wirtschaft (RTMKM)*[137] entwickelte *Dispute Resolution Comparison Tool* ***DiReCT*** eine differenzierte Entscheidungshilfe.[138] Dieses digitale Instrument klärt Verfahrensinteressen und -präferenzen, indem es die Nutzer:innen durch eine Kaskade von Fragen leitet und am Ende priorisierte, begründete Empfehlungen für passende Verfahrensarten auswirft.[139] Auf Basis der Erfahrungen mit dem *DiReCT*-Tool entwickelte der *RTMKM* in Zusammenarbeit mit dem *Institut für Konfliktmanagement* der Europa-Universität Viadrina und dem Bundesverband Mediation den *Konfliktmanagement Prozessauswahl-Assistent* ***KOMPASS*** – ein weiteres online-basiertes Konfliktmanagement-Tool zur Unterstützung der Verfahrenswahl bei Konflikten am Arbeitsplatz.[140] Der sogenannte **Konfliktnavigator**, den die IHK online zur Verfügung stellt,[141] führt ebenfalls durch eine Reihe von Fragen und bietet für unterschiedliche Konflikttypen Hinweise auf – zumeist IHK-administrierte – Verfahrensmöglichkeiten.[142] Ein etwas anders strukturiertes, sehr bürgernah gestaltetes und ebenfalls kostenfreies Tool ist der sog. „Konfliktlotse" des Projektes

---

135 Grundlegend zum Verständnis von Konfliktmanagement-Systemen *EUV/PwC*, Konfliktmanagement – Von den Elementen zum System, 2011, online abrufbar unter www.ikm.europa-uni.de/de/kernbereiche/wirtschaft/projekte/km_im_unternehmen/Studie_KMS_III/index.html.

136 Ebenda, S. 17.

137 S. www.rtmkm.de.

138 www.rtmkm.de/home/direct-2.

139 *Wendenburg/Gendner/Hagel/Hennemann/Zimdars* in: Gläßer/Adrian/Alexander (Hrsg.), mediation moves, 2022, S. 195ff.; *Wendenburg/Gendner/Zimdars/Hagel*, Verfahrenswahl in B2B-Konflikten: Der Round Table Mediation und Konfliktmanagement der deutschen Wirtschaft (RTMKM) stellt ein neues Tool vor, ZKM 2019, 63.

140 www.rtmkm.de/home/kompass/.

141 https://www.ihk-muenchen.de/de/Service/Recht-und-Steuern/Mediation-Schiedsgericht/Konfliktnavigator/.

142 https://rechtohnestreit.de.

„Recht ohne Streit". Bislang unterscheiden sich diese digitalen Tools nur bezüglich der unterschiedlichen Kategorien von Streitbeilegungsverfahren (insbesondere Mediation, Schlichtung und Schiedsgerichtsbarkeit). Dies könnte durch zusätzliche Indikatoren für die Entscheidung zwischen Online-, Hybrid- und Präsenzverfahren ergänzt werden.

Ein systematisches Konfliktmanagement im Sinne der passgenauen Verfahrenswahl ist wiederum ein essentieller Bestandteil von umfassenderen, digital basierten **Konfliktmanagement-Systemen**, die nicht nur Verfahrensempfehlungen generieren, sondern auch die internetgestützte Bearbeitung von Konfliktfällen in unterschiedlichen Verfahrenstypen und -stufen anbieten.[143] Mittlerweile sind über einhundert verschiedene private Unternehmen mit derartigen ODR-Plattformen auf dem internationalen Markt.[144] Online-Mediation ist häufig ein Bestandteil dieser digitalen Systeme – teilweise in der hier beschriebenen synchronen Form, teilweise in asynchronen Vermittlungsformaten mit oder ohne[145] menschliche Mediatorin.[146] Weiterführende Überlegungen und erste praktische Initiativen betreffen auch die Frage, wie unter Nutzung digitaler Technologien die **Verzahnung zwischen staatlicher Gerichtsbarkeit und gerichtsverbundenen wie außergerichtlichen ADR-/ODR-Angeboten** optimiert werden kann.[147] 112

In all diesen Szenarien sind es **zukunftsrelevante Fragen** für den Einsatz von Online-Mediation, nach welchen Kriterien die Entscheidung über das bestpassende Konfliktbearbeitungsverfahren für den jeweiligen Fall[148] vorgenommen bzw. programmiert wird – und wie ODR-Systeme so gestaltet werden können, dass sie zugängliche, transparente und faire Konfliktlösung auch in Konfliktbereichen bieten, die von strukturell bedingten Machtasymmetrien geprägt sind.[149] Insofern muss die Entwicklung der ODR- 113

143 Ausführlich dazu, mit einem Fokus auf die Optimierung der Schnittstelle zwischen gerichtlicher und außergerichtlicher digitaler Konfliktbearbeitung und zahlreichen Beispielen auch aus anderen Ländern, *Anzinger*, ZKM 2021, 53; ZKM 2021, 84.

144 S. dazu die Übersicht unter https://odr.info/provider-list/.

145 Es erscheint fraglich, ob die bislang existierenden automatisierten Vermittlungsformen mit dem Begriff Mediation bezeichnet werden sollten, denn es handelt sich dabei eher um digitale Formen der Erleichterung von mono-dimensionalen Kompromiss-Verhandlungen; siehe dazu auch die Kritik unter H. V.

146 Dazu *Anzinger*, ZKM 2021, 53 (57).

147 Dazu *Zwickel*, Das beschleunigte Online-Verfahren: Chancen und Risiken für die einvernehmliche und die streitige Konfliktlösung, Konfliktdynamik 2021, 169; sowie mit etlichen internationalen Beispielen *Anzinger*, ZKM 2021, 84 (85 ff.); für den englischen Rechtsraum *Masood*, Alternative Dispute Resolution during the Covid-19 crisis and beyond, King's Law Journal 2021, 147 und für US-amerikanische gerichtsverbundene ODR-Programme *Ebner/Greenberg*, Strengthening Online Dispute Resolution Justice, Washington University Journal of Law & Policy 2020, 65.

148 S. *Anzinger*, ZKM 2021, 53 (56).

149 Speziell für den Umgang mit Scheidungsfällen siehe *Wasser*, Design Challenges in applying online dispute resolution to divorce, Family Court Review 2021, 268.

Plattformen an der **Schnittstelle von technologischen Möglichkeiten, Verantwortungsverteilung und ethischen Grundsatzfragen** dauerhaft mit wachem, kritischen Blick begleitet werden,[150] denn

> „[l]ike every other technology, ODR technology is Janus-faced. Just like a stethoscope can be used to hear a beating heart in crisis or to crack a safe, ODR platforms can be used to good and bad, or true and fake, justice."[151]

114 Diese Wächterrolle und die Aufgabe der empirischen Überprüfung von Annahmen, Hoffnungen und Befürchtungen kann und sollte am ehesten die **Wissenschaft** übernehmen.[152]

V. Einsatz von künstlicher Intelligenz

115 Die naheliegende Kombination von ODR mit **Legal-Tech**-Ansätzen[153] und den wachsenden Möglichkeiten des Einsatzes von **künstlicher Intelligenz** eröffnet neue Entwicklungsperspektiven[154] – und wirft zugleich grundlegende rechtspolitische wie ethische Fragen nach der Rolle und Funktion von Konfliktbearbeitung in der Gesellschaft auf.

116 Der direkte Einsatz von Künstlicher Intelligenz (KI) in der Konfliktlösung wurde bislang vertieft vor allem für die **Vorhersage rechtlicher Entscheidungen** untersucht.[155] Unter Nutzung von KI können aber auch neue ODR-Formate entstehen, in denen **Algorithmen** die **Vermittlerfunktion** (oder zumindest Teile derselben) übernehmen.[156] Im außergerichtlichen Bereich kann KI in der Verhandlung[157], der Argumentationsunter-

---

150 Dazu grds. kritisch *Sternlight*, Pouring a Little Psychological Cold Water on Online Dispute Resolution, Journal of Dispute Resolution 2020, 1; sowie mit einem Set von Analysekriterien und einer darauf rekurrierenden Übersicht über Beispiele von ODR Systems Design, *Martinez*, Designing Online Dispute Resolution, Journal of Dispute Resolution 2020, 135.

151 *Morek*, The Regulatory Framework for Online Dispute Resolution: A Critical View, 38 University of Toledo Law Review 2006, 163 (178 f.).

152 So auch *Wasser*, Design Challenges in applying online dispute resolution to divorce, Family Court Review 2021, 268 (275) und *Sternlight*, Pouring a Little Psychological Cold Water on Online Dispute Resolution, Journal of Dispute Resolution 2020, 1 (29).

153 S. dazu grds. Breidenbach/Glatz (Hrsg.), Rechtshandbuch Legal Tech, 2021; sowie *Hartung/Bues/Halbleib*, Legal Tech. Die Digitalisierung des Rechtsmarkts, 2017.

154 *McQuiston/Sturges*, Online Dispute Resolution: A Digital Door to Justice or Pandora's Box? (Part 2), Colorado Lawyer 3/2020, 32.

155 *Steffek/Bull*, Die Entschlüsselung rechtlicher Konflikte – Der Einsatz von Künstlicher Intelligenz in der Konfliktlösung, ZKM 2018, 165; *Anzinger* in: Hey (Hrsg.), Digitalisierung im Steuerrecht, 2019, S. 15 (34 ff.).

156 Dazu exemplar. *Barnett/Treleaven*, The Computer Journal 2018, 399.

157 Vgl. die Systeme SmartSettle (https://www.smartsettle.com/) und Family_Winner, *Zeleznikow/Bellucci* in: Bourcier (Hrsg.), Legal Knowledge and Information Systems, 2003, S. 21 ff.

stützung im Rahmen der Schiedsgerichtsbarkeit[158] und auch in der Mediation[159] eingesetzt werden.[160]

So faszinierend, vielversprechend oder auch schlicht effizient dies erscheinen mag, 117
so grundsätzlich sind die **methodischen und ethischen**[161] **Fragen**, die diese Entwicklungsrichtung aufwirft. Denn je tragender die Rolle von Software in der Streitbeilegung ist, desto größer wird der Einfluss und die Macht der Algorithmen, ihrer Programmierer:innen, der Softwareanbieter:innen und Plattformbetreiber:innen. Die Erweiterung des klassischen Dreiecks der Streitbeilegung (zwei Streitparteien und eine neutrale dritte Vermittlerin oder Entscheiderin) um diese – zumeist ja unsichtbaren und nicht unmittelbar greifbaren – zusätzlichen Akteure führt zu ganz neuen Herausforderungen mit Blick auf (mangelnde) Transparenz, Kontrolle und Verantwortungszurechnung.

Zudem ist Streitbeilegungssoftware bislang ganz überwiegend im **„positional bar-** 118
gaining“[162]-Modus programmiert.[163] Das mag für rein monetäre Konflikte die ökonomisch effizienteste Lösung sein. Methodisch gesehen ist dieser eindimensionale Modus der Konfliktbearbeitung mit seiner Fokussierung nur auf die Sachebene und auf reine Verteilungslösungen aber als Rückfall in die Zeit vor dem Harvard-Konzept[164] zu sehen, denn es werden weder die Beziehungsebene berücksichtigt noch differenzierte Interessenprofile herausgearbeitet und auf dieser Basis win-win-Lösungen generiert.

---

158 Das spielerisch angelegte DiaLaw von Arno Lodder: *Lodder*, DiaLaw. On Legal Justification and Dialogical Models of Argumentation, 1999; s. auch *Dimiškovska*, (Dia)logical Reconstruction of Legal Justification, Revus. Journal for Constitutional Theory and Philosophy of Law/Revija za ustavno teorijo in filozofijo prava 2013, 155; siehe § 25 Rn. 57 ff. (*Scherer/Jensen*).

159 Vgl. die Systeme: IMMEDIATION (https://www.immediation.com/) und MODRON (https://www.modron.com/).

160 *Alexander*, Ten Trends in International Mediation, The Singapore Academy of Law Journal 2019, Singapore Management University School of Law Research Paper No. 13/2020, 405 (436 f.); *Zeleznikow*, Using Artificial Intelligence to provide Intelligent Dispute Resolution Support, Group Decision and Negotiation, 2021, 1.

161 Dazu exempl. *Exon*, Ethics and Online Dispute Resolution: From Evolution to Revolution, Ohio State Journal on Dispute Resolution 2017, 609 (624); *Wing*, Ethical Principles for Online Dispute Resolution, International Journal of Online Dispute Resolution 1/2016, 12 und *McQuiston/Sturges*, Online Dispute Resolution: A Digital Door to Justice or Pandora's Box? (Part 1), Colorado Lawyer 4/2020, 26.

162 „Positional bargainining“ beschreibt einen Verhandlungsansatz, bei dem es (primär) um die möglichst weitgehende Durchsetzung von Positionen (statt um die gemeinsame Schaffung von Mehrwert, den Erhalt von Beziehungen oder die Transformation von Konflikten) geht; er wird auch als kontradiktorisches Nullsummenspiel bezeichnet. Nimmt beispielsweise eine Partei eine hohe Ausgangsposition ein und die andere eine entsprechend niedrige Gegenposition, wird entweder keine Einigung oder im Wege von (meist gegenseitigen) Zugeständnissen eine Einigung im Sinne eines klassischen „win-lose“-Kompromisses erzielt, der zwischen den Ausgangspositionen liegt.

163 S. dazu die Beispiele bei *Anzinger*, ZKM 2021, 53 (55) m.w.N.

164 Zum Harvard Konzept s. den Klassiker *Fischer/Ury*, Getting to Yes: Negotiating Agreement without Giving In, englische Erstauflage 1981; deutschsprachige Auflage: *Fischer/Ury/Patton*, Das Harvard-Konzept: Die unschlagbare Methode für beste Verhandlungsergebnisse, 2018.

119 Aus all diesen Gründen werden die Präsenzmediation und die diese nachbildende synchrone Online-Mediation ihren spezifischen Platz im Spektrum der Streitbeilegungsformen behalten, auch wenn sie im Gegensatz zu vollautomatisierten bzw. KI-gestützten ODR-Plattformen zunehmend „old school" wirken mögen.

120 Denn das vielbeschworene „Versprechen der Mediation"[165] liegt gerade in der Komplexität der Konfliktwahrnehmung und -bearbeitung, der intensiven Auseinandersetzung mit Emotionen, Interessen und Bedürfnissen und dem damit einhergehenden Kreativitäts- und Transformationspotential einer ganzheitlichen Interaktion. Diese **vielschichtige Leistungsfähigkeit von Mediation** wird den Transport in den digitalen Raum und die Integration in ODR-Systeme nur dann (dauerhaft) überleben und zum Wohl von Konfliktparteien wirken, wenn das Mediationsgeschehen auch in der Online-Vermittlung als komplexe soziale Interaktion verstanden, die mediationstypische Verantwortungsverteilung zwischen Mediator:innen und Konfliktparteien beibehalten und die anknüpfenden rechtssystemischen wie ethischen Fragen dauerhaft diskutiert werden.[166]

VI. Fazit und Ausblick

121 Die Digitalisierung der Streitbeilegung hat durch die Covid-19-Pandemie erheblich an Fahrt aufgenommen. Dies gilt insbesondere für den außergerichtlichen Bereich, da hier unbeeinträchtigt von behördlichen Logiken und institutionellen Trägheitseffekten freieres Experimentieren und schnellere Entwicklungsschritte möglich sind. So können sich außergerichtliche Verfahrensformen leichtgängiger und flexibler an die rasanten Veränderungen der Möglichkeiten und Anforderungen der digitalen Welt anpassen. In dieser **„digitalen Wendigkeit" des Mediationsverfahrens** liegt ein klarer Wettbewerbsvorteil gegenüber dem Gerichtsverfahren[167] – auch wenn die Pandemie im Justizsektor einen deutlichen Entwicklungsschub bewirkt hat[168].

122 Für viele Mediator:innen ist sowohl die rein digitale als auch die hybride Verfahrensgestaltung fester Bestandteil des **Angebotsportfolios** geworden. In einigen Konfliktfeldern werden sich digitale Formate zur präferierten Vermittlungsform entwickeln. Die technisch-methodische Gestaltung der synchronen Online-Mediation ist – mit entsprechender Vorbereitung, Gelassenheit und Kreativität – auch für wenig digital affine Mediator:innen grundsätzlich gut machbar. Da die Erwartungen der Konfliktpar-

165 S. den Klassiker „The Promise of Mediation" von *Bush/Folger*, 2009.

166 Ähnlich *Johnson*, Designing Online Mediation: Does „Just Add Tech" Undermine Mediation's Ownmost Aim?, Direito GV Law Review 1/2020, 1 (13 f.).

167 S. *Greger*, Der Zivilprozess auf dem Weg in die digitale Sackgasse, NJW 2019, 3429.

168 S. dazu bereits kurz nach Beginn der Pandemie den Bericht von *Krans/Nylund u. a.* zu den Effekten der Covid-19-Pandemie auf die Ziviljustiz in 15 Ländern (April 2020), https://doi.org/10.7557/sr.2020.5; sowie den internationalen Vergleich mit Blick auf Online-Gerichte in *Roberts*, Digital Justice, Washington Lawyer 5/2020, 19.

teien an die Online-Professionalität von Verfahrensdienstleister:innen deutlich gestiegen sind, sollte hier eine regelmäßige Fortbildung erfolgen – und im Zweifel die Möglichkeit der Unterstützung durch eine digital versierte Co-Mediatorin genutzt werden.

Digitale Mediationsangebote können die Etablierung der Mediation insgesamt deut- 123
lich voranbringen – vorausgesetzt, die Konfliktbeteiligten machen dabei zufriedenstellende Erfahrungen. Zufriedenheit mit Blick auf Konfliktbearbeitung entsteht aber nicht nur durch das Zustandekommen einer Einigung, sondern durch das Erleben eines fairen Verfahrens und eines verbesserten Kontaktes zu den anderen Konfliktparteien. Hier liegt das besondere Potential der Mediation, das auch in digitalen Formaten verwirklich werden kann und sollte.

Ulla Gläßer

Felix Braun, Iris Burr und Andrea Klinder

§ 24 Digitalisierung in der Verbraucherstreitbeilegung

Gliederungsübersicht **Rn.**

Literatur: *Braun/Thevis*, Verbraucherstreitbeilegung – niedrigschwellige Verfahren für alle, aber auch für Massen? Konfliktdynamik 2021, 180 ff.; *Cortés*, Online Dispute Resolution for Consumers in the European Union, 2010; *Creutzfeldt/Steffek*, Abschlussbericht zur Funktionsweise der Allgemeinen Verbraucherschlichtungsstelle und der Universalschlichtungsstelle des Bundes in Kehl, BT-Drs. 19/27025; *Hähnchen/Schrader/Weiler/Wischmeyer*, Legal Tech – Rechtsanwendung durch Menschen als Auslaufmodell?, JuS 2020, 625 ff; *Hayungs*, ADR-Richtlinie und ODR-Verordnung – Was haben der Rat und das Europäische Parlament an den Entwürfen der Kommission geändert?, ZKM 3/2013, 86 ff.; *Koulu*, Law, Technology and Dispute Resolution, The Privatisation of Coercion, 2020; *Meier/Marschner*, Beispiel söp: Digitalisierung in der Verbraucherschlichtung, ZKM 2021, 245 ff.; *Roder/Röthemyer/Braun*, Verbraucherstreitbeilegungsgesetz, 2017; *Tamm/Tonner/Brönneke (Hrsg.)*, Verbraucherrecht, 3. Auflage 2020.

https://doi.org/10.1515/9783110755787-024

A. Einleitung

Mit der Verabschiedung des Gesetzespakets aus **ADR-Richtlinie**[1] und **ODR-Verordnung**[2] 1
wurden Verbraucherstreitbeilegung und Digitalisierung zum ersten Mal verbindlich und gleich mehrfach miteinander verknüpft.

Der Geltungsbereich der ODR-Verordnung ist zwar gemäß ihres Art. 2 I ausschließ- 2
lich für Streitigkeiten, die aus online geschlossenen Verträgen entstanden sind, eröffnet.[3] Zum einen sind dies aber weitaus mehr Verträge als jene, die dem klassischen Online-Shopping zugeordnet werden können; fast jede Art von Vertrag unabhängig von der Branche wird in der Praxis des Öfteren online abgeschlossen, etwa die Auftragsbestätigung gegenüber einem Handwerksbetrieb oder der Abschluss eines Mobilfunkvertrags. Zum anderen gibt aber auch die ADR-Richtlinie vor, dass Verfahren vor einer Streitbeilegungsstelle im Sinne dieser Richtlinie online und offline verfügbar sein[4] und insbesondere Beschwerden und die erforderlichen einschlägigen Dokumente online einreichbar sein müssen[5]. Diese Vorgaben greift das **Verbraucherstreitbeilegungsgesetz (VSBG)** in §§ 10, 11[6] und die Universalschlichtungsstellenverordnung in § 3 I-III auf. Die damit gesetzte Grundvorgabe für zumindest bedingt digitale Streitbeilegungsverfahren ist seit Verabschiedung des EU-Gesetzespakets im Jahr 2013 im Zuge der allgemein fortschreitenden Digitalisierung selbstverständlicher geworden. Aber auch die Streitbeilegungsstellen selbst bringen die Digitalisierung über das vorgegebene Mindestmaß hinaus aus eigenem Antrieb voran.[7] So wundert es wenig, dass das Thema der Digitalisierung der Verbraucherstreitbeilegung eines der Schwerpunktthemen der zweiten von der Europäischen Kommission veranstalteten ADR-Assembly im Jahr 2021

---

1 Richtlinie 2011/83/EU des Europäischen Parlaments und des Rates vom 25. Oktober 2011 über die Rechte der Verbraucher:innen, zur Abänderung der Richtlinie 93/13/EWG des Rates und der Richtlinie 1999/44/EG des Europäischen Parlaments und des Rates sowie zur Aufhebung der Richtlinie 85/577/EWG des Rates und der Richtlinie 97/7/EG des Europäischen Parlaments und des Rates.

2 Verordnung (EU) Nr. 524/2013 des Europäischen Parlaments und des Rates vom 21. Mai 2013 über die Online-Beilegung verbraucherrechtlicher Streitigkeiten und zur Änderung der Verordnung (EG) Nr. 2006/2004 und der Richtlinie 2009/22/EG.

3 Der Begriff Dienstleistungsverträge ist europarechtlich weit zu verstehen und umfasst neben Dienstleistungsverträgen nach §§ 611ff. BGB insb. auch Werkverträge nach §§ 631ff. BGB.

4 Art. 8 lit. a) ADR-Richtlinie.

5 Art. 5 II lit. a) ADR-Richtlinie.

6 BT-Drs. 18/5089, S. 59.

7 So startete die Allgemeine Verbraucherschlichtungsstelle am Zentrum für Schlichtung e.V., nunmehr Universalschlichtungsstelle des Bundes, bereits 2016 mit einem in sich geschlossenen, maßgeschneiderten und mit dem Antragsformular verbundenen Online-Fallbearbeitungssystem; die söp_ Schlichtungsstelle für den öffentlichen Personenverkehr e.V. (söp) baute nicht zuletzt in Zeiten von Antragshöchstzahlen im Zuge der Corona-Krise ihre Digitalisierung aus, vgl. *Meier/Marschner*, ZKM 2020, 245; beides sind lediglich Beispiele einer auch bei anderen ADR-Stellen zu beobachtenden Entwicklung.

war, in der neben anderen Stakeholdern vor allem sämtliche im Europäischen Wirtschaftsraum tätigen ADR-Stellen[8] zum Erfahrungsaustausch zusammenkamen.[9]

3 Der nachfolgende Beitrag widmet sich daher seinem Titel entsprechend der Digitalisierung im Bereich der Verbraucherstreitbeilegung. Hierzu wird im Sinne einer Begriffsklärung zunächst erklärt, was Verbraucherstreitbeilegung ist und wie sich diese insbesondere in Deutschland darstellt (A.I.) sowie die Bedeutung von Digitalisierung in diesem Kontext (A.II.).

4 Nach der Beleuchtung und Definition dieser Begriffe wird der aktuell vorgefundene Status quo (B.) näher dargestellt und es werden Perspektiven aufgezeigt, bevor ein Fazit dazu gezogen wird, welche Bedeutung die Digitalisierung im Bereich der Verbraucherstreitbeilegung hat und haben sollte (C.).

I. Verbraucherstreitbeilegung

5 Aus der ADR-Richtlinie folgt, dass es ein **umfassendes Angebot** an Verbraucherstreitbeilegung in jedem Mitgliedstaat der Europäischen Union[10] geben muss, wenn eine Streitigkeit aus einem Vertrag zwischen einem oder einer Verbraucher:in[11] und einem oder einer Unternehmer:in entsteht; dies gilt von wenigen, explizit aufgeführten Ausnahmen ausgenommen, branchenübergreifend.[12]

6 Dies hat Deutschland mit § 4 II 2 und § 30 I VSBG umgesetzt und ist damit seiner staatlichen Pflicht, flächendeckend Zugang zu Verbraucherstreitbeilegung zu gewährleisten,[13] gerecht geworden: Neben 27 (größtenteils schon vor der ADR-Richtlinie existierenden[14]) branchenspezifischen und einer allgemeinen Verbraucherschlichtungsstelle[15] gibt es die **Universalschlichtungsstelle des Bundes**, die Gewähr dafür bietet, dass es zu

8 Der Begriff ADR-Stelle wird synonym verwendet mit AS-Stelle, Verbraucherstreitbeilegungsstelle und Verbraucherschlichtungsstelle. Dies bezeichnet jede Stelle im Sinne von Art. 4 I lit. h) der ADR-Richtlinie.

9 https://adr-assembly.b2match.io/page-641 und https://blog.otto-schmidt.de/mediation/2021/10/23/vernetzung-und-austausch-im-umfeld-von-verbraucherstreitbeilegung/.

10 Die Übernahme des EU-Rechts für den gesamten EWR erfolgt nicht unmittelbar und direkt, sondern erst durch einen Beschluss des Gemeinsamen EWR-Ausschusses. Für die ADR-Richtlinie erfolgte dies per Beschluss des Gemeinsamen EWR-Ausschusses Nr. 194/2016 vom 23. September 2016 zur Änderung von Anhang XIX (Verbraucherschutz) des EWR-Abkommens [2018/450].

11 Aus Gründen der besseren Lesbarkeit wird auf die gleichzeitige Verwendung der Sprachformen männlich, weiblich und divers (m/w/d) verzichtet. Sämtliche Personenbezeichnungen gelten gleichermaßen für alle Geschlechter.

12 Ausführlich *Braun* in: Roder/Röthemeyer/Braun, Verbraucherstreitbeilegungsgesetz, 2017, S. 21.

13 *Hayungs*, ZKM 2013, 86 (86 f.).

14 Die älteste Verbraucherschlichtungsstelle ist hierbei der Versicherungsombudsmann, 2001 gegründet.

15 Abrufbar unter: https://www.bundesjustizamt.de/DE/Themen/Verbraucherrechte/Verbraucherstreitbeilegung/ListeVerbraucherschlichtungsstellen/ListeVerbraucherschlichtungsstellen_node.html.

jedem Zeitpunkt[16] eine vollständige Abdeckung gibt und in Deutschland richtlinienüberschießend sogar Zugang zu Verbraucherstreitbeilegung bei einer der Musterfeststellungsklage nachgelagerten Streitigkeit gibt (§ 30 I 1 Nr. 2 VSBG).

Schwellenwerte für die **Streitwerte** legt die ADR-Richtlinie bewusst nicht fest, be- 7
tont aber, dass der tatsächliche Wert des Streitgegenstandes je nach Mitgliedstaat unterschiedlich sein kann und die Festlegung eines unverhältnismäßig hohen Schwellenwertes in einem Mitgliedstaat den Zugang zu ADR-Verfahren für Verbraucher:innen aus anderen Mitgliedstaaten beeinträchtigen könnte.[17]

Für Deutschland folgt aus § 30 II Nr. 4 VSBG, dass ein umfassendes Streitbeile- 8
gungsangebot in einem Streitwertkorridor, der von 10 bis 50.000 Euro reicht, vorliegen muss. Dies wird durch die Universalschlichtungsstelle des Bundes gewährleistet, die auch bei Vorhandensein spezifischer Verbraucherschlichtungsstellen eine Abdeckung sicherstellt, wenn diese Stelle etwa andere Streitwertgrenzen[18] hat. Ansonsten ist die Universalschlichtungsstelle des Bundes aber gem. § 30 II Nr. 1 VSBG strikt dem **Subsidiaritätsgrundsatz** unterworfen und lehnt Anträge ab, sobald eine andere Verbraucherschlichtungsstelle mit einer einschränkenden oder sonst vorrangigen Zuständigkeit zuständig ist. Dabei beschränkt sie sich nicht auf eine bloße Ablehnung, sondern hat nach § 30 IV VSBG eine gesetzlich vorgeschriebene „**Lotsenfunktion**" hin zur zuständigen Verbraucherschlichtungsstelle und geht damit über EU-Vorgaben hinaus, auf die noch unten bei der Beschreibung von Digitalisierungsoptionen eingegangen wird.

Nach dieser eher formalen Betrachtung der Verbraucherstreitbeilegung stellt sich 9
die Frage nach ihrem Wesen: Bereits bei Lektüre der Erwägungsgründe der ADR-Richtlinie stechen mehrfach die Adjektive „schnell", „einfach" und „kostengünstig" als Wesenszüge der Verbraucherstreitbeilegung ins Auge,[19] ebenso wie einheitliche **Mindest-Qualitätsanforderungen**,[20] die richtlinienkonforme Streitbeilegungsstellen erfüllen müssen. Im Einzelnen stellt die Richtlinie folgende Anforderungen auf: Fachwissen, Unabhängigkeit und Unparteilichkeit, Fairness, Transparenz, Effektivität, Handlungsfreiheit und Rechtmäßigkeit sowie Mindeststandards in Hinblick auf die verjährungshemmende Wirkung.[21]

Aus diesem Kanon aus **Niedrigschwelligkeit** einerseits und Qualität andererseits 10
erschließt sich der Sinn und Zweck der Verbraucherstreitbeilegung im Sinne der ADR-

---

16 Private Verbraucherschlichtungsstellen können jederzeit ihre Tätigkeit beenden. Daraus würden sich auch sehr kurzfristig Lücken in der von der ADR-Richtlinie vorgegebenen Abdeckung mit Verbraucherstreitbeilegung ergeben.

17 Erwägungsgrund 25 der ADR-Richtlinie.

18 § 14 II Nr. 3 VSBG stellt es den Schlichtungsstellen frei, in gewissen Rahmen Streitwertgrenzen in ihrer Verfahrensordnung festzulegen.

19 Erwägungsgründe 4, 5, 6, 10 der ADR-Richtlinie.

20 Erwägungsgründe 7, 10, 15, 22, 37, 38 der ADR-Richtlinie.

21 Ausführlich zu den Qualitätskriterien *Berlin*, Alternative Streitbeilegung in Verbraucherkonflikten, 2014, S. 99ff.

Richtlinie: Die Überwindung des rationalen Desinteresses[22] und des damit verbundenen Durchsetzungsdefizits im Bereich der Verbraucherrechte.[23]

11 Obwohl der oder die Verbraucher:in im Gegensatz zu dem oder der Unternehmer/in begrifflich an verschiedenen Stellen prominent auftritt – Verbraucherschlichtungsstelle, Verbraucherstreitbeilegungsgesetz, Richtlinie über alternative Streitbeilegung in Verbraucherangelegenheiten – ist die Unparteilichkeit der Verbraucherstreitbeilegung trotz dessen ein unumstößliches, umso ernster zu nehmendes und glücklicherweise von der Richtlinie normiertes verbindliches Qualitätsmerkmal.[24] Es kann auch nicht genug betont werden, dass Verbraucherstreitbeilegung sich auch für Unternehmer:innen lohnt, da sich, anders als bei einem Urteil, Kundenzufriedenheit darüber wiederherstellen und Kundenbindung stärken lässt.[25]

12 Es lohnt im Übrigen, sich nicht nur auf eine Darstellung der Verbraucherstreitbelegung zu beschränken, sondern auch dem Begriff **ADR** oder vielmehr **Alternative Dispute Resolution** Beachtung zu schenken. Entwickelt wurde er in den USA in den 1960er Jahren und ist eng verbunden mit der Access-to-Justice-Bewegung mit dem Ziel auch sozial benachteiligten Bevölkerungsgruppen einen Zugang zur Streitbeilegung zu ermöglichen.[26]

13 Im Hinblick auf den **Access-to-Justice** wurde im Forschungsbericht nach § 43 II VSBG als eines der Hauptergebnisse hervorgehoben, dass die Universalschlichtungsstelle des Bundes, die wie oben erläutert eine vollständige Abdeckung und noch mehr sicherstellt, einen wertvollen Beitrag zur Konfliktlösung in Deutschland leistet: Insbesondere auch, weil sie **Zugang zum Recht** schafft. Denn wenn es kein derartiges Schlichtungsangebot gäbe, hätten zwar 56 % der Verbraucher:innen den Weg zu den Gerichten gesucht; für die verbleibenden 44 % ist das Schlichtungsangebot aber essenziell dafür, eine Konfliktlösung auch dann zu suchen, wenn eigene Verhandlungen gescheitert sind.[27] Dasselbe Gutachten legt aber auch den Finger in eine Wunde: Die freiwillige Teilnahme der Unternehmer:innen ist bei der Universalschlichtungsstelle (noch) sehr gering.[28] Zum einen konnten aber erste Verbände gewonnen werden, das Verfahren für ihre Mitglieder attraktiv zu machen,[29] zum anderen gibt es hohe Einigungsquoten bei anderen, länger existierenden Schlichtungsstellen zu beobachten[30] und auch der Blick

22 Näher dazu *Braun/Thevis*, Konfliktdynamik 2021, 180 (181).

23 *Röthemeyer* in: Roder/Röthemeyer/Braun, Verbraucherstreitbeilegungsgesetz, 2017, S. 1-3.

24 *Berlin* in Tamm/Tonner/Brönneke, Verbraucherrecht, 3. Auflage 2020, § 24a Rn. 40, S. 1322.

25 BT-Drs. 18/5089, 38.

26 *Berlin* in Tamm/Tonner/Brönneke, Verbraucherrecht, 3. Auflage 2020, § 24a Rn. 2, S. 1316.

27 *Creutzfeldt/Steffek*, Abschlussbericht zur Funktionsweise der Allgemeinen Verbraucherschlichtungsstelle und der Universalschlichtungsstelle des Bundes in Kehl, BT-Drs 19/27025, S. 10 f.

28 Ebenda, S. 11.

29 https://business.trustedshops.de/blog/kooperation-trusted-shops-universalschlichtungsstelle, https://direktvertrieb.de/de/schlichtung-1.

30 Schlichtungsquote iHv mehr als 80 % bei der söp, Jahresbericht 2020: https://soep-online.de/wp-content/uploads/2021/03/soep_Jahresbericht-2020-kEf-1.pdf, S. 3.

auf Staaten mit einer längeren ADR-Tradition zeigen, dass dies langsame gesellschaftliche Lernprozesse sind, die aber zu großem und breitem Erfolg führen können[31].

II. Digitalisierung im Kontext der Verbraucherstreitbeilegung

Wie bereits eingangs dargestellt, sind ADR-Richtlinie und ODR-Verordnung[32] bereits mit Digitalisierungskomponenten konzipiert wurden, da beide einen **Online-Zugang** zu den Verfahren sowie eine entsprechende Durchführungsmöglichkeit verbindlich vorgeben. 14

Eine Streitbeilegungsstelle, die sich dem verweigern würde, könnte somit nicht als Stelle im Sinne der ADR-Richtlinie anerkannt werden. 15

Erscheint dies im Jahr 2022 als verhältnismäßig moderater Ansatz in Relation zu den sich mittlerweile bietenden Möglichkeiten in den Bereichen Legal Tech und Künstliche Intelligenz, war dies jedoch bei Verabschiedung der Richtlinie im Jahr 2013 revolutionär gerade im Vergleich zum Zugang zu Recht über die Gerichte und insbesondere, weil der digitale Zugang zum Recht nicht zur Disposition der Anbieter:innen von Streitbeilegungsverfahren im Sinne der Richtlinie gestellt wurde. 16

Die Revolution erschien aber auch deshalb in unauffälligem Gewande, weil bereits zu diesem Zeitpunkt das Gros der Stellen die Möglichkeit bot, das Verfahren online – und sei es durch E-Mail – in Gang zu setzen und zu führen. 17

Dennoch ist zu beobachten, dass diese Stellen zunehmend weiter auf Digitalisierung setzen. Zahlreiche Stellen haben eigene, maßgeschneiderte **Online-Fallbearbeitungssysteme**[33], Features wie Online-Selbsthilfetools zur Ermittlung der Zuständigkeit[34] oder innovative Wege zum einfachen Einreichen eines Antrags aus einer vorgelagerten Beschwerde heraus.[35] 18

Wie bereits eingangs erwähnt, war die weitere Digitalisierung der Verbraucherstreitbeilegung ein Hauptthema der zweiten von der Europäischen Kommission veranstalteten **ADR-Assembly** im Jahr 2021, und zwar sowohl perspektivisch als auch über Erfahrungsberichte erfahrbar. 19

So berichtete der seit 2009 bestehende **Arbitro Bancario Finanziario**[36], die ADR-Stelle für Finanzen der Banca d'Italia, von weitgehenden Digitalisierungsprozessen: Nicht nur wird der oder die Verbraucher:in digital an die Hand genommen, um einen Online-Antrag mit möglichst allen relevanten Angaben und Anhängen einzureichen; auch bei der Analyse der Dokumente wird bereits verstärkt Künstliche Intelligenz einge- 20

31 *Braun*, VuR 2019, 130 (131).

32 Zu der durch die ODR-Verordnung eingerichteten ODR Plattform siehe unter B II.

33 Vgl. beispielsweise Versicherungsombudsmann Jahresbericht 2020, S. 101 und *Meier/Marschner*, ZKM 2020, 245 (245).

34 https://www.versicherungsombudsmann.de/das-schlichtungsverfahren/onlinecheck/.

35 Flugärger App bzw. Webseite der Verbraucherzentralen https://www.verbraucherzentrale.de/reise-mobilitaet/flugaerger-ansprueche-online-pruefen-46104.

36 https://www.arbitrobancariofinanziario.it/abf/index.html.

setzt – nach Darstellung der Stelle führt dies zu **Effizienzgewinn** (Antragszahlen zwischen 2010 und 2020 haben sich fast verzehnfacht von 3.500 auf 31.000 Anträge), leichterer Gleichbehandlung gleicher und/oder ähnlicher Fälle und Vermeidung typischer menschlicher Flüchtigkeitsfehler und damit zu höherer Qualität.[37]

B. Status quo

I. Stand Digitalisierung bei der Universalschlichtungsstelle des Bundes

21 Nachfolgend wird ein Überblick über den aktuellen Stand der Digitalisierung gegeben, insbesondere vor dem Hintergrund der seit Einrichtung der Stelle gesammelten praktischen Erfahrungen. Die Darstellung orientiert sich an der Aufeinanderfolge der Verfahrensschritte und gibt die Perspektive der Anwender:innen wieder.

22 Die Universalschlichtungsstelle des Bundes verwendet für die Bearbeitung ihrer Fälle ein **webbasiertes Bearbeitungssystem**. Nicht zuletzt während der beiden Pandemiejahre hat sich dies bewährt, da der Wechsel ins Homeoffice recht unproblematisch innerhalb kürzester Zeit möglich war. Sobald ein Antrag im System erfasst ist, ist die Bearbeitung grundsätzlich von überall aus möglich. In der Praxis bestehen allerdings gewisse Grenzen, beispielsweise durch datenschutzrechtliche Erwägungen. Die Universalschlichtungsstelle des Bundes überträgt keine Daten ins außereuropäische Ausland. Das System umfasst den Online-Auftritt nach außen (einschließlich eines Antragsformulars), einen Login-Bereich für die Parteien, das interne Fallbearbeitungssystem, ein Statistik-Tool, editierbare Textbausteine, die automatisch Informationen aus dem System übernehmen können, elektronische Akte, Fristenverwaltung und die Mailfunktion (inklusive allgemeiner Inbox).

23 Wesentlich ist bei der Verwendung eines solchen umfassenden Bearbeitungssystems, dass es möglichst **keine Ausfälle** gibt. Es besteht durchaus eine gewisse Abhängigkeit von dem System. Ohne dieses ist die Bearbeitung von Fällen kaum möglich. In der Praxis hat es sich aber bewährt. Ausfälle sind sehr selten und nur von kurzer Dauer. Sie waren bisher hauptsächlich auf Probleme mit der Internetverbindung oder Arbeiten am System durch den oder die Anbieter:in zurückzuführen. Zudem gibt es selbstverständlich auch ein Backup der Daten, auf welches im Notfall zurückgegriffen werden kann. Dies ist wichtig, da die Schlichtungsstelle grundsätzlich papierlos arbeitet. Zu beachten ist, dass ein Bearbeitungssystem nach dem Launch regelmäßig verbessert und überarbeitet werden muss. Dies setzt die Investition von Budget und Arbeitskraft voraus, welche im Endeffekt durch die nachfolgend beschriebenen Einsparungen aufgewogen wird.

24 Nachfolgend wird anhand der einzelnen Verfahrensschritte dargestellt, inwiefern die Arbeitsabläufe der Universalschlichtungsstelle digital stattfinden, welchen Hinter-

37 https://prod5.assets-cdn.io/event/6820/assets/8367017224-cf644c1e5b.pdf.

grund dies hat und wo Unterschiede zu anderen (deutschen und europäischen) Verbraucherschlichtungsstellen liegen.

1. Antragstellung

Das interne Fallbearbeitungssystem ist mit dem auf der Webseite verfügbaren **Antragsformular** verknüpft, so dass alle Anträge, die über dieses **Online-Formular** eingehen, automatisch in das System übertragen werden und dort direkt von den Beschäftigten der Schlichtungsstelle bearbeitet werden können. Werden Anträge über dieses Formular gestellt,[38] spart dies Zeit, da diese Fälle nicht mehr durch die Beschäftigten der Schlichtungsstelle im System angelegt werden müssen und Rückfragen minimiert werden im Vergleich zu der frei formulierten Antragsstellung, welche den Antragsteller:innen auch offensteht. 25

Um die **Niedrigschwelligkeit** des Verfahrens für die Parteien, insbesondere die Verbraucher:innen, zu gewährleisten, ist daneben allerdings auch die Antragstellung (und Kommunikation im Allgemeinen) in anderer Form (beispielsweise über den Postweg) möglich. Diese Anträge müssen von den Mitarbeiter:innen der Schlichtungsstelle in das Bearbeitungssystem übertragen werden. Es ist ein generelles Anliegen der Universalschlichtungsstelle des Bundes, durch Digitalisierung nicht die Menschen „zu verlieren", die damit wenig anfangen können. 26

Auch an anderer Stelle bemüht sich die Universalschlichtungsstelle des Bundes, ihr Verfahren für die Parteien möglichst **einfach zugänglich** zu machen. So gibt es beispielsweise im Antragsformular wenig Pflichtfelder und Dateien (beispielsweise Fotos oder Videos) können in vielen unterschiedlichen Formaten beigefügt werden. Dies ist auch für die Bearbeitung der Schlichtungsverfahren in engerem Sinne von zentraler Bedeutung, da grundsätzlich weder eine mündliche Verhandlung stattfindet noch durch die Schlichtungsstelle Beweis erhoben wird. Den Parteien steht es trotzdem frei, in verschiedenen Formaten „Beweismittel" anzubieten. Grenzen gibt es hierbei aber beispielsweise aus dem Bereich der Datensicherheit. Bestimmte Formate werden zum Schutz des Systems vor Malware nicht verwendet. 27

Bezüglich des **Antragsformulars** gibt es bei der Universalschlichtungsstelle des Bundes im Vergleich zu anderen, branchenspezifischen Verbraucherschlichtungsstellen eine Besonderheit zu beachten. Die Zuständigkeit ist aufgrund der Auffangfunktion wesentlich weiter und umfasst daher viele Fallkonstellationen, die sich durch ein adaptives, geführtes Antragsformular nur schwer abdecken lassen, wie dies beispielsweise bei der söp verwendet wird[39]. 28

38 Im Jahr 2020 gingen 72 % aller Anträge bei der Universalschlichtungsstelle des Bundes über das eigene Online-Formular ein (weitere 20 % per E-Mail), siehe Tätigkeitsbericht 2020 https://www.verbraucher-schlichter.de/media/file/84.Taetigkeitsbericht2020.pdf.

39 Vgl. *Meier/Marschner*, ZKM 2020, 245 (245 f.).

29 Eine weitere Möglichkeit ist die Verwendung eines zusätzlichen **fallspezifischen Formulars**. Ein Beispiel aus der Praxis liefert die **Schlichtungsstelle Deutscher Sparkassen- und Giroverband e. V.**.[40] Zeitweise war dort neben dem regulären Formular ein weiteres für Anträge, die die Erstattung von Kontoführungsentgelten betreffen, verfügbar. Zwar wurden in beiden Fällen die gleichen grundlegenden Informationen erfragt, allerdings lieferte das spezielle Formular zusätzliche Informationen für Antragsteller: innen und fragte an anderer Stelle gezielt nach den für die Prüfung notwendigen Informationen, beispielsweise wurde nicht generell nach erforderlichen Unterlagen gefragt, sondern konkret nach den Unterlagen, die für diese Art der Fälle besonders relevant waren.

30 Diese Spezialisierung – unabhängig davon, ob sie durch **adaptive Formulare**, wie die **söp** sie verwendet oder durch zusätzliche Formulare für bestimmte Konstellationen umgesetzt wird – kann für alle an Streitbeilegungsverfahren beteiligten Parteien vorteilhaft sein. Antragsteller:innen werden bei der Antragstellung unterstützt, gezielt auf die relevanten Aspekte hingeführt und allgemein zu einem strukturieren Vortag angehalten. Dadurch haben gerade juristische Laien größere Sicherheit, dass ihre Anträge vollständig sind und weiterbearbeitet werden können. Ebenso kann sich daraus eine Zeitersparnis ergeben: für Antragsteller:innen, indem sie eventuell weniger Dokumente bei der Schlichtungsstelle einreichen, da klar ist, welche Dokumente gebraucht werden, für die Schlichtungsstellen und Antragsgegner:innen, indem die Durchsicht unnötiger Dokumente entfällt. Auch kann so erreicht werden, dass die Schlichtungsstelle weniger Rückfragen an den oder die Antragsteller:in stellen muss und somit insgesamt das Verfahren beschleunigt werden kann.

31 Dabei handelt es sich natürlich um pauschalisierte Aussagen. In der **Praxis** zeigt sich, dass es beispielsweise auch bei konkreten Rückfragen noch zu Missverständnissen kommen kann und Antragsteller:innen nicht klar ist, auf welche Informationen/Dokumente es ankommt und deswegen sicherheitshalber alle vorhandenen Dokumente (ohne Vorauswahl) weitergeleitet werden.

32 Wie schon erwähnt, ist auch die **Effizienzsteigerung durch das Freistellen (menschlicher) Arbeitskraft** ein wichtiger Faktor. Seit der Erweiterung der Zuständigkeit der Universalschlichtungsstelle des Bundes bezüglich Streitigkeiten im Zusammenhang mit Musterfeststellungsklagen Anfang 2020 spielt auch der Gedanke der **Skalierbarkeit** von Verfahren eine erhebliche Rolle. Gerade in diesem Bereich besteht die Möglichkeit, dass innerhalb kurzer Zeit eine Vielzahl von Anträgen bearbeitet werden müssen. In der Praxis kam dies zwar noch nicht vor, ist aber jederzeit möglich. Entsprechende Beispiele gibt es bei anderen Verbraucherschlichtungsstellen. Aufgrund besonderer Ereignisse, beispielsweise einer bestimmten Rechtsprechung des Bundesgerichtshofes, können die Antragszahlen von einem Jahr zum nächsten stark variieren. Ansätze zum Umgang mit einem solchen Anstieg der Fallzahlen sind bei der Uni-

40 Internetauftritt mit Link zu den Formularen https://www.s-schlichtungsstelle.de/.

versalschlichtungsstelle des Bundes bereits vorhanden. Es gibt beispielsweise die Möglichkeit (auch kurzfristig) spezielle Templates zu entwickeln und im System zu hinterlegen. Mittels externer Dienstleister ist auch die Schaffung eines speziellen Antragsformulars innerhalb von wenigen Tagen möglich, so dass auf Einzelfälle reagiert werden kann.

2. Bearbeitung des Antrags und Verfahren im engeren Sinne

Bei der Universalschlichtungsstelle des Bundes werden Schlichtungsverfahren durchgeführt und keine **Mediationen**. Für andere Verbraucherschlichtungsstellen im In- und Ausland bieten die einschlägigen gesetzlichen Regelungen einen weiteren Spielraum. So wird beispielsweise in § 18 VSBG explizit die Mediation erwähnt. Auch im europäischen Ausland wird die Mediation als Verfahren genutzt. Der luxemburgische „Service national du Médiateur de la consommation“[41] führt Mediationen durch. Aufgrund dieser Unterschiede ergeben sich bei diesen Verbraucherschlichtungsstellen auch andere Möglichkeiten und Herausforderungen bei der Digitalisierung.[42] 33

Sobald bei der Universalschlichtungsstelle des Bundes ein Fall im System angelegt ist, haben neben der Schlichtungsstelle auch die Parteien selbst Zugriff auf die **elektronische Akte**, in Form des sogenannten **Login-Bereichs**. Für Antragsteller:innen und Antragsgegner:innen ist hier neben den grundlegenden Verfahrensinformationen (Sachverhalt, Antragsziel, Dokumente etc.) die bisherige Kommunikation mit der Schlichtungsstelle einsehbar, und es können direkt neue Nachrichten an die Schlichtungsstelle versandt werden. Dies ermöglicht eine **gläserne Akte**, welche größtmögliche **Transparenz** bietet. Dabei hat die Schlichtungsstelle die Möglichkeit, bei einzelnen E-Mails und Dokumenten zu entscheiden, ob und gegebenenfalls für welche Partei diese sichtbar sein sollen. Zudem enthalten die einzelnen Fallakten auch rein interne Informationen der Schlichtungsstelle, die für die Parteien generell nicht einsehbar sind. Dies betrifft statistische Informationen, die für die Parteien keine Relevanz haben, sowie interne Bearbeitungsvermerke. Die gesamte elektronische Akte ist als PDF-Dokument exportierbar. 34

Für die Zukunft ist es durchaus auch denkbar, einen eigenen **Login-Bereich** für sonstige Verfahrensbeteiligte, wie eine:n Vertreter:in, zu schaffen. Auch ein weiterer genereller Ausbau ist denkbar und technisch möglich. In der Praxis hat sich allerdings gezeigt, dass der Login-Bereich nur bedingt durch die Parteien genutzt wird. Oft scheinen die Parteien die reine Kommunikation per E-Mail zu bevorzugen und legen keinen Wert auf die Einsicht in die Fallakte. Auch für die Kommunikation mit der Schlichtungsstelle wird der Login-Bereich durch die Parteien nur selten verwendet. 35

41 https://www.mediateurconsommation.lu.
42 Siehe § 23 (*Gläßer*).

36 Hauptsächlich findet die **Kommunikation** mit den Parteien im Verfahren per E-Mail statt. Vorgeschrieben ist für Erklärungen im Streitbeilegungsverfahren die **Textform**, § 3 I UnivSchlichtV. Dabei wird in Absatz 2 und 3 auch insbesondere die elektronische Übermittlung von Erklärungen, Belegen und Dokumenten erwähnt. Ein sog. **Ticketing-System** erleichtert die Zuordnung der eingehenden E-Mails im allgemeinen Posteingang. Die automatische Zuordnung anhand des Aktenzeichens muss jedoch durch den oder die Bearbeiter:in bestätigt werden, dies soll Fehler verhindern und die Kontrolle durch Menschen ermöglichen. In der Praxis zeigt sich jedoch, dass falsche Zuordnungen sehr selten vorkommen.

37 Auf Seiten der Universalschlichtungsstelle des Bundes erfolgt diese Kommunikation direkt aus dem System heraus. Dabei kommen auch im System hinterlegte Textbausteine und **Templates** zum Einsatz. Wie schon erwähnt, sind diese beliebig editierbar und werden regelmäßig weiterentwickelt. Die Verwendung von Templates und Textbausteinen darf nicht dazu führen, dass die Besonderheiten des Einzelfalls keine Beachtung mehr finden. Deswegen ist es Aufgabe der Bearbeiter:innen, die Templates im Einzelfall anzupassen.

38 Ein weiterer Vorteil des E-Mail-Versands aus dem System ist, dass die gesamte Kommunikation direkt Teil der Fallakte ist und nicht manuell im System hinterlegt werden muss. Etwas anderes gilt nur für Post- oder Faxschreiben. Diese müssen durch die Mitarbeiter:innen der Schlichtungsstelle gescannt und der Fallakte zugeordnet werden. Letztendlich können die Parteien frei wählen, wie sie kontaktiert werden möchten. Beispielsweise ist auch die Kommunikation per Telefon wichtig und wird teilweise von den Parteien ausdrücklich gewünscht.

39 Das **Angebot von mehreren Kommunikationswegen** spielt in besonderem Maße auf Seiten der Verbraucher:innen eine Rolle, Unternehmer:innen sind in der Regel digital gut aufgestellt. Sie verfügen beispielsweise häufig über einen eigenen Kundenservice und sind per E-Mail erreichbar. Selbstverständlich gibt es aber auch hier Ausnahmen, insbesondere im Bereich der Kleinstunternehmen. Nicht jede:r Unternehmer:in in diesem Bereich verfügt über eine Webseite oder E-Mail-Adresse. Der Kontakt ist teilweise nur über den Postweg möglich. Mündliche Erörterungen mit den Parteien sind bei der Universalschlichtungsstelle des Bundes im Rahmen der gesetzlichen Vorschriften möglich, siehe §§ 3 und 4 UnivSchlichtV. Bei Fragen können sich beide Parteien darüber hinaus unproblematisch telefonisch an die Universalschlichtungsstelle wenden. Gerade im Vergleich zu einigen größeren branchenspezifischen Schlichtungsstellen spielen die alternativen Kontaktmöglichkeiten bei der Universalschlichtungsstelle eine wichtigere Rolle, da das Spektrum der Unternehmer:innen breitgefächert ist und häufig kein regelmäßiger Kontakt mit den Unternehmer:innen besteht, da die Schlichtungsstelle nicht mitgliederbasiert ist und sehr vielen Unternehmen offen steht. Bei den größeren branchenspezifischen Schlichtungsstellen ist in der Regel eine gewisse Größe und Organisationsstruktur der angeschlossenen Unternehmer:innen zu erwarten, einschließlich eines höheren Digitaliserungsstandes, zum Beispiel in den Bereichen Luftverkehr, Banken- oder Versicherungswesen. Nach Einschätzung der Autoren

aufgrund langjähriger Tätigkeit bei der Universalschlichtungsstelle des Bundes bevorzugen die meisten Parteien aber die Kommunikation per E-Mail und kommen damit gut zurecht.[43]

Nach dem Austausch von Stellungnahmen erfolgt die Ausarbeitung eines **Schlichtungsvorschlages** (§ 19 VSBG). Dabei gibt es keine Vorgaben, mit welchen Mitteln der Vorschlag ausgearbeitet werden muss. Geregelt ist lediglich, dass dieser am geltenden Recht ausgerichtet sein und insbesondere die zwingenden Verbraucherschutzgesetze beachten soll. Daher gibt es hier einen gewissen Spielraum für die Verbraucherschlichtungsstellen – auch hinsichtlich der Digitalisierung dieses Prozesses. Bei der Universalschlichtungsstelle des Bundes wird die Ausarbeitung der Schlichtungsvorschläge von den juristischen Beschäftigten übernommen. Erweitertes Legal Tech, wie Tools zur automatischen Subsumtion, kommen aktuell nicht zum Einsatz. Dies liegt unter anderem daran, dass es aufgrund der breiten Zuständigkeit viele Einzelfälle gibt, die sich nach Auffassung der Universalschlichtungsstelle nur begrenzt dafür eignen. Andererseits besteht aber gerade bei möglichen „Masseverfahren" im Zusammenhang mit Musterfeststellungsklagen in diesem Bereich großes Potenzial. 40

Die Digitalisierung ist bei der Universalschlichtungsstelle des Bundes **kein Selbstzweck**, sondern sie dient dazu, die an dem Schlichtungsverfahren beteiligten Parteien, einschließlich der Schlichtungsstelle, zu unterstützen. Darunter fällt auch die Vermeidung menschlicher Fehler. Wenn beispielsweise ein Fall beendet und die elektronische Akte geschlossen wird, kontrolliert das System automatisch, ob bestimmte Daten fehlen. Sollte dies der Fall sein, erscheint dem oder der jeweiligen Bearbeiter:in ein Hinweis, welche Eingaben zu kontrollieren sind. 41

3. Sonstiges

Eine weitere Aufgabe der Universalschlichtungsstelle ist neben der Durchführung von Streitbeilegungsverfahren die **Lotsenfunktion**. Aktuell wird diese Aufgabe (noch) durch die Mitarbeiter:innen der Schlichtungsstelle ohne viel technische Unterstützung erledigt. Allerdings ist ein ergänzendes adaptives Tool für die Webseite in Arbeit, mit welchem potenzielle Parteien die Möglichkeit haben, schon im Vorfeld zu prüfen, ob die **Zuständigkeit** der Universalschlichtungsstelle des Bundes eröffnet ist und ob sich eine Antragstellung „lohnt". Aktuell gehen die Anfragen dazu hauptsächlich telefonisch oder per E-Mail ein, was selbstverständlich weiterhin möglich sein wird. Die Nutzung eines entsprechenden **Online-Tools** spart aber voraussichtlich nicht nur der Schlichtungsstelle Zeit (dadurch, dass weniger Anfragen auf anderem Wege eingehen), sondern erweitert auch den Zugang für potenzielle Antragsteller:innen, die beispielsweise nicht mehr von den normalen Büro-/Telefonzeiten abhängig sind. 42

43 Wie unter Fußnote 37 erwähnt, gehen bereits über 90 % der Anträge online ein. In diesen Fällen wird in der Regel auch die Kommunikation online fortgesetzt, wobei die konkrete Zahl nicht verfügbar ist.

43 Derartige **Wegweiser**, die Konfliktparteien zu den zuständigen bzw. bevorzugten Ansprechpartner:innen lotsen sollen, gibt es aktuell schon in verschiedener Form, beispielsweise um die passende Form der Streitbeilegung (beispielsweise Mediation, Schlichtung, Gerichtsverfahren) zu ermitteln. Für Unternehmen gibt es das vom Förderverein Round Table Mediation & Konfliktmanagement der Deutschen Wirtschaft e.V. entwickelte **„Dispute Resolution Comparison Tool"**,[44] mit dem anhand von 15 Fragen aufgezeigt werden soll, welche Verfahrensart zu einer Streitigkeit passt. Es gibt aktuell auch ein **Forschungsprojekt zur Förderung der autonomen Konfliktlösung**. Bei dem Projekt soll ein interaktiver Wegweiser entstehen, welcher Verbraucher:innen und Unternehmer:innen im Bereich der außergerichtlichen Streitbeilegung das passende Verfahren aufzeigt.[45]

44 Ein Beispiel aus der Verbraucherschlichtung findet sich auf der Webseite des **Versicherungsombudsmanns**. Der sogenannte „Online-Check" bietet anhand von 5 Fragen eine Einschätzung, ob die Zuständigkeit der Schlichtungsstelle eröffnet ist.[46]

45 Je nach Komplexität der zu klärenden Frage gibt es bei der Implementierung solcher Tools unterschiedliche Herausforderungen. Daneben spielt es auch eine zentrale Rolle, welche Qualität die durch das System vorgeschlagene Lösung haben soll – ob diese beispielsweise eher eine grobe Einschätzung oder eine genaue Antwort geben soll.

46 Da es sich bei der Universalschlichtungsstelle des Bundes wie schon erwähnt um eine Auffangschlichtungsstelle handelt, deren Zuständigkeit unter anderem dann ausgeschlossen ist, wenn eine andere Verbraucherschlichtungsstelle vorrangig zuständig ist (§ 30 II Nr. 1 i.V.m. § 4 VSBG), ist die Zuständigkeitsregelung erheblich komplexer als bei anderen Verbraucherschlichtungsstellen.[47] Mit einer Ausnahme sind alle aktuell anerkannten Schlichtungsstellen vorrangig zuständig. Aus diesem Grund ist auch ein entsprechendes Tool, das die Verbraucher bei der Abklärung der Zuständigkeit unterstützen soll, **komplex**. Hinzu kommt, dass dieses **Tool** zwar möglichst genau die **Zuständigkeit** im Einzelfall bestimmen können soll, es soll dabei aber gleichzeitig möglichst einfach zu bedienen, also möglichst barrierefrei, sein. Um diesen eher gegenläufigen Zielen gerecht zu werden, werden beispielsweise adaptive Fragen verwendet, so dass Folgefragen auf der vorherigen Antwort aufbauen. Eine weitere Möglichkeit ist die Verwendung einer Schlagwortsuche aus der Sachverhaltsschilderung des Antragstellers.

47 Ein weiterer Punkt, bei dem die Digitalisierung Erleichterungen bringt, ist die Einhaltung der **Berichtspflichten**, die den anerkannten Verbraucherschlichtungsstellen durch das VSBG auferlegt werden (§ 34 VSBG). Dabei wird im Wesentlichen eine „Aus-

44 https://www.rtmkm.de/home/direct-2/.

45 https://rechtohnestreit.de/info/ „Die interdisziplinäre Arbeitsgruppe hinter Recht ohne Streit steht unter der Leitung von Prof. i.R. Dr. Reinhard Greger."

46 https://www.versicherungsombudsmann.de/das-schlichtungsverfahren/onlinecheck/.

47 *Creutzfeldt/Steffek*, Abschlussbericht zur Funktionsweise der Allgemeinen Verbraucherschlichtungsstelle und der Universalschlichtungsstelle des Bundes in Kehl, BT-Drs 19/27025, S. 16.

zählung“ der Fälle nach bestimmten Kriterien gefordert. Die zur Erfüllung der Berichtspflichten erforderlichen Informationen werden bei der Universalschlichtungsstelle des Bundes teilweise direkt aus den Angaben des Antragstellers ermittelt. Teilweise werden sie aber auch von den Mitarbeiter:innen in die elektronischen Fallakten eingetragen, soweit dies eine Subsumtion/Bewertung durch den oder die Bearbeiter:in erfordert. Letzteres bedeutet zwar im Einzelfall bei der Bearbeitung einen gewissen Aufwand. Allerdings kann so eine einfache, zeitsparende Auswertung erfolgen. Dafür können die zur Erfüllung der **Berichtspflichten** erforderlichen Daten jederzeit auf Knopfdruck entweder im System ausgelesen werden (beispielsweise die Anzahl der Anträge, die durch Verbraucher:innen aus Hamburg in einem bestimmten Zeitraum gestellt wurden). Komplexere statistische Fragen können über einen Excel-Export ermittelt werden. Dies bedeutet letztendlich eine Zeitersparnis und ermöglicht auch eine umfassende **Datenauswertung**.

II. Online Dispute Resolution

Online Dispute Resolution ist die Verbindung von Streitbeilegung mit Informations- und 48
Kommunikationstechnik.[48] Ob der Begriff nur auf die außergerichtliche Streitbeilegung (ADR) angewendet wird oder auch auf die gerichtliche, wird unterschiedlich gehandhabt. Welcher Teil und Prozentsatz des Streitbeilegungsprozesses online stattfindet, ist ebenso nicht festgelegt.

1. Online Dispute Resolution Platform

Die **ODR Platform** (deutsch OS-Plattform) ist ein von der **Europäischen Kommission** 49
geschaffenes, der Öffentlichkeit zur Verfügung gestelltes und durch die Verordnung (EU) Nr. 524/2013 geregeltes Internetportal. Sie ist seit dem 15. Februar 2016 operativ und vereint mehrere Zwecke.[49] Ihr wichtigster Zweck ist das elektronische Erfassen und Weiterleiten von Verbraucherbeschwerden an die zuständige Schlichtungsstelle in einem EU-Mitgliedsstaat sowie den EWR-Staaten Island, Liechtenstein und Norwegen. Die Plattform ist selbst keine Schlichtungsstelle, Ziel ist das Auffinden der richtigen Schlichtungsstelle auf rein elektronische Weise. Die Plattform ist dabei ausschließlich für online geschlossene Verträge eröffnet und spiegelt so das Online-Element des Vertragsschlusses bei der Lösung der Streitigkeit wider. Man darf zu Recht davon ausgehen, dass Menschen, die den ursprünglichen Vertrag online geschlossen haben, auch mit einem online eingeleiteten Beschwerdeprozess umgehen können bzw. diesen sogar bevorzugen. Darüber hinaus ist ein Online-Tool besonders geeignet, um **grenzüberschrei-**

48 Vgl. zum Beispiel *Pablo Cortés*, Online Dispute Resolution for Consumers in the European Union, 2010, S. 53.
49 Vgl. Art. 5 IV Verordnung (EU) Nr. 524/2013.

tende Beschwerden zu bearbeiten, bei denen die Parteien ggf. weit voneinander entfernt wohnen und auch mit einer Sprachbarriere umgehen müssen. Gründe für die Schaffung der Plattform, die wie eingangs erwähnt im Zusammenhang mit der sog. ADR-Richtlinie gesehen werden muss, sind u. a. das Stärken des Verbrauchervertrauens in den Binnenmarkt durch Schaffung von Zugang zu Streitbeilegung und so letztlich wirtschaftliche Aspekte.[50] Um den Legal-Tech-Aspekt der Plattform zu erfassen, sollen zunächst der Ablauf und die Funktionen der Plattform kurz beschrieben werden. Die Plattform wurde mit großem Aufwand programmiert und steht potenziell über 450 Millionen Menschen zur Verfügung.[51] Zu beachten ist dabei allerdings, dass sich die Beobachtungen vorwiegend auf den Bereich *vor* einem Schlichtungsverfahren im engeren Sinn[52] beziehen können, weil das Schlichtungsverfahren selbst in der Hand der Schlichtungsstellen der verschiedenen Mitgliedsstaaten liegt. Zu berücksichtigen sind interkulturelle Unterschiede zwischen den einzelnen Mitgliedsstaaten, so dass die Beobachtungen ggf. nicht immer auf jedes Land übertragbar sind.

2. Funktionen und Ablauf

50 Die Plattform verfügt über inhaltliche Informationen wie zum Beispiel eine nach Kriterien filterbare Liste der EU-weit anerkannten Verbraucherschlichtungsstellen. Sie ist in **26 Sprachen** verfügbar und besitzt ein eigenes Übersetzungstool. Verbraucher:innen oder Unternehmer:innen können über ein elektronisches, adaptives Formular ihren Beschwerdefall eingeben. Über auszuwählende Drop-Down-Menüs wird die Beschwerde kategorisiert. Die Kategorien entsprechen den Beschreibungen der Zuständigkeiten der Schlichtungsstellen. Nach Einreichung des Beschwerdefalls durch den oder die Beschwerdeführer:in wird der oder die Beschwerdegegner:in informiert. Diese:r kann sich entschließen, dem oder der Beschwerdeführer:in basierend auf einer **Vorauswahl der zuständigen Schlichtungsstellen** durch die Plattform eine bzw. mehrere Schlichtungsstellen vorzuschlagen, nicht zu reagieren oder das Verfahren abzulehnen. Sofern eine oder mehrere Schlichtungsstellen vorgeschlagen wurden, hat der Beschwerdeführer die abschließende Wahl der Schlichtungsstelle. Erst nach Einigung der Parteien auf eine Schlichtungsstelle wird diese per E-Mail informiert und kann elektronisch auf die Beschwerde zugreifen. Die Schlichtungsstelle hat die Möglichkeit, das interne elektronische Fallbearbeitungssystem der Plattform kostenlos zu nutzen oder den Fall derzeit noch manuell zu exportieren und im eigenen System zu bearbeiten. Hilfe können die Parteien auf Wunsch von den in jedem Mitgliedsstaat eingerichteten und durch ein

50 Vgl. Erwägungsgründe 4-8 der Verordnung (EU) Nr. 524/2013.

51 Rund 447 Millionen EU-Einwohner, Quelle https://www.destatis.de/Europa/DE/Thema/Basistabelle/Bevoelkerung.html plus die Bevölkerung von Island, Liechtenstein und Norwegen.

52 Bspw. Einreichung der Beschwerde mittels Online-Formular, die Bestimmung der zuständigen Schlichtungsstelle, Kommunikation, Registrierung für Online-Tools, Übersetzungstool, Bereitschaft der Antragsgegner zur Teilnahme, Auswirkung von Informationspflichten.

Netzwerk verbundenen sog. **ODR-Kontaktstellen** erhalten, diese sind der Plattform ebenso elektronisch angeschlossen. Aufgabe der ODR-Kontaktstelle ist das Unterstützen der Parteien beim Verwenden der Plattform durch Informationen über die Plattform, die Schlichtungsstellen in den Mitgliedsstaaten, aber auch grundlegende Verbraucherrechte und weitere Rechtsschutzmöglichkeiten.[53] Der gesamte Verfahrensablauf ist in der ODR-Verordnung in großer Detailliertheit festgeschrieben, eine Änderung des Ablaufes auf der Plattform setzt daher zunächst eine Änderung der Verordnung voraus. Der Vorgang bis zur Information der Schlichtungsstelle soll grundsätzlich rein elektronisch und ohne menschliche Interaktion ablaufen.

3. Herausforderungen

Um es vorwegzunehmen: Die Plattform funktioniert nur teilweise in der vorgesehenen Weise. Dies wird aus den Berichten zum Funktionieren der Plattform erkennbar.[54] Die Frage, warum (jedenfalls 2019) der vorgesehene **Zweck der Plattform** nur eingeschränkt erreicht wurde, ist nicht so einfach zu beantworten, auch weil nach außen nicht alle Daten zur Verfügung stehen. Diese Frage ist jedoch für die Konstruktion von zukünftigen Legal-Tech-Projekten interessant und ihr soll im Folgenden nachgegangen werden. 51

Das **Online-Formular** der Plattform entspricht im Wesentlichen dem, was viele Schlichtungsstellen europaweit mittlerweile auf ihren Internetseiten bereithalten und geht an Design und Funktionen teils darüber hinaus. Vorhanden ist beispielsweise eine Sprachwahlfunktion und ein Vorabcheck zur Zuständigkeit. Das Problem scheint auch in erster Linie nicht bei der Einreichung des Falles durch die Beschwerdeführer:innen zu liegen, die Plattform wird genutzt.[55] Online-Formulare gehören in vielen Bereichen zum Standard. Auch darf nicht vergessen werden, dass die Beschwerdeführer:innen 52

53 Art. 7 der Verordnung (EU) Nr. 524/2013.

54 Bericht der Kommission an das Europäische Parlament, den Rat und den Europäischen Wirtschafts- und Sozialausschuss über die Anwendung der Richtlinie 2013/11/EU des Europäischen Parlaments und des Rates über die alternative Beilegung verbraucherrechtlicher Streitigkeiten und der Verordnung (EU) Nr. 524/2013 des Europäischen Parlaments und des Rates über die Online-Beilegung verbraucherrechtlicher Streitigkeiten vom 25.9.2019. Dort wurde festgestellt, dass „in etwa 80 % der auf der OS-Plattform eingereichten Streitfälle der Fall nach 30 Tagen automatisch geschlossen wurde, da der oder die Unternehmer:in auf der Plattform nicht auf die Mitteilung über den Streitfall und die Aufforderung, dem oder der Verbraucher:in eine AS-Stelle vorzuschlagen, reagiert hatte. Nur in etwa 2 % der Fälle einigten sich die Parteien auf eine AS-Stelle, sodass die Plattform den Streitfall an eine AS-Stelle weiterleiten konnte." Gleichzeitig stellte die Kommission in dem Bericht fest, dass „in bis zu 42 % der bei der Plattform eingereichten Streitfälle die Parteien den Streit jedoch bilateral beigelegt haben". Dies führte zu einem Wandel der Funktionen der Plattform, dazu siehe weiter unten.

55 2020 waren 3,3 Millionen Besucher:innen auf der Seite zu verzeichnen. 2019 waren es noch 2,8 Millionen. Eingereicht wurden 2020 17.461 Beschwerden und 30. 319 Anträge auf „direct talks". Functioning of the European ODR Platform – Statistical report 2020, https://ec.europa.eu/info/sites/default/files/2021-report-final.pdf.

(zumeist Verbraucher:innen) ein Interesse an der Lösung ihres Falls haben und somit ggf. den Aufwand in Kauf nehmen, ein Online-Formular auszufüllen.

53 Die Kommission verwendet den sog. EU-Login (früher ECAS) als **Registrierung/Authentifizierungssystem**. Beide Parteien eines Streitbeilegungsverfahrens müssen sich ab bestimmten Verfahrensschritten registrieren. Der Vorgang ist nicht kompliziert, im Wesentlichen wird nach Angabe bestimmter Informationen ein Link zum Anklicken in das externe E-Mail-Postfach versandt. Eine Identitätsprüfung ist damit nicht verbunden. Diskutiert wurde in der Vergangenheit, ob allein dieser Extraschritt der Registrierung vor allem den oder der Beschwerdegegner:in (zumeist Unternehmer:in) davon abhält, sich den Fall auf der Plattform anzusehen und einem Streitbeilegungsverfahren zuzustimmen. Zutreffend ist vermutlich, dass Unternehmer:innen aus Zeitgründen umständliche Verfahren ablehnen. Der EU-Login gilt für alle Dienste der Europäischen Kommission.

54 Die **Kommunikation** mit der und über die Plattform erfolgt ausschließlich elektronisch, per standardisierten, für die jeweiligen Verfahrensschritte vorbereiteten E-Mails. Die inhaltlichen Informationen werden jedoch nur auf der Plattform im **Login-Bereich** geteilt. Die Parteien erhalten die E-Mails lediglich als Information, dass sie sich nun auf der Plattform einloggen müssen. Es wird ihnen jedoch per E-Mail angekündigt, worum es geht. Der Login-Bereich ist aufwändig gestaltet. Die Parteien erhalten dort Informationen zum Bearbeitungsstand und zu den nächsten Schritten, die sie direkt im Login-Bereich veranlassen können. Es wird konkret erklärt, was die nächste Aufgabe der jeweiligen Partei ist. Der oder die Beschwerdeführer:in startet den Prozess auf der Plattform und ist grundsätzlich im Bilde bzw. rechnet mit den E-Mails der Plattform, daher ist insbesondere kritisch zu hinterfragen, wie der oder die Beschwerdegegner:in (zumeist Unternehmer:in) mit der Kommunikation und dem Login-Bereich zurechtkommt.

55 Voraussetzung ist zunächst, dass der oder die Beschwerdeführer:in die richtige E-Mail-Adresse des oder der Beschwerdegegner:in fehlerfrei eingibt. Anzusprechen ist die Spam-Problematik, also die Einordnung der E-Mails der Plattform als Spam, deren Dimension schwer abschätzbar ist. Dies und die nachfolgend angesprochenen Probleme mögen für sich genommen keine große Hürde darstellen, allerdings wird mit jeder weiteren Hürde die Drop-out Rate gesteigert und der Zugang erschwert. Auch stellt sich die Frage, inwieweit Unternehmer:innen, die zwar aufgrund der Informationspflichten theoretisch die Plattform kennen sollten,[56] es in der Praxis jedoch nicht immer tun,[57] die

56 Art. 14 der Verordnung (EU) Nr. 524/2013 sieht eine Informationspflicht für alle in der Union niedergelassenen Unternehmen, die Online-Kaufverträge oder Online-Dienstleistungsverträge eingehen vor. Konkret muss auf die Plattform verlinkt werden.

57 Nach dem Consumer Score Board 2019 (mit Zahlen von 2018) kannten 43,4 Prozent der befragten Unternehmer:innen die Möglichkeit außergerichtlicher Streitbeilegung nicht. Dies bezieht sich nicht explizit auf die Plattform, gibt jedoch eine ungefähre Idee auch hierzu, da über die Plattform die außergerichtliche Streitbeilegung eingeleitet wird (https://ec.europa.eu/info/sites/default/files/consumers-conditions-scoreboard-2019_pdf_en.pdf, Seite 52).

standardisierte E-Mail der Plattform überhaupt richtig einschätzen können. Absenderadresse der **automatisierten E-Mails** ist JUST-ODR-NOREPLY@ec.europa.eu. Die Frage, ob E-Mails als offizielle Kommunikation akzeptiert werden oder ob nicht beispielsweise erwartet wird, dass „wichtige Informationen" nach wie vor per Post kommen, ist letztlich eine gesellschaftliche Frage und kein spezifisches Problem der Plattform. Die Frage, wie digital wir wirklich sind, fällt für die EU-Mitgliedsstaaten sicherlich auch sehr unterschiedlich aus. Ein (EU-) Bürgerdienst für elektronische Post könnte hier weiterhelfen, in dem Sinne, dass sich das Bewusstsein durchsetzt, dass offizielle/seriöse E-Mails von einer bestimmten Adresse kommen.[58]

Die **Auswahl der zuständigen Schlichtungsstelle** erfolgt wie bereits oben erwähnt 56
in einer Art Ping-Pong-Verfahren zwischen den Parteien. Die Schlichtungsstellen melden über die Anerkennungsbehörde, für welche Bereiche sie zuständig sind und wählen dabei aus bestimmten vorgegebenen Kategorien[59] aus. Die Plattform verwendet diese Kategorien plus einen Länderfilter, um den Parteien eine passende Schlichtungsstelle vorzuschlagen. In der Anfangszeit der Plattform waren Fehler zu verzeichnen, u. a. wurden nach Erfahrung der Schlichtungsstelle unzuständige Schlichtungsstellen vorgeschlagen. Es sei angemerkt, dass sich jedenfalls die Zuständigkeiten der deutschen Verbraucherschlichtungsstellen nicht abschließend im Wege der Kategorien abbilden lassen. Vom Problem der korrekten Ermittlung abgesehen, stellt sich eine weitere Herausforderung. Auf der Plattform sind **knapp 500 Schlichtungsstellen**[60] registriert, einige von ihnen haben auch Zuständigkeiten für Unternehmen in anderen Ländern, wie es auch von Art. 5 III der sog. ADR-Richtlinie vorgesehen ist. Dem oder der Unternehmer:in werden also ggf. Schlichtungsstellen aus einer Vielzahl von Ländern vorgeschlagen,[61] die zwar formal zuständig sind, aber bei denen sich die Frage stellt, ob diese sinnvollerweise mit dem Fall befasst werden sollen. Elektronische Verbesserungsmöglichkeiten wären hier beispielsweise, dass die Verfahrenssprache ausgewählt werden kann, welche die Schlichtungsstellen anbieten. Eine nicht elektronische Verbesserungsmöglichkeit ist der „Umweg" über menschliche Bearbeiter:innen, wie beispielsweise die OS-Kontaktstellen.[62] Der oder die Unternehmer:in, der aus einer Vielzahl von

58 Ein Beispiel ist Finnland, mit seinem suomi.fi Dienst, der drei Funktionen vereint, Nachrichten, eAuthorizations und Registerfunktionen, siehe https://www.suomi.fi/instructions-and-support/general-instructions/instructions-for-suomifi.

59 Die Plattform verwendet die Klassifikation der Verwendungszwecke des Individualverbrauchs (COICOP), siehe https://ec.europa.eu/eurostat/statistics-explained/index.php?title=Glossary:Classification_of_individual_consumption_by_purpose_(COICOP)/de.

60 468 Schlichtungsstellen waren am 20. Dezember 2020 registriert. Functioning of the European ODR Platform – Statistical report 2020, https://ec.europa.eu/info/sites/default/files/2021-report-final.pdf.

61 Bei einem Test im Dezember 2021 wurden für eine Streitigkeit bezüglich eines fiktiven deutschen Online-Shops von Lebensmitteln insgesamt 7 Schlichtungsstellen vorgeschlagen, zwei aus Deutschland, zwei aus Malta, eine jeweils aus Irland, Spanien und Kroatien.

62 Abhilfe können letztlich die Verbraucherschlichtungsstellen selbst schaffen, indem sie eine unzuständige Beschwerde ablehnen und auf die richtige Stelle verweisen, wobei dies das letzte Mittel der Wahl ist,

zuständigen Schlichtungsstellen auswählen muss, kann sich an die Berater:innen der OS-Kontaktstellen wenden. Das Wissen, welche Schlichtungsstelle nicht nur exakt zuständig ist, sondern auch sinnvollerweise damit befasst wird, scheint nach aktuellem Stand nicht elektronisch abbildbar. Hier zeigt sich, dass ein gemischter „elektronisch-menschlicher" Ansatz sinnvoll sein kann, wobei der Elektronik die Vorarbeit und die einfachen, klaren Fälle zukommen können, dem Menschen die Bewertung und die komplizierten Fälle.

57 Das **Übersetzungstool** ist für sich genommen ein großer Vorteil für grenzüberschreitende Beschwerden. Interessanterweise sind aber nur 50 Prozent der Beschwerden auf der Plattform grenzüberschreitend.[63] Die Funktionalität des Übersetzungstools ist ausbaufähig. Allerdings ist zu beachten, dass die Kommission ein Tool für alle 26 Sprachen anbieten und auch Datenschutzerwägungen Rechnungen tragen muss. Fehlerfrei werden jedenfalls die Drop-Down-Menüs übersetzt, mit denen der Fall grundlegend kategorisiert wird. Daneben stehen auch Freitextfelder zur Verfügung. Allerdings mögen bereits die Drop-Down-Menüs im grenzüberschreitenden Bereich ausreichen, um das grundlegende Anliegen der anderen Partei verständlich zu machen und eventuelle Sprachprobleme zu verhindern.[64] Auch für die deutschen Schlichtungsstellen ist ein automatisches Übersetzungstool eine Zukunftsoption, da nicht davon ausgegangen werden kann, dass Anfragen nur auf Deutsch oder Englisch eingehen. Auch schon heute zeigt die Erfahrung der Universalschlichtungsstelle des Bundes, dass Anfragen und Anträge in mehr als diesen Sprachen wie zum Beispiel Italienisch, Finnisch und Rumänisch eingehen, welche nicht alle durch die Mitarbeiter:innen der Schlichtungsstelle beherrscht werden. Daher ist weitere Unterstützung notwendig. Bei Verfahren, die über die ODR-Plattform eingehen, kann das Übersetzungstool von der Schlichtungsstelle genutzt werden.

58 Ein geringer Prozentsatz der Verfahren auf der Plattform kam im Ergebnis 2019 bei einer Schlichtungsstelle an. Die Frage ist, ob dies an der Plattform liegt oder an der Schlichtung selbst oder ob wie so oft mehrere Gründe zusammenspielen. Die Plattform hat den Nachteil, dass der oder die Unternehmer:in erst von einer Schlichtungsstelle kontaktiert werden kann, nachdem sich die Parteien auf eine Schlichtungsstelle geeinigt haben. Dies hängt direkt mit der ODR-Verordnung zusammen, die den Verfahrensschritt so vorgibt. Dieser Verfahrensschritt ist auch unabhängig von Legal Tech bzw. trifft keine Aussage über die Erfolgsaussichten einer elektronischen Zuständigkeitsermittlung oder Weiterleitung. Neben den elektronischen Vorfragen muss dieser Schritt auch in Kom-

---

da es für den oder die Antragsteller:in mit vermeidbarer Frustration verbunden ist. Ergänzend sei erwähnt, dass eine Weiterleitung der Beschwerde innerhalb der Plattform an eine andere Verbraucherschlichtungsstelle derzeit technisch nicht möglich ist, die Beschwerdeführer:innen müssen eine neue Beschwerde einreichen.

63 Functioning of the European ODR Platform – Statistical report 2020, https://ec.europa.eu/info/sites/default/files/2021-report-final.pdf

64 Siehe dazu unten auch die „direct talks".

bination mit dem zweiten großen Faktor gesehen werden, der **Akzeptanz von Schlichtung** als solcher, die direkte Auswirkungen darauf hat, ob sich ein oder eine Beschwerdegegner:in die Mühe macht, sich mit der Plattform zu befassen.

4. Wandel der Funktionen – direct talks

Wie eingangs erwähnt hat die Kommission 2019 festgestellt, dass eine erstaunlich hohe 59
Quote an Einigungen der Parteien über die Plattform selbst stattfindet, ohne dass eine Schlichtungsstelle jemals hinzugezogen wurde. Dies führte 2019 zur Implementierung eines Zusatzfeatures auf der Plattform, den sog. **„direct talks"**. Diese treten auch nach außen erkennbar als selbstständige Option neben den ursprünglichen Zweck, die Weiterleitung von Beschwerden an die zuständige Stelle. Wie erfolgreich diese direkten Gespräche langfristig sein werden, wird sich voraussichtlich in den Berichten der Folgejahre zeigen. Für die Streitbeilegung ist interessant, dass Streitigkeiten, die sich vorab nicht zwischen den Parteien lösen ließen, offenbar durch die Kontaktaufnahme über ein Webportal beigelegt werden konnten. Bekannt ist bei den Schlichtungsstellen der Effekt, dass sich Streitigkeiten allein durch das Einschalten einer Schlichtungsstelle lösen lassen, aber der Effekt, dass ein Webportal ausreicht, ist neu. Es mag wie oben beschrieben mit der grenzüberschreitenden Komponente zusammenhängen und der Tatsache, dass die Kategorisierung, Strukturierung und automatische Übersetzung Missverständnisse, welche durch Sprachbarrieren entstanden sind, ausräumen kann.

5. Bewertung

Die Quote darf nicht darüber hinwegtäuschen, dass die Plattform im Grunde funktions- 60
fähig und operabel ist. Es ist die erste Plattform ihrer Art, die alle nach der ADR-Richtlinie anerkannten Schlichtungsstellen in der gesamten EU und Island, Norwegen und Liechtenstein bündelt, angesichts von knapp 500 Schlichtungsstellen ein sinnvoller Schritt. Sie trifft auf völlig unterschiedliche Voraussetzungen in den einzelnen Staaten. Einige ihrer Schwächen resultieren aus dem allgemeinen Digitalisierungszustand unserer Gesellschaft und sind somit kein Argument gegen Legal Tech und kein Argument gegen die Plattform. Weitere Herausforderungen, denen die Plattform begegnet, hängen mit anderen Fragen zusammen, wie der Akzeptanz der außergerichtlichen Streitbeilegung an sich. Wie letztere muss die Plattform an **Bekanntheit und Akzeptanz** gewinnen. Als rein freiwillig anzunehmendes Angebot an alle Verbraucher:innen, Unternehmer:innen und Schlichtungsstellen in der Europäischen Union ist sie mit ihren vielen Features (Beschwerden weiterleiten, Schlichtungsstellen finden, direct talks) jedenfalls ein sinnvolles Serviceangebot, welches langfristig die außergerichtliche Streitbeilegung voranbringen wird.

Verbesserungen können einerseits an der ODR-Verordnung vorgenommen wer- 61
den, indem die Verfahrensschritte auf der Plattform geändert werden. Nachzudenken ist über eine frühere Einschaltung der Schlichtungsstellen oder darüber, wer die

Schlichtungsstellen in einem ersten Schritt auswählt. Würde der oder die Beschwerdeführer:in die Schlichtungsstelle vorschlagen, würde dem oder der Beschwerdegegner:in ein weiterer Verfahrensschritt erspart bleiben, der gewissermaßen die Teilnahmebereitschaft ggf. steigern würde. In elektronischer Hinsicht kann das Thema Schnittstelle zwischen Plattform und Schlichtungsstelle angegangen werden, jedenfalls sobald mehr Fälle über die Plattform an Schlichtungsstellen weitergeleitet werden, was bei einer Änderung des Verfahrensablaufes zu erwarten wäre und insbesondere sinnvoll für diejenigen Schlichtungsstellen wäre, die viele Anträge erhalten würden. Ebenfalls kann darüber nachgedacht werden, ob ein Transfer des Verfahrens innerhalb der Plattform von einer unzuständigen an eine zuständige Stelle durch den oder die Beschwerdeführer:in, Beschwerdegegner:in oder die OS-Kontaktstelle möglich sein sollte.

Im zweiten Drittel 2022 wurde bekannt, dass die Kommission über eine Reform der ODR-Verordnung und der Plattform nachdenkt.[65] Im Raum steht auch eine Aufhebung der Verordnung. Als Grund wird im Wesentlichen das Nicht-Funktionieren der Plattform angegeben.

C. Perspektiven und Fazit

62 Nachdem der juristische Rahmen der Digitalisierung im Bereich der Verbraucherstreitbeilegung sowie zumindest ausschnittweise der in der Praxis der Verbraucherstreitbeilegung vorzufindende Status quo dargestellt wurden, stellt sich die Frage, welche weiteren technischen Möglichkeiten denkbar, erstrebenswert oder aber abzulehnen sind.

I. Digitalisierung: Vereinbarkeit von Effizienz und Qualität als Herausforderung

63 Denkbar ist zunächst alles, und gerade im freiwilligen, privaten und außergerichtlichen Bereich ist auch einiges leichter umsetzbar als im Gerichtswesen. Viele Entwicklungen und Impulse kommen aus der **Privatwirtschaft** (z.B. Konfliktlösungssysteme großer Online-Plattformen). Für die gerichtliche Streitbeilegung scheint im Gegenzug in einem ersten Schritt weniger möglich, da die Anforderungen andere sind.

64 Bei allem ist zu bedenken, dass die Errungenschaften unseres Rechtsstaats keineswegs untergraben werden dürfen; auch nicht indirekt dadurch, dass der Gang zu Gericht im Verhältnis zu einer privaten Streitbeilegung de facto so beschwerlich erscheinen würde, dass er in der Praxis kaum noch beschritten werden würde.

65 Dennoch – und egal wie man dazu steht – sind technische Errungenschaften und Fortschritt Realität und können nicht ignoriert werden. Mag sich der Großteil der Bevöl-

---

65 Aufforderung zur Stellungnahme zu einer Bewertung un deiner gleichzeitig vorgenommenen Folgenabschätzung, Ref.Ares(2022)6673866 – 28/09/2022 https://ec.europa.eu/info/law/better-regulation/have-your-say/initiatives/13536-Consumer-rights-adapting-out-of-court-dispute-resolution-to-digital-markets_en.

kerung aktuell noch an eine Zeit ohne Internet erinnern können und mag das Internet in der Tat nicht nur Vorteile mit sich gebracht haben, so ist doch nur schwer vorstellbar, zu einer Welt ohne Internet zurückzukehren – entsprechend war dies schon beim Übergang ins industrielle Zeitalter so, bestimmte Entwicklungsschritte lassen sich trotz inhärenter Gefahren nicht negieren; es gilt aber letztere einzufangen.

Insofern sind die technischen Möglichkeiten in einem ersten Schritt als Realität 66
anzunehmen und auch als Chance wahrzunehmen, freilich ohne Risiken leichtfertig beiseitezuschieben. In einem zweiten Schritt bedarf es einer Analyse – und angesichts der stetigen Weiterentwicklung im Grunde einer Art von permanenter **Evaluation** – der Möglichkeiten, der Risiken, der Chancen, um dann in einem dritten Schritt einen **Rechtsrahmen und Handlungsoptionen** zu bestimmen.

Der Beitrag in diesem Buch versteht sich als Mosaikstein im Entwurf einer digitaler 67
werdenden Rechtslandschaft, wobei es insgesamt einer **gesamtgesellschaftlichen Debatte** bedarf[66], die eine ethische, soziologische, philosophische sowie selbstverständlich und nicht zuletzt eine juristische Ebene umfasst. Für letztere sollten insbesondere erfahrene und verdiente Expert:innen aus der Rechtspraxis zu Gehör kommen, als Gegengewicht zu Treiber:innen der Modernisierung. Eine Öffnung der Justiz für Digitalisierung soll gerade kein Ikonoklasmus werden, sondern die Verbindung von Bewährtem mit der Moderne.

Denn klar muss wie bereits erwähnt sein, dass rechtsstaatliche Prinzipien gewahrt 68
bleiben und auch nicht de facto ausgehebelt werden dürfen. Klar muss aber auch sein, dass es dabei nicht darum gehen kann, aus Rücksicht auf den bisherigen Status quo des juristischen Berufsstandes nötige Reformen nicht anzugehen, Traditionen also nicht um ihrer selbst willen zu schützen, sondern weil sich die zahlreichen Elemente des heutigen Rechtssystems in der Tat als unersetzbar erweisen. Klar scheint aber auch zu sein, dass manche Einzeltätigkeiten durch technische Hilfen ersetzt oder ergänzt werden können, um so eine zumindest **ebenbürtige Qualität bei höherer Effizienz** zu erlangen.

II. Verbraucherstreitbeilegung als Testfeld

1. Grundsätzliche Eignung als Testfeld

Legal-Tech-Anwendungen in der außergerichtlichen Streitbeilegung sind gewisserma- 69
ßen unter dem Radar dort entstanden, wo das Augenmerk der juristischen Berufe nicht liegt, nämlich Verbraucherstreitigkeiten mit niedrigem Streitwert.[67] Das ist nachvollziehbar, da sich diese auch mehr für Legal-Tech-Anwendungen eignen als beispielsweise höchstpersönliche oder weitreichende Konflikte. Gerade der **Online-Handel** ist prädestiniert für Legal Tech. Ergänzend sei dennoch angemerkt, dass Rechtsprobleme, die

66 „Technological development does not take place in a social vacuum." *Koulu*, Law, Technology and Dispute Resolution The Privatisation of Coercion, 2018, S. 192.

67 *Koulu*, Law, Technology and Dispute Resolution The Privatisation of Coercion, 2018, S. 192.

mit niedrigen Streitwerten verbunden sind, nicht unbedingt banal sind. Bei Verbraucherstreitigkeiten stellen sich aufgrund der Schnelligkeit der Entwicklungen der Wirtschaft immer neue Rechtsfragen und auch systematische Rechtsprobleme.

70 Aufgrund der Freiwilligkeit des Verfahrens und der zumindest teilweise geringen Streitwerte einerseits und der Transparenz des Verfahrens andererseits kann die Verbraucherstreitbeilegung unbefangener als **Spielfeld** für den Einsatz neuer Technologien genutzt werden, zumal die (von den Vorgaben des VSBG abgesehen) privatautonom gestalteten Verfahrensordnungen einfacher – auch testweise – geändert werden können im Vergleich zu Neuregelungen in der ZPO. Die Parteien sollten in jedem Fall genau darüber aufgeklärt werden, in welchem Umfang Legal Tech zum Einsatz kommt und auch darüber **(mit-)entscheiden** können.

71 Die Tatsache, dass Verbraucherschlichtungsstellen nach §§ 3 bzw. 28 VSBG die Rechtsform eines Idealvereins bzw. einer Behörde haben müssen, sorgt dafür, dass eine **Gewinnausrichtung** nicht stattfinden und das Testfeld insofern nicht durch finanzielle Eigeninteressen verfälscht werden kann. Allerdings stehen den Verbraucherschlichtungsstellen in der Regel begrenzte Finanzierungmöglichkeiten für Legal-Tech-Anwendungen zur Verfügung. Ansatzpunkte, um dem abzuhelfen, sind spezielle Förderprogramme, wie etwa der EU für Verbraucherschlichtungsstellen. Hier konnten sich in der Vergangenheit Verbraucherschlichtungsstellen auch als Zusammenschluss bewerben. Unabhängig von Förderprogrammen lassen sich durch Zusammenschlüsse finanzielle Ressourcen bündeln und überdies können Synergien entstehen. Soweit nicht die Neutralität und Unabhängigkeit gefährdet werden, könnte es auch überlegenswert sein, auf von der Branche entwickelte Lösungen zurückzugreifen, etwa für den Kundenservice einer Branche, und diese dann für die jeweilige branchenspezifische Verbraucherschlichtungsstelle auszubauen.

72 Zudem ist Verbraucherstreitbeilegung bereits aufgrund der Erwartungshaltung der Verbraucher:innen (**Schnelligkeit und Einfachheit der Lösung**) zumindest bei einfach gelagerten Fällen ein gutes Anwendungsfeld für Legal-Tech-Anwendungen – auch dies passt ideal zu den bereits eingangs skizzierten Zielvorgaben der ADR-Richtlinie.

73 Überdies kann die durch Legal Tech gewonnene **Effizienz** zwar die Kosten senken, aber es wäre noch wünschenswerter, die gewonnene Zeit in eine adressatengerechtere, **empathische Kommunikation**[68] oder sonstige qualitätssteigernde Maßnahmen zu investieren.

74 Die Frage der **Kosteneffizienz** lässt sich aber nicht für alle Bereiche klar beantworten. Ist es finanziell (und auch in Hinblick auf die Personalplanung) sicherlich sinnvoll, kurzfristige Massenphänomene und **Antragswellen** mit tausenden Fällen mit der Unterstützung von Legal Tech zu bearbeiten, dürfte zum Beispiel beim Betrieb einer sehr

68 Empathie gehört zu dem von der söp so benannten Schlichtungsdreiklang, zu dem auch Präzision und Effizienz gehören, s. *Berlin*, Jubiläumsschrift zum zehnjährigen Bestehen der Rechtanwaltschaft 2021, 34 (37), abrufbar unter https://ottosc.hm/VIva1.

kleinen Schlichtungsstelle mit wenigen und sehr unterschiedlichen Fällen kritisch zu hinterfragen sein, ob die Entwicklungskosten für Legal Tech nicht die Personalkosten bei weitem übersteigen.

Geht es um lohnende Investitionskosten, muss im Übrigen auch zwischen der Art 75
von Legal-Tech-Anwendungen unterschieden werden, zwischen dem was gemeinhin unter **Legal Tech 1.0 und 2.0**[69] auf der einen Seite und **3.0**[70] auf der anderen Seite verstanden wird. Die Grenze verläuft da, wo die Technik den Rechtsanwender:innen nicht mehr zuarbeitet, sondern dessen Entscheidungen übernimmt. Abgesehen von der Kostenseite dürfte die Diskussion auch erst da kontrovers werden. Denn die Arbeitsentlastung durch Legal Tech, insbesondere bei sich wiederholenden, standardisierten Aufgaben, wird im Gegenzug vermutlich von vielen gerne entgegengenommen und als eher unproblematisch eingeschätzt werden.

Doch auch darüber hinaus soll an dieser Stelle vorgeschlagen werden, **Pilotprojek-** 76
te und Tests mit freiwilligen Parteien gerade bei Verbraucherschlichtungsstellen zu starten. Solange noch keine konkreten rechtlichen Rahmenbedingungen bestehen, können Verbraucherschlichtungsstellen Legal-Tech-3.0-Anwendungen prüfen und anbieten. Letztlich werden in vielen Bereichen diese Lösungen bereits in der ein oder anderen Form in der Privatwirtschaft angeboten.

---

69 Die einfachste Form wird gelegentlich als „Legal Tech 1.0" bezeichnet und erfasst Software zur Arbeits- und Büroorganisation bei juristischen Berufsträgern. In diesem Zusammenhang werden auch juristische Online-Datenbanken zur Rechtsrecherche genannt; hier verortet werden auch Online-Marketing-Anwendungen. Bei einer komplexeren Form von Legal Tech werden juristische Arbeitsschritte zum Teil schon selbsttätig durch Informationstechnologie abgewickelt; dabei spricht man gelegentlich von „Legal Tech 2.0". Bei diesen Arbeitsschritten kommen menschliche Sachbearbeiter:innen nicht mehr zum Einsatz. Legal Tech 2.0 ist im Begriff, sich vor allem im Bereich der Sachverhaltsaufklärung zu etablieren, beispielsweise wenn eine große Menge elektronischer Dokumente auf bestimmte Inhalte, Strukturen oder Begriffsabfolgen durchzusehen ist (auch bezeichnet als E-Discovery). Unter Umständen können auf der Grundlage der Informationen, die von einem oder einer Nutzer:in erlangt werden, vorab hinterlegte Handlungsalternativen vorgeschlagen werden; dies kann auch in Chatfunktionen mit Chatbots geschehen. Hier einzuordnen sind auch Portale, die anhand von anzugebender Informationen die Berechtigung zu Schadensersatzansprüchen (überschlägig) kalkulieren. In diesem Feld ist auch das Phänomen der Online-Dispute-Resolution einzuordnen, bei der die (streitenden) Nutzer:innen in vorprogrammierte Strukturen Informationen zu dem Streitfall einpflegen. Die Informationen werden algorithmisiert weiterverarbeitet und es wird eine (grobe) maschinelle Einordnung getroffen werden, die auch in einem Einigungsvorschlag bestehen kann. *Groh* in: Weber kompakt, Rechtswörterbuch, 5. Auflage, 2021, Legal Tech.

70 Die komplexeste und folgenreichste Variante von Legal Tech (auch bezeichnet als Legal Tech 3.0) betrifft Software und Algorithmen, die in der Lage sein sollen, den menschlichen Erkenntnisprozess der Rechtsfindung gänzlich digital und ohne Mitwirkung von Juristen abzuwickeln. *Groh* in Weber kompakt, Rechtswörterbuch, 5. Auflage, 2021, Legal Tech.

2. Konkrete Ausgestaltungsoptionen

77 Konkret könnte der Einsatz von Legal Tech bei der Universalschlichtungsstelle des Bundes so aussehen, dass direkt während der Eingabe eines Antrags eine **automatische Subsumtion** (beispielsweise durch Analyse des geschilderten Sachverhaltes oder Prüfung, ob das genannte Unternehmen Mitglied einer anderen Verbraucherschlichtungsstelle ist) bezüglich der Eröffnung der Zuständigkeit der Universalschlichtungsstelle des Bundes stattfindet und, falls mögliche Probleme erkannt werden, dies dem oder der Antragsteller:in direkt mitgeteilt und ggf. durch Zusatzfragen geklärt wird. Sollte die endgültige Lösung in diesem Stadium nicht möglich sein, könnte auch für den oder die Bearbeiter:in der Schlichtungsstelle ein entsprechender Hinweis erscheinen, so dass dieser die Zuständigkeitsprüfung an diesem Punkt übernehmen kann und nicht von vorne beginnen muss.

78 Sobald ein Schlichtungsverfahren im engeren Sinne beginnt, könnte in Absprache zwischen der Schlichtungsstelle und den Parteien festgelegt werden, wie viel **menschliche Intervention** gewünscht ist. So könnte beispielsweise ein weitestgehend vollautomatisiertes Verfahren angeboten werden, bei dem die Stellungnahmen beziehungsweise Angaben der Parteien vom System analysiert und automatisch subsumiert werden. Anhand einer so ermittelten Wahrscheinlichkeit für das Vorliegen der geltend gemachten Ansprüche, könnte dann (auch wieder automatisiert) ein Vorschlag ermittelt werden. Die Arbeit der Schlichtungsstelle würde sich in diesem Fall auf die Tätigkeit im Hintergrund zur Verbesserung und Entwicklung der verwendeten Algorithmen beschränken.

79 Denkbar wäre auch eine entsprechende automatische Subsumtion nur intern zur Arbeitserleichterung und als Kontrollmechanismus zu verwenden. Im Rahmen eines solchen Systems zur besseren internen Bearbeitung von Fällen wäre auch eine **intelligente Fristen- und Aufgabenverwaltung** sinnvoll, die nicht nur vorschlägt, welche Fristen wichtig sind, sondern auch vorhersagt, welche Bearbeitungsschritte und welcher zeitliche Arbeitsaufwand am Tag der Wiedervorlage wahrscheinlich entsteht. Damit wäre die Technik ganz im Sinne des Menschen, hier insbesondere der Beschäftigten der Schlichtungsstelle, die so besser ihren Tagesablauf planen können.

80 Diese Vorgehensweise erscheint insbesondere im Hinblick auf Skalierbarkeit und **Bearbeitungsdauer** vorteilhaft. Gerade durch die teilweise schnelle Bearbeitung innerhalb weniger Stunden oder Tage von Beschwerden bei manchen Unternehmen, erwarten Verbraucher:innen auch bei der Konfliktlösung durch Dritte ein entsprechend schnelles Vorgehen. Effizienzsteigernd könnte auch eine Schnittstelle zur CRM-Software des Unternehmens sein. Ob dies alles in der Praxis stets umsetzbar ist, ist aber fraglich. Es entspricht außerdem nicht in jeder Situation dem, was sämtlichen Parteien wichtig ist. Teilweise ist auch der **Kontakt zu einer neutralen Person**, die sich aktiv und im Dialog mit der Streitigkeit auseinandersetzt, für die Parteien wichtig.

81 Diskutiert wird aktuell die Frage der **Regulierung** von Legal Tech bzw. Künstlicher Intelligenz. An dieser Stelle wird für Testläufe auch ohne rechtliche Rahmenbedingungen geworben. Diese können sich im VSBG derzeit in einem ersten Schritt so einfügen, dass die Legal Tech Lösung eine Lösung zwischen den Parteien selbst ist oder in einem

zweiten Schritt in der Verantwortung der Schlichtungsstelle liegt, in dem nach dem gegenwärtigen System die Streitmittler:innen letztendlich für die Korrektheit der Schlichtungsvorschläge verantwortlich sind.

Langfristig spricht einiges für rechtliche **Rahmenbedingungen** für Legal Tech, da nicht die gesamte Einschätzung, ob und in welcher Form Legal Tech sinnvoll ist, den Parteien überlassen bzw. ihnen aufgebürdet werden kann. Je weitreichendere Konsequenzen eine Streitigkeit für die Parteien hat, desto mehr müssen die Rahmenbedingungen und verbindliche Standards festgelegt werden. Für die Unterscheidung, welcher Bereich in welchem Maß reguliert werden muss, kann ggf. wieder mit Streitwertgrenzen gearbeitet werden, zwischen Dauerschuldverhältnissen und einmaligen Leistungen unterschieden werden, zudem können bestimmte Rechtsgebiete ausgenommen werden. Ggf. kann auch gestaffelt werden, insofern als bestimmte Streitigkeiten rein technisch gelöst werden können, manche nur nach Validierung durch Jurist:innen und manche ggf. auch ausschließlich durch Jurist:innen. Dies mag auch davon abhängen, als wie zuverlässig die Legal-Tech-Anwendung eingestuft wird. Zu denken ist auch an die Frage, inwieweit in der Verbraucherstreitbeilegung, in der es jedenfalls nach dem VSBG derzeit kein Rechtsmittel innerhalb der Verbraucherstreitbeilegung gibt, eine Art Rechtsmittel für eine auf Legal Tech basierte Entscheidung geben soll oder wie beim Mahnverfahren eine Art Widerspruchsmöglichkeit. 82

Wohlgemerkt betrifft diese Staffelung die Anfangsphase von Legal Tech 3.0 in der Verbraucherstreitbeilegung und wird in ein paar Jahren ggf. wieder anders beurteilt werden. Geklärt werden muss inhaltlich in den Rahmenbedingungen u. a. die Frage der Gefahr der Manipulation, des Hackings, der Haftung für Fehler bei der Rechtsanwendung durch Legal Tech, der Offenlegung des Entscheidungswegs. Frankreich hat bereits erste Regelungen zu Legal Tech in der außergerichtlichen Streitbeilegung geschaffen, in der, wenn auch nur wenige, aber doch wichtige Prinzipien festgehalten werden.[71] Bestimmt ist dort im Wesentlichen, dass der Online-Dienst offenlegen muss, wie die Einigung entstanden ist, dass die Parteien Kenntnis von der Legal-Tech-Basis erhalten, Legal Tech zustimmen und dass es keine ausschließliche technische Entscheidung geben darf. 83

III. Fazit

Legal Tech ist in der außergerichtlichen Verbraucherstreitbeilegung in allen Ausprägungen binnen absehbarer Zeit denkbar. Nach einer Pionierphase können Erkenntnisse auf die Gerichtsbarkeit übertragen werden, sofern sich dies sinnvoll erweist, dem Wesen der Gerichtsbarkeit entspricht und erforderlichenfalls ein entsprechender Rechtsrahmen geschaffen wird. Dass dies aufgrund der Errungenschaften unseres Rechtssystems sorgfältig geprüft werden muss, versteht sich von selbst. Wie die Entwicklung 84

71 Loi n° 2019-222 du 23 mars 2019 de programmation 2018-2022 et de réforme pour la justice, dort Art. 4-1, 4-3, 4-6.

insgesamt und flächendeckend weitergeht, ist dabei wie schon ebenfalls erwähnt eine gesamtgesellschaftliche Frage.

85 Aufgabe der Verbraucherschlichtungsstellen wäre jedoch das Prüfen der grundsätzlichen Geeignetheit der Legal-Tech-3.0-Lösung. Erster Schritt ist ein Vorsortieren, ob sich diese Streitigkeit nach dem aktuellen Kenntnisstand für eine Legal-Tech-3.0-Anwendung eignet und um ungeeignete Bereiche auszunehmen. Diese Einschätzung kann vorwiegend von Rechtsanwender:innen im betroffenen Bereich gefällt werden. Weitere Aufgabe ist das ständige Prüfen, Einschätzen und Kontrollieren der Anwendung durch die Verbraucherschlichtungsstelle, damit das **Zusammenspiel zwischen Technik und Rechtsanwender** ausgelotet wird, Probleme aufgedeckt, Grenzen gezogen und gute Lösungen gefunden werden. Es kann ein langwieriger Prozess sein, bis eine Anwendung fehlerfrei und sicher funktioniert.

86 Aktuell scheint zweifelhaft, Rechtsanwender:innen vollständig durch Technik zu ersetzen. Hinterfragt wird dies deshalb, weil Rechtsanwendung mehr als fest umrissene, klare Regeln ist, die sich unproblematisch in Wenn-Dann-Befehle umsetzen lassen.[72] Es ist wahrscheinlich, dass mit mancher Argumentation die Sorge um den eigenen Berufsstand einhergeht und dass auch menschliche Rechtsanwender:innen nicht fehlerfrei arbeiten. Der Kern der technischen und auch philosophischen Diskussion ist jedoch völlig berechtigterweise, ob und inwieweit Legal Tech den mehrdeutigen, komplexen, interpretations- und entwicklungsbedürftigen juristischen Bereich übernehmen kann und soll. Schließlich ist eine starke Rechtsprechung eine wertvolle Quelle, aus der sich Legal Tech speist.

87 Die vorgeschlagenen Testfelder und Pilotprojekte im Bereich der Verbraucherstreitbeilegung bieten sich für eine entsprechende Auslotung an. Bereits bei der Schilderung des vorgefundenen Status quo (s. o. B.) wurde deutlich, dass im Übrigen sich in der Praxis theoretische Ideale als nicht realisierbar erweisen. Dieser Erkenntniswert kann zumindest in Teilen auf andere Bereiche wie die Gerichtsbarkeit übertragen werden. Doch um zu erkennen, was in der Praxis wertvoll, nutzlos oder gefährlich ist, müssen Erfahrungen gemacht werden. Aus vorgenannten Gründen bietet sich die Verbraucherstreitbeilegung als **Testfeld** an – als Erkenntnisquelle weit über das Thema Verbraucherstreitbeilegung hinaus.

Der Start ist gemacht. Nun gilt weiterzumachen: Fortes fortuna adiuvat – Den Mutigen hilft das Glück.

72 *Koulu* Law, Technology and Dispute Resolution The Privatisation of Coercion, 2019, Seite 193; siehe auch *Hähnchen/Schrader/Weiler/Wischmeyer*, JuS 2020, 625.

Maxi Scherer und Ole Jensen

§ 25 Die Digitalisierung der Schiedsgerichtsbarkeit

Gliederungsübersicht Rn.

Literatur: *Gielen/Wahnschaffe*, Die virtuelle Verhandlung im Schiedsverfahren, SchiedsVZ 2020, 257; *ICC*, Commission Report on Information Technology in International Arbitration, 2017; *ICC*, Commission Report on Leveraging Technology for Fair, Effective and Efficient International Arbitration Proceedings, 2022; *Ortolani/Janssen* u. a. (Hrsg.), International Arbitration and Technology, 2022; *Rühl*, KI in der gerichtlichen Streitbeilegung, in: Kaulartz und Braegelmann (Hrsg.), Rechtshandbuch Artificial Intelligence und Machine Learning, 2020, S. 617; *Scherer/Bassiri* u.a. (Hrsg.), International Arbitration and the COVID-19 Revolution, 2020; *Scherer*, Artificial Intelligence and Legal Decision-Making: The Wide Open?, Journal of International Arbitration 2019, 539; *Scherer*, International Arbitration 3.0 – How Artificial Intelligence Will Change Dispute Resolution, in: Klausegger/Klein u. a. (Hrsg.), Austrian Yearbook on International Arbitration 2019, S. 503; *Scherer*, Remote Hearings in International Arbitration: An Analytical Framework, Journal of International Arbitration 2020, 407; *Tiller/Foden*, The Effective Use of Technology in the Arbitral Hearing Room, in: Jagusch/Pinsolle (Hrsg.), The Guide to Advocacy, 4. Aufl. 2019, S. 172.

Maxi Scherer/Ole Jensen
https://doi.org/10.1515/9783110755787-025

A. Einführung

1 Der **Begriff** der „Digitalisierung" ist denkbar weit. In seiner ursprünglichsten Form wird unter ihm die Umwandlung analoger Informationen in eine von Computern lesbare Form verstanden.[1] In diesem Sinne ist bereits der Transfer von Papierakten in gescannte PDF-Dateien eine „Digitalisierung". Die Arbeit mit solchen Digitalisaten ist seit langem Alltag in internationalen Schiedsverfahren. Heute wird unter „Digitalisierung" aber freilich weit mehr verstanden, umfasst dieser Begriff insbesondere auch Automatisierungen unter dem Einsatz modernster Technologien sowie Aspekte künstlicher Intelligenz (KI).

2 Auch in internationalen Schiedsverfahren findet sich – von Klageerhebung bis Erlass des Schiedsspruchs – das **gesamte Spektrum** einer solchen Digitalisierung wieder. Ob nun die Verfahrensbeteiligten per E-Mail kommunizieren, sich die Verfahrensakte auf einer Plattform in der Cloud befindet oder aber KI das Schiedsgericht bei der Entscheidungsfindung unterstützt (womöglich einst: ersetzt) – all diese Aspekte betreffen die fortschreitende Digitalisierung der Schiedsgerichtsbarkeit.

3 Gewichtige Treiber für diese Digitalisierung waren zweifellos die durch die **Covid-19-Pandemie** bedingten Reise- und Zusammenkunftsbeschränkungen.[2] Innerhalb von wenigen Stunden wurden ganze mündliche Verhandlungen inklusive Kreuzverhöre aus Verhandlungssälen in eine digitale Umgebung verlegt und mittels Videokonferenz durchgeführt.[3] Heute sind Schiedsverhandlungen im Wege der Bild- und Tonübertragung in jeder Hinsicht das „new normal". Indes ist die Pandemie weder Ausgangspunkt noch Auslöser der Digitalisierung der Schiedsgerichtsbarkeit. Wie in allen Lebenslagen ist der Einsatz digitaler Hilfsmittel auch hier auf den Wunsch nach höherer Effizienz zurückzuführen. Für die Schiedsgerichtsbarkeit als besonders nutzerorientiertem Streitbeilegungsmechanismus ist die **Steigerung der Verfahrenseffizienz** seit langem ein Kernanliegen.[4]

4 Ein weiterer Grund für den Einsatz digitaler Hilfsmittel ist auch das Ziel, internationale Schiedsverfahren **klimaneutraler** zu gestalten.[5] Eine durch die *Campaign for*

---

1 Ähnlich Dudenredaktion (Hrsg.), Duden, 27. Aufl. 2017, S. 348.

2 Siehe zum Ganzen Scherer/Bassiri u. a. (Hrsg.), International Arbitration and the COVID-19 Revolution, 2020.

3 So etwa das größte bekannte gesellschaftsrechtliche Schiedsverfahren Brasiliens, das zu Beginn der Pandemie innerhalb weniger Stunden unter Einverständnis aller Beteiligter statt in einem Verhandlungssaal in São Paulo mittels Videokonferenz durchgeführt wurde. Siehe *Valenti*, Exame, 21.4.2020 (https://exame.com/negocios/a-pandemia-na-maior-arbitragem-societaria-do-pais-a-disputa-pela-eldorado/).

4 Dieses Ziel liegt auch der DIS-SchO 2018 zugrunde. Siehe Art. 27 DIS-SchO 2018; *Mazza/Menz*, SchiedsVZ-Beilage 2018, 39 (40); *Das Gupta*, SchiedsVZ-Beilage 2018, 44 (67). Punkt G. der Anlage 3 der DIS-SchO 2018 mahnt Parteien und Schiedsgerichte u. a. dazu an, zur Steigerung der Verfahrenseffizienz zu Beginn des Schiedsverfahrens die „Nutzung von Informationstechnologie" zu erörtern.

5 *Gielen/Wahnschaffe*, SchiedsVZ 2020, 257 (262); *Flecke-Giammarco/Bücheler* u. a., SchiedsVZ 2020, 133 (136); *Scherer*, Journal of International Arbitration 2020, 407 (426).

Greener Arbitrations durchgeführte Studie schätzt die Kohlenstoffauswirkungen eines durchschnittlichen Schiedsverfahrens auf etwa 420.000 kg CO_2eq.[6] Dies entspricht 20.000 Bäumen, die gepflanzt werden müssten, um die daraus resultierenden Emissionen auszugleichen.[7] Neben den teils in mehrfacher Kopie geführten Papierakten ist bei internationalen Schiedsverfahren insbesondere auch der Luftverkehr ein Hauptverursacher dieser Emissionen. Die verstärkte Nutzung von Videokonferenzen und elektronischem Verfahrensmanagement verspricht hier jedenfalls teilweise Abhilfe.[8]

Die genannten Ziele und Gründe für die fortschreitende Digitalisierung mögen 5 nicht ausschließlich für die Schiedsgerichtsbarkeit gelten. Wie andere Kapitel dieses Werks belegen, stehen ähnliche Ziele auch hinter der Digitalisierung der staatlichen Gerichtsbarkeit und anderer Formen der Streitbeilegung. Als Alleinstellungsmerkmal der Schiedsgerichtsbarkeit kann jedoch ihre **Flexibilität** angesehen werden: Parteien und Schiedsgerichte sind nicht an die vorgefassten Maßgaben nationaler Verfahrensordnungen gebunden, sondern können das Verfahren in weitem Maße selbst gestalten. Schiedsverfahren sind daher bekannt dafür, technischer Innovation besonders aufgeschlossen gegenüber zu stehen und dieser einen Nährboden zu bieten (was insbesondere auch eine kurzfristige Anpassung an die durch die Covid-19 Pandemie geänderten Umstände erlaubte).[9] In diesem Sinne schlug auch etwa die Vizepräsidentin des Bundesverfassungsgerichts *Lambrecht* in ihrem Grußwort zu einer gemeinsamen Konferenz der Deutschen Institution für Schiedsgerichtsbarkeit (DIS) und des Bundesministeriums für Justiz und Verbraucherschutz vor, dass elektronische Hilfsmittel auf dem Gebiet der Schiedsgerichtsbarkeit erprobt und sodann in die staatliche Gerichtsbarkeit transplantiert werden könnten.[10]

Das vorliegende Kapitel soll daher einen **Überblick** über verschiedene technische 6 Hilfsmittel geben, die bereits heute in Schiedsverfahren erfolgreich eingesetzt werden und künftig deren Ausgestaltung bestimmen könnten. Das Kapitel folgt dabei chronologisch dem Ablauf eines typischen internationalen Schiedsverfahrens. Beginnend mit der Schiedsrichterbestellung, welche heute auf eine ständig wachsende Datenmenge gestützt werden kann (Abschnitt B.), wird zunächst die elektronische Schiedsklageer-

6 *Greenwood*, Journal of International Arbitration 2021, 309 (321).

7 *Greenwood*, Journal of International Arbitration 2021, 309 (321).

8 *Greenwood*, Journal of International Arbitration 2021, 309 (322) stellt hierzu den *Green Pledge* vor, welcher eine Selbstverpflichtung für alle an Schiedsverfahren Beteiligten zur Eingliederung von nachhaltigen Vorgehensweisen fördert. Laut https://www.greenerarbitrations.com/signatories# haben sich seit 2019 bereits über 500 Unterzeichner zur Einhaltung der *Green Pledge* Prinzipien verpflichtet.

9 So auch *Bermann* in: Carlevaris/Lévy u.a. (Hrsg.), FS Beechey, 2015, S. 59 (65) ("I can think of few fields of law that undergo the constant reexamination and reform that arbitration, and arbitral procedure in particular, undergo almost as a matter of course. ... A closely related manifestation of international arbitration's adaptability is its embrace of new technologies – electronic or otherwise – for the adjudication of disputes."); *Jensen*, Tribunal Secretaries in International Arbitration, 2019, Rn. 10.21.

10 Konferenz „Stärkung des Streitbeilegungsstandorts Deutschland – Status quo & Quo Vadis", Bonn/Videokonferenz, 17. Juni 2021. Siehe dazu *Malcher*, SchiedsVZ 2021, 287.

hebung und Verfahrensführung beleuchtet (Abschnitt C.). Auch der Kern eines jeden Schiedsverfahrens, die Beweisaufnahme und mündliche Verhandlung, wird heute mit einer Vielzahl von technischen Hilfsmitteln bewältig, wobei insbesondere die Distanzverhandlung mittels Videokonferenz kontrovers diskutiert wird (Abschnitte D. und E.). Ein Blick über die derzeit verwendeten Technologien hinaus bietet sich insbesondere bei der Entscheidungsfindung unter dem Gesichtspunkt von KI an. Hierbei stellt sich etwa die Frage, ob ein mittels intelligenter Systeme erlassener „Schiedsspruch" noch als solcher anzusehen ist (Abschnitt F.). Unter demselben Stichwort ist ferner zu klären, ob die im Rahmen der Covid-19 Pandemie aufgekommene Praxis des elektronischen Erlasses von Schiedssprüchen aufhebungsfest ist (Abschnitt G.). Das Kapitel schließt mit einem Ausblick, der von der weiteren Digitalisierung der Schiedsgerichtsbarkeit ausgeht (Abschnitt I.).

B. Schiedsrichterbestellung mittels „Big Data"

7 Zu Beginn eines jeden Schiedsverfahrens steht die **Konstituierung des Schiedsgerichts**. Regelmäßig haben die Parteien ein erhebliches Mitspracherecht bei der Auswahl der Schiedsrichter:innen – ob unmittelbar durch Direktbenennung eines Beisitzers bzw. einer Beisitzerin oder mittelbar hinsichtlich der Identität des bzw. der von den Beisitzer:innen oder der Schiedsinstitution ausgewählten Vorsitzenden oder Einzelschiedsrichter:in. Genauso fällt es regelmäßig Beisitzer:innen, Schiedsinstitutionen und anderen Benennungsorganen zu, die für den jeweiligen Einzelfall besonders geeigneten Schiedsrichter:innen auszuwählen.

8 Eine seit jeher geübte Praxis ist es, diejenigen Personen zu bestellen, die den Parteivertreter:innen bekannt sind – sei es weil man mit ihnen in anderen Verfahren zusammengearbeitet hat, weil man ihre Fachpublikationen und -vorträge schätzt oder schlicht weil man sich bei einer Konferenz kennen gelernt hatte. Diese Praxis führte bereits seit geraumer Zeit zu der **Kritik**, dass eine ernsthafte Vergleichbarkeit zwischen Kandidat: innen und die Möglichkeit einer qualitätsbasierten Auswahl fehlt.[11] Der dringend benötigten Steigerung an Diversität in internationalen Schiedsgerichten ist die Benennung persönlich bekannter Schiedsrichter:innen ohnehin abträglich.[12]

11 *Queen Mary University/White & Case*, 2018 International Arbitration Survey: The Evolution of International Arbitration, 2018, S. 20ff.; *Vidak-Gojkovic/Greenwood* u.a. in: Klausegger/Klein u.a. (Hrsg.), Austrian Yearbook on International Arbitration 2016, S. 61 (62f.); *Rogers* in: Klausegger/Klein u.a. (Hrsg.), Austrian Yearbook on International Arbitration 2016, S. 75 (79f.); *Rogers*, Ethics in International Arbitration, 2014, Rn. 2.41ff.

12 *Queen Mary University/White & Case*, 2015 International Arbitration Survey: Improvements and Innovations in International Arbitration, S. 10; *Bassiri* in: Piers/Aschauer (Hrsg.), Arbitration in the Digital Age, 2018, S. 246 (268); *Vidak-Gojkovic/Greenwood* u.a. in: Klausegger/Klein u.a. (Hrsg.), Austrian Yearbook on International Arbitration 2016, S. 61 (73).

Dieser Kritik wird seit einigen Jahren der Einsatz von Technologie zum Zwecke der umfassenden Datensammlung entgegengesetzt. Mittlerweile existiert eine zweistellige Zahl an **Schiedsrichter-Datenbanken** und Listen, welche alle verfügbaren Daten – von Lebensläufen über Fragebögen bis hin zu veröffentlichten Schiedssprüchen – der Schiedsrichter:innen zusammentragen und so besser informierte Benennungsentscheidungen ermöglichen sollen.[13] 9

Ein Beispiel ist die von *Rogers* ersonnene Datenbank **„Arbitrator Intelligence“**. 10
Diese enthält neben veröffentlichten Schiedssprüchen und Selbstdarstellungen von Schiedsrichter:innen insbesondere auch Nutzerfeedback. Dieses wird durch einen Fragebogen (Arbitrator Intelligence Questionnaire) gesammelt, welchen die Parteien nach Abschluss eines Schiedsverfahrens zur Verfahrensleitung, Beweisaufnahme und anderen Aspekten der Schiedsrichterleistung ausfüllen sollen.[14] Sämtliche Daten werden in „Reports“ zu einzelnen Schiedsrichter:innen veröffentlicht, welche Nutzern der Datenbank gegen ein Entgelt zur Verfügung stehen.

Auch **Schiedsinstitutionen** tragen zur wachsenden Menge an Schiedsrichterinfor- 11
mationen bei.[15] So veröffentlicht etwa der International Court of Arbitration der International Chamber of Commerce (ICC) seit geraumer Zeit die Zusammensetzung der unter seiner Ägide konstituierten Schiedsgerichte und hat dieses Informationsangebot jüngst um die Veröffentlichung von (teilanonymisierten) Schiedssprüchen und Verfahrensleitenden Verfügungen ergänzt.[16] Und auch der London Court of International Arbitration (LCIA) stellt seit mehreren Jahren Entscheidungen zur Abberufung von Schiedsrichter:innen zur Verfügung (wenngleich in diesen die Schiedsrichter:innen regelmäßig nicht namentlich benannt werden).[17] All diese Maßnahmen stellen eine bemerkenswerte Richtungsänderung zu mehr Transparenz in der für ihre Vertraulichkeit bekannten und geschätzten Handelsschiedsgerichtsbarkeit dar.[18]

13 Siehe etwa Arbitrator Intelligence (https://arbitratorintelligence.com/); KluwerArbitration Arbitrator Profiles (https://www.kluwerarbitration.com/compare-arbitrators); Global Arbitration Review Arbitrator Research Tool (https://globalarbitrationreview.com/tools/arbitrator-research-tool); JusMundi Arbitrator Directory (https://jusmundi.com/en/directory/arbitrators/all); iaiparis (https://www.iaiparis.com/); IAReporter Arbitrator Profiles (https://www.iareporter.com/arbitrator-profiles-directory/); JurisPub Roster of International Arbitrators (https://arbitrationlaw.com/arbitrators); CPR Early Case Assessment Guidelines (https://www.cpradr.org/early-case-assessment); Energy Arbitrators List (https://www.energyarbitratorslist.com/).

14 *Rogers*, Kluwer Arbitration Blog v. 27.12.2017; *Bassiri* in: Piers und Aschauer (Hrsg.), Arbitration in the Digital Age, Cambridge University Press, S. 246 (269).

15 Siehe auch *Bassiri* in: Piers/Aschauer (Hrsg.), Arbitration in the Digital Age, S. 246 (268).

16 ICC Arbitral Tribunals (https://iccwbo.org/dispute-resolution-services/arbitration/icc-arbitral-tribunals/); ICC Arbitral Awards (https://jusmundi.com/en/partnership/icc/awards); *ICC*, Note to Parties and Arbitral Tribunals on the Conduct of the Arbitration under the ICC Rules of Arbitration, 1.1.2021, Rn. 36.

17 LCIA Challenge Decision Database (https://www.lcia.org/challenge-decision-database.aspx).

18 So auch *Bassiri* in: Piers/Aschauer (Hrsg.), Arbitration in the Digital Age, S. 246 (268).

12 Erste empirische Untersuchungen belegen, dass an der Nutzung dieser Datenmenge bei der Schiedsrichterbenennung **erhebliches Interesse** besteht.[19] Tatsächlich gibt es wenig Zweifel, dass Parteien von den ihnen zur Verfügung stehenden Informationen Gebrauch machen. So werden die regelmäßig erstellten „Shortlists" für die Schiedsrichterbestellung immer öfter von Dossiers begleitet, welche die zu den Kandidat:innen vorhandenen Daten hinsichtlich des konkreten Einzelfalls analysieren.

13 Teils wird in der Gesamtmenge dieser Daten eine Form von **„Big Data"** gesehen.[20] Allerdings dürfte das zum jetzigen Zeitpunkt noch nicht zutreffen. Die als „Big Data" bezeichneten Massendaten zeichnen sich durch die vier Eigenschaften „Volume" (Umfang der Datenmenge), „Variety" (Unterschiedlichkeit der Daten), „Velocity" (Häufigkeit der eingehenden Daten) und „Veracity" (Genauigkeit und Vertrauenswürdigkeit der verwendeten Daten) aus.[21] Während Volume und Velocity aufgrund der fortschreitenden Datensammlung kontinuierlich wachsen, dürften vorerst Defizite bei den Parametern Variety (sämtliche Datenbanken beschränken sich derzeit auf biografische Informationen, veröffentlichte Schiedssprüche und Nutzerfeedback) sowie Veracity bestehen bleiben. Letztere wird insbesondere hinsichtlich subjektiver Merkmale wie der Zufriedenheit mit der Verfahrensleitung auch nur schwerlich zu erreichen sein.

14 Fraglich ist aber auch, ob das Vorhandensein von „Big Data" hinsichtlich der Person und Verfahrensleitung von Schiedsrichter:innen überhaupt **wünschenswert** ist. Je mehr Daten vorhanden sind, desto verlässlicher wird die Vorhersage von Schiedsrichterentscheidungen mittels „predictive analysis".[22] Da Parteien naturgemäß ein Interesse daran haben, die für sich bestmögliche Entscheidung herbeizuführen, ist nicht unwahrscheinlich, dass sich die datenbasierte Erfolgswahrscheinlichkeit zum maßgeblichen Faktor für die Schiedsrichterwahl entwickelt. Dies bevorteilt die Schiedsrichter:innen, zu denen die meisten Daten vorhanden sind, d.h. diejenigen, die ohnehin bereits heute regelmäßig als Schiedsrichter:in agieren. Damit würde das Gegenteil der von den Anbietern von Schiedsrichterdatenbanken verfolgten Diversifizierung von Schiedsgerichten erreicht.

15 Ferner besteht bei dem Vorhandensein von umfangreichen Datensätzen zu Schiedsrichter:innen die Gefahr, dass deren **Unabhängigkeit und Unparteilichkeit** öfter in Frage gestellt wird. In Zeiten, in denen Ablehnungsanträge nicht selten als taktisches

---

19 *Queen Mary University/White & Case*, 2018 International Arbitration Survey: The Evolution of International Arbitration, 2018, S. 20.

20 Siehe etwa *Malcher*, SchiedsVZ 2021, 287 (289); *Pfiffner* in: Klausegger, Klein, Kremlehner u.a. (Hrsg.), Austrian Yearbook on International Arbitration, 2020, S. 447 (455); *Uríbarri Soares*, Indian Journal of Arbitration Law 2018, 84 (94); *Rogers/Buckle*, International Arbitration Report 2017, S. 12 (13 f.).

21 Siehe *Scherer*, Journal of International Arbitration 2019, S. 539 (554).

22 *Pfiffner* in: Klausegger, Klein, Kremlehner u.a. (Hrsg.), Austrian Yearbook on International Arbitration, 2020, S. 447 (455). Anbieter solcher Wahrscheinlichkeitsvoraussagen existieren bereits heute. Siehe etwa https://www.disputeresolutiondata.com/. Siehe ferner unten, Rn. 60 ff.

Mittel eingesetzt werden,[23] bieten Datenbanken, mittels derer sich die professionellen und persönlichen Beziehungen von Schiedsrichter:innen und Parteivertreter:innen bis ins kleinste Detail nachvollziehen lassen, erhebliches Störungspotential. Als Kehrseite dessen mögen sich durch eine wachsende Datenmenge auch die Recherche- und Offenlegungspflichten der Verfahrensbeteiligten erhöhen.[24] Wer Zugang zu einer erheblichen Menge an Informationen zu einer Person hat, ist gut beraten, diese auf etwaige Anzeichen von Befangenheit zu überprüfen.

Grundsätzlich ist die gesteigerte Transparenz zu Schiedsrichterkandidat:innen und deren Präferenzen in der Verfahrensleitung aber freilich zu begrüßen. Neben dem Abbau von Asymmetrien beim Informationszugang ist davon insbesondere auch eine Qualitätssteigerung zu erwarten.[25] Denn wem als Schiedsrichter:in bewusst ist, dass die eigene Leistung einer (jedenfalls teilweisen) öffentlichen Überprüfung unterliegt, wird dies idealiter bei der Verfahrensführung berücksichtigen. Die Tatsache, dass die Praxis Interesse an den vorhandenen Daten zu haben scheint, deutet darauf hin, dass die verfügbare Datenmenge auch in Zukunft weiter anwachsen wird. 16

C. Elektronische Klageerhebung, Kommunikation und Verfahrensverwaltung

I. Elektronische Schiedsklageerhebung

Schiedsverfahren werden durch die Erhebung der Schiedsklage eingeleitet.[26] Ob bereits 17
dieser erste Verfahrensschritt **ausschließlich elektronisch** (etwa mittels E-Mail) erfolgen kann, bestimmt sich nach dem anwendbaren Schiedsrecht und der vereinbarten Schiedsordnung. **Schiedsinstitutionen** mit neueren Schiedsordnungen sehen diese Möglichkeit bereits ausdrücklich vor.[27] Wo eine solche Regelung fehlt, haben viele Schiedsinstitutionen im Zuge der Corona-Pandemie eine entsprechende Möglichkeit informell geschaffen.[28] So wurde etwa durch Mitteilung auf der Homepage der DIS fest-

23 Siehe etwa *Froitzheim*, Die Ablehnung von Schiedsrichtern wegen Befangenheit in der internationalen Schiedsgerichtsbarkeit, 2016, Rn. 333 ff.

24 *Malcher*, SchiedsVZ 2021, 287 (289).

25 *Queen Mary University/White & Case*, 2018 International Arbitration Survey: The Evolution of International Arbitration, 2018, S. 21.

26 Das 10. Buch der ZPO gestaltet die Verfahrenseinleitung zweiaktig. Nach § 1044 S. 1 ZPO beginnt das Schiedsverfahren mit Zustellung des Antrags, die Streitigkeit einem Schiedsgericht vorzulegen. § 1046 I ZPO sieht in einem zweiten Schritt die Zustellung der Schiedsklage vor. In der Praxis fallen beide Schritte regelmäßig zusammen.

27 Art. 4 I und II LCIA Rules 2020; Art. 2 I ICDR-Rules 2021; Art. 7 I VIAC-Rules 2021; Art. 3 Nr. 1 Swiss Rules 2021; Art. 4.1 KCAB-Rules 2016. Siehe auch Art. 4 I,I I DIS-SchO 2018 (Übermittlung von Schriftstücken teils ausschließlich elektronisch, teils in Papier- und elektronischer Form).

28 Siehe *Shaughnessy* in: Scherer/Bassiri u. a. (Hrsg.), International Arbitration and the Covid-19 Revolution, S. 27 (41).

gesetzt, Schiedsklagen seien nunmehr vorzugsweise per E-Mail einzureichen.[29] Andere Schiedsinstitutionen haben entsprechende Regelungen getroffen und teils auch das Hochladen der Schiedsklage auf einen sicheren Server ermöglicht.[30] Während eine Verpflichtung, die Schiedsklage elektronisch zu erheben, mit diesen Regelungen regelmäßig nicht einhergeht,[31] belegen sie doch einen eindeutigen Trend hin zu einem von Anfang an papierlosen Schiedsverfahren.

18 Eine mittels Vereinbarung einer Schiedsordnung erfolgte parteiautonome Einigung auf eine elektronische Schiedsklageerhebung ist auch ohne Weiteres mit den gängigen **Schiedsgesetzen** vereinbar. Staatliche Gesetzgeber gehen wie selbstverständlich davon aus, dass der Schiedsgerichtsbarkeit der weitgehende Verzicht auf Formerfordernisse immanent ist, was auch auch auf die Einreichung der Schiedsklage zutrifft.[32] So ermöglichen nationale Schiedsgesetze die elektronische Erhebung der Schiedsklage entweder bereits ausdrücklich[33] oder durch den Verzicht auf Formerfordernisse.[34]

19 Dies wirkt sich auch auf die **Rechtsfolgen** aus, die etwa in Bezug auf eine **Verjährung** und deren Hemmung von der Verfahrenseinleitung abhängen. So sieht das niederländische Recht ausdrücklich vor, dass eine auf elektronischem Wege durchgeführte Verfahrenshandlung als erfolgt gilt, wenn die elektronische Mitteilung der Partei ein außerhalb ihres Verantwortungsbereichs liegendes Datenverarbeitungssystem erreicht

29 Siehe *DIS*, Bekanntmachung zu prozessualen Besonderheiten bei der Administration von Schiedsverfahren aufgrund der Covid-19 Pandemie, 2. Fassung 1.7.2020, S. 2 („Die Einleitung eines Schiedsverfahrens soll bevorzugt durch die elektronische Übermittlung einer Schiedsklage durch E-Mail … erfolgen") (https://www.disarb.org/fileadmin//user_upload/Ueber_uns/Zweite_Fassung_-_DIS_Bekanntmachung_prozessuale_Besonderheiten_Covid-19.pdf).

30 *ICC*, Guidance Note on Possible Measures Aimed at Mitigating the Effects of the Covid-19 Pandemic, 9.4.2020 (https://iccwbo.org/publication/icc-guidance-note-on-possible-measures-aimed-at-mitigating-the-effects-of-the-covid-19-pandemic); *ICSID*, ICSID Makes Electronic Filing its Default Procedure, (https://icsid.worldbank.org/news-and-events/news-releases/icsid-makes-electronic-filing-its-default-procedure); *CIETAC*, CIETAC Launches Guidelines on Proceeding with Arbitration Actively and Properly During the Covid-19 Pandemic (http://www.cietac.org/index.php?m=Article&a=show&id=16919&l=en); *SIAC*, Covid-19 Pandemic FAQ, Rn. 6 (https://www.siac.org.sg/faqs/siac-covid-19-faqs); *SCC*, What's the Procedure? (https://sccinstitute.com/our-services/arbitration/whats-the-procedure); HKIAC, Service Continuity During Covid-19 (https://www.hkiac.org/news/hkiac-service-continuity-during-covid-19).

31 Siehe aber Art. 4 I LCIA Rules 2020, nach welchem eine elektronische Schiedsklageerhebung verpflichtend ist. Siehe hierzu *Scherer/Howe*, SchiedsVZ 2020, 299 (308); *Richman* in: Scherer/Richman u. a. (Hrsg.), Arbitrating Under the 2020 LCIA Rules: A User's Guide, 2021, S. 53 (Rn. 36ff.).

32 Daher bereitet die elektronische Verfahrensdurchführung nach MüKoZPO-*Münch*, 6. Aufl. 2022, § 1042 Rn. 146 „nirgends Probleme". In diesem Sinne auch Canadian Supreme Court, *Dell Computer Corp. v. Union des Consommateurs*, 2007 SCC 34, Rn. 52 („[T]he parties to an arbitration agreement are free, subject to any mandatory provision by which they are bound, to choose any place, form and procedures they consider appropriate. They can choose cyberspace and establish their own rules.").

33 Art. 1072b Abs. 1 der niederländischen ZPO (mit Zustimmung der Gegenseite).

34 Für §§ 1044, 1046 ZPO allg. M. Siehe Musielak/Voit/*Voit*, 18. Aufl. 2021, § 1044 Rn. 2; Saenger/*Saenger*, 9. Aufl. 2021, § 1046 Rn. 3; MüKo-ZPO/*Münch*, § 1046 Rn. 7; Stein/Jonas/*Schlosser*, 23. Aufl. 2014, § 1046 Rn. 3.

hat.[35] Zwar kennt das deutsche Schiedsrecht keine entsprechende Regelung, die nähere Definition des nach § 204 I Nr. 11 BGB maßgeblichen „Beginn[s] des schiedsrichterlichen Verfahrens" unterliegt aber der Parteiautonomie.[36] Sofern die Parteien eine entsprechende Schiedsordnung gewählt haben, ist also etwa der Eingang des (regelmäßig in der Schiedsklage enthaltenen) Schiedsantrags auf dem Server der Schiedsinstitution ausschlaggebend.[37]

II. Elektronische Schriftsätze und Kommunikation zwischen den Verfahrensbeteiligten

1. Procedural Order No. 1 als Stellschraube für papierlose Schiedsverfahren

Noch flexibler zeigen sich Schiedsregeln und staatliches Schiedsrecht beim weiteren Verfahrensgang. Wo schon die Schiedsklage elektronisch erhoben werden kann, können freilich auch die Verfahrenskorrespondenz und die Einreichung von Schriftsätzen auf elektronischem Wege erfolgen. Haben die Parteien dazu nichts Konkretes vereinbart und schweigen die anwendbaren Schiedsregeln, wird das Schiedsgericht die Form der Verfahrenskorrespondenz mittels seines weiten **Verfahrensermessens** festsetzen.[38] 20

Dies wird freilich regelmäßig nicht über den Kopf der Parteien hinweg, sondern mit deren Einvernehmen erfolgen. Sofern ein Schiedsgericht den vollständig papierlosen Ablauf eines Schiedsverfahrens wünscht, kann es entsprechende Regelungen in den Entwurf seiner ersten verfahrensleitenden Verfügung aufnehmen (**Procedural Order No. 1**). Dieser Entwurf wird sodann mit den Parteien während der ersten Verfahrenskonferenz (Case Management Conference) erörtert und ggf. angepasst. 21

Inhaltlich sind der Ausgestaltung von elektronischer Verfahrenskorrespondenz und Schriftsätzen nahezu keine Grenzen gesetzt. **Regelungen**, die sich häufig in einer Procedural Order No. 1 finden, und die elektronische Arbeit aller Verfahrensbeteiligter erleichtern sollen, betreffen etwa: 22

- die Übermittlung von Schriftsätzen in PDF- und/oder Word-Format;
- die Möglichkeit der Volltextsuche in sämtlichen Anlagen mittels Optical Character Recognition (OCR);
- die Verlinkung des Inhaltsverzeichnisses mit den entsprechenden Abschnitten eines Schriftsatzes durch Hyperlinks;
- die Verlinkung der Quellennachweise innerhalb eines Schriftsatzes mit den zitierten Anlagen und Fundstellen;

35 Art. 1072b Abs. 5 der niederländischen ZPO.

36 BeckOK-BGB/*Henrich*, 60. Ed. 1.11.2021, § 204 Rn. 48; MüKo-BGB/*Grothe*, 9. Aufl. 2021, § 204 Rn. 59.

37 Eine alsbaldige Weiterleitung an die Schiedsbeklagte setzt zumindest das deutsche Recht nicht voraus, da § 167 ZPO keine entsprechende Anwendung findet. Siehe MüKo-BGB/*Grothe*, § 204 Rn. 59.

38 Siehe § 1042 IV 1 ZPO sowie die entsprechenden Vorschriften in Schiedsgesetzen und -ordnungen.

- Maßgaben für den Versand von Schriftsätzen und Anlagen (aufgrund der erheblichen Dateigrößen regelmäßig mittels Upload zu einem sicheren Server anstelle der Nutzung von E-Mail); sowie
- Maßgaben zur Verschlüsselung und Datensicherheit der Korrespondenz zwischen den Verfahrensbeteiligten.[39]

23 Was hier konkret verfügt wird, hängt nicht nur vom technischen Sachverstand des Schiedsgerichts ab, sondern auch von der den einzelnen Verfahrensbeteiligten zur Verfügung stehenden Technik. Die **Erfahrung** zeigt, dass gerade Anwaltssozietäten und Unternehmen, die ohnehin intern entsprechende ausschließlich elektronische Arbeitsabläufe haben, ein vollständig papierloses Schiedsverfahren willkommen heißen. Auch kann gerade aus advokatorischer Sicht etwa ein vollständig verlinkter elektronischer Schriftsatz effektiv eingesetzt werden.[40] Den Wunsch nach einer Papierakte trifft man demgegenüber öfter bei weniger technikaffinen Mitgliedern der Schiedsgerichte an.

2. E-Mail als Hauptkommunikationsmittel

24 In jedem Fall ist es seit Langem absoluter Standard in internationalen wie nationalen Schiedsverfahren, dass die allgemeine Verfahrenskorrespondenz (Anträge zu Verfahrensfragen, Erlass von verfahrensleitenden Verfügungen, Absprachen zur Ausgestaltung der mündlichen Verhandlung etc.) mittels **E-Mail** erfolgt.[41] Dass alle Verfahrensbeteiligten ohne auf eine Gesetzesänderung angewiesen zu sein ohne Weiteres auf die ihnen am nützlichsten erscheinende Kommunikationsform zurückgreifen können, ist Ausfluss der durch die Parteiautonomie und das weite schiedsgerichtliche Verfahrensermessen garantierten Flexibilität der Schiedsgerichtsbarkeit.

25 Wie auch hinsichtlich der Einreichung der Schiedsklage beschleunigen nunmehr aber auch **Schiedsinstitutionen** die weitere Digitalisierung der Verfahrenskommunikation. So sieht etwa Art. 4.2 der LCIA Rules 2020 vor, dass in Abwesenheit einer gegenteiligen Verfügung des Schiedsgerichts sämtliche schriftliche Korrespondenz ausschließlich „per E-Mail oder auf anderem elektronischen Wege" durchzuführen sei. Eine solche „andere" elektronische Kommunikation könnte etwa auf einer Cloud-basierten Verfahrensplattform stattfinden, wie sie bereits manche Schiedsinstitutionen anbieten.[42] Die ausschließlich elektronische Zustellung von Dokumenten sieht ferner auch die Neufassung der Schiedsregeln des International Center for Settlement of Investment

39 Siehe dazu auch unten Rn. 26f.

40 *Tiller/Foden* in: Jagusch/Pinsolle (Hrsg.), *The Guide to Advocacy*, 4. Aufl. 2019, S. 172 (176).

41 So auch MüKo-ZPO/*Münch*, § 1042 Rn. 146 („Normalfall ... nicht etwa nur international"). Während zunächst die unverschlüsselte E-Mail der Normalfall in Schiedsverfahren war, werden nunmehr vermehrt verschlüsselte E-Mails verwendet.

42 Siehe dazu unten Rn. 29.

Disputes (ICSID) vor.[43] Nur „[i]n special circumstances“ soll das Schiedsgericht nach der revidierten ICSID-SchO von einer ausschließlich elektronischen Kommunikation abweichen dürfen.[44] Viel spricht dafür, dass auch weitere Schiedsinstitutionen die Kommunikation per E-Mail als Standardform vorsehen und papierlose Schiedsverfahren so in absehbarer Zukunft vorherrschen werden.

3. Gewährleistung von Cybersecurity und Datenschutz

Freilich gehen mit einer ausschließlich elektronischen Kommunikation auch neue Probleme einher. Insbesondere die Datensicherheit (**Cybersecurity**) und Vertraulichkeit des Schiedsverfahrens ist stets zu gewährleisten.[45] Oft wird dabei vorgeschlagen, als Mindestmaß die versandten E-Mails mit einer (Ende-zu-Ende-)Verschlüsselung zu versehen.[46] Auch die Verwendung komplexer Passwörter, die Nutzung von Antivirus-Software und die Vermeidung von öffentlichen Internetzugängen dürften selbstverständlich sein.[47] Darüber hinaus sind es aber regelmäßig die Parteien, die am besten einschätzen können, welche konkreten Vorkehrungen im Einzelfall erforderlich sind. Dies sollte daher im Rahmen der Verfahrenskonferenz zu Beginn des Verfahrens besprochen werden. Dementsprechend weist auch die neugefasste Internationale Schweizerische Schiedsordnung (Swiss Rules) das Schiedsgericht an, im Rahmen der Verfahrenskonferenz mit den Parteien „Fragen des Datenschutzes und der Cybersicherheit“ zu erörtern.[48] Entsprechende Regelungen finden mittlerweile vermehrt Eingang in revidierte Schiedsordnungen und ähnliche Instrumente.[49] 26

Fragen des **Datenschutzes** ergeben sich insbesondere im Lichte neuerer Gesetzgebung, allen voran der EU Datenschutz-Grundverordnung (DS-GVO). Deren Anwendbarkeit und Umsetzung im Rahmen eines internationalen Schiedsverfahrens wird derzeit noch mit unterschiedlichen Empfehlungen diskutiert.[50] So verstößt etwa nach 27

43 Rule 4 II 1 ICSID-SchO 2022.

44 Rule 4 II 2 ICSID-SchO 2022.

45 Siehe zum Ganzen *ICCA/New York City Bar Association* u. a., Protocol on Cybersecurity in International Arbitration, 2020; *Debevoise & Plimpton*, Protocol to Promote Cybersecurity in International Arbitration, 2017; *Sussman* in: Kalicki/Abdel Raouf, Evolution and Adaptation: The Future of International Arbitration, 2019, S. 849; *Cohen/Morril*, Fordham International Law Journal 2017, 981 (986 ff.); *Pastore*, Fordham International Law Journal 2017, 1023 (1023 ff.); *Morel de Westgaver*, Kluwer Arbitration Blog, 6.10.2017.

46 MüKo-ZPO/*Münch*, § 1042 Rn. 146.

47 *Chartered Institute of Arbitrators*, Framework Guideline on the Use of Technology in International Arbitration, 2021, Rn. 7.2.

48 Art. 19 II Swiss Rules 2021.

49 Art. 30.5 LCIA Rules 2020; Art. 2 Abs. 2 lit. e IBA Rules on the Taking of Evidence in International Arbitration 2020. Siehe auch Punkt G der Anlage 3 der DIS-SchO 2018; *DIS*, FAQ Datenschutz für DIS-Schiedsverfahren, 9.8.2019, S. 1.

50 Siehe etwa ICCA/IBA, Joint Task Force on Data Protection in International Arbitration, 2020; *Born*, International Commercial Arbitration, 3. Aufl. 2021, S. 2285 f.; *Fritz/Prantl* u. a., SchiedsVZ 2019, 301 (jeweils m. w. N.).

einer Ansicht die Verfahrenskommunikation mittels unverschlüsselter E-Mail gegen den in Art. 5 I lit. c DS-GVO normierten Grundsatz der Integrität und Vertraulichkeit.[51] Es bietet sich daher auch hier an, die Frage der Notwendigkeit besonderer Sicherheitsvorkehrungen im konkreten Fall zu Beginn des Schiedsverfahrens aufzuwerfen. Richtig weist die DIS darauf hin, „dass es Aufgabe und Verantwortung der am Schiedsverfahren Beteiligten bleibt, die Einhaltung des Datenschutzes im Einzelfall sicherzustellen."[52]

III. Elektronische Aktenführung

28 Separat von der Frage der Kommunikation stellt sich auch die Frage der **Aktenführung**. Während ein in Papierform geführtes Schiedsverfahren regelmäßig mehrere Regalmeter beansprucht, stellen sich bei einer elektronischen Verfahrensakte neue Probleme der Verwaltung, aber auch Chancen für erhebliche Effizienzgewinne.

29 Einige **Schiedsinstitutionen** haben zum Zweck der elektronischen Kommunikation und der Verwaltung der Verfahrensakte maßgeschneiderte und Cloud-basierte Plattformen entworfen. Schiedsverfahren unter den Regeln des Arbitration Institute der Stockholm Chamber of Commerce (SCC) etwa werden seit 2019 zwingend auf der sog. „SCC Platform" abgewickelt.[53] Diese Plattform bietet alle Aspekte der elektronischen Korrespondenz, Datenübertragung und Cybersicherheit aus einer Hand. Auf ihr laden die Parteien ihre Schriftsätze und Anlagen hoch, das SCC Sekretariat kommuniziert mit allen Verfahrensbeteiligten und das Schiedsgericht erlässt seine verfahrensleitenden Verfügungen und Schiedssprüche. Ferner kann dort der Verfahrenskalender eingesehen und das Schiedsgericht bei der Archivierung der Verfahrensakte nach Abschluss des Schiedsverfahrens unterstützt werden. Auch die Navigation innerhalb der Akte erleichtert die SCC Platform. Auch wenn solche ***Online Case Management Plattformen*** mit der Gewährleistung von sicherer Kommunikation und Datenschutz zentrale Vorteile bieten,[54] wird von ihnen in der Praxis bisher noch zurückhaltend Gebrauch gemacht.[55] Dies mag sich jedoch künftig ändern, da immer mehr Schiedsinstitutionen ent-

---

51 *Fritz/Prantl* u.a., SchiedsVZ 2019, 301 (307).

52 DIS, FAQ Datenschutz für DIS-Schiedsverfahren, 9.8.2019, S. 1.

53 Siehe SCC, SCC Platform – Simplifying Secure Communication from Request to Award https://sccarbitrationinstitute.se/en/case-management/. Andere Schiedsinstitutionen nutzen kommerzielle Cloud-Anbieter. So verwendet ICSID etwa seit einigen Jahren den Anbieter „BOX" für die Aktenführung von Schiedsverfahren unter seiner Ägide (https://icsid.worldbank.org/services/arbitration/convention/process/request).

54 Siehe zum Ganzen auch Working Group on LegalTech Adoption in International Arbitration, Protocol for Online Case Management in International Arbitration, November 2020; Chartered Institute of Arbitrators, Framework Guideline on the Use of Technology in International Arbitration, 2021, Rn. 9.1.

55 Dies obwohl während der Covid-19-Pandemie die SCC-Plattform auch für ad-hoc-Schiedsverfahren kostenfrei zur Verfügung stand. Siehe auch *Lange/Samodelkina*, Kluwer Arbitration Blog, 13.8.2019.

sprechende Angebote zur Verfügung stellen – jüngst etwa auch die ICC mit ihrer Plattform „ICC Case Connect".[56]

Einstweilen sind in den meisten Fällen aber weiterhin **Schiedsgerichte** eigenverantwortlich mit der Führung der elektronischen Akte betraut. Nicht selten lassen sie sich dabei von Hilfspersonen, etwa einem Sekretär des Schiedsgerichts unterstützen.[57] Die eingegangenen Schriftsätze, Anlagen, rechtlichen Fundstellen, schriftlichen Zeugenaussagen, Sachverständigengutachten, Verfahrenskorrespondenz, Wortlautprotokolle der Verhandlung(en) und übrigen Bestandteile der Akte werden dabei oft in einer Ordner-Struktur auf einem sicheren Server bzw. in der Cloud abgelegt. Zugang zu dieser elektronischen Akte erhält dann entweder der einzelne Schiedsrichter bzw. die einzelne Schiedsrichterin oder das gesamte Schiedsgericht, abhängig von individuellen Präferenzen. Entscheidender Vorteil der elektronischen Aktenführung ist dabei insbesondere auch die Möglichkeit des **elektronischen Aktenstudiums**. Eine steigende Zahl von Schiedsrichter:innen bevorzugt die Lektüre der Akte mittels Tablet unter Verweis auf die Möglichkeit, eine Vielzahl von Akten auf Reisen mitzuführen sowie ganze Akten durchsuchen und einzelne Aktenstücke schnell anwählen zu können. 30

D. Digitalisierung der Beweisführung

I. Elektronische Dokumentenvorlage (e-Discovery)

Ein in den Verfahrenskalendern der meisten internationalen Schiedsverfahren vorgesehener Verfahrensschritt ist das sog. **Dokumentenvorlageverfahren** (*document production*).[58] Eine Partei kann von der jeweils anderen Partei die Vorlage von Kategorien von Dokumenten verlangen, welche sie für ihre eigene Beweisführung benötigt. Verweigert die andere Partei die Vorlage, kann das Schiedsgericht unter Berücksichtigung der Gesamtumstände, insbesondere der Entscheidungserheblichkeit der beantragten Dokumente, eine Vorlageanordnung treffen. 31

Die meisten relevanten Dokumente sind heute **elektronisch** gespeichert. Es handelt sich um interne Berichte, Memoranda, Vertragsentwürfe, E-Mail-Korrespondenz, Chat-Nachrichten, Outlook-Kalendereinträge etc., zu denen kein Papieroriginal existiert. Auch die Metadaten eines Dokumentes, wie z. B. welche Personen daran gearbeitet ha- 32

56 Siehe *ICC*, ICC Launches ICC Case Connect: Secure Online Case Management Made Easy, https://iccwbo.org/media-wall/news-speeches/icc-launches-icc-case-connect-secure-online-case-management-made-easy/.

57 *Jensen*, Tribunal Secretaries in International Arbitration, 2019, Rn. 5.153 ff.

58 Art. 3 II IBA Rules on the Taking of Evidence in International Arbitration 2020. Siehe aber Punkt E. der Anlage 3 der DIS-SchO 2018, wonach während der Verfahrenskonferenz zu erörtern ist, ob ein Dokumenvorlageverfahren für den Einzelfall angemessen ist. Siehe ferner Art. 4.2 der Prague Rules on the Efficient Conduct of Proceedings in International Arbitration ("Generally, the arbitral tribunal and the parties are encouraged to avoid any form of document production, including e-discovery.").

ben und wann es von wem geöffnet wurde, können entscheidungserheblich sein. Für die Herausgabe solcher elektronischer Dokumente und Informationen hat sich der Begriff der **e-Discovery** etabliert.[59] Auch wenn manche Unternehmen strikte „document retention policies" befolgen, wonach elektronische Dokumente teils schon nach wenigen Wochen gelöscht werden, gilt es im Rahmen der e-Discovery regelmäßig eine größere Menge an Dokumenten zu sichten als bei der klassischen Herausgabe von Papierdokumenten.[60]

33 Die Suche nach einschlägigen Dokumenten erfolgt dabei üblicherweise mittels bestimmter Suchbegriffe und anhand der Identifikation bestimmter Individuen, innerhalb deren Besitz (z.B. E-Mail-Postfächer) die Dokumente vermutet werden (sog. Custodians).[61] Insbesondere wenn sich der zu sichtende Zeitraum auf mehrere Jahre erstreckt, kann der Umfang dieser Dokumente schnell **hunderttausende und mehr Seiten** umfassen. Die „händische" Durchsicht dieser Unterlagen verschlingt solch enorme Ressourcen, dass Dokumentenvorlageverfahren zu einem Hauptkritikpunkt der Schiedsgerichtsbarkeit geworden sind (zumal der erhebliche Aufwand nach einer weit verbreiten Meinung nur selten streitentscheidende Dokumente zu Tage fördert).[62]

34 Der Einsatz von **Document Review Software**, teils unter Hinzuziehung spezialisierter Unternehmen, verspricht hier Erleichterung.[63] Durch den Einsatz von automatisierter Schlagworterstellung und sinngemäßer Erfassung von Inhalten (ggf. unter Einsatz von KI sowie „predictive coding") können diejenigen Dokumente vor- und aussortiert werden, die keinen hinreichenden Bezug zur Streitfrage haben.[64] Nur die von der Software als „responsive" markierten Dokumente werden in einem nächsten Schritt von Rechtsanwälten geprüft. Da somit ein erheblicher Teil der grundsätzlich in Frage kommenden Dokumente (bestimmungsgemäß) nie von Menschen gesichtet wird, ist der Einsatz von Document Review Software zwischen den Parteien und dem Schiedsgericht abzustimmen. Ferner gilt es bei der automatisierten Massenauswertung von Dokumen-

---

59 Siehe zum Ganzen *ICC Commission*, Report on Managing E-Document Production, 2012; *Chartered Institute of Arbitrators*, Protocol for E-Disclosure in Arbitration, 2008; *Born*, International Commercial Arbitration, 3. Aufl. 2021, S. 2544ff.; *Marghitola*, Document Production in International Arbitration, 2015, S. 35ff; *Shirlow*, Journal of International Dispute Settlement 2020, 549; *Meier*, SchiedsVZ 2008, 179.

60 *Marghitola*, Document Production in International Arbitration, 2015, S. 90 ("[E]lectronic archives contain substantially more documents than traditional archives of paper documents used to contain.").

61 Siehe etwa Art. 3 III lit. a (ii) 2. Hs. IBA Rules on the Taking of Evidence in International Arbitration 2020 ("[I]n the case of Documents maintained in electronic form, the requesting Party may, or the Arbitral Tribunal may order that it shall be required to, identify specific files, search terms, individuals or other means of searching for such Documents in an efficient and economical manner").

62 *Schardt*, SchiedsVZ 2019, 28 (32); *Risse*, Arbitration International 2013, 453 (460).

63 Siehe zu solchen Softwarelösungen *Rühl* in: Kaulartz/Braegelmann (Hrsg.), Rechtshandbuch Artificial Intelligence und Machine Learning, 2020, S. 617 (618); *Berndt/Aggeler* u.a., BB 2012, 173.

64 *Kinninmont*, Young Arbitration Review 2018, S. 8; *Morel de Westgaver/Turner*, Kluwer Arbitration Blog, 23.2.2020.

ten sowie dem sich anschließenden Austausch zwischen Unternehmen wiederum datenschutzrechtliche Aspekte zu beachten.[65]

II. Zeugen- und Sachverständigeneinvernahme mittels Videokonferenz

Eine der entscheidendsten Auswirkungen der Covid-19 Pandemie auf die internationale Schiedsgerichtsbarkeit war die nunmehr erforderliche Durchführung von gesamten (nicht selten mehrere Wochen andauernden) Schiedsverhandlungen mittels Videokonferenz.[66] Demgegenüber wird die **Einvernahme von Zeugen und Sachverständigen mittels Videoschaltung** auch bei physisch durchgeführten Schiedsverhandlungen schon seit Langem praktiziert (sog. Hybridverhandlung).[67] 35

Die **rechtliche Zulässigkeit** einer solchen Zeugen- bzw. Sachverständigenbefragung mittels Videokonferenz ergibt sich aus dem in § 1042 IV 2 ZPO normierten schiedsgerichtlichen Ermessen hinsichtlich der Art und Weise der Beweiserhebung. Danach können Zeugen und Sachverständige persönlich, schriftlich, per Telefon oder eben per Videokonferenz vernommen werden.[68] 36

Probleme können sich allerdings durch die **Möglichkeit der Einflussnahme** auf einen außerhalb des Verhandlungssaals befindlichen Zeugen ergeben. So lag etwa dem Beschluss des BGHs vom 23.7.2020 der Vorwurf zu Grunde, eine Partei habe ihrem per Videoschaltung vernommenen Zeugen über dessen Laptop bzw. Smartphone die Antworten vorgegeben, ohne dass das Schiedsgericht dies unterbunden hätte.[69] Die Gegenseite sah darin eine Verletzung der prozessualen Waffengleichheit und beantragte die Aufhebung des Schiedsspruchs. Der BGH wies diesen Antrag zurück. Nicht jede ungeahndet gebliebene Parteiintervention führe zu einer Ungleichbehandlung der Gegenseite, zumal im Streitfall die Einflussnahme erst nach der vom Schiedsgericht für maßgeblich erachteten Aussage erfolgte.[70] Dennoch ist es freilich angezeigt, eine womögliche externe Einflussnahme auf einen mittels Videokonferenz vernommenen Zeugen oder Sachverständigen weitestgehend auszuschließen. Teils mögen die Parteien vereinbaren, dass sich Vertreter beider Parteien im Vernehmungsraum des Zeugen aufhalten. Andernfalls bieten sich technische Lösungen wie der Einsatz einer 360-Grad-Kamera (auch „owl camera“) oder ein anderweitiges Ausfilmen des Vernehmungsraums zu Beginn der Befragung an. 37

65 Dazu bereits *Burianski/Reindl*, SchiedsVZ 2010, 187; *Malinvaud* in: Giovannini/Mourre (Hrsg.), Written Evidence and Discovery in International Arbitration, 2009, S. 373 (387 f.).

66 Siehe dazu unten Rn. 42 ff.

67 BeckOK-ZPO/*Wilske*/*Markert*, 42. Ed. 2021, § 1047 Rn. 2.1; *Born*, International Commercial Arbitration, 3. Auflage 2021, S. 2431 f.

68 MüKo-ZPO/*Münch*, § 1042 Rn. 162; Musielak/Voit/*Voit*, § 1042 Rn. 23. Siehe auch BGH, SchiedsVZ 2021, 46 (Rn. 21).

69 BGH, SchiedsVZ 2021, 46 (Rn. 8).

70 BGH, SchiedsVZ 2021, 46 (Rn. 23 f.).

38 Technisch ist es ferner ein Leichtes, die per Videoschaltung getätigte Zeugenaussage **aufzuzeichnen**. Auch bei einer Präsenzbefragung ist dies freilich denkbar. Tatsächliches wie rechtliches Neuland existiert hinsichtlich der Frage, ob die **Glaubwürdigkei der Zeugenaussage** mittels Technologie überprüft werden kann und sollte. So wird teils vorgeschlagen, Schiedsgerichte sollten zur Ermittlung des Wahrheitsgehalts von Zeugenaussagen Polygraphiesoftware einsetzen.[71] Die technischen Fortschritte auf den Feldern der sog. Mikroexpressionen (Millisekunden andauernde unwillkürliche Gesichtsausdrücke), der Augenverfolgung sowie der funktionellen Magnetresonanztomographie (fMRI) seien so weit fortgeschritten, dass sich teils mit über 90%iger Sicherheit feststellen lasse, ob die Zeugenaussage unter Stress und Nervosität erfolgt.[72] In Schiedsverfahren vor dem Court of Arbitration for Sport (CAS) werden auf entsprechender Software basierende „Beweise" bereits eingeführt.[73] Da das Schiedsgericht in seiner Beweiswürdigung grundsätzlich frei ist, spricht unter Gewährleistung der Verfahrensrechte beider Parteien (insbesondere deren rechtlichen Gehörs) zunächst nichts gegen den Einsatz einer solchen Technologie. Die entscheidendere Frage ist vielmehr, welchen Beweiswert die Feststellung haben soll, ein Zeuge habe während seiner Aussage unter Stress gestanden oder sei objektiv nervös gewesen. Stress geht mit der für die meisten Zeugen (und nicht wenige Sachverständige) unvertrauten Vernehmungssituation untrennbar einher. Die Aussagepsychologie misst daher Polygraphen und entsprechender Software keine entscheidende Bedeutung bei.[74]

III. Neue Formen der Beweisführung

39 Auch andere „neue" Formen der Beweisführung finden sich in internationalen Schiedsverfahren. Einen steigenden Anteil daran haben **interaktive und dreidimensionale Computersimulationen**. Insbesondere im Anlagenbau und Engineering lassen sich solche Simulationen effektiv einsetzen. Mit ihrer Hilfe lässt sich etwa veranschaulichen, in welcher Hinsicht der geplante vom tatsächlichen Bauverlauf abweicht oder wie sich ein Mangel unter verschiedenen Umwelteinflüssen auswirkt.[75] Auch den Augenschein kann eine von beiden Parteien genehmigte Computersimulation ersetzen. Anstelle sich persönlich durch eine Baustelle oder ein Gebäude zu bewegen, kann das Schiedsgericht frei durch die Simulation steuern und sich so einen „persönlichen" Eindruck verschaffen. Besonders relevant werden Simulationen auch, wenn das Augenscheinsobjekt zerstört

71 *Bradshaw*, Arbitration International 2021, 707 (708).

72 *Bradshaw*, Arbitration International 2021, 707 (709f.).

73 Siehe etwa *Nemec v. CITA*, CAS Case No. 2016/A/4458, Award, 27.4.2017, Rn. 99; *Villanueva v. FINA*, CAS Case No. 2016/A/4534, Award, 16.3.2017, Rn. 42ff.

74 Siehe bereits BGH, NJW 2003, 2527 (2528). Siehe ferner *Vrij/Hartwig*, Journal of Applied Research in Memory and Cognition 2021, S. 1 (6) (Vorabveröffentlichung); *Wade/Cartwright-Finch*, Journal of International Arbitration 2022, S. 1.

75 *Malcher*, SchiedsVZ 2021, 287 (289).

worden ist. Ein bekanntes Beispiel sind die Gerichtsverfahren um die Havarie der Deepwater Horizon Ölbohrplattform im Golf von Mexiko. Die im Rahmen des Blowouts vollständig zerstörte Plattform konnte mittels Computersimulation wiederhergestellt und die Ursachen für das Unglück aus verschiedenen Perspektiven und unter verschiedenen Parametern untersucht werden.[76]

Eingesetzt werden solche Simulationen zum einen von den Parteien selbst im Rahmen ihres **Parteivortrags**. Dabei kann etwa das „Zeigen" in der Simulation das schriftsätzliche „Erklären" ersetzen.[77] Auch im Rahmen des Eröffnungsvortrags bieten sich Videosimulationen an. Zum anderen greifen **Sachverständige** auf Simulationen zurück, um Aspekte ihres Gutachtens zu erläutern und zu veranschaulichen. 40

Eine weitere „neue" Form der Beweispräsentation ist die **Manipulation von Excel-Tabellen in Echtzeit**. In komplexen internationalen Schiedsverfahren werden zur Schadenshöhe regelmäßig widerstreitende Parteigutachten beigebracht. Die konkrete Schadenshöhe ändert sich dabei je nach den für die Schadensmodelle zugrunde gelegten Annahmen und ökonomischen Parametern. Eine effektive Form, das Schadensmodell des gegnerischen Sachverständigen zu diskreditieren kann es sein, im Rahmen eines Kreuzverhörs „live" die Parameter der Excel-Tabelle zu ändern und den Sachverständigen zu den geänderten Resultaten seines Modells zu befragen. 41

E. Mündliche Verhandlung

I. Zulässigkeit mündlicher Schiedsverhandlungen mittels Videokonferenz

Die vermehrte Durchführung vollständiger **mündlicher Schiedsverhandlungen** im Wege der Bild- und Tonübertragung (auch Fern- oder Distanzverhandlung, nicht aber: „virtuelle" Verhandlung)[78] dürfte die spürbarste Auswirkung der Covid-19-Pandemie auf die Schiedsgerichtsbarkeit gewesen sein. In tatsächlicher Hinsicht werden solche Distanzverhandlungen vielfach mit dem **Einverständnis** und zur Zufriedenheit aller Beteiligter durchgeführt.[79] 42

Vereinzelt wenden sich Parteien (häufig in der Position der Schiedsbeklagten) indes gegen eine Distanzverhandlung. Sollten **alle Parteien** eine Verhandlung unter allseitiger physischer Anwesenheit wünschen, wird dies als Verfahrensvereinbarung das 43

76 Siehe http://justicemedialab.com/virtual-courtroom/. Siehe auch die Darstellung eines chemischen Bombenanschlags in Syrien unter https://forensic-architecture.org/investigation/chemical-attack-in-khan-sheikhoun.

77 *Malcher*, SchiedsVZ 2021, 287 (289).

78 Siehe *Scherer*, Journal of International Arbitration 2020, 407 (410f.); *Scherer* in: Scherer/Bassiri u.a. (Hrsg.), International Arbitration and the Covid-19 Revolution, S. 65 (69).

79 *Born/Day* u.a. in: Scherer/Bassiri u.a. (Hrsg.), International Arbitration and the Covid-19 Revolution, S. 137 (149f.); *Born/Day* u.a., Journal of International Arbitration 2021, S. 291 (306f.).

Schiedsgericht binden.[80] Gleichermaßen sind einige Schiedsorganisationen in ihren **Schiedsregeln** dazu übergegangen, die Durchführung einer Schiedsverhandlung mittels Videokonferenz für **grundsätzlich zulässig** zu erklären.[81] Haben sich die Parteien auf diese Schiedsregeln geeinigt, gilt dies als (Vorab-)Vereinbarung der Zulässigkeit einer Distanzverhandlung, ohne dass sich eine Partei im Nachhinein einseitig davon lossagen könnte.

44 Im Übrigen war zu Beginn der Covid-19-Pandemie umstritten, ob die Durchführung einer Distanzverhandlung auch dann rechtlich zulässig ist, wenn **eine der Parteien widerspricht** und auf eine Präsenzverhandlung besteht. Dies **verneinte** ein Teil der **vor der Pandemie erschienenen Literatur.**[82] Verwiesen wurde auf § 1047 I 2 ZPO, wonach auf Parteiantrag zwingend eine „mündliche Verhandlung" durchzuführen ist. Eine Distanzverhandlung sei keine „mündliche Verhandlung", da man „zweckmäßig nur bei zeitgleichem (physischem) Anwesendsein von Parteien" verhandeln könne[83] und die „räumliche Distanz die natürliche Wahrnehmung des Schiedsgerichts" behindere.[84]

45 Diese Ansicht ist insbesondere in Anbetracht der tatsächlichen Erfahrungen mit Distanzverhandlungen **nicht überzeugend**. Parteien können mittels Bild- und Tonübertragung gleichermaßen „mündlich" vortragen und gehört und gesehen werden, wie dies bei gleichzeitiger physischer Anwesenheit der Fall wäre. Die wesentlichen Attribute einer traditionellen mündlichen Verhandlung – audiovisuelle Echtzeit-Interaktion zwischen Schiedsgericht, Zeugen, Sachverständigen und Parteien – bleiben bei hinreichender Vorbereitung und in Abwesenheit technischer Komplikationen **durch eine Verhandlung mittels Videokonferenz hinreichend gewährleistet.**[85] Pauschal angeführte Zweckmäßigkeitserwägungen verfangen daher ebenso wenig wie das angebliche Erfordernis der körperlichen Anwesenheit.[86] Es ist schlicht nicht ersichtlich, weshalb die Verhandlung mittels Bild- und Tonübertragung hinter einer Präsenzverhandlung in einem das rechtliche Gehör oder den Mündlichkeitsgrundsatz betreffenden Maße zu-

---

80 Siehe etwa Art. 21 II, 29 I(i) DIS-SchO 2018; §§ 1042 III, 1047 I 1 ZPO.

81 Art. 26 I ICC-Rules 2021; Art. 27 II Swiss Rules 2021; Art. 30 I VIAC-Rules 2021; Art. 19.2 LCIA Rules 2020; Art. R44.2 Abs. 5 CAS Rules 2021.

82 MüKo-ZPO/*Münch*, 5. Aufl. 2017, § 1047 Rn. 9; Musielak/Voit/*Voit*, § 1047 Rn. 2; Wieczorek/Schütze/*Schütze*, ZPO, 5. Aufl. 2020, § 1047 Rn. 8; *Spohnheimer*, Gestaltungsfreiheit bei antizipiertem Legalanerkenntnis des Schiedsspruchs, 2010, S. 309 f.; *Lachmann*, Handbuch für die Schiedsgerichtspraxis, 3. Aufl. 2008, Rn. 1588. Siehe auch *Lindskog*, Skiljeförfarande: En Kommentar, 2. Aufl. 2012, S. 653.

83 MüKo-ZPO/*Münch*, 5. Aufl. 2017, § 1047 Rn. 9.

84 *Spohnheimer*, Gestaltungsfreiheit bei antezipiertem Legalanerkenntnis des Schiedsspruchs, 2010, S. 309.

85 So auch *Born*, International Commercial Arbitration, 3. Auflage 2021, S. 2436; BeckOK-ZPO/*Wilske/Markert*, 42. Ed. 1.9.2021, § 1047 Rn. 2.1; *Gielen/Wahnschaffe*, SchiedsVZ 2020, S. 257 (259); *Scherer*, Journal of International Arbitration 2020, 407 (410 f.); *Scherer* in: Scherer/Bassiri u. a. (Hrsg.), International Arbitration and the Covid-19 Revolution, S. 65 (75).

86 Ausgenommen sind Sonderfälle, in denen ein Augenscheinsbeweis ein Berühren oder Riechen erfordert.

rückbleiben sollte. Vielmehr ist auch eine per Videokonferenz durchgeführte Distanzverhandlung eine „mündliche Verhandlung" i.S.d. § 1047 I 2 ZPO und vergleichbarer Vorschriften.[87]

Dieses Ergebnis steht auch in Einklang mit der durch den Gesetzgeber in **§ 128a ZPO für das staatliche Gerichtsverfahren** geschaffenen Möglichkeit, mündliche Verhandlungen mittels Bild- und Tonübertragung durchzuführen. Zwar gilt § 128a ZPO für Schiedsverfahren nicht. Es gibt jedoch keinen sachlichen Grund, weshalb Schiedsverfahren in dieser Hinsicht anders als staatliche Gerichtsverfahren zu beurteilen sein sollten.[88] Das Erfordernis des § 128a I ZPO, wonach sich die Richter am selben Ort befinden müssen und die Verhandlung in das Sitzungszimmer übertragen werden muss, ist demgegenüber auf Schiedsverfahren nicht anwendbar. Dieses Erfordernis liegt in der gemäß § 169 GVG zu gewährleistenden Öffentlichkeit der Verhandlung begründet – eine Erwägung, die in vertraulichen Schiedsverfahren schon im Ausgangspunkt nicht greift. 46

Wenngleich in Deutschland – soweit ersichtlich – **Rechtsprechung** zur Zulässigkeit einer mündlichen Schiedsverhandlung mittels Videokonferenz fehlt, sah der BGH in seinem bereits genannten Beschluss vom 23.7.2020 jedenfalls in der Vernehmung eines Zeugen per Videokonferenz **kein erörterungswürdiges Problem**.[89] Ohne die Zulässigkeit einer Videokonferenz auch nur zu thematisieren, bezeichnete der BGH die dortige Hybridverhandlung als „mündliche Verhandlung vor dem Schiedsgericht".[90] 47

Dies entspricht auch einer am selben Tag ergangenen und viel beachteten Entscheidung des österreichischen Obersten Gerichtshofs (OGH).[91] Darin entschied der OGH, dass eine Videokonferenz eine mündliche Schiedsverhandlung darstelle und nach dem schiedsrichterlichen Verfahrensermessen insbesondere auch gegen den Widerspruch einer Partei angeordnet werden dürfe. Diese Form der Verhandlung sei zur Bewältigung der durch die Corona-Pandemie auftretenden Einschränkungen nicht nur ein probates Mittel, sondern aufgrund des in Art. 6 EMRK verbürgten **Rechts auf effizienten Rechtsschutz** zwingend erforderlich: 48

> „Durch den Einsatz dieser (bei gerichtlichen Verhandlungen weit verbreiteten und weltweit anerkannten) Videokonferenztechnologie liegt kein Verstoß gegen Art 6 EMRK vor ..., auch wenn eine der Parteien mit einer solcher Verhandlung nicht einverstanden ist. Dabei ist nämlich auch zu berücksichtigen, dass Art 6 EMRK nicht nur den Anspruch auf rechtliches Gehör, sondern auch das

---

87 BeckOK-ZPO/*Wilske/Markert*, 42. Ed. 1.9.2021, § 1047, Rn. 2.1; Prütting/Gehrlein/*Prütting*, ZPO Kommentar, 12. Aufl. 2020, § 1047 Rn. 2; *Gielen/Wahnschaffe*, SchiedsVZ 2020, S. 257 (260); *Maucher/Meier* in: *Rojas Elgueta/Hosking* u.a. (Hrsg.), Does a Right to a Physical Hearing Exist in International Arbitration?, https://cdn.arbitration-icca.org/s3fs-public/document/media_document/Germany-Right-To-A-Physical-Hearing-Report.pdf, S. 2ff. Für staatliche Gerichtsverfahren wird dies anders gesehen. Siehe dazu § 19 Rn. 4 (*Windau*).

88 Prütting/Gehrlein/*Prütting*, ZPO Kommentar, 12. Aufl. 2020, § 1047 Rn. 2.

89 Siehe dazu oben Rn. 35ff.

90 BGH, SchiedsVZ 2021, 46 (Rn. 2).

91 OGH SchiedsVZ 2021, 163. Siehe dazu *Scherer/Schwarz* u.a., Kluwer Arbitration Blog, 24.10.2020.

> Recht auf Justizgewährung umfasst, das wiederum eng mit dem Recht auf effektiven Rechtsschutz verknüpft ist. In einem Verfahren über *civil rights* muss daher nicht nur auf die Wahrung des Gehörs der Parteien Bedacht genommen werden. Das Gericht muss auch gewährleisten, dass Parteien privatrechtliche Ansprüche effektiv durchsetzen bzw abwehren können. Eine Verfahrensführung durch Videokonferenz kann Kosten und Zeit sparen und fördert damit die Rechtsdurchsetzung unter gleichzeitiger Wahrung des rechtlichen Gehörs. Gerade bei einem drohenden Stillstand der Rechtspflege im Zuge einer Pandemie bietet die Videokonferenztechnologie eine rechtsstaatlich gedeckte Möglichkeit, die Ansprüche auf effektive Rechtsdurchsetzung und auf rechtliches Gehör harmonisch zu vereinen."[92]

49 Diese Entscheidung des OGH dürfte auch für deutsche Gerichte von einiger Überzeugungskraft sein. Das österreichische Schiedsrecht basiert wie das 10. Buch der deutschen ZPO auf dem UNCITRAL Modellgesetz zur internationalen Handelsschiedsgerichtsbarkeit; und die EMRK ist in beiden Staaten gleichermaßen anwendbar. In der Tat berücksichtigen deutsche Gerichte auch bei weniger unmittelbaren Parallelen die österreichische Obergerichtsrechtsprechung regelmäßig als *persuasive authority*.[93]

50 Ferner wird die Zulässigkeit einer mündlichen Schiedsverhandlung mittels Videokonferenz auch durch das Ergebnis einer weit angelegten **rechtsvergleichenden Studie** des International Council for Commercial Arbitration (ICCA) bestätigt.[94] Das Ergebnis dieser Studie ist unter Berücksichtigung der Rechtslage in 78 Rechtsordnungen eindeutig: ein Recht auf die Durchführung einer Präsenzverhandlung besteht im Schiedsverfahrensrecht nicht.[95] Vielmehr können Schiedsgerichte unter Ausübung ihres Verfahrensermessens eine Verhandlung im Wege der Bild- und Tonübertragung auch über den Widerspruch einer der Parteien hinweg anordnen.[96] Dies sehen mittlerweile auch ausdrücklich die Schiedsgesetze der Niederlande[97] und der Vereinigten Arabischen Emirate vor.[98]

---

92 OGH SchiedsVZ 2021, 163 (Rn. 55) (Hervorhebung i.O.). Unter Verweis auf Art. 19 IV GG auch LAG Düsseldorf, RDi 2021, 301.

93 Siehe etwa BGH NJW-RR 2017, 140 (Rn. 21ff.); BGH BeckRS 1984, 30397165; BayObLG NJOZ 2021, 862 (Rn. 26).

94 *Rojas Elgueta/Hosking* u.a. (Hrsg.), Does a Right to a Physical Hearing Exist in International Arbitration?, https://www.arbitration-icca.org/right-to-a-physical-hearing-international-arbitration. Siehe dazu auch BeckOK-ZPO/*Wilske/Markert*, 42. Ed. 1.9.2021, § 1047 Rn. 2.1.

95 *Rojas Elgueta/Hosking* u.a. (Hrsg.), Does a Right to a Physical Hearing Exist in International Arbitration?, https://www.arbitration-icca.org/right-to-a-physical-hearing-international-arbitration.

96 *Rojas Elgueta/Hosking* u.a. (Hrsg.), Does a Right to a Physical Hearing Exist in International Arbitration?, https://www.arbitration-icca.org/right-to-a-physical-hearing-international-arbitration.

97 Art. 1072b IV niederländische ZPO („Instead of a personal appearance of a witness, an expert or a party, the arbitral tribunal may determine that the relevant person have direct contact with the arbitral tribunal and, insofar as applicable, with others, by electronic means. The arbitral tribunal shall determine, in consultation with those concerned, which electronic means shall be used to this end and in which manner this shall occur.").

98 Art. 33 III UAE Arbitration Law ("Hearings may be held through modern means of communication without the physical presence of the Parties at the hearing").

Schließlich ist zu beachten, dass § 1047 I 2 ZPO allein für die mündliche Verhandlung **zur Hauptsache** gilt.[99] Unproblematisch kann ein Schiedsgericht in Ausübung seines Verfahrensermessens daher eine Verhandlung per Videokonferenz betreffend die Verfahrensführung oder verfahrensrechtliche Fragen ansetzen.[100] Dies ist schon länger gängige Praxis und nicht umstritten. 51

II. Planung und Durchführung einer mündlichen Schiedsverhandlung mittels Videokonferenz

Die Zulässigkeit einer Distanzverhandlung steht unter dem zentralen Vorbehalt, dass alle Parteien und das Schiedsgericht ohne technische Probleme an der Videokonferenz teilnehmen können. Andernfalls können die fundamentalen Verfahrensrechte der Parteien auf rechtliches Gehör und Gleichbehandlung betroffen sein. Unabdingbar für eine Schiedsverhandlung mittels Videokonferenz ist daher die **frühzeitige und umfassende Vorbereitung**.[101] 52

Insbesondere die folgenden Aspekte gilt es im Vorfeld einer jeden Distanzverhandlung zwischen Parteien und Schiedsgericht abzustimmen:[102] 53

- Die zu verwendende **Videokonferenzplattform** sowie die Frage, ob diese von einem kommerziellen Serviceanbieter administriert oder von den Parteien bzw. dem Schiedsgericht gestellt wird (unter Berücksichtigung der Verfügbarkeit virtueller „Breakout Rooms“ für die Parteien und das Schiedsgericht);
- die Teilnahme von **technischen Hilfspersonen** und Systemadministratoren sowie ggf. die Notwendigkeit von **Schulungen** für die Verhandlungsteilnehmer;
- die hinreichende **technische Ausstattung** der Verhandlungsteilnehmer zur störungsfreien Teilnahme an der Videokonferenz (idealerweise mindestens externe Bildschirme für die Darstellung des Videostreams, der Anlagen und Präsentationen sowie des Echtzeitwortprotokolls; eine leistungsfähige und verlässliche Internetverbindung; Vorhandensein eines Notfall-Hotspots mit mindestens 4G-Verbindung etc.);

---

99 OLG Frankfurt a.M. BeckRS 2017, 105025 (Rn. 67); MüKo-ZPO/*Münch*, 6. Aufl. 2022, § 1047 Rn. 8.

100 §§ 1042 IV 1, 1047 Abs. I 1.

101 *Scherer* in: Scherer/Bassiri u.a. (Hrsg.), International Arbitration and the Covid-19 Revolution, S. 65 (92); *Bassiri* in: Scherer/Bassiri u.a. (Hrsg.), International Arbitration and the Covid-19 Revolution, S. 105 (105); *ICC*, Note to Parties and Arbitral Tribunals on the Conduct of the Arbitration under the ICC Rules of Arbitration, 1.1.2021, Rn. 101.

102 Siehe auch *Bassiri* in: Scherer/Bassiri u.a. (Hrsg.), International Arbitration and the Covid-19 Revolution, S. 105; *Scherer* in: Scherer/Bassiri u.a. (Hrsg.), International Arbitration and the Covid-19 Revolution, 65 (92ff.); *Gielen/Wahnschaffe*, SchiedsVZ 2020, 257 (262f.); Art. 8 II IBA Rules on the Taking of Evidence in International Arbitration 2020; *ICC*, Note to Parties and Arbitral Tribunals on the Conduct of the Arbitration under the ICC Rules of Arbitration, 1.1.2021, Rn. 102.

- die Erforderlichkeit und technische Umsetzung eines **Steno- bzw. Wortlautprotokolls** (ggf. unter Verwendung der „LiveNote"-Technologie, mittels derer die Äußerungen der Verfahrensteilnehmer in Echtzeit transkribiert werden);[103]
- die Ansetzung von ein bis zwei verpflichtenden **Probeläufen**, bei denen die während der Verhandlung zu nutzende Plattform und technische Ausrüstung getestet werden können;
- die Gewährleistung von **Cybersecurity und Datenschutz**;[104]
- die Verwendung von elektronischen Akten in Form sog. **Electronic Hearing Bundles** sowie die Frage, wie die darin enthaltenen Dokumente während der Verhandlung präsentiert werden können (ggf. durch einen *document operator*);
- die **Darstellung der Eröffnungs-Präsentationen** der Parteien (üblicherweise PowerPoint Präsentationen, die mittels der *screen sharing*-Funktion der Platform geteilt werden);[105]
- Maßnahmen zur **Vermeidung der unzulässigen Einflussnahme auf Zeugen und Sachverständige**;[106]
- ein **Protokoll für den Fall technischer Probleme** (z.B. Verbindungsprobleme), das u.a. die Bestimmung von Notfallkontaktpersonen auf Seiten jeder Partei und des Schiedsgerichts und ggf. die Verwendung einer **Backup-Plattform** vorsieht;
- der Bedarf nach einer **Aufzeichnung** der Videokonferenz und ob diese Teil der Verfahrensakte werden soll;
- die Feststellung des geografischen Ortes, von dem sich die Verhandlungsteilnehmer einwählen sowie insbesondere die **Berücksichtigung von Zeitunterschieden**; und
- die **Länge der Verhandlungstage**, welche aufgrund der Zeitunterschiede und bei Videokonferenzen auftretenden Ermüdungserscheinungen regelmäßig kürzer ausfallen werden.

54 All diese Punkte werden üblicherweise in einer gesonderten Verfahrensleitenden Verfügung zur Durchführung der Distanzverhandlung festgehalten (**„Cyber-Protocol"** oder **„Remote-Hearing Protocol"**).[107] Mittlerweile steht ein umfangreiches Angebot an Checklisten und Vorlagen für ein solches Remote Hearing Protocol zur Verfügung.[108] Um

103 Siehe auch *Stürner*, SchiedsVZ 2018, 299 (302); sowie *Thomson Reuters*, LiveNote Stream, https://legal.thomsonreuters.com/en/products/livenote-stream.

104 Siehe auch oben Rn. 26ff.

105 Siehe zur Nutzung von PowerPoint Präsentationen in internationalen Schiedsverfahren allgemein *Schwarz* in: Jagusch/Pinsolle (Hrsg.), The Guide to Advocacy, S. 51 (64ff.); *Tiller/Foden* in: Jagusch/Pinsolle (Hrsg.), The Guide to Advocacy, S. 172 (174ff.).

106 Siehe auch oben Rn. 32.

107 Art. 8 II IBA Rules on the Taking of Evidence in International Arbitration 2020; *ICC*, Note to Parties and Arbitral Tribunals on the Conduct of the Arbitration under the ICC Rules of Arbitration, 1.1.2021, Rn. 101.

108 Siehe etwa *AAA-ICDR*, Order and Procedures for A Virtual Hearing via Videoconference, 2020; *Bassiri* in: Scherer/Bassiri u.a. (Hrsg.), International Arbitration and the Covid-19 Revolution, 2020, S. 105; *Cohen*,

späteren Diskussionen vorzubeugen, bietet es sich insbesondere auch an, die allseitige Zustimmung zur Durchführung der Schiedsverhandlung als Videokonferenz in das Protokoll aufzunehmen.

F. Künstliche Intelligenz (KI) und Entscheidungsfindung

I. Derzeitige Nutzung von KI in internationalen Schiedsverfahren

55 Formen von KI prägen seit geraumer Zeit unseren Alltag. Nicht nur unsere Spam-E-Mails werden von KI gefiltert, auch Zeitungsartikel werden von KI-Systemen verfasst und medizinische Diagnosen von ihnen gestellt.[109] In der Streitbeilegung spielt KI indes **bisher keine entscheidende Rolle**.[110] Dies trifft auch auf die internationale Schiedsgerichtsbarkeit zu.[111] Während ein Viertel der Befragten einer weit angelegten Studie angaben, dass sie KI immerhin „selten" nutzten, waren es nur 15 %, die davon „oft" Gebrauch machen.[112] Dabei bezogen sich die Befragten allerdings fast ausschließlich auf den Einsatz von Document Review Software im Rahmen von Dokumentenvorlageverfahren.[113] Darüber hinaus wird KI zur automatisierten Recherche einschlägiger Rechtsquellen und Dokumentenanalyse eingesetzt.[114]

56 Dieser beschränkte Nutzen wird dem Potential von KI zur **Steigerung der Verfahrenseffizienz** nicht gerecht.[115] In Anbetracht der Tatsache, dass wir derzeit eine enorme Steigerung maschineller Rechenleistung und Speicherkapazitäten erleben, und damit auch das Potential von KI rasant zunimmt, bietet es sich an, sich bereits jetzt mit den Möglichkeiten und (rechtlichen) Grenzen des Einsatzes von KI in der schiedsrichterlichen Entscheidungsfindung auseinanderzusetzen.[116]

Transnational Dispute Management 2020, 1; *CPR*, Annotated Model Procedural Order for Remote Video Arbitration Proceedings, 2020; *Delos*, Dispute Resolution Draft Checklist on Holding Arbitration and Mediation Hearings in Times of Covid-19, 2020; *ICC*, Guidance Note on Possible Measures Aimed at Mitigating the Effects of the Covid-19 Pandemic, 2020, Annex I; *Walker*, Global Arbitration Review, 27.3.2010.

109 *Scherer*, Journal of International Arbitration, 2019, S. 539 (540).

110 *Rühl* in: Kaulartz/Braegelmann (Hrsg.), Rechtshandbuch Artificial Intelligence und Machine Learning, 2020, S. 617 (617). Siehe aber *Fries* in: Breidenbach/Glatz (Hrsg.), Rechtshandbuch Legal Tech, 2. Aufl. 2021, S. 291 (298) (unter Veweis auf „Subsumtionsautomaten" im Bereich des Unterhaltsrechts).

111 *Queen Mary University/White & Case*, 2021 International Arbitration Survey: Adapting Arbitration to a Changing World, 2021, S. 22.

112 *Queen Mary University/White & Case*, 2021 International Arbitration Survey: Adapting Arbitration to a Changing World, S. 22.

113 *Queen Mary University/White & Case*, 2021 International Arbitration Survey: Adapting Arbitration to a Changing World, S. 22. Siehe dazu oben Rn. 33 f.

114 Siehe *Rühl* in: Kaulartz/Braegelmann (Hrsg.), Rechtshandbuch Artificial Intelligence und Machine Learning, S. 617 (618 ff.); *Scherer*, Journal of International Arbitration 2019, S. 539 (540).

115 *Scherer*, Journal of International Arbitration 2019, S. 539 (573).

116 *Scherer*, Journal of International Arbitration 2019, S. 539 (547).

II. Teilautomatisierte Abfassung des Schiedsspruchs

57 Zunächst kommt eine **Unterstützung des Schiedsgerichts bei der Abfassung des Schiedsspruchs** in Betracht. Vollständig kann es diese zwar nicht delegieren. Denn Schiedsrichter:innen werden aufgrund ihrer Persönlichkeit bestellt (*intuitu personae*), was das schiedsrichterliche Mandat zu einem höchstpersönlichen macht.[117] Solange das Schiedsgericht sicherstellt, dass es die Entscheidungshoheit behält, schließt dies aber begrenzte Unterstützungshandlungen nicht aus.[118] Während diese herkömmlicherweise durch menschliche Hilfspersonen erfolgen, ist konzeptionell auch ein **digitaler Sekretär des Schiedsgerichts** denkbar.[119]

58 Auch wenn KI soweit ersichtlich auf diese Weise bisher nicht eingesetzt wird, erscheint die **technische Machbarkeit** durchaus realistisch. So werden KI-Programme bei der Erstellung von rechtlichen Dokumenten inklusive der Vertragsgestaltung bereits weitflächig angewendet.[120] Einige Investmentbanken nutzen etwa KI-Programme wie „Arteria", um Vertragsentwürfe zu erstellen, diese zu verhandeln und die abgeschlossenen Verträge zu verwalten.

59 Hinsichtlich der Abfassung des Schiedsspruchs ist eine KI denkbar, mittels derer sich das Schiedsgericht die formalen Teile des Schiedsspruchs – etwa die Verfahrensgeschichte oder die Wiedergabe der Parteipositionen – **automatisiert erstellen** lässt.[121] In einem zweiten Schritt würde das Schiedsgericht diese Erstfassung studieren und entweder übernehmen oder nach seinen Vorstellungen ändern. Auf einer niedrigeren Stufe kommt auch die automatisierte **Textvervollständigung** anhand von Textbausteinen in Betracht. Bestimmte Teile eines Schiedsspruchs enthalten floskelhafte Formulierungen, die regelmäßig auftauchen; auch bestimmte Rechtsfiguren und juristische Definitionen werden vielfach verwendet.[122] Software wie „TextExpander" oder „Text Blaze" erlauben es, bestimmte Textbausteine vorzuprogrammieren und diese mittels Keyboard-Shortcut bei Bedarf abzurufen.[123] Auch eine abschließende **Plausibilitätsprüfung** im Sinne einer „scrutiny of the award", wie sie teils von Schiedsinstitutionen vorgenommen wird, ist

117 MüKo-ZPO/*Münch*, 6. Aufl. 2022, § 1042 Rn. 166; *Jensen*, Tribunal Secretaries in International Arbitration, 2019, Rn. 5.11ff.

118 MüKo-ZPO/*Münch*, 6. Aufl. 2022, § 1042 Rn. 168; *Jensen*, Tribunal Secretaries in International Arbitration, 2019, Rn. 5.248ff.

119 *Jensen*, Tribunal Secretaries in International Arbitration, 2019, Rn. 10.20f. Siehe auch *Kreis* in: Kaulartz/Braegelmann (Hrsg.), Rechtshandbuch Artificial Intelligence und Machine Learning, S. 633 (640).

120 *Rühl* in: Kaulartz und Braegelmann (Hrsg.), Rechtshandbuch Artificial Intelligence und Machine Learning, 2020, S. 617 (619).

121 Zum staatlichen Gerichtsverfahren ähnlich *Rühl* in: Kaulartz/Braegelmann (Hrsg.), Rechtshandbuch Artificial Intelligence und Machine Learning, S. 617 (619).

122 Siehe auch *Gaier/Breidenbach* in: Breidenbach/Glatz (Hrsg.), Rechtshandbuch Legal Tech, 2. Aufl. 2021, S. 286 (290).

123 Siehe https://textexpander.com/; https://blaze.today/.

mittels einer KI denkbar.[124] Entscheidend ist in allen Fällen, dass die unterstützende Tätigkeit des KI-Systems klar von der entscheidungsfindenden Tätigkeit des Schiedsgerichts abgegrenzt bleibt.[125] Für einen darüber hinaus gehenden Einsatz von KI wäre als Mindestanforderung eine entsprechende Parteivereinbarung erforderlich.[126]

III. Automatisierte Entscheidungsfindung

Problematischer ist die Lage, wenn KI die schiedsrichterliche Entscheidungsfindung vollständig ersetzen soll.[127] Derzeitiger Hauptanwendungsfall einer solchen entscheidenden KI ist die **Vorhersage des Verfahrensausgangs** unter Rückgriff auf einen umfangreichen Datensatz vorheriger Entscheidungen zu ähnlich gelagerten Sachverhalten.[128] Entsprechende KI-Systeme existieren schon heute, wenn auch in begrenzter Zahl.[129] Das Ergebnis ist eine Wahrscheinlichkeitsvorhersage des Verfahrensausgangs unter Berücksichtigung historischer Entscheidungen, die entsprechende Muster und Zusammenhänge erkennen lassen.[130] Damit kommt diese Form von KI einer statistischen Auswertung näher als einer von menschlichen (Schieds)Richtern durch kognitive Prozesse und die Analyse einschlägiger Rechtsregeln abgeleitete Entscheidung.[131] 60

Eine solche Vorhersage des Verfahrensausgangs mag für Parteien – etwa im Sinne einer „early neutral evaluation“ – durchaus von Interesse sein. So ließen sich die **Erfolgschancen evaluieren** und Vergleichsverhandlungen aufgrund einer objektiveren Datenlage zielführend gestalten. Auch der wachsende Markt der **Prozessfinanzierung** (*third-party funding*) profitiert erheblich von einer statistisch verlässlichen Vorhersage des Verfahrensausgangs.[132] Demgegenüber ist mehr als fraglich, ob die Einbindung einer Vorhersage-KI in die **schiedsgerichtliche Entscheidungsfindung** zweckmäßig 61

124 *Kreis* in: Kaulartz/Braegelmann (Hrsg.), Rechtshandbuch Artificial Intelligence und Machine Learning, S. 633 (644). Siehe ferner *Jensen*, Tribunal Secretaries in International Arbitration, 2019, Rn. 5.249f.

125 *Jensen*, Tribunal Secretaries in International Arbitration, 2019, Rn. 10.21; *Kreis* in: Kaulartz und Braegelmann (Hrsg.), Rechtshandbuch Artificial Intelligence und Machine Learning, S. 633 (644).

126 *Jensen*, Tribunal Secretaries in International Arbitration, 2019, Rn. 5.111ff.; *Jensen*, ASA Bulletin 2020, S. 375 (382ff.); *Kreis* in: Kaulartz/Braegelmann (Hrsg.), Rechtshandbuch Artificial Intelligence und Machine Learning, S. 633 (644).

127 Zu der Frage, ob es sich dann überhaupt noch um ein „Schiedsverfahren“ i.S.d. ZPO handelt, unten Rn. 62ff.

128 Schon im Ausgangspunkt ist fraglich, ob ein hinreichender Datensatz bei regelmäßig vertraulichen Schiedsverfahren existiert. Siehe auch MüKoZPO-*Münch*, vor § 1025 ZPO Rn. 5.

129 *Rühl* in: Kaulartz/Braegelmann (Hrsg.), Rechtshandbuch Artificial Intelligence und Machine Learning, S. 617 (621).

130 *Rühl* in: Kaulartz/Braegelmann (Hrsg.), Rechtshandbuch Artificial Intelligence und Machine Learning, S. 617 (620).

131 Siehe hierzu *Scherer*, Journal of International Arbitration 2019, S. 539 (546); *Rühl* in: Kaulartz/Braegelmann (Hrsg.), Rechtshandbuch Artificial Intelligence und Machine Learning, S. 617 (620).

132 *von Göler*, Third-Party Funding in International Arbitration and its Impact on Procedure, 2016, S. 23ff.

ist. Denn unter allen Umständen müssten das rechtliche Gehör der Parteien und die Unabhängigkeit der Schiedsrichter:innen gewährleistet bleiben.[133] So müssten die Parteien an sich nicht nur zum Ausgang der Vorhersage, sondern auch bereits zum Dateninput **gehört werden**. Dies wird kaum zur durch den Einsatz von KI bezweckten Effizienzsteigerung beitragen, zumal auch bei Äußerungsgelegenheit die KI den Parteien als „black box" vorkommen wird.[134] Ferner besteht die Gefahr, dass sich im Rahmen der Programmierung der KI unbewusste Vorurteile (***unconscious biases***) einschleichen, welche die Objektivität der Entscheidung beeinflussen.[135] Außerdem basiert Vorhersage-KI naturgemäß auf historischen Daten und liefert keine Lösung für erstmalig auftretende Problemstellungen.[136] Ein weitflächiger Einsatz entsprechender Technologie würde daher die Gefahr eines **Stillstands der Rechtsfortbildung** bergen.[137]

IV. Entscheidung durch autonome Systeme als Schiedsverfahren bzw. Schiedsspruch?

62 Auch wenn danach bereits die Unterstützung der schiedsgerichtlichen Entscheidungsfindung durch KI zu konzeptionellen Schwierigkeiten führt, wird seit längerem der vollständige Austausch von Schiedsgerichten durch **autonome maschinelle Systeme** diskutiert, die selbständig den Sachverhalt erfassen und Recht sprechen.[138] In der Theorie wären solche **„Schiedsroboter"** nicht nur völlig neutral und unbeeinflussbar, sie wären auch kostengünstig jederzeit einsetzbar und würden keine falschen Entscheidungen treffen.[139] Entsprechende Überlegungen führen zu einer kontroversen Diskussion über die Frage, was die Entscheidungsfindung durch menschliche (Schieds)richter ausmacht und ob selbst ein optimal gedachtes technisches System je ein menschliches (Schieds-) Gericht ersetzen könnte und sollte.[140]

---

133 *Rühl* in: Kaulartz/Braegelmann (Hrsg.), Rechtshandbuch Artificial Intelligence und Machine Learning, S. 617 (628 ff.).

134 *Rühl* in: Kaulartz/Braegelmann (Hrsg.), Rechtshandbuch Artificial Intelligence und Machine Learning, S. 617 (626 f.); *Scherer*, Journal of International Arbitration 2019, S. 539 (562 f.).

135 *Rühl* in: Kaulartz/Braegelmann (Hrsg.), Rechtshandbuch Artificial Intelligence und Machine Learning, S. 617 (626); *Scherer*, Journal of International Arbitration 2019, S. 539 (559).

136 *Scherer*, Journal of International Arbitration 2019, S. 539 (572).

137 *Rühl* in: Kaulartz/Braegelmann (Hrsg.), Rechtshandbuch Artificial Intelligence und Machine Learning, S. 617 (623 f.); *Scherer*, Journal of International Arbitration 2019, S. 539 (571).

138 Siehe etwa *Cohen/Nappert* in: Piers/Aschauer (Hrsg.), Arbitration in the Digital Age: The Brave New World of Arbitration, S. 126 (140 ff.); *Hanke*, Transnational Dispute Management 2017, 1; *Panov*, Practical Law Arbitration Blog, 4.8.2016.

139 Siehe *Scherer* in: Klausegger/Klein u. a. (Hrsg.), Austrian Yearbook on International Arbitration 2019, S. 503 (510 ff.); MüKoZPO-*Münch*, vor § 1025 ZPO Rn. 5.

140 Siehe etwa *Snijders*, Arbitration 2021, 223 (242) („allowing a robot to deliver justice ... would be a mortal sin"); *Carrara* in: Klausegger/Klein u. a. (Hrsg.), Austrian Yearbook on International Arbitration 2020, S. 513 (529) („Justice is ... based on equity and fairness and judicial decisions like arbitral awards have to be reasoned. This is why the adjudication process should remain inherently human"); *Berardicurti* in:

Gesetzt den Fall, ein solcher Schiedsroboter würde tatsächlich in einem Schiedsverfahren autonom entscheiden, schließt sich die Frage an, ob es sich bei dessen Entscheidung noch um einen **Schiedsspruch im Sinne des New Yorker Übereinkommens über die Anerkennung und Vollstreckung ausländischer Schiedssprüche (NYC)** handelt. Nur wenn dies der Fall ist, profitiert die KI-Entscheidung von der globalen Vollstreckbarkeit eines Schiedsspruches. Naturgemäß lag automatisierte Rechtsprechung zur Zeit der Entstehung der NYC in den 1950er-Jahren noch in weiter Ferne. Dies verschafft Raum für die Ansicht, die NYC und nationale Schiedsgesetze würden die Entscheidung durch einen Schiedsroboter jedenfalls nicht ausschließen.[141] 63

Indes existieren sowohl in der NYC als auch in Schiedsgesetzen eindeutige Hinweise darauf, dass ein **Mensch den Schiedsspruch erlassen** haben muss. Dies trifft etwa auf das Unterschriftserfordernis des Art. IV Nr. 1 lit. a NYC zu, welches nur schwerlich von einer Maschine erfüllt werden kann.[142] Auch schreiben verschiedene Schiedsgesetze ausdrücklich vor, bei dem bzw. der Schiedsrichter:in müsse es sich um eine „natürliche Person" handeln bzw. dass das schiedsrichterliche Mandat „mit dem Tod" ende.[143] Wenn damit schon juristische Personen – nicht zu letzt wegen ihrer zweifelhaften zivil- und strafrechtlichen Verantwortlichkeit – nicht als Schiedsrichter agieren sollen,[144] gilt dies erst recht für Maschinen.[145] Ohne eine entsprechende Gesetzesänderung wird man daher nicht davon ausgehen dürfen, dass es sich bei einem durch eine Maschine erlasse- 64

Gonzales Bueno (Hrsg.), 40 under 40 International Arbitration, 2021, S. 377 (390) ("human interaction is still … fundamental to the appropriate, wise and well-considered use of artificial intelligence in the field of arbitration"); *Scherer* in: Klausegger/Klein u. a. (Hrsg.), Austrian Yearbook on International Arbitration, 2019, S. 503 (512) („AI decision makers will not be able to provide reasons in the same manner as humans, and thus cannot fulfill these fundamental prerequisites of justice"); *Singh Chauhan*, Kluwer Arbitration Blog, 26.9.2020 ("The much-discussed concept of machine arbitrator … is merely fiction"). Siehe aber auch *Marrow/Karolt* u.a., Dispute Resolution Journal 2019, 35 (75) („Arbitration by A.I. has the potential to quickly move the benefits of arbitration substantially ahead"); *Vij*, ASA Bulletin 2021, 123 (138 f.) ("At its full potential, processes may be specifically designed to train an algorithm for it to render an arbitral award that embodies not only logic, but also the emotional derivative of the data set.").

141 *Kreis* in: Kaulartz und Braegelmann (Hrsg.), Rechtshandbuch Artificial Intelligence und Machine Learning, 2020, S. 633 (644). Siehe auch *Eidenmüller/Varesis*, 17(1) NYU Journal of Law and Business 2020, S. 49 (77) („hidden and unintended gap in relation to the regulation of fully autonomous, AI-powered arbitrations").

142 *Eidenmüller/Varesis*, 17(1) NYU Journal of Law and Business 2020, S. 49 (76).

143 Siehe etwa Art. 1450 französische ZPO („ne peut être exercée que par une personne physique"); Art. 1023 S. 1 niederländische ZPO ("Zum Schiedsrichter kann jede natürliche, geschäftsfähige Person ernannt werden."); Section 26 Abs. 1 English Arbitration Act 1996 („The authority of an arbitrator is personal and ceases on his death."). Siehe ferner MüKoZPO-*Münch*, vor § 1025 ZPO Rn. 5.

144 Siehe zu juristischen Personen als Schiedsricher *Ilhao Moreira/Vecellio Segate*, Journal of International Dispute Settlement 2021, S. 525; *Jensen*, Tribunal Secretaries in International Arbitration, 2019, Rn. 10.23 ff.

145 Zur fehlenden Rechtsfähigkeit von KI Systemen siehe *Riehm*, RDi 2020, 42; *Riehm* in: Kaulartz/Braegelmann (Hrsg.), Rechtshandbuch Artificial Intelligence und Machine Learning, 2020, S. 221.

ne Entscheidung um einen Schiedsspruch handelt. Die Entscheidung eines „Schiedsroboters“ profitiert daher nicht von dem **globalen Vollstreckungsregime der NYC**.

G. Elektronischer Erlass von Schiedssprüchen (e-Awards)

I. Bedürfnis nach e-Awards

65 Die vorangehenden Abschnitte belegen, dass Schiedsverfahren schon heute ohne den Austausch eines einzigen „hard copy“-Dokuments und der physischen Begegnung der Verfahrensbeteiligten vonstatten gehen können. In Anbetracht dessen mutet es beinahe anachronistisch an, dass **Schiedssprüche weiterhin ausgedruckt und von Hand unterschrieben** werden. In der Tat enden viele Schiedsverfahren damit, dass ein aus mehreren hundert Seiten bestehender Schiedsspruch in fünf- bis sechsfacher Ausfertigung gedruckt wird,[146] die Unterschriftenseiten per Kurier zwischen den nicht selten auf verschiedenen Kontinenten befindlichen Mitgliedern des Schiedsgerichts zirkuliert werden, sodann die verschiedenen Fassungen an die Schiedsinstitution übermittelt und von dort wieder weltweit den Verfahrensbeteiligten zugestellt werden. Wieviel einfacher und Zeit sparender wäre es, eine änderungsfeste PDF/A-Datei des Schiedsspruchs zu erstellen, diese von den Mitgliedern elektronisch signieren zu lassen und dann per verschlüsselter E-Mail an alle Verfahrensbeteiligten zu übersenden. In Zeiten, in denen pandemiebedingt der Zugang zu Büroräumen verwehrt und Kurierdienste nicht verfügbar waren, war dies in einigen Fällen schlicht die einzige Möglichkeit, einen Schiedsspruch zu erlassen.

66 Es überrascht daher wenig, dass seit einigen Jahren der **elektronische Erlass von Schiedssprüchen** diskutiert wird.[147] Solche **„e-Awards“** würden digital unterzeichnet und als elektronisches Original erlassen. Ein physisches Original mit den „wet ink“-Signaturen der Schiedsrichter:innen existierte dann nicht.[148] Fraglich ist vor allem, ob ein solcher e-Award nach geltendem Recht **formal wirksam** wäre. Gegenüber der vergleichsweise geringfügigen Ersparnis an Zeit, Kosten und Papier wäre es ein unverhältnismäßiger Super-GAU, wenn der Schiedsspruch letztlich nicht vollstreckbar wäre. In der Praxis wird daher von vielen Parteien weiterhin der schriftliche Erlass von Schiedssprüchen gewünscht und mehrheitlich als Vorsichtsmaßnahme empfohlen.[149]

---

146 Art. 35 IV ICC Rules 2021; Art. 39.5. DIS-SchO 2018; Art. 34 V Swiss Rules 2021.

147 Siehe etwa *Gessel-Kalinowska vel Kalisz*, Journal of International Arbitration 2021, 147; *Schäfer* in: Scherer/Bassiri u.a. (Hrsg.), International Arbitration and the Covid-19 Revolution, S. 151; *Wolff* in Piers/Aschauer (Hrsg.), Arbitration in the Digital Age, S. 151; *Volio Soley*, Kluwer Arbitration Blog, 11.6.2020.

148 Davon abzugrenzen ist die übliche Praxis in internationalen Schiedsverfahren, dass das Schiedsgericht den physischen Schiedsspruch unterschreibt, diesen einscannt und die so erzeugte PDF als sog. „courtesy copy" vorab an die Schiedsparteien versendet.

149 *Chartered Institute of Arbitrators*, Guidance Note on Remote Dispute Resolution Proceedings, 2020, Rn. 7.4; *Volio Soley*, Kluwer Arbitration Blog, 11.6.2020.

II. Wirksamkeit von e-Awards *de lege lata*

1. Regulierung und Praxis internationaler Schiedsinstitutionen

Dennoch beobachten vielbeschäftigte Schiedsrichter:innen in der Praxis auch den Erlass vollständig elektronischer Schiedssprüche. Nach *Derains* etwa wird die elektronische Signatur von Schiedssprüchen bereits heute „weitgehend akzeptiert".[150] Dies mag insbesondere der Tatsache geschuldet sein, dass immer mehr **Schiedsinstitutionen** im Zuge der Novellierung ihrer Schiedsordnungen Vorschriften vorsehen, nach denen der ausschließlich elektronische Erlass von Schiedssprüchen **ausdrücklich vorgesehen** ist.[151] Andere Schiedsinstitutionen regen Parteien in informellen Leitlinien dazu an, sich auf den Erlass eines e-Awards zu einigen.[152] Ohne eine solche **Parteivereinbarung** (die freilich auch in der Wahl entsprechender Schiedsregeln liegen kann) werden in der Tat die wenigsten Schiedsgerichte den ausschließlich elektronischen Erlass eines Schiedsspruchs erwägen. 67

Dabei ist zu beachten, dass Schiedsinstitutionen regelmäßig nicht konkretisieren, **was eine „elektronische Signatur"** ausmacht. In Betracht kommen dabei insbesondere: (i) die digitale Reproduktion der Unterschrift, entweder als Scan oder mittels direkter Eingabe per Stylus; (ii) die von einem entsprechenden Anbieter zertifizierte digitale Signatur (z.B. DocuSign oder Signable); und (iii) qualifizierte elektronische Signaturen, die technisch besonders geschützt und (etwa nach §§ 126 III, 126a BGB, § 130a III ZPO) rechtlich gesondert anerkannt sind. In Abwesenheit einer konkreten Definition wird der Begriff der elektronischen Signatur in Schiedsregeln regelmäßig **weit zu verstehen** sein und alle der genannten Formen umfassen. 68

In der Praxis bietet es sich dennoch an, in einen Austausch über die konkrete Ausformung der elektronischen Signatur zu treten und insbesondere die Anerkennungsfähigkeit und Vollstreckbarkeit des Schiedsspruchs zu berücksichtigen.[153] Denn während eine Parteivereinbarung regelmäßig notwendige Bedingung für den Erlass eines e-Awards ist, ist sie nicht zwangsläufig hinreichend. Entscheidend ist, wie nationale Schiedsgesetze zur Frage des e-Awards stehen und ob eine **gewillkürte Form des Schiedsspruchs** anerkannt wird. 69

---

150 *Balantine*, Global Arbitration Review, 24.9.2020 (unter Verweis auf *Derains*).

151 Art. 26 II 3 LCIA Rules 2020 („Unless the parties agree otherwise, or the Arbitral Tribunal or LCIA Court directs otherwise, any award may be signed electronically and/or in counterparts and assembled into a single instrument."); Art. 32 Abs. 4 ICDR Rules 2021; Art. 26.2 DIFC-LCIA Rules 2021. Siehe auch *ICSID*, Proposals for Amendment of the ICSID Rules, November 2021, S. 29 (Rule 59 Abs. 2 S. 2 ICSID Arbitration Rules n.F. ("[The Award] may be signed by electronic means if the parties agree.")).

152 *ICC*, Guidance Note on Possible Measures Aimed at Mitigating the Effects of the Covid-19 Pandemic, 2020, Rn. 15; *ICC*, Note to Parties and Arbitral Tribunals on the Conduct of the Arbitration under the ICC Rules of Arbitration, 1.1.2021, Rn. 199; *DIS*, Bekanntmachung zu prozessualen Besonderheiten bei der Administration von Schiedsverfahren aufgrund der Covid-19-Pandemie, 2. Fassung 1.7.2020, S. 3. Siehe auch *Flecke-Giammarco/Bücheler* u.a., SchiedsVZ 2020, 133 (135).

153 *Scherer* in: Scherer/Richman u.a. (Hrsg.), Arbitrating Under the 2020 LCIA Rules: A User's Guide, S. 391 (Rn. 26).

2. Auf die formale Wirksamkeit anwendbares Recht

70 Die **formale Wirksamkeit** eines Schiedsspruchs richtet sich nach Art. IV Abs. 1 lit. a NYC. Danach hat die vollstreckende Partei eine „gehörig legalisierte (beglaubigte) Urschrift des Schiedsspruches" vorzulegen. Nach dem Wortlaut der NYC ist die elektronische Signatur eines Schiedsspruchs somit jedenfalls nicht explizit ausgeschlossen.[154] Indes schweigt die NYC dazu, welche Anforderungen an die Urschrift zu stellen bzw. nach welchem Recht diese zu beurteilen sind.[155] Dies war eine bewusste Entscheidung der Vertragsparteien der NYC, die den Gerichten des Vollstreckungsstaates insofern größere Flexibilität zubilligen wollten.[156] Zur Gewährleistung der durch die NYC allgemein bezweckten Vollstreckbarkeit (*pro enforcement bias*) sollte daher – *in favorem validitatis* – die formale Wirksamkeit eines Schiedsspruchs bejaht werden, wenn er **entweder den Vorgaben des Sitzstaates oder des Vollstreckungsstaates** entspricht.[157]

71 Dies macht es für Parteien und Schiedsgerichte freilich nur bedingt leichter. Denn nicht selten gibt es eine Mehrzahl von Staaten, in denen ein Schiedsspruch potential vollstreckt werden wird. In Anbetracht der Tatsache, dass die **freie Zirkulationsfähigkeit internationaler Schiedssprüche** gerade einer der Hauptanziehungspunkte der Schiedsgerichtsbarkeit ist, sollten Schiedsgerichte die Zulässigkeit von e-Awards daher unter dem Recht des Sitz- und allen in Betracht kommenden Vollstreckungsstaaten prüfen.[158]

3. Wirksamkeit von e-Awards nach nationalem Recht

72 Dabei ist die derzeitige Rechtslage vergleichsweise unübersichtlich. In manchen Jurisdiktionen sieht die jeweilige **Schiedsgesetzgebung bereits ausdrücklich die Zulässigkeit** eines e-Awards vor. So kann nach Art. 1072b III der **niederländischen** ZPO ein Schiedsspruch in elektronischer Form erlassen werden, sofern dieser mit einer qualifizierten elektronischen Signatur versehen ist, die den Erfordernissen des Art. 15a I und II des niederländischen Zivilgesetzbuchs entspricht.[159] Auch in den **Vereinigten Arabischen Emiraten** sind e-Awards ausdrücklich zulässig. So kann nach Art. 41 VI des UAE

---

154 So auch *Volio Soley*, Kluwer Arbitration Blog, 11.6.2020.

155 Siehe demgegenüber Art. 4 Abs. 1 des Genfer Abkommens zur Vollstreckung ausländischer Schiedssprüche vom 26. September 1927, RGBl. II 1930, S. 1068 („Urschrift des Schiedsspruchs oder eine Abschrift, die nach der Gesetzgebung des Landes, in dem er ergangen ist, alle für ihre Beweiskraft erforderlichen Bedingungen erfüllt").

156 *United Nations Economic and Social Council*, Report of the Committee on the Enforcement of International Arbitral Awards, U.N. Doc. E/2704: E/AC.42/4/Rev. 1, 1955, Annex 14.

157 Stein/Jonas/*Schlosser*, Anh. zu § 1061 Rn. 136; *Scherer* in: Wolff (Hrsg.), New York Convention, 2. Aufl. 2019, Rn. 9 ff.; *van den Berg*, The New York Arbitration Convention of 1958, 1981, S. 252 f.

158 *Scherer* in: Scherer/Richman u. a. (Hrsg.), Arbitrating Under the 2020 LCIA Rules: A User's Guide, S. 391 (Rn. 30).

159 Dies geht auf Art. 25 Abs. 2 der eIDAS-VO zurück. Siehe dazu sogleich unten, Rn. 73.

Arbitration Law 2018 ein Schiedsspruch „by electronic means" unterzeichnet werden.[160] Zu der Frage, welche „electronic means" zulässig sind, schweigt das Gesetz allerdings.

Nach **deutschem Recht** ist § 1054 I 1 ZPO maßgeblich. Danach ist der Schiedsspruch 73 schriftlich zu erlassen und durch die Schiedsrichter:innen zu unterschreiben.[161] Die Zulässigkeit von elektronisch signierten Schiedssprüchen wird dabei **mehrheitlich verneint**.[162] Verwiesen wird auf die Anforderung der Rechtsprechung,[163] der Schiedsspruch müsse **„eigenhändig" und „handschriftlich" unterschrieben** werden.[164] Dies schließt aber jedenfalls eine **qualifizierte elektronische Signatur** nach der Verordnung (EU) Nr. 910/2014 **(eIDAS-VO)** nicht aus. Denn gemäß Art. 25 II eIDAS-VO hat eine qualifizierte elektronische Signatur „die gleiche Rechtswirkung wie eine handschriftliche Unterschrift." Ähnliches folgt aus §§ 126 III, 126a BGB.[165] Es gibt keinen sachlichen Grund, Schiedssprüche vom Anwendungsbereich dieser Vorschriften auszunehmen.[166]

Zweifelhafter ist die Rechtslage bei **einfachen elektronische Signaturen**. Zwar 74 zeigt auch das Anbringen einer elektronischen Signatur, dass die Schiedsrichter:innen den Schiedsspruch „als finales Ergebnis ihrer Beratung anerkennen und sich mit dem Inhalt der Entscheidung identifizieren."[167] Auch lässt sich jedenfalls bei einer durch einen Stylus erfolgten und damit individualisierten Unterschrift die Authentifizierungsfunktion der Unterschrift gewährleisten. Fraglich ist jedoch, ob dies auch bei einem Unterschriftsscan der Fall ist. Mit einer strengen Auslegung mag man vertreten, dass der Scan einer Unterschrift schon keine Unterschrift, sondern nur die Kopie einer solchen ist.[168] Dies träfe aber auch – ganz altmodisch – auf Durchschläge auf Kohlepapier zu, deren Eigenschriftlichkeit anerkannt ist.[169] Auch die für staatliche Gerichtsverfahren an-

160 Diese in der Neufassung des Schiedsgesetzes eingeführte Vorschrift steht in diametralem Gegensatz zu der vorherigen Gesetzeslage, wonach die Schiedsrichter:innen den Schiedsspruch bei physischer Anwesenheit in den Vereinigten Emiraten unterschreiben mussten (Art. 212 Nr. 4 UAE Civil Procedure Code 1992). Siehe insofern auch die Klarstellung in Art. 41 Abs. 6 UAE Arbitration Law 2018 („[The award] may have been signed by the members of the Arbitral Tribunal outside the place of arbitration").

161 Anders bei Zwischenentscheiden nach § 1040 III 1 ZPO. Siehe OLG Stuttgart SchiedsVZ 2021, 293 (295).

162 Zöller/*Geimer*, 34. Aufl. 2022, § 1054 ZPO Rn. 2; MüKo-ZPO/*Münch*, 6. Aufl. 2022, § 1054 ZPO Rn. 10; *von Schlabrendorff/Sessler* in: Böckstiegel/Kröll u. a. (Hrsg.), Arbitration in Germany: The Model Law in Practice, 2. Aufl. 2015, S. 339 (Rn. 17).

163 OLG Stuttgart SchiedsVZ 2021, 293 (295); OLG München SchiedsVZ 2013, 230 (233).

164 *Schwab/Walter*, Schiedsgerichtsbarkeit: Kommentar, 7. Aufl. 2005, Kap. 20, Rn. 4; MüKo-ZPO/*Münch*, 6. Aufl. 2022, § 1054 ZPO Rn. 9; Stein/Jonas/*Schlosser*, 23. Aufl. 2014, § 1054 Rn. 12.

165 *Wolff* in: Piers/Aschauer (Hrsg.), Arbitration in the Digital Age, S. 151 (176).

166 So auch *Gessel-Kalinowska vel Kalisz*, Journal of International Arbitration 2021, 147 (158 f.); *Schäfer* in: Scherer/Bassiri u. a. (Hrsg.), International Arbitration and the Covid-19 Revolution, 2020, S. 151 (158 f.); *Wolff* in: Piers/Aschauer (Hrsg.), Arbitration in the Digital Age, S. 151 (159, 176); *Volio Soley*, Kluwer Arbitration Blog, 11.6.2020. Offenlassend BeckOK-ZPO/*Wilske/Markert*, § 1054 Rn. 9. Die einen e-Award ablehnende Kommentarliteratur setzt sich mit der eIDAS-VO nicht auseinander.

167 BeckOK-ZPO/*Wilske/Markert*, § 1054 Rn. 9. Ähnlich OLG München SchiedsVZ 2013, 230 (233).

168 So *Schäfer* in: Piers/Aschauer (Hrsg.), Arbitration in the Digital Age, S. 86 (88).

169 BayObLGZ 1965, 258 (261).

wendbaren Vorschriften und einschlägigen Entscheidungen geben hier keinen eindeutigen Anhaltspunkt. Zwar ist für Urteile klar, dass nach §§ 315, 130b S. 1 ZPO eine Urteilsunterschrift mit qualifizierter elektronischer Signatur genügen kann. Aus der Rechtsprechung zu einfachen elektronischen Signaturen ergibt sich aber keine klare Linie. So kann eine Klage wirksam mittels Computerfax erhoben werden, obwohl auch hierbei die Unterschrift eingescannt und elektronisch übermittelt wird.[170] Der Scan einer Unterschrift soll dagegen nicht eigenhändig sein.[171] Ob dieser Unsicherheiten bleibt einstweilen die qualifizierte elektronische Signatur das vorzugswürdige Mittel.

75 In Anbetracht des Geltungsbereichs der eIDAS-VO sollten solche auch in den übrigen **Mitgliedstaaten der EU** wirksam sein. Dasselbe gilt für **England und Wales**. Nach Section 52 Abs. 3 des English Arbitration Act 1996 muss ein Schiedspruch „in writing" ergehen. Die englische Law Commission hat in ihrem 2019 Report on Electronic Execution of Documents bestätigt, dass die in Art. 25 Abs. 2 eIDAS-VO erfolgte Gleichstellung einer qualifizierten elektronischen mit einer handschriftlichen Signatur **auch nach dem Brexit** fortgilt.[172] Danach sind in England und Wales ergangene und mit qualifizierter elektronischer Unterschrift signierte Schiedssprüche vollstreckbar.[173] Eine ausdrückliche Regelung der Frage (insbesondere auch hinsichtlich einfacher elektronischer Signaturen) ist in absehbarer Zeit zu erwarten. Gegenwärtig wird im Zuge einer Reform des English Arbitration Act u.a. auch das Thema der „electronic arbitration awards" diskutiert.[174]

76 Im Übrigen wird teils vertreten, dass jedenfalls eine **Parteivereinbarung zugunsten eines e-Awards** dessen Vollstreckbarkeit gewährleistet.[175] Dies ist aber jedenfalls nach deutschem Recht zweifelhaft. Denn nach Gesetzesbegründung und einhelliger Ansicht im Schrifttum ist das Unterschriftserfordernis **zwingend.**[176] Wenn einfache elektronische Signaturen nach deutschem Recht unzulässig sind, heißt dies, dass auch bei **vollem Einverständnis aller Parteien** die Unterschrift nicht einfach elektronisch erfolgen darf. Dies ist insbesondere vor dem Hintergrund problematisch, dass – wie oben dargestellt – einige Schiedsinstitutionen dazu übergegangen sind, den Erlass von e-Awards zu propagieren bzw. sogar in ihren Schiedsregeln vorzusehen.

77 Jedenfalls in Deutschland ist die Gefahr der endgültigen Unvollstreckbarkeit des Schiedsspruchs aber überschaubar. Denn fehlen taugliche Unterschriften, ist das jewei-

---

170 BverwG NJW 2006, 1989.

171 OLG Jena BeckRS 2018, 43991.

172 *Law Commission*, Report on Electronic Execution of Documents, 3.9.2019, Rn. 3.1ff.

173 *Scherer* in: Scherer/Richman u.a. (Hrsg.), Arbitrating Under the 2020 LCIA Rules: A User's Guide, S. 391 (Rn. 31).

174 *Law Commission*, Review of the Arbitration Act 1996 (https://www.lawcom.gov.uk/project/review-of-the-arbitration-act-1996/).

175 *Schäfer* in: Scherer/Bassiri u.a. (Hrsg.), International Arbitration and the Covid-19 Revolution, S. 151 (157).

176 BT-Drs. 13/5274, S. 55f.; MüKo-ZPO/*Münch*, 6. Aufl. 2022, § 1054 ZPO Rn. 9; Musielak/Voit/*Voit*, § 1054 Rn. 6; Zöller/*Geimer*, 34. Aufl. 2022, § 1054 ZPO Rn. 2.

lige Dokument nicht etwa anfechtbar, sondern ein rechtliches Nullum.[177] Die Unterschriften können dann – diesmal physisch – **nachgeholt** und der Schiedsspruch erneut erlassen werden.[178] Dennoch ist davon auszugehen, dass Parteien und Schiedsgerichte vorerst den sicheren Weg der physischen Unterschrift wählen werden – jedenfalls bis *de lege ferenda* größere Rechtssicherheit geschaffen ist. Denn ein Bedarf nach e-Awards besteht zweifellos. Je weiter die Digitalisierung der Schiedsgerichtsbarkeit fortschreitet, desto mehr Fremdkörper wird das Erfordernis, den Schiedsspruch zu drucken und physisch zu unterschreiben.

H. Resümee und Ausblick

Das Schiedsverfahrensrecht ist seit jeher durch seine **Flexibilität** in der Verfahrens- 78
gestaltung gekennzeichnet. Wo nationale Prozessordnungen enge Vorgaben treffen, genießen Schiedsparteien Verfahrensautonomie und Schiedsgerichte weitreichendes Ermessen. Dies erlaubt es der Schiedsgerichtsbarkeit, von technologischen Entwicklungen unmittelbar Gebrauch zu machen, ohne dass es einer vorherigen Änderung der Gesetzeslage bedürfte. Während sich die Justiz mit der Einführung elektronischer Korrespondenz und Verfahrensakten schwer tut, erfolgen Schiedsverfahren schon seit Jahrzehnten wie selbstverständlich per E-Mail. Wann immer der Einsatz von Technologie eine Steigerung der Verfahrenseffizienz und -qualität verspricht, werden Schiedsparteien davon Gebrauch machen.

So ist insbesondere auch das vollständig **kontakt- und papierlose Schiedsverfah- 79
ren**, bei dem sich die Verfahrensbeteiligten im Laufe des gesamten Verfahrens zu keinem Zeitpunkt physisch begegnen und ausschließlich elektronische Dokumente austauschen, bereits heute Realität. Dennoch werden künftig weder Distanzverhandlungen zum ausschießlichen Mittel der Wahl, noch werden Parteien vollständig zu Präsenzverhandlungen zurückkehren. Stattdessen wird man von Fall zu Fall entscheiden, welche Verhandlungen effizienter per Videokonferenz durchgeführt werden können und für welche sich eine (jedenfalls teilweise) Zusammenkunft in Person anbietet. Genauso wird der Einsatz moderner Technologien immer von den **Bedürfnissen des Einzelfalls** abhängen. In Abwesenheit zentraler Verwaltungs- und Regulierungsinstanzen hängt die Digitalisierung der Schiedsgerichtsbarkeit letztlich vom Willen ihrer Nutzer ab.

177 OLG München SchiedsVZ 2013, 230 (233 f.); OLG Düsseldorf SchiedsVZ 2008, 156 (159); BeckOK-ZPO/*Wilske/Markert*, § 1054 Rn. 10a; *Lachmann*, Handbuch für die Schiedsgerichtspraxis, 3. Aufl. 2008, Rn. 1746.

178 OLG München SchiedsVZ 2013, 230 (233 f.); Zöller/*Geimer*, 33. Aufl. 2020, § 1054 ZPO Rn. 4; Musielak/Voit/*Voit*, § 1054 Rn. 6; Stein/Jonas/*Schlosser*, 23. Aufl. 2014, § 1054 Rn. 12. A.A. *Lachmann*, Handbuch für die Schiedsgerichtspraxis, 3. Aufl. 2008, Rn. 1753.

Teil V: **Die Zukunft des digitalen Zivilprozesses**

Giesela Rühl und Jakob Horn

§ 26 Verfahrensgrundsätze und Digitalisierung der zivilgerichtlichen Streitbeilegung

Gliederungsübersicht Rn.

Literatur: *Adrian/Kohlhase/Evert/Zwickel* (Hrsg.), Digitalisierung von Zivilprozess und Rechtsdurchsetzung, 2022; *Althammer*, Mindeststandards und zentrale Verfahrensgrundsätze im deutschen Recht, in: Weller/Althammer (Hrsg.), Mindeststandards im europäischen Zivilprozessrecht: Grundvoraussetzung für „gegenseitiges Vertrauen", 2015, S. 3; *Bruns*, Maximendenken im Zivilprozessrecht – Irrweg oder Zukunftschance?, in: Bruns/Münch/Stadler (Hrsg.), Die Zukunft des Zivilprozesses – Freiburger Symposion am 27. April 2013 anlässlich des 70. Geburtstages von Rolf Stürner, 2014, S. 53; *Damrau*, Die Entwicklung einzelner Prozessmaximen seit der Reichszivilprozessordnung von 1877, 1975; *Deichsel*, Digitalisierte Streitbeilegung, 2022; *Hoffmann*, Zugangshürden durch die Digitalisierung des Zivilprozesses?, RDi 2022, 76; *Horn*, Automatische Informationsbeschaffung durch Zivilgerichte – Zum Einsatz von IT im Zivilprozess, RDi 2022, 469; *Huber*, Mündlichkeit und Unmittelbarkeit, ZZP 135 (2022), 183; *Huber/Giesecke*, § 19 KI im Zivilprozess, in: Ebers/Heinze/Krügel/Steinrötter (Hrsg.), Künstliche Intelligenz und Robotik, 2020, S. 591; *Maurer*, Rechtsstaatliches Prozeßrecht, in: Badura/Dreier, Festschrift 50 Jahre Bundesverfassungsgericht. Band 2. Klärung und Fortbildung des Verfassungsrechts, 2001, S. 467; *Rühl*, Digitale Justiz, oder: Zivilverfahren für das 21. Jahrhundert, JZ 2020, 809; *Rühl*, Kapitel 14.1 KI in der gerichtlichen Streitbeilegung, in: Braegelmann/Kaulartz (Hrsg.), Rechtshandbuch Artificial Intelligence und Machine Learning, 2020, S. 617; *Rühl*, Digital Justice Made in Germany – Zur Modernisierung der deutschen Ziviljustiz, in: Tölle/Benedict/Koch et al. (Hrsg.), FS Singer, 2021, S. 591; *Schilken*, Abdankung der Prozessmaximen durch Justizgrundrechte?, ZZP 135 (2022), 153; *Spitzer*, Digitalisierung und Verfahrensmaximen, in: Althammer/Roth (Hrsg.), Prozessuales Denken und Künstliche Intelligenz, 2022, i. E.; *M. Stürner*, Der digitale Zivilpro-

Giesela Rühl/Jakob Horn
https://doi.org/10.1515/9783110755787-026

zess, ZZP 135 (2022), 369; *R. Stürner*, Parteiherrschaft versus Richtermacht, ZZP 123 (2010), 147; *R. Stürner*, Verfahrensgrundsätze des Zivilprozesses und Verfassung, in: Grunsky et al. (Hrsg.), Festschrift für Fritz Baur, 1981, S. 647; *Tolani*, Parteiherrschaft und Richtermacht – Die Verhandlungs- und die Dispositionsmaxime im Lichte divergierender Prozessmodelle, 2019; *Voß*, Verbraucherfreundlich, verfahrensökonomisch, verfassungskonform? Zum Vorschlag eines Beschleunigten Online-Verfahrens, VuR 2021, 243; *Wolff*, Algorithmen als Richter, 2022.

A. Einleitung

1 Spätestens seit der Covid-19-Pandemie lässt sich nicht mehr leugnen, dass die deutsche Ziviljustiz beim Thema Digitalisierung Aufholbedarf hat. Zu begrüßen ist es deshalb, dass in den letzten Jahren verschiedene Vorschläge dazu formuliert worden sind, wie technologischer Fortschritt in den Dienst der zivilgerichtlichen Streitbeilegung gestellt werden kann. Besondere Aufmerksamkeit hat dabei das Diskussionspapier „Modernisierung des Zivilprozesses" erfahren.[1] Erarbeitet von einer Gruppe von Richterinnen und Richtern im Auftrag der Präsidentinnen und Präsidenten der Oberlandesgerichte, des Kammergerichts und des Bundesgerichtshofs, unterbreitet das im Dezember 2020 veröffentlichte Papier eine Fülle von Vorschlägen dazu, wie Effizienz, Bürgerfreundlichkeit und der Zugang zum Recht durch den Einsatz von Technik im Zivilprozess verbessert werden können. Ergänzt wird das Diskussionspapier durch eine große Zahl an Überlegungen aus der Literatur und – in jüngster Zeit – aus dem Bundesministerium der Justiz dazu, wie der Zivilprozess für das 21. Jahrhundert „fit" gemacht werden kann.[2]

2 In der interessierten Öffentlichkeit sind all diese Vorschläge – trotz mancher Kritik im Einzelnen – grundsätzlich begrüßt worden.[3] Allerdings finden sich auch mahnende Worte: Bei der Digitalisierung der Justiz dürften die etablierten Verfahrensgrundsätze nicht aus dem Blick geraten. Anerkannte Prozessmaximen dürften „behaupteten tech-

1 Diskussionspapier „Modernisierung des Zivilprozesses", https://www.justiz.bayern.de/media/images/behoerden-und-gerichte/oberlandesgerichte/nuernberg/diskussionspapier_ag_modernisierung.pdf.

2 S. nur *Effer-Uhe*, MDR 2019, 69; *Fries*, NJW 2016, 2860 (2864); *Heil*, IT-Anwendung im Zivilprozess, 2020; *Rühl*, JZ 2020, 809; *Quarch/Hähnle*, NJOZ 2020, 1281; *Voß*, RabelsZ 84 (2020), 62; *Weller/Köbler*, Verfahrensgrundsätze und Modellregeln für die grundsätzlich elektronische Führung gerichtlicher Erkenntnisverfahren, 2016; s. außerdem die Überlegungen von *Hartung/Brunnader/Veith/Plog/Wolters*, The Future of Digital Justice, Juni 2022, S. 19 ff., https://idw-online.de/de/attachmentdata92429.

3 S. zum Beispiel *Greger*, AnwBl 2021, 284; *Horn*, Thesenpapier „Modernisierung des Zivilprozesses", zpoblog.de, 16.8.2020, anwaltsblatt.anwaltverein.de/de/zpoblog/thesenpapier-modernisierung-des-zivilprozesses-jakob-horn; *Rühl* in: FS Singer, S. 591; *M. Stürner*, ZZP 135 (2022), 369 (400); *Voß*, VuR 2021, 243; *Zwickel*, Diskussionspapier der Arbeitsgruppe „Modernisierung des Zivilprozesses", www.martinzwickel.de/zivilprozessrecht/diskussionspapier-der-arbeitsgruppe-modernisierung-des-zivilprozesses/.

nischen Zwangsläufigkeiten nicht weichen"[4] oder grundlegend geändert werden.[5] Vielmehr müssten Maßnahmen zur Digitalisierung der Justiz in die „Prinzipien des Zivilprozesses" eingeordnet werden.[6] Erweckt wird damit der Eindruck, zivilprozessuale Verfahrensgrundsätze würden Digitalisierungsbemühungen (absolute) Grenzen aufzeigen. Tatsächlich tun sie dies aber nur, soweit sie verfassungsrechtlich (oder völkerrechtlich) garantiert sind, was für viele, aber nicht für alle Verfahrensgrundsätze zutrifft. So gehören beispielsweise der Dispositionsgrundsatz, der Beibringungsgrundsatz und der Unmittelbarkeitsgrundsatz zwar zu den das geltende Zivilprozessrecht prägenden Verfahrensgrundsätzen. Verfassungsrechtlich garantiert sind sie aber allenfalls in wenigen Aspekten. Und selbst wenn und soweit Verfahrensgrundsätze verfassungsrechtlich garantiert sind, was beispielsweise für den Öffentlichkeitsgrundsatz sowie für den Anspruch auf rechtliches Gehör zu bejahen ist, bedeutet dies nicht, dass sie keiner Abwägung und Ausgestaltung durch den einfachen Gesetzgeber zugänglich wären.

Ob und inwiefern Verfahrensgrundsätze Digitalisierungsvorhaben entgegenstehen 3
oder ihnen zumindest Grenzen aufzeigen, bedarf vor diesem Hintergrund einer differenzierten Untersuchung. Das folgende Kapitel will dazu einen ersten Beitrag leisten, ohne das Thema umfassend oder abschließend erörtern zu können. Tatsächlich können die nachfolgenden Überlegungen lediglich erste Schlaglichter auf einige ausgewählte Probleme werfen, die bei den anstehenden Digitalisierungsbemühungen in den nächsten Jahren zu diskutieren sein werden.

Das Kapitel gliedert sich in sechs Teile. Im ersten Teil sollen kurz Begriff und Bedeu- 4
tung der Verfahrensgrundsätze in Erinnerung gerufen werden (B.). Im zweiten bis sechsten Teil wird darauf aufbauend untersucht, ob und inwiefern die derzeit diskutierten Digitalisierungsvorhaben in Konflikt mit anerkannten Verfahrensgrundsätzen geraten und ob und inwiefern anerkannte Verfahrensgrundsätze den Digitalisierungsbemühungen des Gesetzgebers Grenzen aufzeigen. Die Darstellung folgt dabei der Chronologie einer zivilrechtlichen Streitigkeit. Sie beginnt dementsprechend mit der vorgerichtlichen Information der Rechtsuchenden (C.), nimmt sodann den Zugang zu Gericht (D.) sowie die Erfassung des Sachverhalts (E.) in den Blick, bevor abschließend Überlegungen zur Verlagerung zivilgerichtlicher Verfahren in den virtuellen Raum (F.) sowie zur Automatisierung richterlicher Entscheidungen (G.) angestellt werden. Das Ergebnis der Überlegungen, die im abschließenden Fazit zusammengefasst werden (H.), kann an dieser Stelle bereits vorweggenommen werden: Verfahrensgrundsätze zeigen den derzeit diskutierten Digitalisierungsbemühungen nur selten echte Grenzen auf. So-

4 *Roth*, JR 2018, 159 (164); daran anschließend MüKo ZPO/*Rauscher*, 6. Aufl. 2020 Einleitung Rn. 219; ähnlich mahnend auch *Hirtz*, NJW 2014, 2529 (2531) (mit dem Hinweis, dass künftige Möglichkeiten der Kommunikation kein ausreichender Sachgrund seien, um den Beibringungsgrundsatz zu verwässern).

5 *Althammer* in: Weller/Althammer (Hrsg.), Mindeststandards im europäischen Zivilprozessrecht: Grundvoraussetzung für „gegenseitiges Vertrauen", 2015, S. 3 (24).

6 MüKo ZPO/*Rauscher*, Einleitung Rn. 219.

weit dies ausnahmsweise doch einmal der Fall ist, lassen sich diese Grenzen bei der Umsetzung einschlägiger Digitalisierungsvorhaben gut berücksichtigen.

B. Verfahrensgrundsätze: Begriff und Bedeutung

5 Ein Beitrag, der das Verhältnis von Verfahrensgrundsätzen und Digitalisierung der Ziviljustiz beleuchtet, kommt nicht umhin, als Erstes zu bestimmen, was Verfahrensgrundsätze sind und welche Bedeutung sie für den Gesetzgeber haben.[7] Leider stellt sich dabei die Schwierigkeit, dass der Begriff des Verfahrensgrundsatzes nicht eindeutig definiert ist. Einigkeit besteht lediglich darüber, dass Verfahrensgrundsätze die **grundlegenden rechtlichen Leitlinien für die Gestaltung zivilgerichtlicher Verfahren** festlegen und durch zahlreiche gesetzliche Einzelregelungen ihre konkrete Ausgestaltung erfahren.[8] Unklar ist demgegenüber, ob der Begriff des Verfahrensgrundsatzes mit anderen in der Diskussion verwendeten Begriffen, namentlich mit dem Begriff der Prozessmaxime deckungsgleich ist[9] und was genau zum Kreis der relevanten Verfahrensgrundsätze gehört. Da eine Auseinandersetzung mit diesen Fragen allerdings den Rahmen dieses Beitrags sprengen würde, werden die Begriffe Verfahrensgrundsatz und Prozessmaxime im Folgenden – in Übereinstimmung mit der überwiegend vertretenen Meinung[10] – synonym verwendet.[11] Daneben geht der Beitrag – ebenfalls in Übereinstimmung mit der herrschenden Meinung – davon aus, dass zu den wesentlichen, das deutsche Zivilprozessrecht prägenden Verfahrensgrundsätzen der **Dispositionsgrundsatz**, der **Beibringungsgrundsatz**, der **Grundsatz der Mündlichkeit**, der **Grundsatz der Öffentlichkeit** und der **Grundsatz der Unmittelbarkeit**

7 Bedeutung können Verfahrensgrundsätze außerdem für die Rechtsprechung haben. Auf diesen Aspekt wird im Folgenden allerdings nicht weiter eingegangen; s. dazu nur *Althammer* in: Weller/Althammer (Hrsg.), Mindeststandards im europäischen Zivilprozessrecht: Grundvoraussetzung für „gegenseitiges Vertrauen“, S. 3 (15); *Bruns* in: Bruns/Münch/Stadler (Hrsg.), Die Zukunft des Zivilprozesses, 2014, S. 53 (56); *Kern* in: Stein/Jonas, ZPO, 23. Aufl. 2016, vor § 128 Rn. 8.

8 S. aus der reichhaltigen Literatur nur *Althammer* in: Weller/Althammer (Hrsg.), Mindeststandards im europäischen Zivilprozessrecht: Grundvoraussetzung für „gegenseitiges Vertrauen“, 2015, S. 3 (15); *Bruns* in: Bruns/Münch/Stadler (Hrsg.), Die Zukunft des Zivilprozesses, 2014, S. 53 (55); *Schilken*, ZPP 135 (2022), 155 (m.w.N.); Stein/Jonas/*Kern*, vor § 128 Rn. 3; *R. Stürner* in: FS Baur, 1981, S. 647; *Wallimann*, Der Unmittelbarkeitsgrundsatz im Zivilprozess, 2016, S. 16.

9 So wohl MüKo ZPO/*Rauscher*, Einleitung, Rn. 335; s. dazu *Schilken*, ZPP 135 (2022), 157ff. (m.w.N.).

10 *Kern* in: Stein/Jonas, vor § 128 Rn. 3; *Leipold* in: FS Fasching, 1988, S. 329 (330); *Roth*, ZZP 131 (2018), 3 (4); *Schilken*, ZPP 135 (2022), 155; vgl. auch *Rosenberg/Schwab/Gottwald*, 18. Aufl. 2019, § 76 Rn. 1f. u. § 77 sowie *Tolani*, Parteiherrschaft und Richtermacht, 2019, S. 19f., die jeweils ohne erkennbare Differenzierung mal von Grundsätzen, mal von Maximen sprechen; s. auch die umfassenden Nachweise bei *Wallimann*, Der Unmittelbarkeitsgrundsatz im Zivilprozess, 2016, S. 12.

11 S. eingehend zu den unterschiedlichen Begrifflichkeiten auch *Wallimann*, Der Unmittelbarkeitsgrundsatz im Zivilprozess, S. 11–15.

gehören.[12] Hinzu kommen der **Anspruch auf Gewährung effektiven Rechtsschutzes**, der **Anspruch auf den gesetzlichen Richter**, der **Anspruch auf rechtliches Gehör**, der **Anspruch auf ein faires Verfahren** und das **Gebot der prozessualen Waffengleichheit**.[13] Die nachfolgenden Überlegungen betrachten die einschlägigen Digitalisierungsvorhaben deshalb vornehmlich durch die Lupe dieser Verfahrensgrundsätze. Vorab verdienen allerdings zwei allgemeine Beobachtungen der Erwähnung.

I. Ausgestaltung durch den einfachen Gesetzgeber

Die erste Beobachtung bezieht sich auf den Umstand, dass Verfahrensgrundsätze **kei- 6
nen in Stein gemeißelten Inhalt** haben.[14] Tatsächlich sind sie im Rahmen verfassungsrechtlicher Grenzen der Ausgestaltung durch den einfachen Gesetzgeber zugänglich. Aus Zweckmäßigkeitsgründen werden sie dabei aber regelmäßig nicht in Reinform verwirklicht. Zeigen lässt sich dies gut am Grundsatz der Mündlichkeit. Dieser ist einfachgesetzlich in § 128 I ZPO geregelt und verlangt, dass die Parteien eines Rechtsstreits vor dem erkennenden Gericht mündlich verhandeln. Allerdings bedeutet dies keinesfalls, dass der gesamte Rechtsstreit mündlich geführt werden müsste. Vielmehr gelten im Interesse einer effizienten Verfahrensführung zahlreiche Ausnahmen und Auflockerungen.[15] So muss eine Klage nach § 253 I ZPO schriftlich erhoben werden. Nach § 275 I ZPO kann das Gericht zudem verlangen, dass auf die Klage schriftlich erwidert wird. § 276 ZPO eröffnet dem Gericht ergänzend die Möglichkeit, ein schriftliches Vorverfahren anzuordnen. Schließlich kann nach § 128 II bis IV ZPO auf die Durchführung einer mündlichen Verhandlung vollständig verzichtet werden, wenn die Parteien einverstanden sind. Gleiches gilt nach § 495a ZPO bei amtsgerichtlichen Streitigkeiten, wenn der Streitwert € 600 nicht überschreitet. Für andere Verfahrensgrundsätze gelten ähnliche Ausnahmen und Auflockerungen.[16]

Dass Verfahrensgrundsätze keinen für alle Zeiten gleichbleibenden Inhalt haben, 7
zeigt sich außerdem daran, dass sie einem **ständigen Wandel** unterliegen. Auch dies lässt sich besonders gut am Grundsatz der Mündlichkeit zeigen.[17] Dieser wurde in der Civilprozessordnung (CPO) von 1877 in der Weise verwirklicht, dass Gerichte nicht ohne

12 Neben diesen – anerkannten – Grundsätzen wird in der Literatur ergänzend über die Existenz eines Konzentrationsgrundsatzes, eines Kooperationsgrundsatzes und eines Grundsatzes der Prozessökonomie diskutiert. Auf diese Grundsätze wird im Folgenden aus Platzgründen nicht weiter eingegangen, obwohl auch sie bei der Digitalisierung der Justiz eine Rolle spielen können; s. zum Ganzen Zöller/*Greger*, 34. Aufl. 2022, Vor § 128 Rn. 2, Rn. 13a bis 13c.

13 *Kern* in: Stein/Jonas, vor § 128 Rn. 8; *Roth*, ZZP 131 (2018), 3 (6); *Maurer* in: Badura/Dreier, 50 Jahre BVerfG II, S. 467, 493 ff.; *Wallimann*, Der Unmittelbarkeitsgrundsatz im Zivilprozess, S. 17.

14 *Kern* in: Stein/Jonas, vor § 128 Rn. 4.

15 Vgl. auch MüKo ZPO/*Fritsche*, § 128 Rn. 5; *Stadler* in: Musielak/Voit, ZPO, 19. Aufl. 2022, § 128 Rn. 2.

16 S. beispielhaft für den Dispositions- und den Beibringungsgrundsatz *Schilken*, ZPP 135 (2022), 153, 164 ff. (m. w. N.).

17 S. zur Entwicklung des Mündlichkeitsgrundsatzes den Überblick bei *Huber*, ZZP 135 (2022), 183 (185 ff.).

mündliche Verhandlung tätig werden durften.[18] Zudem verhandelten die Parteien nur „vor" und nicht „mit" dem Gericht.[19] Auch eine Bezugnahme auf vorbereitende Schriftstücke war nicht gestattet.[20] Der Mündlichkeitsgrundsatz galt also in ausgesprochen strenger Weise und ohne wesentliche Einschränkungen. Im Laufe der Zeit führte dies allerdings zu einer Überlastung der Gerichte, weil nur eine sehr begrenzte Anzahl an Fällen pro Sitzungstag verhandelt werden konnte.[21] Die Zivilprozessordnung wurde deshalb schrittweise reformiert und der Grundsatz der Mündlichkeit den Erfordernissen der Zeit angepasst.[22] Heute gelten im Interesse der Beschleunigung und effizienten Abwicklung zivilgerichtlicher Verfahren die oben bereits genannten Ausnahmen. Zudem sind Gerichte nach § 273 I ZPO gehalten, die mündliche Verhandlung umfassend vorzubereiten. Und obwohl § 128 I ZPO immer noch von der Verhandlung „vor" dem Gericht spricht, verhandeln die Parteien nunmehr „mit" dem Gericht.[23] Hinzu kommt, dass § 128a ZPO bereits seit einigen Jahren die Möglichkeit eröffnet, die mündliche Verhandlung per Videoverhandlung zu führen. Dadurch wird der Mündlichkeitsgrundsatz zwar nicht in seinem Kern angetastet. Trotzdem erfährt er einen durch technologische, soziale und wirtschaftliche Entwicklungen induzierten Wandel,[24] der für Verfahrensgrundsätze durchaus als typisch angesehen werden kann. Für allfällige Digitalisierungsvorhaben folgt daraus, dass sie Anlass für eine Reformulierung oder Neujustierung anerkannter Verfahrensgrundsätze sein können (aber natürlich nicht müssen).

II. Begrenzung durch das Verfassungs- und das Völkerrecht

8 Die zweite Beobachtung schließt an die erste an und bezieht sich auf die Grenzen, denen der einfache Gesetzgeber bei der Ausgestaltung von Verfahrensgrundsätzen unterliegt. Hier lässt sich zunächst einmal feststellen, dass Verfahrensgrundsätze den Gesetzgeber nicht schon deshalb binden, weil es sich um Verfahrensgrundsätze handelt.[25] Theo-

18 S. dazu *Huber*, ZZP 135 (2022), 183 (193).

19 So lautet § 119 CPO: „Die Verhandlung der Parteien über den Rechtsstreit **vor** dem erkennenden Gerichte ist eine mündliche." (Hervorhebung durch die Verf.); s. dazu *Huber*, ZZP 135 (2022), 183 (188 ff.); *Leipold* in: Bruns/R. Stürner (Hrsg.), Globalisierung und Sozialstaatsprinzip, 2014, S. 235 (236 f.).

20 § 128 CPO; s. dazu *Huber*, ZZP 135 (2022), 183 (193); *Leipold* in: Bruns/R. Stürner (Hrsg.), Globalisierung und Sozialstaatsprinzip, S. 235 (236 f.); vgl. auch *Arens*, Mündlichkeitsprinzip und Prozeßbeschleunigung im Zivilprozeß, 1971, S. 16.

21 *Arens*, Mündlichkeitsprinzip und Prozeßbeschleunigung im Zivilprozeß, S. 19.

22 *Arens*, Mündlichkeitsprinzip und Prozeßbeschleunigung im Zivilprozeß, S. 20; *Huber*, ZZP 135 (2022), 183 (193).

23 *Leipold* in: Bruns/R. Stürner (Hrsg.), Globalisierung und Sozialstaatsprinzip, S. 235 (242 f.).

24 *Stadler* in: Musielak/Voit, § 128 Rn. 2.

25 *Wallimann*, Der Unmittelbarkeitsgrundsatz im Zivilprozess, S. 20; allerdings leiten *Bruns* in: Bruns/Münch/Stadler (Hrsg.), Die Zukunft des Zivilprozesses, S. 53 (56) und *Kern* in: Stein/Jonas, § 128 Rn. 11 aus dem Gebot der Folgerichtigkeit der Rechtsordnung eine Bindung des Gesetzgebers an die Verfahrensgrundsätze ab. Auch diese Ansicht belässt dem Gesetzgeber aber einen weiten Gestaltungsrahmen.

retisch könnte der Gesetzgeber folglich einen Verfahrensgrundsatz vollständig abschaffen und durch einen anderen ersetzen. Grenzen ergeben sich allerdings aus dem Verfassungsrecht und zum Teil auch aus dem Völkerrecht. Denn wie eingangs bereits angedeutet, sind zumindest einige Verfahrensgrundsätze verfassungsrechtlich – und zum Teil auch völkerrechtlich – verankert und garantiert.[26] Das Ausmaß der Verankerung – und dementsprechend das Ausmaß der aus ihr folgenden **Bindungswirkung für den einfachen Gesetzgeber** – unterliegt allerdings großen Schwankungen.

Besonders intensiv verfassungsrechtlich verankert sind die Verfahrensgrundsätze, 9
die zugleich als Prozessgrundrechte einzuordnen sind, namentlich der **Anspruch auf den gesetzlichen Richter** (Art. 101 I 2 GG), der **Anspruch auf rechtliches Gehör** (Art. 103 I GG), der **Anspruch auf effektiven Rechtsschutz** und der **Anspruch auf ein faires Verfahren**. Sie entfalten für den einfachen Gesetzgeber ohne Zweifel die größte Bindungswirkung.[27] Wie groß diese im Einzelnen ist – und wie stark sie den Gestaltungsspielraum des einfachen Gesetzgebers einschränkt –, kann freilich nicht abstrakt gesagt werden. Erforderlich ist vielmehr eine Untersuchung, die die einzelnen Prozessgrundrechte in Bezug zum jeweiligen Digitalisierungsvorhaben setzt. Feststellen lässt sich jedoch, dass dem einfachen Gesetzgeber anerkanntermaßen ein großer Gestaltungsspielraum zukommt, der es ihm gestattet, Prozessgrundrechte einzuschränken.[28] Dies gilt insbesondere soweit diese Einschränkungen dem effektiven Rechtsschutz und der Rechtssicherheit dienen.[29]

Anders stellt sich im Vergleich dazu die Situation im Hinblick auf Verfahrensgrund- 10
sätze dar, die nicht zugleich Prozessgrundrechte sind,[30] was beispielsweise für den **Dispositionsgrundsatz**, den **Beibringungsgrundsatz**, den **Mündlichkeitsgrundsatz**, den **Öffentlichkeitsgrundsatz** und den **Unmittelbarkeitsgrundsatz** gilt.[31] Sie sind auf ganz unterschiedliche Weise verfassungsrechtlich – und zum Teil auch völkerrechtlich – verankert mit der Folge, dass die von ihnen ausgehende Bindungswirkung variiert. So wird beispielsweise der Öffentlichkeitsgrundsatz vom BVerfG nunmehr als „Grundsatz öffentlicher mündlicher Verhandlung“ als Ausprägung des Rechtstaats- und Demokratie-

---

26 *Althammer* in: Weller/Althammer (Hrsg.), Mindeststandards im europäischen Zivilprozessrecht: Grundvoraussetzung für „gegenseitiges Vertrauen“, S. 3 (15); MüKo ZPO/*Rauscher*, Einleitung Rn. 316; *Roth*, ZZP 131 (2018), 3 (6f.); vgl. auch *R. Stürner* in: FS Baur, S. 647, der die verfassungsrechtliche Verankerung einzelner Verfahrensgrundrechte aufzeigt.

27 *Musielak* in: Musielak/Voit, Einleitung Rn. 26; *Roth*, ZZP 131 (2018), 3 (6f.); *R. Stürner* in: FS Baur, 647; *Wallimann*, Der Unmittelbarkeitsgrundsatz im Zivilprozess, S. 20.

28 HdBGrR V/*Uhle*, 2013, § 129 Rn. 12.

29 HdBGrR V/*Uhle*, § 129 Rn. 12 m.w.N. insbesondere aus der verfassungsgerichtlichen Rechtsprechung.

30 S. insbesondere *R. Stürner* in: FS Baur, S. 647, der die verfassungsrechtliche Verankerung von Dispositions-, Verhandlungs-, Öffentlichkeits-, Mündlichkeits- und Unmittelbarkeitsgrundsatz darstellt; s. daneben auch MüKo ZPO/*Rauscher*, Einleitung Rn. 316; *Wallimann*, Der Unmittelbarkeitsgrundsatz im Zivilprozess, S. 20.

31 *Roth*, ZZP 131 (2018), 3 (7); vgl. auch *R. Stürner* in: FS Baur, S. 647.

prinzips angesehen und dementsprechend recht weitgehend verfassungsrechtlich abgesichert.[32] Der Beibringungsgrundsatz wird demgegenüber lediglich durch den Anspruch auf rechtliches Gehör (Art. 103 I GG) und auch lediglich insoweit verfassungsrechtlich geschützt, als eine Partei Gelegenheit haben muss, Tatsachen und Beweismittel beizubringen.[33] Auch im Hinblick auf die Verfahrensgrundsätze, die nicht Prozessgrundrechte sind, gilt folglich, dass die von der Verfassung ausgehende Bindungswirkung eine Einzelfallbetrachtung erfordert. In der Tendenz ist die Bindungswirkung hier allerdings schwächer ausgeprägt als bei den Prozessgrundrechten.[34]

11 Für die nachfolgenden Überlegungen zur Bedeutung der Verfahrensgrundsätze für die Digitalisierung folgt daraus, dass ein **zweistufiges Vorgehen** geboten ist: Auf einer ersten Stufe ist zu klären, ob Digitalisierungsvorhaben überhaupt in Konflikt mit anerkannten Verfahrensgrundätzen geraten. (Nur) Soweit dies zu bejahen ist, muss auf einer zweiten Stufe untersucht werden, ob der Konflikt den Gestaltungsspielraum des einfachen Gesetzgebers oder verfassungsrechtliche Vorgaben berührt.[35] Ist letzteres der Fall, zeigen Verfahrensgrundsätze allfälligen Digitalisierungsvorhaben Grenzen auf. Andernfalls gilt, dass diskutiert werden muss, ob die Vorteile eines Digitalisierungsvorhabens bei einer Gesamtbetrachtung eine Reformulierung oder Neuausrichtung anerkannter Verfahrensgrundsätze gebieten. Aus Platzgründen werden solche – auf Zweckmäßigkeit abzielenden – Überlegungen im Folgenden allerdings weitgehend ausgeklammert. Im Mittelpunkt soll vielmehr die Frage stehen, ob und inwiefern anerkannte Verfahrensgrundsätze allfälligen Digitalisierungsvorhaben Grenzen aufzeigen.

C. Vorgerichtliche Information der Rechtsuchenden

12 Unter dem Schlagwort „Digitalisierung der Ziviljustiz" wird derzeit über eine große Zahl an Vorschlägen zur Reform des geltenden Zivilprozessrechts diskutiert. Im Mittelpunkt

32 Zuletzt BVerfG, Beschl. v. 3.6.2022 – 1 BvR 2103/16, Rn. 44; s. dazu auch BVerfG NJW 2001, 1633 (1635); BVerfG NJW 1986, 907 (909). Anders aber noch BVerfG NJW 1963, 757 (758), wo der Öffentlichkeitsgrundsatz ausdrücklich als bloße „Prozessmaxime" bezeichnet wird; vgl. zur verfassungsrechtlichen Fundierung des Öffentlichkeitsgrundsatzes auch *Paschke*, Digitale Gerichtsöffentlichkeit, S. 72–86 sowie *R. Stürner* in: FS Baur, S. 647 (659–661).

33 *Althammer* in: Weller/Althammer (Hrsg.), Mindeststandards im europäischen Zivilprozessrecht: Grundvoraussetzung für „gegenseitiges Vertrauen", S. 3 (23); *Bruns* in: Bruns/Münch/Stadler (Hrsg.), Die Zukunft des Zivilprozesses, S. 53 (59); MüKo ZPO/*Rauscher*, Einleitung Rn. 319; *Roth*, ZZP 131 (2018), 3 (7); *R. Stürner* in: FS Baur, S. 647 (657); vgl. auch BVerfG NJW 1957, 1228.

34 S. zu weiteren Unterschieden zwischen Verfahrensgrundsätzen, die als Prozessgrundrechte einzuordnen sind, und solchen, denen diese Qualität fehlt, *Schilken*, ZPP 135 (2022), 153, 155ff. (m.w.N.).

35 Vgl. dazu auch *R. Stürner* in: FS Baur, S. 647 (648), der zwischen einer verfassungsrechtlichen Vorentscheidung einerseits und einem weiteren Gestaltungsspielraum für den Gesetzgeber andererseits differenziert.

stehen dabei Vorschläge zur Digitalisierung der Justiz in einem eng verstandenen Sinne: Geschaffen werden soll insbesondere ein vollständig **digitaler Zugang zu Gericht** sowie ein vollständig **digitales gerichtliches Verfahren**. Weithin anerkannt ist jedoch, dass die Probleme vieler Menschen nicht erst vor den Türen des Gerichts beginnen. Viele scheitern schon im Vorfeld, da sie gar nicht wissen, welche Rechte ihnen zustehen und wie sie diese durchsetzen können.[36] Ein vom Bundesministerium der Justiz (BMJ) in Kooperation mit Tech4Germany initiiertes Projekt setzt an dieser Stelle an: Auf einer als **„Justizportal"** bezeichneten (interaktiven) Website können Rechtsuchende einem **„Wegweiser"** folgen, der Rechtsprobleme durch Beantwortung von einfachen Fragen materiell-rechtlich einordnet und am Ende über Handlungsoptionen informiert.[37] Soweit eine Klage empfohlen wird, besteht die Möglichkeit, mit wenigen Klicks online eine Klagschrift zu erstellen.[38]

Dass der so konzipierte Wegweiser für Rechtsuchende große Vorteile bietet, bedarf 13
keiner besonderen Betonung.[39] Insbesondere verbessert er den **Zugang zum Recht**, weil sich Rechtsuchende selbständig, einfach und kostenlos darüber informieren können, ob ihnen ein Anspruch zusteht und wie sie diesen am besten durchsetzen können. Da der Wegweiser die Rechtsuchenden zudem bei der Einleitung der nächsten Schritte unterstützt, werden sie – um einen Begriff aus dem Englischen zu bemühen – „legally empowered". Aus einer verfassungsrechtlichen Perspektive lässt sich ergänzen, dass der Wegweiser zur Gewährung effektiven Rechtsschutzes – einem wichtigen Teilaspekt des Justizgewährungsanspruchs[40] – beiträgt. Zwar dürfte der Einzelne keinen Anspruch gegen den Staat auf Einrichtung umfassender Rechtsinformationssysteme haben. Zweifellos kann der Staat durch Informationssysteme wie den Wegweiser aber sicherstellen, dass Rechtsuchende ohne größeren Aufwand herausfinden können, ob sich die Einreichung einer Klage überhaupt lohnt. Er verbessert damit den Zugang zum Recht, der

---

36 S. dazu *Susskind*, Online Courts and the Future of Justice, 2020, S. 130 ff.; *Einwächter/Laßmann/Novotny/Thamm*, Fallstudie: Digitale Klagewege, 2021, S. 4, tech.4germany.org/wp-content/uploads/2021/11/Fallstudie-Digitale-Klagewege-Tech4Germany-2021.pdf; s. außerdem im Hinblick auf die Mietpreisbremse *Halmer*, Stellungnahme zur öffentlichen Anhörung des Ausschusses für Recht und Verbraucherschutz des Deutschen Bundestages am 7. November 2018 zum Entwurf des Gesetzes zur Ergänzung der Regelungen über die zulässige Miethöhe bei Mietbeginn und zur Anpassung der Regelungen über die Modernisierung der Mietsache (Mietrechtsanpassungsgesetz – MietAnpG) sowie zu Anträgen der Fraktionen DIE LINKE sowie BÜNDNIS90/DIE GRÜNEN, S. 10, https://www.bundestag.de/resource/blob/576262/29e4c090a0d4323001bf7ade5e595ab1/halmer-data.pdf.

37 S. in diesem Band § 12 Rn. 49 ff (*Dörr*); der Wegweiser selbst war bei Drucklegung nicht mehr online erreichbar.

38 Eine digitale Einreichung der Klage ist demgegenüber nicht möglich. Die zuweilen anzutreffende Bezeichnung des Wegweisers als „Online-Klagetool" ist deshalb irreführend.

39 Ebenso die Einschätzung von *Spitzer* in: Althammer/Roth (Hrsg.), Prozessuales Denken und Künstliche Intelligenz, 2022, i. E.

40 BVerfG, Beschl. v. 13.6.2022 – 1 BvR 2103/16, Rn. 38; NJW 2009, 572 (Rn. 15); NJW 1992, 1673; HdBStR VIII/*Papier*, § 176 Rn. 18.

nach Art. 2 I GG i.V.m. dem Rechtsstaatsprinzip[41] Kern der Verpflichtung zur Gewährung effektiven Rechtsschutzes ist.[42]

14 Auf den ersten Blick scheint der Wegweiser auch keine Konflikte mit allfälligen Verfahrensgrundsätzen zu provozieren. Schließlich kommt er ausschließlich im Vorfeld eines gerichtlichen Verfahrens zum Einsatz, in dem Verfahrensgrundsätze (noch) keine Anwendung finden. Ein genauerer Blick zeigt allerdings, dass diese Analyse unter Umständen zu kurz gesprungen ist. Da der Wegweiser Einfluss darauf nimmt, ob und mit welchem Ziel ein gerichtliches Verfahren eingeleitet wird, können sich Konflikte mit dem Dispositions- und dem Beibringungsgrundsatz ergeben. Darüber hinaus könnte der Wegweiser – wegen der einseitigen Bevorzugung der klagenden Partei – unter dem Gesichtspunkt der prozessualen Waffengleichheit Probleme aufwerfen.

I. Konflikt mit dem Dispositionsgrundsatz?

15 Der Dispositionsgrundsatz gehört zu den anerkannten Verfahrensgrundsätzen des deutschen Zivilprozessrechts.[43] Er besagt, dass allein die Parteien über den Streitgegenstand eines zivilgerichtlichen Verfahrens verfügen dürfen.[44] Allein die Parteien entscheiden deshalb darüber, ob ein zivilgerichtliches Verfahren eingeleitet wird und mit welchem Ziel und Gegenstand.[45] Wird dieser Grundsatz beeinträchtigt, wenn der Rechtsuchende eine Klage erhebt, zu der ihm der Wegweiser des BMJ geraten hat und die ihm der Wegweiser vorformuliert hat?

16 Dafür könnte sprechen, dass der Rechtsuchende durch den Wegweiser ausgesprochen stark angeleitet und geführt wird. In Verbindung mit der Autorität, die dem Wegweiser aufgrund der Initiierung und Förderung durch das BMJ zukommt, könnte dies zur Folge haben, dass Rechtsuchende dem Vorschlag zur Einreichung einer Klage nicht nur blind folgen, sondern auch die vorformulierte Klage ohne Änderungen übernehmen. Tatsächlich ist das sogar das Ziel und der Anspruch des Wegweisers. In der Sache würde dann aber der Wegweiser – und die hinter ihm stehenden Entwicklerinnen und

---

41 BVerfG NJW 2018, 3699 (Rn. 10); ZIP 2012, 177 (Rn. 6); NJW 1993, 1635; NJW 1992, 1673; NJW 1981, 39 (41); BverfGE 54, 277 (291).

42 BVerfG NJW 2018, 3699 (Rn. 10); NJW 1998, 1475 (1478); NJW 1992, 1673; BverfGE 54, 277 (291); MüKo ZPO/*Rauscher*, Einleitung Rn. 298; HdBStR VIII/*Papier*, 3. Aufl. 2010, § 176 Rn. 1.

43 S. nur *Althammer* in: Weller/Althammer (Hrsg.), Mindeststandards im europäischen Zivilprozessrecht: Grundvoraussetzung für „gegenseitiges Vertrauen", S. 3 (17); *Bruns* in: Bruns/Münch/Stadler (Hrsg.), Die Zukunft des Zivilprozesses, S. 53 (56); MüKo ZPO/*Rauscher*, Einleitung Rn. 337; *Rosenberg/Schwab/Gottwald*, § 76 Rn. 1; *Tolani*, Parteiherrschaft und Richtermacht, S. 19 f.

44 *Rosenberg/Schwab/Gottwald*, § 76 Rn. 1; MüKo ZPO/*Rauscher*, Einleitung Rn. 337; *Prütting* in: Wieczorek/Schütze, ZPO, Band 1/1, 4. Aufl. 2015, Einleitung Rn. 83; *Tolani*, Parteiherrschaft und Richtermacht, S. 18.

45 MüKo ZPO/*Rauscher*, Einleitung Rn. 337, 338; *Prütting* in: Wieczorek/Schütze, Einleitung Rn. 83; *Braun*, Lehrbuch des Zivilprozeßrechts, 2014, S. 73; *R. Stürner* in: FS Baur, S. 647 (650); *Tolani*, Parteiherrschaft und Richtermacht, S. 19 f.

Entwickler, zu denen im Fall des vom BMJ gestarteten Projektes auch Richterinnen und Richter gehören[46] – über das „Ob“ und „Wie“ einer Klage entscheiden.

Im Ergebnis wird man einen **Konflikt mit dem Dispositionsgrundsatz** trotzdem verneinen müssen.[47] Denn der Wegweiser hat – trotz seines Anspruchs, die Rechtsuchenden anzuleiten, Handlungsoptionen aufzuzeigen und Unterstützung bei den nächsten Schritten zu bieten – allein informatorische Funktion. Allein die Rechtsuchenden entscheiden, ob und mit welchem Inhalt am Ende des Informationsprozesses eine Klage eingereicht wird.[48] Dies gilt auch dann, wenn man berücksichtigt, dass der Wegweiser des BMJ mit Unterstützung der Justiz erarbeitet wurde und deshalb mit besonderer Autorität daherkommt. Der Dispositionsgrundsatz wird nämlich nicht schon dadurch in Frage gestellt, dass Rechtsuchende Anregungen und Unterstützung von berufener Seite erhalten. Zum einen kann sich der Rechtsuchende selbstverständlich Rat bei einem Anwalt oder bei einer Anwältin suchen. Zum anderen sind Gerichte nach § 139 ZPO im Rahmen eines laufenden Verfahrens verpflichtet, darauf hinzuwirken, dass die Parteien sachdienliche Anträge stellen. Der Dispositionsgrundsatz wird dadurch nach allgemeiner Meinung nicht berührt.[49] Denn das Gericht kann Ergänzungen, Konkretisierungen und Verbesserungen nur anregen, aber weder zu einer bestimmten Verfahrensweise zwingen[50] noch den Parteien die Verantwortung abnehmen.[51] Die letztendliche Entscheidung über das weitere Vorgehen verbleibt deshalb bei den Parteien. Nicht anders stellt sich die Sachlage bei Nutzung eines Informationssystems wie dem Wegweiser dar. 17

II. Konflikt mit dem Beibringungsgrundsatz?

In Konflikt geraten könnte der Wegweiser allerdings mit dem Beibringungsgrundsatz. 18
Auch er gehört zu den anerkannten Verfahrensgrundsätzen des deutschen Zivilprozessrechts.[52] Und ähnlich wie der Dispositionsgrundsatz bringt der Beibringungsgrundsatz zum Ausdruck, dass die Parteien die Herrschaft über das Verfahren haben.[53] Anders als der Dispositionsgrundsatz, der die Frage betrifft, wer über den Streitgegenstand eines

46 https://tech.4germany.org/project/digitale-klagewege-bmjv/ unter „Digitale Klagewege“.

47 Ebenso *Deichsel*, Digitalisierung der Streitbeilegung, 2022, S. 170; *Spitzer* in: Althammer/Roth (Hrsg.), Prozessuales Denken und Künstliche Intelligenz, i.E.

48 Ebenso *Spitzer* in: Althammer/Roth (Hrsg.), Prozessuales Denken und Künstliche Intelligenz, i.E.

49 MüKo ZPO/*Rauscher*, Einleitung Rn. 350; *Rosenberg/Gottwald/Schwab*, § 76 Rn. 7; s. dazu auch *R. Stürner*, ZZP 123 (2010), 147 (153), der von einem „dialogischen Zivilprozess“ spricht; a.A. *Tolani*, Parteiherrschaft und Richtermacht, S. 42, die ein Spannungsverhältnis ausmacht.

50 *Rosenberg/Schwab/Gottwald*, § 76 Rn. 7.

51 MüKo ZPO/*Rauscher*, Einleitung Rn. 350.

52 *Bruns* in: Bruns/Münch/Stadler (Hrsg.), Die Zukunft des Zivilprozesses, S. 53 (58); *Prütting* in: Wieczorek/Schütze, Einleitung Rn. 89; MüKo ZPO/*Rauscher*, Einleitung Rn. 354; *Rosenberg/Schwab/Gottwald*, § 77 Rn. 2f.

53 *Tolani*, Parteiherrschaft und Richtermacht, S. 22.

zivilgerichtlichen Verfahrens entscheidet,[54] bezieht sich der Beibringungsgrundsatz aber auf die Frage, wer dafür verantwortlich ist, den für das Verfahren relevanten Tatsachenstoff zu beschaffen.[55] Der Beibringungsgrundsatz trifft insofern die grundlegende Entscheidung, dass es Aufgabe der Parteien ist, den Tatsachenstoff in den Prozess einzuführen.[56] Da Informationssysteme wie der Wegweiser des BMJ die Parteien bei der Sammlung des relevanten Tatsachenstoffes unterstützen, könnte der Einsatz folglich mit dem Beibringungsgrundsatz in Konflikt geraten.

19 Allerdings gilt auch hier, dass der Wegweiser den Rechtsuchenden lediglich dabei hilft, die für einen Prozess relevanten Informationen zu sammeln und in geordneter Weise zusammenzustellen. Die letztendliche Entscheidung darüber, was genau Eingang in die Klageschrift findet, wird ihnen demgegenüber nicht abgenommen. Im Übrigen gilt auch im Hinblick auf den Beibringungsgrundsatz, dass der Wegweiser funktional mit Einflussmöglichkeiten des geltenden Rechts vergleichbar ist. So müssen die Parteien den Tatsachenstoff schon heute nicht allein zusammentragen, sondern können sich dafür selbstverständlich der Hilfe von Rechtsanwältinnen und Rechtsanwälten bedienen, zu deren Aufgaben es anerkanntermaßen gehört, gemeinsam mit dem Rechtsuchenden die für die Entscheidung eines Rechtsstreits erheblichen Tatsachen zusammenzutragen und an das Gericht zu übermitteln.[57] Und nach § 139 I ZPO sollen Gerichte bereits heute darauf hinwirken, dass sich die Parteien über alle erheblichen Tatsachen erklären, insbesondere ungenügende Angaben zu den geltend gemachten Tatsachen ergänzen und relevante Beweismittel bezeichnen. Eine Durchbrechung des Beibringungsgrundsatzes ist darin nicht zu sehen. Im Gegenteil: Weil sich Gerichte mit ihren Hinweisen im Rahmen des bereits Vorgetragenen bewegen müssen und die Parteien durch die Hinweise Gelegenheit bekommen, ihren Vortrag zu ergänzen, wird der Beibringungsgrundsatz nach Ansicht vieler sogar gestärkt.[58] Dass der Wegweiser einen fundamental anderen – insbesondere nachhaltigeren oder intensiveren – Einfluss auf die Sammlung und Zusammenstellung des in den Zivilprozess einzubringenden Tatsachenstoffes ausüben würde, ist nicht ersichtlich.

---

54 MüKo ZPO/*Rauscher*, Einleitung Rn. 339; *Rosenberg/Schwab/Gottwald*, § 76 Rn. 2; *Tolani*, Parteiherrschaft und Richtermacht, S. 22.

55 *Althammer* in: Weller/Althammer (Hrsg.), Mindeststandards im europäischen Zivilprozessrecht: Grundvoraussetzung für „gegenseitiges Vertrauen", S. 3 (20); *Bruns* in: Bruns/Münch/Stadler (Hrsg.), Die Zukunft des Zivilprozesses, S. 53 (58); *Prütting* in: Wieczorek/Schütze, Einleitung Rn. 90; MüKo ZPO/*Rauscher*, Einleitung Rn. 353; *Tolani*, Parteiherrschaft und Richtermacht, S. 25.

56 *Prütting* in: Wieczorek/Schütze, Einleitung Rn. 90; *Rosenberg/Schwab/Gottwald*, § 77 Rn. 13; *Tolani*, Parteiherrschaft und Richtermacht, S. 25.

57 S. dazu *Bruns* in: Bruns/Münch/Stadler (Hrsg.), Die Zukunft des Zivilprozesses, S. 53 (58); *Prütting* in: Wieczorek/Schütze, Einleitung Rn. 92; *Scherpe*, ZZP 129 (2016), 153 (172).

58 *Prütting* in: Wieczorek/Schütze, Einleitung Rn. 92; *Rosenberg/Schwab/Gottwald*, § 77 Rn. 5; *Scherpe*, ZZP 129 (2016), 153 (172 f.).

III. Konflikt mit dem Gebot der prozessualen Waffengleichheit?

Ein letztes Problem des Wegweisers könnte sich schließlich aus dem Gebot der prozes- 20
sualen Waffengleichheit ergeben. Dieses wird – ohne inhaltliche Unterschiede[59] – aus dem Anspruch auf ein faires Verfahren,[60] aus dem allgemeinen Gleichheitssatz (Art. 3 I GG)[61] oder aus der Verbindung von Gleichheitssatz und Rechtsstaatsprinzip (Art. 20 III GG)[62] abgeleitet und verlangt, dass die Parteien eines gerichtlichen Verfahrens über eine gleichwertige prozessuale Stellung verfügen. Die Parteien müssen also gleichermaßen Anträge stellen, Stellungnahmen abgeben und Prozesshandlungen vornehmen können,[63] kurz: die gleichen Chancen der Rechtsverfolgung haben.[64] Ein (umfassendes) vorgerichtliches Informationssystem wie der Wegweiser würde aber regelmäßig nur der klagenden Partei zu Gute kommen und ihre Chancen der Rechtsverfolgung verbessern. Insbesondere würde sie vom Staat (kostenlos) Unterstützung bei der Vorbereitung der Klage erhalten, während die beklagte Partei in Reaktion auf die Klage entweder ohne Hilfe auskommen oder anwaltlichen Rat in Anspruch nehmen und dafür zumindest einen Gebührenvorschuss (§ 9 RVG) zahlen muss. Der geplante Wegweiser könnte deshalb das Gebot der prozessualen Waffengleichheit verletzen – oder zumindest gebieten, ein vergleichbares (kostenloses) Informationssystem auch für die beklagte Partei zur Verfügung zu stellen.

Gegen diese Sichtweise spricht allerdings, dass sich die beklagte Partei in einer ganz 21
anderen Situation befindet als die klagende. Denn mit der Erhebung der Klage wird die materielle Prozessleitungspflicht des Gerichts aktiviert, dessen Kern die bereits erwähnte richterliche Hinweis- und Aufklärungspflicht ist (§§ 139, 273 II Nr. 1 ZPO).[65] Das Gericht muss daher das Sach- und Streitverhältnis mit den Parteien in sachlicher und rechtlicher Hinsicht erörtern, Fragen stellen und auf Gesichtspunkte hinweisen, die eine Partei erkennbar übersehen oder für unerheblich gehalten hat (§ 139 ZPO).[66] Da Hinweise so früh wie möglich – unter Umständen also auch schon vor der mündlichen Verhandlung[67] – zu erteilen sind (§ 139 IV 1 ZPO), ist die beklagte Partei – anders als die

59 HdBGrR V/*Uhle*, § 129 Rn. 50.

60 BVerfG NJW 1975, 103; HdBStR V/*Degenhart*, 3. Aufl. 2007, § 115 Rn. 20; *Schulze-Fielitz* in: Dreier, GG, 3. Aufl. 2015, Art. 20 (Rechtsstaat) Rn. 217 sowie MüKoZPO/*Rauscher*, Einleitung Rn. 279, der die Waffengleichheit zumindest unter der Überschrift „faires Verfahren“ bespricht.

61 *Maurer* in: Badura/Dreier, FS 50 Jahre BVerfG Bd. 2, S. 467, 499.

62 Z.B. BVerfG NJW 2011, 2039 Rn. 13; NJW 1991, 413; HdBGrR V/*Uhle*, § 129 Rn. 50.

63 BVerfG NJW 2007, 979 (Rn. 69); NJW 1985, 3005, 3006; HdBStR V/*Degenhart*, § 115 Rn. 40; *Maurer* in: Badura/Dreier, 50 Jahre BVerfG II, S. 467, 499; HdBGrR V/*Uhle*, § 129 Rn. 51.

64 HdBGrR V/*Uhle*, § 129 Rn. 51.

65 *Rosenberg/Schwab/Gottwald*, § 78 Rn. 26.

66 *Rosenberg/Schwab/Gottwald*, § 77 Rn. 18f.

67 BGH ZfBR 2010, 130; Zöller/*Greger*, § 139 Rn. 11; BeckOK-ZPO/*von Selle*, § 139 Rn. 47.

klagende – folglich nicht auf sich allein gestellt, sondern muss vom Gericht – in den Grenzen der richterlichen Neutralität – unterstützt werden.[68]

22 Hinzu kommt, dass das geltende Recht bereits heute manche Parteien stärker unterstützt als andere – und auf diese Weise eine gewisse Ungleichbehandlung in Kauf nimmt. Als Beispiel kann hier auf die Regelungen zur **Prozesskostenhilfe** (§§ 114ff. ZPO) verwiesen werden. Sie greifen ein, wenn eine Partei nach ihren persönlichen und wirtschaftlichen Verhältnissen die Kosten der Prozessführung nicht, nur zum Teil oder nur in Raten aufbringen kann.[69] Allerdings belässt es der Gesetzgeber nicht dabei, wirtschaftlich schwächer gestellte Parteien finanziell zu unterstützen. In bestimmten Fällen werden sie im Vergleich zu anderen Parteien sogar bevorzugt. Denn zumindest in bestimmten Konstellationen (vgl. § 115 II ZPO) müssen sie für die Prozessfinanzierung nicht auf ihr eigenes Einkommen und Vermögen zurückgreifen.[70] Im Hinblick auf vorgerichtliche Informationssysteme lässt sich daraus folgern, dass jedenfalls dann wenn eine Partei der anderen strukturell (informationell) unterlegen ist, eine einseitige (vorgerichtliche) Information zulässig ist. Zu denken ist insbesondere an Klagen von Verbraucherinnen und Verbrauchern gegen Unternehmerinnen oder Unternehmer.

23 Insgesamt lässt sich damit – wenig überraschend – festhalten, dass die vorgerichtliche Information von Rechtsuchenden in **keinen Konflikt mit anerkannten Verfahrensgrundsätzen** gerät und den genannten Vorhaben insofern keine Bedenken entgegenstehen. Auf einem anderen Blatt steht freilich, ob es Aufgabe des Staates sein sollte, ein – perspektivisch – umfassendes Informationssystem zur Verfügung zu stellen. Abgesehen von den Schwierigkeiten, die der Betrieb eines derartigen Angebotes im Hinblick auf Präzision und Aktualität mit sich bringt, ist insofern an die enormen Kosten zu denken, die für ein gut funktionierendes System in Ansatz zu bringen wären. Auch wenn ein Teil dieser Kosten durch eine begrüßenswerte Strukturierung des Prozessstoffes aufgewogen werden kann und eine Bündelung verschiedener staatlicher Angebote die Kosten möglicherweise begrenzt,[71] darf man hier berechtigte Zweifel haben, ob der Staat die knappen ihm zur Verfügung stehenden personellen und finanziellen Res-

---

68 Diskutiert werden könnte freilich, ob die Grenzen der richterlichen Hinweis- und Aufklärungspflicht bei Einsatz eines Informationssystems auf Seiten der klagenden Parteien neu justiert werden sollten. Nach der derzeit herrschenden Meinung darf das Gericht wegen der richterlichen Neutralitätspflicht eine Partei nämlich nicht auf neue Ansprüche, Einreden oder Anträgen hinweisen, die im Vortrag dieser Partei nicht zumindest angedeutet wurden; s. dazu BGH NJW 2004, 164; Musielak/Voit/*Stadler*, § 139 Rn. 9; a.A. wohl MüKo ZPO/*Wagner*, 4. Aufl. 2013, § 139 Rn. 35ff., der die Hinweispflicht unabhängig von Informationssystemen weit auslegt; s. zur Neujustierung der richterlichen Hinweis- und Aufklärungspflicht bei Einsatz eines Informationssystems *Korves* in: Adrian/Kohlhase/Evert/Zwickel (Hrsg.), Digitalisierung von Zivilprozess und Rechtsdurchsetzung, S. 117, 125.

69 So z.B. BVerfG NJW 2011, 2039 Rn. 13; NJW 1991, 413f.; Zöller/*Schultzky*, vor § 114 Rn. 1; *Maurer* in: Badura/Dreier, 50 Jahre BVerfG II, S. 467, 499; MüKo ZPO/*Wache*, § 114 Rn. 1.

70 S. nur *Rosenberg/Schwab/Gottwald*, § 87 Rn. 73f.

71 Vgl. zur Bündelung staatlicher IT-Angebote: *Odrig* in: Adrian/Kohlhase/Evert/Zwickel (Hrsg.), Digitalisierung von Zivilprozess und Rechtsdurchsetzung, S. 55, 67.

sourcen nicht besser anderweitig – beispielsweise zur Schaffung echter digitaler Schnittstellen zur Justiz – einsetzen und das Feld der vorgerichtlichen Information dem privaten Sektor überlassen sollte.

D. Digitaler Zugang zu Gericht

Neben der vorgerichtlichen Information von Rechtsuchenden wird derzeit außerdem da- 24
rüber diskutiert, wie der Zugang zu Gericht mit Hilfe neuer Technologien verbessert werden kann. Ausgehend von der Beobachtung, dass es für Rechtsuchende ohne anwaltliche Unterstützung auch heute noch schwer ist, eine Klage online einzureichen,[72] wird insbesondere die Einrichtung eines **vollständig digitalen Zugangs** erwogen, der den Rechtsuchenden die Möglichkeiten bieten soll, direkt und unmittelbar von zu Hause eine Klage – oder einen sonstigen Antrag – bei Gericht einzureichen.[73] Das Diskussionspapier „Modernisierung des Zivilprozesses" schlägt beispielsweise die Schaffung eines **„Justizportals"** vor, das Rechtsuchenden einen umfassenden Zugang zu allen digitalen Angeboten der Justiz, namentlich zu dem von der Arbeitsgruppe vorgeschlagenen gerichtlichen Online-Verfahren ermöglichen soll.[74] Durch „gut verständliche Erläuterungen" sollen Rechtsuchende außerdem Unterstützung bei der Auswahl des richtigen Rechtsbehelfs und der Fassung von Anträgen erhalten.[75] Zudem soll es möglich sein, Anträge, insbesondere Klagen direkt über das Justizportal bei Gericht einzureichen. Würde es dadurch zu Konflikten mit hergebrachten Verfahrensgrundsätzen kommen?

Wie beim Einsatz vorgerichtlicher Informationssysteme kommt auch hier zunächst 25
einmal ein **Konflikt mit dem Dispositions-** und dem Beibringungsgrundsatz in Betracht. Denn da das von der Arbeitsgruppe skizzierte Justizportal den Rechtsuchenden bei der Auswahl des richtigen Rechtsbehelfs sowie bei der Erstellung einer Klageschrift helfen soll, könnte die Justiz in unbotmäßiger Weise auf das „Ob" und das „Wie" einer Klage Einfluss nehmen.[76] Wie oben gesehen können jedoch Anwältinnen und Anwälte

---

72 S. dazu zum Beispiel *Rühl*, JZ 2020, 809 (810); *Rühl* in: FS Singer, S. 591 (594ff.) (m.w.N.). Einen Lichtblick bieten aber die neugeschaffenen elektronischen Bürger- und Organisationenpostfächer (eBO) sowie die Verknüpfung mit den Bürgerkonten der Verwaltungsportale i.S.v. § 2 V OZG nach § 130a IV Nr. 4 und 5 ZPO; s. dazu auch in diesem Band: *Herberger*, § 14 Rn. 27ff.

73 S. zum Beispiel *Deichsel*, Digitalisierung der Streitbeilegung, S. 126ff.; *Rühl*, JZ 2020, 809 (813).

74 Diskussionspapier „Modernisierung des Zivilprozesses" (Fn. 1), S. 10ff.; s. außerdem ergänzend *Flüchter* in: Adrian/Kohlhase/Evert/Zwickel (Hrsg.), Digitalisierung von Zivilprozess und Rechtsdurchsetzung, S. 49ff.; sowie *Odrig* in: Adrian/Kohlhase/Evert/Zwickel (Hrsg.), Digitalisierung von Zivilprozess und Rechtsdurchsetzung, S. 55ff.; *Rühl* in: FS Singer, S. 591 (594ff.); *Voß* in: Adrian/Kohlhase/Evert/Zwickel (Hrsg.), Digitalisierung von Zivilprozess und Rechtsdurchsetzung, S. 72ff.

75 Diskussionspapier „Modernisierung des Zivilprozesses" (Fn. 1), S. 12.

76 *Odrig* in: Adrian/Kohlhase/Evert/Zwickel (Hrsg.), Digitalisierung von Zivilprozess und Rechtsdurchsetzung, S. 55, 61 sieht in diesem Zusammenhang insbesondere eine Gefahr, wenn Bürgerinnen und Bürger nicht umfassend über alle Möglichkeiten der Rechtsdurchsetzung informiert werden.

sowie nach Einreichung einer Klage auch Richterinnen und Richter bereits nach geltendem Recht auf die von den Parteien gestellten Anträge und die zur Begründung vorgetragenen Tatsachen Einfluss nehmen, ohne dass dies als Beeinträchtigung von Dispositions- und Beibringungsgrundsatz angesehen würde. Auch das Justizportal der Arbeitsgruppe begegnet deshalb vor der Folie anerkannter Verfahrensgrundsätze keinen Bedenken.[77] Im Gegenteil: Da es für viele Menschen den Zugang zu Gericht erleichtert,[78] steht zu erwarten, dass es einen substantiellen Beitrag zur Effektuierung des durch Art. 20 III GG[79] sowie durch Art. 6 EMRK und Art. 47 der EU-Grundrechte-Charta gewährten Justizgewährungsanspruchs leisten wird.[80]

26 Allerdings könnte der Justizgewährungsanspruch – als verfassungsrechtliche Verfahrensgarantie – bei der Einrichtung eines digitalen Zugangs zu Gericht gleichzeitig auch Probleme aufwerfen. Er verlangt vom Staat nämlich die Bereitstellung eines öffentlichen Verfahrens zur Beilegung zivilrechtlicher Streitigkeiten, das für jedermann tatsächlich – und nicht nur theoretisch – zugänglich ist.[81] Und obwohl der Anteil der Internetnutzer in Deutschland in den letzten Jahren kontinuierlich gestiegen ist, gibt es auch heute noch eine nicht zu vernachlässigende Anzahl von Menschen, die keinen Zugang zum Internet haben oder diesen nicht nutzen (können). So lag nach Angaben des Statistischen Bundesamtes der Anteil der „Offliner" im Jahr 2021 in der Gruppe der 16- bis 74-Jährigen bei 6 % (etwa 3,8 Millionen Einwohnern) und in der Gruppe der 65 bis 74-Jährigen bei 21 %.[82] Um den Justizgewährungsanspruch dieser Menschen nicht zu vereiteln, müssten daher – anders als zum Beispiel in Däne-

77 Ebenso *Spitzer* in: Althammer/Roth (Hrsg.), Prozessuales Denken und Künstliche Intelligenz, i. E.

78 Soweit ersichtlich gibt es keine verlässlichen Studien dazu, wie viele Menschen tatsächlich von dem Justizportal und der mit ihm verbundenen Digitalisierung profitieren würden. Insbesondere ist unklar, für wie viele Personen die Einrichtung des Justizportals den Zugang zu Gericht verbessern würde, weil sie analoge Kommunikationsmittel nicht nutzen können oder wollen oder ihre Nutzung als zu große Hürde empfinden. Es steht aber jedenfalls zu vermuten, es dass gerade in der jüngeren Generation zunehmend Personen gibt, für die es einen nicht unerheblichen Aufwand bedeutet, einen förmlichen Brief zu verschicken.

79 S. nur BVerfG NJW 1981, 39 (41); NJW 1992, 1673; NJW 2003, 1924; NJW 2011, 1276 (Rn. 10); NJW 2013, 2881 (Rn. 11); s. aus der Literatur statt vieler HdBGrR V/*Uhle*, § 129 Rn. 27 m. w. N.

80 *Spitzer* in: Althammer/Roth (Hrsg.), Prozessuales Denken und Künstliche Intelligenz, i. E.; s. dazu grundlegend *Susskind*, Tomorrow's Lawyers. An Introduction to Your Future, 2017, S. 93 ff.; *Susskind*, Online Courts and the Future of Justice, S. 27 ff.; s. außerdem *Barth* in: Hartung/Bues/Halbleib (Hrsg.), Legal Tech, 2018, S. 47 (48 f.); *Fries*, NJW 2016, 2860 (2861 f.); *Hartung* in: Hartung/Bues/Halbleib (Hrsg.), Legal Tech, S. 5 (10 ff.); *Kilian*, NJW 2017, 3043 (3049); *Remmertz*, BRAK-Mitteilung 2018, 231 (235).

81 S. dazu statt vieler *Rosenberg/Schwab/Gottwald*, § 3 Rn. 1 ff.; HdBGrR V/*Uhle*, § 129 Rn. 29.

82 Statistisches Bundesamt, Jeder 20. Mensch im Alter von 16 bis 74 Jahren in Deutschland ist offline – Zahl der Woche Nr. 14 vom 5. April 2022, www.destatis.de/DE/Presse/Pressemitteilungen/Zahl-der-Woche/2022/PD22_14_p002.html.

mark[83] – auch andere Wege neben dem Justizportal offenbleiben, um Klagen einzureichen.[84]

E. Strukturierte Erfassung des Sachverhalts

Neben der vorgerichtlichen Information der Rechtsuchenden und der Einrichtung eines digitalen Zugangs zu Gericht betreffen Digitalisierungsbemühungen als drittes die **Strukturierung des Tatsachenstoffes**, den das Gericht seiner Entscheidung zugrunde zu legen hat. Das Thema beschäftigt die Zivilprozessrechtswissenschaft sowie die Praxis schon seit vielen Jahren.[85] Denn schon lange wird das derzeit praktizierte Verfahren, den Tatsachenstoff durch den Austausch von Schriftsätzen zu sammeln, von vielen – wenn auch nicht von allen – Beteiligten als zeitaufwändig, fehleranfällig und insgesamt ineffizient wahrgenommen.[86] Die Abteilung Prozessrecht des 70. Deutschen Juristentags schlug deshalb bereits im Jahr 2014 die Verabschiedung verbindlicher Regelungen zur Strukturierung des tatsächlichen (und rechtlichen) Vortrags der Parteien vor.[87] Getan hat sich seitdem – abgesehen von der Einführung von § 139 I 3 ZPO, der dem Gericht gestattet, das Verfahren zu strukturieren und Prozessstoff abzuschichten[88] – freilich nicht viel. Durch die Diskussion über die Digitalisierung der Justiz hat die Debatte allerdings in jüngster Zeit wieder Fahrt aufgenommen.[89] 27

Im Mittelpunkt der Aufmerksamkeit steht dabei erneut ein Vorschlag der Arbeitsgruppe „Modernisierung des Zivilprozesses", der die Einführung eines **elektronischen** 28

83 S. dazu *Eseken* DRiZ 2018, 56; s. außerdem den Überblick im Abschlussbericht der *Länderarbeitsgruppe*, Legal Tech: Herausforderungen für die Justiz, 2019, S. 76 ff., https://www.schleswig-holstein.de/DE/Landesregierung/II/Minister/Justizministerkonferenz/Downloads/190605_beschluesse/TOPI_11_Abschlussbericht.pdf.

84 *Rühl*, JZ 2020, 809 (814); ebenso *Deichsel*, Digitalisierung der Streitbeilegung, S. 137; *Hoffmann*, RDi 2022, 76 (Rn. 46, 51); weniger klar demgegenüber *M. Stürner*, ZZP 135 (2022), 369 (376).

85 S. aus der reichhaltigen Literatur nur *Calliess*, Gutachten A zum 70. Deutschen Juristentag (2014), Band I, 2014 A 99 f.; *Gaier*, NJW 2013, 2871 (2874); *Gaier*, ZRP 2015, 101; *Hirtz*, NJW 2014, 2529 (2531 f.); *Vorwerk*, NJW 2017, 2326; *Zwickel*, MDR 2016, 988.

86 Diskussionspapier „Modernisierung des Zivilprozesses" (Fn. 1), S. 31 f.; ähnlich *Deichsel*, Digitalisierung der Streitbeilegung, S. 147 f.; *Effer-Uhe*, MDR 2019, 69 (70); *Gaier*, NJW 2013, 2871 (2874); *Greger* in: Adrian/Kohlhase/Evert/Zwickel (Hrsg.), Digitalisierung von Zivilprozess und Rechtsdurchsetzung, S. 141 f.

87 Verhandlungen des 70. Deutschen Juristentags, Band II/2, I 213, Beschluss Nr. 13: „Über verbindliche Regelungen ist sicherzustellen, dass die Parteien ihren Vortrag zum tatsächlichen und rechtlichen Vorbringen strukturieren.".

88 *Gaier*, NJW 2020, 177; *Schultzky*, MDR 2020, 1 (3 f.).

89 S. dazu *Effer-Uhe*, MDR 2019, 69 (70 f.); *Greger*, NJW 2019, 3429; *Heil*, IT-Anwendung im Zivilprozess, S. 85 ff.; *Köbler*, AnwBl online 2018, 399 sowie auch Diskussionspapier „Modernisierung des Zivilprozesses" (Fn. 1), S. 31–42; Eingehend zum strukturierten Parteivortrag auch in diesem Band *Köbler*, § 18.

Basisdokumentes vorsieht.[90] Dieses soll den Tatsachenstoff in einem einheitlichen elektronischen Dokument zusammenfassen und von den Parteien und dem Gericht gemeinsam in einem kommunikativen und kooperativen Prozess erarbeitet werden.[91] Im Einzelnen sieht die Arbeitsgruppe vor, dass die klagende Partei ihren Vortrag nach Absätzen gliedert und die beklagte Partei sodann die Möglichkeit erhält, in einer eigenen Spalte auf den Vortrag zu erwidern und neue Aspekte als neue Absätze einzuführen.[92] Daneben soll auch das Gericht die Möglichkeit erhalten, in einer weiteren Spalte Hinweise zu geben.[93] Nach Ablauf von Präklusionsfristen soll das Basisdokument verbindlich werden[94] und nicht nur als Grundlage für das weitere Verfahren, namentlich für eine eventuell notwendige Beweisaufnahme dienen, sondern darüber hinaus auch den Tatbestand des Urteils ersetzen.[95]

29 Die Arbeitsgruppe schlägt damit nicht weniger als eine kleine Revolution vor. Denn die Einführung eines Basisdokuments würde nicht nur die Art und Weise, wie die Parteien untereinander und mit dem Gericht kommunizieren, radikal verändern.[96] Sie würde zudem die Stellung des Gerichts, insbesondere seine formelle und materielle Prozessleitungspflicht, noch einmal deutlich aufwerten, weil das Gericht ständig überwachen und darauf hinwirken müsste, dass neue Einträge an der richtigen Stelle vorgenommen werden.[97] Das vorgeschlagene Basisdokument könnte außerdem mit anerkannten Verfahrensgrundsätzen, nämlich mit dem **Beibringungsgrundsatz** und dem **Mündlichkeitsgrundsatz** sowie dem **Anspruch auf rechtliches Gehör** in Konflikt geraten.

I. Konflikt mit dem Beibringungsgrundsatz?

30 Wie oben bereits dargelegt, besagt der Beibringungsgrundsatz, dass es Aufgabe der Parteien ist, den Tatsachenstoff in den Prozess einzuführen.[98] Sie sind insofern die Herren

---

90 Diskussionspapier „Modernisierung des Zivilprozesses“ (Fn. 1), S. 31–43; ähnlich schon *Greger*, NJW 2019, 3429 (3431); *Köbler*, AnwBl online 2018, 399 sowie aus jüngerer Zeit *Deichsel*, Digitalisierung der Streitbeilegung, S. 155ff.; *Greger* in: Adrian/Kohlhase/Evert/Zwickel (Hrsg.), Digitalisierung von Zivilprozess und Rechtsdurchsetzung, S. 141ff.; s. dazu eingehend in diesem Band, § 19 Rn. 35ff. (*Köbler*).

91 Diskussionspapier „Modernisierung des Zivilprozesses“ (Fn. 1), S. 31–43.

92 Diskussionspapier „Modernisierung des Zivilprozesses“ (Fn. 1), S. 36–38; s. dazu auch *Streyl* NZM 2021, 329, der versucht das Basisdokument mit einem Beispiel zu veranschaulichen.

93 Diskussionspapier „Modernisierung des Zivilprozesses“ (Fn. 1), S. 39.

94 Diskussionspapier „Modernisierung des Zivilprozesses“ (Fn. 1), S. 40.

95 Diskussionspapier „Modernisierung des Zivilprozesses“ (Fn. 1), S. 40, 41f.; dass das Basisdokument den Tatbestand ersetzen soll, schlägt auch *Greger*, NJW 2019, 3429 (3431) vor.

96 Ebenso *Heil* ZIP 2021, 502 (504); *M. Stürner*, ZZP 135 (2022), 369 (383); ähnlich *Köbler* in: Ory/Weth, jurisPK-ERV Band 1, 2. Aufl. 2022, Kapitel 7 Rn. 29 („prozessual revolutionärer Gedanke“); *Streyl* NZM 2021, 329 („etwas völlig neues“).

97 *M. Stürner*, ZZP 135 (2022), 369 (383f.).

98 *Prütting* in: Wieczorek/Schütze, Einleitung Rn. 90; *Rosenberg/Schwab/Gottwald*, § 77 Rn. 13; *Tolani*, Parteiherrschaft und Richtermacht, S. 25.

des Verfahrens. Die Einführung eines Basisdokuments stellt diese Rolle der Parteien jedoch in Frage. Denn nach der Vorstellung der Arbeitsgruppe soll das Gericht von Anfang an strukturierend tätig werden und die Parteien bei der Sammlung des relevanten Tatsachenstoffes anleiten. Wie ebenfalls bereits dargelegt, ist das Gericht aber auch schon nach geltendem Recht nicht zur Passivität verdammt. Vielmehr darf – und soll – es nach § 139 ZPO an der Beschaffung des für den Prozess relevanten Tatsachenstoffes mitwirken.[99] Eine Durchbrechung des Beibringungsgrundsatzes stellt dies nicht dar.[100] Denn zum einen muss sich das Gericht mit seinen Hinweisen im Rahmen des bereits Vorgetragenen bewegen und darf selbst keine neuen Tatsachen ergänzen oder ermitteln.[101] Und zum anderen sind die Parteien an die Hinweise nicht gebunden. Vielmehr steht es ihnen frei, sie aufzunehmen und ihren Vortrag zu ergänzen – oder es zu lassen.[102] Bei Einsatz eines Basisdokumentes würde sich daran nichts ändern. Auch die vom Gericht in der entsprechenden Spalte eingefügten Hinweise würden sich nur auf den bereits vorhandenen Tatsachenvortrag beziehen. Zudem ginge von ihnen auch keine Bindungswirkung aus. Wie die nach § 139 ZPO bestehende Aufklärungs- und Hinweispflicht könnte somit auch das Basisdokument nicht als Instrument zur Schwächung, sondern als Instrument zur Effektuierung des Beibringungsgrundsatzes verstanden werden.[103]

Ein Konflikt mit dem Beibringungsgrundsatz ergibt sich auch nicht daraus, dass das 31
Basisdokument nach der Vorstellung der Arbeitsgruppe für die Parteien nach Ablauf von **Präklusionsfristen** verbindlich werden soll. Zwar wird den Parteien ab diesem Zeitpunkt die Möglichkeit genommen, neue Tatsachen in den Prozess einzuführen. Allerdings nutzt der Gesetzgeber Präklusionsvorschriften spätestens seit der sog. Vereinfachungsnovelle von 1976[104], um zivilgerichtliche Verfahren zu fördern.[105] Auch verfassungsrechtlich stellen sie im Ergebnis kein Problem dar.[106] Zwar ist der Beibrin-

99 *Bruns* in: Bruns/Münch/Stadler (Hrsg.), Die Zukunft des Zivilprozesses, S. 53 (58); *Prütting* in: Wieczorek/Schütze, Einleitung Rn. 92; Scherpe, ZZP 129 (2016), 153 (172); s. zur historischen Entwicklung *Damrau*, Die Entwicklung einzelner Prozessmaximen seit der Reichszivilprozessordnung von 1877, 1975, insbesondere §§ 5, 11, 15, 19, 23, 26 und 30; *Rosenberg/Schwab/Gottwald*, § 77 Rn. 2.

100 Ebenso *Deichsel*, Digitalisierung der Streitbeilegung, S. 170 f.

101 *Prütting* in: Wieczorek/Schütze, Einleitung Rn. 92; *Rosenberg/Schwab/Gottwald*, § 77 Rn. 5; *Scherpe*, ZZP 129 (2016), 153 (172 f.); anders aber *Bomsdorf*, Prozeßmaximen und Rechtswirklichkeit, S. 278 f., der die Annahme eines Beibringungsgrundsatzes für verfehlt ansieht.

102 *Rosenberg/Schwab/Gottwald*, § 77 Rn. 6.

103 Ähnlich *Gaier*, NJW 2013, 2871 (2874).

104 Gesetz zur Vereinfachung und Beschleunigung gerichtlicher Verfahren (Vereinfachungsnovelle) vom 3.12.1976, BGBl. I Nr. 141, 3281.

105 S. dazu MüKoZPO/*Prütting*, § 296 Rn. 1 ff. Präklusionsvorschriften gab es allerdings auch schon vor der Vereinfachungsnovelle. Allerdings entfalteten diese kaum praktische Wirkung; s. dazu MüKoZPO/*Prütting*, § 296 Rn. 6.

106 Das BVerfG betont allerdings, dass Präklusionsfristen Ausnahmecharakter haben und ihre Anwendung daher einer strengen verfassungsrechtlichen Kontrolle zu unterziehen ist; s. dazu BVerfG NJW 2020, 142 (Rn. 12); NJW 2000, 945 (946); NJW 1981, 271 (273) sowie die umfassenden Nachweise zur verfassungsrechtlichen Rechtsprechung bei MüKoZPO/*Prütting*, § 296 Rn. 10.

gungsgrundsatz nach der wohl herrschenden Meinung durch den **Anspruch auf rechtliches Gehör** (Art. 103 I GG) insofern abgesichert, als die Parteien Gelegenheit haben müssen, Tatsachen und Beweismittel in den Prozess beizubringen.[107] Einschränkungen sind allerdings möglich, solange die betroffene Partei hinreichend Gelegenheit hatte, sich zur Sache zu äußern, und eine zu diesem Zwecke gesetzte (angemessene) Frist schuldhaft hat verstreichen lassen.[108] Bereits nach geltendem Recht können deshalb Angriffs- und Verteidigungsmittel zurückgewiesen werden, wenn sie erst nach Ablauf einer hierfür gesetzten Frist vorgebracht werden, die Zulassung die Erledigung des Rechtsstreits verzögern würde und die Partei die Verspätung nicht genügend entschuldigt (§ 296 I ZPO). Die Präklusionsvorschriften des Basisdokuments müssten vor diesem Hintergrund so formuliert werden, dass sie den verfassungsrechtlichen Anforderungen genügen. Dass dies gelingen kann, dürfte allerdings außer Frage stehen.

II. Konflikt mit dem Mündlichkeitsgrundsatz oder dem Anspruch auf rechtliches Gehör?

32 Größere Herausforderungen bereitet das Basisdokument demgegenüber vor dem Hintergrund des **Mündlichkeitsgrundsatzes**. Dieser gehört – ähnlich wie der Beibringungsgrundsatz – zu den anerkannten Verfahrensgrundsätzen des deutschen Zivilprozessrechts[109] und verlangt in seiner derzeit geltenden einfachgesetzlichen Ausgestaltung nicht nur, dass ein Urteil aufgrund einer mündlichen Verhandlung ergeht,[110] sondern darüber hinaus, dass Entscheidungsgrundlage nur der in mündlicher Verhandlung vorgetragene Prozessstoff sein darf.[111] Zugleich muss alles in mündlicher Verhandlung Vorgetragene in der Entscheidung berücksichtigt werden.[112] Nach der Vorstellung der Arbeitsgruppe „Modernisierung des Zivilprozesses" soll Grundlage für die Entscheidung demgegenüber grundsätzlich das Basisdokument und gerade nicht die mündliche Verhandlung sein. Ergeben sich daraus Konflikte mit dem Mündlichkeitsgrundsatz?

33 Leicht verneinen lässt sich diese Frage für den Fall, dass das Basisdokument im Rahmen eines fakultativen „Strukturierungstermins" von den Parteien und dem Ge-

---

107 S. dazu Nachweise in Fn. 33.

108 BVerfG NJW 1981, 271 (273).

109 BGH NJW 1997, 397 (398 a.E.); *Prütting* in: Wieczorek/Schütze, Einleitung Rn. 96; s. dazu ausführlich *Huber*, ZZP 135 (2022), 183.

110 MüKo ZPO/*Rauscher*, Einleitung Rn. 404; BeckOK-ZPO/*von Selle*, 44. Ed. 1.3.2022, § 128 Rn. 1; *Kern* in: Stein/Jonas, § 128 Rn. 30.

111 BGH NJW 1997, 397 (398 a.E.); MüKo ZPO/*Fritsche*, § 128 Rn. 1; Zöller/*Greger*, § 128 Rn. 1; *Prütting* in: Wieczorek/Schütze, Einleitung Rn. 96; MüKo ZPO/*Rauscher*, Einleitung Rn. 404; *Rosenberg/Schwab/Gottwald*, § 79 Rn. 1.

112 BGH NJW 1997, 397 (398 a.E.); MüKo ZPO/*Fritsche*, § 128 Rn. 1; Zöller/*Greger*, § 128 Rn. 1; *Prütting* in: Wieczorek/Schütze, Einleitung Rn. 96; MüKo ZPO/*Rauscher*, Einleitung Rn. 404; *Rosenberg/Schwab/Gottwald*, § 79 Rn. 1.

richt gemeinsam erarbeitet und für verbindlich erklärt wird.[113] Denn hier wird im Rahmen eines mündlichen Gesprächs der für das weitere Verfahren entscheidende Tatsachenstoff zusammengetragen. Problematisch wird es demgegenüber, wenn das Basisdokument tatsächlich rein elektronisch erstellt und erst im Anschluss mündlich verhandelt wird. Zwar soll das Basisdokument in diesem Fall nach der Vorstellung der Arbeitsgruppe erst nach Schluss der mündlichen Verhandlung verbindlich werden,[114] was den Eindruck nahelegt, dass die mündliche Verhandlung für den Inhalt des Basisdokumentes entscheidend ist. Allerdings heißt es an anderer Stelle im Diskussionspapier, dass mündlicher Sachvortrag lediglich „zu Protokoll genommen"[115] und nach „Belieben der vortragenden Partei im Wortlaut der Protokollierung" in das Basisdokument eingefügt werden soll.[116] Da mündlicher Sachvortrag folglich nur auf Betreiben der Parteien seinen Weg in das Basisdokument finden soll, hat der Vorschlag zur Folge, dass der Inhalt der mündlichen Verhandlung nicht mehr ohne Weiteres für die Entscheidung des Gerichts relevant ist. Auch wenn die Arbeitsgruppe dem Gericht gestattet, in der Entscheidung auf das Protokoll Bezug zunehmen,[117] verändert der Vorschlag damit die Bedeutung der mündlichen Verhandlung und gerät in einen Konflikt mit dem Mündlichkeitsgrundsatz, so wie er derzeit nach den Vorschriften der ZPO ausgestaltet ist.[118] Zu untersuchen ist deshalb, ob dieser Konflikt lediglich den Gestaltungsspielraum des einfachen Gesetzgebers betrifft oder außerdem auch verfassungsrechtliche Vorgaben berührt.

Ob und inwiefern der **Mündlichkeitsgrundsatz verfassungsrechtlich garantiert** 34
wird, ist nicht abschließend geklärt.[119] Unklar ist insbesondere, ob die Parteien einen Anspruch auf Durchführung einer mündlichen Verhandlung haben. Für die Frage, ob die vorgeschlagene Ausgestaltung des Basisdokumentes verfassungsrechtliche Probleme aufwirft, kommt es darauf allerdings nicht an. Denn Einigkeit besteht darüber, dass das Gericht – wenn es denn eine mündliche Verhandlung durchführt – im Rahmen der Verhandlung **rechtliches Gehör** gewähren muss (Art. 103 I GG).[120] Es muss den Parteien folglich in der Verhandlung Gelegenheit zur Äußerung geben sowie das Geäußerte zur

113 S. zum Strukturierungstermin Diskussionspapier „Modernisierung des Zivilprozesses" (Fn. 1), S. 40.

114 Diskussionspapier „Modernisierung des Zivilprozesses" (Fn. 1), S. 40.

115 Diskussionspapier „Modernisierung des Zivilprozesses" (Fn. 1), S. 42.

116 Diskussionspapier „Modernisierung des Zivilprozesses" (Fn. 1), S. 42.

117 Diskussionspapier „Modernisierung des Zivilprozesses" (Fn. 1), S. 42.

118 Einen weiteren Konflikt mag man darin sehen, dass das Basisdokument – anders als bislang (§§ 137 II, 297 II ZPO) – nach der Vorstellung der Arbeitsgruppe auch ohne Bezugnahme in der mündlichen Verhandlung Grundlage der Entscheidung werden kann. Das Ausmaß dieses Konfliktes dürfte aber klein sein, da sich kaum vorstellen lässt, dass die Parteien und das Gerichte verhandeln, ohne auf das Basisdokument und den darin getätigten Sachvortrag Bezug zu nehmen.

119 S. dazu ausführlich unten Rn. 41ff.

120 BverfG NJW 2019, 2919 (Rn. 9); BeckRS 2018, 14018 (Rn. 8); NJW 2012, 2262 (Rn. 21); NJW 1977, 1443; *Kment* in: Jarass/Pieroth, GG, 16. Aufl. 2020, Art. 103 Rn. 34.

Kenntnis nehmen und außerdem „in Erwägung“ ziehen.[121] Aus dem Anspruch auf rechtliches Gehör ergibt sich somit ein Recht der Parteien darauf, dass Äußerungen, die in der mündlichen Verhandlung getätigt werden, am Ende vom Gericht auch berücksichtigt werden. Durch den Vorschlag der Arbeitsgruppe wird dieses Recht insofern berührt, als er für die Berücksichtigung mündlich getätigter Äußerungen eine zusätzliche Hürde – nämlich die Übertragung der protokollierten Äußerung in das Basisdokument – aufbaut.[122]

35 Trotzdem wird man im Ergebnis eine Verletzung des verfassungsrechtlich garantierten **Anspruchs auf rechtliches Gehört** verneinen müssen. Denn dieser verlangt nicht, dass jede mündliche Äußerung der Parteien der Entscheidung zugrunde gelegt wird. So ist es – wie gerade schon gesehen – verfassungsrechtlich zulässig, mündlichen (und sogar schriftlichen) Sachvortrag aus formellen oder materiellen Gründen außen vor zu lassen,[123] zum Beispiel weil (Präklusions-)Fristen versäumt wurden.[124] Zudem kann mündlicher Vortrag im Anwaltsprozess (§ 78 ZPO) vollständig ignoriert werden, wenn die betroffene Partei ohne Rechtsbeistand zur mündlichen Verhandlung erscheint (§ 137 IV ZPO).[125] Verfassungsrechtliche Probleme ergeben sich auch insofern nicht. Denn der Anwaltszwang – einschließlich seiner präkludierenden Wirkung in der mündlichen Verhandlung – wird als verhältnismäßiges Mittel zur Erreichung von Allgemeinwohlzielen, insbesondere zur Sicherung einer geordneten Rechtspflege angesehen.[126]

36 Im Hinblick auf den Vorschlag der Arbeitsgruppe folgt daraus, dass eine Beeinträchtigung des Anspruchs auf rechtliches Gehör zumindest dann abzulehnen ist, wenn das Basisdokument selbst ein **verhältnismäßiges Mittel** darstellt, um das **Allgemeinwohlziel** einer geordneten, vor allem aber zügigen Rechtspflege zu verwirklichen, und wenn die parteibetriebene Übertragung mündlich getätigter Äußerungen in das Basisdokument ein verhältnismäßiges Mittel ist, um das Basisdokument sinnvoll zu verwirklichen. Beides dürfte sich im Ergebnis gut bejahen lassen. Zumindest spricht der erste Anschein – und der weite Ausgestaltungsspielraum des Gesetzgebers – dafür, dass das Basisdokument und die parteibetriebene Übernahme protokollierter mündlicher Äuße-

---

121 BverfG, Beschluss v. 7.7.2020 – 1 BvR 596/17 (Rn. 10) (juris); NJW 2020, 142 (Rn. 8); BeckRS 2019, 16042 (Rn. 14); NJW 1997, 2310 (2312); NJW 1987, 485; NJW 1978, 989; *Kment* in: Jarass/Pieroth, Art. 103 Rn. 16; BeckOK-GG/*Radtke*, 50. Ed., 15.2.2022, Art. 103 Rn. 13.

122 Dass das Gericht protokollierte Äußerungen nach dem Vorschlag der Arbeitsgruppe auch ohne Überführung in das Basisdokument in der Entscheidung in Bezug nehmen darf, ändert daran nichts. Denn ausweislich des Diskussionspapiers wird die Berücksichtigung des Protokolls nicht vorgeschrieben, sondern steht im Ermessen des Gerichts („kann“). Will eine Partei sicherstellen, dass eine bestimmte Äußerung in der Entscheidung berücksichtigt wird, so muss sie diese in das Basisdokument übertragen.

123 BVerfG NJW 2020, 142 (Rn. 8); NJW 1997, 2310 (2312); NJW 1987, 485; NJW 1967, 923.

124 BVerfG NJW 2020, 142 (Rn. 11f.).

125 BVerfG NJW 1974, 1279; NJW 1993, 3192; NJW 2010, 3291 Rn. 13; BVerwG, NJW 1984, 625; OLG Frankfurt NJW-RR 2010, 140; MüKo ZPO/*Fritsche*, § 137 Rn. 14; BeckOK-ZPO/*von Selle*, § 137 Rn. 12.

126 Vgl. auch BVerfG NJW 2010, 3291 (Rn. 13) (m.w.N.) und BVerfG NJW 1988, 545 jeweils unter dem Gesichtspunkt von Art. 12 GG.

rungen als verhältnismäßiges Mittel zur Beschleunigung gerichtlicher Verfahren anzusehen ist. Insbesondere dürfte sich die vorgeschlagene Übertragung mündlicher Äußerungen in das Basisdokument nicht als unzumutbare Belastung der Parteien darstellen. Dies gilt zumindest dann, wenn das Gericht auf die Notwendigkeit zur Übertragung hinweist und für die Übertragung eine angemessene Frist eingeräumt wird.

Insgesamt bestehen damit gegen den Vorschlag zur Strukturierung des Sachvor- 37
trags mit Hilfe eines Basisdokuments keine verfassungsrechtlichen Bedenken. Nicht gesagt ist damit freilich, dass die von der Arbeitsgruppe vorgeschlagene Ausgestaltung des Basisdokuments auch die denkbar beste ist.[127] Tatsächlich erschiene es überzeugender, mündlichen Sachvortrag der Parteien direkt in der mündlichen Verhandlung – ohne Umweg über das Protokoll – in das Basisdokument einzufügen. Warum die Arbeitsgruppe diesen Weg nicht näher in Betracht gezogen hat, lässt sich dem Diskussionspapier leider nicht entnehmen.

F. Verlagerung des Verfahrens in den virtuellen Raum

Mit dem digitalen Zugang zu Gericht und der digitalen Strukturierung des Parteivor- 38
trags wird derzeit über eine Reform der deutschen Ziviljustiz diskutiert, die zivilgerichtliche Verfahren ohne Zweifel einem deutlichen Wandel unterziehen würden. Noch einen Schritt weiter gehen allerdings Vorschläge, die darauf abzielen, alle oder zumindest bestimmte zivilgerichtliche Verfahren **vollständig in den virtuellen Raum** zu verlagern. Im Mittelpunkt der Diskussion steht auch hier das Diskussionspapier der Arbeitsgruppe „Modernisierung des Zivilprozesses". Denn dieses befürwortet für bestimmte standardisierbare Massenverfahren zwischen Verbrauchern und Unternehmern die Einführung eines **beschleunigten Online-Verfahrens.**[128] Dieses soll vollständig digital ablaufen und eine effiziente Antwort auf gleichgelagerte Massenverfahren geben, die einige Zivilgerichte in den letzten Jahren zunehmend an ihre Leistungsgrenze gebracht haben. Daneben soll das beschleunigte Online-Verfahren allerdings auch dazu beitragen, einer digitalisierten Gesellschaft ein modernes Streitbeilegungsangebot zu machen. Die Arbeitsgruppe strebt damit eine begrüßenswerte Förderung zivilgerichtlicher Verfahren mit Hilfe digitaler Instrumente sowie die Effektuierung des Justizgewährungsanspruchs an.[129]

Problematisch ist allerdings, dass das vorgeschlagene beschleunigte Online-Verfah- 39
ren zumindest dem Grundsatz nach **ohne mündliche Verhandlungen** auskommen soll.

127 Kritisch zu den möglichen Effizienzgewinnen beispielsweise *M. Stürner*, ZZP 135 (2022), 369 (384).
128 Diskussionspapier „Modernisierung des Zivilprozesses" (Fn. 1), S 76 ff.; ähnlich *Rühl*, JZ 2020, 809 (813 f.); s. zum beschleunigten Online-Verfahren auch *Korves* in: Adrian/Kohlhase/Evert/Zwickel (Hrsg.), Digitalisierung von Zivilprozess und Rechtsdurchsetzung, S. 117 ff.
129 *Rühl* in: FS Singer, S. 591 (597 f.).

Es gerät damit potentiell in Konflikt mit verschiedenen anerkannten Verfahrensgrundsätzen, namentlich mit dem Mündlichkeits- und dem Öffentlichkeitsgrundsatz. Vergleichbare Konflikte können außerdem entstehen, wenn – wie vielfach[130] und auch von der Arbeitsgruppe[131] vorgeschlagen – mündliche Verhandlungen im Rahmen „normaler Erkenntnisverfahren" vollständig per Videokonferenz durchgeführt werden, ohne dass den Parteien die Möglichkeit gegeben wird, alternativ im Sitzungssaal in Präsenz teilzunehmen. Da diesen Vorschlägen und den möglichen Konflikten mit dem Mündlichkeits- und dem Öffentlichkeitsgrundsatz in diesem Band ein eigener Beitrag gewidmet ist,[132] soll auf sie im Folgenden aber nicht weiter eingegangen werden.

I. Konflikt mit dem Mündlichkeitsgrundsatz?

40 Der Grundsatz der Mündlichkeit ist einfachgesetzlich in § 128 I ZPO geregelt und verlangt bei erstinstanzlichen zivilgerichtlichen Verfahren grundsätzlich die **Durchführung einer mündlichen Verhandlung**.[133] Allerdings gilt der Mündlichkeitsgrundsatz – wie eingangs bereits dargelegt – nicht ohne Ausnahmen.[134] So können Zivilgerichte beispielsweise nach § 128 II ZPO Entscheidungen ohne eine mündliche Verhandlung treffen, wenn die Parteien zustimmen. Und wenn der Streitwert € 600 nicht übersteigt, muss im amtsgerichtlichen Verfahren nach § 495a ZPO nur auf Antrag mündlich verhandelt werden. Zumindest wenn die Parteien im Einzelfall einverstanden sind und das Gericht eine mündliche Verhandlung für entbehrlich hält, lässt das geltende Recht folglich bereits heute ein rein schriftliches Verfahren zu. Nach der Vorstellung der Arbeitsgruppe soll das beschleunigte Online-Verfahren allerdings bei standardisierbaren Massenverfahren zwischen Unternehmern und Verbrauchern nicht nur im Einzelfall, sondern ganz **grundsätzlich ohne mündliche Verhandlung** geführt werden. Zudem soll das Verfahren für die unternehmerische Seite verpflichtend sein.[135] Da die mündliche Verhandlung folglich ohne Einverständnis des Unternehmers wegfällt, gerät der Vorschlag zumindest mit der derzeitigen Ausgestaltung des Mündlichkeitsgrundsatzes in Konflikt. Die entscheidende Frage ist deshalb, ob der Gesetzgeber das beschleunigte Online-Ver-

130 S. nur *Fries*, GVRZ 2020, 27; *Fries/Podszun/Windau*, RDi 2020, 49; *Köbler*, NJW 2021, 1072; *Mantz/Spoenle*, MDR 2020, 637 (643); *Reuß*, JZ 2020, 1135.

131 Diskussionspapier „Modernisierung des Zivilprozesses" (Fn. 1), S. 45ff.

132 *Paschke*, § 27; s. dazu außerdem ausführlich und grundlegend *Deichsel*, Digitalisierung der Streitbeilegung, S. 211ff.; *Paschke*, Digitale Gerichtsöffentlichkeit; *Paschke*, MMR 2019, 563; sowie *Denninger*, BB 2020, 1464 (1466f.); *Eschenhagen*, Öffentlichkeit in Online-Gerichtsverhandlungen, Verfassungsblog, 26.4. 2020, https://verfassungsblog.de/oeffentlichkeit-in-online-gerichtsverhandlungen/; *Fries* GVRZ 2020, 27 (Rn. 11–17, 20f.); *Fries/Podszun/Windau* RDi 2020, 49 (55); *Reuß*, JZ 2020, 1135; *Spitzer* in: Althammer/Roth (Hrsg.), Prozessuales Denken und Künstliche Intelligenz, i.E.; *M. Stürner*, ZZP 135 (2022), 369 (390).

133 Statt vieler MüKo ZPO/*Fritsche*, § 128 Rn. 1; MüKo ZPO/*Rauscher*, Einleitung Rn. 400.

134 Statt vieler *Rosenberg/Schwab/Gottwald* § 79 Rn. 1ff.; HdBGrR V/*Uhle*, § 129, Rn. 80; s. dazu aus rechtsvergleichender Perspektive *Kern*, JZ 2012, 389 (390f.).

135 Diskussionspapier „Modernisierung des Zivilprozesses" (Fn. 1), S. 89f.

fahren trotzdem einführen und damit den Mündlichkeitsgrundsatz unter Hinweis auf den digitalen Wandel reformulieren könnte – oder ob insofern Bedenken bestehen.

Wie oben bereits angedeutet, ist bislang ungeklärt, ob der Mündlichkeitsgrundsatz verfassungsrechtlichen Schutz genießt. Während die Literatur dies unter Hinweis auf das Rechtsstaatsprinzip vielfach bejaht,[136] betont das Bundesverfassungsgericht, dass sich jedenfalls aus dem Anspruch auf rechtliches Gehör (Art. 103 I GG) **kein Anspruch auf eine mündliche Verhandlung** ergibt.[137] Lediglich einen „**Grundsatz öffentlicher mündlicher Verhandlung**" will das Gericht als Ausprägung des Rechtstaats- und Demokratieprinzips anerkennen.[138] Offen bleibt dabei allerdings, ob dies als verfassungsrechtliche Verankerung des Mündlichkeitsgrundsatzes oder lediglich dahingehend zu verstehen ist, dass eine mündliche Verhandlung, wenn sie denn stattfindet, öffentlich sein muss. Im Ergebnis kommt es darauf aber auch nicht an. Denn es ist anerkannt, dass der **Mündlichkeitsgrundsatz** durch das **Völker- und das Europarecht** abgesichert ist, und zwar durch **Art. 6 EMRK**[139] und durch **Art. 47 EuGrCh**[140]. Anerkannt ist allerdings ebenfalls, dass danach der Mündlichkeitsgrundsatz nicht absolut gilt, sondern der Ausgestaltung und auch der Einschränkung durch den einfachen Gesetzgeber zugänglich ist. Fraglich ist deshalb, wo die Grenzen für die Ausgestaltung liegen – und ob der Vorschlag der Arbeitsgruppe zur Einführung eines beschleunigten Online-Verfahrens diese Grenzen überschreitet. 41

Nach der **Rechtsprechung des EGMR** ist die Durchführung einer mündlichen Verhandlung zunächst einmal dann entbehrlich, wenn die Betroffenen auf ihr dahingehendes Recht verzichten.[141] Unproblematisch wäre die Einführung eines reinen Online-Verfahrens folglich dann, wenn es für die Parteien optional wäre oder die Parteien die Durchführung einer mündlichen Verhandlung zumindest beantragen könnten.[142] Beides sieht der Vorschlag der Arbeitsgruppe jedoch nicht vor. Vielmehr soll das Verfahren 42

---

136 MüKo ZPO/*Fritsche*, § 128 Rn. 3; MüKo ZPO/*Rauscher*, Einleitung Rn. 399; *R. Stürner* in: FS Baur, S. 647 (661).

137 Z. B. BVerfG BeckRS 2018, 14018 (Rn. 8); NJW 2014, 2563 Rn. 8; NJW 1994, 1053; NJW 1963, 757 (758); NJW 1977, 1443; NJW 1959, 1124; s. auch *Remmert* in: Dürig/Herzog/Scholz, GG, 95. EL Juli 2021, Art. 103 I Rn. 65; *Kment* in: Jarass/Pieroth, Art. 103 Rn. 34.

138 S. dazu Fn. 32.

139 EGMR, Urteil v. 30.6.2020 – 58512/16 – *Cimperšek v. Slowenien* (Rn. 41); Urteil v. 6.11.2018 – 55391/13, 57728/13, 74041/13 – *Ramos Nunes de Carvalho e SÁ v. Portugal* (Rn. 188); BeckRS 2011, 143984 (Rn. 85) – *Juričić v. Kroatien*; BeckRS 2011, 143391 (Rn. 56) – *Fexler v. Schweden*; BeckRS2005, 157636 (Rn. 53) – *Alatulkkila et al. V. Finnland*; BeckRS 2002, 164704 (Rn. 34) – *Salomonsson v. Schweden*; *Voß*, VuR 2021, 243 (247); MüKo ZPO/*Fritsche*, § 128 Rn. 3; MüKo StPO/*Gaede*, 1. Aufl. 2018, Art. 6 EMRK Rn. 118; MüKo ZPO/*Rauscher*, Einleitung Rn. 317.

140 *Jarass*, Charta der Grundrechte der EU, 4. Aufl. 2021, Art. 47 Rn. 50; daran anschließend *Voß*, VuR 2021, 243 (247).

141 EGMR BeckRS 2011, 143984 (Rn. 87) – *Juričić v. Kroatien*; BeckRS 2005, 157636 (Rn. 53) – *Alatulkkila et al. V. Finnland*; EGMR BeckRS 2002, 164704 (Rn. 34) – *Salomonsson v. Schweden*.

142 So auch *Huber*, ZZP 135 (2022), 183 (204); *Rühl* in: FS Singer, S. 591 (600 f.); *Voß*, VuR 2021, 243 (247 f.).

für die unternehmerische Seite zwingend sein und die Durchführung einer mündlichen Verhandlung im Ermessen des Gerichts stehen.

43 Eine **Einschränkung des Mündlichkeitsgrundsatzes** ist nach Auffassung des EGMR aber auch dann – und ohne Einverständnis der Parteien möglich –, wenn eine mündliche Verhandlung aufgrund **außergewöhnlicher Umstände** *(exceptional circumstances)* nicht erforderlich ist.[143] Wann dies der Fall ist, soll von der Natur der verhandelten Fälle – und nicht von ihrer Häufigkeit – abhängen.[144] Zudem dürfen – wenn auch nicht ausschließlich[145] – Effizienz und Wirtschaftlichkeit des Verfahrens bei der Beurteilung der Erforderlichkeit berücksichtigt werden.[146] Eine mündliche Verhandlung soll deshalb zum Beispiel bei Fällen entbehrlich sein, 1) die auch auf Grundlage der Akten fair und angemessen (*fairly and reasonably*) entschieden werden können, 2) die lediglich Rechtsfragen von begrenztem Umfang oder von begrenzter Schwierigkeit zum Gegenstand haben oder 3) bei denen komplexe Fragen beantwortet werden müssen, die sich besser schriftlich klären lassen.[147] Ein Verzicht auf eine mündliche Verhandlung soll demgegenüber ausscheiden, wenn sich das Gericht einen persönlichen Eindruck von den Parteien verschaffen muss oder einzelne Aspekte des Falles durch Anhörung der Parteien zu klären sind.[148]

44 Dem von der Arbeitsgruppe vorgeschlagenen Online-Verfahren begegnen vor diesem Hintergrund keine Bedenken, wenn die Streitigkeiten, die in den Anwendungsbereich des Verfahrens fallen sollen, unabhängig vom Einverständnis der Parteien gemessen an den genannten Kriterien keine mündliche Verhandlung erfordern.[149] Ob dies der Fall ist, entzieht sich freilich einer abschließenden Beurteilung, da die Arbeitsgruppe darauf verzichtet, genau zu spezifizieren, auf welche massenhaft auftretenden Streitigkeiten zwischen Verbrauchern und Unternehmern das Verfahren im Einzelnen Anwendung finden soll.[150] Für die beispielhaft genannten Verfahren zur Durchsetzung

---

143 Eine Übersicht über die außergewöhnlichen Umstände bietet EGMR, Urteil v. 6.11.2018 – 55391/13, 57728/13, 74041/13 – *Ramos Nunes de Carvalho e SÁ v. Portugal* (Rn. 190); s. daneben auch Urteil v. 30.6.2020 – 58512/16 – *Cimperšek v. Slowenien* (Rn. 41); BeckRS 2011, 143391 (Rn. 57) – *Fexler v. Schweden*; EGMR BeckRS 2002, 164704 (Rn. 34) – *Salomonsson v. Schweden*; EuGH, Urteil v. 26.7.2017, C 348/16, ECLI:EU:C:2017:591 (Rn. 47) – *Sacko*.

144 EGMR BeckRS 2011, 143391 (Rn. 57) – *Fexler v. Schweden*.

145 S. etwa EGMR, Urteil v. 11.7.2002 – 36590/97) – *Göç v. Türkei* (Rn. 51). S. dazu auch *Voß*, VuR 2021, 243 (247).

146 EGMR BeckRS 2011, 143391 (Rn. 57) – *Fexler v. Schweden*; EGMR NJW 2003, 1921 (1923) – *Werner Petersen v. Deutschland*; im Anschluss daran auch *Kern* in: Stein/Jonas, § 128 Rn. 7.

147 S. nur EGMR, Urteil v. 6.11.2018 – 55391/13, 57728/13, 74041/13 – *Ramos Nunes de Carvalho e SÁ v. Portugal* (Rn. 190), in dem der Gerichtshof seine vorherige Rechtsprechung m.w.N. aus seiner Rechtsprechung zusammenfasst.

148 S. die Zusammenfassung in EGMR, Urteil v. 6.11.2018 – 55391/13, 57728/13, 74041/13 – *Ramos Nunes de Carvalho e SÁ v. Portugal* (Rn. 191).

149 Größere Bedenken meldet hingegen *Voß*, VuR 2021, 243 (247f.) an.

150 Diskussionspapier „Modernisierung des Zivilprozesses" (Fn. 1), S. 97f.

von Entschädigungen nach der Fluggastrechte-Verordnung[151] scheint es jedoch naheliegend, dass die Voraussetzungen erfüllt sind. Denn hier stellen sich in den meisten Fällen weder schwierige Rechtsfragen noch kommt es auf den persönlichen Eindruck der Parteien an. Allerdings muss sichergestellt werden, dass eine mündliche Verhandlung durchgeführt werden kann, wenn es – trotz der Beschränkung auf bestimmte Verfahrensgegenstände – ausnahmsweise Bedarf dafür gibt, etwa weil im konkreten Einzelfall eine Rechtsfrage schwieriger ist als üblich oder es wegen besonderer Umstände ausnahmsweise doch auf den persönlichen Eindruck der Parteien ankommt. Genau dies sieht der Vorschlag aber vor. Denn nach dem Ermessen des Gerichts soll das Verfahren in das „Regelverfahren" ausgesteuert werden können.[152]

II. Konflikt mit dem Öffentlichkeitsgrundsatz?

Mit dieser Feststellung ist freilich die Unbedenklichkeit des Vorschlags noch nicht fest- 45
gestellt. Denn neben dem Mündlichkeitsgrundsatz müssen auch die Vorgaben des **Öffentlichkeitsgrundsatzes** gewahrt werden. Dieser wird – anders als der Mündlichkeitsgrundsatz – nach mittlerweile ständiger Rechtsprechung des Bundesverfassungsgerichts als **Ausprägung des Rechtstaats- und Demokratieprinzips** verfassungsrechtlich abgesichert.[153] Allerdings gilt auch der Öffentlichkeitsgrundsatz nicht absolut.[154] Nach geltendem Recht wird er beispielsweise durch die oben bereits erwähnten Möglichkeiten, Verfahren nach § 128 II ZPO und § 495a ZPO schriftlich zu führen, beschränkt. Daneben kann die Öffentlichkeit unter den Voraussetzungen der §§ 170 ff. GVG von der mündlichen Verhandlung ausgeschlossen werden. Zu klären ist deshalb, ob sich das vorgeschlagene beschleunigte Online-Verfahren für bestimmte massenhaft auftretende Streitigkeiten zwischen Verbrauchern und Unternehmern noch im Rahmen des Ausgestaltungsspielraums des Gesetzgebers bewegt oder ob es mit dem verfassungsrechtlich nicht abdingbaren Kern des Öffentlichkeitsgrundsatzes in Konflikt gerät.

Feststellen lässt sich hier zunächst einmal, dass das vorgeschlagene Online-Verfah- 46
ren den Öffentlichkeitsgrundsatz sehr viel stärker einschränkt als es die §§ 128 II, 495a ZPO derzeit tun. Ausschlaggebend dafür ist, dass der Vorschlag – anders als §§ 128 II und 495a ZPO – die erfassten Verfahren ganz unabhängig vom Einverständnis der Parteien der Öffentlichkeit entzieht. Die daraus resultierenden Konflikte mit dem Öffentlichkeitsgrundsatz lassen sich auch nicht ohne Weiteres mit dem Hinweis auf die oben beschriebene Rechtsprechung des EGMR zum Mündlichkeitsgrundsatz lösen. Denn der **Öffentlichkeitsgrundsatz** dient **Funktionen**, die über die Funktionen des Mündlich-

151 Diskussionspapier „Modernisierung des Zivilprozesses" (Fn. 1), S. 85.
152 Diskussionspapier „Modernisierung des Zivilprozesses" (Fn. 1), S. 85 f.
153 S. dazu Fn. 32.
154 Vgl. BverfGE 103, 44, 63.

keitsgrundsatzes hinausweisen. Insbesondere soll er das Informationsbedürfnis der Allgemeinheit befriedigen, Vertrauen in gerichtliche Verfahren stärken und die Rechtsprechung kontrollieren.[155] Die verfassungsrechtlichen Grenzen des Ausgestaltungsspielraums des Gesetzgebers sind deshalb dann erreicht, wenn diese Funktionen nicht mehr erfüllt werden.[156]

47 Im Hinblick auf das vorgeschlagene Online-Verfahren ließe sich vor diesem Hintergrund argumentieren, dass es den Öffentlichkeitsgrundsatz nicht zu stark – jedenfalls nicht in verfassungsrechtlich relevanter Weise – einschränkt, da es nur für bestimmte Streitigkeiten gelten soll und mithin bei anderen Verfahren die Öffentlichkeit uneingeschränkt gewährleistet wird. Im Ergebnis überzeugt diese Überlegung allerdings nicht. Denn der Vorschlag der Arbeitsgruppe schafft den Öffentlichkeitsgrundsatz für eine ganze Gruppe von Verfahren – nämlich die Verfahren, die als standardisierbare Massenverfahren eingeordnet werden – im Prinzip vollständig ab.[157] Im Hinblick auf diese Verfahren kann der Öffentlichkeitsgrundsatz folglich keine der ihm zugeschriebenen Funktionen erfüllen. Insbesondere findet keine Kontrolle der Rechtsprechung durch die Öffentlichkeit mehr statt. Der Vorschlag erscheint damit in der vorgelegten Form verfassungsrechtlich zumindest sehr bedenklich.[158]

48 Freilich: Damit ist nicht gesagt, dass ein Online-Verfahren mit dem Öffentlichkeitsgrundsatz schlechterdings unvereinbar ist. Tatsächlich lässt sich der **Konflikt durch eine geeignete Ausgestaltung des Verfahrens auflösen**. So könnte das Online-Verfahren zum Beispiel optional ausgestaltet werden oder eine mündliche Verhandlung zumindest auf Antrag der Parteien durchgeführt werden.[159] Auf diese Weise würden zumindest einige der erfassten Verfahren wieder in die Öffentlichkeit gelangen und so eine Kontrolle der Rechtsprechung ermöglichen. Zudem würde sich eine derartige Ausgestaltung nahtlos in die §§ 128 II, 495a ZPO einfügen, da die Parteien durch die Verfügungsmöglichkeit über die mündliche Verhandlung faktisch auch über die Öffentlichkeit disponieren. Alternativ – oder auch ergänzend – ließe sich darüber nachdenken, ob die Ziele des Öffentlichkeitsgrundsatzes auch anders als durch eine mündliche Verhand-

155 S. dazu § 27 Rn. 4ff. (*Paschke*). S. außerdem BVerfG NJW 2001, 1633 (1635); EGMR NJW 1986, 2177 (Rn. 21); BGH NJW 1953, 712; *von Coelln*, Zur Medienöffentlichkeit der Dritten Gewalt, S. 177ff.; MüKoZPO/*Pabst*, § 169 GVG Rn. 1; *Paschke*, Digitale Gerichtsöffentlichkeit, S. 96ff., insbesondere 104ff.; *R. Stürner* in: FS Baur, S. 659f.; *Voß*, VuR 2021, 243 (248f.).

156 S. dazu § 27 Rn. 7 (*Paschke*); s. außerdem *Paschke*, Digitale Gerichtsöffentlichkeit, S. 82 (m.w.N.); vgl. auch BVerfG NJW 2001, 1633 (1635); NJW 1955, 17 (18); MüKoZPO/Pabst, § 169 GVG Rn. 4; *R. Stürner* in: FS Baur, S. 659f.

157 Kritisch ebenfalls *Huber*, ZZP 135 (2022), 183 (204).

158 Ebenso auch schon *Rühl* in: FS Singer, 591 (600f.); *Voß*, VuR 2021, 243 (248f.); anders läge der Fall, wenn das digitale Verfahren für alle Streitigkeiten offen wäre und die Wahl des Verfahrens den Parteien überlassen bliebe. Denn hierdurch würden nicht bestimmte Verfahren systematisch der Öffentlichkeit entzogen; s. dazu *Rühl*, JZ 2020 (809) 813f.

159 So auch *Huber*, ZZP 135 (2022), 183 (204); *Rühl* in: FS Singer, 591 (600f.)

lung erreicht werden können.[160] Erwägenswert wäre beispielsweise eine bessere Zugänglichmachung vorgelagerter Prozessphasen beispielsweise durch Veröffentlichung (ausgewählter) Prozessdokumente[161] oder eine breitere Veröffentlichung von Urteilen.[162]

III. Konflikt mit dem Unmittelbarkeitsgrundsatz?

Der Vorschlag der Arbeitsgruppe wirft allerdings nicht nur Fragen im Hinblick auf den Mündlichkeits- und den Öffentlichkeitsgrundsatz auf. Hinzu treten außerdem potentielle Konflikte mit dem **Unmittelbarkeitsgrundsatz**. Die Arbeitsgruppe möchte nämlich die Schaffung eines voll digitalen beschleunigten Online-Verfahrens mit der Schaffung **zentraler Online-Gerichte** verbinden, die die Bearbeitung von Online-Verfahren unabhängig von den sonstigen Regeln zur sachlichen und örtlichen Zuständigkeit übernehmen sollen.[163] Da es allerdings nach Auffassung der Arbeitsgruppe auch bei einem rein digitalen Verfahren ausnahmsweise nötig werden kann, eine **mündliche Verhandlung in Präsenz** durchzuführen, möchte sie Gerichten nach ihrem Ermessen gestatten, ein Verfahren, das als beschleunigtes Online-Verfahren eingeleitet wurde, in das „Regelverfahren" auszusteuern,[164] und zwar ohne dass bisherige Prozessergebnisse, wie Beweiserhebungen oder Teilurteile verloren gehen.[165] Hier drängt sich ein Konflikt mit dem Unmittelbarkeitsgrundsatz auf, weil das Verfahren im Falle der Aussteuerung vor einem anderen Gericht zu Ende geführt wird. 49

Der **Unmittelbarkeitsgrundsatz** zählt ebenso wie der Dispositionsgrundsatz, der Beibringungsgrundsatz und der Mündlichkeitsgrundsatz zu den **anerkannten Verfahrensgrundsätzen** des deutschen Zivilprozessrechts.[166] Er kommt in unterschiedlichen Ausprägungen daher.[167] Für das zivilgerichtliche Verfahren allein entscheidend – und charakteristisch – ist der Grundsatz der **formellen Unmittelbarkeit**.[168] Er besagt, dass 50

160 So auch *Huber*, ZZP 135 (2022), 183 (204); *Voß*, RabelsZ 84 (2020) 62 (92); *Voß*, VuR 2021, 243 (208f.); s. dazu auch die Vorschläge von *Paschke*, Digitale Gerichtsöffentlichkeit, S. 260; sowie *Paschke*, MMR 2019, 563, 565 zur Veröffentlichung verfahrensbezogener Dokumente über ein Justizportal.

161 So *Huber*, ZZP 135 (2022), 183 (204); *Paschke*, Digital Gerichtsöffentlichkeit, S. 264 und 304; *Paschke*, MMR 2019, 563, 565; *Voß*, RabelsZ 84 (2020) 62, 92.

162 So auch Diskussionspapier „Modernisierung des Zivilprozesses" (Fn. 1), S. 70f.

163 Diskussionspapier „Modernisierung des Zivilprozesses" (Fn. 1), S. 84.

164 Diskussionspapier „Modernisierung des Zivilprozesses" (Fn. 1), S. 85f.

165 Diskussionspapier „Modernisierung des Zivilprozesses" (Fn. 1), S. 87.

166 Vgl. *Kern*, ZZP 125 (2012), 53; MüKo ZPO/*Rauscher*, Einleitung Rn. 418; *R. Stürner* in: FS Baur, S. 647 (664); *Wallimann*, Der Unmittelbarkeitsgrundsatz im Zivilprozess, S. 313, 357ff.

167 S. dazu *Huber*, ZZP 135 (2022), 183 (199ff.); *Kern* in: Stein/Jonas, vor § 128 Rn. 233–236; *Kern*, ZZP 125 (2012), 53 (54–61); *Stadler* in: Musielak/Voit, § 355 Rn. 5; *Wallimann*, Der Unmittelbarkeitsgrundsatz im Zivilprozess, S. 151f.

168 Die formelle Unmittelbarkeit wird durch die materielle und die zeitliche Unmittelbarkeit ergänzt; s. dazu nur *Kern* in: Stein/Jonas, vor § 128 Rn. 233–236; *Kern*, ZZP 125 (2012), 53 (54–61); *Stadler* in: Musielak/Voit, § 355 Rn. 5; *Wallimann*, Der Unmittelbarkeitsgrundsatz im Zivilprozess, S. 151f.

das urteilende Gericht die mündliche Verhandlung und insbesondere die Beweisaufnahme aus eigener Anschauung kennen muss und sich keiner richterlichen oder beweismäßigen „Zwischenträger"[169] bedienen darf.[170] Einfachgesetzlich ergibt sich dies aus § 128 I ZPO, wonach die Parteien vor dem erkennenden Gericht mündlich verhandeln. Hinzu kommt, dass nach §§ 309, 355 I ZPO die Beweisaufnahme vor dem Prozessgericht zu erfolgen und Richterinnen und Richter das Urteil zu fällen haben, die der dem Urteil zugrunde liegenden Verhandlung beigewohnt haben.[171]

51 Verstößt der Vorschlag der Arbeitsgruppe, die Aussteuerung eines beschleunigten Online-Verfahrens in das „Regelverfahren" und einen damit verbundenen Wechsel des zuständigen Gerichts zuzulassen, vor diesem Hintergrund gegen den Unmittelbarkeitsgrundsatz? In der Literatur wird diese Frage zuweilen bejaht.[172] Zwar komme es auch nach geltendem Recht immer wieder zu einem Richterwechsel mit der Folge, dass der Richter, der das Urteil fälle, nicht selbst die Beweise erhoben habe.[173] Da in diesen Fällen aber der Spruchkörper als „Prozessgericht" (vgl. § 355 I 1 ZPO) identisch bleibe, sei dies strukturell nicht mit dem Vorschlag der Arbeitsgruppe vergleichbar.[174] Durch den Vorschlag werde nämlich der Rechtsstreit an einen anderen Spruchkörper verwiesen und damit das Prozessgericht ausgetauscht.[175] Zudem sei der Richterwechsel nach geltendem Recht die Ausnahme, während die Verweisung an einen anderen Spruchkörper den Unmittelbarkeitsgrundsatz konzeptionell durchbreche.[176]

52 Im Ergebnis können diese Überlegungen allerdings nicht überzeugen. Zum einen ist der formale Verweis darauf, dass beim Richterwechsel „das Prozessgericht" gleich bleibe, unergiebig. Zweck des Unmittelbarkeitsgrundsatzes ist es, Informationsmittler soweit wie möglich auszuschalten.[177] Dieser Zweck kann aber nur auf Ebene der konkreten Person verwirklicht werden. Ob eine Person das Prozessgericht verlässt oder das Prozessgericht ausgetauscht wird, ist daher – zumindest im amtsgerichtlichen Verfahren, in dem immer eine Einzelrichterin oder ein Einzelrichter entscheidet – gleichgültig.

---

169 *R. Stürner* in: FS Baur, S. 647 (664).

170 *Bruns* in: Bruns/Münch/Stadler (Hrsg.), Die Zukunft des Zivilprozesses, S. 53 (63); MüKo ZPO/*Heinrich*, § 355 Rn. 1; *Kern* in: Stein/Jonas, vor § 128 Rn. 235; *Kern*, ZZP 125 (2012), 53 (54); *Prütting* in: Wieczorek/Schütze, Einleitung Rn. 98; *R. Stürner* in: FS Baur, S. 647 (664); *Wallimann*, Der Unmittelbarkeitsgrundsatz im Zivilprozess, S. 152–154.

171 Vgl. *R. Stürner* in: FS Baur, S. 647 (664); *Wallimann*, Der Unmittelbarkeitsgrundsatz im Zivilprozess, S. 152.

172 *Voß*, VuR 2021, 243 (249f.).

173 *Voß*, VuR 2021, 243 (249f.).

174 *Voß*, VuR 2021, 243 (250).

175 *Voß*, VuR 2021, 243 (250).

176 *Voß*, VuR 2021, 243 (250).

177 *Berger* in: Stein/Jonas, ZPO, Band 5, 23. Aufl. 2015, § 355 Rn. 5; *R. Stürner* in: FS Baur, S. 647 (664); *Wallimann*, Der Unmittelbarkeitsgrundsatz im Zivilprozess, S. 162f.

Hinzu kommt, dass der **Unmittelbarkeitsgrundsatz** schon nach geltendem Recht zahlreichen **Ausnahmen** unterliegt.[178] So müssen die entscheidenden Richterinnen und Richter nach Auffassung der Rechtsprechung nicht während des gesamten Verfahrens, sondern nur in der letzten mündlichen Verhandlung anwesend sein.[179] Wechseln ein oder mehrere Richterinnen oder Richter zwischen Beweisaufnahme und Erlass des Urteils, muss die Beweisaufnahme nicht zwingend wiederholt werden.[180] Das Gericht darf auch das Protokoll der Beweisaufnahme im Wege des Urkundenbeweises verwerten.[181] Schließlich dürfen auch heute beauftragte oder ersuchte Richterinnen und Richter als Beweismittler eingesetzt werden (vgl. §§ 355 I 2, 361, 362 ZPO).[182] Es kann also entweder ein Mitglied des Prozessgerichts mit der Beweisaufnahme beauftragt (§ 361 ZPO) oder aber ein auswärtiges Amtsgericht ersucht werden (§ 362 ZPO i.V.m. § 157 GVG).[183] 53

Auch was die **„konzeptionelle Durchbrechung" des Unmittelbarkeitsgrundsatzes** betrifft, vermögen die Bedenken nicht durchzugreifen. Denn die Aussteuerung in das Regelverfahren soll nach dem Vorschlag der Arbeitsgruppe nicht die Regel sein, sondern die begründungsbedürftige Ausnahme bleiben. Sie ist damit funktional vergleichbar mit Ausnahmen, die bereits heute vom Unmittelbarkeitsgrundsatz zugelassen werden. Als Beispiel sei an dieser Stelle noch einmal an die Institute des beauftragten und des ersuchten Richters erinnert.[184] 54

Die besseren Argumente sprechen vor diesem Hintergrund gegen einen Konflikt mit dem Unmittelbarkeitsgrundsatz. Aber selbst wenn man einen solchen – mit den zitierten Stimmen aus der Literatur – bejahen würde, bliebe zu bedenken, dass der **Unmittelbarkeitsgrundsatz** verfassungsrechtlich nur sehr **schwach garantiert** wird.[185] Insbesondere kann er weder aus Art. 103 I GG[186] noch aus Art. 6 I EMRK[187] abgeleitet werden.[188] Eine Einschränkung des Unmittelbarkeitsgrundsatzes betrifft deshalb den Ausgestaltungsspielraum des Gesetzgebers und ist verfassungsrechtlich nur dann pro- 55

---

178 *R. Stürner* in: FS Baur, S. 647 (664).

179 BVerfG NJW 2008, 2243 (Rn. 14); *R. Stürner* in: FS Baur, S. 647.

180 BVerfG NJW 2008, 2243 (Rn. 18); BGH NJW-RR 1997, 506; NJW 1997, 1586 (1587); MüKo ZPO/*Heinrich*, § 355 Rn. 6; *R. Stürner* in: FS Baur, S. 647.

181 Näher dazu BVerfG NJW 2008, 2243 (Rn. 14); BGH NJW-RR 1997, 506; NJW 1997, 1586 (1587); MüKo ZPO/*Heinrich*, § 355 Rn. 6; s. außerdem die zusammenfassende Darstellung zum Richterwechsel bei *Wallimann*, Der Unmittelbarkeitsgrundsatz im Zivilprozess, S. 154–157, der neben der h.M. auch kritische Literaturstimmen darstellt.

182 MüKo ZPO/*Heinrich*, § 355 Rn. 14.

183 Vgl. zum Begriff des beauftragten und ersuchten Richters nur MüKo ZPO/*Heinrich*, § 355 Rn. 15.

184 MüKo ZPO/*Heinrich*, § 355 Rn. 6; *Kern*, ZZP 125 (2012), 53 (54).

185 BVerfG NJW 2008, 2243 (Rn. 20); vgl. zur verfassungsrechtlichen Absicherung des Unmittelbarkeitsgrundsatzes auch *R. Stürner* in: FS Baur, S. 647 (665).

186 BVerfG NJW 1953, 177 (178); *R. Stürner* in: FS Baur, S. 647 (665).

187 *R. Stürner* in: FS Baur, S. 647 (665).

188 Mit ausführlicher Begründung ebenso *Wallimann*, Der Unmittelbarkeitsgrundsatz im Zivilprozess, S. 257–261.

blematisch, wenn dadurch der rechtsstaatliche Charakter des Verfahrens insgesamt ernstlich beeinträchtigt wird.[189] Wann dies der Fall ist, lässt sich kaum abstrakt fassen. In der Literatur wird als Beispiel auf Richterinnen und Richter verwiesen, die über Vorgänge urteilen, die sie gar nicht kennen.[190] Davon kann bei der vorgeschlagenen Aussteuerung in das Regelverfahren aber keine Rede sein.

56 Im Ergebnis ist damit festzuhalten, dass der Vorschlag der Arbeitsgruppe, ein Online-Verfahren in ein Regelverfahren auszusteuern, in keinen Konflikt mit dem Unmittelbarkeitsgrundsatz gerät, zumindest aber keine verfassungsrechtlichen Grenzen überschreitet. Eine andere Frage ist freilich, ob die Idee zentraler Online-Gerichte auch jenseits zivilprozessualer Verfahrensgrundsätze und verfassungsrechtlicher Vorgaben zweckmäßig ist. Daran wird man Zweifel haben dürfen.[191] Tatsächlich erscheint es überzeugender, keine (spezialisierten) zentralen Online-Gerichte einzurichten, sondern ein rein digitales Verfahren als gleichberechtigte Alternative zum traditionellen Erkenntnisverfahren zu etablieren, das von allen Gerichten geführt werden kann.[192]

G. Automatisierung richterlicher Entscheidungen

57 Die in den vorstehenden Teilen beschriebenen Digitalisierungsvorschläge haben gemein, dass über sie – zum Teil schon seit längerer Zeit – intensiv diskutiert wird und dass sie zumindest technisch auch heute schon unproblematisch verwirklicht werden könnten. Anders sieht es im Hinblick auf die Vorschläge aus, die den Einsatz digitaler Instrumente im Kernbereich richterlicher Tätigkeit anstreben. Sie sind erst vor kurzer Zeit in das Blickfeld der interessierten Öffentlichkeit geraten und von einer Umsetzung in der Praxis überwiegend noch weit entfernt. Dies gilt insbesondere für Überlegungen, menschliche Richterinnen vollständig durch „**Robojudges**" zu ersetzen[193] oder Software flächendeckend unverbindliche Entscheidungs- oder Urteilsvorschläge erarbeiten zu lassen.[194] In erreichbarer Nähe scheint demgegenüber die automatisierte Prüfung einzelner Tatbestandsmerkmale oder einfach strukturierter, gleichförmiger Ansprüche zu

189 BVerfG NJW 2008, 2243 (Rn. 20); NJW 1953, 177 (178); vgl. auch *R. Stürner* in: FS Baur, S. 647 (665); *Bruns* in: Bruns/Münch/Stadler (Hrsg.), Die Zukunft des Zivilprozesses, S. 53 (65) spricht insofern von einer „verfassungsrechtliche[n] Essenz der Unmittelbarkeit".

190 *R. Stürner* in: FS Baur, S. 647 (665).

191 Ebenso *Meller-Hannich*, AnwBl. 2021, 288 (289).

192 So der Vorschlag von *Rühl*, JZ 2020, 809 (813f.).

193 S. dazu *Enders*, JA 2018, 721 (723); *Rühl* in: Kaulartz/Braegelmann (Hrsg.), Rechtshandbuch Artificial Intelligence und Machine Learning, 2020, Kapitel 14.1 Rn. 6; *Rollberg*, Algorithmen in der Justiz, 2020, S. 86–91; *Quarch/Hähnle*, NJOZ 2020, 1281 (1283); *Voß*, RabelsZ 84 (2020), 62 (89); s. außerdem *Heil*, IT-Anwendung im Zivilprozess, S. 21ff., der den Einsatz eines „künstlichen Richters" insgesamt für unmöglich hält.

194 *Fries*, NJW 2016, 2860; daran anschließend auch *Rollberg*, Algorithmen in der Justiz, S. 215.

liegen.[195] So nutzt die hessische Justiz beispielsweise seit kurzem die Software FRAUKE (**Frankfurter Urteils-Konfigurator Elektronisch**), um Urteilsentwürfe erstellen zu lassen, die sich auf Ansprüche nach der Fluggastrechte-Verordnung beziehen.[196]

Für die Zukunft der Ziviljustiz wecken solche Pilotprojekte selbstredend große Hoff- 58
nungen.[197] Sie verheißen eine Beschleunigung gerichtlicher Verfahren ganz im Sinne des **Anspruchs auf effektiven Rechtsschutz**[198] sowie eine Verbesserung der Qualität richterlicher Entscheidungen,[199] die gleichzeitig mit der Aussicht auf eine bessere Verwirklichung des **Gleichheitssatzes** (Art. 3 I GG) verbunden ist.[200] Allerdings wirft der Einsatz von Software im Kernbereich der richterlichen Tätigkeit auch eine ganze Reihe von verfahrensgrundsätzlichen und verfassungsrechtlichen Fragen auf. Auf zwei soll im Folgenden kurz eingegangen werden.

I. Beeinträchtigung des Justizgewährungsanspruchs?

Die (vollständige oder teilweise) Automatisierung richterlicher Entscheidungen wirft als 59
Erstes die Frage auf, ob dadurch der Justizgewährungsanspruch beeinträchtigt wird. Dieser ergibt sich in ständiger Rechtsprechung aus dem **Rechtsstaatsprinzip** des Grundgesetzes (Art. 20 III i.V.m. Art. 2 GG) und verpflichtet den Staat, für die Beilegung privater Streitigkeiten eine Rechtsschutzmöglichkeit zur Verfügung zu stellen.[201] Im Bereich der Ziviljustiz kommt der Staat dieser Verpflichtung durch die Einrichtung von Zivilgerichten nach, die mit unabhängigen Richtern besetzt sein müssen (Art. 92, 97 GG). Richterinnen und Richter i.S.d. Grundgesetzes – und auch i.S.d. einfachen Rechts, na-

---

195 *Rühl* in: Kaulartz/Braegelmann (Hrsg.), Rechtshandbuch Artificial Intelligence und Machine Learning, Kapitel 14.1 Rn. 11; *M. Stürner*, ZZP 135 (2022), 369 (398); s. auch *Huber/Giesecke* in: Ebers/Heinze/Krügel/Steinrötter (Hrsg.), § 19 Rn. 23.

196 S. dazu https://www.hessenschau.de/panorama/amtsgericht-frankfurt-kuenstliche-intelligenz-hilft-bei-massen-urteilen,amtsgericht-roboter-100.html; siehe auch den Vortrag von *Christian Metz* auf der Munich Legal Tech Konferenz 2022, abrufbar auf Youtube unter https://youtu.be/tzRT45w9Dy8, ab Minute 35:50.

197 Vgl. z.B. *Fries*, NJW 2016, 2860 (2864); *Huber/Giesecke* in: Ebers/Heinze/Krügel/Steinrötter (Hrsg.), § 19 Rn. 23; *Nink*, Justiz und Algorithmen, 2021, S. 309f.; *Rühl* in: Kaulartz/Braegelmann (Hrsg.), Rechtshandbuch Artificial Intelligence und Machine Learning, Kapitel 14.1 Rn. 11; *Wolff*, Algorithmen als Richter, 2022, S. 102ff.

198 S. zum Recht auf effektiven Rechtsschutz nur BVerfG NVwZ 2004, 334 (335); NJW 2000, 797; NJW 1997, 2811 (2812); NJW 1993, 1635; HdBStR VIII/*Papier*, § 176 Rn. 21–23, wonach effektiver Rechtsschutz auch eine Beendigung gerichtlicher Verfahren in angemessener Zeit beinhaltet.

199 *Nink*, Justiz und Algorithmen, S. 138.

200 Zugleich besteht aber auch beim Einsatz von Software, insbesondere beim Einsatz sog. „Künstlicher Intelligenz", ein Diskriminierungsrisiko; s. dazu nur *Nink*, Justiz und Algorithmen, S. 167–177; *Rühl* in: Kaulartz/Braegelmann (Hrsg.), Rechtshandbuch Artificial Intelligence und Machine Learning, Kapitel 14.1 Rn. 17–18.

201 BVerfGE NJW 2003, 1924; BeckOK-GG/*Huster/Rux*, 41. Ed. 15.2.2019, Art. 20 GG Rn. 199; *Maurer* in: Badura/Dreier, 50 Jahre BVerfG II, 467, 491.

mentlich des GVG und des DRiG – können aber zumindest nach der derzeit herrschenden Meinung nur Menschen sein.[202] Software kann deshalb allenfalls unterstützend, insbesondere zur Erstellung von Urteils- und Entscheidungsentwürfen eingesetzt werden.[203] Die vollständige Übernahme der richterlichen Tätigkeit durch eine Software und damit der Einsatz eines „Robojudges" würde demgegenüber zumindest nach der derzeit herrschenden Meinung zu einer Verletzung des Justizgewährungsanspruchs führen.[204]

60 Freilich: Diese Einschätzung mag sich im Laufe der Zeit ändern. Zwar sprechen – neben Wortlaut und Systematik der Art. 92 I Hs. 1, Art. 97 II und Art. 101 I GG – auch die Entstehung des Grundgesetzes und der derzeitige Stand der Technik dafür, dass Richterinnen und Richter nur Menschen sein können.[205] Allerdings war es bis vor kurzem ganz grundsätzlich nicht vorstellbar, dass eine Software richterliche Aufgaben würde übernehmen können. Es verwundert deshalb nicht, dass sowohl das Grundgesetz als auch das einfache Recht lediglich Menschen als Richter ansehen. Mit fortschreitender Entwicklung wird man allerdings nicht umhinkommen, sich die Frage zu stellen, ob nicht auch Software die Anforderungen erfüllen kann, die das Grundgesetz an Richterinnen und Richter stellt.[206] Insbesondere wird man diskutieren müssen, ob und unter welchen Voraussetzungen Software über persönliche und sachliche Unabhängigkeit, über Neutralität und Distanz zu den Verfahrensbeteiligten sowie über die Fähigkeit zur Begründung von Entscheidungen verfügt.[207] Bis dies geklärt ist, dürfte – mit der derzeit

---

202 S. dazu näher *Deichsel*, Digitalisierung der Streitbeilegung, S. 261; *Enders*, JA 2018, 721 (723); *Herberger*, Rethinking Law 2019(2), 42; *Nink*, Justiz und Algorithmen, S. 287f.; *Rollberg*, Algorithmen in der Justiz, S. 90f.; *Rühl* in: Kaulartz/Braegelmann (Hrsg.), Rechtshandbuch Artificial Intelligence und Machine Learning, Kapitel 14.1 Rn. 22; *Starosta*, DÖV 2020, 216 (223); *Voß*, RabelsZ 84 (2020), 62 (88); *Wolff*, Algorithmen als Richter, S. 312; *Länderarbeitsgruppe*, Legal Tech: Herausforderungen für die Justiz, S. 54f.; a.A. aber wohl *Quarch/Hähnle*, NJOZ 2020, 1281 (1283).

203 Ebenso *Deichsel*, Digitalisierung der Streitbeilegung, S. 266ff.; *Rühl* in: Kaulartz/Braegelmann (Hrsg.), Rechtshandbuch Artificial Intelligence und Machine Learning, Kapitel 14.1 Rn. 22ff. Dies gilt zumindest solange sichergestellt ist, dass Richterinnen und Richter am Ende des Tages immer noch eine eigenständige Entscheidung treffen und nicht lediglich „blind" dem Vorschlag der Software folgen; s. dazu *Rollberg*, Algorithmen in der Justiz, S. 135; *Rühl* in: Kaulartz/Braegelmann (Hrsg.), Rechtshandbuch Artificial Intelligence und Machine Learning, Kapitel 14.1 Rn. 25 und 27; *M. Stürner*, ZZP 135 (2022) 369 (398f.).

204 *Rühl* in: Kaulartz/Braegelmann (Hrsg.), Rechtshandbuch Artificial Intelligence und Machine Learning, Kapitel 14.1 Rn. 22f.; ebenso im Ergebnis *Deichsel*, Digitalisierung der Streitbeilegung, S. 262; *Enders*, JA 2018, 721 (723); *von Graevenitz*, ZRP 2018, 238 (240); *Nink*, Justiz und Algorithmen, S. 287f.; *M. Stürner*, ZZP 135 (2022), 369 (398f.) (unter Hinweis auf die Menschenwürde).

205 *Nink*, Justiz und Algorithmen, S. 266; *Rollberg*, Algorithmen in der Justiz, S. 88.; s. zudem die ausführliche Auseinandersetzung mit der Frage, ob Richterinnen und Richter selbstverständlich Menschen sein müssen: *Wolff*, Algorithmen als Richter, S. 125ff.

206 So wohl auch *Wolff*, Algorithmen als Richter, S. 312 (Aussage 3).

207 S. zu den Anforderungen an den Richter i.S.d. Grundgesetzes BVerfG NJW 2001, 1048 (1052); NJW 2013, 1058 (Rn. 62); NJW 1956, 137 (138); *Detterbeck* in: Sachs, GG, 9. Aufl. 2021, Art. 92 Rn. 25; *Hopfauf* in: Schmidt-Bleibtreu/Hofmann/Henneke, GG, 15. Aufl. 2022, Art. 92 Rn. 75; *Kment* in: Jarass/Pieroth, Art. 92 Rn. 7; s. zu den Anforderungen an die Begründung staatlicher Entscheidungen und mögliche Konflikte beim Einsatz von KI-Systemen *Eifert*, Staatliche Verantwortung für KI-Infrastrukturen und Datensicher-

herrschenden Meinung – lediglich ein die menschlichen Richterinnen und Richter unterstützender Einsatz von Software mit dem Justizgewährungsanspruch vereinbar sein.

II. Beeinträchtigung des Anspruchs auf rechtliches Gehör?

Eine zweite Frage, die mit der (vollständigen oder teilweisen) Automatisierung recht- 61
licher Entscheidungen einhergeht, betrifft den Anspruch auf rechtliches Gehör. Dieser wird durch Art. 103 I GG für alle Gerichtsverfahren garantiert und verlangt, dass tatsächliches und rechtliches Vorbringen von dem mit der Sache befassten Gericht – und damit nach dem bisherigen Stand der Dinge: von menschlichen Richterinnen und Richtern – zur Kenntnis genommen und bei der Entscheidung auch tatsächlich berücksichtigt wird.[208] Auch der Anspruch auf rechtliches Gehör schließt damit eine vollständige Substituierung des menschlichen Richters durch eine Maschine zumindest derzeit aus.[209] Dies gilt auch deshalb, weil sogar die besten derzeit verfügbaren Chatbots und sonstigen Systeme menschliche Sprache (noch) nicht in all ihren Nuancen begreifen können.[210]

Möglich erscheint allerdings auch unter dem Gesichtspunkt des rechtlichen Gehörs 62
ein unterstützender – die richterliche Entscheidung vorbereitender – Einsatz von Software.[211] Zu denken wäre hier beispielsweise an klar definierte Online-Formulare, mit denen Sachverhaltsangaben strukturiert abgefragt werden, oder an Urteilsgeneratoren wie FRAUKE, die auf der Grundlage bereits ergangener Entscheidungen Urteilsentwürfe erstellen. Das rechtliche Gehör würde in diesen Fällen – wie schon bislang – dadurch gewährt werden, dass die finale und abschließende Entscheidung durch Richterinnen und Richter getroffen wird, die auch ungewöhnliche Sachverhaltsangaben sowie rechtliche Besonderheiten des Einzelfalls würdigen können. Sichergestellt werden müsste freilich, dass Richterinnen und Richter dies auch tatsächlich tun – und nicht „blind“ dem Vorschlag der Software folgen (sog. Übernahmeautomatismus – *automation bias*).[212] Ihnen

heit, in: Bitburger Gespräche 2020, Rechtliche Herausforderungen künstlicher Intelligenz, 2021, S. 15 (30 ff.).

208 BVerfG NJW 1991, 2823 f.; *Degenhart* in: Sachs, Art. 103 Rn. 11; BeckOK-GG/*Radtke*, Art. 103 Rn. 7; *Remmert* in: Dürig/Herzog/Scholz, Art. 103 I GG Rn. 62.

209 *Rühl* in: Kaulartz/Braegelmann (Hrsg.), Rechtshandbuch Artificial Intelligence und Machine Learning, Kapitel 14.1 Rn. 26; *Wolff*, Algorithmen als Richter, S. 290; s. außerdem *Nink*, Justiz und Algorithmen, S. 305, der allerdings eine Vollautomatisierung ganz ablehnt.

210 Vgl. *Nink*, Justiz und Algorithmen, S. 305.

211 *Rühl* in: Kaulartz/Braegelmann (Hrsg.), Rechtshandbuch Artificial Intelligence und Machine Learning, Kapitel 14.1 Rn. 27; ebenso *Nink*, Justiz und Algorithmen, S. 305, der auch wegen der Gewähr rechtlichen Gehörs überhaupt nur den Einsatz von Unterstützungssystemen zulassen will.

212 *Enders*, JA 2018, 721 (723); *Nink*, Justiz und Algorithmen, S. 307; *Rollberg*, Algorithmen in der Justiz, S. 135; *Rühl* in: Kaulartz/Braegelmann (Hrsg.), Rechtshandbuch Artificial Intelligence und Machine Learning, Kapitel 14.1 Rn. 27; *Starosta*, DÖV 2020, 216 (223); s. dazu auch *Deichsel*, Digitalisierung der Streitbeilegung, S. 245 f. und 261 f.; *Huber*/*Giesecke* in: Ebers/Heinze/Krügel/Steinrötter (Hrsg.), § 19 Rn. 47–48.

müsste folglich ein kritischer Umgang mit den einschlägigen Systemen vermittelt und vor allen Dingen die Grenzen der eingesetzten Systeme aufgezeigt werden.[213] Schließlich dürfte auch kein Zweifel daran gelassen werden, dass letztendlich die handelnden Richterinnen und Richter – und nicht das verwendete System – für die getroffenen Entscheidungen verantwortlich sind.[214] Sind diese Voraussetzungen erfüllt, bietet die Unterstützung der Entscheidungsfindung aber Chancen, etwa weil durch eine automatische Aufbereitung umfangreicher Akten die effektive Gewährleistung rechtlichen Gehörs gefördert wird.

H. Fazit und Ausblick

63 Die Digitalisierung gehört ohne Zweifel zu den größten Herausforderungen, denen sich die Ziviljustiz in den nächsten Jahren stellen muss. Neben der Entwicklung geeigneter technischer Instrumente wird es dabei auch darum gehen, den rechtlichen Rahmen für Weiterentwicklungen abzustecken. Der vorstehende Beitrag hat versucht, dazu einen Beitrag zu leisten und die Bedeutung zivilprozessualer Verfahrensgrundsätze für die Digitalisierung der Ziviljustiz auszuloten.

64 Dabei hat sich gezeigt, dass Verfahrensgrundsätze einschlägigen Digitalisierungsvorhaben nur sehr selten echte Grenzen aufzeigen. So überschreitet der Vorschlag zur Einführung eines beschleunigten Online-Verfahrens die Grenzen dessen, was vor dem Hintergrund des verfassungsrechtlich garantierten Öffentlichkeitsgrundsatzes zulässig ist. Und die vollständige Automatisierung richterlicher Entscheidungen stößt sich am Justizgewährungsanspruch einerseits und dem Anspruch auf rechtliches Gehör andererseits. Bei allen anderen Vorschlägen fehlt es demgegenüber entweder bereits an einem Konflikt mit hergebrachten Verfahrensgrundsätzen oder die Konflikte betreffen lediglich den Ausgestaltungsspielraum des einfachen Gesetzgebers. Erinnert sei hier nur noch einmal an den Vorschlag zur Erfassung und Strukturierung des Sachverhalts mit Hilfe eines Basisdokuments. Dieser reibt sich zwar am Beibringungsgrundsatz und dem Mündlichkeitsgrundsatz, wie sie derzeit in der ZPO ausgestaltet sind. Da jedoch keine verfassungsrechtlichen Grenzen überschritten werden, kann der Gesetzgeber beide Grundsätze unter Berücksichtigung von Zweckmäßigkeitserwägungen neu ausrichten und damit für das digitale Zeitalter reformulieren.

65 Aber selbst wenn Digitalisierungsvorhaben mit verfassungsrechtlichen Vorgaben in Konflikt geraten, bedeutet dies in der Regel nicht das generelle „Aus“ für das in Rede stehende Vorhaben. Vielmehr muss den Vorgaben des höherrangigen Rechts in diesen Fällen durch eine entsprechende Anpassung des Vorhabens Rechnung getragen werden.

213 *Rühl* in: Kaulartz/Braegelmann (Hrsg.), Rechtshandbuch Artificial Intelligence und Machine Learning, Kapitel 14.1 Rn. 25; *von Graevenitz*, ZRP 2018, 241.

214 Ebenso *Rühl* in: Kaulartz/Braegelmann (Hrsg.), Rechtshandbuch Artificial Intelligence und Machine Learning, Kapitel 14.1 Rn. 25.

Dass dies auch möglich ist, haben die vorstehenden Überlegungen gezeigt. So kann die Öffentlichkeit in einem reinen Online-Verfahren entweder durch eine optionale Ausgestaltung des Verfahrens oder aber dadurch gewahrt werden, dass Informationen über Prozesse und Urteile besser zugänglich gemacht werden. Zudem kann an die Stelle einer vollständigen Automatisierung richterlicher Entscheidungen ein rein unterstützender Einsatz von Software treten.

Die eingangs zitierten „mahnenden Worte" haben folglich insofern ihre Berechti- 66
gung, als bei allen Digitalisierungsvorhaben im Einzelfall geprüft werden muss, ob sie sich im Rahmen des Ausgestaltungsspielraums des einfachen Gesetzgebers bewegen oder nicht. Allerdings haben die im vorstehenden Beitrag angestellten Überlegungen gezeigt, dass uns anerkannte Verfahrensgrundsätze in kein besonders enges Korsett zwängen. Vielmehr sind sowohl das Zivilprozessrecht als auch das höherrangige Recht flexibel genug, um die Ziviljustiz in das 21. Jahrhundert zu begleiten und sicherzustellen, dass Digitalisierungsvorhaben langfristig zu einem besseren Zugang zur Justiz und zu einer Effektuierung zivilgerichtlicher Verfahren führen können.

Anne Paschke

§ 27 Öffentlichkeitsgebot und digitaler Zivilprozess

Gliederungsübersicht **Rn.**

Literatur: *von Coelln*, Zur Medienöffentlichkeit der Dritten Gewalt, 2005; *Fögen*, Der Kampf um Gerichtsöffentlichkeit, 1974; *Hau*, Höchstrichterliche Presseerklärungen – Überlegungen aus Sicht des Zivilverfahrensrechts, in: Rüßmann (Hrsg.) Festschrift für Gerhard Käfer, 2009; *Köbl*, Die Öffentlichkeit des Zivilprozesses – eine unzeitgemäße Form?, in: Hubmann/Hübner (Hrsg.) Festschrift für Ludwig Schnorr von Carolsfeld, 1972; *Limbach*, Die richterliche Unabhängigkeit – ihre Bedeutung für den Rechtsstaat, NJ 1995, 281ff.; *Paschke*, Digitale Gerichtsöffentlichkeit, 2018; *dies.*, Digitale Gerichtsöffentlichkeit und Determinierungsgesamtrechnung, MMR 2019, 563ff.; *Putzke/Zenthöfer*, Der Anspruch auf Übermittlung von Abschriften strafgerichtlicher Entscheidungen, NJW 2015, 1777; *Stürner*, Europäisches und US-amerikanisches Grundverständnis der Verfahrensöffentlichkeit im Zivilprozess, in: Heckmann/Schenke/Sydow (Hrsg.), Verfassungsstaatlichkeit im Wandel, Festschrift für Thomas Würtenberger, 2013; *ders.*, Gerichtsöffentlichkeit und Medienöffentlichkeit in der Informationsgesellschaft. Das Bundesverfassungsgericht zwischen Liberalität und Zensur, JZ 2001, 699; *Vietmeyer*, Vor- und Nachteile von Fernsehöffentlichkeit, 2002; *Voßkuhle/Sydow*, Die demokratische Legitimation des Richters, JZ 2002, 673.

A. Mündliche (Video-)Verhandlungen

1 Die Kontaktbeschränkungen und Maßnahmen zum Infektionsschutz während der Covid-19-Pandemie haben dazu beigetragen, auch in der Zivilrechtspflege den Fokus auf die Chancen der Digitalisierung zu legen, um sich diese zunutze zu machen. 20 Jahre nach der Einführung von § 128a ZPO (a.F.) wurde daher erstmalig weitgehend in Deutschland vor ordentlichen Gerichten sowie in den unterschiedlichen Fachgerichtsbarkeiten die Möglichkeit der Zuschaltung von Verfahrensbeteiligten zu einer mündli-

https://doi.org/10.1515/9783110755787-027

chen Verhandlung in Bild und Ton genutzt.[1] Hierdurch konnte den Beteiligten die Anreise erspart und gleichzeitig die Durchführung der mündlichen Verhandlung und damit das rechtliche Gehör sichergestellt werden. § 128a ZPO gestattet es, die Anwesenheit von Verfahrensbeteiligten vor Ort durch eine digital vermittelte Präsenz zu ersetzen.

Während die Justiz, Verfahrensbevollmächtigte, Parteien und Zeugen den Umgang 2
mit dieser Form der Verhandlungsführung erlernten, konnte die Öffentlichkeit von den Chancen, die eine **Videoverhandlung** besitzt, bisher nicht profitieren. Vielmehr wurden durch die Maßnahmen zum Infektionsschutz der Zugang zu Gerichtsverhandlungen für die Öffentlichkeit eingeschränkt und in Umsetzung der bestehenden Abstandsvorgaben die Plätze für Zuschauende stark dezimiert. Zu Beginn der Pandemie gab es sogar Bestrebungen, die Öffentlichkeit aus den Gerichten einer Fachgerichtsbarkeit aus Infektionsschutzgründen gänzlich zu verbannen.[2] Dabei stellt die **Gerichtsöffentlichkeit** ein wesentliches Element der mündlichen Verhandlung und eine gesellschaftliche Errungenschaft dar, die bei einer konsequenten Digitalisierung des Zivilprozesses, insbesondere bei einer solchen der mündlichen Verhandlung, ebenfalls berücksichtigt werden muss.[3]

B. Bedeutung und aktuelle Formen der Gerichtsöffentlichkeit

Die Öffentlichkeit staatlichen Handelns stellt eine wichtige demokratische Errungen- 3
schaft dar. In Zeiten wachsender Komplexität und durch die zunehmende Verbreitung unzuverlässiger Informationen sind die Gewährung von Öffentlichkeit und die Informierung über staatliches Handeln existentiell für den Rechtsstaat. Während die Medien vielfach exemplarisch Systemdefizite und Skandale aufgreifen und hierüber berichten, schwinden gleichsam die Kenntnisse über den regulären Ablauf gerichtlicher und behördlicher Verfahren und damit auch das Verständnis für rechtsstaatliche bürokratische Prozesse.

I. Funktionen von Öffentlichkeit

Der Zugang der Öffentlichkeit zu staatlichen Informationen besitzt verschiedene Funk- 4
tionen.[4] Zunächst dient Öffentlichkeit der **demokratischen Legitimation**. Gleichzeitig wird hierdurch der demokratische Diskurs gefördert. Erst die informierte Gesellschaft kann in einem demokratischen Rechtsstaat am politischen Diskurs partizipieren. Auch

1 Vgl. hierzu *Windau*, § 20 Rn. 1f., 8; s. auch *Duhe/Weißenberger*, RDi 2022, 176ff.

2 *Podolski*, Öffentlichkeit an Arbeitsgerichten bald ausgeschlossen?, abrufbar unter https://www.lto.de/recht/nachrichten/n/bmas-referentenentwurf-arbgg-sgg-oeffentlichkeit-video-verhandungen/.

3 Ausführlich zur digitalen Gerichtsöffentlichkeit, *Paschke*, Digitale Gerichtsöffentlichkeit, 2018; *Paschke*, MMR 2019, 563.

4 Vgl. ausführlich hierzu *Paschke*, Digitale Gerichtsöffentlichkeit, S. 97.

die Justiz bedarf der demokratischen Legitimation.[5] Die Bindung des Richters an demokratisch legitimierte Gesetze und die Einbindung von Volksvertretern (Schöffen) in die Rechtsprechung (vgl. § 45a DRiG, §§ 28 ff. GVG) sichern alleine noch nicht hinreichend die demokratische Legitimation von Spruchkörpern.[6] Einerseits erlauben die Auslegungsmethoden den Gerichten eine weitreichende Ausgestaltung des gesetzgeberischen Willens, andererseits können Urteile eine faktische Präjudizienwirkung entfalten.[7] Durch richterliche Rechtsfortbildung übernimmt die Judikative ferner Aufgaben der Legislative. Entscheidungen des Bundesverfassungsgerichts haben zudem nach Art. 94 II GG i.V.m. § 31 II BVerfGG Gesetzeskraft. Mithin muss das Verfahren, das Grundlage der Entscheidung ist, ebenso in der Öffentlichkeit erfolgen, wie dies im Rahmen der Legislative gewährleistet ist, vgl. Art. 42 I 1 GG.

5 Eine weitere wichtige Funktion von Öffentlichkeit stellt die **Kontrolle** aller staatlichen Institutionen dar. Hierdurch werden Volksvertreter erst in die Lage versetzt, das Handeln staatlicher Akteure und damit auch der Gerichte zu überprüfen. Es ist dabei nicht von Relevanz, ob der Zuschauende rechtskundig ist.[8] Vielmehr kann eine hoheitliche Entscheidung den Diskurs anregen und andere staatliche Institutionen können zur weiteren Prüfung hinzugezogen werden. Gerechtigkeitsdefizite, die sich erst durch die praktische Anwendung von Rechtsnormen vor Gericht offenbaren, können zur näheren Befassung und etwaigen künftigen Abänderung der Legislative vorgelegt werden.[9] Gleichzeitig dient die Öffentlichkeit der Kontrolle von Machtmissbrauch.[10] Dies ist für die Judikative von besonderer Relevanz, da diese nicht unmittelbar durch eine andere Gewalt kontrolliert wird.[11] Daher ist die Gewährung von Öffentlichkeit erforderlich für ein faires Verfahren,[12] nicht zuletzt durch die disziplinierende Wirkung von Öffentlichkeit gegenüber dem Spruchkörper. Diese Disziplinierung führt gleichsam zu einer Stärkung der Gewaltenteilung und richterlichen Unabhängigkeit, da eine Einflussnahme Dritter auf diese Weise sichtbar werden könnte.[13]

6 Öffentlichkeit kann ferner dazu beitragen, die Arbeitsweise der dritten Gewalt zu vermitteln, das Verständnis für staatliche Entscheidungen zu fördern und auch die Rechtskenntnisse in der Bevölkerung zu verbessern. Darüber hinaus kann auf diese Weise das **Vertrauen** in und die Akzeptanz für den Rechtsstaat gefördert werden. Die

---

5 *von Coelln*, Zur Medienöffentlichkeit der Dritten Gewalt, 2005, S. 177; *Voßkuhle/Sydow*, JZ 2002, 673 (682); BVerfGE 107, 59, 87 f. m.w.N.; vgl. *Böckenförde* in: Isensee/Kirchhof (Hrsg.), HdbStR, § 34 Rn. 17.

6 *Paschke*, Digitale Gerichtsöffentlichkeit, S. 100.

7 Vgl. *Huber* in: Musielak/Voit (Hrsg.), ZPO, § 299 Rn. 3; *Hau* in: Rüßmann (Hrsg.) FS Käfer, 2009, S. 117 f.; BGH NJW 2015, 770; OLG München OLGZ 1984, 477 (479).

8 *Fögen*, Der Kampf um Gerichtsöffentlichkeit, 1974, S. 26.

9 Vgl. *König*, DÖV 2000, 45 (51).

10 *Savigny*, Die Prinzipienfragen in Beziehung auf eine neue Strafprozeß-Ordnung, 2011, S. 28.

11 *Paschke*, Digitale Gerichtsöffentlichkeit, S. 106. Der Instanzenzug wird im Zivilprozess nur beschritten, wenn eine der Parteien diesen Weg geht.

12 *Stackmann*, NJW 2010, 1409 (1411 f.).

13 *von Coelln*, Zur Medienöffentlichkeit der Dritten Gewalt, S. 1 f., 88.

Glaubwürdigkeit der Justiz und das Vertrauen in diese Institution sind wichtige Elemente zur Schaffung von Rechtsfrieden in der Gesellschaft.

II. (Verfassungs-)Rechtliche Grundlagen

Während sich der Öffentlichkeitsgrundsatz für die Legislative unter anderem unmittelbar aus Art. 42 I 1, 52 III 3 GG ergibt, kann ein darüber hinausgehender Grundsatz der Öffentlichkeit für staatliches Handeln[14] aus dem Demokratie-[15] sowie dem Rechtsstaatsprinzip abgeleitet werden.[16] Auch für die Judikative ist inzwischen anerkannt, dass das Öffentlichkeitsprinzip einen **Verfassungsrechtssatz** darstellt[17] und nicht lediglich eine Prozessmaxime ist[18]. Der Grundsatz der Öffentlichkeit mündlicher Verhandlungen ist dabei nicht nur Bestandteil des Rechtsstaatsprinzips, sondern findet sich auch in Art. 6 I EMRK.[19] Das Bundesverfassungsgericht stellt hierbei fest, dass „die rechtsstaatliche Komponente der Gerichtsöffentlichkeit [...] darauf [abzielt], die Einhaltung des formellen und materiellen Rechts zu gewährleisten. Dies soll zur Gewährleistung von Verfahrensgerechtigkeit im Sinne einer Verfahrensgarantie der Beteiligten beitragen."[20] Das Bundesverwaltungsgericht hat als Ausprägung dieses Öffentlichkeitsprinzips das Recht auf Zugang zu staatlichen Informationen für die individuelle und öffentliche Meinungsbildung abgeleitet und hieraus einen Anspruch auf Veröffentlichung von Gerichtsentscheidungen anerkannt.[21] Der Gestaltungsrahmen der Öffentlichkeitsgewähr für die Judikative wird darüber hinausgehend nicht unmittelbar durch das Grundgesetz vorgegeben, so dass dem Gesetzgeber ein Ausgestaltungsspielraum zukommt.[22] Allerdings ist eine gesetzgeberische Abschaffung oder zu starke Beschneidung des Öffentlichkeitsgrundsatzes nicht zulässig. Dies ist insbesondere dann anzunehmen, wenn die Funktionen von Öffentlichkeit nicht mehr durch die gewählte Form der Öffentlichkeitsgewähr erfüllt werden.[23] 7

14 Vgl. BVerfGE 103, 44 (63ff.); BVerfGE 70, 324 (358).

15 BVerfGE 103, 44 (63).

16 *von Coelln* in: Maunz/Schmidt-Bleibtreu/Klein/Bethge (Hrsg.), BVerfGG, § 17a Rn. 9 m.w.N.; *Paschke*, Digitale Gerichtsöffentlichkeit, S. 81; *Stürner* in: Heckmann/Schenke/Sydow (Hrsg.), FS Würtenberger, 2013, S. 926.

17 *von Coelln* in: Maunz/Schmidt-Bleibtreu/Klein/Bethge (Hrsg.), BVerfGG, § 17a Rn. 9 m.w.N., BVerfG Beschl. v. 3.6.2022 – 1 BvR 2103/16; BVerfGE 103, 44 (63); BVerwGE 104 (105, 109); *Stürner*, JZ 2001, 699 (700).

18 So noch BVerfGE 15, 303 (307).

19 BVerfG Beschl. v. 3.6.2022 – 1 BvR 2103/16.

20 BVerfG Beschl. v. 3.6.2022 – 1 BvR 2103/16.

21 BVerwGE 104 (105, 109).

22 Vgl. BVerfGE 103, 44 (63).

23 *Wolf*, Gerichtsverfassungsrecht, S. 244; *Strauch* in: Triffterer/Zezschwitz (Hrsg.), FS Mallmann, 1979, S. 355; *Meissner/Schenk* in: Schoch/Schneider/Bier (Hrsg.), VwGO, § 55 Rn. 12; *Paschke*, Digitale Gerichtsöffentlichkeit, S. 82.

8 Einfachgesetzlich normiert § 169 I 1 GVG die Öffentlichkeitsgewähr in der ordentlichen Gerichtsbarkeit. Gemäß dieser Regelung sind die mündliche Verhandlung sowie die Verkündung von Urteilen und Beschlüssen öffentlich.

9 In §§ 170ff. GVG finden sich zudem Regelungen, um die Öffentlichkeit vollständig oder teilweise bei Gerichtsverhandlungen auszuschließen. Hiermit wird sichergestellt, dass schutzwürdige Interessen von Verfahrensbeteiligten nicht verletzt werden, indem diese in die Öffentlichkeit getragen werden. Der **Ausschluss der Öffentlichkeit** ist jedoch eng begrenzt. Dieser dient insbesondere dem Schutz von Kindern und Jugendlichen und auch der Ehe und Familie. Ergänzend kann gerade im Zivilprozess die Öffentlichkeit nach § 172 Nr. 2 GVG ausgeschlossen werden, wenn wichtige Geschäfts-, Betriebs-, Erfindungs- oder Steuergeheimnisse zur Sprache kommen, durch deren öffentliche Erörterung überwiegend schutzwürdige Interessen verletzt würden.

III. Formen der Gerichtsöffentlichkeit

10 Während § 169 GVG lediglich statuiert, dass der mündliche Teil des Rechtsstreits bei Gericht öffentlich zu sein hat, haben sich in der Praxis seit Entstehung der Norm die Saal- und die Medienöffentlichkeit etabliert. Die **Saalöffentlichkeit** gestattet danach jedem Interessierten voraussetzungsfrei ein Zutrittsrecht zur mündlichen Verhandlung. Daneben besteht die **Medienöffentlichkeit**, die es Presse-, Hör- und Rundfunkvertretern gestattet, über das Gerichtsverfahren zu berichten, um eine breite Öffentlichkeit über ein Verfahren zu informieren. Ergänzend haben Medienvertreter durch die Pressegesetze einen weiteren Zugang zu Verfahrensunterlagen.

11 Diese Formen der Gerichtsöffentlichkeit haben sich historisch etabliert und im Laufe der Jahre nur marginal weiterentwickelt. Lediglich durch das Gesetz über die Erweiterung der Medienöffentlichkeit in Gerichtsverfahren (EMöGG) vom 8.10.2017 wurde die Medienöffentlichkeit geringfügig erweitert. Danach kann inzwischen von dem erkennenden Gericht eine **Tonübertragung** in einen Arbeitsraum für Personen, die für Presse, Hörfunk, Fernsehen oder für andere Medien berichten, zugelassen werden. Darüber hinaus können **Ton- und Filmaufnahmen** der Verhandlung einschließlich der Verkündung der Urteile und Beschlüsse zu wissenschaftlichen und historischen Zwecken von dem Gericht zugelassen werden, wenn es sich um ein Verfahren von herausragender zeitgeschichtlicher Bedeutung für die Bundesrepublik Deutschland handelt. Hierdurch wurde das bisher geltende strikte Verbot der Fernsehaufnahmen während der Hauptverhandlung im Gerichtssaal gelockert.[24]

12 Anders als die in § 128a ZPO privilegierten Verfahrensbeteiligten haben Vertreter der Öffentlichkeit jedoch bisher in Deutschland kein Recht auf die digitale Hinzuschaltung zu einer mündlichen Verhandlung. Unterlagen aus Gerichtsverhandlungen werden zumeist nicht veröffentlicht. Lediglich ein Bruchteil der Gerichtsentscheidungen

24 *Paschke*, Digitale Gerichtsöffentlichkeit, S. 81.

wird der Öffentlichkeit zugänglich gemacht.[25] Die Bundesgerichte stellen jene beispielsweise zum Abruf für jedermann ins Internet. Der Zugang zu dieser Instanzenrechtsprechung wird aktuell grundsätzlich über privatwirtschaftliche kostenfreie oder kostenpflichtige Plattformen oder Zeitschriften gewährt.

Die **Saalöffentlichkeit** wird in der Praxis aus verschiedenen Gründen kaum noch von Bürgerinnen und Bürgern wahrgenommen. Mündliche Verhandlungen finden grundsätzlich an Werktagen zu den regulären Arbeitszeiten statt, so dass ein Großteil der arbeitstätigen Bevölkerung von der Wahrnehmung des Anwesenheitsrechts ausgeschlossen ist. Aufgrund des Erfordernisses einer Anwesenheit vor Ort können auch nur Menschen aus dem näheren Umfeld des Gerichts einer Gerichtsverhandlung folgen. Die wenigen Zuschauerplätze vor Ort sind aufgrund der Infektionsschutzmaßnahmen zur Eindämmung der Covid-19-Pandemie auch bei Gericht weiter eingeschränkt. Die durch die Öffentlichkeit intendierte Kontrolle bei Gericht erfolgt damit immer seltener. Ein weiteres Hindernis für die Wahrnehmung der Gerichtsöffentlichkeit stellt die Bekanntgabeform von anstehenden Verhandlungen dar. Diese werden lediglich tagesaktuell am Sitzungssaal ausgehängt, so dass Zuschauende erst vor Ort erfahren, ob überhaupt an dem Tag eine öffentlich zugängliche Sitzung verhandelt wird. Bürgerinnen und Bürger besitzen darüber hinaus **keine Auskunfts- und Einsichtsrechte** in die Verfahrensunterlagen, so dass sie auch nicht die Möglichkeit haben, entsprechende Informationen auf anderem Wege zu erhalten. Dabei sind für Dritte gerade Zivilverfahren kaum ohne Kenntnisse dieser vorangegangenen Schriftsätze nachvollziehbar, da die Gerichtsverhandlungen maßgeblich hierauf aufbauen. Außerdem werden durch die derzeitige Gestaltung der Saalöffentlichkeit Menschen mit Hör- und/oder Sehbehinderung von der Wahrnehmung der gerichtlichen Verhandlung ausgeschlossen. Für diese ist die Wahrnehmung des Geschehens im Gerichtssaal nur schwerlich bis überhaupt nicht möglich. Aufgrund dieser Umstände und des inzwischen fast gänzlichen Fernbleibens der Öffentlichkeit kann die Saalöffentlichkeit in der Praxis die mit dieser Prozessmaxime verbundenen Funktionen nicht mehr hinreichend erfüllen.[26] 13

Auch **Medienvertreter** suchen immer seltener Gerichtssäle auf. Für jene bestehen in räumlicher und temporärer Hinsicht die gleichen Herausforderungen wie für alle anderen Bürgerinnen und Bürger. Journalistinnen und Journalisten sind zwar privilegiert, weil sie teilweise vorab über Verhandlungen informiert werden und nunmehr auch neben der Anwesenheit im Sitzungssaal eine Tonübertragung in einen Nebenraum des Gerichts für sie erfolgen kann. Dennoch ist die Wahrnehmung einer mündlichen Verhandlung hierdurch für sie weiterhin mit Aufwand verbunden. Der bestehende Kostendruck bei den Massenmedien, verschärft durch schwindende Absatzmärkte, hat dazu geführt, dass immer weniger Gerichtsreporter oder rechtskundige Journalistinnen für Presse und Rundfunk arbeiten. Zudem ist die Auswertung einer mündlichen Verhandlung mit 14

25 *Hamann*, JZ 2021, 656 ff.
26 Vgl. hierzu ausführlich *Paschke*, Digitale Gerichtsöffentlichkeit, S. 96 ff.

den dazugehörigen Verfahrensunterlagen aufwendig, so dass häufig nur Kurzmeldungen hinsichtlich des Ablaufs der mündlichen Verhandlungen entstehen, ohne dass überhaupt die bestehenden Informationsansprüche zum Einblick in Verfahrensakten geltend gemacht werden. Mithin vermag auch die Presse in der Praxis nicht das bestehende Transparenzdefizit gerichtlicher Verhandlungen für die Öffentlichkeit auszugleichen. Gerade über zivilrechtliche Verfahren aus den unteren Instanzen berichtet die Presse nur in sehr seltenen Fällen. Gleichzeitig kann nur über wenige ausgewählte Gerichtsverfahren berichtet werden, so dass die Rolle des kritischen Intermediärs und Kontrollorgans für die Rechtsprechung faktisch in der Form nicht (mehr) besteht.

C. Die Digitalisierung von Gerichtsöffentlichkeit

15 Es bedarf mithin eines Umdenkens, um sicherzustellen, dass Öffentlichkeit bei Gericht ihren Funktionen gerecht wird und damit ihrer verfassungsrechtlichen Bestimmung genügt. Dies kann durch die Digitalisierung der Öffentlichkeitsgewähr erfolgen. Zudem kann mithilfe dieser Form der Öffentlichkeitsgewähr eine potenziell größere Gruppe von Menschen erreicht und der gesellschaftliche Diskurs bereichert werden.

I. Organisatorische Gestaltung einer digitalen Gerichtsöffentlichkeit

16 Bei der digitalen Substitution von Gerichtsöffentlichkeit bedarf es der Berücksichtigung des unmittelbaren Elements der Saalöffentlichkeit. Danach sollte der Zuschauende am besten in Echtzeit Zugriff auf das Geschehen im Sitzungssaal bzw. der Videoverhandlung erhalten. Dies kann durch eine unmittelbare **Bild- und Tonübertragung** der mündlichen Verhandlung erfolgen. Hierfür eignet sich entweder die Erweiterung der Videokonferenz für Zuschauer und Zuschauerinnen, allerdings ohne eigene Rederechte. Alternativ kommt ein Stream der mündlichen Verhandlung über das Internet in Betracht. Hierbei sollte die Öffentlichkeitsgewähr im virtuellen Raum, genauso wie dies bisher bei der Saalöffentlichkeit der Fall ist, unmittelbar durch das Gericht organisiert erfolgen. Der EuGH nutzt diese Möglichkeit seit Mai 2022 im Probebetrieb und streamt über seine Webseite die Urteile des Gerichtshofs und die Verlesung der Schlussanträge der Generalanwälte, die der Großen Kammer zugewiesen sind, sowie die mündlichen Verhandlungen in Rechtssachen der Großen Kammer.[27] Auf diese Weise kann sichergestellt werden, dass der zuständige Richter oder die Richterin bei Bedarf die Öffentlichkeit ausschließen kann. Intermediäre in Form der Medien können diese unmittelbare Komponente nicht übernehmen. Diese verfolgen bei der Darstellung von Gerichtsverhandlungen eigene Interessen, so dass eine neutrale Vermittlung durch die Justiz selbst erfolgen müsste. Zudem kann es nicht Aufgabe von privaten Akteuren sein, eine verfas-

27 https://curia.europa.eu/jcms/jcms/p1_1477137/de/.

sungsrechtliche staatliche Anforderung zu übernehmen. Es handelt sich nämlich um eine originär staatliche Aufgabe, öffentlich zu agieren. Wird das Geschehen im Gerichtssaal oder der Videoverhandlung ohne Schnitte und verschiedene Kameraführungen einfach den Zuschauenden zur Verfügung gestellt, stellt die technische Übermittlung einen verhältnismäßig geringen Filter dar.[28] Somit wird sichergestellt, dass nur das analoge Verfahrensgeschehen virtuell an die Rezipienten übertragen wird. Mithin können sich diese ein unverfälschtes Bild von der Verhandlung machen.

Die bestehende Schwäche der Saalöffentlichkeit ist, dass lediglich das Geschehen vor 17
Ort verfolgt werden kann. Vielfach kann ein externer Dritter jedoch gerade Zivilverfahren mangels Kenntnis des Streitgegenstandes nicht folgen. Ferner sind Zivilverfahren häufig komplex. Die Erkenntnislücke für die Öffentlichkeit soll mithilfe der Medienöffentlichkeit geschlossen werden. Medienvertreter können im Gegensatz zu einfachen Bürgerinnen und Bürgern aufgrund der Pressegesetze Einblick in die Verfahrensunterlagen erhalten. Auf dieser Grundlage ist ihnen eine fundierte Aufbereitung ihrer Berichterstattung möglich. Erst die Veröffentlichung notwendiger Informationen zum Verfahren, d.h. der **Verfahrensakten** inklusive der Schriftsätze der Parteien, schaffen jedoch Transparenz und ermöglichen eine echte Kontrolle.[29] Gleichzeitig kann hierdurch die **Barrierefreiheit** von mündlichen Verhandlungen verbessert werden. Welche Informationen und Dokumente des Verfahrens im Einzelnen von Relevanz sind,[30] bedürfte vor der Einführung einer digitalen Gerichtsöffentlichkeit der genaueren Untersuchung.

Die Nachteile einer Fixierung der Öffentlichkeit auf den Ort des Gerichts bestehen 18
auch bei einer Live-Übertragung von einem Sitzungssaal oder einer ansonsten virtuellen Verhandlung in einen anderen Raum des Gerichts oder einer öffentlichen Einrichtung. Ein solches Vorgehen wird durch die Arbeitsgruppe zur Modernisierung des Zivilprozesses zur Sicherstellung von Öffentlichkeit bei rein virtuellen Verhandlungen vorgeschlagen.[31] Danach wird avisiert, eine besondere Form der Saalöffentlichkeit für „virtuelle Verhandlungen" einzuführen, bei der eine Übertragung des virtuellen Geschehens der mündlichen Verhandlung in einen bestimmten vordefinierten Raum erfolgt. Die Zuschauenden sollen über kleine Monitore und Kopfhörer dort den virtuellen Verhandlungen folgen können. Hierbei werden jedoch weder die örtlichen noch sonstige Barrieren abgebaut noch dargestellt, wie mit neuen Herausforderungen umzugehen ist,

28 *Paschke*, Digitale Gerichtsöffentlichkeit, S. 296.

29 Für den Prozess zur Loveparade 2010 hat das LG Duisburg einen entsprechenden Ansatz gewählt und umfassende Informationen aus der Verfahrensakte sowie ergänzende rechtliche Erläuterungen zum Verfahren öffentlich zugänglich gemacht. Das LG Duisburg ging sogar so weit, eine Kurzvita des Vorsitzenden Richters zu veröffentlichen, https://www.lg-duisburg.nrw.de/behoerde/presse/zt_Lopa/loveparade/so_hintergrundinfos/index.php.

30 Ausführlich hierzu *Paschke*, Digitale Gerichtsöffentlichkeit, S. 190 ff., 194 ff.

31 Diskussionspapier „Modernisierung des Zivilprozesses", S. VI, 47 f., abrufbar unter https://www.bayern.de/zivilprozess-der-zukunft-arbeitsgruppe-stellt-vorschlaege-beim-zivilrichtertag-am-olg-nuernberg-vor-bayerns-justizminister-eisenreich-unsere-welt-wird-immer-digitaler-eine-digital offensive-im-z/.

beispielsweise der Wahrnehmung des Geschehens durch einen später aussagenden Zeugen. Im Rahmen des Vorschlags geht es primär darum, Sitzungssäle einzusparen.[32] Dies kann jedoch noch besser durch eine digitale Gerichtsöffentlichkeit über ein Portal im Internet erreicht werden, über das Interessierte aus dem Büro oder von zu Hause aus Zugriff auf die virtuelle Verhandlung erhalten.[33]

II. (Verfassungs-)Rechtliche Herausforderungen

19 Bei der Gestaltung der digitalen Gerichtsöffentlichkeit bedarf es vor allem der Beachtung **konfligierender Grundrechtspositionen** der Verfahrensbeteiligten sowie der Kernelemente rechtsstaatlicher Verfahren. Als wichtige verfassungsrechtlich geschützte Freiheiten sind hier vor allem die Menschenwürde, das allgemeine Persönlichkeitsrecht in der Ausprägung des Selbstdarstellungsschutzes und die Eigentumsfreiheit sowie die Berufsfreiheit von Rechtsbeiständen zu beachten. Hierbei ist zu berücksichtigen, dass Grundrechte grundsätzlich nicht schrankenlos bestehen. Aufgrund der hohen Bedeutung, die die Rechtspflege für unser Staatswesen, aber auch für die Gesellschaft besitzt, kommt auch der Gewährleistung von Öffentlichkeit bei Gerichtsverfahren, da diese zusammengehören, eine wichtige gesellschaftliche Bedeutung zu. Die Sicherstellung von Öffentlichkeit kann damit einen gewichtigen legitimen Zweck bei der Einschränkung von Individualfreiheitsrechten darstellen. Im Rahmen eines Ausgleichs dieser verfassungsrechtlichen Positionen bedarf es jedoch der bestmöglichen Geltung beider Schutzgüter. Dies ist aufgrund der freien Gestaltbarkeit informationstechnischer Lösungen vielfach auch praktisch umsetzbar. Daneben müssen die rechtsstaatlichen Grundsätze berücksichtigt werden, um die Verfahrensdurchführbarkeit und die Sicherstellung von fairen Verfahren zu gewährleisten.

1. Achtung der Menschenwürde der Verfahrensbeteiligten

20 Der Idee einer Digitalisierung der Gerichtsöffentlichkeit wird teilweise mit der Sorge begegnet, dass hierdurch ein die Verfahrensbeteiligten vorführender menschenunwürdiger **Schauprozess** – zumal vor einem latent sehr großen Publikum „im Internet" – gefördert wird. Dem ist jedoch entgegenzuhalten, dass sich die Rechtsstaatlichkeit eines Gerichtsverfahrens nicht an der Anzahl der Zuschauer eines Verfahrens, sondern viel-

32 Diskussionspapier „Modernisierung des Zivilprozesses", S. 47.

33 Dieser Vorschlag wird mit einem pauschalen undifferenzierten Verweis auf datenschutzrechtliche Bedenken in dem Diskussionspapier abgelehnt, vgl. Diskussionspapier „Modernisierung des Zivilprozesses", S. 48. Hierbei wird jedoch verkannt, dass bei der Übertragung einer im Internet stattfindenden virtuellen Verhandlung in ein anderes öffentliches Gebäude und dem Zugriff der Öffentlichkeit auf diese Verhandlung über ein öffentliches Portal die gleichen datenschutzrechtlich relevanten Verarbeitungen von personenbezogenen Daten stattfinden. Es geht vielmehr darum, den virtuellen Zugriff auf diese Verhandlungen grundrechtsschonend zu gestalten, vgl. Rn. 23ff.

mehr an der Einhaltung der grundrechtlichen Freiheits- und Gleichheitsrechte durch das erkennende Gericht bemisst.[34] Der der **Menschenwürde** (Art. 1 I 1 GG) der Verfahrensbeteiligten zuwiderlaufende Schauprozess besitzt zwei Charakteristika. Zunächst ist er durch die Degradierung von Menschen zum Objekt staatlichen Handelns gekennzeichnet. Dem betroffenen Verfahrensbeteiligten wird die Selbstgeltung als Mensch im Rahmen eines gerichtlichen Verfahrens aberkannt.[35] Darüber hinaus werden bei einem Schauprozess rechtsstaatliche Vorgaben eines Gerichtsverfahrens nicht eingehalten. Ein solches Verfahren ist unter Berücksichtigung der Zivilprozessordnung nicht denkbar. Diese gibt bereits eng den Verfahrensablauf eines Zivilprozesses vor und gewährleistet damit die Rechtsstaatlichkeit eines solchen Verfahrens. Die Rechtmäßigkeit einer entsprechenden Verhandlung wird nicht durch die Anzahl der Zuschauenden tangiert oder gar in Unrecht gewandelt.[36]

Bei einem Schauprozess geht es gerade nicht darum, die Wirklichkeit eines rechts- 21
staatlichen Verfahrens zu zeigen, um die Kontrollmöglichkeiten staatlicher Institutionen zu verbessern. Ein Schauprozess zielt vielmehr ab auf und lebt von (reiner) Inszenierung,[37] ist eher Vorführung als Verhandlung. Im Rahmen einer solchen erniedrigenden öffentlichen Vorführung erhält die Partei beispielsweise keine echte Verteidigungsmöglichkeit und rechtsstaatliche Grundsätze eines Verfahrens u.a. im Zusammenhang mit einer Beweisaufnahme werden nicht hinreichend berücksichtigt. Stattdessen erfährt die betroffene Partei ein zumeist bereits zuvor feststehendes Urteil mit teilweise schwerwiegenden Auswirkungen. Diese Verfahren dienen einerseits der Demütigung des Betroffenen, haben darüber hinaus jedoch auch eine abschreckende Wirkung und sollen die restliche Bevölkerung disziplinieren. Auch mit Blick auf die deutsche Vergangenheit besaßen daher Zivilprozesse ein deutlich geringeres Missbrauchspotential als Strafprozesse.

Bereits heute können abhängig von dem Ort des Sitzungssaals sehr viele Zuschauer 22
zu einem Verfahren zugelassen sein. Das Landgericht Duisburg hat für die Verhandlung um die Loveparade 2010 eine Düsseldorfer Messehalle angemietet, damit die vielen Verfahrensbeteiligten und viele interessierte Dritte inklusive Medienvertretern das Verfahren überhaupt vor Ort verfolgen konnten.[38] Auch für den ersten mündlichen Verhandlungstag im Verfahren der Verbraucherzentrale Bundesverband e.V. (vzbv) gegen die Volkswagen AG im Zusammenhang mit den zurückgerufenen Kraftfahrzeugen mit einem Dieselmotor des Typs VW EA 189 nutzte das zuständige OLG Braunschweig die Stadthalle der Stadt Braunschweig, um dem großen Zuschauerandrang Rechnung zu tragen.[39]

34 *Schulze-Fielitz* in: Dreier (Hrsg.), GG, Band II, Art. 20 Rn. 39.
35 *Paschke*, Digitale Gerichtsöffentlichkeit, S. 353.
36 *Paschke*, Digitale Gerichtsöffentlichkeit, S. 354.
37 Hierzu auch *Paschke* in: Arnold/Wilhelms (Hrsg.), Schau-Prozesse, 2022, S. 89 (104ff.).
38 https://www.lg-duisburg.nrw.de/behoerde/presse/zt_Lopa/loveparade/index.php.
39 https://oberlandesgericht-braunschweig.niedersachsen.de/startseite/aktuelles/presseinformationen/terminankuendigung-und-akkreditierungsverfahren-fuer-die-musterfeststellungsklage-gegen-volkswa

2. Sicherung des allgemeinen Persönlichkeitsrechts

23 Das **allgemeine Persönlichkeitsrecht** (Art. 2 I i.V.m. Art. 1 I GG) sichert in Deutschland jedermann die freie Entfaltung der Persönlichkeit. Dieses sehr weitgehende Freiheitsrecht ist vielfach ausgeprägt, um die Selbstbestimmung jedes Menschen abzusichern. Ein wichtiger Bestandteil ist die Sicherung des Selbstdarstellungsschutzes. Hierzu gehört das Recht am eigenen Bild, das Recht am eigenen Wort sowie die informationelle Selbstbestimmung. Letztere bestimmt, dass Menschen in Deutschland eigenständig darüber entscheiden können, welche Informationen über sie preisgegeben und wie und von wem diese verarbeitet werden. Ferner fällt hierunter der kindliche Entwicklungsschutz. Dieses Grundrecht in den verschiedenen Ausprägungen muss auch im Zuge der Digitalisierung von Gerichtsöffentlichkeit berücksichtigt werden.

24 Aufgrund des **Selbstdarstellungsschutzes** kann jeder „grundsätzlich selbst und allein bestimmen, ob und wieweit andere sein Lebensbild im Ganzen oder bestimmte Vorgänge aus seinem Leben öffentlich darstellen dürfen“.[40] Somit fallen die mit der Digitalisierung verbundenen Aufnahmen bzw. die **digitalen Übertragungen** in den Schutzbereich dieses Grundrechts. Ferner kann darin gemäß dem modernen Eingriffsbegriff ein Grundrechtseingriff gesehen werden. Danach stellt jedes staatliche Handeln einen Eingriff dar, welches dem Einzelnen ein Verhalten, das in den Schutzbereich eines Grundrechts fällt, ganz oder teilweise unmöglich macht (unabhängig davon, ob dies final oder unbeabsichtigt, unmittelbar oder mittelbar, rechtlich oder tatsächlich, mit oder ohne Zwang erfolgt).[41] Der Eingriff wird in Zivilverfahren dadurch vertieft, dass eine **Anwesenheits- und Aussagepflicht** (§§ 383ff. ZPO e contrario) für Verfahrensbeteiligte (nach gerichtlicher Anordnung, § 141 ZPO) sowie Zeugen besteht.[42]

25 Die **Veröffentlichung von Verfahrensinformationen** muss hingegen nicht in den Schutzbereich der informationellen Selbstbestimmung fallen, wenn die Informationen bereits hinreichend **anonymisiert** werden und ein Rückbezug auf die Verfahrensbeteiligten nicht mehr möglich ist. Sollten jedoch auch bei reiner Schwärzung der Namen aufgrund des geschilderten Sachverhalts des behandelten Falls die Verfahrensbeteiligten bestimmbar bleiben, kann auch in der Veröffentlichung dieser Informationen ein Eingriff in die Selbstdarstellungsausprägung des Grundrechts gesehen werden.

26 Das allgemeine Persönlichkeitsrecht sowie deren verschiedene Ausprägungen stehen unter dem Vorbehalt der Schrankentrias, d.h. der Verletzung von Rechten anderer, der verfassungsmäßigen Ordnung und des Sittengesetzes. Diese gehen in der verfassungsmäßigen Ordnung als Schranke auf.[43] Somit steht dieses Grundrecht unter einem einfachen Gesetzesvorbehalt. Der Gesetzgeber könnte daher die **digitale Gerichts-**

gen-176842.html; https://esv.info/aktuell/kehrtwende-des-olg-braunschweig-ein-ueberblick-zum-diesel-abgasskandal/id/103967/meldung.html.

40 BVerfGE 35, 202 (220).

41 Vgl. statt vieler BVerfGE 105, 279 (299ff.); *Bethge*, VVDStRL Band 57 (1998), S. 37ff.

42 Vgl. *Köbl* in: Hubmann/Hübner (Hrsg.), FS Schnorr von Carolsfeld, 1972, S. 237f.

43 BVerfGE 6, 32 sowie BVerfGE 65, 1, 43f.

öffentlichkeit durch Gesetz einführen. Die Digitalisierung der Gerichtsöffentlichkeit mithilfe einer Bild- und Tonübertragung der mündlichen Verhandlung für Dritte und Veröffentlichung weiterer Verfahrensinformationen zur Verbesserung der Wahrnehmungsmöglichkeiten der mündlichen Verhandlungen und Stärkung der Kontrolle der Justiz sind insoweit legitime Zwecke. Dieses Gesetz kann auch im engeren Sinne verhältnismäßig gestaltet werden.

Hierbei bedarf es jedoch einer grundrechtsschonenden Herstellung und Bereitstel- 27
lung der Ton- und Bildübertragung.[44] So muss u.a. die **Übertragungsqualität** zwar das Verfolgen der Verhandlung erlauben, allerdings bedarf es keiner hochauflösenden Aufnahmen, die jede Emotion aller Beteiligten offenlegen. Wird das Geschehen aus dem Gerichtssaal übertragen, genügt eine einzelne **Kameraperspektive**, die beispielsweise das Geschehen aus der Perspektive des aktuellen Zuschauerraums abfilmt. Es werden zwar bereits heute im Rahmen von öffentlichen mündlichen Verhandlungen vor einem möglichen Saalpublikum Personalien von Beteiligten mündlich genannt. Inzwischen werden jedoch zumeist keine Adressdaten mehr verlesen. Hierauf sollte insbesondere geachtet werden, wenn die mündliche Verhandlung über das Internet einsehbar wäre. Aufgrund der **Perpetuierungswirkung** von Aufnahmen des Gesagten vor Gericht wäre ferner zu überlegen, dass eine **Live-Übertragung** gegenüber einem **On-Demand-Streaming** die Interessen der Verfahrensbeteiligten am wenigsten tangiert. Dies wäre allerdings im Hinblick auf die Verbesserung der Kontrolle nicht gleich wirksam, da weiterhin viele Berufstätige hierdurch von einer Wahrnehmung von Gerichtsverhandlungen ausgeschlossen blieben. Wichtig wäre jedoch, dass nur ein Abruf und kein **Download** der Übertragung ermöglicht wird. Dies sollte durch die Nutzung eines technischen **Kopierschutzes** von entsprechenden Aussageübertragungen begleitet werden. Eine freie Verfügbarkeit entsprechender Informationen zum Download ist nämlich nicht erforderlich.

Für eine verbesserte Kontrolle der Justiz und Schaffung von mehr **Transparenz** in 28
Bezug auf Gerichtsverfahren kann auch die Veröffentlichung von (schriftlichen) Verfahrensinformationen einen wichtigen Beitrag leisten und damit einen legitimen Zweck darstellen. Allerdings ist ein Rückbezug auf eine natürliche Person hierbei nicht erforderlich. Daher sind die Gerichtsunterlagen bestmöglich zu anonymisieren.[45] Bei einer Gerichtsentscheidung werden lediglich im Rubrum die Verfahrensbeteiligten benannt. Sodann erfolgt zumeist eine Funktionsbenennung als Kläger und Beklagter. Ferner sind die Namen von Zeugen im Rahmen eines Gerichtsentscheids zu schwärzen. Zum Schutz der informationellen Selbstbestimmung von Rechtsbeiständen könnten zudem auch Namen und Logos in Schriftsätzen anonymisiert und nur die reinen Texte in neuer Formatierung bereitgestellt werden. Bereits heute werden Urteile und Beschlüsse von Gerichten entweder selbst veröffentlicht oder Verlagen zur Publikation bereitgestellt. Hierbei

44 Vgl. ausführlich zu den Gestaltungsmodalitäten *Paschke*, Digitale Gerichtsöffentlichkeit, S. 367ff.
45 *Putzke/Zenthöfer*, NJW 2015, 1777 (1780f.).

werden bereits die Verfahrensbeteiligten anonymisiert. Die Erweiterung dieser Praxis um weitere anonymisierte Schriftsätze kann ebenfalls gerechtfertigt werden.

29 Die (technische und organisatorische) Gestaltung der digitalen Gerichtsöffentlichkeit wird durch das allgemeine Persönlichkeitsrecht von Verfahrensbeteiligten nicht verboten, aber begrenzt. Es verhindert nicht, dass die Gerichtsöffentlichkeit digitalisiert werden kann. Bei hinreichender Berücksichtigung des Selbstdarstellungsschutzes bei der Gestaltung einer digitalen Gerichtsöffentlichkeit kann eine Übertragung einer Gerichtsverhandlung in den virtuellen Raum zur Verbesserung des gesellschaftsbezogenen Öffentlichkeitsprinzips gerechtfertigt werden. Bei der Digitalisierung der Gerichtsöffentlichkeit sind zudem die weitreichenden einfachgesetzlichen Regelungen zum **Datenschutz** zu beachten. Diese ergeben sich derzeit insbesondere aus der Datenschutzgrundverordnung, den jeweiligen Landesdatenschutzgesetzen sowie dem Gesetz zur Regelung des Datenschutzes und des Schutzes der Privatsphäre in der Telekommunikation und bei Telemedien (TDDSG).

3. Wahrung von Eigentums- und Berufsfreiheit

30 Auch die **Eigentums- und Berufsfreiheit** der Verfahrensbeteiligten bedarf der Wahrung. Die Nennung einer juristischen Person in einem Zivilprozess kann nämlich von Art. 12 bzw. Art. 14 GG erfasst sein. Somit ist auch eine dahingehende **Anonymisierung** von Dokumenten aus Gerichtsverfahren erforderlich. Ferner sollte die Möglichkeit des Ausschlusses der Öffentlichkeit nach § 172 Nr. 2 GVG konsequent angewendet werden. Dieser Öffentlichkeitsausschluss sollte auch bei der Veröffentlichung von Verfahrensunterlagen Berücksichtigung finden.

31 Darüber hinaus muss berücksichtigt werden, dass Rechtsanwälte und Gutachter ein wirtschaftliches Interesse an ihren Schriftsätzen bzw. Gutachten haben. Diese Erwerbsgrundlage sollte derart gesichert werden, dass entsprechende Schriftsätze nicht beliebig kopiert und weiterverwendet werden können. Dies kann durch die Einbindung von Kopierschutzlösungen und weiteren Beschränkungen der Veröffentlichung bewirkt werden, um etwaige **Urheberrechte** der Betroffenen zu schonen.[46] Aus Gründen des Urheberrechts kann daher auf Wunsch der Beteiligten auch die Namensnennung bei Schriftsätzen geboten sein.

4. Gewährleistung der Verfahrensdurchführbarkeit

32 Die Öffentlichkeitsgewähr muss derart gestaltet werden, dass weiterhin die Rechtsfindung bei Gericht möglich ist. So gibt es Bedenken auf Seiten der Richterschaft, dass das Verhalten von Verfahrensbeteiligten durch eine **Kamera** im Sitzungssaal oder unsicht-

46 Zur Urheberrechtsschutzfähigkeit eines Anwaltsschriftsatzes siehe OVG Hamburg, ZUM 2022, 397; zur Schutzfähigkeit von Fachgutachten siehe auch BVerwG, ZUM 2020, 497.

bare Zuschauer bei einer Videoverhandlung beeinflusst wird. Allerdings zeigen amerikanische Studien zum Verhalten von Verfahrensbeteiligten in Anwesenheit einer Kamera im Sitzungssaal, dass sich „das Verhalten aller Verfahrensbeteiligten gar nicht bis kaum verändert".[47] Auch der Kameraeinsatz im Rahmen der Videoverhandlungen im Laufe der Covid-19-Pandemie hat gezeigt, wie schnell sich Menschen bei Gericht auf die neue Situation eingestellt haben und sich auf diese Weise neue Formen der Verhandlungsführung etablieren konnten.

Einer potenziell möglichen **Beeinflussung** von Zeugenaussagen vor Gericht kann da- 33
durch begegnet werden, dass bei Zeugenaussagen im Gerichtssaal die Kamera den Aussagenden nur von hinten aufnimmt. Eine **Frontalaufnahme** einer Aussage ist zur besseren Kontrolle der Justiz nicht erforderlich. Allerdings muss bei Zeugen sichergestellt werden, dass diese vorab keinen Einblick in das Geschehen der Verhandlung erhalten, um ihre Aussage dem Verhandlungsablauf anzupassen. Daher könnte es sich anbieten, die digitale Öffentlichkeit nur zeitversetzt herzustellen oder gegebenenfalls den Zugang zu einer virtuellen Verhandlung nur mithilfe einer vorherigen Identifikation zu gestatten, um sicherzustellen, dass Zeugen keinen Zugriff auf den **Verhandlungsstream** erhalten. Gegebenenfalls kann auch über Verwertungsverbote nachgedacht werden, wenn die vorherige Teilnahme eines Zeugen nachgewiesen wird. Allerdings ist bei dieser Konstellation insgesamt zu beachten, dass ein neutraler Zeuge eine wünschenswerte Idealvorstellung ist, aber bereits heute in der analogen Gerichtspraxis es vielfach zu Zeugenbeeinflussungen und Absprachen kommt. Dieser Missstand kann durch eine digitale Gerichtsöffentlichkeit nicht beseitigt, muss aber auch nicht unbedingt vertieft werden.[48]

Ein Missbrauchsrisiko in Bezug auf eine verfassungsrechtlich unzulässige Be- 34
einflussung des Gerichts erscheint ebenso fernliegend. Richter sind vor staatlicher Einflussnahme geschützt und unabhängig (Art. 97 I GG). Durch eine neue Gestaltung der Öffentlichkeit ergeben sich diesbezüglich keine neuen Gefahren. Eine potenzielle Beeinflussung könnte lediglich durch Private erfolgen. Dem kann jedoch dadurch begegnet werden, dass Verfahrensdokumente erst während der laufenden Zivilverhandlung veröffentlicht werden. Das Argument, dass Richter sich bei einer größeren Öffentlichkeit gehemmt fühlen können, verkennt, dass bereits heute Gerichtsöffentlichkeit besteht und in großen Sitzungssälen außerhalb der Pandemie potenziell viele Zuschauer teilnehmen könnten. Ein einseitig motiviertes Publikum vor Ort kann eine deutlich belastendere Wirkung auf einzelne Richter haben als ein (anonymes) Online-Publikum. Vereinzelt sitzen auch heute bereits Journalisten in Sitzungssälen, die das Gesprochene detailreich mitschreiben. Strafrechtlich sanktionierte Übergriffe und Nötigungen gegenüber Amtsträgern inner- und außerhalb von Verhandlungen dürfen gleichzeitig unabhängig von der Digitalisierung von Öffentlichkeit nicht geduldet werden und sind umfassend zu ahnden.

---

47 *Vietmeyer*, Vor- und Nachteile von Fernsehöffentlichkeit, 2002, S. 153 f. m. w. N.

48 *Paschke*, Digitale Gerichtsöffentlichkeit, S. 347.

5. Berücksichtigung des Parlamentsvorbehalts

35 Als § 169 I 1 GVG eingeführt wurde, bestanden die Möglichkeiten einer **digitalen Gerichtsöffentlichkeit** noch nicht, so dass diese Gestaltung nicht vom gesetzgeberischen Willen umfasst sein kann. Daher muss basierend auf dem **Parlamentsvorbehalt** der Gesetzgeber die durch die Digitalisierung veränderten Verhältnisse normativ konkretisieren. Er kann dies nicht der Rechtsprechung überlassen.[49] Die Einführung einer digitalen Form der Gerichtsöffentlichkeit stellt eine grundrechtsrelevante und damit wesentliche Entscheidung dar.[50]

36 Der Gesetzgeber ist wegen des Parlamentsvorbehalts verpflichtet, die „für die Grundrechtsverwirklichung maßgeblichen Regelungen im Wesentlichen selbst zu treffen und diese nicht dem Handeln und der Entscheidungsmacht der Exekutive zu überlassen“.[51] Aufgrund des zuvor beschriebenen Eingriffs durch den Einsatz der Informationstechnologie insbesondere in das allgemeine Persönlichkeitsrecht in der Ausprägung der informationellen Selbstbestimmung sowie des Rechts am eigenen Wort und Bild ist unabhängig von der konkreten technischen Gestaltung von erheblicher Intensität und damit einer wesentlichen Entscheidung auszugehen, da die Verfahrensbeteiligten einem potenziell unbegrenzten Personenkreis vor Augen geführt werden.[52]

III. Technische Möglichkeiten

37 Technisch stellt die Live-Übertragung des Geschehens aus der mündlichen Verhandlung keine Herausforderung mehr dar. Die notwendige Hardware in Form von **Kameras** und **Mikrophonen** zur Bild- und Tonaufnahme bzw. -übertragung einer Verhandlung sind inzwischen in fast jedem Gericht vorhanden.

38 Die digitale Bereitstellung von Informationen aus der Verhandlung, sei es in Bild und Ton oder als Text, kann über eine **Plattform** erfolgen. Die konkrete Datenaufbereitung und Softwarenutzung hängen von den zur Verfügung gestellten Informationen ab. Hierbei stellt sich auch die Frage, ob Textdokumente maschinell auswertbar sein sollen oder ob lediglich ein Dokumenten-Viewer bereitgestellt wird, der nur die sinnliche Verarbeitung der Texte gestattet. Diese Plattform-Lösung sollte von der Justiz betrieben werden bzw. in ihrer alleinigen Verantwortung stehen, damit die hierbei notwendigen rechtlichen Vorgaben, u.a. das Datenschutzrecht, eingehalten werden. Für die Gestaltung sind die einzelnen Länder zuständig. Es wäre dennoch möglichst eine bundesweit einheitliche und nutzerfreundliche Lösung wünschenswert. Ein Rückgriff auf große amerikanische Plattformanbieter ist hingegen abzulehnen.

---

49 *Paschke*, Digitale Gerichtsöffentlichkeit, S. 225 (305 ff.).

50 Vgl. zur Wesentlichkeitstheorie BVerfGE 139, 19 (45); BVerfGE 47, 46, 78 m.w.N.; BVerfGE 98, 218, 251 m.w.N.

51 BVerfGE 139, 19 (45).

52 *Paschke*, Digitale Gerichtsöffentlichkeit, S. 307.

Alternativ kann der Zugriff zu einer mündlichen Verhandlung über eine **Software** für **Videoverhandlungen** gewährt werden. Das Publikum nutzt damit die gleiche Software wie die Verfahrensbeteiligten, es hat lediglich keine eigenen Sprachrechte und kann sich gegebenenfalls auch nur ohne Bild zuschalten. Bei der Auswahl der Software ist darauf zu achten, dass diese auch bei der Nutzung durch eine große Anzahl Zuschauender technisch nicht kollabiert. Die potenzielle virtuelle Zuschauerzahl kann durchaus auch beschränkt werden. Die genaue Anzahl der Bürgerinnen und Bürger, die der Verhandlung beiwohnen können, wird aktuell vor allem architektonisch vorgegeben. Nunmehr kann eine beliebige vertretbare Zahl vorgegeben werden, wobei jedoch sichergestellt werden muss, dass hierdurch dem Öffentlichkeitsgrundsatz Genüge getan ist. Dies sollte daher durch den Gesetzgeber vorgegeben werden. 39

Ferner gibt es verschiedene technische Lösungen, die die Rechte der Verfahrensbeteiligten sichern. Hierzu gehört insbesondere Software, die eine audiovisuelle **Unkenntlichmachung** von Verfahrensbeteiligten sicherstellt. Aktuell wird an Software zur stabilen **Anonymisierung** von Texten und auch Bildern und Videos geforscht. Ferner bestehen verschiedene technische Lösungen, um einen **Kopierschutz** digitaler Informationen sicherzustellen. Diese bisher nur für ein Digital Rights Management eingesetzte Software kann künftig auch dazu beitragen, ein **Digital Privacy Management** sicherzustellen. Hierdurch können Screenshots und ein Abfilmen des Geschehens verhindert werden. Dieses effektive Rechtemanagement unterstützt insbesondere die Wahrung des allgemeinen Persönlichkeitsrechts der Verfahrensbeteiligten. Gleichzeitig kann es ein Verbreiten von Inhalten außerhalb der Plattform verhindern. 40

Auch die Sicherstellung der Durchführbarkeit des Verfahrens kann technisch erfolgen. Über adressatenbezogene **Zutrittskontrollen** kann sichergestellt werden, dass beispielsweise Zeugen nicht bereits frühzeitig an dem Verfahren teilnehmen können. 41

Das Hauptrisiko der Technik ist ihr Versagen. Vor dem Hintergrund, dass zunehmend auch Verhandlungen mit allen Verfahrensbeteiligten virtuell abgehalten werden, kann dies jedoch kein Argument gegen die Einführung einer digital vermittelten Gerichtsöffentlichkeit sein. Um technische Risiken zu minimieren, ist ferner ein hohes Maß an **IT-Sicherheit** vorauszusetzen. 42

IV. Impulse für eine mögliche Regulierung der digitalen Gerichtsöffentlichkeit

Der Gesetzgeber muss aufgrund der damit verbundenen wesentlichen Entscheidung die digitale Gerichtsöffentlichkeit per Gesetz legitimieren. Hierfür müssen verschiedene einfachrechtliche Vorschriften modifiziert werden.[53] Allen voran ist eine normative Anpassung des § 169 I GVG vorzunehmen. In diesem Zusammenhang bieten sich die Aufnahme eines neuen Satzes 2 und die Ergänzung von Satz 3 mit dem nachfolgenden Wortlaut an: 43

53 Hierzu ausführlich *Paschke*, Digitale Gerichtsöffentlichkeit, S. 412 ff.

> § 169 I GVG-E
> [...] [2]Eine zeitgleiche elektronische Übertragung der Verhandlung einschließlich der Verkündung der Urteile und Beschlüsse in Bild und Ton findet durch das erkennende Gericht statt. [3]Ton- und Fernseh-Rundfunkaufnahmen sowie Ton- und Filmaufnahmen zum Zwecke der öffentlichen Vorführung oder Veröffentlichung ihres Inhalts durch Dritte sind unzulässig.

44 Daran anschließend wäre die Regelung zur Tonübertragung in einen anderen Arbeitsraum bei Gericht nicht mehr notwendig, da auch Personen, die für Presse, Hörfunk, Fernsehen oder für andere Medien berichten, die virtuell vermittelte Öffentlichkeit nutzen können.

45 Darüber hinaus bietet sich eine (teilweise deklaratorische) Regelung zur Veröffentlichung der **Prozessunterlagen** mit der Gerichtsentscheidung an, um Zivilverfahren für die Öffentlichkeit transparenter zu gestalten.[54] Diese Regelung könnte beispielsweise in einem neu geschaffenen § 169a GVG aufgenommen werden und wie folgt gefasst werden:

> § 169a GVG-E
> [1]Die Prozessakten werden öffentlich zugänglich gemacht. [2]§§ 170, 171a bis 172, 175 gelten entsprechend. [3]Die Vorschriften des Datenschutzrechts sind zu beachten. [4]§ 13 Urhebergesetz bleibt hiervon unberührt.

D. Zusammenfassung

46 Die aktuelle Informationspolitik der Justiz ist als defizitär zu werten.[55] Dieser Umstand kann nicht durch die auf dem Papier bestehende, aber in der Praxis intransparente und einen Großteil der Bevölkerung faktisch ausgrenzende Saalöffentlichkeit ausgeglichen werden. Mithin ist es fraglich, ob die praktizierte Öffentlichkeitsgewähr heutzutage überhaupt noch den mit ihr verbundenen Funktionen gerecht wird.

47 Mit einer zunehmenden Digitalisierung des Zivilprozesses und der flächendeckenden Anwendung von § 128a ZPO stellt sich auch die Frage, wie künftig Gerichtsöffentlichkeit hergestellt wird. Der Aufwand des Vor-Ort-Erscheinens ist für die Öffentlichkeit nicht nur während einer globalen Pandemie als nicht mehr zeitgemäß zu werten. Durch die zunehmende Digitalisierung aller Lebensbereiche verändert sich ferner die gesellschaftliche Erwartungshaltung. Diese beruht auch auf einer inneren Bequemlichkeitsbarriere vieler Bürgerinnen und Bürger, die durch die Informationstechnologie zunehmend gewohnt sind, Inhalte von zu Hause aus abrufen zu können, ohne sich aktiv eine

54 Bei der Veröffentlichung von Gerichtsentscheidungen handelt es sich nach Auffassung des Bundesverwaltungsgerichts um eine unmittelbar aus der Verfassung abzuleitende Aufgabe der Gerichte, siehe BVerwGE 104, 105, 109.

55 *Limbach*, NJ 1995, 281 (281).

Information von einem anderen Ort zu beschaffen.[56] Die Digitalisierung von Gerichtsöffentlichkeit bietet daher viele Chancen. Gleichzeitig kann hierdurch die Funktionserfüllung von Öffentlichkeit verbessert werden.

Während die OLG-Arbeitsgruppe zur Modernisierung des Zivilprozesses den Vorschlag unterbreitet, virtuelle Verhandlungen einzuführen, um „die Funktionsfähigkeit der Rechtsprechung sicherzustellen",[57] soll die Öffentlichkeit künftig weiterhin an einen durch das Gericht vorgegebenen physischen Raum gebunden sein. Hiernach sollen „zur Wahrung der Öffentlichkeit […] Videoverhandlungen in einen vom Gericht bestimmten Raum live übertragen werden, an dem jedermann in Bild und Ton die Sitzung mitverfolgen kann."[58] Diese Empfehlung ist in der Praxis nicht umsetzbar, da entsprechend technisch ausgestattete barrierefreie Räume mit ausreichenden Kapazitäten nicht vorhanden sind und deren technische Ausstattung unter Berücksichtigung des Haushaltsrechts nicht wirtschaftlich wäre. Hierbei müsste insbesondere berücksichtigt werden, dass entsprechende Räume einerseits in ganz Deutschland bereitgestellt werden müssten und andererseits die Kapazitäten für diese Räume so geplant werden, dass auch bei einer zunehmenden Verlagerung von immer weiteren Verhandlungen in den virtuellen Raum, durch eine zu geringe Planung ein faktischer Ausschuss der Öffentlichkeit bewirkt wird. Ferner wirkt der Vorschlag wie aus der Zeit gefallen. Während sich nach der Empfehlung der Arbeitsgruppe alle Akteure einer mündlichen Verhandlung im virtuellen Raum treffen, soll perspektivisch nur noch die Öffentlichkeit in den durch das Gericht bestimmten Räumen vor Ort einfinden. 48

Ausblickend bedarf es auch der Berücksichtigung des „allgemeinen Öffentlichkeitsprinzips der Demokratie"[59] bei Verfahren ohne mündliche Verhandlung (beispielsweise bei schriftlichen Verfahren nach § 128 II ZPO oder bei beschleunigten Online-Verfahren nach § 495a ZPO). Denn auch in diesen Fällen stellt die Gerichtsöffentlichkeit eine Verfahrensgarantie dar, die „dem Schutz der an der Verhandlung Beteiligten gegen eine der öffentlichen Kontrolle entzogene Geheimjustiz" dient.[60] Hierbei bietet sich eine Publikationspflicht der gerichtlichen Entscheidung an, da auch in diesem Kontext ein Öffentlichkeitsbedürfnis zu bejahen ist.[61] Der Öffentlichkeitsgrundsatz bleibt aufgrund seines verfassungsrechtlichen Ursprungs der Dispositionsbefugnis des Gerichts und der Parteien entzogen. Allerdings sollte der Gesetzgeber hierfür eine die Rechtssicherheit fördernde klarstellende einfachgesetzliche Regelung schaffen.[62] 49

56 *Paschke*, Digitale Gerichtsöffentlichkeit, S. 173f.
57 Diskussionspapier „Modernisierung des Zivilprozesses", S. 46.
58 Diskussionspapier „Modernisierung des Zivilprozesses", S. 47f.
59 BVerfG Beschl. v. 3.6.2022 – 1 BvR 2103/16.
60 BVerfG Beschl. v. 3.6.2022 – 1 BvR 2103/16.
61 Hierzu ausführlich *Paschke*, Digitale Gerichtsöffentlichkeit, S. 213ff. m.w.N.
62 *Paschke*, Digitale Gerichtsöffentlichkeit, S. 215.

Anne Paschke

Alisha Andert

§ 28 Legal Design als Zukunftsaufgabe der Justiz

Gliederungsübersicht **Rn.**

Alisha Andert

https://doi.org/10.1515/9783110755787-028

Literatur: *Andert/Dörr*, „Legal Design Thinking für mehr Zugang zum Recht", LTO vom 25.11.2020; *Andert/Schmidt*, „Kanzlei der Zukunft – ein Aufruf zur Selbstreflexion unserer interdisziplinären Kompetenzen", Berliner Anwaltsblatt, 6/2022; *Brown*, Change by Design, Revised and Updated, 2019; *Einwächter/Laßmann/Novotny/Thamm*, Fallstudie: Digitale Klagewege, 2021; *Hartung/Bues/Halbleib*, Legal Tech, 2018; *Hartung/Brunnader/Veith/Plog/Wolters*, The Future of Digital Justice, 2022; *Hofmann*, Human Centered Design, 2017; *Kohlmeier/Klemola*, Das Legal Design Buch, 2021; *Szabo*, Design Thinking in Legal Practice Management, 2010, Design Management Review 21(3); *Wulfers*, „Wie die Digitalisierung gelingt", FAZ vom 14.11.2021.

A. Herausforderungen der digitalen Transformation

I. Die Welt dreht sich schneller

1 Die Welt wird immer komplexer. Das ist mehr als nur ein unbestimmtes Gefühl. Ein Blick auf die exponentiell ansteigende Kurve des industriellen und technologischen Fortschritts der letzten 100 Jahre verrät präzise, auf welche Ereignisse und Entwicklungen sich die **steigende Komplexität** zurückführen lässt: Während zwischen der Erfindung des Fernsehers in den 1930ern und der Geburtsstunde des World Wide Webs 1991 noch knapp 60 Jahre liegen, dauerte es von der ersten Generation 3D-Drucker für den Privathaushalt 2014 bis zum 3D-Druck des ersten Hauses 2016 nur noch zwei Jahre. Im vergangenen Jahrzehnt wird die **hohe Geschwindigkeit technologischer Entwicklungen überdeutlich.** Diverse Generationen an iPhones, der Einsatz von Algorithmen und künstlicher Intelligenz, autonomes Fahren, Elektroautos und vieles mehr. Gleichzeitig haben sich in kurzer Zeit eine Vielzahl **neuer Geschäftsmodelle und -praktiken** etabliert und andere vom Markt verdrängt. Videotheken wurden ersatzlos durch Streaming-Dienste wie *Netflix* ersetzt. Lokale Händler:innen und Anbieter:innen finden sich vermehrt auf **großen Plattformen** wie *Amazon* oder *Airbnb*. Regelungen wie Rückgabe- und Widerrufsrechte, z.B. im Online-Handel, werden in der Praxis zugunsten der Kundschaft stetig erweitert und führen zu **verändertem Nutzerverhalten und gesteigerten Erwartungen** an die Anbieter:innen. Daneben sind die Auswirkungen der **fortschreitenden Globalisierung und Vernetzung** zu spüren. Sachverhalte beinhalten vermehrt internationale Bezüge und zu den nationalen Gesetzen

und Verordnungen kommen immer mehr europäische und internationale Regelungen hinzu.[1]

II. Kann die juristische Praxis mithalten?

2 Die steigende Komplexität trifft auch die Juristerei. Die Arbeitswelten, Geschäftsmodelle und Prozesse der Industrie haben sich in den letzten Jahren massiv verändert. Unternehmen entdecken neue, digitale Geschäftsfelder, beschleunigen Prozesse durch automatisierte Abläufe und Technologie, Verbraucher:innen nutzen die neuen Angebote. Gleichzeitig sind es Jurist:innen, die die **Entwicklungen rechtlich begleiten**. Sie beraten ihre Mandantschaft, regulieren unbekannte Rechtsmaterien oder – im Falle der Justiz – bewerten neue Sachverhalte im Einzelfall und treffen rechtliche Entscheidungen in komplexen Zusammenhängen und immer größeren Datenmengen. Die Justiz muss sich unweigerlich in die neue Welt der Industrie einfügen. Das stellt sie gegenwärtig vor diverse Herausforderungen, die sich aufgrund der digitalen Transformation verschiedener Branchen bei ihr zu potenzieren scheinen.

B. Der Clash: Analog meets digital – Zeit für neue Denkansätze

3 In den Folgen der digitalen Transformation für die juristische Praxis zeigt sich vor allem eins: der „Clash" von alter, analoger Welt und neuen, digitalen Modellen führt zu Reibungen.

I. Alte Verfahren, neue Nutzer:innen: Wenn die ZPO keine Antworten liefert

1. Rechtsdurchsetzung mit Legal Tech und Co.

4 Seit dem Jahr 2010 haben sich neben klassischen Rechtsanwaltskanzleien eine Vielzahl sog. Legal-Tech-Unternehmen gegründet, die – jedenfalls im Bereich des Verbraucherrechts – darauf spezialisiert sind, ähnlich gelagerte Fälle in bestimmten Rechtsgebieten, wie Fluggastrechte, Mietrecht oder Verkehrsrecht, für Verbraucher:innen geltend zu machen.[2] Zusätzlich sind auch einige Kanzleien im Bereich der sog. **Massenschäden** aktiv und vertreten Mandant:innen im Diesel-Skandal, bei Urheberrechtsverletzungen und ähnlichen Sachverhalten. Gemeinsam haben diese spezialisierten Anbieter:innen, dass es ihnen durch digitale Mandatsakquise[3] und **effizienzsteigernde Technologien und Prozesse** möglich ist, die Fallzahlen dergestalt zu skalieren, dass mitunter tausende zivilrechtliche Klagen gleichzeitig bei den Gerichten anhängig gemacht werden (sog.

1 Zu den Herausforderungen einer immer stärker regulierten Welt s. auch: *Kohlmeier/Klemola*, Das Legal Design Buch, 2021, S. 106.

2 Siehe *Günther/Wrase*, § 30.

3 Siehe *Lorenz/Dülpers*, § 3.

Masseverfahren). Diese, von einigen als „Klageindustrie“[4] bezeichnete Veränderung auf dem Rechtsdienstleistungsmarkt stellt die Gerichte u. a. deshalb vor große Herausforderungen, weil sie die Potenziale der Effizienzsteigerungen durch Nutzung digitaler Technologien selbst noch nicht in gleichem Maße ausschöpfen. Die eher analogen Arbeitsweisen und -mittel der Justiz stehen in einem Missverhältnis zu der prozessoptimierten und digitalisierten Operationalisierung des Rechts, die man vermehrt bei Anbieter:innen auf dem Rechtsmarkt beobachten kann.

2. Skepsis innerhalb der Justiz

5 Neben die Herausforderungen, denen die Justiz mit Blick auf die digitale Transformation anderer Branchen begegnet, treten zudem jene, die bei der eigenen digitalen Transformation entstehen. Eine Studie zum Stand der Digitalisierung der Justiz in Deutschland, die u. a. von der Bucerius Law School veröffentlicht wurde, führt dazu aus, dass sich Akteur:innen innerhalb der Justiz häufig skeptisch gegenüber neuen technologischen Entwicklungen (z. B. eAkte, ERV, Videoverhandlungen) zeigen würden. Dies käme u. a. daher, dass sie schlechte Erfahrungen mit IT-Projekten gemacht haben und die Nutzung digitaler Daten aufgrund des Missbrauchspotenzials meiden würden.[5]

3. Gesteigerte Erwartungen der Bürger:innen an den Service der Justiz

6 Zudem verändern sich durch die Entwicklungen der digitalen Transformation auch die Bedürfnisse der rechtsuchenden Bürger:innen. Während es noch vor 20 Jahren völlig normal war, per Telefon, Brief oder Fax zu kommunizieren und jegliche Art von Erledigung bei der jeweiligen Organisation oder Institution vor Ort („auf dem Amt“?) durchzuführen, haben sich diverse **Tätigkeiten und Kommunikationsprozesse weit überwiegend in den digitalen Raum verlagert**. Bestellungen, Buchungen, Beschwerden, Korrespondenz – so gut wie alle alltäglichen Erledigungen werden digital abgewickelt. Der Anspruch der meisten Bürger:innen, jedes Anliegen online und mit einem hohen Maß an Service erledigen zu können, ist zur neuen Lebenswirklichkeit geworden. Diese Erwartungshaltung richtet sich vermehrt auch an die Verwaltung und die Justiz.[6] Immer größer wird daher der **Frust bei vielen Bürger:innen** über die aus ihrer Sicht langsamen, schlecht erreichbaren und insgesamt überlasteten Vorgänge und Anlaufstellen im öffentlichen Dienst. Das Erlebnis eines nicht mehr zeitgemäß interagierenden öffent-

---

4 *Jung*, „Richter sehen sich hilflos gegenüber einer Klageindustrie“, FAZ vom 18.11.2021 (abrufbar unter: https://www.faz.net/aktuell/wirtschaft/brandbrief-richter-hilflos-gegenueber-einer-klageindustrie-17639034.html).

5 *Hartung/Brunnader/Veith/Plog/Wolters*, The Future of Digital Justice, 2022, S. 9.

6 Laut einer Umfrage des Digitalverbands Bitkom wünschen sich 86 % der Deutschen von ihrer Stadtverwaltung, dass die Digitalisierung mit mehr Nachdruck verfolgt wird (abrufbar unter: https://www.bitkom.org/Presse/Presseinformation/Deutsche-fordern-mehr-Tempo-Digitalisierung-Wohnort).

lichen Sektors birgt die Gefahr, dass Bürger:innen das Vertrauen in das Funktionieren des Staates verlieren.[7]

4. Das juristische Handwerk hilft nicht bei der Transformation: neue Denkansätze dringend erforderlich

7 Dass es eines Tages „auf Knopfdruck“ möglich sein würde, tausende Klageschriften gleichzeitig zu generieren; dass die Menschen irgendwann den Großteil ihrer Erledigungen online abwickeln würden; dass der technologische Fortschritt dergestalt beschleunigt sein würde: all diese Dinge waren zur Geburtsstunde der Zivilprozessordnung nicht abzusehen. Die ursprünglich angedachten Verfahrensarten und internen Gerichtsabläufe können mit den Entwicklungen in der Gesellschaft nicht mithalten. Die juristische Methodik selbst bietet kein Handwerkszeug für die Frage, wie Verfahren, Abläufe und Prozesse innerhalb und außerhalb von Gerichten gestaltet werden müssten, um der neuen Welt gerecht werden zu können. Sie ist schließlich eher darauf ausgerichtet, Einzelfälle anhand bestehender Gesetze zu bewerten und unterschiedliche, sich immer wieder verändernde Sachverhalte zu subsumieren oder Regelungslücken zu erkennen und Analogien zu bilden. Bei der Gestaltung neuer Abläufe als Grundbaustein für Veränderung braucht es hingegen einen ganzheitlichen Blick.[8] So wird es unter anderem darum gehen, neben juristischen Fragen auch organisatorische Themen in den Blick zu nehmen, die den justizinternen Akteur:innen die Arbeit erleichtern und ihnen so eine Brücke in digitale Welten zu bauen. Ebenso wird es um die Bedürfnisse von Bürger:innen gehen, z.B. bezüglich niedrigschwelliger Informationsangebote, die ihnen den Zugang zu rechtlichen Themen erleichtern.[9] Eine reine Übertragung bestehender analoger Prozesse in eine digitale Welt ist wenig hilfreich.[10] Vielmehr erfordert die digitale Transformation ein Neudenken aller bestehenden Prozesse.

II. Lastenheft und Co.: (Software-)Systeme aus der Vergangenheit

1. Fehlendes technisches Equipment

8 Die Diskrepanz von technischem Fortschritt inner- und außerhalb der Justiz zeigt sich auch bei der technischen Ausstattung. Als die Gerichte während der Corona-Pandemie aufgefordert waren, vermehrt von § 128a ZPO Gebrauch zu machen und Videoverhandlungen zu ermöglichen, war dies vielerorts nicht möglich, weil das technische Equip-

---

7 Siehe *Dörr*, § 12 Rn. 16.

8 Zu der Frage, warum die juristische Denkweise innovationshindernd ist, s. auch: *Szabo*, Design Thinking in Legal Practice Management, 2010, Design Management Review 21(3), S. 44.

9 Siehe *Dörr*, § 12 Rn. 33.

10 *Andert/Dörr*, Legal Design Thinking für mehr Zugang zum Recht, LTO vom 25.11.2020 (abrufbar unter: https://www.lto.de/recht/justiz/j/justiz-digitalisierung-buergerzentriert-zugang-zum-recht-legal-design-thinking/).

ment fehlte.[11] Nach einer Cyberattacke auf das Kammergericht Berlin wegen einer schweren Sicherheitslücke war es dem Gericht monatelang nicht möglich, die normale Arbeit wiederaufzunehmen.[12] Dass die Justiz in breiten Flächen technisch nicht auf dem Stand anderer Tätigkeitsbereiche steht, erscheint evident.

2. Neue Standards in der Softwareentwicklung

Auch bei der Entwicklung neuer (Software-)Systeme hat sich „draußen" einiges getan. 9
Während man die Softwareentwicklung noch vor einigen Jahren mit klassischer Projektentwicklung anging, hat sich heute ein agiler Ansatz durchgesetzt.[13] Die klassische Projektentwicklung (z.B. sog. Wasserfall-Modell) unterscheidet sich insbesondere dadurch, dass zu Projektbeginn ein konkretes Projektziel und verschiedene Meilensteine auf dem Weg zu diesem Ziel festgelegt werden.[14] Bereits zu Beginn des Projekts steht demnach der Projektablauf fest. Bei Störungen oder Änderungen im Projektablauf ändern sich jeweils das eingeplante Budget und/oder der Zeitpunkt der geplanten Meilensteine. Nicht jedoch das Projektziel. Das klassische Vorgehensmodell verfolgt also einen linearen Ansatz. Im Gegensatz dazu zeichnet sich der agile Ansatz durch ein iteratives Vorgehen aus, in dem die nächsten Arbeitsschritte immer wieder neu priorisiert werden. Hier bleibt die eingeplante Zeit bestehen und es ändert sich bei Änderungen im Projektablauf stattdessen der Umfang des Projekts. Dadurch ist es möglich, auf sich verändernde Umstände zu reagieren. Im klassischen Modell hingegen kann es passieren, dass die anfangs definierten Funktionen einer Software-Lösung, die im sog. Lastenheft notiert werden, zum Zeitpunkt der Fertigstellung hinfällig geworden sind, z.B. weil der technische Fortschritt bestimmte Arbeitsschritte überfällig macht oder sich die Rechtslage derweil geändert hat.[15] Neue Systeme, insbesondere wenn es sich um Software-Lösungen handelt, mittels eines starren Plans zu bauen, ist angesichts der schnellen Entwicklungen der digitalen Transformation nicht passend. Hier hat sich in der Industrie daher der agile Ansatz etabliert. Auch in der Justiz-Digitalisierung könnte der Ansatz dabei helfen, besser auf Veränderungen und neue Erkenntnisse reagieren zu können.

11 *Windau*, „Was Gerichte gegen Corona tun können", LTO vom 11.3.2020 (abrufbar unter: https://www.lto.de/recht/hintergruende/h/coronavirus-gerichtsverhandlungen-atemschutzmasken-termin-verlegen-schriftliches-verfahren/).

12 „Keine Entspannung nach Cyberangriff", LTO vom 31.1.2020 (abrufbar unter: https://www.lto.de/recht/justiz/j/kg-berlin-it-sicherheit-cyber-angriff-hacker/).

13 Dazu zählen etablierte Methoden wie Scrum. Die grundlegenden Werte und Prinzipien agiler Softwareentwicklung können im sogenannten „Agilen Manifest" nachgelesen werden (abrufbar unter: https://agilemanifesto.org/iso/de/manifesto.html).

14 S. Erläuterungen dazu von *Angermaier/Vienken*, projektmagazin Glossar (abrufbar unter: https://www.projektmagazin.de/glossarterm/wasserfallmodell).

15 Siehe *Dörr*, § 12 Rn. 57.

III. Nutzeroberflächen aus der Hölle: wenn Design über (digitale) Teilhabe bestimmt

10 Wer kennt sie nicht – die verschreckenden digitalen Anwendungen, die einem seitens der öffentlichen Hand zur Verfügung gestellt werden. Ob man ein Gewerbe anmelden, die Steuererklärung einreichen oder einen anderen beliebigen Antrag stellen möchte: Sobald der Staat involviert ist, erinnern uns die digitalen Nutzerlebnisse nicht an Amazon und Co., sondern an Nutzeroberflächen aus dem Jahr 1997. Das Problem: Bürger:innen bekommen den Eindruck, der Staat könne nicht mithalten und die fehlende Nutzerfreundlichkeit und Bedienbarkeit digitaler Anwendungen benachteiligt gerade diejenigen, die sich im digitalen Raum ohnehin schwer zurechtfinden.[16] Online ausfüllbare PDF-Dokumente sind eben nicht die digitale Antwort auf Formularblätter in Papierform. Die Gestaltung digitaler Nutzeroberflächen ist vielmehr das Tor zu Nutzer:innen im digitalen Raum. Es muss intuitiv, verständlich und bedienbar sein – nur so wird man sie mitnehmen können.[17]

C. Legal Design: ein nutzerzentrierter Innovationsansatz mit Veränderungspotenzial

11 Wie kann der Clash zwischen analoger und digitaler Welt im juristischen Bereich aufgelöst werden? Die juristische Methodik selbst bietet keine Antworten. Eine Methode, der in diesem Bereich immer mehr Bedeutung zukommt, ist Legal Design.

I. Was ist Legal Design?

12 Eine einheitliche Definition zu Legal Design als Methode existiert zwar noch nicht. Einigkeit besteht jedoch darüber, dass im Rahmen von Legal Design Design- und Innovationsansätze sowie -denkweisen auf die Gestaltung innovativer Lösungen im Rechtsbereich, analog oder digital, angewendet werden. Legal Design eignet sich damit grundsätzlich für die Gestaltung des juristischen Umfelds, z.B. für IT- und Innovationsprojekte.

13 Die Legal Designerin Astrid Kohlmeier definiert Legal Design entsprechend als „Design, das im Bereich des Rechts eingesetzt wird, um juristische Produkte, Dienstleistungen, Arbeit, Systeme, Geschäftsstrategien, Ökosysteme und Benutzererfahrungen zu transformieren“ und als „neue Art, komplexe, juristische Inhalte, Produkte und Services in intuitive Nutzererlebnisse zu verwandeln“.[18]

14 Im Ergebnis sollen durch den Einsatz von Legal Design **juristisch geprägte Lösungen** entstehen, die für die betroffenen Nutzer:innen, z.B. Mandant:innen im Rahmen einer Rechtsdienstleistung oder Richter:innen als Anwender:innen eines digitalen Tools,

16 *Wulfers*, „Wie die Digitalisierung gelingt“, FAZ vom 14.11.2021 (abrufbar unter: https://zeitung.faz.net/fas/wirtschaft/2021-11-14/eb26f04014a8bd97383a41b34273a4c8/?GEPC=s5).

17 So auch *Hartung/Bues/Halbleib*/Hartung, Legal Tech, 2018, S. 241.

18 *Kohlmeier/Klemola*, Das Legal Design Buch, 2021, S. 7.

besonders nützlich sind, indem die Bedürfnisse der betroffenen Personen stets in den Mittelpunkt der Gestaltung gestellt werden. Legal Design unterscheidet sich insoweit von anderen Ansätzen, da der Fokus nicht auf der Anschaffung von Technologie oder einer reinen Binnenperspektive liegt, sondern auf den Bedürfnissen der späteren Nutzer:innen einer Lösung.[19]

Dafür bedienen sich Legal Designer:innen bekannter Design-Prinzipien und -Me- 15
thoden, denen stets ein ausgeprägter Nutzerfokus innewohnt. Denn Design, z.B. Modedesign oder Produktdesign, ist für seinen Erfolg auf die Erfüllung der Bedürfnisse potenzieller Nutzer:innen angewiesen.

1. (Legal) Design Thinking: ein Werkzeugkasten für Innovation im Rechtsbereich

Ein Innovationsansatz, der die Art und Weise, wie Designer:innen an eine Herausforde- 16
rung herangehen, abstrahiert und dadurch für andere Bereiche als Methode zur Problemlösung anwendbar gemacht hat, ist das sog. Design Thinking. Wird **Design Thinking im Rechtsbereich** eingesetzt, spricht man auch von Legal Design Thinking.[20] Der agile Ansatz des Design Thinking ist so generisch, dass ihm bei der Gestaltung neuer Lösungen im Rechtsbereich, eine große Bedeutung zukommt, weil er auf jedes auftretende Problem, das Nutzer:innen betrifft, anwendbar ist. Ob es um die Gestaltung neuer Prozesse, Tools oder Kommunikation geht: Die im Design Thinking verankerten Prinzipien sind vielseitig einsetzbar.[21]

2. Historie: von Stanford in die ganze Welt

Design Thinking als Ansatz, wie wir ihn heute kennen, hat seinen Ursprung in den 17
1990er Jahren in den USA und geht auf **David Kelley**, den späteren Gründer der Design-Agentur IDEO, zurück. Zudem wurde Design Thinking durch Terry Winograd und Larry Leifer an der Stanford University in Kalifornien geprägt.[22] Dort wurde 2003 das Hasso Plattner Institute of Design (auch bekannt als d.school) gegründet, an dem Design Thinking bis heute gelehrt wird.[23] Eine ähnliche Institution entstand 2007 am Hasso Plattner Institut in Potsdam erstmals in Deutschland.[24] Die Kombination von Recht und

19 *Andert/Dörr*, Legal Design Thinking für mehr Zugang zum Recht, LTO vom 25.11.2020 (abrufbar unter: https://www.lto.de/recht/justiz/j/justiz-digitalisierung-buergerzentriert-zugang-zum-recht-legal-design-thinking/).

20 *Bues*, „Innovativ sein in einer behäbigen Branche", LTO vom 22.3.2016 (abrufbar unter: https://www.lto.de/recht/kanzleien-unternehmen/k/legal-design-thinking-innovation-rechtsmarkt-technologie-kreativ-prozesse/).

21 *Kohlmeier/Klemola*, Das Legal Design Buch, 2021, S. 77 f.

22 S. https://hpi-academy.de/design-thinking/was-ist-design-thinking.html.

23 *Hofmann*, Human Centered Design, 2017, S. 142.

24 S. https://hpi.de/school-of-design-thinking/hpi-d-school/geschichte.html.

Design Thinking fand einen Zuwachs an Bedeutung, als 2013 an der Stanford University das Legal Design Lab von **Margarete Hagan** ins Leben gerufen wurde und die beiden Bereiche erstmals institutionalisiert zusammenführte.[25] Das Stanford Legal Design Lab beschäftigt sich bis heute insbesondere damit, wie die Zugänglichkeit des Rechtssystems für Bürger:innen durch Design und Technologie verbessert werden kann.[26]

3. Wie funktioniert Design Thinking?

18 Dem Ansatz, der dazu dienen soll, **innovative Lösungen zu entwickeln**, liegen im Wesentlichen drei Faktoren zugrunde, die alle gleichbedeutend nebeneinanderstehen. Dabei handelt es sich um „People, Place, Process", was aus dem Englischen übersetzt so viel bedeutet wie „die Menschen, die Umgebung und der Prozess".[27]

a) People: interdisziplinäre Teams

19 Der Faktor „People" meint die Menschen, die Teil eines Innovationsvorhabens sind, z.B. in Form eines gerichtsinternen Projekt-Teams.[28] Zwar gibt es keine konkreten Vorgaben, wer Teil eines solchen Teams sein muss. Für das Gelingen eines Innovationsvorhabens sollte aber darauf geachtet werden, dass ein Team möglichst **divers und interdisziplinär** aufgestellt ist.[29] Gerade im Rechtsbereich ist es untypisch, dass nichtjuristische Fähigkeiten mit in Gestaltungsvorhaben einbezogen werden. So werden bestimmte Entwicklungen, z.B. neue Standards in der Softwareentwicklung (s.o.), verpasst. Für eine erfolgreiche Umsetzung ist es hilfreich, **unterschiedliche Perspektiven und Fähigkeiten** einzubinden. Personen unterschiedlichen Alters, Geschlechts und unterschiedlicher Herkunft bringen verschiedene Perspektiven auf die zugrundeliegenden Herausforderungen mit und können diese aus mehreren Blickwinkeln betrachten. Die Einbindung von Fähigkeiten, wie IT oder Psychologie, erweitern sowohl den Blick auf Herausforderungen als auch auf mögliche Lösungen und deren Umsetzbarkeit.[30] Disziplinen wie die Soziologie können Einblicke darin geben, warum manchen Personengruppen der Zugang zum Recht erschwert ist und wie sich die digitale Transformation auf die Gesellschaft auswirkt.[31] Bei der Entwicklung einer neuen gerichtsinternen Anwendung, die es beispielsweise Richter:innen erleichtern soll, den vorgetragenen Sachver-

---

25 S. https://www.legaltechdesign.com/about/.

26 S. https://www.legaltechdesign.com.

27 S. Interview mit Prof. Ulrich Weinberg (abrufbar unter: https://www.zukunftsinstitut.de/artikel/design-thinking-ist-ein-change-im-mindset/).

28 S. https://hpi-academy.de/design-thinking/was-ist-design-thinking.html.

29 *Brown*, Change by Design, Revised and Updated, 2019, S. 33f., 148.; *Kohlmeier/Klemola*, Das Legal Design Buch, 2021, S. 30ff.

30 *Brown*, Change by Design, Revised and Updated, 2019, S. 180.

31 Siehe *Günther/Wrase*, § 30.

halt digital zu strukturieren, ist es hilfreich, die Entwickler:innen von Anfang an in das Projekt-Team einzubinden, da diese die Kompetenz mitbringen, technische Potenziale und Grenzen zu erkennen.

b) Place: flexible Rahmenbedingungen für Innovation

Mit dem Faktor „Place" ist nicht nur der physische Raum, sondern die gesamte Arbeitsumgebung und Rahmenbedingungen gemeint.[32] Jurist:innen sind es gewohnt, ihre Arbeit an einem Schreibtisch, allein und mithilfe eines Schreibprogramms zu verrichten. Diese Art zu arbeiten eignet sich insbesondere für fokussierte Tätigkeiten wie Recherchen oder das Verfassen von Texten. Kern des Faktors „Place" im Design Thinking ist, dass der Raum bzw. die Arbeitsumgebung **variabel** ist, also stets **flexibel an die Bedürfnisse der unterschiedlichen Prozessphasen angepasst** werden kann. Das kann bedeuten, dass im Rahmen einer kreativen Phase, wie eines Brainstormings, Materialien wie Whiteboards und Klebezettel zum Arbeiten sowie Klebepunkte zum Abstimmen verwendet werden. Insbesondere bunte Klebezettel erfüllen den Zweck, Gedanken isoliert aufschreiben und immer wieder neu sortieren zu können.[33] Die Anpassung der Umgebung unterstützt die Gedankenprozesse. Sog. „Innovation Spaces", also Räume, die Unternehmen eigens für die Entwicklung innovativer Lösungen einrichten, beinhalten daher häufig verstellbares und leicht zu bewegendes Mobiliar, wie Tische mit Rollen oder Sitzelemente, die gestapelt und zu neuen Elementen umgebaut werden können. Dadurch soll ermöglicht werden, die Arbeitsumgebung stets an die Gestaltungsphase anzupassen. Diese Form der Zusammenarbeit bietet sich insbesondere für Transformationsprojekte an, bei denen mehrere Personen als Teil eines Innovations-/Projekt-Teams gemeinsam an neuen Lösungen arbeiten.[34] 20

c) Process: der Innovationsprozess von Designer:innen

Der Faktor „Process" meint den eigentlichen Design Thinking Prozess, der abstrahiert, wie sich Designer:innen einer Herausforderung nähern.[35] 21

d) Erst das Problem, dann die Lösung

Der Prozess unterteilt sich in Problemanalyse und Lösungsfindung. Was selbstverständlich klingt, wird im Allgemeinen selten befolgt, denn wir Menschen sind grundsätzlich lösungsorientiert und versuchen, schnell zu handeln, ohne uns vertieft mit zugrundeliegenden Herausforderungen zu befassen. Der Nachteil dabei ist, dass die Lösungen, die 22

32 S. https://hpi-academy.de/design-thinking/was-ist-design-thinking.html.
33 *Kohlmeier/Klemola*, Das Legal Design Buch, 2021, S. 144.
34 *Brown*, Change by Design, Revised and Updated, 2019, S. 41.
35 S. https://hpi-academy.de/design-thinking/was-ist-design-thinking.html.

uns direkt einfallen, oft nicht die eigentlich zugrunde liegenden Ursachen für das Problem lösen, sondern allenfalls die Symptome beheben und damit wenig nachhaltig sind.[36]

aa) Form follows function

23 Der Ansatz, streng nach Problem- und Lösungsbereich zu unterscheiden, beruht auf einem bekannten Design-Grundsatz, der durch die Kunstschule Bauhaus[37] einige Berühmtheit erlangte: **"Form follows function"**. Die Form einer Lösung, egal, ob es sich dabei um ein Möbelstück, ein digitales Tool oder einen Prozess handelt, habe sich an der Funktion zu orientieren, die diese erfüllen solle. Erst müssten also die Funktionen, die sich aus Bedürfnissen ableiten lassen, bestimmt werden. Erst dann könnten diese in der Lösung eine Form finden.

bb) Methoden zur Problemanalyse

24 Dem Design Thinking Prozess liegt daher zugrunde, dass zunächst im sog. Problembereich die Herausforderungen für die involvierten Nutzer:innen und umliegenden Stakeholder erforscht, verstanden und aus ihrer Sicht definiert werden. Die Nutzer:innen bilden die Zielgruppe des Design-Prozesses, während das Verständnis der Herausforderungen umliegender Stakeholder dabei hilft, die Ursachen der zugrundeliegenden Probleme zu ermitteln.[38] Im Problembereich kommen regelmäßig Recherchemethoden wie qualitative Nutzerinterviews (i.d.R. Einzelgespräche mit offenen Fragestellungen), Process & User Journey Mapping (Darstellung von Prozessen und einzelner Schritte von Personen) und Datenauswertungen zum Einsatz.[39] Das Ergebnis einer solchen Problemanalyse in einem Design Thinking Prozess kann z.B. die Darstellung einer Persona in einem Prozess sein. Personas sind „fiktive Profile, die bestimmte Personengruppen, wie z.B. Nutzerinnen, potenzielle Kundinnen oder Mitarbeiterinnen, mit deren Denkweisen, Bedürfnissen und typischen Verhaltensweisen beschreiben".[40] Personas enthalten damit die wesentlichen Erkenntnisse der Recherchen, insbesondere in Bezug auf die erforschten Nutzerbedürfnisse, und dienen als Beispiel einer potenziellen Nutzerin oder eines potenziellen Nutzers, für die oder den man eine Lösung gestaltet. Bei einem Innovationsprojekt der Justiz zum Thema digitale Zugänge zum Gericht könnte dies z.B. so aussehen, dass ein Innovationsteam mit diversen Personen spricht, die mit Gerichten in Kontakt kommen. Zielgruppe könnten Bürger:innen sein. Dennoch würden die Bedürfnisse und Herausforderungen von Richter:innen, Anwält:innen und Rechtspfleger:in-

36 *Kohlmeier/Klemola*, Das Legal Design Buch, 2021, S. 129.
37 S. dazu auch *Kohlmeier/Klemola*, Das Legal Design Buch, 2021, S. 57.
38 *Kohlmeier/Klemola*, Das Legal Design Buch, 2021, S. 128.
39 *Kohlmeier/Klemola*, Das Legal Design Buch, 2021, S. 134, 139, 143.
40 *Kohlmeier/Klemola*, Das Legal Design Buch, 2021, S. 133.

nen mit in die Recherche einfließen und Teil der Nutzerinterviews sein. Neben den qualitativen Interviews würde das Innovationsteam auch die Vorgänge vor Ort am Gericht beobachten, sich möglicherweise auch selbst testweise in die Lage potenzieller Nutzer:innen versetzen (sog. Immersion)[41] und typische Abläufe in Form von Journey Maps visuell festhalten. Anschließend zieht das Innovationsteam aus den Informationen und Beobachtungen die wesentlichen Erkenntnisse heraus, die für die Lösungsfindung wegweisend sind.[42]

cc) Methoden zur Lösungsfindung

Im Bereich der Lösungsfindung (sog. **Lösungsbereich**) geht es anschließend darum, **Lösungen für die identifizierten Herausforderungen der anvisierten Nutzer:innen zu entwickeln**. Auch in diesem Bereich kommen unterschiedliche Methoden zum Einsatz, die die Lösungsfindung unterstützen. Dazu zählen insbesondere eine Reihe von Brainstorming-Methoden[43] und Methoden zum Erstellen von **Prototypen** (Prototyping).[44] Insbesondere beim Prototyping sind viele unterschiedliche Formen möglich: von einer ersten Papierskizze, über Prozessmodellierung, zu digitalen und klickbaren Darstellungen von Anwendungen, Webseiten oder Tools. Das Ziel ist es hier, die Ideen der Lösungen so darzustellen, dass man sie mit potenziellen Nutzer:innen testen kann, um sie mit deren Feedback zu verbessern. 25

Der Design Thinking Prozess endet nicht zwingend mit Abschluss der letzten Phase. Es ist vielmehr Teil des Prozesses, dass dieser sich in Schleifen wiederholt (z. B. indem die Erkenntnisse aus den Nutzertests in die Lösung eingebaut werden), bis das Ergebnis die Herausforderungen löst. Man spricht hier von Iterationen.[45] 26

II. Weitere Legal Design Methoden

Design Thinking ist nicht der einzige Innovationsansatz, der im Legal Design eine Rolle spielt. Darüber hinaus gibt es diverse Design-Disziplinen und -Methoden, derer sich Legal Designer:innen bedienen. Dazu gehören u. a. Kommunikationsdesign zur Gestaltung und Aufbereitung juristischer Informationen und Inhalte, Produktdesign für das Entwickeln juristischer Produkte und User Experience sowie User Interface Design zur Gestaltung (digitaler) Schnittstellen und Nutzeroberflächen (z. B. von Legal Tech Lösungen).[46] Weil der Ansatz durch seine abstrahierte Herangehensweise so vielseitig einsetz- 27

41 *Kohlmeier/Klemola*, Das Legal Design Buch, 2021, S. 136.
42 *Kohlmeier/Klemola*, Das Legal Design Buch, 2021, S. 144.
43 *Kohlmeier/Klemola*, Das Legal Design Buch, 2021, S. 156.
44 *Kohlmeier/Klemola*, Das Legal Design Buch, 2021, S. 163 ff.
45 *Hofmann*, Human Centered Design, 2017, S. 145.
46 *Kohlmeier/Klemola*, Das Legal Design Buch, 2021, S. 66, 71 f.

bar ist, bleibt Design Thinking für die Gestaltung digitaler Transformation jedoch sehr relevant.

D. Welche Prinzipien machen Legal Design aus?

28 Aus der praktischen Erfahrung lassen sich einige Grundprinzipien erkennen, die Legal Design als Methode ausmachen.

I. Interdisziplinär

29 Ein Grundprinzip von Legal Design besteht darin, interdisziplinär zu arbeiten.[47] Die **Herausforderungen**, mit denen der Rechtsbereich im Rahmen der digitalen Transformation konfrontiert ist, **sind nicht nur juristischer Natur**, sondern liegen insbesondere auch in den technologischen Veränderungen und dem verändertem Nutzerverhalten aufgrund neuer Gewohnheiten im digitalen Raum. Die **Einbeziehung anderer Disziplinen** wie IT, User Experience Design (Gestaltung des Nutzererlebnisses) und Soziologie (z.B. zur Erforschung bestimmten Nutzerverhaltens) in die Gestaltung von Prozessen, Tools, Kommunikation etc. ist daher sinnvoll. Die **interdisziplinäre Herangehensweise** scheitert teilweise an der **starken juristischen Prägung des Personals juristischer Organisationen**. IT-Ressourcen sind chronisch knapp und Psycholog:innen sowie Soziolog:innen sind in den juristischen Bereichen, insbesondere in der Justiz, selten anzutreffen. Hinzu kommt, dass die **juristische Ausbildung kaum echte Berührungspunkte** zu anderen Disziplinen beinhaltet. Die Fähigkeiten, sich beispielsweise mit Entwickler:innen zu verständigen oder grundsätzlich andere (fachliche) Perspektiven einzunehmen, werden dadurch – wenn überhaupt – erst spät ausgebildet. Das verstärkt auch die späteren Silos zwischen Jura und anderen Disziplinen. Um Innovation nachhaltig erfolgreich zu gestalten, müssen die interdisziplinären Kompetenzen von Jurist:innen verbessert werden.[48]

II. Nutzerzentriert

30 Ein wesentliches Prinzip ist zudem die nutzerzentrierte Herangehensweise.[49] Der Erfolg von verändernden Gestaltungsprozessen hängt an der Akzeptanz der betroffenen Personen.[50] Die **Personen, für die neue Lösungen gestaltet werden, müssen daher in**

47 *Kohlmeier/Klemola*, Das Legal Design Buch, 2021, S. 30 ff.

48 S. auch *Andert/Schmidt*, „Kanzlei der Zukunft – ein Aufruf zur Selbstreflexion unserer interdisziplinären Kompetenzen", Berliner Anwaltsblatt, 6/2022.

49 *Brown*, Change by Design, Revised and Updated, 2019, S. 235; *Kohlmeier/Klemola*, Das Legal Design Buch, 2021, S. 60.

50 So auch *Hartung/Bues/Halbleib*/Hartung, Legal Tech, 2018, S. 241.

den Fokus der Gestaltung genommen werden. Wird dieses Prinzip nicht beachtet, hat das Folgen für die jeweils entwickelte Lösung. Ein Prozess wird von den Personen z. B. nicht eingehalten, umgangen (sog. Workaround) oder als anstrengend empfunden. Kommunikation, z. B. in Form unverständlicher Dokumente, verfehlt ihren Zweck, weil die vermittelten Informationen nicht ankommen oder nicht umgesetzt werden. Tools bringen keinen Mehrwert, wenn sie nicht auf Grundlage der Bedürfnisse von Anwender:innen entwickelt und zum Einsatz gebracht werden. Darunter leidet vor allem die **Akzeptanz digitaler Prozesse.**[51] Nichtsdestotrotz birgt der **nutzerzentrierte Ansatz** regelmäßig Herausforderungen. Sich in die Perspektive insbesondere von juristischen Laien einzudenken, kann kompliziert sein, da das eigene erlernte juristische Wissen schwer ausgeblendet werden kann. Dieses Problem zeigt sich bereits in der **juristischen Sprache**. Begriffe wie „Streitwert", „Vergleich" oder „Ladung" sind juristischen Laien in der Regel vollkommen unbekannt und sollten bei Anwendungen, die von diesen genutzt werden sollen, für sie verständlich übersetzt werden. Eine nutzerzentrierte Herangehensweise bedeutet im Legal Design, dass potenzielle **Nutzer:innen,** z. B. mittels Nutzerinterviews und Nutzertests, **tatsächlich in den Gestaltungsprozess eingebunden** werden, damit die anfänglichen Hypothesen eines Legal Design-Teams überprüft und Lösungen immer nah an den tatsächlichen Bedürfnissen der Nutzer:innen entwickelt werden.

III. Empirisch

Ein Gestaltungsprozess im Legal Design beinhaltet eine empirische Herangehensweise.[52] Im Gegensatz dazu werden Lösungen in anderen Projekten typischerweise basierend auf den eigenen Annahmen der Projektentwickler:innen oder schlicht auf Grundlage des ursprünglichen Auftrags gestaltet. Das ist nicht verwerflich, da die eigenen Annahmen und der ursprüngliche Auftrag immer Ausgangspunkt der eigenen Überlegungen sind. Entscheidend für den Erfolg von Lösungen, z. B. Software-Anwendungen, neuen Prozessen oder Informationsangeboten, sind jedoch nicht die Sichtweisen derjenigen, die ein Projekt steuern, sondern derjenigen, die die Lösungen nutzen sollen.[53] Ziel im Legal Design ist es daher, die eigenen **Annahmen stets als Hypothesen zu betrachten** und diese über nutzerorientierte Problemanalysen und Nutzertests zu **validieren, weiterzuentwickeln** oder zu **verwerfen.** Durch eine empirische Herangehensweise wird es ermöglicht, die tatsächlichen Herausforderungen der Nutzer:innen zu lösen und sich nicht nur von eigenen Erfahrungen leiten zu lassen. 31

51 So auch *Wulfers*, „Wie die Digitalisierung gelingt", FAZ vom 14.11.2021 (abrufbar unter: https://zeitung.faz.net/fas/wirtschaft/2021-11-14/eb26f04014a8bd97383a41b34273a4c8/?GEPC=s5).

52 *Hofmann*, Human Centered Design, 2017, S. 156.

53 *Hofmann*, Human Centered Design, 2017, S. 155.

IV. Ergebnisoffen

32 Ein Design-Prozess sollte nicht mit einem festgelegten Ergebnis gestartet, sondern ergebnisoffen gestaltet werden. Sinn der Ergebnisoffenheit ist es, sich keiner möglichen Form einer Lösung zu beschneiden.[54] Ein Zitat von Henry Ford drückt dies gut aus: „If I had asked my clients what they want, they would have said faster horses". Henry Ford ging das Problem „Wie komme ich schneller von A nach B?" ergebnisoffen an, anstatt schnellere Pferde zu züchten. Dieser Offenheit verdanken wir das Auto. Das Grundprinzip der **Ergebnisoffenheit des Prozesses** führt in der Praxis teils zu Reibungen. Im Gegensatz zu anderen Projekten kann zu Beginn des Legal Design-Prozesses nicht endgültig festgelegt werden, welches Ergebnis herauskommen soll. Zum einen erfordert dies mitunter eine größere Überzeugungsarbeit für das eigene Vorhaben und ggf. auch für die entsprechende Finanzierung. Zum anderen führt der Design-Prozess zu unterschiedlichen Lösungen, prototypisiert und testet sie, um schließlich die beste verprobte Lösung zu identifizieren. Weil dieser Prozess in viele verschiedene Richtungen geht, kann er bei den Personen, die unmittelbar an ihm beteiligt sind, zwischenzeitliche Unsicherheit hervorrufen. Die Erfahrung zeigt: diese gefühlte Unsicherheit darüber, was am Ende herauskommt, gehört zum Prozess. Unter Designer:innen hat sich daher der Leitspruch **"Trust the process"** (Vertraue auf den Prozess) durchgesetzt. Gemeint ist damit, dass der Design-Prozess – erst nutzerorientierte Problemanalyse, dann iterative Lösungsfindung – sicher zu verwertbaren Ergebnissen führt, wenn man ihn befolgt.

V. Iterativ

33 Ein Legal Design-Gestaltungsprozess verläuft nicht linear, sondern iterativ, also in sich **wiederholenden Schleifen**.[55] So werden durch jede Wiederholung (Iterationen) die **neuen Erkenntnisse** in die Lösungsfindung eingearbeitet. Ein wesentliches Element sind daher Feedback-Runden. Ein Design-Prozess lebt davon, durch **vielseitiges Feedback** vorangebracht zu werden. Dies wird in der Praxis durch wiederholtes Testen der anvisierten Lösungen in Form von Prototypen mit den Nutzer:innen umgesetzt.[56] Gerade im juristischen Bereich wird Feedback eher zögerlich gegeben. Dies mag daran liegen, dass Feedback dazu, wie Lösungen verbessert werden können, als Fehlerkorrekturen verstanden werden. Fehler können, z.B. wenn es um Haftungsfragen geht, größere Konsequenzen haben. Sie müssen daher (so das gängige Mindset) tunlichst vermieden werden.[57] Feedback, welches zur Optimierung von Iterationen aber notwendig ist, wird daher in der Praxis manchmal nicht gut angenommen. Auch fällt es vielen Jurist:innen

54 So auch *Hofmann*, Human Centered Design, 2017, S. 146: „(...) im Rahmen des Design-Thinking-Prozesses werden die Akteure eingeladen, auch jene Seitenpfade zu begehen, die sich zufällig auftun, mit denen man im Vorfeld nicht rechnen konnte und die vielleicht nur begrenzt Erfolg versprechen."
55 *Hofmann*, Human Centered Design, 2017, S. 145.
56 *Hofmann*, Human Centered Design, 2017, S. 162.
57 *Kohlmeier/Klemola*, Das Legal Design Buch, 2021, S. 60.

schwer, zu ihren eigenen, vermeintlich „unfertigen“ Arbeitsprodukten Feedback einzuholen oder den Design-Prozess, der von einem ständigen Ausprobieren lebt, auszuhalten. Umso wichtiger ist es, neben Legal Design-Methoden auch das zugrundeliegende Mindset zu verinnerlichen.

E. Legal Design als Mindset

Die Anwendung der Legal Design-Methoden erfordert gleichzeitig die Verinnerlichung der Grundprinzipien. Nicht zuletzt deshalb wird Legal Design häufig als Mindset bezeichnet.[58] Das Legal Design Mindset beschreibt eine **innere Einstellung, wie man juristisch geprägte Herausforderungen angehen möchte**.[59] Dieses Mindset zeichnet sich vor allem durch drei Ausprägungen aus. 34

I. Agilität

„Es ist nicht die stärkste Spezies, die überlebt, auch nicht die intelligenteste, sondern diejenige, die am besten auf Veränderungen reagiert“. Dieses Zitat von Charles R. Darwin wird häufig im Kontext von Vorteilen des agilen Arbeitens und notwendiger Innovationskultur genannt. Agile Methoden wie *Design Thinking* oder *Scrum*, haben den Vorteil, dass Organisationen schneller auf sich verändernde Umstände reagieren können, da Arbeitsbedingungen flexibel ausgestaltet sind. Aufgaben werden in kleinere Päckchen unterteilt, Hierarchien abgebaut und durch klare Rollen ersetzt. Insbesondere in der Softwareentwicklung hat sich eine agile Herangehensweise durchgesetzt, da durch das schnelle, iterative Vorgehen, sichergestellt werden kann, dass die spätere Softwarelösung den tatsächlichen Vorstellungen entspricht und technisch nicht veraltet ist. Agile Methoden können ihren Wert jedoch nur dann entfalten, wenn die Personen, die mit ihnen arbeiten, auch das entsprechende agile Mindset mitbringen. Neben den flexiblen Arbeitsweisen braucht es also auch eine gewisse **gedankliche Flexibilität, sich schnell auf neue Bedingungen einstellen zu können und diese nicht als Hindernisse, sondern wichtige Wegweiser hin zu einer besseren Lösung zu verstehen.** 35

II. Kollaboration

Teil des Legal Design-Mindsets ist zudem ein Fokus auf Kollaboration.[60] Dahinter steckt die Überzeugung, dass **ganzheitliche und nachhaltige Innovation vor allem dann ge-** 36

58 S. https://lawyersdesignschool.com/four-legal-design-thinking-mindsets-lawyers-need-to-know-part-two/.

59 S. auch *Kohlmeier/Klemola*, Das Legal Design Buch, 2021, S. 61.

60 So auch Astrid Kohlmeier im Podcast: https://www.irgendwasmitrecht.de/jurapodcast-karriere-imr102-legal-design-thinking-interview-legal-designer-anwaeltin/.

schehen kann, wenn man gut zusammenarbeitet. Bei der Zusammenarbeit in einem Legal Design-Projekt geht es nicht in erster Linie um die Leistungen der einzelnen Personen, sondern um das gemeinsame Ziel eines Teams.[61] Teil der kollaborativen Ausprägung ist eine für einen erfolgreichen Design-Prozess notwendige ausgeprägte **Feedback- und Fehlerkultur**. Diese wird durch ein kollaboratives Miteinander weitaus mehr gefördert als durch ein starkes Konkurrenzdenken. Dementsprechend wichtig ist es auch, das entsprechende Feedback annehmen zu können und dieses nicht als Kritik an der eigenen Arbeit, sondern als willkommene Optimierung des Status quo zu betrachten. Voraussetzung dafür ist, die Zusammenarbeit stets als Kollaboration und nicht als Wetteifern zu betrachten. Teil des kollaborativen Arbeitens ist es daher auch, dass Beteiligte eines Innovationsteams grundsätzlich auf Augenhöhe miteinander kommunizieren können sollten und sich im Umgang miteinander sicher fühlen, um alle Gedanken frei äußern zu können. Typischerweise werden dafür im Rahmen von Design-Prozessen regelmäßig auflockernde Übungen eingebaut (sog. Warm-ups) und zu Beginn sowie am Ende eines Projekttages Check-ins und Reflektionsübungen durchgeführt, die eine kollaborative Arbeitsatmosphäre fördern sollen.

III. „Out of the box"-Denken

37 Teil eines auf Innovation gerichteten Mindsets ist es zudem, außerhalb der vorgegebenen Grenzen zu denken. Diese Herangehensweise wird häufig als „Out of the box"-Denken bezeichnet. Voraussetzung für das Entwickeln neuer Lösungen, die an unbekannten Herausforderungen ansetzen, ist es, sich auf **Möglichkeiten außerhalb der bekannten Strukturen einlassen** zu können und diese nicht von vornherein, bereits auf einer rein gedanklichen Ebene, zu verwerfen. Der Legal Design-Ansatz fördert das „Out of the box"-Denken dadurch, dass nicht lediglich aus Analogien auf neue Lösungen geschlossen wird, sondern man sich bei neuen Funktionen stets an den Erkenntnissen aus der Problemanalyse und wiederholten Nutzertests orientiert. Der Status quo gibt damit lediglich den Startpunkt eines Innovationsvorhabens an und bestimmt nicht auch über die Gestaltung der folgenden Lösungen. Neue Lösungen basieren auf Bedürfnissen und Funktionen, nicht auf existierenden Lösungen.[62]

---

61 *Brown*, Change by Design, Revised and Updated, 2019, S. 34.

62 Zu nennen ist in diesem Kontext auch das sog. *First Principle Thinking*, ein Denkansatz, der Menschen dazu befähigen soll, komplexe Herausforderungen gedanklich zu rekonstruieren und neue Lösungen zu entwickeln. S. dazu auch *Dörr*, „Algorithmen in der Justiz", Rethinking Law 2/2021, S. 43–45.

F. Anwendung von Legal Design in der (juristischen) Praxis

I. Anwendungsbereiche außerhalb der Justiz

Außerhalb der Justiz wird Legal Design bereits von einigen Beteiligten des Rechtsmarkts eingesetzt. Dazu zählen z. B. Kanzleien, Rechtsabteilungen, Rechtsschutzversicherungen und Legal Tech-Unternehmen. Legal Design wird von diesen Playern v. a. eingesetzt, um **Produkte, Dienstleistungen, Nutzererlebnisse und Kommunikation** zu gestalten. 38

Die *ARAG Rechtsschutzversicherung* arbeitet mit einem Legal Design-Team an der Gestaltung der digitalen Rechtsservices für ihre Kund:innen, damit deren Nutzererlebnis im digitalen Raum möglichst intuitiv, niedrigschwellig und angenehm verläuft. Kanzleien wie *GSK Stockmann* nutzen Legal Design u. a., um für ihre Mandant:innen neue Legal Tech-Lösungen zu entwickeln.[63] Auch bei Rechtsabteilungen erfreut sich der Ansatz immer größerer Beliebtheit. So bietet sich Legal Design z. B. an, um Lösungen aus dem Bereich Legal Operations zu gestalten[64]. Damit sind alle Vorgänge gemeint, die nicht die kernjuristische Tätigkeit der Unternehmensjurist:innen umfassen, sondern die Art und Weise, wie Arbeitsschritte erfolgen (z. B. mithilfe von Tools), Services nutzbar sind (z. B. über konkrete Angebote im Intranet) und Informationen kommuniziert werden (z. B. in Form kurzer Videos, visuell aufbereiteter Einseiter oder Klickstrecken anstatt langer Fließtexte und Richtlinien). Einige Bekanntheit erlangt hat auch ein Legal Design-Beispiel aus dem Bereich des Kommunikationsdesigns, in dem juristische Dokumente, Verträge und Kommunikation nutzerfreundlicher gestaltet werden. Der niederländische Schokoladenhersteller *Tony's Chocolonely* hat seine eigenen Arbeitsverträge so umgestaltet, dass diese heute auf zwei Seiten passen und (angelehnt an den farbigen Markenauftritt des Unternehmens) eher an ein Spielbrett als an einen Vertrag erinnern.[65] Durch diese Form der Neugestaltung sollen die rechtlichen Inhalte Spaß machen. 39

II. Anwendungsbereiche für die Justiz

Auch für die Justiz ergeben sich diverse Anwendungsbereiche, um insbesondere dem Clash von analoger und digitaler Welt begegnen zu können. 40

1. Prozesse, Abläufe, Verfahren – Grundbaustein für digitale Transformation

Zum einen können, wie auch bei anderen Organisationen, **interne Prozesse, Abläufe und ganze Verfahrensarten** mit dem nutzerzentrierten Legal Design-Ansatz optimiert werden. Zunächst werden im Rahmen der nutzerorientierten Problemanalyse die aktu- 41

63 Eine Projektbeschreibung findet sich z. B. hier: *Brückner/Meyer/Mittag/Kohlmeier/Krawietz*, „Mietverträge digital & nutzerfreundlich“, Rethinking Law 3/2022.

64 Eine Projektbeschreibung findet sich z. B. hier: *Krawietz/Kohlmeier*, „Legal Operations Design im Baukonzern“, Rethinking Law 3/2022.

65 Zu finden z. B. hier: https://www.haufe.de/media/arbeitsvertrag-von-tonys-chocolonely_527514.html.

ellen Schwachstellen definiert und anschließend iterativ Lösungen entwickelt. Insbesondere wenn darauf aufbauend die **Entwicklung neuer Anwendungen**, z.B. für die Kommunikation mit Prozessparteien oder zur Aufbereitung des von den Parteien vorgetragenen Sachverhaltes, geplant sind, ist es wichtig, die potenziellen Nutzer:innen, wie z.B. Richter:innen, Anwält:innen oder Parteien selbst, in die Entwicklung einzubeziehen. Durch den Legal Design-Ansatz, der darauf abzielt, schnell greifbare Ergebnisse zu erzielen, die sich auch mit potenziellen Nutzer:innen testen lassen, wird verhindert, dass die fachlichen Diskussionen über derartige Veränderungsprozesse auf einer theoretischen Ebene steckenbleiben. Stattdessen können **mithilfe konkreter Prototypen zügig Feedback und neue Erkenntnisse generiert werden.**

a) Strukturierter Parteivortrag

42 Beispielhaft ist hier die Forderung nach einem **strukturierten Parteivortrag** zu nennen.[66] Diese kann in einem Legal Design-Prozess zu einer konkreten prototypischen Lösung weiterentwickelt werden, mit der sich zielgerichtet das Feedback aller potenziell beteiligten Personen einholen lässt, um die Diskussion über die mögliche Einführung einer solchen Lösung voranzubringen. So ein Forschungsprojekt wurde bereits an der Uni Regensburg durchgeführt, und ein Prototyp erstellt, der darstellt, wie eine digitale Anwendung mit einem strukturierten Parteivortrag aussehen könnte.[67] Wichtig ist jedoch, dass Prototypen wie diese (anders als geschehen) auch öffentlichkeitswirksam verbreitet werden und möglichst viele Personen niedrigschwellig eine gezielte Möglichkeit erhalten, Feedback zu geben, damit die Lösungen nicht in dem Stadium stehenbleiben und im Sinne des iterativen Vorgehens weiterentwickelt werden können.

b) Online-Verfahren

43 Ähnliches gilt auch für die Einführung von Online-Verfahren, die bereits breit diskutiert werden.[68] Die prototypische Darstellung von Eingabemasken, Prozessen und Arbeitsumgebungen kann die Debatten schnell konkretisieren und iterativ voranbringen.

44 Ebenfalls betroffen sind weitere Schnittstellen zur Justiz wie Rechtsantragsstellen,[69] Kommunikationswege, Klagemöglichkeiten oder auch Nutzererlebnisse vor Ort. Ob es

66 Diskussionspapier „Modernisierung des Zivilprozesses", S. 31ff. (abrufbar unter: https://www.justiz.bayern.de/media/images/behoerden-und-gerichte/oberlandesgerichte/nuernberg/diskussionspapier_ag_modernisierung.pdf).

67 Vgl. dazu *Hahn/Röhr/Sautmann*, Prototypische Umsetzung des digitalen „Basisdokuments", 26.10.2021 (abrufbar unter: https://github.com/kindOfCurly/PS-Basisdokument/wiki/Projekt-Log).

68 Diskussionspapier „Modernisierung des Zivilprozesses", S. 76ff. (abrufbar unter: https://www.justiz.bayern.de/media/images/behoerden-und-gerichte/oberlandesgerichte/nuernberg/diskussionspapier_ag_modernisierung.pdf).

69 Siehe *Dörr*, § 12.

möglich sein sollte, Klagen online einzureichen, ob Rechtsantragsstellen mit Chatbots ausgestattet werden sollten, ob sich Bürger:innen zukünftig über ein Justizportal[70] von überall aus in ihren Fall einloggen können – all diese Lösungen sind denkbar. Diese Ideen anhand evidenzbasierter Legal Design-Methoden zu validieren oder weiterzuentwickeln, böte die Chance, schneller in die Umsetzung zu kommen.

c) Tech4Germany

Auch das Bundesministerium für Justiz und Verbraucherschutz (heute: Bundesministe- 45 rium für Justiz) nutzte den Legal Design-Ansatz bereits im Jahr 2021, um die Idee eines Online-Klagetools zu erproben.[71] Im Rahmen des Fellowship-Programms **Tech4Germany** wurde mittels eines Design Thinking-Prozesses ein Prototyp für ein digitales Justizportal gestaltet, im Rahmen dessen Bürger:innen niedrigschwellige Informationsangebote zu rechtlichen Themen und die Möglichkeit der digitalen Klageeinreichung erhalten sollen.[72] Der klickbare Prototyp war allgemein online zu erreichen und ermöglichte dadurch eine konkrete Debatte zu den Vorschlägen.

2. Software agil bauen – zukunftssichere Systeme

Die Vorteile der agilen Softwareentwicklung in einem Transformationsprozess bestehen 46 auch für die Justiz.[73] Damit die in der Justiz eingeführten Systeme nicht bereits bei ihrer Fertigstellung veraltet sind, bietet es sich an, auf Methoden wie *Design Thinking* und *Scrum* zurückzugreifen und diese auch im Rahmen entsprechender Ausschreibungen vorauszusetzen.

3. User Experience & User Interface Design – positive Erlebnisse und intuitive Bedienung[74]

Insbesondere (aber nicht ausschließlich) wenn bei der Justiz digitale Anwendungen ein- 47 gesetzt werden sollen, z.B. für Richter:innen bei der Fallbearbeitung, bietet der Einsatz von Legal Design großes Potenzial. Disziplinen wie User Experience Design (Gestaltung von Nutzererlebnissen) und User Interface Design (Gestaltung von Nutzeroberflächen) werden in der freien Wirtschaft u.a. von Softwareanbieter:innen eingesetzt, um die Bedienbarkeit eigentlich komplizierter Systeme auch für Nicht-Programmierer:innen zu

70 Siehe *Dörr*, § 12.
71 Ausführliche Projektbeschreibung findet sich bei *Dörr*, § 12 Rn. 26.
72 Vgl. dazu: https://tech.4germany.org/project/digitale-klagewege-bmjv/.
73 So auch *Einwächter/Laßmann/Novotny/Thamm*, Fallstudie: Digitale Klagewege, 2021, S. 6, (abrufbar unter: https://tech.4germany.org/wp-content/uploads/2021/11/Fallstudie-Digitale-Klagewege-Tech4Germany-2021.pdf).
74 Siehe *Dörr*, § 12 Rn. 55.

ermöglichen und die Nutzung ihrer Software so attraktiv zu machen. Faktoren wie eine klare Nutzerführung, wenig Text und auffallende Buttons können über die Akzeptanz bei den Anwender:innen und somit über den Erfolg der Systeme entscheiden. Für die Justiz könnte die nutzerfreundliche Neugestaltung von Nutzeroberflächen nicht nur für digitale Anwendungen innerhalb der Justiz selbst interessant sein, sondern insbesondere auch die Schnittstelle zu Bürger:innen betreffen. Ob Eingabemasken, Informationsangebote oder richterliche Verfügungen – das Tor zu den Nutzer:innen kann mithilfe von Legal Design verständlich, intuitiv und angenehm gestaltet werden.

G. Ausblick – was kommt?

48 Noch findet Legal Design in der Justiz kaum Anwendung, aber die beschriebenen Vorteile könnten dies bald ändern. Welche weiteren Veränderungen könnte die Anwendung des Legal Design-Ansatzes auf Justiz und Rechtspolitik haben?

I. Neue Verfahrensarten von den Bürger:innen gedacht?

49 Zunächst wäre an neue zivilprozessuale Verfahrensarten zu denken. Die Zivilprozessordnung regelt das Zivilverfahrensrecht derzeit durch von Jurist:innen für Jurist:innen getroffene Vorgaben.[75] Die Arbeitsgruppe „Modernisierung des Zivilprozesses“[76] wagte erstmals den Versuch, die Regelungen an digitale Arbeitsweisen anzupassen. Ein Vorschlag, der in diesem Zusammenhang für viel Aufmerksamkeit sorgte, ist das **Beschleunigte Online-Verfahren**. Dabei handle es sich „um ein Verfahren mit intelligenten Eingabe- und Abfragesystemen, das in der Regel vollständig im Wege elektronischer Kommunikation geführt wird“.[77] Ein ähnliches Vorhaben findet sich nun auch im aktuellen Koalitionsvertrag. Dort wird angeführt, „Kleinforderungen sollen in bürgerfreundlichen digitalen Verfahren einfacher gerichtlich durchgesetzt werden können“.[78] Als wesentliche Begründung für das Beschleunigte Online-Verfahren wird von der Arbeitsgruppe „Modernisierung des Zivilprozesses“ unter anderem die Überlastung der Justiz durch Massenverfahren mit kleinen Streitwerten genannt. Der Vorschlag des Beschleu-

75 *Andert/Dörr*, Legal Design Thinking für mehr Zugang zum Recht, LTO vom 25.11.2020 (abrufbar unter: https://www.lto.de/recht/justiz/j/justiz-digitalisierung-buergerzentriert-zugang-zum-recht-legal-design-thinking/).

76 Gemeint ist die von den Präsidentinnen und Präsidenten der Oberlandesgerichte, des Kammergerichts, des Bayerischen Obersten Landesgerichts und des Bundesgerichtshofs auf der 71. Jahrestagung in Bamberg im Mai 2019 eingesetzte Arbeitsgruppe „Modernisierung des Zivilprozesses“ unter Vorsitz des Präsidenten des Oberlandesgerichts Nürnberg, Dr. Thomas Dickert.

77 Diskussionspapier „Modernisierung des Zivilprozesses“, Zusammenfassung, V (abrufbar unter: https://www.justiz.bayern.de/media/images/behoerden-und-gerichte/oberlandesgerichte/nuernberg/diskussionspapier_ag_modernisierung.pdf).

78 Koalitionsvertrag 2021-2025 zwischen der SPD, BÜNDNIS 90/DIE GRÜNEN und FDP, Z. 3539 f.

nigten Online-Verfahrens nimmt also die Perspektive der Justiz ein, die unter bestimmten Entwicklungen leidet. Wenn **nicht nur die Justiz-Perspektive, sondern die der Bürger:innen methodisch einbezogen** werden, entsteht ein veränderter Blickwinkel. Es ist unklar, ob digitale Zugänge alleine die Lösung für Bürger:innen darstellen. Eine echte Auseinandersetzung mit den Bedürfnissen der Bürger:innen bei rechtlichen Auseinandersetzungen könnte zu völlig neuen Ergebnissen führen.

II. Justiz-Think-Tanks?[79]

Wo entstehen die besten Ideen? Da, wo Herausforderungen verstanden werden und un- 50
terschiedliche Disziplinen zusammenwirken. Weder die isolierte Auseinandersetzung mit Digitalisierung und Innovation innerhalb der Justiz selbst noch die Betrachtung von außen durch Legal Tech-Anbieter:innen und Anwaltschaft allein werden hier zielführend sein. Erschwerend kommt hinzu, dass die Justizministerien von 16 Bundesländern unterschiedliche Lösungen entwickeln können. Denkbar wäre es aber, Justiz-Think-Tanks einzusetzen, die mithilfe des Legal Design-Ansatzes konkrete Lösungen entwickeln, z.B. Prototypen interner digitaler Justiz-Anwendungen sowie Ideen für neue Verfahrensarten und Bürger:innen ebenfalls in den Prozess einbinden. Wichtig wäre die Einbindung auch von Vertreter:innen aus Anwaltschaft und Legal Tech in einen solchen Think Tank, damit ein ganzheitlicher Blick auf die Herausforderungen der digitalen Transformation des Rechtssystems stets gegeben ist. Wegen des Föderalismus' könnte es hilfreich sein, diese Einrichtung auf Bundesebene anzusiedeln und gemeinsam mit bestimmten Gerichten Testfelder einzurichten.

III. Agile Gesetzgebung mit Nutzereinbindung?

Was wäre, wenn Bürger:innen, die von Regelungen letztlich betroffen sind, deutlich 51
mehr in den eigentlichen Gesetzgebungsprozess einbezogen würden? Derzeit findet die Einbindung der Gesellschaft in den Prozess vor allem durch die Verbändeanhörung statt. Denkt man Rechtspolitik und Gesetzgebung selbst unter Legal Design-Aspekten weiter, so wäre es beispielsweise denkbar, frühzeitig im Prozess möglichst viel Feedback der betroffenen Personengruppen einzuholen, konkrete Testräume zum Ausprobieren der Regelungen zu schaffen und Gesetze, die letztlich nur die Kodierung des gewollten Ergebnisses sind, in vielen Iterationen zu verbessern. Durch ein iteratives Vorgehen im Gesetzgebungsprozess könnte ggf. auch gewährleistet werden, dass die tatsächlichen gesellschaftlichen und technologischen Entwicklungen die Gesetzgebung nicht überholen.

Viele genannte Aspekte beinhaltet der aktuelle Koalitionsvertrag bereits. So ist un- 52
ter anderem geplant, ein digitales Gesetzgebungsportal zu schaffen, welches auch öf-

79 Siehe *Dörr*, § 12 Rn. 48ff.

fentliche Kommentierungsmöglichkeiten beinhalten soll.[80] Zudem sollen Gesetze verständlicher gemacht werden und Gesetzesänderungen mittels einer Synopse auch für Außenstehende erkennbar sein.[81] Auch die Stärkung von sog. Reallaboren und Experimentierklauseln, welche Testräume für Regelungen möglich machen, ist geplant.[82] Zudem soll es für neue Gesetze einen Praxischeck geben, der unter Einbeziehung der Stakeholder den bürokratischen Aufwand überprüft.[83]

53 Ob und wie agil und nutzerzentriert die Gesetzgebung sich tatsächlich entwickeln wird, bleibt abzuwarten. Deutlich wird aber, dass die (Rechts-)Politik verstärkt einen Fokus auf die Perspektive der Bürger:innen legt und bereit ist, sich neuen Methoden zu öffnen. Legal Design wird der Justiz helfen, diese Veränderungen zu gestalten.

80 Koalitionsvertrag 2021-2025 zwischen der SPD, BÜNDNIS 90/DIE GRÜNEN und FDP, Z. 205.
81 Koalitionsvertrag 2021-2025 zwischen der SPD, BÜNDNIS 90/DIE GRÜNEN und FDP, Z. 207.
82 Koalitionsvertrag 2021-2025 zwischen der SPD, BÜNDNIS 90/DIE GRÜNEN und FDP, Z. 933 ff.
83 Koalitionsvertrag 2021-2025 zwischen der SPD, BÜNDNIS 90/DIE GRÜNEN und FDP, Z. 969.

Bernhard Waltl, Jens Wagner, Kai Jacob und Dierk Schindler

§ 29 Standardisierung als Grundvoraussetzung einer erfolgreichen Digitalisierung des Zivilverfahrens

Gliederungsübersicht **Rn.**

Literatur: *Cargill*, Why Standardization Efforts Fail, in: Journal of Electronic Publishing, 2011; *Dolin*, XML in Law – The Role of Standards in Legal Informatics, in: Katz/Dolin/Bommarito (Hrsg.), Legal Informatics, 2021, S. 94 ff.; *Jacob/Schindler/Strathausen* (Hrsg.), Liquid Legal – Towards a Common Legal Platform, 2020; *Vogel u.a.*, Software-Architektur: Grundlagen – Konzepte – Praxis, 2. Aufl. 2009; *Wagner/Waltl*, Plattformökonomie im Rechtswesen, BB 2021, 2242 ff.

https://doi.org/10.1515/9783110755787-029

A. Einführung

I. Software is eating the (legal) world…

1 Der Siegeszug von Informatik und Softwaretechnik, der sich im Gewand der Digitalisierung zeigt, ist seit vielen Jahren ungebrochen. Ein Ende dieses Trends ist vorerst nicht in Sicht. Vielmehr unterstreichen die Entwicklungen rund um die Covid-19-Pandemie die **Relevanz der Digitalisierung**, sei es durch die selbstverständlicher gewordene Zusammenarbeit (Kollaboration) in rein virtuellen Arbeitswelten oder durch die infolge der Pandemie hervorgerufene Notwendigkeit der durchgängigen digitalen Bearbeitung von Dokumenten. Außerdem lassen sich viele Vorgänge ohne Software praktisch kaum mehr beherrschen. Das gilt auch im Bereich des Zivilverfahrens. Man denke nur an die verbraucherrechtlichen oder anlegerschutzrechtlichen Massenverfahren oder an kartellrechtliche Haftungsklagen.

2 Vieles in unserer modernen Welt funktioniert ohne Softwaresysteme nicht (mehr) – oder nicht hinreichend gut, um der durch die Digitalisierung gestiegenen Erwartungshaltung gerecht zu werden. Daher zählen Softwaresysteme heute längst zur **kritischen Infrastruktur** und sind aus dem privaten und geschäftlichen Alltag nicht mehr wegzudenken. Die Bedeutung von Softwaresystemen zeigt sich in unterschiedlichen Ausprägungen. Eine von ihnen ist der massive (und immer weiter steigende) Einfluss von Unternehmen, deren Kerngeschäft das Bereitstellen von Software oder IT-Infrastruktur ist. Ein Einfluss, der an ganz unerwarteter Stelle zutage treten kann, wie das Beispiel Amazon für den Handel, Airbnb für den Hotelsektor oder Uber für das Taxigewerbe zeigen. Aus der Bedeutung, die Softwaresystemen und ihren Anbietern heute zukommt, ergeben sich durchaus auch Risiken, sowohl für die einzelnen Nutzer als auch volkswirtschaftlicher und gesellschaftlicher Natur. Über die Systemrelevanz von Software und Softwareunternehmen wird mittlerweile stärker diskutiert und auf die damit verbundenen Risiken reagiert. Das aktuelle EU-Regulierungspaket zu Online-Plattformen, bestehend aus dem Digital Services Act (DSA) und dem Digital Markets Act (DMA), zielt unter anderem darauf ab, die Macht marktbeherrschender Digitalkonzerne zu beschränken.[1] Das alles mag auf den ersten Blick wenig mit dem Zivilverfahren zu tun haben. Doch die auf Softwaresystemen basierende (mitunter gefürchtete) **Plattformökonomie** ist auch im klassischen Zivilrecht schon vor geraumer Zeit angekommen: Portale wie frag-einen-anwalt.de oder das mit der Durchsetzung von Fluggastrechten bekannt gewordene Portal flightright.de zeigen das eindrücklich[2] – auch wenn sie sich mit den großen Namen der Plattformökonomie noch nicht messen können. Welche Risiken sich aus bestimmten Strukturen der Digitalisierung ergeben können, lässt sich auch am Beispiel

---

1 Siehe https://ec.europa.eu/info/strategy/priorities-2019-2024/europe-fit-digital-age/digital-services-act-ensuring-safe-and-accountable-online-environment/europe-fit-digital-age-new-online-rules-platforms_de.

2 Vgl. *Wagner/Waltl*, BB 2021, 2242 (2243).

des besonderen elektronischen Anwaltspostfachs (beA) sehen (dazu noch am Ende unter Rn. 87).

Das Rechtswesen im Sinne der Gesamtheit des organisierten Rechts und der Recht- 3
setzung wird sich dem **Druck der Digitalisierung** nicht entziehen können. Zugleich bietet die Digitalisierung auch Chancen. In dem Beispiel der Fluggastrechte ermöglicht die Digitalisierung überhaupt erst die Durchsetzung des Rechts, weil sich die Geltendmachung solcher Verbraucherrechte für die einzelnen Bürger:innen ohne die Plattformen und ihre speziellen Softwaresysteme nicht lohnen würde. So schafft die Digitalisierung einen besseren, weil niederschwelligen Zugang zum Recht. Zudem werden wir durch immer leistungsfähigere Software befähigt, neue Arten von Leistungen anzubieten oder bestehende Leistungen effektiver und effizienter zu erbringen. So kann das Rechtswesen durch Digitalisierung einer steigenden **Erwartungshaltung**, etwa bezogen auf die Dauer und den praktischen Ablauf eines Zivilverfahrens, gerecht werden.

Als Zwischenfazit lässt sich festhalten, dass wir im Rechtswesen und insbesondere 4
in der Justiz spezialisierte Software brauchen, um die künftigen Herausforderungen zu bewältigen, aber auch um die berechtigten Erwartungen daran zu erfüllen, dass die **Chancen der Digitalisierung** im Interesse einer effektiven und effizienten Rechtsdurchsetzung genutzt werden. Ein beachtlicher Teil der Herausforderungen und Erwartungen rühren dabei ihrerseits wiederum aus einer (zumeist andernorts) schon erfolgten Digitalisierung: Dass aufgrund von spezialisierten Softwaresystemen massenhaft Verbraucherschutzklagen erhoben werden können, zwingt die Justiz dazu, Softwaresysteme einzusetzen, um die Flut an Verfahren zu bewältigen. Dass Online-Videokonferenzen in Pandemiezeiten in nahezu allen Lebensbereichen selbstverständlich geworden sind, nährt die Erwartung der Bürger:innen, auch an einer mündlichen Verhandlung vor einem staatlichen Gericht online teilnehmen zu können.

Außerdem lassen sich drei wesentliche **technische Treiber** ausmachen, die eine 5
zunehmende Digitalisierung des Rechtswesens und insbesondere auch der Justiz unausweichlich erscheinen lassen:

1. **Steigendes Datenvolumen:** Die Menge an Daten, die jährlich erzeugt, verarbeitet 6
und gespeichert wird, steigt stetig an. Auf 79 Zetabyte[3] schätzten Experten das jährliche Datenvolumen für das Jahr 2021.[4] Denselben Hochrechnungen zufolge wird die Datenmenge jedes Jahr um weitere 20 % zunehmen. Das bedeutet, dass sich die Datenmenge im Jahr 2025 gegenüber dem Jahr 2021 bereits mehr als verdoppelt haben wird. Diese Entwicklung ist auch im Bereich des Rechts spürbar, z. B. durch eine steigende Zahl an und den Umfang von Massenklagen.
2. **Leistungsfähige und skalierbare Infrastrukturen:** Eine der Ursachen der steigen- 7
den Datenmenge ist die immer leistungsfähiger werdende IT-Infrastruktur. Zum einen steigt die Rechenleistung, die man für einen Dollar bekommt, seit Jahren ste-

3 Zeta entspricht 10^{21} = 1.000.000.000.000.000.000.000.

4 Siehe https://www.statista.com/statistics/871513/worldwide-data-created/.

tig und exponentiell an.[5] Das bedeutet, dass mehr Rechenleistung zur Verfügung steht und diese auch in der Breite nutzbar wird. Zum anderen sorgen skalierbare Cloud-Infrastrukturen dafür, dass teure und hochspezialisierte Hardware nicht länger gekauft und gewartet werden muss, sondern dass diese über Cloud-Anbieter für den erforderlichen Zeitraum, also „on-demand" gemietet werden kann. Der Zugriff auf die Hardware des Cloud-Anbieters erfolgt „remote" über das Internet mittels sicherer Verbindungen und wird beendet, sobald er nicht mehr erforderlich ist. Dadurch bekommen auch Organisationen, die keine hohen IT-Investitionen tätigen können oder wollen, die Möglichkeit, entsprechende Leistungen zu nutzen.

8 3. **Intelligente Algorithmen:** Der dritte Treiber sind die immer leistungsfähigeren Algorithmen zur Datenanalyse und -verarbeitung. Darunter fallen Algorithmen zum Erstellen von Expertensystemen oder zum Maschinellen Lernen, einem Teilgebiet der sogenannten Künstlichen Intelligenz.[6] Bei modernen Softwarelösungen handelt es sich in den seltensten Fällen um einzelne Algorithmen, sondern um eine Vielzahl an Abläufen, Algorithmen und Komponenten, die im Zusammenspiel eine Ende-zu-Ende-Lösung für ein bestimmtes Problem darstellen. Die Algorithmen werden unter Verwendung sogenannter Frameworks entwickelt und trainiert. Diese Frameworks werden zumeist unter Open-Source-Lizenzen angeboten.[7] Das bedeutet, dass sie im Grundsatz frei zur Verfügung stehen und von jedermann zur Entwicklung genutzt werden können (siehe dazu auch nachfolgend unter Rn. 39ff.). Gerade in Kombination mit einer steigenden Zahl an Datensätzen und einer sich stetig verbessernden IT-Infrastruktur erwächst hieraus ein gewaltiges Potential.

9 Ein Ende der Weiterentwicklung in jedem der drei vorgenannten Bereiche ist derzeit nicht erkennbar, und wir sehen schon heute Technologien, die Arbeiten ausführen, deren Automatisierung noch vor wenigen Jahren unvorstellbar war. Dazu zählen beispielsweise qualitativ hochwertige Echtzeit-Übersetzungen, das automatisierte Beantworten von Fragen im Rahmen eines intelligenten Systems, etwa bei einem Chatbot,[8] sowie die Extraktion und Analyse von Informationen, beispielsweise aus Verträgen, aber auch aus Gerichtsentscheidungen,[9] und das automatisierte Erstellen von darauf basierenden individualisierten Dokumenten.[10] Gerade die technologischen Erfolge im Bereich „Verständnis" natürlicher Sprache, dem sogenannten **Natural Language Pro-**

---

5 Siehe https://aiimpacts.org/trends-in-the-cost-of-computing/ und https://en.wikipedia.org/wiki/FLOPS#Cost_of_computing.

6 Überblick zur Künstlichen Intelligenz und zum Maschinellen Lernen etwa bei *Katz/Nay* in: Katz/Dolin/Bommarito (Hrsg.), Legal Informatics, 2021, S. 94ff.; *Wagner*, Legal Tech und Legal Robots, 2. Aufl. 2020, S. 60ff.

7 Siehe beispielsweise https://scikit-learn.org/stable/; https://spacy.io/; https://www.tensorflow.org/.

8 Siehe dazu § 11 (*Biallaß*).

9 Siehe dazu § 7 (*Yuan*).

10 Siehe dazu § 8 (*Reiter/Methner/Wunderlich/Emke*).

cessing,[11] sind für das Rechtswesen von besonderer Bedeutung. Letztlich gibt es aber im Rechtswesen wie in anderen Bereichen eine Vielzahl weiterer, unterschiedlichster Problemstellungen, die sich mithilfe von spezialisierter Software heute oder in Zukunft lösen lassen. Diese können sowohl Hilfsfunktionen als auch den Kernbereich der juristischen Tätigkeit betreffen.[12]

Die schon **heute verfügbaren Applikationen**, die speziell für Aufgaben im Rechts- 10
wesen bzw. einzelner seiner Teilbereiche entwickelt wurden, decken dementsprechend ein breites Spektrum ab, beispielsweise:

- Mandatsakquise,[13]
- Mandanten- und Fallmanagement,
- Workflow- und Prozessmanagement sowie -automatisierung,
- Projektmanagement,
- Dokumentenmanagement,
- Vertragsmanagement,
- Dokumenten- und Schriftsatzgenerierung,[14]
- Datenextraktion und -analyse sowie Dokumentenanalyse,[15]
- Anonymisierung und Pseudonymisierung,
- Informations- und Wissensmanagement[16]

u.v.m.[17]

Für Teilnehmende am Rechtsmarkt, die kommerziell geprägt sind – dazu zählen Anwäl- 11
te bzw. Kanzleien und Rechtsabteilungen, aber auch Anbieter alternativer Leistungen wie Unternehmen im Bereich Legal-Tech-Inkasso[18] oder Legal Process Outsourcing (LPO) –, ist der zunehmende Einsatz spezialisierter Softwaresysteme zumeist unternehmerisch geboten, um sich im Wettbewerb zu behaupten oder sich von den jeweiligen Wettbewerbern abzuheben, oder weil das Grundlage des Geschäftsmodells ist. In den Bereichen Justiz und Verwaltung gilt das zumindest in ähnlicher Weise. Die Zivilgerichtsbarkeit konkurriert in Teilen mit privaten Schiedsgerichten. Das gilt insbesondere bei Streitigkeiten zwischen Geschäftspartnern. Aber auch im verbraucherrechtlichen

---

11 Kurzer Überblick dazu bei *Nay* in: Katz/Dolin/Bommarito (Hrsg.), Legal Informatics, S. 99ff.; *Wagner*, Legal Tech und Legal Robots, S. 58f.

12 Vgl. dazu *Wagner*, Legal Tech und Legal Robots, S. 16f.

13 Siehe dazu *Lorenz/Dülpers*, § 3.

14 Siehe dazu Reiter/Methner/Wunderlich/Emke, § 8.

15 Siehe dazu *Yuan*, § 7.

16 Siehe dazu *Altenhofen*, § 9.

17 Zu weiteren Einsatzbereichen von Software im anwaltlichen Bereich siehe §§ 3 bis 10. Eine systematische Darstellung verschiedener Einsatzbereiche von Software-Applikationen im Rechtswesen findet sich bei *Wagner*, Legal Tech und Legal Robots, S. 19ff.; eine Zusammenstellung zum deutschen Legal-Tech-Markt bieten *Tobschall/Kempe* in: Breidenbach/Glatz (Hrsg.), Rechtshandbuch Legal Tech, 2. Aufl. 2021, S. 27ff.

18 Siehe dazu § 4 (*Glusdak/Scholz*).

Bereich lässt sich seit einiger Zeit eine faktische Privatisierung des Rechts durch Online Dispute Resolution (ODR) beobachten.[19] Im Übrigen stehen Justiz und Verwaltung ebenso wie Wirtschaftsunternehmen unter **Kosten- und Effizienzdruck**. Um diesen bewältigen zu können, erscheinen Softwaresysteme hier wie in anderen Bereichen des Rechtswesens als äußerst attraktiv.

II. ... services are eating (legal tech) software

12 Der Einsatz von immer leistungsfähigeren Softwaresystemen geht jedoch auch mit einer **zunehmenden Komplexität** von deren Aufbau und Struktur einher. Das gilt umso mehr, je spezialisierter die Software ist. So ist etwa die Entwicklung von Softwaresystemen, die mit dem Anspruch antreten, bestmögliche Unterstützung für die juristische Arbeit bereitzustellen, mitunter sehr anspruchsvoll. Die einzelnen Funktionen müssen mit einer hohen Präzision entwickelt werden. Dies führt dazu, dass spezialisierte Softwaresysteme häufig groß, aufwändig und teuer werden.[20] Mittel- und langfristig können Größe und Komplexität der Systeme zudem deshalb zu einer Herausforderung werden, weil dadurch die betriebsnotwendige Wartung und Weiterentwicklung aufwändig und teuer sind. Das gilt nicht zuletzt auch im Hinblick auf die IT-Sicherheit, die das Ziel hat, Vertraulichkeit, Verfügbarkeit, Integrität und Authentizität zu gewährleisten.[21]

13 Unter anderem mit dem Ziel, Softwaresysteme, deren Wartung und Weiterentwicklung kosteneffizienter zu machen, kam es in der Informatik zu einem **Paradigmenwechsel:** War es in der Vergangenheit stets der Anspruch, dass die Systeme ihre Funktionalitäten so weit als möglich autark bereitstellen (sog. monolithische Software[22]), zeichnet sich seit einigen Jahren der Trend hin zu einer serviceorientierten Softwarearchitektur ab.[23]

14 Was versteht man in der Informatik unter serviceorientierter Architektur? Wesentliche Komponenten sind bei diesem Softwarearchitektur-Modell einzelne **Dienste (Services)**. Der Begriff Service bezeichnet dabei eine technische, autarke Einheit, die zusammenhängende Funktionalitäten zu einem Themenkomplex bündelt und über eine klar definierte Schnittstelle zur Verfügung stellt.[24] Man spricht insoweit von einer Kapselung („encapsulation"), d.h. die von einem Service über Schnittstellen bereitgestellten Funk-

19 *Fries*, NJW 2016, 2860, (2861).

20 *Lagerström* u.a., Identifying factors affecting software development cost and productivity, Software Quality Journal 20.2 (2012), 395ff.

21 Zu den Schutzzielen der IT-Sicherheit vgl. vgl. *Eckert*, IT-Sicherheit: Konzepte – Verfahren – Protokolle, 10. Aufl. 2018, S. 7ff. sowie ISO/IEC 27001:2013 Information technology – Security techniques – Information security management systems – Requirements.

22 *Vogel u. a.*, Software-Architektur: Grundlagen – Konzepte – Praxis, 2. Aufl. 2009, S. 216ff.

23 *De Lauretis*, From monolithic architecture to microservices architecture, 2019 IEEE International Symposium on Software Reliability Engineering Workshops (ISSREW).

24 Siehe https://de.wikipedia.org/wiki/Dienst_(Informatik).

tionalitäten können von anderen Services oder dem Anwender genutzt werden, ohne dass diesen gegenüber offengelegt wird, wie die Leistung erbracht bzw. die zugrundeliegende Software implementiert wird. **Serviceorientierte Softwarearchitektur** beschreibt dementsprechend, wie ein großes Softwaresystem aus kleineren und besser handhabbaren Komponenten zusammengesetzt wird, die sich jeweils auf einzelne Services beschränken und erst im Zusammenspiel mit anderen Services die Gesamtfunktionalität eines Systems entstehen lassen. Wichtig ist dabei, dass die Schnittstellen klar definiert sind und die miteinander verknüpften Services „die gleiche Sprache sprechen". So kann man wie aus einem Baukasten ein Gesamtsystem zusammensetzen. Beispielsweise lassen sich dann ein Service zur Speicherung, Suche, Ansicht und Bearbeitung von Dokumenten, ein Service zur Extrahierung von Daten aus Dokumenten, eine Kalenderfunktion und ein Mail-Service zu einem vollständigen Vertragsmanagementsystem integrieren.

Man kann zwar nicht sagen, dass die Entwicklung von serviceorientierten Systemen 15
im Allgemeinen einfacher oder kostengünstiger sei. Man kann jedoch sagen, dass serviceorientierte Systeme einfacher zu warten und zu erweitern sind, was ihre **Attraktivität** für einen langfristigen Einsatz begründet. Einzelne Komponenten können zudem unabhängig von anderen weiterentwickelt oder ausgetauscht werden. Komponenten können in unterschiedlichen Konstellationen genutzt werden. Beispielsweise kann der Service zur Speicherung, Suche, Ansicht und Bearbeitung von Dokumenten auch in einer e-Akte zum Einsatz kommen, die nichts mit dem vorstehend (unter Rn. 14) genannten Vertragsmanagementsystem zu tun hat. Auch kann das Vertragsmanagementsystem später um einen weiteren Service ergänzt werden, der Verträge untereinander vergleichen und so etwa Abweichungen gegenüber bestimmten Vorgaben erkennen kann. Ein serviceorientiertes System lässt sich also an Veränderungen der Geschäftsprozesse anpassen und gewährt so ein hohes Maß an **Flexibilität**. Ein solches serviceorientiertes System, das in der Justiz zum Einsatz kommt, ist etwa die elektronische Kommunikationsplattform (eKP), die der Anbindung der Fachverfahren an den elektronischen Rechtsverkehr dient. In der eKP werden die für die elektronische Kommunikation benötigten Kernelemente gebündelt, die als eigenständige Services implementiert und dann nach Bedarf zu beliebigen Prozessketten kombiniert werden können.[25]

III. Digitalisierung des Zivilverfahrens durch Software und Services

Erst die Verwendung spezialisierter, auf die Anforderungen des Zivilverfahrens aus- 16
gerichteter Softwarelösungen erlaubt es, das mit der Digitalisierung einhergehende Potential für den Zivilprozess auszuschöpfen. Die **Arbeitsgruppe „Modernisierung des Zivilprozesses"** hat hierzu ein Diskussionspapier erstellt, das zahlreiche Vorschläge

25 Vgl. etwa Bayerisches Staatsministerium der Justiz (Hrsg.), Stand der Informationstechnik in der bayerischen Justiz, 2022, S. 4.

enthält, wie neue technische Möglichkeiten im Zivilprozess sinnvoll nutzbar gemacht werden können, um Gerichtsverfahren bürgerfreundlicher, effizienter und ressourcenschonender zu gestalten.[26] Zu den insoweit identifizierten Handlungsfeldern gehören:

17 – Einrichten bzw. Überarbeiten des Justizportals, um neue digitale Angebote der Justiz, wie insbesondere eine „virtuelle Rechtsantragsstelle“ oder die Teilnahme an einer „virtuellen Gerichtsverhandlung“, darüber zugänglich zu machen,[27]
- echtes Online-Mahnverfahren,[28]
- virtuelle Rechtsantragsstelle für Rechtsuchende,[29]
- sichere Übermittlungswege von Dokumenten an oder durch Gerichte,
- Optimierung des elektronischen Rechtsverkehrs:[30]
  - erleichterte Kommunikation durch ein elektronisches Kanzleipostfach,
  - Erweiterung des verpflichtenden Teilnehmerkreises am elektronischen Rechtsverkehr um weitere Berufsgruppen, z. B. bestellte Sachverständige, bestellte Dolmetscher:innen usw.,
  - Überarbeitung des elektronischen Empfangsbekenntnisses,
  - Abschaffung des Telefaxes,
  - Rechtsrahmen für einen elektronischen Nachrichtenraum zum formlosen Informationsaustausch des Gerichts mit den einbezogenen Prozessbeteiligten,
  - Anpassungen des materiell-rechtlichen Formerfordernisses, z. B. bei Kündigungen von Mietverträgen,
- Einführung eines beschleunigten Online-Verfahrens:
  - Verfahren mit intelligenten Eingabe- und Abfragesystemen,
  - Beschleunigung von Verfahren mit Streitwerten bis zu 5.000 €,
  - Durchführung von bestimmten mündlichen Verhandlungen als Video- bzw. Telefonkonferenz,
- Strukturierung des Parteienvortrags[31] und des Verfahrens:
  - verbindliches Erstellen und Verwenden gemeinsamer elektronischer Dokumente („Basisdokumente“), deren Struktur durch Gesetze bestimmt wird,
  - Basisdokumente sollen das vollständige Parteivorbringen beinhalten und im Sinne einer Relationstabelle strukturiert sein,

---

26 Arbeitsgruppe Modernisierung des Zivilprozesses (Hrsg.), zugänglich unter https://www.justiz.bayern.de/media/images/behoerden-und-gerichte/oberlandesgerichte/nuernberg/diskussionspapier_ag_modernisierung.pdf.

27 Dazu § 12 (*Dörr*).

28 Siehe dazu § 13 (*Baumann*).

29 Siehe dazu § 11 (*Biallaß*).

30 Siehe dazu § 14 (*Herberger*).

31 Siehe dazu § 18 (*Köbler*).

- Videoverhandlung und Protokollierung:[32]
  - Schaffung von Möglichkeiten für virtuelle Verhandlungen per Videokonferenz,
  - Videoverhandlungen auf europäischer Ebene für Zivilprozesse,
  - Schaffung von Möglichkeiten der Zeugenvernehmung per Videoanruf,
- effizientere Verfahren durch Einsatz technischer Möglichkeiten:
  - Schaffung eines eigenen Beweismittels der „elektronischen Datei",[33]
  - Einsatz von künstlicher Intelligenz bei Kostenfestsetzungsverfahren,
  - Einsatz von elektronischen Anmeldeformularen für eine sinnvolle Datenerfassung bei Musterfeststellungsklagen,
- Stärkung des Vertrauens in die Justiz durch stärkere Transparenz, insbesondere durch einheitliche und durchgängige Veröffentlichungspraxis von Entscheidungen nach zuverlässiger Anonymisierung.

Das Diskussionspapier der Arbeitsgruppe „Modernisierung des Zivilprozesses" konzen- 18
triert sich letztlich auf die Digitalisierung der Justiz. Dabei stellt es – wie sich aus der Zusammensetzung der Arbeitsgruppe ergibt – eine **Innensicht** dar. Von außen gibt es andere, nicht immer ganz deckungsgleiche Erwartungen an die Digitalisierung der Justiz, etwa aus der Anwaltschaft.[34]

Bei den Anwält:innen und bei den übrigen Beteiligten am Zivilverfahren lässt sich 19
die Frage, welche Digitalisierung es dort braucht, nicht gleichermaßen einheitlich beantworten. Zu uneinheitlich sind die Tätigkeits- und Geschäftsmodelle dieser Beteiligten. Und der Stand der Digitalisierung ist **außerhalb der Justiz** deutlich weniger homogen. Auch wenn die Einführung des besonderen elektronischen Anwaltspostfachs (beA) mittlerweile in der Anwaltschaft zu einem einheitlichen Mindestmaß an Digitalisierung geführt hat, bleiben beachtliche Unterschiede. Die großen Wirtschaftskanzleien haben ebenso wie die Rechtsabteilungen großer Unternehmen bereits einen hohen Digitalisierungsstand erreicht. Dasselbe gilt für einige spezialisierte kleinere Kanzleien und für solche Kanzleien, bei denen digitale Strukturen zum Geschäftsmodell zählen, etwa weil sie Ihre Mandate über Online-Plattformen generieren und mithilfe von hierüber verfügbaren Services unter Einsatz Künstlicher Intelligenz bearbeiten.[35] In anderen Teilen der Anwaltschaft und in den Rechtsabteilungen kleinerer Unternehmen ist die Digitalisierung weniger weit vorangeschritten. Aber auch dort, wo die Digitalisierung bereits weit fortgeschritten ist, sind die Herausforderungen in den vergangenen Jahren nicht kleiner geworden. So verfügen beispielsweise viele große Wirtschaftskanzleien ebenso wie große Unternehmen über gewachsene Systeme, deren Weiterentwicklung und Anpassung

32 Siehe dazu § 19 (*Windau*) bzw. § 21 (*Schultzky*).

33 Siehe dazu § 20 (*Irskens*).

34 Vgl. etwa *Schafhausen*, Legal Tribune Online, 14.6.2022, zugänglich unter https://www.lto.de/persistent/a_id/48714/.

35 Vgl. dazu *Friedmann* in: Breidenbach/Glatz (Hrsg.), Rechtshandbuch Legal Tech, S. 389 ff.; *Wagner*, Legal Tech und Legal Robots, S. 71 f.

an veränderte Umstände, insbesondere was die Migration in die Cloud anbelangt, sehr aufwändig ist. Im Ergebnis stehen sämtliche am Zivilverfahren Beteiligte im Hinblick auf die Digitalisierung vor großen Herausforderungen.

B. Standards in der Softwaretechnik – eine nicht nur technische Betrachtung

I. Wozu Standards?

20 In der Softwaretechnik beschreiben Standards unter Verwendung einer allgemeinverständlichen Sprache bzw. in einer Notation (dazu nachfolgend unter Rn. 37) eine Art und Weise, wie ein Produkt oder Verfahren beschrieben, hergestellt, ausgestaltet oder umgesetzt werden soll. Standards sind die Grundlage, um bestimmte Beschaffenheiten und Eigenschaften sicherzustellen. Für die Softwareentwicklung spielen Standards eine zentrale Rolle. Sie ermöglichen die sinnvolle Verknüpfung und das **Zusammenspiel einzelner Komponenten** eines Gesamtsystems und sind so zu einem Dreh- und Angelpunkt für Innovation geworden.

21 Bei der Entwicklung serviceorientierter Systeme rücken **Schnittstellen** in den Mittelpunkt. Deren Standardisierung ist essentiell, damit am Ende die Komponenten eines Gesamtsystems tatsächlich miteinander „die gleiche Sprache sprechen“ und zusammenwirken können. Die Einhaltung von Standards garantiert, dass funktionsfähige Schnittstellen existieren, und die Standards beschreiben auch, Standards sorgen damit für eine Zuverlässigkeit, die auch erforderlich ist, um einzelne Komponenten durch neue und verbesserte Komponenten auszutauschen, welche dieselben standardisierten Eigenschaften an den Schnittstellen aufweisen. Damit sind Standards zugleich entscheidend dafür, dass eine serviceorientierte Softwarearchitektur überhaupt funktionieren kann und deren Vorteile genutzt werden können.

22 Es gibt jedoch darüber hinaus eine Reihe weiterer **Vorteile von Standardisierung**, zu denen insbesondere die folgenden gehören:

- schnellere und kostengünstigere Entwicklung durch den Rückgriff auf vorhandene, bestimmten Standards entsprechende Komponenten sowie durch eindeutige, standardisierte Vorgaben,
- schnellere und kostengünstigere Wartung aufgrund bekannter Beschaffenheiten und Eigenschaften,
- schnellere und kostengünstigere Weiterentwicklung aufgrund der leichteren Verknüpfbarkeit bestehender mit neuen Komponenten,
- Wiederverwendbarkeit von Arbeitsergebnissen,
- Möglichkeit der räumlich und personell getrennten Entwicklung verschiedener Einzelkomponenten,
- Möglichkeit der Zusammenarbeit mit Dritten und damit Heben von Synergien hinsichtlich von Einzelkomponenten,
- Vermeidbarkeit von Lock-in-Effekten durch leichtere Austauschbarkeit von Einzelkomponenten,

– größere Attraktivität eines Systems für die Nutzer, weil sich diese auf bestimmte Beschaffenheiten und Eigenschaften verlassen können.

Andererseits können Standards auch zu einem **Risiko** für Innovation werden. Dies ist insbesondere dann der Fall, wenn sie nicht ausreichend Raum für neuartige Konzepte lassen. Auch kann ein Standard zu einem Risiko für die IT-Sicherheit werden, wenn er bestimmten tatsächlichen Erfordernissen nicht genügt. Standards, die immer nur für eine bestimmte Zeit und in einem bestimmten Kontext eingesetzt werden können, müssen deshalb in regelmäßigen Abständen einer kritischen Überprüfung unterzogen werden. 23

Jedoch können Standards in sich **weiterentwickelt und präzisiert** werden, ohne dass das Gesamtsystem fehler- oder lückenhaft wird. Dies auch deswegen, weil die Komponenten des Gesamtsystems über bestimmte Prinzipien und Logiken miteinander in Beziehung stehen und, solange diese eingehalten werden, das Gesamtsystem konsistent bleibt. Die Nachteile von Standards lassen sich folglich durch geeignete Maßnahmen so weit mitigieren, bis die Vorteile überwiegen. 24

Geht man davon aus, dass der Mehrwert spezialisierter Software gerade dort liegt, wo sie Lösungen für spezielle Problemstellungen bietet, beispielsweise für die Erfüllung von spezifischen Anforderungen aus dem Zivilverfahren, liegt es nahe, den **Einsatz der Ressourcen** bei der Entwicklung der Software ebenfalls auf die Lösungen der speziellen Problemstellungen zu **konzentrieren**. Denn dort liegen auch die entscheidenden Wettbewerbsvorteile der betreffenden Software. Für die übrigen Teile der Software erscheint es sinnvoll, auf standardisierte Komponenten zurückzugreifen. Denn in diesen Bereichen überwiegen die Vorteile der Standardisierung. 25

Vor diesem Hintergrund werden **Standards in der Softwaretechnik** in großem Stil genutzt. Das fängt schon bei den **Programmiersprachen** an. Mit ihnen wurden Universalsprachen geschaffen, die alle Softwareentwickler:innen auf der Welt beherrschen. Doch sind standardisierte Programmiersprachen nur ein kleiner Teil dessen, was es braucht, um leistungsfähige Softwaresysteme zu entwickeln. Nachfolgend sind zentrale Bereiche aufgelistet, in denen über die Programmiersprache hinaus Standards in der Softwaretechnik bereits heute eine wichtige Rolle spielen: 26

– **Terminologie:** Einheitliche Sprache und feststehende Begriffe tragen dazu bei, Missverständnisse zu vermeiden. Gerade bei interdisziplinären Projekten ist dies wichtig. Beispiel für einen diesbezüglichen Standard ist ISO/IEC/IEEE 24765:2017: Systems and software engineering — Vocabulary.[36] 27
– **Prozesse und Abläufe:** Kompliziertere, wiederkehrende und nicht anwendungsspezifische Abläufe werden zum Teil standardisiert, sodass diese relativ rasch umgesetzt werden können und sich die Entwicklung auf Bereiche fokussieren kann, in denen ein echter Mehrwert entstehen kann. Beispiel hierfür ist die revisionssichere 28

36 Zugänglich unter https://www.iso.org/standard/71952.html.

Archivierung nach ISO 14721:2012 Space data and information transfer systems – Open archival information system (OAIS) – Reference model.[37]

29 – **Benutzerfreundlichkeit:** Bei der Entwicklung von Applikationen gibt es aus Erfahrungen hervorgegangene Best Practices, auf die man zurückgreifen kann, um ein hohes Maß an Benutzerfreundlichkeit sicherzustellen. Dies gilt auch für Bereiche, die erst seit kurzem erforscht und bearbeitet werden, wie etwa barrierefreie Softwareapplikationen, zu denen es beispielsweise die Richtlinien für barrierefreie Webinhalte (WCAG) 2.0 des World Wide Web Consortium gibt.[38]

30 – **Häufig benötigte Einzelkomponenten:** Bei der professionellen Softwareentwicklung werden in der Regel ganze Softwarekomponenten mit zahlreichen Funktionen standardisiert, damit sie vielfach wiederverwendet werden können. Diesbezüglich leisten Open Source Communities wie die Apache Software Foundation[39] wichtige Beiträge. Beispiele für eine Softwarebibliothek mit standardisierten open-source Softwarekomponenten ist Apache Log4j.[40] Die Nutzung solcher Standardbibliotheken kann natürlich – wie gerade das Beispiel Log4j zeigt – dazu führen, dass Schwachstellen über eine Vielzahl von Softwareprodukten verteilt werden.[41] Es gibt jedoch keine empirischen Belege, wonach die Nutzung von Standardbibliotheken notwendigerweise unsicherer oder fehleranfälliger ist als individuell entwickelte Software.

31 – **Daten- und Austauschformate:** Der sichere und effiziente Austausch von Daten zwischen Applikationen wird immer wichtiger. Gemeinsame Datenformate spielen dabei eine zentrale Rolle. Bekannte Beispiele für gemeinsame Datenformate sind ISO 32000 Document management – Portable Document Format (PDF)[42] sowie das XML-Format[43] des World Wide Web Consortium für den Austausch strukturierter Daten (dazu noch nachfolgend unter Rn. 47ff.).

32 – **Daten- und Programmierschnittstellen:** Im Gleichklang mit den Datenformaten spielen auch die Schnittstellen zum Datenaustausch und zur Programmsteuerung (sog. APIs) eine wichtige Rolle. Schnittstellen sichern die Anschlussfähigkeit an andere Systeme und Plattformen. Standards helfen dabei, dass ein Mindestmaß an Anschlussfähigkeit gewährleistet ist. Beispiel hierfür ist das Simple Object Access Pro-

37 Zugänglich unter https://www.iso.org/standard/57284.html.

38 Deutsche Übersetzung zugänglich unter https://www.w3.org/Translations/WCAG20-de/.

39 Siehe https://www.apache.org/.

40 Siehe https://logging.apache.org/log4j/2.x/.

41 Vgl. Bundesamt für Sicherheit in der Informationstechnik (Hrsg.), Kritische „Log4Shell" Schwachstelle in weit verbreiteter Protokollierungsbibliothek Log4j (CVE-2021-44228), zugänglich unter https://www.bsi.bund.de/SharedDocs/Cybersicherheitswarnungen/DE/2021/2021-549177-1032.pdf?__blob=publicationFile&v=7#download=1.

42 Zugänglich unter https://www.iso.org/standard/51502.html.

43 Extensible Markup Language (XML), zugänglich unter https://www.w3.org/standards/xml/. Zur Verwendung von XML speziell im Rechtswesen siehe *Dolin* in: Katz/Dolin/Bommarito (Hrsg.), Legal Informatics, S. 61ff.

tocol (SOAP)[44] des World Wide Web Consortium oder OpenAPI von der OpenAPI Initiative.[45]

- **Infrastruktur:** In Softwareprojekten hat man aufgrund mangelnder Ressourcen oft nicht die Kapazitäten, wichtige Bereiche wie IT-Infrastruktur genau zu beschreiben und zu definieren. Etablierte und von Expert:innen geprüfte Kriterienkataloge helfen dabei, ein Mindestmaß an IT-Sicherheit zu gewährleisten. Beispiel hierfür ist der Kriterienkatalog Cloud Computing (C5) des Bundesamts für Sicherheit in der Informationstechnik (BSI).[46] 33

Die vorgenannten Beispiele geben einen Überblick darüber, wo es bereits etablierte Standards gibt, derer man sich bedienen kann. 34

II. Standards zur Beschreibung von Standards

Für die Beschreibung von Standards haben sich in der Praxis ihrerseits wiederum Standards etabliert. Dadurch gibt es eindeutige Sprachen, die sicherstellen, dass alle Beteiligten dasselbe Verständnis vom Gegenstand und Inhalt des Standards haben. Die zentralen Aspekte für die Standardisierung der **Beschreibungssprachen** sind: 35

- **Präzision:** Verwendung einer Sprache, die klar und eindeutig ist, 36
- **gemeinsames Vokabular**: Verwendung von Begriffen, die mit denselben Inhalten besetzt sind. Dies schließt auch grafische Elemente (Visualisierungen) mit ein,
- **Ausdrucksmächtigkeit:** Gewährleistung, dass die Sprachen auch umfassend genug sind, um die Inhalte darstellen zu können.

Auf dieser Basis haben sich standardisierte Beschreibungssprachen (sog. **Notationen**) etabliert. Die folgenden Notationen sind von der Wissenschaft gut erforscht und werden in der Praxis weitläufig eingesetzt: 37

- Business Process Model and Notation (BPMN) zur Beschreibung von Workflows und Abläufen,
- Case Management Model and Notation (CMMN) zur Beschreibung eines Fallmanagements,
- Decision Management Model and Notation (DMN) zur Beschreibung von Entscheidungsregeln und -vorschriften,
- Unified Modeling Language (UML) zur Beschreibung von Systemarchitekturen und Datenschemata,
- OpenAPI zur Beschreibung von Schnittstellen-, Daten- und anderen Informationsaustauschformaten,

44 Zugänglich unter https://www.w3.org/TR/2000/NOTE-SOAP-20000508/.

45 Siehe https://www.openapis.org/.

46 Zugänglich unter https://www.bsi.bund.de/dok/7685384.

– Object Constraint Language (OCL) zur Beschreibung von Datenobjekten.

38 Diese Sprachen sind wichtige Hilfsmittel, die dazu beitragen, dass Systeme ganzheitlich und eindeutig beschrieben werden können. Eine **zentrale Funktion der Notationen** ist dabei, sicherzustellen, dass eine gemeinsame Sprache zwischen den anfordernden Personen, den Entwickler:innen und den Benutzer:innen eines Systems gesprochen wird. Auf diese Weise tragen sie insbesondere dazu bei, dass Systeme auch weiterentwickelt werden können.

III. Offen und nicht-proprietär – Erfolgsrezept (auch) für die Standardisierung?

39 Open Source ist ein Phänomen der Informatik und wird häufig mit der erfolgreichen Entwicklung der Softwareindustrie verbunden. Unter **Open Source** wird gemeinhin Software verstanden, deren Quelltext öffentlich ist und von Dritten eingesehen, genutzt, geändert und weitergegeben werden kann.[47] Dabei ist der Umfang, in dem Dritte die Software nutzen, ändern und weitergeben dürfen, vom **Lizenzmodell** abhängig. Mittlerweile existieren zahlreiche verschiedene Lizenzmodelle im Bereich Open-Source-Lizensierung mit unterschiedlichen Abstufungen, etwa was die kommerzielle Nutzung, das Recht zur Weiterentwicklung, die Rechte an abgeleiteten Werken oder die Haftung anbelangt. Frei zugängliche Software kann danach gleichwohl proprietär sein, also andere von der Nutzung, Weiterentwicklung und Weitergabe ausschließen. Wenn von Open-Source-Software die Rede ist, dann ist damit aber zumeist eine offene und nicht-proprietäre Software gemeint (was nicht mit kostenlos gleichzusetzen ist).

40 Open Source in dem vorgenannten Sinne bietet bei der Softwareentwicklung eine Reihe von **Vorteilen**:[48]

– Da viele gemeinsam an der Lösung eines Problems arbeiten, spart jeder Einzelne Zeit und Kosten.
– Die Arbeitsergebnisse sind transparent, sodass man diese verstehen und als Grundlage für eigene Weiterentwicklungen heranziehen kann.
– Weiterentwicklungen können wieder als Open Source eingebracht werden.
– Wenn viele ständig an einem Projekt arbeiten, können Probleme und Fehler schnell gefunden und behoben werden.

41 Für viele ist Open Source zu einer der großen Errungenschaften der Softwareindustrie und sogar zu einem ideologischen Leitbild geworden.[49] Trotz aller Freigiebigkeit waren Open Source und diesbezügliche Initiativen für die Softwareindustrie **wirtschaftlich nicht nachteilig**. Ganz im Gegenteil: Open Source hat erheblich zu einer effizienteren,

---

47 Siehe https://de.wikipedia.org/wiki/Open_Source.
48 Vgl. *Wagner*, Legal Tech und Legal Robots, S. 124.
49 Siehe etwa *Söderberg*, Hacking Capitalism: The Free and Open Source Software Movement, 2007.

schnelleren und kostengünstigeren Softwareentwicklung beigetragen, dadurch die Digitalisierung insgesamt befördert und damit zugleich die Softwareindustrie gestärkt.

Open Source wird nicht selten als problematisch im Hinblick auf die **IT-Sicherheit** 42
erachtet. Da der Quellcode frei zugänglich ist, sind auch etwaige Schwachstellen öffentlich auffindbar. Bei nicht offenem Quellcode sind die Schwachstellen hingegen nicht einsehbar, sodass insoweit ein Schutz nach dem Prinzip „security through obscurity" besteht. Allerdings lässt sich daraus nicht ableiten, dass Open Source im Hinblick auf die IT-Sicherheit gegenüber einer nicht öffentlich einsehbaren Software unterlegen sei. Denn während bei nicht öffentlich einsehbarer Software die Schwachstellen zumeist nicht einmal dem Kunden bekannt sind, können sie bei Open Source von der Programmierer- und Nutzergemeinschaft schnell gefunden und behoben werden. Außerdem ergeben sich – anders als bei proprietärer Software – keine Sicherheitslücken dadurch, dass die Unterstützung durch den Hersteller beendet wird.

Die vorstehend beschriebenen Vorteile von Open Source gelten nicht nur für die 43
Software selbst, sondern auch für softwaretechnische Standards. Standards können ihre Vorteile häufig überhaupt erst dann entfalten, wenn sie allgemein zugänglich und nutzbar sind. Standards, die der Interoperabilität mit Dritten dienen, machen überhaupt nur Sinn, wenn diese Dritten auch Zugang zu den Standards haben und diese nutzen dürfen. Berühmte Beispiele für sogenannte **offene Standards**[50] sind die bekannten Dokumentenformate PDF (Portable Document Format), HTML (Hypertext Markup Language) und XML (Extensible Markup Language).

IV. Warum setzen sich manche Standards (nicht) durch?

Will man eine erfolgreiche Digitalisierung des Zivilverfahrens (auch) mithilfe von Stan- 44
dardisierung erreichen, so muss man auch fragen, unter welchen Rahmenbedingungen sich Standards entwickeln und behaupten können – oder umgekehrt: Warum setzen sich manche Standards nicht durch? Dazu führte *Cargill* 2011 eine Untersuchung durch, in deren Rahmen er sechs wichtige **Faktoren für das Scheitern** von Standards bzw. Standardisierungsinitiativen identifiziert hat:[51]

1. Die Standardisierung scheitert, bevor die Arbeit am Standard begonnen hat. Das ist 45
dann der Fall, wenn sich nicht genügend Interessierte finden, um einen Standard zu entwickeln.
2. Das Normierungsgremium kann sich nicht auf einen Standard einigen, weil kein Entwurf die Erwartungen der Beteiligten hinreichend erfüllt.
3. Der Standard hat keinen klaren Fokus bzw. ist zu breit, statt sich auf das zu konzentrieren, was der Markt tatsächlich benötigt.

---

50 Der Begriff ist nicht eindeutig und wird unterschiedlich definiert; siehe dazu etwa https://de.wikipedia.org/wiki/Offener_Standard.

51 *Cargill*, Why Standardization Efforts Fail, Journal of Electronic Publishing, 2011, zugänglich unter https://doi.org/10.3998/3336451.0014.103.

4. Der Standard wird vom Markt ignoriert. Das liegt zumeist am Zeitpunkt der Standardisierung. Der Standard kann zu früh oder zu spät geschaffen und deshalb obsolet werden, weil sich die Technik in eine andere Richtung bewegt hat, oder aber es gibt bereits zu viele Einzelinteressen, die einer Akzeptanz des Standards entgegenstehen.
5. Der Standard ist veröffentlicht, aber die Implementierung des Standards ist auf verschiedene Weisen möglich, die untereinander nicht kompatibel sind.
6. Der Standard ist veröffentlicht, wird verwendet und zur Steuerung von Märkten genutzt. Das klingt zunächst nicht nach einem Fall des Scheiterns; der Hintergrund, vor dem dies als ein Fall des Scheiterns betrachtet werden kann, liegt nach *Cargill* in: dem Glauben, dass Standards quasi ein öffentliches Gut seien, so wie Luft und Wasser, tatsächlich aber häufig nur gegen Lizenzgebühren genutzt werden können, man denke nur an die ISO-Standards.

46 Es wird keine leichte Aufgabe sein, diese Fehler bei solchen Standards, die der erfolgreichen Digitalisierung des Zivilverfahrens dienen sollen, zu vermeiden.

C. Standards für die Digitalisierung des Zivilverfahrens

I. Status quo

47 Die Standardisierung im Hinblick auf spezialisierte Software für das Rechtswesen hat bereits begonnen. Dabei beschränken sich zwar weder die Standards noch die spezialisierte Software stets nur auf das Zivilverfahren, aber ihr Anwendungsbereich liegt jeweils schwerpunktmäßig im Bereich Anwaltschaft, Gerichte und Behörden sowie Rechtsetzung und erfasst damit auch und in erheblichem Umfang das Zivilverfahren. Softwarestandards, die – lässt man die als Parteien beteiligten Bürger:innen und anderen Rechtsträger einmal außen vor – nahezu alle Teilnehmenden des Zivilverfahrens betreffen, finden sich rund um das besondere elektronische Anwaltspostfach (beA). Darüber hinausgehend teilt sich diese Welt, was Standards für die Digitalisierung des Zivilverfahrens anbelangt, in zwei sehr unterschiedlich entwickelte Seiten: auf der einen die Anwaltschaft und auf der anderen die Gerichte und Behörden sowie der Gesetzgeber. Während die Anwaltschaft für speziell die rechtliche Tätigkeit betreffende Software auf am Markt angebotene Insellösungen zurückgreift, die in üblicher Weise standardisierte Komponenten enthalten, greifen Gerichte und Behörden sowie der Gesetzgeber für die Entwicklung ihrer Software auf **speziell für die öffentliche Hand entwickelte Standards** zurück. Einige der Standards für oder aus dem Bereich der öffentlichen Hand sollen im Folgenden kurz vorgestellt werden.

1. XÖV

Die „Koordinierungsstelle für IT-Standards" (KoSIT)[52] hat die Aufgabe, die Entwicklung und den Betrieb von **IT-Standards für den Datenaustausch** in der öffentlichen Verwaltung zu koordinieren. Die Errichtung der KoSIT erfolgte in Ausführung des Artikels 91c des Grundgesetzes und des zugehörigen (in 2019 neugefassten) IT-Staatsvertrags.[53] Die KoSIT unterstützt den IT-Planungsrat, der wiederum die Aufgabe hat, fachunabhängige und fachübergreifende IT-Interoperabilitäts- und IT-Sicherheitsstandards zu beschließen und Bund-Länder-übergreifende E-Government-Projekte zu steuern. Das hieraus abgeleitete Aufgabenspektrum des KoSIT umfasst unter anderem auch den Betrieb der Standardisierungsagenda und des XÖV-Rahmenwerks,[54] wobei das Akronym XÖV für XML in der öffentlichen Verwaltung steht. 48

Die KoSIT hält dabei neben Konformitätskriterien auch wiederverwendbare Softwarebausteine für wiederkehrende technische Implementierungen bereit, beispielsweise 49

- **OSCI** und **XTA** für die sichere Übermittlung von elektronischen Daten an Gerichte und Behörden,
- **xdomea** für die sichere Übermittlung von Akten, Vorgängen und Dokumenten,
- **xRechnung**, für einen Standard zur elektronischen Rechnungsstellung bei öffentlichen Auftraggebern.

2. XJustiz

Als bundesweit einheitlichen **Standard für den Austausch einzelner verfahrensbezogener Daten** (z.B. Adressen von Beteiligten oder Angaben über bevorstehende Verhandlungstermine) im elektronischen Rechtsverkehr zwischen den Verfahrensbeteiligten (Gerichten, Rechtsanwälten usw.) hat die Bund-Länder-Kommission für Informationstechnik in der Justiz (BLK) den Datensatz XJustiz entwickelt.[55] Das Format XJustiz besteht aus einer Sammlung von XML-Schemata. Darin werden die formalen Regeln für den Aufbau von XML-Dateien zum Austausch der im Datensatz XJustiz enthaltenen Informationen festgelegt. Für die Übertragung von Dokumenten, Vorgängen und Akten übernimmt XJustiz mittlerweile die Strukturen von xdomea und es werden einzelne Elemente von xdomea unmittelbar übernommen. 50

---

52 Siehe https://www.xoev.de/.

53 Neufassung des Vertrags über die Errichtung des IT-Planungsrats und über die Grundlagen der Zusammenarbeit beim Einsatz der Informationstechnologie in den Verwaltungen von Bund und Ländern – Vertrag zur Ausführung von Artikel 91c GG vom 13. Dezember 2019, BGBl. I 2019, S. 2852ff.

54 Siehe https://www.xoev.de/ueber-uns-8159.

55 Siehe https://xjustiz.justiz.de/.

3. Akoma Ntoso – OASIS-Standard LegalDocML

51 Der exotische Name Akoma Ntoso[56] rührt daher, dass die Anfänge dieser Initiative mit einem Digitalisierungsprojekt für afrikanische Parlamente verknüpft waren. Bei Akoma Ntoso handelt sich um eine Initiative, die sich der Entwicklung eines offenen Austauschformats für rechtliche Dokumente auf Basis von XML (Extensible Markup Languages) verschrieben hat. Die Austauschformate sollen vorwiegend den Austausch von Dokumenten im Arbeitsbereich der Parlamente, der Legislative und der Judikative standardisieren. Bei dem Standard handelt es sich um technologieneutrale und **maschinenlesbare Beschreibungen von Nutz- und Metadaten** eines Dokuments, welche die Dokumente strukturieren und sowohl den Zugang als auch den Austausch und die Verarbeitung erleichtern sollen. Die Standards sind im Rahmen des Normierungsinstituts OASIS und des OASIS-Standards LegalDocML veröffentlicht und im Internet frei zugänglich.[57]

4. LegalDocML.de – XML-Standard für Dokumente der Bundesrechtsetzung

52 LegalDocML.de ist ein **deutsches Anwendungsprofil** des internationalen OASIS-Standards LegalDocML (auch bekannt unter der Bezeichnung Akoma Ntoso; dazu vorstehend unter Rn. 51). Dieses Anwendungsprofil bildet Anforderungen an den Aufbau und Inhalt von Rechtsetzungsdokumenten anhand von XML-Datenschemata ab, sodass diese zukünftig in einem einheitlichen und zwischen den Verfassungsorganen abgestimmten Datenformat erstellt und bearbeitet werden können.[58] Das Schema erlaubt es, Nutz- und Metadaten flexibel und auf die Domäne angepasst zu definieren. Die Verwendung eines XML-Standards stellt die Maschinenlesbarkeit sicher.

5. EU Vocabularies

53 Das Amt für Veröffentlichungen der Europäischen Union arbeitet ebenfalls an Standards, die für den Rechtsbereich relevant sind. Das Amt verantwortet die Veröffentlichung diverser Dokumente rund um die Arbeit des Europäischen Parlaments, der Europäischen Kommission, des Europäischen Gerichtshofs sowie weiterer Europäischer Institutionen und Behörden. Seine Tätigkeit betrifft insbesondere Dokumente aus dem Gesetzgebungsverfahren sowie Rechtsprechung, aber auch Berichte, Stellungnahmen, Studien, Verträge, Zeitschriften usw. Die von ihm unter Open-Source-Lizenzen bereitgestellten IT-Standards[59] sollen helfen, die **Mehrsprachigkeit der Dokumente effizient handhaben** zu können. Hierzu zählt beispielsweise ein umfangreiches Vokabular, das

56 Siehe http://www.akomantoso.org/.

57 Siehe http://www.akomantoso.org/.

58 Bundesministerium des Innern, für Bau und Heimat (Hrsg.), Spezifikation LegalDocML.de – XML-Standard für Dokumente der Bundesrechtsetzung, Version 1.0., 2020, S. 2.

59 Siehe https://op.europa.eu/de/web/eu-vocabularies/home.

in alle Amtssprachen der Europäischen Union übersetzt wird, aber auch Datenmodelle und Ontologien, welche den Austausch von Dokumenten ermöglichen und erleichtern sollen.

6. European Case Law Identifier (ECLI)

Der Europäische Urteilsidentifikator (European Case Law Identifier – ECLI)[60] wurde 54
entwickelt, um die korrekte und eindeutige **Angabe von Fundstellen** in Entscheidungen europäischer und nationaler Gerichte zu erleichtern. Ein Set an Metadaten hilft dabei, die Suche und Zitierung von Fundstellen in der Rechtsprechung zu verbessern. Der ECLI sieht folgende Konvention für Verweisungen auf Rechtsprechungsdokumente vor:

ECLI:[Ländercode]:[Gerichtscode]:[Jahr der Entscheidung]:[einmalige Kennung]

Beispiel: ECLI:DE:BGH:2022:270422UVIIIZR304.21.0 55
- DE → Ländercode für Deutschland
- BGH → Gerichtscode für den Bundesgerichtshof
- 2022 → Jahr der Entscheidung
- 270422 → Verkündungsdatum
- U → Entscheidungstyp Urteil
- VIIIZR304.21 → Aktenzeichen mit Punkt statt Schrägstrich vor der Jahreszahl
- 0 → einstellige Kollisionsnummer zur Abgrenzung von mehreren Entscheidungen desselben Entscheidungstyps am selben Tag unter demselben Aktenzeichen

7. European Legislation Identifier (ELI)

Mit dem Europäischen Gesetzgebungs-Identifikator (European Legislation Identifier – 56
ELI)[61] existiert zudem ein Standard, um **Rechtsvorschriften zu kategorisieren** und einheitlich zu beschreiben. Der ELI-Standard sieht Metadaten vor, die helfen sollen, die Semantik und Gültigkeit eines Dokuments in einem maschinenlesbaren Format zu hinterlegen. Insgesamt umfasst der Standard drei Bestandteile, die auch unabhängig voneinander implementiert werden können:[62]

- **Web-Identifikator:** Uniform Ressource Identifier (URI) von ELI im HTTP-Format 57
  ermöglichen den Nutzern den dauerhaften Zugang zu Rechtsvorschriften. Die URI werden formell über maschinenlesbare URI-Schematafeln beschrieben und beinhalten semantische Bestandteile aus juristischer und aus Endnutzer-Sicht.

60 Siehe https://e-justice.europa.eu/content_european_case_law_identifier_ecli-175-en.do.
61 Siehe https://eur-lex.europa.eu/eli-register/about.html.
62 Nach den Angaben unter https://eur-lex.europa.eu/eli-register/technical_information.html.

- **Metadaten:** ELI-Metadaten beschreiben Rechtsinformationen in standardisierter Form. Herausgebern von Rechtsinformationen ist es freigestellt, ihre eigenen Metadaten-Schemata zu verwenden, doch es wird ihnen nahegelegt, auch das ELI-Metadaten-Schema zu implementieren.
- **Ontologie- und Metadaten-Serialisierung:** ELI-Metadaten lassen sich gemäß der Empfehlung „RDFa in XHTML: Syntax and Processing" des World Web Consortium der ELI-Ontologie entsprechend serialisieren, d.h. sequenziell darstellen.

58 Die Einführung der einzelnen Standards erfolgt **freiwillig**, die Einhaltung des Standards ist jedoch sodann verbindlich. Die Metadaten-Felder erlauben allerdings diverse Freiheiten bei der Bereitstellung von Informationen. Deutschland hat ELI bislang in keinem der drei Bereiche eingeführt.

59 **Beispiel** für einen ELI-Web-Identifikator:[63] https://www.ris.bka.gv.at/eli/bgbl/I/2018/30/20180516

1. https://www.ris.bka.gv.at → Internetseite des vom österreichischen Bundesministeriums für Finanzen herausgegebenen Rechtsinformationssystems des Bundes
2. bgbl → Bundesgesetzblatt
   - I → Teil I des Bundesgesetzblatts
   - 2018 → Jahr der Bekanntmachung
   - 30 → Veröffentlichungsnummer
   - 20180516 → Veröffentlichungsdatum 16.5.2018

II. European Interoperability Framework (EIF)

60 Das Europäische Interoperabilitäts-Rahmenwerk (European Interoperability Framework – EIF) ist zentraler Bestandteil einer Offensive der Europäischen Kommission zur Herstellung von Interoperabilität zwischen digitalen Diensten der öffentlichen Hand. Eine überarbeitete Fassung des Rahmenwerks („New European Interoperability Framework") wurde 2017 veröffentlicht.[64] Ziel des Rahmenwerks ist es, die grenz- und bereichsübergreifende **Interaktion zwischen europäischen Gerichten und Behörden** zu erleichtern, deren Zusammenarbeit zu unterstützen und elektronische Dienstleistungen zu ermöglichen. Damit zahlt es auf das übergeordnete Ziel ein, einen gemeinsamen, einheitlichen digitalen Markt in Europa herzustellen. Das EIF stellt zwölf grundlegende Prinzipien auf und gibt 47 Handlungsempfehlungen, um das übergeordnete Ziel zu erreichen. Dabei unterscheidet es vier Ebenen der Interoperabilität:[65]

63 Beispiel unter https://eur-lex.europa.eu/content/eli-register/austria.html.
64 Zugänglich unter https://ec.europa.eu/isa2/sites/default/files/eif_brochure_final.pdf.
65 Siehe Europäische Kommission (Hrsg.), New Interoperability Framework, 2017, S. 27 ff. (Link in Fn. 64).

1. **Technische Interoperabilität:** Technische Standards (u.a. Vorschriften zur Verwendung von Technologien) sollen bewirken, dass verschiedene Systeme und Dienste kompatibel sind. 61
2. **Semantische Interoperabilität:** Semantische Standards (u.a. Harmonisierung von Daten und Terminologie) sollen bewirken, dass verschiedene Systeme und Dienste auch untereinander kommunizieren können.
3. **Organisatorische Interoperabilität:** Organisatorische Standards (u.a. Vereinfachung der Bürokratie und des administrativen Aufwands) sollen bewirken, dass Prozesse und Abläufe reibungslos und effizienter ablaufen.
4. **Rechtliche Interoperabilität:** Rechtliche Vorgaben (u.a. zur Vermeidung rechtlicher Barrieren, die einer grenzüberschreitenden Interoperabilität entgegenstehen) sollen bewirken, dass der gemeinsame Markt einheitlich und rechtssicher reguliert wird.

Gemäß dem EIF sind Softwarestandards die unverzichtbare **Grundlage für die Interoperabilität**. Dabei plädiert das EIF in seiner jetzigen Fassung – wenn auch zurückhaltender als in der Ursprungsfassung – im Grundsatz für den Einsatz offener nicht-proprietärer Standards.[66] 62

Die **Umsetzung** des EIF erfolgt im Rahmen von nationalen Interoperabilitäts-Rahmenwerken (National Interoperability Frameworks – NIF) bzw. dadurch, dass bei den nationalen Initiativen der öffentlichen Hand zur Schaffung von Interoperabilität auch dem EIF Rechnung getragen wird. 63

III. Was es für das Zivilverfahren (noch) braucht

Dass die erfolgreiche Digitalisierung des Zivilverfahrens nicht ohne (weitere) Standardisierung auskommt, steht außer Frage. Was es diesbezüglich im Einzelnen braucht, ist schwieriger zu beantworten. Im Folgenden werden – sozusagen als Antwortvorschlag – einige mögliche **Eckpunkte** für eine künftige softwaretechnische Standardisierung im Bereich des Zivilverfahrens beschrieben. 64

1. Themenfelder und Gegenstände der softwaretechnischen Standardisierung

Schaut man sich allein die Themenfelder an, zu denen die Arbeitsgruppe „Modernisierung des Zivilprozesses“ in ihrem Diskussionspapier Vorschläge zur sinnvollen Nutzung technischer Möglichkeiten gemacht hat (dazu oben unter Rn. 17), und gleicht dies mit den Bereichen ab, in denen heute schon technische Möglichkeiten genutzt werden, zeigt sich eine erhebliche **Digitalisierungslücke**. Um diese zu schließen, ist es erforderlich, 65

66 Siehe Europäische Kommission (Hrsg.), New Interoperability Framework, 2017, S. 12 (Link in Fn. 64).

dass sich (auch) die softwaretechnische Standardisierung auf bislang nicht abgedeckte Themenfelder erstreckt. Dazu gehören unter anderem

66 – Online-Authentifizierung,
– intelligente Eingabe- und Abfragesysteme,
– Massenverfahren,
– strukturierter Parteivortrag,
– Online-Videoverhandlung,
– Einsatz Künstlicher Intelligenz,
– Textanonymisierung.

67 Neben auf diese und gegebenenfalls weitere inhaltliche Themenfelder bezogenen Softwarestandards bedarf es zudem einer **Standardisierung der Rahmenbedingungen**, etwa hinsichtlich
– des Prozesses der Herstellung, Wartung und Weiterentwicklung,
– der Dokumentation,
– der Transparenz und
– der Prüfung

der betreffenden Software und Softwarestandards.[67]

68 Außerdem erscheint es zweckmäßig, auch die **Rechtsetzung** in den Blick zu nehmen und Standards zu entwickeln, wie Gesetze so erstellt oder transkribiert werden können, dass sie von Softwareanwendungen automatisiert berücksichtigt werden können.[68]

2. Standards für die Digitalisierung – mehr als nur Softwarestandards

69 Hinter der Digitalisierung, wie wir sie heute erleben, verbirgt sich mehr als nur Software. Mit der Digitalisierung gehen neue Arbeitsweisen und Denkansätze einher, die sich in ihrer Gesamtheit unter dem Begriff „**Digital Mindset**" zusammenfassen lassen[69] und ohne die der Erfolg von Digitalisierung nicht möglich gewesen wäre. Vor diesem Hintergrund liegt es nahe, für die Digitalisierung des Zivilverfahrens auch Standards zu entwickeln bzw. zu nutzen, die über bloße Softwarestandards hinausgehen. Diese könnten insbesondere innerhalb der folgenden Themenfelder liegen:

67 Vgl. als Beispiel Koordinierungsstelle für IT-Standards (Hrsg.), Handbuch zur Entwicklung XÖV-konformer Standards, Version 2.4 vom 15.12.2021, zugänglich unter www.xoev.de/de/xoevhandbuch.

68 Zu Gesetzgebung und Digitalisierung siehe *Breidenbach/Schmid* in: Breidenbach/Glatz (Hrsg.), Rechtshandbuch Legal Tech, S. 255ff.

69 Vgl. dazu *Jacob/Schindler/Strathausen/Waltl*, Liquify Legal – In 7 Schritten zur Transformation, in: Jusletter IT 30.6.2021. Siehe dazu außerdem *Klock* in: Hartung/Bues/Halbleib (Hrsg.), Legal Tech, 2018, S. 141ff.

- Nutzung agiler Arbeitsmethoden wie Scrum und Kanban,[70] 70
- Nutzung neuer Denkweisen wie Legal Design,[71] Behavioural-Science- und Data-Science-Ansätze,
- Digital Ethics und Digital Responsibility,[72]
- Change-Management,[73]
- Anforderungsprofile (Curricula) für interdisziplinäre Digitalisierungsfachkräfte, insbesondere im Schnittbereich von Jura und Informatik,
- Herangehensweise an Digitalisierungsprojekte.[74]

3. Ziele der Standardisierung

Standardisierung ist kein Selbstzweck. Es ist wichtig, die Ziele einer im Rahmen der Di- 71
gitalisierung des Zivilverfahrens erfolgenden Standardisierung **vorab klar zu definieren**. Nur so lässt sich entscheiden, was, wie und in welchem Umfang standardisiert werden sollte. Zu den Zielen einer softwaretechnischen Standardisierung im Bereich des Zivilverfahrens sollten insbesondere zählen:

- effizientere und kostengünstigere Entwicklung, Wartung und Weiterentwicklung 72
  von Software, insbesondere durch Nutzung serviceorientierter Softwarearchitektur (dazu oben unter Rn. 13 ff.),
- verbesserte IT-Sicherheit,
- höhere Benutzerfreundlichkeit,
- Interoperabilität mit anderen Anwendungen und den Anwendungen anderer Beteiligter (dazu oben unter Rn. 60 ff.),
- Schaffung eines sogenannten „level playing field", also die Gewährleistung gleicher und fairer Wettbewerbsbedingungen für alle Teilnehmenden, d.h. sowohl für alle Anbieter:innen als auch Nutzer:innen.

Gerade der letzte Unterpunkt verdient es, hervorgehoben zu werden. Während sich die 73
Anwält:innen auch bei spezialisierter Software zu einem beachtlichen Teil am Markt verfügbarer Produkte bedient, werden für Gerichte und Behörden, aber auch für die berufsständischen Körperschaften der Anwält:innen meist Anwendungen von einzelnen

70 Siehe dazu etwa *Broda* u.a., Agiles Arbeiten in der Rechtsabteilung, in: Jusletter IT 31.5.2022, zugänglich auch unter https://www.liquid-legal-institute.com/wp-content/uploads/2022/09/e_book_LLI_agiles_arbeiten.pdf. Überblick zum agilen Arbeiten zudem bei *Wagner*, Legal Tech und Legal Robots, S. 124 f.

71 Siehe dazu § 28 (*Andert*); Umfassend zum Thema Legal Design auch *Klemola/Kohlmeier*, Das Legal Design Buch, 2021; ebenso *Kohlmeier* in: Breidenbach/Glatz (Hrsg.), Rechtshandbuch Legal Tech, S. 398 ff.

72 Umfangreiche Sammlung an Material einschließlich verschiedener Kodizes zugänglich unter https://github.com/Liquid-Legal-Institute/Corporate-Digital-Responsibility.

73 Siehe dazu § 31 (*Tutschka*).

74 Siehe Liquid Legal Institute (Hrsg.), LLIs Digitalization Guide, 2. Aufl. 2022, zugänglich unter https://liquid-legal-institute.gitbook.io/digitalization-guide-v2.

Herstellern erstellt. Dem geht in der Regel zwar ein Ausschreibungsprozess voraus, der aber – das zeigt das Beispiel des besonderen elektronischen Anwaltspostfachs (beA) – stark eingeschränkt sein kann. Es erscheint jedoch vorzugswürdig, dass wesentliche Digitalisierungsschritte nicht durch einen einzelnen oder einen geschlossenen Kreis von Akteuren umgesetzt werden, sondern sich möglichst viele beteiligen können. Das mag in der Praxis nicht immer ohne weiteres machbar sein. Die Zielsetzung als solche erscheint aber mit Blick darauf, dass es um die **Funktions- und Handlungsfähigkeit des Rechtswesens** geht, durchaus angebracht (siehe ergänzend dazu auch die Überlegungen unter Rn. 86 ff.).

4. Offene Standards

74 Offene Standards bieten eine Reihe von Vorteilen (dazu oben unter Rn. 39 ff.). Vor diesem Hintergrund legt auch das EIF die Verwendung offener Standards nahe (dazu oben unter Rn. 62). Um die betreffenden Vorteile zu nutzen und um das letzte der zuvor (unter Rn. 72) genannten Standardisierungsziele zu erreichen, sollten **wenn möglich offene nicht-proprietäre Standards** entwickelt und genutzt werden.

5. Standardisierungs-Management – Beachtung des European Interoperability Framework

75 Es braucht ferner ein Standardisierungs-Management. Zu der Frage, wie ein solches aussehen sollte, gibt das European Interoperability Framework (EIF; dazu oben unter Rn. 60 ff.) Antworten. Es enthält Aussagen und Handlungsempfehlungen für das Management einer Standardisierung im Rahmen der Digitalisierung der öffentlichen Hand. Diesen sollte im Rahmen der Digitalisierung des Zivilverfahrens jedenfalls insoweit Rechnung getragen werden, als es um Softwarelösungen für Gerichte und Behörden geht – idealerweise aber auch darüber hinaus.

76 Zunächst beschreibt das EIF sechs Schritte für die **Identifizierung, Auswahl und Verwaltung geeigneter Standards**:[75]

1. Identifizierung von Kandidatenstandards auf der Grundlage spezifischer Bedürfnisse und Anforderungen,
2. Bewertung von Kandidatenstandards anhand standardisierter, transparenter, fairer und nicht-diskriminierender Methoden, z. B. anhand der „Common Assessment Method for Standards and Specifications“ (CAMSS),[76]
3. Umsetzung der Standards nach Plan und praktischen Richtlinien,

75 Siehe Europäische Kommission (Hrsg.), New Interoperability Framework, 2017, S. 24 (Link in Fn. 64).

76 Siehe https://joinup.ec.europa.eu/collection/common-assessment-method-standards-and-specifications-camss.

4. Überwachung der Einhaltung der Standards, wobei die betreffenden Compliance-Modelle die Optionen „obligatorisch“, „comply-or-explain“, „good-to-have“, „optional“ usw. umfassen können,
5. Bewältigung von Veränderungen mit geeigneten Verfahren,
6. Dokumentation von Standards in offenen Katalogen unter Verwendung einer standardisierten Beschreibung, z. B. des „Asset Description Metadata Schema“ (ADMS).[77]

Hierauf aufbauend hält das EIF drei **Empfehlungen** bereit:[78] 77
1. „Führe Prozesse zur Auswahl relevanter Standards und Spezifikationen ein, bewerte diese, überwache ihre Umsetzung, prüfe die Compliance und teste ihre Interoperabilität.“
2. „Verwende einen strukturierten, transparenten, objektiven und gemeinsamen Ansatz zur Bewertung und Auswahl von Standards und Spezifikationen. Berücksichtige relevante EU-Empfehlungen und versuche, den Ansatz grenzüberschreitend kohärent zu gestalten.“
3. „Konsultiere relevante Kataloge von Standards, Spezifikationen und Richtlinien auf nationaler und EU-Ebene, in Übereinstimmung mit den NIF [s. Rn. 63] und relevanten DIF [Domain-specific Interoperability Frameworks], bei der Beschaffung und Entwicklung von ICT-Lösungen.“

Außerdem enthält das EIF ein Plädoyer, sich aktiv an der **Standardisierungstätigkeit** 78
zu beteiligen, um sicherzustellen, dass die eigenen Anforderungen und Erwartungen an einen Standard erfüllt werden.[79]

6. Wer ist für die Standardisierung verantwortlich?

Standardisieren lässt sich auf unterschiedlichen **Ebenen**: innerhalb einer Organisation 79
bzw. Teilorganisation (Selektionsprozess), zwischen einem geschlossenen Kreis von Beteiligten (Koordinationsprozess), durch anerkannte Normierungsgremien[80] (Normierungsprozess) oder durch einen offenen und in seiner Gesamtheit von Einzelinteressen unabhängigen Kreis von Beteiligten (sog. „Community“; Konsensprozess).

77 Siehe https://www.w3.org/TR/vocab-adms/.

78 Europäische Kommission (Hrsg.), New Interoperability Framework, 2017, S. 24 (Link in Fn. 64); aus dem Englischen übersetzt.

79 Vgl. Europäische Kommission (Hrsg.), New Interoperability Framework, 2017, S. 25 (Link in Fn. 64).

80 Dazu gehören etwa das Deutsche Institut für Normung (DIN), das Europäische Komitee für Normung (CEN), das Europäische Komitee für Elektrotechnische Normung (CENELEC), das Europäische Institut für Telekommunikationsstandard (ETSI), die Internationale Organisation für Normung (ISO), die Internationale Elektrotechnische Kommission (IEC) und die Deutsche Elektrotechnische Kommission im DIN und VDE (DKE).

80 Das letzte der oben (unter Rn. 72) genannten Standardisierungsziele und das Streben nach der Nutzung offener Standards (dazu oben unter Rn. 74) lassen einen Konsensprozess im zuvor beschriebenen Sinne als vorzugswürdig erscheinen. In jedem Fall sollte bei der **Zusammensetzung eines Standardisierungsgremiums** darauf geachtet werden, dass es

- interdisziplinär sowie
- mit Vertreter:innen aller am Zivilverfahren beteiligten Gruppen von Interessenträger:innen, einschließlich der als Parteien beteiligten Bürger:innen und anderen Rechtsträger,

besetzt ist und im Idealfall Vertreter aus dem gesamten Rechtswesen vereint.

D. Common Legal Platform (CLP): Plädoyer für eine allumfassende Vision

I. Was ist die Common Legal Platform?

81 Eine über das Zivilverfahren hinausgehende, das gesamte Rechtswesen umfassende Vision von Interoperabilität ist die Common Legal Platform (CLP). Die CLP soll als **offene und neutrale Plattform** dienen, die von Kanzleien, Gerichten und Behörden, dem Gesetzgeber sowie jedem Unternehmen und den Bürger:innen zur Kooperation, zur Interaktion und zum Austausch im Bereich des Rechts genutzt werden kann.[81] Mit dem Begriff „Common" verbindet sich dabei das Konzept einer von möglichst vielen Interessenträger:innen unterstützten und insoweit neutralen Plattform, die für alle zugänglich ist und von allen genutzt werden kann.[82]

82 Dabei bestand die Grundidee ursprünglich einmal in einer **zentralen Kollaborationsplattform** im Sinne eines großen Datencenters, einem Nervenzentrum für den gesamten Fluss juristischer Informationen. Menschen, Produkte und Services sollten auf dieser einen, zentralen technischen Plattform zusammengebracht werden.[83] Eine einzige, zentrale technische Plattform hat jedoch verschiedene Nachteile: Auch wenn sie offen und neutral konzipiert ist, würde sie ein sogenanntes Klumpenrisiko für das Rechtswesen darstellen, wenn sie technisch kompromittiert wird oder einfach in die falschen Hände gelangt.[84]

81 Zahlreiche Überlegungen zur CLP finden sich in dem Sammelwerk *Jacob/Schindler/Strathausen* (Hrsg.), Liquid Legal – Towards a Common Legal Platform, 2020; umfassende Informationen sind zudem unter www.common-legal-platform.org zugänglich.

82 *Wagner/Waltl*, BB 2021, 2242 (2244).

83 Siehe *Jacob*, Deutscher AnwaltSpiegel online vom 12.7.2017, S. 16 ff., zugänglich unter www.deutscheranwaltspiegel.de/wp-content/uploads/sites/49/2020/01/DAS-Online_Ausgabe-14-2017.pdf; zuvor bereits *Jacob/Schindler/Strathausen* in: dies. (Hrsg.), Liquid Legal – Transforming Law into a Business Savvy, Information Enabled and Performance Driven Industry, 2017, S. 323.

84 *Wagner/Waltl*, BB 2021, 2242 (2244).

Vor diesem Hintergrund wurde die Idee der CLP weiterentwickelt hin zu einem dezentralen System, das unter anderem – ähnlich dem World Wide Web – durch Standards zusammengehalten wird. Bei der CLP handelt es sich danach um ein **dezentrales vernetztes System**, das auf einheitlichen technischen Standards und Kernelementen, gemeinsamen Regeln und Werten sowie auf einer Governance beruht, die die Einhaltung bestimmter Grundsätze innerhalb der CLP sicherstellt[85] – Grundsätze, die der Sonderrolle Rechnung tragen, die dem Recht aufgrund seiner besonderen Funktionen[86] zukommt. 83

Die strukturelle und **technische Ausgestaltung** der CLP lässt sich auf Grundlage eines Schichtmodells beschreiben. Dabei muss die CLP zumindest in vier Schichten angelegt werden: Infrastruktur, Daten, Anwendungen sowie Geschäftsprozesse.[87] Damit daraus ein homogenes System für alle Akteure des Rechtswesens entsteht, bedarf es bezogen auf jede der vier Schichten einer Harmonisierung, die durch Standards, insbesondere im Hinblick auf technische Anforderungen, Schnittstellen und Formate, erreicht werden muss.[88] Damit handelt es sich bei der CLP letztlich um ein **Standardisierungsvorhaben**, das das gesamte Rechtswesen umfasst. 84

Der insoweit erforderlichen Grundlagenforschung, der Erstellung, Verwaltung und Weiterentwicklung eines Regelwerks für die CLP sowie der Mitwirkung an deren Errichtung, Betrieb und Weiterentwicklung hat sich das als eingetragener Verein organisierte *Liquid Legal Institute* (LLI) verschrieben.[89] Seitens des *Liquid Legal Institute e. V.* wurden insbesondere **Grundsätze** entwickelt, die unter der englischsprachigen Bezeichnung „Principles for a Common Legal Platform" veröffentlicht und zur Diskussion gestellt wurden.[90] Dabei geht es um Grundsätze, die das Wesen der CLP charakterisieren, Grundsätze zur strukturellen und technischen Ausgestaltung der CLP, Grundsätze, die gewährleisten, dass die CLP dem Interesse aller dient, sowie um Grundsätze zur Schaffung einer Governance-Struktur für die Verwaltung der CLP. 85

II. Wozu braucht es die Common Legal Platform?

Der Effizienzdruck auf das Rechtswesen steigt. Sowohl seitens der Rechtsuchenden als auch gesamtgesellschaftlich wächst die Erwartung, dass das Rechtswesen die heutigen technischen Möglichkeiten und innovative (Geschäfts-)Modelle nutzt, um seine Effizienz zu erhöhen. Dazu braucht es ein dezentrales vernetztes System, in dem sich viele Anbie- 86

85 Vgl. Liquid Legal Institute e. V. (Hrsg.), Principles for a Common Legal Platform, Principle A.5., zugänglich unter https://github.com/Liquid-Legal-Institute/Common-Legal-Platform.

86 Insbesondere Friedens-, Ordnungs-, Steuerungs- und Gestaltungsfunktion, siehe dazu *Zippelius*, Grundbegriffe der Rechts- und Staatssoziologie, 3. Aufl. 2012, §§ 6, 8, 9.

87 *Wagner/Waltl*, BB 2021, 2242 (2247).

88 *Wagner/Waltl*, BB 2021, 2242 (2248).

89 Siehe § 2 Abs. 2 der Satzung des Liquid Legal Institute e. V.

90 Zugänglich unter https://github.com/Liquid-Legal-Institute/Common-Legal-Platform.

ter an einer Problemlösung beteiligen und ihre Produkte zur Verfügung stellen können. Nur so kann es zu einem Wettbewerb um die beste Lösung kommen, der überhaupt erst die **Zukunftsfähigkeit eines digitalen Rechtswesens** gewährleistet und insbesondere gefährliche Lock-in-Effekte und Klumpenrisiken vermeidet. Dazu bedarf es wiederum offener Standards, auf die die Beteiligten aufbauen können.

87 Das lässt sich am **Beispiel** des besonderen elektronischen Anwaltspostfachs (beA) veranschaulichen: Das beA dient dem Daten- und Dokumentenaustausch zwischen Anwält:innen untereinander sowie zwischen Anwält:innen und Gerichten. Dieser gesamte Datenaustausch ist von einer einzigen Softwarelösung abhängig. Er steht und fällt mit der Qualität und der IT-Sicherheit dieser Softwarelösung. Die sich daraus ergebenden Risiken realisierten sich Ende 2017 mit den Sicherheitslücken und Systemausfällen des beA, dessen dadurch erzwungener zeitweiser Außerbetriebnahme und der anschließenden Notwendigkeit einer Neuvergabe des Auftrags[91]. Solche Risiken können sich nicht nur – wie im Fall des beA – in der Einführungsphase realisieren, sondern auch später, im laufenden Betrieb. Hier offenbart sich ein strukturelles Problem, das aus der Zentralisierung und der damit einhergehenden Singularität der Lösung resultiert. Die Risiken ließen sich hingegen deutlich verringern, wenn die relevanten Schnittstellen und die Anforderungen an die Beschaffenheiten und Eigenschaften eines solchen Daten- und Dokumentenaustauschs durch offene Standards so definiert würden, dass unterschiedliche Lösungen verschiedener Anbieter zum Einsatz kommen können.

88 Mit der CLP wird deshalb ein Maß an Standardisierung durch offene – und damit durch alle Beteiligten einsehbare, nutzbare und weiterentwickelbare – Standards angestrebt, welches es erlaubt, dass stets verschiedene Anbieter parallel die Möglichkeit haben, Softwarelösungen für eine bestimmte Problemstellung anzubieten und insoweit in **Wettbewerb** zu treten. Außerdem kann die CLP im Sinne eines dezentralen vernetzten Systems Strukturen schaffen, in denen **Daten und Anwendungen verteilt** sind:[92] Auf diese Weise können Daten bei spezialisierten Anbietern abgelegt werden und Anwendungen eines anderen Anbieters genutzt werden, die dann in einem vorab definierten Umfang Zugriff auf die abgelegten Daten erhalten. Am Ende könnten so Gerichte und Anwält:innen auch auf Datensätze zugreifen, die nicht bei ihnen selbst liegen, und hinsichtlich dieser Daten spezialisierte Anwendungen nutzen, die von dritter Seite angeboten werden. Für den strukturierten Parteivortrag, Massenverfahren oder den Einsatz Künstlicher Intelligenz bei der Entscheidungsfindung würde dies ganz neue Optionen eröffnen.

89 Bis eine CLP dieser Gestalt existiert, ist es zweifellos noch ein langer Weg. Jedoch sind wichtige Grundlagen, wie oben (unter Rn. 83ff.) dargestellt, bereits gelegt. Auch konkrete Projekte wurden schon initiiert. Dazu zählt namentlich „DIKE: Digitales Öko-

---

91 Dazu *Lorenz*, Atos sagt Teilnahme am BeAthon ab: beA-Krisensitzung jetzt ohne beA-Macher, in: Legal Tribune Online, 24.1.2018, zugänglich unter https://www.lto.de/persistent/a_id/26667/.

92 Zu den Parallelen und der möglichen Verknüpfung von CLP und GAIA-X, dem Projekt zur Schaffung einer föderale Dateninfrastruktur für Europa siehe *Wagner*/*Waltl*, BB 2021, 2242 (2249f.).

system Recht", eine der Gewinnerskizzen des GAIA-X Förderwettbewerbs des Bundesministeriums für Wirtschaft und Energie (BMWi).[93] Was es jetzt braucht, ist ein entschlossenes Handeln aller Interessenträger und der Wille, die **digitale Zukunft des Rechtswesens positiv zu gestalten**. Für die Digitalisierung des Zivilverfahrens bedeutet das: Standardisierungsinitiativen, die neben dem Zivilverfahren selbst auch immer die Vision der CLP mit in den Blick nehmen. Nur so kann es gelingen, dass das Zivilverfahren – und das Rechtswesen insgesamt – bei der sich rasant weiterentwickelnden Digitalisierung unserer Gesellschaft nicht ins Abseits geraten.

93 Siehe zu den Gewinnerskizzen des GAIA-X Förderwettbewerbs die Mitteilung der Bundesnetzagentur unter https://www.bundesnetzagentur.de/SharedDocs/Downloads/DE/Sachgebiete/Digitales/GAIAX/Gewinnerskizzen.pdf?__blob=publicationFile&v=6; die Förderung von DIKE konnte wegen einer durch den Krieg in der Ukraine veranlassten Umverteilung von Haushaltsmitteln nicht erfolgen.

Philipp Günther und Michael Wrase

§ 30 Digitale Rechtsmobilisierung – Die Rolle von Legal Tech-Angeboten beim Zugang zum Recht

Gliederungsübersicht **Rn.**

Literatur: *Currie*, The Legal Problems of Everyday Life, in: Sandefur (Hrsg.), Access to Justice, 2009; *Fuchs*, Rechtsmobilisierung: Ein Systematisierungsversuch, ZfRSoz 2020, 21ff.; *Galanter*, Why the „Haves“ Come out Ahead: Speculations on the Limits of Legal Change, Law & Society Review 1974, 95ff.; *Hähnchen/Schrader/Weiler/Wischmeyer*, Legal Tech: Der Mensch als Auslaufmodell?, JuS 2020, 628ff.; *Kuhlmann*, Legal Tech – Zugang zum Recht im Zeitalter der Digitalisierung, in: Bär/Grädler/Mayr, Digitalisierung im Spannungsfeld von Politik, Wirtschaft, Wissenschaft und Recht, 2018; *Rehder/Apitzsch/Schillen/Vogel*, Legal Technology und der Zugang zum Recht, ZUM 2021, 376ff.; *Rehder/Van Elten*, Mobilisierung von Recht durch Legal Technologies, in: Klenk/Nullmeier/Wewer (Hrsg.), Handbuch Digitalisierung in Staat und Verwaltung, 2019; *Rehder/Van Elten*, Legal Tech & Dieselgate: Digitale Rechtsdienstleister als Akteure der strategischen Prozessführung, ZfRSoz 2019, 64ff.; *Völzmann*, Digitale Rechtsmobilisierung – Effektiver Rechtsschutz durch Legal Tech?, in: Greve/Gwiasda u.a. (Hrsg.), Der digitalisierte Staat – Chancen und Herausforderungen für den modernen Staat, 2020; *Wrase/Behr/Günther/Mobers/Stegemann/Thies*, Zugang zum Recht in Berlin, VOTUM 4/2021, 3ff.

Anmerkung: Dem empirischen Teil des Beitrags liegen Expert:innen-Interviews zugrunde, die von Johanna Behr, Lena Mobers, Leonie Thies und Tim Stegemann durchgeführt und ausgewertet wurden. Ihnen gilt unser Dank für wertvolle Kritik und Hinweise.

Philipp Günther/Michael Wrase

https://doi.org/10.1515/9783110755787-030

A. Digitale Rechtsmobilisierung und Legal Technologies (Legal Tech)

Mit Voranschreiten der Digitalisierung haben auch Legal Technologies – kurz: Legal Tech – in den vergangenen Jahren einen enormen Bedeutungszuwachs erfahren.[1] Der **Begriff „Legal Tech"** bezeichnet im weitesten Sinne die „Erstreckung der Digitalisierung auf den Bereich der Rechtspraxis"[2] oder etwas spezifischer eine „Informationstechnik (IT), die im juristischen Bereich zum Einsatz gelangt"[3]. Teilweise werden dabei verschiedene Entwicklungsstufen unterschieden, die von einer computergestützten Organisation und Kommunikation (Legal Tech 1.0), der Automatisierung bestimmter rechtlicher Prozesse, z.B. der digitalen Erstellung und Einreichung von Anträgen (Legal Tech 2.0), bis hin zur automatisierten Rechtsbearbeitung durch Algorithmen und die Einbeziehung Künstlicher Intelligenz (KI) (Legal Tech 3.0) reichen.[4] 1

Für die Frage des Zugangs zum Recht und die Rechtsmobilisierung ist der Einsatz von Legal Tech in verschiedenen Bereichen, insb. bei der Digitalisierung der Einleitung oder Durchführung von (Zivil-) Gerichtsverfahren[5] oder bei einzelnen Rechtsdienstleistungen, relevant. Der vorliegende Beitrag befasst sich in diesem Kontext mit der Rechtsprüfung, -beratung und -durchsetzung durch sogenannte **Legal Tech-Unternehmen**, d.h. im freien Markt tätige Anbieter von Rechtsdienstleistungen, die maßgeblich unter Verwendung von Legal Tech erbracht werden.[6] 2

Der Beitrag lotet dabei auf der Grundlage bestehender Forschung aus, wie sich derartige Angebote auf Rechtsmobilisierung durch Bürger:innen und die mögliche Verbesserung des Rechtszugangs auswirken. Zugleich werden weitere Forschungsbedarfe aufgezeigt. Legal Tech-Dienstleistungen und ihre Auswirkungen auf die individuelle Rechtsmobilisierung sind im deutschen Kontext bislang noch wenig empirisch erforscht.[7] Dem Beitrag liegt somit keine rechtsdogmatische, sondern eine **sozialwissenschaftliche und rechtssoziologische Perspektive** zugrunde.[8] Bei unserer Darstellung greifen wir auf Ergebnisse aus der explorativen Phase des Projekts „Zugang zum Recht in Berlin" zurück, das als unabhängiges Forschungsprojekt am Wissenschaftszentrum Berlin für Sozialforschung (WZB) durchgeführt und von der Senatsverwaltung für 3

1 Vgl. Hamm/*Remmertz*, 12. Aufl. 2022, § 64 Rn. 5-26; *Weht*, ZUM 2021, 373 (374 f.); *Rehder/Apitzsch/Schillen/Vogel*, ZUM 2021, 376 ff.; *Hähnchen/Bommel*, JZ 2018, 334 ff.

2 *Beck*, DÖV 2019, 648 (649).

3 *Wagner*, BB 2017, 898 ff.

4 Vgl. *Hähnchen/Schrader/Weiler/Wischmeyer*, JuS 2020, 625 (626).

5 Vgl. *Rühl*, JZ 2020, 809 ff.

6 Vgl. *Hartung* in: Hartung/Bues/Halbleib (Hrsg.), Legal Tech, 2018, Rn. 25-27.

7 Als Ausnahmen sind u.a. folgende Beiträge zu nennen: *Rehder/Van Elten* in: Klenk/Nullmeier/Wewer (Hrsg.), Mobilisierung von Recht durch Legal Technologies, 2019, S. 1 ff.; *Völzmann* in: Greve/Gwiasda u.a. (Hrsg.), Digitale Rechtsmobilisierung – Effektiver Rechtsschutz durch Legal Tech?, 2020, S. 289 ff.

8 Zur Verortung der Rechtssoziologie siehe *Wrase*, ZfRSoz 2006, 289 ff.

Justiz, Vielfalt und Antidiskriminierung des Landes Berlin gefördert wird.[9] Im Rahmen des Forschungsprojekts wurden problemzentrierte Expert:inneninterviews geführt, deren (anonymisierte) Ergebnisse als empirische Quellen des Beitrags verwendet wurden.

B. Recht auf Zugang zum Recht

4 Bei der Frage nach dem effektiven Rechtszugang handelt es sich nicht nur um ein rechtssoziologisches Forschungsfeld, dessen empirische Untersuchung Erkenntnisse über die tatsächliche Funktionsweise von Recht und Justiz in unserer Gesellschaft ermöglicht (dem *law in action* im Gegensatz zum *law on the books*).[10] Es geht zugleich um die Verwirklichung einer zentralen **grund- und menschenrechtlichen Garantie**, die im internationalen, europäischen und nationalen Recht verankert ist und an der das Rechtssystem eines Staates gemessen werden muss.

5 Im Kern geht es um den **Anspruch auf eine verfahrensgerechte, diskriminierungsfreie und materiell richtige Entscheidung.**[11] Diese muss nicht notwendigerweise (immer) über die Einschaltung von Gerichten oder Justizorganen im engeren Sinn erfolgen; auch andere Institutionen wie Beschwerdestellen, Schiedsgerichte (ähnlich „*tribunals*") oder Einrichtungen der alternativen Streitbeilegung können den Zugang zum Recht in diesem Sinne effektiv gewährleisten.[12]

6 Eine Garantie des effektiven Rechtsschutzes im Hinblick auf den Zugang zu den Gerichten enthält auf Ebene des nationalen Verfassungsrechts Art. 19 IV GG im Falle einer Verletzung von subjektiven Rechten durch die „öffentliche Gewalt". Für die Zivil- und Arbeitsgerichtsbarkeit hat das Bundesverfassungsgericht aus dem Rechtsstaatsprinzip (Art. 20 III GG) eine entsprechende Garantie als **Justizgewährleistungsanspruch** abgeleitet.[13]

7 Allerdings setzen die genannten Gewährleistungen erst ein, wenn die Gerichte in Anspruch genommen werden, d.h. Anträge gestellt und damit Verfahren eingeleitet sind. Das **Vorfeld einer formellen Befassung von Gerichten** – also die tatsächlichen Voraussetzungen für die Inanspruchnahme der Rechtsinstanzen – fällt damit jedoch nicht *per se* aus dem Blickfeld. So hat das Bundesverfassungsgericht aus dem allgemei-

9 Zu Gegenstand und Ziel der Studie und einigen Ergebnissen der explorativen Phase siehe *Wrase/Behr/Günther/Mobers/Stegemann/Thies*, VOTUM 4/2021, 3 (7ff.).

10 *Pound*, American Law Review 1910, 12ff.; vgl. *Baer*, Rechtssoziologie, 4. Aufl. 2021, § 7; *Rottleuthner*, Einführung in die Rechtssoziologie, Darmstadt 1987, S. 78ff.

11 S. *Schmaltz*, KJ 2016, 317 (318f.) m.w.N.

12 Vgl. *Lima/Gomez* in: Leal u.a. (Hrsg.), Access to Justice: Promoting the Legal System as a Human Right, 2021, S. 2; *Rudolf*, Rechte haben – Recht bekommen: das Menschenrecht auf Zugang zum Recht, Deutsches Institut für Menschenrechte, 2014, S. 2f., jeweils m.w.N.

13 Vgl. BVerfGE 85, 337 (345); 107, 395 (406f.); st. Rspr.; zusammenfassend *Jarass* in: ders./Pieroth (Hrsg.), Grundgesetz Kommentar, 16. Aufl. 2020, Art. 20 Rn. 128ff.

nen Gleichheitssatz des Art. 3 I GG i.V.m. Art. 19 IV, Art. 20 III GG das Gebot der „weitgehenden Angleichung der Situation von Bemittelten und Unbemittelten bei der Verwirklichung des Rechtsschutzes“, insb. durch Prozesskostenhilfe (PKH),[14] hergleitet und dieses auch auf den außergerichtlichen Bereich der Beratungshilfe bei Inanspruchnahme von Anwält:innen erstreckt.[15]

Damit erweitert sich die Perspektive von einem primär formalen, justizbezogenen Verständnis hin zu den tatsächlichen Rechtsbedarfen („*legal needs*“)[16] und deren wirksamer Adressierung durch juristische Instanzen – die **Responsivität des Rechts- und Justizsystems**.[17] In der Realität müssen normierte Rechte von den Rechteinhaber:innen mithilfe der rechtsstaatlichen Instanzen durchgesetzt werden können. Die OECD geht davon aus, dass besonders ärmere und marginalisierte Gesellschaftsgruppen auf die Durchsetzung ihrer Rechte angewiesen sind, gleichzeitig aber gerade für diese Menschen oft erhebliche Barrieren beim Zugang zum Recht existieren.[18] Das Recht auf effektiven Zugang zum Recht bezieht sich somit auch auf das Vorfeld der justizförmigen Behandlung von rechtlichen Problemen, insb. den Rechtsberatungs- und Rechtsdienstleistungsmarkt, in dessen Rahmen Legal-Tech-Anbieter eine immer größere Rolle spielen.[19] 8

C. Erkenntnisse der Rechtsmobilisierungsforschung

Von einer Mobilisierung des Rechts im weiteren Sinn wird auf der ersten Stufe eines kaskadenförmig zu denkenden Mobilisierungsschemas gesprochen, wenn das Recht bei einem grds. justiziablen Problem überhaupt in Bezug genommen wird.[20] Schon das ist voraussetzungsvoll, und die Forschung zeigt, dass bestehende Rechtspositionen den Betroffenen oft gar nicht bekannt sind.[21] Eine Situation als potenziell rechtlich zu erkennen, setzt **Rechtskenntnis und Rechtsbewusstsein** voraus.[22] 9

Rechtsmobilisierung ist dabei keine einfache Entscheidung, sondern ein **nicht-linearer Prozess**.[23] Typische Problemlagen der Bürger:innen erwachsen regelmäßig in einer nicht-rechtlichen Sozialsphäre und setzen mehrere **aktive Stadien der (Rechts-) Mobilisierung** voraus. Felstiner, Abel und Sarat haben dafür ein Modell unterschiedli- 10

14 Vgl. BVerfGE 56, 139 (144); 81, 347 (356); 117, 163 (187); st. Rspr.
15 Grundlegend BVerfGE 122, 39 (50).
16 S. § 2 Rn. 12 ff. (*Brügmann*).
17 Zum Konzept der Responsivität s. OECD (Hrsg.), Equal Access to Justice, OECD Roundtable Background Notes, 2015; OECD/Open Society Foundations (Hrsg.), Understanding Effective Access to Justice, 2016.
18 Vgl. OECD (Fn. 17).
19 Vgl. *Remmertz* (Fn. 1), Rn. 23–26.
20 Vgl. *Blankenburg*, Mobilisierung des Rechts, 1995, S. 41 ff.
21 *Currie* in: Sandefur (Hrsg.), The Legal Problems of Everyday Life, 2009, S. 1 (7).
22 Vgl. *Baer* (Fn. 10), § 7 Rn. 3 ff.
23 Vgl. *Albiston/Edelman/Milligan*, Annual Review of Law and Social Science 2014, 105 (124 f.).

cher Transformationsschritte entwickelt.[24] Danach müssen individuelle Rechtsverletzungen zunächst benannt werden (*naming*), bevor eine Zuschreibung von Verantwortlichkeit erfolgt (*blaming*) und schließlich der Anspruch vor einer Rechtsinstanz geltend gemacht wird (*claiming*).[25]

11 Nicht überraschend ist der in vielen Studien bestätigte Befund, dass nur ein Bruchteil der grds. einklagbaren Ansprüche bis vor die Gerichte gelangt.[26] Die Zahlen schwanken je nach Problem und Rechtsbereich zwischen 3 und 13 Prozent.[27] Das ist mit Blick auf den effektiven Rechtszugang nicht *per se* problematisch. Selbst ein weit ausgebautes und personell hoch ausgestattetes Justizsystem wie in Deutschland wäre nicht in der Lage, jedes justiziable Problem zu bearbeiten. Insoweit werden auch in der rechtssoziologischen Forschung weniger klagefreudige und gerichtsorientierte Rechtskulturen mit Blick auf die Rechtsdurchsetzung grds. nicht schlechter bewertet.[28] Hier setzte auch die seit den 1970er Jahren zunehmende **Kritik an der justizbezogenen Rechtsbedarfsforschung** an.[29] Nach einem breiteren Verständnis wird der Zugang zum Recht auch dann effektiv gewährleistet, wenn Probleme außergerichtlich durch individuelle Aushandlungen, Inanspruchnahme von Rechtsberatung, rechtlicher Vertretung durch Anwält:innen oder Organisationen, Schiedsstellen etc. im Sinne der Anspruchsberechtigten befriedigend gelöst werden können.[30] Demnach fällt einem effektiven Justiz- und Gerichtssystem ein „Schatten" voraus, innerhalb dessen die Akteure – mit Blick auf eine bestimmte Gesetzeslage oder Praxis der Rechtsprechung – Rechtsprobleme ohne einen Gang vor Gericht behandeln und beilegen.[31] In diesem **Vorfeld der justizförmigen Rechtsmobilisierung** nehmen seit einigen Jahren Legal Tech-Unternehmen eine immer größere Rolle ein.

D. Das Phänomen der Legal Tech-Dienstleistungen

12 Legal Tech-Dienstleistungen haben in den letzten Jahren vor allem in den Bereichen des Verbraucherschutz-, Miet- und Sozialrechts zunehmend an Bedeutung gewonnen.[32] Der Kontakt mit Kund:innen ist automatisiert und digitalisiert, da es um die **effizienzorien-**

---

24 *Felstiner/Abel/Sarat*, Law & Society Review 1980, 631ff.

25 Ebd., S. 631.

26 Vgl. *Morrill/Fedderse/Rushin* in: Wright (Hrsg.), Law, Mobilization of, 2015, S. 590ff. m.w.N.; vgl. für Deutschland *Hommerich/Kilian*, Mandanten und ihre Anwälte, 2007, S. 73.

27 Dies steht in Übereinstimmung mit den älteren Studien, vgl. *Blankenburg* (Fn. 20), S. 30ff., 50; *Cotterrell*, The Sociology of Law, 1992, S. 254.

28 Vgl. *Blankenburg* (Fn. 20).

29 Vgl. *Currie* (Fn. 21), S. 7.

30 Vgl. *Rudolf* (Fn. 12), S. 11f.; OECD (Fn. 17); OECD/Open Society Foundations (Fn. 17), S. 12ff.

31 Grundlegend *Mnookin/Kornhauser*, Yale Law Journal 1979), S. 950-97; *Morrill/Feddersen/Rushin* (Fn. 26), S. 595f.

32 Vgl. *Kuhlmann* in: Bär/Grädler/Mayr (Hrsg.), Legal Tech – Zugang zum Recht im Zeitalter der Digitalisierung, 2018, S. 87ff.; *Rehder/Apitzsch/Schillen/Vogel* (Fn. 1).

tierte Bearbeitung großer Mengen von ähnlichen Fällen geht.[33] Rechtsuchende geben die für die Fallbearbeitung relevanten Informationen online ein. Es geht zumeist um Schadensersatz- oder Entschädigungsansprüche, deren Voraussetzungen in einem automatisierten Verfahren leicht erfasst werden können und keine komplexeren rechtlichen Einschätzungen erfordern (**Standardisierbarkeit**).[34] Oft handelt es sich um Forderungen in einer Größenordnung, die sich für Anwält:innen finanziell nicht lohnen[35] und die keine eingehendere Beratung bzw. (emotionale) Unterstützung der Ratsuchenden erfordern.[36] Besonders komplexe oder unklare Fälle werden durch die Portale meist gar nicht angenommen.[37] Das Grundkonzept basiert darauf, dass der Großteil der Fälle außergerichtlich geklärt werden kann, indem Unternehmen wie Fluggesellschaften i.d.R. auf die (vor-)geprüften Forderungen eingehen.[38]

Es lassen sich dabei vor allem zwei Modelle beobachten. Beim **Vermittlungsmodell** 13 wird aufgrund der Kund:inneneingaben auf der Webseite eine algorithmengestützte (Vor-)Prüfung des möglichen Anspruchs vorgenommen. Soweit diese positiv ausfällt, werden die Kund:innen an Partneranwält:innen des Legal-Tech-Unternehmens zur Beratung und möglichen Rechtsdurchsetzung weitervermittelt.[39] Aufgrund des Provisionsverbots für die Vermittlung von konkreten Mandaten gem. § 49b III BRAO entrichten die Anwält:innen i.d.R. pauschale, erfolgsunabhängige Entgelte als Nutzungsgebühren für die jeweiligen Vermittlungsdienste.[40] Legal Tech wird hier somit als Möglichkeit einer Vorprüfung des Rechtsanspruchs und Filter für die weitere Vermittlung, z.B. an eine Sozialrechtsanwältin,[41] eingesetzt. Weiterhin werden die Informationskosten für die Verbraucher:innen gesenkt und es erhöht sich die Transparenz der anwaltlichen Beratungsangebote.[42]

Auch beim **Inkassomodell** prüft zunächst ein Algorithmus, ob die rechtliche 14 Grundlage wie etwa die Fluggastrechteverordnung oder die Mietpreisbremse (§ 556d BGB) einschlägig und die Anspruchsvoraussetzungen erfüllt sind. Anschließend treten die Kund:innen ihren Anspruch bzw. ihre Forderung zur „Einziehung" durch den Legal-Tech-Anbieter ab.[43] Im Erfolgsfall behält das Unternehmen einen Teil des Gewinns

33 Interview mit einer Legal Tech-Anwältin.

34 Vgl. *Hähnchen/Schrader/Weiler/Wischmeyer*, JuS 2020, 625 (628ff.); s. auch § 6 Rn. 8ff. (*Quarch*).

35 Interview mit einem Anwalt eines Legal Tech-Unternehmens.

36 Interview mit einem Gesellschafter eines Legal Tech-Unternehmens.

37 Interview mit einem Anwalt eines Legal Tech-Unternehmens.

38 Interview mit einem Gesellschafter eines Legal Tech-Unternehmens; Interview mit einer leitenden Angestellten eines Legal Tech-Unternehmens.

39 So etwa bei www.hartz4widerspruch.de der rightmart GmbH oder www.advocado.de der advocado GmbH.

40 Vgl. BVerfG NJW 2008, 1298; s. dazu auch *El-Auwad*, AnwBl Online 2018, 115; Weyland/*Brüggemann*, BRAO Kommentar, 2020, § 49b BRAO Rn. 25.

41 Zur Rechtsmobilisierung im Sozialrecht s. *Müller*, Protest und Rechtsstreit, 2021.

42 *Behme*, AnwBl Online 2018, 110 (112).

43 Der Inkassodienstleister muss dafür gem. § 10 I 1 Nr. 1 i.V.m. § 2 II 2 RDG nach §§ 12ff. RDG registriert sein und unterliegt dann auch nicht den standesrechtlichen Vorgaben der BRAO und den strikten Hono-

als Erfolgshonorar ein.[44] Somit wird für die Kund:innen im Regelfall nur ein Teil des Anspruchs verwirklicht, der ihnen gesetzlich zusteht. Soweit die Rechtsverfolgung weitestgehend automatisiert und standardisiert erfolgen kann, werden i. d. R. standardisierte Kontaktaufnahmen eingeleitet;[45] d. h. es findet regelmäßig keine persönliche Beratung statt.[46] Wenn die außergerichtliche Einziehung der Forderung erfolglos bleibt und auch kein Vergleich geschlossen wird, beauftragt der Anbieter nach eigenem Ermessen (Partner-)Rechtsanwält:innen mit der gerichtlichen Geltendmachung der abgetretenen Forderung.[47]

15 Insbesondere die Verfahren rund um die Thematiken der **Flugverspätungen**,[48] der **Mietpreisbremse**[49] oder des **VW-Abgasskandals**[50] generierten starke Aufmerksamkeit. Auch die Rechtswissenschaft hat sich spätestens seit den BGH-Urteilen zu den Legal Tech-Inkassodienstleistungen intensiv mit der Thematik aus einer rechtsdogmatischen Perspektive auseinandergesetzt.[51] Gerade im Hinblick auf die Verabschiedung des sogenannten **Legal Tech-Gesetzes**, das am 1. Oktober 2021 in Kraft getreten ist,[52] gab es einen regen Schlagabtausch zwischen Vertreter:innnen der Anwaltschaft sowie der Legal Tech-Unternehmen, die jeweils mit den entsprechenden rechtsdogmatischen Argumenten hinterlegt waren.[53] Die Diskussionen waren überdies von einer Reihe von rechtstatsächlichen Aussagen geprägt, wie der Behauptung, dass Legal Tech-Dienstleistungen den Zugang zum Recht für die Bürger:innen erleichtern oder die Rolle der An-

---

rarbestimmungen für Rechtsanwält:innen nach dem RVG; s. dazu und zu den am 1.10.2021 in Kraft getretenen Änderungen *Günther* MMR 2021, 764.

44 *Kilian*, AnwBl 2020, 257 (159); *Fries*, NJW 2021, 2537 (2539); Interview mit einer Legal Tech-Anwältin. Bei der Durchsetzung der Fluggastrechte-VO gibt es zwei unterschiedliche Modelle: das beschriebene Inkassomodell, bei dem das Unternehmen im Erfolgsfall einen Teil der eingezogenen Summe einbehält, und das Sofortentschädigungsmodell, bei dem der Legal Tech-Anbieter den Fluggästen die Forderung unmittelbar abkauft. Beim Sofortentschädigungsmodell behält das Unternehmen einen deutlich größeren Anteil der Entschädigung ein (ca. 42 %) als beim Inkassomodell, trägt dann allerdings auch das Risiko der Rechtsdurchsetzung; vgl. https://www.finanztip.de/fluggasthelfer.

45 Interview mit einer leitenden Angestellten eines Legal Tech-Unternehmens.

46 Interview mit einem Gesellschafter eines Legal Tech-Unternehmens.

47 *Quarch/Engelhardt*, Legal Tech, 2021, S. 13 f.; Interview mit einem Gesellschafter eines Legal Tech-Unternehmens.

48 *Habersberger*, Entwicklungen im EU-Passagierrecht 2017-2019, VuR 2020, 3 ff.; s. auch *Fina/Ng/Vogl*, EuCML 2018, 241 ff.

49 BGH NZM 2020, 26 ff.; s. Anmerkungen dazu *Günther*, GRUR-Prax 2020, 96 ff.; *Günther/Grupe*, K&R 2020, 173 ff.; bestätigt durch „wenigermiete.de II" in BGH MMR 2020, 461 ff.

50 *Römermann/Günther*, NJW 2019, 551 ff.; *Skupin*, GRUR-Prax 2020, 601 ff.

51 Anstatt vieler: *Rott*, VuR 2018, 443 ff.; *Kilian*, ZRP 2020, 59 ff.; *Fries*, NJW 2020, 193 ff.; *Plottek/Quarch*, NZV 2020, 401 ff.

52 Gesetz zur Förderung verbrauchergerechter Angebote im Rechtsdienstleistungsmarkt vom 10.8.2021, BGBl. 2021 I, 3415; dazu *Günther*, MMR 2021, 764 ff.; *Feiter/Schlander*, DStR 2021, 1725 ff.

53 Eher positiv: *Hartung*, AnwBl 4/2021, 152 (160); kritischer: *Henssler*, NJW 2019, 545 (550); *Römermann*, AnwBl Online 2020, 588 (607); *Kilian*, AnwBl Online 2021, 102 (106); zurückhaltend: *Fries* (Fn. 44).

waltschaft unterminieren würden.[54] Empirische Belege dafür fehlen jedoch größtenteils. Rechtsempirische Untersuchungen sind in Deutschland rar und wurden im Bereich von Legal Tech zum jetzigen Zeitpunkt nur punktuell durchgeführt.[55] Infolgedessen besteht ein Defizit bei der Auseinandersetzung mit Legal Technologies außerhalb der rechtsdogmatischen Diskussion.

E. Rechtssoziologische Einordnung

Obwohl die Thematik der Legal Tech-Dienstleistungen in den letzten Jahren eine prominente Stellung im rechtswissenschaftlichen Diskurs eingenommen hat, fehlt bislang eine systematische Einordnung des Phänomens aus rechtssoziologischer Perspektive. Der folgende Abschnitt soll einige rechtssoziologische Erklärungsansätze zusammenfassen und unter Auswertung der vorliegenden empirischen Befunde einordnen. 16

Den Ausgangspunkt für die empirische Analyse bilden 41 **problemzentrierte Expert:innen-Interviews** mit Richter:innen, Anwält:innen und Rechtspfleger:innen in Rechtsantragsstellen sowie Vertreter:innen von außergerichtlichen Anlauf- und Beratungsstellen, Antidiskriminierungsstellen und Legal Tech-Unternehmen. Die problemzentrierten Interviews wurden von April bis Juli 2021 erhoben. Die Methode des problemzentrierten Interviews orientiert sich weitgehend am Forschungsstil der *„Grounded Theory"* und versucht, induktives und deduktives Vorgehen zu verbinden.[56] Als theoriegenerierende Methode sind die Interviews darauf ausgelegt, das subjektive Erleben von gesellschaftlichen Problemen zu erfassen. Gleichzeitig ist der empirische Prozess bereits durch im Vorfeld gesammelte Theorie (Deduktion) beeinflusst, welche durch die neu gewonnenen empirischen Erkenntnisse (Induktion) fortlaufend weiterentwickelt wird.[57] 17

I. Legal Tech-Unternehmen als repeat players

Die Funktionsweise von Legal-Tech-Unternehmen kann aus einer rechtssoziologischen Perspektive unter Verwendung der von *Marc Galanter* entwickelten Unterscheidung zwischen ***one-shotters*** **(Einmalstreiter:innen)** und ***repeat players*** **(Wiederholungsspieler:innen)** in Gerichtsprozessen erfasst werden.[58] Seine Studie zählt zu den 18

54 Stellungnahme des DAV sowie der BRAK zum Referentenentwurf eines Gesetzes zur Förderung verbrauchergerechter Angebote im Rechtsdienstleistungsmarkt, 7.12.2020.

55 S. Fn. 7.

56 *Witzel*, Forum Qualitative Sozialforschung 1/2000, 1ff.

57 *Misoch*, Qualitative Interviews, 2014, S. 73.

58 *Galanter*, Law & Society Review 1974, 95ff.

einflussreichsten rechtssoziologischen Untersuchungen des letzten Jahrhunderts und ist mittlerweile durch eine Vielzahl von empirischen Studien untermauert worden.[59]

1. Die Unterscheidung zwischen one-shotters und repeat players

19 ***One-shotters*** sind Personen oder Organisationen, die nur selten mit dem Rechtssystem zu tun haben. Sie verfügen oft über geringere finanzielle Ressourcen und sind i. d. R. mit den Funktionsweisen des Justizsystems wenig vertraut. Darüber hinaus sind sie – aufgrund der mit dem Prozess verbundenen zeitlichen und emotionalen Kosten – risikoavers eingestellt.[60] Zu einer typischen Verhaltensweise von Einmalstreiter:innen gehört, dass diese ihre Rechte nicht mobilisieren (*lumping*).[61] Diese Option wird danach häufig von Rechtsuchenden gewählt, denen es an Informationen oder einem effektiven Rechtszugang fehlt. Überdies scheuen Bürger:innen einen Rechtsstreit, wenn sie wissen, dass der potenzielle Gewinn zu gering oder die Kosten zu hoch sind. Jene Kosten werden zudem regelmäßig höher gewichtet, sofern relevante Informationen oder Ressourcen bei den Betroffenen fehlen.[62]

20 Im Gegensatz dazu sind ***repeat players*** erfahren im Umgang mit rechtlichen Streitigkeiten.[63] Es handelt sich dabei i. d. R. um Unternehmen oder Organisationen, die in ihrem Tätigkeitsgebiet erhebliches Spezialwissen aufgebaut haben. Zudem schrecken sie aufgrund ausreichender finanzieller Ressourcen auch nicht vor Verfahren mit hohen Streitwerten zurück, gerade wenn ein Interesse an der **Schaffung von Präzedenzfällen** besteht.[64] *Galanter* identifiziert verschiedene Ebenen von Vorteilen, von denen die *repeat players* profitieren. Diese bestehen insb. darin, dass sie die Fähigkeit haben, das Spiel der Rechtsstreitigkeiten anders zu spielen als die *one-shotters*.[65] Diese Fähigkeit, anders zu agieren, verschafft den Wiederholungsspieler:innen erhebliche Vorteile und Nutzen bei der Rechtsmobilisierung. Jene Vorteile greifen wiederum ineinander, verstärken sich gegenseitig und helfen dabei, sich von den anderen Akteuren abzuschirmen.[66]

---

59 S. etwa *Grossman/Kritzer/Macaulay*, Law & Society Review 1999, 803 ff.; *Bingham*, McGeorge Law Review 1997-98, 223 ff.; Kritzer/Silbey (Hrsg.), In Litigation: Do the Haves Still Come Out Ahead?, 2003; *Burch/Williams*, Cornell Law Review 2016-17, 1445 ff.; *Bradt/Rave*, Georgetown Law Journal 2019-20, 73 ff.

60 *Galanter* (Fn. 58) 97.

61 Ebd., 124 f.

62 Ebd., 125.

63 Ebd., 98 ff.

64 Ebd., 101 f.

65 Ebd., 98.

66 Ebd., 121 f.

2. Anwendung auf Legal Tech-Unternehmen

Wendet man *Galanters* Theorie auf das Phänomen der Legal Tech-Unternehmen an, so kann man diese als typische *repeat players* charakterisieren. Diese Interpretation kann auch durch die Auswertung der Expert:innen-Interviews bestätigt werden. Obwohl *Galanters* ursprüngliches Modell davon ausgeht, dass Widerholungsspieler:innen regelmäßig Verfahren mit hohen Streitwerten verfolgen,[67] schließt dies die Anwendung der Theorie im vorliegenden Fall nicht aus. Legal Tech-Unternehmen haben sich auf die **Durchsetzung von kleineren und mittleren Ansprüchen** spezialisiert, jedoch findet die Gewinnerzeugung durch die Akkumulation von einer Vielzahl ähnlich gelagerter Fälle statt.[68] Des Weiteren haben Legal Tech-Unternehmen eine hohe Bereitschaft, jegliche Fälle, die in ihr festgelegtes Raster fallen, zu übernehmen, da sie nur so Gewinne erwirtschaften können. Die Niederlage einzelner Prozesse ist dabei nicht ausschlaggebend, da sich die Unternehmen über die schiere Anzahl der Fälle sowie die anwaltlichen Gebühren absichern können.[69] Vertragsanwält:innen werden normalerweise erst in dem Moment eingeschaltet, wenn eine außergerichtliche Einigung scheitert und ein gerichtlicher Prozess unabwendbar ist. Folglich besteht aufseiten der Legal Tech-Unternehmen ein erhebliches Interesse an außergerichtlichen Einigungen, da die meisten Kosten durch die gerichtlichen Prozesse erzeugt werden.[70] 21

Strategisch eingesetzte Prozessführung ist jedoch ein wichtiges Element des Vorgehens von Legal Tech-Unternehmen. Erfolgreiche gerichtliche Klagen sind zum einen notwendig, um eine **Außenwirkung als *repeat player* mit Durchsetzungsmacht** zu erzielen, womit den Anspruchsgegner:innen signalisiert wird, dass die Forderungen auch durchgesetzt werden und diese zukünftig schneller auf Forderungen eingehen. Zum anderen werden Prozesse in erfolgversprechenden Fällen geführt, um **Präzedenzentscheidungen** zu erwirken, wenn dadurch eine Vielzahl an weiteren Fällen außergerichtlich geklärt werden kann.[71] Da bspw. weitläufig bekannt sei, dass die CONNY GmbH eine Großzahl der Verfahren zur Mietpreisbremse führe und gewinne, ließen sich Vermieter:innen nach Aussagen der Interviews inzwischen häufiger auf außergerichtliche Streitbeilegungen zu Gunsten der Mieter:innen ein.[72] Auch Fluggesellschaften seien gegenüber etablierten Legal Tech-Anbietern deutlich kooperativer und würden den Entschädigungsanspruch im Regelfall auszahlen, da sie wissen, dass das Unternehmen den Anspruch notfalls einklagen würde.[73] 22

Die **Spezialisierung und die Bündelung von Ressourcen** auf bestimmte Fälle sind nach Erkenntnissen aus den Interviews ein großer Vorteil von Legal Tech-Unterneh- 23

67 Ebd., 99 f.

68 Ebd., 98.

69 Interview mit einem Berater von Legal Tech-Unternehmen.

70 Interview mit einem Gesellschafter eines Legal Tech-Unternehmens.

71 Interview mit einem Gesellschafter eines Legal Tech-Unternehmens.

72 Interview mit einer leitenden Angestellten eines Legal Tech-Unternehmens.

73 Interview mit einer Richterin am AG Wedding.

men. So können aufgrund des **algorithmen- und datenbasierten Vorgehens** auch bei niedrigen Streitwerten komplexe Fragestellungen, wie etwa die Auswirkungen des Wetters auf den Flugausfall, geprüft werden.[74] Im Vergleich zu einzelnen Anwält:innen lohnt sich die Verfolgung von bestimmten Fällen auch mit niedrigem Streitwert durch alle Instanzen,[75] wenn sie einen kalkulierten Nutzen in Form von neuen Fällen nach möglicher erfolgreicher Klage haben.[76] So kann das Erreichen von Präzedenzentscheidungen vor obersten Gerichten der **„Erschließung neuer Geschäftsfelder und -modelle“**[77] dienen.

3. Ausgleich von Machtasymmetrien bei der Rechtsdurchsetzung

24 Durch ihre automatisierten Workflows haben die Legal Tech-Unternehmen die absolute Anzahl der durchgesetzten Forderungen in den von ihnen bespielten Rechtsbereichen ohne Zweifel deutlich angehoben. Auch im Kontext der qualitativen Verbesserung, sprich der Erhöhung der Erfolgsaussichten der Rechtsmobilisierung, sind derartige digitale Dienstleistungen nicht zu unterschätzen. So ergibt sich aus den Befragungen, dass Legal Tech-Unternehmen oftmals eher als einzelne Anwält:innen in der Lage sind, das **ungleiche Machtverhältnis zwischen Konzernen und Einzelpersonen auszugleichen.**[78] Verschiedene Interviewpartner:innen hoben das Beispiel des Dieselskandals hervor, in dem es im deutschen Rechtskontext große Asymmetrien zwischen Konzernen und Verbraucher:innen gebe.[79] Volkswagen finanziere seine Rechtsverteidigung mit einem Milliardenbetrag,[80] weil es Präzedenzfälle und höchstrichterliche Entscheidungen verhindern wolle.[81] Trotz der Einführung der Musterfeststellungsklage müssen Verbraucher:innen hingegen ihren Schadensersatzanspruch in Einzelverfahren durchsetzen, da es anders als im US-amerikanischen Rechtssystem nicht die Möglichkeit gibt, Klagen zu sammeln und gebündelt vorzutragen.[82] In diesem Zusammenhang kann durch Legal Tech-Portale das Kräfteungleichgewicht zwischen Verbraucher:innen und Unternehmen verringert werden.

25 Allerdings vertraten andere interviewte Personen die Auffassung, dass Legal Tech-Dienstleistungen den Verbraucher:innen auch **Nachteile bei der Durchsetzung von**

---

74 Interview mit einem Berater von Legal Tech-Unternehmen.

75 Interview mit einem Anwalt eines Legal Tech-Unternehmens.

76 Interview mit einem Gesellschafter eines Legal Tech-Unternehmens.

77 S. dazu Fn. 48.

78 Interview mit einem Gesellschafter eines Legal Tech-Unternehmens.

79 Interview mit einem Berater von Legal Tech-Unternehmen; Interview mit einem Anwalt eines Legal Tech-Unternehmens.

80 *Votsmeier*, „Berater im Dieselskandal kosten den VW-Konzern mehr als 1,7 Milliarden Euro“, Handelsblatt, 14.6.2019.

81 Interview mit einem Anwalt eines Legal Tech-Unternehmens.

82 Interview mit einem Vertreter einer Rechtsschutzversicherung.

Forderungen bringen könnten.[83] So wies das Landgericht (LG) Ingolstadt eine Klage des Legal Tech-Unternehmens financialright GmbH („myRight") ab, welches sich Schadensersatzforderungen von 2.800 Käufer:innen von Audi-Dieselfahrzeugen hatte abtreten lassen.[84] Das Gericht erklärte, dass die Abtretungserklärungen die Käufer in unzumutbarer Weise benachteilige. Die Benachteiligung entstünde dadurch, dass diese zusichern mussten, auch bei einem Widerruf eines aus ihrer Sicht unzureichenden Vergleichs eine Provision an myRight auszuzahlen.[85] Inwiefern aus dieser rein rechtlichen Benachteiligung ein tatsächlicher finanzieller Nachteil für die beteiligten Kund:innen resultiert haben könnte, kann mangels empirischer Befunde nicht gesagt werden. Ob die jeweiligen Verbraucher:innen vor diesem Hintergrund die Einzelrechtsdurchsetzung dem Angebot des Legal Tech-Unternehmens vorgezogen hätten, ist ebenfalls ungewiss. Gerade in diesem Kontext besteht weiterer rechtssoziologischer Forschungsbedarf.

II. Auswirkungen auf die individuelle Rechtsmobilisierung

Wie unter Rn. 9ff. dargestellt, werden die meisten rechtlich relevanten Konflikte von 26 den Betroffenen aufgrund subjektiver, interpersoneller oder struktureller Barrieren nicht durch Inanspruchnahme der Rechtsinstanzen gelöst. In der deutschsprachigen Literatur wird das bewusste Untätigbleiben der Anspruchsberechtigten – das *lumping* im Sinne *Galanters* – mit dem Begriff **„rationales Desinteresse"** umschrieben.[86] Es ist bekannt, dass Verbraucher:innen bei kleinen Streitwerten i.d.R. nicht gewillt sind, einen rechtlichen Anspruch zu verfolgen.[87] Selbst Personen, die mit den einschlägigen rechtlichen Regelungen vertraut sind und über ausreichende finanzielle Ressourcen verfügen, schrecken aufgrund des damit potenziell verbundenen zeitlichen und emotionalen Aufwands meist vor der Anspruchsverfolgung zurück.

III. Verringerung von Transaktionskosten in unterschiedlichen Phasen

Legal Tech-Lösungen wirken dem rationalen Desinteresse entgegen, indem ökonomi- 27 sche und soziale Transaktionskosten verringert werden.[88] Aus Sicht der Rechtsuchen-

83 Ebd.

84 LG Ingolstadt BeckRS 2020, 18773; das OLG München scheint indes den Sachverhalt anders zu bewerten. In der mündlichen Verhandlung im November 2021 stellte der Münchner OLG-Senat fest, dass kein offenkundiger RDG-Verstoß vorliege. Jedoch wurde das von der financialright GmbH betriebene Modell auch nicht für zulässig erklärt. Eine Entscheidung steht in dieser Sache bislang aus (Stand: Juli 2022).

85 S. auch *Skupin*, GRUR-Prax 2020, 636.

86 Vgl. *Hartung*, AnwBl Online 2020, 8.

87 Verbraucherzentrale Bundesverband, Stellungnahme zum Entwurf eines Gesetzes über die Einführung von Gruppenverfahren, 2014, S. 3f.; *Florian*, Juridica International 2021, 111 (117).

88 *Völzmann* (Fn. 7); *Wagner*, Legal Tech und Legal Robots, 2. Aufl. 2020, S. 77; *Kind/Ferdinand/Priesack*, Legal Tech – Potenziale und Wirkungen, TAB-Arbeitsbericht Nr. 185, 2019, S. 45ff.

den geschieht dies in drei Stufen.[89] Zunächst können Legal Tech-Angebote die Einzelnen dabei unterstützen, die relevanten Sachverhalte als potenzielle Rechtsansprüche zu identifizieren (**Erkenntnisphase**).[90] So erhalten die Rechtsuchenden bei der Eingabe ihrer Sachverhalte in die Eingabemasken der jeweiligen Legal Tech-Anwendungen eine rechtliche Einordnung sowie ein ortsunabhängiges und meist kostenfreies Angebot. Allerdings sind die bisherigen Dienstleistungen nur auf wenige Rechtsgebiete zugeschnitten, weshalb der Großteil der rechtlichen Handlungsmöglichkeiten regelmäßig nicht erkannt wird.[91] Weiterhin werden Barrieren bei der Auswahl der passenden Rechtsdienstleistungsunternehmen verringert (**Auswahlphase**).[92] So sinkt etwa der Preis der angebotenen Rechtsberatungen bei zweiseitigen Plattformen, wo Bürger:innen gezielt das Angebot verschiedener Anbieter vergleichen können.[93] Schließlich verringern sich durch Legal Tech-Anwendungen auch die Hürden bei der Erbringung der jeweiligen rechtlichen Dienstleistung (**Erbringungsphase**).[94] Regelbasierte Programme können etwa automatisch Verträge und Forderungsschreiben (bis hin zu Klageschriften) in ähnlich gelagerten Fällen erstellen, wodurch sich die Verfolgung einer Vielzahl von Fällen mit kleinen Streitwerten lohnt. Durch die Vereinbarung eines Erfolgshonorars gehen die rechtssuchenden Bürger:innen kein Kostenrisiko ein und sind darüber hinaus nur minimal an der Verfolgung des Anspruches beteiligt.[95]

IV. Soziale Distanz und Legal Opportunity Structures

28 Obgleich Legal Tech-Anwendungen geeignet sind, das rationale Desinteresse der Verbraucher:innen zu verringern, beschränkt sich die momentane Verbreitung jener Dienstleistungen nur auf bestimmte Rechtsgebiete, insb. das Verbraucherschutz-, das Miet-, Straßenverkehrs- und teilweise auch das Sozialrecht.[96] Ob bestehende Barrieren der Rechtsmobilisierung auch in anderen Rechtsbereichen durch Legal Tech-Lösungen abgebaut werden können, ist unklar. Verschiedene Untersuchungen zum Klageverhalten von Bürger:innen zeigen, dass die Wahrscheinlichkeit, ein Problem als Rechtskonflikt zu identifizieren, mit der **sozialen und regionalen Distanz der beteiligten Parteien** steigt.[97] Menschen sind daher oftmals bereit, ihre Fluggastrechte gegenüber der beschuldigten Fluggesellschaft zu verfolgen, da sie keine sozialen Verbindungen zu der

89 *Kuhlmann* (Fn. 32), 90-93.
90 Ebd., 90 f.
91 *Kind/Ferdinand/Priesack* (Fn. 88), S. 45.
92 *Kuhlmann* (Fn. 32), 91.
93 *Macaffee/Brynjolfsson*, Machine, platform, crowd – harnessing our digital future, 2017, S. 211 ff.
94 *Kuhlmann* (Fn. 32), 92.
95 Übersicht zu Legal Tech-Anwendungen im Verbraucherrecht siehe *Ditscheid*, AnwBl 2017, 684.
96 Vgl. *Krug/Blank*, WuM 2020, 404 (405); *Rehder/Van Elten*, ZfRSoz 2019, 64 ff.
97 Vgl. *Rehder/Van Elten* (Fn. 7), 4; *Bedner/Vel*, Law, Social Justice & Global Development Journal 2010, 1 (17).

beklagten Gesellschaft aufweisen und ihr vertragliches Verhältnis nur kurzfristig angelegt ist. Ein soziales Näheverhältnis führt dagegen häufig dazu, dass die Wahrscheinlichkeit eines rechtlichen Framings sinkt.[98] So zeigt sich etwa, dass in Fällen eines auf Dauer angelegten Verhältnisses zwischen Leistungsempfänger:innen und Behörden im Sozialrecht eine nicht-rechtliche Konfliktstrategie von den Betroffenen bevorzugt wird.[99]

Neben der sozialen Prägung der rechtlichen Konflikte sind auch geeignete ***Legal Opportunity Structures (LOS)*** erforderlich, damit Legal Tech-Anwendungen den individuellen Rechtszugang verbessern können.[100] Das Konzept der LOS wurde ursprünglich entwickelt, um zu analysieren, welche Rahmenbedingungen vorteilhaft sind, um bestimmte Interessen mittels kollektiver Rechtsmobilisierung zu verfolgen.[101] Dementsprechend müssen zweckdienliche materiell- und verfahrensrechtliche Regelungen in dem jeweiligen Rechtsgebiet vorliegen, damit die kollektive Rechtsmobilisierung erfolgversprechend ist.[102] Damit erweisen sich folgende LOS-Faktoren für Legal Tech-Angebote als relevant: 29

- die Verfügbarkeit von standardisiert erfassbaren einklagbaren Rechten (materiellrechtliche Dimension),
- der effektive Zugang zum Gericht (verfahrensrechtliche Dimension)
- und die Aufgeschlossenheit der Justiz gegenüber Legal Tech-Dienstleistungen (rezeptive Dimension).[103]

Demnach konnten Legal Tech-Dienstleistungen eine besondere Marktstellung in gerade 30 jenen Rechtsgebieten einnehmen, in denen aufgrund der **klaren Anspruchsstruktur und Verfahrensvorgaben** (z.B. Möglichkeit der Forderungseinziehung durch Inkassounternehmen nach § 10 Nr. 1 RDG) vorteilhafte LOS bestehen (Fluggastrechte, Mietpreisbremse).[104] Gäbe es ebenso vorteilhafte LOS in noch lukrativeren Rechtsgebieten – wie etwa dem Unternehmensrecht – so würde nach dieser Theorie ein Großteil der Legal Tech-Unternehmen ihre Angebote auf dieses Feld ausweiten. Diese Schlussfolgerung ist nicht *per se* problematisch – schließlich ist eine effektive Rechtsmobilisierung auch im Unternehmensrecht geboten. Jedoch spricht sie gegen das von manchen Vertreter:in-

---

98 Vgl. *Blankenburg* (Fn. 20), 42f; Vgl. *Currie* (Fn. 21), S. 7.
99 *Rehder/Apitzsch/Schillen/Vogel* (Fn. 1), 377; vgl. *Weinbach*, Zeitschrift für Soziologie 2014, 150ff.
100 Einführend dazu *Hilson*, Journal of European Public Policy 2002, 238; *Vanhala*, Law & Society Review 2012, 523 (526ff.).
101 Vgl. *Fuchs*, ZfRSoz 2020, 21 (37).
102 S. dazu etwa *Andersen*, Out of the Closets and into the Courts_ Legal Opportunity Structure and Gay Rights Litigation, 2006; *Evans Case/Givens*, Journal of Common Market Studies 2010, 221ff.; *Vanhala*, Comparative Political Studies 2018, 380ff.
103 Vgl. De Fazio, International Journal of Comparative Sociology 2012, 3 (6).
104 S. oben unter Rn. 14.

nen der Legal Tech-Unternehmen propagierte Credo, dass diese sich in erster Linie als Verbraucherschützer:innen wahrnehmen.[105]

V. Verringerung von Kosten, zeitlichem Aufwand und emotionalen Barrieren

31 Dem bereits geschilderten Phänomen des rationalen Desinteresses an der Rechtsmobilisierung wirken Legal Tech- Angebote mit Blick auf **drei zentrale Faktoren** entgegen: Kosten, zeitlicher Aufwand und emotionale Barrieren.

32 Erstens gehen die rechtsuchenden Menschen bei Legal Tech-Dienstleistungen **kein Kostenrisiko** ein, da der Großteil der Angebote mithilfe von **Erfolgshonoraren** abgewickelt wird.[106] Auch kleinere Streitwerte können ein hohes Kostenrisiko in einem Gerichtsverfahren mit sich bringen, gerade wenn der Anspruch nicht offensichtlich begründet ist.[107] Die Instrumente der Prozesskosten- und Beratungshilfe, die dieser Hürde entgegenwirken sollen, sind nach den Befunden aus den Interviews etlichen Menschen nicht bekannt, bürokratisch ausgestaltet[108] und greifen nur in begrenzten Fällen.[109] Darüber hinaus wurde darauf hingewiesen, dass „klassische" Anwält:innen oft nicht gewillt seien, Mandate mit geringem Streitwert zu vertreten, da sie sich wirtschaftlich schlichtweg nicht lohnen würden.[110] Legal Tech-Unternehmen haben als *repeat players* zudem aufgrund ihrer hoch spezialisierten und KI-unterstützten Workflows mehr Expertise bei der Anspruchsdurchsetzung und könnten die jeweiligen Erfolgsaussichten präziser bestimmen.[111] In einzelnen Rechtsgebieten wie bei den Fluggastrechten und der Mietpreisbremse scheinen Legal Tech-Dienstleistungen für einen Großteil der Verbraucher:innen überhaupt erst die Möglichkeit zur effektiven Rechtsdurchsetzung geschaffen zu haben. Dies spiegelt sich in den Aussagen der interviewten Richter:innen wider, die davon ausgingen, dass die überwiegende Mehrheit der Verfahren bzgl. der Durchsetzung von Fluggastrechten oder der Mietpreisbremse von Legal Tech-Unternehmen geführt werden.[112]

33 Zweitens reduziert sich durch Legal Tech-Anwendungen der persönliche zeitliche Aufwand, der mit der Durchsetzung von Ansprüchen verbunden ist.[113] Laut einer repräsentativen Umfrage im Rahmen des ROLAND Rechtsreports 2021 bemängelten 83 Pro-

105 *Tegen*, „Der Mann hinter Flightright – wie aus einem Startup ein Legal-Tech-Star wurde", Anwaltsblatt Online, 24.9.2019.

106 Diese Praxis wurde nunmehr durch den BGH bestätigt, siehe Fn. 49.

107 Interview mit einem Richter am AG Neukölln.

108 Interview mit einer Richterin am AG Schöneberg; Interview mit einer Rechtspflegerin am AG Wedding.

109 Interview mit einem Vertreter einer Mietervereinigung; Interview mit einer Vertreterin der Verbraucherzentrale Berlin; Interview mit einer Rechtspflegerin am AG Wedding.

110 Interview mit einem Anwalt eines Legal Tech-Unternehmens.

111 Interview mit einem Gesellschafter eines Legal Tech-Unternehmens.

112 Interview mit einem Richter am AG Neukölln; Interview mit einer Richterin am AG Schöneberg; Interview mit einer Richterin am AG Wedding.

113 Interview mit einem Gesellschafter eines Legal Tech-Unternehmens.

zent der Befragten die (zu) langen Verfahrensdauern vor deutschen Gerichten.[114] Die **Opportunitätskosten**, die mit der Rechtsmobilisierung einhergehen, sind oftmals zu hoch, um sich für die Option der klassischen Rechtsverfolgung zu entscheiden.[115] Legal Technologies ermöglichen die **Reduzierung des persönlichen Aufwands**, indem alle zukünftigen Verfahrensschritte übernommen werden, ohne dass ein weiterer ortsgebundener Austausch erforderlich ist. Somit bieten Legal Tech-Dienstleistungen nicht nur einen Zugang zum Recht, sondern durch das **komplette Delegieren der weiteren Rechtsdurchsetzung** auch einen „Zugang zur Bequemlichkeit".[116] Die einzige verbleibende zeitliche Barriere sei die gerichtliche Verfahrensdauer,[117] die jedoch nur bedingt von den Legal Tech-Unternehmen beeinflusst werden könne.[118]

Drittens würden auch die mit der potenziellen Anspruchsverfolgung verbundenen **emotionalen Barrieren** durch die digitale Rechtsmobilisierung mittels Legal Tech-Anwendungen reduziert. Gerichtliche Auseinandersetzungen würden von Betroffenen häufig als belastend wahrgenommen.[119] Eine emotionale Hürde sei auch die Unsicherheit über den Verfahrensausgang sowie die Belastung der sozialen Beziehung, die der Rechtsstreitigkeit zugrunde liege.[120] In diesem Zusammenhang erleichtern Legal Tech-Dienstleistungen die Rechtsmobilisierung der Betroffenen, indem sie die Möglichkeit schaffen, den Rechtskonflikt mitsamt des emotionalen Ballasts abzutreten.[121] Der Austausch zwischen dem Legal Tech-Unternehmen und der jeweiligen rechtsuchenden Person ist ab diesem Zeitpunkt i.d.R. auf ein Minimalmaß reduziert.[122] Eine direkte Konfrontation mit der gegnerischen Partei vor Gericht findet nicht statt. Laut eines interviewten Experten käme dies vielen Menschen entgegen, da die gesellschaftliche Bereitschaft für offene Konfliktaustragung sinke.[123] Daher seien die betroffenen Personen eher bereit, ihre Ansprüche an ein Legal Tech-Unternehmen abzutreten, auch wenn sie aufgrund des vereinbarten Erfolgshonorars weniger erhalten, als ihnen formell zustehen würde.[124] Das Erfolgshonorar bildet somit den „Preis" ab, den die Verbraucher:innen für die risikofreie Durchsetzung zu zahlen bereit sind. 34

114 *Bohlen/Gebhard/Sommer*, ROLAND Rechtsreport 2021, S. 16.
115 Interview mit einem Gesellschafter eines Legal Tech-Unternehmens.
116 Interview mit einem Berater von Legal Tech-Unternehmen.
117 S. dazu *Potrafke/Reischmann/Riem/Schinke*, Evaluierung der Effizienz von Gerichtsverfahren in Deutschland, ifo Institut 2017.
118 Interview mit einem Anwalt eines Legal Tech-Unternehmens; Interview mit einem Gesellschafter eines Legal Tech-Unternehmens.
119 Interview mit einer Rechtsanwältin, die schwerpunktmäßig Mieter:innen vertritt.
120 Interview mit einem Beraterin von Legal Tech-Unternehmen; Interview mit einer Rechtsanwältin, die schwerpunktmäßig Mieter:innen vertritt.
121 Interview mit einem Gesellschafter eines Legal Tech-Unternehmens; Interview mit einer Rechtsanwältin, die schwerpunktmäßig Mieter:innen vertritt.
122 Interview mit einem Anwalt eines Legal Tech-Unternehmens.
123 Interview mit einem Vertreter einer Rechtsschutzversicherung.
124 Interview mit einem Berater von Legal Tech-Unternehmen.

VI. Grenzen digitaler Rechtsmobilisierung durch Legal Tech-Angebote

35 Obgleich Legal Tech-Angebote gewisse Hürden bei der Rechtsmobilisierung der Bürger:innen potenziell abbauen können, ist ihre Anwendung wiederum mit **neuen Barrieren wie bspw. in Bezug auf digitale Kompetenz** und Sprache verbunden. Die interviewten Expert:innen nannten u.a. den Umstand, dass Menschen mit niedriger digitaler Kompetenz das Angebot der Legal Tech-Unternehmen nicht wahrnehmen können.[125] Darüber hinaus sei ein Großteil der Dienstleistungen für den hiesigen Rechtsmarkt nur auf Deutsch verfügbar, wodurch viele in Deutschland lebende Menschen, die von dem Angebot profitieren könnten, nicht angesprochen werden. Ein Experte berichtete, dass das das Angebot von Legal Tech-Unternehmen insbesondere von internetaffinen Menschen aus der Mehrheitsgesellschaft wahrgenommen werde.[126]

36 Im Gegensatz dazu sind Legal Tech-Anwendungen bei Menschen in multiplen Problemlagen, die offene Beratungsstellen aufsuchen, eher unbekannt.[127] Es sieht nach den vorliegenden Befunden so aus, als sprächen **persönliche Beratungsangebote** und Legal Tech-Angebote verschiedene Zielgruppen an. Auch die Interviewpartner:innen außergerichtlicher Anlaufstellen kannten Legal Tech-Angebote häufig nur bedingt oder gar nicht.[128] Übereinstimmend gaben sie an, dass diese für ihre Arbeit kaum Bedeutung hätten.[129] Zudem äußerten Vertreter:innen von Vereinen mit Beratungsstruktur wie Verbraucherzentralen und Mietervereinigungen, dass durch Legal Tech-Angebote lediglich Hürden für eine **„sehr spezielle" Zielgruppe** abgebaut würden.[130] Es gebe viele Verbraucher:innen, die nach Orientierung und persönlicher Beratung suchten, was Legal Tech-Angebote nicht leisten könnten.[131] Zudem würden sich viele Menschen mit verbraucherrechtlichen Problemen im digitalen Raum schwer zurechtfinden.[132] Ihre Zielgruppe benötige Orientierung, persönlichen Kontakt und Betreuung durch Anwält:innen.[133]

---

125 Interview mit einem Berater von Legal Tech-Unternehmen; siehe dazu auch *Longe* in: de Souza/Spohr (Hrsg.), Future of Law – Increasing Access to Justice through technology, 54 (64 f.).

126 Interview mit einem Anwalt eines Legal Tech-Unternehmens; Interview mit einem Gesellschafter eines Legal Tech-Unternehmens; Interview mit einer leitenden Angestellten eines Legal Tech-Unternehmens.

127 Interview mit einer Vertreterin einer offenen Beratungsstelle, Interview mit einer Vertreterin einer Migrant:innenorganisation.

128 Interview mit einer Vertreterin einer Migrant:innenorganisation; Interview mit einer Beraterin einer Antidiskriminierungsstelle; Interview mit einer Beraterin mit dem Schwerpunkt Verbraucherrecht; Interview mit einer Beraterin einer offene Mietrechtsberatung.

129 Ebd.

130 Interview mit einer Vertreterin der Verbraucherzentrale Berlin.

131 Interview mit einer Beraterin der Verbraucherzentrale Berlin.

132 Interview mit einer Vertreterin der Verbraucherzentrale Berlin.

133 Interview mit einer Vertreterin einer Migrant:innenorganisation; Interview mit einer Vertreterin der Verbraucherzentrale Berlin; Interview mit einer Beraterin einer offenen Mietrechtsberatung; Interview mit einem Vertreter einer Mietervereinigung.

F. Übertragbarkeit auf Beratungsangebote durch gemeinnützige Akteure?

Die Dominanz marktförmiger und profitorientierter Legal Tech-Dienstleistungen wirft 37
die Frage auf, warum bisher keine öffentlich geförderten oder **gemeinnützigen Akteure wie Mietervereine, Verbraucherstellen oder Antidiskriminierungsverbände** ähnlich erfolgreiche Legal Tech-Anwendungen etablieren konnten. Dabei gab es in den vergangenen Jahren durchaus eine Reihe von Pilotprojekten, die dieses Ziel verfolgten. Hier sei etwa die „Flugärger-App" der Verbraucherzentrale Nordrhein-Westfalen zu nennen. Ein interviewter Vertreter einer Mietervereinigung berichtete von dem Versuch, ein Legal Tech-Tool als weiteres Beratungsinstrument einzuführen.[134] Dies sei jedoch gescheitert, da die Anwendungen nicht den Qualitätsanforderungen der Mietervereinigung für Rechtsberatungen entsprachen.[135] Ebenso wäre die Einführung eines Legal Tech-Tools mit einem **signifikanten finanziellen Mehraufwand** verbunden, den sich die meisten gemeinnützigen Beratungsstellen schlichtweg nicht leisten könnten.[136] Der Aufbau einer erfolgreichen Legal Tech-Dienstleistung erfordert im Regelfall das **Einholen von Fremdkapital**, was selbst für privat agierende Akteure aufgrund des bestehenden **Fremdbesitzverbots** für Anwält:innen oftmals mit einigen Hürden verbunden ist.[137]

Ein weiterer Grund, warum private profitorientierte Legal Tech-Unternehmen sich 38
bisher durchsetzen konnten, liegt in dem Umstand begründet, dass sie im Gegensatz zu den öffentlich geförderten Beratungsstellen und Verbänden die Ansprüche der Klient:innen gerichtlich begleiten können, indem sie diese im Wege des Abtretungsmodells durchsetzen und die Verfahren durch **Erfolgshonorare** finanzieren. Demnach sei auch die „Flugärger-App" der Verbraucherzentrale gerade nicht so effizient wie die Inanspruchnahme einer vergleichbaren Legal Tech-Dienstleistung, weil die gegnerische Partei weiß, dass die Legal Tech-Unternehmen nicht vor einer gerichtlichen Durchsetzung zurückschrecken.[138] Vermieter:innen lassen sich schneller auf einen außergerichtlichen Vergleich mit einem Legal Tech-Unternehmen ein, da ein bevorstehendes Verfahren beträchtliche Kosten mit sich bringt. Ein vorgefertigtes Schreiben der Verbraucherzentrale erzeuge dagegen weniger Druck, da diese keine individuelle Rechtsdurchsetzung der Bürger:innen unterstützen könnte.[139]

134 Interview mit einem Vertreter einer Mietervereinigung.
135 Ebd.
136 Ebd.
137 Das anwaltliche Fremdbesitzverbot soll laut des Koalitionsvertrags der 20. Wahlperiode des Bundestages überprüft werden, vgl. Koalitionsvertrag 2021 – 2025, S. 112.
138 Interview mit einem Gesellschafter eines Legal Tech-Unternehmens.
139 Ebd.

G. Fazit und Ausblick

39 Legal Tech-Angebote können den individuellen Rechtszugang verbessern, indem sie dem rationalen Desinteresse der Betroffenen entgegenwirken und zentrale Hürden bei der Rechtsmobilisierung abbauen. So sind insb. in den Bereichen des Fluggast-, Mietpreis- und Verbraucherschutzrechts Legal Tech-Unternehmen nicht mehr wegzudenken. Sie nutzen ihre Vorteile als *repeat players* und tragen damit für Rechtsuchende zum **Abbau von zentralen Hürden für die Rechtsmobilisierung** bei: (a.) finanzieller Aufwand und Kostenrisiko, (b.) zeitlicher Aufwand und Opportunitätskosten sowie (c.) emotionale Belastung. Auch wenn einige Befragte in der Justiz und Anwaltschaft den Legal Tech-Dienstleistungen aufgrund der primär ökonomischen Interessen kritisch gegenüberstehen, sollte diese Form der digitalen Rechtsmobilisierung in ihrem Potenzial für die Verbesserung des Zugangs zum Recht nicht unterschätzt werden. Allerdings gilt dies (bisher) nur für einige spezielle Rechtsmaterien, in denen eine besondere *Legal Opportunity Structure* besteht.

40 Die Entwicklungen der letzten Jahre sowie die Aussagen der interviewten Expert:innen deuten darauf hin, dass Legal Tech-Anwendungen **in Zukunft noch eine größere Rolle** bei der Rechtsmobilisierung spielen werden. Die politischen Rahmenbedingungen werden in den kommenden Jahren höchstwahrscheinlich weiter in diese Richtung angepasst werden.[140] Bisher drangen die Legal Tech- Unternehmen vor allem in Bereiche vor, in denen Anwält:innen aufgrund des Gebührensystems und der individuellen Manufakturarbeit nur selten tätig geworden sind.[141] Inwiefern sich das Angebot der Legal Tech-Unternehmen in Zukunft erfolgreich auf weitere Rechtsmaterien ausbreiten wird, ist zum jetzigen Zeitpunkt noch nicht genau einschätzbar. Allerdings zeigten sich die befragten Vertreter:innen von Legal Tech-Unternehmen überzeugt, dass sich mit einer zunehmenden Marktliberalisierung und Entwicklung des Geschäftsfeldes zukünftig auch immer schwierigere Fallkonstellationen mit Legal Tech systematisieren und bearbeiten lassen.[142] In diesem Zusammenhang kann die Frage aufgeworfen werden, welche Auswirkungen die weitere Kanalisierung von Klagen durch Legal Tech-Dienstleistungen auf die Gesellschaft und ihre Einstellung zur Justiz haben wird.

41 Die digitale Rechtsmobilisierung durch Legal Tech-Angebote bietet also einerseits die Chance, den effektiven Zugang zum Recht für viele Bürger:innen zu verbessern. Andererseits müssen **ggf. weitere regulative Vorkehrungen** getroffen werden, um dieses grundlegende Recht für alle Menschen auch im Zeitalter der Digitalisierung sicherzustellen.

---

140 S. Fn. 137.

141 Interview mit einem Berater von Legal Tech-Unternehmen; Interview mit einem Gesellschafter eines Legal Tech-Unternehmens.

142 Interview mit einem Anwalt eines Legal Tech-Unternehmens; Interview mit einem Gesellschafter eines Legal Tech-Unternehmens.

Geertje Tutschka

§ 31 Change Management in Anwaltschaft und Justiz

Gliederungsübersicht **Rn.**

Literatur: azur Umfrage auf www.azur-online.de/gehalt/gender-pay-gap-gehaltsunterschiede-sind-bei-erfahrenen-associates-immer-noch-deutlich/; azur Erhebung 2017 auf www.azur-online.de/beruf-karriere/glaeserne-decke-in-kanzleien-nur-jeder-zehnte-vollpartner-ist-eine-frau/; *Don E. Beck, Christopher c. Cowan*, Spiral Dynamics, 8. Aufl. Kamphausen, 2017; *Florian Becker*, Teamarbeit, Teampsychologie, Teamentwicklung, Springer, 2016; *Karsten Drath*, Resilienz in der Unternehmensführung, 2. Aufl., Haufe 2016; *Kai Jacob, Dierk Schindler, Roger Strathausen*, Liquid Legal, Springer 2020; European Commission, 2021, Digital Economy and Society Index (DESI) 2021. Digital public services, https://ec.europa.eu/newsroom/dae/redirection/document/80553 vom 24.2.2022; *Ruth Bader Ginsburg*, My Own Words, Simon & Schuster 2016; *Maja Göpel*, Unsere Welt neu denken, Ullstein 2020; Regensburger JurSTRESS Projekt, zu finden unter https://www.uni-regensburg.de/humanwissenschaften/psychologie-kudielka/projekte/jurstress/index.html; *Yuval Noah Harari*, 21 Lektionen für das 21. Jahrhundert, 6. Aufl. C.H. Beck 2020; *Hüther, Michael, Röhl, Klaus-Heiner*, Wege aus der Umsetzungskrise der öffentlichen Verwaltung, IW-Policy Paper, Nr. 15, Köln 2021; *Prof. Dr. Matthias Kilian, Dr. Camilla Bertolino*, Das Berufs- und Privatleben von Rechtsanwälten. Ein europäischer Vergleich, Nomos 2022; *Frederic Laloux*, Reinventing Organizations, Vahlen 2015; *Thomas Lauer*, Change Management, 2. Aufl. Springer 2014; Lawyer Well Being Report der ABA; Lawyer Well Being Survey des LLI; *Pia Lorenz*, „Wirtschaftsanwälte sprechen über ihre Verwundbarkeit" in

Geertje Tutschka
https://doi.org/10.1515/9783110755787-031

LTO vom 17.6.2022; *Pia Lorenz*, Deutschlands Anwaltschaft vergreist, in LTO vom 27.6.2022; *Dr. Henning Müller*, Das beSt kommt – einfacher elektronischer Rechtsverkehr für Steuerberater:innen, auf Tax-Tech.de vom 25.8.2021; *Mai Thi Nguyen-Kim*, Die kleinste gemeinsame Wirklichkeit, Droemer 2021; *John P. Kotter*, Leading Change, Harvard Business Review Press 2012; *Verena Pausder*, Das neue Land, 2. Aufl. Murmann, 2020; *Katharina Pistor*, Der Code des Kapitals, 5. Aufl. Suhrkamp 2022; *Röhl, Klaus-Heiner*, eGovernment und digitale Verwaltung in Deutschland – Die Umsetzung des OZG im Behörden-Digimeter, Kurzstudie der Initiative Neue Soziale Marktwirtschaft, Köln 2022; *Röhl, Klaus-Heiner*, 2022, E-Government und Verwaltungsdigitalisierung. Stand und Fortschritte, IW-Kurzbericht, Nr. 30, Berlin; *Peter Senge*, Die fünfte Disziplin, 11. Aufl. Schäfer.Poeschel, 2017; Prognos AG „Der Rechtsdienstleistungsmarkt 2030 – eine Zukunftsstudie für die deutsche Anwaltschaft", Hrsg. DAV 2013; Sparkasse Branchenbericht Rechtsmarkt 2020; *Ronen Steinke*, Vor dem Gesetz sind nicht alle gleich, Berlin Verlag 2022; *Kerstin Stolzenberg*, Change Management, 4. Aufl. Springer 2021; *Hasso Suliak* in: „Anwaltschaft noch imer mitten in der Krise" in LTO vom 23.6.2021; *Dr. Geertje Tutschka*, Strategische Kanzleientwicklung, Gründung, Management, Führung und Marketing, 2. Aufl. DeGruyter 2022; Umfrage über die Auswirkungen der Corona- Krise auf die deutsche Anwaltschaft der BRAK vom 15.6.2021 zu finden auf www.brak.de; *Dr. Wolram Viefhues*, Elektronischer Rechtsverkehr, Deutscher Anwaltverlag 2016.

1 Sehr unterschiedliche Autorinnen und Autoren mit sehr verschiedenen Perspektiven und Visionen zur Zukunft des Zivilprozesses sind zu Wort gekommen. Ein detailliertes Bild von der Zukunft ist wichtig, um sich dorthin entwickeln zu können. So kann Veränderung, sogenannter „Change", starten.

2 Vielfalt und Diversität, vor allem aber der Diskurs können bei diesen komplizierten Fragestellungen nach der Zukunft bereichern und helfen, in Möglichkeiten zu denken, Hoffnung zu geben, und das zu einem Zeitpunkt, wo der Weg zur Digitalisierung in der Rechtsbranche noch so weit scheint.[1]

> Veränderung braucht eine klare Zielvorgabe.
> Sie braucht aber auch ein klares Verständnis der Ausgangssituation und der Bedürfnisse aller Beteiligten.
> Und: Sie braucht eine verantwortungsvolle Führung.

A. Ausgangslage und Vision: ein Statusbericht

3 Trotz politischer Bekenntnisse zur digitalen Verwaltung, die im Online-Zugangsgesetz (OZG) von 2017, der Berufung einer Digital-Staatsministerin 2018 und der deutschen Zustimmung zur Single Digital Gateway (SDG)-Verordnung der EU Niederschlag gefunden haben, ist Deutschland in einschlägigen Rankings zur Verfügbarkeit digitaler staatlicher Leistungen in den vergangenen Jahren ausgehend von einer Position im Mittelfeld eher

1 VUCA ist ein Akronym und bedeutet volatility (Volatilität), uncertainty (Unsicherheit), complexity (Komplexität) und ambiguity (Ambilvalenz). Es beschreibt schwierige Rahmenbedingungen der Unternehmensführung und Organisationsentwicklung in der heutigen Welt; *Drath*, Resilienz in der Unternehmensführung, 2016, S. 45.

noch zurückgefallen,[2] obgleich die OZG-Umsetzung und damit das e-Government inzwischen Fahrt aufnimmt.[3] Mit der föderalen IT-Kooperation „FITKO" führt der Bund endlich mit einer schlagkräftigen Digitalagentur.[4]

Aber: Trotz optimistischer Prognose ist e-Government längst noch nicht umgesetzt, 4
was sich unmittelbar auf die Digitalisierung der Justiz auswirkt.

Die Notariate gehörten seit Langem zu den Vorreitern im elektronischen Rechtsver- 5
kehr. Die Digitalisierung der Verzeichnisse wird nach und nach umgesetzt. Das von der NotarNet GmbH[5] angebotene Programm XNotar wird von den allermeisten Notariaten genutzt.[6]

Diesen Vorsprung der Bundesnotarkammer kam der Anwaltschaft zugute, die mit deren Unterstützung seit 1.1.2022 verpflichtend das besondere elektronische Anwaltspostfach beA einführte. Mitte 2022 nutzen das besondere elektronische Anwaltspostfach jede und jeder zweite bilateral. Immer mehr Kanzleien befinden sich mitten in der Umstellung zum papierlosen Büro mit e-Akte oder sind dabei, diese abzuschließen.

Einen ähnlichen Vorsprung hat sich die Patentanwaltschaft erarbeiten können, an 6
die die Wirtschaft früh hohe Anforderungen an die Kompatibilität der technischen Prozesse und Schnittstellen stellte.

Für Steuerberaterinnen und Steuerberater ist die elektronische Kommunikation 7
mit der Steuerverwaltung ebenso selbstverständlich. Ab 1.1.2023 wird wie beim beA der Rechtsanwaltschaft die Bundessteuerberaterkammer gem. § 86d StBerG für jede Steuerberaterin und jeden Steuerberater sowie die Steuerbevollmächtigen und gem. § 86e StBerG für jede ins Steuerberaterverzeichnis eingetragene Berufsausübungsgesellschaft ein beSt einrichten.

Allerdings sind noch längst nicht alle Gerichte in Deutschland angeschlossen. 8

Ein Blick in das Nachbarland Österreich zeigt, dass dort e-Government umgesetzt 9
ist. Auch e-Justice ist mit der Einführung der e-Akte an den österreichischen Gerichten 2021 kurz vor dem Abschluss. So unterschiedlich aber die EU-Mitgliedsstaaten auch bei der Digitalisierung voranschreiten, von einer Vereinfachung der internationalen digitalen Zusammenarbeit ist ebenso wenig zu sehen wie von Schnittstellen von einem Land zum anderen.

Die vollständige Einführung der e-Akte in den Kanzleien in Deutschland zur Pro- 10
zessoptimierung und Kostenreduzierung scheitert also gerade an den sehr unterschiedlichen Stadien der Umsetzung der Digitalisierung: Die zwingend gedoppelten Prozesse

---

2 European Commission, 2021, Digital Economy and Society Index (DESI) 2021. Digital public services, https://ec.europa.eu/newsroom/dae/redirection/document/80553 vom 24.2.2022.

3 *Röhl*, E-Government und Verwaltungsdigitalisierung. Stand und Fortschritte, IW-Kurzbericht, Nr. 30, Berlin 2022, S. 1.

4 *Hüther/Röhl*, Wege aus der Umsetzungskrise der öffentlichen Verwaltung, IW-Policy Paper, Nr. 15, Köln 2021, S. 2.

5 Einer 100 %igen Tochtergesellschaft der Bundesnotarkammer.

6 *Dr. Viefhues*, Elektronischer Rechtsverkehr, 2016, S. 6.

verursachen Mehrarbeit und produzieren Zusatzkosten.[7] Die Wirtschaftlichkeit der Kanzleien, die diesen kostenintensiven Transformationsprozess natürlich möglichst schnell durchlaufen wollen und müssen, wird aufgrund dieser unterschiedlichen Tempi in der Digitalisierung auf eine harte Probe gestellt. Das RVG, welches schon die nicht digitalen Prozesse kaum kostendeckend für die Anwaltschaft entlohnte, bildet diese Dopplung selbstverständlich nicht ab.

11 Das enorme Potenzial, welches gute Kanzleisoftware mit all den modernen Innovationen heute hätte, kann nicht umgesetzt werden. Kanzleien können kaum noch verkauft werden.[8] Die Anwaltschaft ist vergreist und wird sich in den nächsten Jahren verjüngen, indem sich übermäßig viele ältere Kollegen vorzeitig in den Ruhestand verabschieden.[9] Für sie ist es betriebswirtschaftlich nicht mehr sinnvoll, in neue Technik zu investieren oder die Versäumnisse bei der Digitalisierung und den Aufbau von Know-how aufzuholen.

12 Aber auch Kanzleien, die noch Jahrzehnte am Markt bleiben wollen, können heute alles andere als absehen, wann sich die Investitionen in die Digitalisierung endlich amortisieren werden und die erhoffte Prozessoptimierung und Kostenreduktion stattfindet. Der mit der Investition in IT notwendige Personalabbau in den Kanzleien wird verzögert. Die vorhandenen Mitarbeiter sind überlastet. Intensive Schulungen auf der neuen IT können nicht sofort im Kanzleialltag greifen. Die Personalfluktuation im Rechtsmarkt ist vom Dauerbrenner zum größten Problem geworden.

13 Kein leichtes Thema für die deutsche Anwaltschaft, da der Branche immer noch jegliche Förderung und Unterstützung für Investitionen in die Digitalisierung und für diese kostenintensive Verzögerung versagt bleibt.[10]

I. Der Rechtsmarkt: die Zukunftsstudie von 2013

14 Die für den Deutschen Anwaltverein von der Prognos AG 2013 erstellte Zukunftstudie „Der Rechtsdienstleistungsmarkt 2030 – eine Zukunftsstudie für die deutsche Anwaltschaft“[11] beschrieb klare Zukunftsbilder.

Das Monopol standardisierten Wissens sollte weiter an Bedeutung verlieren. Zuwanderung, soziale Ungleichheiten und eine Vergreisung der Gesellschaft würden Konfliktpotential und Verschiebungen schaffen. Der zusätzlich wachsende Frauenanteil und nachrückende Generationen in der Branche würden neue Prioritäten auf Vereinbarkeit von Privatleben, Familie und Beruf sowie sinnstiftendes und nachhaltiges Arbeiten legen, so dass alte Wertesysteme und Strukturen nicht mehr funktionieren würden.

---

7 Mehr zur Einführung der e-Akte bei *Jansen/Schlicht*, § 16.

8 Sparkasse Branchenbericht Rechtsmarkt 2020, S. 18.

9 *Lorenz*, Deutschlands Anwaltschaft vergreist in LTO vom 27.6.2022.

10 *Edith Kindermann*, Präsidentin des DAV in ihrer Eröffnungsrede zum DAT in Hamburg am 23.6.2022.

11 „Der Rechtsdienstleistungsmarkt 2030“, nachzulesen bei https://anwaltverein.de/de/anwaltspraxis/dav-zukunftsstudie.

Mit der wirtschaftlichen Entwicklung und Innovation würde aber Internationalisie- 15
rung, Mikro-Spezialisierung und Vielfalt sowie Wirtschaftlichkeit und Markenbildung an Bedeutung gewinnen. Agile ressourcenschonende Netzwerkstrukturen und ganzheitliche, kosteneffiziente und mandantenzentrierte Problemlösungen würden klassische Rechtsberatung ersetzen. Punkt eins und drei würden sich also ins Gegenteil verkehren. Aber 2013 – so die Prognos AG – befände sich die Anwaltschaft in einer Position der Stärke, um sich auf diese Veränderungen vorzubereiten und Lösungsansätze entwickeln zu können.[12]

Die Situation schien klar. Die Vision griffig. Man ging in die Umsetzung mit e-Go- 16
vernment und e-Justice, der großen BRAO Reform und dem Ausbau der Fachanwaltschaften.

Hartung (§ 11) beschreibt dies mit dem Begriff der „Fortschreibung des Status quo durch Aufrüstung".

Andere eher schwierigere Themen blendete man weiter aus: 17

Nachwuchsjurist:innen trafen weiter beim Berufsstart auf alte Rollenbilder, jahr- 18
zehntealte Strukturen, Werte und Kulturen. Juristinnen erhielten weiterhin ein signifikantes Gender Pay Gap (in der Anwaltschaft bis zu 10 %[13]) und keine Führungspositionen.[14]

Neue Arbeitsmodelle, die für die langfristige Gesundheit und das Wohlbefinden sor- 19
gen, wurden ebenso wenig eingeführt wie Kompetenzen und Experten für Wirtschaftsfragen, Technologie oder Veränderungsmanagement und Führung aufgebaut.

Heute, mehr als zehn Jahre später, haben sich bereits fast alle Prognosen der Zu- 20
kunftsstudie realisiert – in der Hälfte der Zeit. Aber die Themen sind nicht zur Hälfte gelöst. Von einer Position der Stärke kann keine Rede mehr sein.

Staatlich kontrolliert werden Jurist:innen immer noch zu Fachexperten fast aus- 21
schließlich an den Universitäten ausgebildet. Entscheidungs- und Spitzenpositionen werden aus dem Pool der Absolvent:innen mit Prädikatsexamina bedient, unabhängig davon, ob diese wirtschaftliche oder politische Kompetenz haben oder ein besonderes Gespür für Menschen haben, den Blick auf das große Ganze. Der stetige Fleiß und die Bereitschaft zu Überstunden und ständiger Erreichbarkeit sind längst zum Kulturgut und Markenzeichen der Branche geworden und verhindern gleichzeitig, die Defizite der Ausbildung mit den dringend benötigten Zusatzkompetenzen in IT und Business, Kommunikation und Reflexionsfähigkeit aufzubauen. Eine Zero-Fehlerkultur, der juristische Perfektionismus-Anspruch und die grundsätzliche Ablehnung externer Hilfestellung verhindern Veränderungsbereitschaft.

12 Ebenda, S. 23.

13 So die azur Umfrage unter 5.000 Jurist:innen 2019, nachzulesen auf www.azur-online.de/gehalt/gender-pay-gap-gehaltsunterschiede-sind-bei-erfahrenen-associates-immer-noch-deutlich/.

14 Nur jeder 10. Vollpartner war eine Frau bei 200 Wirtschaftskanzleien in Deutschland, azur Erhebung 2017 in www.azur-online.de vom 22.3.2018.

22 Die Branche hat sich ein immer schneller drehendes Rad gebaut mit sog. „kompensatorischen Rückkopplungseffekt“, indem kurzfristige und möglichst einfache Lösungen bevorzugt wurden. Digitalisierung sollte prinzipiell vereinfachen, verschlanken, endlich wieder Zeit für die wichtigen Dinge freimachen: Stattdessen kommt eine geballte Ladung Technik auf übervolle Terminkalender obendrauf und zwingt, noch schneller und fleißiger zu arbeiten. Die Gesundheit der Berufsträger macht Probleme, die Mannschaft meutert und geht von Bord. Die Personalfluktuation und die Personalnot in der Branche waren noch nie so groß.[15]

II. Die Berufsträger: Lawyer Well Being (vom Report der ABA 2017 bis zum LLI 2022)

23 Dass die Branche unter einem Gesundheitsrisiko leidet, ist lange ausgeblendet worden. Daten dazu wurden nicht erhoben. Probleme waren tragische Einzelschicksale.

24 In den USA hat **2017 die American Bar Association** dann endlich die wohl größte Studie unter 13.000 Berufsträgern durchgeführt: Der **Lawyer Well Being Report** stellte fest, dass

- 21–36 % als Problemtrinker eingestuft werden müssen,
- 28 % mit Depressionen,
- 19 % mit Angstzuständen sowie
- 23 % mit schwierigen Situationen wie Selbstmord, sozialer Entfremdung und Vereinsamung, Arbeitssucht, Schlafmangel, Unzufriedenheit und Konflikten am Arbeitsplatz kämpfen.

25 Die Studie ergab, dass jüngere Anwält:innen und Unternehmensjurist:innen in den ersten zehn Jahren ihrer Tätigkeit die höchsten Raten von Alkoholproblemen und Depressionen aufweisen. Es ging also nicht um den Berufsträger am Ende seiner Karriere, der von seinem Arbeitsumfeld gezeichnet ist.

26 Die sich abzeichnende Beeinträchtigung vieler künftiger Juristengenerationen sollte für jeden alarmierend sein. Zu viele standen vor weniger produktiven, weniger befriedigenden und problembehafteten Karrierewegen. Toxische Männlichkeit und patriarchale Strukturen verschärften 2017 die Situation.[16] Erschwerend kam hinzu, dass es in den USA nur eingeschränkte soziale Sicherheitssysteme gab und viele Berufsträger oft Jahrzehnte finanzielle Sorgen hatten, weil sie hohe Studienkosten abzahlen mussten.

27 Die Studie ergänzte die schon **2016** veröffentlichte Umfrage an den US-Universitäten unter 15 juristischen Fakultäten und über 3.300 **Jurastudierenden**. Sie ergab:

- 17 % der Studierenden leiden in gewissem Maße unter Depressionen,
- 14 % unter schweren Ängsten,

---

15 *Dr. Tutschka*, Strategische Kanzleientwicklung, Gründung, Management, Führung und Marketing, 2022, S. 380.

16 *Ginsburg*, My Own Words, 2016, S. 45.

- 23 % unter leichten oder mittleren Ängsten und
- 6 % unter ernsthaften Selbstmordgedanken in 2015;
- 43 % haben in den letzten zwei Wochen mindestens einmal einen Rausch gehabt,
- 22 % berichteten von zwei oder mehreren Rauschtrinken während dieses Zeitraums,
- 25 % sind alkoholismusgefährdet

Diese Zahlen werden vom JurSTRESS-Forschungsprojekt der Universität Regensburg 2022 bestätigt, welches über 13 Monate an 451 Jurastudierenden in Bayern die psychischen und biologischen Belastungsreaktionen bei Studierenden im Laufe der Vorbereitung auf die Erste juristische Staatsprüfung untersuchte.[17] Die Absolventen klagten über Vereinsamung, soziale Isolation, Versagensängste, Zeitdruck, Überarbeitung und Schlafstörungen, welche sich bereits 12 Monate vor dem Examen aufbauten und zum Teil bis zu einem Monat danach noch anhielten.[18] 28

Die Empfehlungen des Lawyer Well Being Reports konzentrieren sich auf fünf zentrale Themen: 29

1. die Identifizierung der Beteiligten und Verantwortlichen
2. die Beseitigung des Stigmas, das mit hilfesuchendem Verhalten verbunden ist,
3. die Betonung, dass das Wohlbefinden ein unverzichtbarer Teil der anwaltlichen Sorgfaltspflicht ist,
4. die Schulung von Anwält:innen, Richter:innen und Jurastudierenden in Fragen des Wohlbefindens
5. die Ergreifung kleiner, schrittweiser Maßnahmen zur Änderung der Art und Weise, wie Recht praktiziert wird und wie Anwält:innen reguliert werden, um ein größeres Wohlbefinden im Beruf zu erreichen.

In den USA wurde 2020 das **Lawyer Well Being Institut** gegründet, welches sich seither um die Umsetzung dieser Empfehlungen kümmert und im Mai die sogenannte **Lawyer Well Being Week** organisiert. 30

Wissenschaftlich unterlegte, derart großangelegte Studien zur psychischen Gesundheit des Berufsstandes der Jurist:innen fehlen leider in Deutschland. Vielleicht kann auch hier die Digitalisierung der Justiz helfen.[19] 31

Die Zahlen in **Europa und Deutschland** sind jedoch ähnlich, wie eine **Befragung des Soldan Instituts** unter 1.600 Rechtsanwält:innen im Vergleich mit den Ergebnissen der Studien aus Frankreich, Spanien, Belgien und Luxemburg ergab.[20] 32

---

17 Regensburger JurSTRESS Projekt, zu finden unter https://www.uni-regensburg.de/humanwissenschaften/psychologie-kudielka/projekte/jurstress/index.html.

18 Ebenda.

19 S. § 11 (*Hartung*); *Harari*, 21 Lektionen für das 21. Jahrhundert, 2020, S. 133.

20 *Bertolino*, Das Berufs- und Privatleben von Rechtsanwälten. Ein europäischer Vergleich, 2020, S. 56.

33 Die gerade vom **Bundesverband der Wirtschaftskanzleien (BWD)**[21] veröffentlichten Ergebnisse der Umfrage des **Liquid Legal Instituts** unter 135 Anwälten und Anwältinnen zur psychischen Gesundheit 2022 belegen:

- Die psychische Gesundheit von Anwält:innen ist ein gesellschaftlich relevantes Thema, das mehr Aufmerksamkeit verdient (88 % Zustimmung),
- die Abrechnung nach Stunden erzeugt Stress (100 % Zustimmung),
- traditionelle Hierarchien im Beruf verschärfen Druck und Stress (88 % Zustimmung) und
- psychische Probleme von Anwält:innen wirken sich negativ auf die Unternehmensleistung aus (100 % Zustimmung).[22]

34 Wie die Umfragen und Studien zeigen, hatte die Branche bereits vor der Digitalisierung und vor der Pandemie erhebliches Potential entwickelt, seine Berufsträger zu verschleißen. Dies hat sich grundsätzlich auch während der letzten Jahre mit Digitalisierung und Pandemie nicht verändert.

Und doch: Eine gute Juristin, ein guter Jurist sollten vor allem gesund sein.

Das aktuelle System (von der Jura-Ausbildung bis zur juristischen Arbeitswelt) war und ist toxisch und macht gesunde Menschen krank.[23]

Es sind keine Einzel-Schicksale, sondern es ist ein strukturelles Problem.

III. Die Digitalisierung: die Umfrage über die Auswirkungen der Corona- Krise auf die deutsche Anwaltschaft der BRAK (2021)

35 Die Digitalisierung wurde durch die Pandemie und die damit verursachte Wirtschaftskrise einerseits befeuert: Home-Office, Videokonferenzen, Cloud Services – die undenkbare New Work World hielt auch in die Rechtsbranche Einzug und war gekommen, um zu bleiben. Gleichzeitig brachte sie Rückschläge und eine teils dramatische Verschärfung der Lage.

36 Ein Blick in die aktuellen Zahlen zur Corona-Umfrage der Bundesrechtsanwaltskammer:[24]

---

21 https://www.bundesverband-wirtschaftskanzleien.de/#text-idee.

22 Lawyer Well Being – the silent pandemic: Survey Results auf https://www.liquid-legal-institute.com/workinggroups/lawyer-wellbeing/. Nachzulesen beim www.bundesverband-wirtschaftskanzleien.de; *Lorenz*, „Wirtschaftsanwälte sprechen über ihre Verwundbarkeit" in LTO vom 17.6.2022.

23 Lawyer Well Being Report 2017, nachzulesen bei https://lawyerwellbeing.net/wp-content/uploads/2017/11/Lawyer-Wellbeing-Report.pdf.

24 Umfrage über die Auswirkungen der Corona- Krise auf die deutsche Anwaltschaft der BRAK vom 15.6.2021, zu finden auf www.brak.de.

> „Die Anwaltschaft befindet sich – wenn auch nicht mehr so dramatisch wie zuvor – mitten in der Krise. Als besorgniserregend beschreibt der Anteil der Anwaltschaft die Situation, der glaubt, die Krise wirtschaftlich nicht überwinden zu können."[25]

So lautet das Fazit der dritten Umfrage der Bundesrechtsanwaltskammer (BRAK) zu den Auswirkungen der Coronakrise auf die deutsche Anwaltschaft, an der mehr als 6.500 Berufsträgerinnen und Berufsträger zwischen 05/2021 und 06/2021 teilgenommen haben: 53 % aller Befragten hatten aufs Ganze gesehen signifikante Umsatzeinbußen. 37

Dabei spielen **Rechtsgebiet, Lage und Größe** der Kanzlei eine entscheidende Rolle.[26] 38

Unzufrieden sind viele mit den **coronabedingten Digitalisierungsfortschritten in der Justiz:** Der Anteil an Videoverhandlungen sei immer noch äußerst gering: Fast 74 % der Befragten gaben an, an keiner derartigen Verhandlung teilgenommen zu haben. 19 % vermeldeten einen Anteil der Videoverhandlungen von 5–15 %. Von mehr als 50 % Videoverhandlungen können noch nicht einmal 2 % der Anwaltschaft berichten. 39

Knapp 60 % der Anwaltschaft gaben dabei an, dass die technische Ausstattung der Gerichte ihrer Wahrnehmung nach auch während der Pandemie gleich geblieben sei. Lediglich 15 % hatten den Eindruck, dass sich die Ausstattung der Gerichte verbessert habe und deshalb deutlich mehr Videoverhandlungen durchgeführt worden seien. 26 % meinten, dass sich die Ausstattung zwar verbessert, aber gleichwohl nicht mehr Videoverhandlungen stattgefunden hätten.[27]

Auswirkungen hat die Pandemie auch weiterhin auf die Dauer der Gerichtsverfahren: Rund 41 % aller Befragten gaben an, dass es zu Verfahrensverzögerungen von durchschnittlich mehr als acht Wochen gekommen sei. Besonders stark betroffen sind davon u. a. die Rechtsgebiete Strafrecht, Sozialrecht, Miet- und Familienrecht. Im Medizinrecht haben aktuell sogar 48,17 % der Befragten mit besonders langen Verzögerungen zu kämpfen, im Verwaltungsrecht gaben dies mehr als 51 % der Befragten an. Mit Blick auf die Bundesländer nimmt auch hier Thüringen mit 62,5 % einen unrühmlichen Spitzenplatz ein. Überdurchschnittlich viele Verzögerungen von mehr als acht Wochen vermeldeten aber auch knapp 49 % der Befragten für Berlin und 46,5 % für Brandenburg. 40

> „Insbesondere im Hinblick auf den Pakt für den Rechtsstaat und die Forderungen der BRAK ist dies mehr als bedauerlich, hätte doch eine rasche digitale Aufrüstung der Gerichte helfen können, Verfahrensverzögerungen und damit einen zumindest vorübergehenden Stillstand der Rechtspflege zu vermeiden. Hier muss dringend nachgebessert werden!" (BRAK-Präsident Rechtsanwalt und Notar Dr. Ulrich Wessels)[28]

---

25 *Suliak* in: „Anwaltschaft noch immer mitten in der Krise" in LTO vom 23.6.2021.

26 Umfrage über die Auswirkungen der Corona- Krise auf die deutsche Anwaltschaft der BRAK vom 15.6.2021, zu finden auf www.brak.de, S. 3.

27 Ebenda, S. 7.

28 *Suliak* in: „Anwaltschaft noch immer mitten in der Krise" in LTO vom 23.6.2021.

41 Die globale Pandemie war also nicht nur ein **Katalysator für sofortige Veränderungen** als Antworten auf die Krise. Sie konnte eine Zeitmaschine sein, die den Wandel im Rechtsmarkt hin zur Digitalisierung beschleunigte – oder eben auch nicht.[29]

IV. Fazit

42 Der Rechtsmarkt der Zukunft ist viel schneller da als erwartet.

Die „Gesundheit der Berufsträger“ wird als strukturelles Problem und Schlüssel erkannt.

Veränderungen wie Digitalisierung, Gender- und Generation-Shift und der Werte- und Kulturwandel schreiten durch, mit und trotz Pandemien und Wirtschaftskrisen voran.

Soweit die Ausgangslage und der Status quo.

Was ist dem entgegenzusetzen?

Wie kann das selbst geschaffene Chaos beherrscht werden? Wie kann die digitale Transformation in der Branche bewusst gestaltet werden, ohne die Berufsträger:innen und die Mitarbeiter:innen zu verschleißen? Gestalten sich „nur“ die vielen kleinen alltäglichen Veränderungsprozesse dorthin schwierig und gilt für den Transformationsprozess der Rechtsbranche etwas anderes?

Ist es Zeit für die nächste Zukunftsstudie? Zeit für eine neue Vision und klare Ziele?

B. Was ist Change Management und wie gelingt es bei der Digitalisierung der Justiz?

Veränderung braucht eine klare Zielvorgabe.

Sie braucht aber auch ein klares Verständnis der Ausgangssituation und der Bedürfnisse aller Beteiligten.

Und: Sie braucht eine verantwortungsvolle Führung.

43 Das gilt für jede Veränderung: für die Transformation einer ganzen Branche ebenso wie für einzelne Teilbereiche, Etappenziele oder auch die alltäglichen Herausforderungen.

I. Das Problem vor dem Bildschirm

44 Die digitale Transformation der Rechtsbranche hat im Zusammenspiel mit dem gesellschaftlichen Wertewandel, Pandemie, Wirtschaftskrise und einem sehr konservativen, skeptischen und wenig technik-affinem Berufsstand Chaos ausgelöst. Die Zeit ist geprägt von Unsicherheit, Ängsten und Konflikten.

29 *Dr. Tutschka*, Strategische Kanzleientwicklung, S. 512.

Lewin hätte sein Eisblock-Modell zu den Phasen einer Veränderung nicht besser beschreiben können, wenn er über die deutsche Rechtsbranche berichtet hätte: 45

Das von **Kurt Lewin** 1940 entwickelte **Eisblock-Modell** zeigt, wie aus einem Eiswürfel („Freeze") eine Eiskugel („Refreeze") wird: Durch physische Krafteinwirkung (z.B. durch einen Eispickel) oder durch Schmelzen aufgrund Wärmereiz (z.B. Erhitzen) verwirklichen sich sogenannte „antreibende Kräfte" („Unfreeze"). Gleichzeitig sorgen sogenannte „widerstrebende Kräfte" dafür, dass es bei entsprechenden Temperaturen zum erneuten Gefrieren kommt – und zwar in einer anderen Form („Refreeze"). 46

Das Modell soll vor allem zeigen, dass diese Transformation im Un- und Refreeze-Stadium, also während der strukturellen Umgestaltung, durch eine von Unsicherheit, Komplexität und Chaos geprägte Phase gehen muss, diese aber enorm wichtig ist, um überhaupt Transformation zu ermöglichen. 47

Und es muss akzeptiert werden, dass in dieser Phase intellektuelle und kognitive Fähigkeiten und Fertigkeiten oft nicht voll abgerufen werden können, weil das System mit der Transformation beschäftigt ist.[30] 48

Ähnlich auch das aus der Trauerarbeit bekannte **„7-Phasen-Modell"** von Streich. Jeder Veränderungsprozess, jedes „Chaos", läuft durch sieben einzelne Prozessschritte im Hinblick auf den persönlichen, emotionalen Zustand der Beteiligten, deren Kompetenz zu realistischen Entscheidungen und persönlicher Entwicklung sowie veränderter Wahrnehmung und Präferenzen: Schock, Verdrängung, Krise, Akzeptanz, Lernen, Erkenntnis und Krisenbewältigung. Auch hier hindert die Veränderungsphase die Beteiligten daran, Kreativität, Innovation, rationales Denken und Analysieren, Reflexion und damit auch Entwicklung im Sinne eines Transformationsprozesses möglich zu machen. Aktuell befinden sich die meisten Berufsträger:innen mit ihren Mitarbeiter:innen in diesem Prozess zwischen Krise, Akzeptanz und Lernen.[31] 49

Digitale Transformationen sind komplex und umfassen drei Ebenen: 50

- die Abänderung von Prozessen,
- die Anpassungen in der Organisation und den Rollen und Verantwortlichkeiten sowie
- einen grundlegenden Werte- und Kulturwandel,

der mit geeigneten Methoden und Experten Know-how strukturiert begleitet werden sollte. Auf allen drei Ebenen sind Menschen der entscheidende Faktor für das Gelingen. Aber auch der entscheidende Faktor für das Scheitern: Die meisten Veränderungen scheitern am Widerstand der Mitarbeiter:innen, weil diese und ihre Bedürfnisse nicht auf den Prozess vorbereitet und in den Prozess einbezogen worden sind. 51

30 *Dr. Tutschka*, Strategische Kanzleientwicklung, S. 264.
31 *Dr. Tutschka*, Strategische Kanzleientwicklung, S. 268.

52 Man könnte sagen:

Die Rechtsbranche hat ein **Level-8**-Problem.[32] Sie ignoriert bei ihrer digitalen Transformation die Menschen und ihre Bedürfnisse, und zwar die der Jurist:innen ebenso wie die der Rechtsuchenden. Prozesse werden nicht abgeändert, sondern aus der analogen Welt in die digitale übertragen. Organisation und Verantwortung bleiben ebenso gleich wie das Berufsverständnis.

53 Und man könnte auch sagen:

Das Problem sitzt vor dem Bildschirm: Digitale Transformation könnte ohne Menschen so einfach sein.

54 Sie hat aber keinen Selbstzweck: Es geht immer um Menschen. Deshalb muss auch die digitale Transformation der Rechtsbranche **DAU**[33]-tauglich sein, also intuitiv, benutzerfreundlich und fehlerresistent.

II. Wie die digitale Transformation gelingt

55 Wenn das Abändern der Prozesse, der Organisation und Verantwortlichkeiten in der IT-Transformation sowie der damit einhergehende Werte- und Kulturwandel durch Methoden und Experten begleitet wird, kann DAU-Tauglichkeit erarbeitet werden, so dass es zu keinem „Level-8-Problem" kommt.

56 John P. **Kotters** ganzheitliches **8-Stufen-Modell**[34] von 1996 entwickelte Peter Druckers Methode des **Management bei Objectives** (kurz MbO) von 1954 weiter und setzt dabei vor allem auf die kontinuierliche Einbeziehung der Beteiligten und deren Bedürfnisse.

57 Ein Klima für Veränderung schaffen:
- Dringlichkeit der Veränderung des Ist- auf den Sollzustand aufzeigen,
- eine Führungskoalition aufbauen und
- eine Vision des Wandels entwickeln.

58 Die gesamte Organisation einbinden:
- Die Vision des Wandels kommunizieren,
- Hindernisse aus dem Weg räumen und
- kurzfristige Ziele setzen und priorisieren.

59 Den Wandel nachhaltig umsetzen:
- Erfolge konsolidieren und weitere Veränderungen antreiben und
- Veränderungen in Unternehmenskultur verankern.

---

32 Ein Level-8-Problem (auch „Layer 8") umschreibt in der Netzwerkkommunikation einen Bedienfehler, also einen Nutzer, der nicht richtig mit seinem Computer umgehen kann.

33 DAU ist der „Dümmste anzunehmende User", also der personalisierte GAU ohne Grundlagenwissen, dem grobe Denk- und Anwendungsfehler unterlaufen, in der Informationstechnik.

34 *Kotter*, Leading Change, 2012, S. 26.

Daran anknüpfend wurden mit **Krügers 5-Phasen-Modell** noch die regelmäßige Qualitätsprüfung sowie das Monitoring des Ist- und Sollzustandes ergänzt. 60

Für das Entwickeln der strategischen Ziele aus der Vision des Wandels bieten sich folgende Tools an. 61

SMART als Klassiker für die Definition von Zielen legt Wert darauf, dass das Ziel spezifisch (S), messbar (M) und terminiert (T) formuliert wird. Es sollte außerdem intrinsisch motiviert, also attraktiv (A) sein sowie realistisch (R). 62

Das **GROW** Model ist ein Tool, das ebenso wie SMART bei der Zielsetzung angewendet werden kann. Es wird in vier Phasen geteilt: Dabei sollen die definierten Ziele (Goal) mit dem Ausgangszustand verglichen werden (Reality), um dann aus verschiedenen Handlungsalternativen (Options) die beste zu priorisieren (Will). 63

Objectives and Key Results (kurz OKR) ist eine Methode, die daran anknüpfend ambitionierte Nutzen-Ziele (Was) mit bis zu vier klaren Kennzahlen (Wie) unterfüttert. Dieser Fokus auf den Nutzen und Sinn der Arbeit sorgt für eine intrinsische Motivation bei den Mitarbeiter:innen. Sie verstehen die Notwendigkeit der Veränderung, weil sie mit Überzeugung arbeiten.

Zeit für Evaluation und Reflexion nach dem Kotter-OKR-System: Die Ausgangssituation und das Zukunftsbild für die digitale Transformation der Rechtsbranche waren und sind klar.

Gab es die Einsicht in die Dringlichkeit der Veränderung? Veränderungsbereitschaft? 64

Zu wenig, denn in den Führungs- und Entscheidungspositionen saßen diejenigen, die sich in wenigen Jahren in den Ruhestand verabschieden möchten. Und man ließ sich Zeit: Die Zukunftsstudie hatte einen Zeitraum von knapp 20 Jahren in Aussicht gestellt. Von anderen Treibern wie der Pandemie ist man überrascht worden.

Gab es eine verantwortungsvolle Führung, also eine Führungskoalition, die bereit war, Verantwortung für das Gelingen des Prozesses im großen Ganzen zu übernehmen? 65

Zum Teil ja. Von einer Einbeziehung aller relevanten Ebenen kann jedoch keine Rede sein. Ebenso wenig von regelmäßigem Monitoring und Evaluationen. Hier fehlte es ganz klar an einem Veränderungsklima.

Wurden die Bedürfnisse aller Beteiligten berücksichtigt? 66

Nein. Stattdessen wurde in klassisch-konservativer top-down Führung angewiesen.

Vertrauen und Transparenz bei der Zieldefinition und -erreichung, wertschätzende Kommunikation und ein offener Umgang mit Fehlern, flache Hierarchien, kurze Entscheidungswege und cross-funktionale Teams, Freiraum für Innovation und Kreativität[35], kurz das regelmäßige Einbinden der gesamten Branche z.B. durch quartalsweise „Open Spaces", fand nicht statt. 67

Die digitale Transformation hätte mit einem strukturierten Change Management von Anfang an an Qualität, Nachhaltigkeit und Geschwindigkeit gewonnen. Schwache 68

35 *Hartung* schlägt z. B. sogenannte „Reallabore" vor, vgl. § 11.

Führung und mangelnde Einbeziehung verursachten Widerstand und Energieverlust. Mit dem Fokus auf das „Problem vor dem Bildschirm" blieb die Möglichkeit, das Change Management zu optimieren, z.B. durch Hinzuziehung von Experten oder dem Aufbau von brancheninternem Know-how, ungenutzt. Motivation und Veränderungsbereitschaft der Justiz konnten nicht als Treiber genutzt werden. Controlling wurde mangels Kennzahlen vernachlässigt. Ressourcen konnten aufgrund der schlechten Fehlerkultur und mangelnder Kooperation nicht geschont werden.

III. Wichtige Praxistipps und die häufigsten Fehler

69 Die häufigsten **Fehler** bei der Anwendung des 8-Stufen-Modells von Kotter sind:[36]

- Fehlende Analyse der Ist- und Sollsituation, insbesondere zum Veränderungsklima,
- ungenaue Zielvorgaben und der dafür zu erreichenden Kennzahlen,
- Projektmanagement, Zuständigkeit und Kommunikation.

70 Alle drei Fehlerebenen wurden gleichermaßen bedient: Da starteten manche einfach los, ohne einen genauen Plan, ohne Festlegung der Verantwortlichkeiten und schon bald wurde das Ganze komplex, richtungslos und schlief ein. Da engagierten sich kleine Gruppen leidenschaftlich bei der Entwicklung digitaler Projekte und nach dem Piloten wollte einfach die umfassende Einführung nicht glücken. Mitarbeiterinnen und Mitarbeiter, Kolleginnen und Kollegen aber auch Führungsteams waren verunsichert und überwältigt, verstanden die technischen Prozesse nicht, verstanden nicht ihre Rolle und vor allem nicht das „WOZU". Sie fühlten sich abgehängt. Es entstanden in den Teams Verwerfungen, Konflikte und Hierarchiekämpfe; alte Risse in den Teams flammten auf.

> Peter Drucker hat recht, wenn er sagt: „Culture eats strategy for breakfast."

71 Man muss das System, welches die Probleme hervorgebracht hat, im Ganzen betrachten.[37] Und man braucht Lösungen, die langfristig die Fähigkeit des Systems stärken, seine Last selbst zu tragen und seine Probleme selbst zu lösen.[38] Es braucht andere Jurist: innen, ein neues Selbstverständnis der Branche.

72 **Tipps für die Praxis:**

- Die Vision vom digitalen Wandel entwickeln:

73 Eine genaue Vorstellung davon, WOZU der Wandel erforderlich ist, wie am Ende die Menschen miteinander umgehen, was sie genießen und was den Unterschied macht.

---

36 *Stolzenberg*, Change Management, 2021, S. 23; *Lauer*, Change Management, 2014; S. 41.

37 *Senge*, Die fünfte Disziplin, 2017, S. 83.

38 *Senge*, Die fünfte Disziplin, S. 79.

- Menschen mitnehmen:
  Kommunikation und Einbeziehung, Führung und Empathie, Eigenverantwortung und Aufbau von Know-how. 74
- Monitoring und Evaluation:
  Ambitionierte Ziele und Zwischenziele mit Kennzahlen hinterlegen, monitoren und evaluieren. 75

IV. Fazit

Change Management ist die Fähigkeit, Menschen durch ein **komplexes Chaos** mit 76
einem gewissen Grad an **Sicherheit** zu führen – und dabei die **Bedürfnisse** der Beteiligten zu bedienen. Am Besten gelingt dies über eine sogenannte Meta-Ebene, also eine Außensicht auf den Transformationsprozess. Als „Landkarte" zur Bestimmung kann das **Graves'sche Modell der Spiral Dynamics** dienen,[39] aber auch andere Organisationsentwicklungsmodelle, die die die Lebensphasen und die Evolution menschlichen Zusammenseins beschreiben.

Change Management ist immer auch Abschied und Neuanfang. Der Veränderungs- 77
prozess sollte also nicht gestoppt werden, weil alte Systeme aufgebrochen werden müssen, um Platz für Neues zu schaffen (siehe Lewin).[40] Nur Systeme mit einer gewissen Grundresilienz überstehen den Prozess, ohne zu zerbrechen.

C. Von Etappensiegen und Rückschlägen

In dieses „8-Stufen-Modell" kann eine Auswahl an Praxisbeispielen eingeordnet werden: 78

I. Die Leitbildentwicklung des Deutschen Anwaltvereins (DAV)

Nachdem sich bereits seit einigen Jahren immer mehr Interessengruppen und Vereine 79
um das relevante Thema der Branche formierten, entschloss sich der Deutsche Anwaltsverein zu seinem hundertjährigen Bestehen erstmals ein modernes Leitbild als Berufsverband zu geben. Zu diesem Zweck wurde bereits vor der Pandemie ein umfassender Leitbildentwicklungsprozess unter Einbindung vieler Interessengruppen, Partner und Stimmen aus dem Verband initiiert, der von externen Spezialisten begleitet wurde. Auch die Auslandvereine des DAV wurden einbezogen für dieses möglichst umfassende und weitgehend konsensgetragene Leitbild.

Diese Initiative fiel nicht von ungefähr mit der Digitalisierung, e-Justice und e-Go- 80
vernment zusammen, sondern sollte ganz im Sinne Kotters 2019/2020 die Basis für den

39 *Cowan*, Spiral Dynamics, 2017, S. 52.
40 *Laloux*, Reinventing Organizations, 2015, S. 59.

mit der Digitalisierung angestoßenen Transformationsprozess der Branche stabilisieren und eine Führungskoalition aufbauen.

81 Dass dennoch die ewige Diskussion im Verband nicht abriss, ob der Anwaltverein, in dem ca. jeder dritte Berufsträger freiwillig organisiert ist, wirklich die Interessen aller Anwält:innen vertritt, ist sicherlich auch der Tatsache geschuldet, dass dieser intensive Prozess der Leitbildentwicklung abgeschlossen und nicht weitergeführt worden war. So fühlten sich Einzelanwält:innen und diejenigen aus kleinen und mittleren Kanzleien bei den großen politischen Fragen oft nicht gesehen. Große Wirtschaftskanzleien sahen sich nicht in der alltäglichen Verbandsarbeit und gründeten schließlich mit dem Bund deutscher Wirtschaftskanzleien eine Gegeninitiative.

II. Die digitale Transformation einer mittelständischen Kanzlei

82 Im Rahmen der Strategiebegleitung einer mittelständischen Kanzlei wurden die bevorstehenden Herausforderungen der digitalen Transformation 2019 besonders deutlich. Obgleich das rein männliche Führungsteam der Patentanwaltskanzlei bestehend aus Ingenieur:innen, Jurist:innen und Patentanwält:innen der Digitalisierung offen gegenüberstand, hatte man eine strategische Kanzleientwicklung und die damit verbundenen Bereiche Management und Führung seit langem vernachlässigt. Die Kanzlei, die seit zehn Jahren am Markt war, hatte zwischenzeitlich ein ernstes Personalproblem. Die Partnerpersönlichkeiten hatten sich in dieser Zeit unterschiedlich entwickelt; von einer einheitlichen Kanzleikultur und Führung konnte keine Rede mehr sein. Die Kanzlei wurde größer, machte aber nicht mehr Gewinne. Nun sollte die e-Akte im Büro eingeführt werden zur Senkung der Personal- und Fixkosten, um Prozesse zu beschleunigen und zu vereinfachen, aber auch um Fehler zu vermeiden und letztlich die Gewinne zu erhöhen. Das Personalproblem sollte sich smart von selbst erledigen. Man hatte dafür ein Jahr vorgesehen.

83 Die Einheit des Führungsteams sowie die Überarbeitung der gemeinsamen Kanzleivision im Hinblick auf diesen Transformationsprozess wurden zum Schlüsselfaktor für den strategischen Kanzleierfolg. Nach der Kotter-Methode wurde das Projekt- und Prozessmanagement für diesen allumfassenden Transformationsprozess in der Kanzlei entwickelt. Schnell wurde klar, dass man hier mindestens fünf Jahre Arbeit vor sich hatte.

84 Obgleich es für das Führungsteam am Anfang schwer war, nicht sofort mit der umfassenden Einführung der E-Akte in der Kanzlei zu starten, sondern sich zunächst den strategischen Vorbereitungsarbeiten, der Stärkung des Führungsteams und den nach OKR definierten Zielsetzungen und Kennzahlen zu widmen, war der anschließende Transformationsprozess umso erfolgreicher: Neben dem Schulterschluss der Führungsriege waren nämlich die Einbindung und Kommunikation mit den Mitarbeiter:innen bis dahin eine Dauerbaustelle in der Kanzlei gewesen. Die Mitarbeiter:innen, die ohnehin der Digitalisierung und dem damit verbundenen Stellenabbau nicht positiv gegenüberstanden, sollten aber in diesem Transformationsprozess eine entscheidende Rolle für den Erfolg spielen.

Das Führungsteam steht zusammen für die nächsten zehn Jahre. Die größte Baustelle, das Personalproblem, wurde Ende des ersten Jahres gelöst. Der Pilot zur e-Akte wurde im zweiten Jahr erfolgreich abgeschlossen. Mit der Zwischenevaluierung wurden im dritten Jahr weiteres Know-how und Expertenwissen eingekauft und neue Kanzleistrukturen im vierten Jahr etabliert. Die Kanzlei ist weiter auf Erfolgskurs, ist stabil und wächst. Die Gewinne steigen, wenn auch langsam. Die Einführung der e-Akte ist nun fast vollständig abgeschlossen. 85

III. Werte- und Kulturwandel in einer Großkanzlei

Eine Großkanzlei sah sich zunehmend damit konfrontiert, die Herausforderungen an die Branche und die einzelnen Berufsträger nicht mehr in ausreichendem Maße abfangen zu können. HR-Konzepte, Mitarbeiterschulungen, Initiativen im Haus führten alle nicht dazu, dass Dinge bewegt werden konnten und Entwicklung stattfand. 86

Man entschloss sich, tiefer zu gehen und mit der Führungsriege zu arbeiten, um die Veränderungsbereitschaft und das Reflexionsvermögen zu stärken, aber die Führungskompetenz zu stärken. Es wurde das sogenannte „Partner Peak Performance Program" etabliert, welches sich an die höchsten Hierarchiestufen richtete und damit an die Schlüsselpersonen des Kanzleisystems. In intensiven Modulen wurden den Partnern wesentliche Grundzüge von Organisationsentwicklung und moderner Führung vermittelt verbunden mit Coaching-Einheiten, die Mindset-, Resilienz- und Reflexionsarbeit anstoßen sollten. Man zog sogar Ausbildungen im (Legal) Coaching für die Führungskräfte in Erwägung, um nachhaltig die Kanzleikultur zu verändern. 87

Das Konzept ging auf: die Teilnehmer konnten den Input wertschätzen und die anschließend durchgeführte Evaluation zeigte deutliche Fortschritte bei den zuvor festgelegten Kennzahlen für die Etablierung von Veränderungsbereitschaft. Das Coaching-Programm erhielt 2018 schließlich den Prism Award der ICF Deutschland für Coaching Excellence für diesen „Leuchtturm der Branche" für Veränderungsbereitschaft. 88

IV. Führung und Einbeziehung der Mitarbeiter:innen bei der IT-Transformation in Klein- und Einzelkanzleien

Cathrin Weser arbeitet seit 1988 Jahren in Kanzleien. Heute bietet sie Kanzlei-Assistenz und ReNo Service an und schult Klein- und Einzel-Kanzleien für die Kanzlei-Software RA-Micro. Durch ihre Arbeit hat sie viel Kontakt zu Kanzleien, aber auch arbeitsbedingt zu verschiedenen Gerichten. 89

Gerade die Arbeit mit den Gerichten sei sehr viel besser geworden, kann sie berichten: 90

Schwierigkeiten gebe es vor allem bei der einheitlichen Strukturierung der Anlagen zu Schriftsätzen, bei der gedoppelten Versendung per Post und der digitalen Versendung mit „beglaubigter und einfacher Abschrift" sowie in der Zwangsvollstreckung. 91

92 Hier kann es leicht passieren, dass Vollstreckungsaufträge vom Justizbeamten des Gerichts beim Ausdrucken durcheinandergebracht wurden. Im konkreten Fall hatte sie einen Pfändungs- und Überweisungsbeschluss beantragt und als Anlage die bereits abgegebene Vermögensauskunft mit dem entsprechenden Antrag beigefügt. Der Antrag auf Vermögensauskunft wurde obenauf gelegt, und schon waren die Unterlagen beim Gerichtsvollzieher statt beim Rechtspfleger, der dies auch entsprechend abgerechnet hat. Die Erinnerung gegen den Kostenansatz war erfolgreich, aber an sich unnötig.

93 In nicht wenigen Kanzleien wird nach ihrer Erfahrung in den alten Strukturen gearbeitet und beA als Bedrohung und Mehrbelastung angesehen. Natürlich ist die Nutzung von beA mit Umstellungen im Workflow verbunden. Wenn dies von heute auf morgen geschieht, ist dies nach ihrer Erfahrung auch nicht ohne Reibungen erfolgt. Selten hat sie erlebt, dass die Anwält:innen „besser" waren als ihr Personal. Die Mitarbeiter:innen in der Kanzlei werden eher von den Anwält:innen ausgebremst, da die Zusammenhänge nicht verstanden werden oder die Kanzleiinhaberinnen und -inhaber bereits in einem „gewissen Alter" waren. Für die effektive Bearbeitung von Mandaten ist es jedoch unumgänglich, eine gute Software und eine leistungsfähige Hardware vorzuhalten. Dies ist mit Kosten verbunden, die sehr oft gescheut werden. Oftmals wird dann mit Technik gearbeitet, die ein digitales Arbeiten eher aufwendiger als effektiver macht: Die Kanzlei nimmt sich beispielsweise vor, nunmehr sämtliche Schriftsätze zu digitalisieren und in der E-Akte bei RA-Micro zu speichern. Die Kanzlei verfügt über einen Multifunktionsdrucker (Drucken, Scannen, Faxen). Leider scannt der Multifunktionsdrucker nur einseitig, d.h. die Rückseiten werden nicht erfasst. So muss jede Seite angeschaut werden, ob hier noch auf der Rückseite etwas steht und dann manuell gescannt werden muss. Sollte Arbeiten sind mehr als lästig und zeitaufwendig. Da kann man schon mal an der Digitalisierung zweifeln. Mit einem ordentlichen Tischscanner, der automatisch Vor- und Rückseite scannt (Preis ab 350,00 € bis ca. 800,00 €), ist diese Tätigkeit in wenigen Sekunden erledigt. Hier werden „Digitalisierungsgegner" natürlich in ihrem Bild bestärkt.

94 Auch bei den Mitarbeitern in der Kanzlei gibt es große Unterschiede: Schwierig ist es aus ihrer Sicht für die Mitarbeiter, die schon lange im Beruf sind und in Fragen der modernen Technik nie besonders gefordert waren. Hier kommt es darauf an, die Mitarbeiter beim Anlernen für das beA mitzunehmen und Ihnen die Arbeitserleichterung am Ende zu verdeutlichen. Eine Arbeitserleichterung ist es nur dann, wenn die Digitalisierung durch den Mitarbeitenden angenommen wird.

> „Wenn es einen Anwalt oder eine(n) Mitarbeiter(in) gibt, die sich konsequent und gut um die technische Ausstattung der Kanzleien kümmert, dann gelingt der Übergang zur (zukünftigen) digitalen Kanzlei, weil es jemanden gibt, der die anderen mitreißt und von den Vorteilen einer digitalen Bearbeitung überzeugen kann. So habe ich in den Kanzleien, für die ich tätig bin, bereits ab 2020 eingeführt, dass sämtlicher Schriftverkehr mit gegnerischen Anwälten und Gerichten über beA erfolgt, immer im Hinterkopf, wenn es nicht klappt, dann geht es per Telefax weg. Es war praktische Übung. Diese Kanzleien haben den Übergang zum verpflichtenden beA überhaupt nicht mehr wahrgenommen, denn es war zur Selbstverständlichkeit geworden." (Cathrin Weser)

V. Digitalisierung des Zivilprozesses im Ministerium der Justiz

Dr. Peter Röhm, Referatsleiter im Ministerium der Justiz und für Migration Baden-Württemberg, sowie sein Kollege Jonas Rehm begleiten die Digitalisierung des Zivilprozesses. 95

Beide bringen dabei ihre Erfahrung aus ihrer praktischen Arbeit am Gericht ein und erreichen so einen optimalen Praxisbezug. In ihrer Arbeit legen sie viel Wert darauf, Gesetzesinitiativen so zu entwickeln, dass diese einen wirklichen Mehrwert in der Praxis erzielen bzw. ein relevantes Problem lösen. So arbeiten beide an unterschiedlichen rechtspolitischen Themen, die die ZPO und das GVG betreffen. 96

Im Zusammenhang mit der Digitalisierung des Zivilprozesses sind ihnen folgende Punkte wichtig: 97

1) Für die Videoverhandlung nach § 128a ZPO sollte den Richtern ermöglicht werden, eine Verhandlung im Videoformat verbindlich anordnen zu können. Verbunden werden kann dies mit einer fristgebundenen, aber voraussetzungslosen Widerspruchsmöglichkeit für die Parteien. Auch eine Anpassung der Kostenpauschale für die Inanspruchnahme von Videokonferenzverbindungen sollte dabei in den Blick genommen werden.[41]

Ein zivilprozessuales Online-Verfahren, welches in der Regel vollständig im Wege der elektronischen Kommunikation und unter Nutzung intelligenter Eingabe- und Abfragesysteme geführt wird, kann ein Angebot der Justiz für einen schnellen, zeitgemäßen und effektiven Rechtsschutz darstellen.[42]

Die Artificial Intelligence (AI) soll ein Instrument sein, das den Richter unterstützt und eine noch effektivere Verfahrensführung ermöglicht. Dabei geht es um den assistierenden Einsatz der Technik. Selbstverständlich sollte die abschließende Entscheidung, also etwa das Urteil, immer durch einen menschlichen Richter getroffen werden.

> „Die fortschreitende Digitalisierung macht vor dem Zivilprozess nicht halt. Änderungen der ZPO und des GVG erscheinen geboten, um die Ziele eines modernen und eines an aktuelle Entwicklungen angepassten Verfahrensrechts zu erreichen." (Dr. Röhm und Rehm)

VI. Monitoring der Gesundheit des Berufsstandes bei der Digitalisierung der Justiz

Fiona Niebuhr arbeitet als Psychologin am Institut für Arbeitsmedizin der Charité in Berlin und hat bisher 60 Fragebögen zur Anwendung der e-Akte sowie Interviews mit Mitarbeiter:innen ausgewertet. Die Studie wurde vom Kammergericht Berlin begleitend zur Digitalisierung der Justiz bei der Charité in Auftrag gegeben. Ziel dieser Studie war es herauszufinden, welche Auswirkungen die Arbeit mit der e-Akte sowie umfassende Transformationsprozesse der Arbeitswelt auf die Gesundheit der Mitarbeiter:innen ha- 98

41 Mehr zur Videoverhandlung in § 19 (*Windau*).

42 Mehr zum strukturierten Parteivortrag in § 18 (*Köbler*).

ben. Die Begleitung der Berliner Justiz sollte auf möglichst breiter Basis erfolgen. So waren einerseits das Gesundheitsmanagement wie zum Beispiel die ergonomische Ausstattung von Interesse, und andererseits Aspekte des Change Managements wie zum Beispiel das Akzeptanzmanagement. Es sollten Handlungsempfehlungen aus den Studienergebnissen abgeleitet werden, die für andere Gerichte relevante Erkenntnisse und Umsetzungshilfe bieten könnten. Im Bereich des Gesundheitsmanagements berichteten die teilnehmenden Mitarbeiter:innen über vielfältige Angebote und Unterstützungsangebote. Herausforderungen zeigten sich anhand von Rückmeldungen zu den arbeitsmedizinischen Aspekten sowie Themen des Change Managements.

99 Grundsätzlich kann gesagt werden, dass die Rückmeldungen ein breites Spektrum aufwiesen: zwischen Motivation und Offenheit in Bezug auf die Digitalisierung auf der einen Seite bis hin zu Frustration, v.a. über die Performance der e-Akte, und Müdigkeit auf der anderen Seite.

100 Während dieser Studie konnte das Forschungsteam insgesamt feststellen, dass das Kammergericht Berlin vor allem aufgrund der hybriden Arbeitsweise, also der mehr oder weniger unbeabsichtigten zeitweisen Dopplung von Prozessen (analog und digital) eine Intensivierung der Arbeitsbelastung erfuhr. Verschärfend war, dass gerade in dieser Zeit die Corona-Pandemie und der damit verbundene Lockdown, d.h. die entsprechenden Hygiene- und Abstandsregeln sowie Home Office, erschwerend hinzu kamen.

101 Als Highlight berichteten die Befragten von Schulungen und Workshops zur Unterstützung bei der zunehmend digitalisierten Arbeit und der Einführung neuer Technologien.

> „Aus psychologischer Perspektive ist es wichtig, zusätzlich mehr Schulungen zu Führung und Projektmanagement zu implementieren. Dies könnte die Akzeptanz für Veränderungsprozesse im Rahmen der Digitalisierung deutlich erhöhen. Aus arbeitsmedizinischer Sicht und zur Stärkung der Gesundheit von Beschäftigten sollten derart tiefgreifende Transformationen unbedingt von attraktiven Begleitschulungen, einer guten Feedback- und Fehlerkultur sowie transparenter Kommunikation begleitet werden." (Fiona Niebuhr)

VII. Der Wandel in der Justiz verändert die Welt der Branchen-Dienstleister

102 Schon früh erzeugte die digitale Transformation der Justiz Veränderungswellen in der Welt der Dienstleister der Branche: Hardware wurde weniger gebraucht. Software mit kompatiblen Schnittstellen, Cloud und AI waren angesagt: Fax, Drucker, Kopierer, Aktenvernichter würden mit der digitalen Transformation verschwinden. Das papierlose Büro mit e-Akte war das Ziel.

103 Schon vor e-Justice war der Bedarf an Know-how für die digitale Transformation der Branche, vor allem aber die Begleitung der Dienstleistuns- und Zulieferunternehmen für diese Branche enorm.

104 Dies galt vor allem für die Hardware-Hersteller: Die mehrjährige Begleitung eines internationalen Unternehmens mit ca. 500 Mio. Euro Umsatz sollte diesen vom Hardware zum Software-Anbieter für die Legal Branche entwickeln.

Dabei wurde schnell deutlich, dass diese Transformation nicht nur eine technische Komponente hatte, sondern vor allem eine menschliche: Man hatte bislang handfeste „Boxen", also Geräte wie Drucker, Kopierer, Fax etc. in die Kanzleien geschoben. Nun wurden Produkte entwickelt und verkauft, die nicht mehr derart greifbar waren, sondern als Software lediglich am Bildschirm aufschienen. Für die Mitarbeiter:innen war dies ein Kulturwandel. 105

Gleichzeitig wurden die Organisation des Unternehmens umgebaut, neue Einheiten etabliert und alte zusammengelegt. Unsicherheiten und Ängste der Mitarbeiter:innen wurden mit einer umfangreichen Transformationskommunikation abgefangen und integriert: Die Roadshow, die vor allem nach dem Kotter-Modell die Mitarbeiter an jedem einzelnen Standort und hier vor allem den Vertrieb mitnehmen sollten, erfolgte in mehreren Stufen an allen sieben Europastandorten und dauerte drei Jahre. Das Ganze wurde von einem umfassenden Image- und Marken-Relaunch begleitet. Die japanische Führung des Unternehmens machte die dafür notwendige Modernisierung der Führungskultur in Deutschland und Europa nicht einfach. 106

VIII. Fazit

Es braucht Veränderungsspezialisten, also sogenannte „Changemaker". 107

Diese zeichnet in erster Linie aus, dass sie das System gut kennen und vielleicht sogar Teil des Systems sind. Sie haben aber außerdem noch zwei weitere ganz wichtige Eigenschaften: Sie sind reflektiert genug und können mühelos das große Ganze auf einer sogenannten Meta-Ebene überblicken. Das braucht Spezialwissen in Organisationsentwicklung und Führung, Erfahrung, aber auch das Selbstbewusstsein, die mit Sicherheit unangenehmen Wahrheiten nicht nur zu kommunizieren, sondern dafür zu sorgen, dass sie auch gehört und berücksichtigt werden. Erfolgreiche Veränderungsspezialisten verfügen daher über Augenhöhe mit den Beteiligten und Feldexpertise im zu verändernden Bereich, sind eher Praktiker denn Theoretiker. 108

Diese werden in der Lage sein, nicht die erstbeste, schnellste oder offensichtlichste Lösung zu erkennen, sondern die Kräfte zu verstehen, die in diesem System am Werk sind, und welche Veränderung die stärkste und nachhaltigste Hebelwirkung haben wird. Dafür werden sie auf Strukturen und nicht auf Ereignisse schauen. Und sie werden ganze Veränderungsprozesse ganzheitlich auf vielen Ebenen gleichzeitig begleiten müssen.[43] 109

Das können Jurist:innen sein, die im Design Thinking oder Legal Project Management ausgebildet sind, die Masterabschlüsse in Legal Tech oder im „Lawyer and Legal Practice" haben oder auch Legal Coaches und auf Kanzleien spezialisierte Expertinnen und Experten für Betriebswirtschaft und Organisationsentwicklung. 110

43 *Becker*, Teamarbeit, Teampsychologie, Teamentwicklung, 2016, S. 32.

D. Was braucht die Digitalisierung der Justiz? Die e-Justice-Zukunft.

111 Neben diesen „Changemakern" braucht es die umfassende Vorbereitung und Begleitung der Menschen, die diese Veränderung anstoßen, mittragen, begleiten und umsetzen sollen.

112 Dies muss auf drei Ebenen erfolgen: in der Neudefinition der Rolle und Aufgabe der Anwaltschaft, aber auch der Richterschaft und Assistenzen in der digitalisierten Justiz auf fachlich-inhaltlicher Ebene.[44] Diese sollten die Berufsträger aber auch die Endnutzer aktiv mitgestalten und nicht anderen überlassen.

113 Soll die Anwaltschaft zukünftig nur noch auf Prozessmandate beschränkt sein und vorprozessual Legal Tech-Anbietern, Versicherern und Organisationen für bestimmte Interessengruppen das Feld überlassen? Oder sollen Gerichtsverfahren reduziert werden, indem e-Justice mit AI ausgebaut wird und die Anwaltschaft entweder in die vorprozessuale Schlichtungsrolle gedrängt oder gleich abgeschafft wird?

114 Es braucht auch Zusatzkompetenzen, die Digitalisierung unterstützen, wie Projektmanagement, Führungskompetenz, IT-Verständnis.[45] Und es braucht eine Stärkung von Resilienz und Gesundheit des Berufsstandes, um aus dem jetzt toxischen ein gesundes Justizsystem zu machen.

Jurist:in neu gedacht: von neuen Rollen und Aufgaben:
- für die Transformation des Zivilprozesses (inhaltlich),
- für das Projektmanagement einzelner Baustellen (Piloten, Kanzleien, beA) und
- für die Führung und Begleitung der juristischen Teams.

Wie sieht also die digitalisierte Justiz bzw. e-Justice-Zukunft aus?

115 Die drei großen Herausforderungen unserer Zeit sind Diversity, Werte- und Kulturwandel sowie die Erarbeitung eines neuen Miteinanders (New Work, evolutionäre Organisationen, agile Strukturen). Diesen Herausforderungen muss und wird auch mit der Digitalisierung der Justiz begegnet werden.

I. Moderne Jurist:innen durch neue Ausbildung

116
- Cross competencies: Jura mit IT, Wirtschaft, Psychologie etc.
- Universitäten und Schulsysteme neu denken
- Nationale Rechtssysteme als Ausläufermodell in einer globalen Welt

117 Initiativen wie die Integration des Bachelors in die universitäre Juristenausbildung zum Ersten Staatsexamen durch den Anwaltverein ist hier ebenso ein Beispiel wie iur.re-

44 *Steinke*, Vor dem Gesetz sind nicht alle gleich, 2022, S. 200; *Nguyen-Kim*, Die kleinste gemeinsame Wirklichkeit, 2021, S. 320.

45 *Strathausen*, Liquid Legal, 2020, S. 206.

form, die sich gerade als Basisinitiative für eine Modernisierung des Jurastudiums einsetzt. Also warum nicht die Ausbildung grundsätzlich in Frage stellen? Und insbesondere dafür sorgen, dass Absolventen und Berufsstarter körperlich und psychisch gesund und gewappnet in den Beruf starten: verpflichtende Supervisionen zur Psycho-Hygiene, verpflichtende Integration von Themen wie Zeit- und Stressmanagement und psychologisches Grundwissen könnten ebenso unterstützen wie Psychologen speziell für den Berufsstand bei den Kammern. Umfangreiche wissenschaftliche Erhebungen und Studien zur Gesundheit der Berufsträger verbunden mit konkreten Verbesserungszielen mit Kennzahlen sind dafür die Grundlage.

Warum nicht auch in Frage stellen, wieviel Relevanz nationale Rechtssysteme in 118
einer globalen Welt haben? Warum nicht zukünftige Jurist:innen in allererster Linie in „Weltrecht" international einheitlich ausbilden, um dann weiter in kleinere Strukturen und Rechtssysteme zu gehen?[46]

II. Neue Zugänge zum Recht

- Recht als verschriftliche Ethik und Moral der Gesellschaft interdisziplinär und flexi- 119
  bel denken (neue Demokratie, Klima und Artenschutz, das Recht der nächsten Generation)
- Recht als Blockchain (Codierung: Veränderung als der neue Status quo)
- Justice to go

In einer Welt, wo sich Veränderung Bahn bricht, braucht es flexible Strukturen, die be- 120
lastbar und anpassungsfähig sind. Die Natur ist dafür das beste Beispiel, welche Spezies über Jahrmillionen überleben oder was nach einem Tsunami noch steht. So sollten wir auch unser Rechtssystem auf einen Tsunami vorbereiten und es einerseits mit Nachbardisziplinen stützen und ausfüllen und andererseits die Digitalisierung nutzen, Recht als Code zu begreifen.

Warum nicht bei alltäglichen niederschwelligen Rechtsfragen und -streitigkeiten 121
Justice – to – go via frei zugänglicher IT über feste Stationen oder mobile Einheiten wie das Handy durch Gerichts-Plattformen mit künstlicher Intelligenz bedienen, die das „Problem" sofort auf digitalem Weg entscheiden?

Warum nicht einen Simulationsrechner zum Kosten-Nutzen-Verhältnis nutzen wie 122
er in der Risikoanalyse eingesetzt wird? Die Kosten, die notwendige Arbeits- und Wartezeit, aber auch wirtschaftlicher und immaterieller Nutzen sollten Berücksichtigung finden. Zusätzlich können Parameter wie Grundsatzentscheidungen oder Relevanz einfließen oder der Aspekt, ob es einer erheblichen Veränderung in der Rechtsordnung dafür bedarf.

46 Beispielhaft für derartige Denkansätze: *Göpel*, Unsere Welt neu denken; *Pausder*, Das neue Land; *Pisdor*, Der Code des Kapitals; *Harari*, 21 Lektionen für das 21. Jahrhundert.

III. Neue Werte und Bewertungen

123 – Den Zivilprozess und das jetzige Rechtssystem auf der Grundlage seiner Glaubenssätze und Werte verstehen
- Von Werten und Bewertungen, Verantwortung und Achtsamkeit
- Die Digitalisierung als Chance

124 Das Rechtssystem ist das Produkt unserer gesellschaftlichen Entwicklung: Aufarbeitung von schwierigen Bewertungen aus dunklen Zeiten findet statt. Eine Beschäftigung mit den Wurzeln unseres Rechts und der dahinterstehenden Intention, den Glaubenssätzen und Werten ist wünschenswert. Wie sehen wir die Welt und wie möchten wir sie haben? Wieviel Gerechtigkeit können wir ertragen, wenn es zu Lasten unseres Komforts geht und wir etwas abgeben sollen, was uns vermeintlich gehört? Die jüngsten Klima-Entscheidungen mit der Berücksichtigung nachfolgender Generationen geben einen Vorgeschmack. Die veränderte Bewertung von Tieren als Sachen war ein Meilenstein. Das grundsätzliche Infragestellen, ob Leben gleich welcher Art jemandem gehören darf, wird folgen. Die Neubewertung von Ressourcen wie Daten, Lebensraum, Arbeitskraft hat bereits begonnen. Eigentums- und Nutzungsrechte an mittlerweile eng begrenzten natürlichen Ressourcen und solchen, die eine Schlüsselfunktion für den Klimaschutz haben, werden bereits kritisch gesehen.

IV. Fazit

> Veränderung braucht eine klare Zielvorgabe.
> Sie braucht aber auch ein klares Verständnis der Ausgangssituation und der Bedürfnisse aller Beteiligten.
> Und: Sie braucht eine verantwortungsvolle Führung.

125 Gutes Change Management hat in vielen Einzelprojekten bei der digitalen Transformation der Justiz viel erreicht. Zumindest hat es den blinden Fleck zur Gesundheit der Berufsträgerinnen und Berufsträger aufgedeckt.

126 Wenn die Digitalisierung als eine Chance begriffen wird, nicht nur offline Prozesse in digitale Prozesse umzuschreiben, sondern die digitale (Rechts-)Welt neu zu denken, dann kann die neue Welt eine bessere werden.

Wiebke Voß

§ 32 Digitalisierung des internationalen Zivilrechtsverkehrs – Status quo und Entwicklungstendenzen

Gliederungsübersicht **Rn.**

Literatur: *Davies*, Bypassing the Hague Evidence Convention. Private International Law Implications of the Use of Video and Audio Conferencing Technology in Transnational Litigation, 55 Am. J. Comp. L. 205–237 (2007); *Dötsch*, Auslandszeugen im Zivilprozess, MDR 2011, 269–273; *Eichel*, Der Beitrag der modernen Informationstechnologie zur Effizienz der grenzüberschreitenden Forderungsdurchsetzung, ZVglRWiss 119 (2020), 220–236; *Fabig/Windau*, Neufassungen der Europäischen Zustellungs- und Beweisaufnahmeverordnungen, NJW 2022, 1977–1981; *Fahrbach/Schiener*, Besondere Rechtsfragen der interna-

Wiebke Voß
https://doi.org/10.1515/9783110755787-032

tionalen Zustellung, IWRZ 2017, 154–159; *Frank*, Rechtliche Aspekte der Verhandlung per Videokonferenz in Familiensachen, FuR 2020, 331–336; *Heister*, Ende des Dornröschenschlafs von Art. 17 HBÜ? Bericht eines Commissioners über eine grenzüberschreitende Beweisaufnahme, GRUR 2022, 699–702; *von Hein*, Grenzüberschreitende Durchsetzung von Forderungen in der EU, IWRZ 2019, 112–118; *von Hein*, Informierte Entscheidungen in der grenzüberschreitenden Forderungsdurchsetzung – Vorstellung und Ergebnisse eines internationalen Forschungsprojekts, ZVglRWiss 119 (2020), 123–142; *Hemler*, Virtuelle Verfahrensteilnahme aus dem Ausland und Souveränität des fremden Aufenthaltsstaats. Zugleich ein Beitrag zum Verhältnis des Völkerrechts zum Kollisionsrecht, RabelsZ 86 (2022) 905–934; *Huber*, Der optionale Charakter der Europäischen Beweisaufnahmeverordnung, ZEuP 2014, 642–661; *Kern*, Die ausländische Partei als Zeuge im Europäischen Beweisrecht, GPR 2013, 49–52; *Knöfel*, Freier Beweistransfer oder „Exklusivität" der Rechtshilfe in Zivilsachen?, IPRax 2013, 231–234; *Knöfel*, Der Kommissionsvorschlag von 2018 zur Änderung der Europäischen Beweisaufnahmeverordnung, RIW 2018, 712–718; *Knöfel*, Die Neufassung der Europäischen Beweisaufnahmeverordnung (EuBewVO), RIW 2021, 247–260; *Kohake*, Grenzüberschreitende Beweisaufnahme per Video, DRiZ 2021, 378–381; *Labonté/Rohrbeck*, Grenzüberschreitende Beweisaufnahmen im Zivilprozess unter Einsatz von Fernkommunikationsmitteln, IWRZ 2021, 99–106; *Mankowski*, Auslandszeugen, Prozesstaktik, Videovernehmung und weitere Optionen, RIW 2014, 397–402; *Sujecki*, Neufassung der Europäischen Zustellungsverordnung, EuZW 2021, 286–290; *Voß*, Grenzüberschreitende Videoverhandlungen jenseits des Rechtshilfewegs – Wunsch oder Wirklichkeit?, in Reuß/Windau (Hrsg.), Digitalisierung des Zivilverfahrensrechts, 2022, 43–57; *Windau*, Die Verhandlung im Wege der Bild- und Tonübertragung – Praxisorientierte Überlegungen zu Gegenwartsproblemen des Zivilprozessrechts, NJW 200, 2753–2757; *Windau*, Grenzüberschreitende Verhandlung und Beweisaufnahme im Wege der Bild- und Tonübertragung, jM 2021, 178–185.

A. Bedeutung der Digitalisierung grenzüberschreitender Rechtsdurchsetzung

1 Die Adaption der Justiz an das digitale Zeitalter ist nicht nur in der nationalen prozessualen Debatte zum zentralen Desiderat avanciert, sondern prägt zunehmend auch supra- und internationale Reformbestrebungen. Insbesondere der europäische Gesetzgeber lanciert unter dem Slogan „e-Justice" den Einsatz moderner Informationstechnologie in der grenzüberschreitenden Justizlandschaft. Die Digitalisierung von Rechtsdurchsetzung und justizieller Zusammenarbeit innerhalb der EU, die auf rechtspolitischer Ebene längst als Priorität ausgegeben ist,[1] soll nicht nur zu Effizienzgewinnen führen, indem die gerade im internationalen Rechtsverkehr mühsamen analogen Korrespondenz- und Verfahrenswege *ad acta* gelegt werden. Erklärtes Ziel der Digitalisierungsbestrebungen ist auch und insbesondere die **Effektuierung gerichtlichen Rechtsschutzes**: durch verbesserten Zugang zu Informationen über die Rechtslage in anderen Mitgliedstaaten, durch Forcierung elektronischer Verfahren sowie durch Inter-

1 Gemeinsame Schlussfolgerungen des Europäischen Parlaments, des Rates der Europäischen Union und der Europäischen Kommission, Politische Ziele und Prioritäten für den Zeitraum 2020–2024 (ABl. EU 2020, C 451 I/4, ABl. EU 2021 C 15 I/2 und ABl. EU 2021 C 18 I/5); ebenso Justizpolitische Schlussfolgerungen der Justizministerinnen und Justizminister v. 2./3.12.2019, ABl. EU 2019 C 419/6.

operabilität der unterschiedlichen IT-Systeme der Mitgliedstaaten.[2] Bezeichnenderweise verortet auch das EU-Justizbarometer 2022, das den Status quo der mitgliedstaatlichen Justizsysteme evaluiert, die Digitalisierung nicht als Effizienzgesichtspunkt, sondern schlägt ihn der Beurteilungskategorie „*quality* of justice systems" zu.[3] Auf europäischer Ebene muss das umso mehr gelten: Versäumnisse bei der Digitalisierung der justiziellen Zusammenarbeit innerhalb der EU mögen die **Funktionsfähigkeit des Binnenmarkts** beeinträchtigen und im Extremfall gar zur Verletzung des in Art. 6 I EMRK verankerten Rechts auf ein faires Verfahren führen, wie auch die im April 2022 veröffentlichte Study on the Digitalisation of Cross-Border Judicial Cooperation in the EU zu Recht unterstreicht.[4]

Dieser herausgehobenen Bedeutung moderner Informationstechnologien im grenz- 2
überschreitenden Kontext zum Trotz hinkt die Digitalentwicklung im europäischen und internationalen Rechtsverkehr hinterher und entbehrt an vielen Fronten noch eines sicheren normativen Fundaments. Dieses Kapitel zeichnet den **Status quo der Digitalisierung des grenzüberschreitenden Rechtsverkehrs** anhand der Lebensphasen eines Zivilverfahrens nach, von der Vorbereitung (dazu B.) und Einleitung (dazu C.) eines Verfahrens mit Auslandsbezug über die digitalisierte Verfahrensdurchführung (dazu D.) bis hin zur bislang stiefmütterlich behandelten Digitalisierung der grenzüberschreitenden Vollstreckung (dazu E.). Sich abzeichnende Reformen der Digitalisierung des internationalen Zivilrechtsverkehrs und **Entwicklungsperspektiven** *de lege ferenda* (dazu F.) vervollständigen schließlich den Überblick.

B. Vorbereitung eines grenzüberschreitenden Verfahrens

Schon im Vorfeld der Klageerhebung kann die grenzüberschreitende Rechtsdurchset- 3
zung vor Herausforderungen stellen. Der Kläger sieht sich vielfach mit einem ausländischen Rechts- und Justizsystem konfrontiert, woraus ein erhebliches Informationsproblem hinsichtlich seiner materiell-rechtlichen Situation sowie etwaiger prozessualer Möglichkeiten resultiert. Zudem mag der internationale Kontext die Lokalisierung des designierten Beklagten bzw. Antragsgegners erheblich erschweren. Nach dem Willen des europäischen Gesetzgebers sollen digitale Datenbanken und ein einheitliches Justizportal diesen Hürden im Binnenmarkt beikommen.

2 Rat der EU, Strategie für die E-Justiz 2019–2023 vom 13.3.2019, ABl. 2019 C 96, S. 4f.; s. auch Schlussfolgerungen des Rates „Zugang zur Justiz – die Chancen der Digitalisierung nutzen" vom 13.10.2020, ABl. EU 2020 C 342 I/1; vgl. auch *Eichel*, ZVglRWiss 119 (2020), 220 (221).

3 2022 EU Justice Scoreboard, COM(2022) 234, S. 31ff. [Hervorh. d. Verf.].

4 EU Commission, Study on the Digitalisation of Cross-Border Judicial Cooperation in the EU, 2022, S. 32ff.

I. Hilfestellung per Europäischem Justizportal und elektronischen Formularen

4 Als zentrale elektronische Anlaufstelle für den justiziellen Bereich bietet das 2010 gelaunchte Europäische Justizportal[5] Zugang zu **Informationen über die Rechts- und Justizsysteme aller Mitgliedstaaten**. In 23 Sprachen sind unter dem Dach des e-Justice-Portals länderspezifische Rechtsinformationen zu breit gefächerten Themenfeldern versammelt, von Familien- und Erbrecht, über geltende Rechtsvorschriften in den Mitgliedstaaten und den Stellenwert der Rechtsprechung bis hin zu Zivilprozessrecht, Zwangsversteigerungen und Mediationsmöglichkeiten. Daneben offeriert das Portal praktische Hilfestellungen für die Suche nach Rechtsanwälten, Notaren oder Mediatoren in den EU-Ländern. Der unternehmerischen und anwaltlichen Praxis bietet es Zugangslinks und Hintergrundinformationen zu Europäischem Unternehmensregister[6] und den Unternehmensregistern der Mitgliedstaaten, zum Netz der europäischen Grundbuchämter[7] und den nationalen Grundbuchregistern sowie den nationalen Insolvenzregistern und ihrem europäischen Verbund.[8]

5 Nicht zuletzt stellt das Portal auch Informationen zu genuin **europäischen Rechtsdurchsetzungsmechanismen**, insbesondere zu europäischem Bagatellverfahren[9], Mahnverfahren[10] und Kontenpfändung[11], zur Verfügung, einschließlich standardisierter Klage- und Antwortformblätter, die auch die Sprachbarrieren verringern sollen.[12] Formulare für das europäische Small-Claims-Verfahren dürfen zudem nach der deutschen Ausführungsgesetzgebung als elektronisches Dokument (§ 1097 ZPO), Anträge auf Erlass eines Europäischen Zahlungsbefehls auch in nur maschinell lesbarer Form (§ 1088 I 1 ZPO) eingereicht werden. Schon heute ist zudem ein Assistenztool[13] verfügbar, das anhand von Multiple-Choice-Fragen herausfiltern soll, ob für das konkrete Rechtsproblem eines EU-Bürgers das Small-Claims-Verfahren oder das europäische Mahnverfahren in

5 https://e-justice.europa.eu.

6 Business Registers Interconnection System (BRIS), auf Basis der RL (EU) 2012/17. Derzeit sind allerdings noch nicht alle Mitgliedstaaten verknüpft.

7 European Land Registry Network (ELRN), zugänglich unter https://www.elra.eu/european-land-registry-network/.

8 Verbund gem. Art. 25 Verordnung (EU) 2015/848; bis dato nur für diejenigen EU-Mitgliedstaaten, die eine entsprechende Schnittstelle eingerichtet haben.

9 Verordnung (EG) Nr. 861/2007 des Europäischen Parlaments und des Rates vom 11. Juli 2007 zur Einführung eines europäischen Verfahrens für geringfügige Forderungen.

10 Verordnung (EG) Nr. 1896/2006 des Europäischen Parlaments und des Rates vom 12. Dezember 2006 zur Einführung eines Europäischen Mahnverfahrens.

11 Verordnung (EU) Nr. 655/2014 des Europäischen Parlaments und des Rates vom 15. Mai 2014 zur Einführung eines Verfahrens für einen Europäischen Beschluss zur vorläufigen Kontenpfändung im Hinblick auf die Erleichterung der grenzüberschreitenden Eintreibung von Forderungen in Zivil- und Handelssachen.

12 Gem. Art. 4 I, 5 III EuGFVO; Art. 7 I EuMVVO; Art. 8 I EuKtPVO.

13 https://e-justice.europa.eu/dynform_wizard_show_action.do.

Betracht kommt – allerdings inhaltlich falsch programmiert ist.[14] Avisiert, aber noch nicht implementiert sind nach dem Aktionsplan für die Europäische Justiz 2019-2023 zudem ein zentrales Abfrage-Tool[15] sowie die Entwicklung eines – im Einzelnen nicht näher umrissenen – Chatbots, der nach den Zielvorgaben der EU „die Nutzer unterstütz[en] und sie zu der gesuchten Information leite[n]“ soll.[16] Die Intention, die Nutzerfreundlichkeit der eher funktional denn innovativ anmutenden europäischen e-Justice-Webseite zu verbessern, der zu Recht eine „unsystematische und zum Teil falsche Informationsflut“ attestiert wird,[17] verdient als solche aber Applaus.

II. Lokalisierung des Beklagten über digitale Datenbanken?[18]

Neben materiell- und verfahrensrechtlichen Informationen kommt auch der Verfüg- 6
barkeit tatsächlicher Informationen in grenzüberschreitenden Verfahren zentrale Bedeutung zu: Um ein Verfahren einleiten zu können, muss der prospektive Antragssteller bzw. Kläger – ungeachtet der Möglichkeit öffentlicher Zustellung[19] – grundsätzlich Kenntnis davon haben, wo sich der designierte Prozessgegner aufhält. Dass die Lokalisierung des designierten Antragsgegners jenseits der eigenen Staatsgrenzen besondere Schwierigkeiten aufgeben mag,[20] hat im besonders grundrechtssensiblen Kontext von **Unterhaltsforderungen** den europäischen Gesetzgeber veranlasst, unterstützende Ermittlungstätigkeiten der Zentralen Behörden zu lancieren,[21] und auch die Haager Konferenz auf den Plan gerufen.[22]

---

14 Die Eingangsfrage „Liegt eine Rechtssache vor, die von einem Gericht in einem Mitgliedstaat entschieden werden könnte, in dem *weder Sie noch die andere Partei* Ihren Wohnsitz oder Aufenthalt haben?“ [Hervorh. d. Verf.] geht fehl; denn nach Art. 3 I EuGFVO bzw. EuMahnVO ist eine grenzüberschreitende Rechtssache bereits gegeben – und damit der Anwendungsbereich der Verordnungen eröffnet –, wenn *eine* der Parteien ihren Wohnsitz oder gewöhnlichen Aufenthalt in einem anderen Mitgliedstaat als dem Gerichtsstaat hat. Zu dieser Fehlprogrammierung zu Recht auch bereits *Eichel*, ZVglRWiss 119 (2020), 220 (222).

15 Aktionsplan für die europäische E-Justiz 2019-2023 vom 13.3.2019, ABl. 2019 C 96, Rn. 6 sowie II.B.3. (Projekt Nr. 12).

16 Aktionsplan für die europäische E-Justiz 2019-2023 vom 13.3.2019, ABl. 2019 C 96, Rn. 15 (Projekt Nr. 12).

17 *Eichel*, ZVglRWiss 119 (2020), 220 (236) m.w.N.; vgl. auch bereits *Holzner*, MMR-Aktuell 2010, 305999.

18 Dazu *Eichel*, ZVglRWiss 119 (2020), 220 (224).

19 § 185 Nr. 3 ZPO; zu den Voraussetzungen im Einzelnen MünchKomm-ZPO/*Häublein*/*Müller*, 6. Aufl. 2020, § 185 Rn. 19ff.

20 Dazu im Kontext von Unterhalt *Hess*/*Spancken* in: Beaumont/Hess/Walker/Spancken (Hrsg.), The Recovery of Maintenance in the EU and Worldwide, 2014, S. 385 (405); s. auch *Borrás*/*Degeling*, Explanatory Report on the Convention on the International Recovery of Child Support and Other Forms of Family Maintenance, 2007, Rn. 141.

21 Art. 51 II lit. b, 53 II S. 1, 61 I, II S. 2 lit. a EuUntVO; s. auch *Eichel*, ZVglRWiss 119 (2020), 220 (225); *Veith*, FPR 2013, 46 (49).

22 Art. 6 II lit. b, 11 II lit. c HUÜ 2007; zum Datenschutz zugunsten des Unterhaltsschuldners s. Art. 38-40 HUÜ 2007.

7 In anderen Rechtsstreitigkeiten als Unterhaltssachen setzen europäisches und internationales Verfahrensrecht die Lokalisierung bzw. Nennung einer korrekten Anschrift des designierten Empfängers traditionell apriorisch voraus. Das Haager Zustellungsübereinkommen sowie die Vorfassung der Europäischen Zustellungsverordnung (EuZustVO 2007) sind bei unbekannter Empfängeranschrift schlicht nicht anwendbar.[23] Erstmals sieht die zum 1. Juli 2022 in Kraft getretene Neufassung der Europäischen Zustellungsverordnung (EuZustVO) nun indes **Rechtshilfe zur Ermittlung der unbekannten Anschrift des Zustellungsempfängers** im Zielstaat vor: Gem. **Art. 7 I EuZustVO** hat der Empfangsmitgliedstaat entweder Anfragen der Übermittlungsstellen zur Ermittlung der Anschrift zuzulassen und dafür zuständige Behörden zu benennen (lit. a), oder es Personen aus anderen Mitgliedstaaten zu ermöglichen, über das Europäische Justizportal Auskunftsanfragen an Wohnsitzregister oder öffentliche Datenbanken im Inland zu richten (lit. b), oder aber wenigstens im Europäischen Justizportal Informationen über die Möglichkeiten der Anschriftenermittlung auf seinem Staatsgebiet bereitzustellen (lit. c).[24]

C. Einleitung des Verfahrens: Grenzüberschreitende Kommunikation

8 Besonderes Effektuierungspotenzial bieten digitale Lösungen für die Einleitung grenzüberschreitender Verfahren – insbesondere qua elektronischer Zustellung, welche die vielfach langen postalischen Zustell- und Beförderungszeiten vermeidet. Während sich das HZÜ schon seit Längerem digitalen Zustellungsformen öffnet, ist der insoweit desolate Digitalisierungsstand im europäischen Justizraum erst mit der Revision der EuZustVO korrigiert worden.

I. Innerhalb der EU

9 Zentrale Komponente der Digitalisierung des grenzüberschreitenden Prozessrechtsverkehrs ist der Auf- und Ausbau einer papierlosen Kommunikation (1.). Daneben sollen informationstechnologische Lösungen die Übersetzung von Verfahrensdokumenten beschleunigen und vergünstigen (2.) und den Zugang zur Justiz durch Portallösungen vereinfachen (3.).

23 Art. 1 II HZÜ; Art. 1 II EuZustVO 2007; zur restriktiven Handhabung des Ausschlussgrundes des Art. 1 II HZÜ aber BGH NJW 1999, 1187 (1188); auch die *in praxi* bisweilen bemühte Europäische Beweisverordnung (EuBewVO 2001) bot *de lege lata* keine Lösung, da die Einholung einer amtlichen Auskunft über die Beklagtenadresse keine Beweisaufnahme i.S.d. Art. 1 EuBewVO darstellt und ohnehin Art. 4 I lit. b der Verordnung die Nennung der Parteianschriften im Rechtshilfeersuchen voraussetzt; zu dieser Problematik *Knöfel*, RIW 2021, 473 (477) m.w.N.

24 Zur fehlenden Gleichwertigkeit der dritten Variante zu Recht *Knöfel*, RIW 2021, 473 (478); krit. auch bereits *Eichel*, ZVglRWiss 119 (2020), 220 (225).

1. Elektronische Zustellungen

Den wohl wichtigsten Beitrag zur Verbesserung der grenzüberschreitenden Forderungsdurchsetzung verspricht die Digitalisierung der Zustellung,[25] für die auf europäischer Ebene mit der Revision der EuZustVO ein Paradigmenwechsel jedenfalls in die Wege geleitet ist. An die Rechtswirksamkeit von Zustellungen, ob im nationalen oder internationalen Rechtsverkehr, sind aus **rechtsstaatlichen Gründen** stets strenge Anforderungen gestellt worden:[26] Nicht nur die Wahrung des rechtlichen Gehörs des Beklagten verlangt nach hinreichender Sicherheit bezüglich des Zugangs verfahrenseinleitender Schriftstücke. Auch der Justizgewährungsanspruch des Klägers droht unterlaufen zu werden, wenn die rechtzeitige und ordnungsgemäße Zustellung nicht sichergestellt ist; denn der Anerkennung und Vollstreckung einer daraufhin zu seinen Gunsten ergangenen Entscheidung stehen die Versagensgründe der Art. 45 I lit.b, 46 EuGVVO oder des § 328 I Nr. 2 ZPO (respektive im familienrechtlichen Verfahren der Art. 38 lit. b, Art. 39 I lit. b Brüssel IIb-VO[27] sowie § 109 I Nr. 2 FamFG) zwingend entgegen. 10

Vor diesem Hintergrund galten Auslandszustellungen angesichts der mit ihnen einhergehenden Verfahrensverzögerungen, aufgrund von Weigerungsrechten des Empfangsstaates[28] sowie mit Blick auf Nachweiserfordernisse selbst im europäischen Rechtsraum unter der EuZustVO 2007 noch als **potenzieller Fallstrick für die grenzüberschreitende Rechtsdurchsetzung**.[29] Zwar gestattete schon Art. 4 II EuZustVO 2007 den Transfer von Schriftstücken im unmittelbaren Behördenverkehr „auf jedem geeigneten Übermittlungsweg", solange inhaltliche Übereinstimmung mit dem Original und Lesbarkeit gewährleistet waren – was auch auf Telefax oder per E-Mail versandte Bilddateien zutrifft.[30] *In praxi* ist von dieser Möglichkeit – auch da etwaige nationale Zustellungsformen gewahrt bleiben mussten und es für die Übermittlung von Übermittlungs- zu Empfangsstelle an einem einheitlichen, kompatiblen System fehlte[31] – indes wenig Gebrauch gemacht und am postalischen Verkehr als Kommunikationsmittel der Wahl festgehalten worden.[32] Die redigierte Fassung der Europäischen Zustellungsverordnung, die sich 11

25 Vgl. auch *Hess*, Europäisches Zivilprozessrecht, 2. Aufl. 2021, Rn. 8.32.

26 S. auch COM(2018) 379, S. 13.

27 Bei Verfahrenseinleitung vor dem 1.8.2022 ergibt sich Entsprechendes aus Art. 22 lit. b bzw. Art. 23 lit. c Brüssel IIa-VO.

28 S. Art. 8 EuZustVO 2007.

29 Zu den rechtspraktischen Problemen *Gascón Inchausti/Requejo Isidro* in: Hess/Ortolani (Hrsg.), Impediments of National Procedural Law, 2019, Kap. 1 Rn. 36ff.; *von Hein/Imm*, IWRZ 2019, 112 (115f.).

30 Musielak/Voit/*Stadler*, ZPO, 19. Aufl. 2022, Art. 5 EuZustVO Rn. 1; vgl. auch Geimer/Schütze/*Geimer*, 4. Aufl. 2020, Art. 4 EuZustVO Rn. 2.

31 Dazu s. auch MünchKomm-ZPO/*Rauscher*, Art. 4 EuZustVO Rn. 3.

32 Auch eine postalische Zustellung im Behördenverkehr kann allerdings Zugang zum nationalen elektronischen Rechtsverkehr des Empfängermitgliedstaats eröffnen, sofern ein solcher im Einzelfall vorgesehen ist – in Deutschland bekanntermaßen nur unter den restriktiven Voraussetzungen der § 173 I, III i.V.m. § 130a IV ZPO, grds. auf einem sicheren Übermittlungsweg gegenüber vertrauenswürdigen Empfängern (s. auch OLG Köln NJW-RR 2019, 888 (889) sowie *Knöfel*, RIW 2021, 473 (480)).

schwerpunktmäßig der Digitalisierung des grenzüberschreitenden Rechtsverkehrs verschrieben hat und durch programmatische Arbeitspakete wie die Schlussfolgerungen des Rates „Zugang zur Justiz – die Chancen der Digitalisierung nutzen" weiter ergänzt wurde,[33] schafft nun aber niederschwellige elektronische Kommunikationsmöglichkeiten im Behördenverkehr (Art. 8, 10 EuBewVO) sowie – unter qualifizierten Voraussetzungen – die Option digitaler Direktzustellungen an in einem anderen Mitgliedstaat befindliche Empfänger (Art. 18–20 EuBewVO).

a) Interbehördliche Kommunikation zwischen Übermittlungs- und Empfangsstellen

12 Um „Effizienz und Schnelligkeit von Gerichtsverfahren durch ihre Vereinfachung und Straffung im Bereich der Zustellung"[34] zu steigern, sieht die EuZustVO 2020 vor, dass der **Dokumentenaustausch** zwischen den Übermittlungs-, Empfangs- und Zentralstellen zukünftig grundsätzlich nur noch auf elektronischem Wege zu erfolgen hat, namentlich **über ein „sicheres und zuverlässiges dezentrales IT-System"** (Art. 5 I 1 EuZustVO).[35] Als solches IT-System legaldefiniert Art. 2 Nr. 2 EuZustVO „ein Netzwerk nationaler IT-Systeme und interoperabler Zugangspunkte, die unter der jeweiligen Verantwortung und Verwaltung eines jeden Mitgliedstaats betrieben werden, das den sicheren und zuverlässigen grenzüberschreitenden Informationsaustausch zwischen den nationalen IT-Systemen ermöglicht", bei dem also Organe der Union nicht involviert sind.[36] Der europäische Gesetzgeber diktiert dabei weder die Nutzung einer spezifischen Übermittlungsform – offen stehen vielmehr „alle geeigneten modernen Kommunikationstechnologien", die Integrität und Authentizität des übersendeten Schriftstücks sicherstellen –,[37] noch forciert er eine konkrete Softwarelösung als IT-System. Erklärtes Ziel ist vielmehr, neueren technologischen Entwicklungen Rechnung tragen zu können.[38] Einzelheiten zur Einrichtung des dezentralen IT-Systems, etwa in Hinblick auf technische Spezifikationen, Informationssicherheitsziele und die Einsetzung eines sog. „Lenkungsausschusses" aus Vertretern der Mitgliedstaaten, hat die Europäische Kommission in Durchführungsrechtsakten zu regeln (Art. 25 EuZustVO).[39]

---

33 Zum Zusammenhang der Instrumente *Mansel/Thorn/Wagner*, IPRax 2021, 105 (110); *Knöfel*, RIW 2021, 473 (478).

34 So ErwGr 3 EuZustVO 2020.

35 Dazu im Detail auch *Knöfel*, RIW 2021, 473 (478 f.); *Sujecki*, EuZW 2021, 286 (288 f.).

36 Zu Referenzimplementierungssoftware und Kosten des dezentralen IT-Systems Art. 27 f. EuZustVO 2020.

37 So explizit ErwGr 10 S. 1 EuZustVO 2020.

38 ErwGr 10 S. 2 EuZustVO 2020.

39 Vom Erlass der Durchführungsrechtsakte hängt der Geltungsbeginn der Art. 5, 8 und 10 EuZustVO zur elektronischen Übermittlung ab, Art. 37 II EuZustVO; s. dazu noch Rn. 16 sowie Musielak/Voit/*Stadler*, Art. 25 EuZustVO Rn. 1.

Tatsächlich dürfte aber das in Art. 5 I 2 EuZustVO exemplifizierend genannte europäische Kommunikationssystem **e-CODEX**[40], das die Vernetzung nationaler Systeme realisieren und dadurch die interbehördliche Kommunikation vereinfachen will, favorisiert werden. Programmatisch zum „Goldstandard für die sichere digitale Kommunikation im Rahmen grenzübergreifender Gerichtsverfahren"[41] erkoren, soll e-CODEX nach dem Willen der Kommission im Laufe des Jahres 2023 der Verwaltung der europäischen Agentur eu-LISA[42] anvertraut werden; mittels der bereits 2020 kommissionsseits angetragenen e-CODEX-Verordnung, die im März 2022 vom Europäischen Parlament angenommen wurde,[43] soll die e-CODEX-Software weiter ausgebaut werden. 13

Die zuzustellenden Schriftstücke, Ersuchen und Mitteilungen, die über das dezentrale IT-System übermittelt werden, haben gem. Art. 5 II EuZustVO die **Vorgaben der eIDAS-Verordnung** zu wahren, die seit Juni 2016 europaweit einheitliche Anforderungen an elektronische Verschlüsselungsdienste vorgibt.[44] Siegel oder eigenhändige Unterschriften können dabei durch ein qualifiziertes elektronisches Siegel respektive eine qualifizierte elektronische Signatur substituiert werden.[45] Auf andere Übermittlungswege als das dezentrale IT-System darf nur bei Störung desselben oder anderen außergewöhnlichen Umständen ausgewichen werden, etwa wenn die Digitalisierung einer umfangreichen Dokumentation einen unverhältnismäßigen Aufwand darstellen würde oder sofern zur Beurteilung der Echtheit eines Schriftstücks das Original benötigt wird.[46] 14

Abgesichert wird die Effektivität der interbehördlichen Kommunikation per dezentralem IT-System, das die nationalen IT-Systeme miteinander vernetzt, schließlich durch die Klarstellung des Art. 6 EuZustVO, welcher die tradierte Authentizitätsgarantie qua behördlicher Übermittlung und ohne Notwendigkeit einer Beglaubigung (nunmehr Art. 8 III EuZustVO) ergänzt: Nach der im Gesetzgebungsverfahren vieldiskutierten Regelung darf übermittelten Schriftstücken ihre Rechtswirkung oder ihre Zulässigkeit als 15

---

40 Offizielle Abkürzung für e-Justice Communication via Online Data Exchange. Näheres unter https://www.e-codex.eu/ sowie COM(2020) 712 final; s. auch *Jost/Kempe*, NJW 2017, 2705.

41 Mitteilung der Kommission vom 2.12.2020, Digitalisierung der Justiz in der Europäischen Union: Ein Instrumentarium für Gelegenheiten, COM(2020) 710 final, S. 18.

42 Europäische Agentur für das Betriebsmanagement von IT-Großsystemen im Bereich Sicherheit, Freiheit und Recht, bis dato zuständig für die Verwaltung der Schengener Informationssysteme, des Biometric Matching System (BMS), des Visa-Informationssystem (VIS) sowie der EURODAC (Datenbank für die Erfassung von Flüchtlingen und Migranten); s. näher https://www.eulisa.europa.eu/.

43 Vorschlag für eine Verordnung des Europäischen Parlaments und des Rates über ein EDV-System für die grenzüberschreitende Kommunikation in Zivil- und Strafverfahren (e-CODEX) und zur Änderung der Verordnung (EU) 2018/1726, COM (2020) 712 final; vorläufige Einigung von Ratsvorsitz und Europäischem Parlament bereits am 8.12.2021.

44 Verordnung (EU) Nr. 910/2014 des Europäischen Parlaments und des Rates über elektronische Identifizierung und Vertrauensdienste für elektronische Transaktionen im Binnenmarkt und zur Aufhebung der Richtlinie 1999/93/EG; eingehend zu den Vorgaben der Verordnung *Sosna*, CR 2014, 825.

45 Art. 5 III EuZustVO.

46 Art. 5 IV EuZustVO; zum Verständnis der „außergewöhnlichen Umstände" s. ErwGr 15 S. 2.

Beweismittel im Gerichtsverfahren nicht allein deshalb abgesprochen werden, weil sie bloß in elektronischer Form vorliegen – selbst wenn elektronische Dokumente nach dem nationalen Prozessrecht des Empfangsstaates sonst nicht oder nur unter besonderen Authentifizierungsvoraussetzungen anerkannt werden.[47]

16 Während die Neufassung der Zustellungsverordnung in weiten Teilen seit dem 1.7. 2022 gilt (s. Art. 37 I EuZustVO), wird die avisierte digitale Übermittlung von Schriftstücken als wohl wichtigste Neuerung aufgrund der notwendigen Anpassungen der nationalen IT-Systeme erst zu einem späteren Zeitpunkt Realität werden. Art. 5 gilt (ebenso wie Art. 8 und Art. 10) ab dem ersten Monatsbeginn **drei Jahre nach dem Inkrafttreten der Durchführungsrechtsakte** zu den technischen Anforderungen des dezentralen IT-Systems.[48] Sofern es Mitgliedstaaten gelingt, den Betrieb des dezentralen IT-Systems bereits zu einem früheren Zeitpunkt aufzunehmen, können sie dies der Kommission mitteilen, damit diese Mitgliedstaaten das IT-System bereits als Kommunikationskanal untereinander in Gebrauch nehmen können.[49]

b) Elektronische Direktzustellungen an ausländische Adressaten

17 Vor Inkrafttreten der neu gefassten EuZustVO stand für die – souveränitätsrechtlich nicht unumstrittene[50] – Direktzustellung an den ausländischen Empfänger bereits der postalische Weg des Einschreibens mit Rückschein offen.[51] Obgleich noch an die mitgliedstaatliche Zulassung auf diesem Weg ausgehender Zustellungen nach ihrem nationalen Recht geknüpft,[52] wurde die unmittelbare Parteizustellung dank ihrer Schnelligkeit und Erschwinglichkeit zu Recht bereits als zentraler Vorzug des europäischen Regelungsregimes gegenüber dem Haager Zustellungsübereinkommens (HZÜ) gewertet.[53]

18 Der europäische Gesetzgeber propagiert nun als unmittelbaren Weg ohne Zwischenschaltung der Behörde des Empfangsstaats mit Art. 19 EuZustVO zusätzlich[54] die

47 Zur diesbzgl. Diskussion MünchKomm-ZPO/*Rauscher*, Art. 4 EuZustVO Rn. 13; zum Ganzen auch *Knöfel*, RIW 2021, 473 (479) sowie zur Parallelregelung des Art. 8 EuBewVO *ders.*, RIW 2021, 247 (259).

48 Art. 37 II EuZustVO; zu den Durchführungsrechtsakten nach Art. 25 EuZustVO 2020 s. Rn. 12.

49 Art. 33 II EuZustVO; dazu auch *Knöfel*, RIW 2021, 473 (479).

50 S. nur *Geimer* in: FS Spellenberg, 2010, S. 407 (419 f.).

51 Art. 14 EuZustVO 2007, jetzt Art. 18 EuZustVO 2020; zwischen den Zustellungswegen besteht dabei keine Rangordnung, s. nur EuGH, Urt. v. 9.2.2006 – Rs. C-473/04, Plumex, ECLI:EU:C:2006:96, Rn. 20.

52 S. nur den Wortlaut des Art. 14 EuZustVO 2007: „Jedem Mitgliedstaat *steht es frei*, […] gerichtliche Schriftstücke unmittelbar durch Postdienste per Einschreiben mit Rückschein oder gleichwertigem Beleg zustellen zu lassen“ [Hervorh. d. Verf.]. Ein Ausschluss eingehender Zustellungen auf dem Postweg war hingegen schon unter der Altfassung der EuZustVO nicht mehr statthaft (Musielak/Voit/*Stadler*, Art. 14 EuZustVO Rn. 1); anders im Rahmen der Parallelvorschrift des Art. 10 lit. a HZÜ, s. auch § 6 S. 2 AusfG HZÜ.

53 Rauscher/*Heiderhoff*, EuZPR/EuIPR, 4. Aufl. 2015, Art. 14 EuZustVO Rn. 1; *Knöfel*, RIW 2021, 473 (483).

54 COM(2018) 379 final, S. 15: „zusätzliches alternatives Verfahren“.

elektronische Zustellung, zu der sich die Vorgängerverordnung noch nicht verhielt[55] und die jedenfalls in Deutschland bis dato nicht möglich war.[56] Ohne technische Mindeststandards für grenzüberschreitende elektronische Zustellungen vorzuschreiben,[57] die in der europäischen small-claims-Verordnung bereits seit 2015 etabliert sind,[58] erklärt der Verordnungsgeber die elektronische Form in regulären Zivilverfahren in zwei Varianten für zulässig: qua elektronischem Einschreiben iSd eIDAS-Verordnung,[59] das von privaten e-Post-Diensten als „qualifizierten Vertrauensdiensten"[60] übermittelt werden kann, oder per E-Mail. Weder werden etwaige *lege fori* geltende Zustellungsvorschriften dabei – wie noch im Kommissionsentwurf angedacht[61] – automatisch auf den grenzüberschreitenden Rechtsverkehr erstreckt, noch werden die Mitgliedstaaten zur Nutzung elektronischer Kommunikationswege verpflichtet. Sofern der designierte Empfänger eine bekannte Zustelladresse in einem (anderen) Mitgliedstaat hat,[62] eröffnet Art. 19 EuZustVO lediglich die Option, mit ausdrücklicher vorheriger Zustimmung des Empfängers auf elektronische Übermittlungswege zurückzugreifen.[63] Bei Nutzung eines qualifizierten Dienstes zur Übersendung elektronischer Einschreibung genügt dabei die generelle Zustimmung des Adressaten zur Verwendung elektronischer Mittel in gerichtlichen Verfahren (I lit. a). Bei Rekurs auf das E-Mail-Format bedarf es einer konkreten Zustimmung für das betreffende Verfahren sowie einer mit Datum versehenen Empfangsbestätigung (I lit. b); überdies steht es den Mitgliedstaaten frei, die Rechtswirksamkeit einer E-Mail-Zustellung nach Art. 19 II EuZustVO an weitere qualifizierte Bedingungen knüpfen, sofern nach seiner *lex fori* strengere Zustellungsregeln gelten oder eine Zustellung per E-Mail überhaupt nicht zugelassen ist.

Die strengen Zustimmungserfordernisse zum Schutz des Empfängers drohen die 19
praktische Durchschlagskraft der e-Zustellung dabei jedenfalls zu mindern.[64] Verzichtet wurde zudem auf das im Kommissionsvorschlag noch lancierte tatsächliche Inkennt-

---

55 S. *Fahrbach/Schiener*, IWRZ 2017, 154 (155); *Knöfel*, RIW 2021, 473 (479).

56 Musielak/Voit/*Stadler*, Art. 19 EuZustVO Rn. 1; *Fahrbach/Schiener*, IWRZ 2017, 154 (155); *Knöfel*, RIW 2021, 473 (479). Die Verfügbarkeit elektr. Zustellungen verbessert in Deutschland erst das Gesetz zum Ausbau des elektronischen Rechtsverkehrs mit den Gerichten v. 5.10.2021 (BGBl. 2021 I, 4607).

57 Anders insbes. die ELI/UNIDROIT Model European Rules of Civil Procedure (MERCP), Rule 74(1)(b); krit. hins. der fehlenden techn. Vorgaben der VO *Knöfel*, RIW 2021, 473 (481).

58 Namentl. in Art. 13 I lit. b, II EuGFVO. Näher *Hess*, EuZPR, Rn. 10.105.

59 Vgl. die Legaldefinition des Art. 3 Nr. 36 VO (EU) 910/2014 sowie die Anforderungen der Art. 43, 44 eIDAS-VO, insbes. müssen Sendung und Empfang durch eine fortgeschrittene elektron. Signatur gesichert sein, was etwa „De-Mail" oder „E-Post" gewährleisten.

60 Sofern die Dienste die Anforderungen der eIDAS-VO wahren, s. Art. 3 Nr. 17 eIDAS-VO.

61 COM(2018) 379 final, S. 15.

62 Dies gilt nach § 1068 ZPO auch für Zustellungen an in Dtl. befindliche Adressaten.

63 Die Möglichkeit besteht nun offenbar sowohl für gerichtl. Zustellungen als auch für Zustellungen im Parteibetrieb (*Mansel/Thorn/Wagner*, IPRax 2022, 97 (107); s. auch *Sujecki*, EuZW 2021, 286 (289 f.)); anders noch Art. 14 EuZustVO 2007 i. V. m. § 1069 I Nr. 1 ZPO (a. F.).

64 So zu Recht Musielak/Voit/*Stadler*, Art. 19 EuZustVO Rn. 1; *Sujecki*, EuZW 2021, 286 (289 f.); beachtenswert insoweit die Lösung der MERCP, für bestimmte Adressatengruppen eine Rechtspflicht zur Registrie-

nissetzen des Empfängers über das gegen ihn eingeleitete Gerichtsverfahren, für das sämtliche „Mittel der modernen Kommunikationstechnologie“ offenstehen sollten.[65]

2. Digitale Übersetzungen

20 Neben den Zustellungen sollen künftig auch die im internationalen Rechtsverkehr vielfach benötigten Übersetzungen[66] durch den Einsatz moderner Informationstechnologie beschleunigt und vergünstigt werden. Die Automatisierung einfacherer Übersetzungsdienste gibt der Aktionsplan für die europäische E-Justiz 2019–2023 bereits als programmatische Zielvorgabe aus.[67] Zurückgegriffen werden könnte dabei auch auf die seit 2004 gepflegte Datenbank IATE (Interactive Terminology for Europe), welche die spezifisch europarechtliche Terminologie katalogisiert – wenngleich nicht immer hinreichend akkurat.[68]

3. Digitale Zugangsmöglichkeiten zu den Gerichten

21 Schließlich ist auch die Verbesserung der Zugänglichkeit der mitgliedstaatlichen Gerichte auf digitalen Wegen, die freilich nicht spezifisch den grenzüberschreitenden Zivilrechtsverkehr betrifft, auf die Reformagenda des europäischen Gesetzgebers gerückt. Das rückwirkend zum 1.1.2021 verabschiedete Förderprogramm Justiz 2021-2027 statuiert als eines seiner übergeordneten Ziele die „Erleichterung eines wirksamen und diskriminierungsfreien Zugangs zur Justiz für alle und des wirksamen Rechtsschutzes, auch auf elektronischem Wege **(E-Justiz)**“.[69] En détail wird das Arbeitsprogramm des Förderprojekts von der Europäischen Kommission in einem Durchführungsrechtsakt stipuliert.[70]

---

rung für ein elektronisches Zustellsystem zu etablieren (Rule 74(1) sowie erläuternd *Wilke*, EuZW 2021, 187 (192 f.)).

65 So noch Art. 19 III des Kommissionsvorschlags, COM(2018) 379 final. Diese informelle Mitteilung hätte es dem Beklagten – angesichts erwiesener Kenntnis – verwehren können, sich auf formal fehlende Bescheinigungen über die Zustellung zu berufen.

66 S. Art. 9 EuZustVO.

67 Aktionsplan für die europäische E-Justiz 2019-2023 vom 13.3.2019, ABl. 2019 C 96, Rn. 19.

68 https://iate.europa.eu/home. In den FAQs konzedieren die Projektverantwortlichen hinsichtlich der Qualität der Datenbankeinträge: „it depends“.

69 Art. 3 II lit. c der Verordnung (EU) 2021/693 des Europäischen Parlaments und des Rates vom 28. April 2021 zur Einrichtung des Programms „Justiz“ und zur Aufhebung der Verordnung (EU) Nr. 1382/2013.

70 Art. 12 II S. 1 der VO (EU) 2021/693.

II. Außerhalb der EU

Außerhalb des europäischen Justizraums mit seinem Grundsatz gegenseitigen Vertrauens[71] haben Zustellungen – wie auch § 183 II 1 ZPO deklaratorisch stipuliert – primär nach den bestehenden völkerrechtlichen Vereinbarungen zu erfolgen.[72] In Bezug genommen sind damit insbesondere das **Haager Zustellungsübereinkommen 1965 (HZÜ)** sowie das – zwischen den HZÜ-Vertragsstaaten weitgehend abgelöste – Haager Übereinkommen über den Zivilprozeß 1954 (HZPÜ). Obgleich die Haager Konferenz seit nahezu 20 Jahren Digitalisierungspotenziale auslotet, bleiben die Möglichkeiten elektronischer Zustellungen nach dem HZÜ doch ausgesprochen beschränkt: Direktzustellungen an den ausländischen Adressaten, gegen die Deutschland ohnehin in § 6 S. 2 AusfG HZÜ Veto eingelegt hat, können *de lege lata* lediglich per Post iSd Art. 10 lit. a HZÜ eingelegt werden.[73] Der klare Wortlaut dürfte einem technologieneutralen Verständnis unter Einbeziehung elektronischer Kommunikationsmittel – etwa E-Mail oder gar WhatsApp – entgegenstehen.[74] Lediglich **Zustellungen durch die Zentrale Behörde des ersuchten Staates nach Art. 5 I HZÜ** können in jeglicher nach den inländischen Zustellungsvorschriften zulässigen – auch elektronischen – Form erfolgen.[75] 22

D. Durchführung grenzüberschreitender Verfahren

Im laufenden Verfahren betreffen informationstechnologische Neuerungen sowohl die Beweiserhebung (dazu I.) als auch die Verhandlung (dazu II.) und werfen dabei insbesondere Fragen nach der Zulässigkeit von Fernkommunikationsmitteln wie Video- oder auch Telefonkonferenztools auf. Soweit im Zuge der Durchführung grenzüberschreitender Verfahren Zustellungs- und allgemeine Kooperationsthemen virulent werden, richten auch diese sich nach dem Rechtsrahmen der EuZustVO (s. Rn. 10ff.). 23

71 S. aus der st. europ. Rspr. nur exempl. EuGH, Urt. v. 26.10.2021 – C-428/21 PPU und C-429/21/PPU, *Openbaar Ministerie*, ECLI:EU:C:2021:876, Rn. 37; EuGH, Urt. v. 22.2.2022 – C-562/21 PPU und C-563/21 PPU, ECLI:EU:C:2022:100, Rn. 40. Näher dazu *von Danwitz*, EuR 2020, 61. Innerhalb der EU ist die EuZustVO abschließend, s. nur EuGH, Urt. v. 19.12.2012 – C-325/11, *Alder u.a. ./. Orłowska u.a.*, ECLI:EU:C:2012:824, Ls. 1, Rn. 32.

72 Bzw. subsidiär auf diplomatischem oder konsularischem Wege, s. § 183 III ZPO.

73 In den authentischen Sprachfassungen „by postal channels" bzw. „par la voie de la poste".

74 Zur Zustellung eines kanadischen Scheidungsantrags per WhatsApp an die in Deutschland befindliche Antragsgegnerin *Voß*, RDi 2022, 137 (zu OLG Frankfurt a.M. Beschl. v. 22.11.2021 – 28 VA 1/21).

75 Conclusions and Recommendations of the Special Commission on the Practical Operation of the Hague Service, Evidence and Access to Justice Conventions (20–23 May 2014), S. 5 (Ziff. 37); dazu auch *Knöfel*, RIW 2021, 473 (479).

I. Beweise in grenzüberschreitenden Zivilverfahren

24 Im Gleichlauf mit der Reform der ZustVO adaptiert die Neufassung der Europäischen Beweisaufnahmeverordnung (EuBewVO)[76] den Rechtshilfeverkehr im Binnenmarkt an die neuen Kommunikationstechnologien.[77] Neben der **elektronischen Übermittlung** von Rechtshilfeersuchen (1.) adressiert die redigierte EuBewVO auch Möglichkeit und Voraussetzungen **virtueller Beweiserhebungen** im Binnenmarkt und bietet damit ein Maß an Rechtssicherheit, das dem vertragslosen wie auch dem HBÜ-unterstellten Rechtsverkehr abgeht (2.). Neben digitalen Modalitäten der Beweiserhebung ist zudem der Umgang mit **ausländischen elektronischen Beweismitteln** unter dem europäischen Regelungsregime vorgezeichnet (3.).

1. Elektronische Übermittlung von Rechtshilfeersuchen

25 Rechtshilfeersuchen sowie diesbezügliche Mitteilungen sollen nach Art. 7 I EuBewVO zukünftig von dem Prozessgericht auf digitalem Wege an das ersuchte Gericht übermittelt werden.[78] Wie im Rahmen der EuZustVO soll die Übermittlung über ein „sicheres und zuverlässiges **dezentrales IT-System** unter angemessener Achtung der Grundrechte und Grundfreiheiten“ erfolgen, das ausweislich der Legaldefinition des Art. 2 Nr. 2 EuBewVO als Gateway die nationalen Back-End-Systeme der Mitgliedstaaten vernetzt.[79] Regelbeispielhaft wird auch insoweit wieder **e-CODEX** als Softwarelösung referenziert (s. Rn. 13), Details zur Einrichtung des IT-Systems werden Durchführungsrechtsakten der Europäischen Kommission überantwortet (Art. 25 EuBewVO). Auch in beweisrechtlichem Kontext wird die Nutzung dieses elektronischen Übermittlungswegs verpflichtend vorgeschrieben, sofern dem nicht Störungen des IT-Systems, außergewöhnliche Umstände oder auch die Beschaffenheit des Beweismittels – man denke etwa an Blut- oder DNA-Proben – entgegenstehen (Art. 7 IV EuBewVO).[80]

---

76 Verordnung (EU) 2020/1783 des Europäischen Parlaments und des Rates vom 25. November 2020 über die Zusammenarbeit zwischen den Gerichten der Mitgliedstaaten auf dem Gebiet der Beweisaufnahme in Zivil- oder Handelssachen (Beweisaufnahme) (Neufassung), Geltung seit dem 1.7.2022 (Art. 35 I EuBewVO).

77 Dazu im Detail etwa *Knöfel*, RIW 2021, 247; s. auch *Wagner*, NJW 2019, 1782 (1783); *Jansen*, NIPR 2019, 753 (765) (jeweils noch zum Kommissionsvorschlag); Art. 9 EuGFO hingegen rekurriert lediglich auf diese Mechanismen der EuBewVO, MüKo-ZPO/*Hau*, Art. 9 EuGFO.

78 Zur direkten Übermittlung zwischen den Gerichten Art. 3 I EuBewVO.

79 Dazu *Eichel*, ZVglRWiss 119 (2020), 220 (229); *Knöfel*, RIW 2021, 247 (258).

80 S. ErwGr. 12 S. 1 EuBewVO sowie bereits COM (2018) 378 final, S. 9.

Aufgrund der erforderlichen Adaption der staatlichen Verwaltungssysteme an die technischen Neuerungen gilt der avisierte digitale Übermittlungsweg allerdings erst **drei Jahre nach dem Inkrafttreten der Durchführungsrechtsakte.**[81] Die §§ 1072ff. ZPO sind redaktionell bereits an die Neuerungen adaptiert worden.[82] 26

2. Virtuelle Beweiserhebungen (insbesondere Vernehmungen)

Virtuelle Beweisaufnahmen per Videokonferenz, wie sie im Kontext der Covid-19-Pandemie vermehrt in den Fokus der Aufmerksamkeit gerückt sind, versprechen gerade im internationalen Rechtsverkehr erhebliche **Effizienzgewinne**: Der mit einer Reise des Prozessgerichts ins Ausland einhergehende Zeit- und Kostenaufwand kann eingespart[83] und logistischer Abstimmungsbedarf mit dem Drittstaat vermieden werden. Während Beweisaufnahmen im Wege synchroner Bild- und Tonübertragungen in nationalen Zivilverfahren indes seit der Prozessrechtsreform von 2001 in § 128a II ZPO eine belastbare gesetzliche Grundlage finden,[84] sind Voraussetzungen und Grenzen des Einsatzes von Videokonferenztechnik im internationalen Zivilverfahrensrecht nicht mit letzter Eindeutigkeit geklärt. Das gilt insbesondere für die Frage, ob neben (virtuellen) Beweiserhebungen im Rechtshilfeverkehr (dazu a) auch eigenmächtig und ohne internationale Abstimmung gerichtliche Videokonferenzen ins Ausland geschaltet werden dürfen (dazu b). 27

a) Audiovisuelle Beweisaufnahme qua Rechtshilfe

Digitale Kanäle eröffnen EuBewVO und Haager Beweisaufnahmeübereinkommen 1970 (HBÜ) für die Vernehmungen von Zeugen, Sachverständigen und Parteien. Auch die bloß informatorische Anhörung von Prozessparteien (nach deutscher *lex fori* i.S.d. § 141 I ZPO) ist im Rahmen der Videokonferenzfrage einer förmlichen Vernehmung gleichzustellen und entsprechend dem einschlägigen Rechtshilferegime zu behandeln.[85] Einen **„Tele-Augenschein“** oder gar einen virtuellen Urkundenbeweis gestattet indes 28

---

81 Konkret ab dem ersten Tag des Monats, der auf den Zeitraum von drei Jahren nach dem Tag des Inkrafttretens der Durchführungsrechtsakte folgt (Art. 35 III EuBewVO). Zur Parallelregelung des Art. 37 II EuZustVO bereits Rn. 16.

82 Durch das Gesetz zur Durchführung der EU-Verordnungen über grenzüberschreitende Zustellungen und grenzüberschreitende Beweisaufnahmen in Zivil- und Handelssachen, zur Änderung der Zivilrechtshilfe, des Vormundschafts- und Betreuungsrechts, zur Anpassung von Rechtsvorschriften zum Verbraucherschutz und zur Verbraucherrechtsdurchsetzung sowie zur Änderung sonstiger Vorschriften v. 24.6.2022 (BGBl. 2022 I S. 959).

83 Bzgl. der zusätzl. dienstrechtl. Problematik richterlicher Auslandsreisen s. BGHZ 71, 9 (11f.).

84 Dazu eingehend § 19 (*Windau*); zur praktischen Bedeutung der Norm während der Pandemie statt vieler *Köbler*, NJW 2021, 1072; *Mantz/Spoenle*, MDR 2020, 637; *Windau*, NJW 2020, 2753; *ders.*, jM 2021, 17.

85 Ebenso *Kohake*, DRiZ 2021, 378 (379); *Windau*, jM 2021, 178 (180); entspr. für § 128a ZPO im nat. Prozess Musielak/Voit/*Stadler*, § 128a Rn. 3.

bereits das nationale Verfahrensrecht nicht, wie sich *e contrario* zu § 128a II ZPO ergibt.[86]

29 Ob und auf welcher unions- oder völkerrechtlichen Rechtsgrundlage der Rechtshilfeweg im Verhältnis zu dem in Rede stehenden ausländischen Staat gangbar ist, kann in der Praxis dem fortlaufend aktualisierten Länderteil der Rechtshilfeordnung für Zivilsachen (ZRHO) entnommen werden.[87]

aa) Rechtshilfeweg innerhalb der EU

30 Auch in ihrer Neufassung lanciert die EuBewVO weiterhin sowohl die aktive Rechtshilfe durch das ersuchte Gericht (Art. 12-18) als auch die passive Rechtshilfe (Art. 19-21). Entsprechende Ersuchen sollen nicht nur zwischen den Mitgliedstaaten mittels geeigneter Fernkommunikationstechnologie übermittelt werden (s. Rn. 25); auch die Durchführung beider Formen der Rechtshilfe kann auf digitalem Wege erfolgen.

(1) Aktive Rechtshilfe: Hinzuschalten zur Vernehmung vor ersuchtem Gericht

31 Beweisaufnahmen vor dem ersuchten Gericht können ausweislich **Art. 12 IV EuBewVO** – wie schon unter der Vorgängervorschrift des Art. 10 IV EuBewVO 2001 – unter Einsatz von Kommunikationstechnologien, insbesondere qua Video- oder Telefonkonferenz, durchgeführt werden.[88] Das ermöglicht es dem Prozessgericht, sich audiovisuell zu der Beweisaufnahme vor dem ausländischen Gericht hinzuzuschalten und dieser unmittelbar zu folgen. Die Beweisaufnahme selbst bleibt allerdings **Sache des Rechtshilfegerichts.**[89] Aktive Rechtshilfe auf audiovisuellem Wege kann dabei formalisiert mittels des Formblatts A der EuBewVO beantragt werden.[90]

32 Ob ein solcher Antrag auf Beweisaufnahme nach Art. 12 IV EuBewVO voraussetzt, dass die ***lex fori processus*** die **Beweisaufnahme in virtueller Form gestattet,**[91] regelt die EuBewVO zwar nicht explizit. Mit Blick auf die Gesetzessystematik, nach der

---

86 So zu Recht schon *Stadler*, ZZP 115 (2002), 413 (442), auch unter Verweis auf entspr. Diskussionen im Rahmen verwaltungsgerichtlicher Pilotprojekte; ebenso Musielak/Voit/*Stadler*, § 128a ZPO Rn. 5; *Reuß*, JZ 2020, 1135 (1137); *Wilke*, EuZW 2021, 187 (192 Fn. 85); a.A. BeckOK-ZPO/*von Selle*, 44. Ed. (Stand: 1.3.2022), § 128a Rn. 10; *Schultzky*, NJW 2003, 313 (314).

87 Online abrufbar unter https://www.bundesjustizamt.de/DE/Themen/Gerichte_Behoerden/IRZH/Rechtshilfeordnung/Laender/ZRHO_node.html.

88 Beachte auch die dt. Durchführungsgesetzgebung in §§ 1072 Nr. 1, 1073 I ZPO.

89 *Hess/Müller*, ZZPInt 6 (2001), 149 (163); *Knöfel*, RIW 2018, 712 (714); *Mankowski*, RIW 2014, 397 (400).

90 Dass Art. 10 IV – anders als III der Norm – nicht auf die Verwendung des Formblatts verweist, ist offensichtlich ein Redaktionsversehen (Rauscher/*von Hein*, Art. 10 EuBewVO Rn. 29); das Formblatt ist online auf dem Europäischen Justizportal abrufbar.

91 MünchKomm-ZPO/*Rauscher*, Art. 10 EuBewVO Rn. 12; Rauscher/*von Hein*, Art. 10 EuBewVO Rn. 26.

Art. 12 IV dogmatisch einen Unterfall des Absatzes 3 der Norm darstellt,[92] dürfte darin aber schlicht ein Redaktionsversehen liegen: Ein Ersuchen auf Erledigung der Beweisaufnahme unter Einsatz von Kommunikationstechnologie präsupponiert, dass diese Form der Beweisaufnahme nach der *lex fori* des ersuchenden Gerichts prozessual zulässig ist.[93] Aus deutscher Sicht impliziert das insbesondere, dass als aktive Rechtshilfe unter Verwendung von Kommunikationstechnologie nur die Vernehmung von Zeugen, Sachverständigen oder Parteien beantragt werden kann, nicht hingegen eine audiovisuelle Beweiserhebung per Inaugenscheinnahme oder Urkundenbeweis.[94]

(2) Passive Rechtshilfe: Videoschalte ins EU-Ausland

Will das Prozessgericht hingegen selbst mittels Videokonferenz oder anderer Technolo- 33
gie Beweis erheben, anstatt nur einer Beweiserhebung durch das ausländische Gericht beizuwohnen, so hat es ein formalisiertes Ersuchen auf **passive Rechtshilfe in audiovisuellem Wege** nach **Art. 19, 20 II EuBewVO** zu stellen.[95] Die im Zuge der Neufassung der Verordnung inkorporierte Norm des Art. 20 EuBewVO ermöglicht es dem Prozessgericht, die unmittelbare Beweisaufnahme „per Videokonferenz oder mittels anderer Fernkommunikationstechnologie“ vorzunehmen, sofern es über die notwendige technische Ausrüstung verfügt und das audiovisuelle Format im Einzelfall für angemessen hält. Ausweislich der Erwägungsgründe explizit auf den digitalen Zugriff des Prozessgerichts auf im Ausland befindliche Beweispersonen zugeschnitten,[96] ist auch die technologiegestützte Vernehmung durch das Prozessgericht mit dem zivilprozessualen Grundsatz der Unmittelbarkeit der Beweisaufnahme ungleich besser vereinbar als die Beweisaufnahme durch einen ersuchten Richter.[97] Ob und inwieweit auf ferntechnologische Mittel zur Beweisaufnahme überhaupt rekurriert werden darf, bleibt dabei wiederum der *lex fori processus* überlassen.[98] Da die europäische Rechtsregel nach ihrem eindeutigen Wortlaut die digitale Beweiserhebung aber ohnehin nur für die **Vernehmung von Personen** (mit Aufenthalt in einem anderen EU-Mitgliedstaat) eröffnet, bleibt für eine videogestützte Inaugenscheinnahme, für die es nach deutschem Recht an einer Rechtsgrundlage fehlt (s. Rn. 28), ohnehin kein Raum.[99]

Die Voraussetzungen für die technologiegestützte Erhebung von Personalbeweisen 34
kongruieren mit denen der analogen Beweisaufnahme auf dem Gebiet eines anderen

92 Rauscher/*von Hein*, Art. 10 EuBewVO Rn. 26; *Knöfel*, RIW 2018, 712 (714).

93 *Arg ex* Art. 12 IV 2 Alt. 1 EuBewVO; dazu näher MünchKomm-ZPO/*Rauscher*, Art. 10 EuBewVO Rn. 12; Rauscher/*von Hein*, Art. 10 EuBewVO Rn. 30.

94 Zu den Grenzen des § 128a ZPO Rn. 28.

95 Unter Verwendung des Formblattes N.

96 ErwGr. 21 EuBewVO.

97 S. aus dt. Sicht § 355 I ZPO.

98 *Eichel*, ZVglRWiss 119 (2020), 220 (233).

99 Krit. zu dieser Einschränkung der VO *Knöfel*, RIW 2021, 247 (251).

Mitgliedsstaates, sind also insbesondere dem **Zustimmungserfordernis** des Art. 19. I, IV, V EuBewVO unterstellt.[100] Daneben setzen auch digitale Beweisaufnahmen durch das Prozessgericht die **freiwillige Mitwirkung der zu vernehmenden Person** und den Verzicht auf Zwangsmaßnahmen voraus.[101] Entgegen dem Vorschlag der Kommission, das Zwangsverbot des Art. 17 II EuBewVO 2001 mit Blick auf die Bedürfnisse der Praxis fallen zu lassen,[102] stehen Zwangsmaßnahmen weiterhin allein dem ersuchten Gericht im Rahmen der aktiven Rechtshilfe zur Verfügung (gem. Art. 15 EuBewVO, entsprechend Art. 13 EuBewVO 2001). Bereits in dem Ersuchen um die Erlaubnis der Videovernehmung einer in einem anderen Mitgliedstaat befindlichen Person ist deshalb die Freiwilligkeit der Teilnahme zuzusichern; daneben ist über die avisierte Zeit und den Ort der Vernehmung sowie den technischen Rahmen zu informieren.[103]

bb) Rechtshilfe im Geltungsbereich des HBÜ

35 Außerhalb der Grenzen der Europäischen Union eröffnet insbesondere das HBÜ als **technologieneutral** formuliertes Instrumentarium[104] die Möglichkeit zur virtuellen Beweisaufnahme qua Rechtshilfe unter den Vertragsstaaten. Diese schließt, wie im Geltungsbereich der EuBewVO, sowohl den Weg der **indirekten Beweisaufnahme** durch das ersuchte Gericht ein, zu der sich das Prozessgericht zuschalten kann (Art. 9 II i. V. m. Art. 8 II HBÜ[105]), als auch die **direkte Beweisaufnahme** per Videoschalte durch Beauftragte des Prozessgericht oder durch konsularische oder diplomatische Vertreter (Art. 17 HBÜ).[106] Die direkte Beweisaufnahme nach Art. 17 HBÜ, die sich grundsätzlich nach der *lex fori processus* zu richten hat – also wiederum die Zulässigkeit virtueller Beweisaufnahmen nach nationalem Recht voraussetzt (vgl. Rn. 28)[107] –, ist jedoch erst vor dem Pandemiehintergrund aus ihrem jahrzehntelangen Dornröschenschlaf erwacht und in der Praxis vermehrt lanciert worden.[108]

---

100 Zu den Implikationen für den Streit um eine autonome Videobeweiserhebung jenseits des Rechtshilfewegs s. Rn. 44.

101 Art. 19 II EuBewVO.

102 COM (2018) 378 final, S. 14 (Art. 3 Nr. 1 lit. a)); dies begrüßend *Knöfel*, RIW 2018, 712 (715); vgl. auch *Knöfel*, RIW 2021, 247 (253); ablehnend hingegen die Stellungnahme des Bundesrats v. 21.9.2018, BR-Drs. 339/18, S. 2; s. auch MünchKomm-ZPO/*Rauscher*, Art. 17 EuBewVO Rn. 28.

103 Art. 19 II S. 2 EuBewVO; zur Einbindung der Prüfstelle vgl. §§ 17, 20, 26 ZRHO.

104 HCCH, Guide to Good Practice on the Use of Video Links, 2020, S. 37 (online abrufbar unter https://www.hcch.net/en/news-archive/details/?varevent=728); s. auch *Lortie*, YB PIL 10 (2008), 359 (362).

105 Beachte auch § 64e ZRHO.

106 Klarstellend auch § 64c ZRHO: „(1) Im Anwendungsbereich des Haager Beweisaufnahmeübereinkommens vom 18. März 1970 kann eine Beweisaufnahme im Wege der Video- oder Telefonkonferenz beantragt werden. […]".

107 Innerhalb der Grenzen der Art. 19-21 HBÜ.

108 Praxisbericht zum Ablauf einer Beweisaufnahme nach Art. 17 HBÜ bei *Heister*, GRUR 2022, 699.

Eine virtuelle Vernehmung von im Hoheitsgebiet eines anderen Vertragsstaats befindlichen Personen kann auf Basis dieser Norm allerdings nur erfolgen, solange der betreffende Staat im Einzelfall seine **Zustimmung** erteilt hat[109] und sofern er nicht einen generellen Vorbehalt iSd Art. 33 HBÜ gegenüber direkten Beweisaufnahmen auf seinem Hoheitsgebiet erklärt hat.[110] Wie viele andere Staaten hat auch Deutschland einen einschränkenden **Vorbehalt zu Art. 17 HBÜ** artikuliert[111] und gestattet direkte Vernehmungen durch diplomatische oder konsularische Vertreter nicht,[112] durch Beauftragte des Prozessgerichts nur nach Zustimmung der Zentralen Behörde. Eine Rechtsgrundlage für Zwangsmaßnahmen durch das *forum processus* bietet das HBÜ nicht; eine direkte Vernehmung kann deshalb grundsätzlich nur bei freiwilliger Mitwirkung des Zeugen erfolgen.[113] 36

Praktische Anleitung und Hinweise zum Modus Procedendi der einzelnen Vertragsstaaten bietet insbesondere der **Praxisleitfaden der Haager Konferenz** zur Nutzung von Videolinks.[114] 37

cc) Vertragsloser Rechtshilfeverkehr

Auch jenseits von EuBewVO und HBÜ ist eine Beweisaufnahme auf dem Rechtshilfeweg nicht per se ausgeschlossen. Im vertragslosen Rechtshilfeverkehr sowie im Falle einer Vertragsgrundlage, welche die Beweisaufnahme nicht regelt, bedarf es nach deutschem Verständnis wegen des mit der Videovernehmung einhergehenden Souveränitätseingriffs (s. Rn. 39ff.) einer jedenfalls administrativen Grundlage. Mitunter mag unter Einbeziehung der Prüfstelle (§ 29 ZRHO) auch abzuklären sein, ob zwischen dem in Rede stehenden Staat und Deutschland eine beidseitige Übung, ähnlich dem aus dem Anerkennungsrecht bekannten Grundsatz der Gegenseitigkeit, besteht, welche die grenzüberschreitende Beweisaufnahme legitimieren könnte. Einer aktiven Beweisaufnahme durch Videovernehmung seitens des Prozessgerichts steht aus deutscher Sicht allerdings das Verbot unmittelbarer Beweisaufnahme im vertragslosen Rechtshilfeverkehr zwingend entgegen, von dem BMJ, BfJ und Auswärtiges Amt auch für die Dauer der Pandemie unter Berufung auf einen sonst drohenden Dammbruch keine Ausnahme zulas- 38

109 Es sei denn, die Zustimmung wurde generell erteilt i.S.d. Art. 17 II HBÜ.

110 Detaillierte Auflistung der Rechtslage in den einzelnen Vertragsstaaten bei MünchKomm-ZPO/*Pabst*, Vorbem. zu Art. 15 HBÜ Rn. 15.

111 §§ 11, 12 AusfG HBÜ.

112 Soweit sie dt. Staatsangehörige betreffen. Für Angehörige eines Drittstaates etabliert § 11 S. 2 AusfG HBÜ nur ein Zustimmungserfordernis, bzgl. Angehörigen des Staates des ersuchenden Gerichts ist die Beweisaufnahme zustimmungsfrei.

113 Allenfalls kann das ausländ. Rechtshilfegericht Zwangsmaßnahmen zur Erledigung eines Rechtshilfeersuchens anwenden, sofern das ausländ. Verfahrensrecht dies zulässt (Art. 18 HBÜ bzw. bei aktiver Rechtshilfe Art. 10 HBÜ). Art. 18 HBÜ ist in der Praxis allerdings wohlweitgehend bedeutungslos (*Kohake*, DRiZ 2021, 378 (379)).

114 S. Rn. 35 (Fn. 104).

sen wollen.[115] Im Umkehrzug wird von staatlicher Seite auch deutschen Gerichten davon abgeraten, entsprechende Rechtshilfeersuchen an ausländische Stellen zu richten.[116]

b) Eigenmächtige Videoschalte jenseits des Rechtshilfewegs?

39 Das Interesse der gerichtlichen wie auch anwaltlichen Praxis[117] richtet sich indes bisweilen weniger auf die Durchführung rechtshilfegestützter Videovernehmungen denn auf **eigenmächtige Videoschalten ins Ausland**, die jenseits des Rechtshilfewegs erfolgen und damit keiner internationalen Abstimmung bedürfen. Das pragmatische Ansinnen der Praxis, schlicht einen Videolink zur Beweisaufnahme ins Ausland zu versenden, anstatt den mitunter zeitintensiven, umständlichen Rechtshilfeweg zu beschreiten,[118] wird in deutscher Judikatur und Schrifttum allerdings überwiegend als *de lege lata* nicht zulässig zurückgewiesen.[119]

40 Im Kontext von virtuellen Vernehmungen – in Abgrenzung zu bloßen Verhandlungen ohne Beweisaufnahme (dazu Rn. 48 ff.) – betrifft ein erster Streitpunkt bereits die Frage, ob die **völker- und europarechtlichen Rechtshilfeinstrumente von HBÜ und EuBewVO** ihrer Ratio nach **exklusiv** sind oder ob sie die Vertrags- bzw. Mitgliedstaaten lediglich zur Inanspruchnahme des Rechtshilfewegs *berechtigen*, ohne sie dazu zu *verpflichten*. Denn nur bei mangelnder Ausschließlichkeit der Rechtshilfemethoden verbleibt Raum für eine autonome extraterritoriale Beweisbeschaffung *lege fori* (sog. Beweisanordnung[120] oder Beweismitteltransfer[121]). Für den europäischen Rechtsraum steht seit dem Judikat des EuGH in der Rs. *Lippens* fest, dass die in der EuBewVO verankerten Rechtshilfemechanismen rein fakultativer Natur sind[122] und ein Agieren jen-

115 BMJV/BfJ/AA, Grenzüberschreitendes Verhandeln in Zivil- oder Handelssachen während der pandemischen Lage, Nov. 2021, I.3.

116 BMJV/BfJ/AA, Grenzüberschreitendes Verhandeln, II.3.

117 Zur Praxis autonomer Videoschalten bereits *Davies*, 55 Am. J. Comp. L. 205 (2007); s. auch *Knöfel*, EuZW 2008, 267 (269) m.w.N. sowie BGH-Richter *Rensen* im Interview mit dem ZPO-Block (https://anwaltsblatt.anwaltverein.de/de/zpoblog/interview-videoverhandlungen-bgh-hartmut-rensen).

118 Zu Recht ist darauf hingewiesen worden, dass der Rechtshilfeweg bisweilen sogar die Prozessgrundrechte der Parteien, insbes. das Recht auf Beweis, beschneiden mag (*Nagel*, Nationale und internationale Rechtshilfe, S. 49; *Geimer* in: FS Spellenberg, S. 407 (408); *Windau*, jM 2021, 178 (181)).

119 Dazu näher *Voß* in: Reuß/Windau (Hrsg.), Digitalisierung des Zivilverfahrensrechts, 2022, S. 43 (S. 46 ff.); i.d.S. auch BGH BeckRS 2021, 30572 (Rn. 23).

120 *Hess*, EuZPR, Rn. 8.95; Rauscher/*von Hein*, EuZPR/EuIPR, Art. 1 EG-BewVO Rn. 18; *Heß*, JZ 2001, 573 (580).

121 *Daoudi*, Extraterritoriale Beweisbeschaffung im deutschen Zivilprozeß, 2000, S. 55.

122 EuGH, Urt. v. 6.9.2012, Rs. C-170/11 – *Lippens*, ECLI:EU:C:2012:540, Rn. 30 ff., 37; so auch bereits *Müller*, Grenzüberschreitende Beweisaufnahme, 2004, S. 145 f.; *Heß*, JZ 2001, 573 (580); krit. hinsichtl. der Begründung des EuGH *Huber*, ZEuP 2014, 642 (651 f.); *Kern*, GPR 2013, 49 (51); *Knöfel*, IPRax 2013, 231 (232 f.); andeutungsweise anders noch EuGH, Urt. v. 28.4.2005, Rs. C-104/03 – *St. Paul Dairy Industries*, ECLI:EU:C:2005:255, Rn. 23.

seits des Rechtshilfewegs deshalb grundsätzlich gestattet bleibt.[123] Die Frage nach einer Exklusivität des HBÜ hingegen bleibt vieldiskutiert und insbesondere im transatlantischen Rechtsverkehr ewiger Zankapfel.[124]

Auch soweit einem eigenständigen Tätigwerden des Prozessgerichts exklusiv ver- 41
standene Rechtshilfemechanismen nicht entgegenstehen, bleibt das Prozessgericht allerdings **allgemeinen völkerrechtlichen Grenzen** unterworfen und hat sich Beweisaktivitäten mit souveränitätsverletzender Auswirkungen im Ausland zu enthalten.[125] Teils wird dementiert, dass transnationale videogestützte Vernehmungen von Zeugen, Sachverständigen oder Parteien mit einer souveränitätsrelevanten Usurpation von Hoheitsbefugnissen einhergehen. Weite Teile der angelsächsischen Gerichtspraxis[126] sowie einige Stimmen in der deutschen Debatte[127] stufen die Videobeweisaufnahme insoweit in liberal-pragmatischer Gesinnung als bloße **extraterritoriale Beweisbeschaffung** ein.

Indes ist in Rechnung zu stellen, dass das Prozessgericht gerade nicht nur „am digita- 42
len Endgerät im Inland agiert" und mittels technischer Mittel gleichsam „über die Grenze späh[t]",[128] sondern **autoritäre Aufforderungen unmittelbar ins Ausland** richtet, die dort öffentlich-rechtliche Pflichten auslösen (für den Zeugen etwa Aussage-, Wahrheits- und Beeidigungspflicht). Das veranlasst nicht nur die deutsche Bundesregierung,[129] son-

---

123 Begründungsansätze für die Zulässigkeit nicht souveränitätsverletzender grenzüberschreitender Beweisanordnungen insbes. bei *Leipold*, Lex fori, Souveränität, Discovery, 1989, S. 29 ff., 63 ff.; *Schlosser* in: FS Lorenz, S. 497 (510 f.); *Mössle*, Extraterritoriale Beweisbeschaffung im internationalen Wirtschaftsrecht, 1990, S. 200 ff.

124 Vgl. schon den dt.-am. Justizkonflikt im Kontext der *Aérospatiale*-Entscheidung des US Supreme Court (*In re Société Nationale Industrielle Aerospatiale* 107 S. Ct. 2542 (1987)); eingehend dazu *Junker*, Discovery im deutsch-amerikanischen Rechtsverkehr, 1987, S. 284 ff., 392 ff.; *Schack*, IZVR, 8. Aufl. 2021, Rn. 873 ff.; in der akad. Diskussion verliert das Exklusivitätsdogma allerdings auch hierzulande an Boden, dazu MünchKomm-ZPO/*Pabst*, Vorbem. zu Art. 1 HBÜ Rn 7 ff.; Rauscher/*von Hein*, Art. 1 EG-BewVO Rn. 18 m.w.N.; *Schack*, IZVR, Rn. 724.

125 Zur Souveränitätsverletzung qua unzulässiger Auswirkungen hoheitlichen Handelns im Ausland statt vieler BGHSt 45, 188; *Bertele*, Souveränität und Verfahrensrecht, 1988, S. 81.

126 S. für engl. Recht *Rowland v. Bock* [2002] EWHC 692 (QB), [2002] 4 All ER 370, 373, per Newman J.; *Eloise Mukami Kimathi & Ors. v. Foreign & Commonwealth Office* [2016] EWHC 600, per Steward J; *The White Book 2021*, Section A, Rn. 32.3.1; vgl. aber auch *Falmouth House Limited v. Micha'al Kamel Abou-Hamdan* [2017] EWHC 779, Rn. 44 f. (Ch. D.), per Nugee J.; *Interdigital Technology Corporation v. Lenovo Group Ltd* [2021] EWHC 255 (Pat), 2021 WL 00536419, Rn. 34, 45 (allerdings gerade im Verhältnis zu Dtl. und mit Blick auf das dt. Souveränitätsverständnis). Aus der US-am. Rspr. s. exempl. *David Harrell v. Robert A. Butterworth*, 251 F. 3d 926 (11th Cir. 2001).

127 VG Freiburg RIW 2022, 476 m zust Anm *Gercke* RDi 2022, 370 (zu § 102a VwGO); Zöller/*Geimer*, 34. Aufl. 2022, Art. 17 EuBeweisVO Rn. 2; Nagel/Gottwald/*Gottwald*, IZPR, 8. Aufl. 2020, Rn. 9.38; *Nissen*, Online-Videokonferenz im Zivilprozess, 2004, S. 135; *Hemler*, RabelsZ 86 (2022), 905 (927 ff.); *Knöfel*, RIW 2018, 712 (715); *ders.*, RIW 2021, 247 (250); im Erg. auch *Mankowski*, RIW 2014, 397 (399 ff.).

128 So *Knöfel*, RIW 2022, Editorial Heft 7.

129 Country Profile Germany, Part II lit. a (alle Länderprofile abrufbar unter https://www.hcch.net/de/publications-and-studies/details4/?pid=6546&dtid=42).

dern auch weite Teile des deutschen Schrifttums[130] sowie – wenngleich bislang nur in strafprozessualem Kontext – den BGH[131], auf der Einhaltung des Rechtshilfewegs zu insistieren. Anderes gilt auch nicht im Falle freiwilliger Mitwirkung der im Ausland befindlichen Beweisperson – schon weil die Verfahrensbeteiligten nicht über staatliche Souveränitätsbefugnisse disponieren können; dies steht allein dem ausländischen Staat als Rechtsinhaber zu.[132]

43 Auch Versuche in jüngster Zeit, zwischen „rechtlichem" und „tatsächlichem" Handeln des Gerichts zu differenzieren und auf erstere die liberaleren Grundsätze extraterritorialer Normsetzung (*jurisdiction to prescribe*) zu erstrecken,[133] verfangen nicht. Als rein tatsächliches Gerichtshandeln lässt sich angesichts der erwähnten öffentlich-rechtlichen Pflichten der Vernehmungsperson – und der zugrunde liegenden gerichtlichen **„Sollensanordnungen"** – die audiovisuelle Beweisaufnahme nach § 128a ZPO nicht deuten; dass die Beweiserhebung auf Tatsachenfeststellung zielt, macht sie mitnichten zu einem tatsächlichen Handeln – sie bleibt genuin hoheitliche Tätigkeit.[134] Auch greift das Argument, extraterritoriales „rechtliches" Handeln des Gerichts sei angesichts seines gebietshoheitlich beschränkten Vollstreckungsbereichs souveränitätstheoretisch nicht relevant, zu kurz.[135] Denn es missachtet die gebotene Trennung zwischen der **Durchsetzung eigenen *öffentlichen* Rechts** durch inländische Gerichte (oder auch Behörden) von bloßer extraterritorialer Ausdehnung des eigenen materiellen Zivilrechts. Allein für letztere ist eine Lösung nach den zur *jurisdiction to prescribe* entwickelten Grundsätzen angezeigt, unabhängig davon, ob Legislative oder Judikative entsprechende Anordnungen treffen; anerkanntermaßen können Gerichte deshalb der Sache nach etwa zur Vornahme oder Unterlassung privater Handlungen im Ausland verurteilen.[136] *Prozessuale* Anordnungen indes zielen auf Durchsetzung des eigenen Verfahrensrechts – und damit

130 MünchKomm-ZPO/*Fritsche*, § 128a Rn. 3; Stein/Jonas/*Kern*, 23. Aufl. 2016, § 128a Rn. 35; Musielak/Voit/*Stadler*, § 128a Rn. 8; *Glunz*, Psychologische Effekte beim gerichtlichen Einsatz von Videotechnik, 2012, S. 42ff.; *Hess*, EuZPR, Rn. 8.59; *Frank*, FuR 2020, 331 (334); *Norouzi*, Die audio-visuelle Vernehmung von Auslandszeugen, 2010, S. 235ff.; *Voß* in: Reuß/Windau (Hrsg.), S. 43 (S. 50); *Irskens*, BJ 2020, 281 (282); *Lafontaine*, DAR 2020, 541 (542); *Schaumburg*, ZRP 2002, 313 (315); *Schultzky*, NJW 2003, 313 (314); *Socha*, FamRZ 2020, 731 (732); *Stadler*, ZZP 115 (2002), 413 (441).

131 BGHSt 45, 188 (192) m. Anm. *Rose*, JR 2000, 77; *obiter* auch BGH NStZ 2000, 385, 386; BGH NStZ 2008, 232 (233).

132 Musielak/Voit/*Stadler*, § 363 Rn. 10; *Voß* in: Reuß/Windau (Hrsg.), S. 43 (S. 51).

133 So i. Erg. *Hemler*, RabelsZ 86 (2022), 905 (924f.).

134 Allg M, s. statt vieler Musielak/Voit/*Stadler*, § 363 Rn. 1.

135 Mit der Wirkungserstreckung der Anerkennung *ipso iure* nach europ. IZVR mag dieser Gedankengang unter Berücksichtigung des (diesbzgl.) Souveränitätsverzichts der EU-Mitgliedstaaten wohl noch vereinbar sein. Ähnlich lässt sich auch bzgl. automatischer Anerkennungen drittstaatl. Entscheidungen, wie sie etwa § 328 I ZPO (implizit) oder § 108 FamFG (explizit) statuieren, noch argumentieren, der anerkennende Staat habe in Betätigung seiner Souveränität pauschal den Geltungsbereich der fremden Entscheidung auf eigenes Hoheitsgebiet ausgeweitet.

136 S. nur exempl. BGH IPRax 2013, 173; OLG Hamm NJW-RR 1986, 1047; tendenziell enger *Pfeiffer*, Internationale Zuständigkeit und prozessuale Gerechtigkeit, 1995, S. 453ff.

originär öffentlichen Rechts – und sind deshalb nicht erst im Falle ihrer zwangsweisen Vollstreckung im Ausland unzulässig, sondern bereits, sofern sie ins Ausland gerichtet sind.[137] Schon das Erkenntnisverfahren ist als Zugriff des öffentlich-rechtlichen Prozessrechts *jurisdiction to enforce*.

Innerhalb der europäischen Union hat sich der Streit[138] **mit der Neufassung der EuBewVO** indes jüngst **erledigt**: Indem Art. 20 EuBewVO die unmittelbare Beweisaufnahme per Videokonferenz oder anderer Fernkommunikationstechnologie als Unterfall der passiven Rechtshilfe i.S.d. Art. 19 EuBewVO normiert und damit einem Zustimmungserfordernis unterwirft, artikuliert es einen **Souveränitätsvorbehalt** für grenzüberschreitende Videobeweise. Dieser wird angesichts der eng gefassten Ablehnungsgründe zwar nur in Ausnahmefällen die Beweisaufnahme als solche unterbinden[139] und legt insofern Zeugnis davon ab, dass die einzelstaatliche Souveränität im Zuge des europäischen Integrationsprozesses zunehmend verblasst.[140] Zugleich aber versagt dieses Zustimmungserfordernis dem autonomen Beweisimport *lege fori* nachdrücklich die Legitimität.[141] 44

Im Geltungsbereich des HBÜ hat das international heterogene Meinungsbild die Haager Konferenz veranlasst, einen **Guide on Good Practice on The Use of Video Links** zu publizieren, der in seinem Länderteil die Haltung der Vertragsstaaten zum autonomen Videozugriff aufschlüsselt.[142] 45

3. Rechtswirkung digitaler Beweismittel in grenzüberschreitenden Verfahren

Nur peripher nimmt sich die EuBewVO in ihrer letztlich verabschiedeten Fassung der Anerkennung digitaler Beweismittel aus anderen Mitgliedstaaten an: Parallel zu Art. 6 EuZustVO und in Ergänzung der tradierten Entbehrlichkeit einer Beglaubigung (Art. 5 II EuBewVO, vgl. auch Rn. 15), untersagt Art. 8 EuBewVO lediglich, über das neue dezentrale IT-System übermittelten Schriftstücken allein aufgrund ihrer elektronischen Form die **Rechtswirkung oder die Zulässigkeit als Beweismittel** abzusprechen. Wie elektronische Dokumente beweisrechtlich zu klassifizieren sind – als Urkunde oder Au- 46

137 Sehr luzide zu dieser Differenzierung schon *Stadler*, Der Schutz des Unternehmensgeheimnisses im deutschen und U. S.-amerikanischen Zivilprozeß, 1989, S. 282f. m.w.N. Prozessuale Anordnungen sind insoweit allenfalls solchen inländ. Rechtsnormen vergleichbar, die *öffentlich-rechtliche* Angelegenheiten im Ausland zu regeln bestimmt sind.

138 Zum Streitstand nach der EuBewVO 2001 *Thole*, IPRax 2014, 255; *Knöfel*, IPRax 2013, 231; *Sujecki*, EWS 2013, 80.

139 S. Art. 19 VII EuBewVO, nach dem sich die mat. Ablehnungsgründe in einem *ordre public*-Vorbehalt (lit. c) erschöpfen.

140 Zu diesem Wandel im Souveränitätsverständnis Musielak/Voit/*Stadler*, § 363 Rn. 9; *Hess*, EuZPR, Rn. 3.62ff.; *Huber*, ZEuP 2014, 642 (661).

141 So auch Musielak/Voit/*Stadler*, § 363 Rn. 4; *Knöfel*, RIW 2021, 247 (250).

142 HCCH, Guide to Good Practice on the Use of Video Links.

genscheinsobjekt[143] – und welcher Beweiswert ihnen im Einzelnen zuzumessen ist, bleibt hingegen der *lex fori* respektive der freien richterlichen Beweiswürdigung unterstellt.

47 Entgegen dem Kommissionsvorschlag und unter Rückbesinnung auf die auch das Beweissachrecht umfassende Verfahrensautonomie der Mitgliedstaaten ist indes von dem avisierten Verbot Abstand genommen worden, digitalen, nach dem Recht eines Mitgliedstaats erhobenen Beweismitteln aufgrund ihres digitalen Charakters die Anerkennung als Beweismittel zu versagen.[144] Zumindest erleichtert werden kann die Beweisführung mit ausländischen elektronischen Urkunden aber mithilfe einer **Apostille**, welche auf Betreiben der Haager Konferenz die aufwändige Legalisation im grenzüberschreitenden Rechtsverkehr zwischen den Vertragsstaaten abgelöst hat;[145] in zahlreichen Vertragsstaaten werden Apostillen mittlerweile fakultativ oder gar ausschließlich in elektronischer Form ausgestellt.[146] Daneben vereinfacht im europäischen Rechtsverkehr auch der einheitliche europäische Rechtsrahmen für elektronische Signaturen und elektronische Siegel, den die eIDAS-VO geschaffen hat, die Beweisführung mit ausländischen elektronischen Dokumenten;[147] § 371a ZPO nimmt auf die europäischen Anforderungen an elektronische Signaturen explizit Bezug.

II. Virtuelle Verhandlungsführung

48 Für die virtuelle Verhandlungsteilnahme im Ausland befindlicher Prozessbeteiligten fehlt es auf europäischer wie auf internationaler Ebene an einer allgemeinen gesetzlichen Regelung; EuBewVO und HBÜ erfassen ausschließlich die Beweisaufnahme, nicht aber die reine Verhandlungssituation. Lediglich für das *in praxi* kaum genutzte **europäische Bagatellverfahren** sowie im Rahmen der **europäischen Kontenpfändung**[148] sind Videoverhandlungen mit im Ausland befindlichen Prozessbeteiligten normiert.[149] Die Frage nach der Zulässigkeit virtueller transnationaler Verhandlungen *praeter legem* stellt sich dabei nicht nur mit Blick auf Parteien und Parteivertreter (dazu 1.), sondern – bislang kaum diskutiert – auch für etwaig hinzuzuziehende Dolmetscher (2.). Nur *de le-*

---

143 Für das dt. Recht klargestellt in § 371a ZPO; s. auch *Berger*, NJW 2005, 1016; *Stadler*, ZZP 115 (2002), 413 (430).

144 So Art. 18a des Kommissionsentwurfs, COM(2018) 378 final, S. 15; krit. diesbzgl. zu Recht schon *Knöfel*, RIW 2018, 712 (718); s. auch *ders.*, RIW 2021, 247 (259).

145 Art. 2, 3 I Haager Übereinkommen zur Befreiung ausländischer öffentlicher Urkunden von der Legalisation.

146 Dazu eingehend *Forschner/Kienzle*, DNotZ 2020, 724 (726 ff.); *Kienzle*, NJW 2019, 1712 (1714 f.). Eine Liste der Vertragsstaaten, in denen eine e-Apostille verfügbar ist, ist online abrufbar (unter https://assets.hcch.net/docs/b697a1f1-13be-47a0-ab7e-96fcb750ed29.pdf).

147 S. *Heinze/Prado Ojea*, CR 2018, 37 (40).

148 Gem. der Europäischen Kontenpfändungsverordnung (EuKtPVO); eingehend dazu *Heinze*, ZVglRWiss 119 (2020), 167 (183 ff.); *Wiedemann/Harbeck*, RIW 2018, 777; *Wolber*, IWRZ 2017, 5.

149 Art. 8 EuGFO; Art. 9 EuKtPVO.

ge ferenda bedeutsam ist aus deutscher Sicht hingegen die Möglichkeit eines Aufenthalts der Richterin oder des Richters im Ausland während der Durchführung vollvirtueller Verfahren jenseits der Grenzen des § 128a ZPO.[150]

1. Videoteilnahme von Parteien oder Parteivertretern

Während sich die Praxis bisweilen auf den liberal-pragmatischen Standpunkt zurückzieht, verhandlungsbezogene Videoschalten bedürften mangels Souveränitätseingriffs keines expliziten normativen Fundaments,[151] hat die deutsche **Justizministerkonferenz** die Schaffung einer solchen Rechtsgrundlage auf europäischer Ebene als rechtspolitisches Desiderat ausgegeben, erklärtermaßen um dadurch „[g]renzüberschreitendes Verhandeln in der EU [zu] *ermöglichen*".[152] Damit legen die Justizminister die konstitutive Wirkung einer entsprechenden europäischen Verankerung jedenfalls nahe und implizieren zugleich, dass grenzüberschreitende virtuelle Verhandlungen nicht mangels Souveränitätsverletzung schlicht *lege fori* erfolgen können. Dieser Deutung folgen auch BMJ, BfJ und Auswärtiges Amt, wenn sie postulieren, eine Teilnahme an gerichtlichen Videokonferenzen sei aus dem Ausland nur nach vorheriger Zustimmung der Behörden des Aufenthaltsstaats zulässig.[153] 49

Bei der Frage, ob fremde Hoheitsinteressen durch virtuelle Verhandlungen in transnationalen Zivilverfahren tangiert sind, wiederholt sich **der auch im Kontext grenzüberschreitender Videobeweisaufnahmen geführte Streit** (s. Rn. 39 ff.) mit nur leicht verschobenen Parametern. Bei freiwilliger Teilnahme der im Ausland befindlichen Partei wird eine Souveränitätsrelevanz zwar teils von vornherein in Abrede gestellt[154] – augenscheinlich *e contrario* zu dem völkerrechtlichen Grundsatz, dass eine Zwangsanwendung im Ausland stets eine Souveränitätsverletzung darstellt.[155] Eine solche Argumentation verfängt indes schon deshalb nicht, weil die Verfahrensbeteiligten bei allem Einverständnis mit der Verhandlungssituation nicht über staatliche Souveränitätsbefugnisse disponieren können; dies steht allein dem ausländischen Staat als Rechtsinhaber an, dem die (innere) Souveränität ein Letztentscheidungsrecht auf eigenem Territorium sichert.[156] 50

---

150 Dazu *Voß* in: Reuß/Windau (Hrsg.), S. 43 (S. 52 f.).

151 So etwa *Geimer*, IZPR, 8. Aufl. 2019, Rn. 2385a; *Hemler* RabelsZ 86 (2022), 905 (929 ff.); *M. Stürner*, AnwBl Online 2021, 167 (168); *Windau*, jM 2021, 178 (179 f.). Protokolliert werden muss der Aufenthaltsort der zugeschalteten Parteien aber in jedem Fall, § 160 I Nr. 4 ZPO.

152 So der Titel des Beschlusses der 92. Justizministerkonferenz vom 16. Juni 2021, TOP I.2 [Hervorh. d. Verf.].

153 BMJV/BfJ/AA, Grenzüberschreitendes Verhandeln, II.1.

154 *Geimer*, IZPR, Rn. 2385a; *M. Stürner*, AnwBl Online 2021, 167 (168).

155 S. zu diesem Grds. nur exempl. *Stadler*, Unternehmensgeheimnis, S. 288 f. Auch die Neufassung der EuBewVO hält – entgegen dem ursprüngl. Kommissionsentwurf – am Zwangsverbot für unmittelbare Beweisaufnahmen fest (Art. 19 II EuBewVO 2020).

156 I. d. S. auch bereits *Bertele*, S. 86 f.; *Stadler*, Unternehmensgeheimnis, S. 278 m. w. N.

51 Maßgeblicher Faktor ist vielmehr, dass sich die im Ausland befindliche Partei ungeachtet der Freiwilligkeit ihrer Teilnahme mit autoritativen Sollensanordnungen des inländischen Gerichts konfrontiert sieht, das auch in der reinen Verhandlungssituation als hoheitlicher Akteur auftritt (s. insbes. § 139 ZPO); damit korrespondieren öffentlich-rechtlichen Pflichten: jedenfalls eine Wahrheitspflicht (§ 138 I ZPO), daneben mitunter auch eine Erscheinungspflicht (§ 141 ZPO).[157] Diese Sollensanordnungen treffen bei digitaler Verbreitung der Verhandlung eine im Ausland befindliche und dort physisch verbleibende Partei. Außerhalb des engen Anwendungsbereichs von EuGFVO und EuKtPVO ist die Zuschaltung von Parteien aus dem Ausland deshalb mit der überwiegenden Meinung als unzulässig zu erachten.[158]

52 Anderes hat lediglich im **Anwaltsprozess** zu gelten, sofern im Einzelfall sowohl auf die Anordnung persönlichen Erscheinens zur Videoverhandlung als auch auf informatorische Parteianhörungen (vgl. Rn. 28) verzichtet wird. Mangels Postulationsfähigkeit trifft die Partei in diesen Fällen keine Erklärungslast, bei der sie der Wahrheitspflicht unterläge; es kommt dann einzig darauf an, ob der Prozessbevollmächtigte, dem die prozessualen Erklärungen obliegen, sich im Inland aufhält oder aber sich ebenfalls aus dem Ausland zuschaltet.[159]

53 Mangels hinreichender Erkenntnisse dazu, welche Staaten Rechtshilfeersuchen zu grenzüberschreitender Videoverhandlung erledigen, empfehlen BMJ, BfJ und Auswärtiges Amt in ihrer Gemeinsamen Stellungnahme zum grenzüberüberschreitenden Verhandeln, vor Stellung eines derartigen Rechtshilfeersuchens an Staaten außerhalb der EU die **zuständige Landesjustizverwaltung einzubinden**, die sich in Rücksprache mit dem BfJ dann darum bemühe, Erfolgsaussichten und Voraussetzungen des konkreten Ersuchens in Erfahrung zu bringen.[160]

2. Zuschaltung von Dolmetschern aus dem Ausland

54 Zu der Frage, ob sich auch im Ausland befindliche Dolmetscher virtuell zu einer vor einem deutschen Gericht stattfindenden Verhandlung oder Vernehmung zuschalten dürfen, hat sich in der internationalzivilprozessualen Debatte bislang noch kein Meinungsbild herauskristallisiert. Zur Auflösung der Frage, ob der **„andere Ort" i.S.d. § 185 Ia GVG**, der Parallelvorschrift zu § 128a ZPO, zwingend im Inland liegen muss oder sich der Dolmetscher auch von einem ausländischen Aufenthaltsort in eine Videokonferenz hinzuschalten kann, verhelfen aber die bereits zur virtuellen Vernehmung von

157 Vgl. auch *Glunz*, Psychologische Effekte, S. 44; daneben trifft die Partei eine „Erklärungspflicht" gem. § 138 II ZPO, bei der es sich allerdings um eine bloße prozessuale Last handelt (dazu Musielak/Voit/*Stadler*, § 138 Rn. 9; vgl. auch Zöller/*Greger*, § 138 Rn. 8 f.).

158 S. nur exempl. Musielak/Voit/*Stadler*, § 128a Rn. 2; Stein/Jonas/*Kern*, § 128a Rn. 35; Zöller/*Greger*, ZPO, § 128a Rn. 10; *Reuß* JZ 2020, 1135 (1136); *Lorenz* MDR 2016, 956 (957); a.A. *Hemler*, RabelsZ 86 (2022), i.E.

159 *Voß* in: Reuß/Windau (Hrsg.), S. 43 (S. 52); ähnl. auch *Sturm*/*Schulz*, ZRP 2019, 71 (74).

160 BMJV/BfJ/AA, Grenzüberschreitendes Verhandeln, II.1, II.2.

Personalbeweismitteln sowie zur virtuellen Zuschaltung von Parteien aufgezeigten Grundsätze (s. Rn. 39ff., Rn. 49ff.): Der Dolmetscher, der als Gehilfe von Gericht und Beteiligten in Vernehmungs- wie Verhandlungsaktion zur wahrheitsgetreuen und gewissenhaften Übersetzung verpflichtet ist und dies gem. § 189 I GVG zwingend zu beeiden oder eidesgleich zu bekräftigen hat[161], ist – ähnlich einem Sachverständigen[162] – unmittelbarer Adressat hoheitlicher Sollensanordnungen. Beeidigungspflichten gaben dem BGH schon im Kontext des § 377 III ZPO a.F. Anlass, schriftliche Zeugenaussagen aus dem Ausland ausschließlich dem Rechtshilfeweg zu unterstellen.[163] Der Eidesleistung anlässlich des konkreten Verfahrens steht die Berufung auf einen allgemeinen Eid i.S.d. § 189 II GVG dabei *ratione legis* gleich, löst sie in der konkreten Vernehmungssituation für den Dolmetscher doch dieselben Verpflichtungen gegenüber dem Gericht aus.

E. Grenzüberschreitende Vollstreckung

Als vom *lex fori*-Grundsatz beherrschte Materie blieb das Vollstreckungsrecht von den vielfältigen Rechtsetzungsaktivitäten des europäischen Gesetzgebers lange ausgeklammert (s. etwa Art. 24 Nr. 5 EuGVVO).[164] Insoweit überrascht nicht, dass sich das Internationale Vollstreckungsrecht auch im Zuge der Digitalisierungsbestrebungen als das (zu) wenig beachtete Stiefkind entpuppt.[165] Mittlerweile wird die Forderungsvollstreckung im EU-Ausland zwar durch Europäischen Vollstreckungstitel (nach der EuVTVO[166]), das Europäische Mahnverfahren (gem. der EuMVVO[167]) sowie das Europäische Bagatellverfahren (zur EuGFVO bereits Rn. 5) lanciert; der praktische Effekt dieser Verordnungen in der Praxis bleibt allerdings zweifelhaft.[168] Die vielbeachtete EuKtPVO hingegen, die sowohl auf ein online zugängliches Formularverfahrens als auch auf die elektronische Übermittlung von Bankerklärungen zwischen den Behörden der Mitgliedsstaaten setzt,[169] zielt strukturell lediglich auf die **vorläufige grenzüberschreitende Kontenpfändung** zur Si- 55

161 Gem. § 484 ZPO.

162 Auch in anderen Beziehungen wird der Dolmetscher gleich einem Sachverständigen behandelt, s. § 191 GVG; als Sachverständiger qualifiziert er selbst allerdings nur, soweit er mit der Übersetzung von Urkunden oder von außerhalb der Verhandlung abgegebenen Äußerungen befasst ist (BGH NJW 1965, 643; BeckOK-GVG/*Allgayer*, § 185 Rn. 2).

163 BGH NJW 1984, 2039; ebenso OLG Hamm NJW-RR 1988, 703; *Leipold*, Lex fori, S. 63; zur Neubeurteilung unter der neuen Rechtslage MünchKomm-ZPO/*Rauscher*, Vorbem. zu § 1072 Rn. 11; *Geimer* in: FS Spellenberg, S. 407 (426) m.w.N.; eingehend zum Ganzen *Musielak* in: FS Geimer, S. 761 (767ff.).

164 Näher dazu *Hess*, EuZPR, Rn. 10.117.

165 Mit diesem Bild zum nat. Vollstreckungsrecht eingehend auch *Stamm*, NJW 2021, 2563.

166 Dazu *Bach*, RIW 2018, 549; *Baumert*, RIW 2018, 555.

167 Näher *Einhaus*, RIW 2018, 631; *Huber*, RIW 2018, 625.

168 Das gilt angesichts der Abschaffung des Exequaturverfahrens insbesondere für den Europ. Vollstreckungstitel; dazu *Cranshaw*, ZInsO 2018, 1382 (1385ff.), *von Hein*, ZVglRWiss 119 (2020), 123 (126).

169 Art. 23 II, III EuKtPVO.

cherung einer zukünftigen Vollstreckung, vergleichbar einem deutschen Arrest oder Arrestpfandrecht.[170] Zu Zwecken der (endgültigen) Vollstreckung liegt das Effektuierungspotenzial digitaler Instrumente hingegen weitgehend brach. Insbesondere **informationstechnologische Lösungen zur Ermittlung des Schuldnervermögens**, einer typischen Achillesferse grenzüberschreitender Forderungsvollstreckung,[171] werden bis dato nur im Kontext von Unterhaltsansprüchen eingesetzt (vgl. Rn. 6 mit Fn. 21).[172]

F. Reformvorhaben und Entwicklungsperspektiven *de lege ferenda*

56 Mit der Neufassung von EuZustVO und EuBewVO ist die Elektronifizierung von Zustellungen und Rechtshilfeersuchen als wohl dringlichste und zugleich niederschwellige Facette der Digitalisierung grenzüberschreitender Zivilverfahren innerhalb des europäischen Rechtsraums zumindest angestoßen. Wie zügig die **Implementierung** eines dezentralen IT-Systems gelingt und der elektronische Behördenverkehr damit aufgenommen werden kann, und ob sich der Hoffnungsträger eCODEX tatsächlich zum „Goldstandard"[173] entwickeln wird, bleibt derzeit allerdings abzuwarten.

57 Schon 2020 hat die Kommission in ihrer Mitteilung über die Digitalisierung der Justiz programmatisch zudem angekündigt,[174] die grenzüberschreitende justizielle Zusammenarbeit zwischen den EU-Mitgliedstaaten unter Ausschöpfung der Vorteile digitaler Technologien weiter verbessern zu wollen. Als Teil eines entsprechenden Maßnahmenbündels, das neben zivilverfahrensrechtlichen Materien auch die Digitalisierung der strafrechtlichen Kooperation beim Informationsaustausch in Terrorismusfällen zu regeln beabsichtigt, kündigt sich insbesondere eine **Verordnung zur Digitalisierung der justiziellen Zusammenarbeit** an. Der kommissionsseits Ende 2021 vorgelegte Verordnungsvorschlag[175] avisiert die Schaffung allgemeingültiger Vorschriften, welche die Nutzung elektronischer Kommunikationskanäle zwischen den zuständigen Behörden der EU-Mitgliedsstaaten sowie zwischen Verfahrensbeteiligten und den Behörden in Gerichtsverfahren ermöglichen, den Einsatz von Fernkommunikationstechnologie bei

170 Deshalb findet sich die dt. Durchführungsgesetzgebung in den §§ 946 ff. ZPO statt im 11. Buch der ZPO; näher zum Ganzen *Hess*, EuZPR, Rn. 10.124 ff.; *Heinze*, ZVglRWiss 119 (2020), 137 (183).

171 Vgl. zum Informationsdefizit bei grenzüberschreitender Forderungsdurchsetzung die EU-finanzierte Studie „Informed Choices in Cross-Border Enforcement" (IC^{2}BE); Überblick dazu bei *von Hein*, ZVglRWiss 113 (2020), 123.

172 Krit. hinsichtlich des sonstigen Digitalisierungsstands auch *Eichel*, ZVglRWiss 119 (2020), 220 (235).

173 So die Intention der Kommission, COM(2020) 710 final, S. 18.

174 Mitteilung der Kommission vom 2.12.2020, Digitalisierung der Justiz in der Europäischen Union: Ein Instrumentarium für Gelegenheiten, COM(2020) 710 final.

175 Vorschlag für eine Verordnung des Europäischen Parlaments und des Rates über die Digitalisierung der justiziellen Zusammenarbeit und des Zugangs zur Justiz in grenzüberschreitenden Zivil-, Handels- und Strafsachen und zur Änderung einiger Rechtsakte im Bereich der justiziellen Zusammenarbeit COM(2021) 759 final.

mündlichen Verhandlungen in grenzüberschreitenden Rechtssachen ausbauen und zudem sicherstellen sollen, dass Dokumenten nicht allein ob ihres elektronischen Formats die Rechtswirkung aberkannt wird.[176] Daneben soll elektronischen grenzüberschreitenden Gebührenzahlungen der Weg geebnet werden. Ein begleitender Richtlinienvorschlag widmet sich außerdem der Adaption des Prozesskostenhilferegimes an den neuen Rechtsrahmen.[177] Für zentrale Teile des europäischen Zivilverfahrensrecht bleiben diese geplanten **Neuerungen** freilich ausgesprochen **überschaubar**.[178]

Auch jenseits dieser jüngsten Reformbestrebungen bleibt **Handlungsbedarf** an zahlreichen Fronten, auf internationaler wie auch auf nationaler Ebene. Für die innereuropäische Zusammenarbeit steht insbesondere zu hoffen, dass die – souveränitätstheoretisch gebotene – Genehmigung grenzüberschreitender **Videobeweisaufnahmen** zeitnah vermittels **normativer Generalermächtigung** erteilt und das umständliche System individueller Rechtshilfeersuchen nach Art. 19, 20 II EuBewVO (s. Rn. 33ff., 39ff.) insoweit abgelöst wird. Nachdem die EuBewVO-Novelle eben erst in Kraft getreten ist, stehen die Zeichen derzeit allerdings kaum auf Reform. Realistischer scheint noch die **Schaffung einer europäischen Rechtsgrundlage für grenzüberschreitende Gerichtsverhandlungen** jenseits der Beweissituation, wie sie der deutschen Justizministerkonferenz vorschwebt (s. Rn. 49). Angesichts des gegenseitigen Vertrauens in die Rechts- und Justizsysteme der Mitgliedstaaten scheinen rechtspolitische Argumente gegen eine solche Öffnung für audiovisuelle Zugriffe kaum vorstellbar. Der Impuls hat aber auch diesbezüglich vom Gesetzgeber auszugehen und kann nicht durch (instanz-) gerichtlichen Pragmatismus im Einzelfall substituiert werden. Bis eine normative Lösung gefunden ist – die dann auch auf vertrauenswürdige Drittstaaten wie beispielsweise Großbritannien, Kanada oder die Schweiz erstreckt werden mag –, ist es auch hinzunehmen, dass die staatliche Gerichtsbarkeit als Form hoheitlichen Handelns für grenzüberschreitende Verfahren hinter dem Digitalisierungspionier Schiedsgerichtsbarkeit[179] zurücksteht. 58

Angesichts des rasanten Wandels der modernen Kommunikationswege, die neben dem etablierten E-Mail-Format längst auch Instant Messenger und Filesharing-Plattformen umfassen, erweisen sich auch die Instrumente der bereits 2014 – nach Tech-Maßstäben also in grauer Vorzeit – konzipierten eIDAS-VO als kaum (mehr) zeitgemäß. 59

176 Insoweit mit der Klarstellung „ohne in die Befugnisse der Gerichte einzugreifen, nach nationalem Recht über ihre Gültigkeit, Zulässigkeit und ihre Beweiskraft zu entscheiden"; zur diesbzgl. Problematik Rn. 47.

177 Vorschlag für eine Richtlinie des Europäischen Parlaments und des Rates zur Änderung der Richtlinie 2003/8/EG des Rates, der Rahmenbeschlüsse 2002/465/JI, 2002/584/JI, 2003/577/JI, 2005/214/JI, 2006/783/JI, 2008/909/JI, 2008/947/JI, 2009/829/JI und 2009/948/JI des Rates und der Richtlinie 2014/41/EU des Europäischen Parlaments und des Rates im Hinblick auf die Digitalisierung der justiziellen Zusammenarbeit.

178 Insbes. für Zustellungs- und Beweisrecht, vgl. Rn. 10ff., 31ff.; ebenso *Wagner*, NJW 2022, 1861 (1862).

179 Dazu § 25 Rn. 35ff., 52 (*Scherer/Jensen*).

Dass die qualifizierte elektronische Signatur i. S. d. Art. 3 Nr. 12 der Verordnung sowohl Authentizität als auch Integrität des Dokuments mit hinreichender Sicherheit gewährleistet,[180] steht zwar außer Zweifel. Die bürokratische Kombination von qualifiziertem Zertifikat und qualifizierter Signaturerstellungseinheit – etwa per anachronistischer anwaltlicher Signaturkarte – beschränkt die reale Nutzbarkeit des Systems aber auf den überschaubaren Personenkreis professioneller Nutzer. Mit guten Gründen skizziert der im Juni 2021 unterbreitete Kommissionsvorschlag zur Reform der eIDAS-VO[181] daher einen „Paradigmenwechsel"[182] durch Einführung sogenannter **„EUid-Brieftaschen"** – App-basierter Wallets, die es Bürgern ermöglichen sollen, sich online wie offline grenzübergreifend elektronisch zu identifizieren und zu authentifizieren. Damit ist immerhin die Vision einer niederschwelligen Authentifizierung bei gleichzeitiger Wahrung eines hinreichenden Sicherheitsniveaus entworfen.[183] Ob die Bedenken einer staatlichen Webaufsicht orwellianischen Ausmaßes, die gegen den Reformvorschlag bisweilen erhoben wurden,[184] überwunden oder jedenfalls die skizzierten E-Wallets vor einem Scheitern bewahrt werden können, wird sich weisen müssen.

60 Aufhorchen lässt schließlich auch die programmatische Ankündigung der Kommission, die Vorteile digitaler Technologien nicht nur auf europäischer Ebene für Zwecke der grenzüberschreitenden justiziellen Zusammenarbeit nutzen, sondern auch die **Umstellung der mitgliedstaatlichen Justizsysteme auf das digitale Zeitalter** unterstützen zu wollen.[185] Wenngleich europäische Anstöße angesichts der Verfahrensautonomie der Mitgliedstaaten unverbindlich bleiben werden, mag man doch darauf hoffen, dass der europäische Feldzug gegen Papierakten, gegen mangelnde elektronische Zugänglichkeit von Registern und Datenbanken sowie gegen veraltete, nicht interoperable IT-Systeme[186] auch den trägen Digitalisierungsstein der deutschen Justiz ins Rollen bringen werden.

---

180 Ein absoluter Schutz elektronischer Dokumente kann richtigerweise ebenso wenig verlangt werden wie eine vollkommene Fälschungssicherheit von Papierdokumenten.

181 COM(2021) 281 final.

182 COM(2021) 281 final, S. 55.

183 Vgl. zu Schutzniveau und Fälschungssicherheit insbes. ErwGr. 9 f. des Kommissionsvorschlags.

184 So etwa https://edri.org/our-work/orwells-wallet-european-electronic-identity-system-leads-us-straight-into-surveillance-capitalism/; vgl. auch den offenen Brief von 38 Cybersicherheitsforschern gegen den Kommissionsvorschlag, abrufbar unter https://www.eff.org/files/2022/03/02/eidas_cybersecurity_community_open_letter_1_1.pdf.

185 COM(2020) 710 final, S. 2.

186 Vgl. COM(2020) 710 final, S. 6.

Stephan Breidenbach und Til Bußmann-Welsch

§ 33 Zivilprozess 2035

Gliederungsübersicht Rn.

Anmerkung: Der Prolog ist nur von Stephan Breidenbach verfasst worden.

Stephan Breidenbach/Til Bußmann-Welsch
https://doi.org/10.1515/9783110755787-033

Literatur: *Arbeitsgruppe „Modernisierung des Zivilprozesses"*, Modernisierung des Zivilprozesses – Diskussionspapier, 2021, https://www.justiz.bayern.de/media/images/behoerden-undgerichte/oberlandesgerichte/nuernberg/diskussionspapier_ag_modernisierung.pdf; *Breidenbach*, Embedded Law – Von der Industrialisierung über Blockchain-gestützte Transaktionen zum eingebetteten Recht, in: Breidenbach/Glatz (Hrsg.), Rechtshandbuch Legal Tech, 2. Aufl., 2021, 392 ff.; *Breidenbach*, Entscheidungen, Prozesse, Rechtsanwendung automatisieren – Das Schicksal von Regeln ist Code, in: Breidenbach/Glatz (Hrsg.), Rechtshandbuch Legal Tech, 2021, 51 ff.; *Breidenbach*, Industrielle Rechtsdienstleistungen – Standardisierung von Recht auf hohem Niveau, in: Breidenbach/Glatz (Hrsg.), Rechtshandbuch Legal Tech, 2021, 41 ff.; *Breidenbach*, Rulemapping – Visuelle Darstellung und Vermittlung von Recht, in: Breidenbach/Glatz (Hrsg.), Rechtshandbuch Legal Tech, 2021, 340 ff.; *Breidenbach/Glatz*, Die Digitalisierung des Rechts, in: Breidenbach/Glatz (Hrsg.), Rechtshandbuch Legal, 2021, 1 ff.; *Glatz*, Blockchain – Ein Paradigmenwechsel?, in: Breidenbach/Glatz (Hrsg.), Rechtshandbuch Legal Tech, 83 ff.; *Hamann*, Der blinde Fleck der deutschen Rechtswissenschaft – Zur digitalen Verfügbarkeit instanzgerichtlicher Rechtsprechung, JZ 2021, 656 ff.; *Heap*, Blockchain Could Help Musicians Make Money Again, Harvard Business Review, 5.7.2017, https://hbr.org/2017/06/blockchain-could-help-musicians-make-money-again; *Hildebrandt*, Smart Technologies and the End(s) of Law, 2016; *Hoffmann-Riem*, Verhaltenssteuerung durch Algorithmen. Eine Herausforderung für das Recht, AÖR 142, 20 ff.; *Kuchenbauer*, Der gläserne Richter, JZ 2021, 647 ff.; *Lessig*, Code 2.0, 2016, S. 106 ff., http://codev2.cc/; *Mc Gill/Salyzyn*, Judging by Numbers: How Will Judicial Analytics Impact the Justice System and Its Stakeholders?, 15.7.2020, https://ssrn.com/abstract=3652468; *Susskind*, The End of Lawyers – Rethinking the Nature of Legal Services, 2010, S. 130 ff.; *Tholey/Bußmann-Welsch*, The iur-Crowd – The end of knowledge silos, Rethinking Law 2/2020, 28 ff.; *von Bünau*: Künstliche Intelligenz im Recht – Möglichkeiten und Mythos, in: Breidenbach/Glatz (Hrsg.), Rechtshandbuch Legal Tech, 71 ff.; *Wend*, Legal Tech für Massenklagen – eine digitale Fertigungsstraße, Rethinking Law 3/2019, 30 ff.

Prolog: Argumente gegen Legal Tech[1]

1. Legal Tech – auch dieser Hype geht vorbei

1 Stimmt. Soweit es sich um die **plötzliche Aufmerksamkeit** für ein bestimmtes Thema handelt, geht jeder Hype vorbei. Die Digitalisierung des Rechts hat jedoch fundamentale

1 Der Beitrag ist ursprünglich erschienen in Breidenbach/Glatz (Hrsg.), Rechtshandbuch Legal Tech, 2. Auflage, 2021, S. 36 ff.

Auswirkungen. Sie verschwindet ebenso wenig wie das Internet. Manche Konsequenzen werden **kurzfristig sichtbar** werden, zum Beispiel durch neue Geschäftsmodelle im Internet oder durch aggressive Preispolitik von Kanzleien und Prozessfinanzierern. Andere werden sich eher **unbemerkt entwickeln**. So wie Programme, die durch Software-Updates jedes Jahr besser werden. Erst in der **Retrospektive** wird man die enormen Entwicklungssprünge wirklich sehen.

2. Mein Job lässt sich nicht durch Legal Tech ersetzen

Stimmt. Allerdings nur teilweise. Die Frage ist, wie viele **repetitive Elemente** in Ihrer 2
Tätigkeit enthalten sind. Welche Fragen, Verträge, Schriftsatzpassagen kommen häufiger vor? Gerade die Expertinnen und Experten in einem Gebiet sehen die **Muster**, die immer wieder auftauchen. Die **wiederkehrenden Elemente** lassen sich in einer **intelligenten digitalen Bausteinwelt** erfassen und abbilden. Diese Legal-Tech-Werkzeuge erleichtern und beschleunigen dann in der Folge die Arbeit. „Und zwar nicht, weil die Computer so viel schlauer geworden sind, sondern weil wir die Arbeit so organisiert haben, dass sie für Maschinen gut zugänglich ist.“[2] Vor allem aber machen sie ein bisher dem erfahrenen **Experten vorbehaltenes Wissen** zugänglich und effektiver nutzbar für Anwender, z. B. jüngere Kollegen und Kolleginnen, mit weniger Expertise. Das Ergebnis: mehr Arbeitsresultate in der gleichen Zeit. Dennoch erfordern sie immer noch Aufmerksamkeit und **präzises Denken** eines Anwenders. Selbst wenn die entsprechenden detaillierten Textelemente in einer Architektur des Wissens nachvollziehbar und zugänglich sind, sind immer noch Juristen und Juristinnen gefragt, die sie – bei aller Hilfestellung – in der jeweiligen Situation zuordnen und in ihre Verträge oder Schriftsätze einfügen. Der Job bleibt. Er wird nur effektiver.

3. Durch Legal Tech gehen Jobs verloren

Stimmt. Und es kommen neue hinzu. Der Reihe nach: Es wird mehr Output an Texten, 3
Verträgen und Schriftsätzen oder an Due Diligence in der gleichen Zeit erzielt. Also wird Arbeitskraft eingespart. Durch Digitalisierung gehen **Arbeitsplätze mit alter Herangehensweise** verloren. Gleichzeitig schaffen **neue Geschäftsmodelle** und günstigere *industrielle* Fertigung von juristischer Arbeit neue Marktchancen. Recht wird zugänglicher. Und eröffnet damit **neue Märkte**. Mehr Menschen brauchen mehr Recht. So entstehen neue juristische Arbeitsfelder. Solche Wissensprodukte brauchen **kreative Rechts-Produktentwickler und -entwicklerinnen**. Und visionäre Juristen und Juristinnen, die das Ökosystem Recht zugänglicher machen und so Märkte entwickeln. Und ja: Es kommen auf kurze Sicht weniger Jobs hinzu als verloren gehen. Damit sind Juristen und Juristinnen nicht alleine.

2 *Boos*, Süddeutsche Zeitung, 24.4.2017, S. 18.

4. Legal Tech führt zu einem schematischen Umgang mit Recht

4 Stimmt. Aber nur dort, wo es sinnvoll ist. Natürlich ist das verständnislose Zusammenstellen von Textbausteinen ein Albtraum. Juristische Arbeit mit und ohne Legal Tech braucht **Verstand und Verantwortung**. Beides kann ein herkömmliches Buch oder ein Textgenerator nicht ersetzen. Gleichzeitig muss in **Standardsituationen** das Recht gefunden werden, „anstelle es im Einzelfall neu zu *er*finden."[3] Verträge, Schriftsätze, womöglich im strukturierten Vortrag, und Texte in der Beratung beinhalten nur selten eine notwendige Fortentwicklung des Rechts. Mit oder ohne Legal Tech: Es geht nicht darum, ohne Verstand und Sachverhaltsanalyse „Recht" zu produzieren.

5. Eine individuelle Rechtsberatung ist durch nichts zu ersetzen

5 Stimmt. Nur was ist eine individuelle Rechtsberatung? Jeder Fall ist anders. Und dennoch werden viele Fälle vor dem Hintergrund der gesetzlichen Normen gleichbehandelt. Legal Tech erleichtert die Arbeit mit Fällen, in denen wir das Recht finden, nicht „erfinden".[4] Ist eine Fortentwicklung notwendig, bekommt individuell einen anderen Sinn. Auch jetzt schon lesen Juristinnen und Juristen Kommentare und sehen sofort, was auf ihren aktuellen Fall nicht passt. In einem Legal-Tech-Werkzeug ist das nicht grundsätzlich anders. Digitalisierung ist **kein Denkverbot** für Juristinnen und Juristen. Dazu kommt: Eine besondere Sachverhaltskonstellation ist vielleicht aus der Gesamtschau des Rechtssystems gar nicht so besonders. Legal Tech hilft womöglich, solch ähnliche Fälle zu finden und zu nutzen.

6. Eine Maschine kann keine Anwältin und keinen Anwalt ersetzen

6 Stimmt. Künstliche Intelligenz – KI – kann nicht denken. Um als Anwältin oder Anwalt zu agieren, müsste eine Maschine Texte verstehen und dann auch noch daraus juristische Schlüsse ziehen. Es scheitert Stand heute und morgen schon an Stufe eins: „Es gibt keine Maschine, die Gelesenes versteht oder es vielleicht sogar schreiben könnte, das wird so schnell nicht gehen."[5] Ein Anwalt kann allerdings ein System entwickeln, das nach begrenzten Kriterien ebenso begrenzte, meist **vorläufige Antworten** zu einer bestimmten Sachverhaltskonstellation, zum Beispiel bei der Entschädigung für eine Flugverspätung, gibt. Hier ist ein Teil seines Wissens in der Logik eines Fragesystems abgebildet. Und die vorläufige Antwort – Entschädigung grundsätzlich ja oder nein – sagt nichts über **komplizierte Einzelfälle** aus, die nach wie vor anwaltlichen Verstand benötigen. Allerdings nur, bis daraus eine gesicherte Rechtsprechung entstanden ist. Künstliche Intelligenz – unbedingt. Die Maschine als Anwalt bzw. Anwältin – nein.

---

3 *Mayr* in: Bäcker/Klatt/Zucca-Soest (Hrsg.), Sprache-Recht–Gesellschaft, 2012, S. 187.

4 Ebd.

5 *Boos*, Süddeutsche Zeitung, 24.4.2017, S. 18.

7. Legal Tech mag für einfache Standardfälle geeignet sein, aber nicht in meinem Bereich

Hm. Jetzt kenne ich Ihren Bereich nicht. Dennoch lautet die Antwort: Das stimmt nicht. 7
Richtig ist, dass sich die ersten Legal-Tech-Anwendungen von der Fluggast-Entschädigung bis zur Mietpreisbremse tatsächlich auf Massen von gleichgelagerten Standardfällen beziehen. Das ist jedoch nur die **Spitze des Eisbergs**. Die Titanic ‚Recht' fährt auf den riesigen Teil unter Wasser zu. Jedes **repetitive Element** in unserer Tätigkeit ist ein Hinweis auf mögliche Standardisierung.

Nehmen Sie Verträge. Sie enthalten eine große, aber begrenzte Zahl von rechtmäßi- 8
gen Optionen und ein paar nicht rechtmäßige, die auch gerne strategisch verwendet werden. Die ganze Vertragswelt wird daher bald auf hohem Niveau **standardisiert** und damit **industrialisiert** werden. Das heißt nicht, dass kein Raum für besonders **kunstvolle Formulierungen** und neue Varianten existiert. Die schnelllebige M&A- und Venture Capital-Welt, um nur ein Beispiel zu nennen, erfindet sich alle paar Monate neu. Und doch bleibt vieles gleich. Und das Neue wird schnell als **Standard in Updates** aufgenommen. Das Handwerk wird unterstützt, Wissen verteilt und Qualität gesteigert. Der Künstler bleibt in der Gestaltung frei. Der Markt wird entscheiden, wie viel er für Kunst noch bezahlen will.

Das Gleiche gilt für Schriftsätze und Beratungstexte. Vieles wiederholt sich. Und ge- 9
nau dieser Teil ist reif für Legal Tech. Und vielleicht sitzt jetzt bereits schon eine kleine kreative Truppe genau an diesem Segment.

8. Brauchen wir überhaupt Legal Tech? Es läuft doch bisher auch schon gut

Stimmt. Und es könnte noch besser laufen. Viele **wiederkehrende Arbeiten**, Rou- 10
tinen und Elemente bieten sich an, durch Legal Tech vereinfacht oder ersetzt zu werden. Wäre es nicht sinnvoll, sich auf den **Mehrwert** für das Unternehmen zu konzentrieren und **kreativ** zu sein, statt die Zeit in repetitiver Tätigkeit zu verlieren? Hinzu kommt: Stellen Sie sich vor, Sie machen einfach nicht mit. Gut. Sie müssen dann nur zum Beispiel damit rechnen, dass Ihre Wettbewerber Verträge in kürzester Zeit mit Vertragsgeneratoren erstellen und ihr Vertragsmanagement über die gesamte Lebensdauer von Verträgen besser im Griff haben. Wird man das irgendwann auch von Ihnen fordern?

9. Ist es nicht verrückt, sich jetzt komplett an eine Legal-Tech-Lösung zu binden?

Stimmt. Wenn Sie Tools und Software gerade evaluiert haben, sind schon wieder die 11
nächsten Lösungen auf dem Markt gekommen. **Innovation und Tempo** nehmen zu. Entscheidend ist, sich im ersten Schritt mit dem eigenen Know-how und den eigenen Wissensbeständen, insbesondere Verträgen und Prozessen, auseinanderzusetzen. **Wiederkehrende Elemente** in der Arbeit der Rechtsabteilung können identifiziert und als Bausteine aufbereitet werden. Prozesse können analysiert und dabei schlanker gemacht

werden. **Industrialisierung von juristischer Tätigkeit** verlangt, Regeln hinter der eigenen Tätigkeit und Bausteine der laufenden Textproduktion präzise und konsequent aufzubereiten und so das eigene Wissen zu bewirtschaften. Dabei dreht sich alles um die Leitfrage, was die Menschen in ihrer Organisation und ihre Prozesse besser unterstützt. Es geht um die Inhalte. Technologie allein wird es nicht richten.

12 Lassen Sie sich dabei von Software und Tools **unterstützen**. Dann sollten diese vorsehen, dass die einmal geleistete Arbeit, denn um die geht es, problemlos und ohne Programmierkenntnisse aktualisiert werden kann. Und, wenn gewünscht, auch einfach in eine andere Legal-Tech-Anwendung übertragen werden kann. Digitalisierung ist nie fertig. Sie ist in sich ein **Prozess**, in dem ständig Prototypen entwickelt, verbessert und unter Umständen wieder abgelöst werden. Software-Silos helfen nicht.

10. Macht die Digitalisierung Juristinnen und Juristen bald überflüssig?

13 Natürlich nicht. Technik ist zunächst einmal **ein Mittel**, um das, was man bisher tut, einfacher, schneller und besser zu tun. Juristinnen und Juristen produzieren Texte – Verträge, Schriftsätze und Stellungnahmen. Vor dem Auge der Digitalisierung wird sichtbarer, dass diese Texte **wiederkehrende Elemente** enthalten. Das ist eigentlich **nichts Neues**. Auch früher hat man sich schon aus Vorlagen, Mustern und eigenen Vorarbeiten bedient, um etwas für eine neue Konstellation passend zu machen. Digitale Werkzeuge ermöglichen es nur, dies viel konsequenter zu tun. Nun geht es nicht mehr um Wissen, welches in Dokumenten versteckt ist, sondern um **Wissens-Bausteine**. Aus wiederkehrenden Elementen werden Bausteine, aus denen dann Verträge oder Schriftsätze zusammengesetzt werden. Intelligente Tools organisieren diese Bausteine in einer **digitalen Fertigungsstraße**. Daten und Informationen werden automatisch eingefügt. Der Nutzer wird mit einer Wissensarchitektur visuell oder durch Fragen geführt. Das Rad wird so nicht mehr jedes Mal neu erfunden. Entscheidend ist jedoch: Benötigt wird ein Fahrer. Welche Kombination von Elementen in diesem Fall passt, entscheidet hoffentlich ein klar denkender Jurist oder eine klar denkende Juristin.

14 Bestimmte Arbeiten werden allerdings nicht nur unterstützt, sondern fallen weg. Verträge aus Bausteinen machen über die nunmehr hochauflösende Datenbankstruktur völlig durchsichtig, wann in welcher Konstellation welche Klausel von wem mit welchen Werten und Fristen eingesetzt wurde. Für eine Due Diligence werden dann nicht mehr hochbezahlte Associates, sondern wird nur noch **ein Klick** benötigt.

15 Werden für Prozesse oder die Ausführung von rechtlichen Vorschriften nur Daten – beispielsweise die Höhe des Einkommens – oder mit Ja oder Nein zu beantwortende Informationen benötigt, kann **komplett automatisiert** werden. Alle Dokumente, Berechnungen und Entscheidungen entstehen in diesem regelgeleiteten Bereich **ohne Zutun** eines Bearbeiters oder einer Bearbeiterin, zum Beispiel Verwaltungsentscheidungen, Compliance-Prozesse oder Verträge für bestimmte Situationen.

16 Dennoch sind auch hier Juristinnen und Juristen unverzichtbar. Digitale Werkzeuge entstehen nicht ohne die analytischen Fähigkeiten, die Präzision und Kreativität von

juristisch geschulten Köpfen. Tools müssen ständig an eine immer schnellere Entwicklung angepasst oder ausgebaut bzw. die Abläufe überprüft werden.

Es lässt sich festhalten: Technik hilft und entlastet von mühsamen, nicht kreativen 17
Arbeiten. Die Maschine langweilt sich nicht. So werden nicht mehr, sondern eher weniger Juristinnen und Juristen, dabei verstärkt als **Gestalter und Gestalterinnen**, benötigt. Überflüssig sind sie auch aus einer weiteren entscheidenden Perspektive nicht: Verträge, Entscheidungen und Prozesse drehen sich um Menschen – und um ihre Interessen und Bedürfnisse. Juristinnen und Juristen können und müssen jetzt **mehr kommunizieren**. Dafür eröffnet die Digitalisierung Zeit und Raum.

Zivilprozess 2035

> „Prognosen sind schwierig, vor allem, wenn sie die Zukunft betreffen."
> (Mark Twain)

Wir zeigen, wie ein Zivilprozess im Jahr 2035 aussehen könnte. Dabei werfen wir aus 18
der Perspektive des Jahres 2035 zunächst **einen Blick zurück** auf den Status quo im Jahr 2022. Dann legen wir die technischen Grundlagen und die Entwicklungslinien dar, die den Wandel des Zivilprozesses bis ins Jahr 2035 ermöglichten. Schließlich blicken wir auf die Ergebnisse dieses Wandels samt seinen Chancen und Risiken.

A. Ein Rückblick als Prognose

Wir entwerfen ein Szenario, wie sich der Zivilprozess in den kommenden Jahrzehnten 19
aus verschiedenen Möglichkeiten und sich bereits abzeichnenden Entwicklungstendenzen weiter entfalten könnte. In unser Modell fließt die Hoffnung mit ein, dass sich tatsächlich einiges verbessern wird. Als Ausgangspunkt für unsere Rückschau haben wir das Jahr 2035 gewählt. Vielleicht ziehen sich manche Veränderungen auch noch über diesen Zeitraum hinaus hin. Entwicklungen im Rechtsbereich, speziell in der Justiz, brauchen **oftmals etwas länger**, da Juristinnen und Juristen Neuerungen gewöhnlich eher zurückhaltend gegenüberstehen. Um die bestehenden Potenziale in diesem Rechtsbereich besser zu veranschaulichen, haben wir uns entschieden, den Beitrag aus der **Retrospektive** zu schreiben. Wir wollen Bilder kreieren, die als Zielmarken fungieren können. Und die Retrospektive ist die ideale Methode, um unser Bild vom Zivilprozess der Zukunft zeichnen zu können.

Der Zivilprozess ist Bestandteil eines Ökosystems der Streitbehandlung. Nur vor 20
dem Hintergrund des **vergangenen Systems** des Zivilprozesses aus dem Jahr 2022 (B) lässt sich der von uns bis ins Jahr 2035 zurückgelegte Entwicklungspfad beschreiben. Nachdem wir das frühere System des Zivilprozesses beschrieben haben, werfen wir einen Blick auf die wichtigsten Elemente in der **Geschichte der Digitalisierung des**

Rechts und wie sie die Rahmenbedingungen und Systemelemente bis heute, 2035, grundsätzlich verändert haben (C). Erst auf dieser Basis lässt sich das Bild zeichnen, das unseren heutigen Zivilprozess im Jahre 2035 darstellt (D).

B. Der Zivilprozess der Vergangenheit

21 Ein Rückblick auf das Jahr 2022: Wir gehen erst kurz auf die Situation der Richterinnen und Richter ein. Sie hilft uns, den Zivilprozess des Jahres 2022 grob zu skizzieren (I.). Darauf basierend werden wir die sich daraus ergebenden Probleme des Zivilprozesses aus der damaligen Perspektive (II.) aufzeigen.

I. Richterinnen und Richter im Jahr 2022

22 2022 bot die Digitalisierung den Gerichten und insbesondere den Gerichtsverwaltungen noch keine grundlegende Entlastung. Es gab immer **weniger Stellen** für immer **mehr Arbeit**.[6] Gerichte waren zumindest mit Blick auf die Arbeitsbelastung und die Ausstattung wahrlich keine Traumarbeitsplätze. Dies zeigte sich insbesondere in den damals aufkommenden Massenverfahren. Mangels verfügbarer, wirklicher Musterverfahren mussten Einzelpersonen selbst in gleichgelagerten Fällen immer noch einzeln klagen. Die Parteien[7] nutzten hierbei zur Rechtsuche neben der Online-Anwaltsvermittlung[8] im Gegensatz zur Justiz bereits Expertensysteme[9] und Question-Answering-Systeme.[10]

23 Die Prozessvertreterinnen und Prozessvertreter erkannten das sich herausbildende Potenzial bei der Industrialisierung und Automatisierung der Fallbearbeitung. Das bis dahin vorherrschende **Dogma des Einzelfalles** schien damit bereits teilweise zu zerfallen. Insbesondere durch den Druck von Legal-Tech-Unternehmen und Prozessfinanzierern nutzten Anwältinnen und Anwälte die bereits seit Jahrzehnten bestehenden Möglichkeiten der **Expertensysteme**, um Kanzleiabläufe und Korrespondenzen teilweise zu automatisieren. Änderungen im anwaltlichen Berufsrecht ermöglichten erstmalige Spielräume bei der Kostenabrechnung. Dennoch waren diese Entwicklungen bis zum Jahr 2022 noch nicht flächendeckend. Die Kosten und der Zeitaufwand für eine Digitali-

6 Vgl. o.V., Umfrage bei Länder-Justiz – Überlastet ins neue Jahr, LTO, 2.1.2019, https://www.lto.de/persistent/a_id/32973/.

7 Bzw. die sie vertretenen Anwältinnen und Anwälte.

8 Etwa über Frag-einen-Anwalt.de.

9 Zahlreiche Unternehmen wie *Flighright* oder Kanzleien wie *Chevalier* hatten sich v.a. im Bereich der Massenverfahren auf Automatisierung und Industrialisierung gestützt, vgl. Rn. 35.

10 Ein Beispiel hierfür ist das System *Prime Legal AI* von *QNC* und dessen CEO *Michael Friedmann*, vgl. https://primelegal.de/.

sierung der Kanzleilandschaft waren noch zu hoch.[11] Die Angebote an Automatisierung und damit einhergehende langfristige Vorteile wurden durch die jeweiligen Unternehmen nicht hinreichend gegenüber kleinen und mittelständischen Kanzleien **kommuniziert.**[12] Das Dogma des Einzelfalles war noch verbreiteter, als es viele – insbesondere aus dem Technikbereich – glaubten. Während zudem die Anwaltschaft nach mehr als zögerlichem Start[13] ab dem Jahr 2022 mit dem besonderen elektronischen Anwaltspostfach (beA) arbeitete, druckte die Justiz die digital eingereichten Schriftsätze überwiegend immer noch aus.[14] Sie war erst ab dem Jahr 2026 mit der elektronischen Akte (eAkte) reaktionsbereit. Und dass ihr Einsatz auch tatsächlich von Beginn an reibungslos funktionieren würde, war zum damaligen Zeitpunkt noch **nicht absehbar.**[15] Die Verfahren zogen sich aufgrund der eher mäßig verbreiteten Videoverhandlung und digitalen Kommunikation allzu oft in die Länge.[16] In der mündlichen Verhandlung erfolgte dann zumeist dennoch nur ein Verweis auf die jeweiligen Schriftsätze.[17] Das eigentliche mündliche Verfahren war oft bereits zu einem schriftlichen Verfahren in Präsenz geworden. Im Schnitt wurde den Parteien die erstinstanzliche Entscheidung erst nach insgesamt fünf[18] bis acht[19] Monaten des Streits übermittelt. Der Pakt für den Rechtsstaat 2.0, der die Digitalisierung der Justiz wesentlich voranbringen sollte, war bis dahin nur ein **bloßes Versprechen.**[20]

---

11 Vgl. dazu *Wolters Kluwer*, Future Ready Lawyer 2021: Der Rechtsmarkt nach der Pandemie, 2021, S. 18.

12 Dies gaben Inhaber kleinerer und mittelständischer Kanzleien in Privatgesprächen mit Til Bußmann-Welsch an.

13 *Suliak*, LTO, 16.12.2021, https://www.lto.de/recht/juristen/b/marco-buschmann-bundesjustizminister-besonderes-elekronisches-anwaltspostfach-bea-nutzungspflicht-berufsrecht/.

14 Die Situation war mit Blick auf die einzelnen Bundesländer unterschiedlich. Vgl. dazu *Hetrodt*, FAZ, 24.3.2022, https://m-faz-net.cdn.ampproject.org/c/s/m.faz.net/aktuell/rhein-main/region-und-hessen/justizministerin-ueberfordert-in-sachen-e-akte-17903061.amp.html.

15 Ebd.

16 Zum Stand der Möglichkeiten zur Durchführung von Videoverhandlungen vgl. *Jung*, FAZ, 8.9.2021, https://www.faz.net/aktuell/wirtschaft/modernisierungsstau-der-justiz-ein-plaedoyer-fuer-das-fax-17527002.html sowie *Anger*, Handelsblatt, 9.3.2021, https://www.handelsblatt.com/politik/deutschland/recht-und-steuern-digitaler-wandel-der-justiz-immer-mehr-richter-fuehren-online-verhandlungen-durch/26975918.html.

17 MünchKomm-ZPO/*Fritsche*, 6. Aufl. 2020, § 128 Rn. 5.

18 Dies entspricht dem durchschnittlichen Wert bei Amtsgerichten zwischen 2011 und 2014, vgl. *Potrafke/Reischmann/Riem/Schinke*, Evaluierung der Effizienz von Gerichtsverfahren in Deutschland, 2017, https://www.ifo.de/DocDL/Gerichtsverfahren_Potrafke_2017.pdf.

19 Dies entspricht dem durchschnittlichen Wert bei Landgerichten in der ersten Instanz zwischen 2011 und 2014, vgl. *Potrafke/Reischmann/Riem/Schinke*, Evaluierung der Effizienz von Gerichtsverfahren in Deutschland, 2017, https://www.ifo.de/DocDL/Gerichtsverfahren_Potrafke_2017.pdf.

20 Vgl. Mehr Fortschritt wagen – Bündnis für Freiheit, Gerechtigkeit und Nachhaltigkeit, S. 84, https://www.bundesregierung.de/resource/blob/974430/1990812/04221173eef9a6720059cc353d759a2b/2021-12-10-koav2021-data.pdf?download=1/.

24 Die Richterinnen und Richter behalfen sich derweil in Massenverfahren damit, einzelne Textblöcke und Urteile untereinander auszutauschen.[21] Ein zentrales System hierfür existierte nicht. Vielmehr gab es infolge der gering verbreiteten Urteilsöffentlichkeit **vereinzelte Wissenssilos.**[22] Vorwiegend abstrakte Ängste sowohl vor Problemen des Datenschutzes als auch vor einer **unüberschaubaren Datenflut** spielten noch eine große Rolle.[23] Die daraus resultierende Intransparenz nach außen war – zumindest aus Sicht einzelner Richterinnen und Richter[24] – jedoch auch hilfreich, da so die **Qualitätskontrolle gerichtlicher Arbeit** nur für einzelne in Massenverfahren tätige Akteure, beispielsweise Prozessfinanzierer[25], möglich war. Dennoch war die verstärkte Zusammenarbeit der Richterinnen und Richter im Falle von Massenverfahren ein erstes Zeichen einer engeren **kollegialen Zusammenarbeit.** Schließlich war die richterliche Arbeit lange Zeit durch Isolation und Einzelarbeit geprägt. Die mit dem Wissensaustausch einhergehende verstärkte Zusammenarbeit ermöglichte es den Richterinnen und Richtern, pro Akte im Schnitt nicht mehr als 30 Minuten aufzuwenden.[26] Eine wesentliche Rolle spielte dabei jedoch auch ihr Drängen auf möglichst frühe und schnelle Vergleiche,[27] auch wenn diese die wahren Interessen der Parteien nur unzureichend abbildeten.[28]

---

21 Dazu skeptisch *Stackmann* im Interview mit *Freudenberg*, ZRP 2021, 189 (189 f.).

22 Zu diesem Problem aus einer breiteren Perspektive bereits *Tholey/Bußmann-Welsch*, Rethinking Law 2/2020, 28.

23 Vgl. dazu *Arbeitsgruppe „Modernisierung des Zivilprozesses"*, 2021, S. 71, https://www.justiz.bayern.de/media/images/behoerden-und-gerichte/oberlandesgerichte/nuernberg/diskussionspapier_ag_modernisierung.pdf.

24 So gab ein Richter in einem Interview mit Til Bußmann-Welsch an, dass er kurz vor der Rente stünde und ab und an auch mal ein Urteil schlechterer Qualität abliefere. Dass dies nicht von jedem gesehen werden könne, sei nicht schlecht. In diese Richtung geht auch *Arbeitsgruppe „Modernisierung des Zivilprozesses"*, 2021, S. 70, https://www.justiz.bayern.de/media/images/behoerden-und-gerichte/oberlandesgerichte/nuernberg/diskussionspapier_ag_modernisierung.pdf.

25 So konnten bereits etliche Unternehmen durch flächendeckende Datenanalysen in unterschiedlichen Bereichen erkennen, dass die Person des Richters bzw. der Richterin oder die Uhrzeit der mündlichen Verhandlung einen signifikanten Einfluss auf den Ausgang des Verfahrens hatte. Dies gaben einzelne Kanzleien und Unternehmen in Privatgesprächen mit Til Bußmann-Welsch an.

26 Die Angabe stammt aus Einzelgesprächen mit Richtern und Richterinnen. Ihre Repräsentativität kann durch die Autoren gegenwärtig nicht belegt werden.

27 Im Jahr 2020 gab es vor den Amtsgerichten in 13,7 % der Fälle und vor den Landgerichten in 22,4 % der Fälle einen Vergleich, vgl. Statistisches Bundesamt, Fachserie 10, Reihe 2.1, Rechtspflege – Zivilgerichte, 2020, S. 22 bzw. S. 52, https://www.destatis.de/DE/Themen/Staat/Justiz-Rechtspflege/Publikationen/Downloads-Gerichte/zivilgerichte-2100210207004.pdf?__blob=publicationFile.

28 Vgl. dazu exemplarisch *Knauss*, LTO, 21.10.2010, https://www.lto.de/recht/hintergruende/h/die-gueteverhandlung-zwischen-sanftem-druck-und-widerrechtlicher-drohung/.

II. Probleme

Aus der damaligen Perspektive ergaben sich v.a. vier Herausforderungen, die es zu überwinden galt. 25

Erstens war die Anzahl der zivilgerichtlichen Verfahren trotz des Rückgangs seit den 1990-er Jahren immer noch hoch. Der **demographische Wandel**, der natürlich auch vor der Justiz nicht Halt machte[29], führte in der Justiz zu begrenzten zeitlichen Ressourcen pro Fall. Im Ergebnis versuchten die Richterinnen und Richter, wie auch von der ZPO vorgesehen, möglichst viele Vergleiche zu schließen, die jedoch nicht zwingend der Interessenlage der Parteien entsprachen. 26

Zweitens dauerten die Verfahren, jedenfalls über mehrere Instanzen hinweg, immer noch zu lange. Das lag einerseits an der **Masse der Verfahren**, andererseits aber auch an der **Menge der Schriftsätze**, die die einzelnen Akteure und Akteurinnen nun (teil-)automatisiert erstellen konnten. Die fehlende technische Möglichkeit zur ebenbürtigen Reaktion der Justiz führte zu noch mehr Überlastung. 27

Drittens wurden die Prozesse überwiegend weiter in der komplexen Sprache des Rechts geführt. Für juristische Laien blieb damit oftmals der konkrete Inhalt des Verfahrens unverständlich. Der Bezug zu den **Interessen der Parteien** kam zu kurz. 28

Diese **Intransparenz** wurde viertens auch durch die mangelnde Öffentlichkeit anwaltlicher und richterlicher Arbeit in Form einer veröffentlichten Entscheidung verfestigt. Damit war eine Vergleichbarkeit anwaltlicher und richterlicher Arbeit schwerlich möglich. Nur einzelne Akteure in Massenverfahren hatten einen Überblick. Der Blick auf das Recht, wie es durch die Rechtsprechung konkretisiert und fortgebildet wird, war erschwert. 29

C. Wegweiser in die Zukunft

Doch waren 2022 bereits **Ansätze** sichtbar, wie wir mit den geschilderten Herausforderungen umgehen würden: Eine digitale Kommunikation, (teil-)automatisierte Verfahren, breitere Angebote für außergerichtliche Streitbeilegungen, Datenanalysen der Rechtsprechung und damit günstigere und schnellere Streitverfahren bei größerer Transparenz. Doch es lag noch ein weiter Weg vor uns, um diese Ansätze zu verwirklichen. Die Grundlagen, die den Weg bereiteten, werden hier im Überblick beschrieben. 30

Es war lange Zeit ein **Mythos**, dass jeder Fall anders ist und nur durch Juristinnen und Juristen erschlossen werden kann. Das war bequem, sorgte für ständig wachsendes Einkommen und ließ das ungute Gefühl zurück, ohne eine Juristin oder einen Juristen nicht einmal das Haus verlassen zu können. Also keine Digitalisierung? Heute sehen wir das jedenfalls zum Teil anders. Wir konzentrieren uns jetzt mehr auf das, was gleich ist. 31

---

29 Vgl. dazu *Anger*, Handelsblatt, 1.3.2021, https://www.handelsblatt.com/politik/deutschland/recht-und-steuern-so-gross-wird-die-pensionierungswelle-bei-richtern-und-staatsanwaelten/26961820.html.

Rechtliche Entscheidungen und daraus resultierende Texte lassen sich so zu einem erheblichen Teil digital erfassen, verarbeiten und automatisieren. Auch wenn sich nur dasjenige digitalisieren lässt, was gleich ist, hat sich im Laufe der Jahre gezeigt, wie groß dieser Bereich ist.

32 Juristische Arbeit hatte sich dadurch bereits 2022 verändert. Um digital verarbeiten zu können, arbeitete sie mit **Bausteinen**, die nach **Regeln** zusammengesetzt werden. **Daten** bestimmen die anzuwendenden Regeln oder individualisieren die Bausteine.

I. Bausteine

33 Schaut man von einer bestimmten Flughöhe – wie ein Makroskop – auf rechtliche Textproduktion, so ergibt sich, dass ein großer Teil davon aus **repetitiven Elementen**, aus Bausteinen, besteht.[30] Es sind wiederkehrende Formulierungen oder es wird in unterschiedlichen Worten das gleiche gesagt. Das erkennt man allerdings nur, wenn man von oben, nicht aber von innen schaut. Ein Schriftsatz oder ein Urteil in einem Massenverfahren, wie etwa in den Dieselfällen oder in Mietsachen, besteht aus Bausteinen, die je nach individueller Fallkonstellation zusammengestellt sind. Auch ein Verwaltungsbescheid ist aus kleinen Bausteinen zusammengesetzt. In Verträgen gibt es in einem Rechtsbereich, z. B. Mietrecht, für einen Aspekt, z. B. Haftung, endliche Regelungsoptionen und damit Bausteine. Der entscheidende **Perspektivwechsel** geht vom ganzen Textdokument hin zu den kleinsten Bestandteilen. Nicht die Fälle sind dann gleich, sondern die Bausteine gleichen sich, die je nach individueller Fallkonstellation zusammengesetzt werden.

34 Das gilt nicht nur für ein paar bekannte Standardfälle aus der Zivilgerichtsbarkeit. Die ersten Legal-Tech-Anwendungen von der Fluggast-Entschädigung bis zur Mietpreisbremse bezogen sich tatsächlich auf Massen von gleichgelagerten Standardfällen. Aus der Makroskop-Perspektive gibt es jedoch Tausende von Massenverfahren. Ein Streit mit einer Versicherung, ob sie eine Leistung bezahlt, ist ein individueller Streit mit der jeweiligen Versicherung. Gleichzeitig haben Hunderte in Deutschland den gleichen Streit mit Dutzenden von verschiedenen Versicherungsgesellschaften. Aus der Makroperspektive entdeckten wir **immer mehr Massenfälle**, da die Konstellationen gleich waren oder, anders formuliert, weil genug gleiche Elemente die Fälle verbunden haben. Die Digitalisierung hat daher mit Bausteinen schon seit zwanzig Jahren einen immer größeren Teil des streitigen Fallaufkommens erschlossen.

30 Vgl. ausführlich m. w. N. *Breidenbach* in: Breidenbach/Glatz (Hrsg.), Rechtshandbuch Legal Tech, S. 41 (43 ff.).

II. Daten

Die Fälle weisen die gleichen Bausteine in unterschiedlicher Zusammensetzung auf. 35
Gleich sind sie jedoch nicht, denn **Daten individualisieren** sie. Zum Beispiel: Wann wurde etwas gekauft? Von Händlern oder von Herstellerinnen? Welche Zeitpunkte gibt es? Kommen Fristen vor? Diese Daten, unter Umständen geht es um Hunderte Datenpunkte, machten bereits im Jahr 2022 aus einem gekauften Dieselfahrzeug einen konkreten Fall. Zum einen individualisieren Daten die jeweiligen Bausteine. Einfach formuliert: Namen und weitere Angaben werden eingesetzt. Zum anderen konkretisieren sie, welche Regeln anzuwenden sind: Bei einem Kauf vom Händler gilt beispielsweise eine andere Rechtslage und Darstellung als bei einem Privatkauf und damit sind es andere Bausteine. An jedem einzelnen Punkt der Anspruchsbegründung gibt es jeweils nur wenige mögliche Varianten. In der Kombination ergeben sie einen hochindividualisierten Fall aus Hunderten von Datenpunkten.

III. Regeln

Bausteine werden nach den **Regeln** zusammengesetzt, die das **Recht** vorgibt. Diese Re- 36
geln bestimmen rechtliche Entscheidungen und damit die jeweiligen Bausteine, die, richtig zusammengesetzt, die Entscheidung begründen. Ist aufgrund der angegebenen Daten zum Beispiel Verjährung eingetreten, wird der entsprechende Textbaustein vom digitalisierten Regelwerk eingesetzt.

Wie die Regeln konkret angewendet werden, **entscheiden Juristen** – Anwälte, 37
Richterinnen, Verwaltungsjuristen, Unternehmensjuristinnen usw. Diese Entscheidungen werden 2022 – und immer noch 2035 – von Menschen getroffen. Wird der Argumentation des Bundesgerichtshofs gefolgt oder eine neue Variante begründet oder ein Gegenargument eingeführt? Ob in einer bestimmten Situation, die durch die Daten beschrieben wird, eine Haftung begründet ist oder eine Verjährungsfrist abgelaufen ist, subsumierten schon 2022 die sog. *Legal Engineers*, die das Regelwerk einstellten. Diese Subsumtionen werden in den Bausteinen jeweils begründet. Damit fand bereits bei einigen Vorreitern 2022 die juristische Arbeit nicht in einem individuellen Fall, sondern im Vorfeld einer Vielzahl von Fällen statt, die gleiche Elemente enthalten.

IV. Rulemapping[31] – Kommunikation über Recht

Recht und Regeln digitalisieren heißt, sie in **Code** abzubilden. Das erfordert höchste Prä- 38
zision. Benötigt wird eine **kommunikative Schnittstelle** zwischen den Spezialisten für Regeln und den Entwicklerinnen und Entwicklern von Computercode. Regeln zu visuali-

31 Der folgende Text beruht zum Teil auf *Breidenbach* in: Breidenbach/Glatz (Hrsg.), Rechtshandbuch Legal Tech, S. 340 (340 ff.).

sieren, schafft die notwendige Klarheit. Mit ***Rulemapping***[32] hatte sich ein visueller Standard entwickelt, sich über Regeln zu verständigen. Dieser Standard erlaubte es Expertinnen und Experten unterschiedlicher Wissensdomänen, eine gemeinsame Verständnisebene zu entwickeln. *Rulemapping* bildet bis heute eine visuell basierte Schnittstelle und kommunikative Brücke zwischen Juristen, Regelexpertinnen, Prozessverantwortlichen und Entwicklerinnen. Es macht Regeln im Handlungszusammenhang als Wissensarchitektur buchstäblich sichtbar.

39 Wie arbeitet *Rulemapping*? Juristinnen und Juristen sind darin geschult, eine Folge von ineinandergreifenden und womöglich auf mehrere Gesetzeswerke verteilten Normen mit einem gesuchten Ziel oder einer bestimmten Frage im Blick, z.B. ob ein Anspruch besteht, zu durchdringen. Diese Normen sind verteilt, verweisen aufeinander oder setzen voraus, sie gedanklich zu verbinden. Linearer Text kann diese Architektur der Regeln nur umständlich wiedergeben. Wie in allen komplizierten oder komplexen Umgebungen hilft es zu **visualisieren**. Norm-Architekturen lassen sich abbilden.

40 Hierarchien, Bestandteile und Zusammenhänge werden seit **Tausenden von Jahren** in Baumdarstellungen visualisiert. Mindmapping[33], um nur ein Beispiel zu nennen, ist eine beliebte Art, solche Bäume darzustellen. Regeln und Recht enthalten jedoch mehr Verknüpfungen oder Logikformen, die sich in einer rein hierarchisch angeordneten Struktur nur unvollständig erfassen lassen. *Rulemapping* ist dafür eine einfache, intuitiv nachvollziehbare Methode. Sie bildet Regeln in einer besonderen **baumähnlichen Struktur** ab und wird durch Software unterstützt.

41 In Recht und Regeln suchen wir ein Ergebnis, eine Lösung, für eine Frage. *Rulemapping* **visualisiert daher Regeln** im Handlungszusammenhang ihrer Anwendung und damit der jeweiligen Frage.

- Für Juristinnen und Juristen: Fälle lösen/entscheiden
- Für Organisationen: Prozesse abarbeiten

42 Regeln werden in *Rulemapping* damit **handlungsleitend** dargestellt. Aus einem linearen Normtext wird eine Architektur der aus dem Normzusammenhang abzuleitenden Prüfungs- oder Handlungsschritte. Am Anfang des **Regelbaums** steht das zu verfolgende Ziel, z.B. einen Prozess zu durchlaufen oder die Aufgabe, z.B. einen Fall nach Regeln zu entscheiden. Von dort werden die Regeln für die Bearbeitung abgeschichtet und in der Reihenfolge der Abarbeitung und der Logik der Regel als einzelne Schritte bereitgestellt. Regeln, Ausnahmen, Unterausnahmen etc. erscheinen dort und nur dort, wo sie relevant sind – eine Frage zu prüfen oder einen Prozess abzuarbeiten. Juristinnen und Juristen kennen das. Sie sind es – jedenfalls in unserem Rechtskreis – gewohnt, so zu

32 Die frühere Bezeichnung lautet KnowledgeTools. Heute ist Rulemapping u.a. für verschiedene Anwendungsszenarien u.a. in der KnowledgeTools-Software-Suite Logos implementiert.

33 Vgl. dazu und m.w.N. *Breidenbach* in: Breidenbach/Glatz (Hrsg.), Rechtshandbuch Legal Tech, S. 340 (345).

denken, zu prüfen und Gutachten oder Urteile zu schreiben. Ihre Art zu denken und mit Normen zu arbeiten wird visualisiert.

Rulemapping macht Regeln transparent und nachvollziehbar. Komplizierte Geflechte werden als Ganzes sichtbar. Wo Normen ineinandergreifen, entsteht ein **Gesamtbild**. Was zusammengehört, ist auch zusammen sichtbar. 43

Als Standard lässt sich *Rulemapping* in darauf aufbauende **Werkzeuge** einbinden. Damit ist es weit mehr als ein Visualisierungstool. Es ist bereits Code. Es codiert Regeln ausführungsbereit. Aus linearer Sprache wird über die Visualisierung **Computercode**. Wenn wir visuell die Regeln repräsentieren, bilden wir zugleich das formale Bedingungsgefüge ab. 44

Rulemapping erlaubte seit den zwanziger Jahren selbst für komplizierteste Normstrukturen zwei essentielle Bereiche zu verbinden. Es ermöglicht eine für Juristen, Entwicklerinnen und Organisationsverantwortliche gleichermaßen **transparente Kommunikation** über zu implementierende Regeln und übersetzt diese Regeln unmittelbar in ausführungsbereiten Code. Damit konnte sich Digitalisierung mit einem Turbo entwickeln. 45

V. Maschinelles Lernen

In den neunziger Jahren des letzten Jahrtausends hatte man Expertensysteme, die nach Regeln Bausteine, wie gerade beschrieben, zusammensetzen, auch künstliche Intelligenz genannt. Sog. künstliche Intelligenz[34] steht heute hingegen für **selbstlernende Systeme**, insbesondere maschinelles Lernen oder mehrschichtiges Lernen. Hier entwickeln sich immer größere Anwendungsbereiche. Auf die Möglichkeiten der Suche, z.B. in Terabytes von Unternehmensdaten bei einer Due Diligence oder einer strafrechtlichen Ermittlung, gehen wir in diesem Zusammenhang nicht ein. Entscheidend für die Entwicklung bis heute sind andere Anwendungen von maschinellem Lernen. Bausteine nach Regeln und Daten automatisch zusammenzusetzen, ist eine einfache, wenn auch grundlegende digitale Entwicklung. Maschinelles Lernen erhielt dabei bereits in den frühen zwanziger Jahren seine Bedeutung, soweit es um **automatisches Antworten** ging.[35] 46

34 In der Informatik ist nach wie vor streitig, was genau unter künstlicher Intelligenz zu verstehen ist, vgl. etwa *Kok, Boers, Kosters, van der Putten, Poel* in: Kok (Hrsg.), Artificial Intelligence, 2009, S. 1ff. Aus diesem Grunde hat sich auch die *Europäische Kommission* in: ihrem ersten Entwurf zur Regulierung von sog. künstlicher Intelligenz für eine sehr weite Definition entschieden, vgl. Art. 3 Nr. 1 i.V.m. Anhang I COM/2021/206. Das Begriffspaar der sog. künstlichen Intelligenz ist aus Sicht der Autoren deshalb in seiner Verwendung wenig gewinnbringend. Aus diesem Grunde werden wir im Folgenden nicht das Begriffspaar künstliche Intelligenz verwenden, sondern immer die konkrete Bezeichnung der Technik (wie bspw. maschinelles Lernen), auf die wir Bezug nehmen.

35 Ein Beispiel hierfür ist das System *Prime Legal AI* von *QNC* und dessen CEO *Michael Friedmann*, vgl. https://primelegal.de/.

Verstehen also Rechner eingehende Texte? Jedenfalls nicht in unserem Sinne. Rechner können nicht denken – schon gar nicht juristisch. Das würde zwei Schritte erfordern: Sie müssten den Fall verstehen – Sprache (!) – und sie müssten subsumieren, d.h., mit Normen abgleichen. Beides kann ein Rechner auch heutzutage nicht leisten.[36] Die Ergebnisse sehen allerdings so aus, als könne er genau das.

47 Wie funktioniert nun automatisches Antworten? In einer **Master-Bibliothek** sind alle zu erwartenden Bausteine eines eingehenden Textes strukturiert enthalten. Können sie durch immer bessere **Such-Algorithmen** identifiziert werden, lässt sich die passende Antwort, ebenfalls als Baustein, bereithalten und in einen Text einfügen. Der Generator formuliert also nicht die Antwort, sondern schlägt eine Antwort aus einem Baukasten vor, weil er einen anderen Eingangs-Baustein erkannt hat.

VI. Datenanalysen

48 Die vorgenannten technischen Möglichkeiten eröffneten uns weitergehend einen anderen Blick auf die Analyse des Rechts.[37] Sie konnte nun auch datengetrieben erfolgen. Unter dem Begriffspaar ***Legal Analytics*** war dies bereits in vielen Ländern des Globus in Wissenschaft und Praxis Alltag.[38] Ein besonderer Fokus lag hierbei auf der Analyse der Rechtsprechung. In Deutschland war dies aufgrund mangelnder Verfügbarkeit einer entsprechenden **Datengrundlage**, insbesondere in Form maschinenlesbarer Gerichtsentscheidungen, zunächst nicht in der Breite möglich. Probleme waren hier neben Vorbehalten aufgrund abstrakter Ängste in der Justiz[39] v.a. der Schutz personenbezogener Daten[40] sowie die Schwärzung weiterer Inhalte, etwa[41] in Form von Betriebs- und Geschäftsgeheimnissen[42]. Nach Fortschritten der (teil-)automatisierten Schwärzung direk-

36 In diese Richtung geht *Pratt-Hartmann* in: Clark/Fox/Lappin (Hrsg.), The Handbook of Computational Linguistics and Natural Language Processing, 2010, S. 43 (43).

37 Zur Erweiterung des Methodenkanons auch *Livermore/Rockmore* in: Livermore/Rockmore (Hrsg.), Law as Data – Computation, Text & the Future of Legal Analysis, 2019, S. 3 (3ff.).

38 Zu wissenschaftlichen Beiträgen vgl. exemplarisch den Sammelband *Livermore/Rockmore* (Hrsg.), Law as Data – Computation, Text & the Future of Legal Analysis, 2019. Mit Blick auf die unternehmerische Praxis kann etwa auf die von *LexisNexis* erworbenen Unternehmen *Lex Machina* oder *Ravel Law* in den USA, *Jurimetria* in: Spanien sowie *Predictice* oder *Case Law Analytics* in: Frankreich verwiesen werden.

39 Vgl. dazu *Arbeitsgruppe „Modernisierung des Zivilprozesses"*, Modernisierung des Zivilprozesses – Diskussionspapier, 2021, S. 71, https://www.justiz.bayern.de/media/images/behoerden-und-gerichte/oberlandesgerichte/nuernberg/diskussionspapier_ag_modernisierung.pdf.

40 Vgl. dazu ebd.

41 Weitere relevante Aspekte sind etwa das Steuer- und das Bankgeheimnis sowie staatliche Schutzinteressen.

42 Vgl. dazu beispielhaft LG München I, Verfügung v. 16.6.2017 – 6 Qs 5/17, 6 Qs 6/17 Rn. 24, 30.

ter Identifikationsmerkmale[43] in Frankreich,[44] kam es in Deutschland v.a.[45] aufgrund der Erfolge des HILANO-Projektes[46] zu einer größeren Entscheidungsöffentlichkeit. War es nicht möglich, Passagen zu schwärzen, ohne dass die Verständlichkeit der Gerichtsentscheidung beeinträchtigt wurde, konnten die an der Gerichtsentscheidung Beteiligten einen Antrag auf Unterlassung der Veröffentlichung der Gerichtsentscheidung stellen, wenn es sich um besonders **sensible Informationen** handelte. Auch Gerichtsentscheidungen, die selbst unter den neuen Bedingungen nicht veröffentlicht werden konnten, konnten in Analysen einbezogen werden. Anstatt die gesamte Entscheidung zur Verfügung zu stellen, wurden dabei nur einzelne Datenpunkte, wie beispielsweise die zugesprochene Schadensersatzsumme, veröffentlicht.[47] Auf diese Weise schaffte es die Justiz, dem **verfassungsrechtlichen Anspruch** und dem Versprechen der 2021 an den Start gegangenen Ampelkoalition[48] mit Blick auf die Veröffentlichung aller Gerichtsentschei-

---

43 Indirekte Identifikationsmerkmale müssen grds. nicht geschwärzt werden, vgl. beispielhaft OLG Frankfurt am Main, Beschluss v. 19.9.2019 – 20 VA 21/17 Rn. 127ff.

44 Denn Frankreich hatte bereits 2016 in einem Stufenplan beschlossen, alle Gerichtsentscheidungen zu veröffentlichen, vgl. zusammenfassend *Sommer*, Vie publique, 9.2.2021, https://www.vie-publique.fr/parole-dexpert/278415-la-cour-de-cassation-face-au-numerique-et-lintelligence-artificielle. Selbiges galt für Belgien im Jahr 2019, vgl. *Morgane*, Regards critiques de juges d'instruction, 2020, S. 19, https://dial.uclouvain.be/memoire/ucl/object/thesis:26618 und Dänemark im Jahr 2017, vgl. *Fauvarque-Cosson*, La semaine juridique, Supplément au N° 9, 2017 (56) (60) sowie *Fiebig*, Deutschlandfunk v. 4.12.2021, https://www.deutschlandfunk.de/digitalisierung-der-justiz-100.html. Zumindest mit Blick auf Frankreich gerät diese Entwicklung fast immer in den Hintergrund, da hier überwiegend auf das Verbot der Analyse richterlichen Entscheidungsverhaltens aus dem Jahr 2019 eingegangen wird, vgl. dazu exemplarisch *Kuhlmann*, LTO, 14.6.2019, https://www.lto.de/recht/legal-tech/l/frankreich-legal-tech-beschraenkung-predictive-analysis-verbotene-erkenntnis/.

45 Neben dem HILANO-Projekt gab es etwa auch Projekte zur Anonymisierung von Gerichtsentscheidungen vom Verein *Open Legal Data*, vgl. https://openredact.org/ an der TU München, vgl. *Schamberger*, Anonymization of German Legal Texts, 2019, https://wwwmatthes.in.tum.de/file/hszsk40p81bh/Sebis-Public-Website/-/Bachelor-s-Thesis-Tom-Schamberger/191103 %20Final_Schamberger_Anonymization_of_German_Legal_Texts.pdf oder in Konsortien an der Universität Erlangen-Nürnberg, vgl. *Adrian*, Vorlesung im Sommersemester 2020, Folie 245, https://www.str2.rw.fau.de/files/2020/07/vorlesung-ki-u-jur-entscheiden-legal-tech-ss-2020-kurz-zur-veroeffentlichung-2-7-2020.pdf.

46 Vgl. *HILANO* – Human-in-the-Loop Lernverfahren für verteilte inkrementelle Anonymisierung, https://www.hilano.de/.

47 Vgl. zu entsprechenden Vorschlägen in Frankreich etwa *CEPEJ – Administration judicaire de Lettonie*, Conférence à Riga, le 26 Septembre 2018, L'intelligence artificielle au service du pouvoir judiciaire, Table ronde – La justice dite „prédictive": quels risques, quelles opportunités? Intervention de M. Eloi Buat-Ménard, S. 4, Fn. 3.; https://rm.coe.int/the-so-called-predictive-justice-applications-in-civil-and-criminal-ma/16808e4d85.

48 Vgl. Mehr Fortschritt wagen – Bündnis für Freiheit, Gerechtigkeit und Nachhaltigkeit, S. 85, https://www.bundesregierung.de/resource/blob/974430/1990812/04221173eef9a6720059cc353d759a2b/2021-12-10-koav2021-data.pdf?download=1.

dungen stufenweise[49] nachzukommen. Dies galt zumindest mit Blick auf die Veröffentlichung neuer Gerichtsentscheidungen. Die Datenbestände der Vergangenheit mussten schließlich noch digitalisiert werden. Teilweise wurden sie auch schon vernichtet.[50] Nur in einer **gemeinsamen Anstrengung mit der Anwaltschaft** gelang es die Entscheidungsbestände der Vergangenheit dezentral zu digitalisieren und (teil-)automatisiert zu schwärzen.[51] Gerichte und Anwaltskammern arbeiteten hier Hand in Hand.[52]

49 Die reine Sammlung von Gerichtsentscheidungen genügte jedoch nicht. Vielmehr mussten die Gerichtsentscheidungen auch eine hinreichende **Datenqualität** aufweisen.[53] Dies meint im Kern die Maschinenlesbarkeit der Entscheidungen. Da diese jedoch maßgeblich vom jeweiligen Verarbeitungszweck abhängt, einigte sich ein Zusammenschluss aus Forschenden[54], Verlagen, Richtern, Anwältinnen, Staatsanwälten und Amtsanwältinnen sowie Unternehmen auf einen entsprechenden **Datenstandard**.[55] Die damals noch vorherrschende Zersplitterung und der wenig praxisorientierte datenanalytische Diskurs in der Juristerei wurden damit erstmalig gebündelt.[56] In Forschungsclustern trainierte Annotationsmodelle brachten die Gerichtsentscheidungen in die entsprechende Form.

50 Auf dieser Grundlage waren bereits in den zwanziger Jahren **umfassende Analysen** der Rechtsprechung möglich. Differenziert werden konnte hierbei zwischen de-

49 So wurden die Gerichtsentscheidungen, gegliedert nach einzelnen Rechtsgebieten, stufenweise vollständig veröffentlicht. Vgl. zu entsprechenden Maßnahmen in Frankreich den Überblick bei *Sommer*, Vie publique, 9.2.2021, https://www.vie-publique.fr/parole-dexpert/278415-la-cour-de-cassation-face-au-numerique-et-lintelligence-artificielle.

50 Vgl. dazu auch *Hamann*, JZ 2021, 656 (659) oder *Coupette/Fleckner*, JZ 2018, 379 (382 Fn. 20).

51 Vgl. zu entsprechenden Vorschlägen in Frankreich *Cadiet*, L'open data des décisions de justice – Mission d'étude et de préfiguration sur l'ouverture au public des décisions de justice, 2017, S. 95 sowie andeutungsweise in Deutschland *Dreyer/Schmees*, CR 2019, 758 (761).

52 Nach Aussage eines renommierten Berliner Strafverteidigers im Interview mit Til Bußmann-Welsch gab es derartiges etwa schon mit Blick auf den Strafrechtsausschuss des *Deutschen Anwaltsvereins* in: Berlin und das Kammergericht Berlin. In diesem Zuge hat das Kammergericht Berlin dem Ausschuss Gerichtsentscheidungen zur Verfügung gestellt, von denen der Ausschuss ausgewählte Entscheidungen anonymisiert und in einer eigenen Zeitschrift veröffentlicht hat.

53 Vgl. auch etwa *Europäische Kommission für die Effizienz der Justiz*, Europäische Ethik-Charta über den Einsatz von künstlicher Intelligenz in der Justiz und ihrem Umfeld, 2018, S. 28. Grundlage hierfür kann etwa das Datenqualitätsmodell von Wang und Strong sein, vgl. *Wang/Strong*, Journal of Management Information Systems 1996, S. 5ff. Mit Blick auf die Analyse von Gerichtsentscheidungen müsste es allerdings geringfügig angepasst werden, vgl. dazu *Bußmann-Welsch*, Gläserne Richter:innen, Kap. 1, in der Entstehung. Zu einem rudimentären Modell der Datenqualität vgl. auch *Coupette/Fleckner*, JZ 2018, 379 (380).

54 Insbesondere aus den zum damaligen Zeitpunkt noch eher getrennt arbeitenden Bereichen von Recht & KI sowie der Rechtssoziologie.

55 Vgl. zu dieser Notwendigkeit auch *Cadiet*, L'open data des décisions de justice – Mission d'étude et de préfiguration sur l'ouverture au public des décisions de justice, 2017, S. 95f., S. 147.

56 Auf dieses Problem verwies auch *Matthias Grabmair* bei der 1st Munich Legal Tech Summer School der TU München 2021.

skriptiven, diagnostischen, prospektiven und präskriptiven Analysen.[57] **Deskriptive Analysen** beschreiben einen Analysegegenstand. Bezogen auf die Rechtsprechung kann etwa abgebildet werden, wie oft einzelne Richter schon in einem bestimmten Verfahren geurteilt haben, welche Ausgänge diese Verfahren hatten, was der durchschnittliche Schadensersatz in diesem und jenem Fall war oder welche Argumente in welchen Verfahren besonders häufig vorkommen. **Diagnostische Analysen** versuchen Begründungsmuster für deskriptive Analysen abzubilden. Ein einfaches Beispiel: Eine Richterin hat bereits besonders häufig in Verkehrssachen geurteilt, und das liegt daran, weil sie nach dem Geschäftsverteilungsplan dafür zuständig ist. **Prospektive Analysen**[58] versuchen, Hinweise auf künftiges Verhalten zu geben. Bezogen auf die Rechtsprechung kann dies eine Analyse sein, die aufzeigt, welchen Ausgang ein Verfahren nehmen wird, oder welche Argumente oder Rechtsquellen vermutlich zur Lösung des Falles herangezogen werden. **Präskriptive Analysen** versuchen eine Hilfestellung dabei zu geben, welches Verhalten an den Tag gelegt werden sollte, um ein bestimmtes Ergebnis zu erzielen. Ist etwa bekannt, dass einzelne Richterinnen oder Richter einen höheren Schadensersatz in bestimmten Fällen gewähren, so kann aufgezeigt werden, bei welchen der Fall am ehesten zu verhandeln wäre,[59] um die gewünschte Schadensersatzsumme zu generieren.[60]

VII. Industrialisierung

Die konsequente digitale Umsetzung von Regeln, Bausteinen und Daten ermöglichte es 51
bereits 2022, das Recht zu **industrialisieren**.[61] Industrialisierung hieß in diesem Kontext

57 Vgl. zu dieser Untergliederung auch *Shi-Nash/Hardoon* in: Geng (Hrsg.), Internet of Things and Data Analytics Handbook, 2016, S. 329 (331), https://onlinelibrary.wiley.com/doi/abs/10.1002/9781119173601.ch19.

58 Teils werden solche Analysen in der Literatur und v. a. in der unternehmerischen Praxis (vgl. dazu etwa das Unternehmen *Jurimetria*) auch als prädiktive Analysen umschrieben. Dieser Begriff ist jedoch irreführend, da er die Möglichkeit der Vorhersage von Rechtsprechung unterstellt, vgl. bspw. Seminaire E-Juris – De l'open data des décisions de justice à l'automatisation de la prise de décisions?, 2018, *Barbaro*, La charte éthique européenne d'utilisation de l'IA dans les systèmes judiciaires et leur environnement, S. 5. Dies ist jedoch aus vielerlei Gründen (vgl. umfassender *Morgane*, Regards critiques de juges d'instruction, 2020, S. 16 ff., https://dial.uclouvain.be/memoire/ucl/object/thesis:26618, v. a. aber wegen der mangelnden Möglichkeit zur datenbasierten Abbildung aller entscheidungsrelevanten Aspekte unmöglich. Vgl. zu diesem Aspekt *Kaliazin/Kaliazina*, The scientific heritage 41/2019, 55 (55).

59 Die Möglichkeit, die Zuweisung eines Falles zu einzelnen Richtern oder Richterinnen zu beeinflussen, ist in Deutschland jedoch begrenzt und von der Ausgestaltung der Geschäftsverteilungspläne abhängig.

60 Dies ist in einzelnen Rechtsgebieten wie dem Verkehrsrecht bereits eine gängige Praxis von Unternehmen, die in diesem Bereich massenhaft tätig sind. So gab ein Unternehmensinhaber gegenüber Til Bußmann-Welsch an, dass sie dazu in der Lage seien festzustellen, dass die Erfolgsaussichten einer Klage in Abhängigkeit zum Tag, zur Uhrzeit und zu den entscheidenden Richtern bzw. Richterinnen stünden.

61 Vgl. ausführlich m. w. N. *Breidenbach* in: Breidenbach/Glatz (Hrsg.), Rechtshandbuch Legal Tech, S. 41 (41 ff.).

Standardisierung auf hohem Niveau.[62] **Repetitive Elemente** wurden als Bausteine Bestandteile digitaler Fertigungsstraßen[63] – um in der Industrie-Metapher zu bleiben. Mit *Rulemapping* gelang es immer besser, diese Fertigungsstraßen einzurichten und zu gestalten. Menschliche Entscheidungen werden mit **automatisierbaren Schritten** und **standardisierten Bausteinen** zu einer effektiveren und womöglich besseren Produktion von Recht genutzt. Industrie war immer schon das Versprechen von hoher Qualität zu einem günstigen Preis. Digitale Werkzeuge unterstützten und ließen richtig eingesetzt dem juristischen Entscheider genug Raum für Unvorhergesehenes. Diese Industrialisierung ging dann weitgehend in eine Automatisierung über.

VIII. Automatisierung

52 Auf dieser Basis waren gleichzeitig die Weichen gestellt, um zu automatisieren.[64] Wo es nur auf Daten und Informationen ankommt, produzieren heute wie damals **präzise angelegte Werkzeuge** automatisch Vertrags- und Schriftsatzvarianten, Compliance-Dokumente und -Reports oder Verwaltungsbescheide. Sind Bewertungen notwendig, stoppt der Ablauf exakt an dieser Stelle, um diese Bewertung von der richtigen in einem Rollenkonzept vorgesehenen Stelle einzuholen. Diese Dokumente wurden zunehmend in Workflows integriert, die wiederum nicht nur eine Textproduktion, sondern ganze Prozesse automatisierten.

IX. Blockchain

53 Die Industrialisierung und die ihr nachfolgende Automatisierung waren ein großer und wirkungsmächtiger Schritt in der Digitalisierung.[65] Die konsequente Weiterentwicklung führt zur nächsten Stufe: der Blockchain. Im Zentrum standen jetzt die **Transaktionen.**[66] Abstrakte Werte und konkrete Objekte des Wirtschaftslebens, Geld, Forderungen, Güter oder Immaterialgüter konnten nun in standardisierten und automatisierten Transaktionen ausgetauscht werden. Zwei große Entwicklungssprünge waren hier enthalten. Die Blockchain stellt ein **einheitliches Format** zur Verfügung, um Transaktionen mit beliebigen Assets oder Werten, von der Musiklizenz über Gesellschaftsanteile bis zum Grundstück, zu ermöglichen. Und sie **standardisiert** die Aufzeichnung der je-

62 Vgl. im Überblick *Breidenbach/Glatz* in: Breidenbach/Glatz (Hrsg.), Rechtshandbuch Legal Tech, S. 1 (3f.).

63 Vgl. *Wend*, Rethinking Law 3/2019, 30 (30ff.).

64 Vgl. ausführlich m.w.N. *Breidenbach* in: Breidenbach/Glatz (Hrsg.), Rechtshandbuch Legal Tech, S. 51 (51ff.).

65 Zu den sich exponentiell erweiternden Möglichkeiten von maschinellem Lernen s.u.a. von *Bünau*, Rethinking Law 1/2018, 6 (6ff.) und von *Bünau* in: Breidenbach/Glatz (Hrsg.), Rechtshandbuch Legal Tech, S. 71 (71ff.).

66 Vgl. ausführlich *Glatz* in: Breidenbach/Glatz (Hrsg.), Rechtshandbuch Legal Tech, S. 83 (83ff.).

weiligen Transaktion in einer Referenzdatenbank. In einer einzigen Datenbank führt sie zusammen, was vorher verteilt und fragmentiert war. Diese ist geographisch verteilt und logisch verknüpft.

Die Blockchain ermöglichte, auf **Mittler und Mittlerinnen** zu verzichten. Durch das 54
anonymisierte Vertrauen, v. a. in die Aufzeichnung der Transaktion, wurden Vertrauen tragende Institutionen wie zum Beispiel Banken oder herkömmliche, vermittelnde Plattformen prinzipiell überflüssig.[67] Bitcoins, die damals bekannteste Kryptowährung, Kapitalbeschaffung über sog. Tokens, Finanztransaktionen bis hin zur komplizierten Begründung und Abwicklung von Schuldscheindarlehn, Vertrieb und gleichzeitige Echtzeitabrechnung von Musik mit allen Anspruchsberechtigten[68], Eheschließungen sowie sämtliche Transaktionen im Internet der Dinge: Die Liste der möglichen Transaktionen ohne Mittelspersonen lässt sich beliebig fortsetzen.

Die **dezentralen Protokolle** von Blockchain und Krypto-Technologien waren die 55
Basis für die Web 3.0-Netzwerke. Was mit *DeFi* begonnen hatte, setzte sich mit der **Interoperabilität** der unterschiedlichsten Protokolle fort. Das so entstandene Web 3.0 war nun nicht nur buchstäblich überall und in allen Geräten verfügbar. Es war semantisch. Es verstand mehr und mehr alles, was übermittelt wird – Texte, Sprache, Bilder. Und es war offen für immer mehr Anwendungen des maschinellen Lernens. Diese überprüften und entdeckten die Spuren von Fake News und filterten nach Belieben. Mit den 3D-Technologien begannen die physischen und virtuellen Welten zu verschmelzen.

Einen Ansatzpunkt zur Nutzung der Blockchain als grundsätzliche Infrastruktur im 56
Rechtsbereich bot damals das paneuropäische Projekt ***GaiaX***. Als Infrastruktur zum dezentralen Austausch und zur dezentralen Verarbeitung von juristischen Daten bildete *GaiaX* eine gute Grundlage.[69]

D. Der Zivilprozess der Zukunft

Nachdem wir uns mit dem Zivilprozess der Vergangenheit, den technischen Möglichkei- 57
ten zur Erneuerung des Zivilprozesses und den Folgen seit dem eingetretenen Wandel auseinandergesetzt haben, blicken wir nun auf unseren **gegenwärtigen Zivilprozess**

67 Natürlich muss immer noch die Eingabe der Daten selbst sichergestellt werden. Insoweit ist es vorstellbar, dass Mittelspersonen zu einem gewissen Grad Relevanz erhalten.

68 Siehe das Beispiel der Sängerin und Produzentin Imogen Heap: *Heap*, Harvard Business Review, 5.6. 2017, https://hbr.org/2017/06/blockchain-could-help-musicians-make-money-again.

69 Dies wird gegenwärtig auch von einem Konsortium angegangen, vgl. ‚Das Liquid Legal Institute im GAIA-X Förderwettbewerb mit der Projektskizze „DIKE“ – Digitales Ökosystem Recht“ erfolgreich‘, Juli 2021, https://www.liquid-legal-institute.com/wp-content/uploads/2021/07/LLI_Press_DIKE_DE_EN.pdf. Jedoch scheint die Finanzierung des Projektes durch die Bundesregierung nicht mehr garantiert zu sein, vgl. *Roos*, heise online, 28.3.2022, https://www-heise-de.cdn.ampproject.org/c/s/www.heise.de/amp/news/Kein-Geld-fuer-Gaia-X-Projekte-6655227.html.

im Jahr 2035 – die verwirklichte Zukunft. Wir schauen zunächst auf die wesentlichen Akteure (I.), auf die Frage: Einzelfälle oder Massenfälle (II.), die wesentlichen Abläufe (III.) und sodann auf die damit einhergehenden Chancen und Risiken (IV.).

I. Wesentliche Akteurinnen und Akteure

58 Auch heute noch sind die wesentlichen Akteurinnen und Akteure im Zivilprozess die Streitparteien, die Gerichte bzw. die Gerichtsverwaltungen, die Richter und die Prozessvertreterinnen, insbesondere in Form der Anwaltschaft. Was sich jedoch verändert hat, ist ihre **Rolle** und ihr **Selbstverständnis**.

59 Die Streitparteien von heute führen noch weniger Gerichtsprozesse als im Jahr 2022. Die seit den 1990-er Jahren bestehende Tendenz hat sich damit über die zwanziger Jahre hinweg verstetigt. Dies liegt v.a. daran, dass die Bürgerinnen und Bürger heutzutage wesentlich besser über ihre Rechtslage Bescheid wissen. In der Folge können **Prozesschancen realistischer eingeschätzt** werden. Dies führt nicht nur dazu, dass Streitigkeiten gar nicht erst begonnen werden,[70] sondern auch dass eine tendenziell höhere Bereitschaft für Verfahren der **außergerichtlichen Einigung** besteht (vgl. dazu Rn. 30 ff.). Zur Unterstützung setzen Bürgerinnen und Bürger immer mehr auf Prozessfinanzierer und Versicherungen, die die Prozessrisiken entsprechend bewerten und die Möglichkeiten zur außergerichtlichen Streitbeilegung finanzieren.

60 Gerichte und Gerichtsverwaltungen nehmen in der Folge v.a. im Bereich von Massenverfahren an Bedeutung ab. Gleichzeitig haben sie mit Hilfe von **Expertensystemen** und **Entscheidungsanalysen** eine Grundlage geschaffen, um gekoppelt mit einem **strukturierten Parteivortrag** die Entscheidungs- und Urteilsverfassung zu beschleunigen. Auch die Veröffentlichung von Gerichtsentscheidungen dauert nur noch wenige Minuten. Die damit einhergehende Arbeitsreduktion und Erleichterung konnte den Personalmangel im Zuge des demographischen Wandels beträchtlich auffangen. Die Gerichte sind seitdem wesentlich beliebtere Arbeitsorte.

61 Mit Blick auf die Richterinnen und Richter stellt sich die Lage vielfältig dar. Einerseits nehmen sie an Bedeutung ab, soweit es sich um **Massenverfahren** handelt, die der Industrialisierung bzw. Automatisierung sowie Datenanalyse leicht zugänglich sind. Andererseits nehmen Richterinnen und Richter umso mehr an Relevanz zu, wenn es um die Fälle geht, die sich der Kategorisierung als Massenfall entziehen. Damit können sie ihre begrenzte Zeit verstärkt auf einzelne **individuelle Fälle** statt auf die Bearbeitung von Massenfällen konzentrieren. Und sie können auch auf immer besser werdende **Suchmaschinen** zurückgreifen, die alte Informationen schneller und neue Informationen erstmalig zutage fördern. Damit nimmt allerdings zugleich die mögliche **Komplexität** der richterlichen Arbeit im Einzelfall zu. Dies wird durch die zunehmende **Transparenz** richterlicher Entscheidungen und die damit einhergehende Vergleichbarkeit

70 Wobei dies der geringere Anteil ist, da die Tatsachenlage in vielen Fällen noch streitig bleibt.

gerichtlicher Arbeit verstärkt. Denn zum einen führt die Vergleichbarkeit zu einer gestiegenen **Kollegialität** zwischen den Richterinnen und Richtern, v.a. durch eine höhere Austauschrate bei den gegenseitigen Arbeiten. Zum anderen berufen sich Richterinnen und Richter vermehrt auf empirische Analysebefunde aus der Rechtsprechung. Bereits in der Vergangenheit hatte sich zwar die Rechtsprechung auf *Argumente* wie „ständige Rechtsprechung" oder „die herrschende Meinung" bezogen. Erstmalig kann dieses Vorgehen mit Blick auf die Zugänglichkeit auch unterinstanzlicher Gerichtsentscheidungen auch nachweisbar überprüft werden.[71] Neben die bereits bekannte vertikale (obergerichtliche) Rechtsprechung tritt damit die **horizontale** (unterinstanzliche) Rechtsprechung als neue Autorität in die Auslegungspraxis. Transparenz und höhere Vergleichbarkeit richterlicher Arbeit führen jedoch nicht nur zu mehr Komplexität. Sie fördern zugleich eine stärkere **Kritikfähigkeit** der Justiz gegenüber der Öffentlichkeit und sich selbst. Die Richterinnen und Richter hinterfragen somit häufiger ihre eigenen Entscheidungen und mögliche subjektive Einflüsse auf die Entscheidungsfindung.[72]

Prozessvertreterinnen und -vertreter gehen im Zuge der abnehmenden Relevanz ge- 62
richtlicher Verhandlungen zunehmend in die Bereiche **außergerichtlicher Streitbeilegung**, v.a. die Mediation (vgl. dazu Rn. 76). Durch noch mehr Zugang zu Informationen über Suchmaschinen wird für sie ebenso wie bei den Richterinnen und Richtern die Arbeit im Einzelfall **komplexer**. Dies verstärkt sich weiter dadurch, dass sich Anwältinnen und Anwälte zunehmend auf **empirische Argumente** auf Basis von Datenanalysen berufen. Aufgrund der verschiedenen Herangehensweisen bei der Durchführung einzelner Analysen nehmen dabei insbesondere **methodische Streitigkeiten** im anwaltlichen Streitgespräch zu. Mit Blick auf Massenverfahren haben sich einzelne Anwälte wiederum als konkurrenzfähig zu bestehenden Legal-Tech-Unternehmen erwiesen. Durch den Blick auf die Gemeinsamkeiten von Fällen, auf das was gleich ist, haben sie sich die Industrialisierung und Automatisierung zunutze gemacht. Auf diese Weise können sie ohne höheren Zeitaufwand mehr Fälle bearbeiten.

Im Ergebnis bleibt die Relevanz der einzelnen Akteurinnen und Akteure damit im 63
Kern erhalten. Die Fülle der zu verarbeitenden Informationen und das notwendige technische Know-how werden dabei wichtiger, sobald keine Berufung auf externe vertrauenswürdige Quellen möglich ist. Die Arbeit geht damit mehr in die **Tiefe**, wird komplexer, bezieht sich aber auch gleichzeitig auf weniger Fälle.

71 Damit wird die herrschende Meinung erst zum vollwertigen Argument, vgl. dazu *Drosdeck*, Die herrschende Meinung – Autorität als Rechtsquelle (Schriften zur Rechtstheorie, Bd. 137), 1989, S. 96, S. 119f., S. 121.

72 Vgl. dazu etwa *Stevenson/Wagoner*, Florida Law Review, Vol. 66, 5/2014, 51, http://ssrn.com/abstract=2325137.

II. Einzelfall oder Massenfälle

64 Unser Verständnis des einzelnen Falls hat sich verändert. Der makroskopische Blick, der Überblick über Gruppen von Fällen, erfasst mehr **Massenverfahren** als wir je dachten. Das verlangt eine andere Herangehensweise. Die zentralen Fragen lauten heute: Was ist gleich? Welche Unterschiede lassen sich herausfiltern? Und – frei nach *Gregory Bateson*[73] – welche Unterschiede machen einen Unterschied?

65 In den frühen zwanziger Jahren hatten wir Gleiches in **Bausteinen** abgebildet und Unterschiede über **Datenfelder** individualisiert. Schon die Early Adopter unter den Anwälten in den damaligen Dieselfällen individualisierten die Unterschiede in ihrem Vorbringen durch Hunderte von Datenpunkte, die automatisch ihre dadurch hoch-individualisierten Schriftsätze anpassten.

66 Der Unterschied beim heutigen Vorgehen: Wir haben über unsere **differenzierten Systeme** gelernt, Gleiches und Ungleiches automatisch zu erkennen. Das war der Schlüssel, den uns maschinelles Lernen in die Hand gegeben hat. So lässt sich z. B. jedes veröffentlichte Verfahren jetzt im Verhältnis zum eigenen, neuen Fall viel präziser und schneller einordnen. Für alle Beteiligten ist durch Filter transparent, was gleich ist und wie einzelne Fallgestaltungen voneinander abweichen. Immer mehr Akteure, Anwältinnen, Versicherungen oder auch Richter arbeiten daher jeweils zusammen. Über *Hubs* – ***Githubs for Law*** – ausgetauschte und z.T. sogar vergütete Bausteine von Anspruchs- oder Erwiderungsschreiben und Schriftsätzen wird das unterstützt.[74] Wissen wird jetzt wie in *Open Source-Software* klassifiziert, bewertet und ausgetauscht. Es ist selbstverständlich geworden, solche Bausteine zu verwenden. Eine gelungene und vor Gericht erfolgreiche Ausführung zum Verschulden in einem Versicherungsfall kann in Hunderten von Fällen übernommen werden. Qualität statt massenhaften Dilettierens mit zu wenig Zeit im Einzelfall.

67 Der wirkliche Sprung bestand neben der verbesserten Analyse in der Erkenntnis, dieses gewonnene Wissen **kooperativ** zu nutzen. Ein intelligenter, d. h. auf eine Vielzahl von Fällen anwendbarer Schriftsatz kann im Tausch oder gegen Gebühr auch von anderen genutzt werden. Auf diese Weise ist eine neue Form von Veröffentlichung entstanden: **Mikro-*Publishing***. Eine gute Vertragsklausel oder ein Schriftsatzteil werden publiziert und weitgehend automatisch gefunden. Davon profitieren alle, nicht zuletzt die Qualität. Zugegeben, das war ein dorniger Weg, und dies auch, weil Kooperation für Anwältinnen und Anwälte nicht selbstverständlich war.[75]

73 „Information ist ein Unterschied, der einen Unterschied macht." *Bateson*, Ökologie des Geistes, 2001, S. 582.

74 Zu dieser Vision s. a. *Tholey/Bußmann-Welsch*, Rethinking Law 2/2020, 28 (28 ff.) mit entsprechendem Vortrag zum Thema „Github for Lawyers" auf dem 36C3 des Jahres 2019.

75 Für entsprechende kollaborative Plattformen hat sich sehr früh auch bereits Richard Susskind ausgesprochen, vgl. *Susskind*, The End of Lawyers – Rethinking the Nature of Legal Services, 2010, S. 130 ff. Eine derartige Plattform bestand auch vorübergehend in den USA mit *Legal On Ramp* für Rechtsabteilun-

2035 spielen Bausteine, Daten und Regeln eine noch viel größere Rolle, unterstützt durch eine immer **präzisere automatische Analytik**: Was ist gleich und was ist ungleich? Und welcher Unterschied macht tatsächlich einen Unterschied? Wir haben jetzt realisiert, wie viel zumindest strukturell gleich ist. Die Konsequenz ist mehr **Standardisierung**. Sie führt jedoch nicht zum schematischen Umgang mit Recht. Entscheidungen werden von Juristinnen und Juristen getroffen. Sie entscheiden, auf welche Unterschiede es ankommt. Entweder legen sie fest, welchen Weg die Regelverarbeitung geht oder sie treffen in besonders gelagerten Fällen Einzelentscheidungen wie früher und entwickeln so das Recht fort. Die digitale Technik **unterstützt** das rechtliche klassische Handwerk, verteilt Wissen und steigert die Qualität. Sie ist jetzt viel besser und intuitiver anzuwenden und ist im besten Sinne selbstverständlich. 68

III. Ablauf

Mit den Veränderungen der Rollen und des Selbstverständnisses der Akteurinnen und Akteure veränderte sich notgedrungen auch der Ablauf einer zivilrechtlichen Streitigkeit. Auf diese Veränderungen gehen wir im folgenden Abschnitt ein. Dabei zeigt sich, dass einer der entscheidenden Unterschiede zur Vergangenheit darin liegt, dass viele Fälle die Justiz gar nicht mehr erreichen. 69

1. Ein Anliegen wird wahrgenommen

Ein potenzieller Fall für die Ziviljustiz beginnt auch heute noch mit einem Anliegen. Ein Bürger oder eine Bürgerin oder auch ein Unternehmen nehmen in einer konkreten Situation eine Diskrepanz zwischen ihrem Verständnis von Recht und dem Verhalten einer anderen Seite – Vertragspartner, mögliche Schädigerin etc. – wahr. Jetzt beginnt ein Weg, der möglicherweise in der Ziviljustiz endet oder eben nicht. Für unseren Blick in das Jahr 2035 ist beides wichtig. Es geht vielleicht sogar v.a. um solche Situationen, die sich in andere Richtungen bewegt haben und damit **gar nicht erst vor Gericht** gelandet sind. 70

2. Recht haben?

In der ersten Stufe stellt sich für die Rechtsuchenden die Frage nach *ihrem Recht*. Der **makroskopische Blick** würde zeigen, dass diese Situation wahrscheinlich häufig vorkommt. Etablierte Online-Plattformen geben daher hier auf einer Vielzahl von Fällen aufbauend präzise und doch verständlich formulierte Antworten. Zu einzelnen Fällen können auch Prognosen etwa hinsichtlich des Ausgangs und der Verfahrensdauer ange- 71

gen, bevor diese im Jahr 2016 von *Elevate* aufgekauft wurde. In Deutschland versucht das Datenanalyse-*Start-Up* der *iurCrowd* einen vergleichbaren Ansatz.

geben werden. Die *Legal-Design*-Ansätze in den zwanziger Jahren haben ganze Arbeit geleistet. Die besten Wege, Recht **adressatengerecht** zu formulieren, haben sich mittlerweile durchgesetzt. Wie läuft das ab?

- Entweder wird eine einfache Frage eingegeben. Sie führt zu einer adäquaten Antwort, da sich aus der Frage bereits – für die Verarbeitung durch **maschinelles Lernen** – der Kontext und die wichtigsten Merkmale hinreichend ergeben. Achtung: Maschinelles Lernen kann nicht rechtlich prüfen! Es sucht nur die passende, bereits existierende Antwort heraus.
- Alternativ muss eine Reihe von Fragen online beantwortet werden. Sie füttern ein **regelbasiertes System**. Die Entscheidungsregeln, wie die Situation rechtlich einzuordnen ist, sind hinterlegt und steuern die Fragen. Das ist bereits seit den 1970-er Jahren **vorhandene Technik**.[76] Zunächst bei einfachen steuerrechtlichen Sachverhalten, dann bei Massenklagen über *Flightright* oder *Weniger Miete* eingesetzt, haben sich die Systeme massiv verbessert und existieren v.a. für fast jede Frage der gesamten Rechtsordnung. Die Geschäftsmodelle dahinter sind unterschiedlich. Sie reichen vom Einsatz als Akquise für anwaltliche Arbeit bis zur sozialunternehmerischen Unterstützung des Zugangs zum Recht. Bereits im Jahr 2021 existierte für die Abfindung eines Arbeitnehmers – inklusive der steuerlichen Sicht und der Konsequenzen für die Sozialversicherung – ein solches System. Es ersetzte bereits die anwaltliche Arbeit und die damit einhergehenden Kosten von Tausenden Euro. Solche Berechnungen existierten schon lange vorher im Familienrecht. Die Nutzbarkeit solcher Werkzeuge, Auskunftssysteme, Ersteinschätzungen etc. hat sich nur dramatisch verbessert. Sie sind jetzt **selbstverständlicher Teil** des Online-Lebens wie die Abfrage der Wettervorhersage. Heutzutage werden diese Systeme weiter ergänzt durch **fallbasierte Argumentationen**.[77] Denn Expertensysteme schwächelten v.a. dort, wo es um unbestimmte Rechtsbegriffe geht. Diese werden in unserem Rechtssystem faktisch durch Richterinnen und Richter im jeweiligen Einzelfall ausgelegt. Aufgrund der flächendeckenden Transparenz von Gerichtsentscheidungen können wir nun „messen“, wie diese Abwägungen in der Vergangenheit ausgefallen sind. Wir können damit zumindest Prognosen aufstellen, wie sie in Zukunft ausfallen könnten. In Ergänzung zu Expertensystemen könnten wir so Prognosen zu Fallausgängen aufstellen. Aufgrund des damit dennoch einhergehenden Aufwandes der Datenaufbereitung wird dies aber *nur* für **Massenverfahren** relevant.[78]

---

76 Zur Geschichte vgl. *Susskind*, The Modern Law Review 1986, Vol. 49 (2), 168 (174ff.).

77 Die Anfänge dessen sind v.a. in den USA zu finden. Vgl. etwa das Programm *CATO*, vgl. dazu *Ashley*, Artificial Intelligence and Legal Analytics: New Tools for Law Practice in the Digital Age, 2017, S. 115.

78 Vgl. dazu exemplarisch *Mc Gill/Salyzyn*, Judging by Numbers: How Will Judicial Analytics Impact the Justice System and Its Stakeholders?, 15.7.2020, S. 8, https://ssrn.com/abstract=3652468.

3. Dienstleister im Vorfeld der Ziviljustiz

Online-Streitbeilegungsplattformen – **Online Dispute Resolution** (ODR) – bieten Streitparteien ausgefeilte Prozesse. Davon profitieren Verbraucher und Unternehmen gleichermaßen, sodass ein Anreiz für alle Parteien besteht, diese Plattformen zu nutzen. Schon vor zwanzig Jahren wurden auf Plattformen wie *Modria* Hunderte Millionen Fälle aus dem Online-Handel, z.B. auf *Ebay*, beigelegt. Es waren v.a. einfache, für Online-Nutzer optimierte Prozesse, die zu dem Erfolg beitrugen. 72

Neben strukturiertem, für die Online-Interaktion gestaltetem Vorgehen ist es heute das Wissen über Verhaltensmuster, das, kombiniert mit maschinellem Lernen, zu schnellen Lösungen beiträgt. **Prospektive** – vorausschauende – **Analysen** versuchen u.a. künftiges Verhalten zu ermitteln. Daten aus der Vergangenheit und maschinelles Lernen bilden die Basis. Plattformen wie früher *coParenter* nutzen das. Sie gibt es mittlerweile in allen Bereichen. Zur Erinnerung: *coParenter* war eine App, auf der Partnerinnen und Partner in der Trennungsauseinandersetzung ihre SMS und andere Nachrichten, z.T. auf Empfehlung der US-Familiengerichte, austauschen konnten. In jeder Phase des Nachrichtenaustauschs konnte die App durch das auf maschinellem Lernen basierte Erkennen von Verhaltensmustern Hilfe, Formulierungen oder ganze Vertragsvorschläge bis zu Online-Mediation in Grenzfällen vorschlagen bzw. unmittelbar dazuschalten. *Erkannte* die App z.B., dass unterschiedliche Präferenzen bei der Kinderbetreuung bestehen, schlug sie in interessenbasierter Mediationssprache eine weitgehend vorformulierte Minivereinbarung, die sich sofort abschließen ließ, vor. Es entspricht dem Vorgehen der Mediation, einzelne Teileinigungen früh festzumachen, um sich insgesamt auf die Vorteile kooperativen Verhaltens hinzubewegen. Es wurde damals berichtet, dass 85% der Nutzerinnen und Nutzer kein Gericht mehr in Anspruch nehmen mussten. 73

Auch in Inkasso-Fällen wurden **Verhaltensprognosen** schon in den zwanziger Jahren erfolgreich genutzt, um mittels prospektiver Analysen über differenziertes Vorgehen und situationsspezifisch angepasste Ansprache langwierige Prozesse zu vermeiden. 74

Je mehr Wissen über Verhaltensmuster entstand und je mehr maschinelles Lernen dies entdecken und in Prozessen abbilden konnte, desto besser wurden die Systeme. Heute **vermeiden** die ODR-Plattformen in großem Umfang gerichtliche Prozesse. Das frühere Paradigma, dass jeder Fall anders ist, wurde also weiter relativiert. Jeder Fall *ist* anders, nur spielt das oft keine Rolle. Dass die Verbindung von Verhaltensmustern und maschinellem Lernen alles andere als unproblematisch ist, greifen wir später auf. 75

4. Mediation

Auf dem Weg in die Ziviljustiz werden eine Vielzahl weiterer Fälle durch Mediation beigelegt. Insbesondere zwei Entwicklungen haben interessenbasierter Mediation zu einem nächsten Durchbruch verholfen. Die ODR-Plattformen haben vielen Anwenderinnen und Anwendern gezeigt, wie einfach es ist, wertschöpfende und für alle zufriedenstellende **Lösungen** zu finden. Zudem stellen diese Plattformen meist bereits schon 76 mit **einem Klick** den Zugang zu einem in der jeweiligen Situation passenden Mediator zur Verfügung. **Transparente Rechtsinformationen** haben darüber hinaus eine Grundlage geschaffen, sich vor diesem Hintergrund besser über individuelle Interessen zu verständigen.

5. Vor Gericht

77 Nur noch **ein Teil** des früheren Fallaufkommens erreicht die Justiz. Und auch die Ziviljustiz hat sich verändert. Online-Verfahren vereinfachen allen Beteiligten das Leben. Die Pandemien haben diese Entwicklung notgedrungen beschleunigt. Niemand muss mehr für eine zehnminütige Zeugenvernehmung von Berlin nach Passau fahren. Vereinfachte Verfahren für Verbraucherstreitigkeiten, summarische Verfahren, Spezialkammern für einzelne Fallgruppen und v. a. der **strukturierte Vortrag** haben eine Vielzahl von Veränderungen mit sich gebracht. Gerade der strukturierte Vortrag war ein wichtiger Schritt, auf der Basis von bereits vorstrukturierten Informationen zu besseren Ergebnissen beim Einsatz von maschinellem Lernen zu kommen als bei unstrukturierten Daten.

78 Wichtiger als die Verfahrensinnovationen ist jedoch die folgende Entwicklung: Die Fälle, die tatsächlich vor Gericht landen, werden überwiegend **ohne Urteil** beendet. Die Zahl der einvernehmlichen Beendigungen ist massiv gestiegen. Wieder ist der Schlüssel transparente Information. Endlich hat sich in der Breite durchgesetzt, in einem frühen (Online-)Termin den Streitstand vorläufig, aber präzise zu bewerten. Das war nicht immer selbstverständlich, auch wenn das Gegenteil als angebliche Praxis behauptet wurde. In Mediationsverfahren, Schiedsverfahren und bei nicht-bindenden Schiedsgutachten hatte sich das bei einem Teil der Szene schon lange bewährt. Die Kombination einer **präzisen Visualisierung** der entscheidenden Normen und Tatbestandmerkmale, z. B. durch *Rulemapping*, mit einer vorläufigen Bewertung der Unterschiede in der Argumentation der Parteien führt jetzt im Zivilprozess fast immer – über 90 % – zu weiteren aussichtsreichen Interessenverhandlungen oder spontanen Vergleichen, Anerkenntnissen oder Klagerücknahmen. Wichtig dabei ist, dass durch die Visualisierung alles auf *eine* Darstellung hin verdichtet ist – ein Bild mit Hervorhebung der Unterschiede. Weit besser als Sprache allein führt das zu der notwendigen **Transparenz und Nachvollziehbarkeit** für alle Beteiligten. Anfängliche Experimente in dieser Richtung haben dies bestätigt und dazu geführt, dass Richterinnen und Richter heute selbstverständlich so vorgehen.

6. Abschluss durch Urteil

79 Kommt es zu einer streitigen Verhandlung mit einer abschließenden gerichtlichen Entscheidung, wird diese nun – soweit dies nicht im Widerspruch zur rechtlichen Würdigung des Falles durch die Richter steht – in einem **einheitlichen Format** verfasst, automatisiert **maschinenlesbar** abgespeichert, geschwärzt und veröffentlicht.

IV. Chancen und Risiken

Die geschilderten Veränderungen zivilrechtlicher Streitigkeiten konnten einige der Herausforderungen aus der Vergangenheit überwinden (**Chancen**). Sie förderten aber auch neue Herausforderungen zutage (**Risiken**). Inwieweit dies der Fall ist, ist Thema der nachfolgenden Abschnitte. 80

1. Chancen

Als Chancen, die aus dem **heutigen System** zivilrechtlicher Streitigkeiten hervorgehen, sind v.a.[79] ein höheres Maß an Transparenz sowie Waffengleichheit, eine höhere Qualität und Geschwindigkeit gerichtlicher Verfahren bei gleichzeitiger Abnahme der Verfahrenszahl sowie im Ergebnis ein attraktiverer Gerichtswahlstandort Deutschland zu nennen. 81

a) Transparenz: Qualitätsmessung, Vergleichbarkeit und Rechtssicherheit

„Der Bürger erwartet beim Recht hohe Qualität, Zügigkeit und Kostengünstigkeit. Das gilt mit Blick auf Justiz, Verwaltung und Anwaltschaft gleichermaßen." Diese Aussage hat *Hans-Jürgen Hellwig*, u.a. ehemaliger Präsident des *Rates der Anwaltschaften der Europäischen Gemeinschaft*, in einem Beitrag zu Legal Tech 2018 getroffen.[80] Schön gesagt, nur leider damals nicht zu belegen. 2021 wussten wir buchstäblich nichts über die **Qualität von Anwälten**. Man versuchte, Qualität durch zwei Staatsexamina zu sichern, ein *rite de passage*, der jedoch nicht viel über die spätere Arbeit als Anwalt bzw. Anwältin aussagte. Es gab keine Qualitätsmaßstäbe, was auch daran lag, dass es nichts zu vergleichen gab. Niemand öffnete seine Türen für einen Vergleich. Daher existieren auch keine Studien zur Qualität anwaltlicher Arbeit aus dieser Zeit. Bei Richterinnen und Richtern war die Qualität etwas transparenter. Auch hier fehlte es jedoch an echter Vergleichbarkeit, da die meisten Entscheidungen **nicht veröffentlicht** wurden. 82

Das hat sich stark verändert. Bausteine, Regeln und Daten stellen auf digitalem Weg seit Anfang der zwanziger Jahre **höchste Qualität** in ihrem immer weiter ausgedehnten Anwendungsbereich sicher. Sie sind **präzise** und v.a. jederzeit **transparent** und nachvollziehbar in *ihren* Entscheidungen für bestimmte Wege, d.h. in dem, was die sog. *Legal Engineers* codiert haben. Diese Präzision und Transparenz sind neu. 83

Dies gilt aber nicht nur mit Blick auf anwaltliche, sondern auch auf gerichtliche Tätigkeit. Denn nun werden **alle Gerichtsentscheidungen** veröffentlicht. Wir wissen, welche Fälle vor welchem Gericht, Spruchkörper oder welchen Richterinnen oder Richtern wie ausgegangen sind. Wir kennen die Argumente, die in bestimmten Konstellatio- 84

79 Die Liste ließe sich nahezu endlos fortführen. Aus diesem Grunde beschränken wir uns auf das aus unserer Sicht Wesentliche.
80 *Hellwig*, AnwBl Online 2018, 908 (909).

nen als durchschlagend erachtet wurden und welche Rechtsquellen wann besonders häufig zu Rate gezogen wurden. Uns ist genauso bekannt, wann welche Abweichung von einer Beschaffenheit von wem als Mangel anerkannt wurde oder welche Schadensersatzsumme als wahrscheinlich erscheint. Die ständige Rechtsprechung oder herrschende Meinung sind damit keine bloßen autoritären Äußerungen mehr. Sie werden zu nachprüfbaren Argumenten. Dies alles sind Informationen, die in Teilen auch bereits in der vergangenen Kommentarliteratur enthalten waren. Nun sind sie aber wesentlich umfassender und niederschwelliger abrufbar. Es sind Informationen, die für den Ausgang eines Gerichtsverfahrens entscheidend sein können und deren Kenntnis damit zu mehr Rechtssicherheit beiträgt,[81] auch wenn eine Abweichung im Zuge der **Einzelfallgerechtigkeit** möglich bleibt.[82]

b) Waffengleichheit

85 Die mit der größeren Transparenz einhergehende höhere Informationsdichte steht nun auch einem **breiteren Publikum** zur Verfügung. Es haben nicht mehr nur solche Akteurinnen und Akteure, die häufig klagen oder verklagt werden, Zugang zu einer Vielzahl von Gerichtsentscheidungen. Vielmehr steht für alle die gleiche Menge von Gerichtsentscheidungen mit **besseren Suchmaschinen** und auf Abruf zur Verfügung. Auch die Möglichkeiten der **Industrialisierung** und **Automatisierung** des Rechts lassen Fälle mit geringeren Streitwerten als rentabel und damit durchsetzungsfähig erscheinen. Vor Gericht können sich nun alle wehren und das bei gleichbleibender Qualität. Diese Techniken stehen nicht mehr nur einer begrenzten Zahl von Anwältinnen und Anwälten mit entsprechendem zeitlichen und monetären Investitionspotenzial zur Verfügung.

c) Geschwindigkeit und Qualität

86 Industrialisierung und Automatisierung unterstützen die Justiz bei der Erledigung von Massenverfahren, **ohne** dass **Qualitätsverluste** entstehen. Aufgrund des nun flächendeckend möglichen Vergleichs der Rechtsprechung können Richterinnen und Richter leichter **voneinander lernen** und sich im Arbeitsprozess gegenseitig **unterstützen**. Dem demographischen Wandel in den Gerichtsbarkeiten kann so auch abseits von Neueinstellungen[83] effektiv begegnet werden.

---

81 Vgl. dazu beispielhaft *Cadiet*, L'open data des décisions de justice – Mission d'étude et de préfiguration sur l'ouverture au public des décisions de justice, 2017, S. 29, 86 (112) (118 f.), 187.

82 Zu dieser Problemlage etwa *Morgane*, Les algorithmes prédictifs au service du juge: vers une déshumanisation de la justice pénale? Regards critiques de juges d'instruction, 2020, S. 16 f., S. 76, https://dial.uclouvain.be/memoire/ucl/object/thesis:26618.

83 Vgl. zum Ausmaß *Anger*, Handelsblatt, 1.3.2021, https://www.handelsblatt.com/politik/deutschland/recht-und-steuern-so-gross-wird-die-pensionierungswelle-bei-richtern-und-staatsanwaelten/26961820.html.

d) Weniger Verfahren

Die Arbeitsbelastung und der Druck des demographischen Wandels werden durch **geringere Fallzahlen** abgefedert. 87

e) Gerichtswahlort Deutschland

All dies führt in letzter Konsequenz schließlich zu einer **gesteigerten Attraktivität** der deutschen Justiz. Einerseits für die privatrechtliche **Wahl als Gerichtsstandort**, andererseits für die individuelle Frage, ob ein Streit mit den Mitteln des Rechts durchgefochten werden soll. Die Justiz wird nicht länger als antiquiert, bürgerfern und träge wahrgenommen. Heute ist sie in der Digitalisierung des Rechts führend und geht mehr denn je auf die individuellen Interessen der Bürgerinnen und Bürger ein. 88

2. Risiken

Mit den beschriebenen Entwicklungen gehen zugleich auch **Risiken** einher. Die wesentlichen[84] Risiken sind aus unserer Sicht die unterbewusste und finale Steuerung durch Recht mittels *Embedded Law*, die Auslagerung des Rechts an vorwiegend private Akteure, die Profilbildung von Richtern und Anwältinnen, eine erhöhte Vulnerabilität des Rechts im Bereich der IT-Sicherheit, gesteigerte Einflussnahme auf die Justiz durch eben jene Justiz und Exekutive sowie eine drastische Komplexitätssteigerung. 89

a) Embedded Law[85]

Heute im Jahr 2035 zeigt sich: Der Paradigmenwechsel, auf den vieles aus der Sicht des Rechts zugelaufen ist, ist *Embedded Law*.[86] Algorithmen steuern **Verhalten**.[87] Recht wird in Prozesse und Transaktionen eingebettet. Es sorgt für sich selbst und auch dafür, dass die eigenen Standards eingehalten werden. Grundlage sind automatisierte Systeme bzw. Entscheidungen, Begrenzungen und DAO-Protokolle. Recht verliert so immer mehr an **Sichtbarkeit**. Es wird unsichtbar und setzt sich selbst durch. Und: Es erreicht nicht mehr das Stadium des Gerichtsverfahrens. *iTunes* und ähnliche Systeme waren ein frü- 90

84 Auch diese Liste ließe sich nahezu ins Endlose fortführen. Aus diesem Grunde beschränken wir uns auch hier auf das aus unserer Sicht Wesentliche.

85 Vgl. ausführlich und m.w.N. *Breidenbach* in: Breidenbach/Glatz, Rechtshandbuch Legal Tech, S. 392 (392ff.).

86 *Ruhl*, Embedding Law in the „Second Economy“ – Implications for Legal Practice, https://law2050.com/2013/03/20/embedding-law-in-the-second-economy-implications-for-legal-practice/.

87 Vgl. u.a. *Hoffmann-Riem*, AÖR 142, 20ff. und *Hildebrandt*, Algorithmic regulation and the rule of law, 6.8.2018, https://royalsocietypublishing.org/doi/abs/10.1098/rsta.2017.0355. Hierbei sollte allerdings nicht ausgeblendet werden, dass Algorithmen grds. wiederum Produkte menschlichen Verhaltens sind. Menschen entscheiden letztlich, ob sie Algorithmen zur Verhaltenssteuerung einsetzen.

hes Beispiel dafür: Die Möglichkeiten, Musikstücke zu nutzen, auf verschiedenen Geräten abzuspielen oder weiterzugeben, waren eingebettet. Die Software gibt vor, was in der zugrunde liegenden Lizenzvereinbarung geregelt ist. Die Limitationen der Software sind sich selbst durchsetzendes Recht. Weiter ging bereits die Blockchain-Nutzung der britischen Musikerin *Imogen Heap*.[88] Vertrieb und Abrechnung für alle Schutzrechtsinhaber wurden automatisch und in Echtzeit sichergestellt.

91 Doch *Embedded Law* kennzeichnet heute weit mehr, als es dieses Beispiel nahelegt. In einer Welt, in der alles mit allem vernetzt wird, in der Milliarden von Rechnern miteinander kommunizieren, müssen Systeme, Prozesse und Transaktionen gestaltet, **standardisiert** und **automatisiert** werden. Der Kühlschrank bestellt als selbständiger Agent im Internet der Dinge. Das gleiche gilt für Produkte – *Embedded Compliance*.[89]

92 *Lawrence Lessig* hat schon früh darauf hingewiesen, dass Code eine Möglichkeit ist zu regeln. Code wirkt dann wie Recht.[90] *Embedded Compliance* verhindert heute Transaktionen, die nicht den Vorschriften entsprechen.[91] Noch umfassendere digitale Aufzeichnungen und Auswertungsmöglichkeiten führen dazu, Verstöße, die früher unentdeckt blieben, nachvollziehen zu können. **Eingebaute Compliance** kann solche Verstöße bereits von Beginn an verhindern.[92] *Embedded Law* ist gegenwärtig mehr als eine neue Perspektive, Recht und Regulierung zu denken und zu gestalten. Es ist Realität.

93 Zugleich verliert sich in dieser Entwicklung ein Stück weit das Recht und weicht einer Verhaltenssteuerung durch Technologie. In ihrem Buch *„Smart Technologies and the End(s) of Law"* beschreibt *Mireille Hildebrandt* mit zahlreichen Beispielen schon sehr weitsichtig, wie Technik den autonomen Ausdruck des Menschen behindert. Sowohl das Recht, worauf das Wort *„End"* im Titel ihres Buches hinweist, als auch grundlegende rechtliche Prinzipien, daher *„End(s)"*, werden ersetzt durch digitale, **nicht wahrnehmbare Lenkung**.[93] Insbesondere *„Pre-emptive Computing Systems"*[94] sind *embedded* und entlasten so von mühsamen Prozeduren und Entscheidungen. Sie bauen auf vorhergehendem Verhalten auf, indem sie es als Muster erfassen. So kann das System weiteres Verhalten vorhersagen und versuchen, es durch Anstöße in eine gewünschte Richtung zu lenken. Nur geschieht dies ohne Reflexionsmöglichkeit, „beyond the ambit of con-

88 *Heap*, Harvard Business Review, 5.7.2017, https://hbr.org/2017/06/blockchain-could-help-musicians-make-money-again.

89 Der Ausdruck im Kontext von Produktkontrolle stammt von *David Houlihan*; vgl. auch *Kuhlmann*, Legal Tech Blog, 17.12.2016, https://legal-tech-blog.de/where-is-the-predicted-embedded-legal-knowledge.

90 *Lessig*, Code 2.0, 2016, S. 106 ff., http://codev2.cc/.

91 Warum startet ein Laubsauger überhaupt noch in geschlossenen Ortschaften während der Ruhezeit?, fragt sich *Kuhlmann* in: Smart Contracts & Embedded Legal Knowledge, Rethinking Law 1/2018, 32 (34).

92 Vgl. aber *Hofmann* in: Fries/Paal (Hrsg.), Smart Contracts, 2019, S. 125 (137): Jede geringfügige Geschwindigkeitsüberschreitung zu 100 % durchzusetzen, wäre „evident unverhältnismäßig".

93 *Hildebrandt*, Smart Technologies and the End(s) of Law, 2016; vgl. m. w. N. *Hoffmann-Riem*, AÖR 142, 1 (24 f.).

94 *Hildebrandt*, Smart Technologies and the End(s) of Law, S. 133 ff.

cious reflexion."[95] Es gibt zwar grundgesetzlich garantierte Autonomie, „ihre Ausübung kann aber faktisch durch technisch fundierte, als solche nicht oder nur schwer erkennbare Fremdsteuerungen unterlaufen werden."[96] Grundsätzlich gefährdet werden kann damit das **„Recht auf Rechtsbruch"**.[97] Wenn sich das Recht automatisch vollzieht, entfällt die Wahlmöglichkeit, sich dem Recht zu widersetzen. Zufall wird faktisch abgeschafft. Gerät das Recht in den unterbewussten Hintergrund, entzieht es sich zugleich demokratischer Kontrolle. Der Machtanspruch des Rechts entzieht sich dann faktisch der Demokratie und wird an private Akteure – und ihre Technik – übergeben (vgl. den folgenden Abschnitt). Das muss nicht immer schlecht sein. Es gibt bedeutende und weniger bedeutende Aspekte des täglichen Lebens, die durch einen automatischen Rechtsvollzug betroffen sind. Wird auf dem Konto einer anspruchstellenden Person ein Entschädigungsanspruch gegenüber einer Bahngesellschaft automatisch gutgeschrieben, erscheint dies vielleicht als Erleichterung im Alltag. Ergeht der automatische Bußgeldbescheid allerdings beim Überqueren einer roten Ampel, machen wir uns eventuell eher Sorgen. Das Bewusstsein über die Wirkungen des *Embedded Law* war deshalb essenziell, um seine Vorzüge gezielt zu entfalten.

b) Auslagerung an private Akteure

Zudem werden die beschriebenen Technologien von privaten Akteuren entwickelt. 94
Wenn das Recht maßgeblich über diese Technologien abgebildet wird, stellt sich die Frage, ob dadurch nicht auch die Rechtsanwendung beeinträchtigt werden kann.[98] Es geht hierbei um wesentliche **Macht- und Vertrauensfragen**[99] und um nichts Geringeres als die souveräne Herrschaft einer Demokratie über das durch sie geschaffene Recht.[100] Diese Fragen sind selbstverständlich nicht neu. Sie wurden schon beim Aufkommen von Rechtsdatenbanken wie *Juris* oder *Beck* diskutiert.[101] Zum damaligen Zeitpunkt war ihre Relevanz jedoch geringer. Suchmaschinen entscheiden zwar darüber, was gefunden wird und welche Informationen einer rechtlichen Überlegung zu Grunde gelegt werden. Sie wenden das Recht aber nicht auf den Einzelfall an. Genau das ändert sich mit der In-

95 *Hildebrandt*, Smart Technologies and the End(s) of Law, S. 261.
96 *Hoffmann-Riem*, AÖR 142, 1 (6).
97 Vgl. dazu etwa *Susanne Becks* Vortrag „KI und die Notwendigkeit bedeutsamer Kontrolle durch den Menschen" im Rahmen der Ringvorlesung „Automatisierte Systeme" 2019 an der Leibniz Universität Hannover.
98 Vgl. dazu etwa im Kontext der Legal Analytics *Stewart/Stuhmcke*, Alternative Law Journal 2020, Vol. 45 (2), 82 (85).
99 Insbesondere die Vertrauensfrage wird in einer Kultur technischer Entwicklungen relevant, die grds. von Übertreibungen hinsichtlich des technisch Machbaren lebt.
100 Vgl. zum französischen Kontext *Moreaux*, Affiches Parisiennes, 19.10.2018, https://www.affiches-parisiennes.com/la-justice-predictive-en-travail-8387.html.
101 Vgl. dazu grds. *Albrecht*, Probleme bei der Privatisierung staatlicher Informationspflichten am Beispiel der Juris GmbH, 2002.

dustrialisierung und Automatisierung des Rechts und ihrer Vollendung im *Embedded Law*. Auch können graphisch dargestellte Ergebnisse einer Datenanalyse von Gerichtsentscheidungen – etwa im Bereich der Strafzumessung – Ankereffekte auslösen.[102] Jedoch können die Bedenken hinsichtlich der Übertragung der Herrschaft über das Recht vom demokratischen Souverän auf Private auch übertrieben sein. Fragt sich etwa in der Medizin wirklich ernsthaft jemand, ob Pharmaunternehmen technische Geräte so ausrichten, dass spezifische Krankheiten fälschlicherweise häufiger erkannt werden, um einzelne Medikamente besser verkaufen zu können? Und fragt man sich, ob dies systematisch vorgenommen wird? Wohl eher nicht. Gleichwohl gehört die Medizintechnik – zu Recht – zu den wohl reguliertesten Bereichen, um die Funktionsfähigkeit einzelner Geräte sicherstellen zu können.[103] Gefahren der direkten und subtilen Einflussnahme auf die Rechtsauslegung werden dann noch problematischer, wenn es **kein relevantes Gegengewicht** gibt. Eine Rechtswissenschaft, die weder technisch noch methodisch Kritik üben kann – und wohl auch bei entsprechend angepassten Ausbildungsverläufen nur begrenzt äußern wird[104] –, ist der Privatherrschaft über das Recht schlicht ausgeliefert. Man könnte dann noch einwenden, dass private Akteure aufgrund des Wettbewerbs zueinander das jeweilige Gegengewicht bilden. Doch scheinen sich die in Deutschland bereits bestehenden **Oligopolisierungstendenzen** privater Akteure auch in den Bereichen der Industrialisierung, Automatisierung und Datenanalyse des Rechts zu verwirklichen.[105]

---

102 Vgl. dazu etwa *Trasberg*, Quantitative legal prediction and the rule of law, 2019, S. 27.

103 Ebenso gibt es im Rechtsbereich Diskussionen um Gefälligkeitsgutachten und Kommentarliteratur, die von Großkanzleien verfasst werden, vgl. dazu einführend am Beispiel des Versicherungsrechts *Drepper/Wehmeyer/von Daniels/Röttger*, CORRECTIV, 15.2.2017, https://correctiv.org/aktuelles/justiz-polizei/2017/02/15/wir-machen-meinung/ sowie im Falle vom Cum-Ex Finanzwende Recherche, Lobbyismus in Justiz und Rechtswissenschaft, 2022, S. 27 ff., https://www.finanzwende-recherche.de/wp-content/uploads/Report_Lobbyismus-in-Justiz-und-Rechtswissenschaft.pdf.

104 Dies wird dadurch weiter verschärft, dass bisher keine Transparenzvorschriften zu den angewendeten Techniken bestehen, vgl. *Martini*, Black Box Algorithmus – Grundfragen einer Regulierung Künstlicher Intelligenz, 2019, S. 33 ff. Der Kommissionsvorschlag zu Regulierung von KI (COM/2021/206) gleicht dies nur in geringfügigem Maß aus, da lediglich im Bereich der Hochrisiko-KI i. S. d. Art. 6 i. V. m. Annex III COM/2021/206 die Konformitätsbewertungsstellen gem. Art. 33 I COM/2021/206 und ggf. die Aufsichtsbehörden gem. Art. 64 III COM/2021/206 Zugriffsrechte haben. Der Kommissionsvorschlag setzt damit weit überwiegend auf eine Selbstregulierung der Unternehmen.

105 Vgl. dazu etwa die fortwährenden Aufkäufe von Unternehmen durch *Consilio*, vgl. Consilio Announced Acqisition of Legility, Legal Tech Blog, 14.12.2021, https://legal-tech-blog.de/consilio-announced-acquisition-of-legility. Dies gilt zumindest soweit sich das pan-europäische Projekt *Gaia-X* im Rechtsmarkt nicht durchsetzt. Aufgrund der gegenwärtigen Finanzierungsfragen erscheint ein Erfolg des Projektes aber nicht absehbar, vgl. *Roos*, heise online, 28.3.2022, https://www-heise-de.cdn.ampproject.org/c/s/www.heise.de/amp/news/Kein-Geld-fuer-Gaia-X-Projekte-6655227.html.

c) Gläserne Anwältinnen und gläserne Richter

Speziell mit Blick auf die größere Entscheidungsöffentlichkeit vor Gericht stellt sich die Frage nach gläsernen Anwälten und gläsernen Richterinnen. Denn Informationen über sie dürfen nach der gegenwärtigen Rechtslage, sofern sie im Rahmen dieser Rollen in den Gerichtsentscheidungen erscheinen, nicht geschwärzt werden.[106] Entsprechende **datenanalytische Dienstleistungen** im Ausland zeigten bereits im Jahr 2022, was dies in Bezug auf beide Berufsgruppen exemplarisch ermöglichte: 95

- Darstellungen darüber, welche Richterinnen und Richter sowie Anwältinnen und Anwälte in welchen Verfahren wie häufig und mit welchem Ausgang beteiligt waren
- Ihre Lebensläufe
- Anwaltliche Erfolgsquoten bzw. richterliche Aufhebungsquoten
- Darstellungen, welche Quellen oder Argumente von ihnen in welchen Fällen häufig zu Rate gezogen werden
- Ihre Publikationshistorien
- Darstellungen, welche Richterinnen oder Richter oder anwaltlich erstrittenen Fälle häufig zitiert werden

All dies erscheint dem Grunde nach noch nicht problematisch. Vergleichbare, im Kern 96
aber natürlich noch viel weitergehende **rechtssoziologische Analysen** zu richterlichem und anwaltlichem Entscheidungsverhalten gibt es schon seit über einem Jahrhundert,[107] auch wenn sie in Deutschland bis heute ein Nischendasein fristen. Fragwürdig werden diese Entwicklungen erst dann, wenn versucht wird, alle erdenklichen Daten zu einzelnen Personen dieser beiden Berufsgruppen zu sammeln, die dann in **Profilen** zusammengetragen werden.[108] Die Entwicklung eines derartigen **Panoptikums** kann nicht nur ein Gefühl der ständigen Überwachung bei den Betroffenen auslösen,[109] sondern durch einen Fokus auf die Abhängigkeit des Rechts von einzelnen Akteuren und Akteurinnen auch einen Vertrauensverlust in Richter- und Anwaltschaft begründen.[110] Dann entsteht der Anschein, dass das Recht überwiegend von subjektiven Einstellungen einzelner Beteiligter geprägt ist. Das Recht erscheint als **Willkür**. Es kann aber auch das

---

106 Vgl. dazu etwa BVerwG, Urt. v. 1.10.2014 – 6 C 35/13 Rn. 33, 39.

107 Vgl. exemplarisch etwa die unter ethischen Gesichtspunkten problematische – da ohne Kenntnis der Untersuchungssubjekte vorgenommene – Studie von *Lautmann*, Justiz – Die stille Gewalt. Teilnehmende Beobachtung und entscheidungssoziologische Analyse, 2011. Oder die leider wenig bekannte Studie von *Kranenpohl*, Hinter dem Schleier des Beratungsgeheimnisses – Der Willensbildungs- und Entscheidungsprozess des Bundesverfassungsgerichts, 2010, die u.a. auf Interviews mit ehemaligen und zum damaligen Zeitpunkt allen aktiven Bundesverfassungsrichtern und Bundesverfassungsrichterinnen basiert.

108 Vgl. in diese Richtung *Kuchenbauer*, JZ 2021, 647 (654).

109 Ebd.

110 Vgl. zu Letzterem die Richterinnen und Richter bei *Mc Gill/Salyzyn*, Judging by Numbers: How Will Judicial Analytics Impact the Justice System and Its Stakeholders?, S. 12, https://ssrn.com/abstract=3652468.

Gegenteil eintreten. Rücken subjektive Einflüsse auf das Recht in das Zentrum der Aufmerksamkeit, können diese stärker thematisiert werden. Die Handelnden werden sich dieser Einflüsse gegebenenfalls bewusster und **reflektieren** sie gezielter.[111] Auch der demokratische Diskurs kann dann Verfahren diskutieren, die die Auswirkungen subjektiver Einflüsse stärker regulieren.

d) Bedrohte IT-Sicherheit

97 Allgegenwärtig ist die Gefahr einer unzureichenden IT-Sicherheit bei sich stetig erweiternder Digitalisierung. Die frühere Logik vieler – nicht aller – Jung- und Kleinunternehmen (Schnelle Entwicklung *first*, Bedenken *second*) kann die Gefährdung der Datensicherheit gerade in der Justiz, die teilweise mit besonders sensiblen Daten agiert, steigern. Verfügbarkeit, Vertraulichkeit, Integrität und Authentizität der Systeme und Dienstleistungen müssen besonders in der Justiz ständig gewährleistet sein. Ansonsten können sich die mit der Digitalisierung verbundenen Chancen schnell in ihr Gegenteil verkehren. Erhält *Cyber Security* nicht endlich heute im Jahr 2035 die notwendige Aufmerksamkeit, droht hier ein **Desaster**. Werden im Rechtsbereich Daten kompromittiert, gerade bei Gerichtsentscheidungen, kann das Einfluss auf das gesamte System des Rechts haben. Denn wer die juristische IT-Infrastruktur unerlaubt verwenden und verändern kann, vermag auch Einfluss auf die dort hinterlegten Daten zu nehmen. Wird etwa die Formulierung im Tenor einer Gerichtsentscheidung verändert, kann dies beliebig missbraucht werden. Damit wird am Fundament des Rechtsstaats gerüttelt. In diesem Sinne stellen sich hier die gleichen **Macht- und Vertrauensfragen** wie beim Risiko der zunehmenden Übertragung von Verantwortung alleinig auf private Akteure.

e) Komplexität

98 Die Möglichkeiten der Industrialisierung, Automatisierung und Datenanalyse des Rechts vereinfachen v. a. den Umgang mit Massenverfahren. Und auch wenn diese heutzutage einen weit größeren Umfang haben als noch im Jahr 2022 vermutet, machen sie nicht die Gesamtheit aller zivilrechtlichen Streitigkeiten aus. Die übrig gebliebenen individuellen Fälle sind in ihrer Behandlung jedoch wesentlich komplexer. Einerseits liegt dies an den vorgeschalteten **interessengeleiteten Mediationen**. Anwältinnen und Anwälte müssen sich hier wesentlich stärker in ihre Mandantschaft hineinfühlen, unabhängig von der abstrakten Ebene des Rechts. Andererseits stehen ihnen und auch den Richterinnen und Richtern wesentlich **mehr Informationen** zur Verfügung. Sie müssen schlicht mehr können als nur Recht. Bessere Suchmaschinen und Datenanalysen fördern darüber hinaus mehr Informationen zutage, die interpretiert und angewendet werden müssen, sofern eine rechtlich adäquate Leistung erbracht werden will. Dieses Mehr an Informationen

---

111 Vgl. dazu ebd., S. 17.

kann nicht nur zu einer Arbeitserleichterung, sondern ebenso zu einer Komplexitätssteigerung führen, die letztendlich **mehr Zeit** in Anspruch nimmt, als sie einspart.

f) Gewaltenteilung

Der verstärkte Einsatz von Technik auch in der Justiz wirft zudem grundlegende Fragen 99 zur Gewaltenteilung auf.[112] Denn je nachdem, wer den Einsatz der Technik kontrolliert oder organisiert, kann damit zugleich **Einfluss auf die Rechtsanwendung** ausüben. In Frankreich wurde beispielsweise die Veröffentlichung und analytische Verarbeitung von Gerichtsentscheidungen dem *Cour de cassation*, also der Judikative selbst übertragen. In Deutschland liegt diese Aufgabe primär in den Händen der *Juris GmbH*, die formal privatisiert überwiegend in den Händen der deutschen Exekutive liegt. Auch hier stellen sich in vergleichbarer Weise die gleichen **Macht- und Vertrauensfragen** wie bei der Übertragung von Herrschaftsmacht auf private Akteure.

Insbesondere stellt sich durch eine höhere Verfügbarkeit gerichtlicher Entscheidun- 100 gen auch eine **bessere Vergleichbarkeit** innerhalb der Justiz ein. Durch das Aufkommen einer einsehbaren horizontalen, also unterinstanzlichen Rechtsprechung kann es damit auch zu einer Homogenisierung der Rechtsprechung kommen, die den **Einzelfall unterminiert**. Positiv formuliert kann dies aber auch eine **stärkere Gleichbehandlung** hervorbringen. Die Frage ist dabei stets, wann der unterschiedlich zu behandelnde Einzelfall beginnt und wie sehr sich Richterinnen und Richter angesichts des Arbeitspensums mit diesen Fragen beschäftigen.

E. Zusammenfassung

Im Jahr 2035 haben sich die deutschen Justizpaläste gewandelt. Sie werden nicht mehr 101 als antiquiert und langsam wahrgenommen. Die **Aufgabe des Einzelfalldenkens** hat maßgeblich zu einer beschleunigten Fallbearbeitung mit den Mitteln der Automatisierung und Industrialisierung des Rechts geführt. Nun haben die Gerichte die Zeit, auf die **Interessen der Bürgerinnen und Bürger** einzugehen. Konflikte werden damit weit überwiegend interessengerecht nicht durch hoheitliche Entscheidung, sondern einvernehmlich beigelegt. Gleichzeitig sind die Gerichte **transparenter** und **öffentlichkeitsnäher**. Das Interesse der Öffentlichkeit an der richterlichen Arbeit wird damit nicht mehr als störend, sondern als gewinnbringende Reflexion des eigenen Entscheidungsverhaltens angesehen.

112 Vgl. dazu etwa *Wissenschaftliche Dienste des Deutschen Bundestages*, Künstliche Intelligenz in der Justiz – Internationaler Überblick, WD 07 – 017/2021, S. 5, 1.3.2021, https://www.bundestag.de/resource/blob/832204/6813d064fab52e9b6d54cbbf5319cea3/WD-7-017-21-pdf-data.pdf.

Register

https://doi.org/10.1515/9783110755787-034

E

F

Z

www.ingramcontent.com/pod-product-compliance
Lightning Source LLC
LaVergne TN
LVHW081353011026
849161LV00013BA/2803